Die Korrespondenz der Herzogin Elisabeth von Sachsen

Zweiter Band

QUELLEN UND MATERIALIEN ZUR SÄCHSISCHEN
GESCHICHTE UND VOLKSKUNDE

Band 3. 2

Im Auftrag des Instituts für Sächsische Geschichte und Volkskunde e. V.
herausgegeben von
Enno Bünz, Winfried Müller, Martina Schattkowsky und Ira Spieker

Die Korrespondenz der Herzogin Elisabeth von Sachsen

und ergänzende Quellen

Zweiter Band
Die Jahre 1533 und 1534

bearbeitet und herausgegeben
von
Jens Klingner

Liebe Uta,

*herzlichen Dank für die wunderbare Zusammenarbeit,
die interessanten Mittagspausen, deine unendliche
Energie und nicht zuletzt für deine moralische
und wissenschaftliche Unterstützung.*

Dein Jens

LEIPZIGER UNIVERSITÄTSVERLAG GMBH
2016

Bibliografische Information der Deutschen Nationalbibliothek
Die Deutsche Nationalbibliothek verzeichnet diese Publikation in der
Deutschen Nationalbibliografie; detaillierte bibliografische Daten sind
im Internet über http://dnb.d-nb.de abrufbar.

Umschlagabbildung:
Unbekannter Künstler, Porträtmedaillon der Landgräfin von Hessen
Relief aus Solnhofener Kalkstein, um 1519
(Kunsthistorisches Museum Wien, Kunstkammer, KK 10129)

© Leipziger Universitätsverlag GmbH 2016
Satz und Layout: Martin Uhlig, Leipzig
Druck: UFER Verlagsherstellung, Leipzig
ISBN 978-3-96023-003-8

INHALTSVERZEICHNIS

VORWORT

Die Edition der Briefe Herzogin Elisabeths von Sachsen gehört seit mehreren Jahren zu den wichtigsten Arbeitsfeldern des Instituts für Sächsische Geschichte und Volkskunde e. V. (ISGV). Mit diesem Großprojekt, welches im Rahmen der „Fürstinnenkorrespondenzen in der Reformationszeit" die Erschließung und Aufbereitung der Überlieferung der Herzogin zum Ziel hat, geht das Institut mit der landesgeschichtlichen Grundlagenforschung einer seiner Kernaufgaben nach. Dieser Band setzt nun die Arbeit Dr. André Thiemes nach dessen Weggang aus dem ISGV fort. Die schwierige Aufgabe der Weiterführung dieser Arbeit habe ich im Wissen um den hohen Quellenwert, aber auch um die editorischen Schwierigkeiten sowie die paläografischen Herausforderungen gern übernommen. Dem Credo des im Jahr 2010 vorgelegten Bandes folgend, bietet auch der zweite Teil einen nutzerfreundlichen Zugang zum vorliegenden Quellenmaterial in Form einer tieferen Erschließung.

Mein besonderer Dank gilt neben dem Direktorium des ISGV der Leiterin des Bereichs Geschichte, Frau Prof. Dr. Martina Schattkowsky, die mich bei der teils sehr mühevollen Arbeit fortwährend unterstützt hat. An unserem Institut habe ich in einem angenehmen Umfeld die besten Voraussetzungen für eine editorische Tätigkeit vorgefunden. Für die herzliche Zusammenarbeit, die weit über das normale kollegiale Verhältnis hinausgeht, bin ich allen Mitarbeiterinnen und Mitarbeitern des ISGV zu großem Dank verpflichtet. Den Archivmitarbeiterinnen und -mitarbeitern in Dresden, Marburg, Schwerin und Weimar ist für ihr freundliches Entgegenkommen zu danken. Explizit ist hier Dr. Eckhart Leisering zu erwähnen, der die Nutzung der Aktenbestände des Hauptstaatsarchivs Dresden hilfreich unterstützte. Wichtige Hinweise und Anregungen verdanke ich Dr. André Thieme, was mir den ersten Zugang zu diesem Projekt wesentlich erleichtert hat. Des Weiteren habe ich mit Dr. Benjamin Müsegades, Dr. Dirk Martin Mütze und Christian Ranacher drei kompetente Ansprechpartner an meiner Seite gewusst, die stets ein offenes Ohr für meine Anfragen hatten. Für weitere Hinweise, Anregungen und Korrekturarbeiten danke ich ganz besonders Dr. Uta Bretschneider, Daniel Geißler, Hendrik Keller, Nadine Kulbe, Dr. Robert Mund, Lilli Musorin, Christian Schuster und Dr. Ulrike Siewert. Nicht zuletzt sei meiner Frau Andrea gedankt, die mir nicht selten den Rücken freigehalten hat. Ihr und meinen Söhnen widme ich dieses Buch.

Dresden, im September 2016   Jens Klingner

EINLEITUNG

I. Die Jahre 1533 und 1534 im Spiegel der überlieferten Quellen

Die „causa Elisabeth"

Für die in diesem Band der Elisabethkorrespondenz bearbeiteten beiden Jahre liegt eine dichte Überlieferung vor. Sie spiegelt die ereignisreichste Zeit der Herzogin am Dresdner Hof wider. Weder davor[1] noch danach (bis 1537) erreicht der Briefwechsel auf der Kommunikationsachse[2] zwischen Herzogin Elisabeth – Landgraf Philipp (dem Großmütigen) von Hessen – Kurfürst Johann Friedrich (dem Großmütigen) von Sachsen einen derartig großen Umfang. Im Zentrum stehen die Ehebruchsvorwürfe gegen Elisabeth durch die sächsisch-albertinischen Räte Heinrich von Schleinitz[3] und Hans von Schönberg[4], von denen erstmals in einem Brief im Herbst 1532 die Rede ist.[5] Nicht grundlos bezeichnet André Thieme diese Lebensphase als die Krisenjahre der Herzogin.[6] Bereits seit ihrer Hinwendung zur evangelischen Lehre[7] befand sie sich am Hof in einer schwierigen Lage. Aufgrund der genannten Anschuldigungen erhöhte sich der Druck durch ihren Schwiegervater und entschiedenen Luthergegner Herzog Georg (den Bärtigen) noch einmal deutlich.

Anhand einiger ergänzender Quellen schließt der zweite Band inhaltlich mit der Zuspitzung der Ereignisse im „Fall Elisabeth" unmittelbar an den ersten Teil an. Die Überlieferung zeigt zunächst das Engagement von Elisabeths Bruder, Landgraf Philipp, zur Klärung der Angelegenheit. Gemeinsam mit dem sächsischen Kurfürsten Johann Friedrich bereitete er im Januar 1533 eine Reise nach Dresden vor (Nr. 1, 2). Damit kam er dem schon lange zuvor mehrfach geäußerten Wunsch Elisabeths zu einem persönlichen Gespräch nach.[8] Ziel war es, sich mit der Herzogin und ihrem Gemahl, Herzog Johann (dem Jüngeren), zu besprechen und ihnen zu einer eigenen Residenz[9] außerhalb Dresdens, in Hessen oder im ernestinischen Sachsen, und damit auch außerhalb des Einflusses Herzog Georgs, zu verhelfen. Der Versuch scheiterte an der Ablehnung Johanns (Nr. 3), der bei einer Annäherung an die beiden Reformationsfürsten die Enterbung durch seinen Vater befürchtete.[10] Herzog Georg erfuhr von dem Vorhaben, den Sohn vom Hof zu entfernen, erst nach der Abreise des Landgrafen und beschwerte sich wiederum beim Kurfürsten Ende Februar 1533 über diese *unfreuntlichen practicken* (Nr. 28).

---

[1] Vgl. KES I, S. XLII.

[2] Zur Rolle der Herzogin und dem Blickwinkel, welchen die Elisabethkorrespondenz abbildet, vgl. ebd., S. XXIII f.; Thieme, Glaube und Ohnmacht, S. 162.

[3] Heinrich von Schleinitz zu Saathain und Koselitz († 1543), sächs.-albert. Rat und Hofmarschall (1528–1530); vgl. ABKG I, Nr. 357, 708; II, Nr. 957, 1061, 1075, 1420; Geschichte des Schleinitz-schen Geschlechts, S. 477–484; Goerlitz, Staat und Stände, S. 417 und 592 f.

[4] Hans (junior) von Schönberg zu Reinsberg († 1537), sächs.-albert. Rat und Amtmann; vgl. ebd., S. 83 f., 425 f., 594 (bei ihm Hans von Schönberg zu Reichenau); Schirmer, Untersuchungen zur Herrschaftspraxis, S. 372; vgl. auch gelegentlich abweichend Mansberg, Erbarmanschaft Wettischer Lande II, S. 401–429 und Stammtafel 33.

[5] KES I, Nr. 180.

[6] Thieme, Glaube und Ohnmacht, S. 164.

[7] KES I, Nr. 98.

[8] Ebd., Nr. 169, 170.

[9] Die Idee einer eigenen Residenz steht erstmals im September 1532 im Raum. Vgl. ebd., Nr. 178.

[10] Deutlich wird das in einer späteren Äußerung Elisabeths. Vgl. Nr. 56.

Die Korrespondenz konzentriert sich zunächst auf das Bemühen Landgraf Philipps um die Aufklärung der Verdächtigungen gegen Elisabeth. Ausgestattet mit einer Vollmacht seiner Schwester (Nr. 9) suchte er in deren Namen das Gespräch mit Herzog Georg. Somit trat nicht etwa Elisabeths Gemahl Herzog Johann für deren Ehre ein, sondern ihre unmittelbaren Verwandten und persönlichen Vertrauten. Diese wiederum grenzten den jungen Herzog aus, indem sie nicht mit ihm, sondern mit Elisabeths Schwiegervater über die Anschuldigungen sprechen wollten und somit die höfische Hausherrschaft Georgs über die nach dem ehelichen Recht Johann zustehende Gewalt stellten. Der Gemahl nahm nicht zuletzt deshalb in dieser Auseinandersetzung eine eher passive Rolle ein, obwohl er offenbar von der Unschuld seiner Ehefrau überzeugt war.[11]

Wie die Überlieferung zeigt, begannen am 7. Februar 1533 die mehrtägigen Besprechungen zwischen Landgraf Philipp und Herzog Georg, welche in den 51 Folioblätter umfassenden Verhandlungsprotokollen dokumentiert sind. Die verschiedenen Positionen der beiden Parteien werden hier in Form von Rede und Gegenrede gegenübergestellt (Nr. 6 – 8, 10 – 14).[12] In diesen Berichten zeigt sich das Spannungsfeld der Konfessionspolitik und väterlichen Haushaltung Georgs auf der einen und Elisabeths Streben nach Eigenständigkeit und Handlungsfreiraum auf der anderen Seite,[13] was diese Quellen zu einem unverzichtbaren Teil des vorliegenden Bandes machen.

Herzog Georg entschied sich zunächst gegen ein persönliches Treffen mit dem Landgrafen. Stattdessen wurden von seiner Seite die albertinischen Räte Rudolf von Bünau, Georg von Carlowitz und Simon Pistoris mit einbezogen, um gemeinsam mit Philipp die Vorwürfe gegenüber Elisabeth zu erörtern (Nr. 8). Im Wesentlichen handelt es sich um drei Punkte: 1.) Die mutmaßlichen Drohungen des Herzogs, Elisabeth einmauern zu lassen, wenn erneut ein Mann in ihrem Gemach aufgefunden werden würde; 2.) Das Gerücht, Elisabeth habe ein Verhältnis mit Heinrich von Schönberg; 3.) Die Entfernung von Vertrauten der Herzogin vom Dresdner Hof. Die wichtigste Forderung des Landgrafen war die namentliche Offenlegung der Verleumder, damit sich Elisabeth ihnen gegenüber rechtfertigen könne. Herzog Georg lehnte dieses Anliegen entschieden ab.

Zu einem persönlichen Gespräch zwischen dem Landgrafen und dem Herzog kam es erst am nächsten Tag. Die Unterredung behandelte Georgs vermeintliche Drohung, Elisabeth einmauern zu wollen. Dem widersprach der Herzog. Vielmehr habe er öffentlich bekundet, die Leute zu köpfen, die sich in Zukunft unerlaubt im Frauenzimmer der Herzogin aufhalten würden, und sie damit also nur vor Konsequenzen gewarnt. Welche der Schilderungen zutraf, muss letztendlich offen bleiben. In seiner Gegendarstellung hob der Herzog die Eigenwilligkeit Elisabeths hervor und warf ihr gleichzeitig vor, sich am Hof ungebührlich zu verhalten und Hierarchien zu missachten. Ihr offener und kontaktfreudiger Umgang mit Adligen habe zu den Gerüchten geführt. Als Reaktion darauf seien die betreffenden Personen[14] des Hofes verwiesen worden. Außerdem forderte Georg Elisabeth auf, sich an die häusliche

---

[11]   Nr. 8: *Hab hertzogk Hans in der herberge zum Boß desgleich(en) in her Ernsten von Schonburgs hause offentlich gesagt: „Mein her vater wolt mich gern uberreden, Hainrich von Schonburg bul mir mit dem weibe. Aber ich glaubs nicht, ich wais, das ich ein from weib habe."*

[12]   Zusammenfassend vgl. auch WERL, Elisabeth, S. 90 – 93.

[13]   Zu den Handlungsspielräumen und -grenzen des Lebens Herzogin Elisabeths am Dresdner Hof vgl. im Folgenden THIEME, Glaube und Ohnmacht, insbesondere S. 164 – 167.

[14]   Genannt werden: 1.) Innocenz von Starschedel zu Mutzschen, sächs.-albert. Rat „von Haus aus", 1516 und 1518 genannt als Hofmeister Herzog Johanns (des Jüngeren), 1530 Hofmarschall Herzog Heinrichs (des Frommen); vgl. GOERLITZ, Staat und Stände, S. 424; VOLKMAR, Der sächsisch-albertinische Hofrat, S. 83; 2.) Heinrich von Schönberg (1500 – 1575), sächs.-ernest. Hofmarschall und Jägermeister; vgl. FRAUSTADT, Geschichte des Geschlechts von Schönberg, Bd. I B, S. 443 – 452.

Ordnung zu halten und sich ihrem Gemahl unterzuordnen. Landgraf Philipp solle sie wegen ihrer derben Ausdrucksweise, ihrer unmoralischen Reden und Flüche[15] bestrafen und sie so dazu bringen, sich gegenüber ihm und ihrem Gemahl so zu verhalten, wie es einer Fürstin gebühre. Offenbar werden hier zugleich die herzoglichen Informationsquellen: Elisabeths ehemalige Hofmeisterin Elisabeth von Schönberg,[16] die für das Frauenzimmer der jungen Herzogin zuständig war,[17] sowie die Hofjungfer Anna von Honsberg. Letztere stellte für die Ehebruchsvorwürfe eine wichtige Belastungszeugin dar, da sie zunächst behauptet hatte, Heinrich von Schönberg sei im Frauenzimmer gewesen, womit sie den Untreueverdacht erhärtete. Noch vor ihrem Tod muss sie Elisabeth gegenüber diese Äußerung widerrufen haben, was allerdings nicht aktenkundig wurde. Als Kronzeuge der Verteidigung Elisabeths trat der Pfarrer Johannes Hülse hervor, der als Beichtvater der verstorbenen Hofjungfer die Version der Herzogin bestätigte, indem er angab, Anna von Honsberg habe auf dem Sterbebett vermeldet, doch niemanden im Gemach der Herzogin gesehen zu haben (Nr. 33). Unter welchen Druck die Hofbediensteten durch die beiden Parteien gesetzt wurden, zeigt der Fall Levins von Ende,[18] einem Pagen am Dresdner Hof, der im Bereich des Frauenzimmers Elisabeths tätig gewesen sein muss. Er spricht von Drohungen durch Heinrich von Schleinitz, damit er gegen die Herzogin aussagen würde. Elisabeth schickte von Ende nach den Dresdner Verhandlungen zu Kurfürst Johann Friedrich, um Bericht zu erstatten, vor allem aber, um ihn als Zeuge in Sicherheit zu bringen (Nr. 15, 16, 40).

Gefahren sahen Landgraf und Kurfürst auch für Elisabeth selbst, denn sie befürchteten, sie könne vergiftet werden oder auf eine andere Weise zu Schaden kommen, solange ihr Schwiegervater nicht gegen die Verleumder vorginge. Mit Zustimmung Herzog Georgs wollten sie dem jungen Paar eine eigene Residenz fernab vom Dresdner Hof verschaffen – ein Bemühen, mit dem Landgraf Philipp wenige Tage zuvor bei Herzog Johann gescheitert war. Um das Argument der höheren Kosten seitens Herzog Georgs zu entkräften, schlug Philipp die Übernahme des Unterhalts für die neue Residenz vor, woran sich auch Kurfürst Johann Friedrich und sein Bruder Johann Ernst beteiligen wollten (Nr. 14, 17). Während der Landgraf weiter an einer Aufklärung der Angelegenheit interessiert war und eine Zeugenbefragung ins Spiel brachte, lehnte der Herzog jede weitere Verhandlung ab und beendete die Dresdner Gespräche. Damit bleibt zu konstatieren, dass die Bemühungen um einen Ausgleich seitens des Landgrafen letztendlich ergebnislos blieben. Weder schaffte er es, die Anschuldigungen gegenüber seiner Schwester zu entkräften, noch Elisabeth vom Hof zu entfernen und sie in eine sichere Umgebung zu bringen.

Auf seiner Rückreise besuchte Philipp Kurfürst Johann Friedrich, um das weitere Vorgehen zu besprechen. In dieser Situation entschlossen sich der Kurfürst und der Landgraf, nahe Verwandte wie Herzog Heinrich V. (den Friedfertigen) von Mecklenburg und Herzog

---

15 Zur derben Sprache Elisabeths vgl. KES I, S. XXXIX f.

16 Die in den Protokollen erwähnte Hofmeisterin von Einsiedel lässt sich durch den Hinweis auf ihre Tochter Barbara (vgl. Nr. 10) näher bestimmen. Barbara war die Tochter Heinrichs von Einsiedel zu Gnandstein und Scharfenstein († 1507), der 1497 Elisabeth von Schönberg heiratete. Seine Gemahlin begleitete Elisabeth auf ihrer Heimfahrt (vgl. KES I, Nr. 23, 25) und war auch Hofmeisterin Herzogin Barbaras. Vgl. Ahnenreihenwerk der Geschwister Fischer, Bd. 4, Teil II: Teil II, Reihe von Schönberg X, S. 2; ebd., Teil V: Reihe von Einsiedel I, S. 30 und Stammtafel, S. 2; vgl. dazu MANSBERG, Erbarmanschaft Wettinischer Lande I, S. 370–437 und Tafel 14; GOERLITZ, Staat und Stände, S. 574 f.; SCHIRMER, Kursächsische Staatsfinanzen, S. 238.

17 Zu den Aufgaben einer Hofmeisterin vgl. STREICH, Lebensbedingungen thüringischer Fürstinnen, S. 45–73.

18 Vermutlich Levin von Ende zu Selka und Salba; vgl. Ahnenreihenwerk der Geschwister Fischer, Bd. 4, Teil VII: Teil XII, Stammtafel, S. 3 f. (hier urkundlich nachgewiesen 1538–1554). Möglich wäre auch Levin von Ende zu Ponitz († vor 1539). Vgl. ebd., Stammtafel, S. 34.

Ernst I. (den Bekenner) von Braunschweig-Lüneburg um Vermittlung zu bitten und diese gemeinsam mit Herzog Georg zu einer Unterredung nach Naumburg einzuladen (Nr. 18).[19] Damit rückte der „Fall Elisabeth" in eine breitere Öffentlichkeit und trat aus dem Beziehungsgeflecht Dresden – Marburg – Weimar heraus. Auch Herzog Heinrich II. (der Jüngere) von Braunschweig-Lüneburg-Wolfenbüttel sollte zu dieser Besprechung hinzugezogen werden, obwohl sein Verhältnis zu Philipp stark angespannt war (Nr. 17).[20] Für die weitere Entwicklung der Verhandlungen erwies sich diese Entscheidung als schwerwiegend. Noch bevor eine offizielle Einladung durch den sächsischen Kurfürsten und den hessischen Landgrafen an Herzog Georg erfolgt war, informierte Herzog Heinrich II. letzteren über die geplante Zusammenkunft der Fürsten.[21] Die Reaktion des Albertiners fiel deutlich aus, denn aus seiner Sicht waren keine weiteren Besprechungen notwendig. In seiner Absage betonte Georg, dass er mit sich nicht in seine Haushaltung hinein bzw. über den Umgang mit seinen Kindern und dem Hofgesinde reden lassen wolle. Wiederholt wies er darauf hin, nicht Landgraf Philipp sei der Vormund Elisabeths, sondern Herzog Johann als ihr Gemahl.[22] Nicht nur an seiner Kritik, der Landgraf habe die Angelegenheit unnötig ausgeweitet, wird das Bemühen Georgs offenbar, die Auseinandersetzungen in einem kleinen Rahmen zu halten. Auch empfahl er Herzog Heinrich II. von Braunschweig-Lüneburg-Wolfenbüttel, von einer Beteiligung am Tag zu Naumburg abzusehen,[23] obwohl jener Elisabeth zuvor eine informelle Zusage gegeben hatte (Nr. 32). Schließlich schrieb Herzog Johann an Kurfürst Johann Friedrich und eröffnete ihm die Beilegung des Streits zwischen seiner Frau und ihrem Schwiegervater. Bezeichnend für die bereits erwähnte passive Rolle Johanns ist der überlieferte eigenhändige Entwurf Georgs für dieses Schreiben, der den väterlichen Einfluss mehr als deutlich manifestiert.[24]

Obwohl aus Dresden kein Interesse signalisiert wurde, hielten die Fürsten dennoch an dem Treffen fest und beabsichtigten, ihre Räte in die albertinische Residenz zu schicken (Nr. 22, 23). In dieser Situation blieb Herzogin Elisabeth mehr denn je auf die Unterstützung ihrer beiden wichtigsten Vertrauten angewiesen. Sie befürchtete gar seelische Schäden (Nr. 21), zumal sie weiter den Anschuldigungen ihres Schwiegervaters ausgesetzt war (Nr. 34). Der Herzog indes schilderte seiner Tochter, Landgräfin Christine von Hessen, seine Sicht und bat sie, ihre Schwägerin nach ihrem eigenen Vorbild zu Gehorsam gegenüber ihrem Gemahl und ihrem Schwiegervater zu ermahnen (Nr. 41). Elisabeth ihrerseits suchte Trost bei Kurfürst Johann Friedrich, zu dem sie jetzt einen sehr engen Briefkontakt unterhielt (Nr. 29).

Am 25. April 1533 schickten die in Naumburg versammelten Fürsten ihre Gesandtschaft zu Herzog Georg nach Dresden, um die immer noch im Raum stehenden Anschuldigungen gegenüber Elisabeth auszuräumen, die Ehre der Herzogin wieder herzustellen sowie die Verleumder zu bestrafen (Nr. 59). Diese Bemühungen brachten jedoch nicht den gewünschten

---

[19]   Vgl. Werl, Elisabeth, S. 95 ff.

[20]   Hintergrund dieser Spannungen sind die fehlgeschlagenen gemeinsamen Bestrebungen um eine militärische Restitution Herzog Ulrichs ins Herzogtum Württemberg. Nicht nur das Scheitern dieses langfristig vorbereiteten Vorhabens und der spätere Entschluss des Herzogs, sich nicht gegen den König zu stellen, sondern vor allem die Preisgabe der Pläne des Landgrafen an Kaiser und König durch Heinrich führten zu einem erheblichen Vertrauensbruch. Vgl. Lies, Zwischen Krieg und Frieden, S. 96 – 100.

[21]   ABKG III, Nr. 2211 (Halle/Saale, 1533 März 9).

[22]   Ebd., Nr. 2217 (Dresden, 1533 März 22).

[23]   Die Absage des Herzogs ebd., Nr. 2211a (1533 Februar 24).

[24]   Ebd., Nr. 2217a (Dresden, 1533 März 22).

Erfolg. Ihr Gemahl (Nr. 62) und ihr Schwiegervater (Nr. 63, 74) lehnten weitere Verhandlungen ab, da es aus ihrer Sicht keine Streitigkeiten in der Sache gebe. In diesen Zeitraum sind auch die eigenhändig niedergeschriebenen Forderungen Herzog Georgs einzuordnen,[25] die für Elisabeth einen Verhaltenskodex am Dresdner Hof darstellen sollten (Nr. 103). Aber nicht Georg selbst, sondern sein Sohn Johann überbrachte diese Anordnungen in einer abgemilderten Form der Herzogin (Nr. 104).[26] Bereits vorher hatte Georg mit einer Frauenzimmerordnung versucht, das Leben in ihren Gemächern zu reglementieren. Elisabeths Hofmeisterin[27] bekam die Schlüsselgewalt. Zusätzlich sollte sie gemeinsam mit Herzog Johann den Briefverkehr Elisabeths überwachen, was bei der Herzogin auf wenig Gegenliebe stieß (Nr. 10).[28]

Das erneute Scheitern der Verhandlungen und die weiterhin im Raum stehenden Ehebruchsvorwürfe führten zu Bemühungen um einen Ausgleich durch die beiden Vertrauten der Herzogin und die albertinischen Räte. Einerseits trafen der hessische Landgraf und der sächsische Kurfürst Vorbereitungen, den Fall an die Landschaft heranzutragen (Nr. 68, 83). Andererseits befürchteten die Räte, der Landgraf würde militärisch für Elisabeth einstehen und gingen ihrerseits auf die Herzogin zu. Unter der Bedingung, sich in der Frage des Abendmahls ihrem Gatten unterzuordnen, wollten sie im Mai 1533 dafür sorgen, Heinrich von Schleinitz und Hans von Schönberg aus Dresden zu entfernen. Elisabeth lehnte das Angebot ab, da sie sich wegen des Sakraments nicht drängen lassen wollte (Nr. 72, 73). Landgraf Philipp schickte seine Forderungen Anfang August 1533 an den Ausschuss, in denen er wiederholt verlangte, Elisabeth vom Verdacht zu befreien, die Verleumder zu bestrafen und den Eheleuten eine eigene Residenz zu geben (Nr. 94). Da Herzog Georg die mutmaßlichen Ankläger ohne Beweis nicht bestrafen und Herzog Johann keine eigene Residenz beziehen wollte, blieb auch diese diplomatische Offensive ergebnislos (Nr. 95), genauso wie die Verhandlungen der gemeinsamen Ausschüsse der ernestinischen und albertinischen Landschaften in Grimma (Nr. 105).

Den umfangreichen Überlieferungskomplex zur Wiederherstellung der Ehre Elisabeths schließt der halbherzige Vermittlungsversuch Kardinal Albrechts von Brandenburg ab, der im November 1533 zusagte, die Widersacher Elisabeths würden vom Hof geschickt werden (Nr. 107, 109). Seine Anstrengungen um einen Ausgleich standen zum einen im Zusammenhang mit den Grimmaischen Verhandlungen[29] zwischen Herzog Georg und Kurfürst Johann Friedrich, um auch diese Streitsache zwischen den beiden wettinischen Fürsten zu beseitigen. Zum anderen spiegeln sie den Versuch wider, den Kurfürsten in das Hallenser Bündnis mit Herzog Georg, Kurfürst Joachim von Brandenburg sowie den Herzögen Heinrich II. von Braunschweig-Lüneburg-Wolfenbüttel und Erich I. (den Älteren) von Braunschweig-Lüneburg-Calenberg-Göttingen einzubinden.[30] Kurfürst Johann Friedrich hoffte hingegen, den

---

[25] Die Forderungen sind nicht datiert, gehören aber zum Brief des Kurfürsten an die gemeinsamen Ausschüsse der ernestinischen und albertinischen Landschaften (Nr. 105). Das Schreiben bildet mit dem 28. Oktober 1533 den terminus ante quem des Konzepts. Allerdings könnten diese Forderungen schon deutlich früher, also bereits nach den Dresdner Besprechungen Anfang Februar, eingeordnet werden.

[26] Vgl. THIEME, Glaube und Ohnmacht, S. 149 ff.

[27] Die zu der Zeit aktuelle Hofmeisterin bleibt ohne namentliche Nennung. Nach einem Brief Elisabeths bezeichnet die Hofmeisterin den Hofmarschall Ernst von Miltitz als ihren Vetter. Vgl. Nr. 58.

[28] Vgl. THIEME, Glaube und Ohnmacht, S. 168 f.

[29] Der Grimmaer Machtspruch (ABKG III, Nr. 2010) hatte 1531 die Frage nach der Religion offengelassen, die nun durch die intensiven Bemühungen der Räte im Grimmaischen Vertrag (1533 November 18) geregelt wurde. Vgl. ABKG III, Nr. 2327.

[30] Das Bündnis wurde am 21. November 1533 ohne die Beteiligung des Kurfürsten geschlossen. Vgl. MENTZ, Johann Friedrich der Grossmütige, Bd. 2, S. 26 f.

Kardinal in den Verhandlungen dahingehend zu bewegen, dass sich die Abendmahlfrage zugunsten Elisabeths entwickeln würde. Gleichzeitig verfasste Landgraf Philipp erneut Forderungen im Hinblick auf die Verleumdungsklage sowie zu religiösen Freiräumen seiner Schwester (Nr. 119). Auch diese Bemühungen verliefen im Sande (Nr. 125, 131). Damit waren die letzten Versuche einer Einigung gescheitert und die Ehebruchsvorwürfe standen weiter im Raum, führten aber weder auf der einen noch auf der anderen Seite zu greifbaren Konsequenzen.

Eine Normalisierung des Verhältnisses zwischen Herzog Georg und Elisabeth ist erstmals Ende Januar 1534 greifbar. Damals berichtete die Herzogin, dass sie sich nicht mehr vor ihrem Schwiegervater fürchte und ihre Ehre wiederhergestellt sei (Nr. 133). Im März schreibt sie dann von einem endgültigen Ausgleich mit dem Herzog: Er habe sie nicht mehr im Verdacht und sie gebeten, seine Anschuldigungen zu vergessen (Nr. 138). Die Hintergründe für diese Wandlungen im persönlichen Verhältnis sind weder in der Korrespondenz Elisabeths noch in der ihrer Briefpartner zu finden. Elisabeth Werl stellt einen Zusammenhang mit den unmittelbar aufeinander folgenden Todesfällen der Markgräfin Magdalena von Brandenburg[31] sowie der Herzogin Barbara von Sachsen[32] her, die Herzog Georg als Gottesurteil in seinem Streit mit Elisabeth gesehen haben soll.[33] Direkte Belege dafür lassen sich in der Korrespondenz allerdings nicht finden.

Konfessionelle Spielräume

Parallel zu den intensiven diplomatischen Bemühungen um die Ehebruchsvorwürfe gibt die Korrespondenz Einblicke in die konfessionelle Stellung der sächsischen Fürstin in ihrem Umfeld am Dresdner Hof[34] und die religiöse Auseinandersetzung mit Herzog Georg. In den Mittelpunkt rückte vor allem die Gewissensfrage zum Abendmahl. In den Besprechungen Anfang des Jahres 1533 hatten dieser Aspekt sowie das Bekenntnis Elisabeths zur lutherischen Lehre kaum eine Rolle gespielt.[35] Unabhängig von den Ausgleichsgesprächen schilderte Elisabeth Ende März Anstrengungen Herzog Georgs, sie durch ihren Gemahl zum Ablegen der Beichte zu bringen. Dieses Ersuchen lehnte Elisabeth mit der Begründung ab, sie könne unter Zwang das Sakrament in einer Gestalt nicht nehmen. Gleichzeitig verwies sie auf die Aussagen des ersten und zweiten Buchs Mose, wonach zwar die Frau ihrem Mann gehorsam sei,[36] dass aber der Mann auch Vater und Mutter verlassen solle,[37] und stellte damit die Anerkennung Herzog Johanns als Autorität und den Umzug in eine eigene Residenz in direkten Zusammenhang. Den Kurfürsten und ihren Bruder ersuchte Elisabeth um Rat, denn sie befürchtete, Herzog Georg würde sie zum katholischen Bekenntnis zwingen (Nr. 46, 47). Tatsächlich erhöhte der Herzog den Druck, indem er die Herausgabe ihrer lutherischen Bücher forderte (Nr. 50) und sie zugleich durch den Pfarrer (Nr. 53) sowie ihren Gemahl

---

31 Markgräfin Magdalena (1507–1534), Gemahlin Markgraf Joachims II. (des Jüngeren) von Brandenburg, starb am 25. Januar 1534. Vgl. Posse, Die Wettiner, Tafel 28.

32 Herzogin Barbara von Sachsen (1478–1534) starb am 15. Februar 1534 in Dresden. Vgl. ABKG III, Nr. 2393.

33 Vgl. Werl, Herzogin Sidonia von Sachsen, S. 11; Dies., Elisabeth, S. 109.

34 Obwohl ihr Bekenntnis zur lutherischen Lehre nicht öffentlich vollzogen wurde, galt es am Hof doch als offenes Geheimnis (Nr. 54). Vgl. Thieme, Glaube und Ohnmacht, S. 157, 169.

35 Vgl. KES I, S. XXIII–XXVII.

36 2. Mose 20,12.

37 1. Mose 2,24.

ermahnen ließ (Nr. 54). Kurfürst Johann Friedrich und Landgraf Philipp rieten ihr, wie schon im April 1532,[38] das Abendmahl vorerst auszusetzen und die Situation nicht weiter eskalieren zu lassen (Nr. 51, 55). Wie stark sich die Herzogin in dieser Phase am Dresdner Hof einer Gefahr für Leib und Leben ausgesetzt sah, zeigen Warnungen vor einer möglichen Vergiftung und ihre Schilderung der Behauptung Herzog Georgs, er habe den „Feind im Hause" (Nr. 58, 61).

Die albertinischen Räte, insbesondere Georg von Carlowitz und Rudolf von Bünau, versuchten im weiteren Verlauf der Ausgleichsbemühungen Elisabeth zur Beichte und dem katholischen Abendmahl zu bewegen (Nr. 57). Außerdem sollte sie sich in religiösen Fragen Herzog Johann unterordnen (Nr. 72, 73). Diese Vorstöße scheiterten wiederholt an der Ablehnung der Herzogin, die auch auf den Vorschlag ihrer beiden Vertrauten, das Sakrament in einer Gestalt wenigstens zum Schein einzunehmen, nicht einging.[39] Der sächsische Kurfürst sah sich dessen ungeachtet weiterhin veranlasst, diesen kritischen Punkt dringend zu klären und bezog ihn deshalb in die bereits oben erwähnten Verhandlungen mit Kardinal Albrecht von Brandenburg im November 1533 mit ein. Bei ihm konnte Johann Friedrich jedoch keine Ausnahmeregelung für Elisabeth zur Einnahme des Abendmahls in beiderlei Gestalt erreichen (Nr. 115). In der Folgezeit sind keine weiteren kurfürstlichen Vermittlungsversuche bekannt.[40] Eine Lösung in dieser Frage scheint erst nach dem Ausgleich mit Herzog Georg 1534 gefunden worden zu sein, obwohl der Herzog zunächst auf seinem Standpunkt beharrte. Vermutlich hatte Elisabeths Gemahl über einen Pfarrer ermöglicht, im Geheimen das Sakrament in beiderlei Gestalt zu erhalten.[41] Bereits im April desselben Jahres informierte die Herzogin Johann Friedrich über ihr reines Gewissen im Zusammenhang mit dem Abendmahl, was dahingehend interpretiert werden kann, dass sie es nun in der von ihr gewünschten Form einnehmen konnte (Nr. 142).

Elisabeth am Dresdner Hof

Elisabeths Rolle als Informationsquelle für ihren Bruder und den sächsischen Kurfürsten zeigen ihre Schilderungen über Neuigkeiten, Pläne, Gerüchte und Stimmungen am Dresdner Hof.[42] Beispiele sind die Vermutung, wonach Johann Friedrich sich dafür einsetzen wolle, dass Herzog Wilhelm IV. von Bayern zum römischen König gewählt werde (Nr. 66), oder Auskünfte über die Reisen der beiden albertinischen Herzöge zu den Verhandlungen mit Kardinal Albrecht von Brandenburg nach Jüterbog (Nr. 80, 88). In diesem Kontext gehört außerdem die vertrauliche Übersendung von geheimen Briefen an den Kurfürsten, die eine kaiserliche Gesandtschaft in Dresden verloren hatte (Nr. 75, 80). Zu vernehmen sind auch Klagen der Herzogin über die sexuelle Zurückhaltung ihres Gemahls[43] oder über Herzog Georg, der ihr nur unter strengsten Auflagen Jagdausflüge oder andere Ausritte genehmigte. Wie zu erfahren ist, standen dahinter Befürchtungen ihres Schwiegervaters, Elisabeth

---

[38]   Vgl. KES I, Nr. 170.

[39]   Vgl. THIEME, Glaube und Ohnmacht, S. 173.

[40]   WERL, Elisabeth, S. 106 f.

[41]   Nach dem Tod Herzog Johanns 1537 klagte Elisabeth, keinen Pfarrer mehr zu haben. Vgl. THIEME, Glaube und Ohnmacht, S. 169.

[42]   Vgl. KES I, S. XXIII f.

[43]   Für Elisabeth bedeutete die Zurückweisung durch ihren Gemahl eine große Belastung. Dahinter steht auch der politische Druck wegen ihrer über Jahre ausbleibenden Schwangerschaft, welche sie als persönliches Versagen empfand. Vgl. THIEME, Glaube und Ohnmacht, S. 170.

könne fliehen oder durch den Kurfürsten bzw. ihren Bruder entführt werden. Als prominente Vorbilder, die in Elisabeths Briefen auch Erwähnung finden, galten Herzogin Sabina von Württemberg und Kurfürstin Elisabeth von Brandenburg, die beide vor ihren Ehemännern geflohen waren (Nr. 84, 88). Erstere verließ im November 1515 gemeinsam mit ihrem neu-geborenen Sohn unter Mithilfe Dietrich Speths zu Zwiefaltendorf Württemberg, um sich in Bayern bei ihren Brüdern, den Herzögen Wilhelm IV. und Ludwig X., in Sicherheit zu brin-gen. Vorausgegangen waren die Affäre ihres Gemahls mit Ursula, geb. Thumb von Neuburg, und der eigenhändig vom Herzog begangene Mord an deren Ehemann Hans von Hutten.[44] Die Flucht Kurfürstin Elisabeths von Brandenburg war dagegen religiös motiviert. Sie hatte sich am Hof ihres Gatten, des Kurfürsten Joachim I. von Brandenburg, seit 1523 der Lehre Luthers zugewandt und wurde aus diesem Grund von ihm mit der Gefangenschaft bedroht. Als Reaktion darauf floh sie im März 1528 ins ernestinische Sachsen, wo sie lange Zeit im Exil blieb.[45]

Eine mögliche Fluchtgefahr Herzogin Elisabeths zu Johann Friedrich geht aus den Briefen trotz der engen Beziehung zwischen beiden nicht hervor. Diese Nähe ist nicht nur aus den vertraulichen Grußformeln abzulesen, sondern auch an der Gleichsetzung des Kurfürsten mit ihrem eigenen Bruder[46] oder der Bezeichnung als „Beichtvater" (Nr. 117). Elisabeths Be-mühen um ein persönliches Gespräch mit Johann Friedrich klingt in den Schlussformeln und Nachträgen der Briefe immer wieder an (u. a. Nr. 92, 102). Mit dem Grimmaer Ausgleich zwischen dem Kurfürsten und Herzog Georg hatten sich die politischen Voraussetzungen da-für gebessert (Nr. 114, 117), jedoch verhinderte die Krankheit Herzogin Barbaras die Reise Elisabeths zu Johann Friedrich nach Weimar. Stattdessen wurde der Kurfürst zu Fastnachts-feierlichkeiten in die albertinische Residenz eingeladen (Nr. 122, 126, 129, 131, 133).

Ein spezielles Thema in diesem Überlieferungskomplex ist Elisabeths Beitrag zur Ver-mählung zwischen Markgraf Georg (dem Frommen) von Brandenburg-Ansbach und Herzo-gin Emilia von Sachsen, Tochter Herzog Heinrichs (des Frommen). Inwieweit sie in die Ehe-anbahnung mit einbezogen wurde, lässt sich nicht vollumfänglich ermitteln. Die Herzogin selbst berichtet von einer Erkundigung des Markgrafen, ein konkreter Auftrag zur Vermitt-lung wird nicht explizit erwähnt (Nr. 46). Die Briefe zeigen ferner die Pläne Elisabeths, an der Hochzeit teilzunehmen (u. a. Nr. 89, 90) und die Braut heimzuführen (Nr. 88).[47] Bei der Eheanbahnung der Hofjungfer Magdalena Pflugk ist die Rolle der Herzogin wesentlich kla-rer zu greifen. Hier setzte sie sich aktiv beim sächsischen Kurfürsten für die Adlige ein, um deren Heirat mit einem evangelischen Ehemann zu realisieren (Nr. 116).[48]

Einen breiten Raum nehmen die Schilderungen von Erkrankungen ein.[49] Ihre gesund-heitliche Situation ist immer wieder Teil dieser privaten Korrespondenz. Aus medizinhisto-rischer Sicht lassen Berichte dieser Art Diagnosen zum Krankheitsverlauf stellen: Häufig ist von einem „Fluss" die Rede, der aufgrund der Bedeutungsvielfalt dieses Begriffes[50] nur an-

---

[44]   Vgl. dazu WILLE, Landgraf Philipp der Großmüthige von Hessen, S. 5 f.; BRENDLE, Dynastie, Reich und Reformation, S. 25–57; SAUTER, Herzogin Sabina von Württemberg.

[45]   Vgl. dazu GUNDERMANN, Elisabeth von Brandenburg; BERBIG, Ein Gutachten über die Flucht der Kurfürstin Elisabeth; JACOBI, Die Flucht der Kurfürstin Elisabeth; RIEDEL, Die Kurfürstin Elisabeth von Brandenburg.

[46]   U. a.: *danich vorse mich so vel gutz zu e(uer) l(ieben) als zu meyn eigen bruder* (Nr. 102) und *vor se mich auch nich winger gutz tzu e(uer) l(ieben) als zu mein eigen bruder* (Nr. 117).

[47]   Außerdem hilft die Erwähnung der Hochzeit bei der chronologischen Einordnung falsch bzw. unda-tierter Briefe. U. a. Nr. 98.

[48]   Vgl. WERL, Elisabeth, S. 103 f.

[49]   Zur Krankheitsgeschichte der letzten Lebensjahre vgl. JÜTTE, Die Leiden der Elisabeth von Rochlitz.

[50]   Blutfluss, Ruhr, Rheuma oder Katarrh; vgl. DWB, Bd. 3, Sp. 1856 (Artikel „fluss").

hand der beschriebenen Beschwerden näher bestimmt werden kann. So ist zunächst vermutlich von einem Katarrh der Schleimhäute die Rede (Nr. 84), später lassen die Symptome auf ein Rheuma schließen (Nr. 90). Darüber hinaus geben Elisabeths Briefe u. a. Hinweise auf Zahnschmerzen (Nr. 38, 39), eine Grippe (Nr. 75, 84), Augenleiden (Nr. 98, 102) oder Blutarmut (Nr. 98). Vereinzelt finden sich sogar entsprechende zeitgenössische Behandlungsmethoden wie Wärmeanwendungen (Nr. 8), Aderlass oder die Verabreichung eines Trankes (Nr. 98). Elisabeth informiert des Weiteren mehr oder weniger ausführlich über Krankheiten anderer Personen aus ihrer Umgebung am Dresdner Hof: Ihre Schilderungen zeigen die zunehmende Altersschwäche Herzogin Barbaras oder sie berichten von einem Ohnmachtsanfall des jungen Herzogs Moritz (Nr. 137) sowie einer Fiebererkrankung Heinrichs von Schleinitz (Nr. 84). Die Todesumstände des Hans von Minckwitz (Nr. 205) und Ernsts von Schönburg (Nr. 208), die an einem Schlaganfall bzw. an der Ruhr verstarben, veranlassten Elisabeth einmal mehr, vor dem „übermäßigen Saufen" zu warnen.[51] Gerade an solchen Stellen bestätigt die Korrespondenz ihr hohes kulturgeschichtliches Potenzial.

Das Porträt der Herzogin von Lucas Cranach

Einen weiteren interessanten Aspekt der Überlieferung berühren zwei Briefe Elisabeths aus dem Frühjahr 1534. In ihnen erwähnt die Herzogin ein Bildnis, das Lucas Cranach (der Ältere), vermutlich in Dresden,[52] von ihr gemalt hatte. Durch die genauen Angaben in ihrem Schreiben kann der Entstehungszeitpunkt dieses Porträts auf den 27. Februar 1534 datiert werden (Nr. 137). Wahrscheinlich hielt Cranach dieses Bild zunächst zurück, denn wenige Wochen später bat Elisabeth Kurfürst Johann Friedrich, den Maler daran zu erinnern, ihr das Bild gemeinsam mit einem Porträt ihrer Mutter, Landgräfin Anna von Hessen, zu schicken (Nr. 142).

Die bildliche Darstellung der Herzogin hat bereits Elisabeth Werl 1965 in einem Aufsatz thematisiert, wo sie sämtliche bekannte Porträts Elisabeths auflistet. Dabei ordnet Werl der Fürstin aufgrund der erwähnten Briefe zwei Bilder Cranachs zu, welche dieselbe Person zeigen.[53] Sie stützt sich bei der Identifizierung auf vorhandene Schmuckelemente sowie auf das Sächsische Stammbuch[54] und argumentiert mit der Ähnlichkeit Elisabeths zu dieser Ausführung.[55] Es ist allerdings nachgewiesen worden, dass es sich nicht um die Herzogin handelt, da ihre Darstellung im Stammbuch eindeutig auf ein Bildnis Christianes von Eulenau aus dem Jahr 1534[56] zurückgeht.[57] Gegen die These Werls spricht aber vor allem der Brautkranz, der die beiden Bilder als Brautwerbungsbilder identifiziert.[58] Damit scheidet die bereits verheiratete Elisabeth aus. Vielmehr wird mittlerweile angenommen, dass es sich um

---

[51]   Vgl. KES I, S. XXIII; sowie hier Nr. 127.

[52]   Bei fehlender Ortsangabe in den Briefen der Herzogin kann Dresden als Ausstellungsort angenommen werden. Zuvor war Cranach in Annaberg bei Herzog Georg gewesen, wie dieser in einem Brief vom 24. Februar 1534 mitteilt. Vgl. ABKG III, Nr. 2405.

[53]   Bildnis einer sächsischen Prinzessin, 1534, Lyon, Musée des Beaux Arts; Bildnis einer sächsischen Prinzessin, 1534, Darmstadt, Hessisches Landesmuseum.

[54]   Das Sächsische Stammbuch, SLUB Dresden, Mscr.Dresd.R.3, Bl. 93v, online abrufbar: http://digital. slub-dresden.de/werkansicht/dlf/56803/191/0/ [15. April 2015].

[55]   Vgl. WERL, Herzogin Elisabeth von Sachsen in bildlicher Darstellung, S. 29 f.

[56]   Staatliche Kunstsammlungen Dresden, Gemäldegalerie Alte Meister, Inventar-Nr. 1913; vgl. dazu KOEPPLIN/FALK, Lukas Cranach, Bd. 2, S. 710, Nr. 628 (ohne Abb.).

[57]   Vgl. HOLSTE, Die Porträtkunst Lucas Cranachs d. Ä., S. 123 f.

[58]   Ebd., S. 141–144.

Herzogin Maria von Sachsen (1515–1583), eine Tochter Kurfürst Johanns (des Beständigen), handelt.[59] Das in den Briefen von 1534 erwähnte Bild Elisabeths ging anscheinend verloren.

Darüber hinaus interpretiert Werl eine weitere Abbildung falsch: Ein Bildnispaar Cranachs,[60] das einen Jungen und ein Mädchen zeigt, ordnet sie intuitiv Elisabeth und ihrem Bruder Philipp zu. Vermutlich aber zeigen die Porträts Herzog Friedrich und seine Schwester Christine.[61] Jedenfalls bleibt die bisher einzige bekannte bildliche Darstellung Herzogin Elisabeths das Altersbild aus der Sammlung des Museums Schloss Wilhelmsburg in Schmalkalden, welches wahrscheinlich erst nach ihrem Ableben 1557 entstand.[62]

Politisches Engagement in der Württemberger Frage

Nach dem Tod ihrer Schwiegermutter Barbara war Elisabeth die erste Frau am Hof. In der Folgezeit nutzte sie damit verbundene Freiräume selbstbewusst für ihr politisches Engagement.[63] Inhaltlicher Schwerpunkt der Korrespondenz des Jahres 1534 sind die Geschehnisse um Herzog Ulrich von Württemberg.[64] Hintergrund ist der Einsatz des Landgrafen Philipp für die Wiedereinsetzung Ulrichs in dessen Herzogtum. Obwohl sich Philipp diesem Vorhaben schon sehr zeitig zuwandte,[65] spielte es im Briefwechsel seiner Schwester lange Zeit kaum eine Rolle. Bereits 1526 war der Herzog nach Hessen gezogen, um von dort aus seine Restitution in Württemberg voranzutreiben, das seit seiner Vertreibung unter habsburgischer Herrschaft stand. In einem Brief aus dem Jahr 1527 erwähnt die Herzogin lediglich ein Gespräch mit ihrem Schwiegervater über Herzog Ulrich.[66] Zwei Jahre später schreibt sie von Gerüchten, die sich auf mutmaßliche Kriegsvorbereitungen und Verhandlungen ihres Bruders beziehen.[67]

In der Korrespondenz dieser beiden Jahre tauchen 1533 erstmals Äußerungen Elisabeths auf, mit denen sie ihren Bruder vor den Gefahren der Wiedereinsetzung Herzog Ulrichs von Württemberg warnte (Nr. 61, 82). Als sich die Auseinandersetzungen in dieser Angelegenheit 1534 weiter verschärften und sich die Anzeichen einer militärischen Lösung der Württemberger Frage verdichteten,[68] wiederholte die Herzogin ihre Mahnungen. Sie teilte

[59]   Vgl. ZIMMERMANN, Beiträge zur Ikonographie, S. 29 f.

[60]   Bildnisse eines sächsischen Prinzen und einer sächsischen Prinzessin (Friedrich und Christine von Sachsen?), um 1517, Washington D.C., National Gallery of Art.

[61]   Vgl. HOLSTE, Die Porträtkunst Lucas Cranachs d. Ä., S. 134 f.; KOEPPLIN, Zwei Fürstenbildnisse Cranachs, S. 34.

[62]   Herzogin Elisabeth von Sachsen, Reisebild, um 1577, Sammlung des Museums Schloss Wilhelmsburg, Schmalkalden, D IV a 1307; KES I, Abb. 1; vgl. WERL, Herzogin Elisabeth von Sachsen in bildlicher Darstellung, S. 24 f.

[63]   Vgl. THIEME, Glaube und Ohnmacht, S. 158 f.

[64]   Herzog Ulrich von Württemberg wurde nach dem Überfall auf die freie Reichsstadt Reutlingen 1519 durch den Schwäbischen Bund aus dem Herzogtum vertrieben. Vgl. KELLER, Die Wiedereinsetzung des Herzogs Ulrich, S. 1 f.; BRENDLE, Dynastie, Reich und Reformation, S. 57–71.

[65]   Vgl. PRESS, Herzog Ulrich, S. 110–135.

[66]   KES I, Nr. 116. Wenig später wird der gemeinsame Besuch Herzog Ulrichs und Landgraf Philipps in Dresden im Februar 1528 erwähnt; ebd. Nr. 142.

[67]   Ebd., Nr. 156, 160.

[68]   Eine militärische Auseinandersetzung war bereits nach dem Reichstag in Augsburg 1530 zu erwarten gewesen. Dafür sprechen die konkreten Verträge des Landgrafen mit Herzog Heinrich II. von Braunschweig-Lüneburg-Wolfenbüttel zur Wiedereinsetzung Herzog Ulrichs in Württemberg aus demselben Jahr sowie die plötzliche Abreise Philipps von dem Reichstag ohne die Genehmigung

ihrem Bruder die Bedenken Herzog Georgs mit (Nr. 138) und sprach sich gegen eine bewaffnete Auseinandersetzung aus (Nr. 139). Auf eine Antwort wartete sie vergeblich (Nr. 142). Erst Ende April scheint sie über die Kriegsvorbereitungen ihres Bruders informiert worden zu sein, vermutlich durch Johann Friedrich (Nr. 143*) oder durch ihren Gemahl,[69] jedoch nicht durch Philipp selbst (Nr. 145). Gerade Schreiben dieser Art verraten viel über Kommunikationsstränge und Kommunikationstechniken der Briefpartner. Hervorzuheben ist an erster Stelle die Vermittlerfunktion[70] des Kurfürsten bei der Weiterleitung[71] von Briefen der Herzogin an ihren Bruder. Erstmals ist solch eine Bitte Elisabeths[72] am 20. Februar 1533 greifbar (Nr. 21, 23). Einerseits wollte sie doppelte Schreiben umgehen (Nr. 114), andererseits vertraute sie den ernestinischen Boten mehr als den albertinischen und ließ deshalb ihre Briefe auf „sicherem" Weg[73] an ihren Bruder gelangen (Nr. 38). Während der Wirren um das Herzogtum Württemberg nutzte sie ihre Verbindung zum Kurfürsten auch aus Unkenntnis vom Aufenthaltsort ihres Bruders (Nr. 152).[74] Neben den Boten dienten auch Vertraute des Kurfürsten wie der ernestinische Gesandte Hans von Minckwitz[75] oder der Wittenberger Hauptmann Hans Metzsch[76] als Überbringer von Briefen. Wie die Übergabe am Dresdner Hof zu erfolgen hatte, legte die Herzogin selbst fest: Die Boten sollten in ihrer Herberge warten und dem Türknecht mitteilen, dass ein Brief abzuholen wäre (Nr. 145). Die Nachricht war in einer Dose, die ein geheimes Zeichen trug, zu verstauen. Über den Türknecht oder einen Knaben kam der Brief dann zu Elisabeth. Um zu verhindern, dass Herzog Georg die kurfürstlichen Schreiben an sich bringen könnte, sollte Johann Friedrich eine weitere, zweite Botschaft aus seiner Kanzlei mitschicken, um von dem eigentlichen Brief abzulenken (Nr. 157, 194, 200). In Krisenzeiten war Elisabeth zu jeder Tages- und Nachtzeit bereit, Nachrichten zu empfangen (Nr. 184, 193).

Auch in dieser Situation bemühte sich die Herzogin um ein persönliches Gespräch mit dem Kurfürsten. Eine Gelegenheit bot sich zum Landtag, der Anfang Mai in Leipzig stattfand (Nr. 145).[77] Gleichzeitig ergingen an ihren Bruder von ihrer Seite weitere Warnungen vor einer gewaltsamen Lösung der Württemberger Frage und sie informierte ihn über aktuelle Vorgänge am Dresdner Hof (u.a. Nr. 154, 158).[78] Erstmals ist hier der Vorschlag fassbar, dass Ulrich von Württemberg sein Herzogtum von König Ferdinand als Lehen erhalten solle.

des Kaisers. Schon hier blieben die diplomatischen Anstrengungen um einen Ausgleich ergebnislos. Die auf dem Reichstag erfolgte öffentliche Belehnung Ferdinands mit dem Herzogtum Württemberg führte dazu, dass sich die antihabsburgische Seite noch aktiver gegen eine fortdauernde Okkupation Württembergs seitens des Königs wehrte. (Bereits im Jahr 1525 war bekannt geworden, dass Kaiser Karl V. in den Brüsseler Verträgen seinem Bruder das Herzogtum erblich übertragen hatte. Vgl. Kohler, Ferdinand I., S. 152 f.). Eine gemeinsame Aktion der beiden blieb dennoch aus, weil sich der Herzog letztendlich nicht gegen den König stellen wollte. Vgl. Grundmann, Landgraf Philipp auf dem Augsburger Reichstag; Lies, Zwischen Krieg und Frieden, S. 96–100.

[69] Herzog Johann hatte einen am 19. April 1534 verfassten Brief des Landgrafen erhalten, in dem dieser ihn über seine Kriegsvorbereitungen informierte. Vgl. ABKG III, Nr. 2453.

[70] Besonders eindrücklich Nr. 146. Daneben finden sich weitere Beispiele; u.a. Nr. 87, 145.

[71] Zur Bedeutung der weitergeleiteten Briefe und ihrer Begleitschreiben für die Deperdita in der Korrespondenz der hier vorliegenden Edition siehe unten S. XXXV.

[72] Nr. 21: *e(uer) l(ieben) wol den breff meyn bruder tzu scheicken, dan mir gros macht drant geleygen yst.*

[73] Nr. 38: *aber weil e(uer) l(ieben) botschaff gewisser yst, so scheik ich e(uer) l(ieben) den breff an meyn bruder, bit e(uer) l(ieben) im tzu schei(en).*

[74] Hier heißt es: *ich wolt es meyn bruder gern selber schriben, aber ich west in nich zu fintten.*

[75] Vgl. Nr. 126.

[76] Vgl. Nr. 47.

[77] Vgl. Goerlitz, Staat und Stände, S. 457 f.; zu den Ergebnissen vgl. ABKG III, Nr. 2470.

[78] Zu den Bemühungen Elisabeths vgl. auch Werl, Elisabeth, S. 114 ff.

Elisabeth empfahl ihrem Bruder und dem Herzog, sich auf diese Afterlehenschaft einzulassen (Nr. 147), so wie diese dann später im Frieden von Kaaden festgehalten wurde.[79] Ihr Schreiben an die hessischen Statthalter und Räte, welches ihnen ebenfalls die Gefahren für die Landgrafschaft und mögliche Lösungen in dieser Angelegenheit deutlich machen sollte (Nr. 148), zeigt Elisabeth in ihrer selbstbewussten, politischen Vermittlerrolle. Einen weiteren Versuch unternahm sie Anfang Mai 1534 bei Kurfürst Johann Friedrich, damit er ihren Bruder zu einer friedlichen Einigung bewege (Nr. 150). Zwischen den beiden war es aufgrund von Philipps württembergischen Alleingang zu Verstimmungen gekommen (Nr. 153),[80] denn zu diesem Zeitpunkt hatte der Landgraf bereits sein Heer, ohne Wissen des Kurfürsten, in Bewegung gesetzt.

Die militärische Schwäche König Ferdinands in Württemberg[81] und das zügige Vorgehen ermöglichten einen schnellen Sieg Philipps (Nr. 164, 165, 166).[82] Die Verhandlungsbemühungen rissen trotz des hessischen Erfolgs nicht ab (Nr. 154). Auch die Herzogin intensivierte ihre Schreibtätigkeit. Allein im Mai 1534 verfasste sie zwölf Schreiben an ihren Bruder, den sie zum Frieden mahnte (Nr. 157, 158), und an den sächsischen Kurfürsten, den sie weiterhin als Mediator ansah (Nr. 159, 160, 161).[83] Beide versorgte sie mit geheimen Informationen[84] und warnte insbesondere ihren Bruder vor einer Weitergabe (Nr. 158). Die Briefe Elisabeths durften nur vom Landgrafen selbst geöffnet werden (Nr. 199).[85] Danach blieben sie bei ihm oder bei seinem Vertrauten Henning von Scholey in privater Obhut (Nr. 65).[86]

---

[79]   Vgl. LIES, Zwischen Krieg und Frieden, S. 166 f.

[80]   Vgl. ebd., S. 144–148.

[81]   Grundlage des schnellen Erfolgs war eine seit Anfang der 1530er-Jahre verfolgte Bündnispolitik des Landgrafen, die das Machtverhältnis im Südwesten des Reiches zu Ungunsten der Habsburger verschob. Die wichtigsten Zusammenschlüsse waren der Schmalkaldische Bund (vgl. HAUG-MORITZ, Schmalkaldischer Bund, S. 20 f.; FABIAN, Die Entstehung des Schmalkaldischen Bundes), das Saalfelder Bündnis mit Bayern (vgl. HAUG-MORITZ, Schmalkaldischer Bund, S. 47; KOHLER, Antihabsburgische Politik, S. 232 f.) sowie die Rheinische Einung mit den Kurfürsten von Mainz, Trier und der Pfalz (vgl. EYMELT, Die Rheinische Einigung des Jahres 1532; WILLE, Landgraf Philipp der Großmüthige von Hessen, S. 84 f.). Vor allem letztere destabilisierte den Schwäbischen Bund, der sich letztendlich 1534 auflöste. Die Verquickung aktueller Probleme und die dynamische Ausgestaltung der Bündnisse eröffneten dem Landgrafen die Möglichkeit, mit der „deutschen Libertät" und einer antihabsburgischen Haltung überkonfessionell und auch außerhalb des Reiches Partner zu gewinnen. Hier stand besonders die umstrittene Königswahl Ferdinands im Mittelpunkt, gegen die sich Kurfürst Johann Friedrich und die Herzöge von Bayern stellten (vgl. PRESS, Die württembergische Restitution, S. 58 f.). Im Konflikt mit König Ferdinand setzte der Landgraf auf eine Annäherung an den französischen König Franz I., um in der militärischen Auseinandersetzung um Württemberg finanzielle Unterstützung zu erhalten (vgl. LIES, Dokumente, Nr. I, S. 33–37). Auch zog der Landgraf ein Abkommen mit dem Gegenkönig Johann Zápolya in Betracht. Vgl. ausführlich DERS., Zwischen Krieg und Frieden, S. 105–122. Zu den Spannungen zwischen Landgraf Philipp und dem französischen König nach der Eroberung Württembergs vgl. ebd., S. 123–128.

[82]   Mit dem Sieg in der Schlacht bei Lauffen am Neckar am 13. Mai 1534 war der Krieg entschieden. Vgl. ebd., S. 156. Zum Ablauf des Feldzuges vgl. WILLE, Landgraf Philipp der Großmüthige von Hessen, S. 177–182.

[83]   Nr. 147, 149, 150, 152, 154, 157–163.

[84]   André Thieme nennt sie im modernen Sinne eine „Spionin für Vetter und Bruder". THIEME, Glaube und Ohnmacht, S. 166.

[85]   Hier: *[M]einem fruntlichen / [lieb]en bruder hern / [Philip]s lantgraff zu / [Hessen] yn seyn eigen / [hant s]usten neiman / [auff zu] brechgen etc.*

[86]   In einzelnen Fällen forderte die Herzogin mitgeschickte Schriftstücke von ihrem Bruder zurück (Nr. 177, 184, 199) oder sie riet ihm, ihre Briefe zu vernichten (u. a. Nr. 66, 81, 84, 91, 142, 160, 177, 183,

Nach dem Erfolg Philipps bei der Rückeroberung Württembergs vermuteten die Reichsfürsten, der Landgraf könnte den Konflikt mit König Ferdinand ausweiten und den Krieg in
das habsburgische Erbland tragen. Philipp behielt die Truppen vorerst zusammen und verfolgte eine Doppelstrategie: einerseits Friedensversprechen, andererseits die Aufrechterhal-
tung der Kriegsbereitschaft als Druckmittel für Friedensverhandlungen bzw. für den Fall eines Gegenangriffs König Ferdinands.[87] Trotzdem war er an einem langwierigen Konflikt mit
dem König nicht interessiert. Er befürchtete das Eingreifen Kaiser Karls V.,[88] zudem fehlten
ihm die finanziellen Mittel, da der Feldzug bereits hohe Kosten verursacht hatte.[89] Gegenüber seiner Schwester zeigte er sich zum Frieden bereit und wollte sich bei Herzog Ulrich
von Württemberg darum bemühen, das Herzogtum als Afterlehen vom König anzunehmen
(Nr. 166). Elisabeth setzte sich währenddessen bei Herzog Georg ein, um die Entfremdung
zwischen ihm und ihrem Bruder zu überwinden (Nr. 157)[90] und den Herzog von der Frie-
densbereitschaft Philipps zu überzeugen (Nr. 160). Erkennbar werden eigene politische
Ideen der Herzogin, so etwa mit dem Vorschlag, den Bischof von Trient mit Geld als Fürsprecher für einen Friedensvertrag zu gewinnen (Nr. 157–160) oder mit ihrer Bitte an Landgräfin Christine, ihrem Vater zu schreiben, damit sich dieser für Philipp einsetze (Nr. 163).

Die Korrespondenz der Herzogin informiert ausführlich über den Verlauf der sich an-
schließenden Friedensverhandlungen in Annaberg und Kaaden, und zwar aus der Sicht
Elisabeths. Innerhalb des kurzen Zeitraums vom 11. bis 23. Juni verfasste sie 13 bekannte
Briefe[91] sowie im Nachgang bis Anfang Juli fünf weitere zu den Inhalten des abgeschlosse-
nen Friedensvertrags.[92] Vor allem geben diese Schreiben einen umfassenden Einblick in ihren eigenen Beitrag zu den Friedensbemühungen und den Ausgleich zwischen den verschiedenen Parteien. Ausgangspunkt der Friedensgespräche war die bereits vor dem hessischen
Feldzug für Anfang Juni geplante Zusammenkunft zwischen dem sächsischen Kurfürsten
und König Ferdinand in Annaberg, um über die Königswahl, die nach dem Tod Kurfürst
Johanns immer noch ausstehende Belehnung sowie die Legitimierung der Ehe Johann Friedrichs mit Sybille von Kleve zu erörtern.[93] Die aktuellen politischen Entwicklungen in Württemberg führten dazu, dass auch dieses Thema zum Gegenstand der Besprechungen wurde.[94]
Elisabeth drängte den Kurfürsten zu einem schnellen Vertragsabschluss, da sie befürchtete,
ihr Bruder könne weiter gegen den König vorgehen (Nr. 170, 178). Ihre Informationen bezog sie u. a. von Georg von Carlowitz, der an den Verhandlungen beteiligt war. Die Herzogin

---

184, 194, 200). Glücklicherweise ist letzteres nicht in jedem Fall erfolgt. Zu den Überlieferungsver-
lusten vgl. KES I, S. XXX.

[87]   Vgl. Lies, Zwischen Krieg und Frieden, S. 162–166.

[88]   Vgl. Ders., Dokumente, Nr. VI, S. 54–58.

[89]   Vgl. Ders., Zwischen Krieg und Frieden, S. 164.

[90]   Herzog Georg soll im Gespräch mit Elisabeth gesagt haben: *wan er keysser wer, er wolt soulge leut
lassen koffen* (= köpfen); Nr. 163.

[91]   Nr. 169–172, 174, 177, 178, 181–184, 188, 189. Allein am 20. Juni 1534 verfasste sie drei Briefe.
Weiterhin ist festzuhalten, dass neben den bekannten weitere mutmaßliche Briefe Elisabeths an Georg
von Carlowitz und Simon Pistoris anzunehmen sind. Vgl. dazu unten S. XXXVI.

[92]   Nr. 193–195, 199, 200.

[93]   Vgl. Lies, Zwischen Krieg und Frieden, S. 148 f.; Mentz, Johann Friedrich der Grossmütige, Bd. 2,
S. 56–68.

[94]   Zunächst stand die Württemberger Frage nicht auf der Agenda (Nr. 169), da sich Johann Friedrich
weigerte, das Thema der Wiedereinsetzung Herzog Ulrichs in die Gespräche mit einzubeziehen. Erst
die Vermittlung Herzog Georgs und Kardinal Albrechts von Brandenburg führten dazu, dass dieser
Punkt Aufnahme fand. Vgl. Lies, Zwischen Krieg und Frieden, S. 153; Wille, Landgraf Philipp der
Großmüthige von Hessen, S. 194.

versuchte, ihren Bruder zur Anerkennung des Vertrags zu bewegen, der nun die Afterlehen-schaft Württembergs enthielt,[95] und riet ihm, den vorgeschlagenen Reiterdienst gegen die Wiedertäufer in Münster[96] nicht abzulehnen (Nr. 177). Die Hoffnungen auf ein schnelles Ende des Konflikts zerschlugen sich zunächst, da dem Kurfürsten eine umfassende Voll-macht vom Landgrafen fehlte[97] und auch der König plötzlich die Vorschläge seiner eigenen Unterhändler ablehnte (Nr. 183). Bei den nun in Kaaden stattfindenden Gesprächen über-nahmen Kardinal Albrecht von Brandenburg und Herzog Georg die Vermittlerrolle zwischen dem jetzt anwesenden König und den kursächsischen Vertretern, während der Kurfürst in Buchholz weiter auf die entsprechende Vollmacht Philipps wartete (Nr. 185). Vier Tage spä-ter entschloss sich Johann Friedrich, wohl auch auf Drängen Elisabeths, an den Besprechun-gen persönlich teilzunehmen, den Vertrag trotz fehlender Einwilligung des Landgrafen ab-zuschließen und in die Afterlehenschaft Württembergs einzuwilligen (Nr. 192).[98]

Die wechselhafte Entwicklung der Friedensgespräche wird auch am schwankenden Standpunkt Elisabeths deutlich. Zunächst auf einen schnellen Frieden drängend, hatte sie zum Schluss versucht, die Ratifizierung des Vertrags zu verzögern. Im Raum stand die Ab-lehnung des Abkommens durch ihren Bruder, zumal seine Zustimmung fehlte (Nr. 193, 195). Zwar verzögerte sich die Annahme des Kaadener Vertrags tatsächlich, da sich Herzog Ulrich weigerte, in die Afterlehenschaft einzuwilligen, fest steht jedoch, dass sich der Landgraf aktiv für den geschlossenen Vertrag einsetzte.[99] Sofort intensivierte er seine Bemühungen, um eine Anpassung des Artikels zur Afterlehenschaft[100] beim König zu erreichen (Nr. 199, 201). Gleichzeitig drängten seine Schwester und Herzog Georg auf die Einhaltung des Frie-dens (Nr. 203, 204). Hervorzuheben ist die enge Zusammenarbeit von Schwiegertochter und Schwiegervater in dieser Phase, die von einem intensiven Informationsaustausch zwischen beiden gekennzeichnet ist. Elisabeth informierte Georg über den Wissensstand ihres Bru-ders bzw. des Kurfürsten, indem sie die vertraulichen Briefe an ihn weitergab (u. a. Nr. 182, 201, 205). Mit der Zusage des Landgrafen Ende September, Ferdinand als römischen König anzuerkennen (Nr. 209) sowie der Vorbereitung einer Gesandtschaft und einer Reise über Dresden nach Wien endet der Überlieferungskomplex zur Restitution Herzog Ulrichs im Jahr 1534 (Nr. 217–220).

Die Auseinandersetzung um die Predigerstelle in Niederdorla

Die Anerkennung ihres politischen Handelns beim Zustandekommen des Friedens von Kaaden lässt sich auch an der folgenden eigenständigen Anfrage durch Georg von Carlowitz und Simon Pistoris ablesen, die Ende September 1534 um ihre Mithilfe im Fall des Predigers

---

[95] Herzog Ulrich sollte das Herzogtum Württemberg behalten, wenn Kurfürst Johann Friedrich und Landgraf Philipp Ferdinand als römischen König anerkennen und Ulrich sowie Philipp den Fußfall vor Kaiser und König leisten würden. Vgl. Nr. 175.

[96] Anfang 1534 hatten die Täufer in Münster die Herrschaft übernommen. Vgl. KIRCHHOFF, Die Täufer zu Münster; VAN DÜLMEN, Das Täuferreich zu Münster; KLÖTZER, Die Täuferherrschaft von Münster.

[97] Landgraf Philipp hatte dem Kurfürsten nur eine Vollmacht für die in Annaberg verhandelten Artikel geschickt, in denen aber nicht der Artikel zur Afterlehenschaft Württembergs enthalten war. Vgl. LIES, Zwischen Krieg und Frieden, S. 169 f.

[98] Zum Vertrag von Kaaden vgl. ABKG III, Nr. 2494.

[99] Vgl. LIES, Zwischen Krieg und Frieden, S. 171 f.

[100] Das Lehen sollte vom Kaiser vergeben werden und König Ferdinand das Recht zum Tragen des Wap-pens und Titels eines Herzogs von Württemberg behalten sowie das Herzogtum erben, wenn die Linie des Herzogs im Mannesstamm aussterben sollte. Vgl. Nr. 201.

von Niederdorla baten. Landgraf Philipp hatte ohne das Wissen Herzog Georgs einen mutmaßlich reformierten Prediger eingesetzt. Nun befürchteten die beiden Räte neue Streitigkeiten zwischen den Fürsten und traten – hinter dem Rücken des Herzogs – mit der Bitte an Elisabeth heran, sie solle dringend auf ihren Bruder einwirken, den Prediger zu entlassen und einen anderen einzusetzen. Bereits 1532 hatte es eine langwierige Auseinandersetzung um diese Predigerstelle gegeben.[101] Die Antworten des Landgrafen (Nr. 212, 215) waren für Elisabeth derart unbefriedigend, dass sie Ende Oktober einen weiteren Brief verfasste (Nr. 216), in dem sie ihn nachdrücklich zur Entlassung des Predigers aufforderte. Diese politischen Aktivitäten zeigen eindrucksvoll ihre eigenständige Haltung gegenüber ihrem Bruder sowie dem Kurfürsten und machen ihr Selbstverständnis in der Rolle als albertinische Fürstin sichtbar.

Die Predigten Luthers gegen Herzog Georg

Letzteres wird auch im abschließenden inhaltlichen Schwerpunkt dieses Bandes deutlich, der die Predigten Martin Luthers gegen Herzog Georg in den Mittelpunkt rückt. Hier trat Elisabeth gemeinsam mit ihrem Gemahl politisch in Erscheinung, denn sie formulierte ihre Anfrage bezüglich der Predigten Luthers in Wittenberg als Begleitschreiben zum Brief Herzog Johanns[102] an den Kurfürsten (Nr. 222). Darauf reagierend, bat Johann Friedrich sie noch vor Weihnachten 1534 erneut um Vermittlung, sollte es zum Streit mit den albertinischen Herzögen kommen (Nr. 224).[103]

Damit ist die Zäsur für die vorliegende Edition gesetzt. Der Brief des Kurfürsten vom Weihnachtsfeiertag wegen des Lehens des verstorbenen Georgs von Hopfgarten und dessen Söhnen Ernst, Friedrich und Christoph wird, obwohl nach modernem Verständnis zu 1534 gehörig, erst Aufnahme im folgenden Band finden, genauso wie die entsprechenden Äußerungen Elisabeths dazu. Diese Ereignisse sollen dort geschlossen in den Fokus rücken, da die Auseinandersetzung den Beginn des Jahres 1535 wesentlich prägte.[104]

Die beiden Jahre 1533 und 1534 standen ganz im Zeichen des ambivalenten Verhältnisses zwischen Herzog Georg und Herzogin Elisabeth. Zunächst war dieses bestimmt von Misstrauen und Verdächtigungen im Konflikt um die Ehebruchsvorwürfe. In dieser Phase konnte sich Elisabeth jedoch auf ihre beiden mächtigen Vertrauten, Kurfürst Johann Friedrich und Landgraf Philipp, stützen. Die Korrespondenz dieser Jahre zeigt eine emotionale, ängstliche, kranke, verunsicherte und um ihr eigenes leibliches Wohlbefinden besorgte Elisabeth, die sich der schwierigen Situation am Dresdner Hof stellen musste. Durch ihre Aussöhnung mit dem Schwiegervater eröffneten sich für Elisabeth neue Handlungsspielräume, welche sie in hohem Maße für ein eigenes politisches Engagement nutzte. Während so vor allem die politischen Themen überwiegen, lässt sich ein theologischer Diskurs vornehmlich in der Frage des Abendmahls fassen, die Elisabeth eng an ihr Gewissen knüpfte. Mit der vorliegenden Edition wird ein weiterer wichtiger Bestandteil der Korrespondenz Herzogin Elisabeths der Öffentlichkeit zugänglich gemacht. Die Quellen geben vielschichtige Einblicke in die Lebenswelten am Dresdner Hof sowie in politische und kommunikative Strukturen dieser Zeit.

---

[101] Vgl. ABKG III, Nr. 2086, 2098, 2103; zur Sache ebenfalls: StA Marburg, PA 2536c.

[102] Zum Brief des Herzogs vgl. ABKG III, Nr. 2620 (Brief Johanns an Johann Friedrich, 1534 Dezember 15); gedruckt: Luthers Werke, Briefwechsel, Bd. 7, S. 134f.

[103] Vgl. weiterführend u. a. ABKG III, Nr. 2632a sowie IV, Nr. 2638f.

[104] Vgl. dazu vorerst ebd., Nr. 2627 sowie 2632a.

II. Quellen und Überlieferung

Archivalische Überlieferung

Die Korrespondenz der Herzogin Elisabeth und die ergänzenden Quellen für die Jahre 1533 und 1534 sind in den vier staatlichen Archiven in Dresden, Marburg, Schwerin und Weimar überliefert. Dies korrespondiert im Wesentlichen mit dem Bestand des ersten Bandes,[105] allerdings mit der Besonderheit, dass sich die Archivalien für den vorliegenden Band stärker im Sächsischen Staatsarchiv – Hauptstaatsarchiv Dresden sowie im Hessischen Staatsarchiv Marburg konzentrieren. Einzig die Briefe wegen der Predigten Luthers gegen Herzog Georg Ende 1534 von Herzogin Elisabeth an Johann Friedrich[106] bzw. die entsprechende Antwort des Kurfürsten[107] befinden sich im Hauptstaatsarchiv Weimar.[108] Das Landeshauptarchiv Schwerin besitzt ein geschlossenes Corpus zur Elisabethkorrespondenz sowie zwei Einzelstücke in zwei weiteren Beständen, die inhaltlich die Auseinandersetzungen im Fall Elisabeth und dabei besonders den Tag zu Naumburg berühren. Es handelt sich hierbei aber nur um ergänzende Quellen, welche die Edition um die mecklenburgische Beteiligung und Sicht bereichern.

Bei der Erarbeitung der archivalischen Überlieferung konnte der Bearbeiter auf das im Nachlass erhaltene und vorzüglich gearbeitete Verzeichnis von Elisabeth Werl,[109] die Vorarbeiten von André Thieme[110] sowie die von Heiko Jadatz und Christian Winter im Rahmen des Projektes „Akten und Briefe zur Kirchenpolitik Herzog Georgs von Sachsen"[111] als Regesten verzeichnete Quellen zurückgreifen. Darüber hinausgehende Nachforschungen in den Archiven in Stuttgart, Berlin und Nürnberg sind erfolglos geblieben.

Einen ersten Zugang zum Dresdner Bestand bieten die mittlerweile online verfügbaren Findbücher, welche den Inhalt der Locate in Regestenform wiedergeben.[112] Für die beiden hier zu bearbeitenden Jahre sind die Dresdner Quellen der Elisabethkorrespondenz besser geordnet, als es noch für den breiten Überlieferungszeitraum des ersten Bandes der Fall war. Alle Einzelakten finden sich thematisch und chronologisch in der Abteilung „Geheimer Rat" zusammengefasst und erstrecken sich hauptsächlich auf neun Locate, wovon sich allein acht nahezu gänzlich mit den Auseinandersetzungen um die Wiederherstellung der Ehre Elisabeths im Zeitraum zwischen Januar 1533 und Januar 1534 beschäftigen.[113] Eine weitere Akte enthält die Schriften der Herzogin zum Sachverhalt der Restitution Herzog Ulrichs ins Herzogtum Württemberg 1534.[114] Neben einigen ergänzenden Quellen findet sich im Hauptstaatsarchiv Dresden außerhalb dieser Ordnung nur ein einziges Schreiben Elisabeths.[115]

---

[105]   Vgl. KES I, S. XXXI f.

[106]   Nr. 222.

[107]   Nr. 224.

[108]   Zu den Gründen, warum sich die Briefe der Herzogin statt im Weimarer nun im Dresdner Hauptstaatsarchiv befinden, hat sich André Thieme ausführlich geäußert. Er vermutet, dass diese Bestände im Zuge des Schmalkaldischen Krieges als Beute nach Dresden gebracht wurden. Vgl. KES I, S. XXXI f.

[109]   Das in den 1930er-Jahren erstellte Verzeichnis findet sich im HStA Dresden, 12803, Personennachlass Dr. phil. Elisabeth Werl: Nr. 6 und 33 – 35.

[110]   Vgl. KES I sowie die vorgearbeitete Liste der Briefe Herzogin Elisabeths bis zum Jahr 1533.

[111]   Vgl. ABKG III.

[112]   Siehe http://www.archiv.sachsen.de/cps/bestaende.html?oid=01.05.01&file=10024.xml [14. Januar 2015].

[113]   HStA Dresden, 10024, Loc. 10548/2; Loc. 10548/3; Loc. 10548/6; Loc. 10548/7; Loc. 10548/8; Loc. 10548/9; Loc. 10548/10; Loc. 10548/11.

[114]   HStA Dresden, 10024, Loc. 9131/32.

[115]   Nr. 91.

Im Hessischen Staatsarchiv Marburg ist die Elisabethkorrespondenz in das Politische
Archiv des Landgrafen Philipp eingeordnet. Dieser umfangreiche Archivbestand, der mehr
als 3.100 Aktentitel umfasst, wurde durch ein von Friedrich Küch und Walter Heinemeyer
erstelltes Repertorium erschlossen.[116] Anhand des detaillierten Inventars konnten die Briefe
Herzogin Elisabeths im Politischen Archiv für die Jahre 1533 und 1534 eruiert werden.
Sie sind thematisch in vier Akten zusammengefasst. Zum einen handelt es sich vornehmlich um die größtenteils chronologisch geordnete Korrespondenz der Herzogin mit dem
Landgrafen,[117] zum anderen um die überlieferten Briefe des sächsisch-albertinischen Kanzlers Simon Pistoris sowie des Rates Georg von Carlowitz.[118] Fast alle anderen aufgenom-
menen Quellen sind ergänzende Stücke, wieder vornehmlich Teile der Korrespondenz zwischen Kurfürst Johann Friedrich und dem Landgrafen.[119] Wie bereits im ersten Band der
Edition, so ist auch in diesem Teil der Verlust eines noch in den 1930er-Jahren bekannten Briefes festzustellen.[120] Dieser scheint bei der Neuordnung der Akten in das Politische
Archiv des Landgrafen Philipp verloren gegangen zu sein. Weil er sich trotz umfangreicher
Sichtung nicht auffinden ließ, folgt die vorgelegte Fassung der Abschrift Elisabeth Werls.[121]

Die in der Abteilung „Geheimer Rat" des Hauptstaatsarchivs Dresden sowie im Politischen Archiv Landgraf Philipps im Hessischen Staatsarchiv Marburg vorhandenen Bestände
sind bis heute noch nicht vollinhaltlich erschlossen. Obwohl die Suche über die in den Regesten angegebenen Titel hinausging, bleibt zu konstatieren, dass weitere Briefe der Elisabethkorrespondenz in anderen Akten- und Sachzusammenhängen zu vermuten sind.[122] Einen
solchen Einzelfund stellt ein zweites Teilkonzept[123] des Landgrafen dar, welches in die eigenhändigen Aufzeichnungen Philipps zum württembergischen Feldzug eingebunden wurde.[124] Andererseits können Schreiben aufgrund von Datierungsfehlern bei der archivalischen
Zusammenstellung der Akten in spätere Sachzusammenhänge der Elisabethkorrespondenz
Eingang gefunden haben. Beispiele dafür liefert dieser Band genügend, wie die vielen Kanzleivermerke, welche eine ganze Reihe von datierten[125] und undatierten Stücken[126] ins Jahr
1534 verorten, oder die ursprünglich in das Jahr 1532 eingeordneten Zettel zeigen.[127]

Eine kleine Anzahl von Briefen Elisabeths hat in Form von Abschriften bereits Aufnahme in einzelne Forschungsarbeiten gefunden.[128] Jakob Wille transkribierte aus dem
Marburger Bestand drei an Elisabeth gerichtete sowie zwölf von ihr ausgehende Schreiben. Er veröffentlichte diese im Anhang seiner Untersuchung zu Landgraf Philipp und der

---

[116]   Küch/Heinemeyer, Politisches Archiv.
[117]   Darunter finden sich auch andere Briefe, wie z. B. an den hessischen Kanzler, an Kurfürst Johann
        Friedrich oder an Georg von Carlowitz; StA Marburg, PA 2841; 2842.
[118]   StA Marburg, PA 73; 75.
[119]   Einzige Ausnahme ist das Teilkonzept eines Briefes Landgraf Philipps an Elisabeth. Vgl. Nr. 201.
[120]   Während Elisabeth Werl in den 1930er-Jahren bei der Transkription der Briefe noch die Akten im
        Oberen Westsaal bearbeitete, ist der Brief Landgraf Philipps an die Herzogin noch vorhanden gewe-
        sen (Nr. 223); alte Signatur: OWS 915 (59).
[121]   Abschrift in HStA Dresden, 10024, 12803 Personennachlass Dr. phil. Elisabeth Werl, Nr. 17, fol.
        124 f.
[122]   Vgl. KES I, S. XXXI; sowie Werl, Elisabeth, S. 20.
[123]   Nr. 201.
[124]   StA Marburg, PA 350, fol. 13r–14r; vgl. Lies, Zwischen Krieg und Frieden, S. 179, Anm. 242.
[125]   Die Datierung im Kanzleivermerk zu 1534 findet sich in mehreren Briefen trotz richtiger Jahreszahl
        im Quelltext. U. a. Nr. 53, 73, 77, 81, 84, 87, 89.
[126]   U. a. Nr. 92, 104, 105.
[127]   Z. B. Nr. 32, 206.
[128]   Vgl. KES I, S. IX.

Restitution Herzog Ulrichs unter dem Titel „Aus der Correspondenz mit der Herzogin Elisabeth von Sachsen".[129] Diese abgedruckten Stücke behandeln inhaltlich wichtige Aspekte der Vorgänge um die Wiedereinsetzung Ulrichs in das Herzogtum Württemberg. In den neueren Forschungsarbeiten ist darauf rege zugegriffen worden. Daneben finden sich Transkriptionen in der Biografie von Georg Mentz über Kurfürst Johann Friedrich,[130] in dem als Quellenband konzipierten dritten Teil der Arbeit Christophs von Rommel über Landgraf Philipp[131] sowie in der kritischen Gesamtausgabe zu den Werken Luthers.[132]

Äußere Quellenbeschreibung

Eine äußere Beschreibung des gesamten Corpus der Korrespondenz Herzogin Elisabeths bis 1557 hat bereits Elisabeth Werl vorgenommen[133] und wurde von André Thieme für den Zeitraum des ersten Bandes der Edition bis zum Jahr 1532 präzisiert.[134] Daran anknüpfend soll hier der Bestand des zweiten Bandes vorgestellt werden.

   Die Korrespondenz Herzogin Elisabeths aus den Jahren 1533 und 1534 umfasst insgesamt 130 überkommene Briefe. Diese Überlieferung setzt sich aus 97 von sowie 33 an Elisabeth ausgegangenen Schreiben zusammen.

Als Empfänger von Briefen Elisabeths erscheinen:
–   Kurfürst Johann Friedrich von Sachsen (67 Briefe),[135]
–   Landgraf Philipp von Hessen (31 Briefe),[136]
–   Kanzler Johann Feige (1 Brief),[137]
–   Statthalter und Räte zu Kassel (1 Brief).[138]

Die an Elisabeth gerichteten Briefe stammen von:
–   Landgraf Philipp von Hessen (11 Briefe),[139]
–   Kurfürst Johann Friedrich von Sachsen (10 Briefe),[140]
–   Georg von Carlowitz (7 Briefe),[141]
–   Kanzler Simon Pistoris (4 Briefe),[142]

---

[129] WILLE, Landgraf Philipp der Großmüthige von Hessen, S. 309–332.
[130] MENTZ, Johann Friedrich der Grossmütige; vgl. hier Nr. 182, 224.
[131] ROMMEL, Geschichte von Hessen, Dritten Theils, zweyte Abtheilung (Vierter Band); vgl. hier Nr. 201.
[132] Luthers Werke, Briefwechsel, Bd. 7; vgl. hier Nr. 224.
[133] Vgl. WERL, Elisabeth, S. 29 f.
[134] Vgl. KES I, S. XXXIII–XXXVIII.
[135] Nr. 15 (auch an Landgraf Philipp), 16, 21, 34, 36, 38–40, 42, 46, 47, 50, 53, 54, 56–58 (auch an Landgraf Philipp), 64, 66, 72, 73 (auch an Landgraf Philipp), 75, 77, 80, 81, 84, 87–92, 98, 102, 111, 114, 116, 117, 122, 123, 126, 127, 129, 131–133, 137, 141, 142, 145, 150, 152, 157, 159–161, 163, 169, 170, 172, 178, 182, 188, 189, 193, 195, 222.
[136] Nr. 9, 15 (auch an Kurfürst Johann Friedrich), 32, 58 (auch an Kurfürst Johann Friedrich), 61, 73 (auch an Kurfürst Johann Friedrich), 82, 124, 138, 139, 147, 149, 154, 158, 171, 177, 183, 184, 194, 199, 200, 203–205, 208, 214, 216, 218–221.
[137] Nr. 206.
[138] Nr. 148.
[139] Nr. 55, 119, 164–166, 201, 209, 212, 215, 217, 223.
[140] Nr. 29, 51, 115, 118, 125, 153, 173, 185, 192, 224.
[141] Nr. 109, 175, 176, 179, 186, 190, 210 (gemeinsam mit Simon Pistoris).
[142] Nr. 180, 187, 191, 210 (gemeinsam mit Georg von Carlowitz).

- Kardinal Albrecht von Brandenburg (1 Brief),[143]
- Herzog Johann von Sachsen (1 Brief).[144]

In dieser Aufstellung sind die Protokolle über die Antwort Elisabeths auf die Vorwürfe Herzog Georgs (Nr. 10) und die Erwiderung des Schwiegervaters (Nr. 11) sowie die als Konzept erhaltenen Forderungen der Herzöge Georg und Johann an Elisabeth (Nr. 103) nicht enthalten.

Bei allen in diesem Band vorgelegten Stücken Elisabeths handelt es sich um originale Ausfertigungen, die sie bis auf neun Ausnahmen selbst verfasste. Wiederum sechs dieser neun Briefe sind im Zeitraum zwischen dem 26. Mai und dem 30. September 1533 wenigstens zum Teil von einem unbekannten Kanzleischreiber[145] (Abb. 4) unter dem Diktat der Herzogin angefertigt worden. In den meisten Fällen begann der Schreiber den Brief, an den dann Elisabeth wenigstens einen Schlussteil oder einen Nachtrag mit kurzen persönlichen Bemerkungen anfügte. Hier findet sich auch der Hinweis, dass sie aufgrund von Krankheiten auf eine eigenhändige Ausfertigung verzichten musste (Nr. 75, 84). In den folgenden beiden Schreiben fällt der Fremdanteil deutlich geringer aus. Größere Teile brachte sie selbst zu Papier (Nr. 87, 88), obwohl ihre Schreibtätigkeit immer noch eingeschränkt war; zwischendurch sogar so erheblich, dass der Kanzleischreiber den Brief vom 17. Juli 1533 (Nr. 90) vollständig allein verfertigen musste. Es findet sich im Zeitraum zwischen Mitte Juni und Mitte Juli nur ein sehr knapp gehaltenes Schreiben an Kurfürst Johann Friedrich ohne Unterstützung (4. Juli 1533, Nr. 89). Erst Ende September war sie zum letzten Mal auf Hilfe angewiesen. Gleichwohl umfasst dieser Anteil nur etwas mehr als eine der fünf Folioseiten (Nr. 102). Zuletzt strich Elisabeth den durch den Schreiber vorgenommenen Teil wieder und führte dann selbst den Brief von vorn aus (Nr. 111).

Die drei weiteren nicht ausschließlich selbst von Elisabeth verfassten Stücke gehören allesamt in das Jahr 1534 und stammen von der Hand des sächsisch-albertinischen Kanzlers Simon Pistoris. Das Schreiben an ihren Bruder vom 7. Juli 1534 (Nr. 200) nahm sie zwar eigenhändig vor, allerdings handelt es sich bei dem ersten Teil um eine kurze, abschnittsweise Aufstellung von Pistoris, unter der Elisabeth die eigentliche Nachricht platzierte. Die Erwiderung an Landgraf Philipp vom 25. Juli 1534 verfertigte der Kanzler (Nr. 203) nahezu vollständig allein. Von Elisabeth stammen hier nur Schlussteil, Datum, Unterschrift und ein kurzer Nachtrag. Inhaltlich behandelt das Schreiben die Antwort Herzog Georgs auf eine Anfrage des Landgrafen zum Artikel des Kaadener Vertrags, der die Afterlehenschaft Württembergs betraf. Die Erkundigung holte sich Philipp wegen des abgekühlten Verhältnisses zu seinem Schwiegervater über seine Schwester ein, die ihrerseits den komplizierten Sachverhalt offenbar nicht selbst niederlegen konnte. Stattdessen fügte Elisabeth der Sendung an ihren Bruder einen zweiten Brief als Anlage bei, in welchem sie über die Umstände der Entstehung des ersten Schreibens durch den Kanzler informierte.[146] Von dessen Hand stammt auch die Nachricht über die Vorgänge um die Absetzung des Predigers Johann Steinhammer in Niederdorla vom 21. Oktober 1534 (Nr. 216). Erneut musste Elisabeth aufgrund einer Krankheit auf fremde Unterstützung zurückgreifen. Simon Pistoris war wie schon im oben genannten Brief auch in diesem Fall mit den Inhalten vertraut und hatte vorher gemeinsam

---

[143]   Nr. 107.
[144]   Nr. 104.
[145]   Der Name des Schreibers bleibt ungenannt. Werl vermutet den hessischen Edelknaben, der Elisabeth bei der Zustellung der geheimen Briefe des Kurfürsten und des Landgrafen behilflich war. Vgl. WERL, Elisabeth, S. 26.
[146]   Nr. 204.

mit Georg von Carlowitz die Ereignisse an die Herzogin herangetragen. Der vom Kanzler verfasste Teil beschränkt sich in beiden Fällen ausschließlich auf die politischen Inhalte. Persönliche Anmerkungen Elisabeths finden sich nur in den eigenhändig ausgeführten Nachtrag bzw. Schlussteil.

Die originalen Ausfertigungen der Herzogin besitzen in Faltung und Siegelung die bereits in Band 1 aufgezeigten Eigenschaften.[147] Elisabeth verwendete Papier, welches als Wasserzeichen das sächsische Wappen mit der Raute trägt.[148] Die auf einfachen Folio- oder Doppelblättern verfassten Briefe faltete sie zunächst drei-, seltener vierfach in der Länge und dann in der Regel zweifach in der Quere, und zwar so, dass die Außenkanten innen lagen und von der weiteren Faltung verdeckt wurden. Danach schlitzte sie zweimal jeweils ca. einen halben Zentimeter weit ein und zog einen Papierstreifen durch, auf dessen übereinandergelegte Enden roter Siegellack geträufelt wurde. Das Siegel[149] drückte Elisabeth auf ein quadratisches Papierstück, welches sie auf dem Siegelstreifen anbrachte. Die beim Öffnen des Briefes entfernten Papierstreifen und die Siegel haben sich dementsprechend selten erhalten. Immerhin sind an acht Ausfertigungen Siegel und Siegelstreifen (zumindest teilweise) überliefert (Nr. 9, 42, 47, 117, 142, 183, 208, 219). Auf den anderen ursprünglich auf diese Weise verschlossenen Briefen bezeugen nur noch die Siegelschnitte und Reste des Siegellacks die Ausfertigung.

Daneben siegelte Elisabeth auch, indem sie auf einen Siegelstreifen verzichtete und nach der Faltung das Siegel direkt auf das Papier aufdrückte. An acht Ausfertigungen haben sich solche aufgedrückten Siegel erhalten (Nr. 16, 32, 54, 75, 127, 148, 170, 172); an zwei sind sogar schwarze Haare haften geblieben, die vermutlich Elisabeth zuzuordnen sind (Nr. 16, 127). Diese Form lässt sich in vier weiteren Fällen nachweisen, allerdings fehlen die bei der Öffnung herausgebrochenen Siegel (Nr. 145, 150, 163, 193). Auf anderen Schreiben sind weder Siegeleinschnitte noch Adressen zu finden, was auf eine aufgedrückte Siegelung des Umschlags hinweist (Nr. 111, 159, 177, 194, 200, 203, 204, 218, 220).

In der Form unterscheidet sich Nr. 9 (Abb. 2) von den übrigen Briefen Elisabeths. Das Folioblatt wurde von ihr quer beschrieben, um so im Urkundenformat den offiziellen und notariellen Charakter des Schriftstückes zu betonen. Auch ist das Schriftbild sehr sauber und besitzt nur einige wenige Korrekturen.

Fünf Ausfertigungen verschickte Elisabeth in Form von kleinen Zetteln, die gefaltet und gesiegelt wurden (Nr. 16, 32, 36, 42, 141). Es handelt sich hierbei um kurze Nachrichten an Landgraf Philipp bzw. Kurfürst Johann Friedrich, die auf schmalen, streifenartigen bzw. halbseitigen Folioblättern verfasst wurden. Daneben ergänzen Zettel bereits abgeschlossene Briefe (Nr. 61, 72, 82, 114, 138). Eine bereits gesiegelte Nachricht (Nr. 114) öffnete Elisabeth noch einmal, um einen weiteren, mit eiliger Schrift auf einem Zettel geschriebenen Nachtrag hinzuzufügen. In allen Fällen lassen sich die Zettel aufgrund der vorhandenen Siegeleinschnitte eindeutig den jeweiligen Briefen zuordnen.

Wesentlich häufiger platzierte Elisabeth die Nachträge auf den Folioblättern unmittelbar unter dem Text (vgl. u. a. Nr. 38, 39, 53, 75, 84, 203). In der Edition sind sie durch eingeschobene Absatzzeilen kenntlich gemacht. Neben diesen Nachträgen machen auch Datums- und seltener Uhrzeitangaben Elisabeths deutlich, dass sie einige ihrer Briefe in mehreren Phasen verfasste. Zumeist begann sie diese Schreiben am Abend, ließ sie dann über Nacht liegen, um sie am nächsten Tag fortzusetzen (Nr. 53, 124, 147, 157, 199). Zum Beispiel fing

---

[147]   KES I, S. XXXIV.
[148]   WERL, Elisabeth, S. 31; ALBERT, Briefwechsel, S. 70.
[149]   Zur Beschreibung des Siegels vgl. KES I, S. XXXV.

sie Nr. 147 am Abend des 30. Aprils 1534 an und ergänzte das Schreiben später um 22 Uhr. Danach schloss Elisabeth das Folioblatt, siegelte und adressierte es. Um den Brief am nächsten Tag fortzusetzen, öffnete sie ihn wieder und fuhr unmittelbar unter dem Text des Vortages fort. Elisabeth strich die alte Adresse und verzichtete auf eine weitere Unterschrift, stattdessen ließ sie die bereits aus dem ersten Band bekannte und in den Briefen der Jahre 1533 und 1534 nahezu ausschließlich benutzte Sigle *E H Z S etc.*[150] unter dem ersten Teil stehen. Während sie die von dem albertinischen Kanzleischreiber ausgeführten Briefe mit der gleichen Abkürzung unterzeichnete (Nr. 75, 84, 87, 88, 90, 102), fügte sie bei einzelnen eigenhändigen Briefen noch *s(ub)s(cripsi)t* hinzu (Nr. 42, 92, 122, 177, 205). Zehn Ausfertigungen tragen keine Unterschrift der Herzogin (Nr. 46, 116, 138, 145, 152, 171, 188, 204, 218, 220).

Die Adressierung nahm die Herzogin eigenhändig vor. Einzige Ausnahme ist die Anschrift von Nr. 182, welche vom oben erwähnten albertinischen Kanzleischreiber stammt. Bei Ausfertigungen, die auf Doppelblättern verfasst wurden, schrieb sie die Adresse auf die Rückseite des letzten Folioblattes, welches bei der Faltung außen zu liegen kam (z. B. Nr. 66). Zumeist verschickte Elisabeth ihre Briefe ohne Kuvert. Bei neun Ausfertigungen weisen fehlende Siegeleinschnitte sowie ein fehlender Siegelstreifen mit Siegel und Adresse auf die Nutzung von Umschlägen hin (Nr. 111, 159, 177, 194, 200, 203, 204, 218, 220). In vier weiteren Fällen fehlen ebenfalls mutmaßliche Umschläge mit den Adressen, jedoch sind hier Siegeleinschnitte vorhanden (Nr. 72, 114, 115, 123). Immerhin sind drei Umschläge nicht verloren gegangen (Nr. 57, 64, 88).

Die Adressen haben sich durch das Öffnen des Briefes und das Entfernen des Siegelstreifens nur teilweise erhalten. Die Rekonstruktion der fehlenden Teile erfolgte in der Edition in eckigen Klammern und wurde dadurch erleichtert, da die Adressen in einigen Fällen vollständig überliefert sind (Nr. 16, 32, 42, 54, 61, 75, 117, 127, 142, 145, 148, 150, 163, 170, 172, 183, 193, 208, 219). Von einer Durchsetzung der Nutzung von Siglen in den Adressen, wie sie sich für das Jahr 1532 in Band 1 angedeutet hatte,[151] kann nicht gesprochen werden. Ausgeschriebene Adressen in der Langversion finden sich häufig: an Kurfürst Johann Friedrich in der Form *Dem hochgebornen fursten hern Hans Frederich hertzoge zu Sachssen dest hailgen romsen reychst ertzmarsschalk und korfurst etc. meinem fruntlichen lieben ohmen und bruder yn seiner lieb eigen hant* (u. a. Nr. 142); an Landgraf Philipp *Dem hochgebornen fursten fursten hern Philips langraffe zu Hessen etc. meynem frunttlichen lieben bruder yn seyner lieb eigen hant* (u. a. Nr. 208) oder etwas persönlicher *Meinem fruntlichen lieben bruder hern Philips langraff zu Hessen etc. yn seyner lieb eigen hant* (u. a. Nr. 183); sowie in den beiden an die Räte zu Kassel bzw. an den Kanzler Johann Feige zu Lichtenau verfassten Briefe *Dem kantzler zu Hessen etc. yn sein eigen hant* (Nr. 148, 206). Demgegenüber verwendete Elisabeth bei 23 Anschriften der Briefe an Kurfürst Johann Friedrich mehr oder weniger vollständig die Sigle *d h g f h h f / h z s d h r r e / u k l y d m z m / m f h l o u b y s l / e hant*[152] (Nr. 21, 34, 36, 42, 54, 56, 64, 77, 84, 89, 90, 91, 92, 102, 122, 126, 127, 133, 141, 152, 157, 170, 189, 193). Zwei weitere Adressen bestehen zum einen Teil aus Siglen und zum anderen sind sie ausformuliert: *[Dem hochge]bornen forsten [hern Hans Fredery]ch h z Sachsen [d h r r ertzmarschalk und] korfurste l y m f l o u b [y s l eigen hant]* (Nr. 40, 84). In einem einzigen Fall signierte Elisabeth die Adresse des Briefes an Kurfürst Johann Friedrich

---

[150] Elisabeth, Herzogin zu Sachsen; zur Unterschrift und den Siglen vgl. ebd., S. XXXV f.

[151] Vgl. ebd., S. XXXVI.

[152] Die Abkürzung steht für: **D**em **h**ochgeborenen **F**ürsten **H**errn **H**ans **F**riedrich, **H**erzog **z**u **S**achsen, des **H**eiligen **R**ömischen **R**eichs **E**rzmarschall **u**nd **K**urfürst, **L**andgraf in **Th**üringen, **M**arkgrafen **z**u **M**eißen, **m**einem **f**reundlichen **h**erzlieben **O**heim **u**nd **B**ruder in **s**einer **L**ieben **e**igen **H**and.

zusätzlich mit einem Monogramm (Nr. 117). Die beiden als Siglen ausgeführten Adressen an ihren Bruder Landgraf Philipp sind mit *m f h l b h p l z h etc. y s l e hant*[153] (Nr. 32, 149) sehr knapp gehalten. Erwähnenswert ist das Schreiben Nr. 73, welches Elisabeth gemeinsam an Kurfürst Johann Friedrich und Landgraf Philipp[154] schickte und in ausführlicher Form *[Dem] hochgebornen [fursten] hern Hans Freiderych [hertzog zu] Sachessen [des heilgen] romsen reychst [erzmarschalk] und korforst [und hern Phi]lips [lantgraf z]u Hessen [meinen] fruntlychen [lieben bru]dern zu eigen hant* adressierte.

Die Nutzung der Siglen in den Grußformeln hat sich bei Elisabeth seit 1532 durchgesetzt[155] und findet sich in den beiden Jahren fortlaufend. Dabei unterscheiden sich die Anreden zwischen Kurfürst Johann Friedrich und Landgraf Philipp kaum, wenn Elisabeth etwa an beide *H(ertz) l(iebster) b(ruder)* (Nr. 32, 39) oder *M(ein) h(ertz) a(ller) l(iebster) b(ruder)* an Johann Friedrich (Nr. 41) bzw. *M(ein) f(reuntlicher) h(ertz) a(ller) l(iebster) b(ruder)* an Philipp (Nr. 61) schreibt. An den Kurfürsten nutzt sie vor allem die Anrede *M(ein) h(ertz) a(ller) l(iebster) o(hme) u(nd) b(ruder)* (u.a. Nr. 16, 188) bzw. *F(reuntlicher) h(ertz) a(ller) l(iebster) o(hme) u(nd) b(ruder)* (u.a. Nr. 15, 46). Ausnahmen von dieser Praxis treten in den Ausfertigungen an Kurfürst Johann Friedrich in den beiden Zeiträumen Juli bis September 1533 (Nr. 91, 98, 102) sowie im Juni 1534 (Nr. 182, 188) auf. Außerdem verzichtete der albertinische Kanzleischreiber in den für Elisabeth verfassten Briefen auf Siglen (Nr. 75, 84, 87, 88, 90). An ihren Bruder schreibt Elisabeth die sonst gekürzte Grußformeln vereinzelt 1533 (Nr. 82) und 1534 (Nr. 138, 203) sowie nahezu durchgängig ab Ende September 1534 in der Form *Lieber bruder* oder *Mein hertzlieber bruder* aus (Nr. 208, 214, 216, 218, 219, 220, 221).

Im Text wiederholt Elisabeth die einleitenden gekürzten Formeln mehrfach. Ansonsten nutzt sie Siglen, neben den üblichen Formen wie *e(uer)* oder *s(einer) l(ieben)*, *m(ein) g(nediger)* oder *m(ein) a(lter) h(er)*, vor allem bei Eigennamen. Diese Kürzungen lassen sich aus dem Kontext heraus oftmals ohne Probleme auflösen, z.B.: *He(inrich) v(on) S(chlinitz)* und *Ha(ns) v(on) S(chonbergk)* (u.a. Nr. 73), *A(lexander) v(on) der Dant* (Nr. 42) oder *H(ans) v(on) M(inckwitz)* (u.a. Nr. 126). Nur in Einzelfällen führt es zu Identifizierungsproblemen, etwa bei *h H*[156] oder *h F v L*.[157]

Auf die Schwierigkeiten der Handschrift sowie der Sprache Elisabeths ist bereits mehrfach eingegangen worden.[158] Zu betonen ist an dieser Stelle noch einmal, dass sie fortlaufend ohne Satzzeichen oder Absätze schrieb. In der Edition wurden bei längeren Briefen der Text zur besseren Lesbarkeit in Absätze gegliedert und Satzzeichen eingefügt. Durch diese Gliederung in Satz- und Sinneinheiten soll das Verständnis erleichtert werden, allerdings sind diese Einfügungen bereits eine Interpretation des Textes! Korrekturen und Streichungen, die im ersten Band in den laufenden Text aufgenommen wurden, finden sich hier im textkritischen Apparat wieder. Insgesamt bestätigt sich die Feststellung, dass Elisabeth wenige Änderungen vornahm.

---

[153] Die Abkürzung steht für: **M**einem freundlichen **h**erzlieben **B**ruder **H**errn **P**hilipp, **L**andgraf **zu H**essen **etc. in** seiner **L**ieben **e**igen **H**and.

[154] Elisabeth Werl verzeichnet als Adressaten allein Kurfürst Johann Friedrich.

[155] Vgl. KES I, S. XXXVI.

[156] Nr. 36. Mögliche Auflösungen sind: h(er) H(ans), h(ertzog) H(ans), h(er) H(einrich) oder h(ertzog) H(einrich).

[157] Nr. 38. Hier aufgelöst als: *h(ertzogk) F(ranz) v(on) L(uneburg)*.

[158] Vgl. KES I, S. XXXVII–XXXIX; WERL, Elisabeth, S. 40–45; MENTZ, Handschriften der Reformationszeit, S. XXVII, Nr. 33.

Das Bild bei den an Elisabeth ausgegangenen Schreiben stellt sich im Gegensatz zu den von ihr verfassten Briefen wie zu erwarten anders dar und folgt dem Befund des ersten Teils der Edition.[159] Waren dort neben den sieben Abschriften und Konzepten nur drei Ausfertigungen vorhanden, kann dieser Band immerhin mit 13 Originalen aufwarten. Die zwei Ausfertigungen des Landgrafen Philipp aus dem Feldlager zu Esslingen Ende Mai/Anfang Juni 1534 (Nr. 164, 165) haben sich im Hessischen Staatsarchiv Marburg erhalten. Das letztere der beiden Schreiben fand, nachdem es aus dem Feldlager nach Kassel geschickt wurde, aus Versehen wieder den Weg ins Lager zurück, was Landgraf Philipp zwei Tage später veranlasste, einen neuen, aktuellen Brief zur Lage an Elisabeth zu richten (Nr. 166). So ist anzunehmen, dass dieses Schreiben Herzogin Elisabeth nicht erreichte und später in den Marburger Bestand eingebunden wurde. Dieser Brief ist im Querformat geschrieben und trägt keine Unterschrift. Auf eine Ausfertigung weist allerdings das vollständig erhaltene Siegel hin. Wie auch in dem zuerst genannten Brief tritt hier ein hessischer Kanzleischreiber als Verfasser auf.

Von Kurfürst Johann Friedrich haben sich ebenfalls zwei Briefe (Nr. 173, 192) in der originalen Ausfertigung im Marburger Archiv erhalten. Beide Schreiben wurden eigenhändig verfasst und von Elisabeth an ihren Bruder weitergeleitet, um ihn über die aktuellen Entwicklungen und die Rolle des Kurfürsten bei den Verhandlungen in Annaberg und Kaaden zu informieren (Nr. 184, 199). Im gleichen inhaltlichen Kontext stehen auch die Briefe des sächsisch-albertinischen Rates Georg von Carlowitz (Nr. 175, 176, 179, 186, 190) und des Kanzlers Simon Pistoris (Nr. 180, 187, 191) an Herzogin Elisabeth. Gleich drei der zuvor genannten Briefe (Nr. 187, 190, 191) kamen mit dem Schreiben Elisabeths vom 28. Juni 1534 in die Hand des Landgrafen (Nr. 194). So lässt sich das Auffinden der originalen Briefe im Marburger Bestand durch die Übersendung Elisabeths erklären, was aber nicht in jedem Fall nachzuweisen ist. Zum Beispiel fehlt zu dem gemeinsamen Schreiben Georgs von Carlowitz und Simon Pistoris' an Elisabeth im Zusammenhang mit den Auseinandersetzungen um den Pfarrer von Niederdorla (Nr. 210) der Brief, durch welchen Landgraf Philipp in den Besitz des Originals gelangte (Nr. 211*). Ihre Bewahrung verdanken diese Originale ausschließlich dem glücklichen Umstand der Weiterversendung. Daneben finden sich keine weiteren Briefe des sächsisch-albertinischen Rates sowie des Kanzlers in der Überlieferung.

Neben den Originalen des Landgrafen sind es Abschriften, die entweder im Marburger (Nr. 209, 212, 217) oder im ernestinischen Bestand (Nr. 55, 119) überkommen sind. Der Brief vom 26. November 1533 (Nr. 119) ist in zwei nahezu identischen Fassungen überliefert. Eine dieser beiden Kopien geht auf den hessischen Kanzleisekretär Heinrich Lersner zurück, die andere kann einem Dresdner Kanzleischreiber zugeordnet werden, weil unter dem Text die ursprüngliche Adressierung an Elisabeth mit abgeschrieben wurde und die Herzogin den Umschlag eigenhändig adressierte. Es handelt sich um eine Kopie für Kurfürst Johann Friedrich, worauf auch die vorhandenen Siegeleinschnitte hinweisen. Vom Brief Landgraf Philipps vom 19. Juli 1534 (Nr. 201) haben sich eine Abschrift sowie das Konzept erhalten. Den Anfang des Entwurfs verfasste ein hessischer Kanzleischreiber, welchen Philipp eigenhändig weiterführte. Ähnlich verhält es sich mit dem undatierten Konzept des Landgrafen Anfang Oktober 1534 (Nr. 215). Hier verfertigte der Kanzleischreiber einen Vorentwurf, den Landgraf Philipp zunächst mit wenigen Korrekturen versah und sich dann doch dafür entschied, ein neues, eigenhändiges Konzept auszuführen und den Vorentwurf vollständig zu streichen.

Der Edition erfasst sieben Konzepte Johann Friedrichs (Nr. 29, 51, 115, 118, 153, 185, 224). Durch den Konzeptcharakter und die äußerst flüchtige Schrift des Kurfürsten

---

[159]   KES I, S. XXXIV.

sind seine Entwürfe besonders schwer zu lesen (Abb. 3). Äußerlich haben diese zumeist das gleiche Erscheinungsbild: Die Blätter wurden auf der rechten Seitenhälfte fortlaufend beschrieben, während die linke Seite Korrekturen und Ergänzungen vorbehalten blieb, die sowohl vom Kanzleischreiber als auch dem Kurfürsten ausgeführt wurden. Beim Schreiben Johann Friedrichs vom 19. November 1533 (Nr. 115) ist nicht sicher zu klären, ob es sich um den originalen Brief oder um das zugrunde liegende Konzept handelt. Im äußeren Erscheinungsbild folgt es den überlieferten Entwürfen, ist also nur auf der rechten Seite fortlaufend beschrieben und trägt einige Korrekturen. Das Doppelblatt besitzt aber Siegeleinschnitte und auch Reste vom Siegellack haben sich erhalten, eine Adresse fehlt allerdings. Daneben weist das erhaltene Schreiben vier Tage später (Nr. 118) kaum Verbesserungen auf. Möglicherweise handelt es sich hier nicht um ein Konzept, sondern um eine eigenhändige Kopie des Kurfürsten. Von zwei Briefen haben sich sowohl Konzept als auch eine Abschrift erhalten (Nr. 185, 224).

Eine besondere Rolle stellen die undatierten Forderungen Herzog Georgs an Elisabeth (Nr. 103) dar. Dieses Schreiben ist weder gefaltet, noch trägt es Adresse, ein Siegel, Siegeleinschnitte oder eine Unterschrift. Die handschriftliche Ausführung durch Herzog Georg weist eher auf ein Konzept hin, allerdings wurden nur wenige Korrekturen und Ergänzungen vorgenommen. Vermutlich handelt es sich um Notizen des Herzogs, der diese Forderungen durch seinen Sohn Johann an dessen Gemahlin Elisabeth übermitteln ließ.[160] Das ebenfalls undatierte Schreiben Johanns (Nr. 104) ist als Kopie überliefert, welches aufgrund der identischen Faltung dem Konzept des Schreibens Johann Friedrichs an die Ausschüsse der gemeinsamen Landschaften (Nr. 105) zuzuordnen ist. Zwei weitere Abschriften ergänzen den Bestand der an Elisabeth ausgegangenen Briefe: Sowohl das Schreiben Kardinals Albrecht von Brandenburg (Nr. 107) sowie der Brief Georgs von Carlowitz (Nr. 109) sind in unmittelbarem zeitlichen Zusammenhang von der Hand eines ernestinischen Kanzleischreibers entstanden.

Die beiden Schreiben Landgraf Philipps an Elisabeth tragen die ausgeschriebene Adresse *Der hochgeporne furstin frawen Elizabethen geborne landgravin zu Hessen etc. hertzogin zu Sachsen, und marggravin zu Meissen etc. unser freuntlichen lieben schwester* (Nr. 164, 165), die des Kurfürsten Johann Friedrich die Ergänzung *[...] unser freuntlich liebe mhum und schwest(er)* (Nr. 173, 192). Auch bei den Briefen des sächsisch-albertinischen Rates Georg von Carlowitz (Nr. 175, 176, 179, 186, 190) sowie des Kanzlers Simon Pistoris (Nr. 180, 187, 191 sowie das gemeinsame Schreiben Nr. 210) haben sich die förmlichen Anschriften bis auf einen Fall erhalten. In Nr. 176 fehlen neben der Adresse auch Anrede, Unterschrift und das Siegel. Alle anderen Schreiben sind durch den jeweiligen Aussteller gesiegelt worden. Der Siegelstreifen von Nr. 187 ist mit dem gut erhaltenen Siegel Simon Pistoris' irrtümlich unter eine andere Provenienz des Marburger Bestandes gestellt worden und konnte anhand der identischen Faltung sowie den vorhandenen Überschreibungen eindeutig zugeordnet werden. Von Landgraf Philipp und Kurfürst Johann Friedrich hat sich je ein Siegel erhalten (Nr. 165 bzw. Nr. 173).

---

[160]   Thieme, Glaube und Ohnmacht, S. 149.

III. Zur Edition

Zur Aufnahme ergänzender Quellen

Bereits in der ersten Bearbeitungsphase wurde von der ursprünglichen Planung Abstand genommen, den Band ausschließlich mit der Korrespondenz Elisabeths zu versehen.[161] Obwohl für die beiden bearbeiteten Jahre ein umfangreicher Überlieferungsbestand des Schriftwechsels vorliegt, kommt diese Edition nicht ohne ergänzende Quellen aus. Die Krise um die Ehebruchsvorwürfe besaß eine große politische Dimension und bestimmte auch die Korrespondenzen zwischen den männlichen Protagonisten. Es muss nicht betont werden, dass bei der großen Fülle an Materialien nur ein kleiner, unverzichtbarer Teil in Betracht gezogen werden konnte. Insgesamt handelt es sich in diesem Band um eine Auswahl von 56 Stücken, die sich in 15 nichtbriefliche Stücke sowie 41 Briefe aufteilen. Diese Materialien wurden je nach Relevanz im Volltext, in Auszügen oder nur als Regest in die Gesamtkorrespondenz Herzogin Elisabeths eingefügt.

Die nichtbrieflichen Stücke sind in einem gesonderten Verzeichnis im Anhang zusammengefasst. Wie bereits angedeutet, berühren sie die Auseinandersetzung um die Wiederherstellung der Ehre Elisabeths im Jahr 1533. Für die Verhandlungen in Dresden und Naumburg erschien es unerlässlich, auf begleitende Quellen wie Vorabsprachen und Verhandlungsprotokolle zurückzugreifen. Vor allem die Materialien, welche die Gespräche zwischen Landgraf Philipp und Herzog Georg in Dresden näher dokumentieren, sind unverzichtbar für das inhaltliche Verständnis der Korrespondenz. Mit mehr als 51 zumeist beidseitig beschriebenen Folioblättern nehmen sie zudem den größten Umfang der ergänzenden Quellen in diesem Band ein. Dazu zählen ein Memorial (Nr. 2), Notizen (Nr. 6, 7) und Protokolle der Besprechungen (Nr. 8, 10–14). In diesem Kontext steht auch die Zeugenaussage des Pfarrers Johannes Hülse (Nr. 33) über die Beichte der verstorbenen Anna von Honsberg, die ein wichtiger Bestandteil der Verteidigung Elisabeths ist. Eigenhändige Notizen Herzog Georgs zeigen seine Sicht, wie er sich künftig das Verhalten Herzogin Elisabeths am Dresdner Hof vorstellt (Nr. 103). Zu den nichtbrieflichen Quellen gehören auch Instruktionen, die u. a. ausführlich die Forderungen der Ende April 1533 in Naumburg versammelten Fürsten an Herzog Georg (Nr. 59) wiedergeben. Eine untergeordnete Rolle stellen die von Landgraf Philipp im August und Oktober desselben Jahres ausgegangenen Forderungen an die Landstände dar, von denen zumindest die an den in Leipzig verordneten Ausschuss in einem Kurzregest aufgenommen wurden (Nr. 94). Aufgrund der Weitläufigkeit ist auf die Einbeziehung weiterer Instruktionen in diesem Zusammenhang verzichtet und auf andere Quellen- und Regestenwerke verwiesen worden.[162] Stattdessen haben zwei Schreiben von bzw. an die Landschaft Aufnahme gefunden (Nr. 95, 105).

Darüber hinaus bilden Briefe zwischen Kurfürst Johann Friedrich, Landgraf Philipp, Herzog Georg, Herzog Heinrich II. von Braunschweig-Lüneburg-Wolfenbüttel, Herzog Ernst I. von Braunschweig-Lüneburg, Herzog Heinrich V. von Mecklenburg, Kanzler Johann Rühel und Landgräfin Christine von Hessen einen zweiten Teil ergänzender Quellen. Fast die Hälfte dieser Briefe betreffen die Korrespondenz zwischen Landgraf Philipp und Kurfürst Johann Friedrich, welche bisher mit wenigen Ausnahmen in anderen Quellenwerken nicht berücksichtigt wurden.[163] Inhaltlich sind sie für die Elisabethkorrespondenz

---

[161] Vgl. KES I, S. XLII f.

[162] U. a. ABKG III.

[163] Einzig unter ABKG III, Nr. 2191, finden sich folgende Briefe als Regest, zumeist in den Anmerkungen: Nr. 3, 4, 5, 17.

relevant, da sie erneut die Verhandlungen in Dresden (Nr. 1, 3–5), die Vorbereitungen auf den Fürstentag zu Naumburg (Nr. 17, 22, 23, 30) und die Ausarbeitung des Anschreibens bzw. die Hinwendung in der Sache Elisabeths an die sächsische Landschaft (Nr. 68, 79, 83, 99) behandeln. Auch sind aus diesem Briefwechsel Stücke im Hinblick auf das Weiterleiten von Schreiben Elisabeths bzw. zur Erfassung der Deperdita als Kurzregest eingefügt worden (Nr. 23, 65, 67, 70, 93, 146, 151).[164]

Die Schreiben der anderen Fürsten spiegeln die Bemühungen des sächsischen Kurfürsten und des hessischen Landgrafen wider, neue Bündnispartner im „Fall Elisabeth" zu gewinnen. Dieser Sachverhalt schlägt sich neben einer Instruktion (Nr. 18) vor allem in den Briefen zwischen den beiden engsten Vertrauten Elisabeths und Herzog Heinrich V. von Mecklenburg (Nr. 19, 24, 25, 35, 44, 48, 78, 85) sowie Herzog Heinrich II. von Braunschweig-Lüneburg-Wolfenbüttel (Nr. 27) nieder. Ebenso unverzichtbar sind die Reaktionen Herzog Johanns (Nr. 62) und Herzog Georgs (Nr. 63, 74) auf die an sie herangetragenen Forderungen der in Naumburg versammelten Fürsten. Zu guter Letzt sind die Briefe Landgräfin Christines an ihren Vater Herzog Georg zu erwähnen, die inhaltliche Bezüge zu Elisabeth haben (Nr. 41, 207).

Es ist anzumerken, dass die Gegenüberlieferung und weitere Abschriften bei den ergänzenden Quellen nur soweit erfasst sind, wie sie sich leicht ermitteln ließen. Dass in scheinbar sachfremden Zusammenhängen weitere Kopien existieren, ist möglich. Ausdrücklich versteht sich die Aufnahme ergänzender Quellen als Auswahl. Vollständigkeit war weder angestrebt noch zu erreichen.

Deperdita

Trotz der bereits erwähnten hohen Überlieferungsdichte, finden sich aufgrund der Überlieferungsumstände[165] immer wieder Lücken. Verständlich wird das bereits am Missverhältnis zwischen den erhaltenen 97 von und den 33 an Elisabeth ausgegangenen Briefen. Viele Gegenschriften der männlichen Briefpartner sind nicht überliefert und so ist im nachweisbaren Bestand der Deperdita für die beiden Jahre auch eine leicht gegenläufige Tendenz festzustellen: den 25 an Elisabeth ausgegangenen stehen 13 von ihr verfasste und nunmehr verlorene Briefe gegenüber.

Erschließen lassen sich die Deperdita aus den erhaltenen Stücken, in denen sich Hinweise auf den verlorenen Teil der Gesamtkorrespondenz finden. Vor allem nimmt Elisabeth auf zuvor empfangene Schreiben Bezug und referiert in einigen Fällen deren Inhalte knapp (u. a. Nr. 46, 102, 123). Die rekonstruierbaren Teile geben die Kopfregesten der Deperdita wieder (u. a. Nr. 20*, 45*, 120*, 128*, 145*, 162*, 211*). Seltener wird in Schreiben der männlichen Briefpartner auf verlorene Stücke der Herzogin hingewiesen, was auch der schlechteren Überlieferungssituation dieser Briefe geschuldet ist. Einige wenige Beispiele sind die Antwort Landgraf Philipps *uff e(uer) l(ieb) schreiben* (Nr. 215) oder Georg von Carlowitz' Feststellung, er *habe euer genad(en) underthenigklich schreyben vorlesen* (Nr. 186). Zusätzlich nennt die Herzogin selbst eigene verfasste Briefe an Landgraf Philipp (Nr. 21) oder Georg von Carlowitz (Nr. 214).

---

[164] Bei Nr. 30 und Nr. 135 berühren die Briefe inhaltlich Elisabeth und deren Angelegenheiten deutlich mehr und wurden deshalb im Volltext ausgeführt.

[165] Zu den Verlusten der Elisabethkorrespondenz hat André Thieme bereits umfassend Stellung genommen. Vgl. KES I, S. XXVII–XXXII.

Eine bedeutsame Rolle übernimmt die Weiterleitung von Schriftstücken, durch die nicht nur Briefe, Abschriften oder Konzepte der Korrespondenz erhalten sind, sondern die auch dafür sorgt, dass nun verlorene Schreiben zumindest bestimmt werden können. Wieder erwähnt Elisabeth selbst Briefe und Kopien, die sie an Landgraf Philipp (Nr. 177) bzw. Georg von Carlowitz (Nr. 184) mitschickte oder in denen sie Kurfürst Johann Friedrich bat, Schreiben an ihren Bruder weiterzuleiten (u. a. Nr. 38, 145). Die dichte Parallelüberlieferung macht die Mittlerfunktion des Kurfürsten bei der Versendung von Briefen zwischen ihr und ihrem Bruder deutlich. Auf diese Weise fördert der Schriftverkehr Johann Friedrichs mit Landgraf Philipp verlorene Briefe Elisabeths (Nr. 135, 146) bzw. des Landgrafen (Nr. 70) zu Tage, die in der Korrespondenz sonst nicht zu greifen wären. Nicht immer lässt sich aber eindeutig erschließen, ob es sich um ein erhaltenes oder ein weiteres verlorenes Schreiben handelt.[166] Allerdings ist dieser Befund auch für die von Elisabeth genannten Stücke festzustellen. Wenn die Herzogin schreibt, *ich sal czien [Sic., zwei] brife von mein bruder krigen* (Nr. 102), kann zum einen von zwei Briefen ihres Bruders oder eben zum anderen von zwei weitergeschickten Stücken oder Abschriften die Rede sein.

Insgesamt lassen sich so 38 Deperdita feststellen. Dokumentiert werden die nachweisbaren, aber verlorenen Briefe unter einer eigenen Nummer, die mit einem Stern hinter der Zahl gekennzeichnet sind. Im Anhang verzeichnet ein eigenes Register alle enthaltenen Deperdita.

Als Empfänger von den als Deperdita nachweisbaren Briefen Elisabeths erscheinen:
–   Landgraf Philipp von Hessen (7 Briefe),[167]
–   Georg von Carlowitz (3 Briefe),[168]
–   Kardinal Albrecht von Brandenburg (1 Brief),[169]
–   Herzog Georg von Sachsen (1 Brief),[170]
–   Landgräfin Christine von Hessen (1 Brief).[171]

Die an Elisabeth ausgegangenen und verlorenen Stücke stammen von:
–   Kurfürst Johann Friedrich von Sachsen (14 Briefe),[172]
–   Landgraf Philipp von Hessen (5 Briefe),[173]
–   Kardinal Albrecht von Brandenburg (2 Briefe),[174]
–   Markgraf Georg von Brandenburg-Ansbach (2 Briefe),[175]
–   Herzog Georg von Sachsen (1 Brief),[176]
–   Georg von Carlowitz (1 Brief).[177]

Auffällig sind besonders drei Merkmale des Briefwechsels: Der Nachweis des einzigen Briefes an eine Frau kommt aus dem Zusammenhang der Weiterversendung zustande, als Elisabeth Kurfürst Johann Friedrich bat, ihr Schreiben an Landgräfin Christine weiterzu-

---

[166]   Vgl. Nr. 93.
[167]   Nr. 20*, 37*, 52*, 113*, 134*, 144*, 211*.
[168]   Nr. 110*, 181*, 213*.
[169]   Nr. 121*.
[170]   Nr. 174*.
[171]   Nr. 162*.
[172]   Nr. 60*, 71*, 76*, 86*, 97*, 100*, 112*, 128*, 130*, 136*, 140*, 143*, 156*, 167*.
[173]   Nr. 49*, 69*, 120*, 155*, 196*.
[174]   Nr. 197*, 198*.
[175]   Nr. 45*, 101*.
[176]   Nr. 168*.
[177]   Nr. 202*.

schicken (Nr. 163). Darüber hinaus lassen sich keine weiteren den weiblichen Korrespondenzen zuzurechnende Stücke rekonstruieren. Einzig die Erwähnung eines Boten an die Landgräfin (Nr. 38) weist auf einen umfassenderen Austausch zwischen den Schwägerinnen hin. Mit Verlusten weiblicher Schreiben ist zu rechnen.[178]

In der Korrespondenz fehlen sämtliche Briefe Elisabeths an den sächsisch-albertinischen Rat Georg von Carlowitz und den Kanzler Simon Pistoris. Auf die insgesamt elf erhaltenen Briefe der beiden wichtigen Protagonisten, insbesondere bei den Verhandlungen um den Frieden von Kaaden, sind insgesamt nur drei Antworten von Carlowitz' greifbar.[179] Hier ist ebenfalls eine große Überlieferungslücke anzunehmen.[180]

Zum dritten sticht hervor, dass neben der umfangreichen Überlieferung von 67 Stücken Elisabeths an Kurfürst Johann Friedrich in Form von Ausfertigungen, Konzepten und Abschriften kein weiterer Brief festgestellt werden kann. Die Gegenschriften Elisabeths zu den zehn erhaltenen Antworten Johann Friedrichs sind allesamt vorhanden. Die erhöhte Überlieferungschance der Stücke durch die professionelle Archivierung in der ernestinischen Kanzlei ist sicher ein Grund dafür; die Rolle des Kurfürsten bei der Weiterleitung der Briefe Elisabeths ein anderer: Während Elisabeth ihre Briefe über Johann Friedrich an Landgraf Philipp schickte, gibt es kein einziges Beispiel für den Versandweg über ihren Bruder zum Kurfürsten. Mehrfach erwähnt Elisabeth in ihren Schreiben eigene Briefe, die sie an den Landgrafen sandte, deutlich seltener ist von Briefen an den Kurfürsten die Rede.

Richtlinien der Edition

Die Edition folgt wie der erste Band der Reihe den von Walter Heinemeyer in der zweiten Auflage überarbeiteten „Richtlinien für die Edition landesgeschichtlicher Quellen"[181] und berücksichtigt darüber hinausgehend die „Empfehlungen zur Edition frühneuzeitlicher Texte", die der Arbeitskreis „Editionsprobleme der Frühen Neuzeit" der „Arbeitsgemeinschaft historischer Forschungseinrichtungen in der Bundesrepublik Deutschland e. V." vorgelegt hat.[182] Im Einzelnen liegen der Edition folgende Prinzipien zugrunde:
–   Die Wiedergabe des Briefwechsels der Herzogin Elisabeth erfolgt im Volltext und unter Beibehaltung des Buchstabenbestands der Vorlage.
–   Ergänzende Quellen sind je nach Bedeutung im Volltext, in Auszügen oder als Kurzregest aufgenommen.
–   Verlorene Stücke aus dem engeren Briefwechsel der Herzogin Elisabeth werden mit eigener Nummer geführt und durch einen Stern hinter der Briefnummer als Deperdita gekennzeichnet.
–   Großschreibung erfolgt nur an Satzanfängen, bei Eigennamen und bei Festtagen.
–   Konsonantenhäufungen werden mit Ausnahme von Doppel-n beibehalten. Gerade die zeittypische n-Verdoppelung begegnet im eigentlichen Briefwechsel der Herzogin Elisabeth allerdings kaum; sie tritt wenn, dann in den hier ergänzend aufgenommenen Quellen auf, die durch Kanzleischreiber besorgt worden sind. Für die Edition wurde

---

[178]   Zu den Überlieferungschancen weiblicher Korrespondenzen vgl. KES I, S. XXVII f.
[179]   Vgl. Nr. 111; 186; 212.
[180]   Zur Korrespondenz Elisabeth mit nichtfürstlichen Adligen vgl. KES I, S. XXIX.
[181]   Richtlinien für die Edition landesgeschichtlicher Quellen, Marburg/Hannover 2000.
[182]   Vormals als Online-Version unter http://www.ahf-muenchen.de/Arbeitskreise/empfehlungen.shtml [12. April 2012], jetzt als Kopie unter http://de.szlachta.wikia.com/wiki/Edition_fr%C3%BChneuzeitlicher_Texte [2. Mai 2015].

dieser Doppel-Konsonantismus von ‚n' in solchen Fällen nach heutigem Gebrauch reduziert; ein Hinweis darauf ergeht in den Bemerkungen zum jeweiligen Stück.

– Die Buchstaben ‚u' und ‚v', die in der Vorlage nicht durchweg voneinander geschieden sind, werden in der Edition nach vokalischer oder konsonantischer Bedeutung wiedergegeben.

– Entgegen Heinemeyer und in Übereinstimmung mit den „Empfehlungen zur Edition frühneuzeitlicher Texte" folgt die Getrennt- und Zusammenschreibung durchweg der Vorlage. Ergeben sich daraus Verständnisschwierigkeiten, sind heute gebräuchliche Formen erklärend angemerkt.

– Diakritische Zeichen erscheinen in den Vorlagen mit Ausnahme von seltenem, die vokalische Bedeutung kennzeichnendem ‚ŭ' nicht.

– Siglen werden an besonderen Stellen wie dem Briefende übernommen und dann in Anmerkungen aufgelöst – mit Ausnahme der Unterzeichnung Elisabeths als „E H Z S", das für „Elisabeth, Herzogin zu Sachsen" steht.

– Die Interpunktion folgt dem heutigen Gebrauch. Bei von Kanzleischreibern verfassten ergänzenden Quellen nimmt sie dabei die Vorgaben soweit wie möglich auf. – In den Briefen der Herzogin Elisabeth fehlen Satzzeichen durchweg. Die Interpunktion ist hier über eine grammatikalische Normierung hinaus deutende Sinngebung!

– Ob Absätze von der Vorlage übernommen oder zur besseren Übersichtlichkeit durch den Editor eingefügt wurden, wird in den Bemerkungen zum jeweiligen Stück angegeben.

– Ein Seitenwechsel der Vorlage wird durch das Zeichen ‖ angegeben. Größere Absätze der Vorlage, etwa bei der Adresse, bei Kanzleivermerken oder am Briefende, werden mit / für kleinere und // für größere Absätze gekennzeichnet.

Um hermeneutische Auswertungen zu erleichtern und damit auch dem besonderen Gehalt der hier vorgelegten Quellen besser gerecht zu werden, weicht die Edition in folgenden Punkten von den allgemeinen Richtlinien ab:

– Abkürzungen im Text werden aufgelöst, aber durch runde Klammern gekennzeichnet.

– Gelegentliche Unterstreichungen im Text gibt die Edition unmittelbar wieder. Streichungen sind im Anmerkungsapparat vermerkt.

– Der Inhalt der Briefe wird in den Regesten sehr ausführlich wiedergegeben, um einen Zugang zu dem sprachlich überaus schwierigen Material zu bieten. Sprachlich sind diese Regesten bewusst an Stil und Diktion der Vorlagen angelehnt.

Im Weiteren ist zur Gestaltung des Bandes Folgendes anzumerken:

– Die Wiedergabe der Namenformen von Personen und Orten im Apparat folgt mediävistischen Gewohnheiten, d. h. die Ortsnamen erscheinen in der modernen Schreibweise. Das gilt auch für bis heute existierende Familiennamen! Deshalb erscheinen etwa die sonst häufig unter „Karlowitz" und „Pflug" geführten Personen hier als „Carlowitz" und „Pflugk".

– Das Zeichen für „et cetera" und das Schlusszeichen bzw. der Schlussschnörkel können nicht auseinander gehalten werden; hier erscheint er in der Regel als „etc.".

– Der Ausstellungsort wird nur dann im Regestkopf angegeben, wenn er ausdrücklich genannt ist, darüber hinaus wurden Ausstellungsorte nicht erschlossen.

– Die Kanzleivermerke sind im diplomatischen Apparat aufgenommen. Sie entstammen zumeist dem näheren zeitlichen Umfeld, erfolgten also nach Schrift und Duktus zeitunmittelbar oder wenigstens noch in der Mitte des 16. Jahrhunderts. Nur bei Vermerken, die deutlich späterer Herkunft sind, wird dies angemerkt. Unter den Kanzleivermerken erscheinen auch später hinzugefügte Überschriften zu den dann meist abgeschriebenen Texten.

–   Wenn nicht anders angemerkt, sind Korrekturen immer von der Schreiberhand des edierten Stückes ausgeführt bzw. nicht zuordenbar.

–   In den Briefen der Herzogin Elisabeth werden sprachliche und schreibstilistische Eigenheiten ausführlich angemerkt, um den generellen Zugang zur schwierigen Korrespondenz zu ermöglichen. Diese sprachlichen Erläuterungen dünnen im Laufe des Bandes etwas aus, um Redundanzen gering zu halten.

DIE KORRESPONDENZ
UND ERGÄNZENDE QUELLEN
1533 UND 1534

1

Kassel *1533 Januar 25*

Landgraf Philipp (der Großmütige) an Kurfürst Johann Friedrich (den Großmütigen)
Philipp schickt Johann Friedrich eine beiliegende Kopie darüber, was Herzog Georg (der Bärtige) und die von der Landschaft verordneten Ständevertreter, die jetzt zu Leipzig versammelt gewesen sind, geantwortet haben, und auch was sie für Heinrichen von Schleinitz(en) vorbitlich an uns haben langen lassen. *Philipp erbittet zur Sache Johann Friedrichs Meinung und Rat.* Datum Cassel sambstag nach Timothei anno etc. xxxiii.

StA Marburg, PA 2554, fol. 6r.
Überlieferung: Abschrift.
Schrift: hess. Kanzleischreiber.
Adresse: An hertzog Hanß Friderich / churfursten tzu Sachsen etc.
Kanzleivermerke: a) V(on) Schleinitz; *b)* Sachsen, ern.ª Linie *(20. Jh.).*
Bemerkung: Die im Schreiben erwähnte Kopie über die Fürbitte der Landstände zu Gunsten Heinrichs von Schleinitz fehlt.

ª *Von anderer Hand korrigiert; darunter gestrichen:* albert.

2

[1533 Ende Januar]

Memorial Kurfürst Johann Friedrichs (des Großmütigen) für die Besprechung mit Landgraf Philipp (dem Großmütigen)
Auf den Wunsch Elisabeths soll Philipp zu ihr kommen. Die Herzogin hat wegen des Empfangs des Abendmahls (in einerlei Gestalt) Gewissenskonflikte und ersucht den Landgrafen um seinen brüderlichen Rat. — Wegen der Beschwerungen, welche Hans von Schönberg, Heinrich von Schleinitz und andere Elisabeth zugefügt haben, soll Philipp ihr und ihrem Gemahl zu einer eigenen Residenz verhelfen. — Philipp soll mit seiner Gemahlin die kranke Herzogin Barbara besuchen. — Johann Friedrich möchte gern gemeinsam mit dem Landgrafen zu Elisabeth reisen.

HStA Dresden, 10024, Loc. 10548/6, fol. 50r–v.
Überlieferung: Konzept.
Schrift: eigenhändig.
Adresse: –
Kanzleivermerke: Memorial mit dem landtgraf(en) zured(en) d(er) hertzogin von Rochlitz halb(en), 1. von weg(en) entpfahung des hochwirdig(en) sacraments, 2. irer beschwerung, und in den sach(en) zurath(en).
Bemerkung: Die Blätter wurden auf der rechten Seitenhälfte fortlaufend beschrieben, die linke blieb Korrekturen und Ergänzungen vorbehalten. — Die Absatzgestaltung folgt der Vorlage.

Zcu gedencken myt / dem lantgraffen / zcu reden v(on) d(er) h(erzogin) wegen.

Erstlychen freunthlyches zcu entpietten[1], s(einer) l(ieben) an zcu zceygen, das in s(eine) l(ieben) schwester zcum freuntlychsten bytten lasse, das s(einer) l(ieben) zcu i(rer) l(ieben) kommen wolt und das i(rer) l(ieben) s(einer) l(ieben) sachen zcu sagen hette, daran i(rer)[a] l(ieben)[b] eher stel und gelympt[2] an dreff[3] und bitte zcum aller freuntlychten, das s(einer) l(ieben) jhe nyt ausen bleyben wolt etc.

Zcu dem andern, was i(rer) l(ieben) der entpfahung halben des heyligen sacramenttes hat beschwerung in irem gewyssen zcu sthunde, darynnen i(rer) l(ieben) s(einer) l(ieben) getrewen chrystlychen und bruderlychen rat auff der selbygen zcukunff freuntlychen suchen und bytten thette.

Zcu dem drytten, nach dem i(rer) l(ieben) befunde dye manchfeldyge beschwerung, so i(rer) l(ieben) allenthalben zcugefuget und durch H(ans) v(on) S(chonbergk)[4], H(einrich) v(on) S(chlinitz)[5] und andere zcu geschoben worden, ‖ welches i(rer) l(ieben) lenger nyt ertragen mochten etc., das derhalben i(rer) l(ieben) freuntlyche bytte wer, das s(einer) l(ieben) der sachen nach gedencken woltten, ob dye wege mochten gefunden werden, das i(rer) l(ieben) hern und gemal[6] etwas eygens eyn bekommen mochten etc.[7], wye dan i(rer) l(ieben) s(einer) l(ieben) zcu irer ankunff weyttern berychten und wege an zceygen wolt etc.

I(rer) l(ieben) seyn ires myedens der notturff[8] nach nyt versorget, darynnen i(rer) l(ieben) s(einer) l(ieben) etwan auch bedurfften nach dem wyer alle sterblychen etc.[9]

Item das s(einer) l(ieben) ursachen wegen myt s(einer) l(ieben) gemal[10] dye alde hertczogyn[11] in irer kranckhyt zcu besuchen etc.

Item wolt gern, das ich myt dem lantgraffen kemme.
Item so s(einer) l(ieben) verdencken leh(en).
Der hercztgyn bryeff[12] zcu antwortten.

---

[1]   = entbieten, ausrichten.
[2]   glimpfen = eine Sache rechtlich begründen.
[3]   = antreffen.
[4]   Hans (junior) von Schönberg zu Reinsberg († 1537), sächs.-albert. Rat und Amtmann; beschuldigte Elisabeth des Ehebruchs und ist gemeinsam mit Heinrich von Schleinitz zu Saathain (zu ihm Anm. 5) ihr ärgster und meistgehasster Widersacher. — Hans war 1500–1509 (?) Amtmann zu Tharandt, verehelichte sich mit Agnes von Ende und lässt sich zwischen 1489–1537 nachweisen. Vgl. zu ihm Goerlitz, Staat und Stände, S. 83 f., 425 f., 594 (bei ihm Hans von Schönberg zu Reichenau); Schirmer, Untersuchungen zur Herrschaftspraxis, S. 372. Vgl. auch gelegentlich abweichend Mansberg, Erbarmanschaft Wettinischer Lande II, S. 401–429 und Stammtafel 33. — Schwer zu unterscheiden von Hans von Schönberg zu Oberlichtenau und bis 1501 zu Reichenbach († 1537), ebenfalls sächs.-albert. Rat, 1502–1518 (?) Amtmann zu Radeberg.
[5]   Heinrich von Schleinitz zu Saathain und Koselitz († 1543), sächs.-albert. Rat und Hofmarschall (1528–1530); beschuldigte Elisabeth des Ehebruchs und ist gemeinsam mit Hans (junior) von Schönberg zu Reinsberg (zu ihm Anm. 4) ihr ärgster und meistgehasster Widersacher. Vgl. zu ihm ABKG I, Nr. 357, 708; ABKG II, Nr. 957, 1061, 1075, 1420; Geschichte des Schleinitzschen Geschlechts, S. 477–484; Goerlitz, Staat und Stände, S. 417 und 592 f.
[6]   Herzog Johann (der Jüngere) von Sachsen (1498–1537), Gemahl Elisabeths.
[7]   Gemeint ist eine eigene Residenz für Elisabeth und Herzog Johann außerhalb von Dresden.
[8]   = Notdurft.
[9]   Gemeint ist, dass Elisabeth der christlichen Notdurft bei einem plötzlichen Tod ohne Sakramente entbehre.
[10]   Landgräfin Christine von Hessen (1505–1549), Tochter Herzog Georgs, Gemahlin Landgrafs Philipps und Schwägerin Elisabeths.
[11]   Herzogin Barbara von Sachsen (1478–1534), Gemahlin Herzog Georgs.
[12]   Vgl. KES I, Nr. 182.

ᵃ *Sigle korrigiert; vorher: s(einer).*
ᵇ *Gestrichen: zcu sagen daran das.*

3

Dresden   *1533 Februar 3*

Landgraf Philipp (der Großmütige) an Kurfürst Johann Friedrich (den Großmütigen)
Philipp hat nach dem Abschied von Johann Friedrich seine Schwester Elisabeth in Dresden besucht. Wie mit ihr und Johann Friedrich verabredet, hat er mit Herzog Johann (den Jüngeren) gesprochen. Dieser will seinen Vater nicht verlassen und war sehr zornig darüber, dass Philipp ihn dazu überreden wollte. Nun beabsichtigt Philipp ein Gespräch mit Herzog Georg (dem Bärtigen) zu führen, in der Hoffnung, dass die Verleumder seiner Schwester vom Hof entfernt werden. Das Gespräch mit dem Herzog kann aber nicht vor Donnerstag oder Freitag stattfinden, da einige herzogliche Räte abwesend sind und eine Hochzeit gefeiert wird. Aus diesem Grund wird Philipp nicht wie verabredet zu Johann Friedrich kommen; er hofft aber, ihm bald in Weimar Bericht zu erstatten.

> *HStA Dresden, 10024, Loc. 10548/6, fol. 7r–8r.*
> *Überlieferung: Ausfertigung.*
> *Schrift: eigenhändig.*
> *Adresse:* [Dem] hochgebornen / [fursten] hern Johans / [Friederichen] hertzog(en) zu Saxssen / [etc. meinem lieben vettern und brudern] / zu eygen handen.
> *Kanzleivermerke:* D(er)ᵃ landtgraff zeigt an, d(as) hertzog Johans nichtt vom vater wolle und d(as) er hertzog Georg(en) ansprech(en) müsse – 1533.
> *Bemerkung: Siegeleinschnitte sind vorhanden; das Siegel und der Siegelstreifen selbst sind verloren; die Adresse ist entsprechend beschädigt überkommen.*
> *Druck: ABKG III, Nr. 2191a.*

Hochgeborner korfurst, fruntlycherᵇ lyeber herr und oheym; uff den abscheyt, den ych myt e(uer) l(ieben) genomen habb, das e(uer) l(ieben) yn eynem flecken¹³ kumen soldt etc., byn ich hye bey meyner swester gewessen und hab mych myt yer vor eynyget, das ich myt yrem hern¹⁴, meynem swager, geredt habb, wye ich myt e(uer) l(ieben) abgeredt. Aber meyn swager wyll yn keynen weg von vatter¹⁵ und er was merr dan halb zornyg, das ich ym eyn solchs zu muttet und sagt zu myrᶜ: „E(uer) l(ieben) wyrdt mychs nyt uber redden". Zum andern, so befyndt ich also vyll yn rat, das ich hertzog Jorgen muß an sprechen, wye e(uer) l(ieben) erfarn sollen, so ich zu e(uer) l(ieben) komme. Und so ich solchs thu, mochten vyllycht dye schelck¹⁶ von handen gethan werden. Und alß dan wyrdt sych meyn swester leyden, das ich zu meyner ankunfft e(uer) l(ieben) alles berychten wyll. Zu dem kan ich, wye myr sonderlych geratten, ‖ hertzog Jorgen vor dornstag ader frytag nyt ansprechen, auß ursachen, das etlich rette nycht vorhanden, zu deme das auch unfuglych werr, dye weyll

---
¹³ = Ort.
¹⁴ *Herzog Johann (der Jüngere) von Sachsen (1498–1537).*
¹⁵ *Herzog Georg (der Bärtige) (1471–1539).*
¹⁶ *Schalk = arglistiger, untreuer Mensch. Gemeint sind Hans von Schönberg und Heinrich von Schleinitz.*

dye hochzeytten[17] werdten[d]. Auß dyssem obangezeygten allem, als nemlych das herzog Hans nyt[e] dar an wyll und ych nycht erre myt[f] herzog Jorgen handeln kan dan bys freytag[g], habben e(uer) l(ieben) selbst zu ermessen, das ych der handelung auß warten muß und[h] werde dar umb vorhyndert auff dys mall zu e(uer) l(ieben) zu komen. Bytt des halben e(uer) l(ieben) frundtlych, woll mych[i] hyr umb entschuldyget wyssen, dan an das wult ich gut nyt aussen blyben seyn. Wyll mich, wan e(uer) l(ieben) wyll, umb e(uer) l(ieben) wyllen wyeder rumb so weyt reyten. Bedanck mych solchs e(uer) l(ieben) reyttens uff hochst[j], hoff aber zu Weymar zu e(uer) l(ieben) zu kommen ‖ und sye aller gelegenheyt zu berychten. Wylls auch e(uer) l(ieben) zu vor wyssen lassen, wan ich kome. E(uer) l(ieben) zu dyenen byn ych geneygt. Dat(um) Dressen montag nach Lychtmes anno d(omini) xv[c] xxxiii[k].

Philips L Z Hessen etc.

[a] *Gestrichen:* pfal.
[b] *Gestrichen:* h.
[c] zu myr *hochgestellt eingefügt.*
[d] *Wort korrigiert.*
[e] *Wort hochgestellt eingefügt; darunter gestrichen:* nye.
[f] *Wort hochgestellt eingefügt; darunter gestrichen:* nyt.
[g] *Wort korrigiert.*
[h] *Gestrichen:* wed.
[i] *Gestrichen:* hyr.
[j] *Wort hochgestellt eingefügt; darunter gestrichen:* hosht.
[k] *Korrigiert aus:* xxxxiii.

4

Wittenberg *1533 Februar 5*

Kurfürst Johann Friedrich (der Großmütige) an Landgraf Philipp (den Großmütigen)
Johann Friedrich hat das Schreiben Philipps erhalten, in dem dieser erklärt, warum er nicht wie verabredet nach Liebenwerda komme. Er hätte für die Zusammenkunft mit Herzog Johann (den Jüngeren) in Elisabeths Angelegenheiten gern weitere Ratschläge gegeben, die nun aber nicht mehr benötigt werden. Für das Gespräch mit Herzog Georg (dem Bärtigen) wünscht Johann Friedrich dem Landgrafen Glück. Philipp soll seine Nachrichten in dieser Sache und wegen des geplanten Treffens in Weimar nach Torgau schicken.

HStA Dresden, 10024, Loc. 10548/6, fol. 55r–v.

Überlieferung: Konzept.

Schrift: eigenhändig.

Adresse: –

Kanzleivermerke: Be(trifft) die hertzogin zu Rochlitz.

Bemerkung: Die Blätter wurden auf der rechten Seitenhälfte fortlaufend beschrieben, die linke blieb Korrekturen und Ergänzungen vorbehalten.

Druck: ABKG III, Nr. 2191a.

---

[17] *Gemeint ist eine Hochzeit am Dresdner Hof. Es handelt sich aber nicht um die Eheschließung Emilias von Sachsen (1516–1591), Tochter Herzog Heinrichs (des Frommen), mit Markgraf Georg (dem Frommen) von Brandenburg-Ansbach (1484–1543), wie fälschlich Jadatz/Winter (ABKG III, Nr. 2191, Anm. 2) vermuten. Diese fand erst am 1533 August 25 in Freiberg statt. Vgl. Anm. 1075.*

Got walts in eywygkeit. S(ein) f(urstlichen) freuntlicher lyeber vetter und bruder; ich hab e(uer) l(ieben) schreyben[18], darynnen sye anzceygen aus[a] wessen ursachen[b] e(uer) l(ieben) nyt gelegen, dem negsten abschyde nach [dem][c] so e(uer) l(ieben) und ich zcu Weymar myt eynander gehabt, kegen Lybenwerd[19] zcu myr zcu kommen, myt weytter anzceygung vernommen [d]und sulches alles freuntlichen verstanden.[d] Und hette mych sulcher[e] veranderung gantz nyt vorsehen, dye weyl[f] e(uer) l(ieben) wyssen, was ich e(uer) l(ieben) sulcher zusammenkunf halben angezceyget, das es freuntlicher meynung und e(uer) l(ieben) und meyner freuntlichen lyeben schwester,[g] meynes fetter herzock Jonssen[20] gemal, zcue besten beschehen ist. ‖ Dan was ich nach meynem geryngen versthande hette ratten und helffen mugen, das ir lieben zcu eren und gutten hette gereichen mugen, das wer ich zcu thuen wyllick gewessen. Dye weyl es aber aus den von e(uer) l(ieben) anzceytten ursachen nyt bedorffft, so byns iches freuntlichen und wol zcu frieden und wunsch e(uer) l(ieben) und der selbygen schwester zcu irem for haben[21] von Got dem almechtigen geluck und heyl und das zcum besten ausgericht mack werden. Nach dem auch e(uer) l(ieben) myr nyt[h] eygentlichen anzceygen, ab e(uer) l(ieben) gewysslich[i] kegen Weymer[22] kommen wollen, auch auf was zeyt[j], so ist meyn freuntliche bytte, e(uer) l(ieben) wollen myr zcum forderlysten sulches alles kegen Torga[23] zcu erkenen geben, auff das ich meyn sachen darnach zcu rychtten hab, dan ich e(uer) l(ieben) schreybens zu Torga er wartten wyl. Und hab sulches alles e(uer) l(ieben) freuntlicher meynung nyt vorhalden wollen und e(uer) l(ieben) freuntlichen zcu dienen byn ich wyllick. Dat(um) Wyttenberck mytwochen nach Purificationis Marye im xxxiii jar.

　　[a] *Wort hochgestellt eingefügt.*
　　[b] *Wort vor der Zeile eingefügt; stattdessen gestrichen:* wessen.
　　[c] *Hier fehlt ein Wort.*
　　[d-d] *Passage auf der linken Seitenhälfte mit Platzhalter eingefügt.*
　　[e] *Gestrichen:* verandern.
　　[f] *Gestrichen:* aber.
　　[g] *Gestrichen:* e(uer) l(ieben) schwester.
　　[h] *Gestrichen:* geny.
　　[i] *Gestrichen:* zcu myr.
　　[j] *Wort auf der linken Seitenhälfte vor der Zeile eingefügt; darunter gestrichen:* zceyt.

5

Dresden　　　　　　　　　　　　　　　　　　　　　　　　*1533 Februar 6*

Landgraf Philipp (der Großmütige) an Kurfürst Johann Friedrich (den Großmütigen)
Philipp hat das Schreiben Johann Friedrichs aus Wittenberg erhalten. An der beschriebenen Situation hat sich nichts geändert. Herzog Johann (der Jüngere) lässt sich nicht bewegen, zu Johann Friedrich zu reiten. Herzog Johann hat ihn zornig abgewiesen, was weitere Verhandlungen mit Philipp ausschloss. Auch habe er noch nicht das Gespräch mit Herzog

---

18　*Vgl. oben Nr. 3 (Brief Philipps an Johann Friedrich, 1533 Februar 3).*
19　*Bad Liebenwerda, Stadt ö Torgau.*
20　*Herzog Johann (der Jüngere) von Sachsen (1498–1537).*
21　*Gemeint ist das Gespräch mit Herzog Georg.*
22　*Weimar, Stadt, ö Erfurt, sächs.-ernest. Residenz.*
23　*Torgau, Stadt nö Leipzig mit der sächs.-ernest. Residenz Schloss Hartenfels.*

Georg (dem Bärtigen) gesucht, da ihm geraten wurde, ihn während der Hochzeit nicht auf das Thema anzusprechen, und einige herzogliche Räte erst heute angekommen sind. Er möchte das Gespräch mit dem Herzog am morgigen Freitag führen. – Philipp will Dresden noch nicht verlassen. Es sollen erst Wege gefunden werden, um diejenigen zu bestrafen, die das Gerücht über Elisabeth in Umlauf gebracht haben. – Am nächsten Montag will Philipp aufbrechen und über Weimar reisen, um mit dem Kurfürsten in der Sache weiter zu beratschlagen. Sollte er schneller heimreisen müssen, wird er Landgräfin Christine zum Kurfürsten schicken.

> *HStA Dresden, 10024, Loc. 10548/6, fol. 10r–v.*
>
> *Überlieferung: Ausfertigung.*
>
> *Schrift: hess. Kanzleischreiber; Unterschrift eigenhändig.*
>
> *Adresse: [Dem hoch]gebornen fursten hern / [Johann Friede]richen herzogen zu / [Sachssen des] heiligen ro(mssen) reichs / [ertzmarschalk] und churfursten / [landgrafen in D]uringen und / [marggrafen zu M]eichssen / [unserm freu]ntl(ichen) lieben vett(er)n / und brudern // zu seiner lieb / selbst hand(en).*
>
> *Kanzleivermerke: Landtgraff – D(as) hertzog Johans nicht vom vater wolle; will mit hertzog Georgen handeln, daß d(as) die jenigen, so das gerucht außbracht, gestrafft od(er) verjaget werd(en) sollen – 1533.*
>
> *Bemerkung: Siegeleinschnitte sind vorhanden; das Siegel und der Siegelstreifen selbst sind verloren; die Adresse ist entsprechend beschädigt überkommen. – Die Interpunktion wurde aus der Ausfertigung übernommen und nur gelegentlich ergänzt.*
>
> *Druck: ABKG III, Nr. 2191.*

Unser freuntlich dienst und was wir liebs und guts vormugen allzeyt zuvor, hochgeborner furst, freuntlicher lieber vetter und bruder. Wir haben ewer lieb schreiben mit aigner handt, nechstvorschienen mitwoch(en) zw Wittenbergk[24] gegeben[25], empfangen, gelesen und woll vorstanden. Und geben ewer lieb doruf widderumb freuntlich zuerkennen, das wir newlich ewer lieb mit aigner handt disser sachen halb, wie ewer lieb wissen, geschrieben haben[26]. Uff der meynunge wir noch sein und wissen, das keins wegs zuvorendern, aus ursachen, wie unser schreiben mitbringt. Freuntlich bittend ewer lieb wollen es nit dahin vorstehen, das wir ewer lieb zugefallen nit so weith reyten wolt(en), dan wir wolten ewer lieb woll vierzig meil zugefallen reiten, so wir ewer lieb etzwas nutz sein konten. Die ursachen aber, die uns dahin bewegen seint die, das wir herzogk Hansen[27], wie dan ewer lieb und wir unsern abschiedt jungst zu Weymar genommen,[a] gantz und gar nit dar zu bewegen konnen, sondern sein lieb uns mit eynem zornigen gemuet abgewiesen. Aus dem selbst erfolgt, das wir herzogk Hansen zu ewer lieb nit haben bringen konnen, dan sein lieb uns das gantz und gar abgeschlagen hatt. Also das wir in rath funden haben, auch weither nit darvon mit seiner lieb zuhandlen. So haben wir auch noch nichts mit unserm ohemen, schwehr und vatter herzogk Jorgen[28] darvon gehandlet. Aber wir wollen morgen freitags mit seiner lieb

---

24   *Wittenberg, sächs.-ernest. Residenz und Stadt, sö Magdeburg.*
25   *Vgl. oben Nr. 4 (Brief Johann Friedrichs an Philipp, 1533 Februar 5).*
26   *Vgl. oben Nr. 3 (Brief Philipps an Johann Friedrich, 1533 Februar 3).*
27   *Herzog Johann (der Jüngere) von Sachsen (1498–1537).*
28   *Herzog Georg (der Bärtige) (1471–1539).*

darvon handeln[29] aus ursachen, das uns geraten, das wir sein lieb itzt uff die hochzeiten[30] nit ansprechen ader unlustigk machen solten, zu dem das die rethe nit vorhanden zu solcher sachen dinstlich, die dan heut irst ankommen. Dweil dan bey herzogk Hansen nicht zuerlang(en), und wir mit herzogk Jorgen ‖ noch nichts gehandlet, so wissen wir deßhalben mit ewer lieb nichts sonderlichs zu handeln. Solten wir dan zu ewer lieb von hier reyten und dan widder her kommen, wusten wir nit, was herzogk Jorge nachdenckens darin haben muchte. Konnen auch ewer lieb bedencken, das es sich nit wol schicken wolle, so haben wir auch ye[31] ewer lieb zu Weymar gesagt, das wir nit wissen konten, ob ewer lieb vorgebens reyten wurden od(er) nit. Wir hoffen aber, wir wollen die wege finden, das die jenen, so solches gerucht ußbracht haben und herzogk Jorgen dahin richten und raitzen, vorjagt ader gestraft werden sollen, ader zum wenigsten unser schwester bessern frieden haben soll. Was aber unßer zukunft zu ewer lieb ghein Weymar bedrift, wollen wir nechst montags[32] hie aus ziehen und den wegk furter zu ewer lieb nemen. So es sich aber zutruge, das uns sachen vorfielen, das wir widder heim eylen musten, wollen wir doch unser gemahl[33] zu ewer lieb schicken und auch selbst bey ewer lieb kommen und ein stund oder zwo uns mit ir freuntlich unterreden. Alsdan wollen wir ewer lieb disser sachen halb selbst montlich[34] weithern bericht thun. Und wol es ewer lieb ye nit darfur halten, aus angezeigt(er) ursachen, das wir nit ir zugefallen zu ir reit(en) wolt(en), dan wir wolten ewer lieb zugefallen wol weither reyt(en). Das wollen wir umb ewer lieb freuntlich vordienen, und wolten ir das zw freuntlicher antwort hinwidd(er) nit vorhalt(en). Dat(um) Dressen[35] am donnerstagk nach Purificatio(nis) Marie anno etc. xxxiii.

Philips von Gots gnaden lantgrave zu Hessen / grave zu Catzenelnpog(en) etc.
Philips L Z Hessen etc. s(ub)s(cripsi)t

---

^a *Gestrichen:* das wir herzogk Hansen zu ewer lieb bringen solten.

6

[Dresden]   *[1533 Februar 7]*

Notizen für Landgraf Philipps (des Großmütigen) erste Rede vor den Räten Herzog Georgs (des Bärtigen)

Die Sache zwischen Herzog Georg (den Bärtigen) und Philipp soll ausschließlich durch die Räte verhandelt werden. – Elisabeth hat sich für die Eheschließung Philipps mit Landgräfin Christine eingesetzt. – Herzog Georg habe Elisabeth gesagt, es sei des Abends ein Mann zu ihr gegangen und am Morgen wieder herausgekommen. Wenn dies noch einmal geschehe, so wolle er denjenigen vor ihren Augen köpfen und sie einmauern lassen. – Herzog Georg habe gegenüber Herzog Johann geäußert, Elisabeth begehe mit Heinrich von Schönberg

---

29   = 1533 Februar 7 (vgl. unten Nr. 8).
30   Gemeint ist eine Hochzeit am Dresdner Hof. Es handelt sich aber nicht um die Eheschließung Emilias von Sachsen (1516–1591), Tochter Herzog Heinrichs (des Frommen), mit Markgraf Georg (dem Frommen) von Brandenburg-Ansbach (1484–1543), wie fälschlich Jadatz/Winter (ABKG III, Nr. 2191, Anm. 2) vermuten. Diese fand erst am 1533 August 25 in Freiberg statt (vgl. Anm. 1075).
31   = ja.
32   = 1533 Februar 10.
33   Landgräfin Christine von Hessen (1505–1549).
34   = mündlich.
35   Dresden.

Ehebruch. Er habe auch öffentlich davon gesprochen. – Im Beisein von Georg von Carlowitz und Wolf von Schönberg hat Herzog Georg seinem Sohn mitgeteilt, dass er Heinrich von Schönberg des Hofes verwiesen habe. Sollte dieser während seiner Abwesenheit zurückkommen, so solle Herzog Johann ihn gefangen nehmen. – Elisabeth ist öffentlich in Verruf geraten, weil sie des Ehebruchs bezichtigt worden wäre. Herzog Georg solle erst die Wahrheit ergründen, bevor er solche Dinge verbreitet. Wie Philipp durch seine Gemahlin erfahren hat, wird öffentlich behauptet, dass die Frau von der Sale des Hofes verwiesen wurde, weil sie behauptete, Heinrich von Schönberg in Frauenkleidern im Frauenzimmer gesehen zu haben. – Philipp und Elisabeth geben Herzog Georg an allem keine Schuld. Die Verleumder sollen ihre Behauptungen anzeigen, damit sich Elisabeth rechtfertigen kann. Sollte sie im Unrecht sein, so will Philipp sie selbst bestrafen.

> *HStA Dresden, 10024, Loc. 10548/11, fol. 18r – 19v.*
>
> *Überlieferung: Abschrift.*
>
> *Schrift: ernest. Kanzleischreiber (schriftgleich Nr. 10, 12, 14, 104, 107, 109).*
>
> *Adresse: –*
>
> *Kanzleivermerke: Die erste[a] rede m(eines) g(nedigen) hern[b] gegen den[c] rethen – A[d].*
>
> *Zur Datierung: Dieser Brief ist im Zusammenhang mit der Besprechung von Februar 7 zu datieren. Die Aufzeichnung über Philipps Rede wird im Vorfeld erfolgt sein.*
>
> *Bemerkung: Die Notizen entstanden zur Vorbereitung der Rede Landgraf Philipps vor den Räten. Diese Vorlage weicht in einigen Passagen vom späteren Protokoll der Besprechung und der Rede Philipps (Nr. 8) ab. Bei der Vorlage handelt es sich um eine Abschrift eines ernestinischen Schreibers. Die Absätze entsprechen der inhaltlichen Gliederung der Rede und wurden hierfür aus der Vorlage übernommen.*

Zum ersten antzutzaigen, das zwischen hertzog Jorgen und mir gemacht, das unser kainer dem andern reden, das zu beschwerung reichen mocht, sunder durch die rete etc.

Zum andern antzutzaig(en), wie her komen sey, das mein schwester meinem schwager[36] worden sey von meinem vater[37] her.

Item, was guets mein schwester in der sach gethan, in dem, das ich mein weip[38] genomen.

Wiwol ich genedig(er) meynung nit bergen, das hertzog Jorg wieder mein schwester gesagt, es sey ainer den abend herauff gangen und den morg(en) wider hinab; und so solchs mher geschee, so wolt sein lieb den in irem angesicht kopffen und sie vermauren lassen.

Zum vierdten habe hertzog Hans wider mein schwester gesagt, wie das hertzog Jorge wider ine sol gesagt haben, das mein schwester buel mit Heinrichen von Schonbergk[39], hat auch weiter hertzog Hans in Glacken[40] und sunst in herr Ernst haus[41] offentlich gesagt von solchen sachen.

---

[36] *Herzog Johann (der Jüngere) von Sachsen (1498–1537).*

[37] *Landgraf Wilhelm II. (der Mittlere) von Hessen (1468/69–1509), Vater Landgraf Philipps und Elisabeths.*

[38] *Gemeint ist die Eheschließung Landgraf Philipps mit Herzog Georgs Tochter Christine im Dezember 1523 und Elisabeths Vermittlungstätigkeit bei der Anbahnung (vgl. Anm. 68).*

[39] *Heinrich von Schönberg (1500–1575), sächs.-ernest. Hofmarschall und Jägermeister. Tritt erstmals 1541 als Hofmarschall Kurfürsts Johann Friedrichs in Erscheinung. Vgl. zu ihm Fraustadt, Geschichte des Geschlechts von Schönberg, Bd. 1 B, S. 443–452.*

[40] *Ort nicht identifizierbar. Landgraf Philipp erwähnt später das Gasthaus zum Boß bzw. Poß (vgl. unten Nr. 8).*

[41] *Gemeint ist das Haus Ernst II. von Schönburgs (1486–1534), sächs.-albert. Rat, in Leipzig; vgl. zu ihm Wetzel, Ernst II., Herr von Schönburg; Goerlitz, Staat und Stände, S. 425 f.*

In gegenwertigkait Karlwitz[42], Wolff ‖ von Schonbergk[43] hat hertzog Jorg wider sein son hertzog Hansen gesagt, nachdem er Heinrichen von Schonbergk den hoff vorpot(en), wo er dan kom, dieweil er zu Regensburgk[44], so soll er in gefengklich annhemen.

Daraus ist gefolget, das ain gemain geschrey[45] im gantzen lande ist, als solt mein schwester ubel gehandelt haben[46], und hat warlich mich zum hertzog(en) ain solchs nit vorseh(en), dan sein lieb solt(en) pillich sich der warhait erst erfarn hab(en) und nich dartzu beschrieben.

Es sey auch weiter daraus gefolget, das offentlich gesagt wirdet, wie mich mein weip bericht, wie der frawen von der Salh[47] der hoff vorpotten sey aus ursachen, das sie soll Heinrich von Schonbergk in weibskleidern im frauentzimmer gehabt bescheen.

Nu gebe ich ader mein schwester hertzogk Jorgen in dem allen kain schuldt.

Ich kan aber gedenck(en), das muß s(ein) l(ieben) vorgetragen sein.

Bit deshalb zubedenck(en) sich selbst, sein und mein weip und kinder, wolle solchen ansager[48] antzaig(en), uff das ‖ mein schwester sich des zuvorantworten habe, und so sie unrecht befunden, wil ich sie alsdan selbst straffen.

　　a　*Von späterer Hand hochgestellt eingefügt:* vorzehens.
　　b　*Von späterer Hand gestrichen; hochgestellt eingefügt:* des landg(rafen).
　　c　*Von späterer Hand gestrichen; tiefergestellt eingefügt:* h(erzog) Jorg(en).
　　d　*Von späterer Hand eingefügt:* 33.

42　*Georg von Carlowitz zu Hermsdorf (um 1480–1550), sächs.-albert. Amtmann zu Dresden 1510, Landvogt zu Pirna 1517–1520, Hauptmann zu Sagan 1520–1522, seit 1522 Rat am Dresdner Hof, seit 1524 maßgeblicher Rat Herzog Georgs. Seit 1519 im Pfandbesitz des Amtes Radeberg, seit 1535 Besitzer der schriftsässigen Herrschaft Schönfeld, für die er im Tausch 1543 Burg und Herrschaft Kriebstein erwarb. Vermählte sich mit Anna Pflugk († 1570) (nicht wie in KES I, S. 193 angegeben, Tochter des vormals einflussreichsten Rates Herzog Georgs, Cäsar Pflugk zu Knauthain und Eythra, sondern) Tochter von Tham Pflugk zu Lampertswalde, Strehla-Trebnitz († 1533) und Katharina von Schönberg. Vgl. Ahnenreihenwerk der Geschwister Fischer, Bd. 4, Teil I: Teil I, Stammtafel, S. 23 sowie ebd., Teil V: Teil IX, Ergänzungen und Berichtigungen, S. 18 und 20. Zu Tham Pflugk vgl. ebd., Teil I: Teil I, Reihe Pflug IV, S. 1–6; Mansberg, Erbarmanschaft Wettinischer Lande II, S. 147–173 und Tafel 28; Goerlitz, Staat und Stände, S. 588 f. Vgl. zu Carlowitz zusammenfassend Schirmer, Untersuchungen zur Herrschaftspraxis, S. 353; ADB 3 (1876), S. 791; Goerlitz, Staat und Stände, S. 34, 64, 67, 422, 424, 425, 428; NDB 3 (1957), S. 146 f.; besonders auch Wartenberg, Landesherrschaft und Reformation, S. 87–89.*

43　*Wolf von Schönberg zu Sachsenburg (seit 1535 zu Neusorge) († 1546), sächs.-albert. Rat und Amtmann zu Meißen (1523–1537); vgl. zu ihm Fraustadt, Geschichte des Geschlechts von Schönberg, Bd. 1 A, S. 548–555 und die Stammtafel nach S. 493; Mansberg, Erbarmanschaft Wettinischer Lande II, S. 375–399 und Tafel 32; Goerlitz, Staat und Stände, S. 58 und bes. S. 428, auch S. 594 f.*

44　*Herzog Georg weilte vom 1532 März 18 bis Juni 14 auf dem Reichstag zu Regensburg. Vgl. ABKG III, Nr. 2076, Anm. 2.*

45　*= Geschrei, im Sinne von ,öffentlichem Verruf'.*

46　*Gemeint ist ,einen Ehebruch begangen zu haben'.*

47　*Der Vorname der Hofmeisterin von der Sale wird in der Korrespondenz bis 1534 nicht genannt. Ein Schreiben Herzog Georgs an Christoph von Taubenheim aus dem Jahr 1517 benennt die Hofmeisterin, welche Elisabeth auf ihrer Heimfahrt bis Leipzig begleitete, namentlich Barbara von der Sale. Vgl. HStA Dresden, 10024 Geheimer Rat, Loc. 10547/18, fol. 41r (vgl. KES I, Nr. 28, Anm. 628). – Dabei handelt es sich vermutlich um die Witwe Albrechts von der Sale zu Schönfeld (ö Großenhain). Vgl. Poenicke, Album der Rittergüter und Schlösser II, S. 105 f.; Goerlitz, Staat und Stände, S. 590 f.*

48　*= Ansager; im Sinne von ,Anzeiger, Verleumder'.*

7

Dresden *[1533 Februar 7]*

Notizen für Landgraf Philipps (des Großmütigen) zweite Rede vor den Räten Herzog Georgs (des Bärtigen)

Nach Elisabeth stammen die Aussagen zweifelsfrei von Herzog Georg (den Bärtigen). – Philipp bedankt sich beim Herzog für die Mitteilung, dass der Verdacht an ihn herangetragen wurde und nicht von ihm ausgegangen sei. – Der Befehl an seinen Sohn Herzog Johann, Heinrich von Schönberg bei seiner Rückkehr nach Dresden gefangen zu nehmen, lässt sich durch die Zeugen Wolf von Schönberg und Georg von Carlowitz beweisen. – Die Angelegenheit um die Frau von der Sale ist öffentlich bekannt. Philipp kann nicht verstehen, wieso Herzog Georg sie solche Aussagen treffen lässt. Er bittet nochmals, die Verleumder Elisabeths anzuzeigen, damit er sicher sein kann, dass die Anschuldigung nicht auf Herzog Georg zurückgeht. Außerdem soll der Herzog durch seine Räte anzeigen, was ihn zu den unangemessenen Reden veranlasst hat.

> *HStA Dresden, 10024, Loc. 10548/11, fol. 20r – v.*
>
> *Überlieferung: Abschrift.*
>
> *Schrift: Georg von Carlowitz.*
>
> *Adresse: –*
>
> *Kanzleivermerke: –*
>
> *Zur Datierung: Dieser Brief ist im Zusammenhang mit der Besprechung zwischen Philipp und Herzog Georg auf den 1533 Februar 7 zu datieren.*
>
> *Bemerkung: Die Absätze entsprechen der inhaltlichen Gliederung der Rede und wurden hierfür aus der Vorlage übernommen. – Die Aufzeichnung protokolliert die Gegenrede Philipps durch Georg von Carlowitz, auf die im folgenden Protokoll (Nr. 8) im Weiteren unter der Überschrift* Widerantwurt herzog Jorgen, durch die rete gegeb(en) *verwiesen wird. Diese Rede fand im Protokoll keine nähere Erfassung; stattdessen wurde ausdrücklich auf die hier gemachten Notizen verwiesen. Sie ist also inhaltlich dort einzubringen.*

Den ersten artickell stet mein schwester darauff nach feste, das hertzog solliche rede gethan, will auch, so sein lieb wil, in das woll erinnern.

Nu bedanck ich mich gegen sein(er) lieb[49] des, das sein lieb sagt, es sey an sie gelangt undt befinde daraus soviel, das solcher vordachtt meiner schwester nicht aus seiner lieb, sond(ern) aus andern herkombt.

2.ª Soviel belangt die wortt, die sein lieb geg(en) iren son[50] geredt haben soll, ist in gemein geschehen. Ist auch offenbar, das mein schwag(er) solche rede geredt, ist beweißlich dar zubring(en).

Und zu becrefftigung aines solchens het sein lieb, als sie gegen Regenßburgk[51] negst mall getzogen, iren son in gegenwerttickait Wolff von Schonburgk[52], das haubtmans von

---

[49] *Herzog Georg (der Bärtige) (1471 – 1539).*

[50] *Herzog Johann (der Jüngere) von Sachsen (1498 – 1537).*

[51] *Herzog Georg weilte vom 1532 März 18 bis Juni 14 auf dem Reichstag zu Regensburg. Vgl. ABKG III, Nr. 2076, Anm. 2.*

[52] *Wolf von Schönberg zu Sachsenburg († 1546); vgl. Anm. 43.*

Meissen, und Karlewitz[53] bevolhen, so Heinrich von Schonberg[54] gegen Dreßden keme, in gefengklich anzunemen. Das ist ain gemein geschrey.

3.[b] Sovil sye von der Salh[55] angehet ist offenbar, das ein gemain geschrey ist, hab sein lieb angetzaigt, wo herr es an mich gelang[56], und befrembd mich, das sein lieb eine(r) erbarn frauen, wie ich nit anders wais, wie sie ist, ain solchs an sag(en) lest, dan ich hab mein ‖ lebenlangk nye gewehret ainicher frauen ader man zu meiner gemalh zugehen.

4.[c] Sovill die benenunge angehett, ist nochmals mein bitt, die ansager[57] an zu zaig(en), dieweil ichs vorgewiß haltte, das sein lieb nicht erdacht etc.

5.[d] Magk ich woll leiden, das sein lieb durch ire rethe mir antzaig(en) lasse, was sein lieb zu solchen unglimpfflichen reden vorursacht.

    [a] *Am linken Seitenrand.*
    [b] *Am linken Seitenrand.*
    [c] *Am linken Seitenrand.*
    [d] *Am linken Seitenrand.*

8

Dresden   *1533 Februar 7/8*

Protokoll der Besprechung Landgraf Philipps (des Großmütigen) mit den Räten Herzog Georgs (des Bärtigen)

Am Freitagmorgen sind die herzoglichen Räte Rudolf von Bünau, Georg von Carlowitz und Simon Pistoris ins Gemach des Landgrafen gekommen. Philipp hat mit ihnen im Beisein seiner Räte Philipp Graf von Solms-Lich und Siegmund von Boyneburg Folgendes besprochen: 1.) Die Ehe zwischen Herzog Johann (dem Jüngeren) und Elisabeth wurde geschlossen, um die Freundschaft zwischen Sachsen und Hessen zu erhalten; 2.) Elisabeth hat sich für die Ehe Philipps und Landgräfin Christines eingesetzt; 3.) Elisabeth hat zwischen beiden Seiten bei den Packschen Händeln vermittelt; 4.) Weil ein Mann bei ihr gewesen sein soll, hat Georg Elisabeth damit gedroht, denjenigen das nächste Mal vor ihren Augen zu köpfen und sie selbst einmauern zu lassen; 5.) Herzog Johann hat öffentlich behauptet, Elisabeth buhle mit Heinrich von Schönberg; 6.) Es ist öffentlich bekannt, dass die Frau von der Sale vom Hof verbannt wurde, da sie Heinrich von Schönberg in das Frauenzimmer gebracht habe. Philipp erklärt, er glaube an Elisabeths Unschuld und fordert die Namen der Verleumder, damit sich Elisabeth rechtfertigen könne. Wenn sie schuldig ist, will Philipp sie selbst bestrafen.

Georg antwortet auf die Aussagen Philipps: 1.) Er habe mit Elisabeth gesprochen und ihr gedroht, denen den Kopf abzuschlagen, die in das Frauenzimmer gehen. Was mit ihr geschieht, würde sie sich vorstellen können; 2.) An die in Ernst von Schönburgs Haus oder in der Herberge getroffenen Aussagen kann er sich nicht erinnern; 3.) Die Frau von der Sale ist zu ungewöhnlichen Zeiten ins Frauenzimmer gegangen, deswegen wurde ihr das verboten; 4.) Die Verleumder kann er nicht benennen. Damit keine weiteren Gerüchte entstehen, soll sich Philipp selbst mit ihm unterreden oder seinen Geheimen Rat schicken.

---

[53]   *Georg von Carlowitz zu Hermsdorf (um 1480–1550), sächs.-albert. Rat; vgl. Anm. 42.*
[54]   *Heinrich von Schönberg (1500–1575), sächs.-ernest. Hofmarschall und Jägermeister; vgl. Anm. 39.*
[55]   *Vermutlich Barbara von der Sale; vgl. Anm. 47.*
[56]   *Landgraf Philipp hatte es von seiner Gemahlin Christine erfahren (vgl. oben Nr. 6).*
[57]   *= Ansager; im Sinne von ‚Anzeiger, Verleumder'.*

Nach einer längeren Bedenkzeit hat Philipp seine Antwort gegeben (vgl. oben Nr. 7).

Philipp will weiter durch die Räte verhandeln. Erneut fordert er Georg auf, die Verleumder, diesmal schriftlich, namentlich zu nennen.

Die Räte teilen Philipp mit, dass weitere Verhandlungen vergeblich sind und er Georg damit nun in seinem Haus verschonen soll.

Wenn Georg Philipp die Namen der Verleumder nennt, würde dieser zu einem persönlichen Gespräch kommen.

Georg will niemanden anzeigen, der ihm etwas im Vertrauen gesagt hat. Falls ihn Philipp fragt, will er ihm erläutern, was ihn dazu bewogen hat.

Am Morgen (8. Februar) teilen die Räte Georg mit, dass Philipp sich mit ihm ohne die genannten Vorbedingungen zu einem persönlichen Gespräch treffen will.

Georg hat sich wiederholt geweigert, die Verleumder zu nennen. Er hat aber berichtet, was ihn zu solchem Reden und Handeln bewogen hat: Georg hat Elisabeth ehrlich empfangen, als sie ins Land gekommen ist. Er hat aber auch gemerkt, dass sie einen großen eigenen Willen hat und sich nicht mit den Hofmeisterinnen verträgt. – Elisabeth hat sich mit Innocenz von Starschedel umgeben, daraus ist dann ein Gerücht entstanden, welches ihm die Hofmeisterin zugetragen hat. Daraufhin habe Georg Starschedel außer Landes geschickt. – Als Elisabeth krank geworden ist, hat der Doktor ihr empfohlen zu reiten. Bei den Ausritten ist Heinrich von Schönberg an ihrer Seite gewesen. Daraufhin hat Georg mit Wolf von Schönberg gesprochen, um Heinrich von Schönberg an einem anderen Ort zu schicken. Dazu ist es aber nicht gekommen. – Georg hat mit Philipp im Beisein der Räte beider Seiten über Kurfürst Johann Friedrich (den Großmütigen) gesprochen. Als der Kurfürst nach Dresden kam, hatte Elisabeth Kränze gemacht. Heinrich von Schönberg hat als einziger einen roten Kranz und weiß-grün als Leibfarbe getragen, wie Elisabeth auch. Aus diesem Grund ist er ins Gerede gekommen. – Als sich Georg, Herzog Johann und Elisabeth schlafen gelegt hatten, kam Kurfürst Johann Friedrich zu Elisabeth. Herzog Johann ging davon und Johann Friedrich blieb über Nacht. Am nächsten Tag schlief der Kurfürst, weil er die ganze Nacht getrunken hatte und wach gewesen war. Georg hat mit Elisabeth gesprochen und ihr gesagt, sie sei willkommen, aber sie solle den Hund (Heinrich von Schönberg) draußen lassen.

Anna von Honsberg hat gegenüber Herzog Johann bekundet, Heinrich von Schönberg wäre am Morgen aus dem Frauenzimmer gegangen und habe einen schwarzen Rock getragen. Als er wegen des Türknechts nicht hinunter gehen konnte, hat Elisabeth den Türknecht weggeschickt, damit er hinausgehen konnte. – Georg hat Elisabeth in den Saal kommen lassen und ihr gesagt, dass Leute abends in das Frauenzimmer kommen und morgens wieder hinausgehen. Wenn er Leute findet, die dort nicht hingehören, so will er sie köpfen lassen. Was mit Elisabeth passiert, wird sie schon wissen. Vom Einmauern hat er nicht gesprochen. – Auf dem Reichstag zu Regensburg erging von Georg der Befehl an Georg von Carlowitz und Wolf von Schönberg, Heinrich von Schönberg gefangen zu nehmen. – Elisabeth sei mit keiner Hofmeisterin gut ausgekommen. – Georg hat eine Frauenzimmerordnung verfasst und darin festgelegt, dass die Hofmeisterin am Abend das Zimmer ab- und am Morgen wieder aufschließen soll. Elisabeth wollte sich aber nicht daran halten und hat die Hofmeisterin beschimpft.

Wolf von Schönberg hat mit Elisabeth Brettspiele gespielt. – Als Kurfürst Johann (der Beständige) gestorben war, sollten die Hofjungfern schwarze Kleidung tragen. Nach nur vier Wochen hatten Elisabeth und die Hofjungfern wieder weiße Kleidung getragen. Nach ihrem Gespräch mit Georg haben die Hofjungfern wieder ihre Trauerkleidung angelegt. Elisabeth trug aber einen bunten Rock. Georg unterstellte ihr, dass sie es zu seiner Verärgerung getan hat. – Als Kurfürst Johann Friedrich kam, trug sie eine neue Farbe. – Georg klagte, Elisabeth führe kein christliches, sondern ein teuflisches Leben. Sie fluche und höre keine ganze Messe oder Predigt. Daraufhin habe Elisabeth gesagt, sie wäre ihm zum Ärgernis oft nicht in die Kirche gegangen. – Georg hat befohlen, nichts ohne das Wissen der Hofmeisterin aus dem Frauenzimmer herauszutragen oder Briefe abzuschicken. Heinrich von Schönberg wurde zum Leidwesen Elisabeths vom Hof entfernt.

Georg äußerte gegenüber Herzog Johann, dass er Elisabeth keine Briefe ohne sein Wissen schreiben lässt. – Das Paar hat oft vier oder fünf Wochen nicht beieinander gelegen; wessen Schuld es wäre, weiß Georg nicht. – Landgraf Philipp und Elisabeth wollen alles besprechen und danach Antwort geben.

Philipp kann das soeben Besprochene Kurfürst Johann Friedrich mitteilen.

> *I. HStA Dresden, 10024, Loc. 10548/11, fol. 1r – 17r; II. HStA Dresden, 10024, Loc. 10548/2, fol. 1r – 2v.*
>
> *Überlieferung: I. Abschrift; II. Ausfertigung.*
>
> *Schrift: I. Georg von Carlowitz; II. Heinrich Lersner.*
>
> *Adresse: –*
>
> *Kanzleivermerke: I.* Vorzeichnus d(er) und(er)handlung zwisch(en) h(erzog) Jorg(en) und h(erzog) Johans(en) gemahl des[a] landg(rafen)[b] schwest(er) freitags nach Purifications Marie(n) anno etc. 1533 – w.
>
> *Bemerkung: I. Das Protokoll wurde ursprünglich von den Begleitern Landgraf Philipps niedergeschrieben, wie die einleitenden Zeilen offenbaren; mutmaßlich der landgräfliche Sekretär Heinrich Lersner. Einige Teile verfassten die Räte Herzog Georgs; mutmaßlich Kanzler Simon Pistoris. Dafür spricht zum einen der als II. überlieferte Teil des Protokolls von Heinrich Lersner und zum anderen die Unterschrift von Simon Pistoris an der gleichen Stelle in der Abschrift. Bei der Vorlage handelt es sich um eine Abschrift Georgs von Carlowitz. Die Wiedergabe erfolgte in direkter und indirekter Rede. – Die Absätze sind von der Vorlage übernommen. Überschriften wurden wie in der Vorlage herausgehoben. Unterstreichungen sind übernommen.*
>
> *Siehe Anhang, Abb. 1.*

Actum Dreßden freitags nach Purificationis Marie anno domini xv[c] xxxiii[o].[58]

Erstlich hat unser gnediger herr[59] und furst auff denselben freitagk zu morgen nach hertzogk Jorgen rethen, als nemlich eren Rudolffen von Bunaw[60], Jorgen von Karlewitz[61] und doctor Pistoris[62], cantzler, geschickt.

---

[58] *= 1533 Februar 7.*
[59] *Landgraf Philipp (der Großmütige) (1504 – 1567).*
[60] *Rudolf von Bünau zu Weesenstein (†um 1540), sächs.-albert. Rat, vorher auch Hofmeister Herzog Heinrichs (des Frommen); vgl. zu ihm Goerlitz, Staat und Stände, S. 424; Schirmer, Untersuchungen zur Herrschaftspraxis, S. 352f.; Ders., Kursächsische Staatsfinanzen, S. 233f.*
[61] *Georg von Carlowitz zu Hermsdorf (um 1480 – 1550), sächs.-albert. Rat; vgl. Anm. 42.*
[62] *Dr. Simon Pistoris (1489 – 1562), Kanzler Herzog Georgs (des Bärtigen) (1523 – 1537) und Herzog/ Kurfürst Moritz' (1541 – 1548); vgl. zu ihm ADB 26 (1888), S. 186 – 194; zu seiner Kanzlerschaft unter Herzog Georg vgl. Goerlitz, Staat und Stände, S. 416.*

Und als dieselben zu seinen furstlich(en) gnaden in ir gemach kommen sein, haben sein f(urstlichen) g(naden) in beisein irer rethe, graff Philipssen von Solmis[63] und Sigmund(en) von Boyneburgk[64], den rethen eroffent:

Sie wusten sich zuerinnern, das zwuschen seiner f(urstlichen) g(naden) ohem, schweger und vater, hertzog Jorgen zu Sachssen und seinen f(urstlichen) g(naden) durch irer baider f(urstlichen) g(naden) dartzu gegeb(en) rethe hievor ain abrede geschehen und gemacht were, wo ir ainer gegen dem anderm hier negst sprach oder forderung gewinne oder sich zwuschen iren f(urstlichen) gnad(en) irrnus zutrugen, der ain tail beschwerung hett, das derselb beschwerte tail des andern tails rethen solchs antzaigen und dieselben dorinnen handeln lassen soltte etc., wie dan solchs die abrede ist und sein f(urstlichen) g(naden) das weitter besser geredt haben.

Darnach haben sein furst(lichen) g(naden) ertzelet, wie seiner f(urstlichen) g(naden) her vater selliger[65] loblicher gedechtnus mit hertzog Jorg(en) in sonderer freuntschafft gestanden, also das seiner f(urstlichen) g(naden) her vater hertzog Jorgen son[66], irem schwager, seiner furst(lichen) gnaden schwester in iren jung(en) jaren gegeben hette,[67] die freuntschafft zuerhalten. Daraus ‖ erfolgett, das sein f(urstlichen) g(naden) etzlich mall hier gegen Dreßden kommen were. Das hab seiner f(urstlichen) g(naden) schwester seinen furst(lichen) gnad(en) hertzog Jorgen und seine kinder so hoch gelobett, wie er, hertzogk Jorge, so ein frommer man sey und die kinder so woll getzog(en) weren, und also dardurch sein f(urstlichen) g(naden) bewegt, das sein furst(lichen) g(naden) ire gemahl genommen het und sich zu hertzog Jorgen weiter zugefreunden, nicht umb gelds ader guts willen, sondern umb freuntschafft willen. Und aus deme wie gehort, das inen ir schwester dahin bewegt,[68] dan sein f(urstlichen) g(naden) hetten woll ain ander krig(en) konnen, wie woll bewust were.

So sei inen auch woll wissendt, was vilen gutens seiner f(urstlichen) g(naden) schwester zwuschen inen baiden zu zeitten der Bockischen handlung[69] getan.

Nu kont sein f(urstlichen) g(naden) inen nit vorhalten, wie sein f(urstlichen) g(naden) das erfarn, das hertzog Jorge auff ain zeit wider seiner f(urstlichen) g(naden) schwester, sein tochter, gesagt: „Tochter, es gehn etzlich leutte den abendt ins frawen zimmer und den morgen wider herab. Wo das mehr geschiet will ich ime in euer gegenwerttickait den kopff herab hawen und euch vormauren lassen."

---

[63] *Philipp Graf von Solms-Lich (1468–1544). Philipp hatte als Pfleger zu Coburg und als Rat zwischen 1506 und 1514 in kursächsischen Diensten gestanden. Nach dem Tode Kurfürst Friedrichs (des Weisen) trat er in hessische Dienste über; vgl. zu ihm Schwennicke, Europäische Stammtafeln, NF Bd. 17, Tafel 39; BBKL 28 (2007), Sp. 1259–1263.*

[64] *Siegmund von Boyneburg († 1553), hess. Amtmann in Schmalkalden, Landvogt an der Werra; vgl. zu ihm Gundlach, Die hessischen Zentralbehörden, Bd. 3: Dienerbuch, S. 32; Demandt, Der Personenstaat der Landgrafschaft Hessen, Bd. 1, S. 92 f.*

[65] *Landgraf Wilhelm II. (der Mittlere) von Hessen (1468/69–1509), Vater Landgraf Philipps und Elisabeths.*

[66] *Herzog Johann (der Jüngere) von Sachsen (1498–1537).*

[67] *Vgl. dazu die Eheberedung zwischen Herzog Georg und Landgraf Wilhelm für ihre Kinder, KES I, Nr. 1.*

[68] *Hier wird also ausdrücklich die Vermittlungstätigkeit Elisabeths bei der Anbahnung der Ehe Philipps mit Christine herausgestellt. Diese Würdigung erfolgt zweifellos nicht allein aus als rhetorische Formel in dem kommunikationsstrategischen Interesse, die Verdienste Elisabeths aufzuwerten, sondern beruht auf realem Hintergrund, wie die wenigen erhaltenen Briefe aus der Zeit der Werbung offenbaren. Vgl. KES I, Nr. 73; zur Werbung und Elisabeths Rolle vgl. Werl, Elisabeth, S. 69 f.*

[69] *Gemeint sind die ‚Packschen Händel' um Dr. Otto von Pack (um 1480–1537), Rat und Vizekanzler Herzog Georgs (des Bärtigen). Mit der vermeintlichen Aufdeckung einer altgläubigen Verschwörung gegen die lutherischen Fürstentümer löste Pack 1528 die Packschen Händel aus, die das Reich an den Rand eines Glaubenskrieges brachten. Vgl. zu ihm allgemein Dülfer, Packsche Händel; außerdem KES I, Nr. 112, Anm. 1814; sowie ebd., Nr. 126 f.*

Hab hertzogk Hans in der herberge zum Boß[70] desgleich(en) in her Ernsten von Schonburgs hause[71] offentlich gesagt: „Mein her vater wolt mich gern uberreden, Hainrich von Schonburg[72] bul mir mit dem weibe. Aber ich glaubs nicht, ich wais, das ich ein from weib habe."

Sei ein gemain landgeschrey, es hab auch die Haubtmenschen zu Leiptzk das wider seinen f(urstlichen) g(naden) ‖ gemahl itzo gesagt, das man einer trefflichen frawen von der Sale[73] den hoff vorbotten, darumb das sie Hainrichen von Schonberg in frauen klaider auff das frauen zimmer bracht haben solle.

Darauff haben sein f(urstlichen) g(naden) weitter geredt:

Nachdeme von solchen ein gemain geschrey, und es so weit kommen were, sein f(urstlichen) g(naden) zum hochst(en) beschwert und getreulich laidt, dan sie were je seiner f(urstlichen) g(naden) schwester, dorumb auch sein f(urstlichen) g(naden) ir zu irer unschult billich beystunde und vortedingt und hilt(en) ire schwester dorinnen unschuldigk, derhalben hetten sein f(urstlichen) g(naden) nicht umbgehen konnen, inen den rethen solchs antzu zaigen. Und were seiner f(urstlichen) g(naden) gnedig und vleissigk beger, sie wolten solchs zum best(en) hertzog Jorgen antzaigen und von wegen seiner f(urstlichen) g(naden) auffs freuntlichst und hochst bitten, das er die jhenen, so solchs an sein f(urstlichen) g(naden) bracht und getrag(en) hetten, antzaigen wollte, damit sich seiner f(urstlichen) g(naden) schwester irer ehren notturfft nach geg(en) denselb(en) mocht vorantwurtten. Und das hertzog Jorge hir in wolt ansehen und bedencken, sein selbst, seiner gnad(en) gemahl, seine kinder, auch seiner f(urstlichen) g(naden) schwester, sein tochter, seiner f(urstlichen) g(naden) gemahl und auch irer kinder ehren und notturfft, und darbei bedencken, was grossen hoen, spott und auch nachtails, wo es also sollt anstehen bleiben, doraus kunfftiglich erfolg(en) mocht, und dorumb die jhenen, so solchs an inen gebracht, benennen woltte, damit sich sein(er) f(urstlichen) g(naden) schwester gegen denselben wuste nach irer ehren ‖ notturfft zuvorantwurten, und die selben umb solche bose tatt, damit sie seiner f(urstlichen) g(naden) schwester in solch boß gerucht bracht, gestrafft wurden. Und das hertzogk Jorge solchs je nicht anders dan freuntlich wolte vorsehen, dan sein f(urstlichen) g(naden) vorursachte hirzu das gemain gerucht, das so weit kommen were, so wuste ader kont sein f(urstlichen) g(naden) ir schwester in demselben bosen geruchtt nicht vorlassen. Wo sie aber dermassen schuldig were, wolten sie sein f(urstlichen) g(naden) selber straffen helffen. Und das darinnen hertzogk Jorg sich dermassen freuntlich wolt ertzaigen, wie ime der vorwantnus nach geburtte, so woltte sein f(urstlichen) g(naden) auch dester gneigtter sein, in andern sachen zuvorfolg(en) und nach zulassen.

Sachsische rethe

Sie hetten hochgemelts unsers g(nedigen) h(ern) antzaige gehort, woltten derselben, sovil sie behaltten mugen, iren g(nedigen) h(ern) hertzog Jorgen bericht(en), und was vor antwurt inen gegeben wirdt sein f(urstlichen) g(naden) wider vortragen.

Widerantwurt herzog Jorgen, durch die rete gegeb(en)

„Gn(edige)r f(urst) und herr, damit eur f(urstlichen) g(naden) nit mit umbschweiffigen wortten auffgehaltten werden, so haben wir unserm gn(edigen) h(ern) hertzog Jorgen eur f(urstlichen) g(naden) bevelh nach angetzaigtt, sonderlich drey artick(el), die wir vormarckt, eur furst(lichen) g(naden) ‖ bedacht, wie die dan vorzaichent seint, haben sie repetirt.

---

[70]   *Gemeint ist sicher eine Herberge in dem nicht identifizierten Ort* Glacken *(vgl. Anm. 40).*
[71]   *Gemeint ist das Haus Ernsts II. von Schönburgs (1486–1534) in Leipzig.*
[72]   *Heinrich von Schönberg (1500–1575), sächs.-ernest. Hofmarschall und Jägermeister; vgl. Anm. 39.*
[73]   *Vermutlich Barbara von der Sale; vgl. Anm. 47.*

Der rede halb, so hertzog Jorg mit seiner gnaden tochter, unser g(nedigen) frauen, der jungen hertzogin[74] gehapt.

Was hertzogk Hans in der herberge zum Poß und herr Ernsten von Schonburgs hause geredt.

Der Haubtmanschen zu Leiptzk rede der von der Sale halber.

Das haben wir userm g(nedigen) hern angetzaigtt als vill wir behaltten, sonderlich eur f(urstlichen) gnad(en) freuntlich bit und erbietten, darauff sollen wir eur f(urstlichen) g(naden) vormelden:

Auff den ersten artickell, dan sein f(urstlichen) g(naden) der dermassen geredt haben, sich nicht bekenne. Aber das sei wahr, das sein gnad sich mit irer tochter freuntlich underredet und gesagt, es sei an sein f(urstlichen) g(naden) gelangt, als soltten etzlich leutte ins frauen zimmer gehen und wider herab. So das so were, wurde er deme den kopff abhauen. Was beschwerlichs ir daraus dan volgen wurde, konte sie woll bedencken.

Das sein gnad die wortt gegen irem son gebraucht, sei nicht. Ob aber sein gnadt sonen in her Ernst von Schonburgs hause oder der herberge die wort geredt, wuste sein gnadt nit. Truge des, wo es geschehen were, kain gefallens. ‖

Von der rede der Haubtmanschen truge sein g(naden) kain wissen. Aber das sei war, das die von der Sale im frauen zimmer aus- und eingangen. Der hab sein gnad durch iren bruder sag(en) lassen, sich des zuenthaltten. Wan er sie haben, wolt sie sein gnad holen lassen. Haben die rethe ferner ursachen angetzaigt, die von der Sale sei abents und morgens zu ungewonlichen zeiten im frauen zimmer aus- und eingang(en) und sich nit ansagen lassen, wie andere erbare frauen zuthun pflegen. Derwegen sei ir solchs vorbotten mit der anzeige, wo sie ins frauen zimmer gehen woltte, solt sie das zu gewonlichen zeit(en) thun und sich wie andere ansag(en) lassen.

Und were seiner f(urstlichen) g(naden) gantz freuntlich bitt, das eur f(urstlichen) g(naden) die freuntlich anrede, so sein gnad irer tochter, eur f(urstlichen) gnad schwester, gethan, je nicht anders dan freuntlich wolle vorsehen.

Sovil aber die antzeige und benennung deren, durch die solchs an sein f(urstlichen) g(naden) gelangt sein soltt, betrifft, konnten sein f(urstlichen) g(naden) dieselben nicht benennen. Aber sein f(urstlichen) g(naden) were bedacht, wo eur f(urstlichen) gnade kain ander bedencken darin hett, das e(ur) f(urstlichen) g(naden) mit seine(r) f(urstlichen) g(naden) selbist zureden keme ader so e(ur) f(urstlichen) g(naden) wie gemelt bedenck(en) darinnen hatte, alsdan e(ur) f(urstlichen) g(naden) gehaimen rethe, die eur f(urstlichen) g(naden) hir zu gebrauchen woltte, zu sein(er) f(urstlichen) g(naden) sendete, werden sein f(urstlichen) gnadt sovil sich vornemen lassen und antzaigen, ‖ aus welcher antzeige man woll wurde vorstehen, was sein f(urstlichen) g(naden) zu solcher freuntlich(en) underred, so sie mit irer tochter gethan hette, geursacht.“

Darauff hatt unser gnediger herre nach gehalten beredung irer rethe geantwurt, es sei ain sach ehr und glimpff[75] betreffend, darumb sie woll bedencken konnten, das sein f(urstlichen) g(naden) itzo unbedacht dorauff nicht antwurt(en) konnt. Sie wolt(en) sich bedencken und darnach inen ir antwurt antzaig(en).

Also hat sich unser gnediger herr bis nach dem mittage male[76] bedacht und dornach den dreyen rethen[77] zu antwurt gegeben, wie das vortzeichnus seiner furstlich(en) gnaden aigen handschrifft, mit B signirt, inhelt.[78]

---

[74]   *Elisabeth.*

[75]   = *Ehre, Ansehen.*

[76]   = *Mittagessen.*

[77]   *Gemeint sind Rudolf von Bünau, Georg von Carlowitz und Simon Pistoris.*

[78]   *An diese Stelle gehören die Redenotizen Philipps (vgl. oben Nr. 7).*

Darauff haben die drey rethe entschuldigung furgewant, dero wegen sie beschwerung haben durch sich solche handlung der ferrern antzeige, so sich hertzog Jorg zuthun erboten, von hertzogk zu horen und seiner f(urstlichen) g(naden)ᶜ anzubringen. Haben vor ursachen angetzaigtt, hertzogk Jorge hab inen bevolhen, hartt darauff zu sehen und dohyn zu handeln, das sein f(urstlichen) g(naden) solche weitter antzaige aigener person von hertzog Jorgen horen woltte, das auch sie in der sachen, die auff den best(en) wegk zurichten und zuvor hutt(en), das es nicht in ayn weitter geschrey keme, von hertzog Jorgen und auch unser g(nedigen) frawen, der jung(en) hertzogin, gebraucht worden sein, itzo zwen dan einer allain ‖ und haben hirauff gebetten, das unsser gnedig(er) her eigener person ader durch seiner furst(lichen) g(naden) rethe dieselben antzaige horen lassen woltte.

[Gegenrede Landgraf Philipps]

Also hat inen unser g(nediger) h(er) zu antwurt geb(en), seiner f(urstlichen) g(naden) rethe erkenne sie ime geschickt gnug, dartzu das sie solchs horen, aigentlich behalten und referiren kont(en). So sei nicht guth, das sein fur(stlichen) g(naden) aigener person solche antzaige von hertzog Jorgen hortte, dan hertzogk Jorge sei zornigk und sein f(urstlichen) gnadt hays, erkenne ir gebrechlickait wole undt die sach schwere, so sein sie je vor in der sach(en) gebraucht, wie sie selbst antzaigeten, darumb hertzogk Jorge kain abscheu haben wurde, inen die ferner antzaige zuvormelden. So seien sie woll so geschickt, die ein zunemen und zureferiren. Dortzu weren sie es je auch schuldigk, dan sie damast sein f(urstlichen) g(naden) auch mit gelobt weren, dorumb so bete sein furst(lichen) gnad(en) gnedig und vleissigk ᵈ(wiewol sein furstlich gnadt gedencken kont, das sie nit gerne in der sachen handeltten)ᵈ, das sie sich des nicht wegertten, hertzogk Jorgen disse seiner f(urstlichen) g(naden) antwurt antzaigen und herwider sein f(urstlichen) g(naden) berichten wolten. Was die ferner antzaige darhere dise hertzogk Jorgen rede gegen seiner furst(lichen) gnaden schwester geflossen sei, und das sie von wegen seyner f(urstlichen) g(naden) hertzog Jorgen uffs aller freuntlichst, ‖ so sein furstlich gnad immer komen ader mug(en), bitten woltten, die durch welche solchs an sein furstlich gnadt gelangt were antzutzaigen etc. Das wolt sein f(urstlichen) g(naden) mit leib und gut vordienen, dan es hilt sein furstlich gnad hertzog Jorgen auch die fraw mutter[79] und sie, die rethe, ane schult in disser sachen, on allain etzliche, die sein f(urstlichen) g(naden) woll wusten, diese sachen trieben, das woltt auch sein furstlich gnadt umb sie, die rethe, gnediglichen beschulden.

Da aber sie die rethe solche ferner antzaige sein f(urstlichen) g(naden) anzutragen ir beschwerde trugen ader es nicht thun woltten, das dan hertzog Jorge diselb(en) antzaigung(en) in ain schrifft stellte und sein f(urstlichen) gnadt anzaig(en) liessen.

Also haben die rethe solchs an hertzog Jorg(en) zutragen und seiner furstlich(en) gnaden gemut wider darinnen zuvornemen sich erboten undt umb ain bedacht gebetten.

Der sechsischen rethe antwurt

Sie hetten seiner f(urstlichen) g(naden) bevelh an iren gn(edigen) hern getragen. Damit sie aber seine f(urstlichen) gnad(en) nit lang auffhiltten, so hetten sie zuvor sein f(urstlichen) g(naden) ir ursachen und beschwerung angetzaigt, konten auch bey iren gnadygen hern, das wie sein f(urstlichen) gnad gebetten, nicht erhaltten, deroweg(en) sie underthenigk beten, sie in dieser sachen gnediglichen ‖ zuvorschonen, dan inen als hertzog Jorg(en) rethen und dienern widder desselb(en) bevelh, den er inen gegeben, und gemut zu handeln nicht wollt gepuren.

---

[79]   *Herzogin Barbara von Sachsen (1478–1534).*

[Gegenrede Landgraf Philipps]

Also ist unser gn(ediger) her auff vorig(er) sein(er) f(urstlichen) g(naden) maynunge bestanden, das hertzog Jorge di anseger[80] benennen und so sie jhe beschwertt sein woltten, die antzaige zu horen und sein f(urstlichen) g(naden) anzubring(en), das dan hertzogk Jorge solliche antzaige schrifftlich ubergebe.

Herzog Jorgen rete

„Gnediger herr, dieweill wir vormercken, das eur f(urstlichen) gnad darauff beharren, das e(uer) f(urstlichen) g(naden) dissen bericht schrifftlich haben wollen, so wollen wir eur furstlich gnadt, was uns unser gn(ediger) her weitter bevolhen hatt, nicht vorhaltten, das dismals in der sachen weitter zu handeln vorgeblich. Und ist seiner f(urstlichen) gnaden freuntlich bit, eur f(urstlichen) g(naden) wollen sein f(urstlichen) g(naden) mit disser handlung dismals in seiner furst(lichen) gnaden hausse vorschonnen, das wollen sein furst(lichen) gnad widerumb freuntlich vordienen."

Also seindt die sechsischen rete abgetretten.

[Antwort Landgraf Philipps]

Demnach, als unser gnediger herr sich hirauff allenthalb bedacht, haben sein furstlich gnadt iren vorgemelten rethen und dienern bevol(en), hertzog Jorgen nachfolgende maynung anzuzaig(en). ‖

So hertzogk Jorge woltte sein f(urstlichen) g(naden) vortrosten adder zusagen, das er seinen furst(lichen) gnad(en) <u>die anseger</u> benennen woltte, so woltte sein furst(lichen) gnad aigener person mit seinen furst(lichen) g(naden) in gesprech kommen. Ader er die anseger nicht melden und von seinen f(urstlichen) g(naden) wolt horen, so woltten sein f(urstlichen) g(naden) morgen ime hertzog Jorgen die anseger benennen undt weitter antzaige thun.

Das haben die rethe also an hertzog Jorg(en) getragen.

Antwurt hertzog Jorgen

„Nun[e] ich trawen, warumb solt ich ainen, <u>der mir ichtwas auff vortrawen sagt, melden</u>. Ich miß[f] trawe kein andern anseger ader nymant anders, der solch[g] gerucht gemacht hatt, dan mein tochter selbst. Ich weis kein andern anseger. Und so es meyn soen[81] von mir horen will, wil ich seiner lieb antzaigen und vormelden, was mich hir zu geursacht und bewegt hat. Das muget ir mein son wider sagen."

[Antwort Landgraf Philipps]

Als nu die rethe solchs wider an unsern g(nedigen) h(ern) gebracht und sich sein f(urstlichen) g(naden) bedacht, haben sie den morgen[82] iren rethen bevollen, hertzogk Jorgen anzutzaigen. Wo es ime gefalle, woltten sein f(urstlichen) g(naden) auch an das vorgemelt vorgedinge[83] mit ine zu gesprech komen. ‖

Darauff gevolgt ist, das ir beider furstlich(en) gnaden personlich zu underrede im beisein vorgemeltter irer rethe kommen seint.

---

[80]   = *Ansager; im Sinne von „Anzeiger, Verleumder".*

[81]   *Gemeint ist Landgraf Philipp.*

[82]   = *Morgen des 1533 Februar 8.*

[83]   = *ohne die verlangten Vorbedingungen.*

Herzog Jorgen anzaige des weitern

Berichts, was sein f(urstlichen) g(naden) zu solcher rede und handlung gegen seiner tochter soll vorursacht haben, die er sich zuthun erbot(en) und selbst personlich geredt und getan hat in gegenwart hochgemelts, unsers g(nedigen) h(ern) und der vorgedachten rethe.

Erstlich und zufurderst haben sein f(urstlichen) g(naden) die gesterige handlung von meinem g(nedigen) h(ern) vor und durch die rethe gegen hertzog Jorg(en) geschen, widerholt, summarie wie die vorstehet. Und dorauff weitter angetzaigt, als sein lieb den anseger antzutzaig(en) begertt, so hat er sich desselben entsetzt und gewegert, aber dorbei gesagt, er wollt ursachen der bewegnus zu solcher rede und handlung antzaigen.

Und sei nicht weniger, er het sich zu seiner f(urstlichen) g(naden) gefreundt, derwegen er es acht, das sie nicht woll besser ayn ander vorwant sein konnte, und darumb, das er der jhenige sein sollte, der seiner f(urstlichen) g(naden) schwester in leumut bring(en) woltte, wolt er der vorwantnus nach nit sein, sei auch dermassen nicht herkommen. ‖

Nach solchen reden hat hertzog Jorge zu bericht, was inen zu solchen reden und sach(en) bewegt und worumb das gerucht und solchs alles erwachssen und gevolgt sey, volgenden bericht gethan.

Ursprunck

Alsbald seiner gnaden tochter, mein g(nedigen) fraw die junge hertzogin, in dis land kommen, hett(en) sein furstlich gnad sie ehrlich entpfangen, wie des hauses Sachssen herkommens were etc.

Er hab aber woll vormarckt, das sie ainen grossen aigen willen bei ir gehapt, das sein f(urstlichen) g(naden) dahin geacht, sein son solt sie davon ziehen. Er hab auch seiner gnaden gemalhe und der hoffmeisterin bevollen, das ir g(naden) woll gehaltten und so sie etwas als ain jungk mensch vornemen wolte, das ir gnad dovon gewiesen wurde. Aber ir gnadt habs allewege zum ergsten vorstanden und nicht mit aynicher hoffmeisterin[84] woll vortrag(en) undt allewegen irs eigenen haupts gehalt(en), das sein f(urstlichen) g(naden) beschwerlich gewesen und hab woll gesagt, das aus solchen eigen willen etzwas erfolgen mocht.

Dorumb er der hoffmeisterin bevolen, desto bessern achtung darauff zuhaben. ‖

Also hab sich zugetragen, in der erst, als sein f(urstlichen) g(naden) vormarckt, das ire f(urstlichen) g(naden) ain vorwitz[85] bei ir gehapt, das sie heut ain jung(en) gesellen vorgezogen, morgen den andern.

Und erstlich sey ainer gewesen, Innocentius von Starsedell[86], ayn frommer redlicher man, den sie vorgetzogen mehr dan ain andern.

Daraus ain gerucht worden. Das hab sein gnad die hoffmeisterin angetzaigt. Das hetten sein g(naden) dohin gericht, das es ungemerckt hinginge undt sein freuntschafft angeregt, das er sich in eym andern dinst begeben soltt. Also sei er aus dem lande geritten. Das hab auch er Dorsedel[h] nicht nachgesagt, sondern ir f(urstlichen) g(naden) hab gesagt, man gebe ime irenthalben urlap, das mochte sie woll geratten haben.

---

[84] *Auf welche Hofmeisterin sich die Aussagen beziehen, bleibt unklar. Als gewesene Hofmeisterinnen erscheinen die von der Sale (vermutlich Barbara von der Sale; vgl. Anm. 47), die Pflugkin (möglicherweise Agnes Pflugk, geb. von Bünau; vgl. KES I, Nr. 41, Anm. 775) und die von Einsiedel (Elisabeth von Schönberg; vgl. Anm. 156). Die aktuelle Hofmeisterin bleibt ohne namentliche Nennung. Nach einem Brief Elisabeths vom 1533 April 25 (Nr. 58) bezeichnet die Hofmeisterin den Hofmarschall Ernst von Miltitz als ihren Vetter und ihr „Fleisch und Blut".*

[85] *= Fürwitz, Neugier.*

[86] *Innocenz von Starschedel zu Mutzschen, sächs.-albert. Rat „von Haus aus", 1516 und 1518 genannt als Hofmeister Herzog Johanns (des Jüngeren), 1530 Hofmarschall Herzog Heinrichs (des Frommen); vgl. zu ihm Goerlitz, Staat und Stände, S. 424; Volkmar, Der sächsisch-albertinische Hofrat, S. 83.*

Darin ir g(naden) sich so gemu[87] hett, das ir g(naden) kranck, hab sein f(urstlichen) gnadt ir ain doctor von Leiptzk[88] bestelt. Der hab gesagt: „Ich befinde warlich nichts, dan das ir furstlich gnad beschwerung an irem herz(en) hatt." Ob es aus lieb ader hermut[89] sei wusten nicht. Sei sein gnad zu iren g(naden) gang(en), mit ir freuntlich gewesen. Da hab sich die kranckhait gebessert, also hab der doctor gesagt: „Es were gut, das man ir f(urstlichen) g(naden) reitten liesse. Sie were etwas kaltter complexion[90], so mochten sich die glieder wermen und ir gnad dester besser kinder zeugen." ‖

Da haben sie ir sechs ader siben zelter[91] geschickt, aber er hab ir kainen bestelt.

Wie ire f(urstlichen) gnad mit der hoffmeisterin von der Salle[92] ayn leben gehapt, hab ir gnad mit der von Einsiedeln[93] auch gethan.

Es hab sich zu vilen malen begeben, wann die hoffmaisterin zu iren g(naden) kommen, hab ir gnadt die in aller teuffel namen hinaus gehen geheiss(en), was sie ire gnadt zubesuchen hette.

Aber do die reuterey[94] vorgenommen wurd(en), hab im die hoffmaisterin gesagt: „Die reutterey gefellt mir nicht. Ich hab sorge, es werde etwa weitthers etc." Darauff sein gnadt geantwurt: „Je wir wollen dester besser[i] zu sehen."

Wann sie nu geritten, so haben ire gnad allewege geschefft gemacht, das ire gnad des schlos langk hinder dem wagen blieben, mit einem adder mehr jungen gesellen geredt. Das hab die hoffmaisterin angesagt. Haben sein f(urstliche) g(naden) die jung(en) gesellen hervor reitten heissen, sie wosten woll, wo[j] sie reitten sollten. Aber Heinrichen von Schonbergk hetten sein gnad von iren gnad(en) nye bringen konnen, wan ir gnad reitte, so were er ain gantzen tagk bei ir geritten.

Des hett er kain gefallen, kannt woll gedencken, das da nichts unredlichs geschehe, aber von wort(en) erhebe sich der marckt. ‖

Also hetten sein g(naden) hin und herr gedacht, wie sein gnadt die sachen fuglich ablies, und unbesprochen der rethe, hetten sein gnadt zu Wolff von Schonburg[95], haubtman zu Meissen, geredt: „Jacob von Schonburg[96] hat vill sone. So ist das gut nicht so gros, das sie es in sechs tail tailen sollten. Mich dunckt, er hab da einen son, Hainrichen, wan der an aynem andern ortt were, er sollt der andern und sein freunden woll nutz werden, hie lernnet sie nicht. Ich lies wol geschehen, das er sich umb ainen andern dinst umbthette."

Do hab Wolff berurten[k] von Schonberg dorumb beredt, eben umb die zeit des reichstags zu Augsburg[97].

Als man nu widder den turcken[98] zihen wollen, hab Hainrich von Schonberg sach angegeben und dorumb gebetten, auch sich auff funff pferde gerust, mit an turcken zu zihen. Hette ime seiner gnaden tochter ain pferdt, das ir eur f(urstlichen) g(naden) gegeben gehabt,

---

[87]   = gegrämt.

[88]   Vermutlich Dr. Georg Schiltel (um 1470–1545) (vgl. unten Nr. 98).

[89]   = Schwermut.

[90]   = kalte Natur, kalte Feuchte.

[91]   = schlankes Pferd mit weicher Gangart, das vor allem von Damen geritten wurde.

[92]   Vermutlich Barbara von der Sale; vgl. Anm. 47.

[93]   Hofmeisterin von Einsiedel = Elisabeth von Schönberg; vgl. Anm. 156.

[94]   = Reiterei.

[95]   Wolf von Schönberg zu Sachsenburg (†1546); vgl. Anm. 43.

[96]   Jakob von Schönberg zu Reichenau, Reichenbach, Röhrsdorf und Oberlichtenau (†1535), sächs.-albert. Rat und Hofmarschall. Bekannt sind fünf Söhne: Bernhard (†um 1566), Heinrich (1500–1575), Christoph (†vor 1592), Wolf (†vor 1540) und Moritz (†um 1541); vgl. zu ihm Fraustadt, Geschichte des Geschlechts von Schönberg, Bd. I B, S. 437–458.

[97]   Reichstag zu Augsburg 1530.

[98]   = Türken.

gegeben. Darauff sein rede gefallen, warumb ir furstlich gnad dem und nicht andern ain pferdt gebe. Daraus allerlei rede mit standen und auch gevolgt, als er solchs mit Wolffen geredt, das sein gnad inem Wolff darnach gefragt: „Wie will dein vetter?" Darauff er geantwurt: „Ich wais warlich nit."[99] „Ey, du soltest es mit ime reden."

Also hab Wolff und sein bruder[100] sovil mit ime geredt, das er umb urlaub gehaischen und gebet(en), ‖ ime zuhelffen, das er gegen Regensburgk kume, des sein gnad sich gnediglich(en) erbotten, wollte ime auch helffen zu aynem gut(en) dinst.

Als sie nu gegen Augsburg kommen, sey er stets in seiner f(urstlichen) g(naden) haus gewesen und haben sein gnadt immer gewarttet, wan er sein f(urstlichen) g(naden) ansprech(en) wolte, ime an ein dinst zuvorhelffen. Aber Heinrich hab stillgeschwiegen, idoch haben sein f(urstlichen) g(naden) ime bei dem von Schiffern[101] in die camern geholffen. Er hab aber nit weitter angesucht, so haben doch sein f(urstlichen) g(naden) nicht underlassen und ime Heinrich(en) lassen anzeig(en), das sein gnad ime bei dem von Schiffern in die cammer het geholffen. Aber er het geantwurt, er mocht nicht hinder den eseln here lauffen, das sein gnad ime an ein andern dinst vorhulff(e).

Under deme, als sein f(urstlichen) g(naden) iren son, hertzogk Friedrichen[102], wider herein schicken wollen, hab er Hainrich sein f(urstlichen) g(naden) gebeten, ime zuerleuben, wider heimzureitten.

Also hab sein f(urstlichen) g(naden) Hansen von Schonberg[103] und Heinrichen von Schleinitz[104] bevollen, ime zu sag(en), das er seins dinsts wartten und nicht herein reiten solte.

Da er nu hinwegk kommen, sei es eins grossen zorns gewesen, hab nymant davon geredt, dan seiner f(urstlichen) g(naden) tochter, man hab inen irenthalb beurlaubt. ‖

Und hat sich zugetragen, das Heinrich von Schonburg aus mals auff einen klapper[105] hier kommen. Hab auff hertzog Hansen gewart und so vleissig auff den dinst gewart, das sein f(urstlichen) g(naden) gedacht, wo kompt solcher vleis here, er hat es vor im gethan. Und were seiner f(urstlichen) g(naden) son zwo meill von hinen hirß jagen[106] geritten und mit seinen gnaden Heinrich von Schonburgk, da were sein f(urstlichen) gnad mit dem frauen zimmer auff ein vischerey getzog(en). Under der fischerey were seiner g(naden) son mitt seinen dinern, auch Heinrich von Schonburgk doselbst, hin auff die fischerey kommen, und bei der kuchen blieben. Haben f(urstlichen) g(naden) gesehen, das man in nicht ungerne sehe, aber sein gnad haben sich nichts angenommen, ime die handt gegeben und gefragt, wie es seinem vettern ginge. Den gantzen tagk herein sei er bei ir geritten, hab seiner gnaden gemalh gesagt: „Ey nein, es wirt nichts guts doraus werden."

Haben sein f(urstlichen) g(naden) bedacht, sollten sie inen der sachen halben nicht gern leiden wollen undt man das erfarn und nicht weitter darzu thun, were seiner g(naden) schimpfflich. Also haben sein gnad Hansen von Schonbergk zu seinem vater geschickt und ime die sach antzaig(en) lassen. Das hab Hans von Schonberg gethan und antwurt bracht, er vorsehe sich, der werde sich das halt(en). Demnach ‖ sei Heinrich herein gegen Dreßden kommen, hab Ernst[107] gesehen, aber sein gnad nicht angesprochen.

[99]   Weiter Herzog Georg.

[100] Gemeint ist Kaspar von Schönberg zu Sachsenburg (seit 1535 zu Frankenberg) (†1551); vgl. zu ihm Fraustadt, Geschichte des Geschlechts von Schönberg, Bd. 1 A, S. 636–643.

[101] Schifer oder Schiffer von Freiling, österr. Adelsgeschlecht.

[102] Herzog Friedrich von Sachsen (1504–1539), Sohn Herzog Georgs.

[103] Hans (junior) von Schönberg zu Reinsberg (†1537), sächs.-albert. Rat und Amtmann; vgl. Anm. 4.

[104] Heinrich von Schleinitz zu Saathain und Koselitz (†1543), sächs.-albert. Rat und Hofmarschall; vgl. Anm. 5.

[105] = Reitpferd von mittelmäßiger Höhe.

[106] = Hirschjagd.

[107] Gemeint ist sicher Ernst II. von Schönburg (1486–1534), sächs.-albert. Rat; vgl. Anm. 41. Möglich

Dasselb malh sey sein gnad gegen Konigstain[108] geritt(en) und Heinrich von Schonberg[109] mit seinem son hernach kommen. Haben sein g(naden) Hansen von Schonbeg[l] gesagt: „Draun der handel gefellet mir nichts. Heiß inen morgen fru zwuschen zweien und dreien zu mir kommen." Als nu Heinrich zu seinen g(naden) komen were, haben sein f(urstlichen) g(naden) ime gesagt: „Heinrich, ich hab dich allewegen gnedig gehalt(en). Ich befinde aber, das du ein gnedige frau an meins sons weibe hast. Lest dich den narren stechen und tust zuvil, gehe sein mussigk." Darauff er geantwurt, das er ain gnedige frau hette. Tröst er sich, er dinette auch dorumb, das er genedige herschafft haben woltte etc. Aber das wolt er seinen gnaden wol sagen, das er nichts unehrlichs gegen ir furgenommen hett. Darauf sein g(naden) gesagt: „Das danck dir der teuffel, wan es die geringste mein maidt were, ich wolt es nit von dir leiden. Ych wilt, das du sein mussigk gehest ader wilt du der Geinberger[110] sein, so wil ich sehen, das ich der hertzogk von Osterreich sei."

Als er nu hinwegk geritten, sei er under der pfortten gewesen. Haben sein gnad woll gesehen, das er nach den fenstern gesehen habe.

Als er nu hinwegk und das angestanden sey, sei es ains fluchens und eins scheltens[111] bei seiner tochter gewesen, wie sie woll konne. ‖

Was[m] hertzogk Jorge zu Sachssen etc. mit dem landgraffen zu Hessen in der handlung seiner f(urstlichen) g(naden) tochter, des landgraven schwester, belangende hertzogk Johans Friderich(en) churf(urst) zu Sachssen halben geredt und aus irer baider f(urstlichen) gnad(en) bevehlich[n] ire rethe, nemlich herr Ernst von Schonburg, her Rudolph von Bunaw, doctor Pistoris cantzler und Jorg von Karllewitz von wegen hertzog Jorgen, graff Philips von Solms, Sigmund von Boyneburg, Werner von Wallenstain[112] und Heinrich Lerschner secretarius[113], von wegen des landgraff(en), sich solcher rede also vorglichen haben.

„Uff ain zeit, als mein son herr Ernst[114] ein kindt[115] aus der tauff zu Glauchaw gehoben, hat sich zugetragen, das der churf(urst) gegen Freiberg kommen und Hainrich von Schonburg[o] auch mit dem churf(ursten) zu Freiberg gewesen ist. Das ich woll gewust und hab von stundtan under dem winde vornommen, wie die sach zuginge, undt das es die maynunge gewesen, das mein son, so er gegen Freiberg keme, seinen vettern dem churf(ursten) mit hieher bringen soltt.

Aber ich hab die wege funden, das mein son nehren[p] Freiberg hette[q] geritten und nicht dohin komen ist. Hat der churfurst hiehere geschrieben, das er mit meiner tochter zureden hette, wu man es leiden mocht, wolt er alhiehere kommen. ‖

wäre auch Hofmarschall Ernst von Miltitz zu Batzdorf und Siebeneichen (1495/98 – 1555); vgl. zu ihm Braune, Miltitz, Ernst von; Schirmer, Untersuchungen zur Herrschaftspraxis, S. 363; Goerlitz, Staat und Stände, S. 417, 586 f. Leicht, Siebeneichen und Ernst von Miltitz.

[108]   Königstein, Burg sö Pirna.

[109]   Hier ist dem Verfasser bei der Zuschreibung des Namens wohl ein Fehler unterlaufen. Gemeint ist offensichtlich Jakob von Schönberg und sein Sohn Heinrich, da Heinrich selbst noch unverheiratet und kinderlos war.

[110]   Gemeint ist hier vermutlich das Adelsgeschlecht der von Aham, die ihren Sitz in Geinberg hatten.

[111]   = schelten, beschimpfen.

[112]   Werner von Wallenstein (auch Waldenstein), hess. Rat und Gesandter Landgraf Philipps; vgl. zu ihm Gundlach, Die hessischen Zentralbehörden, Bd. 3: Dienerbuch, S. 286; Demandt, Der Personenstaat der Landgrafschaft Hessen, Bd. 2, S. 923 f.

[113]   Heinrich Lersner (1506 – 1576), hess. Kanzleisekretär und später hess. Kanzler; vgl. zu ihm Gundlach, Die hessischen Zentralbehörden, Bd. 3: Dienerbuch, S. 148; ADB 18 (1883), S. 433 – 435.

[114]   Ernst II. von Schönburg (1486 – 1534), sächs.-albert. Rat; vgl. Anm. 41.

[115]   Johann Ernst von Schönburg-Waldenburg (1528 – 1543), zweiter Sohn Ernst II. von Schönburg. Die Taufe fand zu Pfingsten (1528 Mai 31) in Glauchau statt. Vgl. ABKG III, Nr. 1605a.

Desselbigen tags, als der churfurst hiehere komen sollen, haben sich die junckfrauen geschmuckt. Aber mein tochter machte den gantzen tag krentze und als der churf(urst) hiehere kommen, hat Heinrich von Schonberg ainen roten neilicken krantz am tantz allaine gehapt und sonst keiner mehr, auch der churf(urst) keinen. Und als mein tochter an tantz kommen, hat sie ayne farbe gehapt, weis grun leipfarbe. Hatte Heinrich von Schonberg derselb(en) farb hosen und wammes.

Dorauff haben etzliche seins gesellen und auch etzlich in der stat ire rede[r] mit ime und sonst gehapt, wu er in der hertzogin farb keme und allain ein krantz hette.

Aber am morgen hatt mein tochter dem churf(ursten) ainen krantz gegeben.

Als man nu nicht kant fug finden, wie man beim tantz zusammen keheme[s], hatt man angericht, den zeuner[116] zutantzen.

Dornach am andern tage, als man aber getantzt, hat mein vetter begert, ain jagt auff der Burggraffen Haide[117] zumachen. Das er gerne gesehen, das das frauen zimmer hinaus geritten were. Aber mein weip[118] war wie[t] itzt schwach. So hab ich bis here die gewonhait gehapt, meine tochter nicht reitten zulassen, dan mit der mutter, dan es ist nicht gutt, die tochter ane die mutter ‖ reitten zulassen. Das was ein grosser unwille, do lies mir meine tochter sagen, das ich sie wollt lassen hinaus reitten. Sie wolt mit Heinrich von Schonburg[u] nicht reden. Gab ich ir die antwurt: „Was ligt mir doran? Sie sihet woll, wie es der mutter gehett.“ Als ich mich nu nach der collation[119] schlaffen gelegt und mein son und tochter auch schlaff(en) waren, liffe der churf(urst) meinem sone die thur auff. Wart mein son unwillig und ging darvon. Und bleib der churf(urst) bei meiner tochter sitz(en) bis schir an morgen.

Dornach deme morgen nach der meß[120] furen wir hinaus. Schliff der churf(urst) schir dohin den gantzen wegk, dan er die nacht gewacht undt voll[121] gewesen wahr. Aber Heinrich von Schonburg[v] bleib hier.“

Als nu in der vorantwurttung unser g(nediger) h(er) der landgraff vorgewant, das sein f(urstlichen) g(naden) solchs, so deme churf(ursten) betreff, irem vorwantnus nach demselben unangetzaigt nit lassen konnt, antwurt hertzog Jorgen: „So e(uer) l(ieben) hertzog Johans Friderichen dis antzaigen will, so wolle es eur lieb ime also antzaigen, wie ich das geredt hab.

Und mugen ime e(uer) l(ieben) dis darbei auch antzaigen, als er hinwegk zihen wolt, bin ich allain bei seiner lieb gewest, hab sein lieb ‖ gesagt, das sein lieb zu mir in mein behausung komme, hab ich gerne, sey mir ein lieber gast. Wan aber sein lieb zu mir in mein behausung kommen wolle, so solle seine lieb den hundt[122] drausen lassen.“ Act(um) zu Dreßden, montags Scolastice anno xv[c] xxxiii.[123]

[w]Symon Pistoris doctor / k(antzler) manu p(ro)pria[w] [124]

---

[116]   = Zäunertanz, ein Reigentanz, bei dem die Tanzenden vermutlich durch verflechten der Hände und Arme eine Art Zaun um den Einzeltänzer bildeten, den dieser zu durchbrechen suchte.

[117]   Burggrafenheide, Gegend nö Meißen. Vgl. Wiessner, Das Bistum Naumburg, Bd. 1,1, S. 651.

[118]   Herzogin Barbara von Sachsen (1478–1534).

[119]   = mäßige Abendessen an Fastentagen.

[120]   = Frühmesse.

[121]   Gemeint ist ‚betrunken‘.

[122]   Gemeint ist Heinrich von Schönberg.

[123]   = 1533 Februar 10.

[124]   In II. findet sich an dieser Stelle die Unterschrift des hess. Kanzleisekretärs Heinrich Lersner.

Aber Heinrich von Schonberg sey hirin blieb(en). Sein gnad glauben nicht geferlicher weise, sein tochter were ins tormichen[125] gangen, hab sie sehen aus zihen und darnach wider in die stub gangen.

Haben inen Heinrich(en) die gesellen gespeyett[126], wie er so ungetrost sei. Er soltte woll gemutt sein. Er komme doch balde zu einem neuen frauen zimmer.

Hainrich sei wider hinwegk geritten umb Uns(er) Lieben Frauen Tagk.[127] Darnach umb Sant Katharin(en) Tagk[128] als Caspar von Schonberg[129] seinem sone[130] ayn weib gab zu Leiptzk, montags nach Catharine[131], uber etzliche tage hernach, sei sein son zu ime kommen und gesagt, die junckfrau hab inen dannocht auch gedinet. Solte sich woll gepuren, das man ir ain vorehrung tete.

Anna von Hundsberg[132] habe seiner f(urstlichen) g(naden) gemalh gesagt, Heinrich von Schonburg[x] were des morgens ‖ vom frauen zimmer gang(en). Zu wahrzeichen het er ainen schwartzen rock angehapt, wie zwillich mit strichen. Und sie soltte raten, wie sie ime doch thun soltt in der sach(en). Hab sie gesagt: „Du bist meinem hern also mit treuen vorwant, das dir solchs zu schweigen nicht gepuren will." Also hett seiner g(naden) gemalh sein gnad gesagt: „Herr, es ist nicht woll zugeseh(en), Hainrich von Schonberg ist ine frauen zimmer gewest." Und als er nicht woll vorm thurknecht herab kommen konnen, hat unser tochter den thurknecht in die stuben nach einem bub(en) geschickt. In des ist er herab gang(en).

Hab er bedacht: „Soltu[133] es deiner tochter an sagen und nicht mehr dartzu thun, ist nicht gut. Soltu es weitter kommen lassen, ists auch nicht gutt."

Und seiner gnaden tochter zu sein g(naden) auff den salh kommen lassen, gesagt: „Mir kompt fur, es sollen leutte sein, die den abent ins frauen zimmer und den morgen wider heraus gehen. Wo es were, so were es nicht gut. Aber ich will auch warnen und so ich es befunde, das leut im frauen zimmer weren, die nicht darein gehorten, ich wolt inen den kopff in euer gegenwerttickait abhauen lassen. Was aber euch doraus entstehen mocht, habt ir woll abzunemen." „Hab aber von dem einmauern nichts gesagt."

Auff ain ander zeit hab ir gnad gesagt: „Ob ich gleich einen guten gesellen bei mir hette, meint ‖ ir dan, das ich gleich etzwas boses tet." Haben sein gnadt ir geantwurtt: „Wan ayn warmer zersch[134] und ayne geile futh[135] zu sammen khemen, konnten sie vill zuwegen bringen." „Hab aber zuvil gethan und nicht gemaint, das es so weit kommen soltte."

---

[125]   = *Türmchen.*

[126]   *Gemeint ist ,verspottet'.*

[127]   = *[1529] August 15.*

[128]   = *[1529] November 25.*

[129]   *Gemeint ist wohl Kaspar von Schönberg zu Sachsenburg (seit 1535 zu Frankenberg) († 1551); zu ihm vgl. Anm. 100. Möglich wäre auch Kaspar von Schönberg zu Purschenstein (1481–1556), sächs.-albert. Rat; vgl. zu ihm Goerlitz, Staat und Stände, S. 423 und 428; Mansberg, Erbarmanschaft Wettinischer Lande II, S. 316–325 und Tafel 31.*

[130]   *Gemeint ist wohl der gleichnamige Sohn Kaspar von Schönberg zu Sachsenburg († 1554); vgl. zu ihm Fraustadt, Geschichte des Geschlechts von Schönberg, Bd. I A, S. 643.*

[131]   = *[1529 November 29].*

[132]   *Anna von Honsberg.*

[133]   = *Sollst du.*

[134]   *zers, zersch = älterer Begriff für das männliche Glied (penis); vgl. DWB, Bd. 31, Sp. 753 (Artikel „zers").*

[135]   *fut = Fotze, Votze = volkssprachlich derb für das weibliche Geschlechtsteil (cunnus); vgl. DWB, Bd. 4, Sp. 1060–1063 (Artikel „fut").*

Als sein f(urstlichen) g(naden) auff den reichstag geg(en) Regenspurg[136] geritten, hetten sein gnad Jorgen von Karlwitz und Wolffen von Schonbergk bevolhen, Heinrich(en) von Schonberg zugreiffen und mit ime seins willens zuleben, wo er uber das, so er ime gesagt und bevolen hett, hier keme.

Das sei also gestanden, aber sie sey mit keiner hoffmeisterin eins gewest, sonderlich die Pflugin[137] hab ir gnad uberteuffelt gehapt, das sie nicht in ir stuben gehen durffen.

Das sein furstl(ichen) gnad nu nymants gehapt, der iren gnaden etwas hab sagen dorffen, und die hoffmeisterin urlap, haben sein g(naden) sich gevlissen, ain ander zukriegen. Haben sein gnadt mit diesser itzigen handlen lassen, hofmeisterin zuwerden. Hab sein g(naden) tochter woll gemerckt, das die es sein wurde, und mit andern leutt(en) gehandelt, das sie jhe nicht hoffmeisterin wurde. Auch habe sein f(urstlichen) gnad ain ordnung ins frauenzimmer gemacht, das man allen abent der hoffmaisterin die schlussel bring(en) und dieselb bey dem auff und zuschlissen sein soltte. Auch ‖ seiner f(urstlichen) g(naden) tochter und den junckfrauen dieselb vorgelessen, der hoffmaisterin dorvon ein zeddell gegeben, welche understand(en) derselben ordnunge gnug zuthun. Aber seiner g(naden) tochter het es nicht haltten wollen und die hoffmeisterin ubel gescholtten. Habe dohin mit vleis gehandelt, das die hoffmeisterin thun soltte, was ir g(naden) wolt(en) und nicht, was sein gnad woltte. Welchs sein f(urstlichen) g(naden) befrembdet, derowegen sie der hoffmeisterin bevolhen, daruber zu haltten. Hab seiner g(naden) tochter die hoffmeisterin bedrauet[138], sie solt ir kinder bedencken, ab sie nicht wuste, das das regiment nach sein(er) f(urstlichen) g(naden) absterben in irer f(urstlichen) g(naden) hern und gemahl und ir gnade fiele.

Was also ir gnad mit trotzen nicht hetten ausrichten konnen, da het sie doch andere wege vorgenommen.

Die beschwerung seien sein gnaden von irer tochter begegnet. Das nu sein f(urstlichen) g(naden) e(ur) f(urstlichen) g(naden) solchs het antzaigen sollen, weren sein f(urstlichen) g(naden) wol gneigt gewesen. Aber auff einmall zu Meissen, als sein f(urstlichen) g(naden) e(ur) f(urstlichen) g(naden) gefragt, wie sich eur f(urstlichen) gnad schwest(er) hiltte, haben sein f(urstlichen) g(naden) gesagt, es sei aine junge furstin, darff woll rats. Da e(ur) f(urstlichen) gnad widder geantwurtt, die hoffmeisterin wolt sie auch regiren. Darauff sein gnad gesagtt, e(ur) l(ieben) schwester ist ain junge furstin, darff wol rats. Als sein gnad im vormarckt, das e(ur) g(naden) ires tails gewesen, hab sein gnadt solchs anzuzaig(en) underlassen. ‖

Sie sey ain junge furstin, konne woll leiden, das sie leutte lieb haben. Konne auch woll leiden, das die leutte wissen, das sie die leutte lib haben. Und weme sie gnedigk sei, musse ire farbe tragen, also das es auch die hunde mercken mochten.

Ein Exempel[139]

Als sein furst(lichen) gnad auff der Burggraffen Haide jagen gewesen und mit seiner g(naden) gemahl allain geredt hett, sei ir g(naden) hintter sie an ain baum getretten, und hab zugehortt, und sein(er) gnaden gemahl gesagt: „Warlich, es will nit gut werden." Wolff von Schonburg ist aber dissen gantzen tagk bei unser tochter geritt(en). So baldt ir gnad gehort, hab es iderman gewust[y].

---

[136]   *Herzog Georg kam am 1532 März 18 auf dem Reichstag zu Regensburg an; vgl. ABKG III, Nr. 2076, Anm. 2.*

[137]   *Möglicherweise Agnes Pflugk, geb. von Bünau; vgl. KES I, Nr. 41, Anm. 775.*

[138]   *= bedroht.*

[139]   *Die hier erwähnten Ereignisse beziehen sich auf einen Aufenthalt in Torgau (vgl. unten Nr. 11).*

Item wan Wolff von Schonberg da gewesen, hab nymant dan er mit iren g(naden) im bredt gespilt.

Blaw und weis hab ir gnad ains mals farbe gehapt. Die hab er auch gehaptt.

Item sein f(urstlichen) g(naden) hab inen in dem turck zuge zu ainem fusknecht haubtman geordent und doch ime zu gnaden zugelassen, das er vir pferde und ein klapper under den reisig(en)[140] gehapt. Da hab er sein knecht gruen gekleidt, aber er hab ainen schwartzen sammet undt ein dritten, weissen ermeln mit bloer seid(en) durchzogen und kleinen braunen stupff(en) gehapt. ‖ Darnach sei er mit den reuttern gegen Birn[141] zureitten geordent worden. Sei er mit denselb(en) hinaus geritten bis an walt und widerkomen an dantz habe bloe und weisse federn getrag(en).

Den morgen darnach hab er mit iren gnaden im bredt gespiltt, bis er hatt reitten mussen und nicht lenger vorzihen konnen.

Item als der churf(urst) selliger und loblicher gedechtnus gestorben[142] und sein f(urstlichen) g(naden) ire f(urstlichen) g(naden) beredt, die junckfrawen schwartz zucleiden. Hab ir f(urstlichen) g(naden) gesagt: „Ey was er fragt nichts noch unserm trauren." Darauf sein gnad geantwurt: „Ey es ist umb vir wochen zuthun, lasset uns die altte furstliche ordnung haltten."

Zu ausgang derselben vir wochen het ir g(naden) einen weissen rock mit bloer seiden, durchzog(en) mit einem braunen schweiff, welchen ir g(naden) gestern seyner gnaden vorsehens angetragen, angehapt, und ire junckfrauen alle weisse klaider. Haben sein g(naden) gesagt: „Ich mayne, die traurickait sei halb aus." Hab ir g(naden) geant(wurt):[z] sie het sich der zeit also gehalt(en) wie sein gnad ir g(naden) gehaissen hette. Darauff er geant(wurt), wie ir g(naden) die zeit so eben behalt(en), so sie doch anders, das er iren g(naden) bevole nicht behiltte. Darzu ir gnad gesagtt, was er ir dan darzugebe, das sie trauren solt. Also hetten sein gnad die junckfrauen auch darumb beredt und dieselben ire trauren klaide wider angethan. Aber ir g(naden) nicht, sonder hett ir ein andern rock bring(en) lassen ‖ schir von allen farben. Do hetten sein gnad woll gemerckt, das es ime zuvordris[143] geschehen. Aber sein g(naden) hab es also ruhen lassen.

Itzo so eur f(urstlichen) g(naden) her kommen, hat sie aber eine neue farbe und sei zu dem weissen und plauen leibfarbe kommen. Dorauff hetten sein gnadt achtung genommen, dan er auch mit boser laug(en) gewasch(en). Da hetten sein g(naden) leibfarb hosen ainen blawbewunden spis, leib farbe blumich(en) und weisse spitzen, ein braune deck(en) mitt silber gestrichen, acht sein g(naden), solte weiß sein und allewege leipfarbe am silber gestrich(en) und blumlein darinnen vorgis mein nichtt[144], ein gros meidlein und ainen reymen grosse mir nicht zu nahe funden. Ab er es iren g(naden) zugefallen ader aus irem gehais gethan habe, wisse sein gnad nicht. Aber sie wolle nichtt, das die leutte nicht wusten, das man sie lieb hette. Wan nu sein gnad dartzu rede, so were es zorn. Was ire gnadt seinen gnaden zu wider thun kont, das tet ire gnade.

Item sein gnad hab aynmall zu ir gnaden komen und gesagt: „Warlich tochter, micht dunckt, ir furett nicht ain cristlich leben, sonder eyn teuffelisch", mit erinnerung des pater nosters und wie ir gnad vorgeben solte.

„So konnt ir so woll fluchen als weret ir drey here ausgetzogen."[145] ‖

---

[140] = *bewaffnete Reiter.*
[141] *Pirna, Stadt, sw Dresden.*
[142] *Kurfürst Johann (der Beständige) von Sachsen (1468–1532), gestorben zu Schweinitz am Freitag, 1532 August 16.*
[143] = *Ärger, ärgerliche Stimmung.*
[144] = *Vergissmeinnicht.*
[145] *Das ist eine Anspielung auf das Märchen vom Teufel mit den drei goldenen Haaren.*

„Ir horet nymmer kain gantze messe ad(er) predigt." Antwurt ir gnadt, sie hett offt in die kirchen nit gang(en), auff das es mich vordrisse.

Dorauff sein gnad geant(wurt): „Ey warlich tut ir mirs zu vordris, so werdett irs ehe lam[146] werden dan reich."

Item es sei nicht lange, hab sie zu hern Rudolphen von Bunaw gesagt und ime bevolen, mit seinen gna(den) davon zureden.[147]

Sein gnad hetten bevolen, nichts aus dem frauen zimmer zutragen ader zuschick(en) ane wissen der hoffmeisterin.

Hetten sein g(naden) Heinrichen von Schonburg urlaub gegeben, darumb das er mit iren g(naden) bulen solte, des hete ir gnaden beschwerung.

Antwurt sein f(urstlichen) g(naden)[148]

Zum ersten, das het sein gnad darumb gethan, es sei sovil ausfragens, damit man sehe, wo es doch her keme, darumb sein g(naden) solchs der hoffmeisterin het bevolen.

Hetten sein g(naden) dorumb gethan, das sein g(naden) ir g(naden) von boser rede, die iren g(naden) doraus entstunde.

Wo er noch hie were vorkeme, so mucht es ir gnad vornemen, das es andern mehr geschehe.

Was ir g(naden) mehr zu herr Rudolffen gesagt, solt er selbst sagen. ‖

Dorauff ist herr Rudolff vorgetretten und hatt geredt, ire g(naden) hab gesagt, wan sein f(urstlichen) gnad noch einen beurlaubt, so konne ir g(naden) sich woll nach ainen andern umbthun, wan ir gnad das thun woltte. Aber ir f(urstlichen) g(naden) haben nit gesagt, das sie es thun wolten.

Item sein f(urstlichen) g(naden) hetten gehapt einen junckfrauenknecht und sein weib were ayn betfrawe[149] gewest, die dan seiner gnaden nit dinlich gewest, die hetten sein gnadt beurlaubt. Das hab ir g(naden) vordrossen und sich dorwider gelegtt, wiewoll sein g(naden) darvor nicht gemerckt, das sich ir g(naden) irer angenommen hett. Aber als sein gnad die beurlaubt, hette ir gnadt inen essen hinaus gesannt, wiewoll sie inen dorvor nit gnedig gewesen.

Zum andern haben sein f(urstlichen) gnad irem son gesagt: „Dein weib ist ein junge furstin, schreibt vill briffe. Nu kan man woll mit briffen ausricht(en), das nicht gut ist. Darumb konnte ich wol leid(en), das du deinem weibe gebottest, das sie keyne briffe schriebe adder ausgehen lisse, sie lisse dich inen dan sehen ader sagt es dir[aa]." Dan sie hette etwan[bb] briffe geschrieben, wo die dermassen ausgangen, so het nit wenigk schaden doraus volgen mug(en). Sie het es aber dannocht nicht underlassen, wie man die dan nach woll finden muge. ‖

Zum letzsten hilt ir g(naden) sich gegen seinem sone dermassen, das sie offt in vir odder funff[cc] wochen nicht beyainander legen. Ob die schult ir odder sein were, wuste sein gnad nicht.

Hirauff hat unser gned(iger) herr ungeverlich(en) geantwurt, es haben sein f(urstlichen) g(naden) vil artickell und ain lange antzaig von irem vetter gehort. Nachdeme nu seiner f(urstlichen) gnaden vetter und bruder, der churf(urst) zu Sachssen etc., mit eingetzog(en), sei ime sein f(urstlichen) g(naden) also vorwant, das sie seinen churf(urstlichen) gnad(en) dasselb nicht konne vorhaltten.

---

146   = *lahm, im Sinne von ,kraftlos, schwach'.*

147   *Weiter Elisabeth.*

148   *Landgraf Philipp (der Großmütige) (1504–1567).*

149   = *Bettfrau, deren Aufgabe es ist, das Bett zu machen.*

Das ander aber, dieweil der artickel vill und es ain treffliche wichtige sach, die ehr und glimpff betreff, konte sein f(urstlichen) g(naden) woll bedenck(en), das sein f(urstlichen) g(naden) itzo unbedacht darauff nicht antwurtten konte. Es wolt sich sein f(urstlichen) g(naden) mit irer schwester darauff bereden und bedencken und zum furderlichst(en) wider ant(wurt) geben.

Herzog Jorgn nachrede

„So eur lieb hertzog Johanns Fridrich(en) diesses antzaigen will, so wolle es ime e(uer) l(ieben) antzaig(en), wie ich es geredt habe."

„Und mugen ime eur lieb diesses darbei auch antzaig(en), als er hinwegk zihen gewolt, bin ich allaine bey ime gewesen, hab zu seiner lieb gesagt, das sein lieb zu mir inn mein behausung ‖ komme, hab ich gerne, sei mir ein lieber gast. Wan aber sein lieb zu mir in mein behausung kommen woltte, solt er den hundt drauss(en) lassen."

Darauff unser gned(iger) herr gesagt: „Eur lieb dorffen keinen zweiffel haben. Ich wil es seiner lieb nicht anders sagen, dan es e(uer) l(ieben) geredt habe(n)."

[a] *I. Wort hochgestellt eingefügt; darunter gestrichen:* und.
[b] *I. Gestrichen:* Philip.
[c] *I. Sigle hochgestellt eingefügt.*
[d-d] *I. Klammer in der Vorlage.*
[e] *I. Unsichere Lesung. Wort durch Korrektur schwer lesbar.*
[f] *I. Wortanfang korrigiert aus:* waiß.
[g] *I. Wortende korrigiert; gestrichen:* -s.
[h] *I. Sic.*
[i] *I. Wort am linken Seitenrand mit Platzhalter eingefügt; anstelle korrigiertes und gestrichenes:* besser.
[j] *I. Korrigiert aus:* so.
[k] *I. Wort am linken Seitenrand mit Platzhalter eingefügt.*
[l] *I. Sic.*
[m] *Ab hier II.*
[n] *I. Sic.*
[o] *I. Sic.*
[p] *II.* neben.
[q] *II.* her.
[r] *I. Gestrichen:* und.
[s] *I. Sic.*
[t] *I. Die dicht zusammengeschriebenen Wörter sind durch einen senkrechten Strich getrennt.*
[u] *I. Sic.*
[v] *I. Sic.*
[w-w] *Hier endet II. mit der Unterschrift Lersners:* Heinrich Lerssenner secretari(us) s(ub)s(cripsi)t.
[x] *I. Sic.*
[y] *I. Die dicht zusammengeschriebenen Wörter sind durch einen senkrechten Strich getrennt.*
[z] *I. Doppelpunkt hier wie im Original.*
[aa] *I. Die dicht zusammengeschriebenen Wörter sind durch einen senkrechten Strich getrennt.*
[bb] *I. Wort hochgestellt eingefügt; darunter gestrichen:* woll ehr ein.
[cc] *I. Gestrichen:* tagk.

9

Dresden   *1533 Februar 8*

Herzogin Elisabeth an Landgraf Philipp (den Großmütigen)

Elisabeth bevollmächtigt ihren Bruder Landgraf Philipp, sie wegen der Beleidigungen durch Herzog Georg (den Bärtigen) und andere rechtlich zu vertreten. Diese Vollmacht kann Philipp auch auf andere übertragen.

StA Marburg, PA 2841, fol. 49r.

Überlieferung: Ausfertigung.

Schrift: eigenhändig.

Adresse: –

Nr. bei Werl: 32.

Kanzleivermerke: a) Frauwen Elysabet geborn lantgrafin zu Hessen hertzogin zu Sachssen etc. gewalds brieff*; b)* Nota in libro b. 1, fol. 269*; c)* Anno etc. 33.

Bemerkung: Das Blatt wurde von Elisabeth quer, also im Urkundenformat beschrieben, um den offiziellen und notariellen Charakter des Schriftstückes zu betonen. Das Schriftbild ist sauber und enthält nur wenige Korrekturen. — Der Brief wurde gesiegelt, das aufgesetzte Siegel ist vorzüglich erhalten. — Eine ergänzende Unterschrift hat Elisabeth hier nicht ausgeführt. — Die hier erstellte Vollmacht Elisabeths für ihren Bruder gehört in den Zusammenhang von dessen gleichzeitigen Verhandlungen mit Herzog Georg (vgl. Nr. 6, 7, 8, 10, 11, 12, 13, 14).

Siehe Anhang, Abb. 2.

Wir, Elisabeth, von Gottes genaden gebornne lantgreffen zu Hessen und hertzogin zu Sachssen etc. bekennen an diessem breffe, das wir unsserm fruntlichen lieben bruder, landgraff Philipsen zu Hessen etc., bevelich und gewalt gegeben haben, die injurien[150], so uns von unserm schweher, hertzogk Yorgen zu Sachssen, und andern begegent sein, gutlich ader rechtlich zu fordern und zu rechtfertigen und des halb einen yeden gepurlichen eidt in unsser stelle zu schweren, auch einem andern diesen gewalt zu geben. Und wes er ader sein[a] under satzter des halben handeln, das wollen wir stet und vest halten angeverde. In urkunde haben[b] wir deyssen breff mit eigener hant geschriben und unsser bestzscheir[151] unden drant gedruck. Dat(um) Dressen[152] sounaben nach Leichmest[153] anno xxxiii.

[a] *Wort hochgestellt eingefügt.*
[b] *Wort hochgestellt eingefügt.*

---

[150]   = *Ehrbeleidigungen, Schmähungen, üble Nachrede.*
[151]   = *Petschaft (Hand- oder Ringsiegel).*
[152]   *Dresden.*
[153]   = *Maria Lichtmeß (Purificatio Marie); 1533 Februar 8.*

10

Dresden   *1533 Februar [8]*

Protokoll über die Antwort Herzogin Elisabeths auf die Vorwürfe Herzog Georgs (des Bärtigen)

Elisabeth ist eine Fürstin und wird sich nicht von der Hofmeisterin regieren lassen. – Elisabeth sei Innocenz von Starschedel gegenüber wohlwollend gewesen. Das Gerücht (vom Ehebruch Elisabeths) ist vermutlich daraus entstanden, da dieser in eine von Miltitz verliebt war, der auch Elisabeth wohlwollend gegenüber stand. Die Hofmeisterin von Einsiedel hat dies an Herzog Georg (den Bärtigen) getragen, weil sie ihre Tochter Barbara mit Starschedel vermählen wollte. Auch hätte sie gern Siegmund von Maltitz als Hofmeister Herzog Johanns (des Jüngeren) gesehen. Die Hofmeisterin habe das Gerücht auch an Herzogin Katharina und einige Hofjungfern herangetragen. – Die Hofmeisterin wollte Elisabeth nicht in ihrem Gemach haben, da sie ihr heimlich nachgestellt hat. – Es ist wahr, dass der Doktor ihr das Reiten verordnet hat. Sie ist hinter dem Wagen her geritten, so wie es der Herzog befohlen hat. – Heinrich von Schönberg geschieht Unrecht, er ist seltener mit ihr zusammen geritten als andere. Auch hat er von Elisabeth kein Pferd erhalten. – Heinrich von Schleinitz ist zu Ernst von Schönburg gekommen und bekundete, dass Wolf von Schönberg Heinrich von Schönberg Urlaub gegeben habe. Daraufhin ist das Gerücht öffentlich geworden. – Heinrich von Schleinitz hat auf dem Reichstag zu Augsburg versucht von Levin von Ende zu erfahren, ob er Heinrich von Schönberg in das Frauenzimmer geholt habe. Dieser hat aber ausgesagt, dass er es nicht getan habe. Danach ist von Ende zum Landgrafen gegangen und hat sich bei ihm über Heinrich von Schleinitz beschwert. – Das Gerücht ist von Heinrich von Schleinitz und Hans von Schönberg in die Welt gesetzt worden. Beide haben auch dafür gesorgt, dass Heinrich von Schönberg des Hofes verwiesen wurde. – Es ist wahr, dass Elisabeth einen Kranz für Kurfürst Johann Friedrich fertigte, aber auch Heinrich von Schönberg, Günther von Bünau und Hans von Ponickau haben Kränze von ihr erhalten. – Elisabeth ist gern auf der Jagd gewesen; ihr Gemahl war immer dabei. Auch wenn Herzogin Barbara zu Hause geblieben ist, haben die anderen Fürsten ihre Gemahlinnen mit auf die Jagd gelassen. – Anna von Honsberg hat behauptet, Heinrich von Schönberg sei auf das Frauenzimmer gegangen. Sie habe aber nicht gesagt, dass er zu ihr gekommen sei. Im Frauenzimmer sind auch andere Hofjungfern. – Heinrich von Schönberg ist nicht in der Kammer gewesen. Elisabeth von Theler, Agnes Pflugk, Anna von Ponickau, der Türknecht und die Knaben können das bestätigen. – Elisabeth hat Anna von Honsberg zur Rede gestellt. Ihr gegenüber hat sie behauptet, nichts dergleichen gesagt zu haben. – Hans von Schönberg hat den Türknecht gefragt, ob hessische Boten oder fremde Leute im Frauenzimmer ein- und ausgehen. Obwohl dieser ihm das nicht bestätigt hat, ist durch das häufige Nachfragen durch Hans von Schönberg das Gerücht entstanden. – An seine Aussagen könne sich Herzog Georg vielleicht nicht mehr erinnern, aber sie seien genauso getroffen worden, wie Elisabeth es vorher beschrieben hat.

Herzog Georg hätte die Verleumdung gegen seine Schwiegertochter lieber nicht ausgesprochen. – Es ist auch an anderen Fürstenhöfen nicht üblich, dass die Hofmeisterin eine Fürstin regiert. – Es haben außer Wolf von Schönberg auch andere Leute mit Elisabeth Brettspiele gespielt. Herzog Johann hat ihnen befohlen, mit ihr zu spielen. – Elisabeth schrieb nichts Verbotenes. Es ist allgemein üblich, dass Fürstinnen ihrem Herrn und ihren Freunden schreiben. Es ist allerdings nicht üblich, den Brief vorher bekannt zu machen. Auch ist ihr Gemahl oft im Raum gewesen, während Elisabeth Briefe schrieb. Sie hat ihm diese dann zu lesen gegeben, was er jedoch ablehnte. – Landgraf Philipp (der Großmütige) soll Herzog Georg alles berichten, damit er Elisabeths Unschuld erkennt.

> *HStA Dresden, 10024, Loc. 10548/11, fol. 21r – 32r.*
>
> *Überlieferung: Abschrift.*
>
> *Schrift: ernest. Kanzleischreiber (schriftgleich Nr. 6, 12, 14, 104, 107, 109).*
>
> *Adresse: –*
>
> *Nr. bei Werl: 33.*
>
> *Kanzleivermerke:* M(einer) g(nedigen) furstin und frauen, der hertzogin antwurt uff hertzog Jorg(en) clagbericht – B – Z.
>
> *Bemerkung: Das Protokoll wurde ursprünglich von den Begleitern Landgraf Philipps niedergeschrieben; mutmaßlich vom landgräflichen Sekretär Heinrich Lersner (vgl. oben Nr. 8). Bei der Vorlage handelt es sich um die Abschrift eines ernest. Kanzleischreibers. – Die Absätze sind von der Vorlage übernommen.*

1.[a] Kleinoter und kleider.

2.[b] Sie sey ain furstin, sol von ainer hoffmaisterin nit regirt werden. Es hab ir ire frau mutter[154] auch bevolhen, das sie sich von der hoffmaisterin nit sold regiren lassen. Dartzu so konne sich die frau mutter eben so wenigk mit irer hoffmaisterin vertragen, konne sie auch so wenigk in irem gemach leiden als sie.

3.[c] Sey war, das sie[d] Starschedlun[e] [155] sehr genedig gewesen. Sey auch dartzu bey irer frau mutter getzogen worden, das sie des hertzogen, ires hern diener solt genedig sein. Das sie aber ainichen furwitz domit getriben, werde kain mensch sagen konnen.

Aber Starschedel habe ain jungfrau, aine von Miltitz, lieb gehabt und derselben sei sie auch genedig gewesen. Daraus mocht das gerucht erfolget sein.

Das aber die hoffmaisterin von Einsiedel[156] seiner lieb solchs angetzaigt, sey darumb bescheen, das die hoffmaisterin ire tochter Barbara[157] gern im, Starschedeln, gegeben hette.

Dartzu hette sie gern Sigmunden von Miltitz[158] zu hertzog Hansen[159] zu hoffmaister gehabt, der dann ir tochter gehabt hat.

---

[154] *Landgräfin Anna von Hessen (1485–1525), Mutter Elisabeths.*

[155] *Innocenz von Starschedel zu Mutzschen; vgl. Anm. 86.*

[156] *Die Hofmeisterin von Einsiedel lässt sich durch den Hinweis auf ihre Tochter Barbara näher bestimmen. Barbara war die Tochter Heinrichs von Einsiedel zu Gnandstein und Scharfenstein († 1507), der 1497 Elisabeth von Schönberg geheiratet hatte. Seine Gemahlin begleitete Herzogin Elisabeth auf ihrer Heimfahrt (vgl. KES I, Nr. 23, 25) und war zuvor Hofmeisterin Herzogin Barbaras; vgl. Ahnenreihenwerk der Geschwister Fischer, Bd. 4, Teil II: Teil II, Reihe von Schönberg X, S. 2; ebd., Teil V: Reihe von Einsiedel I, S. 30 und Stammtafel, S. 2. Vgl. dazu Mansberg, Erbarmanschaft Wettinischer Lande I, S. 370–437 und Tafel 14; Goerlitz, Staat und Stände, S. 574 f.; Schirmer, Kursächsische Staatsfinanzen, S. 238.*

[157] *Barbara von Einsiedel, vor 1526 verheiratet mit Georg Pflugk zu Zabeltitz († 1538); vgl. Ahnenreihenwerk der Geschwister Fischer, Bd. 4, Teil I: Teil I, Stammtafel, S. 60.*

[158] *Ritter Siegmund von Maltitz zu Reichstedt (vor 1464–1524), Rat Herzog Georgs (des Bärtigen); Amtmann zu Torgau (1480–1485/86 [?]), sächs.-albert. Hofmarschall (1490–1496), Amtmann zu Schellenberg (1499–1524), Landvogt zu Pirna (1515–1517); vgl. zu ihm Bergmann/Meiche, Burgen und vorgeschichtliche Wohnstätten, S. 111; Goerlitz, Staat und Stände, S. 428; Schirmer, Untersuchungen zur Herrschaftspraxis, S. 361 f.*

[159] *Herzog Johann (der Jüngere) von Sachsen (1498–1537).*

Die kranckhait belangend sey ir gnad zuvor ehr Starschedel hinwegk getzogen, als er nach ‖ hie am hoff gewesen, als nemlich umb Johannis[160] kranck worden, so sei er ehrst umb Unser Lieben Frauen Tagk,[161] in der brunst[162] hinwegk komen. Und zu whartzaichen desselben, so hab sein bruder, her Heinrich[163], nit ehe mit ime geredt, bis das sie krank word(en). Do hab er, her Heinrich, zu seinem bruder Innocentius geredt, hertzog Jorg habe ime bevolhen, ime zu sagen, es sey ain geschray, das sol ime die hoffmaisterin gesagt haben. Er solt mit der hertzogin bulhen, darumb so solt er sich ain jhar aus dem land thun ader der hertzogk wolt ime ain weip geben, wie das ungeverlich geredt ist. Aber ir kranckhait komme nit doher, sunder aus der ursachen, das sie kranck wider aus dem land zu Hessen komen sey. Und als ir gnad darnach uff den Konigstain[164] komen, habe ir g(naden) etzwas gessen[165], daraus sie wider in die kranckheit gefallen sey, wie hertzog Jorge dasselb selbst wisse.

Das aber ir g(naden) das geschrey solt gemacht haben, das Innocentius von irenwegen hinwegk komen sey. Das habe sie nit gethan, sundern die hofmaisterin von Einsiedel habe das hertzog Heinrichs gemaheln[166] und auch etzlichen jungfrauen gesagt. Doher das geschrey an ir g(naden) komen. Und als sie das erfarn, hat sich ir gnad darob beclagt.

Das ir g(naden) die zelter[167] zu wegen pracht hett, sagt ir gnad, sie habe die selber nit zu wegen gebracht, sunder hertzogk Jorge habe ir den ‖ ersten zelter gegeben. So habe sie nach ainen gehabt, kan sich aber nit aigentlich erinnern, wo derselb herkommen sey. Das sey aber whar, das der doctor[168] ir g(naden) uberredt, sie were erkalt und das ir das reiten nutz were. Also het ir hertzog Jorge bevolhen, hindter dem wagen statlich zureiten. Das het ir g(naden) gethan, soviel sie het nacheilen konnen.

Das ir g(naden) die hoffmaisterin vom Einsiedel nit in irem gemach haben wollen, sagt ir g(naden), das dieselb hoffmaisterin in ir gemach mhermals heimlich nachgeschlichen sey, hab die schlussel und den beutel gehalten, das man sie nit horen solt. Darob ir g(naden) vielmal unvorsehenlich erschrocken und auch nit bedenken und auch nit wol erleiden konnen, das sie also uffsetzlich argwenig und heimlich ir als ainer frommen loblichen furstin nachstellen solt. Wolt es auch nach nit laiden.

Des reitens halb hab ir g(naden) so sehr geritten als sie gekonndt, ain zeit des bosen wegs, ander zeit des staubs und ander zeit des uhrfarens[169] des wagens halb. Ist alwege am wagen plieben. Durff aber ainer bey ainer furstin uffin wagen an ir seiten sitzen, so durff auch wol ainer bey ainer furstin reiten, do viel vom adel, jungfrauen und ander umb und bey sein. Ir g(naden) haben auch nichts gethan, das andere furstin von Sachssen nit thun ader gethan haben.

Das Heinrich von Schonbergk[170] alwege ainen ‖ gantzen tagk bey ir geritten sol haben und hertzog Jorg inen nie darvon hab bringen mugen geschee iren g(naden) und Heinrichen von Schonbergk unrecht, dan Heinrich sei weniger bey iren g(naden) geritten dan andere.

---

[160] = [1529] Juni 24.

[161] = [1529] August 15.

[162] = Morgenrot.

[163] Heinrich von Starschedel († 1530), Domherr zu Meißen, Bruder des Innocenz von Starschedel; vgl. zu ihm Ahnenreihenwerk der Geschwister Fischer, Bd. 4, Teil III: Teil IV, Stammtafel, S. 2; Die Grabmonumente im Dom zu Meißen, S. 393 ff.

[164] Königstein, Burg sö Pirna.

[165] = gegessen.

[166] Katharina von Sachsen (1487–1561), Gemahlin Herzog Heinrichs (des Frommen).

[167] = schlankes Pferd mit weicher Gangart, das vor allem von Damen geritten wurde.

[168] Vermutlich Dr. Georg Schiltel (um 1470–1545) (vgl. unten Nr. 98).

[169] = Überfahrt.

[170] Heinrich von Schönberg (1500–1575), sächs.-ernest. Hofmarschall und Jägermeister; vgl. Anm. 39.

Andre aber, als her Ernst von Schonbergk[171], Caspar von Schonbergk[172], Sigmundt von Maltitz[173], Alexander[174] und Ott Pfluge[175] haben eben soviel und mher bey iren gnad(en) geriten, seien auch in dem vortzicht gewesen. Dartzu, dieweil Heinrich von Schonbergk am hoff gewesen, sey es ir nye verpoten worden. So hat unserm g(nedigen) hern Heinrich selbst gesagt, als er mit s(einer) f(urstlichen) g(naden) davon geredt, das es ime, dieweil er an hoff gewest, nie verpoten sei worden.

Wan sich von worten solt der marckt erheben, sagen ir g(naden), sey zuvormuten, es konten zwey alte, da sie beyein komen, allein dasselb auch thun.

Das ir g(naden) Heinrichen von Schonbergk das pferdt, so mein g(nediger) her ir gegeben, gegeben haben solt, sey nit gescheen. Aber Heinrich von Schleiniz[176] hab erstlich ir g(naden) darumb gebeten. Ir g(naden) aber habe es ime abgeschlagen. Darnach hab Heinrich von Schonbergk ir g(naden) darumb gebeten, das hab sie dermassen abgeschlagen, es macht irgent ain poeß geschrei daraus werden. Das er aber hertzog Jorgen darumb bete, wo der ime das pferdt gebe und er iren g(naden) ain andern zelter geben wolte, were es ir g(naden) zufrieden. Aber hertzog Jorg het antwurt geben, drawen[177], er wolt mit des landgrafen pferden nit zuschaffen haben. ‖ Also het auch ir g(naden) das pferdt nach. Aber Heinrichen von Schleinitz het dasselb pferdt wol ain halb jhar doheim gehabt. Aber ir g(naden) hette es widerholen lassen.

Das niemandt solt davon geredt haben, sunder ir g(naden) selbst. Und das es bey iren g(naden) ains grossen zorns gewesen sein solt, bericht ir g(naden), das Heinrich von Schleinitz, ehe er gein Augsburgk getzogen, und auch Hans von Schonbergk[178], als er von Rom komen, iren g(naden) gesagt, das Heinrich von Schonbergk irer g(naden) halb hinwegk komen sey. Zu whar zeichen hab Hans von Schonbergk gesagt, das niemand dan Heinrich von Schleiniz den handel mache. Nachdem dan auch hertzog Jorge selbst gesagt, von den worten erhebe sich der margk und daraus das geschrey kommen und gewachssen sey, so hab ir g(naden) nit unpillich grose beschwerung, zorn und clage gehabt und nach, das man ir g(naden) dadurch in das gerucht bracht, und das ir g(naden) gemacht hat, man hab Heinrichen von Schonbergk irer g(naden) halben urlaub geben.

Das aber ir g(naden) das geschrey gemacht haben solt, wisse er Ernst von Schonbergk wol, das Heinrich von Schleiniz zu her Ernsten komen sey und gesagt: „Her Ernst, wist ir, das Wolff von Schonbergk[179], heuptman von Meissen, Heinrichen von Schonbergk urlaub geben hat?" Het er ime geantwurt: „Nein, wie gehet das zu, das er urlaub hat, dan es ist je so ain zuchtiger, frommer, stiller geselle." Hat er Schleinitz gesagt: „Ey ir werdet nach ‖ guet dingk erfarn." Das hab er Ernst Heinrichs bruder Bernharten[180] gesagt. Hab Bernhart es Heinrichen gesagt. Heinrich hab Heinrichen von Schleiniz beschickt mit hertzog Friderichs

[171] Ernst II. von Schönburg (1486–1534), sächs.-albert. Rat; vgl. Anm. 41.

[172] Gemeint ist wohl Kaspar von Schönberg zu Purschenstein (1481–1556), sächs.-albert. Rat; vgl. Anm. 129.

[173] Siegmund von Maltitz zu Reichstedt (vor 1464–1524); vgl. Anm. 158.

[174] Alexander Pflugk zu Strehla (†1533), Amtmann zu Kulmbach; vgl. zu ihm Mansberg, Erbarmanschaft Wettinischer Lande II, S. 162–173 und Tafel 28; Goerlitz, Staat und Stände, S. 588f.

[175] Vermutlich Otto Pflugk zu Strehla-Trebnitz (†1572), urkundlich nachgewiesen ab 1529; vgl. Ahnen-reihenwerk der Geschwister Fischer, Bd. 4, Teil V: Teil IX, Stammtafel, S. 13f.

[176] Heinrich von Schleinitz zu Saathain und Koselitz (†1543), sächs.-albert. Rat und Hofmarschall; vgl. Anm. 5.

[177] = drohen.

[178] Hans (junior) von Schönberg zu Reinsberg (†1537), sächs.-albert. Rat und Amtmann; vgl. Anm. 4.

[179] Wolf von Schönberg zu Sachsenburg (†1546); vgl. Anm. 43.

[180] Bernhard von Schönberg (†um 1566); vgl. Anm. 96.

hoffmaist(er)[181] und hern Wolffen vom Ende[182] und villeicht mit mherern. Was Heinrich von Schleiniz zu antwurt geben, wisse her Ernst wol. Mocht hertzogk Jorge her Ernsten darumb fragen. Daraus gefolget, das der gantz hoff des geschreis vol worden sey. Dan eben uff die zeit sey der ausschus[183] hie gewesen, unter die solchs alles kommen sey.

Auch haben sie ain solch oster spiel[184] uff dem reichstage zu Augsburgk[185] mit Heinrichen von Schonbergk gehabt und mit ime davon geredt, das die curfurstlichen rete in der stuben darbei gewesen sein. Dergleichen haben Heinrich von Schleinitz und Hans von Schonbergk in collation[186] hinundwider zu Augsburgk davon geredt, wie dan ir g(naden) als hertzogk Jorge anhain komen, sein g(naden) dasselb geclagt und mher gesagt haben von Heinrichen von Schleinitz, wie sich sein g(naden) desselben wol wissen zuerinnern, das ir g(naden) dan hirober in irer stoben sein f(urstlichen) g(naden) gesagt habe.

Item hab Heinrich von Schleiniz uff dem reichstage zu Augsburgk seins weibs[187] vedtern, ein vom Ende[188], der irer g(naden) knabe gewest, gefragt und inen itzo mit drawen zustreichen, dan mit gaben und gueten worten bedrauet und angereizt ‖ zu sagen, ob er Heinrichen von Schonbergk auch ins frauen zimer geholet und gefuret habe. Darauff ime der knabe geantwurt, er habe es nit gethan, wisse auch nit darvon, wolt er inen nit zu frieden lassen, so wolt er ins landgraven herberge lauffen und es clagen. Volgends ist er abermals an inen komen und gesagt, wolt er es ime nit sagen, so solt er zu seinem alten hern komen, der woll inen selber fragen, dem solt er es sagen, bis so lang ir g(naden) gemahl, hertzogk Hans, uff den reichstag kommen. Darnach hett er den buben zu friden gelassen. Nun sei wol zugedencken, das der knabe nit geschwigen, sunder das weiter geclagt und nachgesagt habe. Daraus das gerucht aber erweitert worden.

Daraus sey nu wol zuvorstehen, das ir g(naden) ir selbst solch geschrey nit gemacht habe, sunder Heinrich von Schleiniz und Hans von Schonbergk durch ir außtragen und reden, die sie wie vorstehet, hin und wider gehabt, ausgetragen und erbreitet, iren g(naden) solch geschrey und gerucht gemacht haben, wie das dem gantzen hoffgesinde bewust. Es sey auch ir g(naden) so hart zornig und bewegt zuvor nit gewest, bis so lange die eddelleut mit hertzog Friderichen[189] wider vom reichstage kommen sein. Die eddelleut solch sachen, wie die zu Augsburgk gescheen, nachgeredt, und ir g(naden) das erfarn haben, das wisse er Ernst[190] und der cantzler[191] ‖ wol, das dornach ir g(naden) uff den reichstagk deßhalb geschrieben haben.

---

181   *Christoph von Maltitz zu Elsterwerda († 1547), Hofmeister Herzog Friedrichs; vgl. Anm. 451.*
182   *Wolf von Ende zu Rochsburg († 1555); vgl. Ahnenreihenwerk der Geschwister Fischer, Bd. 4, Teil VII: Teil XII, Stammtafel, S. 9 f.*
183   *Der Landtagsausschuss tagte Ende März 1530 in Dresden. Vgl. ABKG III, Nr. 1904; Goerlitz, Staat und Stände, S. 455 f.*
184   *= Osterspiel, ein Festspiel zu Ostern mit dem Thema der Auferstehung Jesu Christi.*
185   *Reichstag zu Augsburg 1530.*
186   *= mäßige Abendessen an Fastentagen.*
187   *Heinrichs von Schleinitz' Gemahlin („die Frau von Saathain") war einige Zeit die Hofmeisterin Elisabeths; vgl. Anm. 215. Im Ahnenreihenwerk der Geschwister Fischer wird als erste Gemahlin Heinrichs Eufemia von Schlieben genannt, welche bereits vor 1526 verstarb. Als zweite Ehefrau ist an gleicher Stelle Anna von Rockhausen für den Zeitraum von 1541–1557 aufgeführt. Für den fraglichen Zeitraum um 1529 bis 1534 ist also keine der beiden Ehefrauen sicher nachweisbar; vgl. Ahnenreihenwerk der Geschwister Fischer, Bd. 4, Teil IV: Teil VI, Stammtafel, S. 55.*
188   *Vermutlich Levin von Ende zu Selka und Salba; vgl. Ahnenreihenwerk der Geschwister Fischer, Bd. 4, Teil VII: Teil XII, Stammtafel, S. 3 f. (hier urkundlich nachgewiesen 1538–1554). Möglich wäre auch Levin von Ende zu Ponitz († vor 1539); vgl. ebd., Stammtafel, S. 34.*
189   *Herzog Friedrich von Sachsen (1504–1539), Sohn Herzog Georgs.*
190   *Ernst II. von Schönburg (1486–1534), sächs.-albert. Rat; vgl. Anm. 41.*
191   *Dr. Simon Pistoris (1489–1562), Kanzler Herzog Georgs (des Bärtigen); vgl. Anm. 62.*

Und so nu hertzogk Jorg allen den, dormit ir g(naden) in betzicht[192] ist, urlaub geben wolt. Warumb geben dan Heinrichen von Schleiniz s(einen) g(naden) auch nit urlaub, der mit iren g(naden) auf betzicht gewesen und bey iren g(naden), als sie zum han geritten, ain tagk geritten hat. Darumb die fraw mutter[193] so sehr und ubel getzornet habe, das hertzog Jorge in gueten gedechtnus noch habe und sein f(urstlichen) g(naden) wol wisse, wie ir g(naden) inen desselben bericht haben.

Daraus nu folget, das nyt iren gnaden zu gueten, sunder aus boeser anreitzung und zuschiebung Heinrichen von Schleinitz und Hansen von Schonbergk hertzogk Jorge dahin bewegt und beredt worden sey, Heinrichen von Schonbergk zubeurlauben.

Das Heinrich von Schonbergk uff ainen klepper[194] hieher kommen, sey nit irer g(naden) halb gescheen, sunder Heinrich von Schonbergk hab ain kranke mutter hie gehabt. Ir g(naden) hab auch nit gewust umb sein komen, bis ir g(naden) inen im schlos gesehen. Zu derselben seiner mutter sey er her komen. Do hab ir her und gemahel uff die jagt ziehen wollen und Heinrichen von Schonbergk angesprochen, mit uff die jagt zutzieh(en).

Als nu hertzogk Jorge und ir gnade uff die fischerey getzogen und komen, wisse hertzog Jorge wol, das man sich ‖ nit vorsehen ader vermutet, das ir herr und gemahel des tags, dieweil er denselb(en) tagk nach jagen solt, zu inen komen solte. Als nu von ungefher unvorsehen ir herr und gemahl und mit s(einen) g(naden) Heinrich von Schonbergk an die fischerei kommen, hab ir g(naden) ime, Heinrichen, die handt gegeben und mit ime geredt, darumb weil das geschrey ginge, das Heinrich irer g(naden) halb hinwegk komen were und ir g(naden) inen nit anreden durfften, das man sehen und erkennen mocht, das irer g(naden) unrecht geschee. So hette je Heinrich von Schonbergk irem hern gemahel und bruder und ir treulich gedienet, dartzu wust ir g(naden) nichts unredlichs von ime, warumb dan nit ir g(naden) ime zusprechen und mit ime reden solten.

Was da betrefft, das hertzog Jorge Hansen von Schonbergk zu Heinrichs vater[195] geschickt, ime die sache vorhalten und warnen lassen, hat das auch Heinrich von Schonbergk her komen Ernst gesehen, gein Konigstain geritten und was ime sein g(naden) doselbst furgehalt(en) hat.

Sagen ir g(naden), das sie nit wenigk befrembdens und grose beschwerung trage, das s(einen) g(naden) sie in solchem vordacht und betzicht, und das s(einen) g(naden) die sachen so weitleufftig durch Hansen von Schonbergk an Heinrichs vater geraichen lassen hat, sunder so sein g(naden) je gebrech(en) ader sachen gegen iren g(naden) gehabt, solt je billich sein g(naden) dasselb an iren bruder ad(er) freund haben gelangen lassen. ‖

Das ir g(naden) sein, Heinrichs, abetziehens halb solte geflucht ader getzornt haben, daßmal wissen sie sich nit zuerinnern.

Was aber antrieft, das hertzogk Jorge, als sein son her Ernsten zu Glaucha[196] ain kindt heben[197] sollen, und der churfurst[198] zu Freibergk gewesen ist, bald undter dem windt vernomen, wie die sache zuginge, und s(einen) g(naden) die wege finden, das seiner

---

[192]　= Bezichtigung, Anschuldigung.

[193]　Herzogin Barbara von Sachsen (1478–1534).

[194]　= Reitpferd von mittelmäßiger Höhe.

[195]　Jakob von Schönberg zu Reichenau, Reichenbach, Röhrsdorf und Oberlichtenau (†1535); vgl. Anm. 96.

[196]　Glauchau, Stadt und Schloss n Zwickau.

[197]　Gemeint ist ‚ein Kind aus der Taufe heben'. Johann Ernst von Schönburg-Waldenburg (1528–1543), zweiter Sohn Ernst II. von Schönburg. Die Taufe fand zu Pfingsten (1528 Mai 31) in Glauchau statt. Vgl. ABKG III, Nr. 1605a.

[198]　Kurfürst Johann (der Beständige) von Sachsen (1468–1532).

g(naden) son[199] neben Freibergk hieher geritten, das der churfurst darnach hier geschrieben hat und hier komen ist.

Sagen ir g(naden) soviel, das der churfursten zuvorantwurten geburen will, stelten ir g(naden) s(einer) c(hur) f(urstlichen) g(naden) heim. Das sei aber whar, das ir bruder den churfursten zu iren g(naden) geschickt habe, wie ir g(naden) solchs hertzog Jorgen selbst bericht, des sich ir g(naden) uff den churfurst(en) und iren bruder ziehen. Es hab auch ir g(naden) nit gewust, ob Heinrich von Schonberck beym churfursten zu Sachssen zu Freibergk gewesen sey ader nit. Sie hab auch dem churfursten darumb nit geschrieben, nach demselben darinnen maß gegeben, des sich ir g(naden) uff den churfursten zeucht. Das ir g(naden) krentz gemacht, sagen ir g(naden), es sei whar, das sie dem churfursten ainen krantz gemacht. Das aber Heinrich von Schonbergk allein ain krantz gehabt, mocht herzog Jorg sein jungfrauen im frauentzimer fragen, were Hainrich(en) von Schonbergk, Gunthern von Bunau[200] ‖ und Hansen Ponicken[201] ain krantz geben het, iren freunden und so die, so s(einer) g(naden) gesagt, das Heinrich von Schonbergk allein ainen krantz gehabt, die augen auffgethan, hett(en) sie die andern auch gesehen.

Das Heinrich von Schonbergk irer g(naden) farbe getragen, datzu sagen ir g(naden), was sie das angehe, ob er irer g(naden) farbe angetrag(en) hette. Es trage ain iglicher vor farben, die ime gefallen. Also machen auch ir g(naden) das jhar uber viel farben, die iren gnaden gefallen, doch niemandt zu lieb ader verdruß.

Das aber jungkern und etzliche aus der stadt rede darvon gehabt, wo Heinrich von Schonbergk in irer g(naden) farbe keme, und daraus ain gerucht gemacht, sagen ir g(naden), was sie dartzu konnen. Aber sein g(naden) solt sich billich gegen denselben, so solch gerucht gemacht, also ertzaigt haben, als das sie kain gefallens daran hetten.

Des zeuner tantz[202] halb sagen ir g(naden), dartzu kan ir g(naden) nichts, das der curfurst den zeuner getantzt und Heinrich von Schonbergk mit daran gangen sey.

Der jagt halben sagen ir g(naden), das whar, ir g(naden) wer gern uff der jagt gewesen zu irem hern vedtern und freunden. So were es jha auch nit so ubel gethan, ob sie uff die jhagt getzogen were, do ir herr und gemahel mit gewesen, ob schon die mutter doheim plieben were, dan ‖ es ließ je ir bruder und ander fursten ire gemaln auch mit inen uff die jagt zieh(en).

Das der churfurst zu Sachssen collation[203] gehalten, do er uffgesessen und vhaß gebrennt habe, laß ir g(naden) sein f(urstlichen) g(naden) verantwurten, ir gewonhait sei in das durnlein[204] zugehen.

---

[199]   *Herzog/Kurfürst Johann Friedrich (der Großmütige) (1503–1554).*

[200]   *Gemeint ist wohl Ritter Günther von Bünau zu Breitenhain und Meuselwitz (1490–1534), 1526–1534 Amtmann und Hauptmann zu Altenburg. Infrage kommen auch: Günther von Bünau zu Schkölen (immatrikuliert 1485, †1549) oder sein Sohn Günther (immatrikuliert 1512, †vor dem Vater); – Günther von Bünau zu Elsterberg; – Günther von Bünau zu Radeburg; – Günther junior von Bünau zu Droyssig (der welsche Mann) (†1537). – Vgl. dazu Mansberg, Erbarmanschaft Wettinischer Lande I, S. 47–114 und Tafel 2, S. 487–520 und Tafel 19; II, S. 496–571 und Tafel 36; Wittig, Die Herren von Bünau, S. 9 (Stammbaum); Günther, Zur Genealogie der Herren von Bünau.*

[201]   *Hans von Ponickau auf Pomßen (1508–1573), Amtmann zu Gommern, sächs.-ernest. Kämmerer; vgl. Ahnenreihenwerk der Geschwister Fischer, Bd. 4, Teil X: Teil XXII, Stammtafel, S. 11; vgl. zu ihm Held, Die Schlacht bei Mühlberg/Elbe, S. 129.*

[202]   *= Zäunertanz, ein Reigentanz, bei dem die Tanzenden vermutlich durch verflechten der Hände und Arme eine Art Zaun um den Einzeltänzer bildeten, den dieser zu durchbrechen suchte.*

[203]   *= mäßige Abendessen an Fastentagen.*

[204]   *= Türmchen.*

Was betrifft, das Heinrich von Schonbergk hie plieben und inen die jungkern geubet haben, gehe ir g(naden) nit zuvortretten an.

Was nu ferrer das, das die von Hunspergk[205] gesagt haben soll, Heinrich von Schonbergk sey ins frauen zimer gangen, zu war zeichen het er ain schwartzen rock an wie zwilch mit strichen, und wie dieselb rede gelaut haben soll.

Sagen darauf ir g(naden), das die von Hunspergk nit gesagt habe, das Heinrich von Schonbergk zu iren g(naden) gehe. Und obs schon whar were, das doch ir g(naden) nit glauben, das Heinrich von Schonbergk ins frauen zimer dermassen gangen were. So wust doch ir g(naden) sich gantz und gar unschuldig und weren ander mher jungfrauen im frauentzimer, darumb es nymmer mher mit gueter vernunfft dohin gedeut ader vorstanden werden kont ader mochte, das Heinrich von Schonbergk zu iren g(naden) eben gegangen were und gehen mussen hett. Und het ‖ sich ir g(naden) nit vorsehen, das ir herr vater es dohin vorstehen solte, das eben Heinrich von Schonbergk zu ir und kainer andern jungfrauen ginge ader das man es iren g(naden) solt uffegen, so ain mansperson uffs frauen zimer ginge, das solchs gleich irer g(naden) halb hette mussen gescheen. So dach die jungfrau, wie sein g(naden) selbst antzaigen, also nit darvon geredt habe, und were iren g(naden) beschwerlich zu horen, das sein g(naden) ir vermutung(en) mit ainen todten bekrefftigen wolte, da doch sein g(naden) in irem leben[f] irer g(naden) nie angetzaigt het, das dieselb jungfrau solchs gesagt hett.

Und were wol ane noth iren gnaden hirauff zuantwurten, dieweil ain todter nicht zubeweissen zulessig, und so sie villeicht nach am leben were, der rede nit gestehen ader anders deuten mocht. Jedoch will ir g(naden) zum uberfluß ir unschuldt angetzaigt haben.

Wie dan auch von thurknecht[206] gesagt worden, das ir g(naden) denselbig(en) hinwegk geschickt haben soll nach ainem buben in die stuben und Heinrich von Schonbergk in des herab gegangen sein.

Berichten ir g(naden), ir g(naden) sey herab gang(en), wollen meß horen. Do sey der prister nach nit da gewesen, habe ir g(naden) ins ‖ groß frauentzimer gehen. Sei ir ain jungfrau entgegen komen und gesagt, die aldt hertzogin sey in der stuben, schmer[207] sich. Komme ir g(naden) darein, so werde sie zornen. Also sey ir gnad in der thur stehend plieben, dergleichen der thuerknecht, der dan vor irer g(naden) her gegangen sey und irer g(naden) die thur uffgethan habe. Und hab der thurknecht ainen knaben grueffen, der aus irer g(naden) bevelh Magdalen von Schleinitz[208] solt kommen heissen. Der thurknecht aber sey in die stuben nit komen, bey der thur stehend plieben, also das ir g(naden) den turknecht nit vorschickt haben. Es sey auch ain groß leucht mit ainem licht da gehang(en). Also zeucht sich ir g(naden) uff die jungfraue Elß Deilerin[209], Angnes Pflugin[210], Anna Beynick(en)[211] und den thurknecht und die knaben, so darpey gewesen, das Heinrich von Schonbergk nit droben gewesen, vielweniger ir g(naden) in herab gelassen habe.

---

[205] *Anna von Honsberg.*

[206] *= Türknecht.*

[207] *= schmeren; im Sinne von ‚einsalben‘.*

[208] *Magdalena von Schleinitz. Vermutlich Tochter Wolfs von Schleinitz zu Ragewitz, Stauchitz, Grubnitz, Zöschau und Altoschatz (der Schöne) († 1523) und Gemahlin Otto Pflugks; vgl. Ahnenreihenwerk der Geschwister Fischer, Bd. 4, Teil IV: Teil VI, Stammtafel, S. 58 f.; oder aber die Tochter Dietrichs von Schleinitz zu Dahlen, Börln, Skassa, Zschaiten, Dornreichenbach und Kreinitz († 1511), Äbtissin zu Hain, urkundlich nachweisbar 1524, 1551; vgl. ebd., Stammtafel, S. 34.*

[209] *Vermutlich Elisabeth von Theler; zum Geschlecht der von Theler vgl. Gottwald, Das Geschlecht der Edlen von Theler, S. 18–22.*

[210] *Agnes Pflugk; möglicherweise geb. von Bünau; vgl. KES I, Nr. 41, Anm. 775.*

[211] *Anna von Ponickau.*

Und zu weittern bericht wollen ir g(naden) unangezeigt nit lassen, als ir g(naden) uff die zeit, da ir g(naden) Carlewitzen[212] und den cantzler[213] zu hertzog Jorgen geschickt und bieten lassen, ir den anseger[214] antzuzaigen, erfarn, das die von Hunspergk solche rede solte gehabt haben. Haben ir g(naden) in der kirchen uff den tagk, da sie zum sacrament gangen ware, sie darumb ‖ beteidingt und gefragt, ob sie solche rede gethan habe. Sey sie vor ir g(naden) undergefallen und gesagt, so war als sie das sacrament empfangen, habe sie solche rede nit gethan: „Lieber her, wie komme ich doch da zu." In des seien Carlewitz und der cantzler wider von hertzog Jorgen komen, hab ir g(naden) inen gesagt, das sie die Hunspergerin darumb itzo hat beteidingt, aber sie gestunde des nit. Het s(einen) g(naden) der cantzler geantwurt: „Je was willen e(uer) g(naden) die jungfrau zeihen, sie hat es villeicht nit gethan."

Dartzu hab ir g(naden) die frauen von Sathan[215] gebeten, das die wolte von der Hunspergerin erfaren, ob sie es gesagt het ader nit, domit ander aus verdacht komen. Das hab die fraw von Sathan gethan und iren g(naden) wider gesagt, die von Hunspergk habe gesagt, sie habe solche rede nit gethan und weiter nit gesagt, dan das ir g(naden) Magdalen von Schleinitzin ainen brieff in der dhore gelesen hetten, welchen ir g(naden) bruder iren g(naden) geschrieben haben solt, welchs die fraw von Sathan wider ir g(naden) selbst muntlich gesagt habe und sich ir g(naden) vorsehen, die gestehen werde. Wo sie des aber nit gestunde, wuste sie ir g(naden) zubetzeugen.

Undter dem habe der von Honspergk beichtvatter[216] sich zu iren g(naden) gefugt und die von Hunspergk gegen iren gnad(en) ‖ entschuldigt und angetzaigt, das sie der rede nit gestunde, warumb dan ir g(naden) ir ungnedig sein wolten.

Item die von Hunspergk were auch darauff gestorben, das sie solchs nit geredt hette.

Und darumb aus allen vorangetzeigt(en) grunden und ursachen und auch aus dem das volgt, konnen ir g(naden) nit glauben, das die von Hunspergk solche rede gethan und iren g(naden) das gerucht gemacht habe.

Sundern Hans von Schonbergk, dan Hans von Schonbergk sey zu irer g(naden) turknecht komen, habe denselben gefragt, ob er[g] nit hessische poten und dieser und jhener im frauen zimmer aus- und eingehen sehe, welcher thurknecht doch der von Honspergk bruder ist, habe er ime geantwurt: „Nein, er vorneme niemandt auß- und eingehen." Das muge er wol bey seinem aidt sagen. Hat Schonbergk ime gesagt, ob er nit vormerke, das die andern knechte jemand dergleichen auß- ader eingehen seh(en). Hat er auch geantwurt: „Nein, ir g(naden) mugen auch wol leiden, das man denselben, der dan nach vorhanden ist, darumb bey seinem aidt verhore." Und nach dem Hans von Schonbergk solche rede nit allein an ainem ort und gegen ainem allein, sunder hin und wider bey vielen ausgetragen, hat er mit sampt ‖ Heinrichen von Schleinitz wie vorgemelt solch geschrey gemacht und ausgebraitet, wie dan irer g(naden) bruder zu ende und im beschluß dieser rede weiter wurden antzaigen.

Die rede, so hertzog Jorge gegen iren g(naden) uff dem salh geredt, dergestalt, das seiner g(naden) furkeme, es solten leut sein, die den abendt ins frauen zimmer und den morgen wider heraus gehen solten etc., da sein g(naden) sagen, sie haben von dem einmauren nit gesagt. Darauf sag(en) ir gnad, das ir her vater ain alter betagt herr und mit vielen geschefften belad(en) sey, kondte sein g(naden) wol sein entpfallen ader ob es sein g(naden) aus ainem

---

[212] *Georg von Carlowitz zu Hermsdorf (um 1480–1550), sächs.-albert. Rat; vgl. Anm. 42.*

[213] *Dr. Simon Pistoris (1489–1562), Kanzler Herzog Georgs (des Bärtigen); vgl. Anm. 62.*

[214] *= Ansager; im Sinne von ‚Anzeiger, Verleumder'.*

[215] *Frau von Saathain, Gemahlin Heinrichs von Schleinitz zu Saathain und Koselitz († 1543), Hofmeisterin Elisabeths; vgl. Anm. 187.*

[216] *Beichtvater Johannes Hülse (vgl. unten Nr. 33).*

bewegten gemuet geredt het. Ir g(naden) bestehet aber uff diesen tagk nach, das solch rede dermaß(en) gescheen sey, wiewol sie iren hern vater nit erweisen kan nach wil, befilcht es aber Got.

Und ob schon von dem einmauren kain rede bescheen were, so were es doch zuviel und iren g(naden) zuviel zu nahen geredt, das man in irem beisein ainem umb iren willen den kopff abhawen lassen wolt. Dieweil doch der von Hunspergk rede also nit stehet, das der zu irer g(naden) gegangen sey, auch sie der rede nit gestanden hat, und es dartzu hiroben gnugsam verantwurt ist. ‖

No(ta) m(einem) g(nedigen) h(ern) zureden

Der groben rede halb het sich m(ein) g(nediger) h(er) vorsehen, er solt, als der sein tochter zu ehren ziehen solt, solche grobe rede gegen iren g(naden) nit gebraucht haben, dan es wer je ainen zuviel solchs gegen ainer gemainen frauen zured(en).

Soviel betrifft den bevelich, Heinrichen von Schonbergk zufahen, so sein gnad irem son gethan, sagen ir g(naden), das ir g(naden) nit wenig beschwerung und befrembden trag(en), das man irem hern und gemahel ain solchs antzaigen und einpilden, soll unwillen und unfrundschafft zwischen iren gnaden zuerwecken und antzuricht(en), und das man irer gnad halb unvorschult und unerwiesen jemand greiffen solt, und das solchs in ain geschrei komen, des tragen ir gnad grose und hohe beschwerung und hetten sich des kains wegs vorsehen.

Der Pflugyn[217] halb, das ir g(naden) sich mit deren geunwilligt haben solt, sagen ir g(naden), es konnen leut, die beyeinander sein, sich nit allewege mit einander gleich vertragen. Aber ir g(naden) ziehe sich selbst uff die Pflugin, das ir g(naden) derselb(en) kain ungenad ye ertzaigt haben.

Dieser itzigen hoffmaisterin halb sagen ir g(naden), sie hab des ursachen gehabt, so wil irer g(naden) bruder antzaig(en), was s(einen) f(urstlichen) g(naden) gemahl irenhalb s(einen) f(urstlichen) g(naden) bericht hat. ‖

Das ir f(urstlichen) g(naden) sich nit von der hoffmaisterin hab wollen regirn lassen, ist vor vorantwurt und auch an ander fursten hofen nit der gebrauch, das hoffmaistern die furstin regirn.

Das ir g(naden) wol leiden kan, das jederman ir g(naden) lieb hab und das die leut wissen, sagen ir g(naden), sie mugen wol leiden, das ir g(naden) die leute lieb haben und darumb begehe ir g(naden) nichs unerlichs. Das aber ander irer g(naden) farbe tragen, das sei iren g(naden) wider lieb ader leit, sie muß es gescheen lassen.

Was betrifft, das Wolff von Schonbergk bey iren g(naden) geritten, mit iren g(naden) geredt, mit ime gespielt, getantzt und ir farbe getragen habe.

Sagen ir f(urstliche) g(naden), das geschee an[h] andern fursten hofen und bey andern furstinnen alles auch. Daraus kan aber nit folgen, das iren g(naden) redlicher vordacht mocht uffgelegt werden, dan ir g(naden) auch nit allein mit Wolffen von Schonbergk, sunder auch Caspar von Schonbergk[218], Brandt[219], Kreitz[220], Schligk[221] und viel mher gueter ehlicher leute mit iren g(naden) gespielt haben. Es habe auch ir herr und gemahel inen bevolhen, zu

---

[217]   *Möglicherweise Agnes Pflugk, geb. von Bünau; vgl. KES 1, Nr. 41, Anm. 775.*

[218]   *Gemeint ist wohl Kaspar von Schönberg zu Purschenstein (1481–1556), sächs.-albert. Rat; vgl. Anm. 129.*

[219]   *Georg Brandt, Amtmann zu Leipzig; vgl. zu ihm Schirmer, Kursächsische Staatsfinanzen, S. 912.*

[220]   *Georg von Kreutz (†nach 1553), Amtmann zu Gotha. Möglich wäre auch Dr. Melchior von Kreutz (1502–1555), sächs.-ernest. Assessor am Kammergericht, später Amtmann zu Colditz.*

[221]   *Graf Schlick.*

iren g(naden) zugehen und mit ir zu spielen. Wan nu ir ‖ her und gemahel leiden kan, das sie mit iren g(naden) spielen, warumb dan ir g(naden) das nit thun solten. Was aber antrifft die farbe und das rennen[222], so er itzo gethan hat, haben ir g(naden) das ime nit bevolhen ader gehaissen ader wissen gehabt. Ir g(naden) konnen dartzu nit, es trage ain jeder sein farbe wie vorgesagt. Es hetten sich auch ir g(naden) gar nit vorseh(en), das ir herr und vater[223] immer dar mit ainer neuen betzichtigung herkomen, und tragen des grosse beschwerung. Nachdem sie bey irem hern und vater nuhmer ins xiiii. ader xv. jhar hie gewesen[224] und sich dermassen gegen seiner lieb gehalten het, das sie schier seiner g(naden) magt gewesen were und das sie schir im frauen zimer nit mher mechtig were dan ain andere jungfraw, das ir g(naden) daruber solcher verdacht und bezichtigung zumessen solt.

Des churfursten todt[225] und trauren halb het sie sich seiner f(urstlichen) g(naden) bevelhs gehalt(en). Und ob ir g(naden) schon lange getrauret, wust ir g(naden) wol, das sie dem todten und auch desselben freunden kain dinst ader gefallen daran ertzaigt.

Wolffen von Schonbergk itzigs rennen und farben und was dem anhangt betreffendt, sagen ir g(naden) zu den farben wie obgemelt. Dartzu so sey Wolff ‖ hertzog Jorgen diener, den muge er darumb beteidingen, ob ir g(naden) es inen gehaissen hab ader nit. So sei auch ir gnad je kain großmaigt, sunder ains landtgraven schwester. Wie[i] aber je ir g(naden) ime zu gefallen die farben solt gemacht haben, so must auch ir g(naden) ime zugefall(en) ir pferdt dargeliehen haben, das er herab gerandt worden.

Soviel angehet, das sie ain unchristlich ader teufflich leben furen solt, verhoff ir g(naden) zu Got nit. Das aber ir g(naden) undterweilen ungedultigk wurde, begegnet(en) ir g(naden) die felh so wunderlich, das sie wol ungeduldig werden muß. Ir g(naden) sey aber nie in kainem heer gewesen und wurde billich von seiner lieb mit solchen reden verschonet.

So wuste ir g(naden) auch wol, das sie vorgeben, aber doch auch ir ehr in huet haben und vorteidingen solt. Man soll aber boeß leute in bosen furnemen nit sterk(en).

Was das außtragen angehet, sagen ir f(urstlichen) g(naden), das je billich hertzog Jorge ir g(naden) darumb, ehe er solchen bevelh der hoffmaisterin gethan, beredt haben solt: „Liebe thochter, es geschiet viel außtrag(en) in e(uer) l(ieben) namen. Wie hat es ain gestalt darumb, damit nit in e(uer) l(ieben) namen andere außtragen, beger ich eurn bericht." Und solt also irer gnaden bericht gehort ‖ und ir darauff seiner gnaden gemuet angetzaigt und nit der hoffmaisterin, irer ungehort, uber ir gnaden zu regiren bevelh gethan haben. Dan es stund je zuerbarmen, das ain furstin nit macht haben solt, ainem armen menschen etzwas hinab zuschicken. Man wegert er je ainer frauen vom adel nit, und ain hoffmaisterin irn g(naden) darinnen maß geben solt.

Die rede, so ir gnad mit Rudolffen von Bunau[226] geredt, sagen ir g(naden), sie habe die gegen Rudolffen von Bunau dermassen geredt, so man ainen hinwegk jagte und ir f(urstlichen) g(naden) das thun wolten, konte es ir f(urstlichen) g(naden) thun. Aber nit das m(ein) g(nediger) her[227] das thun wolt, wie dan her Rudolff selbst gesagt hat, so zeihe man sie doch, so bald ainer hinwegk kombt, ains andern. Welcher dan mit iren g(naden) redte, der muste im vordacht sein. Und darumb hab hertzog Jorge irem glimpff[228] ain geringe

---

[222]   = *Zweikampf mit der Lanze bei einem Turnier.*
[223]   *Gemeint ist Herzog Georg, nicht Landgraf Wilhelm II. (der Mittlere) von Hessen (1468/69–1509), den Vater Elisabeths.*
[224]   *Gemeint ist die Zeit seit der Heimfahrt im November 1517 (vgl. KES I, Nr. 22, 24 und 25).*
[225]   *Kurfürst Johann (der Beständige) von Sachsen (1468–1532), gestorben zu Schweinitz am Freitag, 1532 August 16.*
[226]   *Rudolf von Bünau zu Weesenstein (†um 1540), sächs.-albert. Rat; vgl. Anm. 60.*
[227]   *Herzog Georg (der Bärtige) (1471–1539).*
[228]   = *Ehre, Ansehen.*

furderung ader vorred gethan, das er ir g(naden), so er ainen vorjagt, des andern[j] zeihe.

Mit dem jungkfrau knecht und der beetfrauen[229] sey ir g(naden) bericht worden, Hans vom Schonbergk habe gesagt, sie seien ir g(naden) halb abgesetzt, dan sie koppeln ir gnad(en). Umb solcher irer unschuldt willen hab ir g(naden) genedig mitleiden mit inen.

Der brieff halben hab ir g(naden) nichts ungeburlichs geschrieben. Sey auch der gebrauch, das furstinnen iren hern und freunden schreiben, und sei nit der brauch, erstlich ‖ die brieff antzutzaigen. Es hab auch ir herr und gemahel, do er offtmals in ir gemach komen, do ir g(naden) brieff geschrieben und ir g(naden) die irem hern gemahel zulesen furgetragen, die nit lesen wollen. Sie trage des kain abescheir.

Soviel aber angehet das schlaffen bey irem hern, hab ir g(naden) hievor hertzog Jorgen uff seiner g(naden) beger antzaige gethan, und wisse gewiß, das ir herr und gemahel uber sie nit klagen werde ader zuclagen habe.

Dis alles zaige ir g(naden) irem bruder an, uff das sein g(naden) ir unschuldt vorstehn muge, und wolle s(einer) g(naden) heimstellen, dar in weiter zuhandeln, irer aller, des vatern frau mutter, gemaheln, bruder, schwestern, kinder, vedtern und des gantzen stambs ehr und nodturfft zubedenck(en).

Hirauff hat m(ein) g(nediger) her ain rede gethan, lautz der vortzaichnus mit C bemerckt.

[a] *Am linken Seitenrand.*
[b] *Am linken Seitenrand.*
[c] *Am linken Seitenrand.*
[d] *Gestrichen:* den.
[e] *Sic.*
[f] *Gestrichen:* wie angetzaigt.
[g] *Wort hochgestellt eingefügt.*
[h] *Gestrichen:* d.
[i] *Gestrichen:* er.
[j] *Gestrichen:* ir.

11

Dresden *1533 Februar 9*

Protokoll über die Antwort Herzog Georgs (des Bärtigen) auf die Erwiderung Herzogin Elisabeths

Am Sonntagnachmittag antwortete Georg auf die Rede Landgraf Philipps (des Großmütigen): Elisabeth ist eine Tochter im Hause Georgs, darum muss sich Elisabeth an den Befehl ihres Gemahls halten. – Die Hofmeisterin von Einsiedel hat sich immer rechtschaffen verhalten. Manchmal ist sie zu ungünstigen Zeiten ins Zimmer gekommen, aber nicht um Elisabeth zu erschrecken, sondern um ihren Dienst ordentlich zu verrichten. Georg glaubt weder, dass die Hofmeisterin ihre Tochter Innocenz von Starschedel zur Frau geben, noch dass Siegmund von Maltitz Hofmeister Herzog Johanns (des Jüngeren) werden wollte. Wenn dem so gewesen wäre, hätte sie ihm wohl etwas gesagt. – Die aktuelle Hofmeisterin ist keine Lügnerin, sondern eine tugendsame Frau. Sie hat von ihrem Befehl auch nicht abgelassen, nachdem Elisabeth sie hart angegangen hat. – Georg hat gehört, dass Kurfürst Johann Friedrich (der Großmütige) in diese Angelegenheit mit einbezogen werden soll. Landgraf Philipp soll dafür sorgen, dass der Kurfürst den genauen Wortlaut der Reden erfährt und

---

[229] = *Bettfrau, deren Aufgabe es ist, das Bett zu machen.*

kein Unwille zwischen dem Kurfürsten und Georg entsteht. – Landgraf Philipp hat Elisabeth gestern wegen ihrer unmoralischen Rede bestraft. Von ihr hat Georg viele unverschämte Worte gehört, die der Landgraf seiner Schwester verbieten soll. – Georg kennt niemanden am Hof, der Elisabeth zu einer Hure machen wollte. – Die Rede Landgraf Philipps gegen ihn, hat Georg schwer getroffen. – Landgraf Philipp soll Elisabeth dazu bringen, sich so gegen ihn und ihren Gemahl zu verhalten, wie es ihr gebührt. Sollte sie ungehorsam sein oder gegen seinen Willen das Abendmahl (in beiderlei Gestalt) nehmen, so wird er gegen sie vorgehen, wie es seine Vorfahren gegen ungehorsame Weiber und Kinder getan haben. – Landgraf Philipp soll Elisabeth nicht in ihrem Ungehorsam bestärken. – Georg wird niemanden unangehört verurteilen. Wenn der Landgraf in der Sache weiter verhandeln will, so soll dies an einem anderen Ort geschehen.

> *HStA Dresden, 10024, Loc. 10548/11, fol. 33r–37r.*
>
> *Überlieferung: Abschrift.*
>
> *Schrift: Georg von Carlowitz.*
>
> *Adresse: –*
>
> *Kanzleivermerke: Herzog Jorgen replic(en) – Є – Ƶ.*
>
> *Bemerkung: Die Absätze sind von der Vorlage übernommen.*

Hertzog Jorgen wider antwurt am sontage nach mittag, von sein f(urstlichen) gnaden personelich geredt.

Nachdeme sein furstlich gnad befunde, das etzliche erbare und thogentsame weiber in der sach(en) mit eingefurt, woltten sein gnad derselb(en) glimpff[230] auch gerne such(en).

Als nu erstlich in der ertzelung eur f(urstlichen) g(naden) frau mutt(er) als einer loblichen furstin gedacht, yn dem, das sie e(ur) g(naden) schwester bevychtigt hab, glich von der hoffmaisterin nit regiren zulassen oder der nit gehorsam zusein.

Das achten sein g(naden) darvor, werde ir zu glimpff seiner gnaden tochter auffgelegtt. Aber e(ur) f(urstlichen) gnad mutter[231] sey ein lobliche furstin gewesen. Hab den vorstandt woll gehapt, das e(ur) f(urstlichen) g(naden) schwester nicht ein fraw sonder tochter im haus sei, darumb iren g(naden) gepurte, ires hern bevelh zugewartten.

Sei auch wahr, als sein g(naden) den eig(en) willen erstlich gemerckt, sei sein gnadt woll gneigt gewessen, seinem weibe[232] zubeveln, ir das zuwider sag(en). Aber sein gnad hetten bedacht eins, das seiner f(urstlichen) gnad(en) gemalh einfeldig und nicht wol red(en) kant. Das andere, das es zorn zwuschen inen wurde geberen, derhalben sein f(urstlichen) g(naden) gesagt, sie sollte sich nicht in zanck mit ir einlassen, sondern was ir gnad beschwerlichs befunde, sollte die hoffmeisterin ausrichten. Wo aber ir mutt(er) iren g(naden) das nit bevolhen hette, were es zu diesem handel nicht kommen. Das redete ‖ sein f(urstlichen) gnad zu irem glimpff und nicht der loblichen furstin zu nachtaill.

Ist gedacht der hoffmaisterin vom Einsiedel[233], sein furst(lichen) gnadt hab die allewegen redlich gehalt(en). Achte darfur, nymants konne ir anderst nachsag(en), sie hab auch allen vleis getan. Es muge aber woll sein, das sie underweilen kommen sei, wans sein(er) g(naden) tochter nicht gerne gehabt ader auch nicht gewust. Das sie es aber gethan, ire g(naden) zuerschrecken, glaub sein gnad gantz nicht. Halts darfur, das sei ir an ir ambt

---

[230]   = Ehre, Ansehen.

[231]   *Landgräfin Anna von Hessen (1485–1525), Mutter Elisabeths.*

[232]   *Herzogin Barbara von Sachsen (1478–1534).*

[233]   *Hofmeisterin von Einsiedel = Elisabeth von Schönberg; vgl. Anm. 156.*

gebund(en), das sie droben und darinden zusehen solle. So sei draun sein tochter auch nicht allain, sonder funff junckfrauen bei ir, die auffsehens durff(en). Darumb was sie gethan, acht sein f(urstlichen) gnadtt, hab sie im besten gethan.

Das sie aber solchs darumb gethan, das sie gerne ir tochter Innocentien von Starschedell[234] gegeben und Sigmunden von Miltiz[235] zu hoffmeist(ern)[236] gehapt hett, acht es darfur, lege man ir zu unschulden auff ursachen, Innocentius von Starsched(el) sei dermassen geschickt, welche junckfrau im lande er hette haben wollen, were ime nicht vorsagt worden. Het er die tochter haben wollen, er het sie woll kriegen. Derwegen halt sein g(naden) es dafur, das sie es darumb nicht gethan.

Das Miltiz hett hoffmeister werden sollen, achten sein g(naden) gar nit darfur, dan er sei damals alberait ambtman zu Birnen[237] gewest, da sei er die zeitt mit seinem weibe[238] gesessen und sich ‖ genehret. Derhalben glaub er nicht, das es darumb geschen, das Innocentius hinweg komen und Maltitz hoffmeister werden solte. Dan sein f(urstlichen) g(naden) sein ir, der hoffmeisterin, so gehayme gewesen, wo sie das gewollt, sie het es seinen f(urstlichen) gnaden woll gesagt.

Die itzige hoffmeisterin betreffende, werde diselb etzwas schwerlich[a] angetast, das man sie vor ein lugenerin achtet. So glauben sein f(urstlichen) gnad(en), es sein bose lugenhafftige leutte, die sie gegen seiner gnaden tocht(er) also dargeben haben. Nor ists, sie sei ain ehrliche thugentsame fraw, aber es sei ein ungeschicklickait zwuschen den brudern, darumb solle man die fromme hoffmaisterin nicht schmehen.

Und das war sei, so hette aus harttem ansprech(en) eur furst(lichen) gnad schwester, sie woll sich mugen von seiner f(urstlichen) g(naden) bevelh abwenden lassen. Sie habs aber nicht gethan, darumb acht sein f(urstlichen) g(naden) darfur, es geschehe ir unrecht.

Sein furst(lichen) gnad wuste auch woll, das ir vor unrecht geschen, das man sie mit seinen furst(lichen) gnad(en) betzuchtiget, als man sie nicht gehen gehabtt[239].

Dorumb hetten sein gnad beschwerung, das die frommen weiber, auch sein furst(lichen) gnad, auch sein f(urstlichen) gnad[b] in diese sach kommen[c], man soltt inen billich damit vorschont haben.

Haben sich eur f(urstlichen) gnad horen lassen, das sein f(urstlichen) gnadt eur gnad vettern, den churf(ursten) zu ‖ Sachssen[240] etc. mit in das spill ziehen soltte. Undt weren ime eur f(urstlichen) gnadt dermassen vorwant, das sie solchs seinen churf(urstlichen) gnaden nit vorschweig(en) konnten.

Was sein f(urstlichen) g(naden) das geredt, weren sie gestendigk allain. Betten sein furst(lichen) gnad, nach dem acht person[241] darbei gewesen sein, das man dieselben sich darumb besprechen lasse, damit nit der schreiber[242] es anderst vorstanden und angemerckt, dan es sein f(urstlichen) gnadt geredt hett(en) etc.

---

[234] *Innocenz von Starschedel zu Mutzschen; vgl. Anm. 86.*

[235] *Siegmund von Maltitz zu Reichstedt (vor 1464–1524); vgl. Anm. 158.*

[236] *= zum Hofmeister Herzog Johanns.*

[237] *Die Aussage, dass Siegmund von Maltitz vor Jahren Amtmann zu Pirna gewesen sein soll, widerlegt Elisabeth später (vgl. unten Nr. 50).*

[238] *Clara von Schönberg, Gemahlin Siegmunds von Maltitz; vgl. Ahnenreihenwerk der Geschwister Fischer, Bd. 4, Teil VI: Teil X, Stammtafel, S. 13.*

[239] *= als man sie nicht vertreiben konnte.*

[240] *Kurfürst Johann Friedrich (der Großmütige) (1503–1554).*

[241] *Gemeint sind auf Seiten Herzog Georgs Ernst II. von Schönburg, Rudolf von Bünau, Simon Pistoris und Georg von Carlowitz sowie auf Seiten Landgraf Philipps Philipp Graf von Solms-Lich, Siegmund von Boyneburg, Werner von Wallenstein und Heinrich Lersner (vgl. oben Nr. 8).*

[242] *Mutmaßlich Heinrich Lersner und Simon Pistoris.*

Aber wie die rede geschen sei, muge sein gnad woll leiden, das an sein churf(urstlichen) gnad gelange. Sein gnad vorsehe sich auch nit, das e(ur) f(urstlichen) gnad hier in seiner f(urstlichen) gnaden haus kommen, unwillen zwischen dem churf(ursten) und sein f(urstlichen) gnaden zumachen. Wo sich aber sein gnadt des vorsehen soltte, were das ayn guter anfangk dorzu.

Euer f(urstlichen) gnad hetten gestern[243] sein f(urstlichen) g(naden) gestrafft, was belangt die unzuchtige rede.

Es sei wahr und bedancken sich der freuntlich(en) erinnerung, konne woll irren, erkenne, es sei ain grobheit. Was sein gnad dortzu geursacht, sei das er die und dergleichen wort von e(ur) f(urstlichen) g(naden) schwester mehr dan ains gehort, dan ir gnad sei von unvorschempten wortten. Und also wan ein junckfrau vir wochen im frauen zimmer sei, erfare sie alles das, was ain weib wissen solle von wortten ader nicht von wercken. Das aber solchs under die leutte kommen, hab sein gnad nit gethan. Dieweil aber eur f(urstlichen) gnad funden, das es sein ‖ furstlich(en) gnaden ubell anstunde, wolle eur f(urstlichen) g(naden) irer schwester das auch undersagen.

Eur furstlich gnad wollen sein f(urstlichen) gnad freuntlich gebeten haben, sie wolle es freuntlicher meynunge vorstehen, dan sein gnad mein es nicht anderst.

Dieweil eur f(urstlichen) gnad sein f(urstlichen) gnad(en) so freuntlich gestrafft und gewarnet, wil sein gnad eur f(urstlichen) gnad auch antzaig(en), was ir zu nachtaill geraich(en) mocht, dan es were ein alter h(er).

Eur furstlich gnad haben sich nu negst auffm hause gegen seiner g(naden) mit uber fahrnis etzlicher wortt horen lassen. Als sein f(urstlichen) g(naden) gefragt, ab eur furstlich gnad trincken woltte, haben eur f(urstlichen) gnadt gesagt: „Ja", aber sein f(urstlichen) gnad solt(en) euern furst(lichen) gnaden Hansen von Schonberg[244] auff die fusse nit tretten lassen.

Sei sein f(urstlichen)[d] gnad bericht, das eur f(urstlichen) gnad seine(r) f(urstlichen) gnaden in der collation[245] zum unbesten bedacht. Sei nymant da gewesen, der sein g(naden) vorantwurt dan er Ernst[246]. Es hab aber er Ernst seinen gnaden die wort nit gesagt, sonder ain anderer. Acht sein gnadt darfur, e(ur) g(naden) solt bedencken, das wol so gut[e], solche wort zuunderlassen als das sie die geredet haben.

Hab sich eur f(urstlichen) gnad im frauen zimmer offentlich horen lassen, wo euer f(urstlichen) gnad schwester ein hure sei, muste seiner f(urstlichen) g(naden) tochter, e(ur) g(naden) gemahl,[247] auch ein hure seyn. ‖

Sein furstlich gnad wusten keinen am hoff, der sie woltte zur huren mach(en). Der teuffel soltt es ime gesegenen. Sein f(urstlichen) g(naden) hab iren vleis und alle handlung, so in dieser sachen geschen sein, solchs zuvorhutten angericht und treulich vor allen ursachen, daraus boß geruchte erfolgen mochte, vorhutt.

Sovil aber Heinrich von Schleinitz[248] und Hansen von Schonberg betreff, wan sein f(urstlichen) gnad ire f(urstlichen) gnad auff der tatt hette betretten wollen, het sein gnad sonst woll man und weip kriegen konnen, dye sein gnad dartzu gedienet sunder die baide. Sein f(urstlichen) gnadt habens aber nicht thun wollen.

---

243   *= 1533 Februar 8.*

244   *Hans (junior) von Schönberg zu Reinsberg († 1537), sächs.-albert. Rat und Amtmann; vgl. Anm. 4.*

245   *= mäßige Abendessen an Fastentagen.*

246   *Ernst II. von Schönburg (1486 – 1534), sächs.-albert. Rat; vgl. Anm. 41.*

247   *Landgräfin Christine von Hessen (1505 – 1549).*

248   *Heinrich von Schleinitz zu Saathain und Koselitz († 1543), sächs.-albert. Rat und Hofmarschall; vgl. Anm. 5.*

Dieweil nu sein f(urstlichen) gnad solche rede von e(ur) f(urstlichen) g(naden) geschen, sei vormarckt, seint sein gnad bekommert dorumb gewesen. Dan sein g(naden) sich erfreuet, das e(ur) f(urstlichen) gnad mit irer^f weib und kind(er)[249] hier kommen. Hab aber auff e(ur) f(urstlichen) gnad als geste nicht zugericht etc. Das aber solchs in seiner f(urstlichen) g(naden) behausung ir begegent, seint sein f(urstlichen) g(naden) beschwert. Aber so beschwert nicht, sein f(urstlichen) gnad kans vorgessen, dan es sei ime woll beschwerlich(en) begegent, mit der freuntlich(en) warnung, so es sein gnad ubell anstunde. E(ur) g(naden) wollen sich darfur hutten.

Uff die andern artick(eln), wie die sein f(urstlichen) gnad gehort und gesehen, haben sein gnad eur gnad bericht davon gethan und wolle nymant zuvor geben, was sein f(urstlichen) g(naden) geredt, sei wahr. Bit euer^g ‖ furstlich gnadt wollten irer schwester nicht mehr dan seinen furst(lichen) gnaden glauben geben.

Will demnach eur furstlich gnad auffs freuntlichst gebeten haben, eur f(urstlichen) gnadt wolle mit irer schwester handeln, das ir g(naden) sich hallte gegen seiner f(urstlichen) gnaden als iren vatter, gegen iren manne als ir geburtte. Wolle sein f(urstlichen) gnadt desgleichen als ain lobliche furstin hallten. Wan aber ir gnad ungehorsam wolle sein und alles das thun, das sein g(naden) wider ist und wider sein gnad practiciren[250], so wurden sein furstlich gnadt sich auch gegen iren furstlichen gnaden, als seiner g(naden) vorfaren hern von Sachssen gegen iren ungehorsamen weiber und kindern gehaltten haben, haltten.

Und zu welcher zeit euer f(urstlichen) gnad bei iren f(urstlichen) gnaden gewesen, haben sein g(naden) alwege mehr kampffs leiden mussen, als ob ir g(naden) sich auff eur f(urstlichen) gnad vorliesse. Bit sein g(naden), euer gnad wolle ire g(naden) nicht dorin stercken. Dortzu hat sein gnadt allegirt ain exempel der widerfart[251] von Torgaw, wie ir gnadt dannach gehort. Bit auffs freuntlichst undt erinnert e(ur) f(urstlichen) g(naden) aller stuck, wie e(ur) f(urstlichen) g(naden) gestern[252] gethan. E(ur) f(urstlichen) g(naden) wolle sich geg(en) irer schwester dermassen ertzaig(en), das sie ‖ die nicht in irem mutwillen stercke.

Wo es aber nit geschiecht und ir gnad auff des maynunge, ime zuwider zuleben, bliebe, wurde er sich gegen iren gnaden haltten, wie dan vorgemelt ist.

Was belangt seine(r) f(urstlichen) g(naden) son[253], das derselb in diesser sachen gethan. Hab sein furstlich gnad inen darumb anreden lassen, vor sicht sich, der werde e(ur) f(urstlichen) gnad selbst antzaig(en), was er dorinnen gestendig adder nicht.

Auff die letzte antzaige, Heinrich(en) von Schleinitz und Hansen von Schonburgs straff halben.

Haben sein f(urstlichen) gnadt eurn f(urstlichen) gnaden gestern ain klain beschaidt gegeben, das s(ein) f(urstlichen) g(naden) nymants unvorhort urtailte.

Sehe aber eur f(urstlichen) gnad vor gut an, das man die sache solle weitter erwegen, sei er geneigt, sie vor recht zustellen, an gelegene malstatt[254] auff baider kosten.

Aber Heinrich von Schleinitz were itzo nit daheim,[255] so halt es sein f(urstlichen) gnadt auch darfur, das eur f(urstlichen) g(naden) itzo auch nicht gelegen sei. Wo es aber e(ur)

---

[249] *Das junge Landgrafenpaar und ihre drei Kinder: Agnes († 1555), die spätere Gemahlin von Herzog/Kurfürst Moritz von Sachsen; Anna (1529–1591); Wilhelm IV. (der Weise) (1532–1592).*

[250] *= praktizieren, also das Sakrament (in beiderlei Gestalt) nehmen.*

[251] *= Rückreise.*

[252] *Vgl. oben Nr. 8.*

[253] *Herzog Johann (der Jüngere) von Sachsen (1498–1537).*

[254] *= gekennzeichnete Stelle, Platz.*

[255] *Heinrich von Schleinitz weilte zu diesem Zeitpunkt in Innsbruck.*

f(urstlichen) g(naden) gefiele, wolt sein gnad das recht leg(en) an ein gelegenen ort und was vor recht erkanntt werde geschehen lassen.

Darauff hat unser g(nediger) herr abermals bedenck(en) genommen. ∥

Als nu sein furstlich gnad aus der stuben gang(en) und auff den salh kommen, volgen die rethe hertzok Jorgen, seinen gnaden, nach. Woltten sein gnadt von wegen hertzo(gk) Hansen wie vorgemelt anreden, den gab sein gnad zu antwurt, sie hetten sein f(urstlichen) gnadt dießmals sovil gegeben, das sie zuschaffen gnugk hett(en). Wolt hertzogk Hans sein furstlich gnad ansprech(en), das komme^h er selbst woll thun und wolt sein furstlich gnad gerne haben.

^a *Wortende korrigiert; gestrichen:* -s.
^b *Sic.*
^c *Wort korrigiert, vorher irrtümlich gestrichen.*
^d *Das mit der Sigle dicht zusammengeschriebene Wort ist durch einen senkrechten Strich davon getrennt.*
^e *Die dicht zusammengeschriebenen Wörter sind durch einen senkrechten Strich getrennt.*
^f *Gestrichen:* lieb.
^g *Korrigiert aus:* seiner.
^h *Sic. Meint wohl:* konne.

12

Dresden *1533 Februar [9]*

Protokoll über die Antwort Landgraf Philipps (des Großmütigen) auf die zweite Erwiderung Herzog Georgs (des Bärtigen)

Philipp antwortet ausführlich auf die vorangegangene Rede Herzog Georgs (des Bärtigen): Philipps Mutter hatte Elisabeth einst befohlen, sich nicht von der Hofmeisterin regieren zu lassen. Es sei im Reich nicht üblich. – Es ist wahr, was gestern über die Hofmeisterin von Einsiedel gesagt wurde. Es ist wahrlich lästig, einer frommen Frau so nachzuschleichen. Die aktuelle Hofmeisterin hat Elisabeth nicht beschuldigt; Elisabeth ist mit ihr zufrieden. – Philipp will Kurfürst Johann Friedrich (den Großmütigen) in die Sache mit einbeziehen. Er ist nicht zu Herzog Georg gekommen, um Unstimmigkeiten zwischen dem Kurfürsten und Herzog Georg hervorzurufen. Er sähe es lieber, wenn sie sich alle einig wären. – Philipp hat Elisabeth gesagt, sie solle sich vor ungeschickten Worten hüten. – Philipp soll öffentlich geäußert haben, wenn seine Schwester eine Hure sei, so muss auch die Tochter des Herzogs eine Hure sein; seine Gemahlin trägt auch Farben, die Philipp ihr nicht gegeben hat; sie spielt und redet mit anderen Leuten, ohne dass er es sieht; sollen sie darum Huren sein? – Die anderen Punkte sollen, so wie sie besprochen wurden, wahr sein: Elisabeth hat niemanden aufgefordert, ihre Farbe zu tragen und mit ihr den Zäunertanz zu tanzen; sie hat neben den Leuten, denen Herzog Georg gegenüber misstrauisch ist, auch mit anderen gesprochen, gespielt oder ist bei ihnen geritten. – Die Behauptungen der toten Hofjungfer Anna von Honsberg hat Elisabeth zurückgewiesen: eine tote Frau kann nichts bezeugen; der Türknecht solle befragt werden, ob sie ihn vorgeschickt habe; ebenso die anderen Knechte, Knaben und Hofjungfern sowie der Beichtvater. Elisabeth geschieht Unrecht. – Elisabeth hat gesagt, sie habe immer untertänigen Gehorsam geleistet. – Ihretwegen solle Herzog Georg keine Leute vom Hof verweisen, denn daraus entstünden Gerüchte. – Herzog Johann hat sich nicht bei Philipp beklagt, sondern gesagt, er wäre mit seiner Gemahlin zufrieden. – Sollte Elisabeth sich nicht wie eine fromme Fürstin verhalten, so wolle Philipp sie bestrafen. – Wenn Herzog Georg Elisabeth vor Verleumdung schützen und die Wahrheit erfahren wolle, so sollten die bereits genannten Zeugen befragt werden. – Philipp traut den bösen Leuten nichts Gutes zu und fürchtet, Elisabeth könne vergiftet werden oder auf andere Weise Schaden erleiden, weil die Leute am Hof unter anderem die Bereiche Küche und Keller kontrollieren. – Philipp und Kurfürst Johann Friedrich werden sich am Unterhalt Herzog Johanns und Elisabeths beteiligen, wenn Herzog Georg einer eigenen Residenz für das Paar zustimmt. Auch soll Georg einen rechtschaffenen Mann als Hofmeister bestimmen. Wenn nicht der Gemahl bei Elisabeth schläft, soll die Hofmeisterin bei ihr bleiben, damit kein Verdacht aufkommt. – Wenn Herzog Georg die bösen Leute nicht bestrafen oder des Hofes verweisen will, so bittet Philipp, Elisabeth zu ihm ziehen zu lassen und ihr einen Hofmeister, eine Hofmeisterin und einen Türknecht zu stellen; und wenn ihr Gemahl mitkommen will, so wolle er für beide oder nur für seine Schwester sorgen, solange, bis Herzog Georg Elisabeth nicht länger verdächtigt und sie sich mit ihm und seiner Gemahlin besser vertragen würde.

> *HStA Dresden, 10024, Loc. 10548/11, fol. 38r – 44r.*
>
> *Überlieferung: Abschrift.*
>
> *Schrift: ernest. Kanzleischreiber (schriftgleich Nr. 6, 10, 14, 104, 107, 109).*
>
> *Adresse: –*
>
> *Kanzleivermerke:* Meins g(nedigen) h(errn) duplic uff hertzog Jorgen replic(en) – Đ – Z̵.
>
> *Bemerkung: Die Absätze sind von der Vorlage übernommen.*

Meins gnedigen hern duplick uff hertzogk Jorgen replick.

Soviel die hoffmaisterin betreffen thuet, ist war, das mein mutter[256] ir ain solchs befolhen hat, sich nit regiren zulassen. Aber sie, mein schwester, habe alwege dennost leiden konnen, das die hoffmaisterin ir getreuer meynung.

Aber uber sie zu regiren, ist nit gewonlich im reich. Ich halds auch mit meiner gemahel[257] nit dermassen.

Soviel die von Einsiedel[258] belangt, ist war, das mein schwester ain solchs gesagt. Ist wie gestern geredt[259] und ist warlich wol beschwerlich, ainer fromen frauen dermassen nachtzuschleichen.

Die itzige hoffmaisterin betreffendt hat mein schwester sie nit beschuldigt. Ist auch mit irer lieb zufriden. Ich aber hab e(uer) l(ieben) gesagt, wo her es an mich gelangt. Habe auch gesagt, woll sie hiemit nit beschwert haben.

Das aber mein schwester die hoffmaisterin mit e(uer) l(ieben) betzichtigt haben soldt, sagt mein schwester, dieweil e(uer) l(ieben) ir also ubel glaubt, so sie mit ainem rede, so hab sie gesagt, e(uer) l(ieben) kondt auch wol mit der hoffmaisterin[a] bulhen, so reden das gebaren solt, und ob sie in dem zu viel gethan, woll ‖ e(uer) l(ieben) dencken, das ir mit unschuldt auch allerley von e(uer) l(ieben) begegent.

Das ich mich hab horen lassen, das ain solchs, was den churfursten[260] betref, an sein lieb mus gelangen, sey whar. Ich wols aber nit anders an sein lieb gelangen lassen, dan mit den worten, wie e(uer) l(ieben) geredt. Ich bin auch hirumb nit herkomen, unwillen

---

[256] *Landgräfin Anna von Hessen (1485 – 1525), Mutter Elisabeths.*
[257] *Landgräfin Christine von Hessen (1505 – 1549).*
[258] *Hofmeisterin von Einsiedel = Elisabeth von Schönberg; vgl. Anm. 156.*
[259] *Vgl. oben Nr. 10.*
[260] *Kurfürst Johann Friedrich (der Großmütige) (1503 – 1554).*

zwischen dem curfursten zu Sachssen und e(uer) l(ieben) zumachen. Ich kan aber dennost seiner lieb das unangezeigt nit lassen, das sein lieb betrifft. Wolt viel lieber, das der curfurst und e(uer) l(ieben) und ich eins dan uneyns weren. Sol auch der uneynigkait ursach aus myr nit herkomen.

Das ich eur lieb gestrafft soll haben, erkenne ich mich des zu geringe. Het aber leiden mug(en), e(uer) l(ieben) het sich solcher wort kegen meiner schwester enthalten. Und im vhalh, so sie schon toricht gewesen, e(uer) l(ieben) wais als der vater, das auch mein schwester dergleichen wort kegen e(uer) l(ieben) geredt haben solt, gestehet ir lieb nicht, sundern das magk sein, so e(uer) l(ieben) sie also hefftig angesprochen und sunst hie mit diesem und hie mit jenem in vortzicht gehabt, das sie e(uer) l(ieben) aus dringender noth widerumb unhoffeliche antwurt hat ‖ geben mussen. Das ir lieb die jungfrauen lernen solt, ain solchs, das frauen wusten, gestehet ir lieb nit und spricht, irer lieb geschee in dem unrecht. Und sey e(uer) l(ieben) in dem zu mildt bericht, zeucht sich des uff die jungfrauen etc. Habs auch meiner schwester gesagt, sie solle sich vor ungeschickten worten hutten, das sie dan gesagt, sie habs gethan und wils thun. Es kan aber wol ainer und ainem iglich(en) begegen, so ime etwas empfall, das eine aus schrecken unhofflich rede.

Das mich e(uer) l(ieben) widerumb straffen umb das, das ich Hansen von Schonbergk[261] nit hab wollen lassen die zwelh halten, soll e(uer) l(ieben) nit vorstehen, das ichs e(uer) l(ieben) zu wider gethan, sundern aus beweglichen ursachen wie gestern gehort, auch aus dem, das er keg(en) graff Phillips[262] unschicklich gehandelt. Zu dem hat Hans von Schonbergk wol geseh(en), das ich ine nit angesprochen. Darumb het er mir zu dienen und alwege uff den ort zu tretten, do ich saß, sich wol enthalten, diweil ich ime doch der andern abend ainen zu vor gesagt, er solt mein mussig geh(en).

Was ich in der collation[263] gesagt, ist e(uer) l(ieben) nit zu unehren gesagt, sunder wie ich e(uer) l(ieben) vor bericht. E(uer) l(ieben) haben auch dergleichen ‖ wort wol gesagt, das ich zornig, ketzer und dergleichen, die ich e(uer) l(ieben) auch wol zu guet zuhalten weiß und mocht leiden, das e(uer) l(ieben) wist von allen, die e(uer) l(ieben) ubel in iren rucken gedencken.

Das ich auch offentlich gesagt haben soll, so mein schwester ain hur sey, muß e(uer) l(ieben) dochter[264] auch aine sein, habe ich so geredt. Sol die (wider mein schwester)[b] darumb ubel gethan haben, so muß mein weip auch ubel gethan haben, dan sie tregt auch farben, die ich ir nit geben, spilt und redt mit den leut(en), jung und aldt, das ich nit alwege sege. Und hab gesagt, sollens darumb huren sein, ist mancher frauen nachtailigk. Und hab gesagt, ich hab des handels mein lebenlangk nit gleich gesehen. Wo nu e(uer) l(ieben) solchs verdreust und ich in dem unschicklich gehandelt, als nit an, ich in dem unrecht, das ichs fur so viel leut(en) aus ainem bewegten gemut gesagt, so bedencke e(uer) l(ieben) herwiderumb, das mich und aller meiner schwester freundschafft viel mher beschwert, das e(uer) l(ieben) umb schlechts redens, reitens, spilens, farens, tragens und anders mein schwester dermassen in vordacht hab(en) und die vermutung(en) so argwenig schepff(en), so doch dergleich e(uer) l(ieben) tochtern und andern furstin ain solchs nie gewheret und dergleichen thun. ‖

Das e(uer) l(ieben) geredt uff die andern artickel, wie die e(uer) l(ieben) gehort und gesehen, sollen sie whar sein, hat eur lieb gestern gnugsamlich gehort, das soviel die ungewiesen vermutung(en) angehen, e(uer) l(ieben) dermassen antwurt worden ist, als

---

[261]   *Hans (junior) von Schönberg zu Reinsberg († 1537), sächs.-albert. Rat und Amtmann; vgl. Anm. 4.*
[262]   *Philipp Graf von Solms-Lich (1468–1544); vgl. Anm. 63.*
[263]   *= mäßige Abendessen an Fastentagen.*
[264]   *Landgräfin Christine von Hessen (1505–1549).*

nemlich das mein schwester niemands hab heissen farb tragen, rennen[265], zeuner tantzen[266] etc. Sunder das habe ainem iglichem in seinem willen gestanden, das ir lieb auch mit den leuten geredt, gespielt, neben in geritten, sey nit allein mit denen gescheen, die e(uer) l(ieben) sie in argkwon mit habe, sunder mit mherern, wie sie dan seindt genant worden. Welchs sich ir lieb uff die edelleut und rete e(uer) l(ieben) hoffs, desgleichen die jungfrauen zeuhet, die magk e(uer) l(ieben) darumb frag(en) mit der gewißen zuvorsicht, es sol von e(uer) l(ieben) nach niemands erbars gemuets ir zu unthugenden zugemessen konnen werd(en).

Zu dem wie vorgesagt, das e(uer) l(ieben) aig(en) tochter, andere furstin auch, thun, inen nit geweret wurdet und gleich nit, das e(uer) l(ieben) mit ratten werde, das ich umb solcher liderlichen ursachen willen, mein gemalh, e(uer) l(ieben) dochter, in solchem verdacht haben solt, die dan dergleichen auch^c thuet, mit farben, spilen, reiten etc., des ich ir nit geweret.

Und zuvoran hat mein schwester dey ‖ artickel der todten jungfrauen[267] dermassen abgelent, mit allen umbstenden, das dem nit zu widersprechen ist, als nemlich das ain todte jungfraue nicht betzeuge. Zum andern, das man den thurknecht, der der jungfrauen bruder ist, selbst darumb frage, ob ir lieb ine vorschickt, desgleichen die andern knecht, buben und jungfrauen. Item das die jungfrau solchs nit gestendik hat sich erboten. E(uer) l(ieben) soll die darumb frag(en) als die frau von Sathan[268], die doch Heinrich von Schleiniz aigen weip ist, desgleichen magk e(uer) l(ieben) den beichtvater[269] auch fragen. Aus diesem allem und wie gestern davon geredt, hat e(uer) l(ieben) freuntlich zuvormerk(en), das meiner schwester unrecht geschiet, wol kan sein, das e(uer) l(ieben) vorgesagt ist. E(uer) l(ieben) befindt aber, das die sache bawfellig und e(uer) l(ieben) zu mildt mit unwarhait bericht ist.

Uff die freuntlich biet, die e(uer) l(ieben) gethan, das ich mein schwester solt undterweissen, e(uer) l(ieben) zugehorsamen, und wo solchs von ir l(ieben) geschee, so wolt sie e(uer) l(ieben) in bephelh hab(en). Wo aber nicht, wurde e(uer) l(ieben) geursacht, kegen ir wie kegen andern furstinen von Sachssen, die auch ungehorsam, zuhandeln etc.

Habe ich meiner schwester furgehalt(en). Darauff ir lieb spricht, sie hab alwege e(uer) l(ieben) ‖ underthenigen gehorsam gelaistet, ausgeschaiden wan e(uer) l(ieben) argwenige vermutung ir angetzaigt, das ir ehr belanget. Do hab ir lieb nit zu schweigen konnen, welchs ich sie auch nit zuvordenk(en) waiß. Ich hab aber irer lieb bepholen, e(uer) l(ieben) gehorsam zusein in allen dem, das nit wider Got ist und ir ehrn und glimpff[270] nit antriefft und e(uer) l(ieben) als irem vater zornige wort zu guet zuhalt(en).

Herwiderumb mit freuntlicher biet an e(uer) l(ieben), woll ir lieb auch unbeschwert lassen mit solchen leichten ungegrundten ursach(en) und nit heut einen, morgen den andern umb iren willen vorjagen, do dan irer lieb nit gering geschrey aus erwechst und nach erwachssen mocht. Es wurdet auch die lange bey irer frundschafft nit geringe beschwerung trag(en), wurde auch wenig frundlichs willens zwischen e(uer) l(ieben) und irer frundschafft machen. E(uer) l(ieben) hat auch ane noth gethan, mir das vorzusagen, meine schwester dermassen zustraffen wie anderer furst(en) von Sachssen ungehorsame weiber, dan ich verhoff mit nicht, das mein schwester ain solchs vordient. Es hat auch ir herr mir gantz und gar nichs geclagt, sunder gesagt, er sey mit seiner gemahel wol zufriden. Und stehet

---

[265]   = Zweikampf mit der Lanze bei einem Turnier.
[266]   = Zäunertanz, ein Reigentanz, bei dem die Tanzenden vermutlich durch verflechten der Hände und
        Arme eine Art Zaun um den Einzeltänzer bildeten, den dieser zu durchbrechen suchte.
[267]   Zur Aussage der Anna von Honsberg vgl. unten Nr. 33.
[268]   Frau von Saathain, Gemahlin Heinrichs von Schleinitz zu Saathain und Koselitz († 1543), Hofmeisterin
        Elisabeths; vgl. Anm. 187.
[269]   Beichtvater Johannes Hülse; vgl. seine Zeugenaussage unten Nr. 33.
[270]   = Ehre, Ansehen.

e(uer) l(ieben) allein nit zu, ‖ mit meiner schwester so ungenediglich[d] und unfreuntlich zuhandeln, ane vorgehende erkentnus ader verhore vor kay(serlicher) Ma(jestat) ader iren freunden. Und so e(uer) l(ieben) ain solchs aus bewegtem gemuet durch anreitzung boser leute anfahen wurde, stunde zubesorg(en), e(uer) l(ieben) und iren kindern wurde geringer nutz, sunder allerley beschwerung(en) begeg(nen), die mir von hertzen leit sein wurde. Will darumb e(uer) l(ieben) gebeten haben, wo e(uer) l(ieben) ainichen fhel[271] an meiner schwester haben wurde, solchs iren freunden und myr antzutzaig(en), so sich dan befindt, das sie e(uer) l(ieben) und irem hern nit das thuet, das ain[e] frome furstin zuthun schuldigk, werden ire freundt und ich sie dohin weissen, das zuthun, das ir geburet, und so sie uns in dem nit volget, uns ir entschlahen.

Was belanget mein schwager, e(uer) l(ieben) son, magk e(uer) l(ieben) sein aigen diener frag(en) und viel leut, die werden e(uer) l(ieben) wol bericht(en), was er gesagt. Magk auch wol leiden, das sich sein lieb mit mir aigner person undter redt.

Hans von Schonbergk und Heinrich von Schleiniz[272] betreffende habe ich e(uer) l(ieben) antwurt gehort, als nemlich, das[f] mir sie e(uer) l(ieben) zu recht halten will. ‖

Und het mich warlich ainer solchen antwurt zu e(uer) l(ieben) nit vorsehen, dan ich hett gemaint meiner schwester ehr und glimpff, auch was fur nachtail daraus e(uer) l(ieben) und meinem stam und namen erfolgen mocht, het e(uer) l(ieben) mher angeseh(en) dan solche lose leute. Dan e(uer) l(ieben) kan selbst freuntlich bedenk(en), wie guet ich in der sache mit den leuten zu rechten hab. E(uer) l(ieben) wissen auch wol, das in gleichen sachen, die auch ehr und glimpff angingen, e(uer) l(ieben) mit dem Pack[273] nit rechten wolten.

E(uer) l(ieben) hat aber gestern gnugsamlich gehort, das Hans von Schonbergk und Heinrich von Schleinitz zu Augsburgk offentlich in wirtsheusern in collation[274] von solchen sachen, wie gestern geredt, rede gehabt, und so e(uer) l(ieben) wollen, sein die ans licht zu bringen, die solchs von inen gehort.

E(uer) l(ieben) haben auch gehort, was Heinrich von Schleinitz mit dem knaben[275] fur wordt geredt. Desgleichen was er wider her Ernsten[276] geredt.

Item was Hans von Schonbergk mit dem heuptman uff dem Joachimstal[277] geredt.

Item was Hans von Schonbergk bey Heinrich(en) von Schonbergk[278] auch geredt.

Und anders mher, wie es gestern angetzaigt ist, und nach wol mher ‖ angetzaigt werden magk. Wo nu e(uer) l(ieben) gern mein schwester fur nachreden behueten wolt und gern die warhait zu wissen begert, sein ja die personen wie oben gemelt so weit nit gesessen. E(uer) l(ieben) het sich an in zuerkunden und darnach mit straff furt zufaren.

Zudem wissen e(uer) l(ieben) selbst, was Hans von Schonbergk vor ain man. E(uer) l(ieben) hab(en) ime auch selbst dick ubel nachgeredt.

Item e(uer) l(ieben) frage graff Phillipsen von Solms, der do kegenwertigk, was er ime vor vier jharn gesagt und wie er kegen ime gehandelt. Aus dem und anderm e(uer) l(ieben) zubefinden haben, was Hans von Schonbergk fur ain man ist.

---

[271] *Fehl, also gemeint im Sinne von ‚leiblicher, geistiger Mangel'.*

[272] *Heinrich von Schleinitz zu Saathain und Koselitz († 1543), sächs.-albert. Rat und Hofmarschall; vgl. Anm. 5.*

[273] *Gemeint ist Dr. Otto von Pack (um 1480–1537), Rat und Vizekanzler Herzog Georgs (des Bärtigen); vgl. Anm. 69.*

[274] *= mäßige Abendessen an Fastentagen.*

[275] *Levin von Ende; vgl. Anm. 188.*

[276] *Ernst II. von Schönburg (1486–1534), sächs.-albert. Rat; vgl. Anm. 41.*

[277] *Heinrich von Könneritz zu Lobstädt (1483–1551), Amtmann von St. Joachimsthal; vgl. zu ihm NDB 12 (1979), S. 363.*

[278] *Heinrich von Schönberg (1500–1575), sächs.-ernest. Hofmarschall und Jägermeister; vgl. Anm. 39.*

Zum beschluß stehet hirauff mein freuntlich biet, e(uer) l(ieben) wolle nachmals kegen die mit straff furtgehen.

Wo aber e(uer) l(ieben) yhe die losen leut dermassen so lieb, das doch e(uer) l(ieben) Hans von Schonbergk und Schleiniz außn hoff thuet, aus ursachen, dieweil sie sich nit geschembt, meiner schwester unerlich nachtzureden und sie in leymut[279] zubring(en) und sie dan gewießlich glauben mussen, das Got und die gerechtigkait meiner schwester unschuldt an inen gerochen muß werd(en). So werden sie, wie ich inen, dieweil sie eins ‖ gethan, nichts guets zutraue, auch kegen meiner schwester weiter, entweder durch vorgifft[280] ader andere bose wege, handeln. Und ist mir gantz auffs hochst beschwerlich zuwissen, das solche leut in e(uer) l(ieben) hoff bevelich haben uber kuchen[281], keller und anders. Als ich dan vor augen sehe, das Hans Schonbergk und Schleinitz nit in geringen ansehen und gewaldt bey e(uer) l(ieben) und in irem hauß sein und haben.

Mit abermals biet, e(uer) l(ieben) wolle solche wegk thun und in bedenken nhemen, so meiner schwester irgendt sunst in kranckhait viel, das dan mocht darfur gehalten werden, es keme ir here von solchen leuten.

Aber das weis ich wol gewiß, das e(uer) l(ieben) mit e(uer) l(ieben) willen meiner schwester nit ainichen schaden zufugen ließ, redt(en) auch uff niemands anders, dan uff solche obgemelte personen.

Im vhal, so e(uer) l(ieben) in dem auch beschwerung hette, so woll e(uer) l(ieben) meinem schwager und schwester ain aigen behaussung ein thun. Und obs schon die geringst in e(uer) l(ieben) landt und ob e(uer) l(ieben) beschwerung darin hett, das e(uer) l(ieben) die undterhaltung zu viel dunken mecht, so ist der churfurst von Sachssen und ich geneigt, unser muhm, schwester, vedter und ‖ schwager soviel alle jhar zugeben, das sie e(uer) l(ieben) nichts gestehen. Und mugen leiden, das e(uer) l(ieben) meiner schwester ainen redlichen man vor ain hoffmaister, und diese hoffmaisterin ader ain andere redliche frome zuorden, dergestalt, das sie auff mein schwester warten, und was ir ubel anstehet undtersagen. Und wan mein schwester bey irem hern und gemahel nit schlaffen thuet, das dan die hoffmaisterin bey ir liege, uff das je kain vordacht nach argkwon hiraus vormerckt mocht werd(en), das ir lieb in ainer aigen behaussung wonet.

Wo aber e(uer) l(ieben) solchs auch ungeleg(en) ader das e(uer) l(ieben) die nit straffen ader hinweg vom hoff thun wolt, auch e(uer) l(ieben) ir diesen vorschlagk, der doch e(uer) l(ieben) an allen iren schad(en) sein soll, nit gefallen wolt, so biet ich freuntlich, e(uer) l(ieben) wolle meiner schwester vorgunnen, zu mir als iren bruder zutziehen und ir hoffmaister, hoffmaisterin und thurknecht ir zutzugeb(en). Und so ir gemahel mit wolt, als ich uffs hochst biet, auch nit[g] [282] lassen, so wil ich ire liebden baide ader mein schwester allein undterhalten bis so lange, das Got gnad gebe, das e(uer) l(ieben) sie aus argwhon und vordacht ließ und sie besser sich mit e(uer) l(ieben) und irer mutter, e(uer) l(ieben) gemahl[283], ‖ vortragen, auch solche loße leute, so sie e(uer) l(ieben) besser erkenne, von handen kommen mugen.

Und so immer muglich, das e(uer) l(ieben) der losen leut entbheren mocht, were mirs liebest.

---

[279] = *Leumund.*

[280] = *Vergiftung.*

[281] = *Küche.*

[282] *Gemeint ist wohl ,mit'.*

[283] *Herzogin Barbara von Sachsen (1478–1534).*

^a *Gestrichen:* reden.

^b *Klammer in der Vorlage.*

^c *Gestrichen:* d.

^d *Gestrichen:* zu.

^e *Gestrichen:* frembde furstin zuthun.

^f *Gestrichen:* mit.

^g *Sic.*

13

Dresden 　　　　　　　　　　　　　　　　　　　　　　　　　　*1533 Februar 10*

Protokoll über die Antwort Herzog Georgs (des Bärtigen) auf die zweite Erwiderung Landgraf Philipps (des Großmütigen)

Die Triplik des Herzogs am Montagmorgen: Georg schickt Rudolf von Bünau, denn er will nicht mehr in seinem Haus über die Sache verhandeln. – Für den durch Landgraf Philipp (den Großmütigen) und Kurfürst Johann Friedrich (den Großmütigen) angebotenen Unterhalt sollten 5.000 Gulden gegeben werden. – Georg erklärt, dass sein Sohn und seine Schwiegertochter bisher keinen Mangel leiden mussten. Er wird auch weiterhin für den Unterhalt der beiden sorgen. Dem Kurfürsten wird Georg in dieser Sache so wie besprochen Mitteilung machen, damit Frieden und Einigkeit zwischen ihnen erhalten bleiben. – Georg kann Landgraf Philipps Vorschläge nicht annehmen. Bisher hat er ohne Klagen gegen ihn regiert. – Der Landgraf soll Elisabeth beibringen, sich als gehorsame Tochter zu verhalten, dann wird sie wieder einen freundlichen Vater haben und keinen Mangel leiden. – Zu der Sache wegen Heinrich von Schleinitz und Hans von Schönberg hat der Herzog seine Meinung mitgeteilt und will es dabei belassen.

> *HStA Dresden, 10024, Loc. 10548/11, fol. 45r–47r.*
>
> *Überlieferung: Abschrift.*
>
> *Schrift: Georg von Carlowitz.*
>
> *Adresse: –*
>
> *Kanzleivermerke:* Herzog Jorgen triplic(en) – ~~E~~ – ~~Zsch~~.
>
> *Bemerkung: Die Absätze sind von der Vorlage übernommen.*

Hertzog Jorgen triplic(en) am montag zu morg(en) geschen.

Es hab sein f(urstlichen) g(naden) herr Rudolffen²⁸⁴ bevolen, ir gemut iren f(urstlichen) g(naden) anzutzaigen. Gedenck der vorlustig(en) sach halben in seinem haus nit weit(er) zuhandeln.

Her Rudolff von Bunaw:

„Gnediger furst und herr, der durchlauchtig hochgeborne furst und herr, herr Jorg, hertzog zu Sachssen etc., mein g(nediger) herr, hat mir bevollen, eur f(urstlichen) g(naden) dises seiner f(urstlichen) g(naden) bedencken auff die gesterig(en) artick(eln) anzutzaigen.

Und nachdeme sein f(urstlichen) g(naden) vormarckt, das derselben zehen, haben sie doch darneben eingenommen, das ane not dieselben alle zu repetiren. Allain worauff sein gnadt sich entschlossen das die notturfft erfordert, wollen sein f(urstlichen) g(naden) eur f(urstlichen) g(naden) antzaigen.

---

²⁸⁴ *Rudolf von Bünau zu Weesenstein († um 1540), sächs.-albert. Rat; vgl. Anm. 60.*

Und als eur f(urstlichen) g(naden) sein f(urstlichen) g(naden) under anderm vormelt, das eur f(urstlichen) gnad darauff ruhen, wo es sein f(urstlichen) g(naden) gefallen wurde, vorsehen sich eur f(urstlichen) g(naden), das der churf(urst) zu Sachssen etc. schwager und schwester an stellen und ortten bei e(ur) f(urstlichen) g(naden) sich erhalten muchten und zu irer f(urstlichen) g(naden) underhalttung weren e(ur) f(urstlichen) g(naden) unbeschwert. Vorsehen sich, das bei dem churf(ursten) auch zuerhaltten, das zu irer underhalttung iren gnaden funff tausent fl[285] zugestellt und gereicht soltten werden. ‖

Das haben sein f(urstlichen) g(naden) dermassen vormarckt und hetten sich nicht vorsehen, das eur f(urstlichen) g(naden) auff diessem wege darumb zum churf(ursten) komen und sich das mit dem churf(ursten) vorainigt hette undt darumb hier in seiner f(urstlichen) g(naden) behausung kommen. Were auch beschwert, das sollicher artickel(en) an seiner g(naden) hausung sich begeben hett.

Aber sein f(urstlichen) g(naden) rumet(en) dorauff, das sein gnad bis herr ir son und tochter des furstlichen wesens underhaltten, das sie sich vormuten, keinen mangell doran haben. Dorumb sein(er) f(urstlichen) g(naden) gemutt nach dohin gericht, das sein f(urstlichen) g(naden) sich als ir son und tochter underhalt(en) wollen. Bitten freuntlich, eur f(urstlichen) g(naden) wollen sein gnad dises articckels halben weit(er) nicht anzihen.

Haben e(ur) f(urstlichen) g(naden) vor gehortt, das sein f(urstlichen) g(naden) angezeigt, es mochte der secretari den artick(el), den churf(ursten) belangendt, dermassen nit eingenomen haben, wie dan sein f(urstlichen) g(naden) geredt, und dorumb gebet(en), das man die acht sich desselben vorgleich(en) liessen. Das betten sein g(naden) nach, dan sein f(urstlichen) g(naden) seien ane schew, ob dasselbig wie es sein gnadt geredt, dem churf(ursten) angetzaigt. Wo es e(ur) f(urstlichen) g(naden) vor gut ansehen, damit auff allen seit(en) frid(en) und ainickait erhalt(en) wurde, und sehe sein f(urstlichen) g(naden) nach vor gut an, das derselb artick(el) vorlesen wurde, damit, da es vom secretarien weitt(er) ‖ ader nicht recht vortzaichent were, das derselb wurdt gleich gemacht.

Haben eur f(urstlichen) gnad gehort die entschuldigung, so sein f(urstlichen) g(naden) geg(en) e(ur) f(urstlichen) gnadt vorgewant hat, anlangende die anseger[286], weill e(ur) f(urstlichen) g(naden) so emsigk dorauff gedrung(en). Es bevellet mir aber sein furstlich gnadt weitter zusag(en), sein f(urstlichen) g(naden) sen in keinen zweivell. E(ur) g(naden) geben je seinen f(urstlichen) g(naden) und irer gemalhen, das eur f(urstlichen) gnad darbei werden bleiben lassen, und es nit andenst achten, dan das dermassen an sie gelangt sei, wie sein f(urstlichen) g(naden) das vor angetzaigt.

Sein f(urstlichen) g(naden) gesunen auch gantz freuntlich bei eur f(urstlichen) g(naden) als irem freuntlich(en) lieben sone, das eur f(urstlichen) g(naden) woltten denselben gegeben antwurt(en), so sein f(urstlichen) g(naden) eur f(urstlichen) g(naden) aigener person angezeigt, dermassen vormercken, was sein f(urstlichen) g(naden) dorinnen leidlich adder nicht.

Dan sein f(urstlichen) gnad konnen die furschlege gar nicht annemen und bitten, e(ur) f(urstlichen) g(naden) wolt(en) ir kaine vorhinderung oder irrunge vorwenden, dan sein f(urstlichen) g(naden) hetten ire lande,[a] leutte und hoffgesinde bißhere je dermassen regiret, das es ir bey nymant vorweißlich gedeutet mocht werden, sondern sich dermassen gehalt(en), das man ir mit clagen vorschonet hette. Bitt e(ur) f(urstlichen) g(naden) wollen sein[b] gnadt darinnen auch vorschonen. ‖

Was mein g(nedige) junge frau anlangt, haben e(ur) f(urstlichen) g(naden) von seinen furst(lichen) g(naden) gehort, das sein f(urstlichen) g(naden) sich dermassen erboten, so

---

285   = 5.000 Gulden.
286   = Ansager; im Sinne von ‚Anzeiger, Verleumder'.

ire f(urstlichen) g(naden) sich irer f(urstlichen) g(naden) [herrn]ᶜ und gemahls billichs gehorsams hielt, das ire f(urstlichen) gnad sich widderumb ertzaig(en) wollen, das ire gnadtᵈ irer f(urstlichen) gnaden gnedigen willen widerumb vormerk(en) sollen.

Wo aber eur f(urstlichen) gnadt von noten achten, iren gnad(en) ain ander zimmer zuordenen, so were es sein furstlich gnad aus nicht gros entkegen, wie hertzogk Wilhelm von Bairn seiner gnaden gemahl²⁸⁷ hatt zimmer lassen bauen. Aber sein f(urstlichen) g(naden) wollen sich zu eur f(urstlichen) g(naden) vorsehen, eur f(urstlichen) gnad werde ire schwester underweisen, das ir gnad sich als ain gehorsame tochter ertzaige. Solle ir gnad wid(er) ain freuntlichen vater haben und so e(ur) f(urstlichen) g(naden) das thun werden, als sein f(urstlichen) gnadt sich vorpflicht, sollen sich eur f(urstlichen) gnadt vorsehen, das es bei seinen furstlichen gnaden kainen mangell haben soll.

Zum letzten was Heinrich von Schleinitz²⁸⁸ undt Hansen von Schonbergk²⁸⁹ betrifft, haben sein furst(lichen) gnade e(ur) f(urstlichen) g(naden) vor ir gemut angetzaigts, darauff sein gnadt beruhen, und stellen sein g(naden) in keinen zweivel. E(ur) g(naden) werden des gnugig sein, dan sein g(naden) bishere aus angeborner erbschafft erhaltten, das sie die, so minders standes sein, ehr vorhort und was sie nicht vorantwurt(en) gekont, darin sich dermassen ertzaigt, wie ir gepurt hatt. ‖

Aber eur f(urstlichen) gnad zu sondern freuntlichen wilfharung wollen sein f(urstlichen) g(naden) eur f(urstlichen) gnad nicht bergen, das sein f(urstlichen) g(naden) nit vor undinstlich acht, das eur f(urstlichen) gnad denselben artick(el) inen lies zuhanden stellen, was gestalt eur f(urstlichen) gnadt der iren schwester halben gegen den zweien gefast.

Wo eur furstlichᵉ gnad sie vornemen liesse, das sie nicht sagen durfften, sie weren der sach(en) nicht bericht und ir einer ainen hindergangk machte, die sach zuvorlengern, und ob sichs zutruge, das eur f(urstlichen) [gnaden]ᶠ irer antwurt und die artickell bericht begerten, solt es eur f(urstlichen) g(naden) auch unvorhaltten bleiben."

ᵃ *Gestrichen:* und.
ᵇ *Gestrichene Sigle:* f.
ᶜ *Hier fehlt ein Wort.*
ᵈ *Gestrichen:* sich widderumb er.
ᵉ *Korrigiert aus:* fugklich.
ᶠ *Hier fehlt ein Wort.*

14

Dresden   *1533 Februar [10]*

Protokoll über die Antwort Landgraf Philipps (des Großmütigen) auf die dritte Erwiderung Herzog Georgs (des Bärtigen)

Herzog Georg (der Bärtige) verdächtigt Elisabeth noch immer, was Philipp sehr belastet. – Anna von Honsberg hat ihre Aussage selbst geleugnet. Jetzt müssen die Zeugen, die das von ihr gehört haben, befragt werden. – Herzog Georg weist alles ab, was an ihn herangetragen wird. Philipp leugnet die Absicht, Unruhe am Hof des Herzogs zu stiften, vielmehr will er die

---

²⁸⁷   *Herzog Wilhelm IV. von Bayern (1493–1550) und seine Gemahlin Maria Jakobäa von Baden (1507–1580); zu Herzog Wilhelm vgl. ADB 42 (1897), S. 705–717.*

²⁸⁸   *Heinrich von Schleinitz zu Saathain und Koselitz († 1543), sächs.-albert. Rat und Hofmarschall; vgl. Anm. 5.*

²⁸⁹   *Hans (junior) von Schönberg zu Reinsberg († 1537), sächs.-albert. Rat und Amtmann; vgl. Anm. 4.*

Verleumder Elisabeths vom Hof entfernen. Sollte Herzog Georg damit nicht einverstanden sein, würde es Philipp schwerfallen, seine Schwester dort zu lassen. – Philipp will weiter für den Unterhalt Elisabeths sorgen, er hat aber weder von 5.000 noch von 6.000 Gulden gesprochen und bemüht sich darum, Kurfürst Johann Friedrich (den Großmütigen) an den Kosten zu beteiligen. – Herzog Georg ist mehr an Hans von Schönberg und Heinrich von Schleinitz gelegen als an seiner eigenen Familie. – Philipp habe nur darauf gedrängt, Georg solle ihm mitteilen, woher er das Gerücht erfahren habe und welche Personen es von ihm gehört haben. Herzog Georg solle auch die eigenen Räte und Diener befragen. – Philipp hat Elisabeth befohlen, gegenüber Herzog Georg gehorsam zu sein.

HStA Dresden, 10024, Loc. 10548/11, fol. 48r – 49v.

Überlieferung: Abschrift.

Schrift: ernest. Kanzleischreiber (schriftgleich Nr. 6, 10, 12, 104, 107, 109).

Adresse: –

Kanzleivermerke: Quadruplick und entliche beschluß rede m(eines) g(nedigen) hern.

Zur Datierung: Die Datierung folgt aus der vorhergehenden Rede Herzog Georgs.

Bemerkung: Die Absätze sind von der Vorlage übernommen.

Es hat mein genedger furst und herr abermals e(ur) f(urstlichen) g(naden) gemuet gehort. Und befinden s(ein) f(urstlichen) g(naden) also viel, das e(ur) f(urstlichen) g(naden) s(einer) f(urstlichen) g(naden) schwester nachmals in verdacht haben, welchs sein f(urstlichen) g(naden) nit wenig beschweren thuet, dieweil doch seiner f(urstlichen) g(naden) schwester sich dermassen vorantwurt, mit allen umbstenden, das kain mensch erbars verstands sie billich weiter in verdacht haben solte.

Dan der todten jungfraue[290] sage ist also unbestendigk. Hats auch selbst geleucknet und s(ein) f(urstlichen) g(naden) eurn f(urstlichen) g(naden) angetzeigt, wer die jenen sein, die solchs von ir gehort, welche eur f(urstlichen) g(naden) dorumb zufrag(en) hat.

Und das e(ur) f(urstlichen) g(naden) abschlagen alles, das sein f(urstlichen) g(naden) an e(ur) f(urstlichen) g(naden) begert, het sich sein f(urstlichen) g(naden) zu e(ur) f(urstlichen) g(naden) als irem vater, eynungsverwanten und als den, dem s(ein) f(urstlichen) g(naden) dienst gethan, die auch e(ur) f(urstlichen) g(naden) zu grossem dangk angenomen haben, nit vorsehen.

So haben auch sein f(urstlichen) g(naden) nit begert, e(ur) f(urstlichen) g(naden) in irem regiment unruig zumachen, sundern dieweil solche starke antzaigung(en) uff die zwo personen seindt, das e(ur) f(urstlichen) g(naden) solche wollen von hoff thun, auch ursachen, die deshalb gestern angetzaigt seindt.[291] Im valh aber, da e(ur) f(urstlichen) g(naden) das nit gelegen, so were seinen f(urstlichen) g(naden) schwere, ire schwester da zulassen, da solche leute in e(ur) f(urstlichen) g(naden) hoff vorhanden weren, ‖ die ir an irem glimpff nachgeredt, welchs seiner f(urstlichen) g(naden) beger nit unfuglich. Es haben sein f(urstlichen) g(naden) auch weiter gesagt, sie wolten irer schwester undterhaltnus schaffen, wo es e(ur) f(urstlichen) g(naden) beschwerlich. Sein f(urstlichen) g(naden) haben aber gestern weder von funffen ader sechstausenden[292] gesagt.

---

[290] *Zur Aussage der Anna von Honsberg vgl. unten Nr. 33.*

[291] *Vgl. oben Nr. 13.*

[292] *Herzog Georg hat von 5.000 Gulden gesprochen.*

Haben auch ires vorsehens darvon nit weiter geredt, dan sein f(urstlichen) g(naden) wolten den churfursten[293] dartzu vormug(en), auch etzwas dabey zuthun.

Das auch sein g(naden) hieher komen ist s(einer) g(naden) schwester halben, hat e(ur) f(urstlichen) g(naden) gestern selber gehort, das s(ein) g(naden) e(ur) f(urstlichen) g(naden) solchs angetzaigt, als nemlich das s(einer) g(naden) gemahel[294] e(ur) f(urstlichen) g(naden) geschrieben, s(ein) g(naden) wolle sich mit e(ur) g(naden) allerley undterreden.

Soviel aber angehet die personen, als Hansen von Schonbergk[295] und Heinrichen von Schleiniz[296], das da e(ur) f(urstlichen) g(naden) nach auff voriger antwurt beruhen mit anhang, das sein f(urstlichen) g(naden) euer f(urstlichen) g(naden) die antzaige, so sein f(urstlichen) g(naden) zu denselb(en) het, ubergeben solten etc., haben abermall sein f(urstlichen) g(naden) gehort und hetten sich solchs in kainem wege zu e(ur) f(urstlichen) g(naden) vorsehen. Habens auch in gleichem vhal dermassen nit gehalt(en) und vormerken sein f(urstlichen) g(naden) alsoviel daraus, das e(ur) f(urstlichen) g(naden) mher an den beiten geleg(en), dan an e(ur) f(urstlichen) g(naden) seinen dochtern, eur f(urstlichen) g(naden) und seiner f(urstlichen) g(naden) geschlecht.

Das nu sein f(urstlichen) g(naden) mit solchen losen leut(en) ‖ taglaisen[297] ader inen etzwas zustellen solte, seindt sein f(urstlichen) g(naden) nit gemaint. Es haben aber sein f(urstlichen) g(naden) eurn f(urstlichen) g(naden) antzaigung geben, wo her es gelangt und was fur personen die seindt, die solchs von inen gehort.

So nu e(ur) f(urstlichen) g(naden) seiner f(urstlichen) g(naden) schwester und auch seiner f(urstlichen) g(naden) ehr lieb ist, so haben sich e(ur) f(urstlichen) g(naden) solchs zuerkunden und im vhalh, da e(ur) f(urstlichen) g(naden) das zuthun geneigt, konnen e(ur) f(urstlichen) g(naden) hernachmals nach mher antzaige gescheen.

E(ur) f(urstlichen) g(naden) mugen auch ire aigene rete und diener fragen, uff ir aide und pflicht, werden die seiner f(urstlichen) g(naden) vorsehens wol antzutzaig(en) wissen, woher solche seiner f(urstlichen) g(naden) schwester betzichtigung komme.

Und zum beschluß wollen sein f(urstlichen) g(naden) e(ur) f(urstlichen) g(naden) nachmals gebeten haben, seiner f(urstlichen) g(naden) schwest(er) uff diese gnugsame entschuldigung gnugsam entschuldigt zuhalten, auch seiner f(urstlichen) g(naden) voriger bieten ingedenk zusein und die weiter in bedenken zunhemen.

Desgleichen wollen ir f(urstlichen) g(naden) seins aigen[a] haubtes auch nit sein und etzliche seiner f(urstlichen) g(naden) hern und freunde doch in geringer antzal radt darinnen haben.

Wollen hirmit sein f(urstlichen) g(naden), irer f(urstlichen) g(naden) schwest(er), m(eine) g(nedige) fraw, dem almechtigen Got bevelhen.

Wollen sich auch sein f(urstlichen) g(naden) zu e(ur) f(urstlichen) g(naden) ‖ vortrosten, sipschafft, eynungsverwandtnus und anders halben. E(ur) f(urstlichen) g(naden) werden sich dermassen gegen seiner f(urstlichen) g(naden) schwester halten und ertzaigen, das es e(ur) f(urstlichen) g(naden) fur Got, der ro(mischen) kay(serlichen) Ma(jestat), der weldt und irer f(urstlichen) g(naden) freunden zuvorantwurt(en) wisse.

Desterweniger unfreuntlichs willens zwischen eurm baiden f(urstlichen) g(naden) erwachssen kan, dan sein f(urstlichen) g(naden) ja ye gern mit e(ur) f(urstlichen) g(naden)

[293] *Kurfürst Johann Friedrich (der Großmütige) (1503–1554).*

[294] *Landgräfin Christine von Hessen (1505–1549).*

[295] *Hans (junior) von Schönberg zu Reinsberg († 1537), sächs.-albert. Rat und Amtmann; vgl. Anm. 4.*

[296] *Heinrich von Schleinitz zu Saathain und Koselitz († 1543), sächs.-albert. Rat und Hofmarschall; vgl. Anm. 5.*

[297] *= (gerichtlich) verhandeln, beraten; vgl. DWB, Bd. 21, Sp. 78 (Artikel ‚tagleisten').*

in freundschafft leben, doch auch das gern handeln, uff das s(ein) f(urstlichen) g(naden) schwester mit unbilligkait nit an irem glimpff vorletzt.

Es haben auch sein f(urstlichen) g(naden) irer schwester, wie gestern gehort, eurn f(urstlichen) g(naden) in allen billichen dingen zugehorsamen bevolhen.

Hertzog Jorgen antwurt:
„Es haben e(uer) l(ieben) heut morgen gehort, das ich mich mit e(uer) l(ieben) dieser sachen halb(en) nit weiter in rede lassen will. Darpei laß ich es pleiben. Und thue ich jemand etzwas unpillichs, so hab ich mein richter."

Meins gnedigen hern widerrede:
„Es hat e(uer) l(ieben) itzo und vor mein gemut gehort. Darpey laß ich es dißmal auch pleiben."

^a *Gestrichen:* hab.

15

Dresden   *1533 Februar 14*

Herzogin Elisabeth an Kurfürst Johann Friedrich (den Großmütigen) und Landgraf Philipp (den Großmütigen)

Elisabeth schickt Johann Friedrich und ihrem Bruder Philipp die Aussagen Levin von Endes, die sie im Beisein von Georg Brandt, Georg von Kreutz, Christoph von Maltitz, Hans von Polenz und Johann Koyt hat niederschreiben lassen. – Elisabeth hat erfahren, dass sich Heinrich von Schleinitz rechtfertigen will. Johann Friedrich soll Levin von Ende verhören. Dieser möge auch bei Johann Friedrich bleiben, denn sein Vater will ihn nicht aufnehmen. Wenn Heinrich von Schleinitz etwas Schlechtes sagt, so will der Junge gegen ihn aussagen. Elisabeth ist besorgt, dass man ihm etwas antun könnte. Sein Vater sieht nicht gern, dass Levin zu Johann Friedrich reist, denn er will nicht evangelisch sein. – Elisabeth hat Levin von Ende schnell wegreiten lassen, denn sie befürchtet, Herzog Georg (der Bärtige), Heinrich von Schleinitz und Hans von Schönberg könnten ihn gefangen nehmen. – Ohne Johann Friedrich und ihren Bruder wäre sie allein. — Der Schreiber fürchtet sich sehr, weil er ihr die Aussagen aufgeschrieben hat. Elisabeth hat ihm gesagt, Johann Friedrich und Landgraf Philipp würden ihn entschädigen. – Elisabeth geht es schlecht. Jeder hier am Hof muss sich fürchten.

HStA Dresden, 10024, Loc. 10548/6, fol. 70r – v.

Überlieferung: Ausfertigung.

Schrift: eigenhändig.

Adresse: –

Nr. bei Werl: 34.

Kanzleivermerke: Die hertzogin zue Rochlitz irer sach(en) halb(en).

Bemerkung: (Ungewöhnlich schmale) Siegeleinschnitte sind vorhanden; das Siegel und der Siegelstreifen selbst sind verloren; die Adresse fehlt. – Der Brief ging an Kurfürst Johann Friedrich aus. Wie aus dem Schreiben Nr. 29 hervorgeht, war Landgraf Philipp bei der

Ankunft des Briefes anwesend und nahm ihn vermutlich mit. Mit dem Brief vom 1533 Februar 23 (Nr. 23) schickte Philipp den Brief an Johann Friedrich zurück. – Diesem Brief lag die schriftliche Aussage Levins von Ende bei, die verloren ist.

F(reuntlicher) h(ertz) a(ller) l(iebster) o(hme) u(nd) b(ruder); ich scheyck e(uer) l(ieben) und meyn bruder heyr[298] mit, was Lefeyn[299] mir hatt an getzeyget in keygen wertteycheyt[300] Yorg Brant[301], Yorg Creystse[302], Crestoffel von Maltz[303], Hans von Bollentz[304] mir an getzeygett hatt[a] und Yohans Koytter[305] schriber yn der kantz se leyge[306] etc. auff geschriben hatt, wey er es auß Leyfeyn von Entte mult[307] gehort hatt, der dan an meyn bewast yst hey[b] her kumen auß Gottes gescheick. Byt der halben e(uer) l(ieben) sam meyn bruder wollen mir weider holfflych und rettlych sen als ych mich. Das vor se gentzlych tzu beyder e(uer) l(ieben) dan mir gestern gesagett yst, wei sych He(inrich) v(on) Schlintz[308] vor anwertten wil. Byt der halben, e(uer) l(ieben) wol den yuncken Leyfein von Entte[c] vor hornt[309], wey sych das gebortt. Dan ych mocht wol gar yerre[310] wertten, ych hab neyman, der mir ratten droff. Got west am besten, wei mir yst, und byt e(uer) l(ieben) wol ya[d] ober dem Lefeyn halten, dan seyn vatter[311] hatt im alles abt[e] gesagt. Wo von He(inrich) v(on) Schlintz etwast sagett, so sprecht er, er wil dey warhet sagen. Aber ych hab sorge, sey wertten im ewas[f] dunt. Seyn vatter hat nich gern, das tzu e(uer) l(ieben) tzouget, dan seyn vatter[g] wil nicht ewangeylst[312] sein, aber es leyget nichst drant. ‖ E(uer) l(ieben) sammet mein bruder kounen der sach wol ratt feintten, das es bleybet vor hertzoge Yorgen sammet seyn bossen[h] bouben. Und bevel uns Got und mich e(uer) l(ieben) sammet meyn bruder, dan bey den sol ych[i] e(uer) l(ieben) meyn sach gar mechtteych. Ych hab den Leyfeyn von Entte lassen balt nach dem wegk reytten[313], dan der alt[314] sam He(inrich) v(on) Schlintz, Hans von Schonbergk[315] wert heut wei der kumen, hat ich[j] sorge, wortten yn bestrecken[316]. E(uer) l(ieben) sey in[317] meyn besten sam meyn bruder, ych bin sust gar vor lassen. Und bevel e(uer) l(ieben) Got, der helff

---

[298]   = heute.

[299]   Levin von Ende; vgl. Anm. 188.

[300]   = in Gegenwart.

[301]   Georg Brandt, Amtmann zu Leipzig; vgl. zu ihm Schirmer, Kursächsische Staatsfinanzen, S. 912.

[302]   Georg von Kreutz (†nach 1553), Amtmann zu Gotha.

[303]   Christoph von Maltitz zu Elsterwerda (†1547), Hofmeister Herzog Friedrichs; vgl. Anm. 451.

[304]   Hans von Polenz.

[305]   Johann Koyter, ernest. Kanzleischreiber.

[306]   = Kanzlei.

[307]   = Maul, Mund.

[308]   Heinrich von Schleinitz zu Saathain und Koselitz (†1543), sächs.-albert. Rat und Hofmarschall; vgl. Anm. 5.

[309]   = verhören.

[310]   = irre.

[311]   Götz von Ende zu Lohma, Selka und Salba (urkundlich nachweisbar 1487–1540), erscheint 1487/88 am kursächs. Hof, 1518 sächs.-ernest. Rat und im Zeitraum zwischen 1507 und 1530 regelmäßig auf den ernest. Landtagen nachweisbar, auch Richter im Oberhofgericht; vgl. Schirmer, Untersuchungen zur Herrschaftspraxis, S. 355; Ahnenreihenwerk der Geschwister Fischer, Bd. 4, Teil VII: Teil XII, Stammtafel, S. 3. Der Vater Levins von Ende zu Ponitz war Götz von Ende zu Ponitz (†vor 1539); vgl. ebd., Stammtafel, S. 34 sowie Urkunden und Regesten, S. 99.

[312]   = evangelisch.

[313]   = wegreiten.

[314]   Herzog Georg (der Bärtige) (1471–1539).

[315]   Hans (junior) von Schönberg zu Reinsberg (†1537), sächs.-albert. Rat und Amtmann; vgl. Anm. 4.

[316]   = festsetzen.

[317]   = sind.

uns mit freutten zu sammen, und helff mir auß not, dan Got west alle dinck, e(uer) l(ieben) schwesterlyche trew tzu der tzeygen bin ych willich. Dat(um) Dressen[318] freytag Vallenteyn anno xxxiii[k].

E H Z S etc.

Der schriber forcht sych ser, das[l] er mir dey arg deckel[319] auff geschriben hatt. Aber ych hab ym gesaget, ych west, das ym e(uer) l(ieben) sammet meyn bruder wort[m] schattlust[320] halten und vor se mich, das tzu e(uer) l(ieben) geben beyde. Ych bin obel heyr, es must sych yeder man forchtten etc. Got helff mir.

[a] *Sic.*
[b] *Wortende korrigiert; getilgt:* -r.
[c] *von Entte hochgestellt eingefügt.*
[d] *Getilgt:* auff.
[e] *Wort hochgestellt eingefügt.*
[f] *Sic. Wohl verschrieben für:* etwas.
[g] seyn vatter *hochgestellt eingefügt; darunter gestrichen:* er.
[h] *Wort hochgestellt eingefügt.*
[i] *Gestrichen:* y.
[j] *Wort hochgestellt eingefügt.*
[k] *Zahl korrigiert; getilgt:* -i.
[l] *Gestrichen:* ych.
[m] *Gestrichen:* schatlus.

16

1533 Februar 14

Herzogin Elisabeth an Kurfürst Johann Friedrich (den Großmütigen)

Elisabeths Bote Levin von Ende wird Johann Friedrich in der Sache wegen Heinrich von Schleinitz berichten. — Landgraf Philipp soll ihn als Diener annehmen, bis sich Elisabeths Situation gebessert hat.

HStA Dresden, 10024, Loc. 10548/6, fol. 38r.

Überlieferung: Ausfertigung.

Schrift: eigenhändig.

Adresse: Meynen lieben / ohmen und / bruder hertzoge / Hans Frederych / zu Sachsen / korforste etc. yn / s(ein) l(ieb) eigen hant.

Nr. bei Werl: 35.

Kanzleivermerke: Di hertzogin zu Rochlitz etc. – 1533.

Bemerkung: Der Brief, ein halbseitiges Folioblatt, wurde gefaltet und gesiegelt. Das Siegel ist vollständig erhalten; das Schreiben wurde aufgedrückt gesiegelt und nicht eingeschnitten; an den Wachsresten findet sich noch ein Haar (Elisabeths?).

---

[318] *Dresden.*
[319] = *Artikel.*
[320] = *schadlos.*

M(ein) h(ertz) a(ller) l(iebster) o(hme) u(nd) b(ruder); der botte Lefin von Entte[a] [321] wert e(uer) l(ieben) under rechtten[322] He(inrich) v(on) Schlintz[323] hanttel, aber er hatt aber keyn wint heyr. E(uer) l(ieben) hant haben yn ya dan, es wert im nicht wol gein damit. Yst in yelle[324] Got[b] bevollen. Dat(um) freitag Vallenteyn anno xxxiii.

    E H Z S etc.

E(uer) l(ieben) aber mein bruder nem yn tzum deiner an so lang ychst besser hab.

    [a]   Lefin von Entte *hochgestellt eingefügt.*
    [b]   *Wort hochgestellt eingefügt.*

17

Weimar   *1533 Februar 18*

Kurfürst Johann Friedrich (der Großmütige) an Landgraf Philipp (den Großmütigen)

In Elisabeths Angelegenheit hatte Philipp nach seinem Bericht über die Verhandlungen in Dresden um weiteren Rat gebeten. Johann Friedrich versteht nicht, was Herzog Georg (den Bärtigen) zu solchen Handlungen veranlasst. – Herzog Georg hat das Ersuchen des Landgrafen abgelehnt. Nachdem Philipp die Sache etwas weit vorangetrieben hat, soll sie bei Herzog Georg nicht weiter verhandelt werden. – Johann Friedrich schlägt vor, Herzog Heinrich V. (den Friedfertigen) von Mecklenburg und Herzog Ernst I. (den Bekenner) von Braunschweig-Lüneburg als nahe Verwandte um Rat zu bitten. Wenn Philipp einverstanden ist, soll eine Nachricht der Fürsten an Herzog Georg geschickt und darin Zeit und Ort für eine Unterredung benannt werden. Geeignete Verhandlungsorte sind Zeitz und Naumburg. – Herzog Heinrich II. (der Jüngere) von Braunschweig-Lüneburg-Wolfenbüttel, der mit Philipp und Elisabeth eng verwandt ist, soll mit einbezogen werden, da keiner besser zu Verhandlungen mit Herzog Georg geeignet ist. Johann Friedrich überlässt aufgrund des schwierigen Verhältnisses zwischen Philipp und Herzog Heinrich Philipp die Entscheidung, den Herzog hinzuzuziehen. – Johann Friedrich hat vernommen, dass Philipp gegenüber Herzog Georg gesagt hat, dass er Elisabeth und Herzog Johann eine eigene Residenz geben solle und notfalls gemeinsam mit dem Kurfürsten für den Unterhalt des Paares sorgen wolle. Obwohl Johann Friedrich und sein Bruder Johann Ernst große Ausgaben scheuen, sind sie dazu bereit.

    I. HStA Dresden, 10024, Loc. 10548/8, fol. 27r–29r; II. StA Marburg, PA 2554, fol. 23r–25r.

    Überlieferung: I. Abschrift; II. Abschrift.

    Schrift: I. ernest. Kanzleischreiber; II. ernest. Kanzleischreiber.

    Adresse: –

    Kanzleivermerk: I. a) Unsers g(e)str(engen) hern antwurt uff des landgraven antzaige seiner f(urstlichen) g(naden) schwester anlangend. *b)* Gibt rad und furschlege, wie die sachen anzufah(en) und zuvorgleich(en) sein mocht(en). Dat(um) Weimar dinstag nach Valentini anno

---

[321]   *Levin von Ende; vgl. Anm. 188.*
[322]   = *unterrichten.*
[323]   *Heinrich von Schleinitz zu Saathain und Koselitz († 1543), sächs.-albert. Rat und Hofmarschall; vgl. Anm. 5.*
[324]   = *Eile.*

etc. 33. – Weimar / 1533 / B; *II. a)* Antwurt dem landgrafen uff die handelung, so sein lieb mit hertzogk Georgen, seiner lieb schwester halben zu Dreßden gehabt; *b)* Unsers g(e)str(engen) hern des churfursten zu Sachssen antwurt und bedenken uff des landtgraven zu Hessen etc. anczaige seiner f(urstlichen) g(naden) schwester anlangend. – Weimar – 1533.

Bemerkung: Die Edition folgt II. – Die Absatzgestaltung folgt der Vorlage. – Der in diesem Dokument häufig vorkommende Doppelkonsonantismus ,n' wird reduziert wiedergegeben.

Druck: ABKG III, Nr. 2191a.

Freuntlicher lieber vedter und bruder, nachdem wir eur lieb des fordern tags auff eur lieb freuntlich anczaigen muntliche berichte und vorlesene schrieffte, belangende die beschwerliche handelunge, so sich zwischen eur lieb schwester, unser freuntlichen lieben muhmen und schwester halben, vor wenigk tagen zu Dreßden begeben und zugetragen, undter anderm diese freuntliche vormeldung gethan, das wir dem handel, welchen wir nit mit minder beschwerung und mitleidens vernomen, dan belangte es unsere eigene leipliche schwester, nach unserm vermugen wolten nachdenk(en) und eur lieb derselben biet nach soviel in dieser eyl bescheen mochte, unsern radt und guetbedunken mitteilen etc.

Darauff geben wir eur lieb freuntlicher meynung zuerkennen, das uns dieser handel in warhait zum hochsten beschwerlich anficht. Und mugen uns nit gnugsam verwundern, was unsern vedtern zu solchen schwinden, unfreuntlichen und unguetigen furnemen verursacht. Dan wir hetten es viel mher darfur geachtet und gehalten, sein lieb soldte sich in betrachtung und erwegung aller gelegenhait und umbstende, welcher sein lieb durch eur lieb ‖ zu gueter nodturfft erinnert worden, anders in diesen dingen gehalten und ertzaigt haben.

Dieweil es aber nit bescheen, bieten wir freuntlich eur lieb, auch derselben schwester, unser freuntliche liebe muhm und schwester, wolten es dohin achten, das es Got also wolgefalle, der es ane zweivel eur lieb schwester halben zu rhum, ehre und gueten und den widersachern zu schandt und schmach hinaus furen wirdet.

Und wiewol unsers erachtens am bequembsten sein woldt, viel handelung unsers vedtern und eur lieb schwester halben irem verwandtnus nach zu umbgehen und zuvormeiden.

Nachdem aber dise sache beraitan durch eur lieb etwas weit getrieben und doch eur lieb biet und erbieten bey unserm vedtern nit hat wollen angenomen werden, auch wie wir aus eur lieb bericht vermarckt ane endt geschaiden, bedunckt uns demnach, das zum hochsten beschwerlich sein wolt, diesen handel uff der meynung, wie derselbe itzo stehet ruhen zulassen. Dieweil aber unser vedter wie seiner lieb antwurt undter andern anzeigt, gewegert und abgesagt diese sache ‖ in seiner lieb behaussung ferner zu handeln.

So bedenken wir, es solt nicht unguet sein, das eur lieb den hochgebornen fursten, hern Heinrichen hertzogen zu Meckelnburgk[325] etc. und hertzog Ernsten von Braunschweigk und Luneburgk[326], unsern freuntlichen lieben vedtern ergangene handelung vertrauter meynung hetten zuerkennen geben und irer liebden als der nahen verwandten freunde radt

---

[325] *Herzog Heinrich V. (der Friedfertige) von Mecklenburg, seit 1534 zu Mecklenburg-Schwerin (1479–1552), Onkel Elisabeths; vgl. zu ihm ADB 11 (1880), S. 542 f.; Schnell, Heinrich V. der Friedfertige; NDB 8 (1969), S. 372.*

[326] *Herzog Ernst I. (der Bekenner) von Braunschweig-Lüneburg (1497–1546); trat die Regierung 1529 an seinen Bruder Herzog Otto I. von Braunschweig-Lüneburg-Harburg (1495–1549) ab und erhielt dafür die Herrschaft Harburg und eine hohe Apanage. – Über ihre Mutter Margarethe von Sachsen (1469–1528), Tochter des Kurfürsten Ernst von Sachsen (1441–1486), waren Otto und Ernst von Braunschweig-Lüneburg eng mit den Wettinern verwandt. Vgl. zu Herzog Ernst ADB 6 (1877), S. 260; NDB 4 (1959), S. 608; Uhlhorn, Herzog Ernst der Bekenner.*

darinnen gebeten. Auch so es e(ur) l(ieb) gefellig sein wolt, das itzo alhie ain nottel[327] begriffen wurde, welcher gestalt wir vier unserm vedtern hertzogk Jorgen schreiben und zu guetlicher undterrede tage und plan benennen wolten. Auch dieselbe nottel neben ainem vorsecretirt(en) brieff[328] bemelten unsern vedtern sampt bericht des handels zugefertigt wurde, so es iren liebden dermassen gefellig, hetten ire liebden solche schriefft irestails auch zu secretirn und das ire liebden alsdan, so hertzog Georg den tagk zuschreiben wurde, zwen tage zuvorn zu eur lieb und uns an denselben ort, dohin unser vedter hertzogk Georg beschaiden wurde, welchs wir am gelegensten zu Zeitz ader Naumburgk achten, erschienen. So auch eur lieb fur noth und guet ansehen, das wir neben e(ur) l(ieb) vorgemelten unsern baiden vedtern ‖ schreiben soldten, das wollen wir zuthun unbeschwert sein. Kondten wir uns zuvor undterreden und vorainig(en), was mit unserm vedtern hertzogk Jorgen zuhandeln sein solt.

Nachdem auch hertzogk Heinrich von Braunschwegk[329], eur lieb und derselben schwester auch nahen verwandt, und unsers achtens billich mit in diesen handel getzogen wurde, halten es auch dafur, das kainer undter uns, der mit hertzog Jorg(en) unserm vedtern baß[330] handeln kondte. Weil wir aber wissen, das eur lieb etwas mit seiner lieb in ungedult stehen, wollen wir e(ur) l(ieb) nit furgeschlagen, sunder allein erinnert und in e(ur) l(ieb) gefallen hiemit gestalt hab(en).

Und nachdem wir aus den vorlesenen schriefften gestern undter anderm vernomen, das e(ur) l(ieb) sich gegen unserm vedtern hertzog Jorgen haben vornemen lassen, das sein lieb e(ur) l(ieb) schwester und irer liebden gemahel ain aigen behaussung wolten eingeben und ob sein lieb der undterhaltung beschwert, so wolten e(ur) l(ieb) neben uns, wie solchs e(ur) l(ieb) hofften zuerlangen, die undterhaltung verfugen.

Wiewol nu unser und unsers unmun‖digen brudern[331] sachen dermassen gestalt, das uns viel auszugeben ungeleg(en), aber nichts dester minder, wo solcher wegk bey unsern vedtern nicht zuerhalten, wollten wir uns hirinnen freundlich und dermassen erzaigen, das e(ur) l(ieb) und derselben schwester ain freuntlichs und guets gefallen daran haben solten.

Solchs alles haben wir e(ur) l(ieb) freundlich(er) meynung und in dieser eyl vor unser bedenken nit vorhalten wollen. Bieten gantz freundlich, e(ur) l(ieb) wolle solchs nit anders dan freundlich und im besten vormerken, auch dem handel aus hohem vorstandt selbst nachtrachten, dan was wir hirinnen thun sollen, konnen ader mugen, das e(ur) l(ieb) und derselb(en) schwester, unser freuntlichen lieben muhmen und schwester zu freundschafft und guet(en) reichen magk, darinnen sollen uns e(ur) l(ieb) baiderseits als den freundt gantz willigk befinden. Dat(um) Wimar dinstags nach Valentini 1533.

---

[327] = Nachricht, Zettel.

[328] = versiegelten Brief.

[329] Herzog Heinrich II. (der Jüngere) von Braunschweig-Lüneburg-Wolfenbüttel (1489–1568). Herzog Heinrich II. zählte wie Herzog Georg (der Bärtige) zu den entschiedenen Gegnern der Reformation und war dem Albertiner politisch eng verbunden; vgl. zu ihm ADB 11 (1880), S. 495–500; NDB 8 (1969), S. 351f.

[330] = besser.

[331] Herzog Johann Ernst von Sachsen-Coburg (1521–1553), Sohn Kurfürst Johanns (des Beständigen) aus zweiter Ehe; vgl. zu ihm ADB 14 (1881), S. 369.

18

Weimar   *1533 Februar 20*

Instruktion von Kurfürst Johann Friedrich (dem Großmütigen) und Landgraf Philipp (dem Großmütigen) von Hessen, was der mecklenburgische Kanzler Kaspar von Schöneich an Herzog Ernst I. (den Bekenner) von Braunschweig-Lüneburg und Herzog Heinrich V. (den Friedfertigen) von Mecklenburg tragen soll

Der Kanzler soll über etzliche beschwerliche und unfreuntliche sachen, *die sich zwischen Philipp und Herzog Georg (dem Bärtigen) wegen des Falles der Elisabeth zugetragen haben, berichten. Philipp und Johann Friedrich bitten deshalb, dass die beiden Fürsten auf den Freitag nach Ostern*[332] *persönlich in Naumburg erscheinen, wo am Sonntag darauf*[333] *mit Herzog Georg über den Fall verhandelt werden soll. Die Bitte ergeht an sie,* weil wir wusen, das ire liebden solche beschwerung, die unser muhmen und schwester als ainer thogent samen furstin begegent, iren liebden nicht weniger als den gebornen freunden zu gemut raichen werden als ob sie ire liebden selbst belangeten. *Deshalb sollen die Fürsten unbedingt nach Naumburg kommen, auch wenn Herzog Georg den Tag absagen würde. Dazu sollen die Fürsten die mitgesandte Einladung (*ingrossirten breiffe*) an Herzog Georg siegeln (*secretiren*) und an Johann Friedrich zurücksenden. Datum* Weymar dornstags nach Valentin anno etc. xxxiii.

> *I. LHA Schwerin, 2.11-2/1 Auswärtige Beziehungen, Nr. 4378, fol. 43r–44v; II. HStA Dresden, 10024, Loc. 10548/8, fol. 35r–36r.*
>
> *Überlieferung: I. Ausfertigung für die Räte; II. Abschrift.*
>
> *Schrift: I. ernest. Kanzleischreiber; II. hess. Kanzleischreiber, eigenhändige Unterschrift Landgraf Philipps.*
>
> *Adresse: –*
>
> *Kanzleivermerke: I.* Instruction; *II.* Instruction uff den von Taubenheim und Nordeck(en) gestelt, an h(ertzog) Georg(en) des tags halb(en) zu Naumburg, zwisch(en) seiner schwest(er), h(ertzog) Georg(en) sohns gemahl etc. halb(en). Dat(um) Weimar donnerstags nach Valentini anno etc. 33.
>
> *Bemerkung: –*
>
> *Druck: ABKG III, Nr. 2191a.*

19

1533 [Februar 20]

Kurfürst Johann Friedrich (der Großmütige) an Herzog Heinrich V. (den Friedfertigen) von Mecklenburg

Johann Friedrich hat den Kanzler in der Angelegenheit Elisabeths eingehend informiert. Elisabeth wird des Verstoßes gegen Zucht und Ordnung beschuldigt, und zwar von Leuten, die dies andernorts hinnehmen. Johann Friedrich und auch der Landgraf Philipp bitten,

---

[332]   = *1533 April 18.*
[333]   = *1533 April 20.*

dass sich Heinrich in dieser Sache als Freund erweist und entsprechend antwortet; so wollen es Johann Friedrich und Philipp im entgegengesetzten Fall auch tun.

> *HStA Dresden, 10024, Loc. 10548/6, fol. 51r–v.*
>
> *Überlieferung: Konzept.*
>
> *Schrift: eigenhändig.*
>
> *Adresse:* [a]An herzock Heyrich von Meckeln- / burck.[a]
>
> *Kanzleivermerke:* Hertzog Johann Frid(er)ich churf(urst), an hertzog Heinrichen von Meckelburgk; d(er) hertzogin von Rochlitz halben – 1533.
>
> *Zur Datierung: Aufgrund der Bemühungen um Herzog Heinrich von Mecklenburg, ihn als Freund in der Sache um Elisabeth zu gewinnen, ist dieses Schreiben in den Februar zu stellen. Erstmals sind diese Bemühungen im Brief des Kurfürsten Johann Friedrich an Landgraf Philipp greifbar (Nr. 17). Vermutlich wurde der Brief gemeinsam mit den Instruktionen an den mecklenburgischen Kanzler Kaspar von Schöneich verfertigt (Nr. 18).*
>
> *Bemerkung: Die Vorderseite des Folioblattes wurde auf der rechten Seitenhälfte fortlaufend beschrieben, die linke blieb Korrekturen und Ergänzungen vorbehalten. Auf der Rückseite führte Johann Friedrich das Konzept auf der gesamten Breite aus. Er schrieb den Entwurf mit ungewohnt sorgfältiger Hand; möglicherweise wollte er das eigenhändige Schreiben ausgehen lassen.*

Hochgeborner furst, freuntlicher lieber ohem[b]; ich hab e(uer) l(ieben) schreyben, so sye mir wey e(uer) l(ieben) cantzler[334] uberschycket, verlessen, und freuntlicher meynung von e(uer) l(ieben) vermercket. Und hab e(uer) l(ieben) gethannem begern nach den cantzler gehort und wyederumb myt freuntlicher antwort abgefertyget, wye er e(uer) l(ieben) sulches alles berichtten wyrt, des e(uer) l(ieben) meynes versehens eyn freuntliches[c] und guttes gefallens werden haben. Wiederumb hab ich gemeltten e(uer) l(ieben) cantzler von meynes vettern und brudern[d] des lantgraffen und meynet wegen etlyche werbung an e(uer) l(ieben) zcu bryngen befel gethan, belangent e(uer) l(ieben) und[e] meyne freundyn, des lantgraffen schwester, das der selbygen gerden[f] etwas unerliches wyeder dys byllyckeyt[g] zcu gemessen wolt werden, von dennen leutten, dye es byllichen, so es von[h] andern beschehe, sthraffen sollten, wye e(uer) l(ieben) sulches von der selbygen cantzler nach leng berycht[i] entpfahen werden. Und ist derhalben von forgemeltes meynes vettern und brudern des lantgraffen auch meynetwegen[j] meyn freuntliche byt, e(uer) l(ieben) wollen sych kegen s(einer) l(ieben) und myr nach gehortter anzceygung als der freunt, myt freuntlicher und unabschlaglycher antwort vernemen lassen und ‖ dermassen wye e(uer) l(ieben) in der gleychen fal von s(einer) l(ieben) und myr woltten gethan nemen.[k] Das ist s(einer) l(ieben) und ich umb e(uer) l(ieben) fruntlichen zcu ferdienen wyllyck. Dat(um) etc.

J(ohann) F(riedrich) curfurst

[a-a] *Unter dem Text.*
[b] *Wort hochgestellt eingefügt; darunter gestrichen:* vetter.
[c] *Gestrichen:* ey.
[d] *Gestrichen:* und m.
[e] *Wort vor der Zeile auf der linken Seitenhälfte eingefügt.*
[f] *Sic.*
[g] wyeder dys byllyckeyt *auf der linken Seitenhälfte mit Platzhalter eingefügt.*

---

[334] *Kaspar von Schöneich († 1547), Kanzler Herzogs Heinrich V. (des Friedfertigen) von Mecklenburg; vgl. zu ihm ADB 32 (1891), S. 287 f.*

ʰ *Wort hochgestellt eingefügt.*
ⁱ *Gestrichen:* werden wir.
ʲ *Wort korrigiert; hochgestellt eingefügt:* -wegen; *darunter gestrichen:* -halben.
ᵏ *Gestrichen:* das byn ich.

20*

[vor 1533 Februar 20]

Herzogin Elisabeth an Landgraf Philipp (den Großmütigen)

Elisabeth hat ihrem Bruder geschrieben, wie töricht Herzog Georg (der Bärtige) ist. Philipp soll Kurfürst Johann Friedrich (dem Großmütigen) seine Meinung zu den Aussagen Levins von Ende anzeigen.

> *Überlieferung: verloren.*
>
> *Bemerkung: Die Ausfertigung und die Datierung dieses Schreibens ergeben sich aus Nr. 21. – Der Brief wurde über den Kurfürsten Johann Friedrich an Philipp zugestellt.*

21

1533 Februar 20

Herzogin Elisabeth an Kurfürst Johann Friedrich (den Großmütigen)

Elisabeth bittet Johann Friedrich dringend, den Brief an ihren Bruder zu schicken. Sie hat Landgraf Philipp (dem Großmütigen) bereits geschrieben, dass er Johann Friedrich seine Meinung anzeigen soll; Johann Friedrich soll ihn daran erinnern, denn die Sache mit Levin von Ende beschäftigt Elisabeth sehr. – Johann Friedrich wird nicht glauben, wie töricht Herzog Georg (der Bärtige) ist; Levin von Ende hat es ihr gesagt. Sie hat Philipp schon davon berichtet, weiß aber nicht, ob er dies an Johann Friedrich weitergetragen hat. Wenn er möchte, wird sie ihm davon erneut berichten. – Elisabeth hat Johann Friedrich weitere Briefe geschrieben; sie weiß nicht, ob er sie erhalten hat. – Es ist vielleicht möglich, dass sie in Ehren den Dresdner Hof verlassen kann; dabei soll ihr Johann Friedrich helfen. Elisabeth fürchtet sonst verrückt zu werden. – Johann Friedrich soll Hans von Minckwitz sagen, dass er Georg von Carlowitz nichts anvertrauen soll. Dieser spricht immer mit Herzog Johann (dem Jüngeren) und behauptet, die Evangelischen wollen die Untertanen der altgläubigen Fürsten auf ihre Seite ziehen. Elisabeth glaubt jetzt niemanden mehr. Ernst von Schönburg und Georg von Carlowitz wollen die Landschaft gegen sie aufbringen.

> *HStA Dresden, 10024, Loc. 10548/6, fol. 13r – v.*
>
> *Überlieferung: Ausfertigung.*
>
> *Schrift: eigenhändig.*
>
> *Adresse:* [d] h gebornen forsten / [h h] Freiderych h z s / [d h r r e] u k l y d m / [zu m m] f l o u b y s l // e hant.³³⁵

---

³³⁵ *Steht für:* **Dem hoch**geborenen **Fürsten Herrn Hans Friedrich,** Herzog **zu** Sachsen, **des** Heiligen **Römischen Reichs** Erzmarschall **und** Kurfürst, Landgraf **in** Thüringen, **Markgrafen zu** Meißen, **m**einem freundlichen **lieben Oheim und Bruder in** seiner Lieben **eigen Hand.**

Nr. bei Werl: 36.

*Kanzleivermerke: Die hertzogin zu Rochlitz klagt, wie erbermlich es ir geht, wolt gern davon
sein.*

*Bemerkung: Siegeleinschnitte sind vorhanden; das Siegel und der Siegelstreifen selbst sind
verloren; die Adresse ist entsprechend beschädigt überkommen.*

M(ein) h(ertz) a(ller) l(iebster) b(ruder), ich bit e(uer) l(ieben) gantz fruntlych, e(uer)
l(ieben) wol den breff meyn bruder tzu scheicken, dan mir gros macht drant geleygen yst.
Ich hab im auch geschriben[336], das er es e(uer) l(ieben) sal antzeygen, e(uer) l(ieben) er
indern[337] drant, dan der koff geyt mir gar umb[338]. E(uer) l(ieben) glab nich, wey dorych
der alt ist[339], das der Lefein von Entte[340] yst heyr[341] bey mir gewest, das mir solges hatt
angetzeyget. Meyn bruder hab ych es eigenlych angetzeyget. Schribet her es aber e(uer)
l(ieben) nicht, so las mich es e(uer) l(ieben) wissen, wil ich es e(uer) l(ieben) schriben. Ich
hab e(uer) l(ieben) bey Lefeyn geschreben[342] und Creystzse[343] solt e(uer) l(ieben) auch ein[344]
tzu scheycken. Ich west nich, ab sey e(uer) l(ieben) wortten sein. Yst moglich, das ych mit
eirn[345] kant heyr wegk kumen, so helff e(uer) l(ieben), dan ych hab sorge, ich wert dult[346],
ych schlaff gar nichst. Ich west, wan e(uer) l(ieben) heyr wer und sege, wei mir es geyt, es
must e(uer) l(ieben) erbarmmen. H(ertz) l(iebster) b(ruder), e(uer) l(ieben) sage ya her Hans
von Minckwitz[347], das Klarlewitz[348] nich vel vortrewe, dan er kant nich wol schweygen. Ich
west gros orsach, er yst vel anders wortten, sprecht umer tzu meyn hern, e(uer) l(ieben) wol
sych gern mit uns dellen und dey Ewangeilssen[349] wollen der andern forsten under daunt[350]
tzu sych tzeyn under sych. Ych glab niman mir. Sey haben mich alle geheyssen, m(ein)
bruder an zu sagen und haben mir alles gesagett, nu must ich es gar vor derbet haben, her[a]
Ernst[351] und umb Klarlewitz, o wei gern wolt dey lanschaff auff mich hetzsen. Ich het e(uer)
l(ieben) wunder ‖ tzu sagen, ych hoff aber, Got wert helffen uns, wert meyn unschult an
seyn, das ych wol ein suntter bin vor Got, aber for in bin ych mir dan gerecht.[352] Und bevelt

---

[336]   *Das Schreiben Elisabeths an Philipp ist verloren und wird hier unter der Nr. 20 geführt.*
[337]   *= erinnern.*
[338]   *= der Kopf geht ihr gar um; gemeint ist ‚es beschäftigt sie‘.*
[339]   *= wie töricht Herzog Georg ist.*
[340]   *Levin von Ende; vgl. Anm. 188.*
[341]   *= heute.*
[342]   *Vgl. oben Nr. 16 (Brief Elisabeths an Johann Friedrich, 1533 Februar 14).*
[343]   *Georg von Kreutz († nach 1553), Amtmann zu Gotha.*
[344]   *Vgl. oben Nr. 15 (Brief Elisabeths an Johann Friedrich, 1533 Februar 14).*
[345]   *= Ehre.*
[346]   *= ‚verrückt‘; abgeleitet von stultus.*
[347]   *Hans III. von Minckwitz († 1534), sächs.-ernest. Hofrat und Gesandter. Er begann seine Karriere im
        albertinischen Herzogtum 1488 als Amtmann zu Radeberg. Nach dem Tod des Kurfürsten Friedrich
        III. (der Weise) stieg er in eine führende Stellung am Hof von Kurfürst Johann (den Beständigen) auf.
        In der Zeit der Reformation war er einer der einflussreichsten Räte im ernestinischen Kurfürstentum;
        vgl. zu ihm Kunze, Minckwitz (Minkwitz), Hans III. von.*
[348]   *Georg von Carlowitz zu Hermsdorf (um 1480 – 1550), sächs.-albert. Rat; vgl. Anm. 42.*
[349]   *= evangelischen.*
[350]   *= Untertan.*
[351]   *Ernst II. von Schönburg (1486 – 1534), sächs.-albert. Rat; vgl. Anm. 41.*
[352]   *Hier spielt Elisabeth auf den Kern der lutherischen Rechtfertigungslehre an: der Mensch sei „simul
        iustus et peccator". Luther bezieht sich auf Römer 4,7 sowie auf Römer 3,28. Vgl. Hamm, Der frühe
        Luther, S. 173 f.; zur Mühlen, Reformatorische Prägungen, S. 145 – 163.*

e(uer) l(ieben) Got, der helf uns mit freutten tzu sammen. E(uer) l(ieben) schwesterlych trew tzu der tzeygen bin ych geneygett. Dat(um) darstag vor fasnacht anno xxxiii.

E H Z S etc.

^a *Wort nachträglich in den Zwischenraum eingefügt.*

22

Weimar   *1533 Februar 23*

Kurfürst Johann Friedrich (der Großmütige) an Landgraf Philipp (den Großmütigen)
Johann Friedrich hat den Brief Philipps über die schickung *zu Herzog Heinrich V. (den Friedfertigen) von Mecklenburg und Herzog Ernst I. (den Bekenner) von Braunschweig-Lüneburg mitsamt den Instruktionen und zwei* credentzbriefen *erhalten. Johann Friedrich erinnert an die Abmachung zu Weimar, nach der er einen seiner Räte und Philipp seinen Sekretär Nordeck[353] zu den beiden Fürsten schicken wollten. Doch hat es sich danach ergeben, dass der Kanzler[354] Herzog Heinrichs in Weimar gewesen ist. Ihn hat Johann Friedrich beauftragt, bei Herzog Heinrich und, weil er den Weg über Celle nehmen wird, auch bei Herzog Ernst vorzusprechen und deren schriftliche Einladung an Herzog Georg (den Bärtigen) zum Treffen nach Naumburg zu erbitten, damit Herzog Georg das Treffen nicht abschlägt. Außerdem soll allein durch Herzog Heinrich und Johann Friedrich auch ein von Johann Friedrich vorbereitetes und mitgegebenes Schreiben an Herzog Heinrich II. (den Jüngeren) von Braunschweig-Lüneburg-Wolfenbüttel ausgehen, dessen Antwort ihm Herzog Heinrich von Mecklenburg wieder zustellen soll. Sollte Philipp es für nötig befinden, dennoch eigene Boten an die genannten Herzöge zu senden, so will Johann Friedrich seinen Rat und Amtmann zu Belzig, Friedrich Brandt, neben Philipps Sekretär Nordeck entsenden. Sollte Herzog Georg das Treffen zu Naumburg dennoch absagen, schlägt Johann Friedrich vor, dass sich die befreundeten Fürsten allein dort treffen.*
Datum Weymar sontags nach Cathedra Petri, anno domini etc. xxxiii.
[Nachtrag:] Der Kanzler zu Mecklenburg hat sich ausdrücklich erboten, über Celle zu reisen und will den Herzögen zu Mecklenburg und zu Braunschweig-Lüneburg über die Sache und die Instruktionen für das Treffen zu Naumburg berichten und um deren Zustimmung werben. Johann Friedrich hat einen reitenden Boten zur Begleitung des mecklenburgischen Kanzlers abgeordnet. Statt des oben genannten Amtmanns zu Belzig will er, so Philipp eigene Gesandte zusätzlich schicken möchte, nun den Hofmeister seines Bruders, Christoph Prossen[355], oder einen anderen Rat senden.
[Zettel:] Den Knaben von Ende[356] hat Johann Friedrich auf Urlaub zu dessen Vater[357] entlassen, will ihn aber nach der Rückkehr gleich zu Philipp schicken. Johann Friedrich erbittet einige an Philipp übersandte Händel mit der nächsten Botschaft zurück.

---

[353]   *Johann Nordeck (auch Johann Rau zu Nordeck) († 1580), illegitimer Sohn Landgraf Wilhelms II., 1518 an der Universität Erfurt immatrikuliert, Sekretär Landgraf Philipps, später hess. Amtmann und Rat; vgl. zu ihm Knetsch, Das Haus Brabant, S. 68; Gundlach, Die hessischen Zentralbehörden, Bd. 3: Dienerbuch, S. 182.*

[354]   *Kaspar von Schöneich († 1547), Kanzler Herzogs Heinrich V. (des Friedfertigen) von Mecklenburg; vgl. Anm. 334.*

[355]   *Christoph Prossen, Hofmeister von Herzog Johann Ernst von Sachsen.*

[356]   *Levin von Ende; vgl. Anm. 188.*

[357]   *Götz von Ende zu Lohma, Selka und Salba; vgl. Anm. 311.*

I. HStA Dresden, 10024, Loc. 10548/8, fol. 38r–41r; II. StA Marburg, PA 2554, fol. 38r–39v; Nachtrag: 40r–v; Zettel: 41r.

Überlieferung: I. Konzept; II. Ausfertigung.

Schrift: I. eigenhändig; II. ernest. Kanzleischreiber; eigenhändige Unterschrift

Adresse: I. An lantgraf(en) zw Hessen etc.; *II.* Dem hochgebornen fursten hern Philipssen / lantgraven zu Hessen, graven zu Catzeneln- / bogen zu Dietz Zieggenhain und Nidda unserm / freuntlichen lieben vetter und bruder // ᵃzu seiner lieb aigen hand.ᵃ

Kanzleivermerke: I. a) Copei schreibens. An landtgraven zue Hessen des handels halber, derwegen etzlich fursten zue Naumburg nach Ostern zusammen komen sollen. 1533; *b)* Andwort ihm uff sein schreib(en) und uberschickte credentz zu Meckelnburg und Luneburg ad(er) Brau(n)schweig halb(en) etc. Dat(um) Weimar sontags nach Cathedra Petri anno etc. 33. – D; *II.* Churf(urst) zeigt ane, wie er h(ertzogk) H(einrich) v(on) M(ecklenburgs) canzl(er) die sach(en) und besuchung halb des tags bevelh an h(ertzogk) E(rnst) v(on) L(uneburg) und h(ertzogk) H(einrich) v(on) M(ecklenburg) gethan habe etc.

Bemerkung: I. Der Entwurf enthält zahlreiche Korrekturen; II. Das aufgedrückte Siegel hat sich erhalten. Der Brief wurde durch einen Nachtrag und einen weiteren Zettel ergänzt.

ᵃ⁻ᵃ *Eigenhändig von Johann Friedrich nachgetragen.*

23

Eisenach   *1533 Februar 23*

Landgraf Philipp (der Großmütige) an Kurfürst Johann Friedrich (den Großmütigen)

Philipp schickt Johann Friedrich den Brief Elisabeths, den ir lieb an ewer lieb und uns geschrieben hat[358], und darneben ein copei des buben vom Ende[359] aussage und bekentnus. *Johann Friedrich soll im Namen beider antworten und ihr mitteilen, dass Philipp einen eigenen Brief schreiben will. Den von Ende soll Johann Friedrich zu Philipp schicken. Es ist darüber nachzudenken, wie man weiter verfährt, wenn Herzog Georg (der Bärtige) nicht zum Tag (nach Naumburg) kommen will. Die Freunde sollen sich dennoch treffen und dann ihre Räte nach Dresden schicken.*
Datum Eysenach am sontag nach Cathedra Petri anno etc. xxxiii.

HStA Dresden, 10024, 10548/8, fol. 42r.

Überlieferung: Ausfertigung.

Schrift: hess. Kanzleischreiber; eigenhändige Unterschrift.

Adresse: Dem hochgebornen fursten hern Johans Friede- / richen herzogen zu Sachssen des heiligen ro(mssen) reichs / erzmarschalck und churfursten lantgraven / in Durginen und marggraven zu Meichssen / unserm freuntlichen lieben vettern und / bruder // zu seiner lieb / aig(en) hand(en).

Kanzleivermerke: Landtgraf zu Hessen. – 1533. – In d(er) hertzogin von Rochlitz bösen sach(en) mit zueschickung Levins vom Ende aussage.

Bemerkung: Das Siegel hat sich erhalten. – Zusammen mit diesem Brief stellte Landgraf Philipp eine Kopie der Aussagen Levins von Ende zu, die verloren ist.

---

358 *Vgl. oben Nr. 15 (Brief Elisabeths an Johann Friedrich und Philipp, 1533 Februar 14).*
359 *Levin von Ende; vgl. Anm. 188.*

24

Weimar *1533 Februar 23*

Kurfürst Johann Friedrich (der Großmütige) an Herzog Heinrich V. (den Friedfertigen) von Mecklenburg

Landgraf Philipp (der Großmütige) hat auf der Rückreise von Dresden Johann Friedrich über die in Dresden stattgefundenen Verhandlungen mit Herzog Georg (dem Bärtigen) in der Angelegenheit Elisabeths berichtet. Darüber wollte Johann Friedrich an Heinrich eine eigene Nachricht ausgehen lassen. Weil aber zur gleichen Zeit der Sohn Heinrichs, Herzog Magnus, und der Kanzler Heinrichs, Kaspar von Schöneich, in Weimar gewesen sind, hat Johann Friedrich nun den Kanzler Schöneich beauftragt, eine Werbung mündlich an Herzog Heinrich zu tragen und bittet, demselben Glauben zu schenken und dem Ansinnen zu entsprechen. Datum *zu Weymar am suntage Esto Mihi anno d(omini) xv^c xxxiii.*

I. *HStA Dresden, 10024, Loc. 10548/8, fol. 45r–46r; II. LHA Schwerin, 2.11-2/1 Auswärtige Beziehungen, Nr. 4380, fol. 13r.*

Überlieferung: I. Konzept; II. Ausfertigung.

Schrift: I. ernest. Kanzleischreiber; II. ernest. Kanzleischreiber; eigenhändige Unterschrift.

Adresse: I. An hertzog Heinrich(en) von Meckelnburg etc.*; II.* Dem hochgebornen fursten unserm freunt- / lichen lieben vedtern, hern Hainrichen hertzogen / zu Meckelnburgk, fursten zu Wenden, graven / zu Schwerin, Rostock und Starckgard, der / landherrn.

Kanzleivermerke: I. Copei schreibens des churf(ursten), wie er diß des landtg(rafen) schwester halb(en), an h(ertzog) Heinrich zu Meckelnburg und h(ertzog) Ernst zu Luneburgk etc. geschrieben, mit s(einer) f(urstlichen) g(naden) cantzler d(em) Schoneichen etc. Dat(um) Weimar sontags Esto Mihi anno etc. 33. – K*; II.* Hertzogk Jorg zu Sachssen.

Bemerkung: I. Der Entwurf enthält zahlreiche Korrekturen. II. Die Ausfertigung trägt das gut erhaltene Siegel Kurfürst Johann Friedrichs.

25

Weimar *1533 Februar 24*

Kurfürst Johann Friedrich (der Großmütige) an Herzog Heinrich V. (den Friedfertigen) von Mecklenburg

Johann Friedrich hat die Schreiben Heinrichs durch dessen Kanzler[360] empfangen und den Kanzler wiederum mit Nachrichten versehen, darunter in der Sache zwischen Landgraf Philipp (dem Großmütigen), Elisabeth und Herzog Georg (dem Bärtigen), und hofft nun auf fruntlicher und unabschlechiger antwort.

Datum *Weymar montack in der fastnacht im xxxiii jar.*

LHA Schwerin, 2.11-2/1 Auswärtige Beziehungen, Nr. 4378, fol. 8r–v.

Überlieferung: Ausfertigung.

---

[360] *Kaspar von Schöneich († 1547), Kanzler Herzogs Heinrich V. (des Friedfertigen) von Mecklenburg; vgl. Anm. 334.*

Schrift: eigenhändig.

Adresse: Dem hochgebornen fursten unserm / freuntlichen lieben vettern hern / Hainrichen hertzogen zu Meckeln- / burg, fursten zu Wenden, graven zu Schwerin, Rostock und Stargarde / den landehern // ᵃzu seiner lieb aigen handenᵃ.

Kanzleivermerke: Am sontag Reminiscere zu Dobbran anno 33.

Bemerkung: Die Ausfertigung trägt den vollständigen Siegelstreifen und das gut erhaltene Siegel Kurfürst Johann Friedrichs.

a-a *Eigenhändig von Johann Friedrich nachgetragen.*

26

1533 Februar 24

Kurfürst Johann Friedrich (der Großmütige), Herzog Ernst I. (der Bekenner) von Braunschweig-Lüneburg und Herzog Heinrich V. (der Friedfertige) von Mecklenburg an Herzog Georg (den Bärtigen)

Die Aussteller haben durch Landgraf Philipp (den Großmütigen) von den beschwerlichen sachen *zwischen Elisabeth und Georg erfahren. Weil den Ausstellern beide* blutshalben nahend vorwant seint *und Georg die Gespräche mit Philipp zu Dresden abgebrochen hat, bieten nun die Aussteller ihren Rat an. Besonders mit Elisabeth* als eyner thogent samen loblichen furstin, der *durch etwo unbesonner leut anleittung solche bekommerung* begegnet ist, haben sie ein *herzlichs mittleidein. Deshalb laden sie Georg* auff gelegenen platz zu freuntlichen reden und handelungen, *auf den Sonntag Quasimodogeniti*[361] *nach Naumburg ein, um die Parteien zu vergleichen, und hoffen, er werde dieser Einladung, der Landgraf Philipp als Sachwalter Elisabeths bereits zugestimmt hat, nachkommen.*
Datum montags nach Esto Mihi anno etc. xxxiii.

I. HStA Dresden, 10024, Loc. 10548/2, fol. 3r–v; II. HStA Dresden, 10024, Loc. 10548/8, fol. 49r–50v; III. LHA Schwerin, 2.11-2/1 Auswärtige Beziehungen, Nr. 4378, fol. 2r–3r.

Überlieferung: I. Ausfertigung; II. Abschrift; III. Abschrift des Konzepts.

Schrift: I. Kanzleischreiber; II. Kanzleischreiber; III. ernest. Kanzleischreiber.

Adresse: I. Dem hochgebornen fursten hern Georgen / hertzogen zu Sachssen, lantgraven in / Doringen und marggraven zu Meissen / unsern lieben vetter, ohemen und schwager; *III.* An hertzog Jorgen zu Sachssen etc.

Kanzleivermerke: II. Copei der fursten und freund(en) schreibens an h(ertzog) Georg(en), benennen ihm den tag zur Naumburg, pitt(en) denselben zubesuch(en). Dat(um) montags nach Estomihi anno etc. 33. – E.

Bemerkung: I. Der Brief wurde gefaltet und gesiegelt. Die drei Siegel des Kurfürsten Johann Friedrich, Herzog Ernsts sowie Herzog Heinrichs sind gut erhalten. – II. Abschrift trägt zahlreiche Korrekturen und Ergänzungen.

Druck: ABKG III, Nr. 2204.

---

361   *= 1533 April 20.*

27

1533 Februar 24

Kurfürst Johann Friedrich (der Großmütige) und Herzog Heinrich V. (der Friedfertige) von Mecklenburg an Herzog Heinrich II. (den Jüngeren) von Braunschweig-Lüneburg-Wolfenbüttel

Landgraf Philipp (der Großmütige) hat auf der Rückreise von Dresden nach Weimar zu Johann Friedrich über die Verhandlungen mit Herzog Georg (dem Bärtigen) in der Angelegenheit Elisabeths berichtet. Die Aussteller und etzlichen andern gefreunden *haben nun Herzog Georg auf den Sonntag Quasimodogeniti nach Naumburg zur Unterredung geladen. Die Aussteller und ihre Freunde wollen sich aber bereits am Freitag vor Quasimodogeniti[362] in Naumburg einfinden, um die Verhandlungen mit Herzog Georg vorzubesprechen. Auf diesen Freitag laden sie auch Herzog Heinrich II. (den Jüngeren) von Braunschweig-Lüneburg-Wolfenbüttel nach Naumburg ein und bitten um schriftliche Antwort auf ihr Begehren.*
Datum montags nach dem sontag Esto Michi anno d(omini) xvᶜ xxxiii.

> *I. LHA Schwerin, 2.11-2/1 Auswärtige Beziehungen, Nr. 4378, fol. 6r–7r; II. LHA Schwerin, 2.11-2/1 Auswärtige Beziehungen, Nr. 4378, fol. 4r–5v; III. HStA Dresden, 10024, Loc. 10548/8, fol. 47r–48v.*
>
> *Überlieferung: I. Ausfertigung; II. Abschrift; III. Abschrift.*
>
> *Schrift: I. (mecklenb.) Kanzleischreiber; II. ernest. Kanzleischreiber; III. Kanzleischreiber.*
>
> *Adresse: I.* Dem hochgebornen fursten, hern / Heinrichen hertzogen zu Braunschweigk / und Luneburgk, unserem freunt- / lichen, lieben ohemen; *II.* Dem hochgebornen fursten, herrn Heinrich(e)n / hertzogen zu Braunßwigk und Luneborg / unserm freuntlichen lieben oheimen / und gefattern; *III.* An hertzog Heinrich(en) von Brunschwigk.
>
> *Kanzleivermerke: III. a)* 1533 – An hertzog Heinrich(en) von Brunschwig etc.; *b)* Copei d(es) fursten ᵃSachss(en) und Meckelnburgkᵃ schreib(ens) etc. zeiget den tag zur Naumburg ahn und pitten, denselb(en) zubesuchen. Dat(um) montag nach Estomihi anno etc. 33. – P.
>
> *Bemerkung: I. wurde gefaltet und gesiegelt, aber nicht abgeschickt; das Siegel ist verloren.*

ᵃ⁻ᵃ *Passage mit Platzhalter hochgestellt eingefügt.*

28

Dresden   *1533 Februar 27*

Herzog Georg (der Bärtige) an Kurfürst Johann Friedrich (den Großmütigen)

Als Landgraf Philipp (der Großmütige) bei Georg gewesen ist, hat er hören lassen, dass er sich mit Johann Friedrich einig sei, für Georgs Sohn Herzog Johann (den Jüngeren) und dessen Gemahlin Elisabeth eine eigene behausung eintzuthun und underhalttung zugeben. *Von Georg befragt, hat sein Sohn Johann gestanden, mit Landgraf Philipp am Morgen nach dessen Ankunft eine heimliche Unterredung darüber geführt zu haben. Der Landgraf habe Johann versprochen, wenn Johann* sampt seinem gemahel sich zu e(uer) l(ieben) [Johann Friedrich] und ihm [Philipp] fuegen wolt, so haben e(uer) l(ieben) und er sich voraynigt,

---

³⁶² *= 1533 April 18.*

ihm *[Johann]* ein behausung und geldt zugeben, damit er ein furstlich underhaltung haben solle. *Wenn das nach Johanns gemuthe sei, solle er es mitteilen, denn Johann Friedrich würde in einem nur sieben Meilen entfernten Städtlein auf die Antwort warten. Johann hat dieses Angebot aber abgelehnt:* daruff unser szon ein bedencken genohmen und yndert drey schritte zu rucke gangen und sich umb gekerth und gesagt: „Schwager ir habt ein sach an mich bracht, der ich beschwerth, vortraget mich solcher sach, denn ich denck es nicht zuthuen nach antzunehmen." *Georg drückt sein Missfallen darüber aus, dass ihm sein Sohn abspenstig und widersetzig gemacht werden sollte und fordert von Johann Friedrich darüber Auskunft, ob dieser so wie berichtet an der Handlung (*solchen unfreundlichen practicken*) Anteil gehabt hat. Datum Dresden dornstags nach Cinerum im xxxiii jhare.*

I. HStA Dresden, 10024, Loc. 10548/3, fol. 49r – 50r; II. HStA Dresden, 10024, Loc. 10548/9, fol. 1r – v; III. HStA Dresden, 10024, Loc. 10548/2, fol. 4r – v; IV. StA Marburg, PA 2554, fol. 57r – v.

Überlieferung: I. Konzept; II. Ausfertigung; III. u. IV. Abschrift

Schrift: I. eigenhändig; II. albert. Kanzleischreiber, eigenhändige Unterschrift Herzog Georgs; III. Kanzleischreiber; IV. (ernest.) Kanzleischreiber

Adresse: II. Dem hochgepornen fursten hern Johans Fri- / derichen hertzogen zu Sachssen des hayligen / romischen reichs ertzmarschalh und / churfursten, landtgraven in Doringen / und marggraven zu Meyssen, unserm / lieben vedtern // zu seiner lieb aygen handen; III. An hertzog Johans Friderichen zu Sachssen churf(ursten) etc. geschr(iben); IV. An churfursten zu Sachssen etc.

Kanzleivermerke: II. a) Dat(um) Weimar dornstags nach Cinerum anno etc. 33 – H; *b)* Hertzogk Jorg der handlung(en) halben so der landgraff zu Dresd(en) mit ime gehabt und wes sich der landgraff u(nsers) g(nediglichen) h(ern) halb(en) fur wort soll haben vornemen lassen.

Bemerkung: II. Das Siegel ist erhalten. – Das Regest folgt II.

Druck: ABKG III, Nr. 2206.

29

[1533 nach Februar 20, vor März 1]

Kurfürst Johann Friedrich (der Großmütige) an Herzogin Elisabeth
Die zwei Schreiben Elisabeths hat Johann Friedrich empfangen. Den mitgeschickten Brief an Landgraf Philipp (den Großmütigen) wird er überstellen; und wenn er wiederrum einen Brief ihres Bruders an sie erhält, wird er ebenso verfahren. – Johann Friedrich leidet mit Elisabeth. Sie soll sich die Sache nicht so sehr zu Herzen nehmen. Er, Landgraf Philipp und alle Verwandten werden sie weiterhin unterstützen. – Als ihr Bruder bei ihm war, hat er den Bericht Levins von Ende verlesen lassen. Es ist verwunderlich, was die Leute alles für wahr halten. – Hans von Minckwitz hat er wegen der vertraulichen Reden gegenüber Georg von Carlowitz instruiert. Dieser wird sich daran halten. – Wegen Levin von Ende soll Elisabeth keine Sorge haben, denn alle ihre Freunde werden die Sache zum Guten wenden. Landgraf Philipp wird den Knaben an seinen Hof bestellen, damit er sicher ist. – Landgraf Philipp hat Johann Friedrich gebeten, Elisabeth zu berichten, was sie in ihrer Sache als nächstes unternehmen wollen. Sie werden Herzog Heinrich V. (den Friedfertigen) von Mecklenburg, Herzog Ernst I. (den Bekenner) von Braunschweig-Lüneburg und Herzog Heinrich II. (den

Jüngeren) von Braunschweig-Lüneburg-Wolfenbüttel die Sache vertraulich anzeigen und bitten, auf den Freitag nach Ostern nach Naumburg zu kommen. Am Sonntag soll dann Herzog Georg (der Bärtige) hinzukommen, wenn er die Einladung nicht ablehnt, damit Elisabeths Sache verhandelt werden kann. Sollte Herzog Georg nicht kommen, so überlegt Johann Friedrich wenigstens die Räte zu Gesprächen zu ihm zu schicken.

> *HStA Dresden, 10024, Loc. 10548/6, fol. 52r–53r.*
>
> *Überlieferung: Konzept.*
>
> *Schrift: ernest. Kanzleischreiber (schriftgleich Nr. 30); eigenhändige Korrekturen und Ergänzungen durch Johann Friedrich.*
>
> *Adresse: –*
>
> *Kanzleivermerke: An die hertzogin von Rochlitz, irer sach und bekummernus halb(en) etc. – 1533.*
>
> *Zur Datierung: Die Datierung ergibt sich in erster Linie aus dem terminus ante quem des Schreibens Johann Friedrichs an Philipp vom 1533 März 1 (Nr. 30). Daneben liegen dem Brief die Schreiben Elisabeths vom 1533 Februar 14 (Nr. 15) und vom 1533 Februar 20 (Nr. 21) zugrunde.*
>
> *Bemerkung: Die Blätter wurden auf der rechten Seitenhälfte fortlaufend beschrieben, die linke blieb Korrekturen und Ergänzungen vorbehalten. – Der Entwurf enthält zahlreiche Korrekturen und Ergänzungen, die durch den Kanzleischreiber und eigenhändig durch Johann Friedrich vorgenommen wurden. – Die Absatzgestaltung folgt der Vorlage.*
>
> *Siehe Anhang, Abb. 3.*

Ich habe e(uer) l(ieben) schreyben in zweyen briven, ªder dato steht freytag Valentini[363] und dornstag vor fasnacht[a] [364] entpfang(en) und alles inhalts vornhomen ᵇund freuntlichen vermerckt[b]. Will e(uer) l(ieben) brud(er) den briff[365], so e(uer) l(ieben) an s(einer) l(ieben)[366] ᶜ geschrib(e)n und mit[d] ub(er)schigkt,[e] s(einer) l(ieben) unverhalt(en) zufertigen. ᶠUnd so myr s(einer) l(ieben) wyederumb schreff zcu schycken an e(uer) l(ieben) halden, wyl ich dyesselbigen e(uer) l(ieben) wey eigener botschafft uberschycken.ᶠ Trage auch mit e(uer) l(ieben) eyn trew(e)n, hertzlich(e)n und freuntlich(e)n mittleyden des beschwerlich(e)n ferstants und bekumernus, so e(uer) l(ieben) wie ich auß e(uer) l(ieben) brud(e)rs bericht auch aus itzig(er) schrifft(en) vermergk, furgefall(en) und begegnet. Kan auch wol glewb(e)n, das e(uer) l(ieben) von wegen ires kom(er)nis an irem kopff schwacheit haben und befinden. Ich wil aber e(uer) l(ieben) auffs freuntlichst gebiet(en), hab(e)n e(uer) l(ieben) wolle ir die sachen nit so hoch zu gemuth ziehen, sond(ern) dem ewigen Got heymgeben und zcu stellen, der wirdet es ob Got wil e(uer) l(ieben) halb(en) zu ehr(e)n, glugk und aller wolfart und den jhenig(en) so wid(er) e(uer) l(ieben) und solch(e)r hendel trost(e)nt seyn, zu schwach und schand hinaus furen. Was ich auch neb(e)n e(uer) l(ieben) brud(er) und and(er)s e(uer) l(ieben) verwant(en) kan ad(er) magk rat(en) und helff(en), das e(uer) l(ieben) zu ehr(e)n und gut gereich(e)n sall, darinnen soll(e)n mich e(uer) l(ieben) ob Got wil als den frewnt vormergk(en) und befint(en). ‖

---

[363]   *Vgl. oben Nr. 15 (Brief Elisabeths an Johann Friedrich und Philipp, 1533 Februar 14).*

[364]   *Vgl. oben Nr. 21 (Brief Elisabeths an Johann Friedrich, 1533 Februar 20).*

[365]   *Das Schreiben Elisabeths an Philipp ist verloren und wird hier unter der Nr. 20 geführt.*

[366]   *Gemeint ist Landgraf Philipp.*

[g]Ich hab auch myt e(uer) l(ieben) bruder, do s(einer) l(ieben) nochmals alhye waren[g], die artickell so Levin von End[367] zu Dresd(en) in etzlicher gegenwart hat ausgesagt und auffschriben, lassen[h] verlessen[i], welchs[j] furwar[k] seltzam und wund(e)rlich zuhern[368], [l]das dye leutte solche unschycklickeyt furnemen und inen von den es byllych geweret, gestat sol werden[l] Doch wirdt zuletzt das wergk sein meister loben und eyn id(er) erbittet[m] seyn lon vordienen etc.[369] im auch billich gegeben wirdt.

Ich habe auch e(uer) l(ieben) anzceige nach Hans von Mingkwitz[370] ret(en)[n] Karlwitz halb(e)n bericht gethan, d(er) wirdt sich darinne wol zuhalt(en) und zcuversorg(en) wiss(e)n.

Was aber belangt Levin von End und den schwiger durff(en) e(uer) l(ieben) keyn sorge hab(e)n, dan ich byn[o] des fruntlich(e)n gemuts und synns, das ich[p] alle[q] die jhenig(e)n, so e(uer) l(ieben) trewlich dienen und gut(e)n erzceig(en) nach meynem[r] vermeg(en) auch gerne fridt(e)n wollen, wie dann e(uer) l(ieben) brud(er) nichts weyng(e)r zuthund wird geneigt sein. [u]Dan ich wyl[s] e(uer) l(ieben) nyt unangezceyget lassen, das e(uer) l(ieben) bruder den von Ende an eynen dinst besthellen wirdet[t], da er wol sicher seyn sol und zcu der notturff e(uer) l(ieben) zcu besten alweg mach bekommen werdet.[u]

[v]Es hat mych auch e(uer) l(ieben) und meyn bruder der lantgraff gebetten, e(uer) l(ieben) von s(ein) l(ieben) und meynetwegen anzcuzeygen,[v] was s(einer) l(ieben) und ich in sach(e)n e(uer) l(ieben) betreffend am nest(en) als s(einer) l(ieben) von Dresd(en) anh(e)r zu mir komm sein und[w] mir dey[x] handel angezceigt, ∥[y] geratschlagt und[z] entlich[aa] geschlossen. Nemlich[bb] das s(einer) l(ieben) und ich vor not und gut angeseh(e)n, das wyr beyde[cc] herzog Heynrich(e)n von Meckelnburg[371] und herzog Ernst(en) von Brawnschwigk und Luneburg[372] als e(uer) l(ieben)[dd] nahe blutsverwante(n) freund(en) den hand(e)l uff vertrawen anzceig(en)[ee] und darauff bitt(en)[ff], das ire libd(en) auff den nest(en) freytag nach ostern schirst(en)[373] zu e(uer) l(ieben) brud(er) und mir[gg] geg(en) d(er) Nawenburg[374] kemen wolt(en). Dohin hertzog Heinrich von Brawnschwigk[375] auch beschrib(en) [hh]werd(en) sold(en), welchs alles also geschehen. Hoff auch die libd(en) werd(en) es nit wegern. Und folgenden[hh] auff den nest(en) sontag[376] darnach sold[ii] mein vett(e)r hertzog Georg daselb(e)n bey uns auch[jj] erscheyn(e)n, wie wir drey bewirte[377] hendler s(einer) l(ieben) schryb(e)n wollen, domit wir mit s(einer) l(ieben) zu noturfft d(er) sach(en) und e(uer) l(ieben) [kk]zu abhelffung irer beschwerung mit Got(e)s hulff[kk] hand(e)len und ret(en) mocht(en), zuvor[ll] sichtig[378] s(einer) l(ieben) wird solchs nit[mm] abschlahn.

Im falh aber, da es beschehen wird, wollen wir[nn] nichts wenig(e)r uns dazumalh uns(e)r reth was hirsten[oo] e(uer) l(ieben) zum best(en)[pp] furzunhemen sein mecht und [qq]zum wenigst(en) den handel als ich hoff dahin richt(e)n, das[qq] von d(er) Newnburg auß s(einer) l(ieben) mit ersuch(e)n aus uns ad(er) jhe zum wenigst(en) durch die reth(e)[rr] besuch(en) werd(en).

---

[367]   *Levin von Ende; vgl. Anm. 188.*

[368]   *= zuhören.*

[369]   *Jesus Sirach 9,24: „Das Werk lobt den Meister, und einen weisen Fürsten ehrt weise Rede."*

[370]   *Hans III. von Minckwitz († 1534), sächs.-ernest. Hofrat und Gesandter; vgl. Anm. 347.*

[371]   *Herzog Heinrich V. (der Friedfertige) von Mecklenburg (1479–1552); vgl. Anm. 325.*

[372]   *Herzog Ernst I. (der Bekenner) von Braunschweig-Lüneburg; vgl. Anm. 326.*

[373]   *= 1533 April 18.*

[374]   *Naumburg, Stadt sw Leipzig.*

[375]   *Herzog Heinrich II. (der Jüngere) von Braunschweig-Lüneburg-Wolfenbüttel (1489–1568); vgl. Anm. 329.*

[376]   *= 1533 April 20.*

[377]   *= bewährte.*

[378]   *= zuversichtlich.*

^{ss}So wyl meyn vetter und bruder e(uer) l(ieben) wey eygenst botschaff weytter schreiben und s(einer) l(ieben) gemut anzceygen.^{ss} Sulchs alles^{tt} hab ich e(uer) l(ieben) fruntlich(er) meynung nit berg(en) woll(e)n etc.

^{a-a} *Passage auf der linken Seitenhälfte vom Kanzleischreiber eingefügt; anstelle gestrichen:* den eynen an mich allein und den and(e)rn an e(uer) l(ieben) brud(e)rn lantgraff Phillipsen etc. meyn(e)n freundlich(e)n libe vett(e)rn und brud(e)rn lautend haltend.

^{b-b} *Passage auf der linken Seitenhälfte von Johann Friedrich eingefügt.*

^c *Gestrichen:* gethan.

^d *Gestrichen:* mitt.

^e *Gestrichen:* habt.

^{f-f} *Passage auf der linken Seitenhälfte mit Platzhalter von Johann Friedrich eingefügt.*

^{g-g} *Passage auf der linken Seitenhälfte von Johann Friedrich eingefügt; anstelle gestrichen:* auch wil ich e(uer) l(ieben) nit berg(e)n, das mir e(uer) l(ieben) brud(er) zugeschicket hat.

^h zugeschigkt hat *auf der linken Seitenhälfte vom Kanzleischreiber eingefügt und wieder gestrichen.*

ⁱ *Wort auf der linken Seitenhälfte mit Platzhalter von Johann Friedrich eingefügt.*

^j *Gestrichen:* nun.

^k *Gestrichen:* seltzam.

^{l-l} *Passage auf der linken Seitenhälfte mit Platzhalter von Johann Friedrich eingefügt.*

^m *Wort hochgestellt eingefügt; darunter gestrichen:* erbitt(e)n.

ⁿ *Gestrichen:* bericht(e)n.

^o dan ich byn *hochgestellt von Johann Friedrich eingefügt; darunter gestrichen:* wir sint.

^p *Wort hochgestellt von Johann Friedrich eingefügt; darunter gestrichen:* wir.

^q *Wortende korrigiert; gestrichen:* -s.

^r *Wort hochgestellt von Johann Friedrich eingefügt; darunter gestrichen:* uns(e)rs.

^s ich wyl *hochgestellt von Johann Friedrich eingefügt; darunter gestrichen:* wyr wollen.

^t *Wort hochgestellt von Johann Friedrich eingefügt; darunter gestrichen:* wollen.

^{u-u} *Passage auf der linken Seitenhälfte mit Platzhalter von Johann Friedrich eingefügt.*

^{v-v} *Passage auf der linken Seitenhälfte mit Platzhalter von Johann Friedrich eingefügt; anstelle gestrichen:* und wiewol wir uns gentzlich versehen e(uer) l(ieben) brud(er), uns(er)n lib(e)n vett(e)r und brud(er), wirdt e(uer) l(ieben) freuntlich vormeldung gethan haben.

^w *Gestrichen:* dyes handel.

^x *Wort hochgestellt eingefügt; darunter gestrichen:* dyes.

^y *Gestrichen:* mer anher.

^z *Gestrichen:* gehand(e)lt auch.

^{aa} *Gestrichen:* dahin.

^{bb} *Wort auf der linken Seitenhälfte mit Platzhalter von Johann Friedrich eingefügt.*

^{cc} wyr beyde *hochgestellt von Johann Friedrich eingefügt; darunter gestrichen:* s(einer) l(ieben) und ich.

^{dd} *Unleserliche Streichung.*

^{ee} *Unleserliche Streichung von zwei Wörtern in der Zeile sowie hochgestellt:* solt(en)?

^{ff} *Wort hochgestellt eingefügt; darunter gestrichen:* gebet(en).

^{gg} *Gestrichen:* auch.

^{hh-hh} *Passage auf der linken Seitenhälfte eingefügt; anstelle gestrichen:* und.

ⁱⁱ *Gestrichen:* uns.

^{jj} *Wort vor der Zeile eingefügt.*

^{kk-kk} *Passage auf der linken Seitenhälfte eingefügt; anstelle gestrichen:* noturfft.

^{ll} *Gestrichen:* kunft.

^{mm} *Gestrichen:* wegen.

ⁿⁿ *Gestrichen:* alle.

^{oo} *Sic.*

^{pp} *Gestrichen:* furzun.

^{qq-qq} *Passage auf der linken Seitenhälfte mit Platzhalter eingefügt; anstelle gestrichen:* als dann.

^{rr} *Gestrichen:* beschick(en).

^{ss-ss} *Passage auf der linken Seitenhälfte von Johann Friedrich eingefügt.*

^{tt} *Gestrichen:* hab(e)n.

30

Weimar   *1533 März 1*

Kurfürst Johann Friedrich (der Großmütige) an Landgraf Philipp (den Großmütigen)

Das Schreiben Philipps mit dem Brief Elisabeths und der Aussage Levins von Ende hat Johann Friedrich empfangen. Er sorgt sich um Elisabeth, ist aber guter Hoffnung, dass sich die Angelegenheit zum Guten wenden wird. Ihren Brief an Philipp schickt er hier mit. – Elisabeth hat ihm berichtet, wie sonderbar Herzog Georg (der Bärtige) ist. – Für den Fall, dass Herzog Georg am Sonntag nach Ostern nicht nach Naumburg kommen wird, ist noch zu verhandeln, ob dann die Räte oder einige von der Landschaft an den Dresdner Hof geschickt werden. Johann Friedrich hat aber große Hoffnung, dass Herzog Georg erscheinen wird. Falls aber nicht, so hält Johann Friedrich es für das Beste, die Räte zu Herzog Georg zu schicken. Wenn man mit den anderen Fürsten zusammenkommt, sollte man die Sache besprechen. Johann Friedrich und Philipp sollen aber beide dafür sorgen, dass die Eingeladenen ohne das Wissen Herzog Georgs erscheinen.

> *I. HStA Dresden, 10024, Loc. 10548/6, fol. 54r – v; II. StA Marburg, PA 2554, fol. 60r.*
>
> *Überlieferung: I. Konzept; II. Ausfertigung.*
>
> *Schrift: I. ernest. Kanzleischreiber (schriftgleich Nr. 29); II. ernest. Kanzleischreiber, eigenhändige Unterschrift Johann Friedrichs.*
>
> *Adresse: I. ªAn lantgraffª; II. Dem hochgebornen fursten hern Philipssen / lantgraven zu Hessen, graven zu Catzeneln- / bogen zu Dietz Ziegenhain und Nidda unserm / freuntlichen lieben vedtern und brudern // ᵇzu s(einer) l(ieb) aigen / handen.ᵇ*
>
> *Kanzleivermerke: I. Antwort an landtgrafen zu Hessen uf sein schreib(en) Levin von Ende aussage in d(er) hertzogin zu Rochlitz sach(en) belangende – 1533; II. Den tagk zue Naumburgk bedreff(end) so h(ertzogk) J(orgen) den nit ersuch(en) wurde.*
>
> *Bemerkung: I. Das Blatt wurde auf der rechten Seitenhälfte fortlaufend beschrieben, die linke blieb Korrekturen und Ergänzungen vorbehalten. Verbesserungen nahmen der Kanzleischreiber sowie Johann Friedrich eigenhändig vor. – II. Die Ausfertigung wurde im Querformat ausgestellt. Das aufgedrückte Siegel ist erhalten. – Die Edition folgt II.*

Unser freuntlicher dienst und was wir liebs und guets vermugen altzeit zuvor hochgeborner furstᶜ, freuntlicher lieber vedter und bruder; wir haben e(uer) l(ieben) schreiben, des dat(um) stehet zu Eisenach suntag nach Cathedra Petri[379] sampt e(uer) l(ieben) schwester, unser freuntlichen lieben muhmen und schwester, schriefft an e(uer) l(ieben) und unsᵈ,[380] auch der eingeschlossenen artickeln Levin von Ende[381] aussage, empfangen und vornomen. Bedanken uns gegen e(uer) l(ieben) desselben freuntlich und vormercken daraus, das uns vor whar seltzsam zuhoren. Seind aber der unzweivelichen hoffnung, der ewig Got werde es e(uer) l(ieben) schwester, unser freuntlichen lieben muhmen und schwester halben zu allem guetem schicken. Haben auch irer lieb auff irer lieb schreiben antwurt geben,[382] und ubersenden e(uer) l(ieben) hiemit ein brieff[383], der uns von e(uer) l(ieben) schwester

---

[379]   *Vgl. oben Nr. 23 (Brief Philipps an Johann Friedrich, 1533 Februar 23).*

[380]   *Vgl. oben Nr. 15 (Brief Elisabeths an Johann Friedrich und Philipp, 1533 Februar 14).*

[381]   *Levin von Ende; vgl. Anm. 188.*

[382]   *Vgl. oben Nr. 29 (Brief Johann Friedrichs an Elisabeth, 1533 nach Februar 20, vor März 1).*

[383]   *Vgl. oben Nr. 21 (Brief Elisabeths an Johann Friedrich, 1533 Februar 20).*

vor wenigk tagen zukommen ist. Wollen auch e(uer) l(ieben) dabey nit bergen, das uns ire lieb weiter geschrieben und allerley, in sunderhait wie wunderlich unser vedter sey, angezaiget, wie ir lieb e(uer) l(ieben) sunder zweivel auch nit bergen werden. Nachdem aber e(uer) l(ieben) in irem schreiben undter anderm anzaigen, so unser vedter hertzogk Jorge den tagk zu der Naumburgk³⁸⁴ nit besuchen wurde, ob alsdan sein l(ieben) durch die rethe zubeschicken ader mit etzlichen von der landschafft so kondten beschrieben werden, von der sache soldt zuhandeln sein etc. Darauff wollen wir e(uer) l(ieben) freuntlicher meynung nit bergen, das wir in gueter hoffnung stehen, unser vedter hertzog Jorg werde nit aussenpleiben. Im vhalh aber, da sein lieb nit erscheinen, bedenken wir in dieser eyl vor das beste^e, das sein lieb statlich beschickt wurde, wie wir uns^f dan^g, wan wir mit den andern furst(en) zusamen komen, solchs^h nodturfftiglich undterreden und entschliessen konnen. Dann so gleich e(uer) l(ieben) und wir, auch die andern neben uns etzliche aus unsers vedtern landschafft beschreiben wurden, tragen wir doch die fursorge, das dieselben ane vorwissen unsers vedtern zuerscheinen, wegerung furwenden wurden. Solchs alles^i haben wir e(uer) l(ieben) nit bergen wollen und derselben freundtlich zudienen sein wir genaigt und willigk. Dat(um) Weimar sonnabend nach Esto Mihi anno domini xv^c xxxiii.

Von Gots gnaden Johans Friedrich hertzogk zu Sachssen und churfurst etc. landgraff in Duringen und marggraff zu Meissen.

Jo(hann) Fridrich churfurst m(anu) p(ro)p(ria) sc(ripsit)

$^{a-a}$ *Unter dem Text.*
$^{b-b}$ *Eigenhändig von Johann Friedrich nachgetragen.*
^{c} *I. Entwurf beginnt hier.*
^{d} *I. mich.*
^{e} *I. Im Entwurf gestrichen:* ob hertzog Heynrich von Megkelburg und hertzog Heynrich v(on) Brawnschwigk zuvormog(en) furmecht(en) sich zu s(einer) l(ieben) gegen Dresd(en) hinbegeb(e)n, so es aber bey irer libd(en) als wie uns nit verseh(e)n jhe nit zuerhalt(en), alsdann muse unser vett(e)r durch die reth beschigk werd(en).
^{f} *I. konnen.*
^{g} *In I. folgt:* solchs.
^{h} *Fehlt in I.*
^{i} *I. Entwurf endet hier mit Abbreviatur etc.*

31

Weimar   *1533 März 4*

Kurfürst Johann Friedrich (der Großmütige) an Herzog Georg (den Bärtigen)

Johann Friedrich hat das Schreiben Georgs³⁸⁵ über die geheime Besprechung Landgraf Philipps (des Großmütigen) mit Georgs Sohn Herzog Johann (den Jüngeren) in Dresden erhalten. Dessen Inhalt hat er nicht gern vernommen und hätte es für besser befunden, das unfreundliche Schreiben wäre unterblieben. Zu einer Antwort auf Georgs Beschuldigungen sieht sich Johann Friedrich nicht in der Lage, weil sich dessen Bericht und der Bericht Landgraf Philipps darüber sehr unterscheiden (miteinander in dem nit allenthalben vorgleichen). Deshalb leitet er das Schreiben Georgs an Landgraf Philipp weiter und will

---

³⁸⁴ = *Tag zu Naumburg. Vgl. dazu unten Anm. 674.*
³⁸⁵ *Vgl. oben Nr. 28 (Brief Georgs an Johann Friedrich, 1533 Februar 27).*

sich erst nach dessen Erwiderung darauf mit freuntlicher und unvorweislicher antwurt alsdan weiter vornemen lassen. *Datum* Weimar dinstags nach Invocavit anno domini xv^c xxxiii.

> *I. HStA Dresden, 10024, Loc. 10548/2, fol. 5r; II. StA Marburg, PA 2554, fol. 58r – v.*
>
> *Überlieferung: I. Ausfertigung; II. Abschrift.*
>
> *Schrift: I. ernest. Kanzleischreiber, eigenhändige Unterschrift Johann Friedrichs; II. (ernest.) Kanzleischreiber.*
>
> *Adresse: I.* Dem hochgebornnen fursten hern Georgen / herczogen zu Sachssen, lanndgraven zu / Duringen und marggraven zu Meissen / unserm lieben vedtern; *II.* An hertzog Jorgen zu / Sachssen etc.
>
> *Bemerkung: I. Das Siegel ist erhalten. – Das Regest folgt I.*

32

[1533 März 6][386]

Herzogin Elisabeth an Landgraf Philipp (den Großmütigen)

Elisabeth teilt Philipp mit, dass Herzog Heinrich II. (der Jüngere) von Braunschweig-Lüneburg-Wolfenbüttel zum Naumburger Fürstentreffen nachkommt.

> *StA Marburg, PA 2841, fol. 48r.*
>
> *Überlieferung: Ausfertigung.*
>
> *Schrift: eigenhändig.*
>
> *Adresse:* m f h l b h p l / z h etc. y s l e hant.[387]
>
> *Nr. bei Werl: 38.*
>
> *Kanzleivermerke: a)* Von Rochlitz; *b)* Lag unter 1532 (Nürnb. Rel. Friede) *(Archivarshand 20. Jh.).*
>
> *Zur Datierung: Die Jahresangabe fehlt. Die Datierung ergibt sich aus der Annahme, dass es sich um die mitgeteilte informelle Zusage Herzog Heinrichs II. von Braunschweig-Lüneburg-Wolfenbüttel handelt, zum Naumburger Fürstentreffen zu kommen. Der Zeitraum wäre demnach zwischen Ende Februar, als dieser eingeladen wurde, und den März 16 zu stellen, wo er absagte. Die Anwesenheit Heinrichs zwischen März 3 und März 6 in Dresden lassen den Donnerstag dieser Woche wahrscheinlich werden.*[388]
>
> *Bemerkung: Die Nachricht steht auf einem kleinen, streifenartigen Zettel, der gefaltet und mit grünem Wachs gesiegelt wurde. Das aufgedrückte Siegel und Wachsreste sind erhalten.*

---

[386]   *Werl liest bei der Datumsangabe* dinstag, *deshalb datiert sie diesen Brief auf 1533 März 4.*

[387]   *Die Adresse ist hier vollständig erhalten; sie steht für:* **M**einem **f**reundlichen **h**erzlieben **B**ruder **H**errn **P**hilipp, **L**andgraf zu **H**essen *etc. in* **s**einer **L**ieben **e**igen **H**and.

[388]   *Vgl. Werl, Elisabeth, S. 95.*

H(erz) l(iebster) b(ruder), ich las dich wissen, das h(erzog) H(einrich) v(on) B(raunschweigk)[389] hintte her kummett. Solges hab ich dir fruntlicher meinunge nich wollen bergen. Dat(um) dorstag[a].

E H Z S etc.

[a] *Werl liest:* dinstag.

33

1533 März 6

Zeugenaussage des Johannes Hülse, Beichtvater der Hofjungfer Anna von Honsberg

Johannes Hülse bezeugt die Aussage der toten Hofjungfer Anna von Honsberg. Sie hat ihm als ihren Beichtvater außerhalb der Beichte anvertraut, dass man ihr unrecht tue, wenn man behaupte, sie habe Zwietracht zwischen Herzogin Barbara und Herzogin Elisabeth säen wollen. Von Herzog Johann (den Jüngeren) ist sie in seiner Gegenwart befragt worden, ob sie gesagt hätte, dass jemand heimlich bei der jungen Herzogin gewesen wäre. Auf dem Totenbett hat sie das verneint und vielmehr darauf hingewiesen, dass Elisabeth eine redliche und tugendsame Person sei.

> *HStA Dresden, 10024, Loc. 10548/6, fol. 19r.*
>
> *Überlieferung: Ausfertigung.*
>
> *Schrift: eigenhändig.*
>
> *Adresse: –*
>
> *Kanzleivermerke:* Herr Johann Hulsen zeugnuß, jungfrau Annen von Honsberg geben, ires bekentnuß halb(en) in d(er) beicht, d(as) sie zwisch(en) d(er) hertzogin zu Rochlitz und hertzog Georg(en) gemhal keine uneinigkeit gemacht etc.
>
> *Bemerkung: Das einzelne Blatt wurde mit dem vollständig erhaltenen Siegel Hülses am unteren Seitenrand bestätigt, war aber nicht mit einem Siegel verschlossen, sondern nur gefaltet. – Als Beilage zusammen überliefert mit dem Brief Elisabeths an Johann Friedrich von 1533 März 7 (Nr. 38). – Die Interpunktion wurde aus der Ausfertigung übernommen und nur gelegentlich ergänzt.*

Ich, Johannes Hulße, bekenne mit dyser meyner hantschrifft, das dye tugetsamme junckfraw Anna von Honßpergk seliger gedechtnus, mir alz irem beichvater, ßo ich sye denn außerhalb(e)n der beycht gefraget hab, ab dem alßo sey, das vor mich kome, wye sye zcwischen meynen genedigisten frawen, der alden fursten[390] und jungen vil zcweytracht und uneynikeyt machen solde. Hat sye bey iren hochsten gewissen gesaget, man thue ir ungutlich, sye habe es nicht gethan und wolde es ungern thun. Es hat sye auch mey(n) genedige junge fursten in meyner kegenwertigkeyt gefraget, ab sye gesaget hette, das sye eynen, der bey iren gnaden gewesen wehr, sehen dy selbige zceyt heimablauffen. Das sye denn alles mit gutem

---

[389] *Herzog Heinrich II. (der Jüngere) von Braunschweig-Lüneburg-Wolfenbüttel war am 1533 März 3 gemeinsam mit Markgraf Joachim II. (der Jüngere) von Brandenburg (1505–1571) in Dresden angekommen und reiste am 1533 März 6 nach Halle ab (vgl. unten Nr. 34). Vgl. ABKG III, Nr. 2207.*

[390] *Herzogin Barbara von Sachsen (1478–1534).*

gelimpff[391] uff dyßmal und auff irem todbetthe vorneynt hatt, auch susten vormals offte bey ir in heymlikeyt nihe nichs gespurth hab, sunder ir furstliche gnaden demutiglich umb Gott(es) willen ir alles zcu vorzceyhen, was sye wider ire gnade gethan hette, gebetheen und sollichen argkwon von ir abwenden, wen sye dyser dingk unschultig were. Und woste von iren furstlichen gnaden nichs anders wider alle redlikeyt und tugetsamkeyt. Dar auff wolde sye auch sterben. Geschenn dornstag nach Invocavit in beywesen der erbarn und tugetsamen junckfrawen Dorothea von Bunaw[392], Barbara von Schonbergk[a] [393], Magdalena Pflugen[394] und Caspar, dem itzigen thurknecht, im xxxiii jhar.

[a] Schonberg *wurde schwer leserlich korrigiert, eventuell aus:* Schonfelt.

34

1533 März 6

Herzogin Elisabeth an Kurfürst Johann Friedrich (den Großmütigen)

Herzog Heinrich II. (der Jüngere) von Braunschweig-Lüneburg-Wolfenbüttel und Markgraf Joachim II. (der Jüngere) von Brandenburg sind in Dresden gewesen und reisen heute nach Halle weiter. Über die persönlichen Beweggründe Herzog Heinrichs hinaus konnte Elisabeth nichts über den Zweck der Reise erfahren. Elisabeth befürchtet, der Markgraf solle dafür sorgen, dass sie Herzog Heinrich und ihren Bruder miteinander aussöhnt. Herzog Georg (der Bärtige) sieht aber nicht gern, dass die beiden sich vertragen. Nun weiß Elisabeth nicht, was sie ihrem Bruder raten soll. Dennoch hat sie Landgraf Philipp (den Großmütigen) ermahnt, er solle sich nicht auf Herzog Heinrich verlassen oder ihm vertrauen. – Elisabeth hat mehrere Briefe geschrieben und bisher keine Antwort erhalten. Johann Friedrich soll ihr anzeigen, ob die Briefe angekommen sind. – Heute ist Hans von Schönbergs Tante zu ihr gekommen und hat sie gebeten, sich mit ihrem Neffen zu versöhnen, da sie doch beide das Gleiche wollen. Sie berichtete Elisabeth auch, wie Heinrich von Schleinitz gegen sie gehandelt hat. Elisabeth hat ihr geantwortet, dass ein Schurke so „gut" sei wie der andere. – Mit diesem Schreiben schickt Elisabeth eine Abschrift der Aussage Annas von Honsberg. Das Original will sie Johann Friedrich zur Sicherheit mit einem gesonderten Boten schicken. – Elisabeth hat auch vergessen zu berichten, dass Herzog Georg sie wieder beschuldigt hat. Darauf hat sie geantwortet, dass die Hofjungfer gelogen habe. Er hat behauptet, dass er es von keiner Hofjungfer hätte. Nun, wo sie tot ist, sagt er solche Lügen und zeugt mit toten Leuten. Herzog Georg hat auch Herzog Heinrich, Markgraf Joachim und Landgraf Philipp gegenüber davon gesprochen, um sie schlecht zu machen. Landgraf Philipp hat zwar verboten, Elisabeth darüber zu berichten, der Markgraf hat es aber dennoch getan. – Elisabeth leidet sehr; sie befürchtet verrückt zu werden. Sie will lieber sterben, nur damit dieses Leiden aufhört.

HStA Dresden, 10024, Loc. 10548/6, fol. 17r – 18r.
Überlieferung: Ausfertigung.

---

[391] = *Ehre, Ansehen.*
[392] *Dorothea von Bünau, Hofjungfer Elisabeths.*
[393] *Barbara von Schönberg, Tochter des Hans (junior) von Schönberg zu Reinsberg († 1537) und Agnes von Ende; vgl. Mansberg, Erbarmanschaft Wettischer Lande II, S. 401 – 429 und Stammtafel 33.*
[394] *Magdalena Pflugk; vgl. Anm. 1351.*

Schrift: eigenhändig.

Adresse: [d h g] f h h f h z / [s d h r] r e u k l y / [d m zu] m m f h l / [o u b y s] l e hant.[395]

Nr. bei Werl: 39.

Kanzleivermerke: Die hertzogin clagt abermalß ire noth, und zeiget und(er) and(er)m an, d(as) sie d(en) jungen marggraf angesprochen, d(as) sie inen mit irem brud(er), dem landtgraf(en), vertrag(en) wolle.

Bemerkung: Siegeleinschnitte sind vorhanden; das Siegel und der Siegelstreifen selbst sind verloren; die Adresse ist entsprechend beschädigt überkommen. – Dem Schreiben lag eine Abschrift der Zeugenaussage Johannes Hülses bei (Nr. 33). – Der Brieftext erging in der originalen Ausfertigung fortlaufend und ohne Satzzeichen. Für die Wiedergabe wurde der Text zur besseren Lesbarkeit in Absätze gegliedert.

M(ein) f(reuntlicher) h(ertz) a(ller) l(iebster) o(hme) u(nd) b(ruder); ich geb e(uer) l(ieben) tzu der keynen[396], das h(erzog) H(einrich) v(on) B(raunschweigk) und der yunck margraff[397] sein heir gewest und tzein heutt nach Halle[398] heir wegk. Kant auch nichst suntterlychst erfarn, dan[a] h(erzog) H(einrich) v(on) B(raunschweigk) eigen sachen halben. Sprechen dey rette, ein breff het es wol auß gerecht.[399] Aber als mich donck, so yst das dey nobygeste sach, das den margraffen an mich hetz, das ych in solt mit m(einem) b(ruder) vor tragen. Dan er wolt mir dey sach mechtych geben und wolt es mit leyp und gut und war gros er beytten und batt mich selber auch. Aber so vel merck ich wol, meyn alter[400] seg es nich gern, das sey vor dragen wern. Aber ich west nich, ab ich es meyn bruder ratten wolt aber[401] nich. M(ein) bruder[b] sagett mir wol heir dar von, da saget ich, er solt sych ya nicht auff in vor[c] lassen nach im vortrawen, gar nichst hemlichst, wo mit im vor tragen wolt sein. Da meyn er: „Ya, der junck[d] margraff wil dreint hanttellen.“

Ich lass e(uer) l(ieben) auch wissen, das ich e(uer) l(ieben) bey e(uer) l(ieben) botten ein [breff][e] geschriben[402] hab und ein breff[403] an meyn b(ruder) mit[f] gescheickett hab. Auch hab ich e(uer) l(ieben) for iii wochgen[404] auch geschriben.[405] Nu yst der bot nich wider kumen, dan Yorg[g] Creysse[406] scheickett mir in wegk, scheickett e(uer) l(ieben) und meyn bruder vor tzeygen, was Lefein von Entte[407] angetzeygett hette. Nu west ich nich, ab der bot

---

[395] *Steht für: **D**em **h**ochgeborenen **F**ürsten **H**errn **H**ans **F**riedrich, **H**erzog **z**u Sachsen, des Heiligen **R**ömischen **R**eichs Erzmarschall **u**nd **K**urfürst, Landgraf in **T**hüringen, **M**arkgrafen **z**u **M**eißen, meinem freundlichen **h**erzlieben **O**heim **u**nd **B**ruder in seiner Lieben **e**igen **H**and.*

[396] *= erkennen.*

[397] *Markgraf Joachim II. (der Jüngere) von Brandenburg (1505–1571); vgl. zu ihm ADB 14 (1881), S. 78–86; NDB 10 (1974), S. 436–438; BBKL 3 (1992), Sp. 110-115.*

[398] *Halle (Saale), Stadt nw Leipzig, Residenz des Erzbischofs von Magdeburg.*

[399] *Herzog Heinrich II. (der Jüngere) von Braunschweig-Lüneburg-Wolfenbüttel war am 1533 März 3 gemeinsam mit Markgraf Joachim in Dresden angekommen. In einem Brief teilte er Kardinal Albrecht mit, dass er nach Halle kommen wolle, um vor seinem Tod noch einmal mit dem Kardinal allein zu sprechen. Vgl. ABKG III, Nr. 2207.*

[400] *Herzog Georg (der Bärtige) (1471–1539).*

[401] *= oder.*

[402] *Vgl. oben Nr. 21 (Brief Elisabeths an Johann Friedrich, 1533 Februar 20).*

[403] *Das Schreiben Elisabeths an Philipp ist verloren und wird hier unter der Nr. 20 geführt.*

[404] *= vor 3 Wochen.*

[405] *Vgl. oben Nr. 15 (Brief Elisabeths an Johann Friedrich und Philipp, 1533 Februar 14).*

[406] *Georg von Kreutz († nach 1553), Amtmann zu Gotha.*

[407] *Levin von Ende; vgl. Anm. 188.*

dot aber leben dich yst[408]. Ab e(uer) l(ieben) der breff auch wortten yst, byt e(uer) l(ieben) wol mich es lassen wissen.

Ich[h] geb[i] auch e(uer) l(ieben) tzu erkeynnen, das Hans von Schonbergkst mhumen[409] ein heut tzu mir kumen yst und mich gebetten, ich wolt mich mit ‖ mit[j] im vortragen lassen, dan er wolt als dunt, was[k] ych wolt. Und ych solt an im erfarn, wey He(inrich) v(on) Schlintz[410] keyn mir gehanttel het, dan He(inrich) v(on) Schlintz fourett im in das spelt. Ich saget: „Ein buffe[411] yst so gut als der ander. Ich woste for von in beytten genunck. Ich wolt mit in tzu fretten sein mit mer wortten, es sein rechtte gesellen."

E(uer) l(ieben)[l] scheyck ich auch heyr mit ein abschreff, was der toden yunckfer becht vatter[412] mir bekein nett[413] und mir heut gesaget und bekant hatt vor dem dortknecht[414] und Dorette v(on) Bonno[415], Lenne Pflugen[416] und Barber von Schonbergk[417], Ha(ns) v(on) Schonbergkst dochtter etc.[m] Seyn hantschreff wil ich e(uer) l(ieben) auch schicken bey eim gewissem botten, dan ych kemb nicht gern, dromb der bot sal fortter in das lantse Hessen laffen.[n] Einst hab ich vorgessen in meyner voranwerttunge, da mich[o] der alt so heslych an rett, da saget ich: „Hort dey yunckfer het mich so belougen, dan als was gelougen war, das gaben man yer schoult." Da saget er neyr, er het es von keynner yunckfer. Nu sey tod yst, sprecht er so ein[p] lougen. Er also betzouget mit toden leutten. Ich wost, storben dei zwein[q], so wort er es wol sagen, das sal ein kloug man sein.[r] Er wolt mich gern schentten, kont er nor. Hatt die lege[n]tte[s] h(erzogk) H(einrich) v(on) B(raunschweigk) und dem juncken markgraffen auch gesaget und wei meyn bruder mit im gehanttel hatt und ser vorbotten, mir nich tzu sagen, aber der junck markgraff saget mir es gar. Kumb er[t] tzu e(uer) l(ieben), wert es e(uer) l(ieben) wol sagen, dan er wil ja in kortzse bey mein bruder sein, saget er mir.

Ich weyl heyr mit e(uer) l(ieben) Got bevellen, der helff[u] uns mit freutten tzu sammen und er lost[418] uns von bossen leutten. Und bevel mich e(uer) l(ieben) und[v] ‖ byt e(uer) l(ieben) wol nichst arges auff mich glaben und mich nich vorlassen, als ych mich das tzu e(uer) l(ieben) vor se. Dan e(uer) l(ieben) schwesterliche trew tzu ertzeygen bin ych geneygett. Ich hab nor sorge, ich herm[419] mich, das ych doult[420] werte. Sterben wolt ich gern, das ich nar der martter abkembe. Dat(um) darstag nach[w] Invocafett anno xxxiii[x].

E H Z S etc.

---

^a *Gestrichen: sein.*
^b m(ein) bruder *hochgestellt eingefügt; darunter gestrichen: ich er.*
^c *Gestrichen: lassen n.*
^d *Wort hochgestellt eingefügt.*
^e *Hier fehlt ein Wort.*
^f *Wort hochgestellt eingefügt.*

---

⁴⁰⁸   = *ob der Bote tot oder lebendig ist.*
⁴⁰⁹   = *Muhme; Tante oder allgemeiner ‚weibliche Seitenverwandte' Hans von Schönbergs.*
⁴¹⁰   *Heinrich von Schleinitz zu Saathain und Koselitz († 1543), sächs.-albert. Rat und Hofmarschall; vgl. Anm. 5.*
⁴¹¹   = *Bube, im Sinne von ‚Schurke'.*
⁴¹²   *Vgl. oben Nr. 33 (Zeugenaussage des Johannes Hülse, 1533 März 6).*
⁴¹³   = *bekennet.*
⁴¹⁴   *Türknecht Kaspar (vgl. oben Nr. 33).*
⁴¹⁵   *Dorothea von Bünau, Hoffjungfer Elisabeths.*
⁴¹⁶   *Magdalena Pflugk; vgl. Anm. 1351.*
⁴¹⁷   *Barbara von Schönberg; vgl. Anm. 393.*
⁴¹⁸   = *erlöst.*
⁴¹⁹   = *härme; im Sinne von ‚Kummer leide'.*
⁴²⁰   = *‚verrückt'; abgeleitet von stultus.*

^g *Stelle durch Loch verderbt.*

^h *Gestrichen:* geb.

ⁱ *Gestrichen:* auch.

^j *Sic.*

^k *Gestrichen:* e.

^l *Sigle hochgestellt eingefügt; darunter gestrichen:* ich.

^m *Abbreviatur für* etc. *hochgestellt eingefügt.*

ⁿ *Gestrichen:* enst.

^o *Gestrichen:* dar.

^p *Wort hochgestellt eingefügt; darunter gestrichen:* ders.

^q *Wort hochgestellt eingefügt.*

^r *Gestrichen:* e.

^s *Stelle durch Loch verderbt; unleserliches Wort.*

^t *Wort hochgestellt eingefügt.*

^u *Gestrichen:* und.

^v *Platzhalter am rechten Seitenende verweist auf die neue Seite.*

^w *Gestrichen:* innod.

^x *Die Zahl ist ganz am Zeilenende nach unten gezogen und kaum lesbar geschrieben.*

35

Weimar   *1533 März 6*

Kurfürst Johann Friedrich (der Großmütige) und Herzog Ernst I. (der Bekenner) von Braunschweig-Lüneburg an Herzog Heinrich V. (den Friedfertigen) von Mecklenburg

Der Kanzler[421] Heinrichs hat Ernst auf seinem Rückweg verfehlt. Ernst ist aber inzwischen in Weimar eingetroffen und von Johann Friedrich selbst in der Sache zwischen Landgraf Philipp (dem Großmütigen), Elisabeth und Herzog Georg (dem Bärtigen) unterrichtet worden und hat eingewilligt, die Einladung an Herzog Georg nach Naumburg mit auszustellen und in Naumburg persönlich an der Unterredung teilzunehmen. Die Aussteller bitten Heinrich, die Einladung an Herzog Georg, die ihm inzwischen zugegangen sein muss, zu sekretieren und mit dem Boten umgehend an Johann Friedrich zurückzusenden. Nicht Ernst, sondern dessen Bruder Herzog Franz von Braunschweig-Lüneburg[422] wird das Schreiben dann noch sekretieren.

Datum Weimar dornstags nach Invocavit anno domini xv^c xxxiii.

I. HStA Dresden, 10024, Loc. 10548/8, fol. 58r–59r; II. LHA Schwerin, 2.11-2/1 Auswärtige Beziehungen, Nr. 4378, fol. 10r.

Überlieferung: I. Konzept; II. Ausfertigung.

Schrift: I. ernest. Kanzleischreiber; II. ernest. Kanzleischreiber; eigenhändige Unterschriften der ausstellenden Fürsten.

Adresse: I. An hertzogk Heinrichen von Meckelnburgk etc.*; II.* Dem hochgebornen fursten unserm freunt- / lichen lieben vedtern, ohemen und schwehern, / hern Hainrichen hertzogen zu Meckelnburgk, graven zu Schwerin, Rostock und Stargard(e)n / der lande hern // ^azu s(einer) l(ieb) handen^a.

---

⁴²¹ *Kaspar von Schöneich († 1547), Kanzler Herzogs Heinrich V. (des Friedfertigen) von Mecklenburg; vgl. Anm. 334.*

⁴²² *Herzog Franz von Braunschweig-Lüneburg (1508–1549).*

Kanzleivermerke: I. a) An hertzog Heinrichen von Meckelnburgk, von wegen der handelung so zu Naumburgk bescheen soll. – L; *b)* Des churf(ursten) zu Sachs(en) etc. und h(ertzog) Ernst(en) von Luneb(urg) bith, den tag zubesuch(en) und d(as) schreib(en) an h(ertzog) Jorg(en), eben dieser handlung das landtg(rafen) schwest(er) halb(en) zu vorsecretiren etc. Dat(um) Weimar donerstag nach Invocavit anno etc. 33.

Bemerkung: II. Die Ausfertigung trägt die Siegel Kurfürst Johann Friedrichs (über rotem Wachs) und Herzog Ernsts I. (über grünem Wachs).

a-a *Eigenhändig von Johann Friedrich nachgetragen.*

36

1533 März 7

Herzogin Elisabeth an Kurfürst Johann Friedrich (den Großmütigen)

Elisabeth hat einen Bericht erhalten. – Johann Friedrich soll alles dafür tun, dass sie bald wieder zusammenkommen.

HStA Dresden, 10024, Loc. 10548/6, fol. 16r.

Überlieferung: Ausfertigung.

Schrift: eigenhändig.

Adresse: [d] h g f h h f h / [z s d] h r r e m u k / [l y d] m zu m m / [f l] o u b y s l e hant. [423]

Nr. bei Werl: 37.

Kanzleivermerke: a) Hertzogin zu Rochlitz – 1534; *b)* 28. Feb. 1533 *(Archivarshand 20. Jh.).*

Zur Datierung: Die Datierung im Kanzleivermerk zu 1534 ist hier wie anderswo irrig. Von Archivarshand wurde das Stück auf 1533 Februar 28 datiert. Der Freitag „in der Weihfasten" bezieht sich aber auf den Freitag zwischen Quatember (5. März) und Reminiscere (9. März), zu dem das Datum hier aufgelöst wurde. [424]

Bemerkung: Siegeleinschnitte und Reste des Siegellacks sind vorhanden; das Siegel und der Siegelstreifen selbst sind verloren; die Adresse ist entsprechend beschädigt überkommen. – Der Brief ist ein Zettel von der Größe eines halben Folioblattes.

M(ein) h(ertz) a(ller) l(iebster) o(hme) u(nd) [bruder][a]; ich hab von h H[425] um vorstanden alten berecht und er wert e(uer) l(ieben) mein gemott weider berechtten. Und byt e(uer) l(ieben) wol allen flyz vor wenden, auff das weir zu sammen kummen, wo e(uer) l(ieben) gebetten wortte. Und wil heir mit e(uer) l(ieben) Got bevellen, mich e(uer) l(ieben) als

---

423   *Steht für: **Dem** **h**ochgeborenen **F**ürsten **H**errn **H**ans **F**riedrich, **H**erzog **zu** **S**achsen, des **H**eiligen **R**ömischen **R**eichs **E**rzmarschall **u**nd **K**urfürst, **L**andgraf **i**n **Th**üringen, **M**arkgrafen **zu** **M**eißen, **m**einem freundlichen **l**ieben **O**heim **u**nd **B**ruder **i**n seiner **L**ieben **eig**en **Hand**.*

424   *Vgl. Grotefend, Zeitrechnung des deutschen Mittelalters und der Neuzeit, Bd. 1, S. 160 f.*

425   *Person ist nicht eindeutig identifizierbar. Mögliche Auflösungen sind: h(er) H(ans), h(ertzog) H(ans), h(er) H(einrich) oder h(ertzog) H(einrich). Demzufolge könnte es sich um ihren Gemahl Herzog Johann oder um Hans III. von Minckwitz (vgl. Anm. 347) handeln. Der kurfürstliche Rat wurde häufig von Kurfürst Johann Friedrich in diplomatischen Missionen ausgeschickt. Eine andere Möglichkeit wäre die Auflösung zu Herzog Heinrich II. (der Jüngere) von Braunschweig-Lüneburg-Wolfenbüttel, der gemeinsam mit Markgraf Joachim II. (den Jüngeren) von Brandenburg am 1533 März 3 in Dresden angekommen war. Vgl. ABKG III, Nr. 2207.*

m(ein) h(ertz) a(ller) l(iebsten) b(ruder), dan e(uer) l(ieben) schwesterliche trew zu der tzeigen bin ich willichen. Dat(um) freyttag in der Weychfaste[426] anno xxxiii.

E H Z S etc.

[a] *Hier fehlt ein Wort.*

37*

[1533 März 7]

Herzogin Elisabeth an Landgraf Philipp (den Großmütigen)

Elisabeth schickt ihrem Bruder eine Abschrift der Zeugenaussage Johannes Hülses, Anna von Honsberg betreffend (Nr. 33).

Überlieferung: verloren.

Bemerkung: Die Ausfertigung und die Datierung dieses Schreibens ergeben sich aus Nr. 38. – Der Brief wurde durch den Kurfürsten Johann Friedrich an Philipp zugestellt.

38

1533 März 7

Herzogin Elisabeth an Kurfürst Johann Friedrich (den Großmütigen)

Elisabeth wollte heute Johann Friedrich einen Brief schicken. Der Bote sollte gleich nach Hessen weiterreisen und eine Nachricht an ihren Bruder überbringen. Da diese aber bei Johann Friedrich sicherer ist, schickt sie nun den Brief an den Kurfürsten mit der Bitte, ihn an Landgraf Philipp (den Großmütigen) weiterzuleiten. Das Schreiben mit der Aussage des Pfarrers Johannes Hülse (Beichtvater der Anna von Honsberg) übersendet Elisabeth ebenfalls. Johann Friedrich soll es behalten, denn bei ihm ist das Original sicherer verwahrt als bei ihr. Ihrem Bruder schickt sie eine Abschrift. – Der Pfarrer kam heute noch einmal vorbei und wollte das Schreiben wiederhaben. Er fürchtet, aus dem Land gejagt zu werden, wenn Elisabeth Herzog Georg (dem Bärtigen) davon berichtet. Sie werde es dem Herzog zwar nicht sagen, aber wenn es nötig wäre, so würden Johann Friedrich und ihr Bruder Herzog Georg von jenem Schreiben berichten. – Elisabeth kann nicht so viel auf einmal schreiben. Der Kopf und die Zähne tun ihr weh; sie schläft wenig. Ihrem Bruder darf sie davon nicht schreiben, er macht sich sonst Sorgen. – Elisabeth glaubt nicht, dass Herzog Georg selbst nach Naumburg kommt. – Sie hat gehört, Herzogin Barbara habe dem Pfarrer heute gedroht, weil er gestern bei ihr war. Elisabeth hat Herzog Johann (dem Jüngeren) davon erzählt. Er sagte, er wolle tun, als wüsste er von nichts. Sie solle tun, was sie wolle. Gegen seinen Vater kann er ihr nicht helfen. Er hat ihr aber geraten, die Handschrift zu behalten. – Elisabeth leidet großen Kummer; in der Öffentlichkeit lacht sie und stellt sich fröhlich. Herzog Georg legt viel Wert auf ihre Ehre. – Herzog Georg ist gegen Christoph von Maltitz sehr aufgebracht, weil er Levin von Ende ein Pferd geliehen hat und gemeinsam mit anderen zu Elisabeth gegangen ist. Herzog Georg hat daraufhin die Hofmeisterin und

---

[426]　= *Weihfasten.*

den Türknecht gerügt; nun ist es schwierig, mit jemandem zu reden. Herzog Georg wolle ihr gern die Landschaft auf den Hals hetzen. – Elisabeth dankt Johann Friedrich für die goldene Kette und seinen Trost. — Johann Friedrich soll bei Herzog Georg nicht nachgeben. Er wird nur seine Räte nach Naumburg schicken.

HStA Dresden, 10024, Loc. 10548/6, fol. 20r – 21r.

Überlieferung: Ausfertigung.

Schrift: eigenhändig.

Adresse: [Dem hoch]geborn fursten / [hern Hans] Freyderych hertzog / [zu Sachsen] dest heylgen / [romsen reic]hst ertzmarschalk / [und korfurste] etc. meyn / [fruntlichen] lieben ohmen / [und bruder] in seiner lieb // eigen hant.

Nr. bei Werl: 40.

Kanzleivermerke: Die hertzogin von Rochlitz clagt ire noth, und uberschickt die kundtschafft, so d(er) pfaff Annen von Honsberg geben, sie, di hertzogin belangende.

Bemerkung: Siegeleinschnitte sind vorhanden; das Siegel und der Siegelstreifen selbst sind verloren; die Adresse ist entsprechend beschädigt überkommen. – Als Beilage zusammen überliefert mit der Zeugenaussage des Beichtvaters Johannes Hülse von 1533 März 6 (Nr. 33). – Der Brieftext erging in der originalen Ausfertigung fortlaufend und ohne Satzzeichen. Für die Wiedergabe wurde der Text zur besseren Lesbarkeit in Absätze gegliedert.

M(ein) f(reuntlicher) h(ertz) a(ller) [l(iebster)][a] o(hme) u(nd) b(ruder); e(uer) l(ieben) fruntlyches schriben[427] nem ych tzu fruntlychem danck an, auch e(uer) l(ieben) erbeydeins wil auch sowlges[428] in[b] aller schwesterlycher trew vor glichen. Und dey meynunge gefelt mir ser ser[c] wol, e(uer) l(ieben) sam meyn bruder mogen es machen, wey e(uer) l(ieben) wol. Ich wolt auch e(uer) l(ieben) heut glich[d] ein breff scheycken, und der bott solt fortter keyn Heyssen[429] laffen, aber weil e(uer) l(ieben) botschaff gewisser yst, so scheik ich e(uer) l(ieben) den breff an meyn bruder[430], bit e(uer) l(ieben)[e] im tzu scheik(en)[f]. Ich wil aber glich wol dey tzu kounffteige woch[431] ein laffen botten tzu m(eines) b(ruders) wib[432] scheiken. Es yst aber nichst dan nar weyst[433], da nicht gros macht an leygett etc.

  Weil gewisse bottschaff heyr yst, so scheik ych e(uer) l(ieben) das paffen[434] hant schreff[435] und e(uer) l(ieben) behalt sey, sey yst bast vor wartt bei e(uer) l(ieben) dan bey mir. Meyn b(ruder) scheik ich ein ab schreff, wey mir der paffe gesagett gestern hatt[g] vor dem yetzgen dort knechtt[436] und Dortte von Bonno[437], Barber v(on) Schonberg[438], Lenne Pflugen[439]. Heut kumb und het den breff gern wider, dan dey alte[440] hatt gebeycht heutt.

---

[427] *Vgl. oben Nr. 29 (Brief Johann Friedrichs an Elisabeth, 1533 nach Februar 20, vor März 1).*

[428] *= solches.*

[429] *Hessen.*

[430] *Das Schreiben Elisabeths an Philipp ist verloren und wird hier unter der Nr. 37 geführt.*

[431] *= zukünftige Woche.*

[432] *Landgräfin Christine von Hessen (1505 – 1549).*

[433] *= Narretei, Narrentheiding, Verhandlung der Narren, Narrengeschwätz, Narrenposse, Narrheit, Thorheit; vgl. DWB, Bd. 13, Sp. 382 f.*

[434] *= Pfaffen; gemeint ist Johannes Hülse, der Beichtvater Anna von Honsbergs.*

[435] *Vgl. oben Nr. 33 (Zeugenaussage des Johannes Hülse, 1533 März 6).*

[436] *Türknecht Kaspar (vgl. oben Nr. 33).*

[437] *Dorothea von Bünau, Hofjungfer Elisabeths.*

[438] *Barbara von Schönberg; vgl. Anm. 393.*

[439] *Magdalena Pflugk; vgl. Anm. 1351.*

[440] *Herzogin Barbara von Sachsen (1478 – 1534).*

Aber ich wil im nich geben. So sprecht er, er mocht das lanst vor yaget wertten. Ych saget, es het keyn nott. Da saget er, ich solten dem alten nich wissen. Ich saget: „Ich nich." Aber dut es not, e(uer) l(ieben) sam meyn bruder wert es wol dunt.

E(uer) l(ieben) schrib meyn bruder auch dey meynunge. Ich kant nich so vel schriben auff ein mal. Ich fertteyge den botten balt wider wegk. Der koff und tzeinne[441] dunt mir ser we. Ich schlaff ser winck. Ich droff es meyn b(ruder) nich schriben, so obel mir yst, ich mach im gar zu lang.

H(ertz) a(ller) l(iebster) b(ruder), ich glab schwerlych, das der alt[442] kumb selber, dan im wert gruben vor der speysse, hatt keyn gutten grunt, so hat er keyn wolffes[h] magen, das er wol vor dauben kant. Aber es gevelt mir ‖ ser wol also dan es yst dach for lant rouchttych[443], so sagett es der alte yeder man. Ich halt[444], dey alte hat dem paffen gedrawett[445] heut, dan sey woste wol, das [er][i] gestern bey mir war. Und vor den yunckfern sey sag mich heut obedosch[446] fur an, ich sag es m(einem) hern. Der saget, er wolt dunt, als wost er nichst dromb, ich solt es machen, wey ich wolt. Er kont mir nich helfen wider sein vatter. Aber er reyt mir, ych beheylt dey hantschreff. Sey dachten gestern, ych wol bechtten[447]. Sey hetten sust nich rouffer gelassen.

H(ertz) l(iebster) b(ruder), ich herm[448] mich serer, dan ich mich mercken last. Wan sey es sein[449], so lacht ich, stel mich frolych. Aber e(uer) l(ieben) denck was mir es vor ein geschreyg mach. Der alt hatt meyn eir ser lyeb, yst schellych[450] auff C(hristof) v(on) Maltz, h(ertzogk) Fredyrych hoffmester[451], da dem L(evin) v(on) Entte[452] ein pfert geleygen hatt und tzu mir ganen yst sam dey andern. Und hatt dey hoffmestern[453] und dor knecht[454] so auß gefeltz[455], das wunder yst, wan ich mit eiman retten wil, so must for wollen ein yunckfer aber dey hofmestern an sprachen und sych den lassen ansagen tzu mir nich aber ich kumb dan mit under. Dem marschalk hat er es auch vor botten, das nich tzu mir gein sal. O wei gern wolt er mir dey lantschaff auff den halst hetzsen.

F(reuntlicher) h(ertz) l(iebster) b(ruder), ych danck e(uer) l(ieben) fruntlych vor dey for dey[j] golten[456]. Wil sey umb e(uer) l(ieben) willen hertzlich gern dragen, weil es e(uer) l(ieben) angesych yst. Und es yst war, ich beval es h(ertzogk) F(ranz) v(on) L(uneburg)[457]. Und wil heyr mit e(uer) l(ieben) Got bevellen und mich e(uer) l(ieben), wost ich e(uer) l(ieben) feil schwesterlycher trew tzu der tzeygen, wer ych geneygett altzeyt. Und danck e(uer) l(ieben) nach ein mal gantz fruntlych, das mich e(uer) l(ieben) nich vor lassen wil

---

441　= Zähne.

442　Herzog Georg (der Bärtige) (1471–1539).

443　= landrüchtig, überall im Land bekannt.

444　= hörte.

445　= gedroht.

446　= über Tisch.

447　= beichten.

448　= härme; im Sinne von ‚Kummer leide'.

449　= sehen.

450　schellich = aufgebracht, wütend, zornig, rasend; vgl. DWB, Bd. 15, Sp. 2502.

451　Christoph von Maltitz zu Elsterwerda († 1547), Hofmeister Herzog Friedrichs; vgl. Ahnenreihenwerk der Geschwister Fischer, Bd. 4, Teil IV: Teil VI, Urkunden und Regesten, S. 55–60 sowie Tafel 2 und 3.

452　Levin von Ende; vgl. Anm. 188.

453　= Hofmeisterin.

454　= Türknecht.

455　= hart ausschelten, schimpfen.

456　Gemeint ist eine goldene Kette.

457　Identifizierung unsicher. Vermutlich Herzog Franz von Braunschweig-Lüneburg (1508–1549), zu dem die Abkürzung aufgelöst wurde.

und mich so tros, ‖ Got tros e(uer) l(ieben) wider in aller wider werttycheytt.[458] Dat(um) yn yelle[459] freytag nach nach[k] Invocafeyt[460] anno xxxiii.

E H Z S etc.

E(uer) l(ieben) last ya dem alten nichst nach, wans nu dar tzu kumb. Mich donckett, er wert nar dey rette da heyn scheyken[461] und wertten sey sagen, sey wollen es an dragen. So wert er dan sagen, er wil nich wider von der sach retten nach hanttel[l]. [m]E(uer) l(ieben) wert im wol recht dunt.[m]

    [a] *Sigle für* l(iebster) *fehlt.*
    [b] *Gestrichen:* allen gu.
    [c] *Sic.*
    [d] *Gestrichen:* schriben.
    [e] bit e(uer) l(ieben) *hochgestellt eingefügt.*
    [f] im tzu scheik(en) *am linken Seitenrand mit Platzhalter eingefügt.*
    [g] *Getilgt:* von.
    [h] *Gestrichen:* w.
    [i] *Hier fehlt ein Wort.*
    [j] *Sic.*
    [k] *Sic.*
    [l] *Wort rechts unter die Zeile geschrieben.*
    [m-m] *Nachgetragener Satz.*

39

1533 März 7

Herzogin Elisabeth an Kurfürst Johann Friedrich (den Großmütigen)

Herzog Heinrich (der Fromme) will dem Grafen von Nassau seine Tochter nicht zur Frau geben, weil Herzog Georg (der Bärtige) etwas dagegen hat. – Elisabeth hat mit Freuden vernommen, dass Johann Friedrich einen Turniererfolg gefeiert hat. Sie hätte es gern gesehen. – Der Bote hat Anna von Ponickau gesagt, dass er heute noch abreisen will, aber er ist immer noch hier. — Es ist eine Masernseuche oben (im Schloss) und in der Stadt ausgebrochen. Elisabeth würde lieber diese Krankheit bekommen, als mit Herzog Georg zu essen. – Solche Zahnschmerzen wie in diesem Jahr hatte sie noch nie; nichts hilft ihr, auch der Kopf und die Wangen tun ihr weh.

HStA Dresden, 10024, Loc. 10548/7, fol. 28r.

Überlieferung: Ausfertigung.

Schrift: eigenhändig.

Adresse: [Dem] hochgebornnen fursten / [hern] Hans Freiderych hertzoge / [zu S]achssen des heilgen / [romsen] reichst ertzmarschalk / [und kor]fourste etc. meinem / [fruntlich]en lieben ohmen / [und bru]der in seiner lieb / eigen hant.

Nr. bei Werl: 41.

---

[458] *2. Korinther 1,3–4.*
[459] *= Eile.*
[460] *= Invocavit.*
[461] *Gemeint ist der Tag zu Naumburg, auf den Herzog Georg nicht erschien. Vgl. dazu unten Anm. 674.*

Kanzleivermerke: Die hertzogin zu Rochlitz zeigt und(er) and(er)n an, d(as) hertzog Heinrich zu Sachßen dem von Naßau die tochter nicht geb(en) wolle.

Bemerkung: Siegeleinschnitte sind vorhanden; das Siegel und der Siegelstreifen selbst sind verloren; die Adresse ist entsprechend beschädigt überkommen.

H(ertz) l(iebster) b(ruder), das tzettelst hab ich vorgessen, ich wolten auch meyn bruder haben mit gescheyck, es dreff h(ertzog) Herych z(u) S(achssen) dochtter[462] an und den von Nasse[463], wei e(uer) l(ieben) wol wissen wertt. H(ertzog) Herych z(u) S(achssen) wil im dey dochtter nich geben, dan der alt[464] hatt es wider ratten etc. Und mich donck, es solt nich bost sein, dan sey wertten als ich hort eben heslich, sollen sych gar vor kern. Heyr mit bevelt ich e(uer) l(ieben) Got. Ich hort auch gern, das e(uer) l(ieben) so feste gesessen hatt.[465] Ych wolt, ich het sollen e(uer) l(ieben) sein reynnen. Der bosse bott hatt Anna Ponckn[466] gesagett, er wolt nach heut so balt wegk, und ich regett mich so ser und ich se in yetz umb veir[467] nach heyr. Ych bevel mich e(uer) l(ieben) als m(ein) h(ertz) a(ller) l(iebster) b(ruder), e(uer) l(ieben) s(einer) trew tzu der tzeygen bin ich geneygett. Dat(um) freytag nach Inocafet[468] anno xxxiii.

Es yst ein sowlgest[469] masser[470] hoben und in der stad[471]. Ich kreyg sey gern, das ich nar nich mit in[472] essen droff. Es masser alt[a] und junck. Ych heylt, solge martter an tzeynnen[473] hoben mir for ney we gedaunt dan dist yar[474]. Es wil mich nichst helffen, der koff[475] und dey backen auch, es wil alles [ob]er[b] mich.

[a] *Gestrichen:* n.
[b] *Wort durch Beschädigung in der Faltung nicht mehr lesbar.*

---

[462] *Über die hier von Elisabeth angesprochene mögliche Eheanbahnung lässt sich nichts in Erfahrung bringen. Somit bleibt unklar, welche der drei Töchter Herzog Heinrichs (des Frommen) infrage kommt: Sybille (1515 – 1592), Emilia (1516 – 1591) oder Sidonie (1518 – 1575).*

[463] *Vermutlich bezieht sich diese mögliche Eheanbahnung auf den Neffen Wilhelms (des Reichen), Renatus von Châlon (1518 – 1544). Der Sohn Heinrichs III. von Nassau-Breda heiratete im Jahr 1540 Anna von Lothringen (1522 – 1568). Zu Renatus vgl. ADB 28 (1889), S. 202 f.*

[464] *Herzog Georg (der Bärtige) (1471 – 1539).*

[465] *Hier meint Elisabeth wohl einen Turniererfolg.*

[466] *Anna von Ponickau.*

[467] *= um 4 Uhr.*

[468] *= Invocavit.*

[469] *= solches.*

[470] *= Masernseuche.*

[471] *= oben und in der Stadt.*

[472] *Herzog Georg und seine Räte.*

[473] *= Zähne.*

[474] *Ihre Zähne haben Elisabeth noch nie so weh getan wie in diesem Jahr.*

[475] *= Kopf.*

40

1533 März 9

Herzogin Elisabeth an Kurfürst Johann Friedrich (den Großmütigen)

Elisabeth hat von einem Boten erfahren, dass Levin von Ende in Weimar ist. Levins Vater will ihn nicht in seinem Hause haben und fordert, dass sein Sohn seine Aussage leugnet. Levin weigert sich zu Landgraf Philipp (den Großmütigen) zu fahren. Sollte ihn sein Vater nicht mehr bei sich haben wollen, so werde er sich als Kriegsknecht verdingen. Johann Friedrich soll mit ihm reden. Sie hat Sorge, sein Vater beeinflusse ihn zum Schlechten. Levins Vater ist jetzt bei Heinrich von Schleinitz am Oberhofgericht zu Leipzig tätig. – Elisabeth bittet Johann Friedrich, er soll ihrem Bruder ihren Standpunkt mitteilen, da sie nicht mehr schreiben kann. Ihr geht es zu schlecht.

HStA Dresden, 10024, Loc. 10548/6, fol. 22r.

Überlieferung: Ausfertigung.

Schrift: eigenhändig.

Adresse: [Dem hochge]bornen forsten / [hern Hans Fredery]ch h z Sachsen / [d h r r ertzmarschalk und] korfurste l y / m f l o u b // [y s l eigen hant].

Nr. bei Werl: 42.

Kanzleivermerke: Die hertzogin von Rochlitz bittet s(einer) churf(urstlichen) g(naden) wollen Levin von Ende ir zu gefallen bei sich behalt(en).

Bemerkung: Siegeleinschnitte und Reste des Siegellacks sind vorhanden; das Siegel und der Siegelstreifen selbst sind verloren; die Adresse ist entsprechend beschädigt überkommen.

M(ein) h(erz) a(ller) l(iebster) o(hme) u(nd) b(ruder); es yst heut unsser reytten boten einer kunen[a] von Wember[476], der sagett mir, das L(evin) v(on) Entte[477] tzu Wember yst und klaget sych ser, wey yn sein vatter[478] nich leytten wil im hausse, dan er wil haben, er sol dey sach wider loucken[479], sal sprechen, er sey foult[480] gewest. Nu hatt er wider gedrunken noch [b]geyssen[481]. Es war umb vii und viii[b][482] auff das mal[483], so hort ich, er wil tzu meyn bruder nich und sal sagen, wil in seyn vatter nich leytten, so wil under dey knechtte tzeyn[484]. Der halben byt ich e(uer) l(ieben) auff das aller fruntlychst, e(uer) l(ieben) wol selber mit im retten yn meyn besten, was sych e(uer) l(ieben) duncken last, das gut yst, das in dach e(uer) l(ieben) bey sych mir tzu gefallen beheylt, wo da hin nich wolt tzu meyn bruder. Ych hab sorge, der vatter ober rett in, das tzu eim buffen[485] wert. Er hatt auch seiner mutter bevollen, wo hemb kemb, so solt in nich herbergen, sey hat in nar ein nach geherbergk hemlych. So

---

[476]   *Weimar, Stadt, ö Erfurt, sächs.-ernest. Residenz.*
[477]   *Levin von Ende; vgl. Anm. 188.*
[478]   *Götz von Ende zu Lohma, Selka und Salba; vgl. Anm. 311.*
[479]   *= leugnen.*
[480]   *= faul; gemeint im Sinne von ‚schlimm, übel'.*
[481]   *= gegessen.*
[482]   *= um 7 und 8 Uhr.*
[483]   *= Abendessen.*
[484]   *Gemeint ist wohl ‚unter das Kriegsvolk ziehen'.*
[485]   *= Buben, im Sinne von ‚Schurken'.*

yst seyn vatter yetz bey He(inrich) v(on) Schlintz[486] tzu Leybtzeygk im hoff gereychtte[487], der bloucken ser und ober^c ret den alten narn[488], das her es nich glab auff in^d. E(uer) l(ieben) dust in meyn besten, ych wil wider umb e(uer) l(ieben) willen dunt, was mir moglych yst. Und bevel e(uer) l(ieben) Got und mich e(uer) l(ieben) als m(ein) h(ertz) a(ller) l(iebster) b(ruder), dan e(uer) l(ieben) ser vel schwesterlicher trew tzu der tzeygen, bin ych geneyget altzeyt. Ych byt e(uer) l(ieben) wol meyn bruder dey meynunge schriben, ich kant numer schriben. Ych wolt e(uer) l(ieben) woste wey mir yst. Got west, ych bin wol geblagett, ych hab wol so vel klagen als yeman. E(uer) l(ieben) west vor war nich halb. Dat(um) in yelle[489] suntag Remissere[490] anno xxxiii.

E H Z S etc.

^a Sic.
^b-b Passage links am Seitenrand und zwischen den Zeilen eingefügt.
^c Getilgt: l.
^d Wort hochgestellt eingefügt.

41

1533 März 14

Herzog Georg (der Bärtige) an Landgräfin Christine
Christine hat geschrieben, dass Georg einen Unwillen gegenüber Elisabeth haben soll und dass dieser durch die Lügen böser Leute entstanden ist. Er kann nicht verstehen, warum Christine ihn damit belästigt. Wahr ist, dass er nicht immer mit dem Handeln Elisabeths einverstanden war und sie als seine Tochter oft vor böser Nachrede gewarnt hat. Dadurch dass Elisabeth selbst alles öffentlich gemacht hat, sind auch die Gerüchte entstanden. So ist letztendlich das Misstrauen zwischen Landgraf Philipp (dem Großmütigen) und ihm entstanden. Elisabeth will ihn regieren, davor will er sich hüten; auch wird er niemanden unüberführt bestrafen. Ein jeder soll sein Haus und seine Haushaltung nach seiner eigenen Überzeugung regieren, wie er es vor Gott und der Welt rechtfertigen kann. Er ist den Kinderschuhen schon entwachsen und der Landgraf sollte von ihm lernen, denn er kann Wahrheit von Unwahrheit unterscheiden und glaubt Lügnern nicht. Christine soll sich um die Sache nicht weiter kümmern und Elisabeth raten, sich gegenüber ihrem Gemahl als gehorsame Ehefrau und ihm gegenüber als gehorsame Tochter zu verhalten. Elisabeth solle sehen, wie Christine mit ihrem Gemahl zusammenlebt und sich von ihm tugendhaft erziehen lässt. – Herzogin Barbara dankt für die Grüße und erwidert sie.

StA Marburg, PA 18, fol. 5r – 6v.

Überlieferung: Ausfertigung.

Schrift: eigenhändig.

Adresse: [Der] hochgborne(n) / [furstin] frawen Cristi- / [nen gebor]n herzogin / [zcu Sachsse]n etc. lan- / [tgreffin z]cu Hessen etc. / [meyne]r frauntliche(n) / [liben] thochter in ir / hant.

---

[486] *Heinrich von Schleinitz zu Saathain und Koselitz (†1543), sächs.-albert. Rat und Hofmarschall; vgl. Anm. 5.*
[487] = *Oberhofgericht zu Leipzig.*
[488] *Herzog Georg (der Bärtige) (1471–1539).*
[489] = *Eile.*
[490] = *Reminiscere.*

Kanzleivermerke: 1533. Herzog Georg von Sachsen an die Landgräfin Christine, seine Tochter. *(19. Jh. ?).*

Bemerkung: Siegeleinschnitte sind vorhanden; das Siegel und der Siegelstreifen selbst sind verloren; die Adresse ist entsprechend beschädigt überkommen. – Das Blatt fol. 5 ist am rechten Seitenrand leicht beschädigt, dadurch sind einige Zeilenenden nicht lesbar.

Druck: ABKG III, Nr. 2214.

Hochgborne furstin, freuntliche libe thochter, das a(wer) l(ib) sampt awerm hern und gmall, och beyder awer kinder in gsuntheit seit, hab ich gern vornomen. Got wol auch forder vorleyen, in gsuntheit zcu bleyben und noch seynem gotlichen wiln zcu leben. Als a(wer) l(ib) schreybet, wy a(wer) l(ib) im nesten awerm alsbal[t]ᵃ vormargkt, das ich ein unwiln mit awers hern schwester, meynes sons weib⁴⁹¹, haben solt und bfind, das sulcher unwil awß nicht(es) anderm entspring, den durch boser unnotger⁴⁹² leut lugen und wessen her kompt, dy gern segen, das unwil zcwossen awerm hern und mir were, hab ich vorlessen und kan mich nicht gnug vorwondern, das a(wer) l(ib) mich mit sulcher schrifft anlanget, den ich hab dor zcu nicht orsach geben. War ist, das ich meyner thochter bginne(n) nicht al weg gfallen ghat. Hab ir dor umb(en) ufft undersaget und sy trawlich alsᵇ mein thochter mit hohem fleiß vor dem, das ir bose noch red⁴⁹³ brenge(n) mocht, gwarnt. Das sy nicht zcu guttem hat vormerken woln und hat selber das jenig, das ich ‖ gern gdrogkt und in stil ghalten, an tag und under dy leut bracht, das nu vil grucht(es)⁴⁹⁴ dor auß worden. Und ober das alles mit fleiß dor noch gtracht, iren bruder und mich in mestrawitlichen⁴⁹⁵ wiln zcu brengen, des mich am meysten bschwert, solt ich och mit allen zcorne(n), mit den sy zcorn vornimpt. So wolt sy mich balt regiren, dor vor wil ich mich ab Got wil hutten. So gdeng ich nimant unaberwunden zcu straffen. Sy hat sich ach sider awerm wegreyssen⁴⁹⁶ mir gsleifᶜ das jenig zcu thun, das mir entkege(n) und wider dan das mir gfellig sein mag und solt ich dy dor umb(en) straffen, dy das orsach seint. So must ich hocher gspannen sein, den ich itzt pin. Ich wolt, das ein ider sein hauß und hauß haltung sampt seynem hausgsint regiret noch seyne(n) bdengken, wy her es kegen Got wost und der welt zcuvor antworten, das wil ich ab Got wil och thun, den ich hab nu Got lob mein kinderschw⁴⁹⁷ zcu rissen. Es solt ein ander⁴⁹⁸ als schir von mir lernen als ich von im, so pin ich so kindisch ‖ nicht, ich kan von den gnaden Got(es) warheit von unwarheit wol scheyden und glaub logenern⁴⁹⁹ nicht so gern als wol ander leut thun und gthan haben. Awer lib wol sich umb(e) dy sach nicht kommern, sunder awer schwester ratten, das sy sich kegen irem hern als sein ghorsam weib halt und kegen mir als ein ghorsam thochte(r) und trachtet, wy ir awerm hern in allen billichen sachen zcu ghorsam lebet und awer bruder zcu togenden erzciet. Wert mich imant kegen awerm hern boslich angeben, vorsehe ich mich, wenᵈ awer her mein ant wort horet, her wert zcu fride sein. Wil her mich aber an sproch nicht erlossen, so hab ich helfflich herschafft und oberkeit, dy mein alweg zcu recht mechtig sein. Vor den wil ich im und eynem iden gnugsams rechten

---

⁴⁹¹ *Herzogin Elisabeth.*
⁴⁹² = *unnützer.*
⁴⁹³ = *Nachrede.*
⁴⁹⁴ = *Gerücht.*
⁴⁹⁵ = *mißtraulichen.*
⁴⁹⁶ *Gemeint ist die Abreise des Landgrafenpaares nach den Verhandlungen Anfang Februar in Dresden (vgl. oben Nr. 6 – 14).*
⁴⁹⁷ = *Kinderschuhe.*
⁴⁹⁸ *Gemeint ist Landgraf Philipp.*
⁴⁹⁹ = *Lügnern.*

sein, wes her den mit recht an mir gwint, das wil ich seyner lib frauntlich erstaten. Hab ich a(wer) l(ib) der vaterlich^e traw zcu bezceigen gneget nicht woln vorhalten. Ich hab meyner gmal, awer mutter[500], awer zcuentpitten an gzceiget. Nimp(tes) zcu frauntliche(m) gfaln ‖ an mit erbittung(e) mutte(r)licher lib und vil libes und gut(es). Geben eylent freitag nach Reminiscere im xv^c und xxxiii.

Jorg hertzog / zcu Sachssen etc.

^a *Seitenrand beschädigt; Wort bricht am Zeilenende ab.*
^b *Getilgter unleserlicher Buchstabe.*
^c *Sic. Seitenrand beschädigt; Wort bricht am Zeilenende ab.*
^d *Wort hochgestellt mit Platzhalter eingefügt.*
^e *Gestrichen: zcu.*

42

1533 März 16

Herzogin Elisabeth an Kurfürst Johann Friedrich (den Großmütigen)

Elisabeth bittet Johann Friedrich, den Aussagen Alexander von der Tanns Glauben zu schenken.

HStA Dresden, 10024, Loc. 10548/6, fol. 48r.

Überlieferung: Ausfertigung.

Schrift: eigenhändig.

Adresse: d h g f h h f / h z s d h r r e / m u k l y d / m zu m m f / l o u b y s l eigen / hant.[501]

Nr. bei Werl: 43.

Kanzleivermerke: Hertzogin zu Rochlitz – 1534.

Bemerkung: Der Brief, ein halbseitiges Folioblatt, wurde gefaltet und ohne Siegelstreifen aufgedrückt gesiegelt. Das Siegel ist in Resten vorhanden. – Der Brief steht auf einem halben Blatt. – Die eigentliche Nachricht überbrachte der Bote, Alexander von der Tann, der dazu eine eigenhändige Aufzeichnung verfasste (vgl. unten Nr. 43). Der Brief Elisabeths sollte nur die Glaubwürdigkeit der Botschaft bestätigen. – Die Datierung im Kanzleivermerk zu 1534 ist hier wie anderswo irrig.

F(reuntlicher) h(ertz) l(iebster) o(hme) u(nd) b(ruder); ich byt, was e(uer) l(ieben) A(lexander) v(on) der Dant[502] saget, dem wil e(uer) l(ieben) glaben geben. Und bevel e(uer) l(ieben) Got, dan e(uer) l(ieben) schwesterliche trew tzu der tzeygen bin ych willych. Dat(um) suntag Ockele[503] anno xxxiii.

E H Z S etc. s(ub)s(cripsi)t

---

[500] *Herzogin Barbara von Sachsen (1478–1534).*
[501] *Die Adresse ist hier vollständig erhalten; sie steht für:* **Dem hoch**geborenen Fürsten Herrn Hans Friedrich, Herzog zu Sachsen, des Heiligen Römischen Reichs Erzmarschall **u**nd Kurfürst, Landgraf in Thüringen, Markgrafen **zu** Meißen, meinem freundlichen lieben Oheim **u**nd Bruder in seiner Lieben **eigen Hand**.
[502] *Alexander von der Tann, Kammerdiener Landgraf Philipps, später hess. Rat, Amtmann zu Vacha (1537/38); vgl. zu ihm Gundlach, Die hessischen Zentralbehörden, Bd. 3: Dienerbuch, S. 265.*
[503] *= Oculi.*

43

[1533 März 16]

Aufzeichnung des Alexander von der Tann für Kurfürst Johann Friedrich (den Großmütigen)

Alexander von der Tann hat Georg von Carlowitz gebeten, ihn zu Elisabeth zu bringen, damit er eine Botschaft Johann Friedrichs übermitteln kann. Carlowitz hat geantwortet, dass diese zuvor an Herzog Georg (den Bärtigen) gelangen muss. Daraufhin wurde er zuerst zum Herzog und danach zu Elisabeth gebracht. – Elisabeth bedankt sich bei Johann Friedrich für seine Bemühungen in ihrer Sache. Herzog Georg wird keine weiteren Verhandlungen erlauben, denn er befürchtet, dass er dann Heinrich von Schleinitz und Hans von Schönberg beurlauben muss; das kann er nicht tun. – Elisabeth hofft, dass Herzog Georg ihrem Gemahl eine eigene Residenz verschaffen wird; dann wäre die Sache erledigt, denn Herzog Johann (der Jüngere) wird durch seinen Vater beeinflusst.

> *HStA Dresden, 10024, Loc. 10548/7, fol. 34r.*
>
> *Überlieferung: Ausfertigung.*
>
> *Schrift: eigenhändig.*
>
> *Adresse: –*
>
> *Kanzleivermerke: Belangende die hertzogin von Rochlitz – 1534.*
>
> *Zur Datierung: Der Brief trägt kein Datum. Die Datierung ergibt sich aus dem Bezug zum Schreiben Elisabeths (Nr. 42).*
>
> *Bemerkung: Der Zettel wurde im Briefformat gefaltet, aber nicht gesiegelt. – Die Glaubwürdigkeit der Botschaften des Alexander von der Tann bestätigt Elisabeth mit einem eigenen Schreiben (Nr. 42). – Die Datierung im Kanzleivermerk zu 1534 ist hier wie anderswo irrig.*

Auf anregen meiner genedigen furstin hab ich Karlwicz[504] angeret, das von wegen e(uer) churf(urstlichen) g(naden) ich ein muntliche werbung an ir f(urstlichen) g(naden) zu tragen, mit bit, das er mich zu irer f(urstlichen) g(naden) brengen wolde. Hat er geantbort, es mus[a] zuvoran mein genedigen herren herczogk Jorgen[505] gelangen.[b] Das er also gethan und dar nach zu iren f(urstlichen) g(naden) mich bracht. Als hat ir f(urstlichen) g(naden) mir bevohllen, e(uer) chur- und f(urstlichen) g(naden) allen iren freuntlichen grus und alles gutte anzusagen, und thut kegen[c] e(uer) chur- und f(urstlichen) g(naden) allen sich der grossen und freuntlichen erzceigung mit hochstem fleis aufs freuntlichste bedangken. Und ir f(urstlichen) g(naden) zceiget[d] ferner an, das ir[e] f(urstlichen) g(naden) woll weste, das mein g(nedigster) h(er) herczog Jorg keine handlung leyden mocht aus den ursachen, sein f(urstliche) g(naden) furchtett, er muste Hainrich von Schleinicz[506] und Hans von Schonneburgk[507] enturloben, von den ir f(urstlichen) g(naden) alle[f] beschwerung hette etc.; das kundt dan sein f(urstliche) g(naden) mit nichtten gethun. Sundern wen herczog Jorge ir f(urstlichen) g(naden) herren und gemahell ein aigen schlos ader behaussung ein gebe,

---

504   *Georg von Carlowitz zu Hermsdorf (um 1480–1550), sächs.-albert. Rat; vgl. Anm. 42.*

505   *Herzog Georg (der Bärtige) (1471–1539).*

506   *Heinrich von Schleinitz zu Saathain und Koselitz (†1543), sächs.-albert. Rat und Hofmarschall; vgl. Anm. 5.*

507   *Hans (junior) von Schönberg zu Reinsberg (†1537), sächs.-albert. Rat und Amtmann; vgl. Anm. 4.*

sovorhoft ir f(urstlichen) g(naden), zu Got dem almechtigen, der sachen sult geratten sein, dan ir herr und gemahell worde vom vatter vorlaitet mit andern und meher wortten etc. Der e(uer) churf(urstlichen) g(naden) ich in eill nicht alle zuschreiben gewost, das e(uer) churf(urstlichen) g(naden) ich in untterdenikait nicht hab wollen vorhalten und will e(uer) churf(urstlichen) g(naden) mich hir mit gar untterdenigklichen bevollen haben. Dat(um) ut sup(ra).

ᵃ *Gestrichen:* es.
ᵇ *Gestrichen:* lassen.
ᶜ *Gestrichen:* e(uer) churf(urstlichen).
ᵈ *Wort am linken Seitenrand mit Platzhalter eingefügt.*
ᵉ *Wort hochgestellt eingefügt.*
ᶠ *Wortende korrigiert; gestrichen:* -s.

44

Güstrow   *1533 März 18*

Herzog Heinrich V. (der Friedfertige) von Mecklenburg an Kurfürst Johann Friedrich (den Großmütigen) und Herzog Ernst I. (den Bekenner) von Braunschweig-Lüneburg
Heinrich hat die Nachrichten Johann Friedrichs samt der Erinnerung an das Treffen in Naumburg[508] *über seinen Kanzler*[509] *erhalten. Er sendet die mitgeschickte Einladung für Herzog Georg (den Bärtigen) umgehend sekretiert an Johann Friedrich zurück und sagt sein Kommen nach Naumburg zu.*
Datum zu Gustrow am dinstage noch dem sontage Oculi anno d(omini) etc. xxxiii.

I. LHA Schwerin, 2.11-2/1 Auswärtige Beziehungen, Nr. 4378, fol. 11r-12r; II. HStA Dresden, 10024, Loc. 10548/8, fol. 75r-v.

Überlieferung: I. Konzept; II. Ausfertigung.

Schrift: I. mecklenb. Kanzleischreiber; II. mecklenb. Kanzleischreiber, eigenhändige Unterschrift.

Adresse: II. Dem hochgebornen fursten herrn Johans Friderich(e)n / hertzogen zu Sachssen, des heyligen romischen reichs / ertzmarschalcke, churfurst(e)n, landtgraven in / Duringen und marggraven zu Meyssen und / herrn Ernsten, hertzogen zu Braunßwigk und / Luneborgk, unsern freuntlichen lieben vettern / oheimen und szone // zu iren liebden / eigen hend(en).

Kanzleivermerke: II. N. – Hertzog Hainrich zu Mechelnburgk bewilligt und(er) and(erm) uff den tag zur Naumburg zu khomen, wirdt ostern anno etc. 33 angesetzt. Dat(um) zu Gustrow am dinstag nach dem sontag Oculi anno etc. 33.

Bemerkung: I. Der Entwurf ist sehr flüchtig geschrieben, mit zahlreichen Korrekturen und Nachträgen, auch von zweiter Hand, versehen und kaum lesbar; II. Das aufgedrückte Siegel hat sich erhalten; schmale Siegeleinschnitte sind vorhanden.

---

[508] *Gemeint ist wohl oben Nr. 35.*
[509] *Kaspar von Schöneich († 1547), Kanzler Herzogs Heinrich V. (des Friedfertigen) von Mecklenburg; vgl. Anm. 334.*

45*

[vor 1533 März 22]

Markgraf Georg (der Fromme) von Brandenburg-Ansbach an Herzogin Elisabeth

Georg bittet Elisabeth, für ihn in Erfahrung zu bringen, ob er Herzogin Emilia von Sachsen zur Gemahlin haben kann. Bei einem Treffen vor zwei Jahren hat sie ihm am besten gefallen.

Überlieferung: verloren.

Bemerkung: Die Ausfertigung und die Datierung dieses Schreibens ergeben sich aus Nr. 46.

46

1533 März 22

Herzogin Elisabeth an Kurfürst Johann Friedrich (den Großmütigen)

Herzog Johann (der Jüngere) war gestern bei Elisabeth und teilte ihr mit, Herzog Georg (der Bärtige) habe behauptet, sie hätte noch nicht gebeichtet; die Hofmeisterin habe gesagt, Elisabeth wolle nicht beichten. Darauf hat sie geantwortet, dass es Gott nicht gefällt, wenn man aus Zwang beichte. Herzog Johann hat Elisabeth aufgefordert, jetzt und in der Marterwoche zu beichten und auch zum Abendmahl (in einerlei Gestalt) zu gehen. Sie will aber nicht im Unwillen zur Beichte gehen, denn das wäre gegen Gott und ihr Gewissen. Das Abendmahl in einer Gestalt wird sie nicht nehmen. Der Kaiser habe ein Mandat erlassen, dass man das Abendmahl (in beiderlei Gestalt) nicht verwehren solle. Gott, der geboten habe, das Weib solle dem Mann gehorsam sein, habe auch gesagt, der Mann solle Vater und Mutter verlassen und an seinem Weib hängen. Herzog Johann tut das nicht, vielmehr will er nicht von seinem Vater weg und lässt zu, dass ihr Unrecht getan wird. Würde er aber ermöglichen, dass sie vom Dresdner Hof wegkommen, würde sie ihn als ihr Familienoberhaupt anerkennen. Elisabeth will das Sakrament nehmen, bis Gott auch ihm die Erkenntnis gibt. – Herzog Johann unternimmt nichts ohne eine Veranlassung Herzog Georgs. Er hat gesagt, sie solle beichten; sie solle nur gehen, damit Herzog Georg denkt, dass sie beichte. Elisabeth hat erwidert, dass sie in zehn Jahren nicht anders gebeichtet hätte. Der Pfarrer werde ihr so keine Absolution erteilen. – Elisabeth fragte daraufhin ihren Gemahl, was man gegen sie unternehmen will. Herzog Johann meinte, sie werde es schon sehen. – Heute nach dem Essen hat Elisabeth Herzog Johann mitgeteilt, dass sie am Vortag beim Pfarrer gewesen sei, der hätte ihr ohne Beichte keine Absolution erteilt. Elisabeth will nicht mehr zu dem Pfarrer gehen. – Wenn es Johann Friedrich und Landgraf Philipp (der Großmütige) für richtig halten, will sie ihren Gemahl verlassen. Herzog Johann wird wohl bald wegen des Evangeliums gegen sie vorgehen. – Georg von Carlowitz wollte wissen, was gewesen sei, da Herzog Johann ihn und Rudolf von Bünau sprechen wollte. Elisabeth hat ihm gesagt, dass es wegen der Beichte und des Abendmahls gewesen wäre. Carlowitz hat sie gebeten, es zu nehmen, sonst würde Herzog Georg sie einsperren lassen. Elisabeth wäre zufrieden, wenn sie einen Ehemann hätte, der sie liebte und sie eine eigene Residenz hätten. – Ihr Gemahl hat elf Wochen nicht bei ihr gelegen. Er schützt sie nicht und gibt sich mit Hans von Schönberg und Heinrich von Schleinitz ab. – Herzog Georg wird nicht nach Naumburg reisen. Elisabeth bittet Carlowitz, ihr zu einer eigenen Residenz zu verhelfen oder dafür zu sorgen, dass man sie zu ihren Freunden lässt. – Elisabeth glaubt, dass man sie einsperren will. Der Kurfürst soll den Brief an ihren Bruder schicken und ihm mitteilen, dass Carlowitz nicht genannt werden soll, da dieser es gut mit ihr meint. Es wäre gut, wenn der Kurfürst gemeinsam mit Landgraf Philipp der Landschaft in der Sache berichten würde. — Markgraf Georg (der Fromme) von Brandenburg-Ansbach will eine Tochter Herzog Heinrichs (des Frommen) heiraten, am liebsten Emilia. Elisabeth soll in Erfahrung bringen, ob sie noch zu haben ist. – Elisabeth wünscht ein Treffen mit Johann Friedrich in Dresden oder in Freiberg.

HStA Dresden, 10024, Loc. 10548/7, fol. 25r – 27v.

Überlieferung: Ausfertigung.

Schrift: eigenhändig.

Adresse: [Dem] hochgebornen / [fursten] hern Hans Frederich / [hertzoge zu] Sachssen des / [heilgen rom]ssen reichs / [ertzmarschal]k und korforst / [meinem frunt]lichen lieben / [ohmen und] bruder yn / [sein lieb] eigen hant.

Nr. bei Werl: 44.

Kanzleivermerke: Di hertzogin zu Rochlitz beclagt sich, wie ir ire herr d(er) beichte halben zugesetzt, und wie[a] sie d(er) pfaff nicht absolviren wollen. It(em) d(as) man sie wolle versperren etc.

Bemerkung: Siegeleinschnitte und Reste des Siegellacks sind vorhanden; das Siegel und der Siegelstreifen selbst sind verloren; die Adresse ist entsprechend beschädigt überkommen. – Der Brief trägt keine Unterschrift. – Der Brieftext erging in der originalen Ausfertigung fortlaufend und ohne Satzzeichen. Für die Wiedergabe wurde der Text zur besseren Lesbarkeit in Absätze gegliedert.

Druck: ABKG III, Nr. 2218.

F(reuntlicher) h(ertz) a(ller) l(iebster) o(hme) u(nd) b(ruder); ich geb fruntlych tzu erkennen, das m(ein) her gestern tzu mir kamb und saget,[b] der alt[510] het im gesagett, ich het nach nich gebecht[511]. Und dey hoffmestern[512] sprech auch, ych wolt nicht bechtten. Saget ich, wis[513] ich bechtten solt auß getzwanck[514], es gefeyl Got nich. Auch kount ich mir nicht wol den undwillen[515] auß dem sein[516] schlagen, so wer meyn bechte nich wan ich auch dechte tzu rechgen. Saget er, ych solt dey sach kreygen lassen und solt yetz bechtten und auff dey martter wochgen[517] auch und tzum sackrament geyn, det ich es nich, wort ich wol sein[518], wey mir es gein wortte; dan her wer meyn houbt und must vor Got rechgenschaff geben.[519] Saget ich, wost es wol, aber ich in und willen[520] tzu geyn, das wer[c] wider Got for meyn gewissen. Kont er keyn anwert geben, er wort auch vor mich nich tzum touffel farn, und

---

[510]   *Herzog Georg (der Bärtige) (1471–1539).*

[511]   = *gebeichtet.*

[512]   = *Hofmeisterin.*

[513]   = *wie.*

[514]   = *Zwang.*

[515]   = *Unwillen.*

[516]   = *Sinn.*

[517]   = *Marterwoche = die Woche vor Ostern, Karwoche.*

[518]   = *sehen.*

[519]   *1. Korinther 11,3; Epheser 5,23.*

[520]   = *Unwillen.*

sunterlych eine gestal[521] wort ich nich nemen, het dach der kesser ein mantad[522] lassen auß geyn, das man es nich wern[523] solt, als ich berecht wer[524]. Saget er, ich louge. Ich lacht und sagett: „Fraget dar nach." Da saget er, ich wortte wol sein, wey mir es gein wortte. Saget ich: „Der Got, der[d] gebotten het, das das wib solt dem man gehorsam sein,[525] het auch gesaget, der ‖ [man][e] solt vatter und mutter vor lassen und ansein wib hancken."[526] Das kant ich aber nich an im der kennen[527], dan er wolt fon dem vatter nicht und leyst mich schmeen und blagen und heylt nich ober mir. Wo er aber das anderheylt und das ich heyr[528] wegk kemb und erkentt kont, das [er][f] meyn hobt[529] wer, so wolt ich mich nach ein weil leytten das sackramenst[530] halben. Byt in Got auch er kennist[531] geb, dan ich woste nich, ob er das hobt wer aber nich, het dach keyn gewalt ober mich, vortrawetten sey im dach nich ober mir. So nem er auch nich von sych selber keyn mir for etwast, an was im der vatter heyst[532] und regerett mich nich for sych selber. Nu het ich den vatter nicht genumen, ich wer seyn wib und kont nichst und beylchgest[533] von seym vatter leytten, und bet in, er wolt aber der rette eyn und willen[534] haben. Da schweigk er steil[535] und saget, ich solt bechtten. Saget ich, weyl erst haben wolt[536], so wolt ich tzu dem paffen[537] geyn, aber ich wolt im nichst sagen, dan das ich vor Got gesuntget[538] het. Saget er: „Ge ya dach, das nar der her vatter denckt, du beychst." Ich saget: „Ich hab in x yarng[539] nicht anders gebecht." Da ich nu tzu dem paffen geyn und saget im so, da wolt er mich nich absalfeyrn[540]. Ych saget: „Lat es nar, ich frag nichst dar nach." Da saget er, wolt es for bedencken. Ich lacht ‖ und gein dar von. Nich west ych, wast sey mir dunt wollen. Ich frage meyn hern, wast dan wertten solt, das sey mir dunt wolten, das ich mich auch wost dar nach tzu rechtten. Saget er, ich wort es wol sen. Ich saget: „Ich wilst wagen, wan ich eurn vatter sust keyn orsach geb." Dar nach lacht er und nam sych nichst an. Ich lacht auch und stel mich frollychen, aber e(uer) l(ieben) kant wol dencken, wey wol mir yst.

[521]   *Gemeint ist das Abendmahl in einerlei Gestalt.*

[522]   *Gemeint ist das Mandat Kaiser Karls V. für einen allgemeinen Frieden im Reich (1532 August 3), durch welches der Kaiser auf die fehlende Billigung des Nürnberger Anstands auf den Regensburger Reichstag reagierte. In diesem Schreiben ordnete er kraft kaiserlicher Machtvollkommenheit einen allgemeinen Frieden im Reich an und verbot die Gewaltanwendung des Glaubens wegen. Deutsche Reichstagsakten, JR 10/3, S. 1525–1527, Nr. 559. Zum Nürnberger Anstand vgl. Aulinger, Die Verhandlungen zum Nürnberger Anstand.*

[523]   *= wehren.*

[524]   *= wie mir berichtet wurde.*

[525]   *2. Mose 20,12.*

[526]   *1. Mose 2,24; Matthäus 19,5; Markus 10,7.*

[527]   *= erkennen.*

[528]   *Gemeint ist ,vom Dresdner Hof'.*

[529]   *= Haupt.*

[530]   *Gemeint ist das Abendmahl in einerlei Gestalt.*

[531]   *= Erkenntnis.*

[532]   *= unternimmt auch nichts selber gegen mich als das, ohne dass es ihn der Vater heißt.*

[533]   *= unbillig.*

[534]   *= Unwillen.*

[535]   *= still.*

[536]   *= wenn er es haben will.*

[537]   *= Pfaffen. Im eigentlichen Sinn der ,Geistliche', besonders seit Luther verächtliche Nebensinn des Wortes zunächst für die Abgöttischen (Götzenpfaffen) und dann für die katholischen Priester gebraucht. Vgl. DWB, Bd. 13, Sp. 1584 f.*

[538]   *= gesündigt.*

[539]   *= 10 Jahren.*

[540]   *= absolvieren, meint ,die Absolution erteilen'.*

Jetz nach dem essen saget ich tzu m(einem) hern, ich wer gestern bey dem paffen gewest, aber er het mich nich abselfern wollen. Saget er, wei ich gebeicht het, so wer ich auch geabselfert. Saget ich,[g] wol ich auch nymer tzu dem paffen gein und bechtten. Saget er, ich solt mich es vor suchen und wart schellych[541] auff mich.

Ober h(ertz) l(iebster) b(ruder), wan es e(uer) l(ieben) und meyn bruder und andern fruntten for gut an segen[542], so wolt ich gern von meyn hern, dan ich bin im gar nichst notzse, als der gantzse hoff wol west.[543] So merck ich wol, er wert sych auch in dem fal lassen auff mich hetzsen, wast das ewangeylum belangett.

Dan Klarlewitz[544] kamb jetz tzu mir, [h]da ich an houb tzu schriben,[h] und saget, was eber[i] wer[545]. Meyn her het im und her Routteloff[546] gesaget, sey solten sych nich forlaffen, dan er wolt mit in retten. Da saget ich, das der becht halben wer und das sackrament halben. Bat er mich umb Gottes willen, ich solt es nich for nemen[547], dan wan ich das det, det m(ein) alter her alles das mir tzu wider wer. Und solt mir ein gemacht bougen[548] und dreint sestzsen, das ich vor speret[549] must ‖ sein[j] aber wort es auff beigeryst[550] halten wey h(erzog) Wilhelm[551]. Ich sagett, wey Got wil, wolt Got, ich het ein man und der mich so lieb het und ich in wider wey hertzo[k] Wilhelm und sein gemal[552]. Und het etwast eigens, ich wer wol tzu fretten[553], dan wan sych zwei lyeb haben, kounen sey veil leytten von ein nander. Er bat mich ser und saget, er meyn es gut mit mir. Es wer alleso, ich wer obel forsorget, dan meyn her wer nu in xi wochen[554] nich bey mir geleygen[555]. So heylt er nichst ober mir und schlep sich mit Ha(ns) v(on) S(chonbergk)[556] und He(inrich) v(on) Schlintz[557], als hetten sey gar wol gedaunt keyn mir. Aber er bet mich, ich wol[t][l] in nich melten nach das for nemen, dan m(ein) a(lter) h(er) starett[558], sei kontten im nich wern. Und saget auch, m(ein) a(lter) h(er) wolt den tag tzu der Nugbergk[559] nicht besuchen in keyn wegk. Ich saget: „Wor umb nicht?" Saget er, es wer unsser aller schatte. Ich saget: „Ich bin vor im gerecht, aber vor Got sein weir alle undgerecht."[560] Saget er, wortte nichst drust; ich het ein gutte sach, aber es holff

---

[541]   *schellich = aufgebracht, wütend, zornig, rasend; vgl. DWB, Bd. 15, Sp. 2502.*

[542]   *= ansehen.*

[543]   *Hiermit meint Elisabeth ihre Kinderlosigkeit.*

[544]   *Georg von Carlowitz zu Hermsdorf (um 1480 – 1550), sächs.-albert. Rat; vgl. Anm. 42.*

[545]   *Carlowitz fragte, was eben gewesen wäre.*

[546]   *Rudolf von Bünau zu Weesenstein († um 1540), sächs.-albert. Rat; vgl. Anm. 60.*

[547]   *Gemeint ist das Abendmahl in beiderlei Gestalt.*

[548]   *= bauen.*

[549]   *= versperrt sein; gemeint ist eine drohende Haft.*

[550]   *= auf Weiteres.*

[551]   *Gemeint ist Herzog Wilhelm IV. von Bayern (1493 – 1550), der für seine Gemahlin Maria Jakobäa von Baden (1507 – 1580) Zimmer bauen ließ (vgl. oben Nr. 13, Anm. 287).*

[552]   *Vermutlich bezieht sich Elisabeth hier auf die Ehe ihres Onkels Landgraf Wilhelm I. (der Ältere) (1466 – 1515) mit seiner Gemahlin Anna von Braunschweig-Wolfenbüttel-Calenberg-Göttingen (1460 – 1520); vgl. zu ihm ADB 43 (1898), S. 27 f.*

[553]   *= zufrieden.*

[554]   *= 11 Wochen.*

[555]   *Gemeint ist die sexuelle Zurückweisung durch ihren Gemahl Herzog Johann. Vgl. Thieme, Glaube und Ohnmacht, S. 170.*

[556]   *Hans (junior) von Schönberg zu Reinsberg († 1537), sächs.-albert. Rat und Amtmann; vgl. Anm. 4.*

[557]   *Heinrich von Schleinitz zu Saathain und Koselitz († 1543), sächs.-albert. Rat und Hofmarschall; vgl. Anm. 5.*

[558]   *= starrt; hier gemeint im Sinne von ‚trotzig sein', ‚stur bleiben'; vgl. die vielfältigen Bedeutungen auch bei DWB, Bd. 17, Sp. 918 ff. (Artikel „starren").*

[559]   *= Tag zu Naumburg. Vgl. dazu unten Anm. 674.*

[560]   *Hier bezieht sich Elisabeth auf die Rechtfertigungslehre Luthers.*

mich gar nichst keyn im. Da saget ich, er solt helfen ratten, das m(ein) her was eigens kreyg aber mich tzu meyn fruntten list, dey weyl mir der alt ent keygen wer und m(ein) her umb das ewangeilsgung[561] willen auch wider mich wer. Saget er, wolt es gern; ich het auch ‖ orsach genunck, aber es gescheyg nich. Ich saget, wey dan, wans erger wortte. Saget er, kount im nichst gedunet. Glich scheyck der alte nach im. Aber das hort ich wol, das sey mich vorsperen wollen, dan yeder man saget mir es, so list sich es meyn her auch hornt.

E(uer) l(ieben) scheyck den breff m(einem) bruder aber tzeyg es im an, das nar Klarlewitz nich gemelt wertte, dan er meyn es wei er wol. So wolt ich in nich gern melten, dan ich se wol, im ist ser bange heutte. Mich donckett, es wer nich bost, das man dey von der lantschaff bescheyt etlich[m], e(uer) l(ieben) und meyn bruder und es in for heylt, das man solges wolt keygn mir for nemen. Der alte Dubenhem[562] und der[n] Anders Pflugk[563] must auch dar bey seyn nach wertten e(uer) l(ieben) sam meyn bruder wol machen dan beyde. E(uer) l(ieben) sollen meyner mechtteych sein. Und bevel e(uer) l(ieben) Got mich e(uer) l(ieben). Dat(um) in grosser yelle[564], sonnaben nach Ockele[o] [565] anno xxxiii.

Ich geb e(uer) l(ieben) fruntlychen tzu erkeyn, das margraff Yorge[566] hertzoge Herychst[567] dochtter ein nemen wil. Er sal nemen weilge wil und den eltern tzw[p] [568] sey wollen gern haben. Aber er hat mir geschriben[569] heut und gebetten, das ich es wolt an f(raw)[570] Emelge[571] erfarn, ab sey in haben kont, den dey hat im vor zweyg yarn am besten gefallen. ‖ Wert sey auch besen[572] nach ein mal, dan da vor xii[q] tagen[573] yst da gewest, warn sey alle auff Maria Bergk[574]. Saget er mir, da heir war, ich sege gern, das e(uer) l(ieben) auff dey hochzeyt kemb. Ich[r] hoff, e(uer) l(ieben) und ich wolten auch tzu sammen kumen. Es wer heir aber[575] tzu Freybergk.

[a] *Gestrichen:* sich.
[b] *Gestrichen:* mi.
[c] *Gestrichen:* tzu.
[d] *Wort hochgestellt eingefügt.*
[e] *Hier fehlt ein Wort.*
[f] *Hier fehlt ein Wort.*
[g] *Gestrichen:* sol.
[h-h] *Passage hochgestellt eingefügt.*

---

[561] = *Evangeliums.*

[562] *Christoph von Taubenheim zu (Brauns-)Bedra (um 1460–1536), seit 1499 Verwalter/Amtmann des Amtes Freyburg, 1532 Oberster Hauptmann in Thüringen (Goerlitz, Staat und Stände, S. 110), sächs.-albert. Rat „von Haus aus“ (Volkmar, Der sächsisch-albertinische Hofrat, S. 83).*

[563] *Andreas Pflugk zu Knauthain († 1542), Amtmann zu Dornburg und Leipzig; vgl. zu ihm Mansberg, Erbarmanschaft Wettinischer Lande I, S. 253–283 und Tafel 11; Goerlitz, Staat und Stände, S. 588 f.*

[564] = *Eile.*

[565] = *Oculi.*

[566] *Markgraf Georg (der Fromme) von Brandenburg-Ansbach (1484–1543); vgl. zu ihm ADB 8 (1878), S. 611–614; NDB 6 (1964), S. 204 f.; BBKL 30 (2009), Sp. 472-484.*

[567] *Herzog Heinrich (der Fromme) von Sachsen (1473–1541).*

[568] = *so.*

[569] *Das Schreiben Georgs an Elisabeth ist verloren und wird hier unter der Nr. 45 geführt.*

[570] *Frau oder Fürstin?*

[571] *Herzogin Emilia von Sachsen (1516–1591), Tochter Herzog Heinrichs (des Frommen).*

[572] = *besehen.*

[573] = *vor 12 Tagen.*

[574] *Marienberg, Stadt sö Chemnitz.*

[575] = *oder.*

ⁱ *Sic.*
^j *Gestrichen:* auch.
^k *Sic.*
^l *Seitenrand beschädigt; Wort bricht am Zeilenende ab.*
^m *Wort hochgestellt und vor der Zeile eingefügt; der Zusammenhang mit dem unmittelbar folgenden Text bleibt unsicher.*
ⁿ *Wort hochgestellt eingefügt.*
^o *Wort hochgestellt eingefügt; darunter gestrichen:* Reminissere.
^p *Sic.*
^q x *wurde nachträglich zur* xii *korrigiert.*
^r *Gestrichen:* holff.

47

1533 März 25

Herzogin Elisabeth an Kurfürst Johann Friedrich (den Großmütigen)

Elisabeth will das Abendmahl nicht nehmen, es sei denn, man reiche es ihr in beiderlei Gestalt. Ihr Gewissen sagt ihr, dass sie nicht selig werden kann, wenn sie die Menschen mehr fürchtet als Gott. – Georg von Carlowitz hat Elisabeth erzählt, dass Markgraf Georg (der Fromme) von Brandenburg-Ansbach bald heiratet. Herzog Georg (der Bärtige) will keine Freunde dazu bitten. – Johann Friedrich soll den Brief an Landgraf Philipp (den Großmütigen) schicken und seiner Frau (Christine) die Schachtel mit der Kette überreichen. – Johann Friedrich soll für Elisabeth im Geheimen das allgemeine Gebet bestellen.

HStA Dresden, 10024, Loc. 10548/6, fol. 23r.

Überlieferung: Ausfertigung.

Schrift: eigenhändig.

Adresse: [D]em hochgebornen / [furst]en hern Hans Freiderych / [hertzoge] tzu Sachssen dest / [heilgen] roumsen reychst / [ertzm]arschalk und / [korf]urst etc. meynen / [fruntl]ichen lieben ohmen / [und] bruder yn s(einer) l(ieb) // eigen hant.

Nr. bei Werl: 45.

Kanzleivermerke: Die hertzogin zu Rochlitz zeigt an, sie wolle d(as) sacrament and(er)s nicht denn in zweierley gestalt empfah(en).

Bemerkung: Siegeleinschnitte sind vorhanden; der Siegelstreifen ist verloren; das Siegel ist recht gut erhalten. – Hans von Metzsch, Hauptmann zu Wittenberg, überbrachte diesen Brief, zusammen mit einer Schachtel.

Druck: ABKG III, Nr. 2218a.

M(ein) h(erz) a(ller) l(iebster) o(hme) u(nd) b(ruder); ich geb e(uer) l(ieben) fruntlych tzu erkeyn, das ich gantz bedach bin, das sackrament nich tzu nemen, man geb mir es dan in beyder gestal. Ich sprecht nach umer, ich wil es bedencken, dan ich hab ein und willen⁵⁷⁶, das ich mich nich drust ent rechtten kant. Aber auff das best wil ich es glich sagen, dan mir yst in meyn gewissen also, das ich nich kant sellych wertten, wo ich dey menschsen serer forcht dan Got und wil es^a wagen, wast sey wollen anfan. E(uer) l(ieben) last^b ich auch wissen,

---

⁵⁷⁶　= Unwillen.

das mir Klarlewitz[577] sagett, margraff Jorge wort balt hochtzeyt[578] haben und m(ein) a(lter) h(er)[579] wolt keynne frunt dar tzu bytten. H(ertz) l(iebster) b(ruder), ich byt e(uer) l(ieben) wol meyn bruder den breff scheycken und seiner gemal[580] dey schattelt[c] [581], dan es yst ein keytten[582] dreint, dey hab ich yer heyr lassen machen. Hab nich gewisser bottschaff kount bekumen. Und bevel e(uer) l(ieben) und mich e(uer) l(ieben) Got[d] helff uns mit freutten tzu sammen, amen und erlost mich. E(uer) l(ieben) schwesterliche trew tzu der tzeigen bin ich geneygett. E(uer) l(ieben) bestel dach das gemeyn gebet for mich in einner gehemmen. Heyr betten sey und glaben nich, so helff mich ier bytten nicht. Dat(um) in yelle[583] dinstag nach Lettarre anno xxxiii.

E H Z S etc.

^a *Wort hochgestellt eingefügt; darunter gestrichen:* es.
^b e(uer) l(ieben) last *hochgestellt eingefügt.*
^c *Korrigiert aus:* schaffelt.
^d *Wort hochgestellt eingefügt; darunter gestrichen:* der.

48

Schwerin   *1533 März 26*

Herzog Heinrich V. (der Friedfertige) von Mecklenburg an Kurfürst Johann Friedrich (den Großmütigen)
Heinrich hat die Antwort Herzog Heinrichs II. (des Jüngeren) von Braunschweig-Lüneburg-Wolfenbüttel geöffnet, die er auf sein und Johann Friedrichs Schreiben gegeben hat. Mit diesem Brief schickt er dessen Nachricht an Johann Friedrich weiter. – Heinrich wird zum Treffen nach Naumburg kommen, sofern Johann Friedrich dieses nicht absagt.

HStA Dresden, 10024, Loc. 10548/6, fol. 24r; Zettel: Loc. 10548/7, fol. 24r.

Überlieferung: Ausfertigung.

Schrift: eigenhändig.

Adresse: Dem hochgebornen fursten hern / Johans Friderichen hertzog(e)n zu / Sachssen des heylig(e)n ro(mischen) reichs / ertzmarschalcke churfursten / landtgraven in Thuringen / und margg(ra)ven zu Meissen / unserm freuntlichen lieb(e)n / vetteren // ^azu seiner liebe / eigen hand(en)^a.

Kanzleivermerke: Der hertzog von Meckelburgk will uf bestimbt(en) tagk zur Naumburg erscheinen etc. – 1533.

Bemerkung: Das Siegel ist mit dem vollständigen Siegelstreifen erhalten, die Adresse also vollständig lesbar; Siegeleinschnitte sind vorhanden. – Ein zu diesem Brief gehörender Zettel findet sich in der oben bezeichneten anderen Akte. Der abgeschnittene Zettel besitzt keine

---

⁵⁷⁷ *Georg von Carlowitz zu Hermsdorf (um 1480–1550), sächs.-albert. Rat; vgl. Anm. 42.*
⁵⁷⁸ *Gemeint ist die geplante Eheschließung Emilias von Sachsen (1516–1591), Tochter Herzog Heinrichs (des Frommen), mit Markgraf Georg (dem Frommen) von Brandenburg-Ansbach (1484–1543).*
⁵⁷⁹ *Herzog Georg (der Bärtige) (1471–1539).*
⁵⁸⁰ *Landgräfin Christine von Hessen (1505–1549).*
⁵⁸¹ = *Schachtel.*
⁵⁸² = *Kette.*
⁵⁸³ = *Eile.*

eigene Datierung und trägt auch keine Adresse oder einen Kanzleivermerk. Die Zuordnung ergibt sich aus dem Inhalt sowie den passenden Siegeleinschnitten und der identischen Faltung.

Hochgeborner furst fruntlicher liber vetter; fruntlicher wolmeynu(n)ge habe ich meynes liben ohem herczoch Heinrich von Brunswig[584] anttwort, die sein libe uff jungest ewer liben und meyn schribe(n) gegeben geoffent, do ich ewer libe(n) der wissens zu haben hir bey vor wart ubersende. Ich will mich aber meyne(r) gethanne(n) zu schreyben nach will Got[585] uff den bestymmeten tag kegen der Newenborg[586] vorfugen, szo ferne myr der von ewer libe(n) nicht abgekundt, und(er) der halben uffen dinstag na[ch]^b Palmaru(m)[587], auß meyne(m) lant durch de Marke(n) do hin zu reysse(n) yrheben, den ewer libe(n) fruntlich zu diene(n) bin ich alle zeyt unverdross(en) u(n)d gantz willig. Dat(um) Swerin am mytwoch(en) na[ch]^b d(em) sontag Letare etc. 1533.

Hainrich herczoch / zu Meckelborg etc.^{c} / manu p(ro)p(ria)

Nach deme myr auch gemelter meyn ohem von Brunswig, uff meyn beyschrifft hyr inne worsloss(en)[588] schrifftlich antwortt ubersant, szo habe ich ewr libe(n) die vortrewliche u(nd) fruntliche meynunge der fruntliches mytwissens zu habe(n) unangezeygt nicht wollen lass(en). Dat(um) ut in lit(tera).

$^{a-a}$ *Eigenhändig von Johann Friedrich nachgetragen.*
^{b} *Sic.*
^{c} *Abbreviatur für* etc. *hochgestellt eingefügt.*

49*

[vor 1533 März 30]

Landgraf Philipp (der Großmütige) an Herzogin Elisabeth

Überlieferung: verloren.

Bemerkung: Die Ausfertigung und die Datierung dieses Schreibens ergeben sich aus Nr. 50. Hinweise auf den Inhalt ergeben sich nicht.

---

[584] *Herzog Heinrich II. (der Jüngere) von Braunschweig-Lüneburg-Wolfenbüttel (1489–1568); vgl. Anm. 329.*
[585] *= nach dem Willen Gottes.*
[586] *= Tag zu Naumburg. Vgl. dazu unten Anm. 674.*
[587] *= 1533 April 8.*
[588] *= verschlossen.*

50

1533 März 30

Herzogin Elisabeth an Kurfürst Johann Friedrich (den Großmütigen)

Elisabeth will dem Rat ihres Bruders und Johann Friedrichs folgen. – Elisabeth hat Johann Friedrich zwei Briefe geschickt sowie eine Schachtel für Landgräfin Christine, die er ihr übersenden soll. – Herzog Georg (der Bärtige) hat sie bei Tisch vor Anderen beschuldigt, dass Asch von Cramm in ihrer Kammer gewesen sei. Elisabeth hat das bestritten; die Hofmeisterin und sechs Hofjungfern, die mit in ihrer Kammer gewesen sind, könnten ihre Aussage bezeugen. Herzog Georg verlangte danach ihre lutherischen Bücher, die ihr Johann Friedrich geschickt haben soll. Elisabeth bestreitet, Bücher erhalten zu haben. – Herzog Georg hat ihr vorgeworfen, sie hätte behauptet, er wäre den lutherischen Fürsten nicht wohlgesonnen. Elisabeth hat ihn daraufhin aufgefordert, die Personen zu nennen, die dies gehört haben wollen. – Elisabeth soll ihren Bruder gebeten haben, sie zur Patin seines Sohnes zu bestimmen, damit sie nach Hessen reisen kann. – Zu Pfingsten habe Elisabeth im Dom zu Meißen gegessen. Elisabeth gibt dies zu, aber sie habe fünf Stunden sitzen müssen und Herzogin Barbara habe es auch getan. Außerdem habe es ihr Gemahl erlaubt. – Herzog Johann (der Jüngere) will sie auf Veranlassung Herzog Georgs nicht zu ihren Freunden lassen. – Johann Friedrich soll alles ihrem Bruder berichten. – Die Räte sind wütend auf Johann Friedrich, da er sich nicht an den Grimmaischen Machtspruch halten will. Sie sind der Meinung, es ist wegen Elisabeth. – Die Räte fürchten sich. – Elisabeth möchte nicht, dass ihretwegen ein Krieg ausbricht.

> *HStA Dresden, 10024, Loc. 10548/6, fol. 57r–58v.*
>
> *Überlieferung: Ausfertigung.*
>
> *Schrift: eigenhändig.*
>
> *Adresse:* [Dem hochg]ebornen fursten / [hern Hans] Frederich hertzoge / [zu Sachssen] des heilgen / [romssen reic]hst ertzmarschalk / [und korfurst]e etc. meinem / [fruntlichen lie]ben ohmen / [und bruder in] seiner lieb // eigen hant.
>
> *Nr. bei Werl: 46.*
>
> *Kanzleivermerke:* Die hertzogin zu Rochlitz macht kleglich ding, wied(er) hertzog Jorg(en): 1. d(as)ᵃ er sie zeihe, d(as) sie untwillig; 2. d(as) herr Asche von Krammen bei ir in der kammer gewesen und ir ihre große mutter die von Meckelburgk und Diterich(en) v(on) Harest furgeworff(en) etc. und and(er)s.
>
> *Bemerkung: Siegeleinschnitte sind vorhanden; das Siegel und der Siegelstreifen selbst sind verloren; die Adresse ist entsprechend beschädigt überkommen. – Der Brieftext erging in der originalen Ausfertigung fortlaufend und ohne Satzzeichen. Für die Wiedergabe wurde der Text zur besseren Lesbarkeit in Absätze gegliedert.*
>
> *Druck: ABKG III, Nr. 2225.*

M(ein) f(reuntlicher) h(ertz) a(ller) l(iebster) b(ruder) und o(hme); meyn bruder hatt mir ein meynunge geschriben[589], weil es beyde e(uer) lieben vor gut an sen, wil ich e(uer) l(ieben) in dem und in eim andern foulgen. Las e(uer) l(ieben) auch wissen, das ich e(uer) l(ieben) bey e(uer) l(ieben) reytten botten ein zwein breff geschriben[590] hab und bey Hans Metz, dem

---

[589]   *Das Schreiben Philipps an Elisabeth ist verloren und wird hier unter der Nr. 49 geführt.*
[590]   *Vgl. oben Nr. 46 (Brief Elisabeths an Johann Friedrich, 1533 März 22).*

hobtman v(on) Wettenberck[591] ein und ein schattel[592] gescheyck, weilge ich e(uer) l(ieben) bat, m(eines) brudern wib[593] tzu scheycken.[594]

H(ertz) l(iebster) b(ruder), wei meyn a(lter) h(er)[595] antzeyget in sein klagen, wey ich eigen willych bin, wan meyn fruntte bei mir[b] sein und antzeyget, da ich von Torge[596] bin kumen, yst ertzeyg mich her Asz von Krammen[597] wer bey mir in der kammer gewest. Und lyst mein hern und vel etleut[598] tzu hornt, ober doschse[599] war es, und saget, es wer nich gut. Da saget ich, weil es nich gut wer, so saget ich, wer mir es nach saget, der ret dey und warhet[600]. Es wer nich war, so wer dey hofmestern[601] mit vi yunckfern[602] bey mir in der kammer gewest und wosten es al wol. Da wart er schellych[603] und saget, ab ich in leygen[604] heyst. Ich saget, ich wolt es in nich heyssen, aber mir geschege und rechtt[605]. Da feingk an und saget von meyner gros mutter, der hertzgen vom Meckelborgk[606], und von her Deyderich von Harest[607] vel bussen[608]. Saget ich, leb sey nach und sey es hort, so schweig er wol. Dar nach wolt er Martteinse boucher[609] ‖ von mir haben und saget, e(uer) l(ieben) geb mir sey. Saget ich, e(uer) l(ieben) het mir keyn geben. Aber wort er mir meyn boucher nemen, wort er wol sen, ab nicht gar wolt der seckten halten. Also list er mir sey und saget meyn hern auch, wey ich forwitz wor und wey ich meyn bruder ober in geklaget hett, wey er mir nichst geb, das ich nich er[c] eylle gewant[d] mechttich wer. Saget ich, het[e] nichst geklaget, aber es wer danich war. Dar nach saget er, ich het auch gesaget, er[f] wer den Mertteinissen fursten[610] nich gut und er[g] wer dromb keyn Bressel[611] getzougen, das nich[h] keyn Torge wolt. Ich sage, er solt mir dey for stellen, dey es gehort hetten. Und saget, ich het tzu Torge nar ein gantz se mest gehort[612]. Saget ich, het er so lang gesessen als ich, het auch wol auff ein morgen geschlaffen. Und saget, ich het m(ein) bruder gehetz, das mich het wollen keyn Hessen haben tzu gefatter[613], dar dorch wern sey auff stossych wortten. Und het ein

---

[591] *Hans von Metzsch (um 1490–1549), Hauptmann zu Wittenberg.*
[592] *= Schachtel.*
[593] *Landgräfin Christine von Hessen (1505–1549).*
[594] *Vgl. oben Nr. 47 (Brief Elisabeths an Johann Friedrich, 1533 März 25).*
[595] *Herzog Georg (der Bärtige) (1471–1539).*
[596] *Torgau, Stadt nö Leipzig mit der sächs.-ernest. Residenz Schloss Hartenfels.*
[597] *Asche von Cramm († 1539), ab 1532 sächs.-ernest. Rat „von Haus aus“ für Herzog Ernst; vgl. zu ihm Haug-Moritz, Der Schmalkaldische Bund, S. 686; Bosse, Asch von Cramm, S. 520–523.*
[598] *= Edelleute.*
[599] *= über Tisch.*
[600] *= Unwahrheit.*
[601] *= Hofmeisterin.*
[602] *= die Hofmeisterin mit 6 Hofjungfern.*
[603] *schellich = aufgebracht, wütend, zornig, rasend; vgl. DWB, Bd. 15, Sp. 2502.*
[604] *= lügen.*
[605] *= Unrecht.*
[606] *Herzogin Sophie von Pommern (um 1460–1504), Gemahlin Herzog Magnus II. von Mecklenburg (1441–1503).*
[607] *Dietrich von Harras (um 1430–1499), Untermarschall Herzog Albrechts (des Beherzten) von Sachsen. Hier deutet Herzog Georg ein Verhältnis des Adligen mit der Herzogin an.*
[608] *Possen = Scherze, auch ein Scherzspiel; vgl. zur vielschichtigen Semantik DWB, Bd. 2, Sp. 261 (Artikel „Bosse“), auch Bd. 13, Sp. 2013 (Artikel „Posse“).*
[609] *= martinische = lutherische Bücher.*
[610] *= martinischen = lutherischen Fürsten.*
[611] *Brüssel, Residenz Kaiser Karls V.*
[612] *= nur eine ganze Messe gehört.*
[613] *Elisabeth soll Patin für Philipps drittes Kind, Wilhelm IV. (der Weise) (* 1532 Juni 24) werden.*

schopen[614] an pinstage in der krechgen tzu Meyssen[615] geyssen[616]. Ich saget, es wer war, het ich dach mussen vol v stund dreint sessen[617], wer es dach da hintten im stol gewest, es het neman gesen, det es dach sein wib[618] auch. Und ich wer krant auff dem scheff[619] wortten, het nich farn wollen, wer auff dem wagen gesessen. Saget ich, m(ein) her het mich ‖ es geheyssen, dan ich mich umer gebrochen het, so het her mir es dach selber erlobett und solge nar bussen. Und heyst m(ein) hern wey mich hart halten solt. Und er wolt mich tzu meyn fruntten nich lassen. Saget ich, Got wort es wol machen, das war als das ich im datt. Und hat ach Mertteinsse leytter[620] gesungen.

Sowlges[621] schrib ich e(uer) l(ieben) dromb, das e(uer) l(ieben) meyn bruder sagen sal, das e(uer) l(ieben) wissen, was ich im gedaunt hab, dan ich da m(ein) b(ruder) heyr war ney auff den argdeckel[622] geanwert hab, hatt sust so vel tzu veranwertten etc.

Auch yst Seygemunt von Meltitz[623] yn xix yargen und lenger nich lanfott tzu Bernt[624] gewest und das mal Y(nnocenz) v(on) Starsedel[625] wegk tzougk war Hans Karest[626] lantfougkt und for im Yorge Klarlewitz.[627] Sey seyn auch ser schellych auff e(uer) l(ieben), das e(uer) l(ieben) den ab scheyt[628] nich halten wyl, sprechen, ich mach es mit meyner sach. Dey rett reyben mir dey ourn[629] mit. Sag ich, sey wertten es wol anders wissen. Ich halt, h(ertz) l(iebster) b(ruder), e(uer) l(ieben) hab es ney keyn willen gehatt. Ich lacht umer. Her Ernst[630] saget, ich lacht vor bossthet, nar das ich ein mal meyn sach hab fort bracht. Sey forchtten sych, leytten seyr. Ich ‖ sprecht, meyn halben sal keyn kreich wertten, sey sein sych sust for und machen es glich. Und wil heyr mit e(uer) l(ieben) Got bevellen, mich e(uer) l(ieben) als m(ein) h(ertz) a(ller) l(iebster) b(ruder), e(uer) l(ieben) f(run)t(schaft) tzu ertzeygen bin ych geneyget. Dat(um) Juttigca[631] anno xxxiii.

E H Z S

a   *Gestrichen:* sie.
b   *Wort hochgestellt eingefügt.*
c   *Unsichere Lesung:* ev *oder* es?
d   *Sic. Werl liest hier:* 4 Ellen gewant. *Aber gerade das* e *von* er *steht sicher.*

---

614   *Gemeint ist „Geflügel".*
615   *= Dom zu Meißen.*
616   *= gegessen.*
617   *= 5 Stunden darinnen gesessen.*
618   *Herzogin Barbara von Sachsen (1478–1534).*
619   *= Schiff.*
620   *= lutherische Lieder.*
621   *= solches.*
622   *= Artikel.*
623   *Siegmund von Maltitz zu Reichstedt (vor 1464–1524); vgl. Anm. 158.*
624   *= Landvogt zu Pirna; vgl. Goerlitz, Staat und Stände, S. 64.*
625   *Innocenz von Starschedel zu Mutzschen; vgl. Anm. 86.*
626   *Hans von Karras war von 1521 bis 1531 Landvogt zu Pirna; vgl. zu ihm Bergmann/Meiche, Burgen und vorgeschichtliche Wohnstätten, S. 111.*
627   *Hier nimmt Elisabeth Bezug auf die Aussage Herzog Georgs, dass Maltitz nicht Hofmeister Herzog Johanns werden wollte, da er zu dieser Zeit bereits Landvogt zu Pirna war (vgl. oben Nr. 11). Allerdings irrt Elisabeth hier: vor Georg von Carlowitz war Siegmund von Maltitz für den Zeitraum von zwei Jahren Landvogt zu Pirna (1515–1517). Vgl. Bergmann/Meiche, Burgen und vorgeschichtliche Wohnstätten, S. 111.*
628   *= Abschied; gemeint ist der Grimmaische Machtspruch.*
629   *= Ohren.*
630   *Ernst II. von Schönburg (1486–1534), sächs.-albert. Rat; vgl. Anm. 41.*
631   *= Judica.*

^e *Gestrichen:* in.
^f *Wort hochgestellt eingefügt; darunter gestrichen:* ich.
^g und er *hochgestellt eingefügt.*
^h *Gestrichen:* da.

51

[Coburg]   *[1533 März 22–April 13]*

Kurfürst Johann Friedrich (der Großmütige) an Herzogin Elisabeth

Johann Friedrich und Landgraf Philipp (der Großmütige) sind in Coburg zu Verhandlungen zusammengekommen und haben sich auch in Elisabeths Sache besprochen. Sie haben ihren Gemütszustand schweren Herzens vernommen und spenden ihr Trost. – Zwar sollte Elisabeth das Abendmahl auch zukünftig in beiderlei Gestalt empfangen, doch geben beide zu bedenken, dass sie sich, wenn es ihr zu schwer fällt, bis Ostern besser enthalten sollte, damit sie sich keiner Gefahr aussetzt. Außerdem ist es schwierig, einen geeigneten Priester zu besorgen, der sich darauf einlässt, ihr das Abendmahl in beiderlei Gestalt zu reichen – Mit Herzog Georg (dem Bärtigen) soll sie sich nicht mehr auf Diskussionen einlassen, um nicht noch weiter seinen Unmut auf sich zu ziehen. Dies wäre in der ganzen Angelegenheit wenig nützlich. — Obwohl Herzog Georg sein Kommen zum Tag zu Naumburg abgesagt hat, soll das Treffen wie geplant stattfinden, damit man sich in der Sache weiter besprechen kann.

HStA Dresden, 10024, Loc. 10548/7, fol. 19r – 20v.

Überlieferung: Konzept.

Schrift: eigenhändig.

Adresse: –

Kanzleivermerke: Der churf(urst) zu Sachßen etc. und landtgraf zu Heß(en) bedencken, d(as) gut sei, d(as) die hertzogin von Rochlitz sich enthalte und beruhen lasse, d(as) abentmal zuentpfah(en). It(em) mit irem hern und gemhal sich nicht in dise pubation eintzulaß(en).

Zur Datierung: Die Datierung ergibt sich aus dem Inhalt. Die Absage Herzog Georgs ist erstmals am 1533 März 22 greifbar, woraus sich der terminus post quem erschließen lässt. Der terminus ante quem lässt sich durch den Verweis auf Ostern (1533 April 13) feststellen. Das Konzept ist im Zeitraum dazwischen zu verorten. Durch den vermeintlichen Bezug auf das vorangehende Schreiben Elisabeths (Nr. 50) ist die Datierung Anfang April wahrscheinlich.

Bemerkung: Die Blätter wurden auf der rechten Seitenhälfte fortlaufend beschrieben, die linke blieb Korrekturen und Ergänzungen vorbehalten. – Der rechte Seitenrand ist bei beiden Blättern in der Mitte beschädigt; dadurch wurden die letzten Buchstaben der betreffenden Zeilen unleserlich. – Der Nachtrag wurde auf der unteren Hälfte der letzten Seite auf der linken Seitenhälfte ausgeführt. – Die Absatzgestaltung folgt der Vorlage.

H(ochgeborne) f(urstin) freut(liche) h(ertz) l(iebste) schwester und mume; nach dem e(uer) l(ieben) myr dem curfursten zcu Sachssen geschrieben[632] und etliche e(uer) l(ieben) beschwerung angezeigt haben, myt freuntlicher byt, das wyr lantgraff Pfyllyps sulches vormeltet werden mochte, nach dem wyr dan weyde[633] anderer unsser forgefallen gescheffte

---

[632] *Vermutlich Bezug auf das vorangehende Schreiben Elisabeths an Johann Friedrich (vgl. oben Nr. 50).*
[633] = beide.

halb(en)[a] alhyr zue Coburk seyn zusammen kommen, haben wyr uns von gethannen e(uer) l(ieben) schreyben under redet und wollen e(uer) l(ieben) fruntlicher und bruderlicher meynung darauff nyt vorhalden, das wyr anzeygung und beschwerung myt bekummertem gemut vernommen haben. Und tragen sulches alles myt e(uer) l(ieben) als unsser freuntlychen herczelybst(en) schwestter und mume eyn gancz fruntliches und getrawlyches mytlyeden, und seyn zcu dem ewygen barherzgen[b] Got des vortrawens[c] und zcufersycht, er werdes nach seynem gotlychen lob und ehren zcum besten[d] schycken.[e] ‖

Und yst unssers ermessens, e(uer) l(ieben) beschwerung icziger zceyt[f] an zceychen artyckeln am meysten gelegen, bys der almechteyge Got dye sachen in anderung schycken, wye wyr auch neben andern unssern freunden zcun Hessen geneyget, das gerynge darwey[634] zcu setzen[g], was uns Got vorlygen[635], das e(uer) l(ieben) keyn unbyllyche beschwerung, so wyl[636] muglychen [h]myt gotlicher helf[h], begegen sol.

Und sunder lychen ist das kegen der welt iczigen gelegenheytten nach zcu bedencken, das e(uer) l(ieben) in foriger beschwerung das heylige hochwyrdyge sackrament in weyder gestal[637], wye es unsser her Chrystus eyngeseczet, entfahen solt. Wye wol e(uer) l(ieben) nyt anders den gotlychen und rech(ten)[638] daran thetten, so bedencken wyr dach so e(uer) l(ieben) sunderlychen ir gewyssen nyt hart der zcu dringen, das e(uer) l(ieben) aus fyllen ursachen zcu Hessen ostern[639] anstehen lyessen und sunderlychen ‖ aus den, das e(uer) l(ieben) schwerlychen an besundere far[640] werde gereychen werden, auch beschwerlychen eynen pryster[i] bekommen mugen, der sych der halben eynlys.

Zcu dem das e(uer) l(ieben) merclyche besserung dar aus als zcu besorgen entstehen mocht.

Auch[j] e(uer) l(ieben) in iren gewyssen von wegen des verdeytigers, [k]so e(uer) l(ieben) zcu den leuten haben,[k] beschwert[l] seyn wolt zcu zcu gen[m].

Derhalben bedencken wyr im[n] besten, das sych e(uer) l(ieben) fucklychen wye[o] dyesselbyge zcu thuen wyssen entthylten, das e(uer) l(ieben) des gefasten wyederwyllens[p] halben und aus anderer ursachen sulches[q] zcu entpfahen[r] beschwerlychen seyn wolt, und das e(uer) l(ieben) darauff beruhen[s] lyessen. ‖

Neben dem vermerckten wyr aus e(uer) l(ieben) schreyben, das sych e(uer) l(ieben) myt irem hern, unsserm vettern und schager[t] in etwas weytleufftyge dysputation eynlassen, welches wyr der sachen halben nich[u] ser dynstlchen[v] ansehen.

Wollen auch freuntlychen e(uer) l(ieben) geratten und gebetten haben, e(uer) l(ieben) wollen sych sulches aus fylfeldygen ursachen forsen zcu[w] underlassen, myt beschwerung auff das e(uer) l(ieben)[x] innen neben dem vattern nyt weytter auff sych laden mochtten. Sulches wollen e(uer) l(ieben) von uns als denne freuntlychen[y], so e(uer) l(ieben) sachen trewlichen und wol meynen verstehen.[z] Das haben wyr e(uer) l(ieben) freuntlicher meynung nyt verhalden wollen und der selbygen freuntlyche und bruderlychen wyllen zcu erzceygen seynt wyr wyllyck und wollen e(uer) l(ieben) in dye genad Gottes befollen haben.

---

[634] = *dabei; gemeint ist aber ‚daran‘.*

[635] = *verliehen.*

[636] = *viel.*

[637] = *das Abendmahl in beiderlei Gestalt.*

[638] = *göttliches Unrecht.*

[639] = *1533 April 13.*

[640] = *Gefahr.*

Und wye wol herzock Jorg den tack zcu der Newberck[641] abgeschrieben, wollen wyr doch und andere e(uer) l(ieben) freunde nychtes desterwenyger zcu sammen kommen und da von reden und handeln, wye e(uer) l(ieben) in irer beschwerung zcu helffen seyn wyl. Dan e(uer) l(ieben) sullens genczlychen dar vor halden, das e(uer) l(ieben) von uns nach[aa] e(uer) l(ieben) freunden unferlassen seyn und bleyben solten.[bb]

[a] *Wort hochgestellt eingefügt.*

[b] *Sic.*

[c] *Wort auf der linken Seitenhälfte mit Platzhalter eingefügt; anstelle gestrichen:* vertrewens.

[d] zcum besten *auf der linken Seitenhälfte mit Platzhalter eingefügt.*

[e] *Gestrichen:* und.

[f] *Hier ist ein unleserliches Wort hochgestellt eingefügt.*

[g] *Wort hochgestellt eingefügt; darunter unleserliche Streichung.*

[h-h] *Passage auf der linken Seitenhälfte mit Platzhalter eingefügt.*

[i] *Gestrichen:* wollen.

[j] *Davor gestrichen:* der hal.

[k-k] *Passage auf der linken Seitenhälfte mit Platzhalter eingefügt.*

[l] *Wort durch abgebrochenen Seitenrand beschädigt.*

[m] *Wort durch abgebrochenen Seitenrand beschädigt.*

[n] *Wort durch abgebrochenen Seitenrand beschädigt.*

[o] *Wort durch abgebrochenen Seitenrand beschädigt.*

[p] *Wort vor der Zeile eingefügt; anstelle gestrichen:* zcorns.

[q] *Gestrichen:* dermassen.

[r] *Zwei übereinander geschriebene unleserliche und gestrichene Wörter.*

[s] *Gestrichen:* thetten.

[t] *Sic.*

[u] halben nich *vor der Zeile eingefügt.*

[v] *Gestrichen:* nyt.

[w] forsen zcu *hochgestellt eingefügt.*

[x] *Gestrichen:* in irer verordenung vorsehung.

[y] *Wort auf der linken Seitenhälfte mit Platzhalter eingefügt.*

[z] *Gestrichen:* verstehen.

[aa] *Wort hochgestellt eingefügt; darunter gestrichen:* und.

[bb] *Gestrichen:* und so etwas h(er) J(org) kegen e(uer) l(ieben) fernem. *Danach bricht das Konzept ab.*

52*

[vor 1533 April 12]

Herzogin Elisabeth an Landgraf Philipp (den Großmütigen)
Elisabeth informiert Philipp über den Stand in ihrer Sache. Er soll die neuen Nachrichten auch Kurfürst Johann Friedrich (dem Großmütigen) mitteilen.

Überlieferung: verloren

Bemerkung: Die Ausfertigung und die Datierung dieses Schreibens ergeben sich aus Nr. 53.

---

[641] = *Tag zu Naumburg. Vgl. dazu unten Anm. 674.*

53

1533 April 12/13

Herzogin Elisabeth an Kurfürst Johann Friedrich (den Großmütigen)

Elisabeth hat bereits ihrem Bruder ausführlich geschrieben; dieser wird Johann Friedrich berichten. – Ihr Gemahl tut ihr nichts. Er verhält sich ihr gegenüber, wie es sein Vater, Herzog Georg (der Bärtige), will. Wegen des Abendmahls hat ihr Gemahl sie aber härter gedrängt als Herzog Georg. Dieser habe sie nur durch den Beichtvater mahnen lassen. Die Räte begegnen ihr mit Drohworten und sind besorgt. — Herzog Johann (der Jüngere) und Herzog Georg sagen nichts zu Elisabeth. Sie weiß aber, dass beide wissen, wie sie zum Abendmahl steht, denn Georg von Carlowitz hat es ihrem Gemahl gesagt; dieser hat aber noch nicht mit ihr darüber gesprochen. – Herzog Georg ist jetzt bei seiner Gemahlin Herzogin Barbara. Sie ist krank: einen Tag scheint sie zu sterben, am nächsten fehlt ihr gar nichts.

> *HStA Dresden, 10024, Loc. 10548/7, fol. 10r – v.*
>
> *Überlieferung: Ausfertigung.*
>
> *Schrift: eigenhändig.*
>
> *Adresse:* [Dem hochge]bornen fursten / [hern Hans Freyd]erich hertzoge zu / [Sachsen das] heilgen romsen / [reichs ertzm]arschalk und / [churfurste etc. m]einem / [fruntlichen l]ieben bruder / in s(einer) l(ieb) eigen // hant.
>
> *Nr. bei Werl: 47.*
>
> *Kanzleivermerke:* Die hertzogin zu Rochlitz claget und(er) and(er)m uber iren herrn und gemhale d(as) er sich ihrer nicht anneme – 1534ᵃ.
>
> *Bemerkung: Siegeleinschnitte sind vorhanden; das Siegel und der Siegelstreifen selbst sind verloren; die Adresse ist entsprechend beschädigt überkommen. – Die Datierung im Kanzleivermerk zu 1534 ist hier wie anderswo irrig. Die Streichung der 4 wurde ausgeführt, eine Korrektur zu 1533 aber nicht vorgenommen.*

M(ein) f(reuntlicher) a(ller) h(ertz) l(iebster) b(ruder) u(nd) o(hme); ich wes e(uer) l(ieben) jetz nichst sunderlichst geschriben, dan ich hab m(einem) b(ruder) geschriben⁶⁴², wei sych es yetztzunt heylt meyn sach. Vorsey mich wert es e(uer) l(ieben) an tzeygen, e(uer) l(ieben) er indern⁶⁴³ drant, dan ich schreb e(uer) l(ieben) nest bey e(uer) l(ieben) botten, das ich mein bruder kein der Nugbergk⁶⁴⁴ wolt schriben, nei sych mein sach ge heylt. Der halbenᵇ hat e(uer) l(ieben) weider tzu fragen. Auch wil ich e(uer) l(ieben) nich bergen, das mir meyn her nichst dutt nach keynt mir an fett⁶⁴⁵ dan was sein vatter wil und was in der an rest⁶⁴⁶. Ych dut wast ich wil. Ich wolt e(uer) l(ieben) kent sein. Sen so wol als ich und sein gemottᶜ, aber was in der vatter heyst, das dut er keynt mir. Und yetz auff dey tzeyt mit dem sagkrament yst er hertter an mir gewest dan der alte⁶⁴⁷. Dan der alte hat mir nichst gesagett, dan was dorch den becht vatter gedaunt hatt. Und was dey rette for sych selber gedaunt haben mit

---

⁶⁴² *Das Schreiben Elisabeths an Philipp ist verloren und wird hier unter der Nr. 52 geführt.*
⁶⁴³ = erinnern.
⁶⁴⁴ *Naumburg, Stadt sw Leipzig.*
⁶⁴⁵ = noch gegen mich anfängt.
⁶⁴⁶ = anredet.
⁶⁴⁷ *Herzog Georg (der Bärtige) (1471–1539).*

drawortten[648] wei sey sych besorgen. Aber er wil er keinst gestend, hatt mir lassen sagen bei dem bechtvatter[d], er hab es nei gedach, dan der hat im gesagett, wei mir es so for kemb. Meyn b(ruder) sal es e(uer) l(ieben) wol underrechten. Sowlges[649] hab ich e(uer) l(ieben) fruntlicher mei nunge[650] nich wollen bergen als m(ein) h(ertz) a(ller) l(iebster) b(ruder), dan e(uer) l(ieben) schwesterlich trew tzu der tzeygen bin ich geneygett und bevel uns allen Got, der helff ‖ uns[e] mit freutten tzu sammen. Dat(um) Osteraben xxxiii.

E H Z S etc.

Mein h(ertz) l(iebster) b(ruder); ich geb e(uer) l(ieben) tzu der kennen[651], das mein h(er) nach seiner l(ieben) vatter mir gar nichst sagen. Aber ich west, das sein l(iebden)s wissen, wei sych es helt umb das sackrament nemen, dan Klarlewitz[652] hatt es m(einem) hern gesagett. Aber er yst nach nich bey mir gewest. M(ein) h(er) lacht, nim sych nichst an. Der alte yst yetz allein mit der alten[653]. Sey yst krant, ein tag sterbett sey scheir gar, den andern feylt ier dan gar nichst. Dat(um) Ostertag auff den aben umb vii[654].

<blockquote>

ᵃ *Die 4 wurde gestrichen, das Datum aber nicht zu 1533 korrigiert.*
ᵇ *Gestrichen:* yst also kant.
ᶜ *Lesart:* gemett.
ᵈ bei dem bechtvatter *hochgestellt eingefügt.*
ᵉ *Wort korrigiert aus:* und.
</blockquote>

54

[1533 April 15]

Herzogin Elisabeth an Kurfürst Johann Friedrich (den Großmütigen)

Landgraf Philipp (der Großmütige) wird Johann Friedrich mitteilen, wie es Elisabeth geht. Herzog Georg hetzt Elisabeth Herzog Johann (den Jüngeren) wegen des Abendmahls auf den Hals. Herzog Johann hat zu ihr gesagt, er wolle nichts wider seinen Vater tun und hat Elisabeth gedroht. Dies klagt Elisabeth nun Johann Friedrich und bittet, er soll ihr gemeinsam mit ihrem Bruder mit Hilfe und Rat beistehen. – Die Sache mit der Verweigerung des Abendmahls in einer Gestalt ist nicht geheim, jedermann weiß es. – Herzog Johann ist wieder freundlich zu Elisabeth gewesen, weil sie bei ihm gelegen hat; vorher hatte er in 15 Wochen nicht bei Elisabeth gelegen. Jetzt aber (nach dem Aufhetzten Herzog Georgs) schimpfe Herzog Johann wieder. Unter diesen Umständen kann sie nicht bei ihm sein.

HStA Dresden, 10024, Loc. 10548/7, fol. 12r.

Überlieferung: Ausfertigung.

Schrift: eigenhändig.

[648] = *Drohworte.*
[649] = *solches.*
[650] = *Meinung.*
[651] = *erkennen.*
[652] *Georg von Carlowitz zu Hermsdorf (um 1480–1550), sächs.-albert. Rat; vgl. Anm. 42.*
[653] *Herzogin Barbara von Sachsen (1478–1534).*
[654] =*1533 April 13, abends um 7 Uhr.*

Adresse: d h g f h Hans / Friderych h z s [d]ᵃ / r r e m u k l y / d m z m m f / l o u b y s l e // hant.[655]

Nr. bei Werl: 48.

Kanzleivermerke: Die hertzogin zu Rochlitz claget und(er) and(er)rn, d(as) d(er) alte herr ir hertzog Johansen uff den halß hetze etc.; habe in 15 wochen nicht bey ir geschlaff(en) – 1534.

Zur Datierung: Das Schreiben ist nicht zu einem Jahr datiert. Der Kanzleivermerk stellt es zu 1534, doch gehört es aus inhaltlichen Gründen mit Sicherheit in das Jahr 1533, zu dem die Datierung hier aufgelöst wurde.

Bemerkung: Das Siegel ist weitgehend erhalten. Der Brief wurde nicht mit einem Siegelstreifen versehen und trägt deshalb auch keine Siegeleinschnitte, sondern die Besiegelung erfolgte unmittelbar auf dem gefalteten Blatt. Dadurch haben sich hier auch die Adresse vollständig und einige Wachsreste erhalten.

M(ein) h(ertz) a(ller) l(iebster) o(hme) u(nd) b(ruder); meyn b(ruder) wert e(uer) l(ieben) antzeigen, wey mir es geyt. Der alt[656] hetz mir in[657] so auff den halst[658] in der sach, nu Got kant mir helffen. Dan er sprech, er wil wider sein vatter nich dunt und drawet[659] mir. Ich klag es e(uer) l(ieben) und byt e(uer) l(ieben) wol mir holflich und retlich sein sam meyn bruder. Dey sach[660] yst auch nicht hemlich, es west yeder man. Kant meyn bruder wol sagen, er hab es von Flock[661] retten gehort. Das dut dem alten narren so we, das man saget, er wil es sust nich leytten und leyt es in seim hauß. Es yst warlych schatte so fruntlych yst er mir, weil ich hat wider zu mir geleyget, hatt in xv wochen[662] nich bey mir geleygen[663]. Nu schelt[664] er mich umer. Ich wein mich scheyr tod, wan ich allein bin, hab ich ein gut wessen mit weinnen. E(uer) l(ieben) last sych es dach er barmmen[665], ich kan schwerlych so bey im sein mit solgen wessen und drawen. Und bevel uns allen Got, mich e(uer) l(ieben) als m(ein) h(ertz) l(iebster) b(ruder), e(uer) l(ieben) schwesterlich trew zu der tzeygen bin ich geneyget. Dat(um) in grosser yelle[666] dinstag nach ostern.

    E H Z S etc.

   ᵃ *Sigle für* h(eiligen) *fehlt.*

---

[655]   *Steht für: Dem hochgeborenen Fürsten Herrn **Hans Friedrich**, Herzog zu Sachsen, des (Heiligen) Römischen Reichs Erzmarschall und Kurfürst, Landgraf in Thüringen, Markgrafen zu Meißen, meinem freundlichen lieben Oheim und Bruder in seiner Lieben eigen Hand.*

[656]   *Herzog Georg (der Bärtige) (1471–1539).*

[657]   *Herzog Johann (der Jüngere) von Sachsen (1498–1537).*

[658]   = *Hals.*

[659]   = *droht.*

[660]   *Gemeint ist die Verweigerung des Abendmahls in einer Gestalt.*

[661]   *Gemeint ist wohl ein Pflugk, möglicherweise der albertinische Rat und Gesandte Hans Pflugk zu Frauenhain (†1547), Hofdiener, Rat und Gesandter Herzog Georgs; vgl. zu ihm Mansberg, Erbarmanschaft Wettischer Lande II, S. 162–182 und Tafel 28; Ahnenreihenwerk der Geschwister Fischer, Bd. 4, Teil I: Teil I, Stammtafel, S. 37.*

[662]   = *15 Wochen.*

[663]   *Gemeint ist die sexuelle Zurückweisung durch ihren Gemahl Herzog Johann. Vgl. Thieme, Glaube und Ohnmacht, S. 170.*

[664]   = *schelt, schilt, beschimpft.*

[665]   = *erbarmen.*

[666]   = *Eile.*

55

Naumburg   *1533 April 20*

Landgraf Philipp (der Großmütige) an Herzogin Elisabeth

Philipp und Kurfürst Johann Friedrich (der Großmütige) haben erfahren, warum Elisabeth das Abendmahl (in einerlei Gestalt) nicht empfangen und wie ihr Herzog Johann (der Jüngere) gedroht habe. Elisabeth soll sich vorerst des Abendmahls enthalten. Niemand kann sie zwingen, den Verleumdern zu vergeben. Wenn sie deshalb Gewalt erleide, werden sich Philipp und Johann Friedrich für sie einsetzen. Gemeinsam mit ihren Freunden sucht er Wege, um ihr zu helfen und trifft sich deshalb mit diesen in Naumburg. — Wenn Elisabeth eingesperrt werde, so soll sie darauf hinweisen, dass sie dazu keinen Anlass gegeben habe und dies großen Schaden für Land und Leute nach sich ziehen würde. Elisabeth soll Herzog Johann (den Jüngeren) bitten, sie zu ihren Freunden ziehen zu lassen und sie nicht zu bedrohen. In allen äußerlichen Dingen soll sie ihrem Ehemann gehorchen und gegenüber ihm sowie Herzog Georg (dem Bärtigen) freundlich sein. — Den Brief kann Elisabeth Georg von Carlowitz im Vertrauen lesen lassen. Wenn er Herzog Georg und den Räten davon berichtet, wird das Elisabeth und den anderen zugutekommen. Den Zettel soll sie zerreißen.

HStA Dresden, 10024, Loc. 10548/6, fol. 25r–26r.

Überlieferung: Abschrift.

Schrift: Kanzleischreiber.

Adresse: [a]An fraw Elisebet(en) geporn lantgravin / zu Hessen etc. hertzog(in) zw Sachssen etc.[a]

Kanzleivermerke: Landtgraf Philips tröstet seine schwest(er), die hertzogin von Rochlitz.

Bemerkung: Das Schreiben ist als saubere Kanzleiabschrift im ernestinischen Bestand überkommen. — Ein der Nachricht beigelegter Zettel an Elisabeth wurde vom Kopisten als Teil des Briefes behandelt.

Druck: ABKG III, Nr. 2236.

Freunthliche liebe schwester, main freuntlicher lieber bruder und vetter der churfurst zu Sachssen etc. und ich haben us landtmanssage[667] vornommen, wes dein gemahel in kurtzvorgangen tagen von wegen entpfahung des sacraments mit dir geredt und us was ursachen du desselb bisher nicht hast entpfangen und wilcher gestalt er dir und(er) andern, wo du das sacrament nicht entphaen wurdest, gedrawet[668] haben sol etc. Und tragen der churfurst und ich in dem mit dir ein freuntlich mitleiden. Und ist unser getrewer rath, dweil du den jhenen, die widder dich so beschwerlich gehandelt, von herczen nicht verzeighen magst, und deine unschuldt usczufhuren von noten ist und wir dan bericht, das sollich dein nicht verczeigen ursach sein sol zum sacrament nicht zugeen, das du dich des sacraments zuentpfaen enthaltest, solang bis das es Got der almechtig uf ander wege schickt. Dan wir achten genczlich, das dir dasselb kein bidder mentsch uf erden verargen ader deinem widderwertigen von herczen zuvergeben niemands mit ehren und recht dich dringen moge, auch zuthun unmuglich sei. Dweil Got allein ein erforscher der herczen[669] ist und kein mentsch, begegent dir daruber weither gewalt, so wollest du gedultiglich leiden, so solt

---

[667]   = allgemeines, landläufiges Gerücht.
[668]   = gedroht.
[669]   1. Chronik 28,9; Römer 8,27.

du sehen, das ich mein leib und gut daran setzen wil. Versehe mich auch, der churfurst, so alle gutliche ‖ handlung von hertzog Jorgen abgeschlagen, werd dich dergleichen auch erledigen helffen. Sein auch itzt darumb sampt ethlichen unsern und deinen freunden hie davon zuratschlagen und wege zusuchen, wie dir geholffen werden moge, darinne auch wir allen vleis thun wollen. Und wo mein schwehr ader dein gemahl obgemelter ursachen des sacraments halben gewalt mit versperren[670] ader anderm an dich legen wolten und dich also umb ehr und gelimpff[671], dir und aller unser freuntschafft zu unehrn machen wolt, so sage im, das dir die gefengnus ader versperrung deiner person halben so beschwerlich nicht sey, als das, das du besorgest, das darus ein grosser schade landen und leuthen volgen werde, wie dan gewiß gescheen wirdet, dan die trawren dich von hertzen. Du wollest dich auch vor Gott und aller welt beczeugen, das du darzu kein ursach geben hapst ader ungerne woltest und ufs hochst bittest, das sie solchen schaden bedencken. Und dweil du dergestalt in deines manes gewalt nicht seiest, das er von Gottes nach der mentschen gesetzen wegen dich sonderlich von der sachen wegen zufahen recht und macht hab, dich zu deinen freunden ziehen und ein armes weibsbild sein lassen und also mit gewalt widder dein gewissen nicht dringen wollen. Und du magst derhalben recht leiden, so fer du frei bleibest und gelassen werdest vor keiserlicher Majestat[672] als deinem rechten herren und allen unparthischen chur- und fursten deß ‖ heiligen reichs. Wol es daruber nicht sein, so mussest du es dem almechtigen bevelen, was dir Got unser herre zuschicke[b] und sol das anheben an in sein das ufhorn ab Got wil an mir. Aber in allen eusserlichen dingen so dem ehelichen standt und eusserlichen weßen zugehoren und deiner selen ader eren unverletzlich sein, wollest dich gegen deinem gemahl schuldigs gehorsams und aller gutwilligkeit ertzeigen, wie ich dir dan zu Dresd(en) geratten hab[673], dich auch desselben gegen deinem gemahl, schwehr und schwiger freuntlich und gutlich erpiethen und gehalten. Daran thustu dem churfurst(en) und mir liebe und gefallen. Wollen auch deß ungeschickten furnemen, das hertzogk Jorge gethan, im also nicht unter die banck sticken. Sei Got bevol(en). Dat(um) Neumburg[674] sontags Quasimo(do)-geniti anno xxxiii.

Philips von Gots gnaden / lantgrave zu Hessen etc.

Zedula

Ob du gleich Carlewitzen[675] dissen brief, der darumb geschrieben ist, das in jderman wol sehen mag, in vertrawen lesen liesesst[c], kant ich wol leiden. Ob er villicht[d] darvon hertzog Jorgen, auch seinen rethen meldung thet, dan es mochte dir und uns andern zugudt(en) kammen. Und dissen zettel wollest zureissen. Dat(um) ut sup(ra).

---

[670]   Bezieht sich auf die Drohung Kurfürst Joachims I. von Brandenburg (1484–1535) gegenüber seiner Gemahlin Elisabeth (1485–1555), sie einsperren zu lassen.

[671]   = Ehre, Ansehen.

[672]   Kaiser Karl V. (1500–1558).

[673]   Gemeint ist die Ermahnung Philipps während der Verhandlungen in Dresden Anfang Februar (vgl. oben Nr. 14).

[674]   = Tag zu Naumburg. Zum 1533 April 20 war Herzog Georg von Kurfürst Johann Friedrich und Land-graf Philipp nach Naumburg geladen worden, um dort über Elisabeth zu beratschlagen. Doch leistete Herzog Georg dieser Einladung keine Folge. So kamen die beiden verbündeten Fürsten nur gemein-sam mit Herzog Heinrich V. (der Friedfertige) von Mecklenburg und Herzog Ernst I. (der Bekenner) von Braunschweig-Lüneburg in Naumburg zusammen, wo sie über den Fall „Elisabeth" verhandelten und von wo aus sie schließlich Forderungen an Herzog Georg ausgehen ließen (vgl. unten Nr. 59). Vgl. Werl, Elisabeth, S. 95 ff.

[675]   Georg von Carlowitz zu Hermsdorf (um 1480–1550), sächs.-albert. Rat; vgl. Anm. 42.

a-a *Unter dem Text des Briefes, vor der Abschrift des Zettels.*

b *Abbreviatur für* etc. *gestrichen.*

c *Sic.*

d *Gestrichen:* hertzog.

56

1533 April 22

Herzogin Elisabeth an Kurfürst Johann Friedrich (den Großmütigen)

Elisabeth will seinem und dem Rat ihres Bruders folgen. Der Landgraf soll Johann Friedrich wieder alles berichten. — Wenn Herzog Georg (der Bärtige) wütend ist, hetzt er ihren Gemahl gegen sie auf. Herzog Johann (der Jüngere) meint, Elisabeth solle dem Vater vergeben. Nach dessen Tod will er alles regeln. – Herzog Johann tut, was sein Vater will. – Elisabeth weiß nicht, was sie von ihrem Gemahl und den Räten halten soll. Einerseits beschimpfen sie sie, andererseits helfen sie ihr wieder und geben ihr recht. Sie wäre gern weg von ihnen allen. Wenn Herzog Georg nur sterben würde, dann hätte sie keine Not mehr. – Herzog Johann möchte in Dresden bleiben. Sein Vater droht ihm damit, ihn wegen Elisabeth zu enterben.

HStA Dresden, 10024, Loc. 10548/6, fol. 66r – v.

Überlieferung: Ausfertigung.

Schrift: eigenhändig.

Adresse: [d h g] f h h f h z s / [d h r r e m] u k l y d / [m z m] m f l o u b / [y s l e] hant.[676]

Nr. bei Werl: 49.

Kanzleivermerke: Die hertzogin von Rochlitz vermeint, wann hertzogk Georg sturbe, so wurdes ire sach(en) gut werd(en).

Bemerkung: Siegeleinschnitte sind vorhanden; das Siegel und der Siegelstreifen selbst sind verloren; die Adresse ist entsprechend beschädigt überkommen.

Druck: ABKG III, Nr. 2236a.

M(ein) f(reuntlicher) h(ertz) a(ller) l(iebster) b(ruder) und o(hme); e(uer) l(ieben) schriben[677] hab ich allen halben gantz frunttlich vorstanden und beidanck mich e(uer) l(ieben) fruntlichen mit leyttens[678] und er beyden. Vor se mich das und alles gutten tzu e(uer) l(ieben), wil auch e(uer) l(ieben) sammet m(einem) l(ieben) b(ruder) foulgen in allem. M(ein) b(ruder) sal e(uer) l(ieben) auch widern berecht dunt. Und bevel e(uer) l(ieben) Got, der geb uns seyn genade, mich e(uer) l(ieben) als m(ein) h(erz) a(ller) l(iebster) b(ruder). Got helff uns mit freutten tzu sammen, e(uer) l(ieben) schwesterliche trew tzu der tzeigen bin ich geneyget. Dat(um) in yelle[679] dinstag nach Quassemontey[680] anno xxxiii.

E H Z S

---

[676] *Steht für:* **D**em **h**ochgeborenen **F**ürsten **H**errn **H**ans **F**riedrich, **H**erzog **z**u **S**achsen, des **H**eiligen **R**ömischen **R**eichs **E**rzmarschall **u**nd **K**urfürst, **L**andgraf in **T**hüringen, **M**arkgrafen **z**u **M**eißen, **m**einem **f**reundlichen **l**ieben **O**heim **u**nd **B**ruder in seiner **L**ieben eigen **H**and.

[677] *Vgl. oben Nr. 51 (Brief Johann Friedrichs an Elisabeth, 1533 März 22–April 13).*

[678] = *Mitleid.*

[679] = *Eile.*

[680] = *Quasimodogeniti.*

Wan der alt[681] schellich[a] [682] wert, so hetz er mir m(einen) h(ern) auff den halst. Der wil, ich sal vorgeben. Sterb der vatter, er wil es wol rechtgen und drawet[683] mir und sprecht[b], ich sal m(einem) b(ruder) nichst klagen, scheir schoun dan wider mit mir. Wer nar der alt tod aber[684] das nich bey uns wer, so hoff ich, sal besser wertten. Er dot wast der alt wil, der erbeys in auff mich. Sprecht er[c], sal seyn alter an sen[685]. Ich west scheir nich, wei ich ich[d] m(ein) h(er) und der ret wartten sal; scheyr schelten[686] sey mich, scheyr helffen sey mir; dan wan sey sych forchtten, wan ichst hort, so geben sey mir alle rechtt. Ich halt[687] sey schwermen[688] alle. Ich wolt ich wer mit eirn[689] foun in allen. Storb nar der alt, so hettes keyn not, so det mir m(ein) h(er) nichst dan wey yetz. Auch yst tzu dem andern bost, das alle tag ii foul[690] wer und nich gern bey mir. Das wolt ich als gern leytten, aber sust list mir ‖ gewist nichst dunt, dan das yst sein sen, das er gern tzu Dressen yst bey dem Koutzberger[691]. Und haben in aber drabet, der vatter wert in ent derbent[692] umb meyn willen und vorgaren. So hat im der[e] vatter selber auff an gerett, wey m(ein) b(ruder) e(uer) l(ieben) wol sagen wert, so yst er ein mensch, das ser forchtsam yst etc.

- [a] *Wort hochgestellt eingefügt; darunter gestrichen:* bost.
- [b] und sprecht *hochgestellt eingefügt; darunter gestrichen:* ich.
- [c] *Wort hochgestellt eingefügt; darunter gestrichen:* ich.
- [d] *Sic.*
- [e] *Wort hochgestellt eingefügt.*

57

[1533 April um 23]

Herzogin Elisabeth an Kurfürst Johann Friedrich (den Großmütigen)

Um 2 Uhr hat Herzog Johann (der Jüngere) Georg von Carlowitz und Rudolf von Bünau zu Elisabeth geschickt. Die beiden haben sie an seiner Stelle gebeten, zur Beichte und zum Abendmahl zu gehen, damit Herzog Georg (der Bärtige) nicht zornig werde. Sie hat geantwortet, sie beiße ihren Gemahl schon nicht, wenn er es ihr selber sagt und dass sie aufgrund ihres Gewissens nicht das Abendmahl nehmen kann. Herzog Johann, so Georg von Carlowitz und Rudolf von Bünau, wird seinen Vater nicht verlassen. Jedoch will er nichts dulden, was Heinrich von Schleinitz und Hans von Schönberg oder andere Leute gegen sie tun. Elisabeth will darüber nachdenken; wenn sie es mit ihrem Gewissen vereinbaren kann, so will sie ihrem Gemahl folgen; ihre Seele will sie aber um seinetwillen nicht verdammen lassen. – Herzog Georg wird den Tag zu Naumburg nicht besuchen. Er und Herzog Johann

---

[681] *Herzog Georg (der Bärtige) (1471–1539).*

[682] = *aufgebracht, wütend, zornig, rasend; vgl. DWB, Bd. 15, Sp. 2502.*

[683] = *droht.*

[684] = *oder.*

[685] = *ansehen.*

[686] = *schelten, beschimpfen.*

[687] = *höre.*

[688] = *im religiösem Sinne, auf Irrgläubigkeit zielend; im weltlichen Sinne, zunächst als hartes Wort für ungeordnetes geistiges Gebahren und dessen Ausdruck, verrückt sein.*

[689] = *Ehren.*

[690] = *faul; gemeint im Sinne von ,schlimm, übel'.*

[691] *Ein Schimpfwort für Herzog Georg? Oder eine andere Person?*

[692] = *enterben.*

sind darüber verärgert, dass sich ihr Bruder und andere um sie kümmern und ihren Gemahl ausschließen. Elisabeth hält dagegen, dass Herzog Johann nichts für sie tut. Georg von Carlowitz und Rudolf von Bünau wollen nicht, dass Herzog Georg noch schärfer gegen Elisabeth vorgeht, denn dadurch kann Sachsen und Hessen großer Schaden entstehen. – Elisabeth bittet Johann Friedrich und Landgraf Philipp (den Großmütigen) um Rat. Ihr Gemahl tut, was sein Vater will. Sie möchte weg aus Dresden. – Als im Rat die Nachricht Johann Friedrichs besprochen wurde, haben Georg von Carlowitz und Rudolf von Bünau gefordert, dass Heinrich von Schleinitz und Hans von Schönberg die Unterredung verlassen, was diese sehr verärgerte. Nach dem Essen waren die beiden allein bei Herzog Georg und verfassten später mit dem Kanzler und den anderen eine Antwort an den Kurfürsten. Elisabeth kennt diese nicht. – Elisabeth ist verwundert, dass ihr Gemahl wütend auf Johann Friedrich ist, weil er sich ihrer annimmt. Herzog Johann selbst hat sich nie für sie eingesetzt und immer wieder gesagt, er tue nicht gegen den Willen seines Vaters. Er kann ihr nicht helfen, erzählt ihr aber, was Herzog Georg gesagt hat. – Elisabeth wäre gern bei ihrem Bruder. Hier ist sie zu nichts zu gebrauchen. – Rudolf von Bünau und Georg von Carlowitz meinen, Herzog Georg würde weder Elisabeth noch ihren Gemahl aus dem Land lassen; er habe sie nicht lieb. Carlowitz sagt ihr im Vertrauen, wenn sie lutherisch werden würde, dann ginge Herzog Georg hart gegen sie vor und würde auch niemanden zu ihr lassen.

> *HStA Dresden, 10024, Loc. 10548/7, fol. 5r – 6v.*
>
> *Überlieferung: Ausfertigung.*
>
> *Schrift: eigenhändig.*
>
> *Adresse:* [Dem hoc]hgebornen fursten / [hern Han]s Freiderychen hertzoge / [zu Sachsen] des heilgen rom- / [schen reichs er]tzmarschalk / [und churfu]rste etc. meynem / [hertz]lieben ohmen / [und bruder i]n seiner lieb // eigen / hant.
>
> *Nr. bei Werl: 50.*
>
> *Kanzleivermerke:* Die hertzogin zu Rochlitz zeigt an, wie ir des beichtens halb(en) zugesetzt und gedrawet werde.
>
> *Zur Datierung: Der Brief trägt kein Datum. Die Datierung folgt Jadatz/Winter. Inhaltlich steht er in unmittelbarem Zusammenhang mit der Drohung Landgraf Philipps vom 1533 April 20 (Nr. 55), für die Ehre seiner Schwester mit Land und Leuten einzustehen, sowie der Absage Herzog Georgs, den Tag zu Naumburg zu besuchen (vgl. unten Nr. 59).*
>
> *Bemerkung: Siegeleinschnitte sind vorhanden; das Siegel und der Siegelstreifen selbst sind verloren; die Adresse ist entsprechend beschädigt überkommen. Der Umschlag hat sich erhalten und wurde hinter den Brief eingeheftet (fol. 7). Die Zugehörigkeit der Umschlagseite ergibt sich aus der identischen Faltung und den passenden Siegeleinschnitten. – Der Brieftext erging in der originalen Ausfertigung fortlaufend und ohne Satzzeichen. Für die Wiedergabe wurde der Text zur besseren Lesbarkeit in Absätze gegliedert.*
>
> *Druck: ABKG III, Nr. 2236a.*

M(ein) h(erz) a(ller) l(iebster) o(hme) u(nd) b(ruder); jetz umb zweig scheick m(ein) her Klarlewitz[693] und her Rottelouff von Bornna[694] tzu mir. List mir sagen, das an mich begerett, es warn[a] mit langen wortten, das ich bechtten solt, wey es dey krecht[695] het auß gesatz, und

---

[693]　*Georg von Carlowitz zu Hermsdorf (um 1480 – 1550), sächs.-albert. Rat; vgl. Anm. 42.*

[694]　*Hier handelt es sich um eine Verschreibung. Gemeint ist mit Sicherheit Rudolf von Bünau zu Weesenstein (†um 1540), sächs.-albert. Rat; vgl. Anm. 60.*

[695]　*= Kirche.*

das sackrament nemen, auff das sein vatter nicht auff in und mich ein unwillen worff. Und saget vel beschwerunge, und wo ich das dette, so wolt er ober mir halten, wan mir einer etwast det, das er nor ein grunt hette. Er wolt es seym vatter auch also lassen antzeygen. Saget ich und lacht, ich dech ich besse[696] meyn hern nich, wan mir es selber saget. Aber es wer also wey ich im selber gesaget hette. So wer mirs in meyn gewissen, aber ich kont nich fintten, das [er][b] [697] sych meyn annem. [c]Dinck mit den dey er mir selber gesaget hett, dei mir wer gutte[c], dan er rette mit dem und[d] auch wol er[e] fon dem vatter nich, der am seresten[698] wider mich wer. Saget den[699] sey, vom vatter went er sych nich und was geschein wer, das wer nich wider tzu brencken. Aber wan mir He(inrich) v(on) Schlintz[700] und Hans v(on) S(chonbergk)[701] aber wer[702] mir wast det, das wolt er nich leytten, nun fort an, ich solt im foulgen.[f] Saget ich, wol es bedencken. Kont ich es in meyn gewissen fintten, so wolt ich im gern foulgen. Aber wan mich es beschemet[g] und dech, ich kount sust nich selbych[703] wertten, so vor dammet ich meyn ‖ sel[704] umb sein willen nich nach umb neyman willen. So het ich der wort for vel gehort, aber sey wossen selber wol was wer etc. Und sey sagten mir auch vor sych selber, das der alt[705] nicht wolt den tag besuchen[706] und wer ser schellych[707] und meyn her auch, das e(uer) l(ieben)[h], meyn bruder sam andern meyn an nem und schlossen im[708] auß. Saget ich: „Hat er es dach ney wollen dunt, west ier dach al wol, wey er sych meyn angenumen hatt. Das hab ich meyn bruder gesagett, wast dut er mir dar tzu." Da sagten sey, est wer war, aber nu wort erst dunt[709]. Sagt[i] ich: „Sal in dan[j] das gescheynck sein." Sagetten[k] sey: „Hin wer hin." Ich saget mir aber nich so und saget: „Denck dach, wei lyeb er mich hatt, weyl er auff meyn fruntte schellych yst, weyl sey sych meyn an nemen. Aber wan der vatter mich schmeett[710] und seyn buben, das hot er konnen leytten. Ein ander sown bleyb nich im haus bey im." Und wart fel gerett, wan ych es hort, so geben sey mir alle rechtt. Got west yer hertz. Sey sagten for sych selber, was ich mich tzeygen wolt und sey auch, das nich mecht, das mich der alt nach hertter heylte. So kemb dan dem lant und dem lantse Hessen ein schatt drust, und kemb als dorch mich und batten mich ser. Ich lach, stal mich ser frolych.

---

696 = beiße.

697 Gemeint ist Herzog Johann (der Jüngere) von Sachsen (1498–1537).

698 = am schärfsten.

699 = sagten.

700 Heinrich von Schleinitz zu Saathain und Koselitz (†1543), sächs.-albert. Rat und Hofmarschall; vgl. Anm. 5.

701 Hans (junior) von Schönberg zu Reinsberg (†1537), sächs.-albert. Rat und Amtmann; vgl. Anm. 4.

702 = oder irgendwer.

703 = selig.

704 = Seele.

705 Herzog Georg (der Bärtige) (1471–1539).

706 = Tag zu Naumburg. Zum 1533 April 20 war Herzog Georg von Kurfürst Johann Friedrich und Landgraf Philipp nach Naumburg geladen worden, um dort über Elisabeth zu beratschlagen. Doch leistete Herzog Georg dieser Einladung keine Folge. So kamen die beiden verbündeten Fürsten nur gemeinsam mit Herzog Heinrich V. (der Friedfertige) von Mecklenburg und Herzog Ernst I. (der Bekenner) von Braunschweig-Lüneburg in Naumburg zusammen, wo sie über den Fall „Elisabeth" verhandelten und von wo aus sie schließlich Forderungen an Herzog Georg ausgehen ließen (vgl. unten Nr. 59). Vgl. Werl, Elisabeth, S. 95 ff.

707 schellich = aufgebracht, wütend, zornig, rasend; vgl. DWB, Bd. 15, Sp. 2502.

708 Herzog Johann.

709 = aber nun würde er es tun.

710 = schmäht.

Ich byt e(uer) l(ieben) wol mir ratten und meyn bruder auch ‖ an tzeygen, wey ich mich halten sal. Meyn her dut als wys der alt wil. Yst heut mit im rat gesessen, das e(uer) l(ieben) schreff bedraff, es seyn nare[l] wort und fettern. Ich wolt, ich wer dar fon. Her Rotteloff und Klarlewitz sagetten mir, sey beyde hetten nich wollen im ratt seyn, wan Hans v(on) Schounbergk und Schlintz dar bey wern in der sach,[m] dan sey wern bartteyger[711]; hatten mussen mussen[n] gein, sey worn schellych gewest. Aber nach dem essen war Ha(ns) v(on) S(chonbergk) [und][o] Schlinyitz[p] bey dem alten allein. Darnach geyn der kantzler[712] und dey andern auch tzu im wider. Da begreffen[713] sey dey anttwert. Wey sey yst, west ich nich. Meyn her must sey auch lessen [q]aber selber e(uer) l(ieben) schriben, west es nich eigenlich.

Es ist mir selsam[r], das meyn her nu wil tzornnen dromb, das e(uer) l(ieben) sych meyn an nem, hatt er es dach nei wollen dunt, hatt mir[s] gesaget und sagen lassen, er dut wider sein vatter nich. West mir auch nich tzu helffen und vel gesaget, wast ym sein vatter gesaget hat. Von mir nu wil es der alte als loucken[714], er hab im nichst gesagett und das im jetz nichst von der hantlunge heir gesagett hatt. Das hab er dromb gedaunt, das in kein argwon wol brencken tzu mir. Saget ich, tzu den meyn kuntte wortten es auch dromb[t] gedaunt haben. Und wil meyn her nichst het wollen mit tzu dunt haben, und meyn bruder sowlge[715] antwert geben het, und ich aber meyn hern nich klagett, das wortt dey orsach sein. Ich wil es m(einem) hern morgen auch sagen, dan er kumb nich tzu mir, dan wan man yst auff ein ‖ morgen am suntag tzweir tzu dem aben essen. Auch ich wolt, ich wer bey m(einem) bruder. Wolt mich wol halten, das mir es und vorkerlych[716] wer. Ich bin keyn notzse heyr[717].

H(er) R(otteloff) und Klarlewitz sagetten, sey wolten mich nich auß dem lant lassen, noch meyn hern und mich glich so winck als in. So lyst der alt m(einen) hern nach mich nich wegk. Saget ich, hat mich auch nich altzu lieb. Sey gaben mir ser gutte wort. Saget Klarlewitz, wan ich Mertteyns[718] wortte, so wolt meyn alter mich hart halten, das wider frawen nach man tzu mir geinen. Ich saget, umb Gottes willen sal man vel leytten. Saget her Rotteloff, lyst man dach for[u] neiman tzu mir, den ich gern hette. Saget Klarlewitz, so wolt meyn alter her meyn fruntte auch nich tzu mir lassen nach yer rette nach botten und m(ein) her wort dreint weilgen[719]. Ich lacht.[v] Er saget weyst Got wel, aber er saget mir es auff druben[720]. Sowlges[721] wol ich e(uer) l(ieben) nich bergen als mein getrewen fruntte, und bevel mich e(uer) l(ieben), und Gott e(uer) l(ieben) und uns allen. Datt(um) in grosser yelle[722]. Jetz sag ich e(uer) l(ieben) botten nacht.

E H Z S etc.

[a]　*Gestrichen:* am.

[b]　*Hier fehlt ein Wort.*

[c-c]　*Passage als Zwischenzeile mit gleicher Feder wie beim Schlussteil eingefügt. Am Zeilenende gestrichen:* din […].

[d]　*Gestrichen:* lachte.

---

[711]　= *parteiisch.*

[712]　*Dr. Simon Pistoris (1489–1562), Kanzler Herzog Georgs (des Bärtigen); vgl. Anm. 62.*

[713]　*begreifen* = *verfertigten.*

[714]　= *alles leugnen.*

[715]　= *solche.*

[716]　= *unerklärlich?*

[717]　*Hiermit meint Elisabeth ihre Kinderlosigkeit.*

[718]　= *martinisch* = *lutherisch.*

[719]　= *willigen.*

[720]　= *auf Vertrauen.*

[721]　= *solches.*

[722]　= *Eile.*

e Wort mit gleicher Feder (wie beim Schlussteil) im Zwischenraum eingefügt.

f Gestrichen: sag.

g Lesart: beschewet?

h Sigle hochgestellt eingefügt.

i Wortende korrigiert; getilgt: -e.

j Wort hochgestellt eingefügt; darunter gestrichen: das.

k Korrigiert aus: sagttetten.

l Unsichere Lesung.

m Gestrichen: sa.

n Sic.

o Hier fehlt ein Wort.

p Sic.

q Ab hier mit anderer Feder weiter geschrieben.

r Wort hochgestellt eingefügt; darunter gestrichen verbessertes: selsam.

s Gestrichen: geaget.

t Gestrichen: gedan.

u Wort hochgestellt eingefügt; darunter unleserliche Streichung.

v Gestrichen: sa.

58

1533 April 25

Herzogin Elisabeth an Kurfürst Johann Friedrich (den Großmütigen) und Landgraf Philipp (den Großmütigen)

Elisabeth wurde vertraulich gewarnt, dass Herzog Georg (der Bärtige) im Rat gesagt habe, er habe den Feind im Hause; damit ist sie gemeint. Die Räte hätten dazu alle geschwiegen. Sie wurde auch vor einer möglichen Vergiftung gewarnt. Beide können sich wohl denken, wie sich Elisabeth jetzt in der Nähe Herzog Georgs fühle. – Herzogin Barbara hat sie gestern vor der Hofmeisterin gewarnt. Diese habe vor ihr und Herzog Georg Elisabeth beschuldigt, ein Verhältnis mit Ernst von Miltitz zu haben, zu dem ihn Elisabeth verführt hätte. Herzog Georg habe dazu nichts gesagt, außer er wisse sich zu verhalten. Daraufhin hat ihn die Herzogin angehalten, es nicht zu glauben. Er meint jedoch, die Hofmeisterin lüge nicht und die Herzogin solle die Aussage der Hofmeisterin Elisabeth nicht mitteilen. – Gegenüber dem Hofmarschall Ernst von Miltitz hat die Hofmeisterin ihre Aussage geleugnet. Es wären viele Leute dabei gewesen, als Elisabeth mit dem Hofmarschall gesprochen habe. Diese Aussage hat sie vor der Herzogin noch einmal wiederholt. Jetzt weiß die Herzogin nicht, was sie denken soll. Die Hofmeisterin hat dies alles gesagt, weil sie wütend auf den Hofmarschall sei, denn sie hätte gern ihren Schwiegersohn auf diesem Posten gesehen. – Jetzt hat Herzogin Barbara Elisabeth lieb gewonnen und hat den Hofmarschall aufgefordert, Elisabeth bei Herzog Georg zu entschuldigen, was dieser auch getan hat. Allerdings meint der Herzog, Elisabeth tue der Hofmeisterin unrecht und Herzogin Barbara solle Elisabeth nicht vertrauen. — Ihr Gemahl lässt sie in Ruhe, seit die Räte da waren. Auch Herzog Georg hat seitdem nichts gesagt. Wenn er sterben würde, will ihr Herzog Johann (der Jüngere) nichts tun. Er muss jetzt aber nach dem Willen seines Vaters handeln.

StA Marburg, PA 2841, fol. 50r–52v.

Überlieferung: Ausfertigung.

Schrift: eigenhändig.

Adresse: [Dem] hochgeborn fursten / [hern Hans] Freiderich hertzoge / [zu Sachsen] des heilgen / [romschen reichs] ermarschalk[a] / [und churfurst] etc. und hern / [Philipp land]graff zu / [Hessen etc. m]einen frunt- / [lichen lieb]en brudern / [in yrer l]iben eigen / hant.

Nr. bei Werl: 51.

Kanzleivermerke: –

Bemerkung: Siegel und Siegelstreifen sind verloren; Siegeleinschnitte sind vorhanden. – Die Blätter des Briefes sind von späterer Hand in arabischen Ziffern falsch paginiert und in Folge auch falsch gebunden worden. Das zweite und das dritte Blatt wurden vertauscht, fol. 52 gehört also vor fol. 51. – Der Brieftext erging in der originalen Ausfertigung fortlaufend und ohne Satzzeichen. Für die Wiedergabe wurde der Text zur besseren Lesbarkeit in Absätze gegliedert.

Druck: ABKG III, Nr. 2236a.

M(ein) h(ertz) a(ller) l(iebster) b(ruder) und und[b] o(hme); ich geb beyden e(uer) l(ieben) auff vortrawen und in grosser gehemmen tzu der kein nen[723], das ich glab hafftich[724] berecht wertte auff vortrawen und gewarn, das der alte[725] hatt gesagett im ratte: „Nu nu[c] ich hab dem feintt im hausse und es dut einer dortlich, wer sein feintt spartt." Nu west ich nich, wei er das meinett, dan er hatt gesagett, auch ich macht es gar, sust wer mein bruder wol tzu fretten, ich wer der feint. Dei rette hatten alle stel[726] geschweigen, warn er scharcken[727]. Und der mir es saget warntte mich das essen und drencknst[728] halben vor for geiff[729]. Ich saget, ich wil Got vortrawen.

Nu h(ertz) a(ller) l(iebster) bruder, beyden e(uer) l(ieben) kounen wol dencken, wei wol mir ist bei im, weil er mich vor sein feintt helt. So glab ich der hoffmestern[730] nichst gutz tzu, dan m(eines) hern fraw mutter[731] hatt mich gestern auff gros vortrawen vor ier gewarn und gesaget, sey seyg zu yer und dem alten kummen, achtag und geferlich[732] nach Dorattea[733] und hab gesagett, sey wil yer gewissen reingen, wei wol der marschalck[734] yer fetter[735] yst, nach kant sey es nich vorschweigen, dan er sey eir blout und flouß[736]. Ich moch in tzu fal brencken, dan ich bin auff der daff loben als wans heyr heyst feynstern bei im allein gestanden in eim hembtte und yn eim under rock und dei brosse[737] ‖ sein mir[d] hussen gewest. Nu sey her nach ein junck man und ych auch junck, der halben wort der douffel[738] tzu schorgen, es wort nichst gutz drust wertten, dan ich wort in retzsen. Dar tzu ich saget

---

[723] = zu erkennen.

[724] = glaubhaftig.

[725] *Herzog Georg (der Bärtige) (1471–1539).*

[726] = still.

[727] = erschrocken.

[728] = Trinkens.

[729] = Vergiftung.

[730] = Hofmeisterin.

[731] *Herzogin Barbara von Sachsen (1478–1534).*

[732] = ungefährlich.

[733] = Achttage nach Dorothee = 1533 Februar 13.

[734] *Hofmarschall Ernst von Miltitz zu Batzdorf und Siebeneichen (1495/98–1555); vgl. Anm. 107. So auch Thieme, KES I, Nr. 180, Anm. 2729. Dagegen vermuten Jadatz/Winter, dass hier Heinrich von Schleinitz gemeint ist und beziehen sich auf dessen Liebeserklärung gegenüber Elisabeth, von welcher sie ihrem Bruder in einem späteren Brief berichtet (vgl. unten Nr. 61). Vgl. ABKG III, Nr. 2236, Anm. 3.*

[735] = ihr Vetter; ein Verwandter.

[736] = ihr Blut und Fleisch.

[737] = Brüste.

[738] = Teufel.

tzu der f(raw) m(utter): „Was saget dan der her vatter?" Saget sey: „Nichst, dan es wer gut, sei solt hein gein, her wolt sych wol wissen zu halten." Ich fraget dey f(raw) mutter^e wost sey gesaget het. Dar tzu saget sey, het tzu dem alten gesaget: „Lyeber her, glab es nich, sey lougen gewist, dan m(eine) dochtter yst so und vorschem^739 nich." Het m(ein) a(lter) h(er) gesaget, dey hoffmester loug nicht glich.

Gestern^740, da ich bey der alten war, kamb der alte auch und sag wol, das ich ser rott wor. Hatt dey alte gesaget: „Was rettes dut mit yer?" Hatt sey gesaget: „M(ein) d(ochter) spracht dey hoffmestern^f beloug sey^741 umer und for yer aber das mult^742." Hatt der alt gesaget: „Lybest, nim dich nichst an. Sey wertten wol an dich einst wertten. Sag der dochtter gar nichst von der hoffmestern, wey dey hoffmestern von yer rett, dan dey dochtter yst wider uns beyde." Und dey alte batt mich, ich wolt sey nich besagen, aber ich solt dey hofmestern an retten^g dromb hart^743. Ich dat es, da schwor sey steind und bein dar for.

Heut morgen heyst mich dey alte, ich solt es dem ‖^h marschalk sagen und in yerm namen nach im scheycken. Ich datt es, der marschalk scheyck zweye nach^i yer^744. Sey^745 wolt nich tzu im. Dar leyff sey in der alten stob und bat sey, sey wolt m(einen) a(lten) h(ern) lassen hollen, das sey im umb ratt fraget. Dey alte wolt nich und dreb sey tzu dem marsschalk. Der ret sey nach hertter an. Da lougken^746 sey es gar, sey het nichst gesaget, dan das sey in an gesaget het, wey dey gewon het^747 wer, wan ym man^748 bey mir wer. Sey het auch keyn forwitz und leychtfertichkeyt ane mir gesein, wer dach alle yunkfern da gewest und wer nach dem aben essen^749 gewest und wer dach ein yunck mit fackellen da gestanden^j und der dort knecht^750 und fel leut. So wost sey wol, das ich mit im geret hette das essen halben und das kredentzsen willen, dan ich het es yer for gesagett. Und geyt nar von marschalk tzu der alten und saget es nach ein mol, wei sey es for geret hatt, das etlich junckfern dar tzu hortten. Dran vor sei^751 ich mich nichst gutz tzu ier. Dey alte sprech auch, sey der dut byst heir gewest hatt dey hoffmestern den alten nach hertter in kreygen und vor^k klaget dey alte so wol als mich. Dey alte sprecht auch, sey west scheir nich wast ‖ sey dencken sal dar tzu. Dey alte hatt dey sach yer yunckfern so balt gesaget auff dey tzeyt, aber ich wolt es in nich glaben. Aber heut must ichst glaben. Sey sprecht auch, der alte bekent es nicht, dan sey hab es im gestern gesagett. Hat her gesaget: „Sag es der dochtter beleyb nicht, dan es wort ein nuger lerm^752." Ich saget tzu der alte: „Wey kumb dey nern^753 auff dey rette^754?" Saget sey, wer dem marschalk gram und het yern dochtter man gern zu eim marschalk^755 und das her rechger und frummer wer, dan yer brude[r] gewest wern. Dey

---

739   = unverschämt.
740   = 1533 April 24.
741   Elisabeth.
742   = fuhr ihr über das Maul.
743   = hart ansprechen.
744   = nach ihr.
745   = Hofmeisterin.
746   = lügen.
747   = Gewohnheit.
748   = jemand.
749   = Abendessen.
750   = Türknecht.
751   = versehe.
752   Lärm = öffentliches Aufsehen erregen.
753   Närrin = Hofmeisterin.
754   = Rede.
755   = sie hätte ihren Schwiegersohn gern zum Hofmarschall.

lougen alle und saget mir sust vel bussen[756]. Sey hat mich jetz lieb, Got geb das lang wer. Sey hat mich geheyssen, das mich der marschalk sal eint scholteygen[757] keyn yrm hern, dan yer her glab es nach. Das hat der marschalk gedaunt und gesaget, das sey es lonken. Hat m(ein) a(lter) h(er) gesaget, ich det yer und recht[758]. Er wolt ich het alle blagen mit meyn meyngen. Sey het nichst gesaget, dan was sey bekant het keyn dem marschalk. Aber dey alte saget, dey hofmestern[l] sey heut bey im gewest in er gehemmen rette. Dey alte sagett mir heint, der alte het sey an geret[759], sey solt mir nich vortrawen, solt auch sagen, dey hoffmestern het es nich gedaunt. Hat sey gesaget, sey wolt nicht leigen[760], wor umb her umb der hoffmestern ‖[m] willen louge, und sprecht, es wer nicht, het es dach dey nern[761] nach ein mal gesaget. Hatt er gesagett, er det es umb frettes willen. Ich wort es aber mal klagen, sey solt mit mir tzu fretten[762] sein. Der halben wollen e(uer) l(ieben) nichst dar von sagen nach mercken lassen. Got werttes wol machen. Het es dey alte nich wollen von mir haben, so het ich ier[763] kein wort dar von gesaget, het gedaunt, als wost ichst nich. Aber dei alte sagett nar dromb solt ich dunt ab es der alt glich nich bekent, so wortte dach hornt, das der lougen wer und glab yer dester winger[764]. Und wil heyr mit[765] beyde e(uer) l(ieben) Got bevellen, der geb uns seyn genade, und beyder e(uer) l(ieben) schwesterliche trew tzu der tzeigen, bin ych geneygett. Dat(um) freitag nach Yorge anno xxxiii.

E H Z S etc.

M(ein) h(er) dutt mir jetz nich seyder dey rett sein heir gewest, dan das umer sprecht, ich sal mich bedencken umb meiner selben willen. Der alt hat im seyder nichst gesagett. M(ein) h(er) sprecht auch, wan der alt storb, er wolt mir nichst dunt, dan er must dunt, was der allte[n] wil. Und wan in so blagett, so must es dan ober mir auß gein, dan er leyt meyn hern keyn rouge und was der[o] alt for nimet, das geyt an.

    [a] *Sic.*

    [b] *Sic.*

    [c] *Sic.*

    [d] *Getilgt:* zu.

    [e] dey f(raw) mutter *hochgestellt eingefügt; darunter gestrichen:* sey.

    [f] *Getilgt:* sprecht.

    [g] *Gestrichen:* dra.

    [h] *Fol. 52r, s. Bemerkungen.*

    [i] *Getilgt:* ym.

    [j] *Gestrichen:* an.

    [k] *Gestrichen:* ka.

    [l] dey hofmestern *hochgestellt eingefügt; darunter gestrichen:* sey.

    [m] *Fol. 51r, s. Bemerkungen.*

    [n] *Sic.*

    [o] *Getilgt:* als.

---

[756] *Possen = Scherze, auch ein Scherzspiel; vgl. zur vielschichtigen Semantik DWB, Bd. 2, Sp. 261 (Artikel „Bosse"), auch Bd. 13, Sp. 2013 (Artikel „Posse").*

[757] *= entschuldigen.*

[758] *= Unrecht.*

[759] *= angeraten.*

[760] *= lügen.*

[761] *Närrin = Hofmeisterin.*

[762] *= zufrieden.*

[763] *= ihr.*

[764] *= glaub ihr deshalb weniger.*

[765] *= hiermit.*

59

Naumburg   *1533 April 25*

Instruktionen von Kurfürst Johann Friedrich (dem Großmütigen), Herzog Erich I. (dem Älteren) von Braunschweig-Lüneburg-Calenberg-Göttingen, Herzog Ernst I. (dem Bekenner) von Braunschweig-Lüneburg und Herzog Heinrich V. (dem Friedfertigen) von Mecklenburg für Ewald von Brandenstein, Hans Wilhelm von Weißenbach, Hans von der Schulenburg und Barnim von Dannenberg an Herzog Georg (den Bärtigen)

Die Antwort Georgs und seine Absage zu einem Zusammentreffen haben sie Landgraf Philipp (dem Großmütigen) mitgeteilt. Landgraf Philipp zweifelt nicht, dass die Fürsten erkennen, aus welchen Gründen Georg die Zusammenkunft abgesagt hat. Der Herzog bleibt auf seinem Standpunkt und will von den Fürsten nicht vorgehalten bekommen, was er Unwahres über Elisabeth verbreitet hat. Georg habe gesagt, dass er sich an keine Beschwerung Elisabeths durch ihn seit dem Abschied des Landgrafen von Dresden erinnern kann und es keinen Grund für eine Verhandlung gäbe. – Landgraf Philipp hat mitgeteilt, dass er nach Dresden gereist war, um in Elisabeths Sache zu verhandeln, damit Georg den Verdacht gegen sie fallen lässt. Bereits bei seiner Abreise habe er damals gesagt, er werde den Sachverhalt den Freunden seiner Schwester mitteilen. – Obwohl Georg den Verhandlungstag abgelehnt hat, wollte Landgraf Philipp dennoch die geplante Zusammenkunft abhalten. Er kann seine Schwester nicht in dem Verdacht lassen. – Herzog Johann (der Jüngere) hat sich noch nie über Elisabeth beklagt; und wenn, hätte Landgraf Philipp mitgeholfen, Elisabeth zu bestrafen. Der Landgraf streitet ungern mit Georg in dieser Sache. Allerdings bleibt nichts geheim. Georg habe dazu beigetragen, Elisabeth verdächtig zu machen, da er Innocenz von Starschedel, Heinrich von Schönberg und andere wegen ihr entlassen hat. – Die Vorwürfe sind durch die Aussage seiner Gemahlin erhoben worden, die es von Anna von Honsberg gehört haben soll, welche jedoch diese Aussage vor ihrem Tod widerrufen habe. Diese Anschuldigungen seien grundlos und nach Erkundigung leicht zu widerlegen. Innocenz von Starschedel und Heinrich von Schönberg wurden ohne Verhör entlassen, dagegen Heinrich von Schleinitz und Hans von Schönberg noch nicht, obwohl viel heftigere Vorwürfe gegen sie bestehen. Landgraf Philipp befürchtet, dass Georg auch Herzog Johann gegen Elisabeth aufbringen wird. Georg soll dem jungen Paar eine eigene Residenz geben. – Die Fürsten haben sich entschlossen, Georg freundlich zu ermahnen und zu bitten, sich folgende Punkte zu Herzen zu nehmen: 1.) Georg solle nicht gegen Elisabeth reden, da diese nicht überführt sei. Außerdem soll er die Entlassung und den Befehl gegen Heinrich von Schönberg zurücknehmen. 2.) Elisabeth sei nicht zu verdenken, dass sie sich über die Verletzung ihrer Ehre beschwert. 3.) Andere könnten Beweise für Georgs Handeln fordern. Es ist nicht erkennbar, dass Georg diese liefern könne. 4.) Georg möge bedenken, dass er die Ehe zwischen dem jungen Paar verletzt und dass er Anlass zur Uneinigkeit zwischen ihnen gäbe. 5.) Die Zusammenkunft und Gesandtschaft sei nicht unfreundlich gemeint. Auch wenn Elisabeth Georgs Schwiegertochter ist, habe er doch nicht die Macht, dass sie und ihr Bruder die Kränkung ihrer Ehre klaglos hinnehmen. 6.) Obschon Elisabeth die Zusammenkunft verursacht habe, solle ihr das nicht als Ungehorsam gegenüber ihrem Gemahl ausgelegt werden. 7.) Den Fürsten wäre es am liebsten gewesen, Georg hätte sich mit Landgraf Philipp bereits in Dresden geeinigt. Sie wissen keinen besseren Weg zur Beilegung des Streits als eine Zusammenkunft. 8.) Sie würden den Landgrafen gern von weiterem Ansuchen in dieser Sache abhalten, sind aber wegen der Verwandtschaft zum Rat verpflichtet. – Die Fürsten bitten Georg, er möge die Sache und ihre Verwandtschaft bedenken und einen der von Landgraf Philipp vorgeschlagenen Wege annehmen, um eine gerichtliche Verhandlung zu vermeiden.

I. HStA Dresden, 10024, Loc. 10548/2, fol. 40r – 49v; II. LHA Schwerin, 2.11-2/1 Auswärtige Beziehungen, Nr. 4378, fol. 25r – 30r; Fortsetzung: 33r – 34v, 36r – v; III. HStA Dresden, 10024, Loc. 10548/9, fol. 30r – 41r; IV. LHA Schwerin, 2.11-2/1 Auswärtige Beziehungen, Nr. 4378, fol. 13r – 24r.

Überlieferung: I. Ausfertigung; II. Abschrift; III. Abschrift; IV. Abschrift.

Schrift: I. Kanzleischreiber; II. und IV. Kanzleischreiber; III. Kanzleischreiber.

Adresse: –

Kanzleivermerke: II. 33 Neunburg, sunder churfurst(en) und der ander furst(en) instructionen an herzog Jorg(en) zcu Sachsen; III. Die ander des chur- und furstl(ichen), so zue Naumburg vorsamblet an hertzog Jorgen, vorainigte instruction. – 1533 – K; IV. 33 Neunb(ur)g, sunder den chur- und fursten instruction an herzog Jorg(en) zu Sachsen.

Bemerkung: Im Aktenbestand des HStA Dresden, 10024, Loc. 10548/10 (fol. 1 – 62) findet sich eine Akte, in der mehrere Teilentwürfe ungeordnet zusammengefasst wurden. Auf eine kritische Edition im Rahmen dieser Ausgabe wurde verzichtet. Die Edition folgt der Ausfertigung (I.), größere Abweichungen wurden angemerkt. – I. Siegel und Unterschriften der vier ausstellenden Fürsten sind vorhanden. – In der Abschrift II. fehlen Einleitung, Datum und einige längere Passagen. Zu der verkürzten Abschrift gehören nach Schrift und Form zwei Ergänzungen, die in der Akte auf zwei Doppelseiten (fol. 33r – 34v) bzw. einem Doppelblatt (fol. 36r – v) weiter hinten folgen. Auf die Edition dieser Ergänzungen zu den Instruktionen wurde im Rahmen dieser Ausgabe ebenfalls verzichtet. – Abschrift IV. enthält einige Verschreibungen und Abweichungen von der Ausfertigung, die im textkritischen Apparat wiedergeben wurden. – Die Absatzgestaltung folgt der Vorlage.

Druck: ABKG III, Nr. 2239.

Instruction was unser von Gots gnaden Johans Fridrichen zu Sachssen, des hailigen romischen reichs ertzmarschalh und churfursten etc., Erich und Ernst gevettern zu Braunschweig und Luneburgk und Heinrichs zu Meckelnburgk etc. hertzogen, gesandten rete und diener[a] Ewaldt von Brandenstain[766], Hans Wilhelm[b] von Weissenpach[767], Hans von der Schulenburgk[768], Parum von Danneborgk[769], an den hochgebornen fursten hern Jorgen hertzogen zu Sachssen, unsern lieben[c] vedtern, ohemen und swager werben sollen.

[d]Erstlich seiner lieb unser freuntlich dienst und was wir liebs und guets vermugen sagen.[d]

Nachdem[e] freuntlichen zuentbieten sollen sie seiner lieb ferner vormelden, das wir die antwurt, so sein lieb uff die jungste werbung[770] und freuntlich ersuchung uns geben lassen, alles einhalts vernomen. Und dieweil wir daraus vormerckt hetten, das sein lieb in solcher schweren irrung zwischen seiner lieb und dem hochgebornen fursten hern Phillipsen, landgrafen zu Hessen, graven zu Catzenelnbogen etc., ‖ unserm vedter, bruder, ohemen und schwager, schwebende kain guetlich ader freuntlich undterrede und handelung leiden mugen ader wollen, als wir uns doch zu seiner lieb als ainem vorstendigen fursten gentzlichen vorsehen gehabt. So hetten wir solchen abschlagk gantz ungern gehort. Wan wir je verhofft, so sich sein lieb gebetener gestalt gegen uns zuvorfugen ergeben, wir wolten

---

[766] *Ewald von Brandenstein (1491–1554), sächs.-ernest. Rat; vgl. zu ihm Schirmer, Kursächsische Staatsfinanzen, S. 384.*

[767] *Hans Wilhelm von Weißenbach, Gesandter Herzog Erichs I. (den Älteren) von Braunschweig-Lüneburg-Calenberg-Göttingen.*

[768] *Hans von der Schulenburg († 1537).*

[769] *Barnim von Dannenberg, mecklenb. Gesandter.*

[770] *Vgl. ABKG III, Nr. 2333 und 2333a.*

mit Gottes hulff zwischen allen tailen die mittel troffen haben, die inen baiderseits ehrlich und nutzlich gewesen weren. Dieweil aber dasselbig dergestalt nit sein mugen, haben wir es dißmals auch seiner gotlichen almechtigkait bevelhen mussen, in hoffnung, die werde es durch ir gotliche vorsehung nachmals zu guetem wenden und schicken, und darauf vorgemeltem unserm lieben vedtern, brudern, ohemen und schwager, dem landgrafen zu Hessen etc. solche seiner lieb antwurt der nodturfft nach vormeldet und von seiner lieb uber vorige antzaigungen, deren wir seiner lieb, nemlich hertzog Jorgen gnugsamlich bericht achten[f], weitern undterricht empfangen, wie wir dan bedacht, denselbigen seiner lieb auch nit zuvorhalten.

Nemlich das ime, dem landgrafn, [s]nit zweivel, wir mochten leichtlich abnemen, aus was geringen ursachen, sein schweher hertzog Jorge, die angebotene ‖ freuntliche zusammenkunfft apgeschlagen und allein darumb, das sein lieb uff irem aigen syn und vornehmen vorharren, und solcher freuntlichen undterrichtung, erinnerung und handlung, so wir aus rechten furstlichen, ehrlichen und freuntlichen bedenken fur nutz und not angesehen hetten, entweichen, und seiner hertzog Jorgen lieb, wes sie gegen unser freuntlichen lieben muhmen und schwegerin, frauen Elisabet(en), hertzogin zu Sachssn etc. uff unwarhafftig angeben geredt, gehandelet und geschafft hetten, von uns nit angetzaigt werden mocht.

Und das konnten wir daraus klerlich spuren, das sein lieb ires apschlags, die ursach nhemen, als solt sollich unser anderweits ersuchen, aus des landgrafen schwester bitlichen ansuchn[g] geursacht worden sein. Dieweil dan hertzog Jorg sich von kainer beschwerung, die seither des landgraffen abeschied von Dreßden[771] an sein lieb durch seiner lieb tochter, unser liebe muhme, gelangt weren, zuerinnern wuste, so hetten wir leichtlich zuermessen, wie seiner lieb zuthun sein wolt, sich in tagelaistung einzulassen etc., und wolte sein lieb darmit unser muhmen uffplegen, als solte ir lieb ane ursach weiter angeregt haben, und schuldig gewesen sein, ‖ so ir mitler zeit etzwas begegent were, dasselb an sein hertzog Jorgen lieb zubringen etc. Das es auch, so sich sein lieb gegen uns, zugebetener freuntlicher zusamenkunfft verfuget hett, seiner lieb son, unserm lieben vedtern und schwager zuerhaltunge geburlichs gehorsams nachtailig gewesen were etc. Und geschwige doch sein lieb darneben, der merglichen grossen beschwerungen, so sein lieb gegen irer tochter wider recht[h] und pilligkait furgenomen hett.

Und wiewol wir an allen zweivel deßhalben kainer weiter erinnerung bedurfften, und seiner lieb aigen gemuet gnugsam ermessen, so kondten doch sein des landgraffen lieb nit undterlassen, weiter antzutzaigen. Das whar[i] were, es het sein lieb neben andern redlichen und freuntlichen ursachen, seiner lieb schwester halben, sich gegen Dreßden vorfuget und mit hertzog Jorgen von solcher schweren irrung freuntliche undterrede gehalten, in hoffnung, den freuntlichen willen bey seiner lieb zufind(en), domit sein lieb sie aus verdacht gelassen und[j] sich gegen den ansagern, welcher der landgraff seiner lieb etzliche und allerley antzaigungn[k] benennet und selbst bey seiner lieb reten, dienern und hoffgesinde zu ‖ erforschen gebeten hett, dermassen ertzaiget haben solte, domit man seiner lieb freuntlichen und vaterlichen willen gespuret hette. Dieweil aber der landgraf solchs nit erlang(en) mugen, weren sein lieb von seinem schweher hertzog Jorg(en) dergestalt von Dreßden nit abgeschieden, den handel so sein lieb doselbst mit seiner lieb geredt, und jetzt alhie nach der lenge ertzelet und vorlesen also hangen zulassen, sundern er der landgraff het seiner lieb ausdrucklich gesagt, das sein lieb solch sachen in bedenken nhemen und irer schwester freunde antzaigen wolten etc.

---

[771] *Gemeint sind die Verhandlungen Anfang Februar in Dresden (vgl. oben Nr. 6–14).*

Nachdem dan sein lieb die beschwerligkait dieses handels zu hertzen gefast und bey iren tagen nye gehort, das ainicher furstin im reich ane ursachen dergleichen begegenet, das es auch nit geburlich vaterlich ader recht sein kondte, erbare tugenthafftige furstin[l] ane schuldt dermassen zuhalten, so hetten sein lieb unserm freuntlichen radt hirin gebeten, und da sein lieb vornomen, das ir schweher hertzogk Jorge die freuntliche underhandlung, so wir aus rechtem furstlichem, erbarn bedenken wie obgemelt vortzunemen bedacht, apgeschlagen, hette sein lieb dasselbige zum hochsten beschwert, in ermessung, das dadurch irer schwester nit gehulffen, sundern das sie je mher ‖ und mher beschwerung nach gelegenhait des handels besorgen muste, und gebeten, das wir gleichwol den tag fur sich gehen lassen wolten etc.

Wie dan auch sein lieb befunden, das ire besorgung nit vorgeblich gewesen und sein schweher hertzogk Jorg nit ruhen kondte, sundern je aine beschwerung zu der andern legte, dan es hetten sein lieb in kurtzen tagen Wolffen von Schonbergk[772] auch urlaub gegeben und wiewol sein lieb dem ursache vormeldet, das er an[773] seiner lieb wissen von Dreßden geritten were, so erschine doch auß der handelung zu Dreßden ergangen, das es seiner des landgraffen schwester halben bescheen were, dan wie ernstlich und ungeschickt sein schweher hertzog Jorg, desselben Wolffs von Schonbergk und seiner lieb schwester an allen grundt und ursach gedacht hetten, wie aus derselbig(en) handlung wol vornomen. So het auch sein lieb derhalben, das er Wolff an urlaub aus Dreßden geritten, [m]inen zubeurlauben nit fugk gehabt[m], dieweil Wolffs bestellung vormocht hett, das er allein an wissen ausserhalb lands nit reiten soldt, sein lieb wolte des, das sich ane zweivel seither zugetragen het, davon sie bestendiglich nach nit wissen muge, aber mit der zeit wol erfaren wurden geschweigen.

Nun wolte je seiner lieb nicht gelegen sein, ‖ hofften auch, das es kain bieder mensch uff erden pillichen solt, diesen handel also ruhen und seiner lieb[n] schwester in dem grossen unvorursachten[o] vordacht, und harter beschwerung stecken zulassen[774], derhalben durfften sein hertzog Jorgen lieb unser muhmen, des landtgraffen schwester, die ursachen unsers freuntlich(en) ersuchens nicht zumessen, sundern ime, als irem lieben bruder, der schuldig were ir in solch(en) iren anligend hulff und radt mit zutailen.

So dan seiner lieb schwester solche beschwerung begegenen, were ir nit gehulffen, ader vortreglich solchs seiner lieb antzutzaigen, dieweil sein lieb selbst derjenige were, von dem dieselbigen zum tail herruret(en), der auch am aller hertisten wider sie were, derhalben zuvorwundern, wie sein lieb uff die meynung keme, das sie nuhmer zwischen ir selbs und seiner lieb schwester richter sein wolte.

Darumb solt sein lieb sich pillich zu der angebottenen und gebeten freuntlichen undterrede begeben haben, undterricht und erinnerung zuempfahen, die ir selbs nutzlich und nodturfftig gewesen. Und dadurch were auch seiner lieb und[p] irem son, hertzogk Hansen, kain nachtail [q]geburlichs gehorsams begegent[q], dan sein son[r] ‖ sein tage nie geclagt oder sich vornemen lassen, clagt es auch noch nit, das sein gemahel ime je ainichen ungehorsam ader unfreuntlichen willen ertzaigt hette, und wo das gescheen und fur inen den landgraffen komen were, wolt er sie hefftiglichen haben helffen straffen. Were auch ime nit minder leydt, dan solt es ime selbst von seiner aigenen gemahlen begegenen, darin er auch irer liebden weder radt, hulff nach beistandt ertzaigt haben wolt.

Und demnach[s] wolt dem landgraffen hoch beschwerlich sein, seine schwester in solcher underhaltung pleiben zulassen, darinnen sie sich hinfur aus ergangen hendeln allerley beschwerung, die ir ir leib belangen mochten, besorgen musten.

---

[772]　*Wolf von Schönberg zu Sachsenburg († 1546); vgl. Anm. 43.*

[773]　*= ohne.*

[774]　*= eine Sache stecken lassen = sie unterlassen, von ihrer weiteren Behandlung absehen; vgl. DWB, Bd. 17, Sp. 1344.*

Und wiewol sein lieb sich mit hertzog Jorgen in dem und anderm ungern in streitige rede einließ, so erfordert doch seine nodturfft anzutzaigen.

Dieweil allerley zu unser muhmen des landtgraffen schwester geredt, das ainer frommen furstin und iren freunden beschwerlich were und aber dieselben rede in gehaim nit plieben, sundern hin und wider ausgebrochen und erschollen weren. Auch hertzogk Jorg ‖ daruber zu mher dan ainer statlichen handlung und bephelich, dadurch die frome furstin in viel wege argkwenigk und vordechtigk gemacht, geschritten, als nemlich, das er Innocentio von Starschedel,[775] Heinrichen von Schonbergk,[776] auch andern irenhalben[t] urlaub geben, dartzu bevolhen, Heinrichen von Schonbergk gefencklich antzunemen.

Auch hertzog Jorge sich in solche schwere[u] betzichtigung uff ain nachsage seiner gemahel, die es furder von ainer jungfrauen, der von Honspergk,[777] gehort [v]haben solt, getzogen[v], welche nu verstorben, aber fur irem abesterben derselbigen rede bey gesundtem leib und uff irem todtpeet[778] nit gestanden, sundern uffe hochst vorneinet hett.[779] Desgleichen aus andern dingen, so kainer meldung werth und so geringe schetzigk, das vormals in furstlichen heussern dergleichen nye mher erhort were, argkwhon geschepfft haben wolt, welche nachsage argkwon und antzaige an allen grundt eytel[w] und lere dingk und das widerwertige durch lebendige kundschafft, so es not sein solt, als nit were, beweist werden mocht, darin dan die recht maß vatterlicher guttigkait uberschritten.

Und dartzu Heinrichs von Schleinitz[780] und Hansen von Schonbergs[781] handlung, ob die dermassen[x] ergangen sey ader nit, zuerfrag(en) und zuerforschen, ader aber sie zubeurlauben, ‖ durch allerley vornunfftige ursachen sich nit bewegen lassen wolt, sundern in ainem solch(en) beschwerlichen handel, der seiner selbst kinder, hausgenossen[y] ehr und guet leymut[782] antrifft, erst weitleufftig recht erbote, darin diese handelung auch weitleufftiger seiner lieb schwester zu nachtail, ausgepraitet werden muste, und also uber vorige seine selbst handelung das nicht thet, das sich vatterlicher vorwandtnus und gutigkait nach zuthun wol geburt. [aa]So hielt auch sein lieb hirin ain grose ungleichhait, in dem das sein lieb Innocentien von Starschedel und Heinrichen von Schonbergk unuberwunden, und ane vorhorung schimpfflich enturlaubt hett. Aber Heinrichen von Schleinitz und Hansen von Schonbergk wolt sein lieb unvorhort und unuberwunden[z] nit verurlauben, wiewol uff der baiderseiten viel hefftiger vormutungen weren, und wider die obgemelten baide, Heinrichen von Schonbergk und Innocentien von Starschedel gar kaine.[aa]

So kont und mochte nit bestehen, ader auch glaubt werden, das hertzogk Jorgen rede und antzaigung aus vaterlicher wolmeynung an eingebung poser vorlogener leute gescheen, und sey derhalben hochlich zubesorgen, so dieser sachen nach gelegenhait derselbigen bequemer radt[bb], nit gefunden wurde. Es mocht sich ir gemahel hertzogk Johanns aus forcht des vaters ir zu wider auch ‖ bewegen lassen, welchs dan ire liebden nach mher beschwerlich sein wurde.

Zu dem, das sich hertzogk Jorge in dieser handelung geg(en) dem landtgraffen hette vornemen lassen, wo sich frau Elisabet sein schwester gegen ime ungehorsamlich hielte, das er sich gegen sie ertzaigen wolt, inmassen andere hertzogen zu Sachssen gegen iren

---

[775] *Innocenz von Starschedel zu Mutzschen; vgl. Anm. 86.*

[776] *Heinrich von Schönberg (1500–1575), sächs.-ernest. Hofmarschall und Jägermeister; vgl. Anm. 39.*

[777] *Anna von Honsberg.*

[778] *= Totenbett.*

[779] *Vgl. oben Nr. 33 (Zeugenaussage des Johannes Hülse, 1533 März 6).*

[780] *Heinrich von Schleinitz zu Saathain und Koselitz († 1543), sächs.-albert. Rat und Hofmarschall; vgl. Anm. 5.*

[781] *Hans (junior) von Schönberg zu Reinsberg († 1537), sächs.-albert. Rat und Amtmann; vgl. Anm. 4.*

[782] *= Leumund.*

ungehorsamen weibern und kindern, auch gehalten hetten, dardurch er understunde, ime das recht uber sie antzunhemen, das ime von gemaines rechten ader gewonhait wegen nicht^{cc} geburt, daraus auch allerley beschwerung und unrath erfolgen mocht.

Und darauff nachmals uns^{dd} auffs hochst gepet(en), bey gemelten hertzog Jorgen dohin zu handeln, das er seine schwester deshalben gentzlich aus verdacht lassen, auch sich gegen den ansagern mit beurlaubung und anderm dermassen ertzaigen wolte, damit man seinen nemlich hertzog Jorg(en) ungefallen in dem gegen den unwarhafftigen ansagern spuren mocht.

Und dieweil die personen hinfur schwerlich in ainem hause wonen kondten, und dan hertzogk Jorge das heiratguet von wegen frauen Elisabet(en) empfangen, auch dargegen die widerlegung[783] vermacht ader zuvormachen schuldig, das er dan den baiden eheleuten umb verhuetung allerley unrathswillen^{ee}, so aus dyser sache ‖ entstehen mocht, ain aigene bequeme behausung eingeben und inen soviel dartzu verordnen, als ir zuprachts heyrath guet und der widerlegung vermachung sich erstreckt und pillich erstrecken solt und mit hoffmaistern, hoffmaisterin und andern dienern und dienerin inen zimliche vorsehung thun wolt, inmassen, ein vater seinen kindern zuthun schuldig. Angesehen ^{ff}das dannocht^{ff} sein lieb mit sampt den sein lieb hirin geglaubt het, zu dieser irrung ursach gegeben und die betzichtigung seiner schwester halben bestendiglich nit ausgefurt were. Ader aber, das er dem landgraffen und uns, unser schwester, muhmen und schwegerin^{gg} zu unsern handen und vorsehung volgen lassen, so wolt er die nach seinem vermug(en), ime von Got beschert, ehrlich undterhalten und vorsehen, auch gestadten, das ir gemahel sie zu seiner zeit und gefallen besuchte und sein beywonung bey ir hette.

Doch auch das hertzogk Jorge inen baiden die abnutzung ires zugebrachten heirathguets und die widerlegung dargegen gescheen, ader je zum wenigsten der schwester die abnutzung des heirathguets^{hh} volgen lassen wolt, inmassen es billich beschee.

Und das gemelter hertzog Jorg solchs billich ‖ thuet und thun solt, das mocht sein lieb uff uns recht und alle pilligkait ader aber uff ainen gleichen zusatz von seiner lieb und hertzog Jorgen dartzu gegeben und unparteyschen obman, den er auch seiner lieb tails bey uns zubenennen gestalt haben wolt, entlich erkentnus leiden. Doch also das die rechtfertigung in ainem halben jhar vortzutragen entlich geschlossen und darnach in ainem vierteil jhars den negst(en) ausgesprochen werden muste und in alwege dermassen, das seiner lieb schwester mitler zeit mit worten, wercken und in andere wege, die ir an leib und ehren vorletzlich sein mochten bis zu entlichen austragk gentzlich unbeschwert pleibe.

Und uns darauff uffs hochst angesprochen und ermanet, unser vorwandtnus undⁱⁱ das wir seiner lieb zu recht mechtig, mit biet, das wir seiner lieb hir in unsern radt, hulff und beystandt mittheilen wolten etc.

Wan wir nu itztgemelte unsere verwandtnus bedenken und dan auch befinden, das uns nit geburen wolte, unsers brudern, vedtern, ohemen und schwagers, des landgraffen schwester in solcher bekommernus und beschwerung^{ij} an geburlichen radt und furderung zuverlassen, zuforderst so wir irer baider zu recht, ehren und aller pilligkait mechtig, so hetten wir uns abermals entschlossen, an sein l(ieb) diese unser ‖ potschafft zum andern malh zuverordenen und sein lieb nochmals uffs freuntlichst zuerinnern und zuermanen, damit je an unserm freuntlichen und getreuen vleis nichts erwinden mocht.

Und beten dannach gantz freuntlich, das s(ein) l(ieb) bewegen, was sein lieb in gleichem vhalh fur billich ansehen und begeren wolten, und ^{kk}sunderlich nachgemelte^{kk} ursachen zu hertzen nehmen.

---

[783] *Widerlegung = Gegengabe des Mannes an die Frau zur Sicherung des mitgebrachten Heiratsgutes.*

Zum erst(en), ob gleich sein lieb als frauen Elizabet(en) schweher sich vornemen ließ, das seiner lieb rede, tadt und bevelich aus gueter meynung gescheen sein solten, das dannoch von andern, so dieser handel weiter gelangen solt, es dohin geacht werden mocht, als ob sich sein lieb hirin zu viel leichtlich bewegen lassen, und ir gestalt dieser handlung nach nit unpillich geburt solt haben, uff solche geringe antzaigung solche beschwerliche rede mit der furstlichen person, die vormals kains ubels betzichtiget, vielweniger uberwunden ist, zuhaben, zuverschonen und viel weniger die verurlaubung und in sunderhait den bevelich von Heinrichen von Schonbergk zuthun.

Zum andern, nachdem ain itzlich ehrliebend mensch sein ehr und guete leymut nicht minder dan sein leben zubehueten und zu beschirmen[784] schuldigk, das ire lieb derhalb, das sie sich dieser rede, tadt und bephelich umb irer lieb ‖ vormeinten verdachts willen gescheen, als die ir ehr und glimpff anlangen, so hochlich beschwert hat, und nach nit zuvordenken sein kan.

Zum dritten, das wir als seine negste verwandt(en) und die seiner lieb ehren und guets gunten[ll] besorgt(en), so es zureden komen solt, als es villeicht mit der zeit, wo es Got der almechtig, als wir vorhoffen, uff andere wege nit schicken wurde, bescheen [mm]mochte, das solchs so sein lieb antzaigen, es sey aus guet(en) gemuth und vaterlicher verwandtnus gescheen, bei andern unparteischen nit entschuldigen mochte,[mm] dan solch vaterlich gemuet must und wolt, aus der handelung gespurt werden, und wurden seiner lieb wort, allein dasselbig[nn] nit gnugsam mug(en) darthun, sundern noth sein, dasselbe wie sich geburt zuerweissen, das sein lieb solchs bestendige ursachen gehapt. Ob nu sein lieb das thun, kondten wir aus geschicht dieser handlung, soviel wir der bishere vormerckt haben, nit wol befinden.

Zum vierdten, so wolt seiner lieb hochlich zubedenken stehen, solt sein lieb diese erweisung, des vordachts bestendiglich nit thun konnen, wie hoch dan durch solche handelung diese ehe zwischen den baid(en) eheleuten vorletzt were, und was seiner lieb daraus erfolgen wolt, neben dan, das sein lieb bey andern dohin geacht wurde, das sein lieb ursach gegeben hette, dadurch diese eheleute in uneynigkait und ubell miteinander, das Got genediglich verhueten woll, leben mochten ader wurd(en). ‖

[xx]Zum funfften, so hat sein lieb [oo]nach gestalt der sach(en) selber zuachten, obwol sein lieb[oo] bey uns handlung zugewarten aus etzlichen furgewandten ursach(en), hievor abgeschrieben, das dannocht diß unser zusamenkommen uff unsers vedtern und ohemen, des landgraffen ferrer bieten und uff unsere jungste beschickung und ersuchen nit unfreuntlich gemaynet, auch nit so unnottig geacht muge werden, wie sein lieb meynen. Dan so sich die sachen also zugetragen, wie uns gedachter unser vedter[pp] und schwager alhie bericht, so wolle sein lieb selbs ermessen, ab sein lieb darin zuviel ader wenigk gethan.

Und sunderlich in ansehung der personen, welche die sachen betreffen, dan ob wol unser muhm seiner lieb sons gemahel ist, magk er doch selber solche gewalt uber ire liebden nit haben, nach weniger sein lieb als der schweher, das darumb ire lieb und ir bruder, der landgraff, solche beschwerung, die ir ehr und wolffart belangend, ungeclagt und ungeant dulden, und sein lieb als der schweher und schwager ire liebden darumb nit zur antwurt sein durffte.

Zum sechsten, so vorhoffen wir auch nicht, wan gleich unsere mhum diese unsere zusamenkunfft vorursacht het, das es ir darumb gegen seiner lieb son als dem hern und gemahln, zu ungehorsam mochte[qq] gedeutet werden, ‖ zu dem das sie auch irer liebden bruder unser vedter, oheim und schwager der landgraff, des gnuglich und freuntlich entschuldiget.

---

[784] = schützen.

Zum siebenden hetten wir fur unsere personen am liebsten sehen und leiden mugen, auch kain pessers zuraten gewust, dan dieweil unser muhm mher dan ain jhar solche beschwerung geduldet, und aus dem das sich dieselben nit gemiltert, irem brudern, dem landgraff(en) furkomen sein. So hetten wir wol leiden mug(en), das sich sein lieb selbst, als der landgraff bey seiner lieb zu Dreßden gewest, also ertzaigt und in den sachen gehalten het, damit unsers ʳʳvedtern undʳʳ ohemen des landgraffen halb(en) uns ader andere seiner lieb freundtˢˢ zuersuchen nit noth gewest were.

Wo wir auch ᵗᵗin dieser sachenᵗᵗ ainen bequemen wegkᵘᵘ zuhandeln, hetten bedencken mugen, dan das wir uff ainen gelegen platz zusamen keemen, und baide ire liebden bey uns zukomen, freuntlich beschrieben. So wolt(en) wir nicht undterlassen haben, denselbigen furtzunehmen, dan wir je nit anders erfaren, da sich solche ader dergleichen wichtige gebrechen zwischen nahen freunden zugetrag(en), das zu vorhuetung anderer weiterunge, sich ‖ alwegen die freunde darein gelassen, und derselben unvorweißlich und freuntlich were gedeutet worden.

Letzlich ob wir uns auch gerne understanden, unserm vedtern, ohemen und schwagern den landgraffen zubewegen, sein lieb mit weiterm ansuchen dieser sachen halben zuvorschonen, (wie es dan, nit so gantz underlassen)ᵛᵛ. So weren wir doch der verwantnus nach widerumb pflichtig gewest, seiner lieb zuraten, wie seiner lieb schwester unser muhm der erweitert(en) betzichtung, und beruchtung, das es iren liebden unvorweißlich erledigt mocht werden, dartzu wir dan auch kainen dinstlichen wegk haben bedenken mugen, dan das wir uns zwischen baiden iren liebden freuntlich(er) undterhandelung undterfingen.

Dan dieweil sich sein lieb wider diejenigen so unser vedter und oheim der landgraff seiner liebden fur beruchtiger und vorleumer angegeben, irer biet nach, sich nit hetten ertzaigen, sundern irenhalben recht bieten wollen, ist wol aptzunehmen, das gemelter unser vedter und oheim des nit wol mocht, nach gestalt und gelegenhait der partheyʷʷ fur vorpflicht geacht werden.ˣˣ ‖

Aus den und andern ursachenʸʸ, so hiebey weiter angetzaigt werden mochten, so bieten wir freuntlich und auffs allerhochst: Es wolle wie obgemelt sein lieb dieselben zu hertzen nhemenᶻᶻ freuntlich bedenken und die verwandtnus allerseits ansehen, und uff unser freuntlich biet und ersuchen, ir der obgemelt(en) wege ainen, so unser vedter, bruder, oheim und schwager, der landgraff angetzaigt, die wir dan den sachen dienlich und seiner lieb unbeschwerlich achten, bewilligen und annhemen, dan soviel an uns ist, wolten wir die erbotene rechtfertigung zwischen irer allerseits liebden als nahen verwanteᵃᵃᵃ personen und freunden, gerne vorhuetet sehen, daraus dan kain sunderliche frundschafft erwachssen magk. Und das sein lieb sich darin freuntlich ertzaigen wolt, seind wir der hoffnung und ungetzweivelt, es soll zwischen inen allen sampt zu allem nutz, gueten und wolffart geraichen, wolten es auch gantz freuntlich vordienen.ᵇᵇᵇ

Da auch diß unser ansuchen bey seiner lieb stadt haben mocht, was wir alsdan ferrer dartzuthun helffen ᶜᶜᶜraten und furder kondtenᶜᶜᶜ, damit allenthalben zwischen baid(en) iren liebden guete und freundliche ainigkait widerumb gepflanstᵈᵈᵈ werden mocht, ‖ darin solt unsernhalben wider an muhe nach chosten erwinden. Dartzu wir dan vielmher und alwegeᵉᵉᵉ geneigter erfunden wolten werden, dan das wir uns in sampt ader besunder, wider sein lieb zu ichtes solt(en) bewegen lassen, wolten uns auch zu seiner lieb widerumb freuntlich vorsehen, sein lieb wurde gegen unser muhmen und schwester ferrer und weiterᶠᶠᶠ nichts furnemen, nach ire liebden mit ichtwas thetlich beschweren, dan soᵍᵍᵍ es bescheen solt, konte sein lieb achten, das wir alsdanʰʰʰ nit umbgehen mocht(en), solche beschwerung andern unsern hern und freunden antzutzaigen, und derselbigen radt hirin weiter zugebrauchen, auch die wege, neben unserm vedtern, brudern und ohemen, dem landgraff(en), darinnen zubetracht(en), damit unser muhm [iii]und schwester[iii] derselben unuberwundenen betzichtung, auch thetlichen beschwerung zuentledigen. Das hetten sie die rhete s(einer) l(ieb) uff empfangen bevelh nit vorhalt(en) wollen. Zuurkhundt haben wir unsere secret hiran drucken lassen. Geben zue Naumburgk am freitag den xxv[ten] aprilis anno d(o)m(ini) etc. xv[c] xxxiii.[jjj]

Jo(hann) Fridrich churfurst / m(anu) p(ro)p(ria) s(ub)s(cripsi)t // hertzoge Erych etc. s(ub)s(cripsi)t // Ernsten etc. // Hainry(ch) s(ub)s(cripsi)t

[a] *III. Danach:* als nemlich.

[b] *Fehlt in IV.*

[c] *Fehlt in IV.*

[d-d] *Fehlt in III.*

[e] *Hier setzt II. ein.*

[f] *Fehlt in IV.*

[g] *Sic.*

[h] *Fehlt in IV.*

[i] *Fehlt in III.*

[j] *III. Passage ab hier bis zum Seitenende durch Strich oberhalb der Zeile sowie Strich am linken Seitenrand hervorgehoben.*

[k] *Sic.*

[l] *IV. Danach gestrichen:* im reich.

[m-m] *IV.* ane urlaub geritt(en).

[n] *Fehlt in III.*

[o] *IV.* vorursacht(en).

[p] *IV.* von.

[q-q] *IV.* gewesen.

[r] *III. Danach:* hette.

[s-s] *Passage fehlt in II.*

[t] *IV. Unleserlicher, gestrichener Wortanfang.*

[u] *Fehlt in IV.*

[v-v] *Fehlt in IV.*

[w] *IV. Danach:* viel.

[x] *Fehlt in IV.*

[y] *III. Hervorhebung der folgenden vier Zeilen durch zwei Striche am linken Seitenrand.*

[z] *IV.* uberwunden.

[aa-aa] *Passage fehlt in II.*

[bb] *II.* rede.

[cc] *I. Wortende korrigiert; getilgt:* -t.

[dd] *III.* und.

[ee] *IV.* unwillens.

[ff-ff] *IV.* alßdann.

[gg] *II. und III.* freundin.

[hh] *III. Danach:* und die widerlegung dargegegen gescheen, ader yhe zum wenigsten der schwester die abnutzung des heiradtguts.

[ii] *I. Wort hochgestellt eingefügt.*

[jj] *Fehlt in IV.*

[kk-kk] *IV.* nachfolgende.

[ll] *Sic. II.* ganten. *III.* gantten.

[mm-mm] *Fehlt in I. und IV.*

[nn] *Fehlt in IV.*

[oo-oo] *Fehlt in IV.*

[pp] *III. danach:* ohem.

[qq] *III.* muge.

[rr-rr] *Fehlt in IV.*

ss *III. danach:* hirin.

tt-tt *Fehlt in III. und IV.*

uu *III. und IV. danach:* in diese(n) gebreche(n).

vv *I., III. und IV. Klammer in der Vorlage.*

ww *III.* sachen.

xx-xx *Passage fehlt in II.*

yy *II.* grunden.

zz *Fehlt in IV.*

aaa *Fehlt in IV.*

bbb *II. Abschrift auf fol. 30r endet hier.*

ccc-ccc *IV.* und rathen.

ddd *I. Sic.*

eee *Fehlt in IV.*

fff *III. danach:* auch.

ggg *IV.* das.

hhh *Fehlt in IV.*

iii-iii *Fehlt in III.*

jjj *Datum fehlt in II.*

60*

[1533 April 25]

Kurfürst Johann Friedrich (der Großmütige) an Herzogin Elisabeth
Johann Friedrich schickt Elisabeth die Instruktionen (Nr. 59).

Überlieferung: verloren.

Bemerkung: Die Ausfertigung und die Datierung dieses Schreibens ergeben sich aus Nr. 64.

61

Dresden   *1533 April 29*

Herzogin Elisabeth an Landgraf Philipp (den Großmütigen)
Elisabeth will nicht ihrem eigenen Kopf, sondern dem Rat ihres Bruders folgen, soweit es ihr möglich ist. – Wenn nur Herzog Georg (der Bärtige) sterben würde, so hätte sie keine Not mit ihrem Gemahl. Er täte, was er wolle und ließe Elisabeth in Ruhe. – Elisabeth fürchtet eine Vergiftung, weil Herzog Georg gesagt habe, dass er den Feind im Hause hat. Nur der Teufel weiß, was er vorhat. – Elisabeth dankt Philipp für die Übersendung der 100 Gulden. – Elisabeth warnt Philipp, er soll sich wegen der Wiedereinsetzung Herzog Ulrichs von Württemberg vorsehen und sich nicht in Gefahr begeben. Sie sorgt sich mehr um ihn als um sich selbst. – Elisabeth möchte nicht, dass die Landschaft ihretwegen leide. Sie hofft, dass Herzog Georg und Herzog Johann (der Jüngere) nichts gegen sie unternehmen und sie nicht einsperren werden. — Es ist wahr, was Elisabeth über Heinrich von Schleinitz geschrieben hat. Früher hat er ihr eine Liebeserklärung gemacht, die sie als Scherz verstanden habe. Ein andermal habe er gesagt, wenn sie einen getreuen und verschwiegenen Diener haben wolle, so möchte er es sein. Es sei schade, so Schleinitz, dass sie nicht schwanger werde. Außerdem wollte er ihr eine große goldene Kette schenken. Elisabeth hat ihn zurückgewiesen, ob er

nicht weiß, was er geschworen habe und ob er verrückt wäre; er solle die Hoffnung aufgeben. Daraufhin hat Heinrich von Schleinitz sie gebeten, ihm gegenüber nicht feindselig zu sein. – Elisabeth hat Philipp erst jetzt geschildert, wie sie ihn abgewiesen hat. Vorher hatte sie es zunächst vergessen und wusste später nicht damit umzugehen. Verliebt hat sie sich ihm gegenüber nie gezeigt. Elisabeth will niemand des Lügens beschuldigen, aber er hat das alles gesagt.

> *StA Marburg, PA 2841, fol. 56r–v; Zettel: 57r–v.*
>
> *Überlieferung: Ausfertigung.*
>
> *Schrift: eigenhändig.*
>
> *Adresse: [Meinem] hertzlieben bruder / [hern Phi]lips lantgraffen / [in Hessen] etc. yn seiner / [lieb eigen] hant.*
>
> *Nr. bei Werl: 52.*
>
> *Kanzleivermerke: Heinrich von Schleinitz. – Und Christ Ludwig landgraff zu […]ᵃ undt Schleinitzt ~~mit sambt(er)~~. – Heinrich(en) v(on) Schleinitz(en) […]tertᵇ ut.*
>
> *Bemerkung: Siegel und Siegelstreifen sind verloren; Siegeleinschnitte sind vorhanden. – Dem Brief legte Elisabeth ein weiteres, auf beiden Seiten vollständig beschriebenes Folioblatt bei, welches sich aufgrund der identischen Siegeleinschnitte eindeutig zuordnen lässt. – Der Brieftext erging in der originalen Ausfertigung fortlaufend und ohne Satzzeichen. Für die Wiedergabe wurde der Text zur besseren Lesbarkeit in Absätze gegliedert.*

M(ein) f(reuntlicher) h(ertz) a(ller) l(iebster) b(ruder); dein schriben[785] hab ich allen halben gantz fruntlich vorstanden und bedanck mich fort erst deiner gehabtten moe[786] und fruntlichen erbeydens. Vor sted auch alst bruderlich und getrewlich, wil dir auch foulgen in alle dem, das mir moglich yst und leytten dey tzeyt, wei dut mir geschriben hast, wil mein eben dourt bestend mit Gottes holf, wei wol mir es ser sur[787] wert in dem stand wei dut wes tzum teil etc. Ich wil aber mein kouffe nich foulgen, wil dir und mein freuntten foulgen, so vel mir umer moglich yst mit Gottes holff.

M(ein) h(ertz) l(iebster) b(ruder), storb nor der alt[788], so het es kein nott mit m(einem) h(ern), so det er wast er wolt, und list mich auch tzu fretten[789]. Ich hab dem korforsten und dir mit ein nander[790] geschriben,[791] er wert dir es wol antzeygen. Ich hab sorge, sey werten mir vorgeben[792] iergen dorch anders dan dorch ehssen, dan der alt hatt gesaget nest, da dey ret auch heir worn, er het den feintt im hausse und wer seyn feint schonnet, der det dorlicht[793]; der doufel west wast er for hatt hemlich.

M(ein) h(erz) l(iebster) b(ruder), ich danck dir auch for dei c golten[794] auff das fruntlichst.

---

[785] *Vgl. oben Nr. 55 (Brief Philipps an Elisabeth, 1533 April 20).*

[786] *= Mühe, Anstrengungen, Aufwendungen.*

[787] *= sauer.*

[788] *Herzog Georg (der Bärtige) (1471–1539).*

[789] *= zufrieden.*

[790] *= miteinander.*

[791] *Vgl. oben Nr. 58 (Brief Elisabeths an Johann Friedrich und Philipp, 1533 April 25).*

[792] *Gemeint ist ‚vergiften'.*

[793] *= töricht.*

[794] *= 100 Gulden.*

H(ertz) l(iebster) b(ruder), ich hort h(ertzog) U(lrichs) sach[795] auch ser gern. Se dut dich nar auch for[796], das gewist yst und suntterlich, wans mit list geschein[c] sal, das dir nar nichst wider far und suntterlich am leyb byst[797]. Nar nich so gar koune[798]. Ich sorge serer for dich dan[d] for mich selber. Auch gefelt mir der fruntschaff for nemen ser wol und das an dragen allen halben auch das k(urfursten) und dein ‖ bedencken, dan was kant dey armme lant schaff dar tzu, das sey meyn entgelten sollen, das sey ober tzougen sallen wertten[799]. Es yst sust wol ratt tzu feintten. Ich hoff auch nich, das sey so dult[800] sein, das sey ein solges keyn mir dunt, gar in sestzten. Dan weyl dut im sam andern m(ein) fruntten das for dey nassen heylst und das man nar mit der lantschaff hanttel und wil dir allen halben foulgen, wey dut mir geschriben hast. Hab keyn tzweiffel drant, weil ich nar west, das ich ein holff an dir und den andern hab. Ich vor sey[801] mich auch alles gutten tzu dir und west, das dut es trewlich meynst und hab kein und gefallen[802] an deim schriben.

M(ein) h(ertz) l(iebster) b(ruder), ich forcht mich vor dem insperen[803] vor nichst serer dan dan[e], das ich moch yer aber dult wertten, das ich mich[f] moch dult dencken und hoffen. Aber ich glab nich, das gescheytt, dan sey loucken[804] nu ser, wider sprechen, es gescheyt nicht.

M(ein) h(ertz) l(iebster) b(ruder), wan ich mich glich in heylt als dey margreffen[805], mir mochtte glich so wol sein als yetz, [g]so wer ich dach in frette[g], ich sey dach neyman, den ich gern se etc. Es yst mir ein gerenge[h] freutte heyr, aber ich wil dir gern foulgen. Und wil[i] dich heir mit[806] m(ein) h(ertz) a(ller) l(iebster) b(ruder) Got bevollen halben, der helff uns mit freutten tzu sammen, dir schwesterliche trew zu der tzeygen, bin ich geneygett. Dinstag nach Misericordii anno xxxiii. ‖

Fruntlicher hertzlieber bruder, ich schrib dir bey meyn frelichen for selichen eirn tzu, das war yst, wey ich dir von deyn schalk[807] Herych v(on) Schlintz[808] gesagett hab, das er mir von grosser lyeb gesaget hatt auff malst[809]. Hab ich vor schertz vorstanden und in heyssen, meyn mussych gein. Aber auff ander mal hatt her mir aber gesaget, wol ich ein getrewen knecht

---

[795]　*Die Restitution Herzog Ulrichs von Württemberg (1487–1550); zu ihm vgl. ADB 39 (1895), S. 237–243. Herzog Ulrich war 1519 vom Schwäbischen Bund aus seinem Herzogtum vertrieben worden, das in der Folge unter habsburgische Hoheit gelangte. Seit 1526 hielt er sich am Hof Landgraf Philipps auf, der ihm Hilfe bei der Rückgewinnung versprochen hatte, die dann 1534 gelang. Vgl. Press, Herzog Ulrich, S. 110 ff.*

[796]　*= sieh du dich nur auch vor.*

[797]　*= am Leben bist.*

[798]　*= kühn.*

[799]　*Gemeint ist die Drohung Landgraf Philipps, die Erbverbrüderung zu lösen und für Elisabeth militärisch einzustehen.*

[800]　*= ‚verrückt‘; abgeleitet von stultus.*

[801]　*= versehe.*

[802]　*= Ungefallen.*

[803]　*Elisabeths Furcht vor dem Einsperren bezieht sich auf die Drohung Kurfürst Joachims I. von Brandenburg (1484–1535) gegenüber seiner Gemahlin Elisabeth (1485–1555), sie einsperren zu lassen.*

[804]　*= leugnen.*

[805]　*Elisabeth bezieht sich hier auf die Flucht Kurfürstin Elisabeths von Brandenburg zu Kurfürst Johann Friedrich nach Torgau. Vgl. dazu unten Anm. 1073.*

[806]　*= hiermit.*

[807]　*= Mensch von knechtisch böser Art; arglistiger, ungetreuer Mensch; vgl. DWB, Bd. 14, Sp. 2069.*

[808]　*Heinrich von Schleinitz zu Saathain und Koselitz († 1543), sächs.-albert. Rat und Hofmarschall; vgl. Anm. 5.*

[809]　*= oftmals.*

haben, der vor schweygen yst, so wol er es seyn. Und hat mir von grosser und roug[810] seynest hertzen gesaget, wey lieb er mich hatt. Und gesaget, es sey schat, das ich nich sal wol ge etc. wertten[811], dan meyn her kan nichst, und es sey suntte, das ich so vor derben sal, dan er wolt wol weg dar tzu feyntten, das hemlich kont tzu mir kumen und sol vor schweygen bleyben und mich ser gebetten. Auch wol er mir seyn grosse golten ketten schencken, wo ich es det. Ich saget, ich schest im auff seyn kette. Ab er meyn, das ich es dar umb det, wast ich sust nicht det mit mit mir wortten, wo for er mich an seyge[812]. Ich het keyn feil[813] an m(einem) hern, ab wol tzu eim schalk wertten, ob er nich woste, wast er gelobet und gesworn hett, ab er dult wer. Saget er, ober der sach wort einer tzu eim schalk. Ich saget, an mir nich. Da bat er umer und saget, so solt ich mir dach lassen mit eim kleint feinger gen[814] drant greffen, er wol mir dussen ‖ golten[815] geben. Ich wart nach schelger, sag im freyg, er solt als hoffen ab lassen, wan ich es glich sust wolt dunt, so wolt ich dach so mit im nicht dunt, dan ich wer dey nich, da for mich an seige. Da batt mich, ich solt im nich gram seyn, dan grosse lieb brecht in dar tzu und es wer seyn ernst. Da[j] schalt ich in obel und er spracht mich auff dramb an[816]. Dar auff wil ich sterben meyn lyeber bruder[k], das war yst. Aber wey ich in aber alweg ab wist[817], saget ich dir, hab es ein delst[818] vor gessen. In der erst bat umb kossen und solge nar wist[819]. Ich wolt aber keynst dunt, het nich gemeyn, das damit umb gein. Hab auch meyn tag neyn keyn hertz in lyeb tzu im gehat anders dan tzu ein deyner aber rat, den ich dach, der es getrewlich mit mir meynett. Gab auch der groben bussen[820] ney keyn mir for dan das yar vor dem reychst tag zu Außporgk[821], da besast in der duffel[822] und glab es gantz.

M(ein) h(ertz) l(iebster) b(ruder), ich wil keym so gram sein, dem ich wil ein lougen mit wissen nach sagen, dey[l] im leyb und leben und eir[823] an dreff, dan meyn sel[824] sal mir vel tzu lieb sein. Got west, das her es gedaunt hatt. Ich hab es auch etlichen gesaget und geklaget in gehemmen so balt yer ich woste, wast er susten auff mich gelougen hette.

---

^a *Unleserliches Wort.*
^b *Wortanfang unleserlich.*
^c *Gestrichen:* kant.
^d *Gestrichen:* dut.
^e *Sic.*
^f *Getilgt:* so.
^{g-g} *Passage hochgestellt mit Platzhalter eingefügt.*
^h *Gestrichen:* frut.
ⁱ *Getilgtes Wort:* di?

---

810 *= Unruhe.*
811 *= beschlafen und geschwängert werden?*
812 *= ansehe.*
813 *Keinen Fehl, also gemeint im Sinne von ,nichts auszusetzen'.*
814 *= Fingerchen.*
815 *= tausend Gulden.*
816 *= er sprach mich auf Vertrauen an.*
817 *= abgewiesen.*
818 *= eines Teils.*
819 *= Narretei, Narrentheiding, Verhandlung der Narren, Narrengeschwätz, Narrenposse, Narrheit, Thorheit; vgl. DWB, Bd. 13, Sp. 382 f.*
820 *Possen = Scherze, auch ein Scherzspiel; vgl. zur vielschichtigen Semantik DWB, Bd. 2, Sp. 261 (Artikel „Bosse"), auch Bd. 13, Sp. 2013 (Artikel „Posse").*
821 *Reichstag zu Augsburg 1530.*
822 *= Teufel.*
823 *= unehr.*
824 *= meine Seele.*

^j *Gestrichen:* sch.

^k *Wort hochgestellt eingefügt.*

^l *Wort hochgestellt eingefügt; darunter gestrichen:* dan.

62

Dresden   *1533 April 29*

Herzog Johann (der Jüngere) an Kurfürst Johann Friedrich (den Großmütigen), Herzog Ernst I. (den Bekenner) von Braunschweig-Lüneburg und Herzog Heinrich V. (den Friedfertigen) von Mecklenburg

Herzog Johann antwortet auf die von den Räten der genannten Fürsten an ihn gebrachten Instruktionen[825]. *Die von Landgraf Philipp vorgebrachten Anschuldigungen kann Johann nicht nachvollziehen, für die im Weiteren durch die Räte vorgetragenen Befürchtungen gibt es keinen Anlass:* und wiewol sein lieb[826] unsere freuntliche liebe gemahel, deshalben, das sie uns mit dem, so ir von unserm herrn vattern beschwerlichs sol sein zugefugt, vorsehent entschuldigt, so hett es doch nicht wolh vorfallen mogen, wir solten etwas darvon vermarckt haben, weil wir aber dasselbige und das da solcher weittleufftigkait wirdig nicht befunden mogen, so haben wir nechst seiner lieb, als sie hier gewest, freundtlichen gebett(en), disse sach, so wir zuvor gestillet, zu rugen[827] lassen. Desgleichen wir bei den geschickten als sie jungst alhier gewest, das sie bei iren lieben auch freuntliche ansuchung thun wolten, gesonnen, als wirs dann noch darvor achten, das am best(en) und beqwemesten sey. Es sollen auch ir liebden der ungezweiffelten zuversicht sein, das wir in alle dem jhenigen, das unsere freuntlichen lieben gemahel zu erhen^a und gut mag geraichen, wue wir von irer lieben angelangt werden, und das sie sich des pillichen hat zu beschweren an uns, nichts erwinden lassen, sunder aller gebur wollen zuerzaigen wissen. Nachmals uffs freuntlichste bittende, ire liebd(en) wolden davor sein, das dise sach weitter nit gelange.

Datum zu Dresden dinstags nach Misericordia d(omini) anno etc. xxxiii.

I. HStA Dresden, 10024, Loc. 10548/3, fol. 17r–18r; II. HStA Dresden, 10024, Loc. 10548/9, fol. 49r–v; III. HStA Dresden, 10024, Loc. 10548/2, fol. 52r–53r; IV. LHA Schwerin, 2.11-2/1 Auswärtige Beziehungen, Nr. 4378, fol. 31r–32r; V. LHA Schwerin, 2.11-2/1 Auswärtige Beziehungen, Nr. 4378, fol. 45r–v.

Überlieferung: I. Konzept; II. Ausfertigung; III. Abschrift; IV. Abschrift; V. Abschrift.

Schrift: I. eigenhändig; II. albert. Kanzleischreiber, eigenhändige Unterschrift Herzog Johanns; III. Kanzleischreiber; IV. mecklenb. Kanzleischreiber (schriftgleich Nr. 63); V. Kanzleischreiber.

Adresse: –

Kanzleivermerke: II. N. – Andwortt h(erzog) Johans(en), h(erzog) Georg(en) zu Sachs(en) sohn, uff der geschickt(en) werbung an ihr f(urstlichen) g(naden), dero gemahl halb(en)

---

[825]   *Gemeint sind die Instruktionen von Kurfürst Johann Friedrich (dem Großmütigen), Herzog Erich I. (dem Älteren) von Braunschweig-Lüneburg-Calenberg-Göttingen und Herzog Ernst I. (dem Bekenner) von Braunschweig-Lüneburg für ihre Räte an Herzog Johann (den Jüngeren). Zusammenfassend als Regest bei ABKG III, Nr. 2239a. Sie ergingen gleichzeitig mit den Instruktionen an Herzog Georg (den Bärtigen) (vgl. oben Nr. 59).*

[826]   *Landgraf Philipp (der Großmütige) (1504–1567).*

[827]   = *ruhen.*

gethan. Gegeb(en) zu Dresden dinstags nach Misericordias d(omini) anno etc. 33; *IV.* 33 Jubilate. H(er)zog Hansen von Sachsen antwurt seyns gemahls halb(en); *V.* Hertzog Jorg(en) und hertzog Hans(en) zu Sachs(en) antwurt uff der beschickung der fursten von der Neuenborg anno 33 am sontag Cantate in Gustrow dorch Pari(m) von Dannberg bekom(en).

Bemerkung: II. Der mutmaßliche Umschlag mit der Adresse ist verloren. Das Siegel Herzog Johanns unter dem Text ist erhalten. – Die Edition folgt II.

Druck: ABKG III, Nr. 2242a.

^a *Sic.*

63

Dresden   *1533 April 29*

Herzog Georg (der Bärtige) an Herzog Heinrich V. (den Friedfertigen) von Mecklenburg
Georg antwortet auf die vom Rat Heinrichs, Barnim von Dannenberg, und von den Räten der anderen zu Naumburg gewesenen Fürsten an ihn gebrachten Instruktionen[828]. Georg erbittet, weil auch unsern landen und leuthen nicht wenigk doran gelegen, *und wegen der Wichtigkeit und Umfänglichkeit der Sache weitere Zeit für eine ausführliche Antwort. Lieber hätte er mit Heinrich allein unter Freunden über die Sache verhandelt, anstatt sie in so eine* weytleuffergkeyt *zu ziehen.*
Datum zu Dresden dinstags nach Misericordia d(omini) anno xv^c und im xxxiii.

I. HStA Dresden, 10024, Loc. 10548/2, fol. 51r–v; II. LHA Schwerin, 2.11-2/1 Auswärtige Beziehungen, Nr. 4378, fol. 40r–41r; III. LHA Schwerin, 2.11-2/1 Auswärtige Beziehungen, Nr. 4378, fol. 38r–39r; IV. HStA Dresden, 10024, Loc. 10548/2, fol. 54r–57r.

Überlieferung: I. Konzept; II. Ausfertigung; III. Abschrift; IV. Abschrift.

Schrift: I. eigenhändig; II. albert. Kanzleischreiber, eigenhändige Unterschrift Herzog Georgs; III. mecklenb. Kanzleischreiber (schriftgleich Nr. 62); IV. albert. Kanzleischreiber.

Adresse: –

Kanzleivermerke: III. 33 Jubilate. Herzog Jorg(en) zu Sachsen antwurt, den lantgraff(en) betreffend.

Bemerkung: I. Der Entwurf enthält zahlreiche Korrekturen. – II. trägt das im Ganzen erhaltene, aber kaum konturierte Siegel Herzog Georgs (des Bärtigen) unter dem Text. Der mutmaßliche Umschlag mit der Adresse ist verloren. – Die Edition folgt II.

---

[828] *Vgl. oben Nr. 59 (Instruktionen, 1533 April 25).*

64

1533 April 30

Herzogin Elisabeth an Kurfürst Johann Friedrich (den Großmütigen)

Den Brief Johann Friedrichs und die Werbung Ewalds von Brandenstein hat Elisabeth gelesen und dankt ihm für seine Mühe. Elisabeth hat Georg von Carlowitz und Simon Pistoris den Brief geschickt, ohne dass diese etwas dazu gesagt haben. Seitdem die kurfürstlichen Räte hier in Dresden waren, sind die beiden auch nicht bei ihr gewesen. – Herzog Georg (der Bärtige) schimpft, wenn sie Besuch empfängt. – Elisabeth hat gehört, dass Herzogin Barbara bald sterben werde, sie sei sehr krank. Lieber wäre es ihr, wenn Herzog Georg sterben würde.

> *HStA Dresden, 10024, Loc. 10548/6, fol. 27r.*
>
> *Überlieferung: Ausfertigung.*
>
> *Schrift: eigenhändig.*
>
> *Adresse: [d h g] f h h f h z s d / [h r r e m] u k l y d m / [z m m] f l o u b y s l // eygen hant.*[829]
>
> *Nr. bei Werl: 53.*
>
> *Kanzleivermerke: Hertzogin zu Rochlitz sehe gern, d(as) hertzog Jörge sturbe – 1533.*
>
> *Bemerkung: Der eigentliche Brief befand sich in einem als Umschlag verwandten gekürzten Blatt (fol. 28). Siegeleinschnitte sind vorhanden; das Siegel und der Siegelstreifen selbst sind verloren; die Adresse ist entsprechend beschädigt überkommen.*

M(ein) f(reuntlicher) h(ertz) a(ller) l(iebster) o(hme) und b(ruder); e(uer) l(ieben) schriben[830] hab ich gantz fruntlychen vorstanden und auch dey werboug[831] von E(walt) v(on) B(rantstend)[832] und bedanck mich e(uer) l(ieben) fruntlych ent schriben und er beytten und gehabtter moe[833]. Hab es auch Ewalt von Brantstend sunterlych bevollen, west ychst wider umb e(uer) l(ieben) zu vorschulten, sal keint fliß an mir gespart wertten. Ich wil e(uer) l(ieben) auch nicht bergen, das ich Klarlewitz[834] und den kantzler[835] den breff gescheyck hab. Hatten sey nichst gesagt, hatten stock stel geschwigen, hatten nichst gesaget. Es yst auch keyner bey mir gewest seyder e(uer) l(ieben)ᵃ rette nest heyr worn. Sprechen auch, m(ein) a(lter) h(er) schelt[836] so obel, wen einer tzu mir geyt. Er scheyck in dan zu mir, aber bevelst m(einem) hernᵇ. Gestern fort[837] Klarlewitz E(walt) v(on)ᶜ B(rantstend) tzu mir reffer[838], gab ich im dey hant, leff balt wegk. Ych hab e(uer) l(ieben) auch bey e(uer) l(ieben) botten ein geschriben etc. Ych wil e(uer) l(ieben) rattes foulgen und meynst brudern, so fel

---

[829] *Steht für: Dem hochgeborenen Fürsten Herrn Hans Friedrich, Herzog zu Sachsen, des Heiligen Römischen Reichs Erzmarschall und Kurfürst, Landgraf in Thüringen, Markgrafen zu Meißen, meinem freundlichen lieben Oheim und Bruder in seiner Lieben eigen Hand.*

[830] *Das Schreiben Johann Friedrichs an Elisabeth ist verloren und wird hier unter der Nr. 60 geführt.*

[831] *Vgl. oben Nr. 59 (Instruktionen, 1533 April 25).*

[832] *Ewald von Brandenstein (1491–1554), sächs.-ernest. Rat; vgl. zu ihm Schirmer, Kursächsische Staatsfinanzen, S. 384.*

[833] = *Mühe, Anstrengungen, Aufwendungen.*

[834] *Georg von Carlowitz zu Hermsdorf (um 1480–1550), sächs.-albert. Rat; vgl. Anm. 42.*

[835] *Dr. Simon Pistoris (1489–1562), Kanzler Herzog Georgs (des Bärtigen); vgl. Anm. 62.*

[836] = *schelt, schilt, beschimpft.*

[837] = *führte.*

[838] = *rüber.*

mir moglich yst. Ych halt[839], dey alte[840] wert sterben, yst ser krant. Ich wolt lyeber, er[841]
storbe. Sowlges[842] hab ich e(uer) l(ieben) fruntlicher meynunge nich wollen bergen. Und
bevel e(uer) l(ieben) Got, der geb uns seyn genade, und e(uer) l(ieben) schwesterliche trew
tzu der tzeygen, bin ich geneyget. Dat(um) mitwochgen nach[d] Misserercordy anno xxxiii.
    E H Z S etc.

    [a] *Getilgt:* re.
    [b] *Getilgt:* h.
    [c] *Getilgt:* v.
    [d] *Getilgt:* Remisser y.

65

Weimar   *1533 Mai 1*

Kurfürst Johann Friedrich (der Großmütige) an Landgraf Philipp (den Großmütigen)
*Nach der Abreise aus Gotha, wo er mit Philipp zusammengetroffen war, hat Johann Friedrich
in Weimar einen Brief Herzog Georgs (des Bärtigen) wegen Elisabeths Angelegenheit
empfangen und eine Kopie dieses Schreibens nebst der gegebenen Antwort beigelegt;
sollten weitere Briefe Herzog Georgs in der Sache eingehen, wird Johann Friedrich die
auch weiterreichen. Der Bote, den Johann Friedrich jüngst von Naumburg nach Dresden
geschickt hat, brachte einen Brief Elisabeths mit, der an Philipp und ihn selbst adressiert
war[843], deshalb von ihm geöffnet wurde und hier mitgeschickt wird. Wegen der von Elisabeth
erwarteten Antwort möchte sich Johann Friedrich mit Philipp voreinigen. Doch achten wir
bey uns dafur, das dieselbig antworth wol anstandt haben moge, biß die rethe widerumb
von Dreßden komen. Johann Friedrich übersendet abschriftliche* zeittungen *über die
Friedensverhandlungen König Ferdinands I. mit den Türken.*
Datum Weymar, donerstags nach Misericordias domini, anno eiußdem etc. xxxiii.

I. StA Marburg, PA 2555, fol. 1r; II. HStA Dresden, 10024, Loc. 10548/9, fol. 50r – v.

Überlieferung: I. Ausfertigung; II. Abschrift.

Schrift: I. ernest. Kanzleischreiber; eigenhändige Unterschrift Johann Friedrichs; II.
Kanzleischreiber.

Adresse: I. Dem hochgebornen fursten hern Phillipsen / lantgraven zu Hessen, graven zu
Catzeneln- / bogen zu Dietz Ziegenhain und Nidda / unserm freuntlichen lieben vetter und
bruder // [a]zu seiner lieb / selbst hand(en)[a]; II. An landgraf(en).

Kanzleivermerke: I. Ch(urfurst) z(u) S(achsen) schickt copei eins schreibens so abermals
h(erzog) Jorge an s(ein) ch(ur)f(urstlichen) g(naden) gethan, der vorgleichung herzog Hans(en)
und seiner g(nedigen) gemalh unterhaltung halb, und doruf des churf(ursten) antwort. Item ein
schrift von d(er) herzogin, und neu zeitung(en) vom anstand des [torcken][b] et Ferd(inanden). –
Nota, d(er) herzogin brief hab ich nit krieg(en), hat ine villeicht m(ein) g(nediger) h(er)

---

[839] = *hörte.*
[840] *Herzogin Barbara von Sachsen (1478 – 1534).*
[841] *Herzog Georg (der Bärtige) (1471 – 1539).*
[842] = *solches.*
[843] *Vgl. oben Nr. 58 (Brief Elisabeths an Johann Friedrich und Philipp, 1533 April 25).*

behalt(en) ad(er) Hennig[844]; *II. An landtgraf(en) zue Hessen etc. mit ubersendung herzog Jorg(en) schrieft(en) und darauf ervolgt(en) ant(wort) seins sons gemahel, die lantgrefin belanget. – 1533 – E.*

Bemerkung: I. Der Brief wurde im Querformat ausgestellt. Das aufgedrückte Siegel hat sich erhalten.

a-a *Eigenhändig von Johann Friedrich nachgetragen.*
b *Verblichen.*

66

[1533 vor Mai 6]

Herzogin Elisabeth an Kurfürst Johann Friedrich (den Großmütigen)

Herzog Johann (der Jüngere) will nichts gegen Elisabeth unternehmen. Seit Mitfasten hat Herzog Georg (der Bärtige) kein Wort mehr mit ihr gewechselt. Insgeheim ist er jedoch sehr wütend auf sie. – Nach der Werbung Johann Friedrichs haben die Räte zu erkennen gegeben, dass sie mit der Sache nichts zu tun haben wollen. – Georg von Carlowitz informiert Elisabeth über Anna von Ponickau, da er nicht zu ihr gehen darf; sonst wird Herzog Georg bald sagen, er wäre auf Elisabeths Seite. – Herzog Georg meint, wegen ihr schimpfe Martin Luther jetzt wieder auf ihn. – Herzog Johann ist mit ihr spazieren gegangen und hat ihr dabei viel Böses gesagt. Dem Kanzler hat er empfohlen, Herzog Georg zu raten, nicht an Johann Friedrich zu schreiben, bis die Räte herkommen. Johann Friedrich wird nicht glauben, wie gnädig Herzog Georg sich jetzt gegenüber Heinrich von Schleinitz und Hans von Schönberg zeigt. Sie essen immer mit ihm und seiner Gemahlin. – Herzogin Barbara kümmert sich nicht um Elisabeth, versteht sich aber gut mit ihr. Auf die Hofmeisterin ist sie zornig. Man kann aber nicht mit Herzogin Barbara reden, denn sie ist unkonzentriert und schläfrig. Irgendwann wird man sie tot auffinden. – Am Hof wird vermutet, Johann Friedrich wolle Herzog Wilhelm IV. von Bayern zum römischen König wählen. Sollte dies geschehen, dann sind er, Landgraf Philipp (der Großmütige) und die anderen verloren. Herzog Georg will wissen, was König Ferdinand I. plant, um dagegen vorzugehen. – Elisabeth bittet Johann Friedrich, er solle ihr zu einer eigenen Residenz verhelfen. – Georg von Carlowitz hat Herzog Georg geraten, Elisabeth nicht strenger als ihr Gemahl zu behandeln und den Gerüchten keinen Glauben zu schenken. Tut er es doch, wird er keinen Frieden haben und muss Herzog Johann eine eigene Residenz geben, oder zumindest Elisabeth zu ihrem Bruder lassen. – Georg von Carlowitz empfiehlt Elisabeth, wenn der Herzog Räte zu ihr schickt, solle sie ihnen sagen, dass sie wie die anderen Fürstinnen behandelt werden will. Ansonsten würde sie mit der Erlaubnis ihres Gemahls zu ihrem Bruder flüchten. – Elisabeth benötigt einen Rat von Johann Friedrich oder ihrem Bruder. Sollten sie ihr nicht helfen können, so wird sie mit Herzog Georg sprechen. – Herzog Johann kann sich nicht gegen seinen Vater stellen. Elisabeth soll machen, was sie will. – Elisabeth bittet Johann Friedrich, den Brief zu verbrennen, damit er Carlowitz nicht in die Hände fällt.

---

[844] *Vermutlich ist hier Landgraf Philipps Kammerdiener Henning von Scholey († 1542) gemeint; vgl. zu ihm Gundlach, Die hessischen Zentralbehörden, Bd. 3: Dienerbuch, S. 241 f.*

HStA Dresden, 10024, Loc. 10548/6, fol. 62r–64v.

Überlieferung: Ausfertigung.

Schrift: eigenhändig.

Adresse: [Dem] hochgebornen fursten / [hern Han]s Freiderych hertzoge / [zu Sachss]en des heylgen / [romssen re]ichst ermarschalk[a] / [und korfurs]te lantgraff / [in Doringen und] margraff / [zu Meissen] meynem / [fruntlichen li]eben ohmen / [und bruder in] seyner lyeb // eigen hant.

Nr. bei Werl: 54.

Kanzleivermerke: Die hertzogin zu Rochlitz irer bösen sach halb(en) – 1533.

Zur Datierung: Der Brief trägt kein Datum. Die Datierung ergibt sich aus dem folgenden Schreiben Landgraf Philipps an Kurfürst Johann Friedrich (Nr. 67).

Bemerkung: Als Umschlag diente das als Doppelseite ausgeführte dritte Blatt des Briefes. Siegeleinschnitte sind vorhanden; das Siegel und der Siegelstreifen selbst sind verloren; die Adresse ist entsprechend beschädigt überkommen. – Der Brieftext erging in der originalen Ausfertigung fortlaufend und ohne Satzzeichen. Für die Wiedergabe wurde der Text zur besseren Lesbarkeit in Absätze gegliedert.

M(ein) f(reuntlicher) h(ertz) a(ller) l(iebster) o(hme) u(nd) b(ruder); wans e(uer) l(ieben) glocksellichen und wol ergein erfor ych hertzlychen gern und nich winger als dreffes mein eigene bersown an, dan Got west, ich gan[845] e(uer) l(ieben) so vel gutz also meyn leyblichen bruder. Vorse mich es auch zu e(uer) l(ieben) glich als keyn mein eigen b(ruder) und west nicht, wey ych es umer mir keyn e(uer) l(ieben) vorglichen sal, das e(uer) l(ieben) so vel mue umb meyn willen hatt, und yst mirs umer moglich keyn e(uer) l(ieben) zu vorschulten, wil ich es gern duntt, dan ich befeyntte danich, das sey ein schoug[846] haben.

Meyn her gedencket nichst keyn mir mer. So hatt mir der alt[847] seyder mitfasten[848] selber keyn wort mit mer geret. Das bin ych ser wol zu fretten und yst ser schellych[849] auff mich hemlych und ser undnutz. Aber e(uer) l(ieben) nest werboung[850] hatt dey rette beweget, das sey haben gesaget, her mack anwertten wei er wil, so wollen sey nichst mit zu dunt haben, allein dan dey lantschaff moch sprechtgen sey reytten im zu sowlgen, und der hencker solt sey wol beratten. Hatt lang nich gewolt, hatt balt wollen anwert geben, da hatten sey yn nach dar zu gerett, das dey andern rette auch beschetten wil, sollen nach dem auß gan, das marckt heyr seyn. Sey meyn, sey wollen im gut dousch sagen[851] dey zweyn Klarlewitz[852] und der kantzler[853], dey andern ein telst[854] schweygen stock stel wan yn aber das ‖ mult[855] fertt. Aber Klarlewitz meynett, er wil mit den andern auff dem weg dar fon retten, das sey wollen ober ein tzeyn, dan er yst yetz im margkte. Er lyst mirst sagen bey Anna Poncken[856],

---

[845] = *gönne.*

[846] = *scheu.*

[847] *Herzog Georg (der Bärtige) (1471–1539).*

[848] *Mitfasten, wenn es sich auf einen einzelnen Tag bezieht, dann meint es Letare (1533 März 23); ansonsten die Mitte der Fastenzeit, also die Woche von Oculi bis Letare.*

[849] *schellich = aufgebracht, wütend, zornig, rasend; vgl. DWB, Bd. 15, Sp. 2502.*

[850] *Vgl. oben Nr. 59 (Instruktionen, 1533 April 25).*

[851] *Gemeint ist ‚Auf gut deutsch von der Sache reden‘; gerade heraus, von der Leber weg.*

[852] *Georg von Carlowitz zu Hermsdorf (um 1480–1550), sächs.-albert. Rat; vgl. Anm. 42.*

[853] *Dr. Simon Pistoris (1489–1562), Kanzler Herzog Georgs (des Bärtigen); vgl. Anm. 62.*

[854] = *eines Teils.*

[855] = *Maul, Mund.*

[856] *Anna von Ponickau.*

dey yst nach yn seym hausse, weyl seyn wib[857] dey schwester[858] hembfortt[859]. Er draff[b] [860] nich wol tzu mir gein.

Der alt sprecht sust balt, er sey meyns delst[861]. Der alt sprecht, gantz umb meyn willen schelt[862] Martteins[863] yetz so wider auff in. Und e(uer) l(ieben) schrib im so speytz yn der sach dey Martteyns belangett[864].

M(ein) her war heyn foult[865], gein mit mir spatt sern[866], da saget er mir feyl bussen[867]. Saget auch, er hett dem kantzler gesaget, er solt den alten ratten, das e(uer) l(ieben) nich schrib nach anwert geb byst so lang, das dey rett her[c] kembmen. Hatt der kantzler gesaget, er hett es im gesaget, het gelebet als wer er dult[868], het gesaget, er must sych auch vor anwertten dan wan dey rette heyr wern. So gestaden sey es ym nicht, wollen[d] umer vel gelempest haben, er muste danich seyn[e] mottgen auch koullen. Hat meyn her gesaget, es mechtte vel gremschaff das spetzse schriben. Hatt der kantzler gesagett, er hett es im als gesagett. Es holff nich, er wer gar zu tzornych.

E(uer) l(ieben) glab nich ‖ wey genedich er sych yetz key Schlintz[869] und H(ans) v(on) Schonbergk[870] stellet, mussen umer mit im essen und mit der alten[871]; dey yst ser krant, aber sey geyt nach auß der stoben in dey kammer und schwellet ober al yern leyp. Nach denck sey, sey sterb nicht. Es saget yer auch neyman nach von Got auch nichst. Sey kommer sych umb mich nichst. Kant mich wol leytten, aber der hoffmestern[872] yst sey gram, kant sey nich wol sen mir. Yst nar leyt vor[f] yer sel, das yer neyman nichst saget, wans am besten rett, so ent feyl yer der koff und schleff. Ych halt, man wert sey ein mal tod feynnten.

Ich wil e(uer) l(ieben) auch nych bergen, das sey heyr sagen, e(uer) l(ieben) sammett andern wollen h(er) W(ilhelm) v(on) Beygern zu eim roumsen kounge machen.[873] Retten speytz dar foun und sprechen, wo das an gefangen wert, so sey e(uer) l(ieben) sammet m(ein) b(ruder) und andern vorderbet. Ych denck, beheut uns Got alle, und sagen grosse grumben dar von, wey alle dinck bestellet seyn, dan m(ein) a(lter) h(er) wil fel dromb wissen, wey

---

857 *Anna Pflugk (†1570), Gemahlin Georgs von Carlowitz, Tochter von Tham Pflugk zu Lampertswalde, Strehla-Trebnitz (†1533) und Katharina von Schönberg; vgl. Anm. 42.*

858 *Es sind drei weitere Töchter Tham Pflugks bekannt: Anna (1537 im Kloster Freiberg nachweisbar); Ursula, verheiratet mit Peter von Haugwitz zu Kleeberg (†1537); eine namentlich nicht bekannte Schwester, verheiratet mit Balthasar Rathstock. Vgl. Ahnenreihenwerk der Geschwister Fischer, Bd. 4, Teil I: Teil I, Stammtafel, S. 28 f.*

859 *= Heimfahrt.*

860 *= darf.*

861 *= meines Teils.*

862 *= schelt, schilt, beschimpft.*

863 *Dr. Martin Luther (1483–1546).*

864 *Gemeint ist die Auseinandersetzung Luthers mit Herzog Georg wegen der evangelischen Bürger Leipzigs (vgl. unten Anm. 914).*

865 *= faul; gemeint im Sinne von 'schlimm, übel'.*

866 *= spazieren.*

867 *Possen = Scherze, auch ein Scherzspiel; vgl. zur vielschichtigen Semantik DWB, Bd. 2, Sp. 261 (Artikel „Bosse"), auch Bd. 13, Sp. 2013 (Artikel „Posse").*

868 *= 'verrückt'; abgeleitet von stultus.*

869 *Heinrich von Schleinitz zu Saathain und Koselitz (†1543), sächs.-albert. Rat und Hofmarschall; vgl. Anm. 5.*

870 *Hans (junior) von Schönberg zu Reinsberg (†1537), sächs.-albert. Rat und Amtmann; vgl. Anm. 4.*

871 *Herzogin Barbara von Sachsen (1478–1534).*

872 *= Hofmeisterin.*

873 *Gemeint sind die Bestrebungen Herzog Wilhelms IV. von Bayern (1493–1550) mithilfe des Kurfürsten Johann Friedrich und Landgraf Philipps gegen die Königswahl Ferdinands militärisch vorzugehen.*

sych Fer nanttes[874] wern wil und sal gar zu drommern^g gein. Ych saget dey mirst sagtten, Got wortz wol machen, es stund in ‖ yn^h seiner hant gar. Sowlges[875] wil ych e(uer) l(ieben) fruntlycher meynung nich bergen, dan e(uer) l(ieben) fruntschaff und schwesterlych trew zu der tzeygen bin ych geneyget altzeytt. Und bevel e(uer) l(ieben) Gott, der helff uns ein mal mit freutten zu sammen und bevel mich e(uer) l(ieben).

Und byt e(uer) l(ieben) wost moglich yst, e(uer) l(ieben) wol helffen, das ych was eigens[876] bekumb, dan der yst mir nu so gram, das dach nichst gutz drust wert. Klarlewitz hat gesaget zu im, zu dem alten^i, wan glich wast sege[877], das im nicht geveyl von mir, so solt er dunt als seyge erst nicht. Dan wey her mich hertter halten kountt, dan meyn her selber^j det, der beger es nich, wey es dan ym wolt getzemmen^k. Wolt er frette haben, so must hornt und nich hornt und nich glaben, was man im saget. Glab er es ya im hertzsen, so must sych nicht mercken lassen und muß mich nicht hertter halten dan seyn gemal gehalten hett nach ander fursten in deym lant und umb lenttern. Wo aber das nich det, so wort er keyn frette haben yn seym hauß. So must m(ein) h(er) wast eigens geben und von nander seyn. Wo aber das auch nich seyn wolt, so wort er mich dach dey ‖ zu meyn bruder lassen mussen, dan dey lantschaff wortte keyn und willen[878] von e(uer) l(ieben) sam meyn bruder gewartten seyn. Und wortten ein mal selber ein undlust anfan, wan dey zweyn[879] nich von sych wolt lassen und wolt glich wol umer wider mich seyn, dan man such es dach auff fruntlychst nach keyn ym. Da war er so schellych[880] wortten, dey fouse zu beyssen,[881] sprecht Klarlewitz, so wil erst sagen vor allen retten, das er es im gesagett hatt, und hatt mir lassen sagen, wo der alte^l rette an mich scheyck, so sal ich nich bouchen, sal sagen, das ich beger, das man mich wolt halten wey ein ander forsten[882] als^m heyr in deyssen lantten umb her gebrouchlych yst. Wo aber nich, so wol ich im weychen zu m(einem) b(ruder) mit meyns hern willen, wey m(ein) b(ruder) angetzeyget hatt, auff das keyn undlust land und leutten meyn halben wertt. Und ab mich schultget, das ych im den undlust mecht, solt ich sagen, het dach seyn sown ober drabet, das^n sych meyn nich het droffen an ‖ an^o nemen, so het ich numer leytten kounen, so wer dey sach lant rouchttych[883], dromb het es meyn nottroff erfortter, meyn b(ruder) ein berecht zu dunt yn der sach. Dan den zweyn er es vortrawet hette alle henttel als sey sych roumtten, dey hetten es fortter bracht wey wol ichst dar for heyl gewist, das sey es an yn gebracht hetten. Hett nu er seyn lantschaff lyeb, wort er sych wol halten als ein vatter keyn seyn keynttern, dan ych hoffte nicht, das meyn halben lant aber leutten etwast wider farn solt, dan ich wer alweg dey gewest, dey das best het for gewan mit vell sachen keyn meyn bruder.

M(ein) h(ertz) l(iebster) b(ruder), nu det mir wol rat not, wo e(uer) l(ieben) ober meyn bruder nichst rett, so hab ich mich bedach, das ich wil in gar sagen nach der leng, wey mirst ganen hatt, was mir m(ein) h(er) selber gesaget hatt und wey er gesaget hat. Er kant nich wider den vatter. Ych sal es machen wey ych wil. Er west keyn ratt, und wil sagen, ich las bleyben, weyst m(ein) b(ruder) begert hatt etc. Und was mich vor orsach hat, m(ein) b(ruder) an zu tzeygen auff das gelemblichst ych kant. Ych byt e(uer) l(ieben) vorbrunt ya den breff, das Klarlwitz nich zu und glock[884] kumbmett.

---

[874]   *König Ferdinand I. (1503–1564).*
[875]   *= solches.*
[876]   *Gemeint ist eine eigene Residenz für Elisabeth und Herzog Johann außerhalb von Dresden.*
[877]   *= wenn er etwas sähe.*
[878]   *= Unwillen.*
[879]   *Gemeint sind Heinrich von Schleinitz und Hans von Schönberg.*
[880]   *schellich = aufgebracht, wütend, zornig, rasend; vgl. DWB, Bd. 15, Sp. 2502.*
[881]   *Hieraus ergibt sich das hohe Alter des Spruches, sich in die Füße zu beißen.*
[882]   *= Fürstin.*
[883]   *= landrüchtig, überall im Land bekannt.*
[884]   *= Unglück.*

^a *Sic.*
^b *Sic.*
^c *Wort hochgestellt eingefügt.*
^d *Wort korrigiert:* wollten.
^e *Gestrichen:* mot.
^f *Gestrichen:* yey.
^g *Sic.*
^h *Sic.*
ⁱ zu dem alten *hochgestellt eingefügt.*
^j *Gestrichen:* tede.
^k *Wortanfang korrigiert; eingefügt:* ge-.
^l *Wort hochgestellt eingefügt.*
^m *Wort hochgestellt eingefügt.*
ⁿ *Gestrichen:* meyn.
^o *Sic.*

67

Kassel *1533 Mai 6*

Landgraf Philipp (der Großmütige) an Kurfürst Johann Friedrich (den Großmütigen)

Philipp hat drei Schreiben Johann Friedrichs mit jeweils beiliegenden Kopien erhalten, darunter ein Schreiben Herzog Georgs (des Bärtigen) an Johann Friedrich in der Sache Elisabeths und einen Brief Elisabeths an Johann Friedrich und Philipp.[885] *[...] Die Antwort Johann Friedrichs an Herzog Georg* unserer rede der unterhaltung halben *gefällt Philipp sehr gut. [...] Philipp hat in seiner Antwort an Elisabeth sein Wohlgefallen zum Ausdruck gebracht, dass Herzogin Barbara nun auf ihrer Seite steht. Vielleicht kann dadurch Herzog Georg eines Tages umgestimmt werden, dass er die Verleumder straft. Zum andern kann die alte Herzogin helfen, dass Elisabeth eine eigene Residenz erhält. Zum Dritten werden es die Leute Elisabeth zu Gute halten (*wurden es di leuthe irer lieb wol nachreden*). Dies und Weiteres hat Philipp Elisabeth geschrieben, und so oder ähnlich mag auch Johann Friedrich Elisabeth Antwort geben. Philipp schickt sein Schreiben anbei an Johann Friedrich und bittet, es gleichsam an Elisabeth zu übersenden. [...] Datum* Cassel dinstag p(os)t Jubilate anno etc. 33.

StA Marburg, PA 2555, fol. 24r–25v.

Überlieferung: Konzept.

Schrift: hess. Kanzleischreiber.

Adresse: –

Kanzleivermerke: In diss(er) schrift seint vier ad(er) funf des churf(ursten) missiven beantwort, trift alle handlung(en) ane.

Bemerkung: Der Entwurf enthält zahlreiche Korrekturen und wurde mit einem umfangreichen Nachtrag ergänzt, der auch die Passagen über die Antwort an Elisabeth enthält.

---

[885] *Vgl. oben Nr. 66 (Brief Elisabeths an Johann Friedrich, 1533 vor Mai 6).*

68

Weimar *1533 Mai 11*

Kurfürst Johann Friedrich (der Großmütige) an Landgraf Philipp (den Großmütigen)

Johann Friedrich ist kürzlich glaubwürdig angezeigt worden, dass Herzog Georg einen Ausschuss seiner Landschaft auf kommenden Donnerstag nach Dresden gefordert hat. Johann Friedrich glaubt, dass Herzog Georg (der Bärtige) dort den Fall Elisabeth vortragen und beraten lassen will. Weil Philipp es schon vor einiger Zeit für gut befunden hat, die Angelegenheiten Elisabeths vor die Landschaft zu bringen, rät Johann Friedrich jetzt dazu, dass Philipp ein Schreiben an den Ausschuss ausgehen lässt, [886] *in dem er die Sache schildert. Weiter soll Philipp vom Ausschuss einfordern, dass* sie die dinge auff die wege mittel und maß furdern helffen wolten, domit e(uer) l(ieben) hievor gethaner suchung und biet stadt gegeben und e(uer) l(ieben) schwester vor weiter beschwerung verhutt und entladen werden mochte. *Sollte der Bote Philipps auch wegen der Kürze der Zeit nicht bis Donnerstag oder Freitag nach Dresden kommen können, so glaubt Johann Friedrich doch, dass der Ausschuss nicht innerhalb von zwei oder drei Tagen von Herzog Georg entlassen und wenigstens bis Sonnabend noch anzutreffen sein wird. Datum* Weymar suntags Cantate anno d(omini) xv^c xxxiii.

> *StA Marburg, PA 2555, fol. 29r.*
>
> *Überlieferung: Ausfertigung.*
>
> *Schrift: ernest. Kanzleischreiber; eigenhändige Unterschrift Johann Friedrichs.*
>
> *Adresse:* Dem hochgebornen fursten hern Phillipsen / landgraffen zu Hessen, graven zu Catzeneln- / bogen zu Dietz Ziegenhain und Nidda un- / serm freuntlichen lieben vedtern und brudern // ^a zu s(einer) l(ieb) hand(en). ^a
>
> *Kanzleivermerke:* Churf(urst) schreibt, das inen angelangt, das h(erzog) J(orge) seiner landschaft ein ausschos versamblet habe, den er di sach(en) m(eines) g(nedigen) h(ern) und sein schwest(er) betreff(ent) vorhalt(en) werde, zeigt sein gutbedingk ane das m(ein) g(nediger) h(er) an denselb(en) usschos schreib(en) und von d(er) sach bericht(en) solt etc.
>
> *Bemerkung: Der Brief wurde im Querformat ausgestellt. Das aufgedrückte Siegel hat sich erhalten.*

^a-a *Eigenhändig von Johann Friedrich nachgetragen.*

69*

[vor 1533 Mai 12]

Landgraf Philipp (der Großmütige) an Herzogin Elisabeth

> *Überlieferung: verloren.*
>
> *Bemerkung: Die Ausfertigung und die Datierung dieses Schreibens ergeben sich aus Nr. 70. Hinweise auf den Inhalt ergeben sich nicht.*

---

[886] *Vgl. ABKG III, Nr. 2255.*

70

Weimar *1533 Mai 12*

Kurfürst Johann Friedrich (der Großmütige) an Landgraf Philipp (den Großmütigen)
Johann Friedrich hat die Antwort Philipps[887] empfangen. [...] Den brieff[888], welchen e(uer) l(ieben) an ire schwester, unser freuntliche liebe muhm, geschrieben, haben wir empfangen, wollen denselben irer lieb zuschicken, ir auch eur lieb antzaige nach fur unser person darneben schreiben. *[...]*
Datum Weymar montags nach Cantate anno domini xv^c xxxiii°.

StA Marburg, PA 2555, fol. 33r – 34r.

Überlieferung: Ausfertigung.

Schrift: ernest. Kanzleischreiber; eigenhändige Unterschrift Johann Friedrichs.

Adresse: Dem hochgebornen fursten hern Phillipsen / landgraven zu Hessen graffen zu Catzeneln- / bogen zu Dietz Ziegenhain und Nidda unsern / freuntlichen lieben vetern und brudern // ^{a}zu s(einer) l(ieb) hand(en).^{a}

Kanzleivermerk: a) Des churf(ursten) widd(er)antwort, unter and(er)m bit er noch das m(ein) g(nediger) h(er) den tag zu Schmalkald(en) personlich ersuch(en) wolle, zeigt des ursach(en) ane, und schickt abermals copien der schrift(en) und widd(er)schrift(en) zwusch(en) sein churf(urstlichen) g(naden) und herzog Jorg(en) des Luthers halb*; b)* Anno 1533.

Bemerkung: Das aufgedrückte Siegel hat sich erhalten.

$^{a-a}$ *Eigenhändig von Johann Friedrich nachgetragen.*

71*

[nach 1533 Mai 12, vor Mai 16]

Kurfürst Johann Friedrich (der Großmütige) an Herzogin Elisabeth
Johann Friedrich schickt Elisabeth den Brief (Nr. 69) ihres Bruders.

Überlieferung: verloren.

Bemerkung: Die Ausfertigung und die Datierung dieses Schreibens ergeben sich aus Nr. 70 und 72. Konkrete Hinweise auf den Inhalt ergeben sich nicht.

---

[887] *Vgl. oben Nr. 67 (Brief Philipps an Johann Friedrich, 1533 Mai 6).*
[888] *Das Schreiben Philipps an Elisabeth ist verloren und wird hier unter der Nr. 69 geführt.*

72

1533 Mai 16

Herzogin Elisabeth an Kurfürst Johann Friedrich (den Großmütigen)

Elisabeth weiß nicht, ob es Georg von Carlowitz böse oder gut meint. Von ihm hat sie erfahren, dass der Bischof Johann von Meißen, Dechant Ernst von Schleinitz, Rudolf von Bünau, Christoph von Taubenheim, Wolf, Anton und Kaspar von Schönberg zu Purschenstein, Georg Breitenbach, Innocenz von Starschedel und er sich mit ihr heute oder morgen unterreden wollen, damit sie sich mit Herzog Georg (dem Bärtigen) und ihrem Gemahl vertrage. Elisabeth bestreitet, dass sie uneins wären. Ihr Gemahl hat, so Carlowitz, Rudolf von Bünau und Christoph von Taubenheim angesprochen, damit sie als Vermittler auftreten. – Die Räte sollen morgen um 7 Uhr zu Elisabeth kommen, da sie noch auf die Antwort Johann Friedrichs wartet. Wenn die Räte eher zu ihr gekommen wären, dann hätte sie sich zwei Tage krank gestellt. – Herzogin Barbara wird bald sterben. Jetzt ist sie Elisabeth wohlgesonnen. – Elisabeth hat von den Briefen gehört, sie hat aber keinen gelesen. Herzog Georg schwärmt, hat viel zu tun und muss sich aller Sachen annehmen. Allerdings will er auch, dass ihm alle Briefe zugeschickt werden, auch der Brief Luthers. — Johann Friedrich soll ihrem Bruder berichten, denn sie kann nicht soviel schreiben. – Elisabeth befürchtet, verrückt zu werden.

> *HStA Dresden, 10024, Loc. 10548/6, fol. 11r; Zettel: 12r.*
>
> *Überlieferung: Ausfertigung.*
>
> *Schrift: eigenhändig.*
>
> *Adresse: –*
>
> *Nr. bei Werl: 55.*
>
> *Kanzleivermerke: –*
>
> *Bemerkung: Der mutmaßliche Umschlag ist mit Siegel, Siegelstreifen und Adresse verloren. Das erhaltene eingelegte Blatt mit dem Text und der Zettel tragen Siegeleinschnitte. – Die zweite Seite des Briefes (fol. 12) ist ein halbseitig abgeschnittener Zettel, der sich aufgrund der identischen Siegeleinschnitte eindeutig zuordnen lässt. – Der Brieftext erging in der originalen Ausfertigung fortlaufend und ohne Satzzeichen. Für die Wiedergabe wurde der Text zur besseren Lesbarkeit in Absätze gegliedert.*

M(ein) f(reuntlicher) h(ertz) a(ller) l(iebster) o(hme) u(nd) b(ruder); e(uer) l(ieben) schriben[889] hab ich allen halben gantz fruntlych vorstanden und e(uer) l(ieben) droff[890] sych das breffes halben nicht entschulteygen. Ych hab kein beschwerunge dreintt.

M(ein) h(ertz) a(ller) l(iebster) b(ruder); ich west nich ab es K(arlewitz)[891] bost aber[892] gut meynnett. Er geb es keyn mir gut for, war yetz bei mir und sagett, das mich der boschaff von Missen[893] und der dechtgen[894] von Meyssen[895] und h(er) Rotteloff[896] und

---

[889]   *Das Schreiben Johann Friedrichs an Elisabeth ist verloren und wird hier unter der Nr. 71 geführt.*

[890]   = *darf.*

[891]   *Georg von Carlowitz zu Hermsdorf (um 1480 – 1550), sächs.-albert. Rat; vgl. Anm. 42.*

[892]   = *oder.*

[893]   *Johann VII. von Schleinitz (um 1470 – 1537), Bischof von Meißen; vgl. zu ihm BBKL 9 (1995), Sp. 271f.; Die Grabmonumente im Dom zu Meißen, S. 404 – 407.*

[894]   = *Dechant.*

[895]   *Ernst von Schleinitz († 1548), Administrator in Prag, seit 1514 Domprobst von Meißen; vgl. zu ihm Goerlitz, Staat und Stände, S. 424; Rüling, Geschichte der Reformation zu Meißen, S. 14.*

[896]   *Rudolf von Bünau zu Weesenstein († um 1540), sächs.-albert. Rat; vgl. Anm. 60.*

Dubenhemb[897], W(olf) v(on) S(chonbergk)[898], Antonges[899] und C(asber) v(on) S(chonbergk) zum Borsteind[900] und dockter Brettenbacht[901], Y(nnocenz) v(on) Starstedel[902] und er wolten mich gern ansprechgen und sych mit mir under retten hein[903] aber morgen, wan ich wolt. Dan m(ein) a(lter) h(er) und m(ein) h(er) hetten dreint geweylgett, auff das doch vortragen ein mal wortte. Saget ich: „Wer ich dach mit mein hern nicht und einst[904], er wost auch nichst zu klagen.“ Saget K(arlewitz): „Es wer war“, aber m(ein) h(er) hett im h(er) R(otteloff) und Dubenhem gesagett, sey solten dach von dem gekeybel[905] helffen, das der alt umer anfeing, das dach ein mal gar vortragen wortte. Und saget, der alte sprecht auch, er wer nich uneinst mit mir. Ych saget, ich saget[a]: „Ich west for wol, das allest louken.“ Saget K(arlewitz), wei sal man im dunt, sey hetten im gut dousch gesagett[906], er wort mich anders halten mussen, ych solt sei hornt. Saget ya morgen umb vii frou[907], ich must mich hein[908] bedencken. Das dat ich dar umb, das ich hoff auff ‖ e(uer) l(ieben) anwert. Und wer sey heint nich kumen, het ich mich krant gestallet ii tag[909] und het auff dey anwert gehartt. Wan ich nor nich weinett, wolt ich in wol anwertten. Ich wil es ein stund aber zwo bedach nemen.

F(reuntlicher) h(ertz) a(ller) l(iebster) b(ruder); ich wil auch e(uer) l(ieben) foulgen sam m(ein) bruder[b] so vel mir moglich yst.

H(ertz) l(iebster) b(ruder), mit der alten[910] yst balt auß, dreyb es vor war nich lang[911]. Und yst auch ein arm mensch, dey zwein ober retten sey[912], was sey wollen. Aber yetz yst sey nach m(ein) gut frunt, sey kounen yer yetz nich vell sagen, dan sey sest umer dar und schleff, sein wol, das sey sterben wert, mich yamer yer[c], das so krant yst sey.

H(ertz) l(iebster) b(ruder), ych hort auch von den breffen, aber ich hab keyn gelessen. Er schwermet[913] gar[d] betzalten nar folstk. Er hat vel tzu dunt und must sych alles dinckges annemen, wil es haben, das im alle breff zu scheycken mussen und leyget kountschaff auff Marttein breff[914], und yst dach allso wey Martteins darvon schrib, wey ych hort. Ych hoff,

---

[897]   *Christoph von Taubenheim zu (Brauns-)Bedra (um 1460–1536); vgl. Anm. 562.*

[898]   *Wolf von Schönberg zu Sachsenburg († 1546); vgl. Anm. 43.*

[899]   *Anton von Schönberg zu Rothschönberg (1495–1554), sächs.-albert. Rat, später führender Rat und engster Vertrauter Herzog Heinrichs (des Frommen); vgl. zu ihm ADB 32 (1891), S. 259 f.; Mansberg, Erbarmanschaft Wettinischer Lande II, S. 413–438 und Tafel 33; Goerlitz, Staat und Stände, S. 592 f.; Fraustadt, Geschichte des Geschlechts von Schönberg, Bd. 1 B, S. 88–115.*

[900]   *Kaspar von Schönberg zu Purschenstein (1481–1556), sächs.-albert. Rat; vgl. Anm. 129.*

[901]   *Dr. Georg von Breitenbach († um 1541), Jurist, Ordinarius der Juristischen Fakultät Leipzig; vgl. zu ihm ADB 3 (1876), S. 288.*

[902]   *Innocenz von Starschedel zu Mutzschen; vgl. Anm. 86.*

[903]   *= heute.*

[904]   *= uneinst.*

[905]   *= Gekeifel; meint ‚Streit‘.*

[906]   *Gemeint ist ‚Auf gut deutsch von der Sache reden.‘; gerade heraus, von der Leber weg.*

[907]   *= morgen um 7 Uhr früh.*

[908]   *= heute.*

[909]   *= 2 Tage.*

[910]   *Herzogin Barbara von Sachsen (1478–1534).*

[911]   *= übertreibe es fürwahr nicht.*

[912]   *= die zwei überreden sie; gemeint sind Hans von Schönberg und Heinrich von Schleinitz*

[913]   *= im religiösem Sinne, auf Irrgläubigkeit zielend; im weltlichen Sinne, zunächst als hartes Wort für ungeordnetes geistiges Gebahren und dessen Ausdruck, verrückt sein. Gemeint ist hier Herzog Georg.*

[914]   *Gemeint ist der Brief Martin Luthers an die Evangelischen zu Leipzig. Luther forderte die Leipziger Bürger auf, sich nicht von Herzog Georg (dem Bärtigen) zum Abendmahl in einer Gestalt zwingen zu lassen; gedruckt: Luthers Werke, Briefwechsel, Bd. 6, S. 448–451. Den Brief schickte der Leipziger Rat am 1533 April 26 an den Herzog. Vgl. ABKG III, Nr. 2241.*

Got salt in er louchtten aber[915] aber das arm foulgk von ym erloussen. Sowlges[916] hab ich e(uer) l(ieben) fruntlicher meyn unge nich wollen bergen und e(uer) l(ieben) sal es gantz dar for halten, das ich mich so vel gutz zu e(uer) l(ieben) vor se als zu m(ein) eygen b(ruder), und bedanck mich e(uer) l(ieben) fruntlychst er beytten. Ych wil wider dunt, was e(uer) l(ieben) geveylt yn eirn. Und bevel e(uer) l(ieben) Got, ‖ der helff uns einmal mit freutten zu samen, amen. E(uer) l(ieben) schwesterlyche trew zu der tzeygen bin ich geneiget altzeyt. Dat(um) freytag nach Cantade anno xxxiii.

     E H Z S etc.

E(uer) l(ieben) tzeyg m(einem) b(ruder) an, was ich e(uer) l(ieben) schryb, dan ich kant nich so fel schriben. Hab sorge, ich mach doult[917] wertten, dan vel leut heyr gar dult wertten, fraw, belt und man.

     [a] *Sic.*
     [b] sam m(ein) bruder *hochgestellt eingefügt.*
     [c] *Gestrichen:* so krant.
     [d] *Gestrichen:* best.

73

1533 Mai 17

Herzogin Elisabeth an Kurfürst Johann Friedrich (den Großmütigen) und Landgraf Philipp (den Großmütigen)

Heute früh um 7 Uhr kamen Bischof Johann von Meißen, Dechant Ernst von Schleinitz, Rudolf von Bünau, Christoph von Taubenheim, Andres Pflugk, Anton, Wolf und Kaspar von Schönberg zu Purschenstein, Georg Breitenbach, Innocenz von Starschedel und Georg von Carlowitz zu Elisabeth. Sie wollten wegen der Uneinigkeit zwischen Herzog Georg (dem Bärtigen) und ihr vermitteln, dazu sollte Elisabeth ihnen ihre Bedingungen mitteilen. – Elisabeth sagte ihnen, dass sie gegenüber Herzog Georg kein Missfallen habe, aber er hätte sie ohne Grund in Verdacht. Ihrem Bruder habe sie berichtet, um nicht mehr verdächtigt zu werden und zu verhindern, dass er ihren Gemahl gegen sie aufhetzt. Sollte sie aus dem Verdacht kommen und wie eine sächsische Fürstin behandelt werden, wäre sie zufrieden. – Nachdem sie sich zu einer Beratung zurückgezogen hatten, sagten die Räte zu ihr, dass sie Elisabeth bei der Durchsetzung ihrer Forderungen unterstützen wollen. Elisabeth solle aber zusagen, dass sie sich wegen des Abendmahls nach ihrem Gemahl richte. Das konnte sie nicht zusagen, zumal ihr kein Priester das Abendmahl geben werde. Bis auf Taubenheim verlangten alle Räte, sie solle den Verleumdern verzeihen. Wenn sie in ihren Forderungen nachließe, würden sie dafür sorgen, dass Heinrich von Schleinitz und Hans von Schönberg vom Hof geschickt werden. Aber sie fürchtet sich nicht vor ihnen und wird sich auch wegen des Abendmahls nicht drängen lassen. Danach haben die Räte sie gebeten, sie solle um ihrer selbst willen das Abendmahl nehmen, damit nicht Schaden für Land und Leute entstehe. Elisabeth gab ihnen Landgraf Philipps Brief zu lesen und drohte ihnen. Nachdem sie erneut erklärt hatte, dass sie nicht beichten und vergeben könne, sagten die Räte, sie solle es für Ostern zusagen, was sie letztendlich auch ablehnte. – Ernst von Schleinitz, Rudolf von Bünau

---

[915] = *oder.*
[916] = *solches.*
[917] = ,*verrückt*'; *abgeleitet von stultus.*

und Georg von Carlowitz blieben bei ihr und redeten auf Elisabeth ein, beschimpften sie und sagten, sie würde ihren Gemahl und die Landschaft gegen sich aufbringen. Sie wollen sich aber für Elisabeth einsetzen, allerdings nicht für eine eigene Residenz.

HStA Dresden, 10024, Loc. 10548/7, fol. 40r–42v.

Überlieferung: Ausfertigung.

Schrift: eigenhändig.

Adresse: a) [Dem] hochgebornen / [fursten] hern Hans Freiderych / [hertzog zu] Sachessen / [des heilgen] romsen reychst / [erzmarschalk] und korforst / [und hern Phi]lips / [lantgraf z]u Hessen / [meinen] fruntlychen / [lieben bru]dern zu eigen / hant; *b)* [Dem] hochgebornen / [fursten] hern Hans Frederych / [hertzog zu] Sachssen dest / [heilgen rom]ssen reichst / [ertzmarschalk] und korfursten / [etc. meinem frun]ttlichen lieben / [ohmen und] bruder yn seiner // lieb eigen hant.

Nr. bei Werl: 56.

Kanzleivermerke: a) Di hertzogin zu Rochlitz zeigt an, w(as) etliche leute mit ir gehandelt, d(as) sie sich mit hertzog Georg(en) vertragen und vertzeih(en), auch d(as) abentmal in einerlei gestalt entpfah(en) wolt – 1534; *b)* Di hertzogin zu Rochlitz irer bosen sach halb(en) – 1534.

Zur Datierung: Das Schreiben ist nicht zu einem Jahr datiert. Aus inhaltlichen Gründen (vgl. oben Nr. 72) ist es zweifellos 1533 zuzuordnen. Der Kanzleivermerk 1534 ist hier wie anderswo irrig.

Bemerkung: Siegeleinschnitte sind vorhanden; das Siegel und der Siegelstreifen selbst sind verloren; die Adresse ist entsprechend beschädigt überkommen; Reste des Siegellacks sind vorhanden. – Dass dieses Schreiben an Kurfürst Johann Friedrich und Landgraf Philipp gemeinsam ausgefertigt wurde,[918] *ergibt sich durch die Rekonstruktion der Adresse und bestätigt sich durch die sonst übliche fehlende persönliche Anrede. – Der Brieftext erging in der originalen Ausfertigung fortlaufend und ohne Satzzeichen. Für die Wiedergabe wurde der Text zur besseren Lesbarkeit in Absätze gegliedert.*

Druck: ABKG III, Nr. 2261.

E(uer) l(ieben) wil ich nich bergen, das heut morgen umb vii[919] der byschaff von Meyssen,[920] der deychtgen[921] h(er) Ernst[922], her Rottelauff[923], Dubenhem[924], Anders Pflug[925], ªHa(ns) v(on) Schonbergs bruederª Antonges[926], Wolff[927], Casber von Schounberg zum Borstensteynd[928], doktter Brettenbach[929], Ynnotzenges v(on) Starschedel[930], Yorg Klarlewitz[931], sein zu mir kumen. Hatt h(er) R(ottelauff) gesaget von yer aller wegen, das sey auß etlichen schreften

---

[918]   *Elisabeth Werl verzeichnet als Adressaten allein Kurfürst Johann Friedrich.*

[919]   *= früh morgens um 7 Uhr.*

[920]   *Johann VII. von Schleinitz (um 1470–1537), Bischof von Meißen; vgl. Anm. 893.*

[921]   *= Dechant.*

[922]   *Gemeint ist Ernst von Schleinitz († 1548), Domprobst von Meißen (vgl. Anm. 895), nicht Ernst II. von Schönburg (1486–1534), wie fälschlich Jadatz/Winter (ABKG III, Nr. 2261) vermuten.*

[923]   *Rudolf von Bünau zu Weesenstein († um 1540), sächs.-albert. Rat; vgl. Anm. 60.*

[924]   *Christoph von Taubenheim zu (Brauns-)Bedra (um 1460–1536); vgl. Anm. 562.*

[925]   *Andreas Pflugk zu Knauthain († 1542); vgl. Anm. 563.*

[926]   *Anton von Schönberg zu Rothschönberg (1495–1554), sächs.-albert. Rat; vgl. Anm. 899.*

[927]   *Wolf von Schönberg zu Sachsenburg († 1546); vgl. Anm. 43.*

[928]   *Kaspar von Schönberg zu Purschenstein (1481–1556), sächs.-albert. Rat; vgl. Anm. 129.*

[929]   *Dr. Georg von Breitenbach († um 1541); vgl. Anm. 901.*

[930]   *Innocenz von Starschedel zu Mutzschen; vgl. Anm. 86.*

[931]   *Georg von Carlowitz zu Hermsdorf (um 1480–1550), sächs.-albert. Rat; vgl. Anm. 42.*

vormercken und auch ander, das der alt[932] und ich und einst[933] seyn und wey leyst in yst[934] etc. Auch in nich leyttlich yst, dan dan[b] lant und leut schatten brecht und mir ein nach retten, und betten mich, das ych in vorgunen wolt, zu hanttellen schwossen[c] uns. Und ich wolt in an tzeygen, was ich begerett und was sey dreint hanttellen solten, mit vel gesmockten[935] wortten, es war ser lang. Da list ich in anwer geben, das ich mich bedanc[d] yer wol meynunge, vor sege michst auch zu yn etc. Und droges gut gevallen, aber ich wol dey sach bedencken byst nach dem essen und in ein fruntlych und genedich anwert geben.

Dar nach lyst ich in yn meyner keygen werttichkeyt[936] sagen, das ich keyn und willen[937] tzu dem alten hett. ‖ Aber er[e] het mich an orsach in vordach und er tzalte den hanttel gar, was mich vor orsach het, m(ein) b(ruder) an zu tzeygen[938], nich dromb, das dem alten solt beschwerlych sein aber der lantschaff, nar dromb, das ich auß vordach solt kumen und meyn unschult an tag kumen, weyl es lantrouchtych[939] yst, wo sey auch yer hern da hin brechtten, das mich und dey bersown[940] auß vordach list und mich heyl[941] als ein forsten von Schasesen[942], und m(ein) hern nich auff mich hetze und so eng heylt, wolt ich es umb ier willen vor meyn bersown zu fretten[943] stend, und das sey mich in meyn gewissen und beschweret[944] lissen mit gewalt.

Da namen sey ein bedach[945], dar nach dancken sey ser, war gros der beyden[946], und sagten, sey wolten als der halten, an das ich solt zu sagen[947], das ich mich mit dem sackrament halten wolt wey meyn her, und mit allen tzermongen[948]. Saget ich, woste nichst zu zu sagen, het ich dach alweg gesaget, was ich vor orsach het, so wolt mirs kein prester geben, ich wost im nich anders ‖ zu dunt. Da warn sey alle an mir der mertel[949], aber Dubenhemb nich, ich solt vorgeben. Saget ich, es wer Gotz genade, ich kount nichst vor mir selber[950]. Sagten sey, ich bytten dromb[951]. Saget ich, kount m(ein) hertz nich da heyn brencken, das ich umb das bytten kant. Sagetten sey, wan ich das zu saget, wey sey begertten, so solten dey zweyn He(inrich) v(on) S(chlinitz)[952] und Ha(ns) v(on) S(chonbergk)[953] außem hoffe, so kount ichst wol vor geben und vorgessen. Ich saget dromb, nicht, sey solten m(ein) halben nergen heyn. Ich forcht mich nicht for in, Got wortz wol machen, das dat ich dromb, das sey mich mit dem sackrament nich zu drenckgen hetten und auch dromb, das sey es m(einem) a(lten)

---

[932]   *Herzog Georg (der Bärtige) (1471–1539).*
[933]   = *uneinst.*
[934]   = *und wie Leid es ihnen ist.*
[935]   = *geschmückten.*
[936]   = *Gegenwertigkeit.*
[937]   = *Unwillen.*
[938]   = *anzuzeigen.*
[939]   = *landrüchtig, überall im Land bekannt.*
[940]   = *Person.*
[941]   = *hielte.*
[942]   *Sachsen.*
[943]   = *zufrieden.*
[944]   = *unbeschwert.*
[945]   = *da berieten sie.*
[946]   = *großes ‚Arbeiten'.*
[947]   = *sie wollten das alles erreichen, aber ich sollte zusagen.*
[948]   = *Zeremonien.*
[949]   = *der größere Teil.*
[950]   = *ich selber könnte es nicht.*
[951]   = *ich solle darum bitten.*
[952]   *Heinrich von Schleinitz zu Saathain und Koselitz († 1543), sächs.-albert. Rat und Hofmarschall; vgl. Anm. 5.*
[953]   *Hans (junior) von Schönberg zu Reinsberg († 1537), sächs.-albert. Rat und Amtmann; vgl. Anm. 4.*

h(ern) sagen solten, dan wan er hort, das ich wol, so det erst nicht. Ich saget auch, sey solten selber dencken, was in in dem fal zu dunt wer.

Da sagten sey, ich solt es umb yeret willen dach dunt, das nich lant und leutten ein schatt wortte dreust, dan es wort ewast[f] an gefangen wertten kein mir, das in leyt wer. Ich saget, lat her geyn meyn ‖ halben yst glich rechttich[954]; es wer mir vor sey leytter an vor mich wans ya seyn solt. Und list in meyns brudern breff[955] lessen, den er mir schreb, den ich solt Klarlewitz und den kantzler[956] leyssen und spracht, ich bet, sey wolten es bedencken, dan es wer mir for sey letter dan for micht. Dat wortten sey ernst und sagten selber, ich er bott mich genunck, das ich meyn h(ern) wolt gehorsam seyn. Dan ich saget, wan mir Got genad geb, so wolt ich dunt. Aber wol mirs ein piff[g] [957] jetz geben, wer ich zu fretten. Aber ich kount nich beygen[958] vor Got. Solt sagen, ich vorgeb und wer nich[959]. Da sagten sey, ich solt zu sagen auff ostern. Sagt ich, sage nichst zu. Got yst barmhertzsich, er kant mich erlouchtten yer ych begeyr, wey datt er Paulis[960]. Wan sych dan m(ein) a(lter) h(er) so wol keyn mir heylt,[h] wey yer saget, wert Got genad geben, wan als vor meytten wert. Da batten sey mich ser. Ich saget, wolten mich fernner blagen, so must ich m(einen) b(ruder) und fruntte rat drein hornt, und solten es ein weyl berugen lassen.

Da geinen sey, aber h(er) Ernst und h(er) Rotteloff und Klarlewitz, dey batten ein weyl, dan scholten sey ‖ mich, sagten, ich lout[961] mir m(einen) h(ern) und dey lantschaff auff den halst, dan m(ein) h(er) het es in gestern sunderlich bevollen. Und h(er) Ernst saget, wei ernst meyn hern wer, wan ich in foulget, so solt es gein wey ich wolt selber. Und sagten, sey kountten dey nich wegk brencken, dan dorch den wegk, das sey sprechen, wan dey wegk wern, so gein ich dan zum sackrament, dan sey musten fortt. Saget ich, wolt mich dey tzeyt bedencken, lyst sych wol an, so wort mir meyn hertz dester senffter[962] dorch Gotz genad. Da sagten sey, wolten allen fliß an kern, aber von eim eigen hauß,[963] da wollen sey nich heyn.[i] So schweyg ich auch, ich wil mich leytten, das yarg zeyt brenck rossen. Ich hab auch nich gesaget, das ich wolt gern aber undgern heyr seyn, nar schlecht so[964]. Und wan er mich entscholteyget keyn meyn fruntten, und was m(ein) b(ruder) sam meyn fruntten zu fretten wer, das wer ich auch zu fretten, dan ‖ es wer meiner fruntte schemb so gros als meyn, und was mich dey heyssen, der ratt wolt ich foulgen etc. Dat(um) sunaben umb veirre.

^{a-a} *Passage hochgestellt mit Platzhalter eingefügt.*
^b *Sic.*
^c *Getilgt:* y.
^d *Wort durch Tintenfleck verderbt.*
^e *Gestrichen:* we.
^f *Sic.*
^g *Sic.*
^h *In der Vorlage folgt Tintenfleck und ungestrichenes:* s.
ⁱ *Gestrichen:* d.

---

954 = *was gegen mich vorgenommen wird ist mir gleichgültig.*
955 *Vgl. oben Nr. 55 (Brief Philipps an Elisabeth, 1533 April 20).*
956 *Dr. Simon Pistoris (1489–1562), Kanzler Herzog Georgs (des Bärtigen); vgl. Anm. 62.*
957 = *Pfaffe.*
958 = *beichten.*
959 = *ich kann nicht sagen, ich vergebe, und tue es doch eigentlich nicht.*
960 *Apostel Paulus.*
961 = *lade.*
962 = *umso sanfter.*
963 *Gemeint ist eine eigene Residenz für Elisabeth und Herzog Johann außerhalb von Dresden.*
964 = *nur nicht so.*

74

Dresden   *1533 Mai 19*

Herzog Georg (der Bärtige) an Kurfürst Johann Friedrich (den Großmütigen), Herzog Heinrich V. (den Friedfertigen) von Mecklenburg, Herzog Erich I. (den Älteren) von Braunschweig-Lüneburg-Calenberg-Göttingen sowie Herzog Ernst I. (den Bekenner) von Braunschweig-Lüneburg

Georg antwortet ausführlich auf die von den zu Naumburg gewesenen Fürsten an ihn gerichteten Instruktionen[965].

Datum zu Dresden montags Rogationum anno d(omini) xvᶜ xxxiii.

I. HStA Dresden, 10024, Loc. 10548/3, fol. 1r–14r; II. HStA Dresden, 10024, Loc. 10548/2, fol. 28r–37v; III. LHA Schwerin, 2.11-2/1 Auswärtige Beziehungen, Nr. 4378, fol. 47r–56r; IV. HStA Dresden, 10024, Loc. 10548/11, fol. 69r–75v; V. HStA Dresden, 10024, Loc. 10548/3, fol. 38r–47v.

Überlieferung: I. Vorentwurf; II. Konzept; III. Ausfertigung; IV. Ausfertigung; V. Abschrift.

Schrift: I. eigenhändig; II. Simon Pistoris; III. albert. Kanzleischreiber, eigenhändige Unterschrift Herzog Georgs; IV. albert. Kanzleischreiber; V. Kanzleischreiber.

Adresse: III. Dem hochgepornen fursten hern Heinrichen / hertzogen zu Meckelburgk, fursten zcw / Wenden, graven zu Schwerin, Rostock und / Stargarden etc. der lande herrn, unserm / lieben ohmen und schwager; *IV.* Dem hochgepornen fursten hern Johans Fride- / richen hertzogen zu Sachssen des hay(ligen) ro(mssen) / reichs ertzmarschalh churfursten landt- / graven in Doringen und marg(r)aven zw / Meyssen, unserm lieben vedtern // zu s(einer) l(ieb) aygen handen.

Kanzleivermerke: III. 33 Pentecostes. H(er)zog Jorg(en) von Sachsen, des lantg(ra)ff(en) halb(en); *IV.* Hertzog Georgen sond(er)liche antwurt auf die schickung, so jungst von der Naumburg aus, des landgraven schwester halben, geg(en) Dresden zu sein g(naden) abgefertigt, mit und(er)schiedlich(er) verandtworttung aller angezogener fursten etc. Dat(um) Dresden montags rogationu(m) anno etc. 33. – Einkom(en) Weymar dornstag auffart Christi anno etc. 33.

Bemerkung: II. Konzept des Kanzlers Simon Pistoris. Adressat ist Kurfürst Johann Friedrich; III. Die Ausfertigung wurde gesiegelt; ein Siegelrest ist überkommen. Adressat ist Herzog Heinrich von Mecklenburg; IV. Die Ausfertigung wurde gesiegelt; das Siegel hat sich erhalten.

Druck: ABKG III, Nr. 2266.

75

                                                                             1533 Mai 26

Herzogin Elisabeth an Kurfürst Johann Friedrich (den Großmütigen)
Elisabeth leitet geheime Briefe an Johann Friedrich weiter, obwohl sie dies nicht tun sollte. Nun weiß Johann Friedrich, was die Leute über ihn denken. Er solle vorsichtig mit den Briefen umgehen. – Elisabeth hätte den Brief gern selbst verfasst, aber sie kann wegen ihrer Krankheit nicht schreiben. Um den Schreiber soll er sich nicht sorgen. Den Brief hat

---

[965] *Vgl. oben Nr. 59 (Instruktionen, 1533 April 25).*

sie über Wolf von Schönberg zugeschickt, da sie ihn nicht gern von einem unzuverlässigen Boten überbringen lassen möchte. – Wie Elisabeth die geheimen Briefe bekommen hat, will sie Johann Friedrich mitteilen, sobald sie jemanden findet, dem sie vertrauen kann. – Vom Papst und vom Kaiser sind jetzt Botschafter in Dresden.

> *HStA Dresden, 10024, Loc. 10548/6, fol. 9r–v.*
>
> *Überlieferung: Ausfertigung.*
>
> *Schrift: albert. Kanzleischreiber (schriftgleich Nr. 84, 87, 88, 90, 102, 111); Datierung, Unterschrift und Nachtrag eigenhändig.*
>
> *Adresse:* Dem hochgebornen fursten hern / Hans Frederych hertzoge zu Sachssen / des heylgen roumssen reychst / ermarschalk[a] und korfurste etc. / meinem fruntlichen lyeben / ohmmen und bruder yn seyner / lyeb eygen hant.
>
> *Nr. bei Werl: 57.*
>
> *Kanzleivermerke:* Hertzogin zu Rochlitz, irer sach halb(en) – 1533.
>
> *Bemerkung: Der Brief wurde aufgedrückt ohne Siegelstreifen gesiegelt; das Siegel ist beschädigt erhalten. – Das Blatt ist am rechten Seitenrand beschädigt, der letzte Buchstabe der Zeile ist dadurch in einigen Fällen nicht klar zu erkennen.*
>
> *Druck: ABKG III, Nr. 2261a.*

Fruntlicher liber umme und bruder; ich schicke euer libe hyr was, das euer libe wol seen wirt, was es ist; wie wol ich es nit tun solt. Ich weis aber, das euer libe und mein bruder leib und leben bei mir list, so habe ich es nit kunen lasen und euer libe sulch tzu schycken, auf das sych euer libe auch weys vor den leuden vor tzu sen[966]. Wie wol euer libe[b] die leude vor wol kent, so habe ich es dar umb getat, auf das sych euer libe sunst der bas muchte vor sen mit den brifen, die ich euer libe un[d][c] meinem bruder yn geheym schreybe, auf das sye euer libe flugck tzu reyse[967], das seye nit mechten mir tzum nach rede gelesen werden und mir tzum ersten aus geleet werden. Ich het euer libe gerne selber geschriben, so ist mir das heu[t][d] [968] itzund so wuste, das ich nit schriben kan. Euer libe darf sych nit vor dem schreyber besorge[n][e], der mir schreybet. Ich habe[f] es euer libe nit wisen gewiser tzu tzuschicken, so yn einer eyle, den bey Wolf von Schunbegk[969], den ich schick sye euer libe nit gerne bei eim schlechten boten, den ich besorge der hener[970] mecht mich beroten und ist mein fruntliche bit an euer libe, das ich su nit gemelt wurde. Wye ich die bryfe bekomen habe, wil ich euer libe wol lasen sagen, wen ich ein mal iment hyr habe, dem ich vor trauen darf. Ich het es wol wollen Wolf von Schunbergk sagen, so habe ich die brife nor[g] in diser stunde bekumen. Euer libe sal die brife bei sych behalden, den sye seyn mir kein notz. Do mit wil ich euer libe Got befelen und befelle mich euer libe und wust ich euer libe vil scheusterlicher[h] treue tzuer tzegen, wen[i] ich alle tzeit geneyet. ‖ Gegeben[j] montagk nach Esxutyge[971] anno xxxiii umb viii our auff den aben[972].

E H Z S etc.

---

[966]   = vorzusehen.

[967]   = flugs zerreiße.

[968]   Gemeint ist hier wohl das ,Haupt', also Kopfwüstigkeit = Grippe.

[969]   Wolf von Schönberg zu Sachsenburg († 1546); vgl. Anm. 43.

[970]   Gemeint ist hier wohl ,Henker'.

[971]   = Exaudi.

[972]   = um 8 Uhr am Abend.

Yetz gein wer alten naren und bragget mit das pabest[973] und keysser es bottschaff.[974] Ein Spanger[975] dat mir auch eyn eyr[976] tzum fenster roffer[977], ych must e(uer) l(ieben) ein mal sagen etc.

[a] *Sic.*
[b] euer libe *hochgestellt eingefügt; darunter gestrichen:* yn.
[c] *Seitenrand beschädigt; Wort bricht am Zeilenende ab.*
[d] *Seitenrand beschädigt; Wort bricht am Zeilenende ab.*
[e] *Seitenrand beschädigt; Wort bricht am Zeilenende ab.*
[f] *Gestrichen:* sey.
[g] *Wort hochgestellt eingefügt; darunter gestrichen:* eman.
[h] *Sic.*
[i] *Sic.*
[j] *Gestrichen:* nach.

76*

[vor 1533 Juni 1]

Kurfürst Johann Friedrich (der Großmütige) an Herzogin Elisabeth

Überlieferung: verloren.

Bemerkung: Die Ausfertigung und die Datierung dieses Schreibens ergeben sich aus Nr. 77. Hinweise auf den Inhalt ergeben sich nicht.

77

1533 Juni 1

Herzogin Elisabeth an Kurfürst Johann Friedrich (den Großmütigen)

Der Kurfürst soll in ihrer Sache verhandeln, als wäre es seine eigene; Elisabeth vertraut ihm. – Elisabeth hat gehört, Herzog Georg (der Bärtige) sei verrückt geworden. – Alexander von der Tann soll ihm berichten. Hier sagt man, Elisabeth habe sich selber diesen Gerüchten ausgesetzt, da sie ihrem Bruder davon berichtet hat. Es entsteht immer mehr Gerede. – Elisabeth hat die Sache ihrem Bruder und den Freunden übergeben. Herzog Johann (der Jüngere) wollte auch für sie handeln; sie weiß nicht, wie es ihm gefällt, dass sich die anderen für sie einsetzen. – Martin Luther schreibt, wie auch Johann Friedrich, die rechte Wahrheit.

HStA Dresden, 10024, Loc. 10548/7, fol. 37r–v.

Überlieferung: Ausfertigung.

Schrift: eigenhändig.

---

[973] *Papst Clemens VII. (1478–1534).*
[974] *Die Gesandtschaft des Kaisers erreichte am 1533 Mai 25 Dresden. Vgl. ABKG III, Nr. 2269; unten Anm. 1079.*
[975] *= Spanier.*
[976] *= Ei.*
[977] *= rüber.*

Adresse: [Dem] hochgeborn fursten / [h h f] h z s d^a r r e / [m u k l] y d m z m / [m f l o u] b y s l e // hant.[978]

Nr. bei Werl: 58.

Kanzleivermerke: 1534 – Di hertzogin zu Rochlitz und hertzog Georg(en) zu Sachß(en) bel(angend).

Bemerkung: Siegeleinschnitte sind vorhanden; das Siegel und der Siegelstreifen selbst sind verloren; die Adresse ist entsprechend beschädigt überkommen. – Die Datierung im Kanzleivermerk zu 1534 ist hier wie anderswo irrig.

M(ein) f(reuntlicher) h(ertz) a(ller) l(iebster) o(hme) u(nd) b(ruder); e(uer) l(ieben) schriben[979] yst mir heutt pinstag[980] wortten und bedanck mich gantz freunttlychen e(uer) l(ieben) erbeyden. Vor sei mich auch alles gutten zu e(uer) l(ieben) als zu meyn eygen bruder und was e(uer) l(ieben) mir rett sam meyn bruder wilich gern foulgen. Und byt e(uer) l(ieben) als ych mich dan zu e(uer) l(ieben) vor sen wil, e(uer) l(ieben) wil meyn sachge hanttellen als wer sey e(uer) l(ieben) eigen, dan ich hab das vortrewen zu e(uer) l(ieben), das e(uer) l(ieben) dunt wertten. Ich hab meyn tag ney solge bussen[981] gehort. Ych halt[982], er[983] sey gar dultt[984], sal das vor anwertt[985] heyssen, dunck mich, erschulget mich erst rechtt der tod hollen. Allexander von der Dantne[986] sal e(uer) l(ieben) sagen meyn gemott. Sey drosten mich heyr, ich hab mir das gesreych[987] gemacht, weyl ichs m(einem) b(ruder) gesaget hab, und nu west yeder man, und ye mir m(ein) b(ruder) wessen, drust machte ye mer^b gesreyches es macht. Ich solt in dar vor bytten, dan ich wer wol entscholtgett, aber ich spracht, ich hab m(ein) b(ruder) und fruntten dey sach mechtteych geben, dan het meyn her[988] wollen aber droffen[989] dar zu duntt, so wol ich wol zu fretten gewest sein. Hett ich^c es dach meyn hern auff gesagett und wan meyn freuntte ein genugen drantt hetten an der anwertt, das mirs nich nachttellych wer, wolt ich wol zu fretten seyn. Ich woste nich eigenlych, wei mich voranwertt hett, so wost ich auch nich, weyst in gefeylle[990], sey wern meyn mechtteych. H(ertz) a(ller) l(iebster) b(ruder), ich halt, der alt nar schwermmett[991] gar. Ich sey, das er schwermet, aber e(uer) l(ieben) betzalt in wol, er wil es so haben. D(oktor) Martteins[992] schribet dey rechtte warhet ‖ und e(uer) l(ieben) auch.[993] A(lexander) v(on)

---

978   *Steht für:* **Dem hochgeborenen Fürsten Herrn Hans Friedrich, Herzog zu Sachsen, des (Heiligen) Römischen Reichs Erzmarschall und Kurfürst, Landgraf in Thüringen, Markgrafen zu Meißen, meinem freundlichen lieben Oheim und Bruder in seiner Lieben eigen Hand.**

979   *Das Schreiben Johann Friedrichs an Elisabeth ist verloren und wird hier unter der Nr. 76 geführt.*

980   *= Pfingsttag.*

981   *Possen = Scherze, auch ein Scherzspiel; vgl. zur vielschichtigen Semantik DWB, Bd. 2, Sp. 261 (Artikel „Bosse"), auch Bd. 13, Sp. 2013 (Artikel „Posse").*

982   *= hörte.*

983   *Herzog Georg (der Bärtige) (1471–1539).*

984   *= ‚verrückt'; abgeleitet von stultus.*

985   *= verantworte; gemeint im Sinne von ‚rechtfertigen'.*

986   *Alexander von der Tann, Kammerdiener Landgraf Philipps; vgl. Anm. 502.*

987   *= Geschrei; gemeint im Sinne von ‚Gerede, Gerücht'.*

988   *Herzog Johann (der Jüngere) von Sachsen (1498–1537).*

989   *= oder dürfen.*

990   *= wie es ihnen gefiele.*

991   *= im religiösem Sinne, auf Irrgläubigkeit zielend; im weltlichen Sinne, zunächst als hartes Wort für ungeordnetes geistiges Gebahren und dessen Ausdruck, verrückt sein.*

992   *Dr. Martin Luther (1483–1546).*

993   *Gemeint ist die Auseinandersetzung Luthers mit Herzog Georg wegen der evangelischen Bürger Leipzigs, an der sich auch Kurfürst Johann Friedrich beteiligte (vgl. Anm. 914).*

Danne sal e(uer) l(ieben) wol weyder berechtten. Und bevel e(uer) l(ieben) Got yn ewycheyt und bevel mich e(uer) l(ieben), dan wan e(uer) l(ieben) und m(ein) b(ruder) mich vor lassen, so bin ych gar vor lassen. E(uer) l(ieben) schwesterlich trew zu dertzeygen bin ych geneyget alletzeyt. Dat(um) pinsten[994].

E H Z S etc.

[a] *Sigle für* d(es) *fehlt.*
[b] *Die beiden Wörter* ye mer *sind dicht zusammengeschrieben.*
[c] *Gestrichen:* wol.

78

Kassel   *1533 Juni 3*

Landgraf Philipp (der Großmütige) an Herzog Heinrich V. (den Friedfertigen) von Mecklenburg

Philipp hat die Anwort Herzog Georgs (des Bärtigen) auf den Abschied von Naumburg in Kopie durch Kurfürst Johann Friedrich erhalten, wie sie auch Heinrich zugegangen ist. Weil darin viel ungesicktes und unduchtiges allein zubeschoununge und abwendunge seins ungelimpfs *enthalten ist, legt Philipp darauf nun eine ausführliche Erwiderung vor. Unter anderem billigt Philipp Herzog Georg zu,* das er sein haus weißlich und wol regire, *bestreitet aber, dass Herzog Georg das Recht gehabt hat, gegen Elisabeth,* die in seinem gewalt nicht ist, *solche Reden zu führen.* Das weib nach kaiserlichem rechten ist mit in gewalt des mannes, ußgeschaiden in einer sachen, welchen gewalt sie wol leiden moge. Nach gotlichem rechten ist der man das haupt der frawen,[995] doch also, das er seins leibs nicht mechtig ist, sonder die frawe. *Selbst wenn Herzog Georg der leibliche Vater Elisabeths wäre, müsste er sie aus seiner Gewalt entlassen.* Datum Cassel, den dritt(en) tag des Brachmond(en)s[996] anno etc. xxxiii°.

LHA Schwerin, 2.11-2/1 Auswärtige Beziehungen, Nr. 4580, fol. 10r – 18v.

Überlieferung: Ausfertigung.

Schrift: hess. Kanzleischreiber.

Adresse: Dem hochgebornen fursten hern Heinrichen / hertzogen tzu Meckelnpurg, fursten zu Wenden, / graven zu Schwerin, Rostock und / Stargarden der lande herren / unserm lieben vettern // zu eig(en) handen.

Kanzleivermerke: Pentecostes 33. Lantg(ra)ff(en) antwurt uff curf(ursten) schrift.

Bemerkung: –

---

[994]   = *Pfingsten.*
[995]   *1. Korinther 11,3; Epheser 5,23.*
[996]   *Brachmonat = Juni.*

79

Weimar　　　　　　　　　　　　　　　　　　　　　　　　*1533 Juni 5*

Kurfürst Johann Friedrich (der Großmütige) an Landgraf Philipp (den Großmütigen)

Johann Friedrich hat das Schreiben Philipps mit den Kopien erhalten, aus denen die Änderungen und Ergänzungen der zuvor übersandten, für den Ausschuss der Landschaft Herzog Georgs (des Bärtigen) bestimmten Nottel *hervorgehen, und die er auf Bitten Philipps eingehend besehen und beraten sollte, wozu er aber aufgrund verschiedener Belastungen eine Zeit lang nicht gekommen ist. Nun hat Johann Friedrich die* Nottel *mit den Änderungen gründlich durchgesehen und befindet sie für gut, doch sollte Philipp mit dem Versenden an die Landstände warten und erst die Antwort Herzog Georgs auf die Werbung Johann Friedrichs und der befreundeten Fürsten ausgehen lassen* mit biet, e(uer) l(ieben) und irer schwester notturfft darauff als die freunde weiter zuerwegen. *Johann Friedrich und die befreundeten Fürsten wollen dann* ainen begreiff stellen lassen *und Herzog Georg schreiben. Sollte Philipp die* Nottel *aber wie gestellt versenden wollen, missfiele das Johann Friedrich auch nicht. Dem Ansinnen Philipps, Johann Friedrich möge neben ihm ein Schreiben an die Landstände verfassen, möchte Johann Friedrich nicht nachkommen,* dieweil es nit furtregt und unsern vedtern domit ursach geben mocht(en), uns aus der handelung, so sie sich nach etwo zutrag(en) solt, zuschieben. *Datum* Weimar dornstags nach dem Pfingtage anno domini xv^c xxxiii°.

I. HStA Dresden, 10024, Loc. 10548/11, fol. 87r–88v; *II.* StA Marburg, PA 2556, fol. 8r–9r.

Überlieferung: I. Konzept; *II.* Ausfertigung.

Schrift: I. ernest. Kanzleischreiber; *II.* ernest. Kanzleischreiber; eigenhändige Unterschrift Johann Friedrichs.

Adresse: I. An landgraf(en) zu Hessen etc.; *II.* Dem hochgebornen fursten hern Philipssen landt- / graven zu Hessen, gravffen zu Catzenelnbogen / zu Dietz, Ziegenhain und Nidda unserm freunt- / lichen lieben vedtern und brudern // ^a zu s(einer) l(ieb) / handen. ^a

Kanzleivermerke: I. Copei schreibens an landtgraffen, e(uer) churf(urstlichen) g(naden) gedanck(en) uber die gestalte notel des schreibens an h(erzog) Georg(en). Dat(um) Weimar dornstag nach Pfingst(en) anno etc. 33 – i.

Bemerkung: I. Der Entwurf enthält zahlreiche Korrekturen und Ergänzungen, die durch den Kanzleischreiber und eigenhändig durch Johann Friedrich vorgenommen wurden; *II.* Die Ausfertigung wurde gesiegelt; das Siegel hat sich erhalten. – Der in diesem Dokument häufig vorkommende Doppelkonsonantismus ‚n‘ wird reduziert wiedergegeben.

---

^a-a *Eigenhändig von Johann Friedrich nachgetragen.*

80

1533 Juni 8

Herzogin Elisabeth an Kurfürst Johann Friedrich (den Großmütigen)

Johann Friedrich soll sich wegen der Briefe nicht um sie sorgen, denn sie hat diese nur an ihn geschickt. Er und ihr Bruder, Landgraf Philipp (der Großmütige), werden aus ihnen

erkennen, wie die Leute über sie denken. Die Gesandtschaft ist nicht vorsichtig gewesen, denn sie haben die Briefe auf dem Saal liegen lassen. — Herzog Georg (der Bärtige) will jetzt nach seiner Rückkehr zur Verhandlung mit Kardinal Albrecht von Brandenburg und Markgraf Joachim II. (dem Jüngeren) von Brandenburg nach Halle und Jüterbog reisen. – Elisabeth ist gesund. – Herzog Johann (der Jüngere) wollte sie mit auf die Jagd nehmen, was ihm aber Herzog Georg verboten hat. – Ihr Gemahl hat gehört, wie der Türknecht einen Boten Johann Friedrichs ankündigte. Nun will Elisabeth ihm sagen, dass Johann Friedrich ihr nicht geschrieben, sondern stattdessen Briefe für ihre Hofjungfern gebracht habe.

HStA Dresden, 10024, Loc. 10548/6, fol. 56r.

Überlieferung: Ausfertigung.

Schrift: eigenhändig.

Adresse: [Dem] hochgeborn fursten / [hern Ha]ns Freyderych hertzoge / [zu Sachss]en das heylgen / [romsen rei]chst ermarschalk^a / [und korfurs]te etc. meynen / [fruntlichen] lyeben ohmen / [und bruder] yn seyner // lyeb / eigen hant.

Nr. bei Werl: 59.

Kanzleivermerke: Hertzogin zu Rochlitz in iren bosen sach(en) – 1533.

Bemerkung: Siegeleinschnitte sind vorhanden; das Siegel und der Siegelstreifen selbst sind verloren; die Adresse ist entsprechend beschädigt überkommen.

Druck: ABKG III, Nr. 2261a.

F(reuntlicher) h(ertz) a(ller) l(iebster) o(hme) u(nd) b(ruder); e(uer) l(ieben) droff der breff halben[997] gar keynt sorge haben, dan es gedenckt neiman dar auff. Ich bin wol anschatten[998] dar zu kumbmen, wei ich e(uer) l(ieben) wol berechtten wil, wils Got ein mal, Got wert auff unsser seytten seyn. Ich hoff, es sal nach alles gut wertten. Ich hab es nar e(uer) l(ieben) gescheyck, das e(uer) l(ieben) und m(ein) b(ruder) sein[999] sollen, wey trewlych dey leut e(uer) l(ieben) meynen. Ich vor se mich auch A(lexander) v(on) d(er) Dantne[1000] wert e(uer) l(ieben) berecht halben geben. Dey leut[1001] sein nich for sychtteych[1002] mit yern breffen, dan man feynt sey auff dem salle und^b ober alle. Sowlges[1003] hab ich e(uer) l(ieben) fruntlycher meynuge nich wollen bergen und bevel e(uer) l(ieben) Got, mich e(uer) l(ieben) als m(ein) h(ertz) a(ller) l(iebster) b(ruder), dan e(uer) l(ieben) schwesterlyche trew zu dertzeygen bin ych geneyget. Dat(um) an der Heiligen Dreyg Fal Keyt Tag[1004] anno xxxiii.
E H Z S

---

[997] *Die von Elisabeth an Johann Friedrich übersendeten Briefe, welche die Gesandtschaft in Dresden liegen ließ (vgl. oben Nr. 75).*

[998] = *ohne Schaden.*

[999] = *sehen.*

[1000] *Alexander von der Tann, Kammerdiener Landgraf Philipps; vgl. Anm. 502.*

[1001] *Zur Gesandtschaft des Kaisers und des Papstes vgl. ABKG III, Nr. 2269, sowie unten Anm. 1079.*

[1002] = *vorsichtig.*

[1003] = *solches.*

[1004] = *Heiligen Dreifaltigkeitstag, Trinitatis.*

Ich west nichst nuges dan das der alt[1005] wan yetz wider kumb, wert er, als mir m(ein) h(er) saget, keyn Halle[1006] und Gutterbach[1007] tzeyn, dan der bysschaff[1008] und der margraff[1009] wolten tage lesten[1010]. Ych bin yetz gesunt ober al Got lab, aber sust yst es dey alte[1011] weyst, meyn h(er) wolt mich mit mit^c auff dey yaget nemen, so hatt est im der alt aber vorbotten. Meyn her stund glich bey mir, da der dorknecht[1012] mir saget, es wer ein bot von e(uer) l(ieben). Er saget nich wol glich wegk gein, saget zu mir: „Ge zu im!" Aber ich wil im sagen, e(uer) l(ieben) hab mir nich geschriben, der bot hab mich gefraget, ab ich e(uer) l(ieben) schriben wil und hab breff an meyn yunckfrawn gehatt von der Speygelen[1013] und Elsse Poncke[1014].

    ^{a} *Sic.*
    ^{b} *Gestrichen:* aber.
    ^{c} *Sic.*

81

1533 Juni 9

Herzogin Elisabeth an Kurfürst Johann Friedrich (den Großmütigen)

Gestern schrieb Elisabeth noch, dass sie gesund sei, heute ist sie sehr schwach. – Ihr Gemahl hat Elisabeth geglaubt, dass ihr Johann Friedrich nicht geschrieben habe; ihr gegenüber hat Herzog Johann (der Jüngere) behauptet, er hätte nichts dagegen, wenn der Kurfürst Briefe an sie richten würde. – Elisabeth bittet Johann Friedrich sich weiter für sie einzusetzen. – Elisabeth soll damit zufrieden sein, dass Herzog Georg nichts Schlechtes von ihr denkt und solle ihn machen lassen, da er alt sei. – Seit Ostern hat ihr Gemahl nicht mehr bei ihr gelegen. Sie weiß nicht, ob es ihm verboten wurde oder ob man sie auf die Probe stellen will. — Johann Friedrich soll den Brief verbrennen.

HStA Dresden, 10024, Loc. 10548/6, fol. 31r.

Überlieferung: Ausfertigung.

Schrift: eigenhändig.

Adresse: [Dem hoch]gebornen fursten hern / [Hans Frei]derych hertzoge zu / [Sachssen des] heylgen romsenych / [reychs ertz m]arschalk und / [korfurst etc.] meinem / [freundlichen lie]ben ohmen und / [bruder yn seiner] lieb eigen // hant.

  [1005] *Herzog Georg (der Bärtige) (1471–1539).*
  [1006] *Halle (Saale), Stadt nw Leipzig, Residenz des Erzbischofs von Magdeburg.*
  [1007] *Jüterbog, Stadt nö Wittenberg.*
  [1008] *Kardinal Albrecht von Brandenburg (1490–1545), Erzbischof zu Mainz und Magdeburg; vgl. zu ihm ADB 1 (1875), S. 268–271; NDB 1 (1953), S. 166f.; Jürgensmeier, Erzbischof Albrecht von Brandenburg 1490–1545.*
  [1009] *Markgraf Joachim II. (der Jüngere) von Brandenburg (1505–1571); vgl. Anm. 397.*
  [1010] *= (gerichtlich) verhandeln, beraten; vgl. DWB, Bd. 21, Sp. 78 (Artikel „tagleisten").*
  [1011] *Herzogin Barbara von Sachsen (1478–1534).*
  [1012] *= Türknecht.*
  [1013] *N. N. Spiegel.*
  [1014] *Else von Ponickau, sächs.-ernest. Hofjungfer, heiratete 1535 Haubold Pflugk (1502–1563), sächs.-ernest. Rat, Amtmann von Altenburg; vgl. Mansberg, Erbarmanschaft Wettinischer Lande I, S. 277; Ahnenreihenwerk der Geschwister Fischer, Bd. 4, Teil V: Teil IX, Ergänzungen und Berichtigungen, S. 1; ebd., Teil X: Teil XXII, Stammtafel, S. 11.*

Nr. bei Werl: 60.

Kanzleivermerke: Die hertzogin von Rochlitz irer sach(en) halb(en) mit hertzog Georgen zu Sachß(en) etc., bittet, den brif zuczerreiß(en) – 1534.

Bemerkung: Siegeleinschnitte sind vorhanden; das Siegel und der Siegelstreifen selbst sind verloren; die Adresse ist entsprechend beschädigt überkommen. – Die Datierung im Kanzleivermerk zu 1534 ist hier wie anderswo irrig.

Druck: ABKG III, Nr. 2261a.

Meyn f(reuntlicher) h(ertz) a(ller) l(iebster) o(hme) u(nd) bruder; gestern schreb ich e(uer) l(ieben),[1015] das ich gesunst wer, aber heyntte bin ich ser schwach wortten und gantz matt. Aber ich hoff, es sal mir nich schatten, dan ich kant bolt krant wertten und wider gesuntt. Ich las e(uer) l(ieben) auch wissen, das meyn her gantz glab, e(uer) l(ieben) hab mir gestern nich geschriben. Er saget, da ich es im saget, was schat es, wan er dir glich schribe. M(ein) h(ertz) a(ller) l(iebster) b(ruder), ich byt e(uer) l(ieben) sey ya flissych drant, das ich voranwert wert, dan ich droff mich nichst an nemen; must dunt als gefeil es mir wol also, dan m(ein) her sprecht, weil er es nicht auff mich glob, was ich dan dar nach frag, dan seyn[a] vatter sey ein alt man, ych must im nach lassen und solge bussen[1016] und must mich leytten. Er hat aber mal[b] sey der ostern[1017] ney bey mir geleygen[1018]; nich west ich, ob es im vorbotten yst, ob sey mich auff dey brouffe[1019] setzsen, ob sey wollen sen, was ich im schelte fourre[1020]. Wey wol ich winger dan nichst darnach frag, dan ich west mich gerechtt. Und wil heyr mit e(uer) l(ieben)[c], m(ein) h(ertz) a(ller) l(iebster) b(ruder) Got bevellen und mich e(uer) l(ieben), dan e(uer) l(ieben) schwesterlich trew zu dertzeygen bin ich geneygett. Dat(um) montag nach Drinnetak[1021] anno xxxiii.

E H Z S etc.

E(uer) l(ieben) vorbrunt den breff.

[a] *Gestrichen:* m.
[b] *Wort hochgestellt eingefügt.*
[c] *Sigle hochgestellt eingefügt.*

82

1533 Juni 10

Herzogin Elisabeth an Landgraf Philipp (den Großmütigen)

Elisabeth ist gesund. Sie bittet Philipp, Herzog Georg (dem Bärtigen) freundlich zu schreiben. – Philipp soll sich in der Nassauer Sache vorsehen und sich gegenüber Kurfürst

---

[1015] *Vgl. oben Nr. 80 (Brief Elisabeths an Johann Friedrich, 1533 Juni 8).*

[1016] *Possen = Scherze, auch ein Scherzspiel; vgl. zur vielschichtigen Semantik DWB, Bd. 2, Sp. 261 (Artikel „Bosse"), auch Bd. 13, Sp. 2013 (Artikel „Posse").*

[1017] = 1533 April 13.

[1018] *Gemeint ist die sexuelle Zurückweisung durch ihren Gemahl Herzog Johann. Vgl. Thieme, Glaube und Ohnmacht, S. 170.*

[1019] = *Probe, Prüfung.*

[1020] = *im Schilde führe.*

[1021] = *Trinitatis.*

Johann Friedrich (dem Großmütigen) freundlich verhalten, denn er meint es gut mit ihm und treue Freunde sind selten. – Elisabeth mahnt ihren Bruder, sein Vorhaben zur Wiedereinsetzung Herzog Ulrichs von Württemberg geheimzuhalten, denn man weiß nicht, wem zu trauen ist. Philipp soll nicht zu Schaden kommen; die Leute sind falsch und lassen sich bestechen. — Elisabeth bittet Philipp der Einladung Herzog Georgs (des Bärtigen) zur Jagd zu folgen. Falls er nicht kommen kann oder will, soll er seine Gemahlin herschicken. Vielleicht lässt Herzog Georg Elisabeth dann wieder zu ihm, wenn er erkennt, dass Philipp sich freundlich zeigt. – Elisabeth lässt sich jetzt ein Halsband machen, welches sie Philipp schicken möchte. – Philipp soll Herzog Georg in drei oder vier Wochen einen Boten schicken.

> *StA Marburg, PA 2841, fol. 59r – v; Zettel: 62r.*
>
> *Überlieferung: Ausfertigung.*
>
> *Schrift: eigenhändig.*
>
> *Adresse:* [Meinem f]runttlichen hertz- / [lieben her]n lantgraff- / [en Philipp zu] Hessen in s(einer) l(ieb) // eigen hant.
>
> *Nr. bei Werl: 61.*
>
> *Kanzleivermerke: Zettel:* lag bei 1534 April, ist aber wohl älter *(Archivarshand 20. Jh.).*
>
> *Bemerkung: Siegeleinschnitte und Reste des Siegellacks sind vorhanden; das Siegel und der Siegelstreifen selbst sind verloren; die Adresse ist entsprechend beschädigt überkommen. – Zu diesem Brief gehört ein Zettel, der im Bestand unter fol. 62 abgelegt ist. Der Zettel wurde seitenverkehrt in den Brief eingelegt. Die Faltung und die vorhandenen Siegeleinschnitte sind identisch.*

Mein hertz aller liebester bruder, wan es e(uer) l(ieben) allen halben wolt gein[1022] erfor ych gern. An gesunttheytt geitt mir es noch Got lob[a] yetz wider wolt[1023]. M(ein) h(ertz) a(ller) l(iebster) bruder, ych bett e(uer) l(ieben) gantz frunttlichen, e(uer) l(ieben) wolt yo dem her vatter nicht speytz schriben und sych frunttlich keint im beywissen, dan ych moch es sust noch mir entt gelten. Hertz lieber bruder, e(uer) l(ieben) sei sych yo wolt for mitt der Nasseisen sach[1024] und foulge rattes, dan wan enst ein sach mit rech gewin, sein man alweig wolt leut dei helffen, das man es kreigett von dein dei es eim schultich sein. Und wilt e(uer) l(ieben) frunttlichen bett, e(uer) l(ieben) sey yo dem kortforsten frunttlich, dan her mein es gut mit e(uer) l(ieben). E(uer) l(ieben) ober geb in yo nich umb eins gerencken wilt, dan es sein gutte getrew fruntte wolt vor augen tzu halten, dan getrew fruntte sein selsam, umb ein winck guttes wilt ober geb in e(uer) l(ieben) nich, das yst mein ratt. Und bett e(uer) l(ieben) frunttlichen, e(uer) l(ieben) wolt yo des hertzogen von Werttenbergk sach[1025] in grosser gehem halten in dem mir e(uer) l(ieben) sagett, dan dei leut sein selsam, west niman, wem wan getrewen salt. Und dei sach wolt bedencken, das nich moch erger wertten dan yetz, das e(uer) l(ieben) nicht auch tzu schaten kemb in der sach, dan e(uer) l(ieben) west wolt, wan man dei leut aber tzottert, wan und glock[1026] dreint flouge, das man dein greff aber her

---

[1022]   = *Wohlergehen.*
[1023]   = *wohl.*
[1024]   *Gemeint ist die Nassauer Sache, also der Rechtsstreit zwischen den Grafen von Nassau und Hessen um die von Hessen in Besitz genommene Grafschaft Katzenelnbogen. Vgl. zur Sache Demandt, Die Grafen von Katzenelnbogen und ihr Erbe; Schmidt, Landgraf Philipp der Großmütige und das Katzenelnbogener Erbe.*
[1025]   *Gemeint ist die Restitution Herzog Ulrichs von Württemberg (1487 – 1550). Vgl. Anm. 795.*
[1026]   = *Unglück.*

tzum schalk wortte. Und saget es selber, so wort nichst gutz drust. E(uer) l(ieben) bedencks wolt, dem hertzogen und e(uer) l(ieben) tzu gutt, dan e(uer) l(ieben) glab nich, wei falsch dei leutt sein, man besteich[1027] sei alle mitt gelte. Damit sey e(uer) l(ieben) dem ewichgen Gott bevolt, e(uer) l(ieben) dut ych was e(uer) l(ieben) lieb yst und bevelt ‖ und bevelt[b] mich e(uer) l(ieben) als m(ein) h(ertz) a(ller) l(iebster) bruder. Dat(um) ser eillen[1028] dinstag nach der Heilgen Dreiheit Tag[c] [1029].

E H Z S etc.

Mein hertzlieber bruder, ych bett e(uer) l(ieben) gantz frunttlichen abt es kemb, das der her vatter e(uer) l(ieben) und e(uer) l(ieben) gemalt[1030] bette auff dei yagett. Aber sust e(uer) l(ieben) wolt kumen und wo e(uer) l(ieben) yo nich kumb kuntt aber wolt, das e(uer) l(ieben) dan yer[d] lieb leist kumen. Veilleych leist mich dan der her vatter wider tzu e(uer) l(ieben) kumen, wan her seige, das e(uer) l(ieben) sych so gantz frunttlich ertzeigett und wortt sych dan dester mir gutz tzu e(uer) l(ieben) vorsen. E(uer) l(ieben) dutt es dach umb mein wilt, ych wilt wider umb e(uer) l(ieben) wilt duntt, was e(uer) l(ieben) haun wilt, dan ych mussen ser keintt s(einer) l(ieben) enttgelten, geitt gar ober mir auß. Ych hett e(uer) l(ieben) vilt tzu sagen. H(ertz) l(ieber) brutter, ych last mir yetz ein[e] hals bantt machen. Wan das ferttych wertt, wilt ych dan als mit ein nantter[1031] e(uer) l(ieben) vortzeigen schiken. E(uer) l(ieben) schikt Yergen[1032] in iii wochen[1033] ein bottenrust. Abein in veir wochgen so wilt ychs e(uer) l(ieben) schiken.

[a] *Wort hochgestellt eingefügt.*
[b] *Sic.*
[c] *Wort am Zeilenende unter die auslaufende Zeile gestellt.*
[d] *Gestrichen:* li.
[e] *Gestrichen:* buch.

83

Reinhardswald *1533 Juni 11*

Landgraf Philipp (der Großmütige) an Kurfürst Johann Friedrich (den Großmütigen)

Philipp hat das Schreiben Johann Friedrichs[1034] mit den Hinweisen zu seinem Schreiben an die Landschaft Herzog Georgs (des Bärtigen) erhalten. Deshalb schickt Philipp nun wie verlangt die Antwort Herzog Georgs und seine dazu ergangene Widerlegung mit der Bitte, dass Johann Friedrich unser und unser schwester notdurft daruf weither zuerwegen. *Gleiches hat er den Herzögen Erich I. (dem Älteren) von Braunschweig-Lüneburg-Calenberg-Göttingen und Ernst I. (dem Bekenner) von Braunschweig-Lüneburg sowie Heinrich V. (dem Friedfertigen) von Mecklenburg mitteilen lassen. Philipp gibt aber zu bedenken, dass die erbetenen Schreiben der befreundeten Fürsten wohl erst in sechs Wochen an Herzog Georg*

[1027] = besticht.
[1028] = sehr eilend.
[1029] = Trinitatis.
[1030] *Landgräfin Christine von Hessen (1505–1549).*
[1031] = miteinander.
[1032] *Herzog Georg (der Bärtige) (1471–1539).*
[1033] = drei Wochen.
[1034] *Vgl. oben Nr. 79 (Brief Johann Friedrichs an Philipp, 1533 Juni 5).*

kommen werden, er also erst dann das Schreiben an die Landschaft versenden kann. Deshalb erscheint es Philipp günstiger, seine Note schon einstweilen an etliche von der Landschaft ausgehen zu lassen, doch ist er auch bereit, sich den Vorschlägen Johann Friedrichs zu fügen und die Note später zu versenden. Philipp möchte Johann Friedrich in der Woche nach Johannis zu Schmalkalden treffen.

Datum Rheinhartswalde am mitwoch(en) nach Trinitat(is) anno etc. xxxiii.

I. StA Marburg, PA 2556, fol. 10r–11r; II. HStA Dresden, 10024, 10548/11, fol. 89r–90r.

Überlieferung: I. Konzept; II. Ausfertigung.

Schrift: I. hess. Kanzleischreiber; II. hess. Kanzleischreiber

Adresse: I. ªAn churf(ursten) zu Sachss(en)ª; II. Eur hochgebornen fursten herren Johans Friede- / richen herzogen zw Sachssen, des heyligen ro(mischen) / reichs ertzmarschalk und churfursten lantg(ra)f(en) / in Duringen und margkgraven zu Meichssen / unserm freuntlichen lieben vett(er)n und brud(er) // zu seiner lieb / selbst hand(en).

Kanzleivermerke: I. S(einer) g(naden) und irer schwest(er) notdurft weit(er) ermess(en); II. a) Landgraff zu Hessen seiner schwester sachen halben etc.; b) l. k. – D(er) landgraff schreibt nun sein bedenck(en) in seiner schwest(er) sach(en) und schickt copei einer schrifft, so nachmahl von den blutsfreund(en) an h(erzog) Georg(en) ausgeh(en) soll. Dat(um) Reinhartswalde, dem mittwoch(en) nach Trinitatis anno etc. 33.

Bemerkung: I. Der Entwurf enthält nur wenige Korrekturen und Ergänzungen.

a-a Unter dem Text.

84

1533 Juni 13

Herzogin Elisabeth an Kurfürst Johann Friedrich (den Großmütigen)

Elisabeths gesundheitlicher Zustand hat sich so gebessert, dass sie wieder aufstehen kann; sie ist aber nicht so krank gewesen, dass sie nicht gern mit ihrem Gemahl zu Johann Friedrich gekommen wäre, hätte sich dies einrichten lassen. – Elisabeth hat gehört, dass Johann Friedrich jetzt auf die Jagd ziehe und wäre gern bei ihm; Johann Friedrich soll mit ihr hoffen, dass sie bald wieder gesund ist. – Heinrich von Schleinitz kommt wegen eines Fiebers nicht zum Oberhofgericht nach Altenburg, die wirkliche Ursache dafür weiß Johann Friedrich aber sehr wohl selbst. – Johann Friedrich soll dem Gesuch Georgs von Vitzthum über die Erbausstattung von dessen Frau so stattgeben, wie es ihm Vitzthum demnächst vorlegen wird. Die Frau ist Elisabeths Dienerin gewesen und sollte gut versorgt werden. – Elisabeth hatte berichtet, dass Herzog Georg (der Bärtige) auf einen Tag zu Markgraf Georg (dem Frommen) von Brandenburg-Ansbach ziehen will; dieser ist verschoben und wird um St. Anna sein. – Elisabeth schildert ihre gesundheitlichen Beschwerden eingehender und bittet Johann Friedrich, dass er seine Doktoren darüber befragt, weil den hiesigen Doktoren nicht zu trauen ist. – Elisabeth beklagt sich, dass sie nicht zur Jagd kommen darf und wie ein Kettenhund gehalten wird. Sie weiß nicht, ob sie Witwe oder Ehefrau ist, denn ihr Gemahl hat im letzten halben Jahr nur zweimal bei ihr gelegen. – Elisabeth bittet, den Brief zu verbrennen.

HStA Dresden, 10024, Loc. 10548/6, fol. 49r – v.[1035]

Überlieferung: Ausfertigung.

Schrift: albert. Kanzleischreiber (schriftgleich Nr. 75, 87, 88, 90, 102, 111); Adresse, Datierung, Unterschrift, Nachtrag und Korrekturen eigenhändig.

Adresse: [D h] g b fursten h / [Hans Fridryc]h h z s d h / [r r ert]zmarschalck / [u korfur]ste m f / [lieben ohm]en und bruder / [y s lieb e]igen hant.[1036]

Nr. bei Werl: 62.

Kanzleivermerke: ~~1534~~.

Bemerkung: Siegeleinschnitte sind vorhanden; das Siegel und der Siegelstreifen selbst sind verloren; die Adresse ist entsprechend beschädigt überkommen. – Die Datierung im Kanzleivermerk zu 1534 ist hier wie anderswo irrig.

Fruntlicher liber ohme und bruder; ich habe euer libe nest beyn kreyen[1037] geschryben, das ich ein wenigk[a] schau[cz][b] [1038] bin. Aber es hat sych Got sey lob ein wenyg gebesert, das ich wyder wol kan umb gen[1039]. Aber ich bin nye so kranck gewest. Ich hette wol wollen tzu euer libe mit meinen heren reyden ader foren, wens hette wollen sych schycken. Ich habe gehort, euer libe wyl itzund auf die gauet[c] [1040] tzyn, so wol ich, das ich bey euer libe wer so hofte, ich wolt gar wyder gesuntt[d] werden. Ich weyst euer libe itzund nites neues tzu schreyben, dan das Heyrich von Schleynitz[1041] sych hat an genomen, er hat das febers[1042] und hat nit wollen auf das hofe gerichte ken Aldenburg[1043] tzy. Euer libe vor stet die orsache wol.[1044] Es ist auch mein fruntliche bitte an euer libe, euer libe wolt[e] Jurge von Fytztem[f] [1045] seynem weibe[1046] [g] lasen ver machen, wye ers den an euer libe suchen wert. Euer libe wolt es[h] umb meiner wyllen tun, die weyle seyn weyb meine dinern[i] ist gewest, so wol euer libe helfen, das sye wol vor sorget wurde. Sulch wyl ich wider[j] yn allem gutten umb euer libe vor gleichen. Do mit befelich euer libe dem allemechttigen Gotte, der gebe euer libe, was euch l(ieben)[k] sellig und gut ist, und bit euer libe wolt mein yn allen guden gedenen[1047], den euer libe scheusterliche[l] trewe tzu er tzeygen bin ich alle tzey wyllig. Ich habe euer libe nest geschryben, das der her vatter auf tag tzum marggrafen[1048] ken Anthebach[1049] komen

---

[1035] *Mit der Zahl 49 sind fälschlich zwei aufeinander folgende Blätter foliiert worden.*

[1036] *Steht für:* **Dem hochgeborenen Fürsten Herrn Hans Friedrich, Herzog zu Sachsen, des Heiligen Römischen Reichs Erzmarschall und Kurfürst,** *meinem freundlichen lieben* **Oheim und Bruder in seiner Lieben eigen Hand.**

[1037] *Eine Person?*

[1038] *Gemeint ist wohl ‚schwach‘ oder ‚krank‘ (vgl. oben Nr. 81).*

[1039] *= umhergehen.*

[1040] *Gemeint ist ‚Jagd‘; vgl. Nachtrag zu diesem Brief.*

[1041] *Heinrich von Schleinitz zu Saathain und Koselitz († 1543), sächs.-albert. Rat und Hofmarschall; vgl. Anm. 5.*

[1042] *= Fieber.*

[1043] *= Oberhofgericht zu Altenburg.*

[1044] *Elisabeth spielt hier darauf an, dass Heinrich von Schleinitz aus Angst vor Kurfürst Johann Friedrich die Reise nach Altenburg zu dessen Oberhofgericht scheue. Schleinitz hatte Elisabeth der Untreue bezichtigt und musste deshalb die Reaktion des Kurfürsten wohl zu Recht fürchten.*

[1045] *Georg von Vitzthum zu Eckstedt.*

[1046] *Clara, geb. von Bernstein, Gemahlin Georgs von Vitzthum zu Eckstedt, ehemals Hofjungfer Elisabeths; vgl. KES I, Nr. 140.*

[1047] *= gedenken.*

[1048] *Markgraf Georg (der Fromme) von Brandenburg-Ansbach (1484–1543); vgl. Anm. 566.*

[1049] *Ansbach, Stadt w Nürnberg, Residenz der Markgrafen zu Brandenburg-Ansbach.*

wird, so ist der vor lenert und sal umb Sant Anna[1050] seyn. Es ist mein bit an euer libe, wolt doch mit euer liben docktern[m] dar von reden, was man dun sal, wen eim die fluse[1051] auf einer seyte fallen yn die tzen und in bagen und wen eym das heud[1052] wuste ist und kan nit schlafen und arm und beine tun eim we, sunerlich die kneib[n], ‖ den euer libe weyst for wol, das ich den dockern hye nit wol darf vortrauen[o] etc. Dat(um) freytag spet nach Corberest Creste[1053] anno xxxiii.

E H Z S etc.

H(ertz) a(ller) l(iebster) b(ruder); ych kumb auff keyn yaget, leyg in wey ein ketten hunt. Ych weyst nicht, ob ich ein wettwe bin ober ein ee fraw.[p] Meyn her hatt nu in eim halben yarg ii nacht[1054] bey mir geleygen[1055]. E(uer) l(ieben) vor brunt den breff.

   [a] *Wort hochgestellt eingefügt.*
   [b] *Wort durch abgeschnittenen Seitenrand nicht weiter leserlich.*
   [c] *Sic.*
   [d] *Wort hochgestellt eingefügt; darunter gestrichen:* gestu.
   [e] *Von Elisabeth eigenhändig gestrichen:* doch.
   [f] *Von Elisabeth eigenhändig korrigiert; vorher:* Fytten.
   [g] *Gestrichen:* doch.
   [h] *Von Elisabeth eigenhändig gestrichen:* doch.
   [i] *Wort korrigiert; vorher:* dinnern.
   [j] *Gestrichen:* umb euer libe.
   [k] *Sigle von Elisabeth eigenhändig hochgestellt eingefügt.*
   [l] *Sic.*
   [m] *Von Elisabeth eigenhändig korrigiert; vorher:* dockern.
   [n] *Von Elisabeth eigenhändig korrigiert; vorher:* knib.
   [o] *Ab hier Elisabeth eigenhändig.*
   [p] *Gestrichen:* w.

85

Boitzenburg   *1533 Juni 14*

Herzog Heinrich V. (der Friedfertige) von Mecklenburg an Landgraf Philipp (den Großmütigen)
Heinrich hat den Bericht Philipps über die Antwort, die Herzog Georg (der Bärtige) jüngst in der Sache Elisabeths gegeben hat, erhalten und will, desselben e(uer) l(ieben) berichts, zu sampt vogeschenen berichts, handelungen und inbietens, durch e(uer) l(ieben), und andere, auch uns gescheen, freuntlich indenck sein. *Datum* Boytzenborgk, sonnabents nach Corporis Cristi anno d(o)m(ini) etc. xxxiii.

[1050] = *St. Anna (1533 August 2).*
[1051] = *Fluss, im Sinne von krankem Fluss, also Blutfluss, Ruhr, Rheuma oder Katarrh; vgl. DWB, Bd. 3, Sp. 1856 (Artikel „fluss"). – Hier vermutlich im Sinne von Katarrh als Entzündung der Schleimhäute.*
[1052] *Gemeint ist hier wohl das ‚Haupt', also Kopfwüstigkeit = Grippe.*
[1053] = *Corporis Christi.*
[1054] = *zwei Nächte.*
[1055] *Gemeint ist die sexuelle Zurückweisung durch ihren Gemahl Herzog Johann. Vgl. Thieme, Glaube und Ohnmacht, S. 170.*

[Zettel:] Heinrich hat diese Antwort Herzog Georgs auch an Philipp schicken wollen. Aber weil aus Herzog Georgs Brief hervorging, dass Kopien an die Fürsten und Kurfürsten gesandt worden sind, die also auch Philipp auf diesem Wege eher erreicht haben, hielt Heinrich dies für unnötig.

StA Marburg, PA 2151, fol. 1r; Zettel: 2r.

Überlieferung: Ausfertigung.

Schrift: mecklenb. Kanzleischreiber.

Adresse: Dem hochgebornen fursten herrn Philipßen / landtgraven zu Hessen, graven zu Katzen- / elbogen zu Czygenheym, Dietz und Nidda / unserm freuntlichen lieben vedtern.

Kanzleivermerke: Herzog Heinrich zu Mecklenburgk gibt antwort uf di ubersandte verlegung herzog Jorg(en) antworten an der sach(en) m(eines) g(nedigen) h(errn) schwest(er) belang(end).

Bemerkung: Der Brief wurde gefaltet und ohne Siegelstreifen aufgedrückt gesiegelt. Das Siegel ist vollständig erhalten. – Die Zuordnung des Zettels ergibt sich aus der identischen Faltung.

86*

[vor 1533 Juni 23]

Kurfürst Johann Friedrich (der Großmütige) an Herzogin Elisabeth
Johann Friedrich teilt Elisabeth sein fröhliches Gemüt mit. Er will sich ihrer Sache zu Schmalkalden annehmen.

Überlieferung: verloren.

Bemerkung: Die Ausfertigung und die Datierung dieses Schreibens ergeben sich aus Nr. 87.

87

1533 Juni 23

Herzogin Elisabeth an Kurfürst Johann Friedrich (den Großmütigen)
Elisabeth hat die Nachricht Johann Friedrichs in der Nacht bekommen. Diesen Brief soll er an ihren Bruder schicken. – Herzogin Barbara wird wieder gesund und geht bereits wieder in die Kirche. – Die Gemahlin Heinrichs von Schleinitz hat vor den Hofjungfern gesagt, dass er um der Landstände Willen Urlaub nehmen solle. Heinrich von Schleinitz selbst hat sich dagegen ausgesprochen und will nur Elisabeth zuwider hier bleiben. – Elisabeth bedankt sich, dass sich Johann Friedrich ihrer Sache zu Schmalkalden annehmen möchte. – Hans Pflugk ist nicht zu trauen, denn er steht Hans von Schönberg nahe. Er erzählt öffentlich, was sie mit ihrem Bruder besprochen hat. Außerdem meint er, es solle nicht nach ihrem Willen gehen und Hans von Schönberg sowie Heinrich von Schleinitz müssten am Hof bleiben.

HStA Dresden, 10024, Loc. 10548/7, fol. 38r – v.

Überlieferung: Ausfertigung.

Schrift: albert. Kanzleischreiber (schriftgleich Nr. 75, 84, 88, 90, 102, 111); eigenhändig.

Adresse: [Dem du]rch lauchten hoch- / [gebornen] fursten heren[a] / [Hans F]ryderich hertzen tzu / [Sachsen des] roumsen reychst[b] ertzmarslig und[c] / [und korf]orste etc.[d] / [meynem] liben ohmen / [und bruder yn] seyner liben // [eigen hant].

Nr. bei Werl: 63.

Kanzleivermerke: Dic hertzogin zu Rochlitz in irer bösen sach(en) etc. – 1534.

Bemerkung: Siegeleinschnitte und Reste des Siegellacks sind vorhanden; das Siegel und der Siegelstreifen selbst sind verloren; die Adresse ist entsprechend beschädigt überkommen. – Die Adresse wurde vom Kanzleischreiber verfasst und von Elisabeth korrigiert. – Die Datierung im Kanzleivermerk zu 1534 ist hier wie anderswo irrig.

Fruntlicher liber ohme und bruder, ich las euer libe wysen, das ich nechtten[e] euer liben schreyben[1056] uber kumen habe und hore hertzlich gerne, das euer libe so frulich ist. Ich wolt gerne, das ich dar bei gewest were, aber ich habe sorge, mir ist nites guttes bescherst. Liber ohme und bruder, es ist mein fruntlich bit an euer libe, yr wolt disen bryfs meim bruder[f] uber anworten. Ich weyst euer libe itzund nites neues tzu schreyben, den das die frau mutter[1057] wyder auf das aller gesunste werd, sye tzeut[1058] sych wider an und get wider yn die kyrgen[1059]. Ich weyst nit, was sye vor eintir ist, ab sye wolf aber ein ber ist. Und las euer libe wysen, das Hayrich von Schleyntz weyb[1060] hat wyder erlich jungfern gesaet, wie das die lanttschaf hat wollen haben, das er[1061] sal orlob nemen. So wyl ers nit tun und sprych, es geschyt nar dur[g] meint wyllen, und wyl[h] mir tzu wider hybleiben. Und der her vatter hat auch tzu ym gesaet, ab er wyl felt fluchtig[1062] von ym werden, den er weys nites, das er wider mich getan hat, den ich bin nund[i] sunst so neides[1063] und Heyrich von Schleynetz wyl mir nar tzu wider hyr bleyben.[j] F(reuntlicher) h(ertz) a(ller) l(iebster) o(hme) u(nd) b(ruder); e(uer) l(ieben) schribet mir auch, das e(uer) l(ieben) meiner sachen zu Schmalkalten[1064] gedencken wil yn meyn besten. Das bedanck ych mich auff das aller fruntlychste. Wil mich es auch gantz zu e(uer) l(ieben) vor sen als zu meyn eigen bruder und byt, e(uer) l(ieben) wyl sych mich lassen bevollen seyn. F(reuntlicher) h(ertz) a(ller) l(iebster) b(ruder), das Hans[k] Pflugk[1065] also zu der sach rett, da vorkoff er e(uer) l(ieben) nor fosckschwentz[1066] und seyn wort und fettern, dan es yst ein untrew mengen[1067]. Ych stel mich genedych zu ym, aber es yst gewist nichst mit im, dan er henck gar an Hans von Schonbergk[1068]. Und da nest meyn bruder wegk kamb, da war er drefflich undnutz auff mich. Saget zu etlychen leutten, was ich nu auß gerecht het mit m(ein) bruder, dan ych solt mirs nich gein nach meyn willen, H(ans) v(on) S(chonbergk) und Schlintz sollen wol ‖ bleyben vor mir. Und vel unnutzser

---

[1056] *Das Schreiben Johann Friedrichs an Elisabeth ist verloren und wird hier unter der Nr. 86 geführt.*

[1057] *Herzogin Barbara von Sachsen (1478–1534).*

[1058] *= zieht.*

[1059] *= Kirche.*

[1060] *Die Gemahlin Heinrichs von Schleinitz zu Saathain und Koselitz war einige Zeit die Hofmeisterin Elisabeths; vgl. Anm. 268.*

[1061] *Heinrich von Schleinitz zu Saathain und Koselitz († 1543), sächs.-albert. Rat und Hofmarschall; vgl. Anm. 5.*

[1062] *= feldflüchtig.*

[1063] *= denn ich bin umsonst so neidisch.*

[1064] *Schmalkalden, n Meiningen.*

[1065] *Hans Pflugk zu Frauenhain († 1547), Hofdiener, Rat und Gesandter Herzog Georgs; vgl. Anm. 661.*

[1066] *= da schmeichelt er euer lieben nur.*

[1067] *= Mensch.*

[1068] *Hans (junior) von Schönberg zu Reinsberg († 1537), sächs.-albert. Rat und Amtmann; vgl. Anm. 4.*

wort auff meyn bruder, er yst drefflych undnutz auff e(uer) l(ieben) und dey Ewangeylsen und meyn bruder. Ych dut umerdar als wost ych es nicht. Sowlges[1069] hab ich e(uer) l(ieben) fruntlycher meynunge nich wollen bergen und bevel uns Got, der helff[l] uns mit freutten zu sammen, dan e(uer) l(ieben) schwesterlyche trew zu der tzeygen bin ych geneyget. Dat(um) an Santt Yohans aben. Yetz sal hertzoge Herych zu Sachssen[1070] kumen.

E H Z S etc.

a   *Von Elisabeth gestrichen:* her tzu.
b   roumsen reychst *hochgestellt von Elisabeth eingefügt.*
c   *Wort hochgestellt von Elisabeth eingefügt; darunter gestrichen:* das.
d   -orste etc. *hochgestellt von Elisabeth eingefügt; darunter gestrichen:* sen bye ryches.
e   *Wort hochgestellt eingefügt; darunter gestrichen:* neten.
f   *Gestrichen:* tzuschycken disen.
g   *Sic.*
h   *Gestrichen:* mei.
i   *Sic.*
j   *Ab hier Elisabeth eigenhändig.*
k   *Gestrichen:* Sp. *Hier wollte Elisabeth wohl erst* Hans Spiegel *schreiben.*
l   *Gestrichen:* und.

88

1533 Juli 1

Herzogin Elisabeth an Kurfürst Johann Friedrich (den Großmütigen)

Markgraf Georg (der Fromme) von Brandenburg-Ansbach hat ihr gesagt, sie soll Johann Friedrich über seinen Diener schreiben. – Herzog Johann (der Jüngere) hat seinen Vater um die Erlaubnis gebeten, Elisabeth mit ihm ausreiten zu lassen. Aus Furcht vor einer Entführung hat Herzog Georg (der Bärtige) diese Bitte aber abgelehnt. Er hat Bedenken, dass der Kurfürst sie und ihren Gemahl bald wegholen wird. Er erlaubt den Ausritt nur, wenn er selbst mitkommt. – Markgraf Georg will sie zu seiner Hochzeit einladen, damit sie seine zukünftige Gemahlin auf der Heimfahrt begleitet. Elisabeth fürchtet aber, dass es nicht dazu kommt. – Hans von Schönberg hat seiner Tochter verboten, mit Elisabeth zu reden. – Am Hof gibt es kaum einen Menschen, dem man vertrauen kann. – Herzog Georg und Herzog Johann sind gestern fortgezogen. – Ihr Gemahl hat seit Ostern nicht mehr bei ihr gelegen. — In einigen Tagen kehren die Herzöge wieder nach Dresden zurück und ziehen dann nach Jüterbog weiter. Georg von Karlowitz will versuchen, Elisabeths Teilnahme an der Hochzeit zu erwirken, wenn sie und ihr Bruder zusichern, dass sie wieder zurückkehrt. Sie weiß aber nicht, ob er es ernst meint.

HStA Dresden, 10024, Loc. 10548/6, fol. 68r–v.

Überlieferung: Ausfertigung.

Schrift: albert. Kanzleischreiber (schriftgleich Nr. 75, 84, 87, 90, 102, 111); eigenhändig ab fol. 68v.

1069   = *solches.*
1070   *Herzog Heinrich (der Fromme) von Sachsen (1473–1541).*

Adresse: [Dem hoch]gebornen fursten / [hern Hans] Freiderych hertzoge / [zu Sachss]en das hailgen / [roumsen reyc]hst ertzmarschalk / [und korfurst]e lantgraff / [in Doringen und] margraff / [zu Meissen] meinem / [fruntlichen l]ieben ohmen / [und brude]r yn seiner lieb // eigen hant.

Nr. bei Werl: 64.

Kanzleivermerke: Hertzogin zu Rochlitz   1533.

Bemerkung: Siegeleinschnitte sind vorhanden; das Siegel und der Siegelstreifen selbst sind verloren; das Umschlagblatt (fol. 69) mit der beschädigten Adresse und dem Kanzleivermerk hat sich erhalten. – Den Brief überbrachte ein Diener des Markgrafen Georg von Brandenburg-Ansbach.

Druck: ABKG III, Nr. 2284.

Fruntlicher liber ohme und bruder, es hat mir marckgraf Jurge[1071] lasen sagen, wor ich euer libe schreyben wil, so sal ich[a] itzund bey seynem diner schreyben. So weys ich euer libe itzund nites neues tzu schreyben, den das mein her[b] den her vatter itzund aber eyn mal habe lasen an suchen, das er mir erleuben wolt, das ich mechtts mit meim heren naus reyten. So hat er gesaet, das ers der orsachen halben under wegen gelasen hat, denn die von Wyrdenberg ist auch enweg gefurt[1072], das gleychen auch die marck grefen[1073]. So hat er das bedenken dar yn gehat, das der kurfurst so balt mecht zu schlan als mein bruder [d]und mein heren und mich weg[c] fouren,[d] der halben hat ers under lasen. Aber wor[e] das gewys sult seyn, so wyl er mir nu der weylen selber er leuben, wo ich in dar umb las ansprechen[f] [g]wan er selber mit tzouge. Ich las[g] mich aber beduncken, es ist ein lose ent schuldun, den es geschyt mir nor[h] tzu vor drys[1074]. Ich las euer libe wysen, das mir marck graf Jurge wolt auf die hotzeyt[1075] schreyben, das ich das freugen[1076] solt helfen heym furen. Ich habe aber sorge, es wirt nites dar aus, den wen es geschyt, so wil ich es euer libe schreyben. Ich habe euer libe naulich bey einen boten geschryben[1077], ich weyst aber nit, ob euer libe der brif worden ist. Ich las auch euer libe wysen, das Hans von Schunbergk seyner tochter[1078] heut[i] vor boten hat, sye sal nit mit mir reden und[j] umb gen[k] und hat gesaet, sye mag mir es wol sagen, das ers yr vor botten hat.

[1071] *Markgraf Georg (der Fromme) von Brandenburg-Ansbach (1484–1543); vgl. Anm. 566.*

[1072] *Elisabeth bezieht sich auf die Flucht Herzogin Sabinas von Württemberg, der Gemahlin Herzog Ulrichs, im November 1515. Vorrausgegangen war der Mord an Hans von Hutten (1477–1515) durch Herzog Ulrich im Mai desselben Jahres. Ursache für diese Tat war die Beziehung der Gemahlin Huttens, Ursula Thumb von Neuburg (1491–1551), mit Herzog Ulrich. Daraufhin floh Herzogin Sabina unter Mithilfe Dietrich Speths zu Zwiefaltendorf (†1536) gemeinsam mit ihrem neugeborenen Sohn nach Bayern zu ihren Brüdern. Vgl. dazu Wille, Landgraf Philipp der Großmüthige von Hessen, S. 5f.; Brendle, Dynastie, Reich und Reformation, S. 25–57; Sauter, Herzogin Sabina von Württemberg.*

[1073] *Gemeint ist hier die Flucht der Kurfürstin Elisabeth von Brandenburg (1485–1555), Gemahlin Kurfürst Joachims I. Die lutherisch gewordene Kurfürstin war 1528 vor ihrem altgläubigen Gemahl aus Berlin an den kurfürstlich-sächsischen Hof geflohen, wo sie zunächst bei Kurfürst Johann (dem Beständigen) Aufnahme und Schutz fand. Nach Johanns Tod gewährte auch Johann Friedrich der Kurfürstin Asyl und wies ihr schließlich das Schloss Lichtenburg (bei Prettin) als Aufenthalt zu. Vgl. Riedel, Die Kurfürstin Elisabeth von Brandenburg; Gundermann, „... weil der Markgraf sie wegen der Eucharistie in beiderlei Gestalt einzumauern drohte ...“.*

[1074] *= Verdruss.*

[1075] *Gemeint ist die Hochzeit Emilias von Sachsen (1516–1591), Tochter Herzog Heinrichs (des Frommen), mit Markgraf Georg (dem Frommen) von Brandenburg-Ansbach (1484–1543), die am 1533 August 25 in Freiberg stattfand.*

[1076] *= Fräulein.*

[1077] *Vgl. oben Nr. 87 (Brief Elisabeths an Johann Friedrich, 1533 Juni 23).*

[1078] *Barbara von Schönberg, Tochter des Hans (junior) von Schönberg zu Reinsberg; vgl. Anm. 393.*

Liber ohme und bruder, es ist hye vor war keynem mensen under den gewaldigen tzu vor trauen den kaum einem.[1] Ich las euer libe wysen, das die hern gestern[m] seyn weg getzoen[1079] und mein here hat synt ostern[n] nie bei mir gelegen[1080]; es ist sere lang weilig hye tzu Dresen ‖ in[o] allen sachen. Ych byt e(uer) l(ieben) wol meyn im besten gedencken als ich mich das zu e(uer) l(ieben) vor sen wil, und wil mich heyr mit e(uer) l(ieben) bevellen und e(uer) l(ieben) Got, der helff uns mit freutten zu sammen, und e(uer) l(ieben) schwesterlyche trew zu der tzeygen bin ich altzeyt willeych. Dat(um) am dinstag nach Petter Paules anno xxxiii.

   E H Z S etc.

In xii aber xiiii tagen[1081] kumen sey wider. Dar nach[p], sagen sey, sal der tag zu Gutter bach[1082] sein, so tzeyn sey wider wegk.[1083] Klarlewitz meyn auch, er sam ander wollen es wol an meyn alten hern erlangen, meyn mich, meyn bruder auff dey brounff loutte aber auff ein hochtzeyt, das mich meyn alter her solt da heyn lassen, wo meyn bruder und ich tzu saget, das ich wolt wider kumen. E(uer) l(ieben) schrib meyn brutter dar von. Ich wil auch fliß dunt der hochtzeyt halben ab ich kont da heyn kumen mit. Ych west aber nich, ab es seyn ernst yst.

[a] *Gestrichen:* ym.
[b] mein her *hochgestellt eingefügt; darunter gestrichen:* ich.
[c] *Gestrichen:* nemen.
[d-d] *Passage hochgestellt mit Platzhalter eingefügt.*
[e] *Gestrichen:* es an.
[f] *Mehrere Worte hochgestellt eingefügt und wieder gestrichen, unleserlich.*
[g-g] *Passage hochgestellt eingefügt; darunter gestrichen:* ich las auch euer libe wysen das.
[h] *Gestrichen:* nunst.
[i] *Wort hochgestellt eingefügt.*
[j] *Getilgt:* sal.
[k] und umb gen *hochgestellt eingefügt.*
[l] *Gestrichen:* ader tzuen.
[m] hern gestern *hochgestellt eingefügt; darunter gestrichen:* heren den mantag nach Peter und Pauli.
[n] *Gestrichen:* yr.
[o] *Ab hier Elisabeth eigenhändig.*
[p] *Wort hochgestellt eingefügt; darunter gestrichen:* zu.

[1079] = *1533 Juni 30. Jadatz/Winter verweisen auf die Gesandtschaft des Kaisers. Auf seinen Befehl waren Ugo Rangone (1486–1540), Bischof von Reggio Emilia, und der kaiserliche Orator Lambert de Briarde (um 1490–1557) als Gesandte zu Herzog Georg gereist, um ihm die Beschlüsse der Unterredung zwischen Papst Clemens VII. und Kaiser Karl V. in Bologna anzuzeigen. Sie kamen am 1533 Mai 25 in Dresden an und reisten bereits am 1533 Mai 28 zum Kurfürsten Johann Friedrich nach Weimar weiter. Vgl. ABKG III, Nr. 2269. Allerdings beziehen sich die Aussagen Elisabeths auf die Abreise Herzog Georgs und Herzog Johanns.*

[1080] *Gemeint ist die sexuelle Zurückweisung durch ihren Gemahl Herzog Johann. Vgl. Thieme, Glaube und Ohnmacht, S. 170.*

[1081] = *in 12 oder 14 Tagen.*

[1082] = *Tag zu Jüterbog.*

[1083] *Die Aussagen Elisabeths beziehen sich auf Herzog Georg, der zu den Verhandlungen mit Kardinal Albrecht und Markgraf Joachim nach Jüterbog reiste.*

89

1533 Juli 4

Herzogin Elisabeth an Kurfürst Johann Friedrich (den Großmütigen)
Elisabeth möchte wissen, ob Johann Friedrich und ihr Bruder auf die Hochzeit Markgraf Georgs (des Frommen) kommen, denn dann will sie sich umso mehr um ihre Anwesenheit bemühen. – Hans von Schönberg hat seiner Tochter verboten, mit Elisabeth zu reden. Diese habe sich darüber bei Hans Pflugk und Anton von Schönberg beklagt, die wiederum Hans von Schönberg ermahnt und bei Elisabeth in seinem Namen um Verzeihung gebeten haben. Elisabeth will ihm vergeben, denn er weiß nicht, was er redet. Ihr zuliebe würde Hans von Schönberg auch vom Hof gehen, sie solle sich ihm gegenüber nur gnädig zeigen. Elisabeth will darüber nachdenken. — Die Hofmeisterin hat sich bei Herzogin Barbara eingeschmeichelt, dass sie wieder ihre Lügen glaubt. Elisabeth hat noch nie ein verlogeneres Weib gesehen. – Hans von Schönberg ist ständig krank. Elisabeth hat gehört, er werde bald sterben. – Anton von Schönberg hat sich wegen des Abendmahls mit Herzog Georg (dem Bärtigen) überworfen; er will es nicht mehr in einer Gestalt nehmen. Nun möchte er Land im Kurfürstentum erwerben. Herzog Georg hat ihm aber verboten, seine Besitzungen zu verkaufen.

HStA Dresden, 10024, Loc. 10548/6, fol. 49^b r – v. [1084]

Überlieferung: Ausfertigung.

Schrift: eigenhändig.

Adresse: [d h g] f h h f h / [z s d h] r r e u k / [l y d m] z m m / [f l o u b y] s l eygen // hant. [1085]

Nr. bei Werl: 65.

Kanzleivermerke: Hertzogin von Rochlitz – ~~1534~~.

Bemerkung: Siegeleinschnitte sind vorhanden; das Siegel und der Siegelstreifen selbst sind verloren; die Adresse ist entsprechend beschädigt überkommen. – Der Brief ist auf einer eigenen Seite nach fol. 49 abgeheftet und erneut mit fol. 49 paginiert. – Die Datierung im gestrichenen Kanzleivermerk zu 1534 ist hier wie anderswo irrig. – Die Absatzgestaltung folgt der Vorlage.

Druck: ABKG III, Nr. 2284a.

M(ein) f(reuntlicher) h(ertz) a(ller) l(iebster) o(hme) u(nd) b(ruder); ich hab e(uer) l(ieben) den deynstag nach Petter Paulle bey margraff Yorgen[1086] deyner geschriben[1087]. Vor se mich, e(uer) l(ieben) wert der breff nu wortten seyn und byt, e(uer) l(ieben) wol mich eygenlich lassen wissen, ab e(uer) l(ieben) und meyn bruder auch auff margraff Yorgen hochtzeyt[1088] kummen, so wolt ich mich dester flissycher muen, ab ich auch kont da heyn kumen. F(reuntlicher) h(ertz) l(iebster) b(ruder), ich schreb e(uer) l(ieben) auch, das Hans

---

[1084] *Mit der Zahl 49 sind fälschlich zwei aufeinander folgende Blätter foliiert worden.*
[1085] *Steht für: **D**em **h**ochgeborenen **F**ürsten **H**errn **H**ans Friedrich, Herzog zu Sachsen, des Heiligen (Römischen) **R**eichs Erzmarschall **u**nd Kurfürst, Landgraf in Thüringen, Markgrafen zu Meißen, **m**einem **f**reundlichen **l**ieben **O**heim **u**nd **B**ruder in seiner Lieben **eigen Hand**.*
[1086] *Markgraf Georg (der Fromme) von Brandenburg-Ansbach (1484–1543); vgl. Anm. 566.*
[1087] *Vgl. oben Nr. 88 (Brief Elisabeths an Johann Friedrich, 1533 Juli 1).*
[1088] *Gemeint ist die Hochzeit Emilias von Sachsen (1516–1591), Tochter Herzog Heinrichs (des Frommen), mit Markgraf Georg (dem Frommen), die am 1533 August 25 in Freiberg stattfand.*

von Schonbergk seiner dochtter[1089] vor botten het,[a] das sey nich mit mir solt umb gein nach retten und ser geschulten. Das hatt seyn dochtter Hans Pflugk[1090] und Antonges von Schonbergk[1091] geklaget, dey haben in ser geschulten und seyn beytte zu mir kumen und mich gebetten, ych wol es im vorgeben, dan er sey foul[1092] gewest. Er west auch nich, was er geret hatt, dan dey alte hertzgen[1093] hab im gesaget, dey hoffmestern[1094] sage yer, seyn dochtter sage mir alle dinck. Und dey hoffmestern hab est ym selber auch gesagett und so fel, das yn der foullen weyst sey schellych[1095] wortten und hab zu vel geret. Er hab nor wollen sagen, sey solle nichst nach sagen aber[1096] waschssen. Aber seyn dochtter kont mir nich so wol zu gevallen leben; er se es lyeber, er wil auch dunt als was ich wil. M(ein) a(lter) her sal in nich mir dar zu retten, das wider mich dunt wil. Ych solt im doch wider genad zu sagen und mein bruder sammet ander mein frunt zu genaden machen, das er sych nicht besorgen, draff ab ich im glich keyn genad er tzeyget, so wer er wol zu fretten. Ych solt im nar nich feynt sein, er wolt es auch nich vor deinen, er wolt auch keynst ansprechen begern, er wolt mir auch gern auß dem hoff ‖ weychgen. Het es seyn fruntten auch bevollen, im orlab zu nemen, dan es wer im leyt, das seyn halben solt ein undlust werden, aber das mir wolt zu wider heyr sein, ich solt im nar genade zu sagen. Er wolt auch wol schweygen stel[1097] und wan ich im nich zu sprecht, so dechten doch allewelt, ich wer ym gram, so kount mir es nichst schatten keyn neyman. Ych solt es umb Gottes willen duntt, weyl er es so ersuch, weyl ich ein crest wer. Ich saget, ich wolt est bedencken ein tzeyt lang. Sowlges hab ich e(uer) l(ieben) fruntlycher meynunge nich wollen bergen. E(uer) l(ieben) sam meyn bruder wertten mir wol ratten und wil e(uer) l(ieben) heyr mit Got bevellen, mich e(uer) l(ieben), dan e(uer) l(ieben) schwesterlich trew zu der tzeygen bin ich willych altzeytt. Dat(um) freytag nach Maria Geberge anno xxxiii.

E H Z S etc.

Dey hoffmestern hat sych mit fosckschwentzsen[1098] wider eyn[b] winck yn gebyssen[1099] bey der alten, das yer wider glabett yer lougen aber dach nich alweg. Ych hab al meyn tag keyn vorlougener wib gesen.

Hans von Schonbergk yst umer krant, halt[1100] er wert auch scheyr[1101] sterben, das so an dechtych yst. Aber war yst, seyn bruder Antonges[c] schelt[1102] yn umer ser, das helff. Auch seyn bruder sted obel mit m(einem) a(lten) h(ern) ober dem sackrament; hat in ser lassen an retten. Aber er heylt wider yn[1103] und wil es nicht nemen yn einer gestal. Er hatt willen under e(uer) l(ieben) etwast zu kouffen, dan er hatt wol gelt.[1104] Aber m(ein) a(lter) h(er) hat[d] in

[1089] *Barbara von Schönberg, Tochter des Hans (junior) von Schönberg zu Reinsberg; vgl. Anm. 393.*

[1090] *Hans Pflugk zu Frauenhain († 1547), Hofdiener, Rat und Gesandter Herzog Georgs; vgl. Anm. 661.*

[1091] *Anton von Schönberg zu Rothschönberg (1495–1554), sächs.-albert. Rat; vgl. Anm. 899.*

[1092] *= faul; gemeint im Sinne von ‚schlimm, übel'.*

[1093] *Herzogin Barbara von Sachsen (1478–1534).*

[1094] *= Hofmeisterin.*

[1095] *schellich = aufgebracht, wütend, zornig, rasend; vgl. DWB, Bd. 15, Sp. 2502.*

[1096] *= oder.*

[1097] *= still.*

[1098] *= einschmeicheln.*

[1099] *= angebiedert.*

[1100] *= hörte.*

[1101] *= schier.*

[1102] *= schelt, schilt, beschimpft.*

[1103] *= hält gegen.*

[1104] *Anton von Schönberg war Rat Herzog Georgs (des Bärtigen). Nachdem seine evangelische Gesinnung offenbar geworden war, kam es zur Auseinandersetzung mit dem altgläubigen Herzog. Dieser*

nich^e haissen vor koffen seyn gut. Meyn auch, er will sych nich so balt schouchen lassen, er[1105] wert er mir feyntten mit der tzeyt.

 ^a *Gestrichen:* und.
 ^b *Wort hochgestellt eingefügt; darunter gestrichen:* ern.
 ^c *Wort hochgestellt eingefügt.*
 ^d *Wort dazwischen eingefügt.*
 ^e *Wort hochgestellt eingefügt.*

90

[1533 Juli 17]

Herzogin Elisabeth an Kurfürst Johann Friedrich (den Großmütigen)

In Erwiderung auf Johann Friedrichs letztes Schreiben lässt Elisabeth ihn wissen, dass die Hochzeit Herzogin Emilias mit Markgraf Georg (dem Frommen) von Brandenburg-Ansbach in Franken gefeiert werden soll. Elisabeth glaubt aber nicht, dass man sie so weit fort ziehen lässt; sie will wenigstens alles versuchen. – Jemand hat Elisabeth gesagt, dass Herzog Georg (der Bärtige) wütend auf sie sei und gesagt habe, er merke wohl, dass die Ausrichtung der Hochzeit in Franken nur auf ihr Betreiben erfolge; Elisabeth wolle nur weit fort. Deshalb will Herzog Georg Elisabeth nirgends hin lassen, weder auf die Jagd noch irgendwohin. Er hört auch nicht auf die Meinung von Elisabeths Freunden und will keine andere Antwort als vorher geben, denn Georg habe Elisabeth nie in Verdacht gehabt und sie auch nie angeklagt. – Elisabeth bedankt sich für die Unterstützung Johann Friedrichs. Sie hätte mit ihm viel zu bereden. – Elisabeth entschuldigt sich, dass sie den Brief nicht selbst verfasst hat, aber sie könne nicht schreiben, weil ihr ein „Fluss" in Hand und Achsel gefahren sei.

HStA Dresden, 10024, Loc. 10548/7, fol. 16r – v.

Überlieferung: Ausfertigung.

Schrift: albert. Kanzleischreiber (schriftgleich Nr. 75, 84, 87, 88, 102, 111).

Adresse: [d] h g f h h f / [h z] s d h r r e / [m u k l] y d m z m / [m f l o] u b y s l e // hand.[1106]

Nr. bei Werl: 66.

Kanzleivermerke: Hertzogin von Rochlitz wer gern uf des marggrafen hochtzeit, clagt uber hertzog Georg(en), d(as) er sie nich wolle wegklass(en), und and(er)s – 1534.

Zur Datierung: Der Brief ist vom Schreiber kaum leserlich, aber falsch, zu 1532 datiert worden. Der Kanzleivermerk stellt es zu 1534. Doch gehört es aus inhaltlichen Gründen (Bezug auf die geplante Eheschließung Emilias von Sachsen mit Markgraf Georg (dem

---

entließ Anton von Schönberg und forderte ihn auf, seine Güter bis Ostern 1534 zu verkaufen. Bereits zuvor hatte er das albertinische Sachsen verlassen und wurde am 1533 November 23 von Kurfürst Johann Friedrich als Amtmann in Grimma eingesetzt. Im Mai 1535 kam er an den Freiberger Hof zu Herzog Heinrich (den Frommen) und unterstützte die Einführung der Reformation wesentlich; vgl. Anm. 899; Junghans, Die Ausbreitung der Reformation, S. 61.
[1105] = eher.
[1106] *Steht für:* **Dem** h**och**geborenen **F**ürsten **H**errn **H**ans **F**riedrich, **H**erzog **zu** Sachsen, des **H**eiligen **R**ömischen **R**eichs **E**rzmarschall **u**nd **K**urfürst, Landgraf in **T**hüringen, **M**arkgrafen **zu** **M**eißen, **m**einem freundlichen lieben **O**heim **u**nd **B**ruder in seiner Lieben eigen **H**and.

Frommen) von Brandenburg-Ansbach, vgl. unten Nr. 91) mit Sicherheit in das Jahr 1533, zu dem die Datierung aufgelöst wurde.

Bemerkung: Das Siegel ist verloren, aber Siegeleinschnitte sind vorhanden.

Siehe Anhang, Abb. 4.

Druck: ABKG III, Nr. 2284a.

Fruntlicher liber ohmem und bruder; e(uer) l(ieben) nest schreyben nach last ich euer libe wysen, das die hochczeyt czu Francken wirt,[1107] als ich glaub wirdig bericht werde und vor se mich in kein weg, das man m ich so weyt lest naus czyn, aber ich wil allen fleys an wenden, woe es an get, so wil ich es euer libe czeylich czu vor lasen wisen. Ich gebe euer libe czu er kenen, das mir einer hat lasen sagen, das der her vatter gar[a] wuten und torich ist und start[1108] serer als vor. Und hat gesaet, er merge wol, das es nar mein getrib sey, und ich wolt nar gerne wandern, so wolt er mich auch nergent lasen hyn czyn, wider auf die gaut[1109] nach nirgent hyn. Und er gib gar nichts auf meine frunde und wil auch kein ander anwort geben, den wie er for gegeben hat, den er hat mich nie in keiner vor dacht geht, so hat er mich auch nie beryget. Fruntlicher liber ohmem und bruder, ich bedane[b] mich kegen euer libe auf das aller fruntliches,[c] euer libe[d] fruntliches ent biten, woe er mir bege euer liben wider muchlich wer czu vor gleichen, das wer ich[e] alczeyt kegen euer libe geneiet, ich hat wol so vil mit euer libe czu reden als euer liebe mit mir und wil euer libe hye mit[f] Got befelen und bit euer libe wol mein in besten getene und[g] mein sach befolen seyn, den euer libe schuester lich[1110] treu czu er czeigen bin ich al czeyt geneiet. ‖ Taem[1111] gegeben dornstag nach Margrete im ein xxxii[h] jar. Und bit euer libe wolt mich ent schuldig haben, das ich euer libe nit selber geschriben habe, den mir ist ein flos[1112] in die asel[1113] und die hand gefalen, das ich nit schreiben kan.

    E H Z S

    [a] *Getilgt:* wo.
    [b] *Sic.*
    [c] *Gestrichen:* eues euers f.
    [d] *Gestrichen:* fre.
    [e] *Gestrichen:* bel.
    [f] *Gestrichen:* dem.
    [g] *Getilgt:* be.
    [h] *Die Zahl steht verblasst am Zeilenende.*

[1107] *Gemeint ist die Hochzeit Emilias von Sachsen (1516–1591), Tochter Herzog Heinrichs (des Frommen), mit Markgraf Georg (dem Frommen) von Brandenburg-Ansbach (1484–1543). Sie fand dann aber am 1533 August 25 am Hof der Brauteltern zu Freiberg statt.*

[1108] *= starrt; hier gemeint im Sinne von ‚trotzig sein‘, ‚stur bleiben‘; vgl. die vielfältigen Bedeutungen auch bei DWB, Bd. 17, Sp. 918 ff. (Artikel „starren“).*

[1109] *= Jagd.*

[1110] *= schwesterliche.*

[1111] *= Datum.*

[1112] *= Fluss, im Sinne von krankem Fluss, also Blutfluss, Ruhr, Rheuma oder Katarrh; vgl. DWB, Bd. 3, Sp. 1856 (Artikel „fluss“). – Hier vermutlich im Sinne von Rheuma.*

[1113] *= Achsel.*

91

1533 Juli 24

Herzogin Elisabeth an Kurfürst Johann Friedrich (den Großmütigen)

Auf die Hochzeit nach Franken scheint Herzog Georg (der Bärtige) Elisabeth nicht zu lassen. Die Räte sind der Meinung, fände sie aber in Freiberg statt, so müsse er Elisabeths Teilnahme erlauben. – Herzogin Barbara will auf die Jagd nach Meißen. – Herzog Georg (der Bärtige) sieht Elisabeth jetzt noch böser an als zuvor. – Ein Komet war heute zu sehen, was ihn besorgt stimmt. – Johann Friedrich soll Elisabeth nicht vergessen. — Ernst von Schönburg hat ihr gesagt, Johann Friedrich sei ein ungnädiger Herr; er müsse doch wissen, dass er nicht gegen den Willen des Kurfürsten handeln würde. Elisabeth soll zwischen ihnen beiden vermitteln. Sie bittet Johann Friedrich, er solle Ernst von Schönburg um ihretwillen gnädig sein, denn dieser hält zu ihr. – Georg von Carlowitz weiß nicht, wo die Hochzeit des Markgrafen stattfinden wird. In Freiberg will Markgraf Georg (der Fromme) nicht heiraten. – Den Brief soll Johann Friedrich verbrennen.

> *HStA Dresden, 10024, Loc. 8607/1, fol. 144r – v.*
>
> *Überlieferung: Ausfertigung.*
>
> *Schrift: eigenhändig.*
>
> *Adresse:* [d h g] f h Hanfryderych / [h z s d] h r r e u k / [l y d m] z m m f l / [o u b y s l] e hant.[1114]
>
> *Nr. bei Werl: 67.*
>
> *Kanzleivermerke:* Di hertzogin von Rochlitz schreibt h(ertzog) Jorgens halb(en) etc. – It(em) herr Ernsts von Schonberg etc. – 1533.
>
> *Bemerkung: Siegeleinschnitte sind vorhanden; das Siegel und der Siegelstreifen selbst sind verloren; die Adresse ist entsprechend beschädigt überkommen.*
>
> *Druck: ABKG III, Nr. 2284a.*

Mein frunttlicher hertz aller lyebster ohmme und bruder; nach dem ich e(uer) l(ieben) nest[1115] schreb[1116], wan ych erfor, ab ich myt tzouge auff dei hochtzeyt etc., so las ich e(uer) l(ieben) wissen, das es mit dem alten[1117] gerett yst dar von, ab ich droff gelatten wortte keyn Franckn auff dey hochzeyt[1118]. Hatt er nach zu der tzeyt nicht wollen dar zu lutten, aber wan sey zu Freybergk wortten wer, mein dey rette, so het[a] er schant halben dran gemust. F(reuntlicher) h(ertz) a(ller) l(iebster) b(ruder), ich wes e(uer) l(ieben) yetz nichst nuges zu schriben, dan das dey alte[1119] wil auff einer roustbar farn auff gen wochen auff dey yagett keyn Meyssen auff dey Hennichsse[b] Heyde. Und man sal sey dey steychgen[1120] auff und neyder dragen

---

[1114] *Steht für: **Dem** h**o**chgeborenen Fürsten Herrn **Hans** Friedrich, Herzog zu Sachsen, des Heiligen Römischen Reichs Erzmarschall **und** Kurfürst, Landgraf in Thüringen, Markgrafen zu Meißen, meinem freundlichen lieben Oheim **und** Bruder in seiner Lieben eigen **Hand**.*

[1115] *= neulich.*

[1116] *Vgl. oben Nr. 90 (Brief Elisabeths an Johann Friedrich, 1533 Juli 17).*

[1117] *Herzog Georg (der Bärtige) (1471 – 1539).*

[1118] *Gemeint ist die Hochzeit Emilias von Sachsen (1516 – 1591), Tochter Herzog Heinrichs (des Frommen), mit Markgraf Georg (dem Frommen) von Brandenburg-Ansbach (1484 – 1543). Sie fand dann aber am 1533 August 25 am Hof der Brauteltern zu Freiberg statt.*

[1119] *Herzogin Barbara von Sachsen (1478 – 1534).*

[1120] *Steige = Treppe.*

auff ein stulle. Der alt sych mich yetz nach surer an dan for hin. Es^c let sych heyr ein komett sen[1121] mei eim ser langen schwantzse, da besorget er sych for, dan er hatt gesaget, er forcht er meyn m(er)^d und hoff dach, weil es vel leut gern sen so gescheyt es nichtt. Sowlges[1122] wil ich e(uer) l(ieben) fruntlicher meinunge nich bergen und bevel e(uer) l(ieben) Got, der helffe uns ein mal mit freutten zu sammen und bevel mich e(uer) l(ieben) als m(ein) h(ertz) a(ller) l(iebster) b(ruder). Byt e(uer) l(ieben) wol meyn nich vorgessen und mich e(uer) l(ieben) lassen bevollen seyn. Dan e(uer) l(ieben) schwesterliche trew zu der tzeygen byn ich geneygett altzeyt. Datt(um) darstag nach Mattelenn[1123] anno xxxiii.

E H Z S etc.

M(ein) f(reuntlicher) h(ertz) l(iebster) b(ruder); her Ernst von Schonbergk[1124] hatt mir an getzeyget, wey er hort, e(uer) l(ieben) sey sein ungenettyger her und er west dach, das nichst wider e(uer) l(ieben) gehanttel hatt und^e wei und gern[1125] her es duntt wolt. Und hatt mich ser gebetten, ich wolt dach fliß dunt, das im dach e(uer) l(ieben) wol dey orsach an tzeygen, dan e(uer) l(ieben) solt in gewist gerecht fintten. Auch wolt er sych gern halten nach e(uer) l(ieben) gefallen, e(uer) l(ieben) solt es im nor antzeygen und zu vor hort lassen kummen. Sowlges wil ich auch e(uer) l(ieben) fruntlych ein gebetten haben. E(uer) l(ieben) wol in meyner vor byt[1126] genissen lassen und ym der orsach antzeygen, und seyn anwort hornt, dan her er bout sych ser hoch ‖ und klaget ser. Ich mack e(uer) l(ieben) auch warlich schriben, das er e(uer) l(ieben)^f ser yn guttem gedenkett, so vel ich sen der farn[1127] kant. Und wan der alt so starett[1128] und e(uer) l(ieben) so speytz schribet, so wert er so schellych[1129] das ober auß yst. Und sprecht zum kantzler[1130], er solt es nich schriben, wey im bevel der alt. So sprecht der kantzler, er kant in nich, wen er leb als wer er dult[1131] und wil es als nach speytzger haben. Her Ernst yst auch dest halben noch gern heyr, das der alt so starett, dan er^g beylgett im gar nichst und sal im wol zweyr schriben yer er ein mal kummett, dan er sprecht der alt yst alzu wunder lych keyn e(uer) l(ieben) und yederman. So helt er fest ober mir, es yst keyner, der den alten so er tzornt ober als er. Ych hab ser ein gutten frunt an ym, er yst umer yn meyn besten. Der alt yst im auch nich ser gut drober wortten und wan her Ernst dett und het gedaunt, es wer meyn sach auff erger wortten. Der halben byt ich e(uer) l(ieben) gantz fruntlychen^h als meyn fruntlichen hertz lieben bruder, e(uer) l(ieben) wol wol dey ungenad ein delst[1132] lassen fallen und yn vor hornt. Ich west wasⁱ e(uer) l(ieben) leytten kant, das e(uer) l(ieben) gern deynett nach sein vor mogen und byt heyr auff e(uer) l(ieben) fruntlyche antwertt. H(ertz) l(iebster) b(ruder), Klarlewitz[1133] sal heut gesaget haben, er west nach nich eygenlich, wo margraff Yorge hochzeyt sal^j haben. Ych halt, m(argraff) Yorg west

---

[1121] = einen Kometen gesehen.

[1122] = solches.

[1123] = (Marie) Magdalene.

[1124] Ernst II. von Schönburg (1486–1534), sächs.-albert. Rat; vgl. Anm. 41.

[1125] = ungern.

[1126] = Fürbitte.

[1127] = erfahren.

[1128] = starrt; hier gemeint im Sinne von ‚trotzig sein‘, ‚stur bleiben‘; vgl. die vielfältigen Bedeutungen auch bei DWB, Bd. 17, Sp. 918ff. (Artikel „starren“).

[1129] schellich = aufgebracht, wütend, zornig, rasend; vgl. DWB, Bd. 15, Sp. 2502.

[1130] Dr. Simon Pistoris (1489–1562), Kanzler Herzog Georgs (des Bärtigen); vgl. Anm. 62.

[1131] = ‚verrückt‘; abgeleitet von stultus.

[1132] = eines Teils.

[1133] Georg von Carlowitz zu Hermsdorf (um 1480–1550), sächs.-albert. Rat; vgl. Anm. 42.

amb besten den Benttraff[1134], der bey ym yst. Der sagett mir, er wol zu Freybergk umb der tzermongen willen nich hochtzeyt haben. Es war glich da das pla byst[k] bottschaff[1135] heyr war. Ych byt e(uer) l(ieben) wol alle meyn breff vor brennen.

   [a] *Gestrichen:* sey.
   [b] *Lesart:* Heinnchsse *oder* Heninchsse?
   [c] *Gestrichen:* leyt.
   [d] *Sic.*
   [e] *Wort hochgestellt eingefügt.*
   [f] *Durch Tintenfleck verderbt; gestrichen:* ser.
   [g] *Gestrichen:* beylge.
   [h] *Getilgt:* b.
   [i] *Der letzte Buchstabe ist in der Bindefalz kaum lesbar.*
   [j] *Gestrichen:* bah.
   [k] *Die Schrift von* pla byst *ist fast bis zur Unleserlichkeit verblasst.*

92

1533 [Ende Juli/Anfang August]

Herzogin Elisabeth an Kurfürst Johann Friedrich (den Großmütigen)

Elisabeth hat Johann Friedrich durch Markgraf Georg (den Frommen) von Brandenburg-Ansbach gebeten, er solle zu ihr kommen. Sie kann nicht zu ihm, hat aber viel mit ihm zu besprechen. Dem Markgrafen hat sie mitgeteilt, was sie für einen Kummer wegen Herzog Georg (den Bärtigen) leidet. Johann Friedrich soll bedenken, dass Herzog Georg eher sterben würde, wenn er sähe, dass es Elisabeth gut geht oder sie bei guten Freunden wäre. Sie wiederholt die Bitte, Johann Friedrich solle zu ihr kommen. – Die Herren sitzen und trinken viel. – Die Landschaft ist an sie herangetreten, sie solle ihren Bruder und Herzog Georg miteinander versöhnen. Dafür treffen sie viele Zusagen und wollen ihr viel Gutes tun. – Elisabeth hat Johann Friedrich sehr viel mitzuteilen, es lässt sich aber nicht alles schreiben.

HStA Dresden, 10024, Loc. 10548/7, fol. 33r–v.

Überlieferung: Ausfertigung.

Schrift: eigenhändig.

Adresse: [d h g f] h h f h z / [s d h r r] e u k l y d / [m z m m] f h l o u / [b y s l e] hant.[1136]

Nr. bei Werl: 68.

Kanzleivermerke: 1534 – Die hertzogin zu Rochlitz zeigt an, wie sie s(eine) churf(urstlichen) g(naden) viel zu sagen habe, d(as) sich nicht schreib(en) liesse.

Zur Datierung: Aus inhaltlichen Gründen (Bezug auf die geplante Eheschließung der Tochter Herzog Heinrichs (des Frommen), Emilia, mit Markgraf Georg (dem Frommen) von Brandenburg-Ansbach, vgl. oben Nr. 91) ist der Brief in den Zeitraum Ende Juli/Anfang August des Jahres 1533 zu stellen. – Die Datierung im Kanzleivermerk zu 1534 ist hier wie anderswo irrig.

[1134] *N. N. von Benndorf.*
[1135] = *päpstliche Gesandtschaft; vgl. Anm. 1079.*
[1136] *Steht für: **Dem h**ochgeborenen Fürsten Herrn **H**ans Friedrich, **H**erzog **z**u Sachsen, des Heiligen Römischen Reichs Erz**m**arschall **u**nd Kurfürst, Landgraf in Thüringen, **M**arkgrafen zu Meißen, **m**einem freundlichen lieben O**h**eim **u**nd Bruder in seiner Lieben eigen **H**and.*

Bemerkung: Siegeleinschnitte sind vorhanden; das Siegel und der Siegelstreifen selbst sind verloren; die Adresse ist entsprechend beschädigt überkommen.

M(ein) f(reuntlicher) h(ertz) a(ller) l(iebster) b(ruder); ych hab margraff Yorg[1137] gebetten, e(uer) l(ieben) fruntlychen zu bytten, das e(uer) l(ieben) wol zu mir her kummen, dan ich kant nich zu e(uer) l(ieben), wey e(uer) l(ieben) wais. Und hett drefflych vel mit e(uer) l(ieben) zu retten, da mir grost macht an leygett an eir[1138] und gelemp[1139]. Ych hab margraff Yorgen vel anschleige gesagett, wast hermbt[1140] sych[a] umb den alten naren[1141]. E(uer) l(ieben) last dey sach kreygen. E(uer) l(ieben) sprecht, e(uer) l(ieben) wol zu mir, e(uer) l(ieben) hab mit mir zu retten. Ych hett gedach, weyl est storbe zu Francken, das margraff Yorg dey broutt[1142] yn dey Schleyseyge[1143] fourett. Er hatt[b] est nich bossen willen, ab es glich nicht so ser wer, das er es glich wol sprecht. Ich halt, er det es e(uer) l(ieben) und mir wol zu gefallen. So reyt e(uer) l(ieben) mit s(einer) l(ieben) her als der brout frunt[1144], wo e(uer) l(ieben) sunsten nicht wolt. E(uer) l(ieben) denck dach droff, ich heylt, der alt nar solt dester yer sterben, wan er sege, das mir es wol gein aber[1145] bey gutten frunten wer. Ich byt e(uer) l(ieben) frunttlich, kant es sein, e(uer) l(ieben) kumb zu mir. Ich wil wider dunt was e(uer) l(ieben) wol gefeylt. Und wil heir mit e(uer) l(ieben) Got bevellen, mich e(uer) l(ieben) als m(einen) f(reuntlichen) h(ertz) a(ller) l(iebsten) b(ruder), dan e(uer) l(ieben) schwesterliche trew zu der tzeygen bin ych geneygett. Dat(um) yn der nach. Dey hern sedtzsen und drencken ser.
     E H Z S etc. s(ub)s(cripsi)t

Sey kumen yetz an mich, ich solt m(ein) b(ruder) mit dem alten naren vortragen und geyt auff e(uer) l(ieben). Ich het e(uer) l(ieben) vel zu sagen, ‖ helff mir Got zu e(uer) l(ieben), dan sey sagen mir vel zu, was sey bey mir dunt wollen und der her vatter sal mir vel gutz duntt.[c] Wo aber m(ein) b(ruder) etwas for nembmett, sal mir es wol gein mit der lantschaff und stund mir droff, das man mir vorgeben wert. Ich hett e(uer) l(ieben) ser vel zu sagen, es leyt sych nich als schriben.

    [a] *Gestrichene Sigle:* e l.
    [b] *Danach Wortwiederholung:* hatt.
    [c] *Gestrichen:* wo.

[1137]   *Markgraf Georg (der Fromme) von Brandenburg-Ansbach (1484–1543); vgl. Anm. 566.*
[1138]   *= Ehre.*
[1139]   *Glimpf = Ehre, Ansehen.*
[1140]   *= härme; im Sinne von ‚Kummer leide'.*
[1141]   *Herzog Georg (der Bärtige) (1471–1539).*
[1142]   *Herzogin Emilia von Sachsen (1516–1591), Tochter Herzog Heinrichs (des Frommen).*
[1143]   *Schlesien.*
[1144]   *= Brautführer?*
[1145]   *= oder.*

93

1533 August 2

Landgraf Philipp (der Großmütige) an Kurfürst Johann Friedrich (den Großmütigen)
[...] Philipp hat drei Schriftstücke von Johann Friedrich erhalten, darunter einen Brief[1146]
Elisabeths, für den er sich sehr bedankt. [...]
Datum sambstag post Vincula Petri anno etc. 33.

> *StA Marburg, PA 2556, fol. 14r.*
> *Überlieferung: Abschrift.*
> *Schrift: hess. Kanzleischreiber.*
> *Adresse:* ªAn churf(ursten) zu Sachss(en).ª
> *Kanzleivermerke: –*
> *Bemerkung: –*

> ª⁻ª *Unter dem Text.*

94

Kassel   *1533 August 5*

Instruktion Landgraf Philipps (des Großmütigen) für Georg von Boyneburg und Werner von Wallenstein
Philipp stellt die Forderungen an den durch Kurfürst Johann Friedrich (den Großmütigen)
nach Leipzig verordneten Ausschuss. Damit die Einigkeit zwischen Sachsen und Hessen
bestehen bleibt, solle er sich dafür einsetzen, dass Elisabeth vom Verdacht befreit wird, die
Verleumder Elisabeths bestraft werden und das Paar eine eigene Residenz erhält.

> *HStA Dresden, 10024, Loc. 10548/8, fol. 95r–121r.*
> *Überlieferung: Abschrift.*
> *Schrift: Kanzleischreiber.*
> *Adresse: –*
> *Kanzleivermerke:* Lantgraven zu Hessen instruction an des churfursten zu Sachssen
> verordent(en) ausschus zu Leiptzigk versamblet. 1533.
> *Bemerkung: –*
> *Druck: ABKG III, Nr. 2297a.*

[1146] *Welches Schreiben Elisabeths hier gemeint ist, bleibt unklar. Es kann sich zum einen um einen verlore-*
nen Brief an Philipp oder zum anderen um ein überliefertes Schreiben an Johann Friedrich handeln,
welches er an den Landgrafen weiterschickte (vgl. oben Nr. 91 oder Nr. 92).

95

Leipzig *1533 August 16*

Ausschuss der Landschaft Herzog Georgs (des Bärtigen) an Landgraf Philipp (den Großmütigen)

Georg habe Elisabeth nicht beschuldigt, sondern nur vor übler Nachrede gewarnt. Er hat auch niemanden entlassen, sondern diejenigen (Innocenz von Starschedel und Heinrich von Schönberg) sind auf ihr eigenes Ersuchen vom Hof weggezogen. Die mutmaßlichen Verleumder haben ihre Schuld bestritten und ohne Beweis kann Georg sie nicht bestrafen. Herzog Johann (der Jüngere) will keine eigene Residenz haben. Georg wird Elisabeth ein getreuer Vater sein, wenn sie sich als gehorsame Tochter verhält. Außerdem will Herzog Johann dafür Sorge tragen, dass Elisabeth nicht weiter belastet wird. Es besteht also kein Grund mehr, die Sache weiter zu verfolgen und die Erbverbrüderung zu lösen.

> HStA Dresden, 10024, Loc. 10548/8, fol. 125r–127v.
>
> *Überlieferung: Abschrift.*
>
> *Schrift: Kanzleischreiber.*
>
> *Adresse: –*
>
> *Kanzleivermerke: –*
>
> *Bemerkung: Schmale Siegeleinschnitte vorhanden.*
>
> *Druck: ABKG III, Nr. 2297.*

96

Halle *1533 August 20*

Johann Rühel an Kurfürst Johann Friedrich (den Großmütigen)

Johann Rühel hat Kardinal Albrecht von Brandenburg die Bedenken Johann Friedrichs wegen der Verhandlungen mitgeteilt. Die Artikel sollen dem Kardinal alsbald zugeschickt werden, damit er sie vergleichen kann. Danach sollen sie an Landgraf Philipp (den Großmütigen) gelangen. – Der Kardinal lädt Johann Friedrich nach Halle zur Besichtigung des Neubaus seiner Residenz ein. – Kardinal Albrecht wurde berichtet, dass der König von Frankreich eine Botschaft an den König von England geschickt habe, damit dieser seine verlassene Gemahlin wieder zu sich nähme.

> HStA Dresden, 10024, Loc. 8607/1, fol. 146r; Zettel: 145r.
>
> *Überlieferung: Ausfertigung.*
>
> *Schrift: eigenhändig.*
>
> *Adresse:* [Dem durchlau]chtigsten hochgebornen fursten / [hern her]n Johan Friderichen hertzogen / [zu Sachsen und chu]rfursten etc., landgraven / [in Doringen] marggraff(en) zw Meissen / [meinem] gnedigsten hern // [zu] seiner churf(urstlichen) g(naden) eig(en) / hand(en), sunst nymand / zu eroff(nen).
>
> *Kanzleivermerke: –*

Bemerkung: Der eigentliche Brief findet sich auf fol. 146r. Dem Schreiben wurde ein etwas kleiner Zettel mit einem längeren Nachtrag beigelegt, der hier zuvor auf fol. 145r eingeheftet ist. Die Zusammengehörigkeit ergibt sich aus den markanten Siegeleinschnitten und der identischen Faltung.

Durchleuchtigster hochgeborner churfurst, ewrn churfurstlichen gnaden mein undertenig und gehorsam dinst allzit zuvoran bereit, gnedigster churfurst und herre. Ich hab meym gnedigsten hern under anderm e(uer) c(hurfurstlicher) g(naden) meynunge, das e(uer) c(hurfurstlichen) g(naden) den handel in eyn bedengk(en) genomen angezceigt, das s(ein) c(hurfurstlichen) g(naden) also von e(uer) c(hurfurstlichen) g(naden) freundlich zufrieden. Sein c(hurfurstlichen) g(naden) haben aber meins gnedigen hern landgraff(en) halb ein bedengk(en), das die artigkel sein f(urstlichen) g(naden) itzo alßbald sollen zugeschigkt werd(en), ehr dan sich bede e(uer) c(hurfurstlichen) g(naden) der artigkel gar vorgliechen, weil nach der handel allein zcwischen beden e(uren) c(hurfurstlichen) g(naden) steht zubedengk(en). Wenn sich aber bede e(uer) c(hurfurstlichen) g(naden) der artigkel miteinander vorgliechen, so sein es s(einer) c(hurfurstlichen) g(naden) alßdan woll zufurd(ern), das die auch an mein g(nedigen) hern den landg(ra)ff(en) gelang(en). Ich hab auch s(einer) c(hurfurstlichen) g(naden) das freundlich zuentbiethen und das e(uer) c(hurfurstlichen) g(naden) wolle gneigt, wo s(eine) c(hurfurstlichen) g(naden) mit e(uer) c(hurfurstlichen) g(naden) kein sonderlich gebrenge[1147] anricht(en) wollt, geg(en) Hall[1148] zu komen und den baw[1149] zubeschawen. Das hatt sich s(eine) c(hurfurstliche) g(naden) mergklich erfrawet und had ye von mir wissen wollen, wanne es geschen wurde. Had sich der man dermaß frolich gestelt, wie er warlich ein grossen frundlichen willen und zuversicht zw e(uer) c(hurfurstlichen) g(naden) tregt. Szo wil auch e(uer) c(hurfurstlichen) g(naden) ich nicht berg(en), das zw Wulffenbutel[1150] kein hochzeit gewest ist, auch kein marggr(a)ff do gewest, den der bischoff wil es e(uer) c(hurfurstlichen) g(naden) allein darmit underteniglich vormelt haben, das ich allein geredt, wie das gemein gerucht gegang(en), dan ich hab nicht lust zu den lug(en). Hoff, e(uer) c(hurfurstlichen) g(naden) werd(en) mich gutlich entschuldigt haben. Es sind do gewest hertzog Erich, hertzog von der Lawenburgk[1151], hertzog Heinrich von Meckelburgk[1152] mit seyn son[1153] und der bischoff etc. Solchs alles wollt e(uer) c(hurfurstlichen) g(naden) ich undertenig meynunge nicht verhald(en), dan e(uer) c(hurfurstlichen) g(naden) nach alle meym vermog(en) underdenig zw dienen erkenne ich mich schuldig. E(uer) c(hurfurstlichen) g(naden) werd(en) mir, wie ich underteniglich bitt, diese schrifft gnediglich zu gut haben und darff keiner antwurt. Der bott wirdt mich auch zw Hall nicht widerumb antreff(en). Thw e(uer) c(hurfurstlichen) g(naden) mich hirmit undertenig beveln. Dat(um) Hall mitwoch nach Assumptionis Marie anno etc. xxxiii.

E(uer) c(hurfurstlichen) g(naden) undertenigst(er) diener / Johan Rhul doctor

---

[1147] *Gepränge = feierliche Pracht.*
[1148] *Halle (Saale), Stadt nw Leipzig, Residenz des Erzbischofs von Magdeburg.*
[1149] *Gemeint ist der Ausbau der neuen Residenz in Halle durch Kardinal Albrecht. Vgl. Krause, Der Neue Bau für Kardinal Albrecht von Brandenburg in Halle.*
[1150] *Wolfenbüttel, Stadt s Braunschweig, Residenz der Herzöge von Braunschweig-Lüneburg.*
[1151] *Herzog Erich I. (der Ältere) von Braunschweig-Lüneburg-Calenberg-Göttingen (1470–1540); vgl. zu ihm ADB 6 (1877), S. 203 f.; NDB 4 (1959), S. 584.*
[1152] *Herzog Heinrich V. (der Friedfertige) von Mecklenburg (1479–1552); vgl. Anm. 325.*
[1153] *Herzog Magnus III. von Mecklenburg (1509–1550), Sohn Herzog Heinrichs V., ab 1516 Bischof und ab 1532 Administrator des Bistums Schwerin; vgl. zu ihm NDB 15 (1987), S. 669 f.*

E(uer) churfurstlich(en) gnad(en) wil ich auch undertenig meynunge nicht bergen, das mein guet(er) herr, der cardinal, mich deheym mit einer schrifft had suchen lassen. Had mich zw e(uer) c(hurfurstlichen) g(naden) schigken wollen, es sein im zu gute sein schneider und ein camer knabe bestrigkt wurd(en), lest sich dungk(en), es sey zw vil. Ich hab es aber s(einer) c(hurfurstlichen) g(naden) abgeschlagen. Gnedigster herr, ich habe kein zwivel, e(uer) c(hurfurstlichen) g(naden) werd(en) dieselbig sache allenthalb woll bedengk(en) und selbst ermessen derselbig(en) gelegenheit[a] und wie mit bequemligkeit zusame zuhandeln sey; rechtschaffen kuntschafft were nicht boße. Bitt uffs undertenigst,[b] e(uer) c(hurfurstlichen) g(naden) wolle mir solchs gnediglich zu gut hald(en), dan ich es trewlich und underteniglich meyne. Szo kan ich auch anderß nicht vormergk(en), das es der man trewlich und gut [c]mit e(uer) c(hurfurstlichen) g(naden) meynt.[c]

So ist nichts mit des keisers[1154] zukunfft in Italien. Mein guet(er) her sagt aber, das s(einer) c(hurfurstlichen) g(naden) bericht werde, der keiser und konig von Frangkreich[1155] haben ir botschafft zum konig von Engelland[1156] geschickt und ine vornemen lassen, er solle sein verlassen gemahl[1157] widerumb zu sich nemen und die ander[1158] verlassen etc. Wollt e(uer) churf(urstlichen) g(naden) ich undertenig meynunge nicht vorhald(en). Ich wil es auch weiter vor kein warheit anzeig(en), dan wie ich es auch vornomen habe.

[a] Wort vor der Zeile mit Platzhalter eingefügt.
[b] Gestrichen: ich.
[c-c] Zwischen der Zeile eingefügt, danach neuer Absatz durch vorangestellten Buchstaben.

97*

[vor 1533 August 21]

Kurfürst Johann Friedrich (der Großmütige) an Herzogin Elisabeth
Johann Friedrich will von Elisabeth wissen, ob es wahr ist, dass ein Doktor zu ihr kommen musste. – Der Kurfürst hat sich gegen Heinrich von Schleinitz gestellt.

Überlieferung: verloren.
Bemerkung: Die Ausfertigung und die Datierung dieses Schreibens ergeben sich aus Nr. 98.

[1154] *Kaiser Karl V. (1500–1558).*
[1155] *König Franz I. von Frankreich (1494–1547).*
[1156] *Heinrich VIII. Tudor (1491–1547), König von England.*
[1157] *Katharina von Aragon (1485–1536), erste Gemahlin König Heinrichs VIII.,*
[1158] *Anne Boleyn († 1536), zweite Gemahlin König Heinrichs VIII. Gemeint ist die Ehe zwischen Heinrich und Anne Boleyn, die am 1533 Januar 25 geschlossen wurde, obwohl Heinrich von Katharina noch nicht geschieden war. Ein Scheidungsgericht annullierte die erste Ehe im Mai 1533 ohne Zustimmung des Papstes. Vgl. Erbe, Heinrich VIII.*

98

1533 August 21

Herzogin Elisabeth an Kurfürst Johann Friedrich (den Großmütigen)

Es ist wahr, dass der Doktor ihretwegen gekommen ist, denn sie vertraut nur Dr. Schiltel. Elisabeth war krank und litt an Atemlosigkeit, hatte Glieder- und Augenschmerzen, einen „Fluss", Herzpochen sowie die Jungfrauenkrankheit. Dank der Behandlung durch den Doktor geht es ihr wieder besser. Er sagt aber, sie wäre krank geworden, weil sie sich nicht bewegt und Kummer leidet. – Elisabeth bedankt sich bei Johann Friedrich dafür, dass er sich gegen Heinrich von Schleinitz gestellt hat; er hat es nicht anders verdient. – Der Antrag Landgraf Philipps (des Großmütigen) wegen einer eigenen Residenz für das Paar wird erfolglos bleiben, denn Herzog Georg (der Bärtige) ist stur. Hans Pflugk meint, je mehr Landgraf Philipp darauf drängt, desto weniger wird etwas daraus werden. Herzog Johann (dem Jüngeren) hat man zu der Aussage geraten, bei seinem Vater bleiben zu wollen. Zu Elisabeth sagt er es anders, aber er ist ein armer Mensch und fürchtet sich. – Von Rudolf von Bünau hat Elisabeth erfahren, dass die Hochzeit Markgraf Georgs (des Frommen) von Brandenburg-Ansbach bis Sonntag in Freiberg stattfinden soll. Herzog Georg wird die Hochzeit nicht besuchen und stattdessen Georg von Carlowitz und Simon Pistoris als seine Vertreter schicken. – Elisabeth bedankt sich bei Johann Friedrich für die Übersendung von Briefen. – Johann Friedrich soll keinen Unwillen gegen sie hegen, weil sie wegen Ernst von Schönburg geschrieben hat.

> *HStA Dresden, 10024, Loc. 10548/7, fol. 35r–36r.*
>
> *Überlieferung: Ausfertigung.*
>
> *Schrift: eigenhändig.*
>
> *Adresse:* [Dem] hochgeborn fursten / [hern Han]s Freyderych / [hertzoge z]u Sachssen des / [heilgen roum]ssen reychst / [ertzmarschalck] und korfurste etc. / [meinem fr]untlichen / [lieben ohm]en und bruder / [yn seiner] lyeb eigen hant.
>
> *Nr. bei Werl: 69.*
>
> *Kanzleivermerke:* Di hertzogin von Rochlitz irer leibsschwacheit, und bekhummernuß halb(en) etc. – 1534.
>
> *Zur Datierung: Elisabeth datiert den Brief in das Jahr 1534. Aus inhaltlichen Gründen (Bezug auf die Hochzeit der Tochter Herzog Heinrichs (des Frommen), Emilia, mit Markgraf Georg (dem Frommen) von Brandenburg-Ansbach, vgl. oben Nr. 91) ist er aber zweifellos in das Jahr 1533 zu stellen.*
>
> *Bemerkung: Siegeleinschnitte sind vorhanden; das Siegel und der Siegelstreifen selbst sind verloren; die Adresse ist entsprechend beschädigt überkommen. – Der Brieftext erging in der originalen Ausfertigung fortlaufend und ohne Satzzeichen. Für die Wiedergabe wurde der Text zur besseren Lesbarkeit in Absätze gegliedert.*

Fruntlicher hertz aller lyebster ohmme und bruder; e(uer) l(ieben) schriben[1159] yst mir heut date wortten und[a] bedanck mich gantz frunttlychen e(uer) l(ieben) schribens und fruntlichen erbeydens. Vor se mich auch aller fruntschaff und trew zu e(uer) l(ieben) und bedanck mich auch e(uer) l(ieben) mitteleyttes. Und las e(uer) l(ieben) wissen, das es war yst, das der

---

[1159]   *Das Schreiben Johann Friedrichs an Elisabeth ist verloren und wird hier unter der Nr. 97 geführt.*

dockter mein halben roffer[1160] yst kummen, dan ich dockter Aurbacht[1161] nich ober mich vortrew nach keymb[b] [1162] dockter, dan dockter Scheltgen[1163]; mus auch vel vor foulgun[1164] meyn halben leytten und yst also, ich war krant, das ich keyn adem[1165] hatt, wan ich gein wolt nach im bette, wan ich mich reget aber[1166] umb want[1167] und in allen glettern[1168] we[c]; auch ein boust auge[1169] wart umer dar erger; und ein floß[1170], im backen und asxsel[1171] und arm feylt mir ein floß nach dem andern; und susten ein sach dey ich nich schriben mack, das mir fellett; e(uer) l(ieben) vorsted es wol, man haist auch das hertz bouchen[1172] und yunckfer krantheyt[1173]. Aber Got lob, es yst besser wortten. Der dockter hatt mich dreyg mal gebourgerett[1174] und drenk geben und schwitzsen lassen, das Got sych zu besserunge scheyck. So hab ich wider farbe kreygen und adem yst vel besser. Aber der dockter sprecht, es sey dey schult, das ich keyn[d] bewegung ‖ hab und das ich mich yn mir selber hermme[1175] und[e] kummer mich etc.

Wey e(uer) l(ieben) auch melt, der anwert halben west ich[f] noch nicht. Aber wan der alt[1176] kumb, so wert ychst wol derfarn. Es wer schatt[g], das man in nich wider betzalt.

Ich bedanck mich auch, das sych e(uer) l(ieben) so keyn H(einrich) v(on) Schlintz[1177] gehalten hatt. Er yst nichst besser es wert[1178].

Ich hab auch sorge, meyns brudern andragen wert wenych geschaff haben, dan er[1179] starett[1180] umerdar for sych seym koffe nachtt, der alte nar. Hans Pflug[1181] hatt gemeyn, es wer dach nichst. Es holff nich, ye mir[1182] meyn b(ruder) scharett und bouchtte, ye wynger etwas[h] dar auß wortte, das meyn hern[1183] was eygens geb[1184]. Dan sey hon meyn hern geratten, er sal auch sprechen, er wil bey seim vatter sein und bleyben. Nu hatt er mir es vel

---

[1160] = rüber.

[1161] Dr. Heinrich Stromer (1476–1542), auch nach seinem Geburtsort Auerbach (in der Oberpfalz) benannt. Er war u. a. Leibarzt von Herzog Georg; vgl. zu ihm Lesser, Die albertinischen Leibärzte, S. 50–53; Clemen, Zur Lebensgeschichte Heinrich Stromers von Auerbach; ADB 1 (1875), S. 638.

[1162] = keinem.

[1163] Dr. Georg Schiltel (um 1470–1545); vgl. ABKG II, S. 315, Anm. 3.

[1164] = Verfolgung.

[1165] = keinen Atem.

[1166] = oder.

[1167] = umwandte.

[1168] = Gliedern.

[1169] = böses Auge.

[1170] = Fluss, im Sinne von krankem Fluss, also Blutfluss, Ruhr, Rheuma oder Katarrh; vgl. DWB, Bd. 3, Sp. 1856 (Artikel „fluss").

[1171] = Achsel.

[1172] = Herzpochen.

[1173] Jungfrauenkrankheit = Blutarmut.

[1174] = Aderlass.

[1175] = härme; im Sinne von ‚Kummer leide'.

[1176] Herzog Georg (der Bärtige) (1471–1539).

[1177] Heinrich von Schleinitz zu Saathain und Koselitz († 1543), sächs.-albert. Rat und Hofmarschall; vgl. Anm. 5.

[1178] = er hat es nicht anders verdient.

[1179] Gemeint ist Herzog Georg.

[1180] = starrt; hier gemeint im Sinne von ‚trotzig sein', ‚stur bleiben'; vgl. die vielfältigen Bedeutungen auch bei DWB, Bd. 17, Sp. 918 ff. (Artikel „starren").

[1181] Hans Pflugk zu Frauenhain († 1547), Hofdiener, Rat und Gesandter Herzog Georgs; vgl. Anm. 661.

[1182] = mehr.

[1183] Herzog Johann (der Jüngere) von Sachsen (1498–1537).

[1184] Gemeint ist eine eigene Residenz für Elisabeth und Herzog Johann außerhalb von Dresden.

anders gesagett, aber es yst ein arm mensch, forsch sych und droff sen nicht. Sowlges[1185] hab ich e(uer) l(ieben) fruntlycher meynung nich wollen bergen, und bedanck mich nach ein mal e(uer) l(ieben) fruntlicher und hochgen erbeytten, dan wost ych[i] e(uer) l(ieben) vel[j] fruntschaff zu der tzeygen, solt e(uer) l(ieben) mich altzeyt willych feyntten. Und bevel e(uer) l(ieben) Got, der helff uns ein mal mit freutten zu sammen, und bevel mich e(uer) l(ieben) als meyn h(ertz) a(ller) l(iebster) b(ruder), dan e(uer) l(ieben) vel schwesterlich trew zu der tzeygen fint mich e(uer) l(ieben) altzeyt willychen.

Ich las e(uer) l(ieben) ‖ auch wissen, das margraff Yorg byst suntag[1186] sal hochtzeyt hemlych houn zu Freybergk.[1187] Es[k] saget mir her Routteloff von Bonno[1188] gestern, dan er kamb gestern. Ych halt[1189], der alt kumb dromb nich her yetz, dan Klarlewitz[1190] und der kantzler[1191] sollen von seyn wegen da sein. Margraff Yorg sal byst sunaben heyr seyn, aber Bentroff[1192] saget mir, der margraff kemb erst auff den montag[1193] da hin.

Ych bedanck mich auch fruntlych, das e(uer) l(ieben) m(ein) b(ruder) den breff gescheyck hatt und mir dey anwertt, wil es fruntlych vorglichen. Byt e(uer) l(ieben) wol keyn undwillen[1194] haben, das ich e(uer) l(ieben) nest her Ernst[1195] halben schreb, dan er gab est gut keyn mir for und nach umer nich west ich, ab er mir fosckschwentz[l].[1196] Dat(um)[m] dorstag nach Maria Himmelfart anno xxxiiii[n].

E H Z S etc.

    [a] *Korrigiert aus:* umb.
    [b] *Gestrichen:* dach.
    [c] *Wort hochgestellt eingefügt.*
    [d] *Gestrichen:* bewy.
    [e] *Gestrichen:* ke.
    [f] *Wort vor der Zeile eingefügt.*
    [g] *Gestrichen:* dar.
    [h] *Wort hochgestellt eingefügt.*
    [i] *Wort vor der Zeile eingefügt.*
    [j] *Gestrichen:* f.
    [k] *Wort hochgestellt eingefügt.*
    [l] *Sic. Das Sprichwort wird hier nicht ausgeführt.*
    [m] *Gestrichen:* mi.
    [n] *Datumsangabe fehlerhaft; eigentlich:* xxxiii. *Siehe Bemerkungen.*

[1185] *= solches.*
[1186] *= 1533 August 24.*
[1187] *Gemeint ist die Hochzeit Emilias von Sachsen (1516–1591), Tochter Herzog Heinrichs (des Frommen), mit Markgraf Georg (dem Frommen) von Brandenburg-Ansbach (1484–1543), die am 1533 August 25 in Freiberg stattfand.*
[1188] *Rudolf von Bünau zu Weesenstein (†um 1540), sächs.-albert. Rat; vgl. Anm. 60.*
[1189] *= hörte.*
[1190] *Georg von Carlowitz zu Hermsdorf (um 1480–1550), sächs.-albert. Rat; vgl. Anm. 42.*
[1191] *Dr. Simon Pistoris (1489–1562), Kanzler Herzog Georgs (des Bärtigen); vgl. Anm. 62.*
[1192] *N. N. von Benndorf.*
[1193] *= 1533 August 25.*
[1194] *= Unwillen.*
[1195] *Ernst II. von Schönburg (1486–1534), sächs.-albert. Rat; vgl. Anm. 41.*
[1196] *= einschmeichelt.*

99

Weimar   *1533 September 5*

Kurfürst Johann Friedrich (der Großmütige) an Landgraf Philipp (den Großmütigen)
Johann Friedrich hat das Schreiben mitsamt den Kopien vom Ausschuss der Landschaft Herzog Georgs (des Bärtigen) erhalten. Die Abgeordneten der beiden Landstände sind kürzlich in Leipzig zusammengekommen und haben die Antwort Philipps wegen Heinrich von Schleinitz verlesen. Philipp bittet, dass sie ihm ihren Rat übermitteln. Wenn die gemeinsamen Landstände in Grimma wieder zusammenkommen, soll Philipp seinen Kanzler einige Tage vorher zu ihnen schicken und ihnen seine Meinung mitteilen. Danach wird man sich gemeinsam besprechen.

> *HStA Dresden, 10024, Loc. 10548/6, fol. 34r–v.*
>
> *Überlieferung: Abschrift.*
>
> *Schrift: (albert.) Kanzleischreiber.*
>
> *Adresse:* ᵃAn landgraf(en) zu Hessen etc.ᵃ
>
> *Kanzleivermerke:* Antwort an landtgraf(en), seiner schwester sach mit hertzog Georgen belangende.
>
> *Bemerkung: Die Blätter wurden auf der rechten Seitenhälfte fortlaufend beschrieben, die linke blieb Korrekturen und Ergänzungen vorbehalten.*

Unser freuntlich dyenst und was wir liebs und guts vermugen altzeitᵇ zuvor, hochgeborner furst, freuntlicher lieber vetter und bruder. Wir haben e(uer) l(ieben) schreyben sampt eingeschlossenen copien, wes unsers vettern herzog Jorgen zu Sachssen etc.ᶜ, auch unsere verordente aus den stenden ᵈseiner lieb und unserᵈ landtschaft so jungst zu Leypczsk[1197] bey eynander gewest[1198], an ewr l(ieben) inn antwerts weiß[1199], und von wegen Heynrichs von Schleynitz[1200] vorbitlicheᵉ haben gelangen lassen, empfangen und verlesen. Darinnen e(uer) l(ieben) bytten, das wir derselben unser bedencken rath und wolmeynung zum furderlichsten mitteylen wolten, welchs wir zuthun freuntlicher meynung wol geneigt. Weyl wir aber bedencken, das es nett sein wil, das e(uer) l(ieben) unsers vettern und unsere verordente aus den stenden der landtschafften semptlich zu gleich widerumb ersuchen lassen und von inen begern, das sye bey unsern vettern arbeyten und daran sein ‖ wolten, ewr l(ieben) schwester nachmals aus verdacht zulassen etc. und dyeselb(en) unsere beyder seitz verordente auff Simonis und Jude[1201], ᶠwie wir e(uer) l(ieben) zuvor auch angezaigt,ᶠ abermals zu Grim[1202] beyeinanderᵍ sein werden, in den vorigen unsers vettern und unser gebrechen ferner handlung furzunemen. So ist unser freuntlichs bedencken, nachdem wir zu derselben zeit nicht fern von Grim sein werden, das e(uer) l(ieben) alsdan iren cantzler[1203] etlich tag zuvor zu uns abgefertigt hetten, mit bevelhe, uns e(uer) l(ieben) gemut

---

[1197] *Leipzig.*

[1198] *Der Ausschuss war für den 1533 August 10 von Kurfürst Johann Friedrich nach Leipzig verordnet wurden. Die Antwort an Landgraf Philipp erging am 1533 August 16.*

[1199] *Vgl. oben Nr. 95 (Brief des Ausschusses der Landschaft an Philipp, 1533 August 16).*

[1200] *Heinrich von Schleinitz zu Saathain und Koselitz († 1543), sächs.-albert. Rat und Hofmarschall; vgl. Anm. 5.*

[1201] *= 1533 Oktober 28.*

[1202] *Grimma, Stadt sö Leipzig.*

[1203] *Dr. Simon Pistoris (1489–1562), Kanzler Herzog Georgs (des Bärtigen); vgl. Anm. 62.*

und meynung anzuzeigen. So wollen wir unbeschwerdt sein, uns mit demselben davon zu untterreden, was unsers bedenckens, den verordenten furzutragen sein solt, und also unsern rath bedencken und wolmeynung e(uer) l(ieben) zum besten freuntlichen zuvormelden und mitzuteylen in allermaß, als betreffe uns dye sach(en) selbst, und e(uer) l(ieben) schwester unser schwester were. Das[h] haben wir e(uer) l(ieben), der wir freuntlich(en) zudyenen geneigt, nicht vorhalten wollen. Dat(um) etc. Weimar freitags nach Egidi anno xxxiii.

Johan Fridrich etc.

[a-a] *Unter dem Text.*
[b] *Wort hochgestellt eingefügt.*
[c] *Abbreviatur für etc. hochgestellt eingefügt.*
[d-d] *Passage auf der linken Seitenhälfte mit Platzhalter eingefügt; anstelle gestrichen:* unsern landtstenden.
[e] *Wort auf der linken Seitenhälfte mit Platzhalter eingefügt.*
[f-f] *Passage auf der linken Seitenhälfte mit Platzhalter eingefügt.*
[g] *Wort hochgestellt eingefügt.*
[h] *Wort vor der Zeile eingefügt.*

100*

[vor 1533 September 30]

Kurfürst Johann Friedrich (der Großmütige) an Herzogin Elisabeth
Johann Friedrich informiert Elisabeth darüber, dass sie bald Briefe von ihrem Bruder erhalten werde.

Überlieferung: verloren.
Bemerkung: Die Ausfertigung und die Datierung dieses Schreibens ergeben sich aus Nr. 102.

101*

[vor 1533 September 30]

Markgraf Georg (der Fromme) von Brandenburg-Ansbach an Herzogin Elisabeth

Überlieferung: verloren.
Bemerkung: Die Ausfertigung und die Datierung dieses Schreibens ergeben sich aus Nr. 102. Hinweise auf den Inhalt ergeben sich nicht.

102

[1533 September 30]

Herzogin Elisabeth an Kurfürst Johann Friedrich (den Großmütigen)

Elisabeth haben noch keine Briefe von Landgraf Philipp (dem Großmütigen) erreicht, obwohl ihr Johann Friedrich diese angekündigt hatte. – Elisabeth ist jetzt wieder gesund; gelegentlich hat sie Augenschmerzen. – Johann Friedrich soll den Aussagen Wolfs von Schönberg und Georgs von Carlowitz keinen Glauben schenken, wenn sie behaupten, ihr gehe es so gut wie keiner Fürstin im Reich. Sie wird es Johann Friedrich anders berichten, wenn sie bei ihm ist. Auch hat Georg von Carlowitz Elisabeth nicht darüber informiert, was er mit dem Kurfürsten besprochen hat. – Elisabeth weiß nicht, wem sie vertrauen soll. – Elisabeth hat sich weder mit Heinrich von Schleinitz noch mit Hans von Schönberg versöhnt; sie redet auch mit keinem von beiden, noch gibt sie ihnen die Hand. Letzterer hat sie um Gnade bitten lassen, darauf hat Elisabeth keine Antwort gegeben. Sie sehnt sich nach einer Aussprache mit Kurfürst Johann Friedrich. – Elisabeth hat Angst vor einer Vergiftung. – Carlowitz möchte, dass sie Frieden zwischen der sächsischen Landschaft und dem Landgrafen stiftet. – Solange Elisabeth bei Herzog Georg (dem Bärtigen) ist, wird kein Frieden werden. Sie bittet Johann Friedrich, er möge ihr forthelfen und Kanzler Feige zu ihr schicken. – Herzog Georg hat 17 Tage lang nicht mit ihr gesprochen. Sie wäre gern fort von ihm. Carlowitz sagt, sie bekämen keine eigene Residenz. Wenn, dann würde der Herzog sie nach Tharandt oder Pirna schicken, aber dort will Herzog Johann (der Jüngere) nicht hin. Immer wieder fängt Herzog Georg einen neuen Streit an. — Es ist niemand hier am Hof, dem Elisabeth vertrauen kann. Außerdem versucht man dafür zu sorgen, dass sich alle von ihr abwenden. Auch Herzogin Barbara hat sich durch die Hofmeisterin gegen sie aufhetzen lassen. Elisabeth hat niemanden hier, der ihr zur Seite steht.

> HStA Dresden, 10024, Loc. 10548/7, fol. 13r – 15r.
>
> *Überlieferung: Ausfertigung.*
>
> *Schrift: albert. Kanzleischreiber (schriftgleich Nr. 75, 84, 87, 88, 90, 111); eigenhändig.*
>
> *Adresse:* [d h g] b f h h f h / [z s d h r r] e m u k l / [y d m z] m m f h l / [o u b y s] l eygen // hant.[1204]
>
> *Nr. bei Werl: 70.*
>
> *Kanzleivermerke:* Die hertzogin zeigt an, d(as) die sach(en) in den alt(en) termin steh(en) mit hertzog Georgen und wie es ir sonst(en) so ubel gehe, begert nur darvon – 1534.
>
> *Zur Datierung: Das Schreiben ist nicht zu einem Jahr datiert. Der Kanzleivermerk stellt es zu 1534, doch gehört es aus inhaltlichen Gründen mit Sicherheit in das Jahr 1533, zu dem die Datierung hier aufgelöst wurde.*
>
> *Bemerkung: Das Siegel ist verloren, aber Siegeleinschnitte sind vorhanden. – Der Text auf fol. 13v wurde seitenverkehrt ausgeführt. – Der Brieftext erging in der originalen Ausfertigung fortlaufend und ohne Satzzeichen. Für die Wiedergabe wurde der Text zur besseren Lesbarkeit in Absätze gegliedert.*

[1204] *Steht für:* **D**em **h**och**g**eborenen *Fürsten Herrn* **H**ans *Friedrich,* **H**erzog **z**u **S**achsen, **d**es **H**eiligen **R**ömischen **R**eichs *Erzmarschall* **u**nd *Kurfürst, Landgraf* **i**n *Thüringen, Markgrafen* **z**u *Meißen,* **m**einem *freundlichen* **h**erz**l**ieben **O**heim **u**nd *Bruder* **i**n *seiner Lieben* **eigen Hand**.

Fruntlicher liber ohme und bruder; ich last euer libe wisen, das ich von dem botten czeime[a] bryffe bekomen habe, einer von euer libe[1205], den ander von marckgraf Jurgen[1206].[b] Euer libe hat mir geschrib(en), ich sal czien brife von mein bruder krigen, so habe ich keyntt bekum(en)[c]. Und habe den boten lasen fragen, so hat er gesaet, er hat kein brife mer bekomen.

Ich last auch euer libe wisen, das ich iczund gesund bin, ader ein flus[1207] habe ich in eim auge, das tut mir under czeiten we. Es ist mein bit[d] an euer libe,[e] yr wolt das yne nit gleuben, das Wolf von Schunberck[1208] und Karwicz[1209] czu euer libe gesaget haben, das mirs so wol get als keyner fursten ym reich. Den wen ich bei euer libe were, ich wolt es euer libe wol anders sagen. Wie wol mir Karwicz nites gesaet hat, was er mit euer liebe geret hat, nach habe ich es wol erfaren. Und ist mein bit an euer libe, wolt mir doch czu vor sten geben, wie es mit dei briffen mechte czu gen, den es ist nach ymer dar yn der alden weyse. Ych weys nit, wem ich nit, wem ich gleuben sal, den seyn so fals under nander, das es grausem ist.

Ich last euer libe auch wysen, das ich wider mit Hans von Schunberck[1210] nach mit Heyrich von Schleinizt[1211] vor[f] tragen bin. Ich rede auch mit keim kein word. Ich gebe auch yn mit mein hand nich[g]. ‖ Sye haben so vil czu fuch[h] schenen vor mir mit ducken und mit neigen, das es fyl ist, ader hynder mir ist es[i] nach als es lanch gewest ist, wie wol [j]Hans von Schonbergk mich auff hatt lassen bytten umb genade. Und[k] yst grost erbeydten gewest, aber ich hab keyn anwert geben, dan wey ich e(uer) l(ieben) for hin hab angezeyget, dan er louget und meingett so ser als for altzeyt f[1212] halb. Das ich e(uer) l(ieben) nich hab gantz mit meyner hant geschriben, yst das dey orsach, ich hab ein bost aug, se obelt mit. Het auch e(uer) l(ieben) lang geschriben, het ich gewost, wo e(uer) l(ieben) gewest wer. Einer saget heyr, der ander dortt.

Ich las auch e(uer) l(ieben) wissen, das m(ein) a(lter) h(er) yelenger yedouller wert und dey alt[1213] auch, nach wil keynst sterben. Ich moch gern ein mal bey e(uer) l(ieben) seyn, wans moglich wer. E(uer) l(ieben) vordenck mich nicht dromb, das ich e(uer) l(ieben) dromb byt, dan ich winck zu leutten kumb, dey ich glab deyst trewlich mit mir meynen. Ich wolt, ich wer mit eirn[1214] von in. E(uer) l(ieben) glab nich wey wol ich mich for se in essen und drencken, wey wol dey yunckfer selber achtunge droff geben. Ich trew in darnich nich, so wol sei mussen mit v(or)[l] ir essen.

So sprecht Klarlewitz, schlettes wert ich meyn bruder und m(ein) a(lter) h(er) nich vortragen, sal mirs nich wol gein mit m(einem) a(lten) h(ern) und m(einem) h(ern) und der lantschaff. Sprecht ich, ich west for wol, das mirst nich wol geyt, weyl ich in des alten haus bin, dan da wert keyn frette. Ich byt e(uer) l(ieben), helff mir an schatten russer. E(uer)

[1205]   *Das Schreiben Johann Friedrichs an Elisabeth ist verloren und wird hier unter der Nr. 100 geführt.*

[1206]   *Das Schreiben Markgrafs Georg von Brandenburg-Ansbach an Elisabeth ist verloren und wird hier unter der Nr. 101 geführt.*

[1207]   *= Fluss, im Sinne von krankem Fluss, also Blutfluss, Ruhr, Rheuma oder Katarrh; vgl. DWB, Bd. 3, Sp. 1856 (Artikel „fluss"). – Hier vermutlich ist der Ausfluss aus dem Auge bzw. eine einfache Entzündung des Auges gemeint. Möglich wäre auch eine Augenerkrankung aus dem rheumatischen Formenkreis.*

[1208]   *Wolf von Schönberg zu Sachsenburg (†1546); vgl. Anm. 43.*

[1209]   *Georg von Carlowitz zu Hermsdorf (um 1480–1550), sächs.-albert. Rat; vgl. Anm. 42.*

[1210]   *Hans (junior) von Schönberg zu Reinsberg (†1537), sächs.-albert. Rat und Amtmann; vgl. Anm. 4.*

[1211]   *Heinrich von Schleinitz zu Saathain und Koselitz (†1543), sächs.-albert. Rat und Hofmarschall; vgl. Anm. 5.*

[1212]   *Person? nicht identifizierbar.*

[1213]   *Herzogin Barbara von Sachsen (1478–1534).*

[1214]   *= Ehren.*

l(ieben) rede ‖ das best dar zu und ret mit dem kantzler[1215] dar von, wey ym dach zu dunt wer, als ich mich gantz zu e(uer) l(ieben) vor se. Ich sege gern, das der kantzler zu mir follen[m] her reytte, dan ich kent in ser wol, yst der nach, Yohans Feyge heyst er. E(uer) l(ieben) tzeyg es meyn bruder an.

M(ein) h(ertz) a(ller) l(iebster) b(ruder), solt ich mit h(ern) Y(orgen) vordragen sein; er sych mich an wey der duffel.[1216] Hatt in xvii tagen[1217] aber lenger keyn wort mit mir geret. Zu der schapbe ret er mit mir und auff der yaget, wan fruntte leut dar bey sein, so reyst er bussen[1218] ein winck, aber wans auff der yaget gewest yst sust auff yn x wochen[1219] keyn wort. Wan glich for mir ober geyt, yst mir leyden gram, was im e(uer) l(ieben) dut, aber meyn bruder geyt als ober micht, leyget mir winck an im. Wer ich nor auß seim hauß. Sprech Klarlewitz, es gesche nicht. Er sest mich dan keym[n] Tarant[1220] aber keyn Bern[1221], allein da wolt h(ertzogk) Hans nich sein und saget vel beschwerung edel[o] bussen und schelt[1222] dan auff m(ein) bruder, das der alten sach so lang gedenck. Sprecht ich: „Hebt dach der alt umer wider nugest an." Sprecht er, ich solt dunt, als merck ychst nicht. Es wer gut, das meyn bruder nor ein winck mit an stech, das umer wider anfeing und lyssen mir keyn ruge als meynkych[p] leutten im lant und hoffe vor borgen wer. Dan sey haben an getzeygett in yerm schriben, das man das fallen lyst, weyl nichst nuges wer, ab meyn bruder glich nichst antzeygett, sey vorsted est wol. Ich wolt es e(uer) l(ieben) wol sagen, es schrib sych nicht so. Und wil heyrmit ‖ e(uer) l(ieben) meyn herzaller lyebster bruder Got bevellen, der helff uns mit freutten zu samen und bevel mich e(uer) l(ieben) als m(ein) h(ertz) a(ller) l(iebster) b(ruder), danich vorse mich so vel gutz zu e(uer) l(ieben) als zu meyn eigen bruder, dan e(uer) l(ieben) schwesterliche trew zu der tzeygen bin ych geneygett. Dat(um) dinstag nach Michehelst[1223].

E H Z S etc.

E(uer) l(ieben) vortzeyg mir meyn und gescheyck[1224] schriben, ich se nich wol und meyn schriben wart gar yer im schriben. Der alt schelt mich nich, aber sust reyssen sey lam tzotten. Und yst so vel, sey wolten ya gern an mich, wolten mir gern umer ein gesreyg nach dem andern machen. Und was wissen, das ich gern se, das gescheyt nichtt. Und es seyn yunckfern aber frawen[q], etleut, ret, knecht und yunckern, dey dey nich spetz auff mich seyn, dey tougen nicht. Sey mussen mir vor ratten aber kobellen aber selber mit mir boullen, mussen auch wegk, aber umer ander orsachen geben, das sal ich nich wissen. Dunt sey nor dromb, das sey gern hetten, das ich neyman het, dem ich vortrewen droffte und gern dey leut von mir ab wentten und schercken[1225]. Was mit mir for wollen haben, das west Got. Ich schribest m(einem) bruder nergen so eigentlych, dan er lebet also ser drober. Dey alte

---

[1215] Johann Feige von Lichtenau (1482–1541), hess. Kanzler; vgl. zu ihm Gundlach, Die hessischen Zentralbehörden, Bd. 3: Dienerbuch, S. 62 ff.; Heinemeyer, Johann Feige von Lichtenau; Demandt, Der Personenstaat der Landgrafschaft Hessen, Bd. 1, S. 209 f.

[1216] = er sieht mich an wie der Teufel.

[1217] = 17 Tagen.

[1218] = so reißt er Possen.

[1219] = 10 Wochen.

[1220] Tharandt, Burg und Amt sw Dresden.

[1221] Pirna, Stadt und Amt, sw Dresden

[1222] = schelt, schilt, beschimpft.

[1223] = Michaelis.

[1224] = ungeschickt.

[1225] = schrecken.

nernen[1226] hatt seych auch vor hetzsen lassen auff mich der alt und dey hoffmestern[1227]. Aber est yst mir glich, wey mich ein alt wolff an bolt[1228], so setz und murett mit yer selber. Ich lacht und ge dar von. ‖ Sey yst wey h(ertzogk) Freyderych so kloug,[1229] es yst keyn bestand yn dem hausse. Got helff mir von ynt[1230], aber mir rousser.

a Sic.
b Getilgt: ey.
c keyntt bekumen hochgestellt von Elisabeth eigenhändig eingefügt; darunter gestrichen: nit mer von eim.
d Gestrichen: au.
e Gestrichen: yr we.
f Gestrichen: ra.
g Wort hochgestellt eingefügt; darunter gestrichen: ader.
h Sic.
i Gestrichen: an.
j Ab hier Elisabeth eigenhändig.
k Wort hochgestellt eingefügt.
l Sic.
m Sic.
n Sic.
o Am Wortanfang getilgt: y-.
p Sic.
q aber frawen hochgestellt eingefügt.

103

[1533 vor Oktober 28]

Forderungen Herzog Georgs (des Bärtigen) und Herzog Johanns (des Jüngeren) an Herzogin Elisabeth

Georg und Johann befehlen Elisabeth aus schuldigem Gehorsam: 1.) Da Elisabeth denen nicht vergeben will, die gegen sie gehandelt haben, und sich selbst des Sakraments des Leibes und Blutes Christi und der christlichen Gemeinschaft beraubt, droht ihr die ewige Verdammnis. Um Gottes Gnade wieder zu erlangen, soll sie täglich die Messe hören, Gott um Gnade bitten und sich nach dem Wort Gottes richten. 2.) Sie soll Johann als ihren Herrn anerkennen, ihm ohne Widerspruch gehorsam sein und nicht gegen ihn mit schimpflichen Worten reden. 3.) Sie soll weder die Räte und Diener, noch die Hofmeisterin mit Schmäh- und Scheltworten belästigen. 4.) Sie soll die Leute nicht mit Worten reizen und es danach als Scherz ausgeben. 5.) Den Befehl Johanns, ohne sein Wissen keinen Brief zu schreiben, hat Elisabeth auch zu seinem Schaden übergangen. Sie befehlen deshalb nochmals, ohne das Wissen ihres Gemahls und seiner Bewilligung keinen Brief zu verschicken. Um diesen Befehl durchzusetzen, darf niemand einen Brief aus dem Frauenzimmer schaffen. Wer dagegen verstößt, wird bestraft. Die Briefe werden geöffnet. Sie darf keinen Brief empfangen, ohne

---

1226 *Herzogin Barbara von Sachsen (1478–1534).*
1227 *= durch den Alten und die Hofmeisterin.*
1228 *= anbellt.*
1229 *Herzog Friedrich von Sachsen (1504–1539), Sohn Herzog Georgs (des Bärtigen), galt aus gesund-heitlichen Gründen als regierungsunfähig, wurde bisweilen auch als geisteskrank bezeichnet. Hier spielt Elisabeth auf seinen Schwachsinn an.*
1230 *= ihnen.*

dass Johann ihn gelesen hat. 6.) Niemand darf Briefe zu ihr bringen, ohne sie vorher an Johann zu geben. 7.) Sie soll nicht schändlich reden oder fluchen.

> *HStA Dresden, 10024, Loc. 10548/3, fol. 52r–54r.*
>
> *Überlieferung: Konzept.*
>
> *Schrift: eigenhändig.*
>
> *Adresse: –*
>
> *Kanzleivermerke: –*
>
> *Zur Datierung: Das Schreiben ist nicht datiert, gehört aber in die Auseinandersetzungen des Jahres 1533. André Thieme rückt die Abfassung vor das Eingreifen Landgraf Philipps im April 1533. Gleichzeitig nimmt er an, dass Herzog Georg diese Forderungen nicht direkt, sondern durch seinen Sohn Herzog Johann mit dem folgenden, ebenfalls undatierten Schreiben (Nr. 104) an Elisabeth übermitteln ließ.[1231] Die Forderungen und letztgenanntes Schreiben stehen im Kontext des Briefes des Kurfürsten Johann Friedrichs an die gemeinsamen Ausschüsse der ernestinischen und albertinischen Landschaften (Nr. 105), welcher in den Zeitraum vor den Tag zu Grimma (1533 Oktober 28) einzuordnen ist; dieser bildet somit den terminus ante quem des Konzepts. Aus diesem Grund ist das Schreiben an dieser Stelle im Band verortet, nicht ohne noch einmal zu betonen, dass diese Forderungen ebenso wie der Brief Herzog Johanns schon deutlich früher, also bereits nach den Besprechungen Anfang Februar zwischen Landgraf Philipp und Herzog Georg in Dresden (Nr. 8, 10, 11, 12, 13, 14) verfasst worden sein können.*
>
> *Bemerkung: Das Konzept ist insbesondere auf den inneren Seitenhälften stark beschädigt. – Die Absatzgestaltung folgt der Vorlage.*
>
> *Druck: ABKG III, Nr. 2176.*

Zcuvorner den was wir Jorg(en) herczog zcu sach(en) als der vater und wir Johans Hans[a] hertzog zcu Sachssen etc. als der her und man der hochgbornen[b] furstin frawen Elisabet, gborn[c] lantgrafin zcu Hessen, hertzogin zcu Sachssen etc. bfeln auß scholdigem ghorsam zcu thun.

Vor das eyrst dy weil wir bfinden, das gmelt unsser tochter und gmal von Got vorlassen, also das sy in sulche hartmutikeit kommen, das sy nicht gdecht den jenigen, so wider sy feln gthan haben, zcuvorgeben aussem herczen[d], welche[e] frunt werden, ir[f] wider von Got noch der welt ir sund vorgeben, wy Got selber spricht, wert ir awern nest(en) aussem herczen nicht vorgeben, so wert auch mein himelischer vater och nicht vorgeben.[1232] Sy brobet sich selber och des heligen hochwirdigen sacraments des leichnams und blut(es) Cristi und[g] cristlicher gmein am leben und do Got vor fug, wo sy itzt sto(r)b och[h] am thode und quem also in ewig vordamnis, dor umb ist ir not, Got(es) holt und gnad wider zcuerlangen. Der halben bfeln wir ir, das sy Got fleissig sal vor augen haben, altag das ampt[1233] der meß fleyssig horen, Got umb sein gnad bitten, do mit sy von der grous(e)n[i] ‖ vorsorgung ewiger erlediger worden, das sy och zcu gborlichen zceiten das wort Got(es) mit fleiß kere[j], des bhalt und sich dor noch richte und thu. So ist zcu hoffen, wen Got trawlich und gnad von ir angruffen[k] und gbetten her werd, ir dy nicht vor sagen, wy her vorsprochen und zcu gsaget hat.

It(em) vors andre, das sy [l]umer h(er) Hansen als[l] iren hern und gmal vor irn hern halt, wer wes[m] uns ir schaff(e)n, das sy dem anne wider sprechen ghorsam sey[n], nicht mit schemplichen worten wider heymlich(en) noch offenbar zcu[o] ergesten gdeng. Den wans sy eine schmer, so schmeher sy sich selber och.

[1231] *Thieme, Glaube und Ohnmacht, S. 149.*

[1232] *Matthäus 6,15.*

[1233] *= alle Tage am Abend.*

It(em)^p vors drit, das sy dy jenigen dy unsser rete und sust unsser diner sein, och unsser hoffmeisterin mit schme- und scheltworten nicht^q bleste, sunder sy vor dy halt, dar vor wir sy halten, do mit nicht ander och exempel nemen uns in den unsser zcimer achten. Thut imant wes das ir billich entkegen sy, loß an uns glangen, wir wol(en) ir wol frid schaffen. ‖

It(em) das sy sich enthalt dy leut mit worten zcu reitzen, dy in an wem glimp^1234 nochteillig und wil dornoch sagen, sey ir schertz^r gwest, den sulcher schertz brengt^s schaden und ist billich^s, was sy nicht leyden kan, das sy das andre och vertragen.

It(em) dy weil wir och bfinden, das awß irem schreiben, so sy zcu weiln gthan, vil unwiln hat entsteen mogen und sy selber grawen hat, so habe(n) wir herczog Hans ir befeln kein briff von sich an imant an unsser wissen und wiln zcu schreiben, welchs von ir obergangen, dorauß och mir muhe und unlost entstanden, den der sachen wert gweß. Dorumb bfeln wir noch und woln das sy kein briff von sich schig an nimant, wir herczog Hans haben den den vor gsehen und bwilt auß zcu gehen. Do mit och unsser bfel^t desste statlicher ghalten, so haben wir her^u bfoln, das kein mensch^v, her sey jung ader alt, sich understen sal einchen briff auß dem frawen zcimer zcu tragen.

Wir wol(en) och dor uff bfeln, und wo ‖ imant her sey, was wessens und standes her sey, der sich understeet, der sal sein straff haben und mochte(n) dy briff der moß sein, wir wolten sy an leib und eyrn straffen.

Wir woln och nicht schawen dy uff zcu brechen, do mit wir unsser und der unsern nachtheil vorkomme(n) mogen, der uns an das^w zcu kommen mochs. ^xSal och kein briff entpfahen, sy sal den uns h(ertzog) H(ans) zcu handen steln, das wir in lessen und wissen, wer dorinnen ist.^x

It(em) do mit och nimant^y durch nimant sulch briff weg komen^z, so woln wir und^aa vororden und bfeln, das nimant auß der stat ader fromdes her uff get, an forder sy dan unsser herczog(en) Jorgen gmal. Und welche also rauff gfordert sal man alweg an der thor ansage(n), sich zcu hutten, briff ader botschafft nahe zcu brengen. Des gleychen woln wir allem unsserm hoffgsind bfeln.

It(em) dy weil och furstin und weybesbilden sunder obel an stet schantpar zcu reden und sunderlich zcu fluche(n), so bfeln wir ir, sich dor vor zcu hutten^bb. Wer sy sich ‖ an dem allem als ein ghorsame thochter und gmal helt, so sal sy och ghalten und glibet werden als dy ghorsam thochter und gmal, wo nicht werden wir gorsacht unsser ghorsam zcu erhalten weg vor zcu nemen.

^a　*Sic. Unsichere Lesung.*
^b　*Gestrichen:* frawen Elisabet.
^c　*Wort hochgestellt eingefügt.*
^d　*Gestrichen:* so ist ir mit Got(es) holf und gnad zcu erlangen den einen dan.
^e　*Vor der Zeile eingefügt.*
^f　*Wort hochgestellt eingefügt; darunter unleserliche Streichung.*
^g　*Gestrichen:* in.
^h　*Wort hochgestellt eingefügt.*
^i　*Sic. Unsichere Lesung.*
^j　*Gestrichen:* sich.
^k　*Gestrichen:* her werd sy.
^l-l　*Passage hochgestellt eingefügt.*
^m　*Wort hochgestellt eingefügt; darunter gestrichen:* her.
^n　*Korrigiert aus:* sein; *danach gestrichen:* sein.
^o　*Vor der Zeile:* unser ~~sei~~.
^p　*Vor der Zeile; anstelle gestrichen:* dy jenigen.

---

^1234　*Glimpf = Ehre, Ansehen.*

q *Gestrichen:* nicht.

r *Wort hochgestellt eingefügt; darunter gestrichen:* schrtz.

s *Gestrichen:* schade.

t *Gestrichen:* ght.

u *Wort hochgestellt eingefügt.*

v *Gestrichen:* sich sal.

w *Gestrichen:* gdrawt wert.

x-x *Passage am linken Seitenrand mit Platzhalter eingefügt.*

y *Gestrichen:* fraw.

z *Wort hochgestellt eingefügt; darunter gestrichen:* bracht.

aa *Sic.*

bb *Unleserliche Streichung:* wer mich wey.

104

[1533 vor Oktober 28]

Herzog Johann (der Jüngere) an Herzogin Elisabeth

Johann fordert Elisabeth auf, jeden Tag zumindest am Abend die Messe zu hören. – Sie soll alle möglichen Ursachen für Ärger vermeiden und mit freundlichen Worten reden. – Elisabeth soll keine Briefe wegschicken, bevor sie ihr Gemahl nicht zu Gesicht bekommen hat. – Johann will alles Unheil von Elisabeth abwenden. – Elisabeth soll die Hofmeisterin in ihrem Amt walten lassen. – Wenn sie sich gehorsam verhält, wird auch Johann sich ihr gegenüber verhalten, wie es sich gehört. – Elisabeth soll nicht jedem von ihrem neuen Standpunkt und Glauben erzählen. Sollte Elisabeth Schreiben erhalten oder beleidigt werden, solle sie ihn diese lesen lassen bzw. es ihm mitteilen. Johann wird mit der Hilfe Herzog Georgs (des Bärtigen) dagegen vorgehen.

HStA Dresden, 10024, Loc. 10548/7, fol. 22r–23r.

Überlieferung: Abschrift.

Schrift: ernest. Kanzleischreiber (schriftgleich Nr. 6, 10, 12, 14, 107, 109).

Adresse: –

Kanzleivermerke: Hertzog Johans zu Sachßen begert an seine gemhal, die hertzogin zu Rochlitz, d(as) sie sich dießes seins willens und ordnung keg(en) s(eine) f(urstlichen) g(naden), hern vater und mutter, auch sonst halt(en) wolte – 1534.

Zur Datierung: Aus der Zugehörigkeit zum Schreiben Johann Friedrichs (vgl. unten Nr. 105) ergibt sich der terminus ante quem. – Die Datierung im Kanzleivermerk zu 1534 ist hier wie anderswo irrig.

Bemerkung: Die Abschrift besitzt keine Siegeleinschnitte und keine mit einem Brief Elisabeths übereinstimmende Faltung. Stattdessen entspricht die zweifache Faltung des Doppelblattes exakt der des Konzepts des Schreibens Johann Friedrichs an die Ausschüsse der gemeinsamen Landschaften (Nr. 105). Eine ernestinische Provenienz der Abschrift ist also anzunehmen. – Das Schreiben Johanns steht vermutlich in unmittelbarem Zusammenhang zu den von Herzog Georg verfassten Forderungen (Nr. 103). – Die Absatzgestaltung folgt der Vorlage. – Der in diesem Dokument häufig vorkommende Doppelkonsonantismus ‚n' wird reduziert wiedergegeben.

Druck: ABKG III, Nr. 2176a.

Fruntliche liebe gemahel, wir begern und wollen, das ir euch vleissigen sollet, als viel euch immer muglich, des tags zu mynsten am ampt[1235] der hailigen messe zu horen. Das kompt uns von e(uer) l(ieben) zugehorsam und unserm frundtlichen hern und vatern zugevallen.

Wir begern auch, in gueten sorgen zuhalten, unsern lieben hern und vatern[1236] und frau mutter[1237], soviel muglich dieselbigen zubeschwerlichen gemuete bewegen, die ursachen zu meyden und mit glimpfflichen frundlichen worten zu undterhalt(en), dieweil es uns der ewige Got also geboten hat, vater und mutter zu ehren.[1238]

Und sehen wir gelegen an und begern, das ir kaine brieff hinwegk schreibet, sundern uns dieselben zuvorn zuubersehen vortraget, zuverhuetung, das man e(uer) l(ieben) desweniger in ainen argkwhan fassen magk, ichtes ane unsern bewust zuhandeln ader hinwegk zuschreiben.

So euch auch etwas vordrießlichs begegen wurde, wollet solchs an uns mit freuntlichen worten gelangen lassen. Wolten wir uns also darin halten und ertzaigen, wie uns zuthun als einem lieben gemahel aigent und geburt und zu aller pilligkait nicht vorlassen. ‖

Ir wollet auch die hoffmaisterin an ires ampts bevelich nicht irren ader mit ungenedigen worten ubergeben.

Ab euch auch ainicherley schrieffte zukomen ader jemands mit schworlichen worten beleidiget, die last uns lesen und zaiget uns solchs an. So wir befinden, das die nodturfft erfordert, so wollen wir unsers lieben hern und vaters radt und hulff darin gebrauch(en). Solchs was wir unfugsam wider e(uer) l(ieben) vorstehen, vorgenomen wurde, soviel sich immer leiden will, abwenden und als unser frundtliche liebe gemahel, so sich e(uer) l(ieben) unsers gehorsams heldet, als wir nicht zweiveln, in allen geburlichen dingen wie uns gezimbt, widerumb freuntlich gegen e(uer) l(ieben) halten und ertzaigen.

Eur lieb wolt auch daruff guete sorge und achtung geben, sich nicht bewegen zulassen, die jenigen von der landschafft, sie sein mans- ader weibspersonen, mit genedig(en) worten zu underhalten und in kainen wege liderlich zubegeben und nicht ainen jedern seins vortragens ‖ stadt und glauben zuwenden. E(uer) l(ieben) wolten daruff guet acht geben, so euch ichts vorgetragen, das e(uer) l(ieben) beschweret ader andern von unsern reten, dienern ader landschafft. E(uer) l(ieben) wolten aigen und ordenlich darnach fragen, ob sie es bekennen ader gestendigk wollen sein, wie sie davon ausflucht suchen, das ine e(uer) l(ieben) keine antwurt gebe, e(uer) l(ieben) hinfurder mit solchen worten und angeben zuvorschonen. E(uer) l(ieben) gedechten ine dergestalt irs antragens kain glauben zugeben und wan solchs in rede kompt, so halten wirs fur gantz gewiß, man wirdet sich meyden, e(uer) l(ieben) unwarhait furtzutragen. Und sol bey der landschafft e(uer) l(ieben) ainen grossen zufalh geben, auch e(uer) l(ieben) unmuts zumachen, dadurch abgewendt werd(en), welchs wir alles aus treuhertzig(em) gemuet e(uer) l(ieben) wolmaynende bevolhen wollen hab(en).

1235 = wenigstens am Abend.
1236 Herzog Georg (der Bärtige) (1471–1539).
1237 Herzogin Barbara von Sachsen (1478–1534).
1238 = das vierte der Zehn Gebote. 5. Mose 5,16.

105

[1533 vor Oktober 28]

Kurfürst Johann Friedrich (der Großmütige) an die gemeinsamen Ausschüsse der ernestinischen und albertinischen Landschaften

Herzog Georg (der Bärtige) hat trotz der Bemühungen Landgraf Philipps (des Großmütigen) und der Landschaft Elisabeth noch immer im Verdacht. Aus diesem Grund sollen sich beide Landschaften zu einem gemeinsamen Tag nach Grimma begeben. Die landgräflichen Räte sollen anzeigen, dass der Landgraf die Ergebnisse des Ausschusses der Landschaft Herzog Georgs vernommen hat und dass sich Herzog Georg aus unbegründeten Ursachen nicht umstimmen lässt. In Anbetracht der Erbverbrüderung zwischen beiden Seiten solle die Angelegenheit im freundlichen Willen besprochen und Wege gefunden werden, die Ehre Elisabeths wieder herzustellen und die Verleumder zu benennen.

> *HStA Dresden, 10024, Loc. 10548/7, fol. 29r – 32r.*
>
> *Überlieferung: Konzept.*
>
> *Schrift: eigenhändig.*
>
> *Adresse: –*
>
> *Kanzleivermerke: a) Des lanckgraffen schwester belangent; b) des verdachts halb(en), darmiten sie bey herzogk Georgen zu Sachsß(en) etc. – 1534.*
>
> *Zur Datierung: Die Datierung ergibt sich aus der Abfassung vor dem Tag zu Grimma (1533 Oktober 28). – Der Kanzleivermerk datiert hier wie anderswo irrig zu 1534.*
>
> *Bemerkung: Die Blätter wurden auf der rechten Seitenhälfte fortlaufend beschrieben, die linke blieb Korrekturen und Ergänzungen vorbehalten. – Die Absatzgestaltung folgt der Vorlage.*

Got walts. Nach dem[a] vermercket wyeder, das h(ertzock) Jorg, unangesehen was im von dem lantgraffen selbest, folgent durch dye freunde und dye lantschafft angezceyget, auff seynem forgenommen vorsacz[b] mutwyllen[c] des lantgraffen schwester halben beruhen thuet, und nyt bedacht yst sye aus verdacht zcu lassen, was auch von im geret und dem lantgraffen in weyseyn[1239] etlicher rette seyner schwester halben angezceyget sal, und mus alles also war seyn.

Derhalben wyrt bedacht, das durch des lantgraffen rette weyden[1240] lantschafften so Symonis und Jude[1241] zcu Grym[1242] seyn sollen, als des churfursten und hertzock Jorgen von Sachssens zu gleych an zcu zceygen seyn solt, das der lantgraff vernommen, was im hertzock Jorgen auschus hertzock[d] Jorgen[e] lantschafft angezceygt hette[1243] und besunder, das h(erzock) Jorg aus etlichen vermeynlichen [f]ungegruntten ursachen[g] sich nyt wolt bewegen lassen, seyn schwester aus verdacht zcu lassen etc., welches sich der lantgraff aus fyllen tapffern, auch rechtmessigen ursachen gancz nyt versehen hette, [h]was auch sulches zcum hochsten beschwert.[h] Hette sich aber[i] verhofft, sye als dye von den lantschafften worden dye wege gesucht haben, das hertzock Jorg im hette genuck seyn lassen, das ‖ er des lantgraffen schwester an eheren und gelimp[j] unerfyntlichen angryffen. Und dye weyl

---

[1239] = beisein.

[1240] = beiden.

[1241] = 1533 Oktober 28.

[1242] *Grimma, Stadt sö Leipzig.*

[1243] *Vgl. oben Nr. 95 (Brief des Ausschusses der Landschaft an Philipp, 1533 August 16).*

er sulches nyt darzcu thuen lenst[k] und ku(n)t[l], auch dye angeber nyt benennen walt, das h(erzock) Jorg dye erliche fromme furstyn aus verdacht gelassen,[m] so hette er der lantgraff es auch mussen zcu dyessemmal dar[n] bleyben lassen.

Dye weyl aber der lantgraff der keyns wey hertzoch Jorgen erlangen kont[o], so musses s(einer) f(urstlichen) g(naden) darfur halden, das h(ertzoch) J(orgens) lust und wyllen hette[p], seyn schwester und in als den bruder, auch dye gancze freuntschafft zcu schmehen und[q] zcu vercleynern[r]. Wye wol sych der lantgraffe vorschen, h(ertzoch) Jorg werde irer altten herkommen freuntschafft halber, auch in betrachtung[s] irer erverbruderung[t] und erbeynung[u] [1244] in dar myt verschont haben und sych nyt gewegert, seyn schwester aus verdacht zcu lassen.

Derhalben worde er verursacht, innen als weyderteyl des haussees zcu Sachsen verordent zcu seyner und seyner schwester[v] notturff, wye er auch an sye wolt genedicklichen begers haben, sye wolltens nyt anders der unfermeydenlichen notturff nach vermercken und nyt anders dan darfur achtten, das er fyl lyeber, so es h(erzock) J(org) von im leyden mocht, in freuntlichem wyllen myt ‖ im[w] seyn wolt, dan seyner schwester und sey(ner) selbest eren notturft halben[x] nach folge(n)de anzceygung zcu thuen.

Und nemlichen hette sich hertzock Jorg kegen im selbest [y]in wey seyn weyder seytz[1245] rette[y] vernemen lassen, under der anderm, das er wyeder des lantgraffen schwester gesaget hette[1246], es gyngen mans personnen in frawen cleydern im frawen zcymmer aus und eyn. Und wan erefrure[1247], wer sye weren, wolt er innen ader im den kopff lassen abschlagen. Wye es ir gehen worde, hette sye zcu bedencken. Dye weyl dan des lantgraffen schwester, auch er selbest [z]nyt vernommen, das von imandes anders[z] sulche auflage anders[aa] dan von hertzock beschehen. Und sich der lantgraff da zcu mal erbotten, so von seyner schwester etwas unerliches und sthraffwars[bb] [1248] gehandelt und sulches uber weys[1249], das er sye selbest wolt sthraffen helffen. Das erbyettens[cc] wer er nachmals. Nun sthunde dyesser handel auff dem, das imandes hertzock Jorgen sulches must angezceyget haben, aber er mus es selbest geschen ader erdacht haben. Wer im nun von imandes sulches angezceyget, so bet der lantgraf, ‖ er wolle dye selbygen forsthellen und sye[dd] ir anzceygung thuen lassen. Befunde sych dan, so der hertzogyn antwort gehoret, das sye in recht berychtet hetten[ee], so hettes wye oben vermeldet seynen bescheyt. Befinde sich aber, das sye dye unwarheyt bericht,[ff] wye sich ob Gottwyl befynde solt, das hertzock Jorg als dan dye jenigen, so sulche unerfyntlickeyt erdacht, in ernstliche sthraff neme, dergesthalt, das seyn mysfal gespuret werde, und als dan des lantgraffen schwester wye gebetten aus verdacht lassen wolt.

Wolt aber h(ertzock) J(org) der keynes thuen, so mustes auff dem beruhen[gg], das er es selbest geschen ader erdacht hette, das in frawen cleydern manspersonnen wey dys[1250] lantgraffen schwester im frawen zcymmer aus und eyn gangen werren. Hette hertzock Jorg ein sulches geschehen und wolt sich des selbygen anmassen, so geburet sych, das er das beweyst. Kant er es[hh] beweyssen, als ob Gotwyl nimmer hir geschen kont aber mocht[1251], so wolt der lantgraff, wye er sich erbotten, seyn schwester selbest sthraffen helffen. ‖ [ii]Wer

---

[1244] *Gemeint ist die Erbverbrüderung zwischen Sachsen und Hessen.*
[1245] *= in beisein beiderseits.*
[1246] *Zum Folgenden siehe die Verhandlungen zwischen Landgraf Philipp und Herzog Georg Anfang Februar (vgl. Nr. 8, 10, 11, 12, 13, 14).*
[1247] *= erfuhre.*
[1248] *= Strafbares.*
[1249] *= überführt.*
[1250] *= bei des.*
[1251] *= das soll beim Willen Gottes nicht geschehen können oder mögen.*

aber h(ertzock) Jorgen sulches durch andere leutte berycht, das dye selbygen wye formals gebetten furgesthelt werden, so wolt sych der langraff[ii] von seyner schwester[jj] und seynet wegen[kk] auch zcur byttekeyt vernemen lassen.[ll] Und wolt sych nachmals der lantgraff verschehen, sye, dye von der lantschafft, worden sulches nyt vor unbyllychen ermessen, das der eyns gesthehe ader nochmals seyn schwester aus verdacht von h(ertzock) J(org) gelassen worde.

Und wye wol an den lantgraffen gelanget, das gesaget worde, solt h(ertzock) J(org) seyn schwester aus verdacht lassen, so thette er ir eynen wyeder spruch, welches im etwas beschwerlichen zcu horen wer, weyl sych doch h(ertzock) J(org) in etlichen antwortten hette vernemen lassen, er hette des lantgraffen schwester nychtes gezcyhgen[1252], derhalben must er sye auch aus keyner verdacht zcu lassen, [mm]es wer auch nyt von notten,[mm] weyl es nun auff eynen wyeder spruch wyl geleget werden. So hat es wey im gancz eynen andern verstant und sunderlichen den, das alles das so h(ertzock) J(org) des lantgraffen schwester und dem lantgraffen von seyner schwester angezceyget, das sulches war seyn must. Wolt sye auch derhalben aus keyner verdacht lassen, dan was er geret, wer war,[nn] lyesse er sye dar uber aus verdacht, so thette er ir eyn wyederspruch etc. ‖

Daraus der lantgraff ahnemen muste, das nyemandes wer, so h(ertzock) Jorg uber das forrige angezceygte seyn schwester nochmals nyt wolt aus verdacht lassen, der sye an iren eren und gelymps[1253] auch gutten geructh und leumet[1254] an greyffet und schmehen thette, dan h(ertzock) J(org) selber[oo]. Der halben thette der lantgraff[pp] auff dem beruhen[qq], wolt h(ertzock) J(org) seyn schwester nyt aus verdacht lassen, das sye durch dye ansager aber er[rr] selbest beweyset, das angezceytter gesthalt manspersonen in frawen cleydern wey ir aus und eyn gangen weren, wo das auch nyt,[ss] so wust der langraff[tt] nyt anders dan dar fur zcu halten, dan das h(ertzock) J(org) aus neydyssen, zcornnygen und verdryslychen auch unchrystlichen gemut, so er zcu seyner schwester und im truge, selbest erdacht und erfonden hette.

Und bette darauff, das sye als der auschus weyder lantschafftten myt seyner schwester, das sulche unerfyntlyche und unbeweysliche auflage, [uu]so ir wyeder Got recht auch erberkeyt und byllickeyt wyederfaren[uu] und von dem, der es, so es von andern beschehen, byllich sthraffen solt, myt ir eyn chrystlyches und getrewliches mytleyden haben woltten, auch dye selbyge seyn schwester aus den angezceytten gegruntten ursachen ‖ sulcher und anderer unerfyntlychen unbeweyslichen und unwarhafftygen bezceyhungen keynen stat nach glawben geben. Ab auch immandes underynnen aus sulchem anzceygung eynige vermuttung[vv] ader verdacht gescheppfft hette, den selbygen fallen zcu[ww] lassen und seyn schwester for eyne forme[xx], erlyche und thugentsamme furstyn erkennen und haltten, so lang[yy] bys von immandes hohes ader nyderes sthandes anders auff sye beweyset und dargethan werde.

Auch dye yenigen, so sulches ir myt ungrunde und unwarheyt auff erleget und unerweyst aus verdacht nyt[zz] lassen wollen, for dye halben dye myt gesparetter warheyt frawen und junckfrawen ir er[1255] und gelimp [aaa]wyeder Got eher und recht[aaa], wye rechtten frawen und junckfrawen sthandern geburet, ablygen wollen,[bbb] auch kegen innen wye syches adlychen herkommen nach eygent und geburet erzceygen und verhalden etc.

---

¹²⁵² = beschuldigt.
¹²⁵³ Glimpf = Ehre, Ansehen.
¹²⁵⁴ = Ruf und Leumund.
¹²⁵⁵ = Ehre.

^a *Wort hochgestellt eingefügt.*

^b *Wort hochgestellt über* mutwyllen *eingefügt.*

^c *Unterstreichung von der Hand Johann Friedrichs.*

^d *Wort hochgestellt eingefügt; darunter gestrichen:* seyner.

^e *Wort vor der Zeile eingefügt.*

^f *Vor der folgenden Zeile steht auf der linken Seitenhälfte ohne klare Zuordnung zum Text folgende Anmerkung:* Zcu reperyren [?] so fyl von notten.

^g *Wort hochgestellt eingefügt.*

^{h-h} *Passage auf der linken Seitenhälfte mit Platzhalter eingefügt.*

ⁱ *Wort hochgestellt eingefügt; darunter gestrichen:* auch.

^j *Gestrichen:* gen.

^k *Unsichere Lesung; danach gestrichen:* und.

^l und ku(n)t *auf der linken Seitenhälfte eingefügt; hochgestellt eingefügt und gestrichen:* und.

^m *Gestrichen:* dye weyl ober der lantgraff beru.

ⁿ *Wort vor der Zeile eingefügt.*

^o *Wort hochgestellt eingefügt, darunter gestrichen:* kan.

^p *Wort hochgestellt eingefügt.*

^q *Gestrichen:* scheden.

^r zcu vercleynern *auf der linken Seitenhälfte mit Platzhalter eingefügt.*

^s in betrachtung *auf der linken Seitenhälfte mit Platzhalter eingefügt.*

^t *Sic. Wohl Verschreibung, meint wohl:* erbverbruderung.

^u *Gestrichen:* halben.

^v und seyner schwester *auf der linken Seitenhälfte mit Platzhalter eingefügt.*

^w *Wort vor der Zeile eingefügt.*

^x *Wort auf der linken Seitenhälfte mit Platzhalter eingefügt.*

^{y-y} *Passage auf der linken Seitenhälfte mit Platzhalter eingefügt.*

^{z-z} *Passage auf der linken Seitenhälfte mit Platzhalter eingefügt.*

^{aa} *Wort auf der linken Seitenhälfte mit Platzhalter eingefügt; anstelle gestrichen:* von nyemandts.

^{bb} und sthraffwars *auf der linken Seitenhälfte mit Platzhalter eingefügt.*

^{cc} *Gestrichen:* weren.

^{dd} *Wort hochgestellt eingefügt; darunter gestrichen:* dye selbygen forsthellen.

^{ee} *Wort hochgestellt eingefügt.*

^{ff} *Gestrichen:* hetten.

^{gg} *Wort hochgestellt eingefügt; darunter gestrichen:* strehen.

^{hh} *Wort hochgestellt eingefügt.*

ⁱⁱ *Sic.*

^{jj} *Wortende korrigiert; gestrichen:* -st.

^{kk} und seynet wegen *hochgestellt eingefügt; darunter gestrichen:* halben.

^{ll-ll} *Passage auf der linken oberen Seitenhälfte mit Platzhalter eingefügt.*

^{mm-mm} *Passage auf der linken Seitenhälfte mit Platzhalter eingefügt.*

ⁿⁿ *Getrichen:* lye.

^{oo} *Wort auf der linken Seitenhälfte mit Platzhalter eingefügt.*

^{pp} thette der lantgraff *auf der linken Seitenhälfte mit Platzhalter eingefügt; anstelle gestrichen:* sthundes.

^{qq} *Wort hochgestellt mit Platzhalter eingefügt.*

^{rr} *Wort hochgestellt eingefügt.*

^{ss} *Wort vor der Zeile eingefügt.*

^{tt} *Sic.*

^{uu-uu} *Passage auf der linken Seitenhälfte mit Platzhalter eingefügt; anstelle gestrichen:* ir wyeder faren.

^{vv} *Gestrichen:* ader dacht.

^{ww} *Wort hochgestellt eingefügt.*

^{xx} *Sic. Meint wohl:* fromme.

^{yy} lang *hochgestellt eingefügt.*

^{zz} *Gestrichen:* verdacht.

^{aaa-aaa} *Passage auf der linken Seitenhälfte mit Platzhalter eingefügt; anstelle gestrichen:* ablygen wolten.

^{bbb} *Hier folgt auf einem getilgten Wort ein Platzhalter für einen Einschub, der aber nicht ausgeführt wurde.*

106

Halle 1533 November 8

Johann Rühel an Kurfürst Johann Friedrich (den Großmütigen)
Kardinal Albrecht von Brandenburg vertröstet Johann Friedrich, da er noch keinen Rat weiß, wie Elisabeth zu einer Besprechung zum Kurfürsten gebracht werden könnte. Johann Friedrich wird gleichwohl Mittel und Wege finden. Sollte in dieser Sache, in welcher der Kardinal gebeten wurde, die brugk(en) helff(en) nidertreten, das s(ein) f(urstlichen) g(naden) wo der sachen zw Grymme[1256] kein ander maß mag troff(en), zw frieden sein, wo die zwene auß dem hoff gethan werd(en). [...] *Mit dem Schreiben schickt er Johann Friedrich die Instruktionen[1257] des Landgrafen zurück.* Datum zw Hall sunabend nach Allerheilgen Tag anno etc. xxxiii.
[Nachtrag:] Der Kardinal lädt den Kurfürsten zu einer persönlichen Unterredung in dieser und in anderen Sachen uff den suntag nach Katherine[1258] *nach Halle ein. [...]*

> *HStA Dresden, 10024, Loc. 8607/1, fol. 147r – v, 149r; Zettel: 148r.*
>
> *Überlieferung: Ausfertigung.*
>
> *Schrift: eigenhändig.*
>
> *Adresse:* [Dem durch]leuchtigsten hochgebornen fursten / [hern her]n Johans Friderichen hertzogen / [zu Sachsen, des h]eilgen romischen reichs / [ertzmarschall un]d churfurst(en) landgraff(en) / [in Doringen] marggraff(en) zw / [Meissen meinem gn]edigsten churfursten / [etc. un]d hern zw seiner // [churfurstl]ichen gnad(en) eigen hand(en).
>
> *Kanzleivermerke:* Rochlitz – Hess(en).
>
> *Bemerkung: Vom Siegel sind nur noch geringe Reste erhalten. – Dem abgeschlossenen Brief ist ein kleiner Zettel mit Nachträgen beigelegt worden. Dieser Zettel wurde später in den Brief eingeklebt und als fol. 148 paginiert.*

107

Halle 1533 November 10

Erzbischof Kardinal Albrecht von Brandenburg an Herzogin Elisabeth
Die Streitigkeiten zwischen Elisabeth und Herzog Georg (dem Bärtigen) sollen nun beigelegt werden. Albrecht habe gehört, dass die Verursacher Heinrich von Schleinitz und Hans von Schönberg sind. Es sollen schnell Wege gefunden werden, sie vom Hof zu entfernen. Viele von der Landschaft drängen beide jetzt dazu, den Dresdner Hof von selbst zu verlassen. Wenn dadurch die Ursache des Unwillens beseitigt ist, soll somit auch der Streit beigelegt sein. Elisabeth soll damit zufrieden sein und Kurfürst Johann Friedrich (dem Großmütigen) sowie Landgraf Philipp (dem Großmütigen) mitteilen, dass der Zwist beigelegt wäre, so dass

---

[1256] = *Tag der versammelten Ausschüsse der beiden sächs. Landschaften zu Grimma (1533 November 18).*

[1257] *Gemeint sind die Instruktionen Landgraf Philipps für Werner von Wallenstein und Georg Nußpicker an die in Grimma versammelten Ausschüsse der beiden sächs. Landschaften (1533 Oktober 21). Der Landgraf forderte erneut, Elisabeth nicht mehr zu verdächtigen, die Verleumder zu benennen und zur Rechenschaft zu ziehen oder vom Hof zu entfernen. Vgl. ABKG III, Nr. 2317a.*

[1258] = *1533 November 30.*

auch die beiden und andere Verwandte Elisabeths zufrieden sind. Albrecht zweifelt nicht daran, dass sich Herzog Georg ihr gegenüber friedlich verhalten wird.

> *HStA Dresden, 10024, Loc. 10548/6, fol. 35r – v.*
>
> *Überlieferung: Abschrift.*
>
> *Schrift: ernest. Kanzleischreiber (schriftgleich Nr. 6, 10, 12, 14, 104, 109).*
>
> *Adresse:* An frauen Elisabet geborne landgrefin / zu Hessen etc. hertzogin zu Sachssen etc.
>
> *Kanzleivermerke:* D(er) cardinal marggraff Albrecht zeigt an, d(as) auf gut(en) wegen sehe, d(as) Heinrich von Schleinitz und Hans von Schönberg vom hofe zu Dreßd(en) abgeschaft werden sollen.
>
> *Bemerkung: Unmittelbar hinter dieser Abschrift folgt von gleicher Hand und gleicher Tinte die Abschrift des Briefes Georgs von Carlowitz an Elisabeth (Nr. 109). Beide Schreiben entstanden also in zeitlichem Zusammenhang.*
>
> *Druck: ABKG III, Nr. 2321.*

Unser freuntlich dienst und was wir liebs und guets vermugen zuvor, hochgeborne furstin, freundliche liebe muhm. Uns hat vorschuwr zeit angelangt, wie sich ain unfrundlicher will zwischen e(uer) l(ieben) an ainem und dem hochgebornen fursten hern Georgen, hertzogen zu Sachssen etc. unserm frundlichen lieben ohmen undt schwager andersteils zugetragen, welchs wir vhast ungern vernomen haben. Auch baß daher nit underlassen, dem handel nachczudenk(en) und soviel an uns gewesen, die wege zusuchen, hirdurch solcher unwille frundlich mocht gesunth und in der guthe beygelegt werden. Und so wir dan bericht, das unther gemelts unsers ohemen hertzog Georgen reten und dienern zu Dreßden zwene sein, mit nhamen Heinrich von Schleinitz[1259] und Hans von Schonbergk[1260], die e(uer) l(ieben) furnemlich vor andern argkwenigk halten, als von denen die ursachen solchs unwillens darfliessen. Derwegen auch hievor durch etliche e(uer) l(ieben) frundschafft gesucht und gebeten worden, das dieselben baiden mochten vom hof zu Dreßden abgeschaft werd(en), welchs sich doch bißdaher vorweilet. Als wollen wir e(uer) l(ieben) uff vortrawen und gueter fruntlicher wolmeynung nit bergen, das die sachen itzo uff den wegen stehen, das wir guet hoffnung tragen, es sollen die mittel in kurtz gefunden werden, wie dan etlich von der landtschafft des im werck und arbeit sein, dadurch die angezaigten Schleinitz und auch Schonbergk sich unsers vorsehens vom hof zu Dreßden selbst thun werden. Und ‖ so wir uns dan vorsehen, wan die ursachen des unwillens also hinweg genomen und e(uer) l(ieben) in dem wilfart werdt, der unwill sol alsdan von sich selbst fallen und vorleschen. Demnach so ist an e(uer) l(ieben) unser gar frundlich und wolmainlich biet, do es die wege erraichen wurde, wie wir hoffen, das bemelte Schleinitz und auch Schonbergk also vom hof zu Dreßden abgeschafft wurden. E(uer) l(ieben) wollen alsdan auch den mangel an ir nicht sein lassen und ir gemuthe zufriden stellen, den unwillen fallen lassen, auch den hochgebornen fursten hern Johanns Fridrichen hertzog(en) zu Sachssen curfursten etc. und hern Philipssen landgraffen zu Hessen etc. unserm frundtlichen lieben bruder und ohemen solchs zuerkennen geben und zuschreiben, das die sachen allenthalben gesunt und beigelegt sein, dadurch ire liebe auch andere e(uer) l(ieben) frundschafft des auch mugen gesettigt sein. Dan wir tragen gar kainen zweivel, das gemelter unser oheim hertzog Jorge zu Sachssen etc. werdt sich als fur sein person auch also keg(en) e(uer) l(ieben) halten und schicken,

---

[1259] *Heinrich von Schleinitz zu Saathain und Koselitz († 1543), sächs.-albert. Rat und Hofmarschall; vgl. Anm. 5.*

[1260] *Hans (junior) von Schönberg zu Reinsberg († 1537), sächs.-albert. Rat und Amtmann; vgl. Anm. 4.*

das e(uer) l(ieben) hinfurthan daruber unsers verhoffens nit werde zu clagen haben. Und bieten[1261], das e(uer) l(ieben) frundliche antwurt bei diesem poten[1262] geben zu Halle, auf unserm schloß Sand Moritzburgk. Montag nach Leonhardi anno d(omini) etc. xxxiii.

Albrecht von Gots gnaden / ertzbischoff zu Meintzs etc.

108

Immenhausen   *1533 November 10*

Landgraf Philipp (der Großmütige) an Kurfürst Johann Friedrich (den Großmütigen)

[...] Philipp ist jüngst in München beim Markgrafen Joachim II. (dem Jüngeren) von Brandenburg gewesen und hat dort Herzog Heinrich (den Jüngeren) von Braunschweig-Lüneburg-Wolfenbüttel getroffen, der sich mit ihm unterreden wollte, um seinerseits Nachrichten von Kardinal Albrecht von Brandenburg zu überbringen. Kardinal Albrecht hätte gemeint, dass er di irrunge zwuschen meiner schwest(er) und mir und herzog Jorg(en) nit gern sehe, wolle allen fleis thun, die sach uf bess(er) wegs zu bring(en). *Philipp hat dem Kardinal danken und mitteilen lassen, wenn der* bischof etwas an mich gelangen werde lassen, so wolle ich mich mit e(uer) l(ieben) unterred(en), dan mein schwest(er) habe e(uer) l(ieben) und mir ire sach heimgeben. *[...] Philipp hat Herzog Heinrich zu erkennen gegeben, dass er sowohl die Sache seiner Schwester als auch die Irrung zwischen Kurfürst Johann Friedrich (dem Großmütigen) und Herzog Georg (dem Bärtigen) wegen der evangelischen Bürger zu Leipzig[1263] versöhnt sehen will. [...]*

Datum Inmenhausen uff den abend Martini anno d(omini) xv^c xxxiii.

StA Marburg, PA 2556, fol. 78r – 80r.

Überlieferung: Abschrift.

Schrift: hess. Kanzleischreiber.

Adresse: ᵃAn churf(ursten) zu Sachss(en).ᵃ

Bemerkung: Die zweite schrift, so m(ein) g(nediger) h(er) mit aigner hand an 14 gethan, belangend di nachbarliche new vorstendnus, Wirtenbergk und Nasse. / 3

a-a *Unter dem Text.*

[1261] = *bitten.*
[1262] = *Boten.*
[1263] *Zum 1532 September 20 hatte Herzog Georg ein Mandat erlassen, das allen Anhängern der evangelischen Lehre mit Ausweisung drohte (vgl. ABKG III, Nr. 2138). Nach einer Demonstration evangelischer Bürger im Frühjahr 1533 setzte Herzog Georg dieses Mandat um und ließ zunächst 70 bis 80 Leipziger Bürger ausweisen. Kurfürst Johann Friedrich trat für die Ausgewiesenen wie für die evangelischen Untertanen Herzog Georgs überhaupt ein. Vgl. zur Sache Bornkamm, Kampf um das Evangelium; zusammenfassend Junghans, Die Ausbreitung der Reformation, S. 63 – 65.*

109

Grimma   *1533 November 11*

Georg von Carlowitz an Herzogin Elisabeth

Die Verhandlungen zwischen Kurfürst Johann Friedrich (dem Großmütigen) und Herzog Georg (dem Bärtigen) sind abgeschlossen und werden zum Vertrag gebracht. Nun hoffen alle, darunter auch Kardinal Albrecht von Brandenburg, dass die einzig ausstehende Sache auch beigelegt wird. Der Kardinal hat Carlowitz einen Brief für Elisabeth übergeben. Sie soll Kurfürst Johann Friedrich schreiben, damit die Streitigkeiten zwischen dem Kurfürsten und Herzog Georg endgültig beigelegt werden.

> *HStA Dresden, 10024, Loc. 10548/6, fol. 36r.*
>
> *Überlieferung: Abschrift.*
>
> *Schrift: ernest. Kanzleischreiber (schriftgleich Nr. 6, 10, 12, 14, 104, 107).*
>
> *Adresse:* [a]An frau Elizabet geborn / landgrefin zu Hessen, her- / zogin zu Sachssen etc.[a]
>
> *Kanzleivermerke:* Georg von Karlewitz vertröstet die hertzogin von Rochlitz neben zuschickung des churf(ursten) zu Mentz schreibens, d(as) sich dy sach(en) wol anlaß(en) – 1533.
>
> *Bemerkung: Unmittelbar vor dieser Kopie steht die Abschrift des Briefes Kardinals Albrecht von Brandenburg an Elisabeth von gleicher Hand und gleicher Tinte. Beide Abschriften entstanden also in zeitlichem Zusammenhang. – Aus dem Inhalt geht hervor, dass dem Brief ursprünglich das Schreiben Kardinal Albrechts an Elisabeth beilag (Nr. 107).*
>
> *Druck: ABKG III, Nr. 2321a.*

Durchlauchte hochgeborne furstin, mein underthenige dienst seind euer furstlichen gnad(en) mit vleis zuvor. Genedige fraw, e(uer) f(urstlichen) g(naden) gebe ich underthenig zuerkennen, das sich die sachen zwischen unserm g(nedigsten) und g(uetigsten) hern zu Sachssen Got lob zu vortrag[1264] wol schigken, wie dan alle artickel daryn entlich abgeredt sein. Und nachdem ich vormergke, das nicht alleine wir als die underthanen e(uer) f(urstlichen) g(naden) sache, die nach allein unvortragen, hoffet gern vortragen und vortragen wissen wolten, sundern auch mein g(nedigster) her von Meintz[1265]. Wie dan sein curf(urstliche) g(naden) als ich bericht darin vleissig gefurdert und mir itzo ainen brieff[1266] an e(uer) f(urstlichen) g(naden) haltendt, den ich e(uer) f(urstlichen) g(naden) hirin zuschicke, ubersandet. Ist an e(uer) f(urstlichen) g(naden) mein underthenig biet, e(uer) f(urstlichen) g(naden) wolde an ir auch kainen mangel erscheinen lassen und m(eins) g(nedigen) hern dem curfurst(en) zu Sachssen ir gemuet, das zu dem vortragk, e(uer) f(urstlichen) g(naden) gebrechen dinstlich schreiben, auf das der unwill zwischen den hern aufgehoben werde und sie wie zuvorn wider zusamen zieh(en) und einander frundlichen willen beczaigen. Wie ich mich dan zu e(uer) f(urstlichen) g(naden) in underthenigkait vorsehe, e(uer) f(urstlichen) g(naden) thuen und je nicht eigenwilligk sein werden, das erbiete ich mich. Neben dem,

---

[1264]   *Gemeint ist der Grimmaische Vertrag (1533 November 18). Vgl. ABKG III, Nr. 2327.*
[1265]   *Kardinal Albrecht von Brandenburg (1490–1545), Erzbischof zu Mainz und Magdeburg; vgl. Anm. 1008.*
[1266]   *Vgl. oben Nr. 107 (Brief Kardinal Albrechts an Elisabeth, 1533 November 10).*

das e(uer) f(urstlichen) g(naden) solchs gantz rumlich sein wirdet umb e(uer) f(urstlichen) g(naden) in underthenigkait zuvordinen. Dat(um) Grim dinstags Sancti Martini anno etc. xxxiii.

E(uer) f(urstlichen) g(naden) / underthans diener // Georg von Karlewitz

^{a-a} *Unter dem Text.*

110*

[1533 November 12]

Herzogin Elisabeth an Georg von Carlowitz
Elisabeth hat Georg von Carlowitz auf den Brief des Kardinals (Nr. 107) und sein Schreiben (Nr. 109) geantwortet.

     Überlieferung: verloren.
     Bemerkung: Die Ausfertigung und die Datierung dieses Schreibens ergeben sich aus Nr. 111.

111

1533 November 12

Herzogin Elisabeth an Kurfürst Johann Friedrich (den Großmütigen)
Elisabeth schickt Johann Friedrich den Brief Kardinal Albrechts von Brandenburg und ihre Antwort. Johann Friedrich soll ihr seine Meinung mitteilen und die Briefe an Landgraf Philipp (den Großmütigen) weiterleiten. — Herzog Johann (der Jüngere) hat Elisabeth empfohlen, dem Kardinal für seine Bemühungen zu danken. Elisabeth kann aber nicht so einfach antworten, denn alles sollte gut bedacht sein. – Elisabeth wünscht sich eine eigene Residenz. Man wird sonst immer wieder etwas Neues gegen sie anfangen; Herzog Georg wird keine Ruhe geben. Georg von Carlowitz hat sie diese Meinung bereits geschrieben.

     HStA Dresden, 10024, Loc. 10548/7, fol. 39r – v.
     Überlieferung: Ausfertigung.
     Schrift: eigenhändig.
     Adresse: –
     Nr. bei Werl: 71.
     Kanzleivermerke: Die hertzogin zu Rochlitz uberschickt des bischofs von Mentz schreib(en) und bittet s(ein) churf(urstlichen) g(naden) bedenck(en).
     Bemerkung: Der mutmaßliche Umschlag ist mit Siegel und Adresse verloren. Das erhaltene eingelegte Blatt mit dem Text trägt keine Siegeleinschnitte. – Auf der Rückseite (fol. 39v) wurde der Brief zunächst von einem Kanzleischreiber (schriftgleich Nr. 75, 84, 87, 88, 90, 102) unter dem Diktat Elisabeths begonnen, dann aber durchgestrichen und von Elisabeth seitenverkehrt eigenhändig ausgeführt.

M(ein)[a] h(erz) a(ller) l(iebster) o(hme) u(nd) b(ruder); e(uer) l(ieben)[b] scheyck ich heyrmit wei e(uer) l(ieben) feyntten wert, wey mir der beysschaff von Mentz schrib[1267] und meyn anwert[1268]. Byt e(uer) l(ieben) wol mir e(uer) l(ieben) bedencken schriben und m(einem) b(ruder) auch zu scheycken auff das yellenste[1269]. Und bevel e(uer) l(ieben) Got, mich e(uer) l(ieben) als[c] m(ein) h(ertz) a(ller) l(iebster) b(ruder), e(uer) l(ieben) alle schwesterlich trew zu bewissen wer ich geneyget. Dat(um) yn yelle[1270] mitwochen nach[d] Mertteina anno xxx[1271]. Ych het e(uer) l(ieben) leytten vel tzu sagen.

E H Z S

M(ein) her[1272] heyst mich selber dey anwertt geben, das ich mich bedancken solt sein l(ieben) erbeyden und fliß. Aber weyl es ein sach wer, dey da vel angeleygen wer, so kant ich nich so blotz anwert geben und must ratt und bedach haben und s(ein) l(ieben) dan bey eigener botschaff anwert geben. Sowlges[1273] wil e(uer) l(ieben) m(ein) b(ruder) auff das yellenste zu wissen daunt und ein ab schreff das breffes scheycken. E(uer) l(ieben) scheyck mir deyssen breffe wider. Das wer meyn beger, das meyn her und ich ein eygen haus hetten, dan so feet man umer nuges an, der altte[1274] rouget, ich west vor war. Klarwitz hab ich dey meynuge auch geschriben. Und weyst e(uer) l(ieben) und[e] meyn bruder[f] mach bin ych zu fretten. E(uer) lyeben beyden vorderben mirs nicht, west ich wol, das mir nich ungelenlych aber und eyrlych[1275] yst, das vortrawen hab ich zu e(uer) l(ieben).

   [a] *Auf fol. 39v findet sich der Beginn des Briefes, der aber wieder gestrichen wurde (s. Bemerkungen). Von der Streichung in der Lesbarkeit beeinträchtigt, lässt sich folgender Text fassen:* Fruntlicher liber ohme und bruder, ich schick euer libe hy ein brif, den mir der bischoff von Mentz geschickt hat, und ist mein bit an euer libe, wol mir den bryf dan wie der bischoff von Mentz geschickt hat und er sal mein bruder [?] eyn abeschryfft dar von schicken, wen sye mein herren wol, das ich sye im kunt geweysen.

   [b] *Gestrichen:* ych.

   [c] *Danach in der Vorlage ungestrichen:* l.

   [d] *Unleserliche Streichung.*

   [e] e(uer) l(ieben) und *hochgestellt eingefügt.*

   [f] *Gestrichen:* und.

[1267] *Vgl. oben Nr. 107 (Brief Kardinal Albrechts an Elisabeth, 1533 November 10).*

[1268] *Das Schreiben Elisabeths an Georg von Carlowitz ist verloren und wird hier unter der Nr. 110 geführt.*

[1269] = *auf das Eiligste.*

[1270] = *Eile.*

[1271] *Hier hat Elisabeth offensichtlich falsch zu 1530 datiert. Der Brief ist sicher zu 1533 zu stellen.*

[1272] *Herzog Johann (der Jüngere) von Sachsen (1498–1537).*

[1273] = *solches.*

[1274] *Herzog Georg (der Bärtige) (1471–1539).*

[1275] = *unehrlich.*

112*

[vor 1533 November 17]

Kurfürst Johann Friedrich (der Großmütige) an Herzogin Elisabeth

Johann Friedrich dankt Elisabeth für die Sendung des Briefs des Kardinals (Nr. 107) und ihrer Antwort (Nr. 110). Die Schreiben wird er wie von Elisabeth gewünscht auch an Landgraf Philipp weiterschicken. Er erteilt ihr Ratschläge, wie sie sich in dieser Sache verhalten soll.

Überlieferung: verloren.

Bemerkung: Die Ausfertigung und die Datierung dieses Schreibens ergeben sich aus Nr. 114.

113*

[vor 1533 November 17]

Herzogin Elisabeth an Landgraf Philipp (den Großmütigen)

Überlieferung: verloren.

Bemerkung: Die Ausfertigung und die Datierung dieses Schreibens ergeben sich aus Nr. 114. Hinweise auf den Inhalt ergeben sich nicht.

114

1533 November 17

Herzogin Elisabeth an Kurfürst Johann Friedrich (den Großmütigen)

Johann Friedrich kann sich sicher vorstellen, was das für ein Vertrag werden soll, wenn Herzog Georg (der Bärtige), Herzog Johann (der Jüngere) und die Räte ihr weder vertrauen noch ihr erlauben, sich mit ihren Freunden zu treffen; sie fühlt sich wie eine Gefangene. Ihr ist auch wenig geholfen, wenn Hans von Schönberg und Heinrich von Schleinitz vom Hof weg sind, da Herzog Georg immer wieder neue Streitigkeiten anfängt. Elisabeth glaubt, dass sie bald das Abendmahl in einer Gestalt nehmen muss, was sie aber in keinem Fall tun wird; sie kann es mit ihrem Gewissen vor Gott nicht vereinbaren. Müsste sie es in einer Gestalt nehmen, so wüsste sie nicht mehr, was sie glaubt. Sie weiß, dass die Landschaft sie beschützen wird. – Herzog Johann wäre gern weg von seinem Vater, aber in Wirklichkeit ist er gern hier. Er sagt aber auch, dass Herzog Georg die beiden Verleumder mehr mag als ihn. Nach dem Tod seines Vaters will er Hans von Schönberg und Heinrich von Schleinitz gefangen nehmen. – Elisabeth hat viel mit Johann Friedrich zu besprechen. – Ihren Gemahl hätten die Fürsten gern in ihrem Bündnis, solange Herzog Georg lebt, denn sie befürchten, er würde es nach dessen Tod ablehnen. – Kardinal Albrecht kann man in der Frage des Abendmahls nicht vertrauen. Ohne ihren Bruder kann sie nichts zusagen, denn ihm hat sie eine Vollmacht gegeben. Hinter dem Schreiben des Kardinals vermutet Elisabeth etwas, denn er wird sicher nicht ohne das Wissen Herzog Georgs handeln. Außerdem drängen sie alle wegen des Vertrages, auch das muss einen Grund haben. – Nur dem Rat Johann Friedrichs

und ihres Bruders will sie folgen. Sie wäre jetzt gern in Colditz bei Johann Friedrich, um mit
ihm gemeinsam zu jagen. — Heinrich von Schleinitz hat behauptet, seine Gemahlin hätte ihm
geschrieben, dass sich Elisabeth mit ihm ausgesöhnt habe. Aber seine Gemahlin hat sie nur
gebeten, den Streit mit ihrem Mann beizulegen. Elisabeth hat diese Bitte abgelehnt. – Johann
Friedrich soll ihren Bruder in allem unterrichten. – Herzog Heinrich II. (der Jüngere) von
Braunschweig-Lüneburg-Wolfenbüttel war bei ihr und hat sie gebeten, die Sache ruhen zu
lassen. Elisabeth hat ihm die gleiche Antwort wie allen gegeben. – Elisabeth hat gehört,
seine Gemahlin wäre schwanger. Sie möchte gern Patin des Kindes sein. – Sie hofft auf die
Vermittlung durch Georg von Carlowitz. — Einige der Räte sagen, sie solle das Abendmahl
in einer Gestalt nehmen, denn es sei nur Brot.

HStA Dresden, 10024, Loc. 10548/7, fol. 1r – 3r; Zettel: 4r.

Überlieferung: Ausfertigung.

Schrift: eigenhändig.

Adresse: –

Nr. bei Werl: 72.

Kanzleivermerke: Die hertzogin zu Rochlitz clagt ire noth gar sehr hertzog Georgens halb(en).

Bemerkung: Der mutmaßliche Umschlag ist mit Siegel, Siegelstreifen und Adresse verloren;
Siegeleinschnitte sind vorhanden. Der bereits gesiegelte Brief auf einem Doppelblatt und
einem beigelegten einfachen Blatt (fol. 1r – 3r) wurde noch einmal erbrochen, und diesem
Schreiben wurde ein weiterer, mit großer, eiliger Schrift auf einem halbseitigen Zettel
geschriebener Nachtrag beigefügt.[1276] Auf diesem Zettel finden sich marginale Siegelreste.
Die Zusammengehörigkeit ergibt sich aus den markanten schrägen Siegeleinschnitten für
die erneute Besiegelung, die der ursprüngliche Brief zusätzlich zu den bereits vorhandenen
waagerechten Siegeleinschnitten trägt. Der beigelegte Zettel, dessen Faltung exakt der des
großen Briefes entspricht, besitzt nur die schrägen Siegeleinschnitte. – Der Brieftext erging in
der originalen Ausfertigung fortlaufend und ohne Satzzeichen. Für die Wiedergabe wurde der
Text zur besseren Lesbarkeit in Absätze gegliedert.

Druck: ABKG III, Nr. 2326.

M(ein) fruntlicher h(ertz) a(ller) lyebster ohme und bruder; e(uer) l(ieben) schriben[1277] hab
ich allen halben vorstanden und bedanck mich e(uer) l(ieben) rattes, auch das e(uer) l(ieben)
m(ein) b(ruder) dei breffe[1278] zu scheyckett. Ich wil e(uer) l(ieben) auch foulgen.

F(reuntlicher) h(ertz) l(iebster) b(ruder); e(uer) l(ieben) kant wol dencken, was das
vor ein vortrag[1279] yst aber[1280] sein kant, wan sey[1281] mir nich vortrawen noch gonen, zu
e(uer) l(ieben) sam mein andern fruntten zu se zein, glich[a] als wer ich ein gefangen. Man
kant e(uer) l(ieben) wol dencken, was sei vor ein vortrawen tzu mir haben. Und wan die

---

[1276]　*Elisabeth Werl hat diesen beigelegten Zettel fälschlich als Teil des folgenden undatierten Briefes in*
　　　der Akte angesehen.

[1277]　*Das Schreiben Johann Friedrichs an Elisabeth ist verloren und wird hier unter der Nr. 112 geführt.*

[1278]　*Vgl. oben Nr. 107 (Brief Kardinal Albrechts an Elisabeth, 1533 November 10) und 110 (Brief Elisabeths*
　　　an Georg von Carlowitz, 1533 November 12).

[1279]　*Elisabeth bezieht sich hier auf die vorzubereitenden bzw. laufenden Verhandlungen zwischen Kurfürst*
　　　Johann Friedrich, Kardinal Albrecht und den Räten Herzog Georgs, deren Ziel es war, ihre Stellung
　　　am Dresdner Hof zu verbessern und eine Aussöhnung mit Herzog Georg herbeizuführen (vgl. oben
　　　Nr. 107 und 109).

[1280]　*= oder.*

[1281]　*Gemeint sind Herzog Georg, Herzog Johann und die Räte.*

zwein bouffen[1282] glich wegk kummen,[1283] so yst mir, hab ich sorge, winck gehalffen, dan der alte[1284] lett nich nach, hebbett umer nuges an, wei er for hin auch gedaunt hatt. Und mich denckt, so fel ich es vorsted, so get dei sach dar auff, das sei gern segen, das ich[b] das sakrament nem in einer gestal, das dromb dei wegk sollen. Und wan dei glich wegk kemmen, so nem ichs dach nich, wans glich alle mein hern und freunt wolten haben. Und denck gantz, das mir es dromb so obel ganen hatt, das ich m(ein) a(lter) h(er) serer geforchtt hab dan Got und hab im gefoulgett, dromb kant ichs nach wilychst numer duntt, dan ych kant es kein Got nich ver anwertten in meyn gewissen. Aber ich wil[c] umer dar sagen und dei entschoultunge nemen, ich kant mein hertz nich zu fretten stellen nach vor geben.[1285] So geb mir es kein paffe[1286] heir nicht, was droff ich sagen, wen ich mein, dem ich nich vorgeben kant und wan ichs auch in einer gestal nem, west ich nich, was ich glab. Dromb[d] tzornt sey aber lachtgen, sey frag ich nichst nach, ich west wol, das dey lantschaff ober mir heylt in dem falt und mir nichst dunt lassen. Und wan ich tzu e(uer) l(ieben) nich sal und umer zu ‖ Dressen[1287] sein, wil ich lyeber meyn bruder last und vortragen[1288] sein, als ich auch west, das er es an meyn willen nich dutt.

Wan Hans von Schonbergk glich vom hoffe yst, so yst er dach teglich heyr in seim hausse, dan er hatt susten keyn wonung. Der dreybet yetz am meysten barberye[1289], west meyn her und der gantz hoff wol. Dut nichst dan das meyn hern mitt der alten vor mengett, aber ich droff[1290] es meyn hern nich sagen, dan er leb alß zu heslich und dar nach yst dan nichst dar hintter.

Meyn her wer gern vom alten, aber war yst es, der wein hoben schmeck im wol. Er sprecht[e] umerdar, ich sal es brattetzern[1291] als wost erst nichtt dromb[f]. Wans dan der vatter hortt, wilt dan nich fort, also wer wel sein sin, das der vatter duntten[1292] wer und er[g] bleybe hoben[1293]. E(uer) l(ieben) glab nich, wey er yetz lebet und schalt, das er mit keym halt muste. Saget, Hans v(on) Schonbergk mechttes, das in nich gern heyr het, das sych for im forch. Er sag wol, der vatter hat dey bouffen lyeber dan in, weyl er schwach[h] wer, [i]dan er yst schwach,[i] nach wolt in nich heyr lassen. Er wost auch wol, wast dey sach zu Halle[1294] wer, er wer ym keyn notsze[1295] dar bey, er wolt im auch keyn notsze sein und schalt ser. Nich west ich, wast er meynett, er meyn, wer der vatter tod, er wolt Ha(ns) v(on) S(chonbergk) und H(einrich) v(on) Schlintz alle beyde ym tormme werffen.

[1282] = Buben, im Sinne von ‚Schurken'. Gemeint sind Heinrich von Schleinitz und Hans von Schönberg.

[1283] Die Verhandlungen hatten vor allem das Ziel, die Verleumder Elisabeths, Hans von Schönberg und Heinrich von Schleinitz, vom Dresdner Hof zu entfernen.

[1284] Herzog Georg (der Bärtige) (1471–1539).

[1285] Zu dieser Strategie hatten Philipp und Johann Friedrich anscheinend schon vor geraumer Zeit geraten. Später wird auch Kardinal Albrecht ausdrücklich dazu raten, nicht das Abendmahl in einer Gestalt prinzipiell zu verweigern, sondern vorzubringen, dass Elisabeth nicht zum Empfang des Abendmahls bereit sei, weil sie ihren Verleumdern nicht vergeben könne (vgl. unten Nr. 125).

[1286] = Pfaffe; Im eigentlichen Sinn der ‚Geistliche', besonders seit Luther verächtliche Nebensinn des Wortes zunächst für die Abgöttischen (Götzenpfaffen) und dann für die katholischen Priester gebraucht; vgl. DWB, Bd. 13, Sp. 1584 f.

[1287] Dresden.

[1288] = unvertragen.

[1289] = Barberei.

[1290] = darf.

[1291] = praktizieren, also das Sakrament nehmen.

[1292] = unten, also tot.

[1293] Gemeint ist ‚oben', also ‚leben'.

[1294] Gemeint ist hier wohl die geplante Zusammenkunft zwischen Kurfürst Johann Friedrich, Herzog Georg und Kardinal Albrecht in Halle, die Anfang Dezember zu Stande kam. Vgl. auch Anm. 1460.

[1295] = Nutzen.

Ich het vel mit e(uer) l(ieben) zu retten, das sych nich schriben lett. Mich donckett, sey hetten meyn hern gern yn vor bounnist[1296], weyl der alt lebett; dencken, nach das alten tod dut er es nicht,[j] ich moch es wentten. Ich west nich h(ertz) a(ller) l(iebster) b(ruder), ab deym bischaff von Mentzse[1297] auch zu vortrawen yst, das sackramentest halben better gestalt[k],[1298] dan er kant nicht wol schweygen. Wost e(uer) l(ieben) gefeyl, das e(uer) l(ieben) dey meynunge antzeygett, ob ich das sackrament nich nemen wolt auß etlichen orsachen, das ich und getzwonckgen[1299] wer ‖ und das mit in tzouge, das ich nich so an Dressen gebuntten wer, dan ich west, mein her er lobett mir wol, tzoug auch wol selber mitt. So dunckett mich, m(ein) a(lter) h(er) lyst sowlges[1300] beylch[1301] nach, dan es yst ya genuck und zu vel, das er mich berouchteygett hatt anwarhett[1302] und grunt etc. Lassen es anders[l] m(ein) b(ruder) und ich so nach[m] und das man hintt fortter frette heyl. Ich west aber nach nich, ab ich es so bleybeth wil lassen; dromb wer nor, das ich bey e(uer) l(ieben) wer[n] und mit e(uer) l(ieben) dar von rett, das mir es auch nich nach tellych[1303] wer under den leutten; das glichen mit m(einem) b(ruder), an den ych nichst schlissen droff[1304], dan dem hab ich foul macht[1305] geben. Und e(uer) l(ieben) kant wol dencken, las ich dist so balt nach und yst nu so rouchbart wortten, ergern sych vel leut drant und retten leychtferttych dar von, dar an mir graubett[1306], wan ych drant gedenck, das mir der alt nar ein solges gesreyg[1307] gemach hatt, vorgeyst es ym vorwar numer mir[1308].

Ich schrib mich yetz gar[o] unlustich. Ich west auch, er lyst nich nach, wan er er[p] denck und sein lossen bouffen, so west ich, so[q] machen sey etwast nugez, das sal ich dan nich vorstend. Aber weil sey eyn besorg vor meyn bruder haben, sein sey stel[1309]. Aber es must etwast dar hintter sein, das mir der byschaff von Mentzse so schribett, es wert vorwar an[1310] m(eines) a(lten) h(ern) wissen nich sein. Und wundert mich glich, wei sey so alle auff mich drenckgen mit dem vortrage, es must etwast dar hintter sein.[1311] Mir grubett ser, aber yedach wil ich meyn koffe nich foulgen, suntter e(uer) l(ieben), was mir e(uer) l(ieben) und meyn bruder ratten, das mir eyrlych yst, wil ich foulgen. Und bedanck mich gantz fruntlychen e(uer) l(ieben) schribenge und er bey dens[1312]. Vorse mich aller fruntschaff und trew zu

---

[1296] = im Verbündnis; gemeint ist das angestrebte katholische Bündnis zwischen Herzog Georg, Kardinal Albrecht, Kurfürst Joachim I. von Brandenburg sowie den Herzögen Erich I. (den Älteren) von Braunschweig-Lüneburg-Calenberg-Göttingen und Heinrich II. (den Jüngeren) von Braunschweig-Lüneburg-Wolffenbüttel.

[1297] Kardinal Albrecht von Brandenburg (1490–1545), Erzbischof zu Mainz und Magdeburg; vgl. Anm. 1008.

[1298] = Abendmahl in beiderlei Gestalt.

[1299] = ungezwungen.

[1300] = solches.

[1301] = billig.

[1302] = Unwahrheit.

[1303] = nachteilig.

[1304] = ohne den ich nichts beschließen darf.

[1305] = Vollmacht.

[1306] = grauet.

[1307] = Geschrei; gemeint im Sinne von 'Gerede, Gerücht'.

[1308] = nimmermehr.

[1309] = still.

[1310] = ohne.

[1311] Die Vermutung Elisabeth bezieht sich auf die Versuche Kardinal Albrechts, eine Aussöhnung zwischen Elisabeth und Herzog Georg herbeizuführen, in der Hoffnung, Kurfürst Johann Friedrich schließe sich dem katholischen Bündnis an. Vgl. auch den Brief Georgs von Carlowitz an Herzogin Elisabeth, Nr. 109.

[1312] = erbietens.

e(uer) l(ieben). Und wolt Got, ich solt yetz mit zu Kolletz[1313] sein und solt e(uer) l(ieben)
helffen yagen. Und bevel e(uer) l(ieben) Got, der beheut und bewar e(uer) l(ieben) vor allem
argen. Und bevelt mich e(uer) l(ieben)[r] als m(ein) h(ertz) a(ller) l(iebster) b(ruder), dan
e(uer) l(ieben) schwesterlych trew zu dertzeygen als meyn eygen bruder, wer ych willych
und geneygett. Dat(um) montag nach Martteina xxxiii.
    E H Z S ‖

E(uer) l(ieben) wil ich auch nich bergen, das mir vor kamb[1314], H(einrich) v(on) Schlintz[1315]
hett sych lassen hornt, seyn wib[1316] hett im geschriben, ych wer mit[s] im vortragen. Das yst
als[1317] nich war. Aber seyn wib batt mich wol und scheyck Michel v(on) S(traßen)[1318] und
Jutte von Schlintz[1319] und den yuncken Anderss Pflugk[1320] an mich, das ich wolt dey sach
lassen vortragen sein mit vel wortten. Und wolt der lantschaff schriben, das ich befunt im
gescheg und recht[1321] und das ych alles fallen lyst. Wolt ich aber das nicht, solt ich[t] im
schriben, ich wer im genedich, dey meynunge wey oben.[u] Als umb das spracht mich seyn
wib selber an und hatt mir vor geschriben zwein breffe und wenet ser. Aber ich wolt nicht,
ich halt, er und sey sen mich vor ein neren[1322] an, das sey mir das zu mutten. Ych rett sey
auch an, ab sey yerm man geschriben het, ich wer im genedich. Vor neinett sey es ser, es wer
nicht, nich wost ich, ab er aber[1323] sey lougett.

    M(ein) h(ertz) a(ller) l(iebster) b(ruder); ich byt e(uer) l(ieben) gantz fruntlich, e(uer)
l(ieben) wol seych der mer nich beschweren lassen, und e(uer) l(ieben) wol meyn bruder
mit gewisser bottschaff deisen breff zu scheycken, wil ich fruntlychen umb e(uer) l(ieben)
vorglichen und vorschulten. Yetz yst keyn her heyr, yst Hans v(on) S(chonbergk) allein[v] stad
halter.[1324] Und an Dorette von Bunaw[1325] hochtzeyt war er hoffmester und gein umer for mir
her. E(uer) l(ieben) denck wey wol mirs gefelt und was dey leut dencken, das der alt so ober
ym helt. Ich schrib e(uer) l(ieben) vel, das ich m(ein) b(ruder) nich alles schrib[1326];[w] feintt
e(uer) l(ieben) was, das mein bruder not zu wissen dutt, e(uer) l(ieben) tzeyg es im an, ich
kant nich so vel schriben.

    H(erzog) H(einrich) v(on) B(raunschweigk)[1327] war nest heir auff Aller Hailgen Tag[1328].
Der war auch bey mir, batt mich ser, ich wolt es gerecht lassen sein und er bot sych ser keyn

---

[1313]   *Colditz, Stadt und sächs.-ernest. Residenz, s Rochlitz.*
[1314]   = *dass es mir vorkommt.*
[1315]   *Heinrich von Schleinitz zu Saathain und Koselitz († 1543), sächs.-albert. Rat und Hofmarschall; vgl.*
        Anm. 5.
[1316]   *Frau von Saathain, Gemahlin Heinrichs von Schleinitz zu Saathain und Koselitz († 1543), Hofmeiste-*
        rin Elisabeths; vgl. Anm. 187.
[1317]   = *alles.*
[1318]   *Michael von der Straßen, sächs.-ernest. Geleitsmann zu Borna.*
[1319]   *Jutta von Schleinitz.*
[1320]   *Andreas Pflugk zu Knauthain († 1542); vgl. Anm. 563.*
[1321]   = *dass ich befinde, ihm geschehe Unrecht.*
[1322]   = *sie sehen mich als eine Närrin an.*
[1323]   = *oder.*
[1324]   *Während der Zeit, als Herzog Georg und Herzog Johann zu den Verhandlungen mit Kardinal Albrecht*
        von Brandenburg, Herzog Erich I. (den Älteren) von Braunschweig-Lüneburg-Calenberg-Göttingen
        und Herzog Heinrich II. (den Jüngeren) von Braunschweig-Lüneburg-Wolfenbüttel in Halle weilten.
        Vgl. ABKG III, Nr. 2328.
[1325]   *Dorothea von Bünau, Hoffjungfer Elisabeths.*
[1326]   *Das Schreiben Elisabeths an Philipp ist verloren und wird hier unter der Nr. 113 geführt.*
[1327]   *Herzog Heinrich II. (der Jüngere) von Braunschweig-Lüneburg-Wolfenbüttel (1489–1568); vgl. Anm.*
        329.
[1328]   = *1533 November 1.*

mir. Ich gab im auch dey alte anwert, dey ich in allen geb, wey es in meyns b(ruders) gewalt sted etc. Da er wegk rett, sagen sey, er besorget sych for e(uer) l(ieben),[x] ‖ man must yn strack geleyten. War am tag ii stund[1329] bey mir yn meiner stobe, Klarlewitz brach in zu mir. Dar nach kamb auffen aben umb vii[1330] wider zu mir in dey grosse stobe; weir hatten uns alle auß getzougen, ich marck wol das bussen, worn alles an gerechtt dinck. Ich byt e(uer) l(ieben), m(ein) h(ertz) a(ller) l(iebster) b(ruder), e(uer) l(ieben) scheygk ya meyn bruder den breff, das seiner lyeb yn sein eigen hant wertte. Ich hort sagen, e(uer) l(ieben) gemal[1331] ge schwer[1332]. E(uer) l(ieben) byt mich zu gefattern[1333], latt dach sen, was sey sagen wertten, mich doncktt umer dar, es solt an gein, Klarlewitz[1334] salt es rousser reyssen.

Unsser ret ein tel sprechen, wast mir schat[1335], das ich das sackrament nem in einer gestal aber in wider willen, yst dach nichst dan brott, ob ich sust nich auch est und drenck weyn und brott. Yst das nich schweynck list, wan das Martteyns[1336] det, so wer es ein ketzser stock, und reyssen so lam bussen[1337], das einst wol yer mocht wertten im glaben, aber ich vortrewe Got.

[a] *Gestrichen:* as.
[b] *Wort hochgestellt eingefügt.*
[c] *Gestrichen:* w.
[d] *Gestrichen:* ß.
[e] *Gestrichen:* w.
[f] *Wort am Zeilenende eingefügt.*
[g] *Wort hochgestellt eingefügt; darunter gestrichen:* e bl.
[h] *Unleserliche Streichung.*
[i-i] *Passage hochgestellt mit Platzhalter eingefügt.*
[j] *Gestrichen:* ich.
[k] better gestalt *hochgestellt eingefügt.*
[l] *Wort hochgestellt eingefügt.*
[m] *Gestrichen:* se.
[n] *Gestrichen:* w.
[o] *Gestrichen:* undustlich.
[p] *Sic.*
[q] *Gestrichen:* machsst.
[r] *Getilgt:* g.
[s] *Wort hochgestellt eingefügt.*
[t] *Wort hochgestellt eingefügt.*
[u] *Gestrichen:* ga s.
[v] *Wort hochgestellt eingefügt.*
[w] *Gestrichen:* feytn.
[x] *Platzhalter am Seitenende von fol. 2v verweist auf Seitenanfang von fol. 3r.*

[1329] *= 2 Stunden.*
[1330] *= auf den Abend um 7 Uhr.*
[1331] *Sybille von Kleve (1512–1554), Kurfürstin von Sachsen, Gemahlin Johann Friedrichs.*
[1332] *= geht schwanger.*
[1333] *Elisabeth will Patin werden.*
[1334] *Georg von Carlowitz zu Hermsdorf (um 1480–1550), sächs.-albert. Rat; vgl. Anm. 42.*
[1335] *= was schade es mir.*
[1336] *Dr. Martin Luther (1483–1546).*
[1337] *= reißen so lahme Possen*

115

Kurfürst Johann Friedrich (der Großmütige) an Herzogin Elisabeth

Johann Friedrich und Landgraf Philipp (der Großmütige) verstehen ihre Bedenken wegen des Vertrages, aber es ist nicht gut, die Angelegenheit unverhandelt stehen zu lassen. Der Landgraf wird seine Forderungen fallen lassen, weil Johann Friedrich jetzt mit Herzog Georg (dem Bärtigen) versöhnt ist. – Elisabeth soll sich in der Frage des Abendmahls still verhalten, bis Johann Friedrich bei Kardinal Albrecht von Brandenburg gewesen ist. Sie solle sagen, dass sie sich vor dem Zorn Gottes fürchtet, wenn sie das Abendmahl nach dem Willen Herzog Georgs nimmt. Weiterhin wäre es im Interesse der Sache, wenn Johann Friedrich dem Bischof vertraulich Elisabeths Beschwerung anzeigt und mit ihm dahingehend verhandelt, dass Elisabeth das Abendmahl in beiderlei Gestalt nehmen darf oder zumindest nicht mehr zum Abendmahl in einer Gestalt gedrängt wird. Wegen der Beteiligung Georgs von Carlowitz an den Verhandlungen hat Johann Friedrich Bedenken, weil so Herzog Georg davon erfahren könnte. — Wenn Heinrich von Schleinitz und Hans von Schönberg vom Hof entfernt würden, wäre ihre Ehre wiederhergestellt. Die versammelte Landschaft beider Länder habe bei Herzog Georg um Urlaub für die beiden ersucht. Johann Friedrich hat auch vernommen, was Heinrich von Schleinitz in Grimma gesagt habe, er hat es aber nicht mitgeteilt, weil es ohnehin nur Lügen sind.

> HStA Dresden, 10024, Loc. 10548/6, fol. 14r–15r.
>
> *Überlieferung:* Konzept.[1338]
>
> *Schrift:* eigenhändig.
>
> *Adresse:* –
>
> *Kanzleivermerke:* Churf(urst) zu Sachß(en) gibt rath, wie dey sach(en) zu thun etc.
>
> *Bemerkung: Der mutmaßliche Umschlag ist mit Siegel und Adresse verloren. Das erhaltene eingelegte Doppelblatt mit dem Text trägt Siegeleinschnitte; Reste des Siegellacks sind vorhanden. – Die Blätter wurden auf der rechten Seitenhälfte fortlaufend beschrieben, die linke blieb Korrekturen und Ergänzungen vorbehalten. – Die Absatzgestaltung folgt der Vorlage.*

Got walts. F(reuntliche) h(ertz) a(ller) l(iebste) m(uhme) und schwester, ich hab e(uer) l(ieben) schreyben[1339] vorlessen und freuntlichen versthanden und darauss[a] allenthalben e(uer) l(ieben) gemut vernommen[b]. Das myr e(uer) l(ieben) in dem ir gemut weytter entecket, thue ich mych freuntlichen bedancken und wyl e(uer) l(ieben) begern nach e(uer) l(ieben) bruder dye schreff, so myr e(uer) l(ieben) an s(einer) l(ieben) halden zue geschigt, myt gantz gewyesser botschaff zue schycken, auch s(einer) l(ieben) vermelden, was myr e(uer) l(ieben) weytter geschryeben, das s(einer) l(ieben) sulches wyessens haben und wye wol[c] e(uer) l(ieben) allerley anzceygen, das e(uer) l(ieben) in suchen[d] sachen, so sye dermassen[e] vertragen soltten werden, beschwerlychen seyn wolt. So haben doch e(uer) l(ieben) zcu bedencken, das auch nyt gut seyn wyl, das dye sache in sulcher wyederwertyckeyt soltten

---

[1338] *Es bleibt offen, ob es sich hier um den originalen Brief oder um das zugrunde liegende Konzept handelt. Aufgrund der Aktenherkunft aus der ernestinischen Kanzlei wäre ein Konzept zu erwarten, zumal keine Anschrift enthalten ist, aber das Blatt besitzt Siegeleinschnitte, dürfte also wohl doch selbst gesiegelt gewesen und so zum Verschicken abgefertigt worden sein.*

[1339] *Vgl. oben Nr. 114 (Brief Elisabeths an Johann Friedrich, 1533 November 17).*

sthehen bleyben. Es ist auch forhoffentlichen, weyl dye sachen myt meynem vettern h(ertzogk) Jorgen und myr Got lob vortragen[1340], das s(einer) l(ieben) nun nachlassen mochtten, das e(uer) l(ieben) gemal meyn lyeber vetter[f] und e(uer) l(ieben) eynest zcu myr kommen mochten ader das s(einer) l(ieben) selber myt kommen, als dan mechten e(uer) l(ieben) beschwerung zcum teyl gelyndert werden. Aber ich achte das for allen dyngen e(uer) l(ieben) myt dyesse sachen styl[g] sthehen[1341], wye ich dan sulches e(uer) l(ieben) brudern auch geschrieben, bys ich wey dem byschoff[1342] gewessen wer, dan ich hoff es solt zcu sthelen guttes dynstlichen seyn. So haben e(uer) l(ieben) zcu bedencken, so[h] e(uer) l(ieben) auff ‖ dem scherz[i] sthehen soltten, das e(uer) l(ieben) irem wyeder wertygen nyt vorgeben konnen[j] und derhalben an sacrament bleyben woltten, wye sulches for Got auch der welt beschehen und angeschehen wolt werden. Dye wey dan e(uer) l(ieben) selbest anzceygen, das sye sych besorgetten, das sye Got erzcornet in dem das e(uer) l(ieben) dem alten hern des sacramenttes halben gehoftet hetten, dye wey dan unsser her Chrystus vyl for der welt bekant und nyt gelewcknet[1343] haben[k], wye er selbest saget: „Wer mych for der welt bekennet, den wyl ich for meynem vattern bekennen. Und wer mych forder welt vorleucknet, das er den for seynem hymlyssen vattern auch verleucken wyl."[1344] Der halben iche[1345] e(uer) l(ieben) in iren gewyssen das sychers seyn wol[l], das e(uer) l(ieben) dye ursachen, [m]das e(uer) l(ieben) das sacrament nyt anders haben wollen, dan wye es Chrystus eyngesetzet[m], er aus trucken und nyt myt geferbetten wortten[1346] dye sache schmucken. Zcu dem so wordes meynes erachtens der zcu dyenstlichen seyn, wan ich dem byschoff e(uer) l(ieben) beschwerung vertrewlichen anzceyget und dar auff myt im handelt. Soltten dye sachen vor tragen werden, das er dar auff handelt, das e(uer) l(ieben) das sacrament in weyder gesthalt zcu entpfhahen nyt vorhyndert werden, ader zcu dem wenigesten, das e(uer) l(ieben) nyt gedrungen, eyne gesthalt zcunemen, wolt nun der byschoff nyt schweygen und dye sachen zcum besten handellen, so must er erregen, das dye sachen nyt vortragen und zcu weytleufftyckayt gereychen mochtten, welches an zwyffel der byschoff nyt thun werten. ‖

Neben dem so vormercke ich, das dye handlung, so der byschoff fornymt, von[n] Karelwycz[1347] myt her kommen, dye weyl dan Karelwycz e(uer) l(ieben) beschwerung des sacraments halben[o] an das weys, so solt sunster wenyger beschwerung dar ober sthehen, wan es gleych dem byschoff fortrewlychen von myr angezceyget werde, weyl doch der byschoff durch[p] Karelwycz myt herczock Jorgen wert handelen lassen. Was aber e(uer) l(ieben) in dem for bes ansehen, byt ich e(uer) l(ieben) wollens myr anzceygen, auff das ich mych wey dem byschoff darnach zcurychten weys.[q]

Wan auch dye zwene buben[1348] aus dem hoff und von Dresden[r] kommen, als Schleyncz und Schonberck, wolt sulches zcu e(uer) l(ieben) unschult myt eyn gerynge anzceygung und gelymp[1349] kegen frewmden und eynlendyssen[s] syn und geben. [t]E(uer) l(ieben) wyl ich auch nyt bergen, das weyderteyl verordentte aus der lantschafft Hayrich von Schleynycz so fyl angezceyget haben und irren mysfallen im vermellt, das er bewylliget wey herzock

---

[1340]　*Gemeint ist der Grimmaische Vertrag (1533 November 18). Vgl. ABKG III, Nr. 2327.*

[1341]　*Gemeint ist der Verzicht auf das Abendmahl in beiderlei Gestalt.*

[1342]　*Kardinal Albrecht von Brandenburg (1490–1545), Erzbischof zu Mainz und Magdeburg; vgl. Anm. 1008.*

[1343]　*= geleugnet.*

[1344]　*Matthäus 10,32.*

[1345]　*= Siehe.*

[1346]　*= aus trockenen und nicht aus wohlgeformten Worten.*

[1347]　*Georg von Carlowitz zu Hermsdorf (um 1480–1550), sächs.-albert. Rat; vgl. Anm. 42.*

[1348]　*Gemeint sind Hans von Schönberg und Heinrich von Schleinitz.*

[1349]　*Glimpf = Ehre, Ansehen.*

Jorgen orlawb zcu bytten. Des gleychen werre von yrrent wegen myt Hans von Schomberck ausgerecht werden.[t] Was sych Schleyncz zcu Grym[1350] sol[u] haben, sulches hab ich von den meynen dye aldo gewessen auch vernommen, hab aber wol dafur geachtet, das lugen werren. Sulches habe ich e(uer) l(ieben) in eyle freuntlycher meynung nyt vorhalden wollen. Und e(uer) l(ieben) fyl freuntliches wyllens zcuerzceygen und in e(uer) l(ieben) sachen zcu dyenen byn ich wyllick. Dat(um) Coldiz am[v] tag Elysabet.

   [a] *Wort korrigiert:* dorauff.
   [b] *Wort hochgestellt eingefügt; darunter gestrichen:* vorsthanden und.
   [c] *Wort auf der linken Seitenhälfte eingefügt; anstelle gestrichen:* wye.
   [d] *Sic. Wohl Verschreibung für:* sulchen.
   [e] *Wort auf der linken Seitenhälfte mit Platzhalter eingefügt.*
   [f] meyn lyeber vetter *auf der linken Seitenhälfte mit Platzhalter eingefügt.*
   [g] *Wort hochgestellt eingefügt; danach und darunter unleserliche Streichung:* styt?
   [h] *Unleserliche Streichung von zwei Wörtern.*
   [i] *Wort auf der linken Seitenhälfte mit Platzhalter eingefügt.*
   [j] *Wortende korrigiert; hochgestellt eingefügt:* -nen; *darunter unleserliche Streichung.*
   [k] *Wort vor der Zeile eingefügt.*
   [l] *Wort hochgestellt eingefügt.*
   [m-m] *Passage auf der linken Seitenhälfte mit Platzhalter eingefügt.*
   [n] *Gestrichen:* dem.
   [o] des sacraments halben *auf der linken Seitenhälfte mit Platzhalter eingefügt.*
   [p] der byschoff durch *auf der linken Seitenhälfte mit Platzhalter eingefügt.*
   [q] *Zeilenumbruch hier wie im Original.*
   [r] und von Dresden *auf der linken Seitenhälfte mit Platzhalter eingefügt.*
   [s] *Gestrichen:* geben.
   [t-t] *Passage auf der linken Seitenhälfte eingefügt.*
   [u] *Gestrichen:* genumet?
   [v] *Gestrichen:* donnerstagk.

116

[1533 vor November 21]

Herzogin Elisabeth an Kurfürst Johann Friedrich (den Großmütigen)
Eine Hofjungfer im Frauenzimmer, Magdalena Pflugk, Sebastian Pflugks Schwester, hat Elisabeth zu erkennen gegeben, dass sie wenn, dann nur einen evangelischen Mann nehmen möchte. Elisabeth hörte, dass ein Herr von Taubenheim bei Johann Friedrich ist, der vorher eine bürgerliche Frau hatte, der ein frommer, betagter Mann sein soll und nur einen Sohn hat. Elisabeth bittet Johann Friedrich, dass er sich bemüht, wenn Taubenheim eine Frau nehmen will, ihn mit Magdalena Pflugk zu vermählen. Sie ist über 30 Jahre alt und ein frommes, christliches Mädchen, und es belastet sie sehr, dass sie bei dem Tyrannen (Herzog Georg) im Frauenzimmer sein soll, wo sie des Wortes Gottes beraubt wird und zum Abendmahl in einer Gestalt gehen muss. Von großem Reichtum weiß Elisabeth nichts, 1.200 Gulden hat sie zum Ehegeld, aber sie besitzt einen guten Geschmack bei Kleidern, Ketten, Kleinodien und Hausgerät, und sie ist sehr fromm. Elisabeth bittet Johann Friedrich, sich ihretwegen in dieser Sache zu bemühen. Er soll es aber heimlich anstellen. Elisabeth erinnert Johann Friedrich daran, dass es diejenige Hofjungfer ist, die mit der jungen Markgräfin Emilia in

---

  [1350] *Grimma, Stadt sö Leipzig.*

*Torgau war und Hans von Ponickau den Brief Elisabeths an Johann Friedrich übergeben
hatte. – Elisabeth hat gehört, dass Johann Friedrich Wassernüsse haben soll. Er soll ihr
welche schicken.*

HStA Dresden, 10024, Loc. 10548/7, fol. 17r.

Überlieferung: Ausfertigung.

Schrift: eigenhändig.

Adresse: [Dem h]ochgebornen fursten hern / [Hans Frie]derych hertzoge zu Sachsen / [des
heilge]n roumschen reychst / [ertzmars]chalk und korforst / [lantgraff in] Doryngen margraff
/ [zu Meissen m]einem fruntlychen / [lieben ohmen] und bruder / [yn seiner lieb] eigen hant.

Nr. bei Werl: 73.

Kanzleivermerke: Die hertzogin bittet, Magdalenen Pfluges Taubenheims sohn zu freien –
1534.

*Zur Datierung: Das Schreiben ist nicht datiert. Der Kanzleivermerk stellt es zu 1534, doch
gehört es aus inhaltlichen Gründen mit einiger Sicherheit in den Zeitraum unmittelbar vor
den Brief Elisabeths vom 1533 November 21 (Nr. 117), wo sich Elisabeth auf den Fall der hier
genannten Hofjungfer noch einmal bezieht.*

*Bemerkung: Siegel und Siegelstreifen sind verloren; Siegeleinschnitte und Reste des
Siegellacks sind vorhanden. – Der Brief trägt keine Unterschrift.*

F(reuntlicher) h(ertz) l(iebster) b(ruder); ich wil e(uer) l(ieben) auch nich bergen, das ein
yunckfer hin im frawentzemer yst, hayst Mattalena Pflugen[1351], yst Seybastigan Pflugkges[1352]
schwester, hatt sych auff vornemen lassen, wan sey solt ein man nemen, moch sei gern ein
ewangelssen man nemen. Und hort ich, das einer bei e(uer) l(ieben) yst, haist Dubenhem[1353],
hatt for ein wib gehatt, ein borgerin, das sal eyn frumer bedagetter man sein, sal nor ein
sown[1354] haben. Wil ich e(uer) l(ieben) fruntlich gebetten haben, wo es e(uer) l(ieben) nich
beschwerett und er gedech ein wib zu nemen, e(uer) l(ieben) wolte sych in der sach moen[1355],
ab in e(uer) l(ieben) yer freygen kont[1356], dan sey wer wol zu fretten mit im. Sey yst auch
ober xxx yarg[1357] und ein frum crestlich mettgen[1358]. Beschwer sey ser, das sey bei dem
dirannen[1359] sal im frawentzemer sein, weil er sey das wort Gottes berabett und must in einer
gestal zum sackrament gein. Von grossem rechtum west ich nich, vii^c fl hatt sey^a zu egelt,[1360]

[1351] *Magdalena Pflugk, Schwester des Sebastian Pflugk; vgl. Ahnenreihenwerk der Geschwister Fischer,
Bd. 4, Teil I: Teil I, Reihe Pflugk III, S. 7; ebd., Teil V: Teil IX, Stammtafel, S. 22.*

[1352] *Sebastian Pflugk zu Strehla († 1557), sächs.-albert. Rat und Amtmann zu Mühlberg; vgl. zu ihm
Mansberg, Erbarmanschaft Wettinischer Lande II, S. 162–181 und Tafel 28; Ahnenreihenwerk der
Geschwister Fischer, Bd. 4, Teil I: Teil I, Reihe Pflug III, S. 1–12.*

[1353] *Ein Herr von Taubenheim. Eventuell Christoph von Taubenheim zu (Brauns-)Bedra (um 1460–1536);
vgl. Anm. 562.*

[1354] *Vermutlich Christoph von Taubenheim zu (Brauns-)Bedra (1493–1554), sächs.-ernest. Rat, Amtmann
zu Altenburg.*

[1355] *= mühen.*

[1356] *= ihr vermählen könnte.*

[1357] *= über 30 Jahre alt.*

[1358] *= ein frommes christliches Mädchen.*

[1359] *= Tyrannen. Gemeint ist Herzog Georg.*

[1360] *= 700 Gulden hat sie zu Ehegeld. Hier irrt Elisabeth, denn auf den 1533 geleisteten Erbverzicht
hin hatte Magdalena Pflugk von ihrem Bruder, Sebastian Pflugk, und auf Vermittlung ihres Tutors,
Heinrich von Schleinitz zu Saathain (!), 500 Gulden bar erhalten. Vgl. Mansberg, Erbarmanschaft
Wettinischer Lande II, S. 173.*

aber ser wolt gesmock[1361] von klettern[1362] und ketten und klantnetten[1363] und haus gerett; und yst ser frum, das west ych. Ych byt e(uer) l(ieben) wol es umb mein willen nich beschweren lassen und sych in der sach moen, e(uer) l(ieben) nem das loun von Got. Sowlges[1364] wil ich fruntlichen umb e(uer) l(ieben) vorglichen und vor schoulten und byt e(uer) l(ieben) wolt es hemlych ausrechtten und in gedenck sein. Es yst dei yunckfer, dei mit der yunckgen margraffen[1365] zu Torge[1366] war, dei yezel schwartz an hatt und Hans Ponicken[1367] den breff von mir an e(uer) l(ieben) gab. Ich hort sagen, e(uer) l(ieben) sal wasser nosse[1368] haben, ich west aber nich an weilgen ort. Ich byt e(uer) l(ieben) scheyck mir er.

    ᵃ *Getilgt:* tz.

117

1533 November 21

Herzogin Elisabeth an Kurfürst Johann Friedrich (den Großmütigen)

Elisabeth folgt den Ratschlägen Johann Friedrichs, zumal diese auch von Landgraf Philipp (dem Großmütigen) gebilligt werden. Elisabeth begrüßt sehr, was ihr Bruder und Johann Friedrich in ihrem Fall vornehmen, und sie erinnert daran, dass sie schon vor einem Jahr das Abendmahl in beider Gestalt nehmen wollte, damals rieten ihr die beiden schriftlich ab. – Elisabeth möchte mit Johann Friedrich zusammenkommen, aber sie sorgt sich darum, denn wenn Herzogin Barbara wegen ihrer Krankeit nicht reisen kann, lässt sie auch Elisabeth nicht mit Herzog Georg (dem Bärtigen) ziehen. Elisabeth denkt nicht, dass Herzogin Barbara Hans von Schönberg weglässt. Aber so lange dieser im Schloss ist, glaubt Elisabeth nicht an die Einhaltung des zu schließenden Vertrages. – Als einem Beichtvater kann es Elisabeth Johann Friedrich nicht verhehlen, dass sie Herzog Georg ihr Leben lang nicht wird verzeihen können; am liebsten wäre ihr es, wenn er unter der Erde wäre, hat er ihr doch erneut Unrecht getan. — Johann Friedrich soll Magdalena Pflugk nicht vergessen.

HStA Dresden, 10024, Loc. 10548/6, fol. 37r.

Überlieferung: Ausfertigung.

Schrift: eigenhändig.

Adresse: Dem hochgebornen fursten hern / Hans Freiderich hertzoge zu Sachssen / des hailgen reichs ermarschalkᵃ und / korfurste lantgraffe in Doringen / margraff zu Meissen meinem / fruntlichen lieben ohmen und / bruder yn seiner lieb eigen hant.

Nr. bei Werl: 74.

Kanzleivermerke: –

1361   = *Geschmack.*

1362   = *Kleidern.*

1363   = *Kleinodien.*

1364   = *solches.*

1365   *Markgräfin Magdalena (1507–1534), Tochter Herzog Georgs und Barbara von Polen, Gemahlin Markgraf Joachims II. (des Jüngeren) von Brandenburg.*

1366   *Torgau, Stadt nö Leipzig mit der sächs.-ernest. Residenz Schloss Hartenfels.*

1367   *Hans von Ponickau auf Pomßen (1508–1573); vgl. Anm. 201.*

1368   = *Wassernuss, eine einjährige Wasserpflanze, aus deren weißen Blüten sich markante, einsamige Steinfrüchte bilden.*

Bemerkung: Die Ausfertigung wurde gefaltet und gesiegelt. Der Siegelstreifen hat sich mit der Hälfte des erbrochenen Siegels erhalten; Siegeleinschnitte sind vorhanden. – Die rechte Seite des Blattes ist beschädigt. – Die Adresse ist mit einem spielerischen Monogramm verziert.
Druck: ABKG III, Nr. 2326a.

Fruntlicher h(ertz) a(ller) l(iebster) o(hme) u(nd) b(ruder); e(uer) l(ieben) schriben[1369] hab ich alles gantz frunttlichen[b] vorstanden und und[c] gefelt mir e(uer) l(ieben) meinunge auch gantz wol, wo es mein bruder also gefelt. Was er und e(uer) l(ieben)[d] gehatt wollen halben in dem fal, das gefelt mir auch, dan m(ein) b(ruder) west wol. So vorse ich mich, wo es sych e(uer) l(ieben) erindert, das ich es vor eim yarg auch begern wolt beide gestal, da wider reytten es mir e(uer) l(ieben) und m(ein) b(ruder) schrefflich[1370]. Der halben dunckett es[e] e(uer) l(ieben)[f] und m(einem) b(ruder) gut sein, bin ich es wol zu fretten und wan dey sach gut sal wertten, sal an mir auch kein fel[1371] sein. F(reuntlicher) h(ertz) a(ller) l(iebster) b(ruder), wan es nor dar zu kemb, das weir zu sammen kemmen, aber ich hab sorge schwerlich, dan dey alte[1372] kant nich wandern[1373] ser obel. So list sey mich mit yerm hern[1374] nich wegk, so wenett und dett ser grolich. So glab ich auch nich, das sey Hans v(on) S(chonbergk)[1375] wegk lett, dan sei hatten ser lieb. Nu sal es sein, so scheick es sych. Aber wan der heir yst, geb ich nich ein schwest umb deyssen vortrag[1376] der hin yn dem hausse wert. Und wil es[g] e(uer) l(ieben) nich bergen als ein bechvatter[1377], das ich m(ein) a(lter) h(er) nimer gut wert dey weyl ich leb. Got vorgeb es mir, e(uer) l(ieben) mack mich wol absalferen[1378], mir wer am lyebsten, er wer under der erden, dan er hatt mir ein altes gedauntt. Sowlges[1379] alles wil ich e(uer) l(ieben) fruntlicher meinunge nich bergen und bevel e(uer) l(ieben) Got, der helff uns mit freutten zu sammen, und bevel mich e(uer) l(ieben) als m(ein) f(reuntlicher) h(ertz) a(ller) l(iebster) b(ruder), dan e(uer) l(ieben) schwesterliche trew zu der tzeigen, bin ich geneygett altzeyt. Dat(um) freytag nach Elisabeth anno xxxiii.
E H Z S etc.

Auch byt ich, e(uer) l(ieben) wolt der yunckfer[1380] nich vorgessen, wan e(uer) l(ieben)[h] bei dem yst.[1381]
Und bedanck mich auch gantz fruntlichen e(uer) l(ieben) rattes und fruntlichen willen. Vor se mich auch nich winger gutz tzu e(uer) l(ieben) als zu mein eigen bruder.

[a] *Sic.*
[b] *Gestrichen:* vorsa.

[1369] *Vgl. oben Nr. 115 (Brief Johann Friedrichs an Elisabeth, 1533 November 19).*
[1370] *Vgl. oben Nr. 55 (Brief Philipps an Elisabeth, 1533 April 20).*
[1371] *Keinen Fehl, also gemeint im Sinne von ‚nichts auszusetzen'.*
[1372] *Herzogin Barbara von Sachsen (1478–1534).*
[1373] *Gemeint ist, dass die Herzogin der Einladung Kurfürst Johann Friedrichs, zur Fastnacht nach Weimar zu kommen, wegen ihrer Reiseunfähigkeit nicht nachkommen kann.*
[1374] *Herzog Georg (der Bärtige) (1471–1539).*
[1375] *Hans (junior) von Schönberg zu Reinsberg († 1537), sächs.-albert. Rat und Amtmann; vgl. Anm. 4.*
[1376] *Gemeint sind die zu erreichenden Ziele der gleichzeitigen Verhandlungen, in denen auch die Stellung Elisabeths am Dresdner Hof verbessert werden sollte (vgl. oben Nr. 107 ff.).*
[1377] *= Beichtvater.*
[1378] *= absolvieren, meint ‚die Absolution erteilen'.*
[1379] *= solches.*
[1380] *Magdalena Pflugk; vgl. Anm. 1351. Zur Sache vgl. oben Nr. 116.*
[1381] *Gemeint ist hier wohl die geplante Zusammenkunft zwischen Kurfürst Johann Friedrich, Herzog Georg und Kardinal Albrecht in Halle, die Anfang Dezember zu Stande kam. Vgl. dazu auch Anm. 1460.*

c *Sic.*

d *Sigle vor der Zeile eingefügt.*

e *Wort hochgestellt eingefügt.*

f *Getilgt: b.*

g *Wort durch Siegeleinschnitt verderbt.*

h *Getilgt: zu.*

118

Colditz   *1533 November 23*

Kurfürst Johann Friedrich (der Großmütige) an Herzogin Elisabeth

Was Johann Friedrich in seinem letzten Brief empfohlen hat, meinte er freundschaftlich und gut; er bedankt sich, dass Elisabeth seine Ratschläge annimmt. Johann Friedrich erinnert sich gut, was Landgraf Philipp (der Großmütige) und er wegen des Abendmahls vor einiger Zeit geraten haben. Das Sakrament ist ihr gewiss und auch vor Gott sicher, sie darf es damit aber nicht übereilen. Wenn Elisabeth die von ihrem Bruder und ihm geforderte Zurückhaltung weiter bestehen lässt, will sich Johann Friedrich mit Kardinal Albrecht von Brandenburg darüber bereden. Johann Friedrich hat aber Bedenken, dass Elisabeth eigentlich anders denkt. Er hat Abschriften ihres und seines vorigen Schreibens an Philipp geschickt. – Johann Friedrich ist von Kardinal Albrecht und Herzog Georg (dem Bärtigen) nach Leipzig eingeladen worden. Dort möchte Johann Friedrich mit Herzog Georg nachdrücklich darüber sprechen, dass Elisabeth und ihr Gemahl Johann zur Fastnacht nach Weimar kommen dürfen. Sollte das nicht gelingen, will Johann Friedrich zu ihr nach Dresden reisen. Dann wird Hans von Schönberg wohl oder übel aus Dresden verschwinden müssen, damit die Sache vertragen werden kann. – Dazu, dass Elisabeth Herzog Georg nicht verzeihen könne, hat der Herzog ihr mit seinem öffentlichen Auftreten reichlich Anlass gegeben. Elisabeth soll aber bedenken, was sie Gott schuldig ist und wie sie im Vaterunser betet, „Vergib uns unsere Schuld, wie auch wir vergeben unseren Schuldigern". Deshalb wird ihr Gott um seines Sohnes Christus willen ihre Sünde vergeben, aber auch sie müsse ihren Feinden und Verleumdern verzeihen. Außerdem habe Elisabeth so lange durchgehalten, jetzt könne es höchstens noch ein Jahr gehen. Elisabeth soll deshalb in den kleinen Dingen geduldig sein. Es wird alles gut werden, doch wird dies erst die Zeit bringen.

> *HStA Dresden, 10024, Loc. 10548/6, fol. 67r – v.*
>
> *Überlieferung: Konzept?*
>
> *Schrift: eigenhändig.*
>
> *Adresse:* ᵃAn fraw Elysabet / herzogin zu Sachs(en).ᵃ
>
> *Kanzleivermerke:* Dye junge herzogyn belangend – 1533.
>
> *Bemerkung: Der Brief weist kaum Verbesserungen oder Nachträge auf. Möglicherweise handelt es sich doch nicht um ein Konzept, sondern um eine eigenhändige Abschrift Johann Friedrichs.*

Freuntliche h(ertz) a(ller) l(iebste) mume und schwester; ich hab e(uer) l(ieben) schreyben[1382] forlessen und freuntlichen von e(uer) l(ieben) vermercket und was ich e(uer) l(ieben) in

---

[1382] *Vgl. oben Nr. 117 (Brief Elisabeths an Johann Friedrich, 1533 November 21).*

meynem nehern schreyben[1383] angezceygt hab, das hab ich freuntlichen auch trewlichen und wol gemeynet. Und das e(uer) l(ieben) ir meyn bedencken gefallen lassen, thue ich mych freuntlichen bedancken und weys mych wol zcu erinnern, was e(uer) l(ieben) bruder und ich e(uer) l(ieben) des sacramentes halben for zceit geratten haben[1384]. Aber wye ich e(uer) l(ieben) am negsten angezceygt, ist jhe das[1385] gewysser und besser auch for Got sycherer, e(uer) l(ieben) dorffen aber darmyt nyt eylen. Lygen e(uer) l(ieben) ires bruders und meyn bedencken weytter darynnen fernemen, so wyl ich auch myt dem byschoff[1386] dermassen reden, das ich es dergesthalt vermercke, aber e(uer) l(ieben) gemut nyt eygentlychen darynnen wyessens, hab ich bys wyls aber also bedencken, so hab ich auch e(uer) l(ieben) schreyben und was ich e(uer) l(ieben) wyeder geschrieben, e(uer) l(ieben) bruder zugeschycket. Und dye weyl e(uer) l(ieben) es in[b] ires bruders und meyn bedencken sthellen, so wyl ich mych e(uer) l(ieben) bruders bedencken, darynnen so fyl muglychen halten und wyl e(uer) l(ieben) nyt bergen, das myr der byschoff und hertzock Jorg(en) geschryeben[c] und gebetten, das ich in der handllung myt den von Erfurt[1387] bys mytwochen in Leypssyck[1388] wey iren lyeben seyn wolt, welches ich zu diessen mal abgeschlagen und wyl[d] den tach wol an[e] myt meynen retten beschycken. Ich fersehe mych aber, ich ‖ werde darnach zu yhnen kegen Leypsyck mussen, als dan wyl ich so fyl muglychen fleys ferwenden, dye weg zu suchen, ob ich myt herzock Jorge handelln kont, des s(einer) l(ieben) myt e(uer) l(ieben) und irem hern auch s(einer) l(ieben) gemal[1389] dye fasnach zu myr[f] kegen Weymar kemmen. Wo das selbyg auch nyt seyn wyl, so wyl ich doch auff andre wege bedencken, das ich zu e(uer) l(ieben) kommen mag. So wert Hans von Schonberck[1390] von Dresden mussen, es sey im lyeb ader leyt. Sol dye sache vertragen werden, so hoff ich auch, es sol daran keynen mangel haben. Und das e(uer) l(ieben)[g] dem alten nyt vergeben konnen, da zu hat er e(uer) l(ieben) kegen der welt wol ursach geben. Alleyn bedencken e(uer) l(ieben) was sye for Got schuldyck seyn und wys sye im vatter unsser betten: „Vergyb uns unsser schuld, als wyr unssern schuldygern vergeben."[1391] Dar umb sol e(uer) l(ieben) unsser her Got umb seynes sones unssers hern Chrysto wegen ire sunde[h] vergeben,[1392] so mussen e(uer) l(ieben) ewer feynden und wyeder wertygen auch vergeben. Zudem haben sych e(uer) l(ieben) so lang gehalten, so[i] ist es noch auff das lengest umb eyn jar zcu thun, derhalben lassens e(uer) l(ieben) an eynem kleynem auch nyt erwyeder, es wert nach alles gut werden, dach wert dye handellung

---

[1383] *Vgl. oben Nr. 115 (Brief Johann Friedrichs an Elisabeth, 1533 November 19).*

[1384] *Vgl. oben Nr. 55 (Brief Philipps an Elisabeth, 1533 April 20).*

[1385] *Gemeint ist das Sakrament.*

[1386] *Kardinal Albrecht von Brandenburg (1490–1545), Erzbischof zu Mainz und Magdeburg; vgl. Anm. 1008.*

[1387] *Im permanenten Konflikt der mächtigen kurmainzischen Stadt Erfurt mit den erzbischöflichen Mainzer Landesherren war es bereits im Nachgang der reformatorischen Ereignisse in der Stadt und der Bauernkriegswirren zum einer vom Schwäbischen Bund vermittelten Einigung gekommen, dem Hammelburger Vertrag von 1530. Bemüht um eine Machtbalance, hatten die Erfurter dabei eine politische Anlehnung an Kursachsen betrieben. Kurfürst Johann Friedrich suchte hieraus weiterreichenden Einfluss auf die Stadt zu erlangen, auch aus Verärgerung darüber, dass diese dem Schmalkaldischen Bund nicht beigetreten waren. 1533 kam es zum hier berührten Leipziger Vertrag, in dem sich Kursachsen die Klosterhöfe in Erfurt sicherte. Vgl. hierzu Willicks, Die Konflikte zwischen Erfurt und dem Erzbischof von Mainz, S. 225–240; Press, Zwischen Kurmainz, Kursachsen und dem Kaiser, S. 385–402, bes. S. 392.*

[1388] *Leipzig.*

[1389] *Herzogin Barbara von Sachsen (1478–1534).*

[1390] *Hans (junior) von Schönberg zu Reinsberg († 1537), sächs.-albert. Rat und Amtmann; vgl. Anm. 4.*

[1391] *Teil des Vaterunsers. Lukas 11,4; Matthäus 6,12.*

[1392] *In diesem religiösen Exkurs äußert sich ein deutlicher Bezug auf die Rechtfertigungslehre Luthers.*

sulches alles[j] mytbryngen. Der junckfrawen[1393] wyl ich nyt vergessen. Sulches alles hab ich e(uer) l(ieben) freuntlicher meynung auff ir schreyben nyt verhalden wollen etc. Dat(um) Coldez sontack nach Elysabet im xxxiii jar.

Jo(hann) Fridrich, churfurst

[a-a] *Unter dem Text.*

[b] *Zwei Korrekturen um dieses Wort wurden angedeutet, aber nicht ausgeführt. Sigle für* e(uer) l(ieben) *hochgestellt eingefügt und dann wieder gestrichen.*

[c] *Gestrichen:* haben.

[d] *Gestrichen:* den.

[e] wol an *schwer leserlich hochgestellt eingefügt.*

[f] zu myr *hochgestellt eingefügt.*

[g] *Gestrichen:* h(ertzogk) Jorge.

[h] ire sunde *hochgestellt eingefügt.*

[i] *Wort hochgestellt eingefügt.*

[j] *Gestrichen:* geben.

119

Sababurg   *1533 November 26*

Landgraf Philipp (der Großmütige) an Herzogin Elisabeth

Philipp hat aus Elisabeths Schreiben entnommen, welche Anstrengungen Kardinal Albrecht von Brandenburg und Georg von Carlowitz wegen ihrer Sache unternehmen. Auch die Landschaft bemüht sich sehr, damit Heinrich von Schleinitz und Hans von Schönberg vom Dresdner Hof kommen. Das wäre eine Genugtuung für Elisabeth. Besser wäre es allerdings gewesen, hätte Herzog Georg die beiden vom Hof verwiesen. Die Entfernung der beiden kann erfolgen, indem die Landschaft zur Erhaltung des inneren Friedens Schleinitz und Schönberg auffordert, Urlaub zu nehmen. Um nicht als Störenfriede zu gelten, würden beide dann dieser Aufforderung folgen. Das löst aber die eigentliche Sache nicht, denn Herzog Georg hat Elisabeth stark im Verdacht. Solange Herzog Georg (der Bärtige) dies nicht deutlich zurücknähme, könne Elisabeth nicht mit dem Abgang der beiden Verleumder vom Hof zufrieden sein. Es wäre Philipp zuwider, dass Elisabeth an einem Ort bliebe, wo man sie in Verdacht hätte, dass nachts heimlich Leute zu ihr ins Frauenzimmer kämen, wie es Herzog Georg vormals behauptet hat. Philipp rät daher (1.), dass Schleinitz und Schönberg den Hof verlassen, ist notwendig; (2.) dass Herzog Georg Elisabeth öffentlich aus dem Verdacht entlässt und wieder als seine „liebe Tochter" annimmt und bei möglichen neuen Vorwürfen zuerst ihre Rechtfertigung anhört; (3.) dass Herzog Georg künftig wegen solcher Anschuldigungen kein großes Aufsehen am Hof mehr machen wird, sollte er aber Elisabeth eines Rechtsbruchs oder der Lüge überführen, dürfe er Elisabeth strafen, wozu dann auch Philipp helfen möchte; (4.) dass Herzog Georg von Elisabeth nicht fordert, das Abendmahl (in einer Gestalt) zu nehmen. Nimmt Herzog Georg diese vier Artikel an, dann soll sich Elisabeth mit Herzog Georg wieder versöhnen; Philipp, will damit hinsichtlich Herzog Georg zufrieden sein.

[1393] *Magdalena Pflugk (vgl. oben Nr. 116); vgl. Anm. 1351.*

I. HStA Dresden, 10024, Loc. 10548/6, fol. 39r – 40r; II. HStA Dresden, 10024, Loc. 10548/6, fol. 41r – 42r.

Überlieferung: I. Abschrift; II. Abschrift.

Schrift: I. Heinrich Lersner; II. (albert.) Kanzleischreiber; Adresse durch Elisabeth eigenhändig.

Adresse: II. [Dem h]ochgebornen fursten / [hern Ha]ns Freiderych / [hertzog zu] Sachssen des heylgen / [romschen reichs] ertzmarsschalk / [und kurfurst] etc. meinem / [fruntlichen lie]ben ohmen / [und bruder zu se]iner lieb eigen // hant.

Kanzleivermerke: I. Landtgraf Philips, zeigt an, d(as) gut werre, d(as) Schönbergk und Schleinitz ungeford(er)tes und begertes abschiedes vom hofe gethan, mit vormeldung seins weitern bedenckens; *II.* Der landtgraf zu Heß(en) zeigt sein bedencken an, d(as) nichts genugsam sein möchte, wan gleich Schönberg und Schleinitz urlaub bekemen, und wie es sonsten sein muste – 1533.

Bemerkung: Dieser Brief ist in zwei identischen, nur orthografisch variierenden Abschriften überliefert. Beide tragen Siegeleinschnitte. – II. Die Abschrift kann sicher auf einen Dresdner Kanzleischreiber zurückgeführt werden, weil Herzogin Elisabeth eigenhändig adressierte und unter dem Text die ursprüngliche Adressierung an Elisabeth mit abgeschrieben wurde. Elisabeth leitete das Schreiben Philipps mit einem eigenen Brief (Nr. 123) an Kurfürst Johann Friedrich weiter. – Die Edition folgt I., größere Abweichungen wurden angemerkt.

Druck: ABKG III, Nr. 2331.

Liebe schwester, ich habe dein schreiben[1394] gelesen, auch was der bischof von Meintz[1395] und Karlewitz[1396] an dich gesunnen. Ist nicht wenigers, die landtschaft thun in dem genug, so die zwey[1397] vom hoffe khommen und ist wol etlicher maße dir ein entschuldigung. Es were aber vil besser und dir rhumblicher, das hertzog George solchen losen leuthen selbst ane ir bit urlaub gebe, dan dißes mag dermaß(en) angeseh(en) werd(en), das die landtschaft umb friddens willen die dahin bewege urlaub zu bidt(en). Dieseltigen[1398] auch urlaub bidt(en), uf das sie nit gerne dieseltig(en) sein wolt(en), die unfrid mocht(en), welchs wenig zur sach(en) thuet. Dan dir und mir wil dennochts zubedenck(en) sein, das h(ertzog) George dich in großem argwon gehapt und nach wie er das nit leuck(en) magk, soltest du nun uber das mit dißem urlaub nemen allein zufridden sein, auch bey h(ertzog) Georg(en) wonen und nit wissen, ob er auch nochmals den gefast(en) argwon uf dich gleube od(er) nit. Were beschwerlich zuhoren und mir gantz unleidlich, dich an dem ort zuwissen, da[a] man dich in dem verdacht hette, das leuthe zu dir heimlich bey nacht[b] ins frawen zymmer gieng(en) ‖ der gestalt wie es von h(ertzog) Georg(en) geredt ist. Und hierumb ist das mein rath, gibt man denen urlaub ist gut fur eins und notwendig[c]. Doch vor das ander, das h(ertzog) George dich auß verdacht laße ader zum wenigst(en) widder dich sage: „liebe dochter“, oder dergleich(en) wort: „Ich habe dich wol in argwon gehapt. Ich sehe aber, das dir unrecht geschieht. Halte dich darumb vor meine fromme dochter und so du dich geg(en) mir heldest als du zuthun schuldig, so wil ich dir auch ein freuntlicher vatter sein. Und so mir etwas von dir angezeigt wirdt, wil ich dich zu antwert khommen laßen.“ Vor das dritte, das h(ertzog)

[1394] *Vgl. oben Nr. 111 (Brief Elisabeths an Johann Friedrich, 1533 November 12). Elisabeth beauftragte Kurfürst Johann Friedrich, das Schreiben des Kardinals und ihre Antwort an Philipp weiterzuschicken.*

[1395] *Vgl. oben Nr. 107 (Brief Kardinal Albrechts an Elisabeth, 1533 November 10).*

[1396] *Vgl. oben Nr. 109 (Brief Georgs von Carlowitz an Elisabeth, 1533 November 11).*

[1397] *Heinrich von Schleinitz und Hans von Schönberg.*

[1398] *= dieselbigen.*

George dich auch vertroste, das er hinfurther sollich gesper[1399] unther den leuthen nit mher machen woll. Befindet ᵈer aberᵈ, das du was unrechts oder unehrlichs thuest, ᵉdas er dich darumb straffeᵉ, dartzu wil ich ime helff(en). Zum viert(en), das er dich ungedrung(en) laße zum sacrament[1400] zugehen, dan dochᶠ das bepstlich recht einemᵍ solchs frey lest. ‖ So hertzog George solcherʰ articul zufridden, weis ich dir nit zuwidderrat(en), mit ime einig zusein. Wil es auch fur mein person, sovil h(ertzog) Georg(en) betrift, zufridden sein. Das wil ich dir fruntlicher meynung angezeigt hab(en), dir bruderlich trew zuerzeig(en) findestu mich willig. Datum Zapfenbergⁱ mitwoches nach Catharine anno etc. 33.

Philips etc.ʲ

ᵃ *II.* das.
ᵇ *I. Gestrichen:* ins frawen.
ᶜ *II.* thuet wenig.
ᵈ⁻ᵈ *II.* aber er.
ᵉ⁻ᵉ *II.* so straffe er dich darumb.
ᶠ *Fehlt in II.*
ᵍ *II.* eynen doch.
ʰ *II.* solcher vier.
ⁱ *II.* Cappenberg.
ʲ *II.* landtgraff zu Hessen etc. – An Elisabet hertzogin zu Sachßen / geborne landtgreffin zu Hessen etc. geschrib(en).

120*

[1533 nach November 26, vor Dezember 4]

Landgraf Philipp (der Großmütige) an Herzogin Elisabeth
Philipp hat ihr geschrieben, dass sie das Abendmahl vorerst nicht in beider Gestalt fordern solle. Er hat Sorge, Herzog Georg (der Bärtige) könnte ausfällig werden oder ihr das Einsperren androhen. Philipp meint stattdessen, sie solle bei den vier Artikeln bleiben, denn Herzog Georg werde nicht mehr lange leben. Danach könne sie das Abendmahl in beiderlei Gestalt nehmen, wann immer sie es wöllte. Was die vier Artikel angeht, so werde sie Herzog Georg nicht umgehen können und so müsse er Elisabeth zu ihren Freunden lassen; sonst aber, wenn er Elisabeth zurückhielte, würde er zeigen, dass er sie in Verdacht hätte. Sollte Elisabeth wieder bedrängt werden, solle sie diejenigen an Philipp verweisen. – Elisabeth soll eine Abschrift seines Schreibens durch Kurfürst Johann Friedrich (den Großmütigen) an Kardinal Albrecht von Brandenburg schicken lassen.

Überlieferung: verloren.

Bemerkung: Die Ausfertigung dieses Schreibens ergibt sich aus Nr. 123. — Zur Datierung geben der Brief Elisabeths (Nr. 123) als terminus ante quem und das Schreiben Philipps (Nr. 119) als terminus post quem Hinweise.

[1399] *Gemeint ist ‚Gesperr‘ = großes Aufsehen machen; vgl. DWB, Bd. 5, Sp. 4149–4155.*
[1400] *Gemeint ist das Abendmahl in einerlei Gestalt.*

121*

[1533 Dezember 4]

Herzogin Elisabeth an Erzbischof Kardinal Albrecht von Brandenburg
Elisabeth teilt Albrecht mit, dass sie sich nach der Meinung ihres Bruders richtet und er von ihr eine schriftliche Vollmacht erhalten habe.

Überlieferung: verloren.

Bemerkung: Die Ausfertigung und die Datierung dieses Schreibens ergeben sich aus Nr. 123 und 125. – Elisabeth verfertigte diesen Brief und schickte ihn an Kurfürst Johann Friedrich mit der Bitte, ihn an den Kardinal zu übergeben (Nr. 123). Johann Friedrich leitete den Brief jedoch nicht wie gewünscht weiter, da er zunächst eine Antwort Landgraf Philipps abwarten wollte und schickte den Brief wieder an Elisabeth zurück (vgl. unten Nr. 125).

122

1533 Dezember 4

Herzogin Elisabeth an Kurfürst Johann Friedrich (den Großmütigen)
Elisabeth möchte wissen, ob Herzog Georg (der Bärtige) sie zur Fastnacht zu Johann Friedrich lässt oder ob er ihn nach Dresden bittet, da Herzogin Barbara wegen ihrer Krankheit nicht reisen kann. Die Herzogin ist so krank, dass man denken könnte, sie würde nicht mehr lange leben; aber mit ihr ist es nicht so wie mit anderen Frauen, sie wird zum Sommer wieder gesund sein. — Elisabeth bittet um Auskunft, wie es um ihre Sache steht, was Kardinal Albrecht von Brandenburg rät und wie Herzog Georg über sie redet.

HStA Dresden, 10024, Loc. 10548/6, fol. 44r.

Überlieferung: Ausfertigung.

Schrift: eigenhändig.

Adresse: [d h] g b f h h f h / [z s] d h r r e u k / [l y d] m z m m f l o / [u b y s l] e hant.[1401]

Nr. bei Werl: 75.

Kanzleivermerke: Hertzogin zu Rochlitz irer sach(en) halb(en) mit hertzog Jorg(en).

Bemerkung: Siegeleinschnitte und Reste des Siegellacks sind vorhanden; das Siegel und der Siegelstreifen selbst sind verloren; die Adresse ist entsprechend beschädigt überkommen.

Druck: ABKG III, Nr. 2331a.

Fruntlicher h(ertz) a(ller) l(iebster) o(hme) u(nd) b(ruder); ich mochtte ser gern wissen, ob m(ein) a(lter) her, h(erzogk) Yorge, mich auch wil dei fasnacht zu e(uer) l(ieben) lassen aber ab er e(uer) l(ieben) wol hei her bytten, dan dei alte^a [1402] kant nich wandern, dan sei yst aber ser krank. Nach menschlichen sin decht man, es solt nich lang weren mit, aber es yst umb

---

[1401] *Steht für: Dem hochgeborenen Fürsten Herrn Hans Friedrich, Herzog zu Sachsen, des Heiligen Römischen Reichs Erzmarschall und Kurfürst, Landgraf in Thüringen, Markgrafen zu Meißen, meinem freundlichen lieben Oheim und Bruder in seiner Lieben eigen Hand.*

[1402] *Herzogin Barbara von Sachsen (1478–1534).*

sei nich wei umb ein ander wib, sei wert auff den sumer gar gesuntt. F(reuntlicher) h(ertz) l(iebster) b(ruder), ich byt e(uer) l(ieben) fruntlichen, e(uer) l(ieben) wol fliß duntt, das weir zu sammen kumen, dan ich hett vel mit e(uer) l(ieben) zu retten. Und und[b] wil e(uer) l(ieben) heir mit Got bevellen, der beheutt[1403] und bewar e(uer) l(ieben) vor[c] allem leit und bevel mich e(uer) l(ieben)[d] als m(ein) h(ertz) a(ller) l(iebster) b(ruder), dan e(uer) l(ieben) altzeytt schwesterliche trew zu der tzeigen, wer ich geneygett. Dat(um) am tage Barbera anno xxxiii.

E H Z S etc. s(ub)s(cripsi)t

E(uer) l(ieben) bit fruntlichen, e(uer) l(ieben) wol mich wissen lassen, wei mein sach sted, was der byschaff von Mentzse[1404] for geb und wei m(ein) a(lter) h(er) mein gedach hatt.

    [a] *Wort hochgestellt eingefügt; darunter unleserliche Streichung:* latte?
    [b] *Sic.*
    [c] *Wort tiefergestellt eingefügt; darunter getilgt:* Got.
    [d] *Gestrichen:* beveltgt.

123

Herzogin Elisabeth an Kurfürst Johann Friedrich (den Großmütigen)
Elisabeth gefallen die Ratschläge ihres Bruders sehr gut, sie will diese befolgen. – In einem anderen Brief hat Landgraf Philipp (der Großmütige) ihr geschrieben, sie solle das Abendmahl vorerst nicht in beider Gestalt fordern, weil er Sorge hätte, das Herzog Georg (der Bärtige) verrückt werden könne oder ihr das Einsperren androhen würde. Landgraf Philipp meine stattdessen, sie solle bei den vier Artikeln bleiben, denn Herzog Georg werde nicht mehr lange leben, danach könnte sie das Abendmahl in beiderlei Gestalt nehmen, wann immer sie es wöllte; was die vier Artikel angehe, so werde dies Herzog Georg nicht umgehen können, und so müsse er Elisabeth zu ihren Freunden lassen, sonst aber, wenn er Elisabeth zurückhielte, hätte er sie weiter in Verdacht. – Elisabeth hat Kardinal Albrecht von Brandenburg geschrieben, dass ihr Landgraf Philipps Meinung gefalle und dass sie ihrem Bruder eine schriftliche Vollmacht gegeben habe. Elisabeth meint, dass sie nichts gegen den Willen ihres Bruders tun kann. Ihr Bruder schreibt auch, wenn sie Elisabeth wieder bedrängen würden, solle sie diejenigen an ihn verweisen, denn er wolle es so haben, dass ihm oder seinen Kindern kein Schaden über Elisabeths Sache entstünde. – Elisabeth bittet Johann Friedrich, dass er diesen Brief dem Kardinal sendet.

    HStA Dresden, 10024, Loc. 10548/6, fol. 43r–v.
    Überlieferung: Ausfertigung.
    Schrift: eigenhändig.
    Adresse: –
    Nr. bei Werl: 76.

[1403] = *behüte.*
[1404] *Kardinal Albrecht von Brandenburg (1490–1545), Erzbischof zu Mainz und Magdeburg; vgl. Anm. 1008.*

Kanzleivermerke: Der hertzogin von Rochlitz nothclagen uber hertzog Jörg zu Sachß(en).

Bemerkung: Der mutmaßliche Umschlag ist mit Siegel, Siegelstreifen und Adresse verloren. Das erhaltene eingelegte Blatt mit dem Text trägt Siegeleinschnitte.

Druck: ABKG III, Nr. 2331a.

M(ein) f(reuntlicher) h(ertz) a(ller) l(iebster) b(ruder); nach yenem breff[1405] hab ich e(uer) l(ieben) diessen geschreben, dan m(ein) b(ruder) hatt ein botten bey mir und schribett mir[1406] dey meinunge, wey e(uer) l(ieben) heir bei sen[a] wert, was sein gemot yst, weilges mir auch also wol gefelt, und gee[1407] in dem fal auß seinnem ratte nich. Er schribett mir auch in eim andern breffe[1408], ich sal von beyder gestal[1409] nichst antzeygen, dan er het sorge, h(ertzogk) Y(orge) wortte gar unsynich wertten und wortte aber von yn speren sagen[1410] und meyn, ich solt glich auff den veir argdekelen[1411] bleyben,[1412] dan h(ertzogk) Y(orge) wort nich lang leben. Nem ychst dan wan ich wolt und geinen dey veir[b] argdeckel an, so wort er es nich umb gein[1413] konnen,[c] so must er mich ya zu meyn freuntten lassen, sust het er mich yn vordach, wo er mich in heylt. Und schrib mir, ich sal dem byschaff[1414] sein schreff scheycken, ein ab schreff[1415] wey er mir schribet, in dem ich e(uer) l(ieben) ein ab schreff scheycke, und hab dem byschaff geschriben[1416], das mir meyns brudern gemot gefelt und auch, das ich meyn bruder ein schreflich foulmach[1417] hab geben etc.[d] M(ein) h(ertz) l(iebster) b(ruder), ich kant an[1418] meyns brudern willen nichst anfan, dan es west neyman wei mirs nach gein mochte. So sprecht dan meyn bruder, ich het im nich wollen foulgen, und schribett mir auch, ab sey mich weider an suchtten, sal ich sey zu im wiessen[1419], dan er wol es auch so haben, das im und sein kynttern keyn schan[1420] nach auffrock yst ‖ aber mein halben haben mochtten. Sowlges[1421] hab ich e(uer) l(ieben) in er yelle[1422] fruntlicher meinunge nich wollen bergen und byt e(uer) l(ieben) wol fliß dunt, das weir ein mal mochtten zu sammen kumen, dan ich hett vel mit e(uer) l(ieben) zu retten. Und wil heyr mit e(uer) l(ieben) Got bevellen. Mich e(uer) l(ieben) als m(ein) h(ertz) a(ller) l(iebster) b(ruder), dan e(uer) schwessterliche trew zu der tzeygen bin ich geneygett. Dat(um) Dressen an Sant Barbera Tag auff den aben spett anno xxxiii.

E H Z S etc.

[1405] *Vgl. oben Nr. 122 (Brief Elisabeths an Johann Friedrich, 1533 Dezember 4).*

[1406] *Vgl. oben Nr. 119 (Brief Philipps an Elisabeth, 1533 November 26).*

[1407] *= gehe.*

[1408] *Das Schreiben Philipps an Elisabeth ist verloren und wird hier unter der Nr. 120 geführt.*

[1409] *Gemeint ist das ‚Abendmahl in beiderlei Gestalt‘.*

[1410] *Gemeint ist wohl ‚schelten‘ oder ‚mit Einsperren drohen‘.*

[1411] *= vier Artikeln.*

[1412] *Vgl. oben Nr. 119 (Brief Philipps an Elisabeth, 1533 November 26).*

[1413] *= umgehen.*

[1414] *Kardinal Albrecht von Brandenburg (1490–1545), Erzbischof zu Mainz und Magdeburg; vgl. Anm. 1008.*

[1415] *= Abschrift.*

[1416] *Das Schreiben Elisabeths an Kardinal Albrecht ist verloren und wird hier unter der Nr. 121 geführt.*

[1417] *= Vollmacht.*

[1418] *= ohne.*

[1419] *= weisen.*

[1420] *= Schaden.*

[1421] *= solches.*

[1422] *= Eile.*

E(uer) l(ieben) bitt ich gantz fruntlichen, e(uer) l(ieben) wolle mir zu fruntlichen gefallen dem bischaff von Mentzse deyssen breff[e] zu scheycken, sowlges wil ich frunttlichen vorglichen.

[a] *Die dicht zusammengeschriebenen Wörter sind durch einen senkrechten Strich getrennt. Nachträglich eingefügt: -i.*
[b] *Wort hochgestellt eingefügt.*
[c] *Gestrichen: er must mich auß vordacht lassen wolt.*
[d] *Abbreviatur für etc. hochgestellt eingefügt; darunter unleserliche Streichung: das?*
[e] *Unleserliche Streichung von zwei Wörtern.*

124

1533 Dezember 4/6

Herzogin Elisabeth an Landgraf Philipp (den Großmütigen)

Philipp soll sich nicht von Kurfürst Johann Friedrich (dem Großmütigen) überreden lassen. In der Frage des Abendmahls teilt sie Philipps Standpunkt und weiß sehr wohl, dass ihre Seligkeit nicht davon abhängig ist, so wie es der Kurfürst sie glauben machen will. Den Brief will sie Georg von Carlowitz zu lesen und Kardinal Albrecht von Brandenburg eine Abschrift davon geben, damit sie erkennen, dass sie Philipp die Vollmacht erteilt hat. Elisabeth will bei Fragen in ihrer Sache alle an ihn verweisen. Sie dankt Philipp, dass er für sie eintritt und sich an sein Versprechen hält, welches er seinem Vater am Sterbebett gegeben hat. — Georg von Carlowitz hat den Brief gelesen und Elisabeth erzählt, Herzog Georg (der Bärtige) wäre sehr wütend auf sie gewesen. Der Herzog wird Hans von Schönberg und Heinrich von Schleinitz nicht vom Hof entfernen. – Von Carlowitz will Elisabeth wissen, warum ihr Kardinal Albrecht geschrieben habe. Dieser hätte es getan, weil inzwischen alle anderen Streitigkeiten geschlichtet wurden und er gern auch in diesem Punkt ein Ergebnis erzielt hätte. Elisabeth hat Carlowitz gesagt, der Kardinal solle sich in ihren Angelegenheiten an Philipp wenden. Der Ausschuss der Landschaft, so Carlowitz, habe an Philipp eine Antwort geschickt, die ihm gefallen werde. Nun bittet Elisabeth Philipp, er möge ihr diese mitteilen und in ihrer Sache nicht nachgeben. Sie wäre lieber tot, als dass sie weiter bei Herzog Georg wohnen muss. – Der Kurfürst soll allein mit Herzog Georg verhandelt haben, sie kennt aber den Grund nicht. – Heinrich von Schleinitz wollte zur Fastnachtsfeier zum Kurfürsten reisen. Herzog Georg hat es ihm verboten. – Elisabeth will weg von Herzog Georg, da es nicht besser wird. – Herzogin Barbara hat sich darüber beschwert, dass ihr Landgräfin Christine nicht schreibt. Sie denkt, Philipp sei der Grund.

StA Marburg, PA 2841, fol. 60r–61v.

Überlieferung: Ausfertigung.

Schrift: eigenhändig.

Adresse: [Meinem] fruntlichen lieben / [bruder hern] Philips lantgraff / [zu Hessen etc. y]n seiner lieb eigen / hant.

Nr. bei Werl: 77.

Kanzleivermerke: –

Bemerkung: Siegeleinschnitte sind vorhanden; das Siegel und der Siegelstreifen selbst sind verloren; die Adresse ist entsprechend beschädigt überkommen. – Elisabeth verfasste den Brief am 1533 Dezember 4, schickte ihn aber nicht ab. Zwei Tage später ergänzte sie das bereits datierte und unterschriebene Schreiben. – Der Brieftext erging in der originalen Ausfertigung fortlaufend und ohne Satzzeichen. Für die Wiedergabe wurde der Text zur besseren Lesbarkeit in Absätze gegliedert.

Druck: ABKG III, Nr. 2331a.

F(reuntlicher) h(ertz) a(ller) l(iebster) b(ruder); dein schriben[1423] und rattes hab ich alles gantz fruntlichen vorstanden und wil deins rattes foulgen. Deine meinunge gefelt mir auch ser wol, und bytt dych, las dich ya nichst anders ober retten[1424], den korfursten nach neimanst. Und feylt mir etwas weider for, so wil ich dir es antzeygen. Mit dem sackrament gefel mir es auch also wol. Ich wes wol, das mein sellychkeyt nich drant leigett, wei wol mir es der korfurste ser ret und meynett zu der halten; aber ich geb im alwege dey anwert; wei dust machst, so bin ychst zu fretten, und ich wil deyns rattes und seines foulgen. Ich vorse mich zu dir, du werst mirs nicht vor derben.

Ich wil auch Klarlewitz[1425] den breff lassen lessen und wan er komb[a], dem byschaff von Mentzse[1426] ein abschreff dar von und s(einer) l(ieben) angetzeygett, das sowlges[1427] meyn gemot yst und das ich dir ein schreftliche gewalt[1428] hab geben, wei dus machs, das mirs eirlych yst, also bin ich zu fretten etc.

M(ein) h(ertz) l(iebster) b(ruder), ich las dich auch wissen, das der korfurste yst am montage[1429] keyn Leybtzeygk[1430] kummen tzu m(einem) a(lten) h(ern)[1431] und dem byschaff von Mentzse, da wolt der korfurste vor sych selber hanttelen mit dem bysschaff, dar der bysschaff hatt im dromb geschriben[1432]. Aber h(ertz) l(iebster) b(ruder), das dut dir das auch for be heyltes[1433], wo es mir geschege, das dut dan nich so stel woltes dar zu seßsen und allen[1434] mit wortten fechtten. ‖ Las dich ya den korfursten nichst ober retten[1435], dan dut west meyn gemot und hertz wol, und alle meyn geleygen hett[1436] wol. Und wan sey was[b] wollen von mir wissen, so wil ich sei an dich weissen. Und bedanck mich auff auff[c] das aller fruntlychst, das dut dich mein so hart annemest. Ich befentte, das dut heltes, was du deinen und meinen her vatter[1437] hast zu gesaget in deiner keytthett[1438]. Und ich vorse mich aller trew zu dir und wes wol, wan sei mich glich alle vorleyssen, so vorleyst dut mich dach nichtt. Und wil dich heir mitt m(ein) lyeber bruder Got bevellen, der beheut und bewarre dich vor allem bossen und helff uns mit freutten zu sammen, und bevel mich dir als m(ein) h(ertz) l(iebster) b(ruder).

[1423] *Vgl. oben Nr. 119 (Brief Philipps an Elisabeth, 1533 November 26).*

[1424] *= überreden.*

[1425] *Georg von Carlowitz zu Hermsdorf (um 1480 – 1550), sächs.-albert. Rat; vgl. Anm. 42.*

[1426] *Kardinal Albrecht von Brandenburg (1490–1545), Erzbischof zu Mainz und Magdeburg; vgl. Anm. 1008.*

[1427] *= solches.*

[1428] *= Vollmacht.*

[1429] *= 1533 Dezember 1.*

[1430] *Zu den Verhandlungen in Leipzig vgl. ABKG III, Nr. 2332 ff.*

[1431] *Herzog Georg (der Bärtige) (1471–1539).*

[1432] *Vgl. ABKG III, Nr. 2332 (1533 November 30).*

[1433] *= vorbehälst.*

[1434] *= allein.*

[1435] *= überreden.*

[1436] *= Gelegenheit.*

[1437] *Landgraf Wilhelm II. (der Mittlere) von Hessen (1468/69–1509), Vater Landgraf Philipps und Elisabeths.*

[1438] *Gemeint ist das Versprechen der beiden Geschwister am Sterbebett ihres Vaters, füreinander einzustehen.*

Byt dich, dut welles mich nich lassen, als ich mich gentzlich vorsen wil, und wo ich dir wes schwesterliche trew zu der tzeigen, bin ich geneygett. Dat(um) am tage Barbera anno xxxiii.

E H Z S etc.

H(ertz) l(iebster) b(ruder), ich hab heut an Sant Neckalstag[1439] von Klarlewitz gehort, das er sprecht, m(ein) a(lter) h(er) sey ser schellych[1440] gewest und[d] hab gesagett, er wolle dei[1441] nich von sych drinckgen lassen, da er yst kein Leibtzeigk getzougen. Und er[1442] hatt den breff gelesen, den dut mir schribes. Mein er wol in mein alten hern[e] nich lessen lassen, dan das dut er in keyn wegk nich, ich solle nor stel schweigen. Ich saget: „Ich wel wol schweigen, last mich nor zu fretten[1443]. Wor umb schrib mir dan der byschaff von Mentzse?" Und yer sagett, er het es dromb gedauntt, weil susten alle sachen vortragen wer, het er dei auch gern vortragen ‖ wollen. Da saget ich: „So latt mich auch hein fortter zu fretten. Dan wolt ier etwas suchen, so such es an mein bruder, dan ich hab zu eim schlechten vorstand zu der sach, dan ich bin ein wib und kant nich wissen, was mir zu dunt dienstlich[f] yst." Da saget er, der außschos het dir eyn anwert geben; heilt dar for, es wortte dir gefallen. Ich saget: „Da von west ich nich." Byt dich, las mich es wissen. Aber ich byt dich h(ertz) l(iebster) b(ruder), last nich nach, das sey nich[g] blagen wei sei wollen nach so ein gesreyg[1444] machen wei for hein[1445] etc., ich wolt susten lieber tod dan lebendich sein, dan also bey m(einem) a(lten) h(ern) wonen bey sowlgem[1446] wessen, wei ich dir gesaget hab und geschriben. Und lassen sagen, dan wan ein hochtzeyt ist, so geyt Ha(ns) v(on) Schonbergk for mir her wei ein[h] hoffmester, wan glich m(eine) a(lte) fraw[1447] nich dar bei yst, denck ab das mir nich ein schim[1448] yst vor den leutten, ab sey mich nich in bossem gesreyg lassen etc. der orsach halben.

Ich hort auch, das der korfurste mit m(einem) a(lten) h(ern) allein gehanttel hatt; was aber dey orsach yst, west ich nich, aber das wart mir gesagett. Herych v(on) Schlintz[1449] hat zu Leibtzeigk zu m(einem) a(lten) h(ern) gesagett, er worde nu mit dem frawentzemer[1450] tzum korfursten auff dei fastnach tzein, weil sey so eins wern und vortragen wer. Hatt m(ein) a(lter) h(er) gesagett, nocht nich[i], es must vel anders wertten dan yetz ist. Ich denck, weil der korfurste sal[j] sein deiner ein delst[1451] bei im[k] nich haben etc., so[l] behalt er auch sein fastnacht freut[1452] allein. Ich hab umer sorge, unsser rette wertten dy drosse mit dem korfurstysen retten haben, das der korfurste wertts anders wertten. Aber halt dut nor feste, dan lyeber bruder m(ein) a(lter) h(er) sycht lieber mein schantte und deine dan mein und deine eir[1453], sych lyeber, das unsser feyntte eir haben dan weyr. Aber wan dut nor feste ober mir heilst,

---

[1439] = 1533 Dezember 6.

[1440] schellich = aufgebracht, wütend, zornig, rasend; vgl. DWB, Bd. 15, Sp. 2502.

[1441] Gemeint sind Heinrich von Schleinitz und Hans von Schönberg.

[1442] Gemeint ist Georg von Carlowitz.

[1443] = zufrieden.

[1444] = Geschrei; gemeint im Sinne von ,Gerede, Gerücht'.

[1445] = wie vorhin.

[1446] = solchem.

[1447] Herzogin Barbara von Sachsen (1478–1534).

[1448] = Scham, hier im ehrherabsetzenden Sinne von ,Schimpf, Schmach, Schande'; vgl. DWB, Bd. 14, Sp. 2107 (Artikel „Scham").

[1449] Heinrich von Schleinitz zu Saathain und Koselitz († 1543), sächs.-albert. Rat und Hofmarschall; vgl. Anm. 5.

[1450] = Frauenzimmer.

[1451] = eines Teils.

[1452] = Fastnachtsfreude.

[1453] = Ehre.

so hatt es kein nott mit Gottes holffe, weil sei so und gelenck[1454] sein, wil ich sei alle an dich weissen, wer mich weider ansuchett, wil auch dunt, als leige mir nichst drant, sei hetten frett aber und frette[1455]. Ich hab den botten[m] umb Klarlewitz ‖ wyllen so lang heir behalten.

H(ertz) l(iebster) b(ruder), m(ein) a(lter) h(er) behelt sein koff. Ich wolt, ich wer von im, weil es nich besser wertten sal.

H(ertz) l(iebster) b(ruder), m(eine) alte fraw klagett ser, das yer dein wib[1456] nich schribett. Heist yer dach schriben, dan sey yst alt und krant und denck, dutt wilt es nich haben.

[a] wan er komb *hochgestellt mit Platzhalter eingefügt.*
[b] *Gestrichen:* mir.
[c] *Sic.*
[d] *Wort hochgestellt eingefügt.*
[e] alten hern *hochgestellt eingefügt; darunter unleserlich gestrichenes Wort.*
[f] *Wort hochgestellt eingefügt; darunter gestrichen:* dreint?
[g] *Wort hochgestellt eingefügt.*
[h] *Wort hochgestellt eingefügt.*
[i] *Wort hochgestellt eingefügt.*
[j] *Wort hochgestellt eingefügt.*
[k] *Gestrichen:* hatt.
[l] *Gestrichen:* bel.
[m] *Gestrichen:* und.

125

[1533 nach Dezember 12]

Kurfürst Johann Friedrich (der Großmütige) an Herzogin Elisabeth

Johann Friedrich hat von Landgraf Philipp (den Großmütigen) eine Kopie des an Elisabeth ausgegangenen Briefes erhalten, in dem die vier Herzog Georg (den Bärtigen) zu stellenden Forderungen hinsichtlich Elisabeths Behandlung am Dresdner Hof genannt sind. Philipp wünschte dazu, dass Johann Friedrich diesen Brief auch Kardinal Albrecht von Brandenburg lesen ließe. Darüber hat dann Johann Friedrich mit dem Kardinal gesprochen; zunächst über den Artikel, dass Elisabeth wegen des zu empfangenden Abendmahls, welches sie in einer Gestalt verweigere, nicht weiter bedrängt werden solle. Kardinal Albrecht habe dazu gemeint, dass er Elisabeths Sache gerne zum Besten befördern wolle, aber er rate dazu, diese Forderung zurückzuhalten, um Herzog Georg nicht zu verärgern. Elisabeth solle vielmehr zur Begründung ihrer Verweigerung vorbringen, dass sie ihren Verleumdern nicht verzeihen könne und deshalb Bedenken habe, das Sakrament zu empfangen. Dann, so Kardinal Albrecht, würde Elisabeth in dieser Sache nicht weiter bedrängt werden, wozu auch er beitragen wolle. Hinsichtlich der anderen drei Forderungen habe es Kardinal Albrecht gebilligt, diese Herzog Georg vorzulegen; er wolle zur Verständigung helfen. Alles dies hat Johann Friedrich auch an Philipp geschrieben, und er glaubt, dieser werde sich danach richten. Deshalb soll Elisabeth vorerst nicht an den Kardinal schreiben, sondern zuvor die Antwort Philipps abwarten. Überhaupt wäre es besser, wenn Elisabeth sich zurückhalte und

---

[1454] = *ungelenk.*

[1455] = *Frieden oder Unfrieden.*

[1456] *Landgräfin Christine von Hessen (1505–1549).*

ihn und Philipp handeln lasse; das würde Elisabeth auch größere Nachsicht bringen. Johann Friedrich schickt Elisabeth jedenfalls den ihm von ihr für den Kardinal mitgegebenen Brief wieder zurück.

> *HStA Dresden, 10024, Loc. 10548/6, fol. 45r–46r.*
>
> *Überlieferung: Abschrift.*
>
> *Schrift: Kanzleischreiber.*
>
> *Adresse: –*
>
> *Kanzleivermerke:* Copey des churf(ursten) zu Sachßen etc. antwort uf d(er) hertzogin zue Rochlitz schreiben, des dat(um) am tage Barbare.
>
> *Zur Datierung: Die Abschrift führt weder die Abschiedsformeln noch das Datum auf; die Datierung ergibt sich aus dem erwähnten Datum 1533 Dezember 12, zu dem Johann Friedrich den Antwortbrief Elisabeths (Nr. 123) erhalten hat.*
>
> *Bemerkung: Die Abschrift erfolgte in Reinschrift ohne große Korrekturen, besitzt also keinerlei Konzeptcharakter, was sich auch im Kanzleivermerk bestätigt.*
>
> *Druck: ABKG III, Nr. 2331a.*

Freuntliche h(ertz) a(ller) l(iebste) muhme und schwester; e(uer) l(ieben) schreiben, des dat(um) stehet am tage Barbare[1457], hab ich freitag nach Nicolai[1458] durch Kreitzer[1459] empfangen und vorlesen und freuntlich von e(uer) l(ieben) vormarckt. Und wil darauf e(uer) l(ieben) frundlicher meynung nit bergen, das mir e(uer) l(ieben) bruder, do ich bey dem bischoff von Meintz gewesen,[1460] geschrieben und zugeschickt, was sein lieb e(uer) l(ieben) geschrieben,[1461] und wie seiner lieb bedenken gewesen, das sich e(uer) l(ieben) gegen dem bischoff vier artickel halben solten vornemen lassen, darauf auch s(einer) l(ieben) gemut stunde, so sie dermassen bey meinem vedtern hertzog Jorgen zuerhalten, das sein lieb leiden mochten, das die sachen zwißen e(uer) l(ieben), auch seiner lyeb, und meinem vedtern hertzog Jorgen hingelegt und vortragen wurden, mit dem anhangk, das sein lieb leiden mochten, das ich das schreib(en), so sein lieb e(uer) l(ieben) gethan, dem bischoff lesen ließ. Darauff habe ich mich im besten mit dem bischoff in undterrede eingelassen. Und nachdem in e(uer) l(ieben) bruders schreiben, so sein lieb an e(uer) l(ieben) gethan, der artickel mit dem hailigen sacrament auch gesetzt gewesen und dergestalt, das e(uer) l(ieben) darmit ungedrengt gelassen solt werden das zu entpfahen ader nit, derhalb(en) habe ich denselbigen artickel den ersten sein lassen mit dem bischoff zuhandeln und habe sein l(ieben) nit anders vormerckt, dan das sein l(ieben) e(uer) l(ieben) in iren sachen zu dem besten gerne furdern wolt. Und ist s(einer) l(ieben) bedencken ‖ auf dem berichet, das s(einer) l(ieben) fur das best ansehen, das des artickels des

---

[1457] *Vgl. oben Nr. 123 (Brief Elisabeths an Johann Friedrich, 1533 Dezember 4).*

[1458] *= 1533 Dezember 12.*

[1459] *Gemeint ist wohl Georg von Kreutz (†nach 1553), Amtmann zu Gotha. Möglich wäre auch Dr. Melchior von Kreutz (1502–1555), sächs.-ernest. Assessor am Kammergericht, später Amtmann zu Colditz; vgl. ABKG III, Nr. 2331a.*

[1460] *Gemeint ist die Zusammenkunft zwischen Kurfürst Johann Friedrich, Kardinal Albrecht und Herzog Georg in den ersten Dezembertagen 1533 in Halle. Neben Verhandlungen über die Wahlsache, die württembergischen Angelegenheiten und die Bundessache, fanden dort auch die Angelegenheiten der Herzogin Elisabeth größere Aufmerksamkeit. Vgl. dazu Mentz, Johann Friedrich der Grossmütige II, S. 27.*

[1461] *Vgl. oben Nr. 119 (Brief Philipps an Elisabeth, 1533 November 26); dieser Brief ist auch abschriftlich aus der kurfürstlichen Kanzlei überkommen und im Zusammenhang mit der Kopie des vorliegenden Schreibens archiviert und gebunden worden.*

sacramente halb(en) gantz geschwigen sein solt und in der handelung nit furgewandt werden, dan s(einer) l(ieben) halden es auch dafur, das hertzog Jorg gar unsynnigk daruber werden wurd. Aber das e(uer) l(ieben) auf dem berichet, und kain andere ursache furwendet, dan das e(uer) l(ieben) iren widerwertigen nit vorgeben kondt, derhalben e(uer) l(ieben) in iren gewissen beschwerung hett, zu dem sacrament zugehen, haldens s(einer) l(ieben) dafur, e(uer) l(ieben) wurden wol dapei gelassen werden, dartzu auch s(einer) l(ieben) treulich furdern wolt. Die andern artickel hat sein lieb angenomen, wie sie von e(uer) l(ieben) bruder bedacht, an hertzog Jorg(en) gelang(en) zulassen, und was s(einer) l(ieben) darinnen außricht(en) wurde, das nur s(einer) l(ieben) solchs vorstendigen wolt. Solchs hab ich auch e(uer) l(ieben) brudern dergestalt zugeschrieben und vorsiehe mich, s(einer) l(ieben) werde es dapei pleiben lassen. Derhalben achte ich fur das beste, das e(uer) l(ieben) die schriefft zu diesem malh an bischaff underlassen und der antwurt zuvor erwarten. Zu dem solt es meins bedenkens e(uer) l(ieben) besser und bequemer sein, das e(uer) l(ieben) in der[a] sachen zuschreiben mussig stunden und e(uer) l(ieben) brudern und mich damit handeln ließen. Solt auch e(uer) l(ieben) allenthalben meins vorsehens mherern gelimpff[1462] geben, derhalben thue ich ‖ e(uer) l(ieben) den brieff an bischoff halden, im best(en) wider zuschicken. Wollen aber e(uer) l(ieben) daruber dem bischoff schreiben, so will ich unbeschwert sein, seiner lieb den brieff zugeschicken; doch haben e(uer) l(ieben) darinnen mein bedenck(en) gehort. So hett(en) e(uer) l(ieben) auch ires brudern weyter schreiben, so sein l(ieb)[b] derhalben an mich thun werden, auch zuerwart(en) und sich dem nach zuhalt(en).

[a] *Gestrichen:* zeit.
[b] *Gestrichen:* der.

126

1533 Dezember 16

Herzogin Elisabeth an Kurfürst Johann Friedrich (den Großmütigen)

Elisabeth akzeptiert die Ratschläge Johann Friedrichs und will dessen weitere Nachrichten und Hinweise von Hans von Minckwitz hören. – Elisabeth glaubt nicht, dass Herzog Georg (der Bärtige) sie und ihren Gemahl zur Fastnacht zu Johann Friedrich lässt. – Elisabeth bezweifelt, dass Herzog Georg auch nur eine der vier Forderungen Landgraf Philipps (des Großmütigen) annimmt. Sie hat Georg von Carlowitz den Brief des Landgrafen lesen lassen, so wie Philipp es ihr geheißen hatte. Ebenso hat sie auf dessen Rat eine Abschrift an Kardinal Albrecht ausgehen lassen; das hätte sie sonst nicht getan, denn sie hat nicht gern mit solchen ‚hohen Herren' zu tun. – Elisabeth berichtet, dass Herzogin Barbara sehr gern mit zur Fastnacht möchte, wenn deren Gesundheit es zulässt, aber Elisabeth glaubt nicht daran. Als die alte Herzogin Elisabeth fragte, ob es eine Schande wäre, dass man sie auf einem Stuhl die Treppen hinauf tragen müsste, antwortete Elisabeth „O Nein"; die alte Herzogin lachte und klagte, wenn sie nur nicht kränker würde und der Weg nicht so weit wäre. Elisabeth erwiderte, Barbara sollte umso kürzere Tagesreisen machen und unterwegs still liegen. Elisabeth meint, wenn Herzogin Barbara nicht mitkommt, lässt diese sie auch nicht reisen. Herzog Georg aber ist wie ein Narr und tut was die Herzogin will, die ihm auch keine Ruhe lässt. Wenn Johann Friedrich aus diesen Gründen zur Fastnacht nach Dresden gebeten wird, wie sie gehört hat, bittet Elisabeth, dass er dann auch unbedingt komme.

[1462] *Glimpf = Ehre, Ansehen. Hier aber im Sinne von ‚Nachsicht'.*

HStA Dresden, 10024, Loc. 10548/6, fol. 47r.

Überlieferung: Ausfertigung.

Schrift: eigenhändig.

Adresse: [d h g] f h h hᵃ f h z / [s d h r] r e m u k l y d / [m z m m] f l o u b y s l // [e hant].[1463]

Nr. bei Werl: 78.

Kanzleivermerke: Hertzogin von Rochlitz in irer sache mit hertzog Georgen, ist eitel clag(en).

Bemerkung: Siegeleinschnitte sind vorhanden; das Siegel und der Siegelstreifen selbst sind verloren; die Adresse ist entsprechend beschädigt überkommen.

F(reuntlicher) h(ertz) a(ller) l(iebster) o(hme) u(nd) bruder; e(uer) l(ieben) schriben[1464] hab ich gantz fruntlychen vorstanden und e(uer) l(ieben) ratt und meinunge gefelt mir wol. Ich wil auch weider von h(ern)ᵇ H(ans) v(on) M(inckwitz)[1465] hornt, was e(uer) l(ieben) bedencken yst und e(uer) l(ieben) weider meyn gemott entt decken. Ich wil h(ern) H(ans) v(on) M(inckwitz) den breff auch ober anwertten, aber ich glab nich, das m(ein) a(lter) h(er)[1466] m(ein) g(e)mal[1467] und mich auff dey fasnach[1468] last, weiᶜ wol e(uer) l(ieben) fliß genunck vorwent und vorsted es gantz fruntlich und gut und bedanck mich es gantz fruntlich keyn e(uer) l(ieben). F(reuntlicher) h(ertz) a(ller) l(iebster) o(hme) u(nd) b(ruder); ich glab auch nich, das m(ein) a(lter) h(er) der arteckel[1469] ein an nim. Dan Klarlewitz[1470] las m(eines) b(ruders) breff[1471], dan m(ein) b(ruder) schreb mir, ich solten Klarlewitz lessen lassen und auch, ich solt dem byschaff[1472] ein ab schreff scheycken, iches susten nich gedaun[1473], dan ich hab susten nichᵈ gern vel mit solgen grossen hern zu dunt. Ich wil e(uer) l(ieben) auch nich bergen, das dasᵉ dey alte[1474] ser gern mit wolt.ᶠ Yst yer moglich, so tzouget sey mit, aber es yst ein brantᵍ dort wunderlich wib. Ich halt[1475] auch gantz, sey wert sychst under stend und auff den wegk machgen. Sey fraget mich allest, ob es yer auch ein schant yst, das sey sych dragen lyst auff ein stul dey drepben mussen vor so vel leutten. Sprecht ych, „Oneyn." So lach sey dan und sprecht, wan sey norʰ nich krenker wortte und das nich so weyt wer. Sprecht ich, sey sal dester kortzser tag ressen[1476] nemen und stel leygen under wegen. Dan es yst gewist, wan sey nich mit tzouget, so lyst sey mich nich mit. Ich halt, sey weinet sych tod.

[1463]   *Steht für:* **D**em **h**ochgeborenen **F**ürsten **H**errn **H**ans Friedrich, **H**erzog **z**u **S**achsen, **d**es **H**eiligen **R**ömischen **R**eichs **E**rzmarschall **u**nd **K**urfürst, **L**andgraf **i**n **T**hüringen, **M**arkgrafen **z**u **M**eißen, **m**einem **f**reundlichen **l**ieben **O**heim **u**nd **B**ruder **i**n **s**einer **L**ieben **e**igen **H**and.

[1464]   *Vgl. oben Nr. 125 (Brief Johann Friedrichs an Elisabeth, 1533 nach Dezember 12).*

[1465]   *Hans III. von Minckwitz († 1534), sächs.-ernest. Hofrat und Gesandter; vgl. Anm. 347. Der kurfürst-*
liche Rat wurde in dieser Zeit häufig in diplomatischen Missionen ausgeschickt. Seine damalige
Anwesenheit am Dresdner Hof steht mutmaßlich in Zusammenhang mit den Hallenser Verhandlungen
von Anfang Dezember.

[1466]   *Herzog Georg (der Bärtige) (1471–1539).*

[1467]   *Herzog Johann (der Jüngere) von Sachsen (1498–1537).*

[1468]   *= 1534 Februar 17.*

[1469]   *Gemeint sind die vier Forderungen, die Landgraf Philipp in seinem Brief an Elisabeth als Bedingun-*
gen für eine Versöhnung nennt.

[1470]   *Georg von Carlowitz zu Hermsdorf (um 1480–1550), sächs.-albert. Rat; vgl. Anm. 42.*

[1471]   *Vgl. oben Nr. 119 (Brief Philipps an Elisabeth, 1533 November 26).*

[1472]   *Kardinal Albrecht von Brandenburg (1490–1545), Erzbischof zu Mainz und Magdeburg; vgl. Anm.*
1008.

[1473]   *= ich hätte es sonst nicht getan.*

[1474]   *Herzogin Barbara von Sachsen (1478–1534).*

[1475]   *= hörte.*

[1476]   *= kürzere Tagesreisen.*

Sey wil nich, das ich for das dort[1477] tzey, wan sey nich mit yst. Sey sprech, dey weil yst yer lang[1478] und es yamer sey. So yst der alt wey ein[i] nar, daut was sey wil, dan sey lyst im keyn rouge[1479]. Ob man e(uer) l(ieben) her auff dey fasnach bett, byt ich, e(uer) l(ieben) wol ya nich aussen bleyben. Ich hort, es sal geschen. Und wil heir mit e(uer) l(ieben) Got bevellen und der helff uns mit freutten zu sammen und bevel mich e(uer) l(ieben) als m(ein) h(ertz) a(ller) l(iebster) b(ruder), dan e(uer) l(ieben) fruntlychen zu wilfarn und schwesterliche trew zu der tzeygen bin ich willich. Dinstag Lucia anno xxxiii.

E H Z S

<ul>
<li>a   Sic. Dopplung der Sigle h.</li>
<li>b   Wort vor der Zeile eingefügt.</li>
<li>c   Wortende korrigiert; getilgt: -l.</li>
<li>d   Gestrichen: gern.</li>
<li>e   Sic.</li>
<li>f   Getilgt und gestrichen: yst.</li>
<li>g   Sic. Wohl verschrieben für krant.</li>
<li>h   Getilgt: ni.</li>
<li>i   Wort hochgestellt eingefügt.</li>
</ul>

127

1533 Dezember 25

Herzogin Elisabeth an Kurfürst Johann Friedrich (den Großmütigen)

Elisabeth schickt Johann Friedrich ein Hemd als Neujahrsgeschenk. Sie wünscht Johann Friedrich ein glückseliges neues Jahr, allzeit Glück und Wohlergehen. Elisabeth hofft, dass es kein schlechtes wird und bittet Johann Friedrich, er solle nicht so viel trinken, denn viele Leute werden krank vom Saufen. – Elisabeth glaubt, dass sie zur Fastnacht mit Johann Friedrich zusammentreffen wird, denn er wird wohl nach Dresden gebeten werden.

HStA Dresden, 10024, Loc. 10548/7, fol. 18r.

Überlieferung: Ausfertigung.

Schrift: eigenhändig.

Adresse: d h g f h h f / h z s d h r r e / u k l y d m z m / m f h l o u b y s l / e hant.[1480]

Nr. bei Werl: 79.

Kanzleivermerke: Hertzogin zu Rochlitz, wer gern uf faßnacht bey de(m) churf(ursten) – 1534.

Bemerkung: Der Brief wurde gefaltet und ohne Siegelstreifen aufgedrückt gesiegelt. Das Siegel ist vollständig erhalten. Am Siegel haftet noch ein Haar (Elisabeths?).

[1477]   = *Tor.*

[1478]   = *weil ihr dann langweilig ist.*

[1479]   = *Ruhe.*

[1480]   *Die Adresse ist hier vollständig erhalten; sie steht für:* **Dem h**och**g**eborenen *Fürsten Herrn* **Hans** *Friedrich, Herzog* **z**u *Sachsen, des Heiligen Römischen Reichs Erzmarschall* **u**nd *Kurfürst, Landgraf in Thüringen, Markgrafen zu Meißen,* **m**einem *freundlichen* **h**erzlieben **Oh**eim **u**nd *Bruder in seiner* **Lieben e**igen **Hand.**

M(ein) h(erz) a(ller) l(iebster) o(hme) u(nd) b(ruder); e(uer) l(ieben) scheyck ich heir mit ein hembtte zu deim nugen yarg. Byt e(uer) l(ieben) fruntlych, e(uer) l(ieben) wol es fruntlichen von meyn wegen an nemen und wonsch heir mit e(uer) l(ieben) ein glockselges nuges yarg, und das e(uer) l(ieben) allen halben glock sellychen und wol ergeit, wey ich es e(uer) l(ieben) gan[1481]. So hoff ich, es sal e(uer) l(ieben) nich obel gein und byt, e(uer) l(ieben) wol[a] nich so ser drencken, dan vel leutte yunck und alt heur der schlack schlett[1482] und krant von den souffen[1483] wertten. Ich vor se mich auch gantz, weir werden dey fastnachtt zu sammen kumen, dan h(er) Ernst[1484] und der kantzler[1485] haben dey tag hart angehalten. Vor se mich, e(uer) l(ieben) wert hey her auff dey fastnach gebetten wertten, aber h(er) E(rnst) yst hir nich im frawentzimer gewest, das ich nich[b] west, wast der abschett yst. M(ein) a(lter) h(er) lyst sych nich yelhen[1486], h(er) E(rnst) yst heut und gestern dromb heyr bleyben. Ich vor se mich, e(uer) l(ieben) wert es balt der faren. Und bevel e(uer) l(ieben) Got, der helff uns mit freutten zu sammen und bevel mich e(uer) l(ieben) als m(ein) h(ertz) a(ller) l(iebster) b(ruder), e(uer) l(ieben) schwesterliche trew zu der tzeigen bin ich geneygett. Dat(um) am Crestage ym xxxiiii[1487].

E H Z S etc.

[a] *Gestrichen: -t.*
[b] *Wort hochgestellt eingefügt.*

128*

[vor 1533 Dezember 31]

Kurfürst Johann Friedrich (der Großmütige) an Herzogin Elisabeth
Johann Friedrich wünscht Elisabeth ein glückseliges Neues Jahr und schickt ihr einen Ring als Neujahrsgeschenk.

Überlieferung: verloren.

Bemerkung: Die Ausfertigung und die Datierung dieses Schreibens ergeben sich aus Nr. 129.

[1481] = gönne?
[1482] = trifft der Schlag.
[1483] Elisabeths Abneigung gegen das übermäßige Saufen hat sie bereits bei den Umständen des Todes von Siegmund von Maltitz ausführlich zum Ausdruck gebracht (vgl. KES I, Nr. 89).
[1484] Gemeint ist sicher Ernst II. von Schönburg (1486–1534), sächs.-albert. Rat; vgl. Anm. 41. Möglich wäre auch Hofmarschall Ernst von Miltitz zu Batzdorf und Siebeneichen (1495/98–1555); vgl. Anm. 107.
[1485] Dr. Simon Pistoris (1489–1562), Kanzler Herzog Georgs (des Bärtigen); vgl. Anm. 62.
[1486] = eilen.
[1487] Als Jahresanfang galt der 25. Dezember, deshalb ist das Schreiben zu 1533 zu stellen.

129

1533 Dezember 31

Herzogin Elisabeth an Kurfürst Johann Friedrich (den Großmütigen)

Elisabeth dankt Johann Friedrich für seine Wünsche und das Neujahrsgeschenk. Sie ist enttäuscht, weil Johann Friedrich geschrieben hat, dass man sich lange nicht sehen wird. – Johann Friedrich muss erkennen, wie „aufrichtig" Herzog Georg (der Bärtige) ist: auf der einen Seite lässt er ihren Bruder an den Ausschuss schreiben, dass er sie nicht mehr verdächtige, auf der anderen Seite versucht er den Verdacht an Johann Friedrich zu tragen, damit die Leute sagen, er hätte ihr kein Unrecht angetan. Deswegen hält er auch an Hans von Schönberg und Heinrich von Schleinitz fest. – Herzogin Barbara wollte ursprünglich gern nach Torgau reisen, nun aber will sie es nicht mehr. Elisabeth gegenüber macht sie falsche Anschuldigungen, die vermutlich durch Hans von Schönberg an sie herangetragen werden. – Herzog Georg und Herzog Johann (der Jüngere) wollen Johann Friedrich gern nach Dresden einladen. Die von Herzog Georg verdächtigten Heinrich und Hans von Schönberg soll er aber zuhause lassen. Wenn er sie mitbringt, würde man sagen, Herzog Georg duldet sie hier nicht wegen ihr. Der ganze Hof wird denken, jetzt, wo Herzog Georg und Johann Friedrich versöhnt sind, hätte auch Johann Friedrich Elisabeth in Verdacht. — Vor dem Essen hatte sie mit Kanzler Simon Pistoris wegen der Einladung für Johann Friedrich gesprochen. Der Kanzler bittet sie trotz ihrer Bedenken, sich für ein Zusammentreffen Herzog Georgs und Johann Friedrichs einzusetzen. Deshalb bittet sie nun Johann Friedrich herzukommen und dafür zu sorgen, dass ihnen beiden kein Schaden entsteht. Elisabeth ist in Sorge, ihre Leidenszeit würde nicht enden. Johann Friedrich soll durch Hans von Minckwitz seine Meinung mitteilen. Kommt Johann Friedrich nicht nach Dresden, so will Elisabeth zu ihm kommen. Sie hofft auf die Erlaubnis, nach Leipzig reisen zu dürfen und sich dann dort mit dem Kurfürsten zu treffen. — Man sagt, Heinrich von Schleinitz wolle seinen Besitz im Kurfürstentum verkaufen; Johann Friedrich soll es verhindern.

> *HStA Dresden, 10024, Loc. 10548/7, fol. 43r–45v.*
>
> *Überlieferung: Ausfertigung.*
>
> *Schrift: eigenhändig.*
>
> *Adresse:* [Dem] hochgebornen / [fursten] hern Hans Frederych / [hertzog zu] Sachssen dest / [heilgen rom]ssen reychst / [erzmarschalk] und korfursten / [meinem frun]ttlichen lieben / [ohmen und] bruder yn seiner / lieb eigen hant.
>
> *Nr. bei Werl: 80.*
>
> *Kanzleivermerke:* Di hertzogin zu Rochlitz irer bösen sach halb(en) – 1534.
>
> *Bemerkung: Siegeleinschnitte sind vorhanden; das Siegel und der Siegelstreifen selbst sind verloren; die Adresse ist entsprechend beschädigt überkommen. – Der Brieftext erging in der originalen Ausfertigung fortlaufend und ohne Satzzeichen. Für die Wiedergabe wurde der Text zur besseren Lesbarkeit in Absätze gegliedert.*

M(ein) f(reuntlicher) h(ertz) a(ller) l(iebster) o(hme) u(nd) b(ruder); e(uer) l(ieben) schriben[1488] hab ich allen halben gantz fruntlichen vorstanden und bedanck mich e(uer) l(ieben) glockselgen nugen yarg wonschen und wonsch e(uer) l(ieben) von Got wider so vel

---

[1488] *Das Schreiben Johann Friedrichs an Elisabeth ist verloren und wird hier unter der Nr. 128 geführt.*

und wolt gern, das ein mal besser wortte, aber ich hab kein glaben dar zu, weil ich bei im[1489] in seim hausse bin.

F(reuntlicher) h(ertz) a(ller) l(iebster) b(ruder); ich bedanck mich gantz frunttlichen das nugen yargs[1490], wil es auch umb e(uer) l(ieben) willen dragen und behalten und e(uer) l(ieben) fruntlichen dar bei gedencken als m(ein) h(ertz) a(ller) l(iebster) b(ruder). Vorse mich auch, der renck[1491] sal wol an schatten bleiben, man list mir auch wol der weille, das ich in kant ab nemen von dem fenger etc. Das aber e(uer) l(ieben) schribett, ab mich e(uer) l(ieben) lang nich sen wortte, das ich e(uer) l(ieben) gedenken solt, das hoff ich nich, wei wol ich e(uer) l(ieben) der halben nich vorgessen wolt, ab ich glich e(uer) l(ieben) lang nich sege.

Aber h(ertz) a(ller) l(iebster) b(ruder) heir bei kant e(uer) l(ieben) sporen, wei warhafftich m(ein) a(lter) h(er)[1492] yst, dan er lett mein bruder sein außschost[1493] zu schriben, er last mich auß vor dach[1494], dan er hab mich in keiner gehatt. Het er mich nich in bosser vordach, wort sowlges[1495] nich an e(uer) l(ieben) gesunen, dan ich west, das H(einrich)[1496] nach W(olff) v(on) Schonbergk[1497] ney nichst wider in gedaunt haben, dan das er sey muttwillich[a] mit mir vordenckett und gern wolt, das e(uer) l(ieben) auch dett, auff das yeder man sprechge, er[b] hett mir nich und rechtt[1498] gedauntt, das halben helt er auch so feste ober Hans v(on) S(chonbergk)[1499] und He(inrich) v(on) Schlintz[1500]. Und e(uer) l(ieben) glab mir, Klarlewitz[1501] kont wol leyden, das W(olff) v(on) S(chonbergk) nich bey e(uer) l(ieben) wer, dan er yst im nicht gut ober einer[c] sach, dey her H(ans) v(on) Minwitz[1502] wol west. Und[d] das im meyn her[1503] genedich yst, hatt er sorge, W(olf) v(on) S(chonbergk)[e] moch ‖ wider zu dem brette kumen, dan er west wol, das W(olf) v(on) S(chonbergk) nich da hem bleybett und under dey knechtte tzouge, wan er nich bey e(uer) l(ieben) wer, dan er deinet im nich bey mein hern, dan er stich in yer schalkhett auff. Auch yst das dei sach[f], nor das ich sal bey e(uer) l(ieben) in[g] vor dach[1504] stend, dan m(ein) a(lter) h(er) west wol, ab e(uer) l(ieben) glich W(olff) v(on) S(chonbergk) nicht mit men[h] [1505], so reyt dach Wolff v(on) S(chonbergk) ein ander mal hey her, als er for etlich mal gedaunt hatt, seyder auß dem hoff yst kumen, dan m(ein) her wil in umer dar bey im haben, wan in nor bekumen kant und wennett, da er wegk tzougk. Und e(uer) l(ieben) glab mir, Klarlewitz kant[i] das und anders m(ein) a(lter) h(er) auß dem sein retten[1506] wan er wil, aber es must[j] in meyn vorstand[k], hab ich sorge den

---

[1489] *Gemeint ist Herzog Georg.*

[1490] *= Neujahrsgeschenk, einen Ring.*

[1491] *= Ring.*

[1492] *Herzog Georg (der Bärtige) (1471–1539).*

[1493] *= Ausschuss.*

[1494] *= Verdacht.*

[1495] *= solches.*

[1496] *Gemeint ist wohl Heinrich von Schönberg (1500–1575), sächs.-ernest. Hofmarschall und Jägermeister; vgl. Anm. 39.*

[1497] *Wolf von Schönberg zu Sachsenburg (†1546); vgl. Anm. 43.*

[1498] *= Unrecht.*

[1499] *Hans (junior) von Schönberg zu Reinsberg (†1537), sächs.-albert. Rat und Amtmann; vgl. Anm. 4.*

[1500] *Heinrich von Schleinitz zu Saathain und Koselitz (†1543), sächs.-albert. Rat und Hofmarschall; vgl. Anm. 5.*

[1501] *Georg von Carlowitz zu Hermsdorf (um 1480–1550), sächs.-albert. Rat; vgl. Anm. 42.*

[1502] *Hans III. von Minckwitz (†1534), sächs.-ernest. Hofrat und Gesandter; vgl. Anm. 347.*

[1503] *Herzog Johann (der Jüngere) von Sachsen (1498–1537).*

[1504] *= Verdacht.*

[1505] *= mitnehmen.*

[1506] *= aus dem Sinn reden.*

sein haben, das nich ernstlich yst, das man gern sege, das e(uer) l(ieben) und ich zu sammen kumen, nem ich auß dem.

M(eine) a(lte) f(raw)[1507] wol ein weil gern mit keyn Torge[1508], aber nu wil sey gar nichst. Sal sprechgen, als ich hort[l], ich wolt sey dromb gern da hin haben, das sey under wegen sterben solt. Auch so solt sei sagen, sey bedroff[1509] jetz keiner geyst[1510], dan sey sei schwach und mecht ier und rouge[1511]. Sowlges[1512] er denck sey selber nich, wan man es yer nicht in geb. Und west wol, das Ha(ns) v(on) S(chonbergk) gesagett hatt, er wol nich mit kein Torge, so dut sey es auch nich. Zum andern hatt er gesaget, er wil auch nich hoben sein, wan e(uer) l(ieben) her kemb, dan er west wol, wei es im mit dem lantgraffen ganen hatt.

Solges[m] mach mir ‖ vel argwon, aber h(ertz) a(ller) l(iebster) b(ruder), wollen sey e(uer) l(ieben) gern her haben, las es e(uer) l(ieben) umb H(einrich) u(nd) W(olff) v(on) S(chonbergk) willen nich, dan es leyget mir gar nichst an in, sey er[n] frawen nach bedroben mich nichst[1513], kant wol leben und frolich sein an sei. Aber ich bin in genedych und gan in alles guttes und yst mir leyt, das m(ein) a(lter) h(er) solge ungenad an orsach zu in hatt meyn halben, das sey ein schim[1514] sollen haben, das sey nich drofften, wo ich wer, als hett ich so mit in gehanttel. Aber ich hoff, Got sal mich an dem alten naren rechtgen. E(uer) l(ieben) kant auch wol dencken, wan sey glich mit e(uer) l(ieben) heir wern, ich wort nich der weil haben, mit in zu retten. Dromb yst es ein nerychst vor nemen nor auß bosthet, und das man sagen sal, m(ein) a(lter) h(er) wil ier nicht leytten umb meyn willen und weil m(ein) b(ruder) dey zwein buffen[1515] nich leytten wil, aber das seyn ander orsachen. Und yst also, der gemeyne man solt aller leyg[1516] sagen, weil e(uer) l(ieben) und m(ein) a(lter) h(er) nu einst sein[1517], nu hett sych e(uer) l(ieben) der sachen erfaren umb mich etc. Aber ich decht, dem wer wol zu dunt, wan e(uer) l(ieben) susten auch ein aber neir aussen lyst, dey namhafftich wern. °Das schreb ich vor deim essen.°

H(ertz) a(ller) l(iebster) b(ruder), jetz da ich zu dischse[1518] wolt, begeigen[1519] mir der kantler[1520]. Sagett ich zu im: „Wei wilst?" Saget er: „Wol, man wert m(einen) g(nedigen) h(ern) d(en) korfursten her bytten." Ich saget: „Wei dan, wans und gereimett[1521] zu gein, das mir es ein gereych[1522] mechtte." Saget er: „Wei?" Sagett ich: „Wan man mit[p] dem korfursten hanttel, das H(einrich) u(nd) W(olff) v(on) S(chonbergk) außen list." Saget er: „Das reim sych nich." Saget ich: „Hort etwast dar von?" Saget er: „Wey, wans dan an[1523] m(eines) a(lten) h(ern) wissen geschege." Saget ich: „Das ‖ glab der koukut.[1524]" Saget er: „G(nedige)

[1507] *Herzogin Barbara von Sachsen (1478–1534).*

[1508] *Torgau, Stadt nö Leipzig mit der sächs.-ernest. Residenz Schloss Hartenfels.*

[1509] *= bedarf.*

[1510] *= Reise.*

[1511] *= mächtiger Unruhe.*

[1512] *= solches.*

[1513] *= weder erfreuen noch betrüben sie mich.*

[1514] *= Scham, hier im ehrherabsetzenden Sinne von ‚Schimpf, Schmach, Schande'; vgl. DWB, Bd. 14, Sp. 2107 (Artikel „Scham").*

[1515] *= Buben, im Sinne von ‚Schurken'. Gemeint sind Heinrich von Schleinitz und Hans von Schönberg.*

[1516] *= allerlei.*

[1517] *Gemeint ist der Grimmaische Vertrag (1533 November 18). Vgl. ABKG III, Nr. 2327.*

[1518] *= Tisch.*

[1519] *= begegnet.*

[1520] *Dr. Simon Pistoris (1489–1562), Kanzler Herzog Georgs (des Bärtigen); vgl. Anm. 62.*

[1521] *= ungereimt.*

[1522] *= Gerücht?*

[1523] *= ohne.*

[1524] *= Kuckuck.*

fraw, weir ein tels lassen uns kloug duncken und dreffen es nicht, wollen m(einen) a(lten) h(ern) als hafern." Und sagett: „Was schatt es?" Dan saget ich: „Das schatt es, das der gemeyn man und der gantz hoff wort dar for halten, der korfurste vor decht mich auch." Saget er: „Ye neyn, wan m(ein) a(lter) h(er) seg, das m(ein) g(nediger) h(er) d(er) k(orfurst) das det umb sein willen, wort dey zwein auch von sych mussen^q lassen." Und saget: „Helffet umb Gottes willen, das dey forsten zu sammen kumen." Ich saget: „Ya reim dich, m(ein) a(lter) h(er) solt es gein nach seim willen und der korfurste und meyn bruder solten uneinst drober wertten." Sagett er: „Kount man dach wol eur bruder und dem gemeyn^r man^s ein aug vorhalten, das der korfurste dey zwein lyst hemb reytten und^t dan m(ein) g(nediger) h(er) d(er) k(orfurst) her kemb, so wortten sey es wol er farn, so reytten sey her tzu ym^u und so sprecht der korfurste, er het es sey nich geheyssen. Auch hett in nicht gesagett, das er her wolt,^v so kount er sen nich wern¹⁵²⁵ und wolt auch nich dunt^w. Und ertzelt dan dey orsachge und wan man s(einer) k(orfurstlichen) g(naden) bett auff dey fastnacht, das dan sprecht, er wolt kummen wey ein frunt, so beheilt er gelimbt¹⁵²⁶ ober alle. Wer wolt es dem lantgraffen sagen wey ym dromb wer, so wosten dey leut auch nichst dromb", glich so sagett er mirs. Aber ich sagett im nich, wo von ich es woste. Und batt mich ser, ich solt fliß dunt, das an gein nor meyn wider wertigen zu wider, das dey hern zu sammen kembmen. Dan mit sowlges bussen¹⁵²⁷ wolten sey es velich gern wern, wo es von m(einem) a(lten) h(ern) her kemb. So rechtten es dei zwein buben an, aber er dech umer dar, Klarlewitz ‖ wort es yergen vor^x klouthett¹⁵²⁸ an rechtten an m(eines) a(lten) h(ern) wissen, das im wolt ein foskschwantz vorkoffen¹⁵²⁹, dan Got woste, er wost keyn wort dromb und gesennet sych dar for. Ich saget: „Es gescheyt nor, das der korfurste sal auch auff mich glaben und mir gram wertten. Und wolten gern, das m(ein) b(ruder) und s(einer) l(ieben) unlust wortten und das ich serer keyn leutten yn vor dach kemb." Saget er: „Lyebe genege fraw, yer seyt in allen zu lystich. Helff yo, das^y s(einer) k(orfurstlichen) g(naden) her kummett." Ich saget: „Wan es nor sein kontte, was west ich, ab es nach mit s(einer) l(ieben) ghanttel yst wortten, dan ich hab est^z heyr von unssern leutten erfarn." Saget er: „Latt s(einer) k(orfurstlichen) g(naden) das alles for wentten, das e(uer) g(naden) schun yst und das nichst glab auff e(uer) g(naden)^aa und latten in sagen, er wil kumen und nichtt ab er sey brengen aber lassen wil. Wan sey das hort, das s(einer) k(orfurstlichen) g(naden) so hoch auff achtten wortte, e(uer) g(naden) ein schim wer, so wertten sey dey peyffe wol in sych tzeyn¹⁵³⁰."

Der halben byt ich e(uer) l(ieben) fruntlich, kanst e(uer) l(ieben) scheycken an schimb und schatten¹⁵³¹ e(uer) l(ieben) und meyn, so wil e(uer) l(ieben) nicht^bb aussen bleyben. Vor se mich auch, wan m(ein) a(lter) h(er) vor nim und suntter lich Klarlewitz, das e(uer) l(ieben) ernst, das das e(uer) l(ieben) ober mir helt und dar for achtt, das^cc mirs ein ungeleimb¹⁵³² brechtte. Er wort der sach mussych gein und wortten fortter solge und gereimett¹⁵³³ dinck nich vor geben, dan ich habe sorge, es wert keyn auff hornt sein mit sowlgen bussen. M(ein) a(lter) her hatt mich dach nu so vorschinber, das ich nach der rette auch winich fragett.

---

¹⁵²⁵ = *so könnte es nicht ersehen werden.*
¹⁵²⁶ *Glimpf = Ehre, Ansehen.*
¹⁵²⁷ = *solche Possen.*
¹⁵²⁸ = *Klugheit.*
¹⁵²⁹ *„Den Fuchsschwanz verkaufen" meint etwa soviel wie ‚ihn schmeichelnd täuschen' oder ‚heucheln'. Vgl. Röhrich, Lexikon der sprichwörtlichen Redensarten, Bd. 2, Sp. 484.*
¹⁵³⁰ *„Die Pfeife einziehen" meint etwa in seinem Eifer nachlassen. Vgl. Eiselein, Die Sprichwörter und Sinnreden des deutschen Volkes, S. 608.*
¹⁵³¹ = *Schaden.*
¹⁵³² = *Unglimpf.*
¹⁵³³ = *ungereimt.*

Kont es auch nach umb e(uer) l(ieben) willen leitten, das man sprecht, e(uer) l(ieben) brecht sey dromb nich her, weil es meyn a(lter) h(er) zu wider wer, dan wan Got west meyn ‖ meyn[dd] undschult[1534], leyget mir winck an den bossen leutten. Aber e(uer) l(ieben) bedenck es, mein bruder solt am schellychsten[1535] wertten, [ee]dem geyt es hart zu hertzen[ee], der doffel[1536] west auch, wor auff es geytt. Aber ich denck gantz, wan es e(uer) l(ieben) Klarlewitz lett sagen bey h(ern) H(ans) v(on) M(inwitz) e(uer) l(ieben) gemott, wertten sey der[ff] sach zu fretten stend und e(uer) l(ieben) glich wol her bytten. Und das e(uer) l(ieben) antzeyget, es wort dey sach nach mir vor byttern wertten[gg] keyn m(ein) b(ruder). Wil es dan nich sein, so wil ich dach, ab Got wil, das yarg zu e(uer) l(ieben). Dan m(ein) b(ruder) sal in keyn rouge lassen, sey lassen mich dan tzu im keyn Lyebtzeygk[1537] aber susten auff ein geleygen malstad[1538], so wil ich wol tzu e(uer) l(ieben) kumen, under wegen kumen kant es aber mit einer gescheyklich keyt[1539] sen, so kumb e(uer) l(ieben) her, dan e(uer) l(ieben) vorsted mein gemot bast[1540], dan ich es als[1541] auß meyn torychten vorstand schriben kant und was mir gut yst, dan e(uer) l(ieben) west, ich hab e(uer) l(ieben) und m(ein) b(ruder) meyn sach mechtich geben[1542], und e(uer) l(ieben) las yo Klarlewitz gut dousch sagen.[1543] Sowlges[1544] hab ich e(uer) l(ieben) fruntlicher meynunge nich wollen bergen und wil heyrmit e(uer) l(ieben) Got bevellen, der helff uns mit freutten zu sammen, und bevel mich e(uer) l(ieben) als m(ein) h(ertz) a(ller) l(iebster) b(ruder), dan e(uer) l(ieben) schwesterliche trew zu der tzeygen, bin ich geneyget. Dat(um) an das nugarst aben im xxxiiii.

E H Z S etc.

Ich hort auch sagen, He(inrich) v(on) Schlintz[1545] wol das vorkouffen, das er[hh] under e(uer) l(ieben) hatt. Ich byt e(uer) l(ieben) gestad es im nich. Ich wil e(uer) l(ieben) ein ander mal wol orsach schriben.

[a] *Wort durch Tintenfleck teilweise verderbt.*
[b] *Wort hochgestellt eingefügt; darunter gestrichen:* es.
[c] *Wort hochgestellt eingefügt; darunter gestrichen:* er.
[d] *Wort hochgestellt eingefügt.*
[e] *Sigle hochgestellt eingefügt; darunter gestrichen:* er.
[f] dei sach *hochgestellt mit Platzhalter eingefügt.*
[g] *Wort hochgestellt eingefügt.*
[h] *Sic. Wohl verschrieben für* men.
[i] *Wort hochgestellt eingefügt.*
[j] *Wort hochgestellt eingefügt; darunter gestrichen:* meste.
[k] also *hochgestellt eingefügt und dann gestrichen.*
[l] als ich hort *hochgestellt eingefügt.*

[1534] = Unschuld.
[1535] schellich = *aufgebracht, wütend, zornig, rasend; vgl. DWB, Bd. 15, Sp. 2502.*
[1536] = Teufel.
[1537] Leipzig.
[1538] = gekennzeichnete Stelle, Platz.
[1539] = Geschicklichkeit.
[1540] = besser.
[1541] = alles.
[1542] Gemeint ist die Vollmacht für Landgraf Philipp, die Elisabeth bereits Mitte Dezember erwähnt hat (vgl. oben Nr. 126).
[1543] Gemeint ist ‚Auf gut deutsch von der Sache reden.‘; gerade heraus, von der Leber weg.
[1544] = solches.
[1545] Heinrich von Schleinitz zu Saathain und Koselitz († 1543), sächs.-albert. Rat und Hofmarschall; vgl. Anm. 5.

^m *Wortanfang korrigiert; getilgt:* so.

ⁿ *Wort hochgestellt eingefügt.*

^{o-o} *Passage hochgestellt mit Platzhalter eingefügt.*

^p *Wort hochgestellt eingefügt.*

^q *Wort hochgestellt eingefügt.*

^r *Wort hochgestellt eingefügt.*

^s *Wortanfang korrigiert; gestrichen:* ge-.

^t *Gestrichen:* wan sey.

^u *Die beiden Wörter* tzu ym *sind dicht zusammengeschrieben.*

^v *Gestrichen:* u.

^w *Wort hochgestellt eingefügt.*

^x *Gestrichen:* kl.

^y *Gestrichene Sigle:* e s g.

^z *Wort hochgestellt eingefügt.*

^{aa} auff e g *hochgestellt eingefügt.*

^{bb} *Wort hochgestellt eingefügt.*

^{cc} *Gestrichene Sigle:* e l.

^{dd} *Sic.*

^{ee-ee} *Passage hochgestellt mit Platzhalter eingefügt.*

^{ff} *Wort hochgestellt eingefügt.*

^{gg} *Wort hochgestellt eingefügt.*

^{hh} *Wort hochgestellt eingefügt.*

130*

[vor 1534 Januar 8]

Kurfürst Johann Friedrich (der Großmütige) an Herzogin Elisabeth
Johann Friedrich teilt Elisabeth seine Meinung die Fastnacht betreffend mit.

Überlieferung: verloren.

Bemerkung: Die Ausfertigung und die Datierung dieses Schreibens ergeben sich aus Nr. 131.

131

1534 Januar 8

Herzogin Elisabeth an Kurfürst Johann Friedrich (den Großmütigen)
In der ganzen Stadt wird geredet, dass Johann Friedrich, jetzt wo er sich mit Herzog Georg (dem Bärtigen) versöhnt hat, zur Fastnacht in Dresden sein wird. Die von Herzog Georg verdächtigten Wolf und Heinrich von Schönberg darf Johann Friedrich jedoch nicht mitbringen. In Dresden soll es auch Verhandlungen geben. – Hier ist viel schlechtes Gerede wegen der Verhandlungen des Kardinals Albrecht von Brandenburg in Elisabeths Sache. Ließe Herzog Georg nicht nach, so befürchtet man, Elisabeth beklage sich bei ihrem Bruder; dann wird es wieder schlimmer werden. – Elisabeth hat gehört, sie reisen nach Torgau. Herzog Georg bereitet im Geheimen die Fastnachtsfeierlichkeiten vor. – Elisabeth will sich ein Fastnachtskleid machen lassen und tanzen. – Heinrich und Wolf von Schönberg sollen ihre Angelegenheiten nicht öffentlich machen.

HStA Dresden, 10024, Loc. 10548/7, fol. 8r–v.

Überlieferung: Ausfertigung.

Schrift: eigenhändig.

Adresse: [Dem h]ochgebornen fursten / [hern Hans F]reyderich hertzoge / [zu Sachssen] das hailgen / [romschen reich]s ermarschalk[a] / [und korfur]ste etc. mein- / [em fruntlichen] lyeben bruder / [und o]men yn seiner / lieb eigen // hant.

Nr. bei Werl: 81.

Kanzleivermerke: Di hertzogin zu Rochlitz, irer bösen sach halb(en) – 1534.

Bemerkung: Siegeleinschnitte sind vorhanden; das Siegel und der Siegelstreifen selbst sind verloren; die Adresse ist entsprechend beschädigt überkommen.

M(ein) f(reuntlicher) h(ertz) a(ller) l(iebster) o(hme) u(nd) b(ruder); e(uer) l(ieben) schriben[1546] schriben[b] hab ich ich[c] entfangen und das e(uer) l(ieben) antzeygett, das e(uer) l(ieben) gemott nach also yst der fasnacht halben hab ich vorstanden. Aber ich wil e(uer) l(ieben) nicht bergen, das dey gantzse stad vol yst das gesreyg, das e(uer) l(ieben) wel dey fastnach heyr sein und wei e(uer) l(ieben) nu so eynst mit m(einem) a(lten) h(ern) yst[1547] und im zu freuntlychen willen, wol e(uer) l(ieben) dei fasnacht her kummen[d] [1548]. Und weil er Wolff[1549] und Herich v(on) Schonbergk[1550] mit mir vordenckett[1551] wol sey e(uer) l(ieben) nich mit her brencken und[e] es solt auch mitt in gerett wertten aber gerett sein. Doch m(eines) a(lten) h(ern) rette einen[f], das sey sich solten von e(uer) l(ieben) dunt, auff das dey hern dester yer[1552] zu sammen kemmen. Und der bussen[1553] vel, weilges ich e(uer) l(ieben) fruntlicher meinunge nich wollen bergen, das e(uer) l(ieben) dach hort, wey gern sey mir mer gesreyges machen und reimett sych ser obel zu der hanttelung, dey der byschaff von Mentzse[g] [1554] vor hatt. Aber ich mus es Got bevellen und wil m(ein) a(lter) h(er) nicht nach lassen, so mus ich es m(einem) b(ruder) klagen, dan[h] das wort obel erger wertten und wer m(einem) b(ruder) und mir ein schim[1555], das wer so vel gehanttel hetten und wer rechtten dan nichst mir auß, dan das, dan es hatt mir heutt datte ein hantwergkst man[1556] gesagett, der solt mir erbtten[1557] etwast; so sagen mir es auch dey yunckfern, das man so dar von rett. Ich sprecht, ych west nichst dromb, aber Hans Pflugk[1558] und Klarlewitz[1559] und dey gewalteygen eintels[1560] geben for, wer sollen keyn Torge[1561], haben nor das gespot mit mer. So hatt m(ein)

[1546] *Das Schreiben Johann Friedrichs an Elisabeth ist verloren und wird hier unter der Nr. 130.*

[1547] *Gemeint ist der Grimmaische Vertrag (1533 November 18). Vgl. ABKG III, Nr. 2327.*

[1548] *= Wollen Euer Lieben zur Fastnacht herkommen?*

[1549] *Wolf von Schönberg zu Sachsenburg († 1546); vgl. Anm. 43.*

[1550] *Heinrich von Schönberg (1500–1575), sächs.-ernest. Hofmarschall und Jägermeister; vgl. Anm. 39.*

[1551] *= in Verdacht haben.*

[1552] *= eher.*

[1553] *= Possen.*

[1554] *Kardinal Albrecht von Brandenburg (1490–1545), Erzbischof zu Mainz und Magdeburg; vgl. Anm. 1008.*

[1555] *= Scham, hier im ehrherabsetzenden Sinne von ,Schimpf, Schmach, Schande'; vgl. DWB, Bd. 14, Sp. 2107 (Artikel „Scham").*

[1556] *= Handwerker.*

[1557] *= arbeiten.*

[1558] *Hans Pflugk zu Frauenhain († 1547), Hofdiener, Rat und Gesandter Herzog Georgs; vgl. Anm. 661.*

[1559] *Georg von Carlowitz zu Hermsdorf (um 1480–1550), sächs.-albert. Rat; vgl. Anm. 42.*

[1560] *= eines Teils.*

[1561] *Torgau, Stadt nö Leipzig mit der sächs.-ernest. Residenz Schloss Hartenfels.*

a(lter) h(er) sein sownen[1562] auch gesagett, sey sollen torner pfert[1563] und rein pfertte[1564] ‖ dey etleut[1565] bestellen heyssen und sych bereytten keyn Torge zu der fasnacht. Aber es wil neiman globen, dan man bestel susten von aller leyg[1566] for ratt[1567] her yn gehemmen auff dey fasnachtt[i] her. Sowlges[1568] alles wil ich e(uer) l(ieben) fruntlicher meinunge nich wollen bergen, und bevel mich e(uer) l(ieben) als m(ein) h(ertz) a(ller) l(iebster) b(ruder), dan e(uer) l(ieben) fruntlichen zu wilfaren und schwesterlich trew zu der tzeygen bin ich geneygett. Byt e(uer) l(ieben) wol mich e(uer) l(ieben) gemot lassen wissen, das ich mir ein fasnach klett[1569] droff machen lasst und dantz schou[1570], danich wol dantzsen kant an H(einrich) u(nd) W(olff) v(on) Schonbergk, wan sey nor susten nich so loutber un[d][j] und auffenlich mit yern sachen umb geingen. Dat(um) dartag nach den Hailgen Dreig Koungen.

    E H Z S etc.

[a] *Sic.*
[b] *Sic.*
[c] *Sic.*
[d] *Wort hochgestellt eingefügt.*
[e] *Gestrichen:* eh.
[f] *Sic. Vermutliche Verschreibung für:* meinen.
[g] von Mentzse *hochgestellt eingefügt.*
[h] *Wort hochgestellt eingefügt.*
[i] *Gestrichen:* heyr.
[j] *Seitenrand beschädigt; Wort bricht am Zeilenende ab.*

132

1534 Januar 14

Herzogin Elisabeth an Kurfürst Johann Friedrich (den Großmütigen)

Elisabeth bedankt sich bei Johann Friedrich, dass er sich für sie eingesetzt hat. Er kann ihr glauben, dass es weiterhin Gerede gibt. Elisabeth hofft auf ein Treffen, befürchtet aber, Herzogin Barbara wird es durch ihre Krankheit verhindern. – Elisabeth will sich auch mit seiner Gemahlin Sybille treffen, freut sich aber mehr auf Johann Friedrich. – Elisabeth hat viel mit Johann Friedrich wegen Landgraf Philipp (dem Großmütigen) zu besprechen. – Landgraf Philipp hat sie nicht wegen Heinrich von Schleinitz geschrieben; mit ihm wird sie sich nie vertragen.

HStA Dresden, 10024, Loc. 9131/32, fol. 33r.

Überlieferung: Ausfertigung.

Schrift: eigenhändig.

[1562] *Herzog Johann (der Jüngere) von Sachsen (1498–1537) und Herzog Friedrich von Sachsen (1504–1539).*
[1563] = *Turnierpferd.*
[1564] = *Rennpferd.*
[1565] = *Edelleute.*
[1566] = *allerlei.*
[1567] = *Vorrat.*
[1568] = *solches.*
[1569] = *Fastnachtskleid.*
[1570] = *Tanzschuhe.*

Adresse: [Dem hochg]ebornen fursten hern / [Hans Freiderich] hertzge zu Sachsen das / [heilgen roumss]en reychst ermarschalk[a] / [und korfurste] etc. meinem fruntlichen / [lieben ohmen un]d bruder yn seiner lieb // eigen hant.

Nr. bei Werl: 82.

Kanzleivermerke: H(erzogin) v(on) Rochlitz Wirtenbergische handlung bel(angend).

Bemerkung: Siegeleinschnitte sind vorhanden; das Siegel und der Siegelstreifen selbst sind verloren; die Adresse ist entsprechend beschädigt überkommen. – Der Brief weist Beschädigungen durch Lochfrass auf. – Die Schrift dieses Briefes ist teilweise stark verblasst und kaum leserlich.

M(ein) f(reuntlicher) h(ertz) a(ller) l(iebster) o(hme) u(nd) bruder; e(uer) l(ieben) schriben[1571] hab ich gantz fruntlychen vorstanden und gern gehortt und be danck mich fruntlychen, das e(uer) l(ieben) meyn halben dey sach beweygett, wil auch wider etwas umb e(uer) l(ieben) willen duntt, das mir moglich yst. Aber e(uer) l(ieben) sal es gewist glaben, das also[b] von der sach gerett wertt und bevollen, wey ich e(uer) l(ieben) wol berechtten wil, wan uns Got zu sammen helff. Ich hab nor sorge, dey alte[1572] wert es vorderben, dey mach sych jetz ser schwach etc. Ich wil mich auch gern mit e(uer) l(ieben)[c] gemal[1573] bekennen, fraw[1574] mich recht ser auff yer l(ieben) aber vel serer auff e(uer) l(ieben). Ich denck auch wol, das h(er) Hans v(on) M(inckwitz)[1575] Klarlewitz[1576] e(uer) l(ieben) gemot ent deck hatt, derhalben wertten sey es fallen lassen. H(ertz) a(ller) l(iebster) b(ruder), ich hab vel mit e(uer) l(ieben) zu retten meyns brudern[d] halben, wei ich e(uer) l(ieben) wol berechtten wil. Aber das ich mein bruder vor He(inrich) von Schlintz[1577] geschriben sal haben, da yst kein wortt an gebetten, bin ich wol dromb und scheir alle tag, bin auch mit dem schelm nich vortragen, las mich auch numer mir mit im vortragen. Solge lougen er denck er, das er gern auß der[e] sach wer, weil es vor derbett yst. Sein wib[1578] byt schen [a]ll[e][f] tage dromb. Sowlges[1579] hab ich e(uer) l(ieben) frunttlicher meinunge nich wollen bergen auff e(uer) l(ieben) beger und wil heir mitt e(uer) l(ieben) Gott bevellen mich e(uer) l(ieben) als m(ein) h(ertz) a(ller) l(iebster) b(ruder), Got helff uns mit freutten zu sammen, e(uer) l(ieben) schwesterlich trew zu der tzeygen bin ich geneigett. Datt(um) mittwochen Felece Tag[1580] anno xxxiiii.

E H Z S etc.

[a]	*Sic.*
[b]	*Getilgter Buchstabe:* v.
[c]	*Gestrichen:* bekennen.
[d]	*Gestrichen:* halsen.
[e]	*Unleserliche Streichung:* kumen?
[f]	*Wort durch zerrissene Stelle verderbt.*

[1571]	*Das Schreiben Johann Friedrichs an Elisabeth ist verloren und wird hier unter der Nr. 130 geführt.*
[1572]	*Herzogin Barbara von Sachsen (1478–1534).*
[1573]	*Sybille von Kleve (1512–1554), Kurfürstin von Sachsen, Gemahlin Johann Friedrichs.*
[1574]	= *freue.*
[1575]	*Hans III. von Minckwitz (†1534), sächs.-ernest. Hofrat und Gesandter; vgl. Anm. 347.*
[1576]	*Georg von Carlowitz zu Hermsdorf (um 1480–1550), sächs.-albert. Rat; vgl. Anm. 42.*
[1577]	*Heinrich von Schleinitz zu Saathain und Koselitz (†1543), sächs.-albert. Rat und Hofmarschall; vgl. Anm. 5.*
[1578]	*Frau von Saathain, Gemahlin Heinrichs von Schleinitz zu Saathain und Koselitz (†1543), Hofmeisterin Elisabeths; vgl. Anm. 187.*
[1579]	= *solches.*
[1580]	= *Felicis (in pincis).*

133

1534 Januar 25

Herzogin Elisabeth an Kurfürst Johann Friedrich (den Großmütigen)

Herzog Georg (der Bärtige) wollte am vergangenen Mittwoch die Fastnachtsfeier absagen, weil Herzogin Barbara krank war. Elisabeth hat mit einer Hofjungfer gesprochen, die auf die Herzogin eingewirkt hat. Danach hat sich die Herzogin dagegen ausgesprochen, die Feier wegen ihr ausfallen zu lassen. – Elisabeth hofft, dass sie mit Johann Friedrich zur Fastnacht reden kann. – Elisabeth fürchtet sich nicht mehr vor Herzog Georg. – Elisabeth freut sich auf das Zusammentreffen mit Johann Friedrich. Wenn es nicht so kalt wird, soll er seine Kinder mitbringen.

> *HStA Dresden, 10024, Loc. 10548/7, fol. 9r.*
>
> *Überlieferung: Ausfertigung.*
>
> *Schrift: eigenhändig.*
>
> *Adresse:* [d h g] f h h f h z s / [d h r r e] u k l y d m z m / [m f l o u b y]n s l e hant.[1581]
>
> *Nr. bei Werl: 83.*
>
> *Kanzleivermerke:* Di hertzogin will mit s(einer) churf(urstlichen) g(naden) uf die faßnacht gut ding sein und allerlei red(en), und furcht sich nichts mehr fur hertzog Jörgen – 1534.
>
> *Bemerkung: Siegeleinschnitte sind vorhanden; das Siegel und der Siegelstreifen selbst sind verloren; die Adresse ist entsprechend beschädigt überkommen.*

M(ein) f(reuntlicher) h(ertz) a(ller) l(iebster) o(hme) u(nd) b(ruder); ich geb e(uer) l(ieben) frunttlich zu erkent, das m(ein) a(lter) h(er)[1582] an der mitwochen[1583] yst willen gewest, dey fasnacht[1584] ab zu schriben, weil sych m(eine) a(lte) ff(rau)[1585] so drefflich krant macht, dan er kontt yer nich lassen und ruge[1586] machen. Und der dockter Aurbach[1587] saget mirs und ich lyst den retten[1588] antzeygen, dey hatten es ym gewerett, das nich dochte in^a keyn wegk, so schweygett er nu steylt[1589]. So hab ich mit einer yunckfer gerett, dey hatt m(eine) a(lte) f(rau) da heyn brachtt, das sey sprecht, man sal^b es umb yer willen nicht ab schriben, dan es gerett sey nich. Sowlges[1590] hab ich e(uer) l(ieben) fruntlycher meinunge nich wollen bergen, und bevel e(uer) l(ieben) Gott, der helff uns mit freutten zu sammen. Ich hoff, e(uer) l(ieben) und ich wollen wol retten, ab Got wil, und gutter dinck sein mit ein nander[1591] auff dey fastnach. Ich forcht mich nichst mir vor hertzoge Yorgen, dan er hatt seyn bestes gedaunt und Got

[1581] *Steht für:* Dem **hochgeborenen Fürsten Herrn Hans Friedrich, Herzog zu Sachsen, des Heiligen Römischen Reichs Erzmarschall und Kurfürst, Landgraf in Thüringen, Markgrafen zu Meißen, meinem freundlichen lieben Oheim und Bruder in seiner Lieben eigen Hand.**

[1582] *Herzog Georg (der Bärtige) (1471–1539).*

[1583] *= 1534 Januar 21.*

[1584] *= 1534 Februar 17.*

[1585] *Herzogin Barbara von Sachsen (1478–1534).*

[1586] *= Unruhe.*

[1587] *Dr. Heinrich Stromer (1476–1542), auch nach seinem Geburtsort Auerbach (in der Oberpfalz) benannt. Er war u. a. Leibarzt von Herzog Georg; vgl. Anm. 1161.*

[1588] *= Räten.*

[1589] *= still.*

[1590] *= solches.*

[1591] *= miteinander.*

hatt mir geholffen, das ich bin mit eirn[1592] bestanden. M(ein) h(ertz) l(iebster) b(ruder), ich wil mich der frawen oussern, was ich hab gedaunt, yst umb m(einer) a(lten) f(rauen) willen geschein, wei ich e(uer) l(ieben) wol berechtten wil ab Got wil, dan dey rett geben im beynst abschrebens nach sey sterb dan gar. Ich fraw mich recht ser auff e(uer) l(ieben), wans nich so kalt wer, bett ich e(uer) l(ieben), das ich e(uer) l(ieben) keintter[1593] auch sen muste. E(uer) l(ieben) schwesterlich trew zu ertzeigen bin ich geneygett. Dat(um) Palles[1594] ann(o) xxxiiii.

E H Z S

   [a] *Wort hochgestellt eingefügt.*
   [b] *Wort hochgestellt eingefügt.*

134*

[vor 1534 Februar 14]

Herzogin Elisabeth an Landgraf Philipp (den Großmütigen)

Überlieferung: verloren.

Bemerkung: Die Ausfertigung und die Datierung dieses Schreibens ergeben sich aus Nr. 135. Hinweise auf den Inhalt ergeben sich nicht. – Das Schreiben erreichte Philipp über Kurfürst Johann Friedrich, der es gemeinsam mit dem folgenden Brief schickte.

135

1534 Februar 14

Kurfürst Johann Friedrich (der Großmütige) an Landgraf Philipp (den Großmütigen)

Johann Friedrich war von Herzog Georg (dem Bärtigen) zur Fastnacht nach Dresden eingeladen worden und hatte sein Kommen zugesagt. Doch dann ist unerwartet Herzog Georgs Tochter Magdalena verstorben, weshalb Herzog Georg die Fastnachtfestlichkeiten abgesagt hat. Gleichwohl hat er Johann Friedrich gebeten, ihn trotzdem zu besuchen. Johann Friedrich ist daraufhin in Dresden gewesen. – Elisabeth hat Johann Friedrich in Dresden einen Brief zugestellt, den er an Philipp übersenden sollte und der hier beigelegt ist. Hinsichtlich Elisabeths Bitte um eine Unterredung mit Philipp wird dieser selbst besser antworten können, damit sich Elisabeth danach richten kann. Wenn Philipp Bedenken hat, sich in Herzog Georgs Land zu begeben, schlägt Johann Friedrich vor, dass sich die Geschwister in einem seiner Schlösser treffen. – Elisabeths Angelegenheiten mit Herzog Georg stehen unverändert, sie wird aber derzeit in Ruhe gelassen. Jedoch sind Heinrich von Schleinitz und Hans von Schönberg noch immer am Dresdner Hof, obwohl Elisabeth deren Verbannung fordert und Johann Friedrich selbst darauf gedrängt hat. Auf die Vermittlung Kardinals Albrechts von Brandenburg muss Philipp nicht warten, denn der Kardinal werde sich zurückhalten, weil von Herzog Georg nur Undank dafür zu erwarten sei. Auch wegen

---

[1592]　= Ehren.
[1593]　*Kinder des Kurfürsten: Herzog Johann Friedrich II. (der Mittlere) (1529–1595), Herzog Johann Wilhelm I. (1530–1573).*
[1594]　= (Conversio) Pauli.

der Königswahlsache und der württembergischen Angelegenheit hat Kardinal Albrecht keine klaren Antworten gegeben; er steht aber in Verhandlung, was beim König zu erlangen sei.

> *HStA Dresden, 10024, Loc. 8607/1, fol. 127r – 128r.*
>
> *Überlieferung: Konzept.*
>
> *Schrift: eigenhändig.*
>
> *Adresse:* ^a*An den lantgraffen geschrieben.*^a
>
> *Kanzleivermerke: a) Des churf(ursten) zu Sachs(en) schrift an landgraff, die hertzogin von Rochliz a(nlangend) – 1534; b) Rochlitz; c) Allerley schreiben.*
>
> *Bemerkung: Die Blätter wurden auf der rechten Seitenhälfte fortlaufend beschrieben, die linke blieb Korrekturen und Ergänzungen vorbehalten. – Die Absatzgestaltung folgt der Vorlage.*

Got walts. Freuntlicher lyeber vetter und bruder, ich wyl e(uer) l(ieben) freuntlicher meynung nyt bergen, das mych meyn vetter herczock Jorge myt sampt meym gemal[1595] und schwester[1596] zcue fasnach kegen Dresden gebetten, wye ich auch s(einer) l(ieben) zcu thuen freuntlychen zcugesagt. Es hat sich aber mytler zceyt durch gotlyche schyckung zcu getragen, das s(ein) l(ieben) thochtter fraw Magdalena,[1597] des jungen margrafen[1598] gemal, verschyeden ist, der ewyge Got wolle i(re) l(ieben) durch unssern hern Jesum Chrystum genedyck seyn. Derhalben s(einer) l(ieben) gemeltte fastnachfrewde[1599] myr abgeschryeben[1600] und gebetten, das ich s(einer) l(ieben) nychttes desterwegen gar freuntlychen in irer bekummernus besuchen wolt. Auff sulches s(einer) l(ieben) ersuchen hab ich mych zcu s(einer) l(ieben) verfuget und byn erst am vergangen donnerstack[1601] wyeder alhyr ankommen. Aldo hat myr e(uer) l(ieben) schwester auch meyn freuntliche lyebe mume und schwester eynen bryeff[1602] zcugeschyckt myt byt, das ich e(uer) l(ieben) denselbygen uberschycken solt, welchen e(uer) l(ieben) in verwart zcubefynden haben. Und nachem^b ich von i(re)^c l(ieben) vermercket, das belangen thuet, das i(re)^d l(ieben) myt e(uer) l(ieben) gerhn zcu^e underreden kommen wolten, so werden e(uer) l(ieben) i(re) l(ieben) sunster eher myt antwort zcu fersehen wyessen, auff das sych i(re) l(ieben) darnach zcu rychtten. So auch e(uer) l(ieben) bedencken haben, in meynes vettern ampts aber[1603] sthette eyn zcu kommen, achtte ‖ ich darfur, das dye wege mochtten getroffen werden, das s(eine) l(ieben) ewer l(ieben) schwester zcu e(uer) l(ieben) in meyner heusser[1604] eyns komen lyes.

E(uer) l(ieben) schwester^f sachen sthehen nochmals myt h(ertzock) Jorgen in dem alden wessen, alleyn das i(re) l(ieben) icziger zceyt zcymlichen ruhe gelassen, sthe auch nyten besunderlyche beschwerung dan was dye forrygen handllung gewessen.

---

¹⁵⁹⁵ *Sybille von Kleve (1512 – 1554), Kurfürstin von Sachsen, Gemahlin Johann Friedrichs.*

¹⁵⁹⁶ *Herzogin Maria (1515 – 1583), Herzogin Margarete (1518 – 1535).*

¹⁵⁹⁷ *Markgräfin Magdalena (1507 – 1534), Tochter Herzog Georgs und Barbara von Polen, Gemahlin Markgraf Joachims II. (den Jüngeren) von Brandenburg, starb am 1534 Januar 25; vgl. Posse, Die Wettiner, Tafel 28.*

¹⁵⁹⁸ *Markgraf Joachim II. (der Jüngere) von Brandenburg (1505 – 1571); vgl. Anm. 397.*

¹⁵⁹⁹ *Gemeint sind hier wohl Fastnachtsfeierlichkeiten.*

¹⁶⁰⁰ *Die Absage Herzog Georgs erhielt Johann Friedrich mit dem Schreiben vom 1534 Januar 30. Vgl. ABKG III, Nr. 2365.*

¹⁶⁰¹ *= 1534 Februar 12.*

¹⁶⁰² *Das Schreiben Elisabeths an Philipp ist verloren und wird hier unter der Nr. 134 geführt.*

¹⁶⁰³ *= oder.*

¹⁶⁰⁴ *Gemeint sind ‚Schlösser'.*

Alleyn ist Schleynycz[1605] und Schomberck[1606] nachmals zcu hoffe und gehen i(re) l(ieben) forderungen umb welches i(re) l(ieben) nyt benyck[1607] beschwerung bryndet, wye wol ichs es eygens[g] angezceygt hab.

Aber auff des byschoff von Meyncz[1608] handellung e(uer) l(ieben) schwester betreffen, durffen e(uer) l(ieben) keyn achte haben, dan sych der byschoff der handellung entschlagte, dan s(eine) l(ieben) helttes darfur, das s(einer) l(ieben) meher undanck dan danck wey h(ertzock) Jorgen vordyenen[h] mochtten.

Was[i] aber dye walsache[1609] und Wyrttenbergysse handellung[1610] anlangen thuet, hab ich nochmals vom byschoff keyn rychtige antwort. Sulcher[j] sthehet nachmals in handellung was wey dem konygs[1611] zcuerlangen. Und was in dem myr zcu antwort gefellet, wyl ich e(uer) l(ieben) zcum forderlychsten, so es anders[k] der muhe wert is, vermelden, mych auch der ‖ halben myt e(uer) l(ieben) betagen[l] und freuntlychen[m] undereden. Sulches hab ich e(uer) l(ieben)[n] freuntlycher meynung nyt verhalden wollen und e(uer) l(ieben) zcu dyenen byn ich wyllyck. Und wyl e(uer) l(ieben) darmyt der genad Gottes befellen haben. Dat(um)[o] sonnabent for fasnach im xxxiiii jar.

Jo(hann) Fridrich churfurst.

[a-a]　*Unter dem Text.*
[b]　*Sic.*
[c]　*Sigle korrigiert aus:* s.
[d]　*Sigle korrigiert aus:* s.
[e]　*Unleserliche Streichung:* underedin?
[f]　*Gestrichen:* und.
[g]　*Wort mit Platzhalter vor der Zeile eingefügt.*
[h]　*Wort auf der linken Seitenhälfte eingefügt; anstelle gestrichen:* erlangen.
[i]　*Gestrichen:* abber.
[j]　*Wort hochgestellt eingefügt; darunter gestrichen:* m.
[k]　*Wort hochgestellt eingefügt.*
[l]　*Gestrichen:* sulches.
[m]　*Wort hochgestellt eingefügt; darunter gestrichen:* derhalben.
[n]　*Gestrichen:* auff ir schreyb.
[o]　*Unleserliches Wort hochgestellt eingefügt:* allerb?

[1605]　*Heinrich von Schleinitz zu Saathain und Koselitz († 1543), sächs.-albert. Rat und Hofmarschall; vgl. Anm. 5.*

[1606]　*Hans (junior) von Schönberg zu Reinsberg († 1537); vgl. Anm. 4. Die beiden Adligen hatten Elisabeth verleumdet und des Ehebruchs bezichtigt.*

[1607]　*Gemeint ist wohl ‚wenig'.*

[1608]　*Kardinal Albrecht von Brandenburg (1490–1545), Erzbischof zu Mainz und Magdeburg; vgl. Anm. 1008.*

[1609]　*Gemeint sind die Kontroversen um die Anerkennung der Königswahl Ferdinands I.*

[1610]　*Anspielung auf die Pläne Philipps zur Restitution Herzog Ulrichs von Württemberg, die im gleichen Jahr erfolgreich vom Landgrafen betrieben wurden.*

[1611]　*König Ferdinand I. (1503–1564).*

136*

[vor 1534 Februar 28]

Kurfürst Johann Friedrich (der Großmütige) an Herzogin Elisabeth

Johann Friedrich schickt Elisabeth ein Fastnachtsgeschenk. – Er möchte wissen, warum sie ihm nichts vom Tod Herzogin Barbaras geschrieben hat.

> *Überlieferung: verloren.*

> *Bemerkung: Die Ausfertigung und die Datierung dieses Schreibens ergeben sich aus Nr. 137.*

137

1534 Februar 28

Herzogin Elisabeth an Kurfürst Johann Friedrich (den Großmütigen)

Elisabeth bedankt sich für das Fastnachtsgeschenk. – Den Tod Herzogin Barbaras konnte sie Johann Friedrich nicht anzeigen, da sie nichts von dem Boten wusste. – Herzog Georg will jetzt lange in Annaberg bleiben. Am Hof kursieren die Gerüchte, er wolle um Ostern nach Thüringen reisen und dann ein Jahr umherziehen. – Man sagt hier, Pfalzgraf Philipp (der Streitbare) solle (im Namen des Königs) einen Krieg mit Nürnberg anfangen. Johann Friedrich soll Elisabeth davon berichten. – Auf ihren Wunsch hat sie gestern Lucas Cranach (der Ältere) gemalt. Sie bittet Johann Friedrich, er solle ihr die Bilder von ihm, seiner Gemahlin, seinen Schwestern und Kindern schicken, und Lucas Cranach schreiben, ihr das Bild ihrer Mutter zuzuschicken. – Herzog Moritz ist krank, wird ohnmächtig und ist sehr matt. Es steht nicht gut um ihn. – Elisabeth hat gehört, dass Johann Friedrich einen Schiedstag mit Ernst II. von Schönburg haben soll. Er soll den Streit (um die Besitzungen des ehemaligen Augustiner-Chorherrenstifts Zelle) schlichten lassen; Herzog Georg habe gemeint, es wäre Ernst von Schönburgs Lehen.

> *HStA Dresden, 10024, Loc. 9131/32, fol. 11r – 12r.*

> *Überlieferung: Ausfertigung.*

> *Schrift: eigenhändig.*

> *Adresse:* [Dem hoc]hgebornen fursten / [hern Hans F]rederich hertzoge / [zu Sachssen des] heilgen roumsen / [reichs ertzm]arschalk und / [korfurste etc. mei]nem fruntlich / [lieben ohmen] und bruder / [yn seiner lieb ei]gen hant.

> *Nr. bei Werl: 84.*

> *Kanzleivermerke:* Hertzogin zu Rochlitz – 1534 – gemeine.

> *Bemerkung: Siegeleinschnitte sind vorhanden; das Siegel und der Siegelstreifen selbst sind verloren; die Adresse ist entsprechend beschädigt überkommen.*

M(ein) f(reuntlicher) h(ertz) a(ller) l(iebster) o(hme) u(nd) b(ruder); e(uer) l(ieben) schriben[1612] bey mester Luckest[1613] hab ich fruntlichen vorstanden und bedanck mich der

---

[1612] *Das Schreiben Johann Friedrichs an Elisabeth ist verloren und wird hier unter der Nr. 136 geführt.*

[1613] *Lucas Cranach (der Ältere) (um 1472 – 1553). Vgl. Werl, Herzogin Elisabeth von Sachsen in bildlicher Darstellung.*

gescheyckt fastnachtfreutte[1614] und hort gern e(uer) l(ieben) W(olff) v(on) S(chonbergk)[1615] letich hatt rab gerant, ich wolt das ich es gesen hett. Das ich e(uer) l(ieben) nich schreb meiner schweger tod[1616], der Got genade, yst das dey orsach, das ich keyn wort von dem botten gewost hab. Aber bey m(eines) b(ruders) yunck hat[a] heytte hab ich es e(uer) l(ieben) geschriben und auch e(uer) l(ieben) allen halben antwert geben. E(uer) l(ieben) dut ich auch zu wissen, das ich jetz gar keint wort hort, wo das hoff lager[1617] sein wertt. Ich hort wol, das m(ein) a(lter) h(er) nich an eim ort bleyben kant, yst beret[1618] wider kumen wol lang auff dem berg[1619] sein. Man menett, er wert an das[b] lantze Doringen tzeyn umb ostern und das yar umer dar wandern. Ich geb e(uer) l(ieben) auch zu wissen, das m(ein) a(lter) h(er) sein retten heyn und wider gesaget hatt, was im e(uer) l(ieben) an getzeygett hatt und wei[c] das er for hin[1620] keyn wortt dar fon gewost hatt. So hatt auch H(einrich) v(on) Schlintz[1621] zu Gremme[1622] zu eim gesagett, wey m(ein) a(lter) h(er) Attluff Rougen[1623] geschriben hatt, wey ym for kummett, das meyn b(ruder) das wil for haben, das er das m(ein) b(ruder) wern wil sammett andern von der lantschaff, und vel wort gedreben. Und es yst also m(ein) a(lter) h(er) hatt es Atluff Rugen so geschriben, dan er scheyck mir den breff zu lessen, ober er schreb von e(uer) l(ieben) keyn wortt. Ich hort auch sagen, paltzgraff F(ilip)[1624] salt mit den von Norbergk[1625] ein kreych anfan, ‖ es wil alles eintbar laffen. Ich byt e(uer) l(ieben) wol mich lassen wissen, wey alle sachen stend. Auff e(uer) l(ieben) beger hatt mich mester Luckest gestern ab gemallet[1626], e(uer) l(ieben) wert aber wenck schonest an mir sen. Ich byt e(uer) l(ieben) wol mir e(uer) l(ieben) angesych[1627] gemallett auch scheycken sammett e(uer) l(ieben) gemal[1628], schwestern[1629] und keynttern[1630] und e(uer) l(ieben) wol mester Luckest schriben, das er mir m(einer) fraw mutter selgen kountterfett[1631] auch scheycken

---

[1614] *Gemeint ist hier wohl ein Fastnachtsgeschenk.*

[1615] *Wolf von Schönberg zu Sachsenburg († 1546); vgl. Anm. 43.*

[1616] *Herzogin Barbara von Sachsen (1478–1534), Gemahlin Herzog Georgs (des Bärtigen), starb am 1534 Februar 15 in Dresden. Vgl. ABKG III, Nr. 2393.*

[1617] *= Hoflager.*

[1618] *= beritten.*

[1619] *Herzog Georg verweilte nach dem Tod seiner Gemahlin in Annaberg.*

[1620] *= vorhin.*

[1621] *Heinrich von Schleinitz zu Saathain und Koselitz († 1543), sächs.-albert. Rat und Hofmarschall; vgl. Anm. 5.*

[1622] *Grimma, Stadt sö Leipzig.*

[1623] *Adolf Rau zu Holzhausen d. Jüngere, Rat Landgraf Philipps, 1516–1540 Amtmann in Schotten; vgl. zu ihm Gundlach, Die hessischen Zentralbehörden, Bd. 3: Dienerbuch, S. 198 f.; Demandt, Der Personenstaat der Landgrafschaft Hessen, Bd. 1, S. 654 f. Die Aussage Elisabeths bezieht sich eventuell auf den Brief von 1534 Februar 13. Vgl. ABKG III, Nr. 2390.*

[1624] *Pfalzgraf Philipp (der Streitbare) (1503–1548), Herzog von Pfalz-Neuburg, Statthalter von Württemberg; vgl. zu ihm ADB 26 (1888), S. 18–27.*

[1625] *Nürnberg.*

[1626] *Das Bild ist nicht überliefert. Vgl. dazu S. XVII f.*

[1627] *Lucas Cranach hatte zuvor Herzog Georg in Annaberg ein Gemälde des Kurfürsten persönlich übergeben, wie er in einem Brief vom 1534 Februar 24 mitteilt; vgl. ABKG III, Nr. 2405.*

[1628] *Bild der Gemahlin des Kurfürsten: Sybille von Kleve (1512–1554), Kurfürstin von Sachsen, Gemahlin Johann Friedrichs.*

[1629] *Bilder der Schwestern des Kurfürsten: Herzogin Maria (1515–1583), Herzogin Margarete (1518–1535).*

[1630] *Bilder der Kinder des Kurfürsten: Herzog Johann Friedrich II. (der Mittlere) (1529–1595), Herzog Johann Wilhelm I. (1530–1573).*

[1631] *Bild der Mutter Elisabeths: Anna von Mecklenburg, Landgräfin von Hessen (1485–1525), Gemahlin Landgraf Wilhelms II. (dem Mittleren).*

wil, dan mester Luckest hatt es nach und[d] meyn schoune gestal auch. Ich wil e(uer) l(ieben) auch nich bergen, das h(ertzog) Moryetz[1632] schwach yst, wil omer dar amechtych[1633] wertten und ser matt, kant nich wol stend ober gein, wey wol dey dockter wol trosten[e], aber mir grubett[1634] ser. Susten west ich nichst nuges, dan das e(uer) l(ieben) mit h(er) Ernst[1635] scheyr tag besten sollen. Byt e(uer) l(ieben) gantz fruntlychen, e(uer) l(ieben) wol sych vor dragen lassen, so vel e(uer) l(ieben) an schatten sein kant, so seyn wer alle desser einser, dan m(ein) a(lter) h(er) helt hart ober im. Wil e(uer) l(ieben) nich bergen, das mein a(lter) h(er) zu mir sagett, wan e(uer) l(ieben) nor h(er) Ernst nich und recht[1636] dett, lyst sych h(er) E(rnst) wol wissen. Dan ich saget, h(er) E(rnst) wer eigen willich. Meyn m(ein) a(lter) h(er), es wer seyn len[1637] etc.[f] Wan ich meyn[g] wer ober[h] eins wer so kemmen, weir aust zu sammen. Solges hab ich e(uer) l(ieben) fruntlich meinunge nich wollen bergen und wil e(uer) l(ieben) heir mitt Got bevellen, der helf uns mit freuten zu sammen, und bevel mich e(uer) l(ieben) als m(ein) h(ertz) a(ller) l(iebster) o(hme) u(nd) b(ruder), ‖ dan e(uer) l(ieben) schwesterliche trew zu der tzeygen wer ich geneyett[i]. Es wer nicht bost, wan her Hans von[j] Minckwitz[1638] zu Klarlewitz[1639] keyn Freybergk kemb, als ich hort, das er im dan umer dar von der beschwerunge sagett und das zu besorgen, wer das dyst lant auch in far wer[1640]. Dat(um) spett sonaben nach Mattes Tag anno xxxiiii.[k]

E H Z S etc.

Hertzoge Moryetz yst gestern morgen krant wortten. Ich byt e(uer) l(ieben) wol e(uer) l(ieben) gemal und schwestern vel lyebst und guttes sagen.

[a] *Wort hochgestellt eingefügt.*
[b] *Getilgter Buchstabe.*
[c] *Wort hochgestellt eingefügt.*
[d] *Getilgt:* mein.
[e] *Gestrichen:* aber.
[f] *Abbreviatur für* etc. *hochgestellt eingefügt.*
[g] ich meyn *hochgestellt eingefügt.*
[h] *Wort hochgestellt eingefügt.*
[i] *Sic.*
[j] *Gestrichen:* Me.
[k] *Getilgt:* E H.

[1632] *Herzog/Kurfürst Moritz von Sachsen (1521–1553); vgl. PKM I, S. 8.*
[1633] = *ohnmächtig.*
[1634] = *grauet.*
[1635] *Ernst II. von Schönburg (1486–1534), sächs.-albert. Rat; vgl. Anm. 41.*
[1636] = *Unrecht.*
[1637] *Gemeint ist die Auseinandersetzung um die Besitzungen des ehemaligen Augustiner-Chorherrenstifts Zelle. Kurfürst Johann Friedrich kaufte nach der Auflösung im Jahr 1527 die Besitzungen des Klosters und belehnte Nickel von Ende zu Posterstein (†um 1542), sächs.-ernest. Rat. Der Weiterverkauf eines Teiles an die Herrschaft Schönburg führte zu unklaren Besitzansprüchen zwischen dem Kurfürsten und Ernst II. von Schönburg. Vgl. ABKG III, Nr. 2417.*
[1638] *Hans III. von Minckwitz (†1534), sächs.-ernest. Hofrat und Gesandter; vgl. Anm. 347.*
[1639] *Georg von Carlowitz zu Hermsdorf (um 1480–1550), sächs.-albert. Rat; vgl. Anm. 42.*
[1640] = *in Gefahr wäre.*

138

1534 März 9

Herzogin Elisabeth an Landgraf Philipp (den Großmütigen)

Herzog Georg (der Bärtige) hat alles zurückgenommen: er hätte sie aus Argwohn verdächtigt und bittet sie, alles zu vergessen; er will auch alles vergessen, sich nie mehr gegen sie hetzen lassen und sie wie eine Gemahlin oder Tochter behandeln; er wünscht sich aber, dass sie das Abendmahl in einer Gestalt nähme. Wenn der Herzog jetzt aus Sorge um ihre Seele sterben würde, so wöllte auch Elisabeth sterben. – Philipp soll Herzog Georg schreiben, dass er, jetzt wo der Herzog Elisabeth nicht mehr verdächtigt und sich ihr gegenüber freundlich und gerecht verhält, auch alles vergessen will. Heinrich von Schleinitz und Hans von Schönberg sind zwar noch am Hofe, lassen sich aber nicht sehen. – Herzog Georg weint sehr viel und sorgt sich um Philipp wegen seines Vorgehens bei der Restitution Herzog Ulrichs von Württemberg. – Elisabeth bittet um Rat, ob sie heimlich das Abendmahl in beider Gestalt nehmen soll, weil sie es wegen ihres Gewissens nicht in einer Gestalt empfangen will. — Elisabeth wollte ihre Antwort erst mit dem Boten schicken, der im Auftrag der landgräflichen Räte hier war. Sie hat sich dann aber doch überlegt, einen eigenen Boten zu schicken. — Wie Elisabeth über ihren Boten mitgeteilt hat, soll Philipp nur gute Worte an Herzog Georg richten.

StA Marburg, PA 2842, fol. 2r–v; Zettel 1: 3r; Zettel 2: 4r.

Überlieferung: Ausfertigung.

Schrift: eigenhändig.

Adresse: [Dem] hochgebornen fursten / [hern Philips] lantgraffe zu / [Hessen etc. me]inem fruntlich- / [en lieben bruder] yn seiner lieb // eigen / hant.

Nr. bei Werl: 85.

Kanzleivermerke: Beide Zettel tragen den Vermerk: zu 1534 III 9 oder 11 *(Archivarshand 20. Jh.).*

Bemerkung: Siegeleinschnitte sind vorhanden; das Siegel und der Siegelstreifen selbst sind verloren; die Adresse ist entsprechend beschädigt überkommen. – Der Brief trägt keine Unterschrift. – Dem Brief sind zwei Zettel beigefügt: Zettel 1 besitzt die gleichen Siegeleinschnitte wie der Brief; Zettel 2 wurde gefaltet und dann in den Brief eingelegt, trägt aber keine Siegeleinschnitte.

Druck: ABKG III, Nr. 2420.

Mein frunttlicher lieber bruder, ich las dich wissen, das mein her vatter hatt heutte lassen mit mitt[a] mir hantelen und sein bedrobnist antzeigen lassen[b] und an[c] mich begerett, das ich[d] im nich wol mir bedroben[e] machen, dar er wol dunt wast mir lieb yst, wo ich das auch[f] dut und alles das, das mir eirlich[1641] yst, glich als wer ich sein tochtter und sein eigen wib, und solt es glich sein eigener schatte sein und sal alle tzeyt befentten, das er nich wil wider mich dunt, er tzeyg mich auch keiner bossen tad nich dan was geschein yst, hab er auß argwon gedaunt. Ich sal alles vorgessen, er wil mich auch in keyner bossen vortach[1642] haben nach sych auff mich hetzsen lassen und sal alles unwillens vorgessen, er wil es auch vorgessen

---

[1641]   = *ehrlich.*
[1642]   = *Verdacht.*

mit vel fruntlichem er beytten und das ya gar aussen hertzen sal sein. Und begertt seyre, ich sal das sackrament nemen in einer gestal und er bout sych hoch, dan es sal meiner selle gar nichst schatten, west er for war auch,[g] hatt He(inrich) v(on) Schlintz[1643] nach Ha(ns) v(on) S(chonbergk)[1644] gar nichst mit[h] mir zu duntt, ab sey glich im hoffe seyn. Man saget auch, sey wertten gewist wegk, er hatt yetz wenck[1645] mit in zu dunt, ich se er selten im schlosse. Er sprecht auch, es magk sein halben her reytten wer da wil, er hab mich in keiner vordach. Nu byt ich dich, dut wolles mir[i] dein ratt mit tellen das sackratmenttes halben, dan wan er mit[j] mir eins yst, deinett es auch dester besser zu deinen sachen, wans obel zu[k] gcin etc. Und byt dich, das dut im wolles schriben, das er sych keynst argen sol zu dir vorsen, wan er sych frunttlich und recht keyn mir heylt, dan ich hab dir geschriben, wey wol er sych ‖ keyn mir heylt und das er mich in keyner bossen vordach wil haben und nichst arges tzeygett, dut wilt es auch vor gessen. Und schrib im auch,[l] das ich dir schrib, wey gut er es mit dir meynett geveylt dir anders meyn meinunge also so schrib im, das dan dut glabes nich, wey sych hermmett[1646] ober dir, das deyn sorge hatt. Meynet er wol gern, das d(er) v(on) W(irtembergk)[1647] das lant hett, das dut nor nich schatten an deym leyp nemest aber[1648] lantte, dan er west wol, wey du allen entten wilt da forn sein, wan dut etwas for hast. Ich sprecht, ich[m] glab nich, das was drust wertt.[1649] Aber dut glabest nich, wey man dar vor rett heyr. Du globest nich, wey der man wenett und bedrobett sych wenett ober dir. Auch denck ich[n] auch[o] geett her[p] der bussen[1650] nich also wert er[q] auch sterben mich yamer seyn yetz. Ich byt dich, geb mir bey deyner gewissen[r] bottschaff anwertt. Heyr mit byst Got bevollen, der helff uns mit freutten zu sammen, ich er tzeyge dir alle schwesterliche trew. Wo[s] ich mich meyner gewissen halben ein gestal nem kont, ich dach wol mir lassen hemlich beyde gestal geben und im sagen von einer gestal. Geb mir deinem ratt, dan der man herm sych ober meyner sellen[1651] und anderm das wol fol[t] wertten solt, wer mir dan sunt und schantt; ich hab genunck mit[u] meiner sunt zu dunt; moch mych Got auch straffen, wen er[v] meyn halben storbe, moch ich auch sterben. Dromb ratt mir welges[w] das best vor Gott yst, dey weyl ichs umb frettes willen dett. Dat(um) montag noch Ockele[1652] anno xxxiiii.

Schrib mir anwert bei dem botten, danich erstlich willen hatt, dir zu schriben bei eim botten, der war von deinen retten heir der geystlichen tzenssen halben. Aber ich bedachtte mich dar nach und scheick ein eigen botten zu dir.

H(ertz) l(ieber) b(ruder), wei ich dir nest bei meinem botten geschriben hab ein meinunge, ich dar vor leir ich nichst an dan nor dey gutten wort, heylt mich m(ein) a(lter) h(er) nich wol, so yst so nuge als forhin und yst dach zu allen sachen besser gutte wort etc.

[1643] *Heinrich von Schleinitz zu Saathain und Koselitz († 1543), sächs.-albert. Rat und Hofmarschall; vgl. Anm. 5.*

[1644] *Hans (junior) von Schönberg zu Reinsberg († 1537); vgl. Anm. 4. Die beiden Adligen hatten Elisabeth verleumdet und des Ehebruchs bezichtigt.*

[1645] = *wenig.*

[1646] = *härme; im Sinne von „Kummer leide".*

[1647] *Herzog Ulrich von Württemberg (1487–1550); vgl. Anm. 795.*

[1648] = *oder.*

[1649] = *das etwas daraus wird.*

[1650] *Possen = Scherze, auch ein Scherzspiel; vgl. zur vielschichtigen Semantik DWB, Bd. 2, Sp. 261 (Artikel „Bosse"), auch Bd. 13, Sp. 2013 (Artikel „Posse").*

[1651] = *Seele.*

[1652] = *Oculi.*

^a *Sic.*
^b *Wort hochgestellt eingefügt.*
^c *Wort hochgestellt eingefügt.*
^d *Gestrichen:* er.
^e *Wort hochgestellt mit Platzhalter eingefügt.*
^f *Wort hochgestellt eingefügt.*
^g *Gestrichen:* vor.
^h *Gestrichen:* mir.
ⁱ *Gestrichen:* mein.
^j *Gestrichen:* der einst?
^k *Wort hochgestellt eingefügt.*
^l *Gestrichen:* dach.
^m *Wort hochgestellt eingefügt.*
ⁿ *Wort hochgestellt eingefügt.*
^o *Gestrichen:* geyt.
^p *Wort vor der Zeile eingefügt.*
^q *Wort hochgestellt eingefügt.*
^r *Hochgestelltes unleserliches und gestrichenes Wort.*
^s *Gestrichen:* weyr.
^t *Lesart:* sol?
^u *Wort hochgestellt eingefügt.*
^v *Wort hochgestellt eingefügt.*
^w *Wort hochgestellt eingefügt; darunter gestrichen:* beylges.

139

1534 März 11

Herzogin Elisabeth an Landgraf Philipp (den Großmütigen)

Hans von Minckwitz soll kommen und mit Philipp in der Sache wegen Herzog Ulrich von Württemberg verhandeln. Man solle sehen, ob man ihn wieder mit dem König versöhnen kann. Am Dresdner Hof kursieren die Gerüchte, Philipp wolle den Herzog wieder in sein Fürstentum einsetzen; Elisabeth glaubt das nicht. Eine friedliche Lösung dieser Angelegenheit wäre besser als eine mit Blutvergießen. Philipp habe mit dem König sonst nichts zu tun, denn dieser hat ihm nichts getan. Wenn der Herzog sein Land wiederbekommt, wäre Philipp hoffentlich zufrieden. Man sagt hier, Philipp würde nur durch den französischen König Franz I. und das Hetzen der Herzöge von Bayern angetrieben. – Philipp soll nicht wütend auf Elisabeth sein, sie meint es nur gut. — Er soll die schwarz-goldene Bordüre nicht vergessen.

StA Marburg, PA 2842, fol. 6r.

Überlieferung: Ausfertigung.

Schrift: eigenhändig.

Adresse: [Meinem fr]untlichen lieben / [bruder hern Phil]lips lantgraff / [zu Hessen etc. yn] seiner lieb / eigen hand.

Nr. bei Werl: 86.

Kanzleivermerke: –

Bemerkung: Siegeleinschnitte sind vorhanden; das Siegel und der Siegelstreifen selbst sind verloren; die Adresse ist entsprechend beschädigt überkommen.

Druck: Wille, Landgraf Philipp der Großmüthige von Hessen, S. 309.

M(ein) f(reuntlicher) h(ertz) l(iebster) bruder; ich last dich wissen, das her Hans von Minckwitz[1653] sal her kumen und wollen lassen mit dir hanttelen des von[a] Werttenbergk[1654] halben, ob man in vordragen kontte mit dem kounge[1655], dan das gesrey[1656] gett heyr gantz, dutt wil[b] in[c] in sein fursten dum[1657] wider sestzsen, wie wol ich es nich glab. Aber ich[d] dech,[e] wan es im kontte mit frette wider wertten, wer besser dan dorch bloutt vorgeysunge[1658] und stunde auch nich so vel, ich wolt nich ratten, das man weidern[f] kreich anfeng, dan wo frette yst, da wonett Gott. Halt[g] ich auch [h]dar for, e(uer) l(ieben)[h] dutt hast susten nichst mit dem kounge zu duntt, dan er dir nicht gedauntt hatt. Wan d(er) v(on) W(erttenbergk) sein lant wider kreige, hoff ich dut wers auch zu fretten. Man helt es heir dar for, du wolles umer fortter tzein[i] und das wer nor das Frantzosen[1659] gedrebt, dan der recht gern und lus[1660] im reych an das[j] her nor frette hatt. Und meinen auch dei hern von Beigern[1661] hetzsen dych und wollen dan[k] den koff auß der schlengen duntt. Dan wan dut stel sestzsest, so dut dir neiman nichst, aber so wort es gar zu bodem gein.[l] Wer kreych an not an feing[1662], dem holff Got nich.[1663] Und ich byt dich, hast du was willen als ich nich west, so bedenck es wol und forchtte Gott. Solges hab ich dir auß schwesterlicher treu[m] nich wellen bergen, und bevel dich heyrmit Got, der geb dir sein genade und helff uns mit freutten zu samen. Und byst nich schellich[1664] auff mich, Got west ich mein es gutt. Dat(um) mitwochen nach Ockele[1665] anno xxxiiii.

    E H Z S etc.

Der getzougen[n] schwartz und golt bortten vor geyst[1666] nich.

[a] *Wort hochgestellt eingefügt.*
[b] *Sic.*
[c] *Gestrichen:* lassen.
[d] *Wort hochgestellt eingefügt.*
[e] *Gestrichen:* ich.
[f] *Gestrichen:* key.
[g] *Wort hochgestellt eingefügt; darunter gestrichen:* sal.
[h-h] *Passage hochgestellt eingefügt.*
[i] *Wort hochgestellt eingefügt; Wortanfang durch Tintenfleck verderbt.*
[j] *Wort hochgestellt eingefügt; darunter gestrichen:* dan.
[k] *Wort hochgestellt eingefügt.*
[l] *Gestrichen:* ume einer?

[1653] *Hans III. von Minckwitz († 1534), sächs.-ernest. Hofrat und Gesandter; vgl. Anm. 347.*
[1654] *Herzog Ulrichs von Württemberg (1487–1550); vgl. Anm. 795.*
[1655] *König Ferdinand I. (1503–1564).*
[1656] *= Geschrei; gemeint im Sinne von 'Gerede, Gerücht'.*
[1657] *= Fürstentum.*
[1658] *= Blutvergießen.*
[1659] *König Franz I. von Frankreich (1494–1547).*
[1660] *= Unlust, im Sinne von Ärger.*
[1661] *Die Herzöge Wilhelm IV. von Bayern (1493–1550) und Ludwig X. von Bayern (1495–1545); zu Herzog Wilhelm vgl. ADB 42 (1897), S. 705–717; zu Herzog Ludwig vgl. ADB 19 (1884), S. 513–516; NDB 15 (1987), S. 366 f.*
[1662] *= wer Krieg ohne Not anfängt.*
[1663] *Hier nimmt Elisabeth Bezug auf Luthers Schrift, „Ob Kriegsleute auch in seligem Stande sein können" (1526). Luther erklärt, dass ein Krieg nur dann gerechtfertigt sei, wenn es sich um einen Verteidigungskrieg handelt („Wer Krieg anfängt, der ist im Unrecht."). Vgl. Luthers Werke, Bd. 19, S. 616–666.*
[1664] *schellich = aufgebracht, wütend, zornig, rasend; vgl. DWB, Bd. 15, Sp. 2502.*
[1665] *= Oculi.*
[1666] *= vergesst.*

^m *Wortende korrigiert; gestrichen: -e.*
ⁿ *Gestrichen: sw.*

140*

[vor 1534 März 20]

Kurfürst Johann Friedrich (der Großmütige) an Herzogin Elisabeth

Überlieferung: verloren.

Bemerkung: Die Ausfertigung und die Datierung dieses Schreibens ergeben sich aus Nr. 141. Hinweise auf den Inhalt ergeben sich nicht.

141

1534 März 20

Herzogin Elisabeth an Kurfürst Johann Friedrich (den Großmütigen)

Hans von Minckwitz wird die Ergebnisse ihrer Unterredung und ihre Meinung Johann Friedrich ausrichten. Elisabeth benötigt in der Frage des Abendmahls von Johann Friedrich einen Ratschlag. – Elisabeth erwartet für die überbrachten Nachrichten keinen Dank, sie hat es gern für ihn getan.

HStA Dresden, 10024, Loc. 9131/32, fol. 22r.

Überlieferung: Ausfertigung.

Schrift: eigenhändig.

Adresse: [d h] g f h h f h / [z s d] h r r e u k / [l y d m] z m m f h / [l o u b y s] l e hant.[1667]

Nr. bei Werl: 87.

Kanzleivermerke: Rochlitz.

Bemerkung: Siegeleinschnitte sind vorhanden; das Siegel und der Siegelstreifen selbst sind verloren; die Adresse ist entsprechend beschädigt überkommen. – Der Brief besteht aus einem halbseitigen Folioblatt. – Die Vorlage ist stark beschädigt und schwer lesbar.

M(ein) f(reuntlicher) h(ertz) a(ller) l(iebster) o(hme) u(nd) b(ruder); e(uer) l(ieben) schriben[1668] hab ich gantz fruntlichen vorstanden, hab auch h(ern) H(ans) v(on) M(inckwitz)[1669] wider umb bevollen e(uer) l(ieben) meyn gemot entdecken und was mit mir gerett yst, dar in ich e(uer) l(ieben) ratt bedroff, das das sackrament bedreff und aller leyge[1670] wei e(uer) l(ieben) wol berechten wertt. F(reuntlicher) h(ertz) a(ller) l(iebster) o(hme) u(nd) b(ruder), vor das gemelte droff e(uer) l(ieben) mir nich dancken, dan es yst gern gescheyn. Und^a was ich wes,

---

[1667] *Steht für:* **Dem hochgeborenen Fürsten Herrn Hans Friedrich, Herzog zu Sachsen, des Heiligen Römischen Reichs Erzmarschall und Kurfürst, Landgraf in Thüringen, Markgrafen zu Meißen, meinem freundlichen herzlieben Oheim und Bruder in seiner Lieben eigen Hand.**

[1668] *Das Schreiben Johann Friedrichs an Elisabeth ist verloren und wird hier unter der Nr. 140 geführt.*

[1669] *Hans III. von Minckwitz († 1534), sächs.-ernest. Hofrat und Gesandter; vgl. Anm. 347.*

[1670] *= allerlei.*

das e(uer) l(ieben) zu fruntlichen gefallen er tzeygen kant yn eiren[b], wil ich altzeyt geneygett
seyn. Und wil heir mit e(uer) l(ieben) Got dem almechteygen bevellen yn sein genade, und
bevel mich e(uer) l(ieben) als mein h(ertz) a(ller) l(iebster) o(hme) u(nd) b(ruder) dan e(uer)
l(ieben) fruntlichen zu wylfaren byn ich geneygett altzeytt. Datten frettag nach Lettare anno
xxxiiii.

E H Z S etc.

[a] *Wort hochgestellt eingefügt.*
[b] *Wort hochgestellt eingefügt; darunter gestrichen:* yeren.

142

1534 April 12

Herzogin Elisabeth an Kurfürst Johann Friedrich (den Großmütigen)

*Elisabeth beschwert sich bei Johann Friedrich über die ausstehenden Nachrichten; sie
befürchtet, er habe sie vergessen. Sie möchte wissen, ob er etwas von ihrem Bruder und der
Restitution Herzog Ulrichs von Württemberg gehört hat. – Elisabeth ist gesund. Jetzt verhält
sich Herzog Georg (der Bärtige) ihr gegenüber sehr gut. Wegen des Abendmahls ist ihr
Gewissen rein. Herzog Georg denkt, Johann Friedrich habe Elisabeth so fromm gemacht. –
Johann Friedrich soll Lucas Cranach (den Älteren) erinnern, die Bilder bald zu schicken. —
Mit dem Abendmahl verhält es sich so, wie sie es mit Hans von Minckwitz besprochen und
ihr Johann Friedrich geraten hat. – Er soll den Brief zerreißen.*

> *HStA Dresden, 10024, Loc. 9131/32, fol. 24r.*
>
> *Überlieferung: Ausfertigung.*
>
> *Schrift: eigenhändig.*
>
> *Adresse:* Dem hochgebornen fursten / hern Hans Frederich hertzoge / zu Sachssen dest hailgen /
> romsen reychst ertzmarsschalk / und korfurst etc. meinem / fruntlichen lieben ohmen / und
> bruder yn seiner lieb eigen // hant.
>
> *Nr. bei Werl: 88.*
>
> *Kanzleivermerke:* Hertzogin v(on) Rochlitz des sacraments halben – 1534.
>
> *Bemerkung: Siegeleinschnitte sind vorhanden; das Siegel und der Siegelstreifen selbst sind
> erhalten.*

M(ein) f(reuntlicher) h(ertz) a(ller) l(iebster) o(hme) u(nd) b(ruder); mich nimmett wunder,
wei es zu geyt, das e(uer) l(ieben) mir nich schribett und sein so auff boden heyr ab e(uer)
l(ieben) mein vorgessen hatt. Ich mochtte auch gern wissen, wei dey sache sted mit meyn
bruder[1671], ob e(uer) l(ieben) nichst dar von hortt. M(ein) f(reuntlicher) h(ertz) a(ller)
l(iebster) b(ruder), ich ich[a] las e(uer) l(ieben) wissen, das ich Gott hab[b] lob gesunt bin und
habe jetz gutten fretten. M(ein) a(lter) h(er) helt sych auch jetz ser gut keyn mir. Got geb
das lang werett mit dem sackramentte[c] hab ich auch mit der holff Gottes also[d] ganttel, das
mein gewissen[e] an beschwerunge yst, wei ich e(uer) l(ieben) wol berechtten wil, helff uns
Got zu sammen. Mein a(lter) h(er) denck auch, e(uer) l(ieben) hab mich so frum gemacht,

---

[1671] *Gemeint ist die Restitution Herzog Ulrichs von Württemberg (1487–1550); vgl. Anm. 795.*

da e(uer) l(ieben) yst heyr gewest. So sprechtt ich, e(uer) l(ieben) hab in frum gemach, ober es yst gut frum seyn, wan man eim nichst dutt. Und erbout sych kostlich keyn mir und wey nei nichst arges auff mich geglobett hatt und^f wunder fel, wey ich e(uer) l(ieben) wol berechtten wil. E(uer) l(ieben) halt nor an das weir zu sammen kummen. Und wil heyr mit e(uer) l(ieben) Got bevellen, der helff uns mit freutten zu sammen, und bevel mich e(uer) l(ieben) als m(ein) h(ertz) a(ller) l(iebster) b(ruder), dan e(uer) l(ieben) schwesterlich trew zu der tzeygen, wer ich geneygett. Ich byt e(uer) l(ieben) auch wol mester Luckest[1672] lassen an halten der belter halben. Dat(um) suntag nach ostern anno xxxiiii.

E H Z S

Mit dem sackrament hatt es dey meinunge, wei ich mit her H(ans) v(on) Minwitz[1673] gerett hab, wei mir e(uer) l(ieben) geratten hatt. E(uer) l(ieben) zu reyst den breiff. Meiner bersonen halben wolt ich nichst loucken[1674].

^a *Sic.*
^b *Wort hochgestellt eingefügt.*
^c *Wort am Zeilenumbruch korrigiert; hochgestellt eingefügt:* -mentte; *darunter gestrichen:* -amett.
^d *Gestrichen:* gehant.
^e *Gestrichen:* ob.
^f *Gestrichen:* w.

143*

[vor 1534 April 24]

Kurfürst Johann Friedrich (der Großmütige) an Herzogin Elisabeth
Johann Friedrich unterrichtet Elisabeth über das Vorgehen ihres Bruders wegen der Wiedereinsetzung Herzog Ulrichs von Württemberg.

Überlieferung: verloren.
Bemerkung: Die Ausfertigung und die Datierung dieses Schreibens ergeben sich aus Nr. 145.

144*

[1534 April 24]

Herzogin Elisabeth an Landgraf Philipp (den Großmütigen)
Elisabeth ermahnt ihren Bruder, trotz seiner Zusage an Herzog Ulrich von Württemberg, nicht gegen König Ferdinand I. vorzugehen.

Überlieferung: verloren.
Bemerkung: Die Ausfertigung und die Datierung dieses Schreibens ergeben sich aus Nr. 145.

[1672] *Lucas Cranach (der Ältere) (um 1472–1553) hatte Elisabeth am 1534 Februar 27 gemalt (vgl. oben Nr. 137). Das Bild ist nicht überliefert. Vgl. dazu S. XVII f.*
[1673] *Hans III. von Minckwitz († 1534), sächs.-ernest. Hofrat und Gesandter; vgl. Anm. 347.*
[1674] *= nichts leugnen.*

145

1534 April 24

Herzogin Elisabeth an Kurfürst Johann Friedrich (den Großmütigen)

Elisabeth hat nicht gern vom Vorhaben ihres Bruders wegen der Restitution Herzog Ulrichs von Württemberg gehört. Sie bittet Johann Friedrich, einen Brief von ihr an Landgraf Philipp (den Großmütigen) zu schicken, in dem sie ihn warnt, gegen den König vorzugehen. – Johann Friedrich soll sie mit neuen Nachrichten versorgen, egal ob gut oder schlecht. – Elisabeth will sich gut gegenüber Herzog Georg verhalten. Sie hofft, dass ihr Bruder keinen Krieg gegen ihn anfängt. – Hans von Minckwitz soll im Namen des Kurfürsten erreichen, dass Elisabeth nach Leipzig reisen darf. Dort könnte sie dann mit Johann Friedrich zusammenkommen; sie hat viel mit ihm zu besprechen. — Gestern hat Elisabeth Fieber bekommen. – Johann Friedrich soll ihr mitteilen, wie gut Landgraf Philipp und der König gerüstet sind. — Wenn Johann Friedrich einen Boten schickt, der keinen Brief für Herzog Georg hat, soll dieser in der Herberge warten und Elisabeths Türknecht rufen. Sie wird den Brief dann holen lassen, ansonsten würden Herzog Georg und Herzog Johann die Briefe lesen wollen. Oder er soll einen Brief aus der Kanzlei schreiben, den sie verlesen lassen kann, und einen, den sie für sich behält. — Johann Friedrich soll den Brief schnell ihrem Bruder zustellen.

> *HStA Dresden, 10024, Loc. 9131/32, fol. 27r–v.*
>
> *Überlieferung: Ausfertigung.*
>
> *Schrift: eigenhändig.*
>
> *Adresse:* Dem hochgebornen fursten her Hans / Frederich hertzoge zu Sachssen dest / hailgen romssen reychst ertzmarschalk / und korfurste etc. meinem fruntlichen / lieben ohmen und bruder in seiner // lieb eigen hant.
>
> *Nr. bei Werl: 89.*
>
> *Kanzleivermerke:* H(ertzogin) v(on) Rochlitz der Wirtenbergisch(en) handlung halb(en) – 1534.
>
> *Bemerkung: Der Brief wurde aufgedrückt ohne Siegelstreifen gesiegelt; das Siegel hat sich nicht erhalten; Reste des Siegellacks sind vorhanden. – Der Brief trägt keine Unterschrift. Die Schrift ist teilweise stark verblasst und kaum leserlich.*

F(reuntlicher) h(ertz) a(ller) [l(iebster)][a] o(hme) u(nd) b(ruder); e(uer) l(ieben) schriben[1675] hab ich gantz fruntlichen entfangen und hort nich gern m(ein) b(ruder) for nemen[1676], Got geb das wol geratte, weyl es e(uer) l(ieben) hatt[b] umb dest besten willen den breff bey e(uer) l(ieben) behalten und auch so weyt kumen yst, so yst im der breff winck notsze. E(uer) l(ieben) schribett mir wol, e(uer) l(ieben) scheyck mir den breff, e(uer) l(ieben) scheyck mir aber nich. Ich byt e(uer) l(ieben), scheyck mir wider, ich scheyck e(uer) l(ieben) auch ein breff[1677], den wollen e(uer) l(ieben) m(einem) b(ruder) zu scheycken. Da schrib ich im und bytt in, weyl er ya sein tzusage dem hertzgen v(on) W(erttembergk) halten wil, das er

---

[1675] *Das Schreiben Johann Friedrichs an Elisabeth ist verloren und wird hier unter der Nr. 143 geführt.*

[1676] *Gemeint ist die Restitution Herzog Ulrichs von Württemberg (1487–1550); vgl. Anm. 795. Vermutlich erfuhr sie auch von ihrem Gemahl Herzog Johann davon, der einen Brief des Landgrafen (1534 April 19) erhielt, in dem dieser ihn über seine Rüstungen informierte. Vgl. ABKG III, Nr. 2453.*

[1677] *Das Schreiben Elisabeths an Philipp vom 1534 April 24 ist verloren und wird hier unter der Nr. 144 geführt.*

dan nich weider den konich[1678] [c] suchen, wol dan es wort im nach obeler bekumen etc. Und wil im Frantz von Seckingen[1679] zu eim exsembel for belten, der dreb auch wunder wider dey forsten, wey m(ein) b(ruder) wider dey kounge, aber es nam ein bost entt, da im Got for beheutte. F(reuntlicher) h(ertz) a(ller) l(iebster) o(hme) u(nd) b(ruder); helff mir Got zu e(uer) l(ieben), so wil ich e(uer) l(ieben) bedencken gern hornt und byt e(uer) l(ieben), was e(uer) l(ieben) yn m(ein) b(ruder) sach vor war hofftey ge[1680] nuge tzeytunge erferett, das schrib mir e(uer) l(ieben), es sey gut aber bostse; ich wert dach heyr vel der farn, das nich gut yst; e(uer) l(ieben) schrib mir es nor, es gey seyn leyp aber gut an. Ich wil mich auch auff das beste keyn m(einem) a(lten) h(ern) halten, wo er so bleybett, stunde dey sach nich gut mit m(einem) a(lten) h(ern) und mir. E(uer) l(ieben) solt wol sen, ob m(ein) b(ruder) nich auch etwast anfeyng keyn im, wey ich e(uer) l(ieben) wol berechtten wil[d] Got. E(uer) l(ieben) las h(ern) H(ans) v(on) Minwitz[1681] mit Klarlewitz[1682] jetz zu Leybtzeygk[1683] retten, ob er kont zu wegen brencken, das ich mit keyn Leybtzeyg nunder tzouge, den[e] es sol ein lanttag[1684] wertten, da tzeyn dey hern alle nunder und hort, sey wertten etliche wochen durtten bleyben, da kont e(uer) l(ieben) wol under wegen zu mir kummen aber keyn Leybtzeigk, dan es yst nach lang auff Yakab[1685] wol iii monett[1686], ich het vel mit e(uer) l(ieben) zu ‖ retten, das sych nich so schriben lett. Und wil heir mit e(uer) l(ieben) Got bevellen, der helff uns mit freutten zu sammen, ich ertzeyg e(uer) l(ieben) schwesterliche trew. Dat(um) freytag nach Yorgen Tag anno xxxiiii.

E(uer) l(ieben) wil ich nich bergen, das mich gestern ein winck ein feber an gestossen yst. Jetz hab ich dey heytzse, aber es yst nich grost. Es yst mich nu yn eim monet wol v mal[1687] an gestossen, aber es wert aber ii tage[1688] nich auch nich ser hartt, wan ich mich nor ein winck gehalten hab, hat es nach gelassen, Got geb yetz auch. E(uer) l(ieben) schrib mir, wei strack[f] meyn bruder gerost yst zu rost[1689] und foust[1690] und ab der koungeich auch hart wider sted.

Wan e(uer) l(ieben) ein botten her scheyckett und e(uer) l(ieben) schribet dem her vatter nich, so bevel e(uer) l(ieben) dem botten, das er in der herberge bleybe und las es mein torknecht sagen, so wil ich wol dey breff hollen lassen. Dan wan er so roffer[1691] geyt, so mochtten sey[1692] dey breffe lessen wollen. Aber e(uer) l(ieben) dut zu tzeyten, so e(uer) l(ieben) las ein

[1678] *König Ferdinand I. (1503–1564).*

[1679] *Franz von Sickingen (1481–1523), Reichsritter. – Gemeint ist die kriegsähnliche Fehde Franz von Sickingens gegen die hessische Landgrafschaft, die mit dem Feldzug einer Fürstenkoalition unter Führung Landgraf Philipps Anfang Mai mit der Einnahme der Burg Nanstein bei Landstuhl und dem Tod Sickingens ihr Ende fand. Vgl. zu ihm Scholzen, Franz von Sickingen.*

[1680] *= wahrhaftig.*

[1681] *Hans III. von Minckwitz († 1534), sächs.-ernest. Hofrat und Gesandter; vgl. Anm. 347.*

[1682] *Georg von Carlowitz zu Hermsdorf (um 1480–1550), sächs.-albert. Rat; vgl. Anm. 42.*

[1683] *Leipzig.*

[1684] *Herzog Georg lud am 1534 April 18 zum für Mai 10 bzw. 11 zum Landtag nach Leipzig ein. Vgl. Goerlitz, Staat und Stände, S. 457 f.*

[1685] *= Jacobi (1534 Juli 25).*

[1686] *= drei Monate.*

[1687] *= fünfmal.*

[1688] *= zwei Tage.*

[1689] *= zu Ross; gemeint sind Reitknechte.*

[1690] *= Fuß; gemeint sind Fußknechte.*

[1691] *= rüber.*

[1692] *Gemeint sind Herzog Georg und Herzog Johann.*

breff auß der kantzleyge schriben[g], den ich droff lessen lassen, den andern weyst ich nicht. Meyn her begeret es nich, aber m(ein) a(lter) h(er) mochten ein mal droff hetzsen, dan Hans v(on) Schonbergk[1693] mit seim hanck sparen mich nichtt mit hemlichen zu scheyben.

M(ein) h(erz) a(ller) l(iebster) o(hme) u(nd) b(ruder); ich byt e(uer) l(ieben) fruntlychen, wolte ya m(ein) bruder den breff balt zu scheycken, dan ich byt in flyssych, wey ich e(uer) l(ieben) oben geschriben hab, hab[h] im esxsembel auß der schreff geschein dinck an getzeygett und das er mich[i] bedencken sal und vel etc.

[a]   *Sigle für* l(iebster) *fehlt.*
[b]   *Gestrichen: w.*
[c]   *Gestrichen: sch.*
[d]   *Danach Wortwiederholung:* wil.
[e]   *Wort hochgestellt eingefügt; darunter gestrichen:* das.
[f]   *Gestrichen:* wey.
[g]   *Gestrichen:* so.
[h]   *Gestrichen:* ein.
[i]   *Danach Wortwiederholung:* mich.

146

Altenburg   *1534 April 28*

Kurfürst Johann Friedrich (der Großmütige) an Landgraf Philipp (den Großmütigen)

Johann Friedrich hat unlängst zwei Schreiben von Philipp nacheinander erhalten. Er ist darauf bedacht etzliche unsere sache zu e(uer) l(ieb) sunderlich abzufertigen *und Philipp eine Antwort zu geben. Herzogin Elisabeth hat vor wenigen Tagen einen Brief an Johann Friedrich geschickt und ihn gebeten, denselben Brief[1694] an Philipp zu übersenden.* So thun wir e(uer) l(ieb) solchen brieff hiemit ubersenden. *Datum* zu Aldenburgk dinstagk nach Jubilate anno domini xv[c] xxxiiii°.

StA Marburg, PA 2557, fol. 56r.

Überlieferung: Ausfertigung.

Schrift: ernest. Kanzleischreiber; eigenhändige Unterschrift Johann Friedrichs.

Adresse: Dem hochgebornen fursten hern Philipssen land- / graffen zu Hessen graffen zu Catzenelnbogen / zu Dietz, Ziegenhain und Nidda unserm / freundlichen lieben vedtern und brudern // [a]zu s(einer) l(ieb) / handen.[a]

Bemerkung: Der Brief ist stark beschädigt. Wenige Siegelreste des direkt aufgedrückten, nicht mit Siegelstreifen befestigten Siegels sind erhalten.

[a-a]   *Eigenhändig von Johann Friedrich nachgetragen.*

[1693]   *Hans (junior) von Schönberg zu Reinsberg († 1537), sächs.-albert. Rat und Amtmann; vgl. Anm. 4.*
[1694]   *Das Schreiben Elisabeths an Philipp vom 1534 April 24 ist verloren und wird hier unter der Nr. 144 geführt.*

147

1534 April 30/Mai 1

Herzogin Elisabeth an Landgraf Philipp (den Großmütigen)

Elisabeth hat bereits erfahren, dass Herzog Ulrich von Württemberg wieder in sein Herzogtum eingesetzt werden soll, allerdings als Lehen des Königs. Philipp und der Herzog sollen sich auf diese Afterlehenschaft einlassen, denn es wäre besser, wenn Frieden bliebe. Man sagt, der Kaiser habe in den Niederlanden Truppen bereitliegen, die Hessen angreifen wollen. – Elisabeth kann die von ihrem Bruder gesandten Drucke nicht anschlagen lassen, da es ihr verboten wurde. Sie will sie heimlich verbreiten. — Elisabeth hat jetzt mit Herzog Georg (dem Bärtigen) wegen der Drucke gesprochen. Ihr Gemahl soll sie wieder zurückschicken; noch lebt er und deshalb hat Herzog Johann (den Jüngeren) kein Regiment in seinem Land. – Heute ist ein Bote aus Kassel gekommen und hat einen Brief von Landgräfin Christine an ihren Vater überbracht. – Elisabeth hat gehört, Herzog Ulrich hat noch einen Bruder, der sich mit dem König vertragen will. — Um 10 Uhr abends: Was Elisabeth wegen dem Herzog von Württemberg geschrieben hat, ist ihr von einem Rat gesagt worden. Es heißt, man wird in Hessen einfallen und die Spanier sollen kommen; vor Regensburg soll ein Hauptmann viele Knechte rekrutieren; auch der Kaiser will Reiter schicken. – Herzog Georg gefällt Philipps Feldzug nicht. Er hat ihm übel genommen, dass Philipp an Herzog Johann und nicht an ihn geschrieben hat. – Elisabeth ermahnt Philipp, er solle an sie, seine Kinder, sein Land und seine Leute denken. Wenn es zu einer Verhandlung kommt, soll er sie annehmen. Wiederholt warnt sie vor dem Einfall in sein Land. – Elisabeth sollte ihm die gedruckten Ausschreibungen wieder zurückschicken. Sie will sie aber behalten und sie heimlich verschicken; nur anschlagen wird sie diese nicht können. Es wäre am sichersten, sie nach Böhmen zu bringen. – Philipp soll ja nicht mehr anfangen, als unbedingt nötig ist, denn Gott straft die, die mutwillig einen Krieg anfangen und auch weil Gott mit dem Kaiser ist. – Sie hat gehört, das Erbland des Königs wolle den König mit einer Steuer unterstützen. – König Franz I. von Frankreich will die Zwinglische Lehre annehmen. – Elisabeth kann nicht fröhlich sein, wenn es in der Sache so schlecht steht. Den Brief hat sie mit weinenden Augen geschrieben. — Freitagmittag: Elisabeth hat gehört, in Nürnberg würden Knechte rekrutiert werden. Es scheint, als ob der König einen Vertrag mit dem Herzog von Württemberg annehmen würde. Philipp solle den Vertrag nicht ausschlagen. Sollte ein Friedensschluss misslingen, dann hat er nichts mehr und kann niemandem helfen. — Philipp soll sich vor Verrätern hüten.

StA Marburg, PA 2842, fol. 7r – 9r.

Überlieferung: Ausfertigung.

Schrift: eigenhändig.

Adresse: a) [Dem hoch]gebornen fursten / [hern Phi]lips lantgraffe / [zu Hessen] etc. meinem / [fruntlichen] lieben bru- / [der yn se]iner lieb eigen // hant*; b)* [Meine]m fruntlichen / [lieben brud]er hern Philips / [lantgraff zu] Hessen etc. yn // [seiner lieb eig]en hant.

Nr. bei Werl: 90.

Kanzleivermerke: –

Bemerkung: Siegeleinschnitte sind vorhanden; das Siegel und der Siegelstreifen selbst sind verloren; die Adresse ist entsprechend beschädigt überkommen. – Elisabeth verfasste den Brief in mehreren Etappen. Zunächst schrieb sie den ersten Teil, den sie am Abend und später um

22 Uhr ergänzte. Eine weitere Fortsetzung erfuhr der Brief am nächsten Tag. Elisabeth hat am Blattende von fol. 7v bereits eine Adresse (a) verfasst, diese aber wieder gestrichen. Daneben weisen die zusätzlichen Siegeleinschnitte darauf hin, dass der Brief bereits vorher gesiegelt wurde. – Die Schrift ist stark verblichen. – Der Brieftext erging in der originalen Ausfertigung fortlaufend und ohne Satzzeichen. Für die Wiedergabe wurde der Text zur besseren Lesbarkeit in Absätze gegliedert.

Druck: Wille, Landgraf Philipp der Großmüthige von Hessen, S. 309 – 313.

F(reuntlicher) h(ertz) a(ller) l(iebster) b(ruder); Got geb dir glock und heyl[1695] und sych nor zu, das dut es gut machst, es kont dir numer mer so wol[a] geyn, ich sege es nach lyeber. Aber ich wil dir nicht bergen, das for hanten yst, das deym hertzgen zu Werttenberg[1696] seyn lant wort dir und ym in gerumett wertten, dach mit dem under schett[1697], der keyser[1698] hatt es dem konge[b] [1699] geleygen und das der konich dem hertzgen leyg, das das koniges leyn len[c] bleybe.[1700] Was schatt das ser, hast dutt dach auch leint von etlichen fursten, du droffest dromb nich dunt, was sey wollen, er solt es ym leygen als ein ertzherzog[d] von Osterych.

Es[e] must der konnich in der Schlesayge[1701] leytten, das sey glaben und machen wey sey wollen. Es wer yo besser frette dan das deyn sach moch argk wertten, dan ich hort der keysser hab stedlych etlich pfertte auff her gartte[1702] leygen im Neyder lant[f], dey mochtten dir yn deyn lant fallen und ander mer. Ych sege gern, das vortragen wortte, dan es moch erger wertten.

H(ertz) l(ieber) b(ruder), ich wolt das dinck[1703] gern lassen anschlagen, wan ich droffte vor m(ein) hern und alten hern[1704], dan es yst mir auffenlich gebrachtt, aber hemlych wil ich es gern wegk schencken. Aber ich wil m(einen) hern morgen dromb an sprechen, morgen kumb er wider. M(ein) a(lter) h(er) yst heyr, ich wil in auch[g], wan ich heutte zuim[1705] kumb, dromb ansprechen, dan yst yetz im batte[1706]. Heyr mit byst Got bevollen, der be heutte und bewarre dich vor allem bussen[1707] und helff uns mit freutten zu sammen. Sage dem hertzgen zu W(irtembergk) vel lyebest und guttes und sage im dey meynunge auch. ‖ Was mir m(ein) a(lter) h(er) vor anwert geb, wil ich dir balt zu schriben, ich halt, er wert es nich wegern, nach west ich es nich. Dat(um) dorstag nach Yubelatte[h] [1708] anno xxxiiii.

E H Z S etc.[1709]

[1695]   *= Glück und Heil.*

[1696]   *Herzog Ulrich von Württemberg (1487–1550); vgl. Anm. 795.*

[1697]   *= Unterschied.*

[1698]   *Kaiser Karl V. (1500–1558).*

[1699]   *König Ferdinand I. (1503–1564).*

[1700]   *Zur Afterlehenschaft Württembergs vgl. S. XVIII–XXII.*

[1701]   *Schlesien.*

[1702]   *= Heerfahrt.*

[1703]   *Gemeint sind die von Landgraf Philipp und Herzog Ulrich von Württemberg gedruckten Ausschreibungen, in denen sie ihren Feldzug rechtfertigen. Diese finden sich abgedruckt bei: Hortleder, Ursachen des teutschen Krieges, 3. Buch, Kapitel 9, S. 665 (Kassel, Mittwoch nach Quasimodogeniti 1534): Hertzog Ulrichs zu Würtemberg und Landtgraff Philips zu Hessen Außschreiben an alle Ständt jhres fürgenommenen Zugks halben.*

[1704]   *Herzog Johann und Herzog Georg.*

[1705]   *= zu ihm.*

[1706]   *= Bett.*

[1707]   *= Bösen.*

[1708]   *= Jubilate.*

[1709]   *Hier wollte Elisabeth den Brief zunächst beenden, schrieb aber dann unmittelbar anschließend weiter. Am Blattende unten rechts findet sich die dazu gehörige Adresse (a).*

H(ertz) l(iebster) b(ruder), ich spracht jetz m(einen) a(lten) h(ern) ober dosch[1710] selber an, ab er mir wolt vorgunen, deine breffe yn seinem lant auß zu gein. Saget er, m(ein) her solt dir sey wider scheycken. Er lebett noch, der halben het meyn her keyn regement yn seynem lant. Wey das du es ym nich schribest; saget ich, ich dechtte, du dechst er wer gut kounych und ich woste nich anders; yer beyde hettes mit ein nander[1711] gemach, das yer ein nander nich schribett, byst dey rette ein nander schryben. Sagett er, da woste her nichst von; dut hettes gern, das er sych for dir forchtten solt. Saget ich, heylt es nich dar vor, dan ich dech, es forchtten sych solge grosse hern nich for ein nander. Saget er, kont sych nich forchten, und saget dar nach, der von Werttembergk het keyn gerechte sachge. Ich saget, mich doncket, man det im ser undrechtt[1712].

Jetz weyl ich schribe, so kummet meyn her wider, da werst dut wol dey anwert hornt. Ich er far[1713] es heyntte nichtt, ich wolt dir bey dem botten den breff scheycken, der mir dey gedrouckten breffe brachtt. Also kamb glich ein botte von deinem wibbe[1714], dey schribet m(einem) a(lten) h(ern). Der bot yst am suntag[1715] aus Kassel gangen, duncket mich der laff yer tzu dir, dan der mit den gedrockten breffen.

M(ein) h(erz) l(ieber) b(ruder), mich doncket nach gut seyn, wey ich dir geschriben hab, das Werttenbergsen lantes halben und sunderlych, das dut deyn auch nich dar bey vorgeyssest. Wo keyn hertzoge von Werttenbergk wer, der von dem stam wer, der das dan dir in glichsam geleygen wortte, dan dut sychst, es sted nor auff den zweyn, vatter und sown[1716]. Ich hort, h(ertzog) U(lrich) z(u) W(irtenbergk) hab noch ein bruder[j] [1717], der hab sych vortragen mit dem kounge, wey wol yer auch beylich[1718] drant hette, von rechts wegen, wan der hertzogk[j] nich erben hette. Mach es nor auch so, das for Got rechtt yst, so bestend wer wol.

Dat(um)[k] auff den aben darstag.[l] ‖

Das ich dir schribe des von Werttenbergest halben yst so mit mir gerett wortten von einem ratte, der meynett also und for war gut, wan es so wolt an geyn, der hat grosse sorge, man wert dir in deyn lant fallen, dan dey Spanger[1719] sollen auch kummen, dey for derben alles, seyn wey douffel[1720]. Auch sal ein hobttman zu Regensborg leygen, [m]sal Dimust[1721] heyssen[m], der sal vel knecht annem witer dich. Und der kesser[1722] wil[n] geltes genunck russer[1723] scheycken; auch hatt der Dorcke[1724] selber mit dem[o] konge von Bersseyge[1725] zu duntt, das yetz haussen

---

[1710] = über Tisch; nicht wie fälschlich bei Wille „über dich“.
[1711] = miteinander.
[1712] = Unrecht.
[1713] = erfahre.
[1714] Landgräfin Christine von Hessen (1505–1549).
[1715] = 1534 April 26.
[1716] Herzog Christoph von Württemberg (1515–1568), Sohn Herzog Ulrichs.
[1717] Graf Georg von Württemberg-Mömpelgard (der Vorsichtige) (1498–1558); vgl. zu ihm ADB 8 (1878), S. 709.
[1718] = nahe.
[1719] = Spanier.
[1720] = Teufel.
[1721] Franz von Hemste (auch Thamis oder Franz von Thamise genannt), Reichshauptmann zu Regensburg; vgl. zu ihm Laferl/Lutter, Die Korrespondenz Ferdinands, S. 232; Beck, Kaiser und Reichsstadt am Beginn der frühen Neuzeit, S. 146 ff.
[1722] Kaiser Karl V. (1500–1558).
[1723] = Rösser, Rosser; gemeint sind Reitknechte.
[1724] = Türke.
[1725] Abul-Fath Tahmasp I. (1514–1576), Schah von Persien.

nichst for hat. Da deyn wib m(einem) a(lten) h(ern) heyntte geschriben hatt[1726], yst er[p] ser yamerych und bedrobett wortten, dan sey hat sych im und yer keyntter und lant und leutt bevollen. Hat man yn gebetten, es sal sey nich bedroben; hat er gesagett, er muste danich auch schriben, das dut yn nich greffest yn seym schriben. Es yamer yn ser und gefelt im obel dein for nemen, dan er helt es gantz dar for, dut werst umb allest kummen, das dut hast. Auch mist felt[1727] ym ser, das du m(einem) hern schribest und ym nicht.[q] M(ein) her sal dir auch anwert geben, ich west nich wey.

M(ein) h(erz) a(ller) l(iebster) bruder, ych byt dich und er mane dich aller[r] bruderlicher trew, dey dut mir hast tzu gesagett und wey mir schultych byst, du welles[s] mich, deyn keyntter, lant und[t] leut bedencken und wollest, wo ein zu dregkliche rechttunge an dych komb, dey etwast an zu nemen wer, dut welles sey annemen, dan es yst heyr dey stunde botschaff kumen, wey man so fel leut an nemett und wey man dir dey weyl wil yn deyn lant fallen, weyl dut auß dem lantte byst, auff allen ortten. Auch wey so vel leut wider dich seyn, das gantzse reycht wert mussen auf seyn, auch wey dir dey hern von Beygern[1728] neyman haben wollen lassen tzu tzeyn und ich dechtte ‖ nich, das dey wider dich wern. Ich byt dich, las mir schriben, wey es umb dein sach yst. Denck lyeber bruder, wey mir es geyn wert, wan dir es obel geyt, so bin ich von aller werlett[1729] vorlassen.

Ich las dich wissen, das mir bevollen yst, ich sal dir dey gedrockten breff wider scheycken. Ich behalt sey heyr aber hemlych und wil sey hemlych wegk vor scheycken so vel ich kant, aber anschlagen wert ich nicht konnen lassen. Dan wan keyn furst ein breff yn ein stad scheycket, so schlet man sey nich an, wert mir gesagett. Keyn Bhemen[1730] wert mir es am weresten[u] [1731] seyn zu brencken, dan ich gar nich bekant byn. Ich wil mich aber dreynt moen, was leyget dir auch drant, wollen es dey Behmen nich globen, das h(erzog) z(u) Werttenbergk not droff, so lassen sey es. Und wil dich heyr mit Got bevellen, der beyheut und bewar dich, ich er tzeyg dir schwesterlyche trew altzeytt, Got helff uns mit freutten und glockselychkeyt zu leyb und sel zu sammen und byt Got umb genade, der kant uns allen helffen. Und fa ya nich mir an, dan nott dut,[1732] dan du west wey Got mutwillychen kreycht straffett, auch wey Got mit dem keysser yst, auch wey es ney kemb wol auss ganen hatt, der wider dey oberkeyt hanttel an nott etc.[1733] Ich hort auch wey sych das koungest von Bhemen erbttlant er botten haben, ym stour zu geben, auch wey sey wollen tod und leben bey yn bleyben, auch wey der konych von Franckreych[1734] hat wollen der Schweystzser[1735] annemen und ander mir; aber sey wollen nich das glichen, ander konge und folcker wollen nich wider den keysser dunt und der weyde auch nich wider den konych yetz. Wey sal ich dan frolych seyn, wans deyn sach so bost wil seyn. Aber Got kanst als gut mach, vortrew dem und foulge seinen gebotten und gotlichem wort. Glab mir, den breff schrib ich mit

---

[1726] *Der Brief ist verloren. Zur Antwort Herzog Georgs auf diesen Brief vgl. ABKG III, Nr. 2462.*

[1727] *= missfällt.*

[1728] *Die Herzöge Wilhelm IV. von Bayern (1493–1550) und Ludwig X. von Bayern (1495–1545); vgl. Anm. 1661.*

[1729] *= Welt.*

[1730] *Böhmen.*

[1731] *Gemeint ist ‚am sichersten'.*

[1732] *= fang ja nicht mehr an, denn Not tut.*

[1733] *Hier nimmt Elisabeth Bezug auf Luthers Schrift, „Ob Kriegsleute auch in seligem Stande sein kön-nen" (1526). Luther erklärt, dass ein Krieg nur dann gerechtfertigt sei, wenn es sich um einen Ver-teidigungskrieg handelt („Wer Krieg anfängt, der ist im Unrecht."). Vgl. Luthers Werke, Bd. 19, S. 616–666.*

[1734] *König Franz I. von Frankreich (1494–1547).*

[1735] *Gemeint ist die zwinglische Lehre.*

wennetten augen, aber ich last nich sen meyn bedrob nist[1736]. Dat(um) darstag umb x yn dey nachtt.[1737] ‖ [1738]

Ich hort auch, dey von Norbergk[1739] nemen knechtt an, dem kesser zu gutt. Wast ich dir schribe yst nor, also ob es der konich wolt annemen deyst, wey ich antzeyge, mit den von Werttenbergk, yn dreyg aber[1740] veir tagen wil ich es der faren[1741], und wo es so for feyl, so schlag es ya nich auß, ob dut glich ym wergk werest, mit yn nemen und bedenck dich und deyneye getrewe under dant und keyntter[1742], man[v] bekommett nich so balt wider under daunt, dey eim getrew sein. Mistlang dir es, so hettes dut dan so fel als der hertzoge, kont keyner dem andern helffen. Dat(um) freytag zu mit age[1743].

Got beheut und bewar dein wil ich dich[w] bevellen. Sych dich wol for, das dir nich vorgeben wert in klettern[1744], yn betten, yn allen dincken und essen und trencken, dan wer feyntte hat, der sal sych for sen[1745]. Vertrew nich allen leutten und bytt nich allen entten dar foren. Sych dich auch vor lossen buffen[1746] for, dan es war ein margraff von Meyssen, wart zu Leybtzeygk yn der krechgen[1747] erstochen[1748], der kamb weg under den leutten, das neyman wost, wer es gedaunt hatte, da Got dich for beheutte und bewar.

---

[a] *Wort hochgestellt eingefügt.*
[b] dem konge *hochgestellt eingefügt; darunter gestrichen:* ym.
[c] *Sic.*
[d] *Wortanfang korrigiert; hochgestellt eingefügt:* ertz-. *Am linken Seitenrand nachträglich eingefügt und wieder gestrichen:* ertz-.
[e] *Wort hochgestellt eingefügt; darunter gestrichenes unleserliches Wort:* sust?
[f] im Neyder lant *hochgestellt eingefügt.*
[g] *Gestrichen:* de.
[h] *Gestrichen:* Cantate.
[i] *Gestrichen:* den.
[j] *Wort hochgestellt eingefügt.*
[k] *Wort vor der Zeile eingefügt.*
[l] *Rautenzeichen unter dem Nachtrag verweist auf fol. 8r.*
[m-m] *Passage hochgestellt eingefügt.*
[n] *Gestrichen:* be.
[o] *Gestrichen:* bersse.
[p] *Wort hochgestellt eingefügt.*
[q] *Gestrichen:* er.

[1736] = *Bedrübnis.*
[1737] = *um 10 Uhr in der Nacht.*
[1738] *Hier beendete Elisabeth den Brief zunächst, schrieb dann aber einen Tag später weiter.*
[1739] *Nürnberg.*
[1740] = *oder.*
[1741] = *erfahren.*
[1742] = *deine getreuen Untertanen und Kindern.*
[1743] = *Mittag.*
[1744] = *Kleidern.*
[1745] = *vorsehen.*
[1746] = *Buben, im Sinne von ,Schurken'.*
[1747] = *Kirche.*
[1748] *Gemeint ist hier der Mord an Dietrich III. (gen. Diezmann) (1260–1307), Landgraf von Thüringen, Markgraf der Lausitz und des Osterlandes. Er wurde am 1307 Dezember 10 während einer Messe in der Leipziger Thomaskirche erstochen. Vgl. zu ihm ADB 5 (1877), S. 220–222; NDB 3 (1957), S. 714f.*

^r *Gestrichen: schw.*

^s *Gestrichen: deyn.*

^t *Gestrichen: u.*

^u *Unsichere Lesung. Wille liest: veresten. Davor wurde am verbessert aus: auf-.*

^v *Gestrichen: kreyget.*

^w *Gestrichen: vor.*

148

1534 Mai 1

Herzogin Elisabeth an die Statthalter und Räte zu Kassel

Die Statthalter sollen den Brief an Landgraf Philipp (den Großmütigen) schicken und ihn zu einer gütlichen Einigung ermahnen. Man sagt hier, in Regensburg stellt ein Hauptmann ein Heer auf; auch sollen viele Spanier darunter sein; der Kaiser will dem König Geld und Truppen schicken und ihrem Bruder von allen Seiten ins Land fallen. – Elisabeth hat Landgraf Philipp viel in dieser Sache geschrieben. Sie befürchtet, dass er wenig Unterstützung von seinen Freunden bekommt. Sollte der Kaiser ein Aufgebot anführen, werden alle anderen Fürsten gegen Philipp sein. – Elisabeth hofft, dass der Herzog sein Land als Afterlehenschaft vom König bekommt. Ist Philipp damit nicht einverstanden, könne man auch dahingehend verhandeln, dass Philipp ein Erbrecht auf Württemberg erhält, wenn kein Württemberger mehr erbt. Es wäre besser, wenn sie sich versöhnen würden, als dass sein Land sich weiter in Gefahr befindet. – Elisabeth weiß noch nicht, ob der König den Vertrag annimmt. Sie schreibt es nur, damit den Räten die Gefahr nicht unverborgen bleibt.

> *StA Marburg, PA 2842, fol. 10r–v.*
>
> *Überlieferung: Ausfertigung.*
>
> *Schrift: eigenhändig.*
>
> *Adresse: Den gestrengen unssern lieben / besundter Atlaff Rougen*[1749] *her Yohan / Feygen*[1750] *kantzler unsserest lieben / bruders lantgraff Philips zu / Hessen stad halter und retten zu / Kassel yn yer abwessen yn yer hant den / andern vor ortten stad halter etc.*
>
> *Nr. bei Werl: 91.*
>
> *Kanzleivermerke: M(eines) g(nedigen) h(ern) schwester. – Herzog Jorge. – Herzog Hans zu Sachssen.*
>
> *Bemerkung: Der Brief wurde gefaltet und gesiegelt, das aufgedrückte Siegel hat sich erhalten. Daneben befindet sich ein weiteres, nicht identifizierbares Siegel. Vermutlich handelt es sich um das Siegel Johann Feiges von Lichtenau, der diesen Brief zum weiteren Versand an Landgraf Philipp erneut verschloss. Teile des verwendeten Strickes unter dem Siegel haben sich ebenfalls erhalten. – Die Adresse hat sich vollständig erhalten. – Die Absatzgestaltung folgt der Vorlage.*
>
> *Siehe Anhang, Abb. 5.*

E H Z Sachssen etc.

Gestrennkgen lyeben besundern mein^a guttlich beger yst an euch, yer wollett meinem fruntlichen lyeben bruder hern Philips, lantgraff zu Hessen, den breff auff das aller fortter

---

[1749] *Adolf Rau zu Holzhausen d. Jüngere; vgl. Anm. 1623.*

[1750] *Johann Feige von Lichtenau (1482–1541), hess. Kanzler; vgl. Anm. 1215.*

lychst yn seiner lyeb eigen hant scheycken, dan seynner liebe[b] etwast mercklychst drant geleygen yst, solgest wil ich yn genaden und allem gutten bedenken. Dat(um) freytag nach Yubelatte anno xxxiiii.[c]

Yer wollet auch eugern hern, meyn lyeben bruder, bytten und ermanen, wo[d] seiner lyeb ein winck ein zu draglyche rechtunge wertten kant, das s(einer) l(ieben) an nem, dan das geschreyg h(er) gestern yst spet her kumen, wey ein hobman zu Regenstborgk, sal Dymost[1751] haissen, sal ser beroffen seyn, sol vel[e] leut auff nemen, auch sollen fel Spanger[1752] for hantten seyn. Auch wolt der keysser[1753] [f] dem konge[1754] gelt und leut zu scheycken und wey man meyn bruder allen entten wol yn seynen lyeb lant fallen. Ich hab es seiner lyeb auch geschriben[1755] und der dinck fel, dey nich zu vor achten seyn, dan ich hab sorge, meyn bruder wert winck holff an seyn freuntten yn der sach halben haben[g] und an seyn nackwern und meynen, wan der keysser auff geboutt[1756], so mussen dey fursten alle wider s(einer) l(ieben) und wert ein grossen widerstand haben. Got helff s(einer) l(ieben) mit seyn gotlichen gnaden. Das kongest erbt lant haben sych auch einer grossen stourre vorwelgett[1757] und wollen tod und leben bey ym bleyben. Ich wil euch auch nich bergen, das ich hofftte, das dem hertzgen[1758] das lant wert, dach also das er es von dem konge zu len entfaent solt als von ein hertzogen von Osterreycht[h], dan der kesser hatt es dem konge geleygen[1759]. Und ab dan meyn bruder nicht wolt, heylt ich dar for, man kont es auch da heyn hanttelen, wan keyn Werttenbergesser erbt, da wer das dan meyn bruder ym solgen fal auch so zu len hette, das wer ‖ ya seyner lyeb eirlych und nutzlich und wer ya besser, dan das er wol fortter kreychgs gebruchgen keyn dem konge, und solt drober[i] umb s(einer) l(ieben) lant kumen, aber wo glich s(einer) l(ieben) nichst kemb[j], dar von wolt ich dach lyeber es wort vortragen, wey ich vor heyn geschriben hab; meyn bruder het nach eyr genunck yn geleygett, wan es der hertzogs so yn[k] bekemb wer ya besser, dan das s(einer) l(ieben) seyner lant und leut muste yn far[1760] stend. Yer wolt[l] seyner lyeb darzu ratten, euch selber auch zu gut, dan dey Spanger seyn bosse leut, wo sey yn ein lant kumen. Mich dunket, wer mit dem hertzgen hantteln kont, wan der zu fretten wer, also wey ich antzeyge, so wer meyn bruder auch zu fretten. Yer must ym ein winck hart zu sprechgen dem hertzgen. Bedenck euger und meyn nest brudern keyntter und unsser aller nottroff auch und bedenck e(uer) l(ieben) besser dan ichst ym meynem dulden vorstand[1761] und[m] bedrobetten gemot schriben kont. Ich last mich nich halb mercken, wey mir umb das hertz yst und byt auch gutlich zu reyst den breff. Ich west aber nach nich, ob es der konich von Bhemen so wolt annemen. Ich schrib es nor so, ab es for feyl, das dan meyn bruder sych nich selber werett vor seym glock und wollet yr euger sach yn gutter achtunge haben, was ich mir der far sol euch und vorborgen[1762] bleyben. Dat(um) freytag.

[1751] *Franz von Hemste (auch Thamis oder Franz von Thamise genannt), Reichshauptmann zu Regensburg; vgl. Anm. 1721.*

[1752] = *Spanier.*

[1753] *Kaiser Karl V. (1500–1558).*

[1754] *König Ferdinand I. (1503–1564).*

[1755] *Vgl. oben Nr. 147 (Brief Elisabeths an Philipp, 1534 April 30/Mai 1).*

[1756] = *Aufgebot.*

[1757] = *des Königs Erbland hat sich auch einer großen Steuer bewilligt.*

[1758] *Herzog Ulrich von Württemberg (1487–1550); vgl. Anm. 795.*

[1759] *Gemeint ist die Afterlehenschaft Württembergs.*

[1760] = *in Gefahr.*

[1761] = *'verrückt'; abgeleitet von stultus; meint also 'meinen verrückten Verstand'.*

[1762] = *unverborgen.*

^a *Wort hochgestellt eingefügt.*
^b *Wort hochgestellt eingefügt.*
^c *Es folgt Absatz mit Freizeile.*
^d *Gestrichen:* ym.
^e *Gestrichen:* leyt.
^f *Gestrichen:* mey.
^g *Wort hochgestellt eingefügt.*
^h *Gestrichen:* dem.
ⁱ *Getilgt:* ya.
^j *Wort hochgestellt eingefügt; darunter gestrichen:* kreychs.
^k *Gestrichen:* be.
^l *Gestrichen:* eyn.
^m vorstand und *hochgestellt eingefügt.*

149

1534 Mai 6

Herzogin Elisabeth an Landgraf Philipp (den Großmütigen)

Elisabeth schickt Philipp die Abschrift einer Kundschaft, die aus der Kanzlei des Königs stammt. Elisabeth bittet ihren Bruder um Stillschweigen. – Elisabeth hofft, wenn Herzog Ulrich von Württemberg sein Land wiedergegeben wird, so würde Philipp den Feldzug beenden. Sobald er Zeit findet, soll er sich der Nassauer Sache annehmen, denn der König bevorzugt jetzt Graf Wilhelm II. von Nassau. – Elisabeth hat von Aufrüstungen gehört. Johann Hilchen soll in Prag gewesen sein und Reiter rekrutieren. Konrad von Boyneburg habe ebenfalls Truppen versammelt. Alles was sie erfährt, wird Elisabeth Philipp berichten. — In der Nacht ist eine Botschaft vom König gekommen, in der es heißt, Philipp läge vor Stuttgart. Der König habe es von der Regierung zu Schwaben erfahren. Außerdem hat sie gehört, dass der Dauphin von Frankreich Philipp zu Hilfe kommt. Sie hört es nicht gern, denn die Fürsten im Reich denken nun, er wolle römischer König werden. – Philipp soll ihr schreiben, wie es ihm geht; Elisabeth hat keine Ruhe. Wenn Philipp die Stadt in 14 Tagen nicht erobert hat, werden Entsatztruppen kommen. — Man sagt hier, die Böhmen rüsten sich und wollen die Seite unterstützen, die sie bezahlt. Der König wollte sich gern 100.000 Gulden als Türkensteuer von Herzog Georg (dem Bärtigen) leihen. Diese kann der Herzog aber bis Sonntag ohne die Landstände beim Landtag zu Leipzig nicht bewilligen. Sie hofft, sie werden die Summe nicht genehmigen. Dann würde Herzog Georg dem König etwas von seinem eigenen Geld leihen, aber nicht so viel.

StA Marburg, PA 2842, fol. 13r–v.

Überlieferung: Ausfertigung.

Schrift: eigenhändig.

Adresse: [m f] h l b h z / [h] la p s l e // hant.¹⁷⁶³

Nr. bei Werl: 92.

Kanzleivermerke: Disse schrift hat d(er) churf(urst) zu Sachss(en) ghen Cassel und di rethe furter m(einem) g(nedigen) h(ern) zugeschikt.

---

¹⁷⁶³ *Steht für:* **M**einem *freundlichen* **h**erzlieben **B**ruder, **H**err *zu* **H**essen, *zu* **L**andgraf Philipp, *seiner* **L**ieben **e**igen **H**and.

Bemerkung: Siegeleinschnitte sind vorhanden; das Siegel und der Siegelstreifen selbst sind verloren; die Adresse ist entsprechend beschädigt überkommen. – Den Brief schickte Elisabeth über Kurfürst Johann Friedrich an die hessischen Räte nach Kassel, die diesen dann an Landgraf Philipp weiterleiteten. Der Brief lag zunächst einem Anschreiben an den Kurfürsten bei (Nr. 150). Zu diesem Brief verfertigte Kurfürst Johann Friedrich ein weiteres Schreiben an Landgraf Philipp (Nr. 151).

Druck: Wille, Landgraf Philipp der Großmüthige von Hessen, S. 313 f.

H(ertz) a(ller) l(iebster) b(ruder), ich scheyck dir heyr mit ein kontschaff, dey hab ich lassen auß schriben[1764], sal dey her kummen sein auß das konges[1765] zu Behemen kantzleige, du werst wol deyn best dar zu gedencken, dan man kontschaff dir ser^a noch. Aber ich byt dich, melte^b mich nich, das ich dir es hab zu gescheyckett. Ich byt dich auch, das du dich wellest lassen rechten, wan man dem hertzgen[1766] wolt seyn lant yn roummen. Mich doncket auch gut seyn, wan es sich scheycken wolt, das dut auch mit yn dey hanttelunge byst kummen, dey Nasseyste sachge[1767], das der kounich den von Nasse[1768] vor nuget. Ich hort^c Yohan Helgen[1769] sal routter[1770] bestellen, yst zu Brage[1771] gewest und der Kleynt Hesse[1772] auch und etliche kreygest leutte mer. Solges[1773] hab ich dir fruntlicher meynunge nich wollen bergen, dan so vel ich er farre[1774], so vel schrib ich dir. Heyr mit byst Got bevollen, ich er tzeyg dir schwesterliche treu. Dat(um).

E H Z S etc.

Nechtten yst botschaff her kummen von dem konge, das dut mit grosser mach vor Stockgartten[1775] leyges; dan der konych hat m(einem) a(lten) h(ern) geschryben, seyn yn der regerung zu Schwaben haben es ym geschreyben, dan er hatt dey bost, das er es yn tag und nach kontschaff hatt. Man saget mir auch, der^d delffeyn yn Frankreych[1776] kumb auch mit grosser macht dir zu hollfe. Das hort ich nich gern, wan er selber kemb, dan den forsten im reychge dechtten, er wolt rommisser konych wertten wollen und wortten alle auff sein wollen und wern; aber wan dir foulgk zu scheyckett, das sege ich gern, aber so wer

---

[1764] = abschreiben.

[1765] König Ferdinand I. (1503–1564).

[1766] Herzog Ulrich von Württemberg (1487–1550); vgl. Anm. 795.

[1767] Gemeint ist die Nassauer Sache, also der Rechtsstreit zwischen den Grafen von Nassau und Hessen um die von Hessen in Besitz genommene Grafschaft Katzenelnbogen. Vgl. zur Sache Demandt, Die Grafen von Katzenelnbogen und ihr Erbe; Schmidt, Landgraf Philipp der Großmütige und das Katzenelnbogener Erbe.

[1768] Wilhelm (der Reiche), Graf von Nassau (1487–1559); vgl. zu ihm ADB 43 (1898), S. 129–131.

[1769] Johann Hilchen (III.) von Lorch (1484–1548), königlicher Rat und kaiserlicher Feldherr; vgl. zu ihm Rommel, Philipp der Großmüthige, Bd. 1, S. 358; Küch/Heinemeyer, Politisches Archiv, Bd. 4, S. 360, insbesondere die Bestände im StA Marburg, PA 1450 und 1453.

[1770] = Reiter, im Sinne von Reitknechten.

[1771] Prag.

[1772] Konrad (Kurt) von Boyneburg der Ältere (1494–1567), auch Konrad von Bemelberg, „der kleine Hesse" genannt, kaiserlicher Feldherr; vgl. zu ihm ADB 3 (1876), S. 224–226; NDB 2 (1955), S. 425; Küther, Konrad von Bemelberg; Demandt, Der Personenstaat der Landgrafschaft Hessen, Bd. 1, S. 85 f.

[1773] = solches.

[1774] = erfahre.

[1775] Stuttgart.

[1776] Franz III. (1518–1536), Herzog von Bretagne, Dauphin von Frankreich, ältester Sohn des französischen König Franz I.

es vordechtych. Ich byt dich, schrib mir wey es dir geyt und^e was dut for gutte leutte bey dyr hast, dan sey sagen, deyn obersten und ret mester[1777] seyn bosse leut. Schrib mir dach wer sey seyn und wey dirs geyt, dan ich hab keyn rouge[1778], ich west dan wey dirs geyt. Schrib mir balte, ich hort auch, wo dut dey stad yn xiiii tagen[1779] nich gewunist, so wertten vel leut kumen, ‖ sey zu ent seszsen. Heyr mit byst Got bevollen, der beheut und bewarre dich oben[1780], ich ertzeyg dir schwesterliche trew. Es dut mir yetz neyman nichst, das ich mercken kant. Dat(um) mitwochen nach Cantatte anno xxxiiii.

E H Z S

Man saget dey Behemen rosten sych und wollen yernem hern helffen, wo her sey heyr gebruchet auff yer kosten. Der konich wolt ger huntter dussen golten[1781] geleygen von m(einem) a(lten) h(ern) haben, dey Dorcken stourre[1782] aber. M(ein) a(lter) h(er) droffes heyntter der lantschaff nich duntt yetzt, byst suntag sal ein lant dag seyn zu Leybtzeygk[1783]. Aber ich wer bey yn ser, das sey es, hoff ich, nich duntt. M(ein) a(lter) h(er) leyge ym dan von seym eigen gelte, aber so vel nich.

^{a} *Gestrichen:* nach.
^{b} *Wort hochgestellt eingefügt; darunter gestrichen:* welte.
^{c} *Gestrichen:* Yo Hant.
^{d} *Wort hochgestellt eingefügt; darunter gestrichen:* das.
^{e} *Wort hochgestellt eingefügt.*

150

1534 Mai 6

Herzogin Elisabeth an Kurfürst Johann Friedrich (den Großmütigen)

Elisabeth bittet Johann Friedrich, den Brief an Landgraf Philipp (dem Großmütigen) zu schicken und ihn zu einer friedlichen Einigung zu überreden. Man sagt hier am Hof, der Landgraf läge mit seinen Truppen vor Stuttgart. Den Brief soll Johann Friedrich nach Kassel zu den hessischen Statthaltern schicken, die ihn dann durch Boten überbringen.

HStA Dresden, 10024, Loc. 9131/32, fol. 10r.

Überlieferung: Ausfertigung.

Schrift: eigenhändig.

Adresse: Dem hochgebornen fursten hern / Hans Freyderich hertzoge zu Sachssen / das hailgen roumsen reychst ertzmarschalk / und korfurste etc. meinen fruntlichem / lieben ohmen und bruder yn seiner lyeb eigen hant.

Nr. bei Werl: 93.

[1777] = *Rittmeister.*
[1778] = *Ruhe.*
[1779] = *in 14 Tagen.*
[1780] = *oben, als ‚am Leben'.*
[1781] = *100.000 Gulden.*
[1782] = *Türkensteuer.*
[1783] *Landtag zu Leipzig (1534 Mai 11). Vgl. Goerlitz, Staat und Stände, S. 457 f.; zu den Ergebnissen vgl. ABKG III, Nr. 2470.*

Kanzleivermerke: Rochlitz – 1534.

Bemerkung: Der Brief wurde gefaltet und gesiegelt, das aufgedrückte Siegel hat sich nicht erhalten. – Die Schrift dieses Briefes ist teilweise stark verblasst und kaum leserlich. – Dem Schreiben lag der Brief an Landgraf Philipp (Nr. 149) bei, den Kurfürst Johann Friedrich an die hessischen Räte nach Kassel weiterleiten sollte.

F(reuntlicher) h(ertz) a(ller) l(iebster) b(ruder) und ohmen; ich byt e(uer) l(ieben) auff das aller fruntlychste, e(uer) l(ieben) wolle meynem lyeben bruder deyssen breff[1784] zu scheycken. Auff das aller erste, ob er dach zu ober retten wer gutlich hanttlunge an zu nemen. Man saget auch meyn bruder sal vor Stockgartten[1785] leygen. Ich byt e(uer) l(ieben) gantz fruntlychen, e(uer) l(ieben) wolle meyn bruder den breff scheycken dan mir etwast drant geleygen yst. E(uer) l(ieben) scheycken nor keyn Kassel, scheycken seyn stad haltern, das ym mit der bost[1786] scheycken wollen. Heyr mit wil ich e(uer) l(ieben) Got bevellen mich e(uer) l(ieben) Got helff uns mit freutten zu sammen, dan e(uer) l(ieben) schwesterliche trew zu der tzeygen wer ych geneyget. Dat(um) mitwochen nach Canttate anno xxxiiii.

E H Z S etc.

151

Altenburg   *1534 Mai 8*

Kurfürst Johann Friedrich (der Großmütige) an Landgraf Philipp (den Großmütigen)
Johann Friedrich hat einen Brief Elisabeths[1787] erhalten und weil daneben etliche brieff an euer lieb haltende gebunden gewest, so haben wir das papir darein sie vorpeczschafft gemacht, ungeverlich und unvorsehens erbrochen. Nachdem wir aber befunden, das dieselben brieff euer lieb zugestanden, so haben wir sie widerumb in ein ander papir machen und vorsecretiren lassen, welche wir euer lieb einliegendt ubersenden, freuntlich bittende, euer lieb wolle des kein beschwerung tragen.
Datum Aldenburgk, freitagk nach Cantate anno domini xv^c xxxiiii°.

StA Marburg, PA 2557, fol. 68r.

Überlieferung: Ausfertigung.

Schrift: eigenhändig.

Adresse: Dem hochgebornen fursten hern Philipsen / landtgraven zu Hessen graven zu / Catzenelnbogen, zu Dietz, Ziegenhain und / Nidda, unserm freundtlichen lieben / vettern und brudern / zu seiner lieb // handen.

Kanzleivermerke: –

Bemerkung: An der Ausfertigung haben sich Siegel und Siegelstreifen vollständig erhalten. – Der in diesem Dokument häufig vorkommende Doppelkonsonantismus ‚n' wird reduziert wiedergegeben.

[1784] *Vgl. oben Nr. 149 (Brief Elisabeths an Philipp, 1534 Mai 6).*
[1785] *Stuttgart.*
[1786] = *Bote, Post.*
[1787] *Vgl. oben Nr. 150 (Brief Elisabeths an Johann Friedrich, 1534 Mai 6).*

152

1534 Mai 11

Herzogin Elisabeth an Kurfürst Johann Friedrich (den Großmütigen)

Eilig teilt Elisabeth Johann Friedrich die Nachricht Herzog Heinrichs (des Frommen) mit, dass die Böhmen durch das albertinische Sachsen ziehen und Hessen angreifen wollen. Sie glaubt nicht, dass Johann Friedrich und Herzog Georg (der Bärtige) dies erlauben werden. Johann Friedrich soll Landgraf Philipp (den Großmütigen) darüber sowie über die Aufrüstungen in Schlesien und Böhmen informieren. Elisabeth schreibt ihm, weil sie nicht weiß, wo ihr Bruder ist und der Kurfürst ohnehin gemeinsam mit ihm im Schmalkaldischen Bund vereint ist. – Im Bistum Würzburg sollen Truppen liegen, die angeblich Hessen angreifen werden. Elisabeth ist krank vor Sorge. – Albrecht Schlick hat Herzog Georg eine geheime Botschaft überbracht. Elisabeth denkt, er wolle auch durch das albertinische Sachsen ziehen.

HStA Dresden, 10024, Loc. 9131/32, fol. 21r.

Überlieferung: Ausfertigung.

Schrift: eigenhändig.

Adresse: [d h g] f [h]ᵃ f h z s / [d h r r] e u k l y d / [m z m m] f h l o u b / [y s l e] hant.[1788]

Nr. bei Werl: 94.

Kanzleivermerke: Die hertzogin von Rochlitz zeigt an, d(as) der konig in Beh(men) iren bruder wolle ins landt fallen – 1534.

Bemerkung: Siegeleinschnitte sind vorhanden; das Siegel und der Siegelstreifen selbst sind verloren; die Adresse ist entsprechend beschädigt überliefert. – Die Schrift dieses Briefes ist teilweise stark verblasst und kaum leserlich. – Der Brief trägt keine Unterschrift.

M(ein) f(reuntlicher) h(ertz) a(ller) [l(iebster)]ᵇ o(hme) u(nd) b(ruder); ich geb e(uer) l(ieben) in einer yelle[1789] zu erkennen, das h(ertzog) Herych[1790] hatt her geschriben, das gewisse kontschaff hatt, das Bhemen heyr dorch dyst lantᶜ wollen tzeyn und meyn bruder yn das lant fallen, wey wol ich es nich glabe, das es e(uer) l(ieben) und m(ein) a(lter) h(er) leytten. Aber dach schrib ich e(uer) l(ieben), byt e(uer) l(ieben) wol es meyn bruder antzeygen auff erste, dan das yst war, yn der Schleseyge[1791] und Bhemen yst auff gebotten[1792], wan man wil auff seyn yn tag aber nach[1793], das sey sollen ferttych seyn. Ich wolt es meyn bruder gern selber schriben, aber ich west in nich zu fintten. Vor se mich auch es sey glich so vel, wan ychst e(uer) l(ieben) schribe, dan e(uer) l(ieben) yst in einer solgen vor bontnist[1794] mit ym, das e(uer) l(ieben) nich leyt. West ich wol auch, hort ich ymᵈ boschtumᵉ von Wertzbergk[1795] sollen knecht leygen, dey sollen auch meyn bruder wollen yn das lant fallen. E(uer) l(ieben)

[1788] *Steht für:* **Dem hochgeborenen Fürsten Herrn Hans Friedrich, Herzog zu Sachsen, des Heiligen Römischen Reichs Erzmarschall und Kurfürst, Landgraf in Thüringen, Markgrafen zu Meißen, meinem freundlichen herzlieben Oheim und Bruder in seiner Lieben eigen Hand.**

[1789] = *Eile.*

[1790] *Herzog Heinrich (der Fromme) von Sachsen, der auch Kurfürst Johann Friedrich über den möglichen Zug der Böhmen informierte (vgl. unten Nr. 153).*

[1791] *Schlesien.*

[1792] = *aufgeboten.*

[1793] = *Tag oder Nacht.*

[1794] = *Verbündnis, gemeint ist der Schmalkaldischen Bund.*

[1795] *Bistum Würzburg.*

glab mir, das ich mich ober der sach herm[1796], das ich gar krant wertte. Solges hab ich e(uer) l(ieben) yn einer yelle nich wollen bergen, und bevel[f] e(uer) l(ieben) Got mich e(uer) l(ieben), der helff uns mitt freutten zu sammen, ich er tzeyg e(uer) l(ieben) schwesterliche trew. Her Albrechtt Schlecke[1797] war gestern achtag[1798] heyr bey m(einem) a(lten) h(ern), der hatt ein bottschaff, dey droff neyman hornt, dan m(ein) a(lter) h(er) alleyn fertgetten[1799] auch alleyn ab; nich west ich was war, ych denck scheyr das beger hat dorch dist lant zu tzeyn. E(uer) l(ieben) schribest yo meyn bruder balt, dan er mych gebetten hatt zu schriben, solges ich auch gesaget hab e(uer) l(ieben) zu schriben. Datt(um) montag[g] in der Crost Wochgen[1800] anno xxxiiii.

    [a] *Sigle für* H(ans) *fehlt.*
    [b] *Sigle für* l(iebster) *fehlt.*
    [c] dyst lant *hochgestellt eingefügt.*
    [d] *Gestrichen:* bosum.
    [e] *Sic.*
    [f] *Gestrichen:* m.
    [g] *Gestrichen:* nach yub.

153

1534 Mai 12

Kurfürst Johann Friedrich (der Großmütige) an Herzogin Elisabeth

Gestern hat Johann Friedrich Nachricht von Herzog Heinrich (dem Frommen) darüber erhalten, dass die Böhmen über dessen Amt Wolkenstein nach Hessen ziehen wollen. Der Herzog habe ihn deshalb um Unterstützung gebeten. Johann Friedrich hat Herzog Georg (den Bärtigen) diese Nachricht mitgeteilt, glaubt aber nicht, dass die Böhmen gegen Hessen ziehen werden, weil sie sich nie weit aus ihrem Territorium wagen. Stattdessen vermutet er, dass sie in Schlesien und Mähren einfallen werden. – Vor wenigen Tagen ist Johann Friedrich im Stift Würzburg gewesen. Er hat keine Anzeichen für die Aufstellung eines Heeres erkennen können. – Landgraf Philipp (der Großmütige) hat gegen den Rat Johann Friedrichs den Feldzug wegen der Wiedereinsetzung Herzog Ulrichs in Württemberg angefangen. – Heute ist durch Anarg von Wildenfels ein Brief des Landgrafen beim Kurfürsten eingetroffen. Daraus ist zu ersehen, dass Landgraf Philipp und Herzog Ulrich nicht zum Frieden zu bewegen sind.

HStA Dresden, 10024, Loc. 9131/32, fol. 42r–v.

Überlieferung: Konzept.

Schrift: eigenhändig.

Adresse: An dye hertzogyn / von Hessen geschreben in 15 und 34.

Kanzleivermerke: In d(er) Wirtenbergischen sach.

Bemerkung: Die Blätter wurden auf der rechten Seitenhälfte fortlaufend beschrieben, die linke blieb Korrekturen und Ergänzungen vorbehalten. – Die Absatzgestaltung folgt der Vorlage.

[1796] = *härme; im Sinne von ‚Kummer leide'.*
[1797] *Albrecht Schlick, Graf zu Passau (†um 1558), königlicher Kammermeister.*
[1798] = *1534 Mai 3.*
[1799] = *fertigt ihn.*
[1800] = *Kreuzwoche.*

Got walts. F(reuntliche) lyebe mume[a] und schwester, ich hab e(uer) l(ieb) schreiben des dato sthehet montack in der Creuczwochen[1801] heyt dato entpfangen und seynes inhalts von e(uer) l(ieb) freuntlichen vermerket. Wyl e(uer) l(ieb) dorauff nyt bergen, das myr gestern von meynem freuntlichen lyeben vetter herzock H(einrich) von Sachssen[1802] etc.[b] auch eyn schreyben zcu kommen ist,[c] darynnen myr s(ein) l(ieb) vermeldt, das ir gleichliche kuntschafft zcukommen, das dye Behem in Hesse lander zeyhen und s(einer) l(ieb) ampt Wolckensteyn[1803] beruhen woltten, myt byt, das ich[d] s(einer) l(ieb) der selbygen schaden zcu forhutten behelfflychen seyn woltten, wye ich mych[e] dan dorauff kegen s(einer) l(ieb) myt freuntlycher[f] antwordt hab[g] vernemen lassen. Ich[h] hab[i] auch heut meynem[j] freuntlychen lyeben vettern h(erzock) Jorgen sulches angezceyget. Versehe mych[k], s(einer) l(ieb) werden mych[l] ir gemut und was sye derhalben wyssens haben versthendigen, wyl mych aber nyt vorsehen, das die Behem e(uer) l(ieb) bruder yn das[m] lant zcyhen werden[n], dan sye sych jhe nyt gern weyt aus irem gebyette zcu begeben pflegen. [p]So yst myr auch gleichlichen angezceygt, das dye Behem den konyck[1804] keyn ander vertrosthung gethan sollen haben, den das lant, so das angegryeffen, zcu[o] schutzen.[p]

So aber sulches ir auffmanung vorhanden seyn sol, vermutte ich mych fyl meher dye weyl dye sorge ist, das aus etlychen angesthyfftten pracktycken der geyn [q]von wegen des durcken[1805] und weyder[q] dem konyck in dye lant der Schlessyge und Mehern[1806] fallen sollen, das sulches zcu ferkommen sye in forhabens seyn werten.[r] Und wye wol ich e(uer) l(ieb) ‖ zcu freuntlichen gefallen nyt ungeneyget des genyge, so myr e(uer) l(ieb) angezceyget e(uer) l(ieb) bruder zcu fermelden, so hab ich doch in und[s] allerley bedencken, das ich s(einer) l(ieb) in sulchen grossen sachen etwas zcu schreyben solt, dar innen ich nyt genucksam versichert[t], dan ich in weynyck tagen in sthyfft Wyrtzburck[1807] gehabet, befynde keyn anzceygung, das derhalben[u] knechte dorynnen versamlet[v] seyn solten. Zcu dem haben e(uer) l(ieb) freuntlichen zcu bedencken, nach dem e(uer) l(ieb) bruder sulche sachen des von Wyrttenberges[1808] eynseczung wyeder meynen rat und das[w] bytten angefangen, das ich mych auch, wye ich s(einer) l(ieb) sulches angezceyget, derselbygen wyl myr[x] teylhafftyck machen werde, sundern myt verleyhung gotlicher genade auff dye wege trostten, das ich desselbygen fernemens aus verdacht komme. So seynt auch, wye ich e(uer) l(ieb), so ich wey ir wer,[1809] berychtten werdt, sulches s(einer) l(ieb) fornemen mussen eynung und versthenung nyt gern[y] es[z] suchen fyl meher wyeder wertyck. Neben dem wyl ich e(uer) l(ieb) auch nyt bergen, das myr heutte von dem vom Wyldenfels[1810] und gar zu ein schryefft myt sampt e(uer) l(ieb) bruders antwort zcu kommen seyn, wye e(uer) l(ieb) in gemeyn aus bevorwartte verzeyung myt sampt eins das fornemen seyn sol zcu vernemen, der uns e(uer) l(ieb) zcu fermerken, das gar keyn trost vorhanden, das e(uer) l(ieb) bruder und der von Wyrttenbergk zcu eynyger gutlycher handellung zcu vermogen, [aa]derhalben es der almechtige Got nach seynem gotlychen wyllen schycken und machen wolt.[aa] Das hab ich e(uer) l(ieb) freuntlycher meynung nyt vorhalden wollen. [bb]Dat(um) dynstack in der Kreuzwoche.[bb]

[1801] *Vgl. oben Nr. 152 (Brief Elisabeths an Johann Friedrich, 1534 Mai 11).*

[1802] *Herzog Heinrich (der Fromme) von Sachsen (1473–1541).*

[1803] *Amt Wolkenstein, sö Chemnitz.*

[1804] *König Ferdinand I. (1503–1564).*

[1805] *= Türken.*

[1806] *Schlesien und Mähren.*

[1807] *Hochstift Würzburg.*

[1808] *Herzog Ulrich von Württemberg (1487–1550); vgl. Anm. 795.*

[1809] *= so ich bei ihr wäre.*

[1810] *Anarg von Wildenfels (um 1490–1539), sächs.-ernest. Rat; vgl. Demandt, Der Personenstaat der Landgrafschaft Hessen, Bd. 2, S. 956.*

^a lyebe mume *hochgestellt eingefügt; darunter gestrichen:* hertz lieben mhummen.

^b *Abbreviatur für* etc. *hochgestellt eingefügt.*

^c *Auf der linken Seitenhälfte steht der Vermerk:* nota des lantgrafen bryef.

^d *Wort hochgestellt eingefügt; darunter gestrichen:* yhr.

^e ich mych *hochgestellt eingefügt; darunter gestrichen:* wyr es.

^f *Gestrichen:* and.

^g *Wortende korrigiert; gestrichen:* -en.

^h *Wort hochgestellt eingefügt; darunter gestrichen:* wyr.

ⁱ *Wortende korrigiert; gestrichen:* -en.

^j *Wort auf der linken Seitenhälfte mit Platzhalter eingefügt; anstelle gestrichen:* unseren*; hochgestellt eingefügt und wieder gestrichen:* unserem.

^k *Wort hochgestellt eingefügt; darunter gestrichen:* es.

^l *Wort hochgestellt eingefügt; darunter gestrichen:* uns.

^m *Wort hochgestellt eingefügt.*

ⁿ *Wort hochgestellt eingefügt; darunter gestrichen:* wolten.

^o *Gestrichen:* erretten.

^{p-p} *Passage auf der linken Seitenhälfte mit Platzhalter eingefügt.*

^{q-q} *Passage auf der linken Seitenhälfte mit Platzhalter eingefügt.*

^r *Platzhalterzeichen eingefügt und wieder gestrichen.*

^s *Wort in der Bindefalz kaum lesbar.*

^t *Wort in der Bindefalz kaum lesbar.*

^u *Wort hochgestellt eingefügt.*

^v *Wort in der Bindefalz kaum lesbar.*

^w *Wort hochgestellt eingefügt.*

^x *Wort hochgestellt mit Platzhalter eingefügt.*

^y *Unsichere Lesung.*

^z *Unsichere Lesung.*

^{aa-aa} *Passage auf der freien fol. 43r mit Platzhalter eingefügt.*

^{bb-bb} *Passage auf der linken Seitenhälfte eingefügt.*

154

Dresden	*1534 Mai 22*

Herzogin Elisabeth an Landgraf Philipp (den Großmütigen)

Elisabeth hat gehört, dass Philipp mit seinen Truppen in Württemberg abwartet. Er habe auch an König Ferdinand I. nach Prag geschrieben, um ihn um das Herzogtum Württemberg zu bitten. – Die Fürsten reiten hin und her: Herzog Heinrich II. (der Jüngere) von Braunschweig-Lüneburg-Wolfenbüttel ist in Prag beim König und wird morgen hier erwartet. Vorher ist er schon bei Herzog Georg (dem Bärtigen) in Leipzig und Meißen sowie beim Kardinal Albrecht von Brandenburg in Halle gewesen. Herzog Georg ist am Mittwoch (20. Mai) in Chemnitz mit Kurfürst Johann Friedrich (dem Großmütigen) zusammengetroffen, der wiederum am Montag oder Dienstag bei Kardinal Albrecht in Pegau war. Was Herzog Georg verhandle, wisse niemand, da kein Rat dabei sei. – Andreas Ungnad soll heute in Dresden ankommen, um dann nach Dänemark zu ziehen. Der König sähe es gerne, dass die Dänen seinen Sohn zum König wählen würden. – Die Böhmen haben dem König 12.000 Mann gestellt. – Die Regenten von Württemberg haben dem König versprochen, die Festungen drei oder vier Monate gegen Philipp zu halten. – Die Bischöfe leihen dem König Geld. – Hans Katzianer zu Katzenstein soll mit seinen Husaren ins Herzogtum Württemberg, Georg Schenk von Tautenburg, wenn er Münster eingenommen hat, in Hessen einfallen. Außerdem will der Kaiser viele Truppen schicken. – Elisabeth bittet Philipp, ihr die Wahrheit zu schreiben. Sie hat gehört, es würde ihm an Geld fehlen.

StA Marburg, PA 2842, fol. 16r–v.

Überlieferung: Ausfertigung.

Schrift: eigenhändig.

Adresse: [Meinem] fruntlichen / [lieben] bruder hern / [Philips lantg]raff zu / [Hessen etc. yn] seyner lyeb // eigen hant // yn grosser yelle / zu zu schycken.

Nr. bei Werl: 95.

Kanzleivermerke: –

Bemerkung: Siegeleinschnitte sind vorhanden; das Siegel und der Siegelstreifen selbst sind verloren; die Adresse ist entsprechend beschädigt überkommen. – Die Handschrift ist auffällig flüchtig. In der Adresse betont Elisabeth, dass der Brief schnell zuzustellen sei.

Druck: Wille, Landgraf Philipp der Großmüthige von Hessen, S. 314 f.

M(ein) h(ertz) l(ieber) bruder, ich hort sagen, wey dut ym lantse Werttenbergk leygest stel und dust nichst. Auch hast dut dem konge[1811] geschriben, sal botschaff keyn Brage[1812] kumen sein und man vor mut seych, du schribest dem konge umb das lant, das er dir es wolt lassen, das nich mit dem schwert gewon draff wertten. Nu meynett man, dut dust nerychst drant, weyl dut dey leutt[1813] bey ein nander hast, man wert dich nor auff halten so lange sey sych auch vorsammeln, dar nach kanst dut dan nichst auß rechtten. Ich las dich auch wissen, das dey fursten heyn und wider reytten: hertzoge H(einrich) v(on) Bruntschweygk[1814] yst zu Brage bey dem konge, sol morgen wider herhy her kumen; und yst for[a] bey dem her vatter[1815] zu Meyssen[1816] und zu Leybtzeygk[1817] gewest und vor bey dem byschaff von[b] Mentz[1818] so zu Halle[1819] gewest; dar[c] nach zu dem her vatter und wider keyn Halle; und dar nach yst zu dem konge geritten. So yst der h(er) vatter als am[d] mitwochen[1820] zu Kembnitz[1821] bey dem korfursten[1822] gewest. So yst der korfurste bey dem bysschaff von Mentzse am dynstag aber[1823] montag zu Bege[1824] gewest. Und was meyn h(er) vatter hanttel mit den fursten yst alles hemlich, das neyman west, lett keyn ratt dar bey seyn. Heut sal[e] her Anders[f] Ungenad[1825] her kummen, wil heyr auff ein scheff[1826] sestsen, wil nach Hamborgk[1827] farn und fortter nach Denmargk; hatt drey klepber[1828] ym scheff dine. Und[g] man saget, der kongych

---

[1811] *König Ferdinand I. (1503–1564).*

[1812] *Prag.*

[1813] *Gemeint ist das ‚Kriegsvolk'.*

[1814] *Herzog Heinrich II. (der Jüngere) von Braunschweig-Lüneburg-Wolfenbüttel (1489–1568); vgl. Anm. 329.*

[1815] *Herzog Georg (der Bärtige) (1471–1539).*

[1816] *Meißen, Stadt mit Schloss und Dom.*

[1817] *Leipzig.*

[1818] *Kardinal Albrecht von Brandenburg (1490–1545), Erzbischof zu Mainz und Magdeburg; vgl. Anm. 1008.*

[1819] *Halle (Saale), Stadt nw Leipzig, Residenz des Erzbischofs von Magdeburg.*

[1820] *= 1534 Mai 20.*

[1821] *Chemnitz, Stadt sw Dresden.*

[1822] *Kurfürst Johann Friedrich (der Großmütige) (1503–1554).*

[1823] *= oder.*

[1824] *Pegau, Stadt s Leipzig. Zu den Verhandlungen mit zwischen Kurfürst Johann Friedrich und Kardinal Albrecht von Brandenburg vgl. Wille, Landgraf Philipp der Großmüthige von Hessen, S. 193.*

[1825] *Andreas Ungnad, Freiherr von Sonneck (1499–1557), oberster Stallmeister und Gesandter König Ferdinands.*

[1826] *= Schiff.*

[1827] *Hamburg.*

[1828] *= Reitpferd von mittelmäßiger Höhe.*

hette gern seyn soun[1829], das yn dey Dennen[1830] welten zu eim konge. Dey Bhemen haben geweylget deym konge xii dussen man[1831], etlyche manett, graff Houck von Lysnick[1832] yst yer oberster. Dey regerer zu Werttenbergk[1833] haben dem konge geschriben, sey wollen dey festenunge wol iii aber veyr monett[1834] vor dir behalten; ab dut glich dey lossen flecken[1835] yn nemest, dan auß der festen unge[1836] kontten sey das alles wider yn nemen; und vor sen sych, dut worttes dich selber kreygen, der konych solt sych nich ser yellen[1837] wan in ii aber iii monet[1838] leut auff brecht. Ich hort sagen, etliche bysschaff leygen[1839] ym gelt, dan er betzal seyn hoff gesein[1840] mit ungerychsen golten[1841]. Ich hort auch, der Gatz sey gamer[1842] sal mit ‖ vel dussen husern[1843] yn das Werttenberger lant fallen und schenck Yorge[1844] sal vor Munster[1845] leygen; wan dey stad gewinett, so sal dan yn Hessen fallen. Auch wolle der kesser[1846] vel leutt zu scheycken und rett sych vel. Ich byt dich, schrib mir wey ym dromb yst und wey dir es geyt, nor dey rechtte warheyt, ich must dach erfarn, es sey bost aber gut. Ich hort auch, es wert dir dey leng an gelt fellen, dan du must allen monet haben mir dan huntter dussen und und[h] dreyssych dussen etc.[1847] Heyr mit byst Got bevollen, der beheut und bewar uns und helff uns mit freutten zu sammen, ych ertzeyge dir schwesterliche trew. Dat(um) Dressen freytag nach Esxsudeyge[1848] anno xxxiiii.

E H Z S

[a] *Gestrichen:* vo.
[b] *Wort hochgestellt eingefügt; darunter gestrichen:* zu.
[c] *Gestrichen:* zu.
[d] *Gestrichen:* die.
[e] *Gestrichen:* der.
[f] *Gestrichen:* Undge.
[g] *Gestrichen:* wan.
[h] *Sic.*

[1829] *König Ferdinands ältester Sohn Maximilian II. (1527–1576)? Er war zu diesem Zeitpunkt sechs Jahre alt.*
[1830] *= Dänen.*
[1831] *= 12.000 Mann.*
[1832] *Burggraf Hugo von Leisnig, Herr zu Penig (1465–1538); vgl. Schwennicke, Europäische Stammtafeln, NF Bd. 19, Tafel 112.*
[1833] *Gemeint sind die Habsburger Statthalter Württembergs.*
[1834] *= drei oder vier Monate.*
[1835] *= Orte.*
[1836] *= Festung.*
[1837] *= nicht sehr beeilen.*
[1838] *= zwei oder drei Monate.*
[1839] *= leihen.*
[1840] *= Hofgesinde.*
[1841] *= ungarische Gulden.*
[1842] *Hans Katzianer zu Katzenstein (1491–1539), königlicher Feldherr, Obristfeldhauptmann, Landeshauptmann von Krain; vgl. zu ihm NDB 11 (1977), S. 338f.*
[1843] *= Husaren.*
[1844] *Georg Schenk von Tautenburg (1480–1540), Statthalter von Friesland; vgl. zu ihm ADB 31 (1890), S. 66f.*
[1845] *Münster (Westfalen). Zum Täuferreich von Münster vgl. Kirchhoff, Die Täufer zu Münster; van Dülmen, Das Täuferreich zu Münster; Klötzer, Die Täuferherrschaft von Münster.*
[1846] *Kaiser Karl V. (1500–1558).*
[1847] *= jeden Monat mehr als 130.000 Gulden.*
[1848] *= Exaudi.*

155*

[1534 nach Mai 13, vor Mai 24]

Landgraf Philipp (der Großmütige) an Herzogin Elisabeth
Philipp berichtet Elisabeth vom erfolgreichen Verlauf seines Feldzuges in Württemberg und dem Sieg bei Lauffen.

> Überlieferung: verloren.
>
> Bemerkung: Die Ausfertigung dieses Schreibens ergibt sich aus Nr. 158. — Zur Datierung geben der Antwortbrief Elisabeths (Nr. 158) als terminus ante quem und die Schlacht bei Lauffen am Neckar am 1534 Mai 13 als terminus post quem Hinweise.

156*

[vor 1534 Mai 24]

Kurfürst Johann Friedrich (der Großmütige) an Herzogin Elisabeth
Johann Friedrich hat von Landgraf Philipp (dem Großmütigen) gehört, dass er wohlauf ist.

> Überlieferung: verloren.
>
> Bemerkung: Die Ausfertigung und die Datierung dieses Schreibens ergeben sich aus Nr. 157.

157

1534 Mai 23/24

Herzogin Elisabeth an Kurfürst Johann Friedrich (den Großmütigen)
Elisabeth freut sich, dass Landgraf Philipp (der Großmütige) unversehrt ist. Sie beklagt, dass es so viel Blutvergießen gibt und sich die Fürsten im Reich zu wenig um eine Friedensvermittlung bemühen. – Elisabeth hat mit Georg von Carlowitz gesprochen. Er befürchtet, Landgraf Philipp werde Elisabeths Rat nicht folgen und den Krieg fortsetzen. Dies wird er nicht tun, so Elisabeth, denn wenn er weiterzöge, wisse ihr Bruder, dass man Hessen angreifen werde. Landgraf Philipp wäre sicher zufrieden, wenn der König Herzog Ulrich das Herzogtum Württemberg wiedergeben würde. Sollte ihr Bruder aber aus seinem Land vertrieben werden, würde er bis zu seinem Lebensende nicht aufgeben. – Elisabeth hat Herzog Heinrich II. (den Jüngeren) von Braunschweig-Lüneburg-Wolfenbüttel ihre Nachrichten lesen lassen. Er hat andere erhalten; ihr Bruder würde gegen alle katholischen Fürsten im Reich ziehen, außerdem wird der Kaiser kommen. Herzog Georg (der Bärtige) meint, dass Johann Friedrich auch gegen den Feldzug Philipps sei. Elisabeth glaubt nicht, dass Johann Friedrich Geld dafür gibt. Aber sie weiß, dass Philipp mit ihm nicht zufrieden ist, da er sich nicht für ihn einsetzt. Elisabeth schlägt vor, den Bischof von Trient mit Geld als Fürsprecher für einen Friedensvertrag zu gewinnen. – Herzog Heinrich ist in Prag beim König gewesen. Dort glaubt man Landgraf Philipp nicht, man denkt, die Lutherischen werden noch stärker, ansonsten hätte man Herzog Ulrich schon lange das

Land wiedergegeben. – Elisabeth glaubt, dass, wenn man Herzog Ulrich das Herzogtum Württemberg wiedergibt, wird ihr Bruder Frieden halten. – Herzog Heinrich meint, der Graf von Nassau wäre zufrieden, denn jetzt wird der Kaiser gegen ihren Bruder vorgehen. Vor dem Herzog soll sich Johann Friedrich vorsehen, er ist ein falscher Mann. – Elisabeth hofft auf Johann Friedrich. Er soll ihr schreiben und Martin Luther zu Gott beten lassen. Die Briefe soll Johann Friedrich über ihren Türknecht oder ihren Junker schicken.

HStA Dresden, 10024, Loc. 9131/32, fol. 6r – 7v.

Überlieferung: Ausfertigung.

Schrift: eigenhändig.

Adresse: [d h g] f h h f h z s / [d h r r] e u k l y d / [m z m m] f h l o u b / [y s l e h]ant.[1849]

Nr. bei Werl: 97.

Kanzleivermerke: Hertzogin zu Rochlitz der Wirtenbergisch(en) kriegshandlung halben – 1534.

Bemerkung: Siegeleinschnitte sind vorhanden; das Siegel und der Siegelstreifen selbst sind verloren; die Adresse ist entsprechend beschädigt überkommen. – Die ungewöhnich dünne Schrift ist schwer leserlich. – Der Brieftext erging in der originalen Ausfertigung fortlaufend und ohne Satzzeichen. Für die Wiedergabe wurde der Text zur besseren Lesbarkeit in Absätze gegliedert.

M(ein) f(reuntlicher) h(ertz) a(ller) l(iebster) o(hme) u(nd) b(ruder); e(uer) l(ieben) schriben[1850] hab ich allen halben gantz fruntlichen vorstanden und hort gern, das m(ein) b(ruder) an seinnem leybe kein schatten genumen. Hortt aber [vor]trewlich[a] lett yst mir es das so vel crestlichst blouttes sal vorgossen wertten und das so vel klouger fursten im reychge sein und sych so winych in dey sach so scheycken, das vordragen kont wertten. Mich donett gantz,[b] wan sych dey andern so vel moetten[1851] bey dem konge zu Bhemen[1852], als sych e(uer) l(ieben)[c] bey meyn bruder gemoett hatt, der sach solt gut ratt seyn wortten.

Yorge Klarlewitz sagett heut zu mir, meyn b(ruder) wolt nich foulgen, man vordrouges wol gern. Ich saget, nu wer es tzeyt, weyl mein bruder ym lantte[1853] werre, dan ich glab gantz, das er nu nichst mer anfeyng. Meynett er, her wort umer fortter tzein. Das kont ich nich glaben yn keyn wegk, es wer dan sach, das man ym yn das lantse Hessen feyl, so hett ich sorge, er wort fortter tzeyn. Da saget er, ab ich meynet, das so vel gelst[1854] auff das lant wagett, dan er muse alle[n][d] monett iiii mal[e] huntter dussen golten[1855] haben. Ich saget, er solt mir einen auß rechtten, den ich vorscheyck kont zu meyn b(ruder), der getrew wer und solt mir antzeygen, was der konych wilgen wolt, ich hoff mit Gottes holff, es solt vor tragen wertten. Meynet er, es wer umb sunst, meyn bruder foulget nicht mir, dan er het leut, dey mit mit[f] ym vor buntten[1856] wern, an den det er nichst. Ich saget, wer west dach. Sagett er, er wost, aber dey bunt genossen wost er nicht. Ich glab auch gantz, wan der konich nach mitt

---

[1849] *Steht für: **Dem hochgeborenen Fürsten Herrn Hans Friedrich, Herzog zu Sachsen, des Heiligen Römischen Reichs Erzmarschall und Kurfürst, Landgraf in Thüringen, Markgrafen zu Meißen, meinem freundlichen herzlieben Oheim und Bruder in seiner Lieben eigen Hand.***

[1850] *Das Schreiben Johann Friedrichs an Elisabeth ist verloren und wird hier unter der Nr. 156 geführt.*

[1851] *= mühten.*

[1852] *König Ferdinand I. (1503 – 1564).*

[1853] *Gemeint ist das Herzogtum Württemberg.*

[1854] *= so viel Geld.*

[1855] *= jeden Monat 400.000 Gulden.*

[1856] *Gemeint ist der Schmalkaldische Bund.*

frette m(ein) bruder das lyst, das er es dem h(ertzogk) v(on) Werttenberg[1857] yn geb, meyn
bruder lyst es dar bey bleyben und das es also gemach wortte, das fortter einychkeyt solt
sein. Aber wan sey wollen forgeben, das sey m(einen) bruder wollen das lanttes vor yagen,
da wert nichst außᵍ, da wert keyn frette auß, dan dey weyl er lebett, so lyst er nich nach.
Dan Klarlewitz meynet, wan man den kenttern kont dasʰ lant behalteni, aber m(ein) bruder
muse numer mer dar zu kumen. Aber er woste nach nich, ob esʲ der kesser[1858] auchᵏ leytten
wortte. E(uer) l(ieben) schribe mir dach, wey es e(uer) l(ieben) dar vor helt, was m(ein)
bruder wortte an nemen.ˡ

Solges hab ich gestern geschriben und den breff hin geleygett, das ich hort, for was
h(ertzogk) He(inrich) v(on) B(raunschweigk)[1859] for geb, aber ich hort nichst, ych lyst in
meyn nug tzeytunge[1860] lessen, aber sey gefeyllen ‖ im gar nichst. Und saget, er het auch
nug tzeyttunge heut kreygen, aber es wer nich wey meyneᵐ tzeytunge; und saget, er het
einnen ym leyger gehatt auff ein meyl weges dar bey; und saget, m(ein) b(ruder) wort
ober alle fursten tzeyn ym reychge, dey nich seynen glaben hetten, dan es wortte das v(on)
Werttenbergkst halben nich angefangen; der kesser wort kumen. Ich saget, es leyge alles an
Gott, der wortte es wol machen wey seyn wil wer und meynet, e(uer) l(ieben) wost auch
umb dey sach, steck mit drent. Saget ich, wolt es zu den hailgen swern, das e(uer) l(ieben)
und recht[1861] geschege. M(ein) a(lter) h(er) hort es auch und saget, er glab auch, das e(uer)
l(ieben) yetz den tzougk[1862] nich gern sege, dan es het lang gelt bey nan der[1863] geleygen,
das muste nu fort. Saget ich, e(uer) l(ieben) geb keyn pinheich[1864] dar zu. M(ein) a(lter) h(er)
ret ich gantz auß dem sein[1865], dan ich saget, das ich woste, das m(ein) b(ruder) nich wol zu
fretten mit e(uer) l(ieben) wer, weyl e(uer) l(ieben) nichst dar bey dunt wolt. Aber h(erzogk)
H(einrich) v(on) B(raunschweigk) wolt es nich glaben. Ich bedanck mich fruntlych der nug
tzeyttunge, es yst Got lob noch gutt, Got geb fortter wans nor zu vortrag kont kumen. Mich
dunckett, wan man den byschaff von Drent[1866] kontte steychen[1867] mit gelte, es solt helffen,
dussen golten aber funffe muse man nich an sen in dem fal.

H(erzogk) H(einrich) v(on) B(raunschweigk) wolt nich sagen, was zu Brage[1868]
der konych sein gewolt hatt. Sprech schlettes, der konich halt yn bartteyges[1869] und der
lantgraff auch, dromb schlag sych nich yn hanttel und man glab m(einem) b(ruder) nich,
wans yetz vortragen yst, dan der Loutterychssen seckten[1870] wortten nach stercker myt dem
an hanck, da haben sych lang vor besorgett, susten hetten sey es lang wol dem h(erzogk)
v(on) W(erttembergk) das lant wider geben. ‖ So saget ych, wan man dem h(erzogk) v(on)
W(erttembergk) seyn lantt nu lyst und meyn b(ruder) seynest auch und das gruntlych also

---

[1857] *Herzog Ulrich von Württemberg (1487–1550); vgl. Anm. 795.*

[1858] *Kaiser Karl V. (1500–1558).*

[1859] *Herzog Heinrich II. (der Jüngere) von Braunschweig-Lüneburg-Wolfenbüttel (1489–1568); vgl. Anm.
         329.*

[1860] *= Kunde, Botschaft, Nachricht; vgl. DWB, Bd. 31, Sp. 592.*

[1861] *= Unrecht.*

[1862] *Gemeint ist der Feldzug Landgraf Philipps in Württemberg.*

[1863] *= beieinander.*

[1864] *= Pfennig.*

[1865] *= Sinn.*

[1866] *Bernhard von Cles (1485–1539), Bischof von Trient, Geheimer Rat und enger Vertrauter König Ferdi-
         nands; vgl. zu ihm Vareschi, Cles, Bernhard von (1485–1539), S. 106–109; NDB 2 (1955), S. 115f.*

[1867] *= bestechen.*

[1868] *Prag.*

[1869] *= parteiisch.*

[1870] *= lutherischen Sekten.*

vortragen worte, so wolt ich gut dar for seyn, m(ein) b(ruder) solte for frette halten, man wolt ym dan was dunt. Meinet er, meyn b(ruder) wort es nich dunt mit seynem anhanck und bunt genossen, das merck an seym auß schriben[1871] wol. Ich byt e(uer) l(ieben) gantz fruntlychen, e(uer) l(ieben) wolle allen fliß ober alle for wentten das vortragen moch wertten, dan mir grubet[1872] ser. M(ein) a(lter) h(er) meynet, es wer nu keyn vortrag an der kesser, aber mich dunck, es wer nach wol zu hanttellen. Ich dech auch, wan so frett gemach wortte, der kesser lyst auch gut seyn. H(erzogk) H(einrich) v(on) B(raunschweigk) meynett, dem von Nasse[1873] wer es ein gewunen spelt, dan het den kesser ney kounen auff m(einen) b(ruder) hetzsen aber numertt es angeyn. Ich dach, es leyget nich an huntten, das dey pfertte sterben, yst ein sprecht wortt. Ich merck h(erzogk) H(einrich) v(on) B(raunschweigk) yst e(uer) l(ieben) nich gutt, es yst ein falsch man.[n]

Ich byt e(uer) l(ieben) fruntlychen, was e(uer) l(ieben) mer er fert[1874], schrib mir e(uer) l(ieben), es sey[o] gut aber bost, dan ich hab es Got ergeben, der wert es wol machen. Ich byt e(uer) l(ieben) fruntlichen, e(uer) l(ieben) las dockter Martteyns[1875] Got bytten mit alle seinnen und gemeyn gebett dunt, das gut wert heyr,[p] byt man umer dar weyder[1876] dey Ewangeylsen[1877]. Ich byt e(uer) l(ieben), mo[1878] sych ya yn der sach, dan auff e(uer) l(ieben) nest Gott nach[q] menschlichem seyn[1879] hab ich alle meyn trost gesatz. Und bevel e(uer) l(ieben) Got, der der[r] helff uns mit freutten zu sammen, und bevel mich e(uer) l(ieben) als m(ein) h(ertz) a(ller) l(iebster) b(ruder), dan ych ertzeyge e(uer) l(ieben) alle schwesterlyche trew. E(uer) l(ieben) schriben bey mein knech hab ich bekumen und byt e(uer) l(ieben), bevel den botten, das sey ya mir dey breff anwertten roffer[1880] meyn dortknecht[1881] aber meyn yuncken, dem Hessen. E(uer) l(ieben) las sey allest ein dosen machen, aber ein tzeygen[1882] droff, das dey botten nich yer werten[1883], dey nich ‖ lessen konnen. Dat(um) Pinstag anno xxxiiii yn grosser yelle[1884].

H(erzogk) H(einrich) v(on) B(raunschweigk) saget, der Kleynt Hesse[1885] und d(er) Spett[1886] und Dreytz[1887] solten tzu Brege[1888] seyn, der konych het yn geschriben.

[1871] *Gemeint sind die gedruckten Ausschreibungen Landgraf Philipps und Herzog Ulrichs, die auch Elisabeth verteilen sollte (vgl. oben Nr. 147).*

[1872] *= grauet.*

[1873] *Wilhelm (der Reiche), Graf von Nassau (1487–1559); vgl. Anm. 1768.*

[1874] *= erfährt.*

[1875] *Dr. Martin Luther (1483–1546).*

[1876] *= darwider.*

[1877] *= die Evangelischen.*

[1878] *= mühe.*

[1879] *= Sinn.*

[1880] *= über.*

[1881] *= Türknecht.*

[1882] *= Zeichen.*

[1883] *= erwarten.*

[1884] *= in großer Eile.*

[1885] *Konrad (Kurt) von Boyneburg der Ältere (1494–1567); vgl. Anm. 1772.*

[1886] *Dietrich Speth zu Zwiefaltendorf († 1536). Einst enger Vertrauter, zählte er zu den bedeutendsten Gegnern Herzog Ulrichs von Württemberg. Er geleitete dessen Gemahlin Herzogin Sabina 1515 bei ihrer Flucht nach München und war wesentlich an der Vertreibung des Herzogs beteiligt; vgl. zu ihm ADB 35 (1893), S. 146.*

[1887] *Identifizierung unsicher. Eventuell Heinrich Treusch von Buttlar (genannt „der große" oder „der lange Hesse"), Hauptmann, österr. Regent zu Stuttgart; vgl. Rommel, Philipp der Großmüthige, Bd. 1, S. 358.*

[1888] *Prag.*

^a *Wort durch kleines Loch beschädigt.*

^b *Gestrichen:* was.

^c *Gestrichen: z.*

^d *Wort durch kleines Loch beschädigt.*

^e *Wort hochgestellt eingefügt; darunter gestrichen:* ym.

^f *Sic.*

^g *Wort hochgestellt eingefügt.*

^h *Wortende korrigiert.*

ⁱ *Gestrichen: m.*

^j *Gestrichen: m.*

^k *Gestrichen:* dunt.

^l *Absatz in der Vorlage.*

^m *Wort hochgestellt eingefügt; darunter gestrichen:* das yetzige wegen?

ⁿ *Gestrichen:* ich bedanck.

^o *Wort hochgestellt eingefügt.*

^p *Gestrichen: w.*

^q *Wort hochgestellt eingefügt.*

^r *Sic.*

158

1534 Mai 24

Herzogin Elisabeth an Landgraf Philipp (den Großmütigen)

Elisabeth freut sich über den Sieg Philipps, er soll Gott dafür danken. Er soll keinen weiteren Krieg anfangen. Wenn er andere Fürsten, Bischöfe oder sogar den König in seinem Erbland angreift, so wird das ganze Reich gegen ihn sein. In Dresden ist man besorgt, er wolle weiter ziehen. Wenn er Frieden hält und sich nicht mit König Franz I. von Frankreich verbündet, würden sich seine Freunde auf seine Seite schlagen. – Elisabeth will seine Absichten als Erste erfahren. – Wenn Philipp eine Reichsstadt angreift, werden alle gegen ihn sein. Auch werden die Fürsten nicht dulden, dass er zu mächtig wird. Um seinen Bruder zu unterstützen, wird der Kaiser eingreifen. – Elisabeth mahnt Philipp zum Frieden. Herzog Ulrich von Württemberg soll das Herzogtum vom König als Afterlehen erhalten. – Elisabeth denkt, wenn man dem Bischof von Trient Geld gäbe, so würde er sich um Frieden bemühen. – Elisabeth warnt Philipp, er soll geheime Informationen niemandem anvertrauen. Sie leidet sehr.

StA Marburg, PA 2842, fol. 14r – 15r.

Überlieferung: Ausfertigung.

Schrift: eigenhändig.

Adresse: [Meine]m fruntlichen / [lieben bru]der hern Philips / [lantgraff] zu Hessen etc. / [yn seiner lieb ei]gen hant.

Kanzleivermerke: –

Nr. bei Werl: 96.

Bemerkung: Siegeleinschnitte und Wachsreste sind vorhanden; das Siegel und der Siegelstreifen selbst sind verloren; die Adresse ist entsprechend beschädigt überkommen.

Druck: Wille, Landgraf Philipp der Großmüthige von Hessen, S. 315 f.

M(ein) f(reuntlicher) h(ertz) l(iebster) b(ruder), ich hab deyn schriben[1889] verlessen und hort gern, das dir es gotlab also geglockett hatt.[1890] Aber ich byt, misst es dir nich zu, denck, das es Got yn dir gedauntt hatt, dem geb dey eirre[1891] und byst yo barmhertzsych und furchtte Gott. Und ob dir das glock Got geb, das du den hertzgen[1892] gar yn seyn lant sestzsest, als mir gester nug zeyttunge[1893] kumen seyn, so byt ich dich, dut welles nichst weyders anfan, wost vortragen kant wertten an deyn schimbt[1894] und schatten.[1895] Dan ich wil dir nich bergen, wo du wider ander fursten aber[1896] byschaff an greffest aber den konich yn seyn erbt lantten, so wil das gantzse reych auff seyn und dey entberunge nich leytten, dan sey sprechen du west wey der lant frette[1897] auß wist, wey man eim wern sal, der solges[1898] an feett[1899], das dut dich dan selber vor welget hast. Und ich hort, es seyn alle stend das reichst obel zu fretten mit dir, besorgen sych, du werst fortter tzeyn. Bedenck lyeber bruder, vel hunt beyssen ein, und wan dut auch so annot kreygen woltes, so wort dich Got straffen[1900], dan est yst ein sprecht wort, mit dem mast man mist, wert wider gemessen. Dromb bedenck es wol, ich halt gantz, wan sey dir glaben drofften, das dut heyn fortter freytte heyltes und dich nich henckest an den frantzossen[1901] und wey ein gehorsamer furst das reychst, es wortten sych deyn hern und fruntt yn dey sach schlagen, das vortragen wortte an deyn schimb und schatten. Und las mich dar auff deyn gemot auff das erste wissen, dan wo du ein reychstad an greffest, so seyn sey alle wider dich. Denck dir nich, das dich dey fursten leytten und deyn anhanck yn Duschlantten[1902] lassen dich auch dencken, wan du tzu mechtich werst, so wolt du dan an[a] sey alle. Und man saget heyr ober alle, du wilt das gemeynen gebobelst hobttman wertten ‖ und der dincke vel, wey dut dem keysser[1903] trew lost[1904] werst, dan der keysser hab selber mit an gegreffen, da der kounich hatt zu[b] len entfangen das lantse Werttenbergk, das glichen ander len auch, dan der keysser last seyn bruder nich, ob es glich nich ein yar gescheytt, so gesche es dach ein ander yarg. Dromb wer meyn ratt, h(ertz) l(iebster) b(ruder), wo es vortragen kont seyn, das geschege. Man denck auch gantz, das der konich den namen nich las nach das waben[1905], aber man meynet, wo der h(erzogk) z(u) Werttenberg wolt behalten mitt frette, das kont also gerecht wortten, das der hertzoge wider von konge tzu len nem, so beheylt er es mit frette und rouge. Ich byt dich, las mich deyn gemut balt wissen, dan

---

[1889] *Das Schreiben Philipps an Elisabeth ist verloren und wird hier unter der Nr. 155 geführt.*

[1890] *Gemeint ist der Sieg in der Schlacht bei Lauffen am Neckar (1534 Mai 13). Vgl. Lies, Zwischen Krieg und Frieden, S. 156.*

[1891] *= Ehre.*

[1892] *Herzog Ulrich von Württemberg (1487–1550); vgl. Anm. 795.*

[1893] *= Kunde, Botschaft, Nachricht; vgl. DWB, Bd. 31, Sp. 592.*

[1894] *= Scham, hier im ehrherabsetzenden Sinne von ,Schimpf, Schmach, Schande'; vgl. DWB, Bd. 14, Sp. 2107 (Artikel „Scham").*

[1895] *= Schaden.*

[1896] *= oder.*

[1897] *= Landfrieden.*

[1898] *= solches.*

[1899] *= anfängt.*

[1900] *Hier nimmt Elisabeth Bezug auf Luthers Schrift, „Ob Kriegsleute auch in seligem Stande sein können" (1526). Luther erklärt, dass ein Krieg nur dann gerechtfertigt sei, wenn es sich um einen Verteidigungskrieg handelt („Wer Krieg anfängt, der ist im Unrecht."). Vgl. Luthers Werke, Bd. 19, S. 616–666.*

[1901] *König Franz I. von Frankreich (1494–1547).*

[1902] *Deutschland.*

[1903] *Kaiser Karl V. (1500–1558).*

[1904] *= treulos.*

[1905] *= Wappen; gemeint sind Titel und Wappen Württembergs.*

ich wolt gern das vortragen wortte yer der keysser mit dreynt kemb. Ich dech auch, werre dem byschaff von Drent[1906] fenantz[1907], er wort wol zu der soune[1908] nu helffen. Ych warn dich auch, was dut hemlych wilt haben, vor trew neyman, sey meynen dich nich rechtt und sage den fursten nichst wider yunck margraff[1909] ader andern. Ych hab orsach dar zu und byt dich, schrib mir yo fortter bey geleygenheytt. Und byst Gott bevollen, der beheut und bewarre dich und geb dir glock und sellycheyt, ich ertzeyge dir schwesterliche trew und Got helff uns mit freutten zu sammen, amen. Schrib mir yo wey es umb deyn sach yst. Ich hort wunder, ich[c] herm[1910] mich scheyr tod. Es sey bost aber[1911] gut, so schribe mir, ich must doch er farn. Man wil heyr nich glaben, das Curt v(on) B(oyneburg)[1912] geschossen yst. H(ertz) l(iebster) b(ruder) mach dich ya an keyn reychstad. Dat(um) yn yelle[1913] ‖ am Pinstage[1914] anno xxxiiii.

E H Z S etc.

^a *Danach Stelle durch Tintenfleck verderbt. Gestrichen:* sley?
^b *Wort hochgestellt eingefügt.*
^c *Wort hochgestellt eingefügt.*

159

1534 Mai 25

Herzogin Elisabeth an Kurfürst Johann Friedrich (den Großmütigen)

Ihr Bruder hat ihr geschrieben. Sie hat sich über seinen Sieg gefreut und ihm geantwortet, er solle Gott danken und nicht weiterziehen. Wenn ihm ein annehmbarer Friedensvertrag angeboten wird, so solle er nicht zögern. Philipp soll keine Reichsstadt angreifen; man denkt hier am Hof, er will gegen Frankfurt ziehen. Sollte er den König in seinem Erbland oder einen Bischof oder Fürsten angreifen, so wird er alle Fürsten gegen sich haben; auch seine Verbündeten würden ihn verlassen. Man sagt, der König wird auf den Namen und das Wappen Württembergs nicht verzichten, darum wäre es gut, Herzog Ulrich von Württemberg würde das Herzogtum als Lehen vom König annehmen, so wie der Herzog von Pommern das Lehen vom Markgrafen von Brandenburg erhält. – Herzog Georg (der Bärtige) möchte, dass der Kaiser kommt, Landgraf Philipp bestraft und ihm sein Land nimmt. – Am Hof meint man, dass Johann Friedrich und die anderen lutherischen Fürsten die Wahl des Königs annehmen würden, sobald Landgraf Philipp tot oder aus dem Reich wäre. Außerdem ist man sich hier sicher, dass Philipp weiterzieht, denn in seiner Ausschreibung hat er dem König damit gedroht. – Elisabeth schlägt erneut vor, den Bischof von Trient mit Geld für

---

[1906] *Bernhard von Cles (1485–1539), Bischof von Trient; vgl. Anm. 1866.*
[1907] finanz = „*drückt aus geldangelegenheiten, zahlungen, einkünfte. sonderbar steht aber das nhd.* finanz *im 16 jh. (und aus dem 15 vermag ich noch keins aufzuzeigen) beständig im übeln sinn für betrug, list und böse ränke*"; *DWB, Bd. 3, Sp. 1639f. (Artikel „*finanz*"). – Gemeint ist hier aber soviel wie* ,*Umstände machen', ,sich aufwändig bemühen' etc.*
[1908] = *Sühne; gemeint ist die* ,*Beilegung von Streitigkeiten'.*
[1909] *Markgraf Joachim II. (der Jüngere) von Brandenburg (1505–1571); vgl. Anm. 397.*
[1910] = härme; *im Sinne von* ,*Kummer leide'.*
[1911] = oder.
[1912] *Konrad (Kurt) von Boyneburg der Ältere (1494–1567); vgl. Anm. 1772.*
[1913] = Eile.
[1914] = Pfingsten.

einen Friedensvertrag zu gewinnen. – Herzog Georg und Herzog Heinrich II. (der Jüngere)
von Braunschweig-Lüneburg-Wolfenbüttel sagen, Württemberg wäre Herzog Ulrich längst
gegeben worden, wäre Landgraf Philipp nicht lutherisch. Herzog Georg sagt, er vertraue
keinem Lutheraner.

HStA Dresden, 10024, Loc. 9131/32, fol. 25r – 26r.

Überlieferung: Ausfertigung.

Schrift: eigenhändig.

Adresse: –

Nr. bei Werl: 98.

Kanzleivermerke: Die hertzogin von Rochlitz zeigt an, d(as) hertzog Georg, irem brud(er)
gönne und gern wolte, d(as) er umb sein landt kheme und w(as) ir bruder sich da er umb sein
landt khomen solte, in furhab(en) were – 1534.

Bemerkung: Das Siegel sowie der mutmaßliche Umschlag mit der Adresse sind verloren. Die
Ausfertigung trägt keine Siegeleinschnitte.

M(ein) f(reuntlicher) h(ertz) a(ller) l(iebster) o(hme) u(nd) b(ruder); ich geb e(uer) l(ieben)
zu vorstend, das mir heutte m(ein) b(ruder) geschriben hatt[1915], als ich mich vor se, das e(uer)
l(ieben) auch so geschriben. Hab ich im dey anwert geben, das ich er frawet[1916] bin seinnest
glockes, aber sal Got dey eirre[1917] geben und sal es[ᵃ] allest Got dancken und yn ser gebeiden,
das er nich wolt weider tzeyn und alles an getzeygett, was ym droff sted und wo ein rechtung
wolt wertten, dey ym nich und eirlich[1918] aber schemlich[1919] wer, das er das wolt annemen.
Und wolt yo mit keynner reychstad nichst anfan, dan man denk heyr, er wil auf Franckfert[1920]
in dem wider weg. Hab im an getzeyget, greff den konich[1921] yn seyn erbt lantten an aber
ein bischoff aber fursten, so wert er sey all am halst han und seyn an hanck wertt yn lassen.
Und das ich mich vorsege, wan nich weyder greff dan nor das Werttenberger lant, so wort es
wol vortragen werden, aber susten beheylte der hertzoge das lant nich mit rouge und meinen
gantz der konich wert sych das[ᵇ] namenst nach wabenst[1922] nich vortzeygen. Dromb wer im
vortrage gut, meynen sey, das der hertzoge[1923] von dem konge tzu len hette als der hertzoge
von Bommer von dem margraffen[1924]. Aber ich denck meyn bruder dut es nich. Es meynen
vel leut, wan sych m(ein) a(lter) h(er) recht dromb an nem bei dem konge, es bleybe nu wol
dar bey, aber er wil sprechtt, es leyg am kesser[1925], must for wissen, das der dar zu sage aber
es yst nichst wans vortragen wer, so wer es fortragen. Aber m(ein) a(lter) h(er) meynunge
yst also, das er gern wolt, das der kesser kemb und straff das m(ein) b(ruder) wider lant

---

[1915]   *Das Schreiben Philipps an Elisabeth ist verloren und wird hier unter der Nr. 155 geführt.*
[1916]   = *erfreut.*
[1917]   = *Ehre.*
[1918]   = *unehrlich.*
[1919]   = *schamlich, schamvoll.*
[1920]   *Frankfurt am Main.*
[1921]   *König Ferdinand I. (1503 – 1564).*
[1922]   *Gemeint sind Namen und Wappen Württembergs.*
[1923]   *Herzog Ulrich von Württemberg (1487 – 1550); vgl. Anm. 795.*
[1924]   = *wie der Herzog von Pommern vom Markgrafen (von Brandenburg). Gemeint ist die Lehnshoheit*
         Brandenburgs über Pommern. Kurfürst Joachim I. von Brandenburg (1484 – 1535) akzeptierte 1529
         endgültig die Reichsunmittelbarkeit Pommerns, erhielt aber im Gegenzug das verbriefte Recht der
         Erbfolge im Falle des Aussterbens der Herzöge von Pommern.
[1925]   *Kaiser Karl V. (1500 – 1558).*

nach leut beheyltt und^c dar nach wolt er wol den kenttern das lant behalten. Aber es wort nach mo[1926] kousten, dan m(ein) b(ruder) meynet, sal er nichst haben, so sollen ander auch nichst haben. Hat er mir auff gesagtt, m(ein) a(lter) h(er): „Yst besser ‖ kounychst dan lant graffeygeyst.", meynet heut, m(ein) b(ruder) wortte trewlust hanttel und eirlich[1927]. Saget ich: „Wan nichst mer dett dan das mit dem hertzogen z(u) W(erttembergk), so werst ich hoff."^d Er wart schellych[1928] und wil nich glaben, das dey nuge tzeyttunge[1929] so seyn als ich sey hab und meyns brudern breff heylt. Er sege gern, das m(einem) b(ruder) ein schnabe genummen hett. Es meynen etlich leut heyr und auch von gesten, e(uer) l(ieben) vorsted es wol, wan m(ein) b(ruder) sterb, da Got vorsey, aber weg kemb auß dem reychge, e(uer) l(ieben) sam andern Ewangeylsen wortte wol gebog wertten und den konich annem nem^e und wey gram der konich e(uer) l(ieben) yst umb der wal[1930] willen. Sey meynden auch an meyns bruder auß schriben, das an konich gedaunt hette, merck man wol, das er wortte fortter tzeyn, dan er drawet[1931] dreynt. Ich wil e(uer) l(ieben) ein mal wunder sagen, ich meyn nich, das sych e(uer) l(ieben) ser vor dem konge forcht, wan^f im e(uer) l(ieben) keyn ander orsach geb. Dan dey^g mich doncket, wan man den bischaff von Drent[1932] nor fenantz[1933], es wort nu wol vortragen, e(uer) l(ieben) denck im nach. Sey meinen, m(ein) b(ruder) so erwesck so balt nich, es west auch noch neyman, auff^h weylger seytten er seyn werte, wan er wosck. E(uer) l(ieben) het ein kleynen tros an ym mit e(uer) l(ieben) an hanck, wan sey nor m(ein) b(ruder) los wern, man reyb mir so dey orn[1934] mit. Ichⁱ sprecht es leyget alles an Gott, weyr denckenst Got, der woltes, dem bevel ich, der wert es wol gut machen. Was holff wan einer dey gantzse werlet[1935] het und vorlor^j seyn selle, dan auf erden sey keyn bleybende stad nicht. M(ein) a(lter) h(er) und h(erzog) H(einrich) v(on) B(raunschweigk)[1936] meyn, den hett meyn b(ruder) dey Martteynssen seckten[1937] nich und der von ‖ Werttenbergk, das der an hanck zu gros wortte, es wer ym langes wortten. So saget ich: „Yst dan das creslich, das man eyr blout vor geysunge[1938] leyt, yst das ein frett machen auch schwer, der kesser, er wil eim yedem helffen, was ym und beyl[1939] genummen yst, das er es wider kreyget und belen seyn bruder mit so noch eim andern fursten auch dunt." Meyntten sey, er wer yer ober her[1940], moch es machen, wey er wol und vel lammer goden dey sey reyssen. M(ein) a(lter) h(er) meynet, er vortrawet keym Lutterychssen nich. Solges hab ich e(uer) l(ieben) fruntlicher meynunge nich wollen bergen, und bevel mich e(uer) l(ieben), und bevel e(uer) l(ieben) Got, der helff uns mit freutten zu sammen balt, das ich zu ein kumb, dem ich globen droff, ich ertzeyg e(uer) l(ieben) schwesterliche trew. Dat(um) Pfinsten^k montag. E(uer) l(ieben) scheyck mir den breff wider.

    E H Z S etc.

[1926] = Mühe.

[1927] = unehrlich.

[1928] schellich = aufgebracht, wütend, zornig, rasend; vgl. DWB, Bd. 15, Sp. 2502.

[1929] = Kunde, Botschaft, Nachricht; vgl. DWB, Bd. 31, Sp. 592.

[1930] = Königswahl.

[1931] = droht.

[1932] Bernhard von Cles (1485–1539), Bischof von Trient; vgl. Anm. 1866.

[1933] „finanz"; vgl. Anm. 1907.

[1934] = Ohren.

[1935] = Welt.

[1936] Herzog Heinrich II. (der Jüngere) von Braunschweig-Lüneburg-Wolfenbüttel (1489–1568); vgl. Anm. 329.

[1937] = martinischen = lutherischen Sekten.

[1938] = Blutvergiessen.

[1939] = unbillig.

[1940] = ihr oberer Herr.

^a *Wörter eng zusammengeschrieben.*
^b *Gestrichen:* lan.
^c *Gestrichen:* das.
^d *Gestrichen:* ich.
^e *Sic.*
^f *Getrichen:* e.
^g *Sic. Wohl Verschreibung für:* wey.
^h *Wort vor der Zeile eingefügt.*
ⁱ *Wort hochgestellt eingefügt.*
^j *Sic. Korrigiert aus:* vorlas.
^k *Gestrichen:* din.

160

1534 Mai 29

Herzogin Elisabeth an Kurfürst Johann Friedrich (den Großmütigen)

Vom Kanzler hat Elisabeth erfahren, dass Graf Albrecht Schlick gestern berichtete, König Ferdinand I. wäre zu Friedensverhandlungen bereit, wolle aber das Herzogtum nicht Herzog Ulrich von Württemberg überlassen; deshalb stelle der König Truppen auf. Am Dresdner Hof kursieren die Gerüchte, er wolle durch das albertinische Sachsen ziehen und Johann Friedrich zwingen, ihn als römischen König anzuerkennen. – Der König hat Herzog Georg (dem Bärtigen) einen Brief geschrieben und ihn um seinen Rat gebeten. Der Herzog rät ihm, keinen Frieden anzunehmen und die Fürsten zu zwingen, den König anzuerkennen. Er solle nur verhandeln, damit Landgraf Philipp (der Großmütige) einen Monat abwarten muss und der König in dieser Zeit seine Truppen sammeln kann. Herzog Georg meint, der König sei ein Narr, da er dem Kurfürsten vertraut. – Elisabeth rät Johann Friedrich erneut, sich wegen der Friedensvermittlung an den Bischof von Trient zu wenden. – Elisabeth hat gern gehört, dass ihr Bruder niemanden mehr angreift und den Vertrag annehmen will. – Herzog Georg will keiner der beiden Parteien helfen, würde es aber dulden, wenn der König durch sein Land ziehen wöllte. Um dies zu verhindern, soll sich Johann Friedrich an die Landstände wenden. Elisabeth mahnt Johann Friedrich zur Vorsicht. – Herzog Georg verlässt sich auf Georg von Carlowitz und Kanzler Simon Pistoris. Wenn man den beiden Geld gäbe, könnten sie Herzog Georg anders beraten. – Johann Friedrich soll den Brief verbrennen. Außerdem soll er dem Landgrafen immer Bericht erstatten. – Landgraf Philipp hätte besser über sein Handeln nachdenken können. Elisabeth redet dem Kanzler gut zu und sagt diesem, Johann Friedrich sei für den Frieden und gegen den Feldzug des Landgrafen. Er solle Herzog Georg zum Vertrag raten und von Elisabeth ausrichten, ihr Bruder werde nicht weiterziehen, wenn Herzog Ulrich von Württemberg das Herzogtum erhielte. Herzog Georg wird sich für den Landgrafen einsetzen, wenn er wüsste, dass Philipp wirklich Frieden hielte. – Am Abend traf sie Herzog Georg beim Spazierengehen und sagte ihm, Johann Friedrich meine es gut. Der Kanzler meint, wenn der König die 200.000 Gulden wiederbekäme, die er dem Schwäbischen Bund gezahlt hat, würde er das Herzogtum Württemberg eher hergeben. Herzog Georg befürchtet, die Lutherischen würden zu stark, wenn noch ein Land ihren Glauben annähme. – Elisabeth hat dem Kanzler gesagt, sie werde sich an Johann Friedrich wenden, damit er und alle anderen Fürsten sich für den Frieden einsetzen.

HStA Dresden, 10024, Loc. 9131/32, fol. 14r – 16v.

Überlieferung: Ausfertigung.

Schrift: eigenhändig.

Adresse: [Dem] hochgebornen fursten / [hern] Hans Freyder hertzoge / [zu Sac]hssen das hailgen / [roumsen r]eychst ermarschalk[a] / [und korf]urste lantgraff / [yn Doringen] margraff zu / [Meissen unser]em fruntlichen / [lieben oheim] yn seyn eigen // [hant].

Nr. bei Werl: 99.

Kanzleivermerke: Hertzogin von Rochlitz be(treffend) die Wirtembergische handlung – 1534.

Bemerkung: Siegeleinschnitte und Wachsreste sind vorhanden; das Siegel und der Siegelstreifen selbst sind verloren; die Adresse ist entsprechend beschädigt überkommen. – Der Brieftext erging in der originalen Ausfertigung fortlaufend und ohne Satzzeichen. Für die Wiedergabe wurde der Text zur besseren Lesbarkeit in Absätze gegliedert.

Druck: ABKG III, Nr. 2479a.

F(reuntlicher) h(ertz) a(ller) l(iebster) o(hme) u(nd) b(ruder); ich wil e(uer) l(ieben) nich bergen, das[b] h(er) Albrecht Schleck[1941] sych gestern heyr hatt lassen vornemen, das der konych[1942] [c] dey hanttelunge wol leyden[d], aber das lant wil er dem h(ertzog) z(u) Werttenbergk[1943] nich lassen yn keyn wegk und wil ein gros foulgk[1944] vor sammellen. Solges hatt mir heut der kantzler[1945] gesagett und wil dorch dist lantz tzeyn. Und geyt dey rette aber alle, er wil e(uer) l(ieben) mit gewalt drenckgen, das yn e(uer) l(ieben) sal zu ein roumsen konge an nemen. Und sprech er auch, e(uer) l(ieben) merck das wol, dar umb wil e(uer) l(ieben) yetz hanttelen und e(uer) l(ieben) oube den konich vor ein naren. Der konich hatt auch heutte meyn a(lten) h(ern) geschriben[1946] und seines rattes beger. Und ich hort m(ein) a(lter) h(er) ratt ym, nich an zu nemen, dan man must dey fursten so lern, das den konich annemen, dan alle konge seyn mit gewalt wortten; hanttel sal man wol nor dromb, das m(ein) bruder ein manet[1947] stel leygett, das der konich seyn foulgk zu sammen brenckgett. Und meynen, der konich sey ein nar, das e(uer) l(ieben) vor[e] drawett in der sach[f], e(uer) l(ieben) nar yn und[g] wey ich oben geschriben hab.

Solges hab ich alles von dem kantzler gehort, dan er geyn yetz von m(einem) a(lten) h(ern). Ich saget: „Sal das gut seyn, so wil ich Got bytten, er sal meyn bruder yn seyn[1948] geben, das keyn hanttelung leyt und umer fourt tzougett, so kant wol so scheyr kounych wertten als deysser." ‖ Meynet er: „Weylger der gewalteygeste wer, der wer alweg kounych wortten." Ich saget: „Yn Gottes namen, so wert aber selten frette wertten." Er saget: „Der konich wer ein nar und merck es nich." Aber meyn ratt yst nach e(uer) l(ieben), vor such est[h] mit dem bysschaff von Drent[1949], der hatt den konich gar yn aber bostwerst, wan meyn bruder das kreygestfoulgk so ober dem halst solt leygen und solt dach nichst auß gerecht wertten, dan m(ein) a(lter) h(er) weyder rett es dem konge am aller seresten und nor umb

---

1941 *Albrecht Schlick, Graf zu Passau (†um 1558), königlicher Kammermeister.*
1942 *König Ferdinand I. (1503–1564).*
1943 *Herzog Ulrich von Württemberg (1487–1550); vgl. Anm. 795.*
1944 *Gemeint ist ‚Kriegsvolk‘.*
1945 *Dr. Simon Pistoris (1489–1562), Kanzler Herzog Georgs (des Bärtigen); vgl. Anm. 62.*
1946 *Vgl. ABKG III, Nr. 2477.*
1947 = *Monat.*
1948 = *Sinn.*
1949 *Bernhard von Cles (1485–1539), Bischof von Trient; vgl. Anm. 1866.*

der Lutterychssen sachen[1950] willen, dar ober ist er so dorych[1951]. Aber ych halt[1952], sein ratt helff nich, wan Got nich wil. E(uer) l(ieben) last nor Got bytten und denck ym nach Got, wert e(uer) l(ieben) wol gutten ratt geben. Und e(uer) l(ieben) se ya zu, das e(uer) l(ieben) und meyn bruder nich vor fourt[1953] wortten, wan der konich yo wolt dey drosse houn, so last e(uer) l(ieben) meyn bruder auch fortt machen, wer west wem Got das glock geb wollen, sey nich frett haben, so lassen sey es. Ich hortte auch gern, das m(ein) bruder gemot so[i] [j]stunde, das fortter neyman angreff und es vor tragen lise, wan frette wertten wolt[j].

Und bedanck mich fruntlich e(uer) l(ieben) under recht, e(uer) l(ieben) far auff dem wasser her aber reyt her, yetz seyn orsacen genunck und schrib es nich yer dan, wan e(uer) l(ieben) kummen wil ein tag zu for. Ich vor sey mich yn veyr aber funff tagen m(eines) a(lten) h(ern)[k] wanderns nich west auch von[l] seinem wandern nich dan auff dey tzeyt[m].

Ich hort auch, ‖ m(ein) a(lter) h(er) sprecht, er wil neyman helffen, wil auch neman wern, meyn so, wan der konich dorch seyn lant[n] wolt tzeyn. Aber ich dechte, e(uer) l(ieben) kont es wol mit seyner lantschaff machen, das sey[o] es[p] nich leytten. Der kantzler saget auch, der konich kont sych alweg auff halten yn seyn hanttellen, das hintter dem keysser nichst dett, das er nichst vor[q] retten kont am[r] frette. E(uer) l(ieben) sen sych wol for, solges rett man ym heyr, das sal ein getrewer freunt seyn und ein erb vor bruder ungeseyn. Ich wolt, ich solt mit e(uer) l(ieben) retten, dar von es yst vorgelt dinck heyr gar vorbytterd. Solges hab ich e(uer) l(ieben) fruntlicher meynunge nich wollen bergen und bevel e(uer) l(ieben) Got mich e(uer) l(ieben) als m(ein) h(ertz) a(ller) l(iebster) o(hme) u(nd) b(ruder), und Got beheut und bewar e(uer) l(ieben) und helff uns mit freutten zu sammen.

Wan man den kantzler und Klarlewitz[1954] fenantzte[1955], so reytten[1956] sey m(einem) a(lten) h(ern) wol anders, dan der konich helt alle seyn ratt bey m(einem) a(lten) h(ern). So gebruch m(einem) a(lten) h(ern) dey zweyn, aber[s] wan m(ein) a(lter) h(er) dem konge tzum frette reytt und ym yn heylt, das meyn bruder nich vor derben wolt lassen und auch ober e(uer) l(ieben) heylt, so wortte dey sach wol vortragen an[1957] schwert schlag, ober man dut das nich. E(uer) l(ieben) vor brunt ya den breff. Donck e(uer) l(ieben), das m(ein) bruder was not zu wissen dut, e(uer) l(ieben) tzeyg es im an, das er nich vorfortt wert. Es yst vor war war, m(ein) bruder hett es e(uer) l(ieben) und uns allen wol besser bedencken konnen.

[t]Der konich hatt einen heyr, der haist[t] ‖ der Staffer[1958]; so hatt der bisschaff von Mentzse[1959] auch ein botten heyr, yst glich das bisschaffes meynunge, wey e(uer) l(ieben) dan wol west. M(ein) a(lter) h(er) wil gewist, wo nich krant yst, zu Annenbergk[1960] seyn. Da ich das hortte, batt ich den kantzler, er solt das beste ratten, gab im ser gutte wortte und saget, wey gut es e(uer) l(ieben) meynett und gern frette ym reychge sege und e(uer) l(ieben) m(einem) b(ruder) for nemen ser zu weyder wer. Und batte yn, das m(einem) a(lten) h(ern) ratten wolt, das dey sach moch vortragen wertten, dan es wortte susten keyn frette ym reychge. Das er gar beweget wart yn guttem und geyn zu meyn alten hern und sagett

---

[1950]　= lutherischen Sache.

[1951]　= töricht.

[1952]　= hörte.

[1953]　= verführt.

[1954]　Georg von Carlowitz zu Hermsdorf (um 1480–1550), sächs.-albert. Rat; vgl. Anm. 42.

[1955]　„finanz"; vgl. Anm. 1907.

[1956]　= raten.

[1957]　= ohne.

[1958]　Georg Staufer von Bloßenstauffen, kaiserlicher Feldherr.

[1959]　Kardinal Albrecht von Brandenburg (1490–1545), Erzbischof zu Mainz und Magdeburg; vgl. Anm. 1008.

[1960]　Annaberg, Stadt s Chemnitz.

es ym auch und hatt im auch gesagett, er hort von mir so vel, wan dem h(ertzog) z(u) W(erttembergk) das lant bleybe, das m(ein) b(ruder) fortter nichst anfeyng und ich lyst m(einen) a(lten) h(ern) bytten, das wolt das best dar bey dunt. Da meyn a(lter) h(er) gehort, das ich so wol trost, das solt frette halten, hatt er gesaget, er wolt gern das beste dunt und glab auch nu auß meyner rette, das e(uer) l(ieben) ent keygen wer, wan man nor vor war woste, das m(ein) b(ruder), wan dey sach vortragen wortte, dan frette heylt und nich so alle fursten bouchgen wolt, wan yn einer nor schelm ansege. Saget ich, hoff und glob gantz, es solt ewycher frette, fretten wan nor das vortragen wortte umb das lantt. Ich wolt auch e(uer) l(ieben) bytten, das e(uer) l(ieben) sam ander fortten ander mal yn tzeytten dar zu dunt solt, das nichst mir solt anfan.

Das gesprech war alles gar auff den aben, da ich spatz serentgeyn[1961], begeygen er mir und saget, wans nor glabe wer und ernst. Ich saget, gewist e(uer) l(ieben)^u ‖ meynett es gutt. Der kantzler meynett auch, wan der konich dey ii mal huntter dussen golten[1962] weyder kreygen kont vor das Werttenberger lant, so wort er es^v dester yer lassen, das den bunt stenden[1963] geben hatt. Dech ych, das wer nach bey yn allen auff zu brenckgen aber yn summe. So wundert m(ein) a(lter) h(er) nor ober dem ser, das dey^w Luttersen[1964] zu gros wertten und nach eyn^x lant bekummen yn yerem glaben. Ich wil Klarlewitz auch noch fosckschwentz vorkoffen[1965], yst heut nich heyr gewest, wey ich e(uer) l(ieben) schrib. Wey h(er) A(lbrecht) Schleck gesaget hat, leyget nichst an seyner rette, er lougett ser mit under boucht umer ser, yst nichst dar hinttder. Der kantzler saget auch m(ein) a(lter) h(er) seyn hett sych in der stunde gar vorkart, sey der er ym das von mir gesaget hatt, das gesaget hett, wan yer m(ein) bruder nor zu glaben wer, das nich uns fursten alle wolt ober tzeyn yergen umb ein gerenck orsach und heylt sych dach nach dem^y luttes das^z lant frettes[1966]. Ich saget: „Er wert es dunt, wan nor das vortragen yst und wert auch wol mussen. Ich wil selber bytten den korfursten und alle das er sam andern fursten sal helffen, das must fortan frett halten, dan das hat zu gesaget wert auch nich umer gelt haben." Ich ret wey ich wolt ober yn helffen, das ich sey nor fort brenck und^{aa} yst vorwar meyn ernst, ich bin recht schellych[1967] auff, geb im auch gutten kapben[1968], wan ich im schribe het, es wol kounen lassen. Ich sage auch gern, wans mit der helff Gottes vortragen wortte, das im e(uer) l(ieben) sammet andern fursten ernstlich zu sprechgen, das numer solge bussen rest[1969] und byt e(uer) l(ieben) nach wey for und er manne e(uer) l(ieben) aller trew, e(uer) l(ieben) wol allen fliß vor ‖ wenden, das vortragen moch wertten dist mal, das frette wortte, das sych nich besorgen droff, dan wan er sych besorgen sal, so hatt er keyn rouge, er heb dan etwas an, als in e(uer) l(ieben) wol kentt. Und wan das vortragen wortte mit der holff Gottes und er wolt dan nich frette halten, so wil ich keyn wort mir seyn halben retten. Aber es leyget als an Got, den rouff e(uer) l(ieben)^{bb} umb genade an, der kant helffen mit seinen genaden, das der leut hertz erweychgett und e(uer) l(ieben) klouchett zu allen sachen, der helff uns allen, amen. E(uer) l(ieben) vortraw Got, dem vortrawe ich, der wert es wol gutt machen, dan was weyr dencken, das mach dach Got nach seynem willen, dromb yst allest trauen vor lorn, man byt nor Got umb genade. Ich

---

[1961] = spazieren ging.

[1962] = 200.000 Gulden.

[1963] = Bundesstände, gemeint sind die Stände des Schwäbischen Bundes.

[1964] = Lutherischen.

[1965] „Den Fuchsschwanz verkaufen" meint etwa soviel wie ‚ihn schmeichelnd täuschen' oder ‚heucheln'. Vgl. Röhrich, Lexikon der sprichwörtlichen Redensarten, Bd. 2, Sp. 484.

[1966] = Landfrieden.

[1967] schellich = aufgebracht, wütend, zornig, rasend; vgl. DWB, Bd. 15, Sp. 2502.

[1968] = Kopien?

[1969] = nicht mehr solche Possen reißt.

bevel mich e(uer) l(ieben), ych ertzeyg e(uer) l(ieben) schwesterliche trew. Dat(um) freytag nach Pinsten[1970] yn der nach umb xi[1971] anno xxxiiii.

　　E H Z S etc.

^a *Sic.*
^b *Gestrichen:* da.
^c *Gestrichen:* den vortrag wol annimett aber.
^d *Wort hochgestellt eingefügt; darunter gestrichen:* annimmett.
^e *Wort vor der Zeile eingefügt.*
^f in der sach *hochgestellt eingefügt.*
^g *Wort hochgestellt eingefügt; darunter gestrichen:* nar.
^h *Gestrichen:* u.
ⁱ *Gestrichen:* sted.
^{j-j} *Passage zwischen den Zeilen eingefügt.*
^k *Sigle* m a h *hochgestellt eingefügt; darunter gestrichen:* seinest.
^l *Wort hochgestellt eingefügt; darunter gestrichen:* von.
^m dan auff dey tzeyt *hochgestellt eingefügt.*
ⁿ *Die Wörter sind dicht zusammengeschrieben.*
^o *Wort hochgestellt eingefügt.*
^p *Gestrichen:* es; *hochgestellt eingefügt und danach wieder gestrichen:* sey.
^q *Gestrichen:* h.
^r *Gestrichen:* k.
^s *Gestrichen:* man.
^{t-t} *Passage am Zeilenende mit Strich vom übrigen Text abgetrennt, deswegen wurde hier ein Absatz eingefügt.*
^u *Platzhalterzeichen am Seitenende von fol. 15v verweist auf Seitenanfang von fol. 16r.*
^v *Gestrichen:* dest.
^w *Wort hochgestellt eingefügt.*
^x *Gestrichen:* ka.
^y *Gestrichen:* laut.
^z *Gestrichen:* latt.
^{aa} *Wort hochgestellt eingefügt.*
^{bb} *Gestrichen:* a.

161

1534 Mai 30

Herzogin Elisabeth an Kurfürst Johann Friedrich (den Großmütigen)

Kardinal Albrecht von Brandenburg gefallen die neuen Nachrichten Herzog Georgs (des Bärtigen) besser als seine alten. Seinen Schwager Herzog Heinrich II. (den Jüngeren) von Braunschweig-Lüneburg-Wolfenbüttel will er mit Freuden erwarten. – Herzog Heinrich ist aus Böhmen gekommen und soll dem Kardinal viel Gutes über die böhmischen Reiter berichtet haben. – Kardinal Albrecht hat von seinen Verhandlungen mit Herzog Heinrich in Halle geschrieben und bittet nun Herzog Georg um einen Ratschlag, wie er mit Johann Friedrich wegen des Friedens verhandeln soll. – Der Kardinal hat Herzog Georg gebeten, sich an den Verhandlungen zwischen König Ferdinand I., Herzog Ulrich von Württemberg und Landgraf Philipp (dem Großmütigen) zu beteiligen. – Wenn Johann Friedrich ihrem

---

[1970] = *Pfingsten.*
[1971] = *in der Nacht um 11 Uhr.*

Bruder schreibt, so solle er die Briefe in aller Eile mit einem eigenen Boten schicken und sehr gute Worte an ihn richten. – Elisabeth mahnt Johann Friedrich zur Vorsicht gegenüber Kardinal Albrecht, denn sie weiß nicht, ob er ihn oder die anderen täuscht.

> *HStA Dresden, 10024, Loc. 9131/32, fol. 17r–v.*
>
> *Überlieferung: Ausfertigung.*
>
> *Schrift: eigenhändig.*
>
> *Adresse: –*
>
> *Nr. bei Werl: 100.*
>
> *Kanzleivermerke:* Di Wirtembergische handlung belangende.
>
> *Bemerkung: Die Ausfertigung trägt weder Siegel noch Siegeleinschnitte; die Adresse fehlt vollständig. Vermutlich wurde dieser Brief gemeinsam mit dem Schreiben Nr. 163 und dem verlorenen Brief an Landgräfin Christine (Nr. 162) an Johann Friedrich geschickt. Darauf weisen die hier fehlende Adresse sowie die nahezu identische Faltung mit Nr. 163 hin. – Die einleitende Grußformel fehlt. – Die Absätze sind von der Vorlage übernommen.*

Der b(ischof) zu Mentzse[1972] schrib m(einem) a(lten) h(ern)[1973] yn eim breff[1974], dey nuge tzeyttunge[1975] gefallen ym besser, dey ym^a m(ein) a(lter) h(er) schribett, dan dey er for hatt und wil seinest a(ller) l(iebsten) schwager h(erzog) H(einrich) z(u) B(raunschweigk)[1976] mit freutten erwartten. Und byt Got flissych und las bytten, das den nich nach yerm seyn[1977] geyn sal, yst glich gewest, da h(erzog) H(einrich) z(u) B(raunschweigk) auß Bhemen kumen yst und wey hoff yer glab sal bleyben und^b dey bossen secken[1978], dey yetz seyn, sollen vorgeyn. H(erzog) H(einrich) v(on) B(raunschweigk) solt ym ya vel frolichst sagen von Bhemen rousser[1979].

Yn eim breff yst von halt keyn Lebtzeygk[1980] geschriben. Schrib er yn, wey myt seym a(ller) l(iebsten) s(chwager) h(erzog) H(einrich) z(u) B(raunschweigk) geret hat zu Halle[1981] der schwerren loufte und sachgen halben, wey in dan h(erzog) H(einrich) z(u) B(raunschweigk) berechtten sal. Und byt m(einen) a(lten) h(ern) ratt als einst klougen fursten, das im wolt zu er keynnen geben, wey mit e(uer) l(ieben) hanttellen sal und yn andern sachen hanttellen^c, dar dorch sey alle frette mochtten haben vor dem bossen anhanck.

Ym geysterichen breff[1982] schrib [ich]^d, das e(uer) l(ieben) ^eangenumen hat und^e ym zu geschriben hatt mit dem lantgraffen zu hanttelen das stel standest[1983] halben sam seynem an

---

[1972] *Kardinal Albrecht von Brandenburg (1490–1545), Erzbischof zu Mainz und Magdeburg; vgl. Anm. 1008.*

[1973] *Herzog Georg (der Bärtige) (1471–1539).*

[1974] *Kardinal Albrecht schickte ein Schreiben Herzog Ulrichs und Landgrafs Philipp mit zwei beiliegenden Kopien sowie seine Antwort auf das Schreiben als Abschrift mit. Vgl. ABKG III, Nr. 2480.*

[1975] *= Kunde, Botschaft, Nachricht; vgl. DWB, Bd. 31, Sp. 592.*

[1976] *Herzog Heinrich II. (der Jüngere) von Braunschweig-Lüneburg-Wolfenbüttel (1489–1568); vgl. Anm. 329.*

[1977] *= Sinn.*

[1978] *= bösen Sekten; gemeint ist das Täuferreich zu Münster (Westfalen); vgl. Anm. 1845.*

[1979] *= Rösser, Rosser; gemeint sind Reitknechte; oder auch Rüstungen.*

[1980] *Leipzig.*

[1981] *Zur Zusammenkunft Kardinal Albrechts von Brandenburg mit Herzog Heinrich II. von Braunschweig-Lüneburg-Wolfenbüttel in Halle vgl. ABKG III, Nr. 2478.*

[1982] *Vgl. oben Nr. 160 (Brief Elisabeths an Johann Friedrich, 1534 Mai 29).*

[1983] *= Stillstand.*

hanck. Und byt m(einen) a(lten) h(ern), er wolt auch mit yn der hanttelung seyn und scheyck ym ein breff[1984] von roums(sen) ko(nich) Mogestad[1985], der halt yn m(eines) a(lten) h(ern) eigen hant, auch wol im balt zu scheycken, wey e(uer) l(ieben) m(einem) b(ruder) schribet, und der h(erzog) z(u) W(erttemberg)[1986] und m(ein) b(ruder) e(uer) l(ieben) schriben habest yn der yelle[1987] nich dunt konnen. Wollest bey eim eigen botten scheycken und geb yn allen breffen ser gute wortt und schribet, er hoff, Got sey mit ym und m(ein) a(lten) h(ern) sam dem konge und yerm an hanck. Wey ich dar zu kumb, sal e(uer) l(ieben) wol erfarn. ‖ Mit der tzeyt west neyman, dan ich, er dut glich als woste wast Got machen wol. E(uer) l(ieben) se sych for, ich west nich ab e(uer) l(ieben) dousch[1988] aber ob er dey andern douschsett, geb for al wer den Luttersen[1989] gram und hort wol yn h(erzog) H(einrich) z(u) B(raunschweigk) breffen und andern wortten, das dencken sey wollen nu alle uber welgen, aber es leyget alles an dem der ober uns yst. Geschriben sounaben nach Pinsten[1990].

^a *Wort hochgestellt eingefügt.*
^b *Wort hochgestellt eingefügt; darunter gestrichen:* wider.
^c *Wort hochgestellt eingefügt.*
^d *Hier fehlt ein Wort.*
^{e-e} *Passage hochgestellt eingefügt.*

162*

1534 Mai 31

Herzogin Elisabeth an Landgräfin Christine
Elisabeth bittet Christine, ihrem Vater zu schreiben, damit sich dieser für Landgraf Philipp (den Großmütigen) und den Frieden im Reich einsetzt. Den Brief soll sie durch einen Boten an Kurfürst Johann Friedrich (den Großmütigen) gelangen lassen, der ihn dann in Annaberg Herzog Georg (dem Bärtigen) übergeben soll.

Überlieferung: verloren.

Bemerkung: Die Existenz und die Datierung dieses Briefes ergeben sich aus Nr. 163. – Dieser Brief wurde gemeinsam mit dem Schreiben Nr. 163 zunächst an Kurfürst Johann Friedrich geschickt.

[1984] *Brief König Ferdinands an Herzog Georg, 1534 Mai 27; vgl. ABKG III, Nr. 2477.*
[1985] *= Majestät.*
[1986] *Herzog Ulrich von Württemberg (1487–1550); vgl. Anm. 795.*
[1987] *= Eile.*
[1988] *= täuscht.*
[1989] *= Lutherischen.*
[1990] *= Pfingsten.*

163

1534 Mai 31

Herzogin Elisabeth an Kurfürst Johann Friedrich (den Großmütigen)

Elisabeth bittet Johann Friedrich, ihren Brief an Landgräfin Christine nach Kassel zu schicken. Die Landgräfin solle ihrem Vater, Herzog Georg (dem Bärtigen), schreiben, damit er um ihretwillen in der Sache wegen Landgraf Philipp (dem Großmütigen) vermittelt. Den Brief soll sie über Johann Friedrich nach Annaberg zu ihrem Vater schicken. – Herzog Georg sagt, wenn er Kaiser wäre, würde er solche Leute (wie Landgraf Philipp) köpfen lassen. Die Räte meinen, wenn ihm nur seine Tochter schriebe, so würde er sich für Landgraf Philipp einsetzen.

HStA Dresden, 10024, Loc. 9131/32, fol. 28r.

Überlieferung: Ausfertigung.

Schrift: eigenhändig.

Adresse: Dem hochgebornen fursten / hern Yohans Freyderych das hailge / romsen reychst ertzmarschalk / und korfurste hertzoge zu / Sachssen meynen fruntlych / lieben ohmen und bruder / yn seiner lyeb eigen // hant.

Nr. bei Werl: 101.

Kanzleivermerke: Hertzog Jorge soll gesagt haben, wann er keiser were, so wolte solche leute laß(en) khöpf(en).

Bemerkung: Der Brief wurde gefaltet und ohne Siegelstreifen aufgedrückt gesiegelt. Das Siegel ist verloren; Wachsreste haben sich erhalten. – Vermutlich wurde dieser Brief gemeinsam mit dem Schreiben Nr. 161 und dem verlorenen Brief an Landgräfin Christine (Nr. 162) übersendet. Darauf weisen die in Nr. 161 fehlende Adresse sowie die nahezu identische Faltung hin.

F(reuntlicher) h(ertz) a(ller) l(iebster) b(ruder) und o(hme); ich byt e(uer) l(ieben) fruntlich, e(uer) l(ieben) wol den breff[1991] m(eines) b(ruders) wib[1992] keyn Kasselle[1993] scheycken bey tag und nacht. Dan es yst mir geratten, ych sal yer schriben, das sey yerem vatter schribe klelich. Und byt yn dey sach helffen tzu vortragen umb yer willen. Wey ich e(uer) l(ieben) wol berechtten wil, wel Gott und das sey e(uer) l(ieben) den breff bey e(uer) l(ieben) botten tzu scheyck, das e(uer) l(ieben) m(einem) a(lten) h(ern) den breff auff Sant Annenbergk ober anwert und sprecht e(uer) l(ieben), sey hett e(uer) l(ieben) auch geschriben und gebetten. E(uer) l(ieben) las ya den botten ser reytten. M(ein) a(lter) h(er) sprecht, wan er keysser wer, er wolt soulge leut lassen koffen[1994] und sprecht, was er sal guttes dar zu dunt, m(ein) bruder vortrewe es im nicht tzu. E(uer) l(ieben) geb ym yo gutte wort und sprecht ab glich mit ym, tzornt so vor seych sich dach nich bossest zu ym. Dey ret meynen gantz, wan ym nor dey dochtter ym schreb, so det das beste, aber yetz sprecht er umer, es wert am keysser[1995] leygen. Heyr mit wil ich e(uer) l(ieben) Got bevellen mich e(uer) l(ieben), Got helff uns mit freutten zu sammen, ich ertzeyg e(uer) l(ieben) schwesterlich trew. Dat(um) suntag nach Pinsten[1996].

    E H Z S etc.

[1991] *Das Schreiben Elisabeths an Christine ist verloren und wird hier unter der Nr. 162 geführt.*

[1992] *Landgräfin Christine von Hessen (1505–1549).*

[1993] *Kassel.*

[1994] = *köpfen.*

[1995] *Kaiser Karl V. (1500–1558).*

[1996] = *Pfingsten.*

164

Feldlager zu Esslingen 　　　　　　　　　　　　　　　　*1534 Mai 31*

Landgraf Philipp (der Großmütige) an Herzogin Elisabeth
Philipp ist wohlauf. Nach dem Sieg bei Lauffen hat er bis auf die vier Burgen Hohentübingen, Hohenurach, Hohenasperg und Hohenneuffen das gesamte Herzogtum Württemberg eingenommen. Philipp schildert den Feldzug. Morgen soll der Hohenasperg eingenommen werden. Philipp hofft, dass sich Hohenneuffen danach von selbst ergeben wird. – Bisher ist nicht zu erkennen, dass sich die Feinde erneut formieren, wie es die Nachrichten glauben machen wollen. Philipp will den Feldzug so schnell wie möglich für sich entscheiden. Er verfügt über gut bewaffnete Reiter und viele erfahrene Landsknechte.

> *StA Marburg, PA 2842, fol. 17r – 18r.*
>
> *Überlieferung: Ausfertigung.*
>
> *Schrift: hess. Kanzleischreiber, eigenhändige Unterschrift.*
>
> *Adresse: [Der hochgebor]n furstin frawen / [Elisabethen ge]born lantgra- / [vin zu Hessen etc. her]zogin czu Sach- / [sen lantgravin in] Dhoring(en) / [marggravin z]u Meichsen / [unser freuntliche]n lieben / [schwe]ster.*
>
> *Kanzleivermerke: 1534.*
>
> *Bemerkung: Die Ausfertigung trägt Siegeleinschnitte; Siegel und Siegelstreifen sind verloren. – Die Unterschrift Landgrafs Philipps ist mit Goldsand gelöscht. – Die Zeichensetzung wurde übernommen und zurückhaltend angepasst. – Der in diesem Dokument häufig vorkommende Doppelkonsonantismus ‚n' wird reduziert wiedergegeben.*

Hochgeborne furstin freuntliche liebe schwester, wir haben ewer lieb schreiben[1997] empfangen, gelesen und freuntlich vorstanden. Und geben ewer lieb freuntlich zuerkennen, das es[a] uns aus gnediger verleyhung Gottes almechtigen nach wole gehet. Und nachdem uns Got den sigk[1998] gegen unsern widderwertigen vorlihen, das wir sie aus dem felde gejagt und demnach Stuggarten[1999] und das ganz land zu Wirtembergk eingenomen haben, bis uf die vier burgkheuser Tubingen,[2000] Aurach,[2001] Aspergk[2002] und Neiffen[2003], so ßeint wir fohwerds vor Tubingen gezogen, in willen dasselb mit gewalt zu schissen und zuerobern. Also hat es sich an uns ergeben. Und ßeint wir von Tubingen uff Aurach gezogen, haben uns darvor gelagert, und unser geschucz darvor auch gelagert und dermassen mit gewalt das schlos Aurach geschossen und genotigt, das es sich auch an uns hat ergeben mussen. Also haben wir das ganz land und alle schlos ein, on den Aspergk und Neiffen, clebt auch noch an der phannen. Und ßeint wir ßo vor den Aspergk gezogen, wollen denselben morgen mit Gottes hilff anheben aus dreyen schanzen mit gewalt auch zu schissen und zuerobern. So bald uns Got das gnediglichen verleihet, wirdet Neiffen sich ergeben und dan das ganz land

---

[1997]　*Vgl. oben Nr. 158 (Brief Elisabeths an Philipp, 1534 Mai 24).*
[1998]　*Gemeint ist der Sieg in der Schlacht bei Lauffen am Neckar (1534 Mai 13). Vgl. Lies, Zwischen Krieg und Frieden, S. 156.*
[1999]　*Stuttgart.*
[2000]　*Hohentübingen, Burg in Tübingen. Die Übergabe erfolgte am 1534 Mai 20. Vgl. Wille, Landgraf Philipp der Großmüthige von Hessen, S. 187.*
[2001]　*Hohenurach, Burg sö Stuttgart. Die Kapitulation erfolgte am 1534 Mai 25. Vgl. ebd.*
[2002]　*Hohenasperg, Burg n Stuttgart.*
[2003]　*Hohenneuffen, Burg w Neuffen.*

und alle festenungen erobert und genomen ßein. Hoffen zu Got, der aus seiner gotlichen vorsehung disse sach beschere gnedig‖lichen und mit gutem glugk gefuert und erhalten hat, werde hinfurter uns darin auch nit vorlassen. Und stehen sonst alle sachen noch wole, wir vornemen noch nit, das unser widderwertigen sich widder vorsamblen, wie wol uns ßo zeitungen[2004] kommen ßeint, das etliche knecht beyeinand(er) sein sollen. Konnens doch nit vor gewis wussen, haben aber mit fleys gut kundtschaft allenthalb darauf gemacht. Und wan es Gottes wil were, das wir uns ye einmals[b] mit unsern widderwertigen schlagen soltten, so wolten wir das es ßo oder balde geschee, dan wir hoffen und getrewen zu Got. Und haben auch so vil wolgeruster reisigen[2005], die besten, die in deutschen landen ßeint, und derselb(en) so ein dreflichen merglich(en) grossen zeugk, als wir glauben, das in deutscher nation bei mendschen gedencken nie beyeinander gesehen sei, und so vil guter gebrauchter landsknecht, das wir derselb(en) drei gewaltige mechtige hauffen haben. Wir wollen unsern widderwertigen starck gnug sein und eynen tagk zw schlagen gnug geben. Das haben wir ewer lieb, diweil wir wol wissen, das ewer lieb grosse schwesterliche freuntliche vorsorge vor uns hat, nit unangezeigt lassen wollen, darmit ewer lieb wissen mugen, wie wir gefast ßeint und wie di sachen stehen. Und das uns Got der almechtige dem wir des danckbar sein, gnediglichen beistehet, dem wir ewer lieb zw gnaden und wolfarn, als unsere freuntliche ‖ herzliebe schwester bevelhen. [c]Das wir ab(er) e(wer) l(ieben) mit unser aig(en) hand nit widdergeschrib(en) hab(en), doran vorhindern uns di vilen dapffern sachen, die uns ßo auszuricht(en) vorstehen, wie e(wer) l(ieben) gedencken mugen, das kein getrewerer arbeiter dan unser selbst fleys.[c] Dat(um) in unserm lager zu Eslessen[2006] am sontage Trinitat(is) anno etc. xxxiiii.

Philips von Gots gnaden lantgrave zu Hessen / grave zw Catzenelnbog(en) etc.
Philips L Z Hessen etc. s(ub)s(cripsi)t

[a] *Wort hochgestellt eingefügt.*
[b] *Wort hochgestellt eingefügt.*
[c-c] *Passage mit Platzhalter am linken Seitenrand eingefügt.*

165

Feldlager zu Esslingen   *1534 Juni 2*

Landgraf Philipp (der Großmütige) an Herzogin Elisabeth
Philipp hat das Herzogtum Württemberg mit den Schlössern und Festungen Hohentübingen, Hohenurach, Achalm und Homburg erobert. Nun ist er zum Hohenasperg gezogen, wo sich Pfalzgraf Philipp (der Streitbare) und andere Räte befinden. Am gestrigen Montag haben sie mit dem Beschuss begonnen und diesen bis zum heutigen Mittag fortgesetzt. Er glaubt, dass die Festung in wenigen Tagen erobert sein wird. – Der Statthalter hat einen Unterhändler geschickt. Nach Verhandlungen hat sich die Besatzung des Hohenaspergs heute Mittag unter der Bedingung des freien Abzugs des Statthalters ergeben. Durch den schweren Beschuss hat auch Philipps Heer Verluste erlitten. Nach der Eroberung des Hohenaspergs wird sich auch Hohenneuffen bald kampflos ergeben.

[2004] = *Kunde, Botschaft, Nachricht; vgl. DWB, Bd. 31, Sp. 592.*
[2005] = *bewaffnete Reiter.*
[2006] *Esslingen am Neckar, Stadt sö Stuttgart.*

StA Marburg, PA 2842, fol. 19r.

Überlieferung: Ausfertigung.

Schrift: hess. Kanzleischreiber.

Adresse: Der hochgeporne furstin frawen Elizabethen / geborne landgravin zu Hessen etc. hertzogin / zu Sachsen, und marggravin zu Meissen etc. / unser freuntlichen lieben schwester.

Kanzleivermerke: Disse brief sein aus ungeschickt(er) ubersehung von / Cassel, widd(er) ins lag(er) geschickt worden / mitt anderm brief bei d(er) rethe schrift / des dat(um) dinstags p(ost) Viti anno d(omini) 34[2007].

Bemerkung: Der Brief wurde gesiegelt; das ohne Siegelstreifen aufgedrückte Siegel ist in schlechtem Zustand erhalten. – Der Brief wurde im Querformat ausgestellt und trägt keine Unterschrift. – Aus dem Kanzleivermerk geht hervor, dass der Brief aus Kassel wieder ins Lager zurückgesendet wurde, was Landgraf Philipp veranlasste, zwei Tage später einen neuen, aktuellen Brief (Nr. 166) zur Lage zu verfassen. – Ein Schreiben gleichen Datums ist von Landgraf Philipp auch an Landgräfin Christine ausgegangen.[2008] – Die Zeichensetzung wurde übernommen und zurückhaltend angepasst. – Der in diesem Dokument häufig vorkommende Doppelkonsonantismus ‚n' wird reduziert wiedergegeben.

Was wir allezeit eheren liebs und guts vormogen in bruderlichen trewen, zuvor hochgeporne furstin, freuntliche liebe schwester; wir geben e(uer) l(ieben) freuntlich zuerkennen, als wir das land des furstenthumbs Wirtenberg, desgleich(en) die schloße und vhestenung Tubingen[2009], Uhrach[2010], Achalm[2011] und Homburg[2012] erobert haben, seind wir hieher fur den Aschperg[2013] geruckt [a](dorin dan hertzog Philips, der stathalter[2014], und etliche von den rethen die treflichste, und ander gut leuthe gewest)[a], denselbig(en) belagert und gestern montags[2015] zuschiessen angefangen und bis auf heude dienstag zu mittage geschossen haben, wiewol wir unser geschutz, sonderlich die grosten stuck nit all gelagert, die wir diße kunftige nechten[b] furpringen und lagern laßen wolt(en). Yedoch so hat Got dem almechtigen wolgefallen, das wir sie mit denselbig(en) userm geschutz, dermassen im schloß bearbeitet, und das schloß alßo angegriff(en) haben, das wir zu Got verhoft, wir wolt(en) in wenig tagen das zum sturm geschossen und mit gewalt erobert haben. So hat an heude zu mittage der stathalter einen trommenschlager[2016] zu uns herauß geschickt und begeren lassen, das wir sprach zuhalten vergonnen wolten, daruf wir mit inen sprach zuhalten, die unsern verordnet. Alßo haben sie uns den Aschpergk ubergeben, doch mit der condition, das wir den stathalter mit demjhenigen, so sein eigen ist, herabeziehen lassen, dergleichen die andern auch. Und sal der stathalter in dißem kriege nit widder uns sein, und die andern kriegsleuthe in dreien monaten nit widder uns dienen. Was aber droben ist dem konige oder der regirung zustendig, gelt, geschutz und alles andern, das sollen sie droben lassen. Wir haben auch an unsern leuten durch ir heftig herabeschißen schaden gnommen,

---

[2007] = 1534 Juni 16.

[2008] Vgl. StA Marburg, PA 14, fol. 14r – v.

[2009] Hohentübingen, Burg in Tübingen. Die Übergabe erfolgte am 1534 Mai 20. Vgl. Wille, Landgraf Philipp der Großmüthige von Hessen, S. 187.

[2010] Hohenurach, Burg sö Stuttgart. Die Kapitulation erfolgte am 1534 Mai 25. Vgl. ebd.

[2011] Achalm, Burg ö Reutlingen.

[2012] Homburg, Burg nw Stahringen.

[2013] Hohenasperg, Burg n Stuttgart.

[2014] Pfalzgraf Philipp (der Streitbare) (1503 – 1548); vgl. Anm. 1624.

[2015] = 1534 Juni 1.

[2016] = Trommelschläger, Trommler.

buchßenmeister, knecht und pawarn verloren. Doch so hat uns alßo der almechtig Got, dem wir des danckpar sein, gnediglich verliehen, das wir diße vhestenung, di vast di trefelichst ist in Schwebischen landen, erobert haben. Und ist in dißem lande nichts mher, das noch zuerobern, dan allein Niffe[2017] das schloß, das versehen wir uns, werde sich numhe, dieweil der Asperg gewonnen, auch ergeben, und nit von noten sein, das wir, darvorziehen oder das beschiessen dorffen. Das haben wir e(uer) l(ieben) gantz freuntlicher guter meynung onangezeigt nit wollen lassen, dan e(uer) l(ieben) in alwege freuntlichen willen zuerzeig(en) seind wir gneigt. Datum Exloßen[2018] am dienstage nach Trinitatis anno etc. xxxiiii.

Philips von Gots gnaden landgrave zu Hessen, grave zu Catzenelnpogen etc.

^{a-a} *Klammer in der Vorlage.*
^b *Wort hochgestellt eingefügt.*

166

1534 Juni 4

Landgraf Philipp (der Großmütige) an Herzogin Elisabeth

Philipp ist wohlauf. Mit Gottes Hilfe hat er vorgestern den Hohenasperg und damit das gesamte Herzogtum Württemberg erobert. Pfalzgraf Philipp (der Streitbare) hat sich verpflichtet, in dieser Auseinandersetzung nicht mehr gegen ihn aufzutreten. – Philipp möchte nun Frieden haben, wenn der König Herzog Ulrich von Württemberg das Herzogtum lässt. Er will sich weder mit König Franz I. von Frankreich verbünden, noch andere Leute angreifen. Außerdem will sich Philipp bei Herzog Ulrich dafür einsetzen, dass er das Herzogtum Württemberg als Afterlehen vom König annimmt. – Jetzt wird Philipp nach Hohenneuffen ziehen. Er muss wegen der Verpflegung der Truppen weiterziehen, wird aber nicht das Erbland des Königs angreifen. Elisabeth soll sich beeilen, einen Frieden zu erreichen.

> *StA Marburg, PA 2842, fol. 20r – 21r.*
>
> *Überlieferung: Abschrift.*
>
> *Schrift: hess. Kanzleischreiber.*
>
> *Adresse:* ^aAn sein f(urstlichen) g(nedigen) schwester.^a
>
> *Kanzleivermerke:* Wie m(ein) g(nediger) her seiner / f(urstlichen) g(nedigen) schwester / geschrieb(en) hat.
>
> *Bemerkung: Die Absatzgestaltung folgt der Vorlage.*
>
> *Druck: Wille, Landgraf Philipp der Großmüthige von Hessen, S. 316 f.*

---

²⁰¹⁷ *Hohenneuffen, Burg w Neuffen.*
²⁰¹⁸ *Esslingen am Neckar, Stadt sö Stuttgart.*

Liebe schwester, ich hab dein schreib(en)[2019] gelesen, und gehet mir gantz woll. Hab durch hilf Gottes das gantz landt gewonnen, den Aspergk[2020] ehergestern dienstags.[2021] Und hat sich herzog Philips[2022] verpflicht, mitsampt allen edelleut(en), zeugmeistern und andern, in dißer zweytracht nit geg(en) uns zuthun haben. Drobben gewonnen xl stuck[2023] buchßen uf reddern, und bis in xx tausent g(ulden)[2024] gelts, auch vil pulffers und proviande. Wir hab(en) den Aspergk hart geschossen, were in zwei tag(en) zum steine geschossen word(en), unser her Got ist scheinbarlich bey uns.

Wi du begerst zu wissen mein gemut, so ist das mein gemut, wo ich mocht fridde hab(en), das der konig[2025] den hertzog(en)[2026] bey dem landt bleib(en) lisse und wir andern, die dem hertzog(en) geholff(en), auß sorg(en) gelaß(en). Begert ich nichts mher, beger wedder ufrur oder franzosisch[2027] zuwerd(en) oder and(er) leuthe zubekrieg(en). Ufs ander, wi du mir schreibst, das der ‖ konig den tittel und wappen[2028] behalt(en) well und das der hertzog solt es vom konig zu leh(en) empfah(en),[2029] wiewol nu sollichs dem hertzog(en) beschwerlich. Yedoch so das gewiße were, das d(er) konig den hertzog(en) bey dem lande lyss pleiben und uns andern sichert, sovern dan der keser[2030] solchs bewilliget und di churfurst(en) wilich bey herzog Ulrich sovill anhalt(en), das ich mich versehe, ich wol es bey ime erlang(en).

Itzt aber werde ich nach Neiff(en)[2031] zieh(en), das sich ane schieß(en) ergeb(en) wirdt, und dornach an die grentz dißes landes ein weil verzieh(en) und seh(en), ob frid geb(en) wirde, und mich so lange erhalt(en), als mir muglich ist nit weither zuzieh(en). Es ist aber zuglaub(en), das mich di proviant dring(en) mocht, das ich verruck(en) must. Dorumb eile ich, beger nit mher dan fridd(en). Wil auch, wie ich itzt gesyndt, dem konig oder nymants kein fleck(en)[2032] oder schloß einnemen. Das ich aber ‖ profiand halben ziehen must, ist mich nit zu verdenck(en), dan es were ja beschwerlich, das ich solt ane fridd(en) abzieh(en). Darumb eyle sere, uf das wir den fridd(en) erlang(en) und die sach an mein schult nit wether eynreiße. Bis Got befolh(en), dir bruderlich trew zuerzeig(en) bin ich geneigt. Dat(um) donnerstags Corporis Christi anno etc. xxxiiii.

Philips etc.

a-a *Unter dem Text.*

[2019] *Vgl. oben Nr. 158 (Brief Elisabeths an Philipp, 1534 Mai 24).*
[2020] *Hohenasperg, Burg n Stuttgart.*
[2021] *= 1534 Juni 2.*
[2022] *Pfalzgraf Philipp (der Streitbare) (1503–1548); vgl. Anm. 1624.*
[2023] *= 40 Stück.*
[2024] *= 20.000 Gulden.*
[2025] *König Ferdinand I. (1503–1564).*
[2026] *Herzog Ulrich von Württemberg (1487–1550); vgl. Anm. 795.*
[2027] *= profranzösisch. – Gemeint ist eine vermutete Parteinahme Landgraf Philipps für den französischen König Franz I. von Frankreich (1494–1547).*
[2028] *= Titel und Wappen Württembergs.*
[2029] *Gemeint ist die Afterlehenschaft Württembergs.*
[2030] *Kaiser Karl V. (1500–1558).*
[2031] *Hohenneuffen, Burg w Neuffen.*
[2032] *= Ort.*

167*

[vor 1534 Juni 11]

Kurfürst Johann Friedrich (der Großmütige) an Herzogin Elisabeth
Johann Friedrich teilt Elisabeth seine Meinung und den Stand der Verhandlungen um die Annaberger Artikel mit.

> *Überlieferung: verloren.*
>
> *Bemerkung: Die Ausfertigung und die Datierung dieses Schreibens ergeben sich aus Nr. 169 und 170. Es wird sich um die Antwort Johann Friedrichs auf die Briefe Elisabeths Ende Mai (Nr. 159 bis 161 bzw. 163) gehandelt haben. Den Brief hat der Kurfürst über Elisabeths Knecht an sie gelangen lassen.*

168*

[Annaberg]   [vor 1534 Juni 11]

Herzog Georg (der Bärtige) an Herzogin Elisabeth
Georg unterrichtet Elisabeth über den Stand der Verhandlungen um die Annaberger Artikel.

> *Überlieferung: verloren.*
>
> *Bemerkung: Die Ausfertigung und die Datierung dieses Schreibens ergeben sich aus Nr. 169 und 170.*

169

1534 Juni 11

Herzogin Elisabeth an Kurfürst Johann Friedrich (den Großmütigen)
Elisabeth schickt einen Brief Herzog Georgs (des Bärtigen). Sie hat ihm gut zugesprochen, damit er sich für den Frieden einsetzt. Johann Friedrich soll zwischen Herzog Georg und Landgraf Philipp (den Großmütigen) vermitteln; ihr Bruder soll sich gut mit dem Herzog stellen. Den übersendeten Brief des Herzogs soll Johann Friedrich wieder zurückschicken und ihr den Stand in der Sache anzeigen. – Ihr ist geschrieben worden, dass die königlichen Unterhändler nichts von einem Handel mit ihrem Bruder wissen. Johann Friedrich soll ihr schreiben, wer nun mit ihm in Verhandlungen steht. Sie ist in Sorge, weil sie ihrem Bruder zur Annahme des Königs geraten hatte, in der Hoffnung, es würde Frieden geben und Herzog Ulrich von Württemberg könne sein Land behalten. Bisher hat er auf ihr Schreiben aber nicht geantwortet. – Sie hat soviel im Kopf, dass sie auch viel vergisst. – Die Unterhändler wollen nur in der Wahlsache verhandeln. Johann Friedrich soll nichts beschließen, außer die Württemberger Sache wird mitverhandelt. Sie hat auch erfahren, dass die Friedensverhandlungen einen Fußfall des Landgrafen und Herzogs vorsehen; sie meint, dies geschieht auf keinen Fall. Elisabeth weiß nun nicht, ob sie ihrem Bruder dazu raten soll.

HStA Dresden, 10024, Loc. 9131/32, fol. 18r – 19r.

Überlieferung: Ausfertigung.

Schrift: eigenhändig.

Adresse: [Dem hoc]hgebornen fursten / [hern Hans] Freyderich hertzoge / [zu Sachsse]n das hailgen / [romsen reic]hst ertzmarschalk / [und korfurste]n meinem / [fruntlichen liebe]n ohmen / [und bruder yn] seyner lyeb // eigen hant.

Nr. bei Werl: 103.

Kanzleivermerke: Di Wirtenbergische handlung belangende.

Bemerkung: Siegeleinschnitte und Wachsreste sind vorhanden; das Siegel und der Siegelstreifen selbst sind verloren; die Adresse ist entsprechend beschädigt überkommen. – Vom vorhergehenden Brief Philipps vom 1534 Juni 4 (Nr. 166) hatte Elisabeth wohl noch keine Kenntnis, denn sie beschwerte sich über die ausstehende Antwort ihres Bruders. Den vorliegenden Brief schickte sie um 2 Uhr am Nachmittag an den Kurfürsten ab. Danach verfasste sie ein zweites Schreiben an Johann Friedrich (Nr. 170). – Mit dem Brief schickte Elisabeth das verlorene Schreiben Herzog Georgs (Nr. 168) an Johann Friedrich. – Der Brieftext erging in der originalen Ausfertigung fortlaufend und ohne Satzzeichen. Für die Wiedergabe wurde der Text zur besseren Lesbarkeit in Absätze gegliedert.

M(ein) f(reuntlicher) h(ertz) a(ller) l(iebster) o(hme) u(nd) b(ruder); ich bedanck mich gantz fruntlichen e(uer) l(ieben) erbeydens und wil mich solges alles zu e(uer) l(ieben) vorsein, wey e(uer) l(ieben) an tzeyget.[2033] E(uer) l(ieben) meynunge gevelt mir auch wol und byt e(uer) l(ieben) fruntlichen, e(uer) l(ieben) wol umb meynett willen allen fliß dunt, das wil ich fruntlichen vorglichen und scheyck e(uer) l(ieben) heyr mit m(eines) a(lten) h(ern) schriben[2034], dan ich geb im gutte wortt, wan es dochtte und dey sach mit Gottes holff vortragen wortte, das dan e(uer) l(ieben) auch meyn bruder mit m(einem) a(lten) h(ern) vordrouge und das m(ein) b(ruder) sych dach stelte, als vorsege sych guttes zu m(einem) a(lten) h(ern). E(uer) l(ieben) scheyck mir m(eines) a(lten) h(ern) breff wider und schribe mir, wey dey sache sted, ich schlafft susten nich.

Mir wert geschriben, dey kongeyssen[2035] wollen nich wissen, das mit meyn bruder etwas gehanttel yst. Ych byt e(uer) l(ieben) wolle mir schriben, wer dach solges mit m(einem) b(ruder)[a] yn hanttelunge sted. Ich hab sorge, es kumb von mir her, dan ich schreb ym und bat yn, wo for feyl, das dei sach solt vortragen wertten und dar auff stonde, das der konich[2036] solt[b] angenummen wertten und sych m(ein) b(ruder) fortter wolt halten als ein frummer gehorsammer[c] furst das reychst und das ym tzu glaben wer. Hoff ych, das solt im vortzeygen wertten und der hertzoge[2037] solt bey dem lant bleyben und wan nor glaben halten wolt. Hoff ich, unsser hern und fruntte solten sych dreynt schlagen, das vor dragen wertten mochtte und solt mir dar ‖ seyn gemot balt schriben, hatt mir ober nich droff geschriben.[2038] Yn pinst hailgen tag schrib ychst im dan.[2039] Ich hort, das man so dar von rette und ich datt es auch dromb, das er nich solt fortter tzeyn ober das konges erbt lant aber ober ander leut. Ich schreb dach e(uer) l(ieben) auch dey meynunge, ich west auch nich anders, dan ich schreb

---

[2033]   *Das Schreiben Johann Friedrichs an Elisabeth ist verloren und wird hier unter der Nr. 167 geführt.*

[2034]   *Das Schreiben Herzog Georgs an Elisabeth ist verloren und wird hier unter der Nr. 168 geführt.*

[2035]   = *königlichen Unterhändler.*

[2036]   *König Ferdinand I. (1503 – 1564).*

[2037]   *Herzog Ulrich von Württemberg (1487 – 1550); vgl. Anm. 795.*

[2038]   *Vom vorhergehenden Brief Philipps von 1534 Juni 4 (Nr. 166) hatte Elisabeth anscheinend noch keine Kenntnis; offensichtlich haben sich beide Briefe bei der Zustellung überschnitten.*

[2039]   *Vgl. oben Nr. 158 (Brief Elisabeths an Philipp, 1534 Mai 24).*

ym, wo seyn wil wer, solt e(uer) l(ieben) ansuchen, das e(uer) l(ieben) droff hanttel. Ich west aber nich vor war, im seyn[2040] hatt ichs aber, ich hab so vel ym koffe[2041] das ichst vorgeyst.

E(uer) l(ieben) west wol, das ich e(uer) l(ieben) umer dey meynung geschriben hab. Ich bin wol tzu fretten, das e(uer) l(ieben) den breff auff gebrochen hatt. E(uer) l(ieben) scheyck mir m(eines) a(lten) h(ern) breff weyder, ich schreb yn bey seyner yuncken, ein der kamb von Kassel, der rett yellen wider hin[2042], scheyk es mit der bost[2043] von Kassel auß. Man schribet mir auch, das dey koungeyssen nich speh halben[d] wollen mechteygen ein ander sach, dan der walle[2044] halben zu hanttelen. So las ich mich yo dunken, das sey der sachen halben auch da[2045] seyn, so vel ich vor sted auß das bysschaff von Mentz[2046] schriben, wey ich e(uer) l(ieben) wol berechtten wil. Es seyn bussen[2047] yn m(eines) a(lten) h(ern) breff, spor ich auch wan sey auch vel eigen wellich[2048] wolten seyn, must man yn auch nich alles nach lassen. E(uer) l(ieben) nem yn yo nich an, es sey dan sach, das dey sach[2049] mit geyt, e(uer) l(ieben) must dan dunt auß not. Ich denck wol, wert es nich vortragen, das m(ein) b(ruder) nich gut yst sunderlich seyn lant und leutten, aber es wert gewist dem konge auch nich tzu schwer gedeygen und der frantzosse[2050] solt seyn best dunt, gewist dem werst ein gut spelt. Aber wast trostlich wer, das west ich ‖ nich, aber das m(ein) bruder so gefast wortte ober yn genummen, das fortter frette heylt und nich hetzsen lyst, das sege ich gern. Da geveyl mir e(uer) l(ieben) meynunge wol, da dut e(uer) l(ieben) fliß.

Bey mir wert auch geschriben, wo das geschege, das dey sach so vortragen wortte, das der h(ertzog) z(u) W(erttembergk) das lant beyheylt und ein frette gemach wortte, so solt ich dar zu helffen, das m(ein) b(ruder) dem konge ab bette[2051] und der h(ertzog) zu Werttenbergk mit fust fallen[2052], das gescheyt nich yn keyn wegk, hab ich sorge. West auch nich, ob ichst im ratten wolt, dan m(ein) bruder hatt zu deysser tzeyt den kongich nich vor sein hern gehalten nach angenumen und hett sorge, das wortte dey sach gar neyder stossen. Solges hab ich e(uer) l(ieben) yn der yelle[2053] fruntlicher meynunge nicht wollen bergen und byt e(uer) l(ieben) wol das helffen hanttelen, das m(ein) b(ruder) und seyn keyntter nich und eirlich[2054] yst, das wol e(uer) l(ieben) ym auch ratten als ich mich das tzu e(uer) l(ieben) vor sein wil und e(uer) l(ieben)[e] gentzlich zu glab. Wil e(uer) l(ieben) heyr mit Got bevellen, der beheut und bewar e(uer) l(ieben) und geb e(uer) l(ieben) seyn genade und helff uns mit freutten zu sammen, und bevel mich e(uer) l(ieben), dan e(uer) l(ieben) schwesterliche trew tzu dertzeygen bin ich geneygett. Dat(im) darstag nach Metardig[2055] anno xxxiiii.

[2040] = Sinn.
[2041] = Kopf.
[2042] = der ritt eilends wieder hin.
[2043] = Post, Bote.
[2044] = Königswahl.
[2045] Bei den Verhandlungen in Annaberg.
[2046] Kardinal Albrecht von Brandenburg (1490–1545), Erzbischof zu Mainz und Magdeburg; vgl. Anm. 1008.
[2047] Possen = Scherze, auch ein Scherzspiel; vgl. zur vielschichtigen Semantik DWB, Bd. 2, Sp. 261 (Artikel „Bosse"), auch Bd. 13, Sp. 2013 (Artikel „Posse").
[2048] = eigenwillig.
[2049] Gemeint ist die württembergische Sache, also die Restitution Herzog Ulrichs von Württemberg.
[2050] König Franz I. von Frankreich (1494–1547).
[2051] = Abbitte leisten.
[2052] = Fußfall.
[2053] = Eile.
[2054] = unehrlich.
[2055] = Medardi (8. Juni).

E(uer) l(ieben) schrib mir, e(uer) l(ieben) auch komb, ich het vel mit e(uer) l(ieben) tzu retten. Der konich und ander mussen auch nich den fursten yer lant vor behalten, das yn ander leut nemen.

^a *Gestrichen:* geha.
^b *Wort hochgestellt eingefügt; darunter gestrichen:* wertt.
^c *Wort hochgestellt eingefügt.*
^d *Schwer leserliches Wort.*
^e *Gestrichen:* er.

170

1534 Juni 11

Herzogin Elisabeth an Kurfürst Johann Friedrich (den Großmütigen)

Elisabeth wartet sehnsüchtig auf einen Brief Landgraf Philipps (des Großmütigen). Sie befürchtet, dass bereits jemand anderes mit ihrem Bruder verhandelt hat. – Herzogin Christine schreibt Herzog Georg (dem Bärtigen) nicht. – Es muss nun schnell ein Frieden ausgehandelt werden, bevor Philipp mit seinem Heer weiterzieht. Sie hat gehört, dass die Verhandlungen beginnen werden und bittet Johann Friedrich, sich für ihren Bruder einzusetzen. Man soll aber nicht merken, dass Landgraf Philipp und Herzog Ulrich von Württemberg Frieden haben wollen; nur Kardinal Albrecht von Brandenburg weiß es. Was Elisabeth erfährt, wird sie Johann Friedrich mitteilen. Sie befürchtet, ihr Bruder könne seine gute Lage nutzen, um weiterzuziehen. Johann Friedrich möge Herzog Georg und Kardinal Albrecht von Brandenburg schreiben, damit sie die Verhandlungen weiter vorantreiben. Gleichzeitig soll Johann Friedrich ihren Bruder zum Frieden drängen. — Elisabeth hat Angst, ihr Bruder könne einen neuen Krieg anfangen, wenn der König und der Kaiser nicht einen Frieden annehmen. Aber sie wollen, dass der Landgraf und Herzog Ulrich Abbitte vor dem König leisten; dies werden die beiden aber nicht annehmen. Der König sollte ihnen einen Reiterdienst vorschlagen. Elisabeth spürt, Philipp wolle eine Entscheidungsschlacht. Es wäre jedoch besser, wenn Frieden im Reich wäre, der so gestaltet ist, dass, wenn der König einen Frieden annimmt, der Kaiser sich nicht rächen kann. Herzog Georg warnt auch, Landgraf Philipp solle vorsichtig sein.

StA Marburg, PA 2842, fol. 22r – 23r.

Überlieferung: Ausfertigung.

Schrift: eigenhändig.

Adresse: d h g f h h f / h z s d h r r e u k / l y d m z m m / f h l o u b y s l e hant.[2056]

Nr. bei Werl: 104.

Kanzleivermerke: E(lisabeth) v(on) Rochlitz *(Archivarshand 20. Jh.).*

Bemerkung: Der Brief wurde gesiegelt; das ohne Siegelstreifen aufgedrückte Siegel ist vollständig erhalten. – Nachdem Elisabeth den voranstehenden Brief abgeschickt hatte (Nr. 169), erreichte sie das Schreiben ihres Bruders vom 1534 Mai 31 (Nr. 164). Den Brief verfasste sie noch am selben Abend.

[2056] *Die Adresse ist hier vollständig erhalten; sie steht für:* **D**em **h**ochgeboren**e**n **F**ürsten **H**errn **H**ans **F**riedrich, **H**erzog **z**u **S**achsen, des **H**eiligen **R**ömischen **R**eichs **E**rzmarschall **u**nd **K**urfürst, **L**andgraf in **Th**üringen, **M**arkgrafen **z**u **M**eißen, **m**einem **f**reundlichen **h**erzlieben **O**heim **u**nd **B**ruder in seiner **L**ieben **e**igen **H**and.

M(ein) h(erz) a(ller) l(iebster) o(hme) u(nd) b(ruder); ich[a] bedancke mich fruntlich e(uer) l(ieben) moe[2057], dey e(uer) l(ieben) velfaltych umb meynett willen hatt und byt e(uer) l(ieben) wolle yo fliß dunt, das vordragen mochtte wertte, dan ich merck, das er[2058] mir gar keyn anwert auff meyn schriben[2059] geb. Der halben denck ich gantz, das yeman anders mit ym gehanttel hatt, wey e(uer) l(ieben) hatt an getzeyget[2060] das konges[2061] halben, wey e(uer) l(ieben) mir bey meinem knecht geschriben hatt. Dar auff hab ich auch e(uer) l(ieben) allen halben anwertt geben[2062] bey ein eygen botten, der leyff[2063] heutte umb ii wegk nach mittage[2064]. Ich scheyck auch e(uer) l(ieben) meyns brudern breff[2065] mitte, auch hab ich heutte e(uer) l(ieben) meyns a(lten) h(ern) breff[2066] mit gescheygk. Dey dochtter[2067] schribet ym nichst, dan wey ych e(uer) l(ieben) antzeygett, sey yst yn der sach behertzeygetter dan ich. Es yst vor war not, das man nu ser hanttel, dan ich hab sorge, er wertt fortter zeyn und das grosser undlust[2068] mochtte wertten, Got scheyckest tzum besten. Ich halt dar vor, dey hanttelunge wert nun angein, weyl sey dey nuge tzeytung[2069] hornt, not wert yessen brechgen[2070]. Und hort gern, das mit ein nander[2071] weyl an gein. E(uer) l(ieben) dut nor fliß bey m(einem) b(ruder), e(uer) l(ieben) sal freyg dencken, ich wil keyn fliß sparn, das vor bleyben yst merck ich wol, sey wollen gefeyrett seyn, das man nich mercken sol, das sey gern vor dragen wern. Aber ein besorgk haben, der bysschaff von Mentzse[2072] wost es wol, das sey gern vordragen wern. [b]Wan erst sagen wolt[b], wertten sey lang klementzsen wert es hab ich sorge bast beyssen. Wast ich er far[2073], sal e(uer) l(ieben) nich vor halten wertten, wan sey alle heyr wern,[2074] wolt ich aller leyg[2075] der farn.[2076] ‖ Ich hab sorge weyl es dorch Gottes genade m(einem) b(ruder) so wol geyt, das er gern fortte zoug, wan es doch e(uer) l(ieben) meyn a(lten) h(ern) vortrewlich antzeyget aber dem bysschaff von Mentzse, wo es wolt dinstlich tzu der sach[c] sein, das sey dester yer fort farn wolten mitt der rechtunge. E(uer) l(ieben) las mich ya wissen, wey alle sachen stend. Solges hab ich e(uer) l(ieben) yn eine yelle[2077] nich wollen bergen, und bevel e(uer) l(ieben) und mich[d] der genade Gottes und[e] mich auch e(uer) l(ieben)[f]. Und byt e(uer) l(ieben) wol mich nicht lassen, wo es not dett, dan e(uer) l(ieben) schwesterliche trew tzu dertzeygen bin ich willich. Bouchgen sey ser, boucht e(uer) l(ieben) weyder, dan sey haben keyn gelt, west ich vor war, tzouget meyn

---

[2057]   = Mühe.

[2058]   Landgraf Philipp (der Großmütige) (1504–1567).

[2059]   Vgl. oben Nr. 158 (Brief Elisabeths an Philipp, 1534 Mai 24).

[2060]   Das Schreiben Johann Friedrichs an Elisabeth ist verloren und wird hier unter der Nr. 167 geführt.

[2061]   König Ferdinand I. (1503–1564).

[2062]   Vgl. oben Nr. 169 (Brief Elisabeths an Johann Friedrich, 1534 Juni 11).

[2063]   = läuft.

[2064]   = um 2 Uhr nachmittags.

[2065]   Vgl. oben Nr. 164 (Brief Philipps an Elisabeth, 1534 Mai 31).

[2066]   Das Schreiben Herzog Georgs an Elisabeth ist verloren und wird hier unter der Nr. 168 geführt.

[2067]   Landgräfin Christine von Hessen (1505–1549).

[2068]   = Unlust, im Sinne von Ärger.

[2069]   = Kunde, Botschaft, Nachricht; vgl. DWB, Bd. 31, Sp. 592.

[2070]   = Not wird Eisen brechen.

[2071]   = miteinander.

[2072]   Kardinal Albrecht von Brandenburg (1490–1545), Erzbischof zu Mainz und Magdeburg; vgl. Anm. 1008.

[2073]   = erfahre.

[2074]   Herzog Georg hielt sich seit dem 1534 Juni 7 in Annaberg auf. Vgl. ABKG III, Nr. 2484 ff.

[2075]   = allerlei.

[2076]   = erfahren.

[2077]   = Eile.

bruder fortter, wert yer nutz nich seyn. Byt e(uer) l(ieben) wolle m(einem) b(ruder) den breff
wider scheycken. Ich byt, schelte, er mane yn aller tzu sage und bruderlicher trew. Dat(um)
darstag spet nach Metardust[2078] anno xxxiiii.

    E H Z S

Ich hab sorge, weyl m(ein) b(ruder) keyn wey der stand[2079] hatt, so wert er[g] etwast mir
anfan, wo sey nich ein rechttunge annemen. Sey wollen mach, m(ein) b(ruder) sal es sam
dem hertzogen dem konge ab bitten, das dut[h] er nich. Dett im yer ein routter deynst[2080],[i] der
hertzoge moch es dunt umb dey erste sach, dey gehanttel hatt. Sey meyn, alle fursten
mussen auff seyn weyder meyn bruder. Ich merck wol, er beger einer schlacht, da Got vor
sey, es wer yo besser frette ym reychge, dan das er fortgeyn sal. E(uer) l(ieben) werre allen
entten und auch das so gemacht, das der kesser[2081] nich recht, dan sey vor lassen sych droff,[j]
ob wol der konych ein rechtunge an nem[2082], wort doch der kesser straffen. M(ein) her[2083]
meynett, meyn bruder moch sich dar yn wol for sen[2084], donck e(uer) l(ieben) das nott dut.
So scheycke e(uer) l(ieben) m(einem) bruder ein ab schreff[2085] von meyn alten hern ‖ breffe
und e(uer) l(ieben) schribe mir ya war auff es forter sted.

    [a] *Getilgt:* bed.
    [b-b] *Passage mit Platzhalter am linken Seitenrand eingefügt.*
    [c] *Gestrichen:* s.
    [d] und mich *hochgestellt eingefügt.*
    [e] *Wort hochgestellt eingefügt.*
    [f] *Sigle hochgestellt eingefügt.*
    [g] *Wort hochgestellt eingefügt.*
    [h] *Wort hochgestellt eingefügt.*
    [i] *Gestrichen:* den.
    [j] *Gestrichen:* ru.

171

[1534 Juni 13]

Herzogin Elisabeth an Landgraf Philipp (den Großmütigen)

*Elisabeth freut sich über das Wohlergehen ihres Bruders. Sie hofft auf Frieden und dass
Herzog Ulrich von Württemberg das Herzogtum behalten kann. Nun müsse auch der Kaiser
überzeugt werden, denn sonst könne der König ihn gegen Philipp aufhetzen. Ihrem Bruder
rät sie, vorsichtig zu sein und dem Kurfürsten zu folgen. Darüber hinaus soll er den Frieden
annehmen, befürchtet Elisabeth doch sonst ein großes Blutvergießen. Sie sorgt sich um das
Wohlergehen Philipps. Besonders vor einer möglichen Vergiftung solle er sich vorsehen
und bedenken, dass sie ohne ihn verloren wäre. Philipp darf sich nicht ohne Not in Gefahr
begeben. – Elisabeth geht es gut. Als sie Herzog Georg (den Bärtigen) gebeten hat, in*

[2078] = *Medardi (8. Juni).*
[2079] = *Widerstand.*
[2080] = *Reiterdienst.*
[2081] *Kaiser Karl V. (1500–1558).*
[2082] = *annehme.*
[2083] *Herzog Johann (der Jüngere) von Sachsen (1498–1537).*
[2084] = *vorsehen.*
[2085] = *Abschrift.*

Philipps Angelegenheit zu vermitteln, meinte er, Philipp vertraue ihm nicht. Es wäre gut, so Elisabeth, wenn sich Philipp und Herzog Georg versöhnen würden. Auch Kurfürst Johann Friedrich (der Großmütige) könne Phlilipp helfen, schließlich vertrauen ihm der König und die anderen Reichsfürsten. Elisabeth setzt sich für den Frieden ein. – König Ferdinand I. und Kardinal Albrecht von Brandenburg holen sich gerne Rat bei Herzog Georg. Ferdinand will als römischer König anerkannt werden. Sollte Philipp einen Friedensvertrag ablehnen und weiterziehen, werden sich die anderen Fürsten gegen ihn wenden; und wenn der Kaiser im nächsten Jahr gegen ihn vorgeht, woher will Philipp dann noch Leute und Geld nehmen? Wenn jetzt aber Frieden wäre, würden die Fürsten ihn anerkennen. Man wird dann auch versuchen, Philipp zu einem Bündnis mit Herzog Georg, Kardinal Albrecht, Herzog Heinrich II. (den Jüngeren) von Braunschweig-Lüneburg-Wolfenbüttel und Kurfürst Johann Friedrich zu bewegen.

> *StA Marburg, PA 2842, fol. 51r – 52r.*
>
> *Überlieferung: Ausfertigung.*
>
> *Schrift: eigenhändig.*
>
> *Adresse: [Me]inem fruntlichen / [lieben] bruder hern Philips / [lantgraff] zu Hessen etc. / [yn seiner] lieb eigen hant.*
>
> *Nr. bei Werl: 102.*
>
> *Kanzleivermerke: –*
>
> *Zur Datierung: Die Ausfertigung trägt keine Datierung. Werl ordnet dieses Schreiben Anfang Juni ein. Elisabeth hatte Philipps Brief vom 1534 Juni 4 (Nr. 166) bis einschließlich 1534 Juni 11 nicht erhalten, wie sie in den beiden Schreiben an Kurfürst Johann Friedrich (Nr. 169, 170) bedauerte. Vermutlich erreichte sie das erwartete Schreiben am 1534 Juni 13, worauf sie sofort dieses Antwortschreiben und den Brief an Kurfürst Johann Friedrich verfasste (Nr. 172).*
>
> *Bemerkung: Siegeleinschnitte sind vorhanden; das Siegel und der Siegelstreifen selbst sind verloren; die Adresse ist entsprechend beschädigt überkommen. – Der Brief trägt keine Unterschrift.*

M(ein) h(erz) a(ller) l(iebster) b(ruder), ich hort hertzlichent gern, das dir es wol geyt, Got gebe for mitt genaden. Aber ich byt dich ser fruntlichen, hebe je nichst mir an und wo es kant gerechtt werttenn, das dem hertzgen[2086] das lant bleybet[a], so dut es und das ein bestendeyger frette mocht gemacht werttenn und das key(serliche) may(estet)[2087] auch mit dreynt getzougen wert, susten weres du ser bedrougen, dan der konch[2088] mochtte den kesser hetzsen. Der halben sych dich wol for[2089] und foulge dem korfursten[2090] yn dem dir rett, das dir eirlich und crestlich yst und nim yo den fretten an, dan es mochtte susten ein gros blout vor geysunge[2091] werttenn und bedenk das entte[2092]. Und sich dich wol for,[2093] das dir nich vor geben wert, auch [b]ym essen und andern[b]. Wo es nich vortragen wortte, so mochtte der keysser deyssen herbest aber auff ein ander yar dich auch da hemmen suchen. Und bedenck,

---

[2086] *Herzog Ulrich von Württemberg (1487 – 1550); vgl. Anm. 795.*

[2087] *Kaiser Karl V. (1500 – 1558).*

[2088] *König Ferdinand I. (1503 – 1564).*

[2089] *= Sieh dich wohl vor!*

[2090] *Kurfürst Johann Friedrich (der Großmütige) (1503 – 1554).*

[2091] *= ein großes Blutvergießen.*

[2092] *Sinnspruch nach Jesus Sirach 7,36.*

[2093] *= und sieh dich wohl vor!*

wey vor lassen ich wer, wan ich dich vorlor und was dut mir hast zu gesaget, wan mirs ein mal not dett, so hett ich dan neyman und geb dich nich an not yn ferlichkett. Danck Got der genaden und vor trawe dem, byt sein genade und forcht yn, so wert er dir helffen. Ich las dich wissen,[c] das mir aber alle wolt geyt, man heylt mich Got lob ser wol. Wan ich m(einen) a(lten) h(ern)[2094] byt, das sal hanttelen yn der sach, so sprecht, dut vor drawest es im nich tzu, das er es gut meyn, du hast ym ney wollen folgen und tzornnest mit ym. Mich doncket gut seyn, das dut gentzlich mit ym vor dragen. Lyst den korfursten dan yn deyner yetzgen sach kant wol helffen, wan er wolt, der konich foulget ym ser und dey fursten das reychst. Schrib mir deyn tzu stand[2095] fortter und bevel dich Got, der geb dir sein ge[d] nade[2096], und helff uns mit ‖ freutten zu sammen, balt ich ertzeyg dir schwesterliche trew altzeyt. Ich byt und flee alle leutte, das sollen helffen, das vortragen wert yn der gestal, das nu[e] frett gemacht wert ober alle und dem hertzgen das lant bleybe und das nich gerouchgen solt wertten. M(ein) a(lter) h(er) ist schwer dar zu, sprecht, er vordeynet keyn danck umb dich, du tzornst mit ym und vor sych dich nichst gutz tzu ym, aber ych mach dey sach umer gut. Der konich yst ein arm mensch, wan der keysser dett, aber dey fursten ym reych, dey halten ober im, und m(ein) a(lter) h(er) der tzouget es hoch auff meyn der keysser, der wert es nich so lassen bleyben. Aber nu hort ich, das yetz in deyner sachen hanttelen, der konich und bosschaff von Mentzse[2097] hollen alle gern ratt bey m(einem) a(lten) h(ern).[2098] Der konich foulget wol, wan man ym nor roumssen konich lett seyn und hatt keyn gelt. Aber das yst, wo dut forter tzougest und keyn vortrag annemen wollest, so wollen dey fursten selber auff sein und dir stouren, dan sey sprechen yer eir und bleycht drencken sey dar zu, dey sey dem keysser geschworn haben. Und wortte doch ein ander yarg der keysser ober dich tzeyn, wo wilt dut alwege leut nemen und gelt. Aber wans yetz befretted wortte, so heillen dey fursten ober dir. Auch wert man nach der tzeyt mit dir hanttelen, wan das vortragen wert, das dut dich solt vorbintten myt m(einem) a(lten) h(ern) und byschaff zu Mentzse samt den hertzgen von Bruntschweygk[2099] und dem korfursten, wey dir dan wol angetzeygett wert werden, wo die sach vor tragen wert werden, das ich hoff, es wert nach allest ‖ gut wertten, wan dut nor ein winck wollest foulgen, dan dey fursten sprechen alle, sey wissen nich, ob man dir glaben sol, wan das glich vortragen wortte, dan wan dich nor einer schelm an sege, so wollest dutt ober yn und dencken, du welles keyn auch so dunt wey kemb konge. Ich sprecht umer neyn, wan nor das vortragen wer. Sey meynen, wan dut mit yn vor buntten weres, so wolten sey dir nichst dunt und in auch nichst, das sich alweg ein bartteyge[2100] dey mit dem andern tzu dunt hette auff dey andern bode, das sich yeder an glich und recht genugen lyst.

[a] *Wort hochgestellt eingefügt; darunter gestrichen:* nich.

[b-b] *Passage hochgestellt eingefügt.*

[c] *Gestrichen:* we.

[d] *Gestrichen:* nad.

[e] *Wortende korrigiert; gestrichen:* -w.

[2094] *Herzog Georg (der Bärtige) (1471–1539).*

[2095] = *Zustand.*

[2096] = *Gnade.*

[2097] *Kardinal Albrecht von Brandenburg (1490–1545), Erzbischof zu Mainz und Magdeburg; vgl. Anm. 1008.*

[2098] *Zum Briefwechsel Herzog Georgs mit Kardinal Albrecht und König Ferdinand Ende Mai/Anfang Juni vgl. ABKG III, Nr. 2477, 2479, 2480, 2482, 2483.*

[2099] *Herzog Heinrich II. (der Jüngere) von Braunschweig-Lüneburg-Wolfenbüttel (1489–1568); vgl. Anm. 329.*

[2100] = *Partei.*

172

1534 Juni 13

Herzogin Elisabeth an Kurfürst Johann Friedrich (den Großmütigen)

Elisabeth schickt Johann Friedrich den Brief ihres Bruders, auf welchen sie schon lange gewartet hat. Der Kurfürst soll Landgraf Philipp (dem Großmütigen) und ihr den Stand der Verhandlungen mitteilen. – Als Elisabeth den Brief geschrieben hat, kam Herzog Johann (der Jüngere) herein und wollte ihn haben. Von nun an muss sie die Briefe ihres Bruders Herzog Georg (dem Bärtigen) zeigen, damit er nicht denkt, sie schreibe schlecht über ihn. – Herzog Johann meint, wenn Landgraf Philipp den König nicht annimmt, so helfe ihm der Teufel.

> *HStA Dresden, 10024, Loc. 9131/32, fol. 41r.*
>
> *Überlieferung: Ausfertigung.*
>
> *Schrift: eigenhändig.*
>
> *Adresse: Dem hochgebornen fursten / hern Hanfreyder hertzoge / zu Sachssen das haylgen / roumssen reychst ertz- / marschalk und korfurste / meynem fruntlichen lyeben / bruder yn seyner lyeb eigen // hant.*
>
> *Nr. bei Werl: 105.*
>
> *Kanzleivermerke: H(ertzogin) v(on) Rochlitz d(er) Wirtenbergischen handlung halben – 1534.*
>
> *Bemerkung: Der Brief wurde gesiegelt; das ohne Siegelstreifen aufgedrückte Siegel ist vollständig erhalten.*

M(ein) f(reuntlicher) h(ertz) a(ller) l(iebster) o(hme) u(nd) b(ruder); ich scheyck e(uer) l(ieben) heyr ein breff[2101] von m(einem) b(ruder), dar auff er mir anwertt geb auff meyn byt und beger seyn gemott, dan ich im schreb[2102] und batt, wo das an yn^a begerett wortte, das er dan es wolt an nemen, dan ich umerdar der glichen gehort hab. Und byt e(uer) l(ieben) fruntlichen, e(uer) l(ieben) wol meyn bruder balt anwert tzu scheycken und mir schriben, wor auff es sted und e(uer) l(ieben) schrib^b ym wor auff es sted. M(ein) her kamb ober den breff, da wolt er haben. Ich solt yn m(einem) a(lten) h(ern)[2103] von stund an scheycken, das m(ein) a(lter) h(er) m(eines) b(ruders) hantschreff sege, er dechtte sust, ich rest ym bussen[2104]. Meyn^c her meyn, nim er das der^d konich nicht an, so helff im der^e douffel[2105], so wil ich auch meyn b(ruder) nichst mir wern. Got wert es wol machen. E(uer) l(ieben) schrib mir ya balt wider her. Meyn b(ruder) botte pfert wol nich fort geyn. Ich bevel e(uer) l(ieben) und uns allen Gott mich e(uer) l(ieben), ich ertzeyg e(uer) l(ieben) schwesterliche trew. Dat(um) sounaben nach Medarttus[2106] anno xxxiiii.

 E H Z S etc.

[2101]   *Auf diesen Brief (Nr. 166 vom 1534 Juni 4) hatte Elisabeth sehnsüchtig gewartet und in der Zwischenzeit bereits zwei weitere Briefe (Nr. 169 und Nr. 170) an Kurfürst Johann Friedrich abgefertigt. Zur Verzögerung war es gekommen, weil der erste Brief Philipps an Elisabeth (Nr. 165) aus Versehen von Kassel zurück ins Feldlager nach Esslingen gesendet wurde.*

[2102]   *Vgl. oben Nr. 171 (Brief Elisabeths an Philipp, 1534 Juni 13).*

[2103]   *Herzog Georg (der Bärtige) (1471–1539).*

[2104]   *= ich reiße ihm Possen.*

[2105]   *= Teufel.*

[2106]   *= Medardi (8. Juni).*

^a *Gestrichen:* ge.

^b *Gestrichen:* mir.

^c *Gestrichen:* b.

^d *Wort hochgestellt eingefügt; darunter gestrichen:* nich an.

^e *Gestrichen:* d.

173

Buchholz   *1534 Juni 13*

Kurfürst Johann Friedrich (der Großmütige) an Herzogin Elisabeth

Die Verhandlungen lassen sich besser an, als Johann Friedrich gedacht hat. Es wurden jetzt so viele Artikel für den Frieden verfasst, die ihr und Herzog Ulrich von Württemberg gefallen werden, so sie sich mit der Königswahl zufrieden geben. Es bleibt zu hoffen, dass damit die Sache erledigt ist und Herzog Ulrich das Herzogtum Württemberg behalten darf. Johann Friedrich will sich weiter dafür einsetzen, dass Landgraf Philipp und seinen Kindern kein Nachteil entstehe. – Johann Friedrich weiß noch nicht, ob er zu Elisabeth kommen kann; vermutlich muss er im Anschluss an die Verhandlungen selbst zu Landgraf Philipp reiten.

StA Marburg, PA 2842, fol. 36r–v.

Überlieferung: Ausfertigung.

Schrift: eigenhändig.

Adresse: Der hochgebornen furstin frawen / Elizabethen geborne landt- / grefin zu Hessen hertzogin zue / Sachssen lantgravin zu Dhu- / ringen und marggrevin zu / Meissen unser freuntlich / liebe mhum und schwest(er) // zu irer liebd(en) / hand(en).

Kanzleivermerke: –

Bemerkung: Der Brief ist auf einem Doppelblatt verfasst, welches auf der ersten Folioseite bei etwa Dreiviertel abgeschnitten wurde. An der Ausfertigung haben sich Siegel und Siegelstreifen vollständig erhalten; Siegeleinschnitte sind vorhanden. – In das Doppelblatt wurde irrtümlich ein Siegelstreifen mit dem gut erhaltenen Siegel des Simon Pistoris eingelegt, der zu Brief Nr. 187 gehört.

Freuntliche h(ertz) a(ller) l(iebste) mume und schwester, ich hab e(uer) l(ieben) schreyben[2107] verlessen und von e(uer) l(ieben) gantz freuntlichen vermercket. Wyl e(uer) l(ieben) darauff nyt bergen, das sych dye handellung alhye wol anlest, dan ich gemeynet hette, dan es seyn nun meher so fyl artyckel[2108] begreffen, dye zu frieden und ruhe ym reych dynstlichen, auch e(uer) l(ieben) bauhen und dem von Wyrttenberck[2109] annemlychen seyn. So sye sich anders an dem wallen[2110] genugen lassen, das sye sych selbest erbotten haben und so die sachen der massen wey dem konyge[2111] auch erhalden, hoff ich zu Got^a, die sachen werden allenthalben gentzlychen vertragen werden, auch des von Wyrttemberck wey dem lande bleyben wert. Derhalben haben e(uer) l(ieben) keyn sorgk und bekommern sych umb mych, dan der almechtige Got werdt es alles gut machen. So sal auch e(uer) l(ieben) brudern und

---

[2107] *Vgl. oben Nr. 169, 170 (Briefe Elisabeths an Johann Friedrich, 1534 Juni 11).*

[2108] = *Annaberger Artikel.*

[2109] *Herzog Ulrich von Württemberg (1487–1550); vgl. Anm. 795.*

[2110] = *Königswahl.*

[2111] *König Ferdinand I. (1503–1564).*

seynen kyndern nichts nachteyliges ader schymliches[2112] gehandelt werden, da fur ich auch myt allem fleys seyn wyl, dan stette die sache, der konyck solt nun meher von myr seyn angenommen worden, was ich aber ine geschyckt[b] umb e(uer) l(ieben) bruders und e(uer) l(ieben) wyllen. ‖ Ob ych zcu e(uer) l(ieben) kommen kan, weys ich e(uer) l(ieben) davon nachmals nychtes zcu schreyben, dan ich mus formals der handellung entschafft erwartten. So scheints auch wol droben, so die sachen solten gentzlichen vertragen werden, das ich selbest worde zcu e(uer) l(ieben) brudern reytten mussen. Was aber weytter for felt, wyl ich e(uer) l(ieben) auch forderlichen zcu erkennen geben.[c] Das alles hab ich e(uer) l(ieben) in eyle freundtlycher meinung wollen nyt vorhalden wollen, und e(uer) l(ieben) fil liebes und guttes zu ertzeygen und in selben sachen zcu dyenen byn ich wyllick, thue e(uer) l(ieben) dormyt der gnad Gottes befellen und mich e(uer) l(ieben) als m(eine) f(reuntliche) h(ertz) a(ller) l(iebste) schwester und in alwegk e(uer) l(ieben) knecht. Dat(um) Buchholtz am sonnabent nach Metardus[2113] im xxxiiii jor.

Jo(hann) Fridrich churfurst m(anu) p(ro)p(ria) sc(ripsit)

^a zu Got *mit Platzhalter am linken Seitenrand eingefügt.*
^b *Gestrichene Sigle: e l.*
^c *Gestrichene und unleserliche Passage über zweieinhalb Zeilen.*

174*

[vor 1534 Juni 15]

Herzogin Elisabeth an Herzog Georg (den Bärtigen)
Elisabeth teilt Georg die Stimmung des Kurfürsten Johann Friedrich mit.

Überlieferung: verloren.

Bemerkung: Die Ausfertigung und die Datierung dieses Schreibens ergeben sich aus Nr. 177.

175

Annaberg   *1534 Juni 15*

Georg von Carlowitz an Herzogin Elisabeth
Georg von Carlowitz teilt Elisabeth mit, sollten Kurfürst Johann Friedrich (der Großmütige) und Landgraf Philipp (der Großmütige) Ferdinand als römischen König anerkennen und Herzog Ulrich von Württemberg sowie Landgraf Philipp den Fußfall vor Kaiser und König leisten, wird Herzog Ulrich das Herzogtum behalten können und dem Landgrafen in allem verziehen werden. Es besteht die Gefahr, dass, wenn der Kurfürst auf die Änderung der Goldenen Bulle beharrt, der Landgraf seinen Feldzug fortsetzen und der König die (Annaberger) Artikel ablehnen wird.

[2112] = *schamlich, schamvoll.*
[2113] = *Medardi (8. Juni).*

StA Marburg, PA 75, fol. 1r–2r.

Überlieferung: Ausfertigung.

Schrift: eigenhändig.

Adresse: Der durchlauchten hochgepornen / furstin und frawen frawen Elisabet / gebornen landtgrevin von / Hessen, herzogin zu Sachssen / landtgrevin in Doringen / und marggrevin zu / Meissen meiner gnedig(en) / frawen // zu yhrer f(urstlichen) g(naden) selbst hand(en).

Kanzleivermerke: –

Bemerkung: An der Ausfertigung haben sich Siegel und Siegelstreifen vollständig erhalten; Siegeleinschnitte sind vorhanden. – Die Zeichensetzung wurde übernommen und zurückhaltend angepasst. Der in diesem Dokument häufig vorkommende Doppelkonsonantismus ‚n' wird reduziert wiedergegeben.

Durchlauchte hochgeporne furstin, e(uer) f(urstlichen) g(naden) seindt mein willige dienst zuvor, gnedige fraw; e(uer) f(urstlichen) g(naden) gebe ich underthenigklich(en) zuerkennen, das mir m(ein) g(nediger) h(er)[2114] von einem brieff[2115] antzeigung gethan, den yhm e(uer) f(urstlichen) g(naden) zugeschickt hat. Nun wil e(uer) f(urstlichen) g(naden) ich underthenigklichen nit bergen, das es enthlichen darauf stehet, wan der churfurst zu Sachsen[2116] und der landtgraf zu Hessen[2117] mit sampt yhrem anhangk den romischen konigk[2118] [a]an nehmen und[a] vor eynen konigk erkennen wollen, wie die andern chur- und fursten gethan haben ane austzugk, und sich der von Wirttenbergk[2119] samt e(uer) f(urstlichen) g(naden) bruder kegen kay(serliche) M(ajestat)[2120] und dem konige, demuttigen[2121], wie der handel mitbringen wirdet, szo mocht der hertzog von Wirttenbergk bei dem landt gerugklichen pleib(en) und dem landtgraven und yhnen allen vorczih(en) und vorgeben werden, und ein bestendiger friden gewurckt, doch also das sie niemandts mehr ubertzih(en) noch beschedig(en). ‖ Es wil aber der churfurst zu Sachsen austzugeßuchen die Gulden Bullen[2122] reformiren mit artickeln, dermass(en), das er beim kayser schwerlichen zuerhalthen. Es wolt auch dem landtgraven zu langk werden, solchs mit dem krigsvolck abtzuwartt(en) und ist zubesorgen, das der konigk die artickel[2123] durch diß vornehmen aller abschlege, darumb so dunckt mich gut sein, das man die wege ßucht, das der landtgraff den churfursthen vormacht von diesen vornehmmen[b] abtzusteh(en) und den romischen konigk an nehme ane hindergangk. Szo kunth man auch den frieden machen uff diese zeit an allen vorzugk, sunst zcweiffeln die hendeler, der konigk werde es nit annehmen ane vorwissen des kaysers, das wolt dem landtgraven zulangk fallen, mocht sich auch[c] an jemandes vergreiffen der sich wehrette. Szo wurden die letzten dienge erger dann die ersten.[2124] Das hab e(uer) f(urstlichen) g(naden) ich in underthenigkeit un ‖ angetzeigt nit woll(en) lass(en), doran ich zu dienen gantz willigk. Dat(um) eilendts S(ant) Annenbergk mantags nach Barnabe anno etc. 34.

E(uer) f(urstlichen) g(naden) / gantz williger / Georg von / Karlewitz

---

[2114] *Herzog Georg (der Bärtige) (1471–1539).*

[2115] *Das Schreiben Elisabeths an Herzog Georg ist verloren und wird hier unter der Nr. 174 geführt.*

[2116] *Kurfürst Johann Friedrich (der Großmütige) (1503–1554).*

[2117] *Landgraf Philipp (der Großmütige) (1504–1567).*

[2118] *König Ferdinand I. (1503–1564).*

[2119] *Herzog Ulrich von Württemberg (1487–1550); vgl. Anm. 795.*

[2120] *Kaiser Karl V. (1500–1558).*

[2121] *Gemeint ist der Fußfall.*

[2122] *= Goldene Bulle.*

[2123] *= Annaberger Artikel.*

[2124] *Sprichwort, welches möglicherweise auf Matthäus 12,45 zurückgeht.*

^{a-a} *Passage mit Platzhalter am linken Seitenrand eingefügt.*
^b *Sic.*
^c *Wort hochgestellt eingefügt.*

176

[1534 vor Juni 15]

Georg von Carlowitz [an Herzogin Elisabeth]
Georg von Carlowitz sendet Elisabeth die Vorschläge der Unterhändler des Königs. Von einer Benachrichtigung des Kurfürsten durch sie rät Carlowitz ab. Vielmehr solle Landgraf Philipp (der Großmütige) Kurfürst Johann Friedrich (den Großmütigen) darüber informieren und ihn zur Annahme drängen. Elisabeth solle deshalb schnell die Vorschläge an ihren Bruder schicken.

StA Marburg, PA 2842, fol. 25r – v.

Überlieferung: Ausfertigung.

Schrift: eigenhändig.

Adresse: –

Kanzleivermerke: –

Zur Datierung: Der Brief trägt weder eine Datierung noch eine Unterschrift. Die (unsichere) Datierung ergibt sich aus der Zuordnung zum Brief Georgs von Carlowitz vom 1534 Juni 15 (Nr. 175) sowie dem Schreiben Elisabeths an Landgraf Philipp gleichen Datums (Nr. 177).

Bemerkung: Siegeleinschnitte sind vorhanden; das Siegel und der Siegelstreifen selbst sind verloren; Adresse, Anrede und Unterschrift fehlen. – Der Brief erging als Beilage des Schreibens Nr. 177. – Küch ordnet diesen Brief Elisabeth zu, wie aus seinem handschriftlichen Vermerk auf dem Brief hervorgeht. Aus dem Inhalt kann erschlossen werden, dass Georg von Carlowitz Elisabeth um Vermittlung gebeten hat. Allerdings ist kein Schreiben überliefert, in dem die Übersendung der angesprochenen Vorschläge an Philipp explizit erwähnt wird. Eventuell handelt es sich um einen Nachtrag zum vorangestellten Schreiben Georgs von Carlowitz an Elisabeth.

Damit aber e(uer) f(urstlichen) g(naden) die furschlege der handels fursten[2125] wissenschafft empfahen mug(en), szo ubersend e(uer) f(urstlichen) g(naden) ich dieselben vorschlege, daruff der konig noch anthwort geben sal, darauf man alle tage gewartt(en) muß. Ab e(uer) f(urstlichen) g(naden) auch dem churfurst(en) derhalb(en) zuschreib(en) bedacht wurde, sehe ich nit vor gut an, dan e(uer) f(urstlichen) g(naden)^a erhebts nit, es mus der landgraff thun und muß yhn dartzu dring(en), ßunst wirdt nichts daraus. Dan wo der churfurst nit wolth, dar sich der landtgraff von yhm zcuge und den^b konigk annehme und seinen fryden mit dem keiser und konig machte. Das wolt ich gerath(en) hab(en), yn sehrer man eilette, je besser es wehr. ‖ Wo es auch mugelich wollen e(uer) f(urstlichen) g(naden)^c sich bedenck(en) zum forderlichst(en) es bescheh(en) mocht ane des churfursten vorwiss(en) dem landtgraven^d zuschick(en).

Eilendts.

[2125] = *königlichen Unterhändler.*

^a *Sigle hochgestellt eingefügt; darunter gestrichen:* yhr.
^b *Gestrichen:* land.
^c *Sigle hochgestellt eingefügt; darunter gestrichen:* yhr.
^d dem landtgraven *mit Platzhalter am rechten Seitenrand eingefügt.*

177

1534 Juni 15

Herzogin Elisabeth an Landgraf Philipp (den Großmütigen)

Durch Georg von Carlowitz treibt Elisabeth die Friedensverhandlungen voran. Sie hat auch Herzog Georg (dem Bärtigen) geschrieben. – Philipp soll wegen der Königswahl nicht zögern, damit Kurfürst Johann Friedrich (der Großmütige) erkennt, dass Philipp den Artikel annehmen wird und der Kurfürst ihm dann auch zustimmt. Es wäre in diesem Punkt noch genügend Zeit für Verhandlungen, so Elisabeth, wenn man einen neuen König wählt. Philipp wird nicht glauben, welche Mühen sie aufgewendet hat, um Herzog Georg in dieser Sache zum Handeln zu bringen. – Sie hat gehört, der Reiterdienst geht gegen die Wiedertäufer in Münster; Philipp soll sich dem nicht verweigern. – Bezüglich des Fußfalls ist Elisabeth in Sorge, denn sie befürchtet, ihr Bruder würde ihn nicht tun. Sie schlägt vor, ein anderer könne ihn in seinem Namen leisten. Den Frieden kann er aber annehmen. Herzog Georg setzt sich für Philipp ein, damit er und Herzog Ulrich von Württemberg ihr Land behalten. Obwohl der Kurfürst seine Not sieht, verlangsamt er die Friedensverhandlungen unnötig. Herzog Georg kann den König zu vielem überreden, aber der kann ohne den Kaiser nichts bewilligen. Ein Reichstag, auf dem über die Goldene Bulle verhandelt wird, würde sich zu lange hinziehen. – Elisabeth will Philipp zum Frieden verhelfen, nur soll er niemanden angreifen; sonst wäre alles umsonst. Sie ermahnt Philipp, dem Kurfürsten zu schreiben. — Elisabeth bittet Philipp, sie nicht beim Kurfürsten oder Georg von Carlowitz zu melden. – Elisabeth denkt, wenn Philipp den Reiterdienst antritt, kann auch die Nassauer Sache verhandelt werden. Ansonsten besteht die Gefahr, dass Kaiser und König Graf Wilhelm (den Reichen) von Nassau in die Landgrafschaft einsetzen. – Philipp soll den Brief verbrennen. — Philipp soll Kardinal Albrecht von Brandenburg, Herzog Georg und Georg von Carlowitz für deren Einsatz bei den Friedensverhandlungen danken.

StA Marburg, PA 2842, fol. 24r–v, 26r; Instruktionen: 27r–v, 32r; Vertragsentwurf: 28r–31r.

Überlieferung: Ausfertigung.

Schrift: eigenhändig; Instruktionen: hess. Kanzleischreiber.

Adresse: –

Nr. bei Werl: 106.

Kanzleivermerke: –

Bemerkung: Das Siegel sowie der mutmaßliche Umschlag mit der Adresse sind verloren. Die Ausfertigung trägt keine Siegeleinschnitte. – Im Aktenbestand ist der Brief Georgs von Carlowitz (Nr. 176) in das Schreiben eingebunden worden. – Der Brief enthielt vermutlich zwei Beilagen, die ebenfalls in das Stück eingebunden wurden: Zum einen die Instruktionen Elisabeths an den hess. Gesandten (fol. 27r–v; 32r), zum anderen einen Entwurf des Vertrags von Kaaden (28r–31r). Während von einer Aufnahme des Vertragskonzepts in die Edition abgesehen wurde, finden sich die Instruktionen unter dem Brief. – Die Absatzgestaltung folgt der Vorlage.

Druck: Wille, Landgraf Philipp der Großmüthige von Hessen, S. 317f.

M(ein) h(erz) a(ller) l(iebster) b(ruder), ich scheyck dir heyr was mir vor anwert wert auff deyn schriben[2126], dan dorch Klarlewitz[2127] dreybe ych meyn sach. Ich schreb auch m(einem) a(lten) h(ern)[2128] und tzeyg ym deyn gemut an, gab er mir anwert, vor unmust[a] kount er nich schriben. Yorg Klarleywitz solt mir schriben, wor auff es stunde. Der halben denck deyn bestes ober[b] alle und denck das foulgk leyget dir ober dem halst. Was leyget dir an der walle[2129], yst dach ein konich wey ein arm mensch. Es yst nor umb den kesser[2130] zu duntt, dan dey sach weyl nich getzoutter seyn, wan der korfurst hort, das dut wil, so must er wol fort. Dut west, er hat dir auch nich vel holff zu der sach gedauntt. Ich scheyck dir auch seyn breff[2131], scheyck mir dey breffe weyder bey nester bottschaff. Mich douncke, wan man nu ein wey der wellen[2132] solt, wer nach zeyt genungk von der sach tzu retten. Du glabest nich, was ich mo[2133] hab gehatt, yer ych m(ein) a(lter) h(er) hab an brachtt. Ich halt, der routter dinst[2134] wert keyn Mentzster[2135] gedeygen, nem es nor an und das sey auch was dar zu detten dey andern fursten. Mit dem fußfal hab ich sorge, dut dust es nich, kont wol ein ander dunt von deyn wegen, wans keym keisser gescheyg, das er bout dich, wer west wan er noch ‖ yn das reych[c] kumbtt. Den[d] fretten halt ich allen halben, kanst dut wol leyden. M(ein) a(lter) h(er) dut fliß yetz, das dich gern bey deinem lant be heylt und den hertzgen[2136] auch. Hot nor sorge, du vor sychst dichst nich zu ym, dromb last dich, m(ein) h(erz) a(ller) l(iebster) b(ruder), ein[e] klenst umb Gottes willen nich yeren[2137], dan es moch bost wertten und yst mir selsam, weyl der korfurst deyn grosse not sych, das so lang s(einer) tzouttert und koumb erst[f] mit den lengsammen sachen her. Las mich yellen[2138] dein gemut wissen. Byst Got bevollen, hast du ye trew an mir gedaunt, so dut es yetz auch. Und vor las mych und dey armen lantschaff und keyntter nich, dan wan als vor setz wert yn deym lant, was hast dut dan. Bedenck nor das entte.[2139] Meyn a(lter) h(er) kont den konich[2140] retten wor zu er wil, aber das kant an[2141] keysser nich weilgen und ein reychstag mit den boullen[2142] und solgen bussen[2143], das wortte dir vel tzu lang. Und greff yo nich fortter an, dan du sal sen, ich wil dir helffen deyn sach alle weyder gut mach. Ich merck, sey wollen dey wal ‖ sachgen[2144] alles dorch dein sach[2145][g] dorch brencken, aber das korfursten for nemen[h] wer dir vel tzu lang. Dromb schrib den kortfursten[i] allen deyn gemutt balt und greff yo neyman an, susten wer es

---

[2126]　*Vgl. oben Nr. 166 (Brief Philipps an Elisabeth, 1534 Juni 4).*

[2127]　*Vgl. oben Nr. 175 (Brief Georgs von Carlowitz an Elisabeth, 1534 Juni 15). Eventuell bezieht sich Elisabeth hier auch auf Nr. 176.*

[2128]　*Das Schreiben Elisabeths an Herzog Georg ist verloren und wird hier unter der Nr. 174 geführt.*

[2129]　= *Königswahl.*

[2130]　*Kaiser Karl V. (1500–1558).*

[2131]　*Das Schreiben Johann Friedrichs an Elisabeth ist verloren und wird hier unter der Nr. 167 geführt.*

[2132]　= *einen wieder wählen.*

[2133]　= *Mühe.*

[2134]　= *Reiterdienst.*

[2135]　*Münster (Westfalen); vgl. Anm. 1845.*

[2136]　*Herzog Ulrich von Württemberg (1487–1550); vgl. Anm. 795.*

[2137]　= *irren.*

[2138]　= *eilend.*

[2139]　*Sinnspruch nach Jesus Sirach 7,36.*

[2140]　*König Ferdinand I. (1503–1564).*

[2141]　= *ohne.*

[2142]　= *Goldene Bulle.*

[2143]　*Possen = Scherze, auch ein Scherzspiel; vgl. zur vielschichtigen Semantik DWB, Bd. 2, Sp. 261 (Artikel „Bosse"), auch Bd. 13, Sp. 2013 (Artikel „Posse").*

[2144]　= *Königswahl.*

[2145]　*Gemeint ist die Restitution Herzog Ulrichs von Württemberg.*

alles umb sust[2146]. Heyr mit byst Got bevollen, der beheut und bewar dich, ich ertzeyg dir schwesterliche trew. Dat(um) yn grosser yelle umb montag Vittestag anno xxxiiii.

Scheyck mir[j] dey breff wider und melte mich nich keyn dem korfursten und Yorg Klarlewitz auch nich. Ych scheyck dirs auff gutten trewer und glaben als unsser glob sted. Ich denck mit der tzeyt, wan der routter dinst angeyn, so wortte der Nassen sach[2147] auch ratt, susten mochtten sey[2148] dir den von Nasse[k] [2149] auch so yn seszsen mit der tzeyt als dut den hertzgen, aber so wert m(ein) a(lter) h(er) das beste duntt. Vorbrunt deissen breff.

H(erz) l(iebster) b(ruder), dut was dir eirlich und sellych yst yn den henttelen und bedenck das entte.

[*Instruktion:*] Von wegen meiner gnedigen frawen der herzogin zu Sachssen etc. m(einem) g(nedigen) hern, dem landgraven, anzuzeigen.

Erstlich[l] zuentpietunge, wie sich gepurt.

Darnach d(as) ire(r) f(urstlichen) g(naden) d(en) vertrag durch den churfurst(en) zu Sachssen angezeigt und copien desselb(en) ubergeben sey.

Und das Meintz[2150] muglichen und tapfern vleis zu dem vertrag gethan, und in sond(er)heit vor den andern allen, dar(um)b m(ein) g(nediger) her sein churf(urstlichen) g(naden) ufs aller[m] fleissigst danck(en) sol.

Es hat auch solchs Karlewitz von Meintz etc. ir f(urstlichen) g(naden)[n] also wahr sein angezeigt, und hat ir f(urstlichen) g(naden) von andern vernome(n), d(as) Karlewitz auch gross(en) fleis gethan hat, deßgleichen alle andere he(r)zogk Jorgen rethe, in sond(er)heit Karlewitz, was er[o] herzog Jorg(en) nit hat antrag(en) dorff(en), hat er Meintz ingeben d(er) further solchs herzog Jorg(en)[p] fur sich erofnet, das er d(er) he(r)zog nit anders gemeint, dan es des bischofs eigen mittel und angeb(en) gewes(en) sein. [q]M(ein) g(nediger) her solchs gegen Carlwitz in gnad(en) erkennen sal.[q]

Ir f(urstlichen) g(naden) bith auch nachmals d(as) m(ein) g(nediger) her he(r)zog Jorg(en) wie ir f(urstlichen) g(naden) m(ein) g(nedigen) hern zuvor geschrib(en) hat, fur sein gehapt muhe, fleis und kost(en) freuntlich(en) und grosse dancksagung thun und[r] wolt sich hoch erpiten solchs zuerwiddern.

Die schrifft so herzog Jorg(en) an m(eine) g(nedige) h(er)in, die landgravin, gethan hat, er allein ir(en) f(urstlichen) g(naden) zum trost auszieh(en) lassen, ist sein meinung nicht, so sond(er) vil anders [s]und uf m(ein) g(nedigen) h(ern) seher zornig[s] gewesen.

Ir f(urstlichen) g(naden) ist auch bericht word(en), d(as) sie die p(ar)theien[t] erstlich ufm Annbergk nichts anders[u] handeln wolt(en), das allein ein frid uf zwei jar zutheiding(en) und hat d(er) churfurst zu Sachss(en) den frid anneme(n) wollen, es ginge m(einem) g(nedigen) hern wol ad(er) ubel, hat sich villicht besorgt, m(ein) g(nediger) h(er) wurd d(er) wahlsach(en) halber beim konig grosser freuntschafft dan er erlangt haben.

[2146] = *umsonst.*

[2147] *Gemeint ist die Nassauer Sache, also der Rechtsstreit zwischen den Grafen von Nassau und Hessen um die von Hessen in Besitz genommene Grafschaft Katzenelnbogen. Vgl. zur Sache Demandt, Die Grafen von Katzenelnbogen und ihr Erbe; Schmidt, Landgraf Philipp der Großmütige und das Katzenelnbogener Erbe.*

[2148] *Gemeint sind Kaiser Karl V. und König Ferdinand I.*

[2149] *Wilhelm (der Reiche), Graf von Nassau (1487–1559); vgl. Anm. 1768.*

[2150] *Kardinal Albrecht von Brandenburg (1490–1545), Erzbischof zu Mainz und Magdeburg; vgl. Anm. 1008.*

Die herzogen von Bayern[2151] helt ir f(urstlichen) g(naden) vorderheigk und sond(er)lich doctor Eck(en)[2152] schrifft halb(en) an ein behemisch(en) hern ausgang(en) etc. No(ta) Eppenst(ein)ᵛ [2153] het Baiern gern vom konig gehapt etc., hat jars 500.000 fl einkomens. Und hat d(er) churfurst die schrifft m(einer) g(nedigen) f(rawen) less(en) lass(en). ‖

Der churf(urst) zu Sachss(en) ist in d(er) sach(en) zum vertrag nit vleissig gespart(er) und hat m(eine) g(nedige) fraw vleissig und hefftig die wahlsach(en) fallen zu lassen angehalt(en), helt in besser nassauerisch den hessisch. ʷHat auch mit dem churf(ursten) selbst darvon geredt, in sond(er)heit d(as) es in diss(em) vertrag nit mit verfast worden, hat er des konigs halb(en).ʷ

Ir f(urstlichen) g(naden) verhofft auch die nassauisch sach mit hulf herzog Jorg(en) zu gn(an)t(en) vortrag zupring(en) in sond(er)heit uf erstlichˣ hundert tusend fl, das sie herzog Jorg(en) in d(er) nassauisch(en) sach besser hessisch sein, p(ro)pria das den churfursten ʸd(as) ist uf in nit willigt sein bedenck(en) anzeigen.ʸ

Ir f(urstlichen) g(naden) wollen auch dye handlung in d(er) religion, wahl und wirttenbergisch(en) sach inmass(en) die ergang(en) aller apcopiren v(or) s(einer) f(urstlichen) g(naden) zum furderlichen zupring(en) lassen, hat ir f(urstlichen) g(naden) dem canzler in meine(m) beiwes(en) bevolh(en).

It(em) wo d(er) churfurst s(ein) f(urstlichen) g(naden) rathen wurde, den keiser und konig zu furcht(en) und d(er)halb(en) in rustung zusetzen, sal es sein f(urstlichen) g(naden) nit gleub(en), dan ir f(urstlichen) g(naden) helt es gentzlich dafur, keis(er) und konig werd(en) wol fridᶻ und das halt(en), wes sie sich vorpflicht haben, aber suchts dafur ahn das d(er) churfurst sich befurcht, m(ein) g(nediger) h(er) werd im etwa zu mechtig ad(er) ein grosser rhum, dan er d(er) churf(urst) erlang(en).

Ir f(urstlichen) g(naden) bith ist auch, d(as) s(ein) f(urstlichen) g(naden) eigener person nicht fur Munster ziehen, sondern sich besser dan bescheen ist,ᵃᵃ selbst warne(n) wolle, dan es s(ein) f(urstlichen) g(naden) da der buchssenmeist(er) an s(ein) f(urstlichen) g(naden) seit(en) erschoss(en)ᵇᵇ gewesen, zuvil nahe gewes(en) ist, undᶜᶜ in das ein warnung sein lassen und uf ein and(er) mahl sich bess(er) furseh(en) und unsern Hergot nicht so versuch(en).

It(em) ir f(urstlichen) g(naden) wolt auch bei s(ein) f(urstlichen) g(naden) sich mit in zuunderreden herzlich gern sein, dar(um)b sie bit sein f(urstlichen) g(naden) wolt uf klappern zu ir f(urstlichen) g(naden) hieher gein Dress(en) reit(en), wer umb acht tage zuthun, dan sich s(ein) f(urstlichen) g(naden) allerlei zusagen hett. ᵈᵈD(er) churfurst siehts nicht gern.ᵈᵈ

Herzog Jorge hoer gern von s(ein) f(urstlichen) g(naden) solch gut(en) rhum und helts ir f(urstlichen) g(naden)ᵉᵉ darfur, er meins besser mit s(ein) f(urstlichen) g(naden) dan d(er) churfurst. Allein des glaubens sach außzuschloss(en). ‖

Des glaubens sach halber bit ir gnad(en) den frit sein zulassen und dasᶠᶠ s(ein) f(urstlichen) g(naden) gleubeᵍᵍ, wie sie es geg(en) Got und key(serlicher) Ma(jestat) zuvorandern vornomen und das auch herzog Jorg(en) uf seine(n) glaub(en) und in sond(er)heit sol s(ein) f(urstlichen) g(naden) in ire(m) land von herzog Jorg(en) zupredig(en) nit gestatt(en), alsdan pleib und werd guter frid erhalt(en).

[2151] *Die Herzöge Wilhelm IV. von Bayern (1493–1550) und Ludwig X. von Bayern (1495–1545); vgl. Anm. 1661.*

[2152] *Dr. Leonhard von Eck (1480–1550), Kanzler Herzog Wilhelms IV. von Bayern; vgl. zu ihm NDB 4 (1959), S. 277–279; ADB 5 (1877), S. 604–606.*

[2153] *Vermutlich ist hier Eberhard IV. von Eppstein († 1535) gemeint. Vgl. Schäfer, Die Herren von Eppstein, Regententafel.*

Das auch m(ein) g(nediger) her d(er) zwinglisch(en) ad(er) munsterisch(en) opinion nit anhengig sein, sond(er)n uf dem recht(en) glaub(en) pleib(en) und die sacramenta, denen so sie sub utraq(ue) specie nicht haben konnen, diweil es doch durch den glauben gescheen mus, und ir oberkeit nit hab(en) wollen bei einer gestalt pleiben und niemants daruber […]^hh betrub(en) lassen.

Wo auch s(ein) f(urstlichen) g(naden) keiser, konig^ii ire oberkeit sein und h(erzog) Jorg(en) bei seinem glaub(en) lest, ^jjauch die sted ad(er) sonst imands unpillich(en) weis nit beschwere,^jj meint ir f(urstlichen) g(naden) werde m(ein) g(nedigen) h(ern) kein not weither haben und in sond(er)heit herzog Jorg alles wid(er)umb^kk guth(en) bei ime setzen, darzu sich mit allem fleis ford(er)n wolle.

Der zins und lehent halb(en) gein Kauffung(en) und Germerode^2154 gehorig, wil ir f(urstlichen) g(naden) auch fordern, d(as) herzog Jorg(en) sich in dem fal geg(en) m(ein) g(nedigen) hern allermass(en) wie geg(en) den churfurst(en)^ll halt(en) sol und hat d(er) herzog die ursach, d(as) Kauffung(en) ein sond(er)leh(en) und an mittel vom reich etc., nit vom furstenth(um)b Hess(en) zu leh(en) ruhren sol, dar(um)b ir gnad bericht und in sond(er)heit des lehenbrifs daruber halt(en) copien bit(en), sol kein fleis an ir f(urstlichen) g(naden) gespart werden. ^nnWan m(ein) g(nediger) h(er) sich raht^mm holt, sol kein mangel daran sein.^nn

No(ta) das ir gnad(en) izt gut(en) friden hab irer sach(en) halb(en).

No(ta) wo es muglich were m(einer) g(nedigen) f(raw) bit, d(as) d(er) truge h(erzog) Jorg briffen mach(en), solt hertzog Jorg(en) zu grossem gefallen reichen.

M(eine) g(nedige) f(raw) sol solchs in 6 woch(en) nit angezeigt werd(en), d(as) apsterb(en)^oo.

No(ta) des herzog(en) gelubd halben.

E H Z S etc. s(ub)s(cripsi)t

^a *Sic. Verschreibung für:* unlust?
^b *Wort hochgestellt eingefügt; darunter gestrichen:* obel.
^c *Wort hochgestellt eingefügt; darunter gestrichen:* lant.
^d *Gestrichen:* a.
^e *Gestrichen:* ke.
^f *Gestrichen:* wey.
^g *Gestrichen:* dro.
^h *Gestrichen:* ys.
^i *Sic.*
^j *Gestrichen:* deyn.
^k *Gestrichen:* aus.
^l *Getilgte Stelle.*
^m *Wort vor der Zeile eingefügt.*
^n *Gestrichen:* w.
^o *Unleserliches Wort hochgestellt eingefügt und wieder gestrichen.*
^p *Gestrichen:* erof.
^q-q *Passage unter den Abschnitten nachgetragen, davor gestrichen:* It(em).
^r *Wort hochgestellt eingefügt.*
^s-s *Passage hinter der Zeile mit Platzhalterzeichen eingefügt.*
^t *Wort hochgestellt eingefügt, darunter gestrichen:* untherhandeler.
^u *Unleserliche Streichung.*

---

^2154 *Die Auseinandersetzung wegen den hessischen Klöstern Germerode und Kaufungen nahm ihren Ursprung bereits im Mai 1529, als Herzog Georg die Zinsen für die Klosterlehen einbehielt. Vgl. ABKG III, Nr. 1734. Mit dem Grimmaischen Machtspruch von 1531 wurden die Streitigkeiten zwischen dem albertinischen und ernestinischen Sachsen wegen der beiderseitigen Klostergüter beigelegt. Vgl. ebd., Nr. 2010.*

^v *Sic. Unsichere Lesung. Lesart:* Cappenst[…].

^{w-w} *Passage zwischen den Abschnitten und am linken Seitenrand eingefügt.*

^x *Wort hochgestellt eingefügt.*

^{y-y} *Passage am linken Seitenrand eingefügt.*

^z *Gestrichen:* haben?

^{aa} *Gestrichen:* w.

^{bb} *Gestrichen:* ist.

^{cc} *Gestrichen:* uf.

^{dd-dd} *Passage hinter der Zeile eingefügt.*

^{ee} *Sigle* ir f g *hochgestellt eingefügt.*

^{ff} *Wort hochgestellt eingefügt, darunter gestrichen:* glaub.

^{gg} *Wort vor der Zeile eingefügt.*

^{hh} *Wort durch Loch in der Vorlage verderbt.*

ⁱⁱ *Gestrichen:* als.

^{jj-jj} *Passage mit Platzhalter am linken Seitenrand nachgetragen.*

^{kk} *Wort mit Platzhalter hochgestellt eingefügt.*

^{ll} *Wort getilgt:* sich.

^{mm} *Sic.*

ⁿⁿ⁻ⁿⁿ *Passage am linken Seitenrand eingefügt.*

^{oo} *Sic. Unsichere Lesung.*

178

1534 Juni 15

Herzogin Elisabeth an Kurfürst Johann Friedrich (den Großmütigen)

Landgraf Philipp (der Großmütige) soll auf seine Kosten gegen die Wiedertäufer nach Münster ziehen. Nun hat Elisabeth gehört, er habe viele seiner Ämter versetzt, weil die Kosten für das Heer so groß sind. – Eine Einigung in der Frage der Regalien und der Goldenen Bulle ist zu langwierig, deshalb bittet Elisabeth Johann Friedrich, auf einen schnellen Frieden zu drängen und den König anzunehmen. Tut er das nicht, wird ihr Bruder weiterziehen und der König alles ablehnen. – Man sagt, wenn Johann Friedrich die Artikel nicht annimmt und dann kein Friede werde, so wäre es seine Schuld.

HStA Dresden, 10024, Loc. 9131/32, fol. 34r, 35r.

Überlieferung: Ausfertigung.

Schrift: eigenhändig.

Adresse: [Dem] hochgebornin fursten / [hern Ha]ns Freyderych hertzoge / [zu Sachs]sen das hailgen / [romssen] reychst ertzmarschalk / [und korf]urst etc. meynem / [fruntliche]m lyeben ohmen / [und bru]der yn seyner lyeb // eigen hant.

Nr. bei Werl: 107.

Kanzleivermerke: Hertzogin v(on) R(ochlitz) zeigt an, d(as) ir brud(er) die von Münster auf seinen eig(en) unkosten straff(en) solle etc. – 1534.

Bemerkung: Siegeleinschnitte sind vorhanden; das Siegel und der Siegelstreifen selbst sind verloren; die Adresse ist entsprechend beschädigt überkommen. – Das Blatt fol. 34 ist nur auf der Vorderseite beschrieben. Außerdem wurde es nachträglich schräg abgeschnitten, darauf weisen einige erkennbare Oberlängen an der Schnittkante hin.

M(ein) f(reuntlicher) h(ertz) a(ller) l(iebster) o(hme) u(nd) b(ruder); e(uer) l(ieben) schriben[2155] hab ich mit freutten vorlessen, yn dem das e(uer) l(ieben) dar for helt, das dey sach weylle nach Gottes genaden gutt wertten. Und ich vorse mich gantz, meyn bruder sol foulgen, aber mir wert an getzeyget, meyn bruder erbeyde sych dey von Munster[2156] zu straffen, aber auff seyn kosten dey helff, aber sey wollen es gar auff seyn kosten haben. Nu hort ich, er hab vel seiner embter vortzoß, west ich nich, ob es im auch tzu ratten yst, so vel kosten auff sych zu latten. Ich wil sein ober nich ratten, auch nich wern e(uer) l(ieben) ratt ym was ym gutt yst und seyn keynttern[a] ‖ und[b] e(uer) l(ieben) hort wey[c] ser bet, das balt gescheyn sal, dan das foulgk[d] leyget ym uber dem halst mit grosser beschwerunge und meynen, er must ein monett iii huntter dussen golten[2157] haben. Der halben helff e(uer) l(ieben) ya das balt gesche, das der frette gemach wert von den regalgen[2158] aber boullen[2159] und der ourtten unge[2160], meyn man, der konich[2161] nem sey nich an an[e] das kesseres[2162] wissen,[2163] dem must man for dromb schriben, das wortte meyn bruder vel tzu lang wertten. E(uer) l(ieben)[f] habe keyn sorge, es wert so balt nich ein konich gewellet, e(uer) l(ieben) drenck nor droff, das der frette gemach wert, dan m(ein) b(ruder) mochtte sust fortter tzeyn, dan wey kant so lang leygen stel mit eim soulchgem hauffen ru. Und meinen aber[g], der sach wert der konich das ander alles zu rock stossen ober dem, wey man dey konge wellen salle. Auch kant er es nich tzu sagen an den kesser wissen und meynen gantz, wan nor e(uer) l(ieben) den konich an nem, so wer der frette gar da. Der halben byt ich[h] e(uer) l(ieben) fruntlich, e(uer) l(ieben) wolle es an dem auch nich fellen lassen. Und bevel e(uer) l(ieben) Got, der helff uns mit freutten zu sammen. Sey meynen auch, wan e(uer) l(ieben) nich wolt annem an das, wey dan yn den arteckellen[2164] sted und wan es dan keyn frette wer, so wer dey schult e(uer) l(ieben). Ych bevel mich e(uer) l(ieben) als m(ein) h(ertz) a(ller) l(iebster) o(hme) u(nd) b(ruder), ich ertzeyge e(uer) l(ieben) schwesterliche trew. Dat(um) montag Feytte[2165] anno xxxiiii.

    E H Z S

[a] *Gestrichen:* dan ich hab im geschriben. *Die untere Hälfte des Blattes wurde abgeschnitten.*
[b] *Wort hochgestellt eingefügt; darunter gestrichen:* scheyckett aber.
[c] *Wort hochgestellt eingefügt.*
[d] *Gestrichen:* ke.
[e] *Wortanfang korrigiert; getilgt:* d-.
[f] *Gestrichen:* sich.
[g] *Wörter eng zusammengeschrieben.*
[h] *Wort hochgestellt eingefügt.*

[2155] *Vgl. oben Nr. 173 (Brief Johann Friedrichs an Elisabeth, 1534 Juni 13).*
[2156] *Münster (Westfalen); vgl. Anm. 1845.*
[2157] = 300.000 *Gulden.*
[2158] = *Regalien. Gemeint ist die noch ausstehende Belehnung Johann Friedrichs nach dem Tod seines Vaters. Auch seine Ehe mit Sybille von Kleve (1512–1554) hatte noch keine Legitimierung durch Kaiser und König erfahren. Vgl. Lies, Zwischen Krieg und Frieden, S. 148 f.*
[2159] = *Goldene Bulle.*
[2160] = *Ordnung.*
[2161] *König Ferdinand I. (1503–1564).*
[2162] *Kaiser Karl V. (1500–1558).*
[2163] = *ohne des Kaisers Wissen.*
[2164] = *Annaberger Artikel.*
[2165] = *Viti.*

179

Annaberg 　　　　　　　　　　　　　　　　　　　　　*1534 Juni 17*

Georg von Carlowitz an Herzogin Elisabeth

König Ferdinand I. wird heute zur Friedensverhandlung in Kaaden ankommen. Morgen werden der König mit Herzog Georg (dem Bärtigen) und Kardinal Albrecht von Brandenburg auf halber Strecke in Preßnitz zusammenkommen. Carlowitz hofft, dass in drei bis vier Tagen die Verhandlungen abgeschlossen sind. Elisabeth soll sich nicht sorgen, er will sich bemühen, dass die Verhandlungen so verlaufen, wie er es Elisabeth geschrieben hat. Kardinal Albrecht und Herzog Georg haben um einen Rat gebeten, wie sie dem König am besten zum Frieden raten können. Carlowitz hat bereits die königlichen Unterhändler bedrängt den Frieden anzunehmen. In der ersten Verhandlung ist Herzog Georg mehr gegen das Anliegen des Kurfürsten Johann Friedrich (des Großmütigen) gewesen als gegen das des Landgrafen. — Jakob von Taubenheim ist heute vom Landgrafen nach Annaberg zu Kardinal Albrecht geschickt worden. Georg von Carlowitz konnte aber bisher noch nicht mit ihm sprechen.

> *StA Marburg, PA 75, fol. 3r–v; Zettel: 4r.*
>
> *Überlieferung: Ausfertigung.*
>
> *Schrift: eigenhändig.*
>
> *Adresse:* Der durchlauchten hochgepornen furstin / und frawen frawen Elisabet gebornen / landtgrevin von Hessen hertzogin / zu Sachsen landtgrevin in Dorin- / gen und marggrevin zu Meiss(en) / meyner gnedigen frawen // zu yhrer f(urstlichen) g(naden) eig(en) hand(en).
>
> *Kanzleivermerke:* –
>
> *Bemerkung: An der Ausfertigung haben sich Siegel und Siegelstreifen vollständig erhalten; Siegeleinschnitte sind vorhanden. – Dem Schreiben wurde ein kleiner Zettel beigelegt, der als fol. 4r eingeheftet ist. Die Zusammengehörigkeit ergibt sich aus dem markanten Siegeleinschnitt und der identischen Faltung. – Die Zeichensetzung wurde übernommen und zurückhaltend angepasst. Der in diesem Dokument häufig vorkommende Doppelkonsonantismus ‚n‘ wird reduziert wiedergegeben.*
>
> *Druck: ABKG III, Nr. 2488.*

Durchlauchte hochgeporne furstin, ewern fursthlich(en) gnaden seindt meyn willige dienst alletzeit zuvor gnedige frawe. E(uer) f(urstlichen) g(naden) gebe ich undertheniglichen zuerkennen, das der romische konigk[2166] uff heut dato zum Cadan[2167] vier meil wegs von hinnen einkumpt und vorsehe mich gantz, das der konigk und unsere herren morgen uff halben wege zur Brißnitz[2168] zusammen kommen werden, da wirdet man die sachen uffs forderlichst zuendt brengen, dan es wil nit vortzug leid(en), so kumen die herren auch nit lenger beyeinander pleib(en). Darumb, so hof ich es, werde in drei ader vier tagen zuendt lauffen und dorffet ᵃir keineᵃ sorge haben, als vil als ich ᵇam leibᵇ und vormugen vormag, ᶜso wil ichᶜ keynen vleis sparren, die sache vollenthᵈ dahinzupringen, wie e(uer) f(urstlichen) g(naden) ich hievor geschrieben hab. Es haben uns auch unsere baid(en) furst(en),

---

[2166] *König Ferdinand I. (1503–1564).*
[2167] *Kaaden, Stadt sw Chomutov.*
[2168] *Preßnitz, Stadt sö Annaberg.*

der bischof[2169] und m(ein) g(nediger) h(er)[2170], itzundt die stundt bepholen, yhn eynen rathschlagk zumach(en), ab sie der konigk raths fragen wurdt, das sie yhm eyntrechtlichen rathen, das ehr den frieden an nehme, das wir uns auch bey uns enthschloss(en) hab(en). ‖ Darumb so hab ich gutten trost, es wordt eynen vorgangk gewinnen. Ichts habs auch bey den konigisch(en) geschickt(en)[2171] hefftigk underbawhet, die sein hinaws zum konige geritt(en), den ich findt an m(einem) g(nedigen) h(ern) gar keynen mangel, wiewol[e] s(einer) f(urstlicher) g(naden) in der erste eben harth gewest ist, doch mehr wiedder des churfursten vornehmen, dan des landtgraven. Solchs hab e(uer) f(urstlichen) g(naden) ich alles in unthertthenigkeit nit woll(en) vorhalth(en), doran ich alletzeit zu dienen gantz willigk. Eilends auf Sanct Annenbergk mithwochs nach Viti kegen abendt anno xxxiiii.

E(uer) f(urstlichen) g(naden) / willigen / diener / Georg von / Karlewitz

Her Jacob von Thaubenheim[2172] ist vom landtgraven hieher geschickt zum bischoff von Meintz. Ich hab aber noch nit mit yhm zu red(en) kommen mugen, dan ehr allererst heut einkommen ist.

Es ist niemandts in diesem handel uff m(einen) g(nedigen) h(ern) seitten, dan der cantzler[2173] und ich, und uffs bischoffs doctor Turck[2174] und ßunst ein doctor, und haben arbeit genugsam, wie e(uer) f(urstlichen) g(naden) wol zubedenck(en). Dat(um) ut supra.

Was sich weitter zutregt, wil e(uer) f(urstlichen) g(naden) ich forderlich wiss(en) lass(en).

[a-a] *Stelle durch Tintenfleck verderbt.*
[b-b] *Stelle durch Tintenfleck verderbt.*
[c-c] *Stelle durch Tintenfleck verderbt.*
[d] *Stelle durch Tintenfleck verderbt.*
[e] *Gestrichen:* ich.

180

Annaberg   *1534 Juni 19*

Simon Pistoris an Herzogin Elisabeth

Der König hat seine Unterhändler nach Kaaden bestellt, um über die (Annaberger) Artikel zu verhandeln. Der Kurfürst will sich nicht drängen lassen; es wird aber auf eine Antwort von ihm gewartet, ob man dem König vorschlagen soll, dass er Württemberg als Lehen behält und es als Erzherzog weiterverlehnt. – Herzog Georg war sehr erfreut, als ihm von

---

[2169] Kardinal Albrecht von Brandenburg (1490–1545), Erzbischof zu Mainz und Magdeburg; vgl. Anm. 1008.
[2170] Herzog Georg (der Bärtige) (1471–1539).
[2171] = königlichen Unterhändler.
[2172] Jakob von Taubenheim (†nach 1538), hess. Rat, Bruder Christophs von Taubenheim. Als Gesandter Landgraf Philipps führte er die Verhandlungen mit dem Mainzer Erzbischof Albrecht von Brandenburg. Ziel war es, den Erzbischof im Vorfeld des württembergischen Feldzugs zu überzeugen, dass die hessischen Kriegsvorbereitungen nicht gegen König Ferdinand gerichtet waren; vgl. zu ihm Politisches Archiv des Landgrafen Philipp des Grossmütigen von Hessen, Bd. 2, Leipzig 1910, S. 687; Gundlach, Die hessischen Zentralbehörden, Bd. 3: Dienerbuch, S. 267.
[2173] Dr. Simon Pistoris (1489–1562), Kanzler Herzog Georgs (des Bärtigen); vgl. Anm. 62.
[2174] Christoph Türk (1497–1547), Kanzler Kardinal Albrechts; vgl. zu ihm Scholz, Der magdeburgische Kanzler Christoph Türk.

Elisabeths Bittbrief an Kurfürst Johann Friedrich (den Großmütigen) berichtet wurde. Leider habe er nicht den gewünschten Erfolg gebracht. Sie möge, damit keine Verzögerung beim Friedensschluss eintrete, die Sache vorantreiben. Pistoris ist der Ansicht, dass sie auch den Kurfürsten überzeugen könne, war er selbst doch von ihrer Überredungskunst bezwungen worden. – Er schickt ihr diese Nachricht heimlich durch einen eigenen Boten.

> *StA Marburg, PA 75, fol. 6r.*
>
> *Überlieferung: Ausfertigung.*
>
> *Schrift: eigenhändig.*
>
> *Adresse:* Der durchleuchtygen hochgebor- / nen furstyn und frawen fraw- / en Elysabeth gebornen landt- / greffyn zcu Hessen hertzogyn zcu / Sachsen etc. meyner genedyg(en) / frawen.
>
> *Kanzleivermerke:* –
>
> *Bemerkung: An der Ausfertigung haben sich Siegel und Siegelstreifen vollständig erhalten; Siegeleinschnitte sind vorhanden. – Der in diesem Dokument häufig vorkommende Doppelkonsonantismus ‚n' wird reduziert wiedergegeben.*

Durchleuchtyge hochgeborne furstyn, e(uer) f(urstlichen) g(naden) seynt meyn wyllig underthenyge dynst zuvorn genedyge fraw. Es hat der konig[2175] dye herren hendeler kegen dem Cadan[2176] lasen erfordern und sich auff dye uber sainen vorgeschlagenen artickel[2177] nach keyner antwort vornemen laßen. Nun hat der churf(urst) groß geprenge[2178] gemacht s(einen) churf(urstlichen) g(naden) recht, uff das man dester ehr zcum beschluß der sachen kummen mocht, mir hynuber zw schycken. Hat sych auch clar vornemen laßen, er wysse nach wolle yhn weyter nichts zcubephelen, wyewol man allerley zcuvorstehen geben, ab villeycht des konyg wurde vorschlag(en), das das landt zcu Wyrttenberg solt von yhm alß eynem ertzherzog(en) zcu lehen entpfangen werden[2179], was der churf(urst) wolt darauff zcur antwort geb(en). Dan es hat den hendelern nicht geburen wollen nach zcur zceyt, solchs vor zcuschlagen, sunder muß vom konig herkummen. Darauß ich dan fynden kan, das e(uer) f(urstlichen) g(naden) schreyfft[2180] nach wenig wyrck(en) und ansehens haben wyl. Darumb mogen e(uer) f(urstlichen) g(naden) darauff bedacht seyn, wye sye meyn voryormarckt der sachen nach kumen, eynen bessern keyl beybryngen. Dye hoffart ist großer dan nach gelegenheyt der sachen, dye notturft was wyr sagen, der vorczug schadt dem landtgraff(en), wyl alles nicht helff(en), wue dan der churf(urst) auff dyssen vorschlag nicht schleist, sunder es allererst an landtgraff(en) wyl laßen gelang(en). Szo wyrdt es nach lenger und kunt dach wol schlysen, dyeweyl er von e(uer) f(urstlichen) g(naden) genug vorstandts dartzu hat. Darumb hab e(uer) f(urstlichen) g(naden) ich es nicht wyssen unangetzeygt zulaßen bey eygenem bothen, dem ich alheyr nicht hab wollen laßen lohnen, uff das ich nicht vormarckt nach gefragt wurde. Es hat aber m(ein) g(nediger) alter[2181] her e(uer) f(urstlichen) g(naden) schryfft eyn sunderlich wol gefallen gehabt, dan sye Karlwytz[2182] yhm nicht hat wyssen zu verhalt(en), welchs alles e(uer) f(urstlicher) g(naden) genediglich wolle vormerck(en),

---

[2175] *König Ferdinand I. (1503 – 1564).*

[2176] *Kaaden, Stadt sw Chomutov.*

[2177] *= Annaberger Artikel.*

[2178] *Gepränge = Aufwand in Worten.*

[2179] *Gemeint ist dier Afterlehenschaft Württembergs.*

[2180] *Vgl. oben Nr. 178 (Brief Elisabeths an Kurfürst Johann Friedrich, 1534 Juni 15).*

[2181] *Herzog Georg (der Bärtige) (1471 – 1539).*

[2182] *Georg von Carlowitz zu Hermsdorf (um 1480 – 1550), sächs.-albert. Rat; vgl. Anm. 42.*

dan e(uer) f(urstlichen) g(naden) underthenig zudynen byn ich altzeyt wyllig. Geb(en) auff Sanct Annenberg freytags nach Viti im 34.

E(uer) f(urstlichen) g(naden) w(illiger) d(iener) Simon Pystoris / doctor

181*

[vor 1534 Juni 20]

Herzogin Elisabeth an Georg von Carlowitz
Elisabeth schickt eine Abschrift des Briefes Kurfürst Johann Friedrichs (des Großmütigen) (Nr. 173) an Georg von Carlowitz.

Überlieferung: verloren.

Bemerkung: Die Ausfertigung und die Datierung dieses Schreibens ergeben sich aus Nr. 183 und 186.

182

[Dresden]   *1534 Juni 20*

Herzogin Elisabeth an Kurfürst Johann Friedrich (den Großmütigen)
In Dresden sagt man, die Verzögerungen des Friedens lägen nur an ihm. Johann Friedrich soll sich beeilen, weil er selbst weiß, wie unbesonnen Landgraf Philipp (der Großmütige) ist. Jeder wird denken, Johann Friedrich hätte aus bösem Willen den Frieden verzögert. – Ihr Bruder hat sie gebeten, sich für den Frieden einzusetzen. Er ist sich sicher, dass Herzog Ulrich von Württemberg die Afterlehenschaft annehmen wird. Johann Friedrich soll den Frieden annehmen, in den dann Philipp ebenfalls einwilligen wird. Elisabeth bittet Johann Friedrich eindringlich, auch um ihretwegen, Ferdinand als römischen König anzuerkennen. – Sie schreibt in großer Eile um sechs Uhr morgens.

HStA Dresden, 10024, Loc. 9131/32, fol. 46r – v.

Überlieferung: Ausfertigung.

Schrift: eigenhändig.

Adresse: Dem hochgebornen fursten / hern Johans Friderichen / hertzogen zu Sachssen des heyl- / igen romischn reichs ertz- / [m]arschalhn und churfurst(en) / [la]ndtgraffen in Doringen und / [m]arggraffn zu Meyssen / [un]serm freundtlichen lieben // ohemen und brudern.

Nr. bei Werl: 111.

Kanzleivermerke: H(ertzogin) v(on) R(ochlitz) d(er) Wirtenbergisch(en) handlung halb(en) – 1534.

Bemerkung: Siegeleinschnitte und Wachsreste sind vorhanden; das Siegel und der Siegelstreifen selbst sind verloren. – Die Adresse verfasste ein albert. Kanzleischreiber.

Druck: Mentz, Johann Friedrich der Grossmütige II, S. 45 f.

Fruntlicher hertzlieber ohmme und bruder, das geschreyg[2183] yst heyr tzu Dressen[2184] ober alle, wey der vortzougk allein von e(uer) l(ieben) her kummett. Und byt der halben e(uer) l(ieben) gantz fruntlichen, e(uer) l(ieben) wol es lassen an dem nicht er wenden, dan e(uer) l(ieben) west wey kortz rettych[2185] meyn bruder yst, er moch ergen[2186] fort farn. So wortte dach yeder man dencken, e(uer) l(ieben) hett dromb so lang vortzogen umb und lust willen[2187], dan yeder man west, wast meyn bruder yetz geseynnett[2188] yst. So schribet er mir[2189] und byt mich, ich wil fliß dunt, das der frette balt gemacht wert und wey er sych erbout west e(uer) l(ieben) auch. So yst meyns brudern hantschreff vor hantten, yst numer yn meyner hant. So schlost meyn[a] bruder gantz droff, das der hertzoge[2190] das[2191] sol an[b] nemen, wey dan e(uer) l(ieben) west. Der halben byt ich e(uer) l(ieben) wol schlissen von meyns brudern wegen und den fretten annemen, dan es wortte meyn bruder tzu lang wertten. Ich west auch, das er es welgen wert. Wo aber e(uer) l(ieben) vor wert tzu ym scheycken, wert ym vel tzu lang wertten und sall ein grossen vordrest haben yn dem vortzoug, auch weyl er gewelget hatt, dan seyn not yst grost vor hantten, hort ych yn seynem schriben, bin es auch muntlichen berecht. Byt e(uer) l(ieben) fruntlichen, hatt e(uer) l(ieben) ye etwas umb meynen willen gedaunt aber dunt wil, e(uer) l(ieben) dut das auch umb meyn willen, das e(uer) l(ieben) den konich annem und dey sach fortter, wey ich dan e(uer) l(ieben) nest geschriben hab[2192], dar auff ich noch keyn anwert hab. Und wil heyr e(uer) l(ieben) aller fruntschaff ‖ er manett haben. Solges hab ich e(uer) l(ieben) fruntlicher meynunge nich wollen bergen und bevel e(uer) l(ieben) der genad Gottes. Dat(um) yn grosser yelle[2193] umb vi froue[2194] vormittag am sounaben nach Vitte anno xxxiiii.

E H Z S etc.

Was leyget e(uer) l(ieben) vor gros macht an dem hertzgen das lenst[2195] halben? Wey hatt er for heyn mussen dunt, hat ym dach, west Got, meyn bruder tzu dem lant geholffen, so leyt er den schembt[2196] beylch umb meynst brudern willen. Ich byt e(uer) l(ieben) fruntlich, wo es begert wert, e(uer) l(ieben)[c] wol es tzu sagen von meyns brudern willen und dencken, was m(ein) b(ruder) und seyn keyntter vorschade droff sted, dan m(ein) bruder yst es wol tzu fretten.

    [a] *Wortende korrigiert; getilgt: -er.*
    [b] *Wort hochgestellt eingefügt.*
    [c] *Sigle hochgestellt eingefügt.*

[2183] = *Geschrei; gemeint im Sinne von ‚Gerede, Gerücht‘.*
[2184] *Dresden.*
[2185] = *kurzrätig, meint von kurzem rate, unbesonnen.*
[2186] = *irgend.*
[2187] = *um Unlust willen; meint soviel wie ‚aus bösem, vorsätzlichem Willen‘.*
[2188] = *gesinnt.*
[2189] *Vgl. oben Nr. 166 (Brief Philipps an Elisabeth, 1534 Juni 4).*
[2190] *Herzog Ulrich von Württemberg (1487–1550); vgl. Anm. 795.*
[2191] *Gemeint ist die Afterlehenschaft Württembergs.*
[2192] *Vgl. oben Nr. 178 (Brief Elisabeths an Johann Friedrich, 1534 Juni 15).*
[2193] = *Eile.*
[2194] = *in großer Eile um 6 Uhr früh.*
[2195] = *Lehen.*
[2196] = *Scham, hier im ehrherabsetzenden Sinne von ‚Schimpf, Schmach, Schande‘; vgl. DWB, Bd. 14, Sp. 2107 (Artikel „Scham“).*

183

[Dresden]   1534 Juni 20

Herzogin Elisabeth an Landgraf Philipp (den Großmütigen)

Elisabeth hat Herzog Georg (dem Bärtigen) Philipps Gemütszustand mitgeteilt. – Der König will die Vorschläge der Unterhändler nicht annehmen und das Württemberger Lehen nicht mit in die Verhandlungen einbeziehen. Kurfürst Johann Friedrich (der Großmütige) verzögert die Verhandlungen nur wegen des Artikels zur Königswahl. Elisabeth befürchtet, dass der Kurfürst die Lage Philipps zu seinem Zweck ausnutzt. Philipp soll nur ihr vertrauen, denn er hat wenige Freunde. Solange man die Verhandlungen wegen der Wahl aufschiebt, wird auch der König nicht zustimmen. – Er soll den Brief verbrennen.

StA Marburg, PA 2842, fol. 33r–v.

Überlieferung: Ausfertigung.

Schrift: eigenhändig.

Adresse: Meinem fruntlichen / lieben bruder hern / Philips langraff[a] zu / Hessen etc. yn seyner lieb / eigen hant.

Nr. bei Werl: 110.

Kanzleivermerke: –

Bemerkung: Die Ausfertigung besitzt einen vollständig am Bogen erhaltenen Siegelstreifen mit Siegel; Siegeleinschnitte sind vorhanden. – Elisabeth schickte den Brief zu Jakob von Taubenheim nach Annaberg, der ihn Landgraf Philipp aushändigen sollte. Noch am selben Tag verfasste sie ein weiteres Schreiben an ihren Bruder (Nr. 184).

Druck: Wille, Landgraf Philipp der Großmüthige von Hessen, S. 320 f.

M(ein) h(erz) l(iebster) b(ruder), ich hab m(einen) a(lten) h(ern)[2197] alles lassen antzeygen deyn gemot. Er dut grossen fliß. Nu haben dey hentteler an getzeyget, wo der konich[2198] das nich wolt annemen, wey sey forgeschlagen haben, und es auff das len berougen, das von Werttenbergest[2199], ab es der korfurst wolt welgen, hat er nich gewolt und vertzouget dey sach nor ober seiner wal[2200] auch. Aber foulgs dut dem korfursten nich, dan dut west, was bey dir gedaunt hat yn der sach, merck wol, im leyget winich an deynnem unkousten. Man wil dich wol morbe lassen wertten. Er bedenck das hertzgen[2201] hoffart mit dem len mir, dan deyn nottroff. Und byt dich, komb es dar tzu, so welge nach und las mich nich yn lougen stecken, dan ich wil dir alle deyn sachen gut mach. Weyl dut deyn kreygest foulg[2202] beynander hast, boucht der korfurst so mit der walle, geb dir aber nichst zu vorsolten[2203]. Ich hab es ym auch geschriben[2204], yeder man wil seyn sach mit dir auß rechten, aber ich wil dir wol sagen, wey man mit dir gehanttel hat und von dir rett; foulge nor mir. Etlich leut besorgden sych auch vor dir, wan dirs wol geyn, worst dut ober sey, freunt in der not

---

[2197] *Herzog Georg (der Bärtige) (1471–1539).*
[2198] *König Ferdinand I. (1503–1564).*
[2199] = *württembergisches Lehen.*
[2200] = *Königswahl.*
[2201] *Herzog Ulrich von Württemberg (1487–1550); vgl. Anm. 795.*
[2202] = *Kriegsvolk.*
[2203] = *verschulden.*
[2204] *Vgl. oben Nr. 182 (Brief Elisabeths an Johann Friedrich, 1534 Juni 20).*

geyn fel auff ein lott. Was ich schreb aber dat, wolt man nich glaben, das du[b] nichst bost willen hattes, wan nor der hertzoge das lant beheylt mit fretten. Ich wil dir nach aller leyg[2205] wissen. Vorbrunt ya den breff und folge mir. Und byst Got bevollen, der beheut und bewar dich, melte mich nich. Het es nach m(einen) a(lten) h(ern) willen solt gein, so werst dut lang vor sich er[2206]. Aber das man ‖ so mit der walle vortzouget, mach das der kounich auch auff helt, werst nach alles befeyntten yn den hanttelungen. Melte mich yo nich, es wer feyn, das dut dem hertzgen mit deynem grossen schatten und far geholffen hettes und er solt das nicht welgen [c]umb deyn willen[c]. Aber ich denck, der korfurst spert sych dromb so mit dem lent, das sich mit der walle kant dester bast auff halten. Bedenck deyn unkosten winck[2207]. Dat(um) sonnaben nach Vitte[2208] anno xxxiiii.

E H Z S etc.

[a] *Sic.*
[b] *Wort hochgestellt eingefügt.*
[c-c] *Passage hochgestellt eingefügt.*

184

Dresden   *1534 Juni 20*

Herzogin Elisabeth an Landgraf Philipp (den Großmütigen)

Vor einigen Tagen hat sie dem Kurfürsten und Georg von Carlowitz geschrieben und schickt Philipp eine Abschrift. Er kann daraus erkennen, wie die Verzögerungen bei den Friedensverhandlungen zustande kommen. Kurfürst Johann Friedrich (der Großmütige) denkt, wenn Philipp einwilligt, so muss auch er in der Wahlsache zustimmen; dagegen wehrt er sich, ansonsten wäre schon lange Frieden. – Von den Unterhändlern war nie beabsichtigt, die Königswahl in die Verhandlungen einzubringen. Allerdings hat es der König schon lange gewollt und ist nach Annaberg gekommen, um in dieser Sache selbst zu verhandeln. Dagegen hat sich der Kurfürst gewehrt, ansonsten tut er nichts. Der Kurfürst wirft Philipp vor, er denke nicht an das Schmalkaldische Bündnis. – Elisabeth rät Philipp, er solle einen Bevollmächtigten schicken. – Philipp soll ihr schreiben, damit sie Herzog Georg (den Bärtigen) unterrichten kann. – Man sagt, die Freunde und Bundgenossen befürchten, Philipp könnte zu mächtig werden. Sie hoffen auf einen Frieden mit dem Kaiser. Herzog Georg und seinen Räten gefällt die Aufrichtigkeit Philipps. — Elisabeth ist allein, denn Herzog Johann (der Jüngere) ist auf der Jagd; sie kann weder schlafen noch essen. Ihr Gemahl wollte sie mitnehmen, was sie aber abgelehnt hat, da sie auf die Boten wartet. – Elisabeth befürchtet, König und Kaiser könnten im nächsten Jahr gegen Philipp vorgehen. Der Kurfürst, so Elisabeth, wäre selbst gern König. – Philipp soll den Brief verbrennen.

StA Marburg, PA 2842, fol. 34r – 35v.
Überlieferung: Ausfertigung.
Schrift: eigenhändig.

[2205] = *allerlei.*
[2206] = *versichert, im Sinne von ‚etwas sicher stellen' oder ‚dafür eintreten' bzw. ‚zusichern, verbürgen'.*
[2207] = *wenig.*
[2208] = *Viti.*

Adresse: [Dem] hochgebornen / [fursten] hern Philips / [lantgraff] zu Hessen etc. / [unserm fr]untlichen / [lieben vette]r yn seiner / [lieb eigen] hant.

Nr. bei Werl: 109.

Kanzleivermerke: –

Bemerkung: Siegeleinschnitte sind vorhanden; das Siegel und der Siegelstreifen selbst sind verloren; die Adresse ist entsprechend beschädigt überkommen. – Elisabeth hatte am selben Tag bereits ein Schreiben an Landgraf Philipp ausgehen lassen (Nr. 183). Den Brief schickte sie durch ihren Knecht nach Annaberg zu Jakob von Taubenheim, der diesen dann dem Landgrafen aushändigen sollte. Vermutlich ist danach ein Bote des Landgrafen in Dresden eingetroffen, der im Anschluss noch versuchen sollte, den Knecht auf dem Weg nach Annaberg abzufangen, um dem Landgrafen auch den vorangehenden Brief zu überbringen. – Als Beilage zu diesem Brief ergingen die Schreiben des Kurfürsten Johann Friedrich vom 1534 Juni 13 (Nr. 173) sowie Georgs von Carlowitz (Nr. 181).

Druck: Wille, Landgraf Philipp der Großmüthige von Hessen, S. 318–320.

H(ertz) l(ieber) b(ruder), ich scheyck dir hermit zweyn breff[2209], wey du sen werst, und las dich wissen, das ich den korfursten ser gebetten hab vor etlichen tagen[2210], wey ich dan Klarlewitz ein abschreff[2211] scheycket[2212] und mee[2213] mich ser umb deinett willen, dan du werst auß den breffen wol sporn[2214], wor an es fellett. Byt dich der halben, wo es not det mit dem Werttenbergksen len[2215], so las es ya den von[a] Werttenberg[2216] fort farn, [b]das ich nich yn lougen steck[b], auff das auch[c] dey sach gentzlich vortragen wert, dan sey[2217] mochtten den von Nasse[2218] auch so ein mal yn dey graffschaff setzsen. Ich kont wol dencken was dem korfursten fellett. Er dencket, weyl dut dar yn welgest, so must er mit der walle[2219] auch fort, dan da speret er sich mit, susten het es so lang nich geweret mit dem fretten ober[2220] der walle und leyt dich da in notten. Ich west nich wo for ichst halten sal, ich wil dir ein mal wunder sagen. Ich hab dir auch heut geschriben[2221], hab den breff auff Sant Annabergk[2222] gescheyckt, wert dir so balt nich hab ich sorge, meyn knecht solten her Yakob von Dubenhemb[2223] geben. Ich het nichst numer mir zu den korfursten vorsen und west dach, wan du gedaunt hettes, es wer dem korfursten auff mich wol ganen, hettes dut nich bey ym gehalten und er sal ‖ so tzudern mit der nar weyst[2224]. Ich schreb im deyn gemut, er war obel tzu fretten, meynet, es wer nie gedacht, dey hentteler drofften es nichst; [d]aber lyeber bruder,[d] gedencken nich[e], aber der konich hatt es lang so begert, als ich bericht

---

[2209] *Der erste Brief gleichen Datums an Philipp vgl. oben Nr. 183.*

[2210] *Vgl. oben Nr. 182 (Brief Elisabeths an Johann Friedrich, 1534 Juni 20).*

[2211] *Vgl. oben Nr. 173 (Brief Johann Friedrichs an Elisabeth, 1534 Juni 13).*

[2212] *Das Schreiben Elisabeths an Georg von Carlowitz ist verloren und wird hier unter der Nr. 181 geführt.*

[2213] *= mühe.*

[2214] *= spüren.*

[2215] *= württembergisches Lehen.*

[2216] *Herzog Ulrich von Württemberg (1487–1550); vgl. Anm. 795.*

[2217] *Gemeint sind Kaiser und König.*

[2218] *Wilhelm (der Reiche), Graf von Nassau (1487–1559); vgl. Anm. 1768.*

[2219] *= Königswahl.*

[2220] *= oder.*

[2221] *Vgl. oben Nr. 183 (Brief Elisabeths an Philipp, 1534 Juni 20).*

[2222] *Annaberg, Stadt s Chemnitz.*

[2223] *Jakob von Taubenheim (†nach 1538), hess. Rat; vgl. Anm. 2172.*

[2224] *= Narretei, Narrentheiding, Verhandlung der Narren, Narrengeschwätz, Narrenposse, Narrheit, Thorheit; vgl. DWB, Bd. 13, Sp. 382 f.*

wertte[2225], der konich wer auch lang kummen[2226], het nor dey wal gedaunt, weyl dut das foulg bey nander[2227] hast. Dromb spert sych so mit der walle, vorlist sych auff dich, geb dir aber nichst dar tzu. Ich hab es ym auch geschriben, aber ich west wol wey er[f] sych nich vel gutz tzu dir vor sag und meynet, es wer gar umb dich gedaunt und war ser schellych[2228] auff dich und meynet, du dekes[g] der vor bunttnist[2229] nich nach, dey du ym vorbuntten werst. Ich reyt dir,[2230] scheyck eyn foul mechtteygen[2231] auß und schrib dey gemot, dan er denck auff deyn unkousten nich, denck nor auff seyn sachen. Ich hab ym heut aber geschriben und gebeyden und ermanett und geschriben, wo du fortter tzouges, so wer dey schult seyn, wort yeder man sagen, dan dut kanst nich haren, es sey zu gros deyn schatte. Ich byt dich h(ertz) l(iebster) b(ruder), melte mich nich, dan es yst auff unsser glaben schrib ich dirs und schrib mir ein breff, den ich lessen droff lassen und schrib auch dreyn, das ich dir schrib, m(ein) a(lter) h(er) fliß machst gut; ‖ schrib mir was deyn gemott yst; foulge mir yo, ich wil dich nich vorfourn. Scheyck mir dey breffe weyder und sag neyman nichst, dan sey trawen und glaben mir. Ich halt, es wer deynen freuntten und bunt genossen[2232] lett, das du mechttich blebest, wollen nor das dich vortzernen sal aber das du entlich mit dem keysser vortragen werst aber gros geacht werst. Ich wil dir wissen und wunder sagen, du glabst nich wey wol es m(einem) a(lten) hern und den retten gefallen hatt deyn schreff, das dut so auff rechtich[2233] wilt seyn, haben alle dester mer fliß. Dem korfursten scheyck ich ein abschreff. Ich hort nich, das ym gefeil, ich wil dir gutten berech geben. Las dich nich mercken, es yst[h] grosser hern[i] artt, [j]das so falsch seyn,[j] byst ich dir selber sage. Scheyck mir yeman vortrawettes. Heyr mit byst Got bevollen, der beheut und bewar dich, helff uns mitt freutten zu sammen, ich ertzeyg dir alle trew. Dat(um) Dressen[k] [2234] sounaben nach Vitte[2235] anno xxxiiii.

    E H Z S

Ich bin allein heyr, meyn her yst auff ein yaget haust. Ich kant wider[2236] schlaffen nach esssen[l] vor dir. Er wolt mich[m] mit nemen, ich wolt nich nor umb der boden willen, der ich umerdar wartte. Vor brunt[2237] ya den breff, kant der meyn knecht er reytten, so sal dein breff mit nemen. Ob der konich wol yetz nich foulgk hatt, wans nich ‖ vortragen wortten, so wortte das ander yar[n] ein bost spel und und[o] wol heur auch, dan sey wolten al auff gebeyden. Der korfurst lyst sych auch vornemen, das nach selber ober dich helfen muste, wan du fortter tzougest. Meyn erst dan gut mit dir, so solt er auch fliß dunt tzum vortrag und[p] dey nar wist nich an sen. Ich meyn, er wer selber gern konich, du soltes dich auch so ser vor ym fourchtten als for dem.

   [a] *Gestrichen:* wertb.
   [b-b] *Passage hochgestellt mit Platzhalter eingefügt.*

[2225] = wie mir berichtet wurde.
[2226] *König Ferdinand kam am 1534 Juni 17 in Kaaden an (vgl. oben Nr. 179).*
[2227] = Kriegsvolk beieinander.
[2228] *schellich = aufgebracht, wütend, zornig, rasend; vgl. DWB, Bd. 15, Sp. 2502.*
[2229] = Verbündnis; gemeint ist der Schmalkaldische Bund.
[2230] = ich rate dir.
[2231] = Bevollmächtigten.
[2232] = Bundgenossen.
[2233] = aufrichtig.
[2234] *Dresden.*
[2235] = Viti.
[2236] = weder.
[2237] = verbrennt.

^c *Nachträglich zwischen den Wörtern eingefügt.*
^{d-d} *Passage hochgestellt eingefügt.*
^e *Wort hochgestellt eingefügt.*
^f *Wort hochgestellt eingefügt.*
^g *Sic. Wohl Verschreibung für:* denkes.
^h *Wort hochgestellt eingefügt.*
ⁱ *Gestrichen:* l.
^{j-j} *Passage hochgestellt eingefügt.*
^k *Wort hochgestellt eingefügt.*
^l *Sic.*
^m *Wort vor der Zeile eingefügt.*
ⁿ *Getilgt:* en.
^o *Sic.*
^p *Wort hochgestellt eingefügt.*

185

Buchholz *1534 Juni 21*

Kurfürst Johann Friedrich (der Großmütige) an Herzogin Elisabeth

Johann Friedrich wehrt sich gegen die Vorwürfe, dass er das Zustandekommen des Vertrags verzögert. Mit ihm ist keine weitere Verhandlung geführt worden. Es ist jetzt am König, den Vertrag anzunehmen oder abzulehnen, deshalb sind Kardinal Albrecht von Brandenburg und Herzog Georg (der Bärtige) zum König nach Kaaden gezogen. Auch Johann Friedrich hat seine Räte dahin beordert. Außerdem hat er vor einer Woche Landgraf Philipp (dem Großmütigen) die Vorschläge zugeschickt und ihn gebeten, eine Vollmacht oder seine Räte zu schicken, damit er den Vertrag in seinem Namen abschließen kann. Solange keine Vollmacht für Johann Friedrich vorliegt, wird niemand den Vertrag annehmen. – Johann Friedrich hat sich schon lange für die Freiheit des Reiches und die Änderung der Goldenen Bulle eingesetzt. Dem Landgrafen hat er dies bereits vor seinem Feldzug angezeigt. Elisabeth hatte er bereits geschrieben, dass er den König nur in dem Fall annehmen werde, wenn der Artikel zur Königswahl mitverhandelt würde. Sollte man sich wegen der Wahl nicht einigen können, werden auch die Herzöge von Bayern in den Friedensvertrag nicht einwilligen, da niemand die württembergische Afterlehnschaft will. Selbst wenn Herzog Ulrich von Württemberg und Landgraf Philipp den Vertrag annehmen, werden die Kurfürsten dagegen sein, dass dem Reich eine Lehenschaft entzogen werde. Es bleibt abzuwarten, was beim König erreicht wird.

I. HStA Dresden, 10024, Loc. 9131/32, fol. 44r–45v; II. StA Marburg, PA 2842, fol. 40r–41v.

Überlieferung: I. Konzept; II. Abschrift.

Schrift: I. eigenhändig; II. albert. Kanzleischreiber.

Adresse: I. An dye herzogyn von Dresden / geschriben aus dem Buchholz

Kanzleivermerke: I. In d(er) Wirtenbergisch(en) sach – 1534.

Bemerkung: II. Die Abschrift ist als Beilage zu dem Brief Elisabeths an Philipp vom 1534 Juni 28 (Nr. 194) ergangen, der im Marburger Bestand vor diesem Brief eingeheftet wurde. – Die Edition folgt I. Größere Abweichungen wurden angemerkt. – Die Absatzgestaltung folgt der Vorlage.

Druck: Wille, Landgraf Philipp der Großmüthige von Hessen, S. 321–323.

Got walts. Fruntliche[a] h(ertz) a(ller) l(iebste) mume und schwester; ich hab der[b] schreyben[2238] nach eynnandt von e(uer) l(ieben) entpfangen und dye selbygen ires inhalts vorlesen und hab nyt wenick beschwerung, das der verzcock und verhynderung[c] auff mich wyl geleget werden, besundre dye weyl sich dye sachen Got lob anders halden, dan sie der ich e(uer) l(ieben) am negsten geschriben und zcugeschycket hab. Worauff dye forschlege sthehen ist keyn weyttere handellung myt myr forgenommen worden und sthehen dye sachen jeziger zceyt wey[2239] dem konige[2240], ob er den frieden und vortrack[d] also annemen ader abschlagen wyl. Derhalben sych auch dye hendler[e], als der byschoff von Meyncz[2241] und meyn vetter h(ertzog) Jorge[2242] zu konige [f]kegen dem Kaden[f] [2243] verfuget haben, ich auch meyn rette [g]auff der selben byt[g] da hyn verordent, das in korcz wert geharet werden, worauff es bleyben[h] und ob man frid ader kryck haben wyl.

Ich hab auch[i] e(uer) l(ieben) bruder[2244] dye handellung heut achtage[2245] zcu geschycket und s(ein) l(ieb) [j]da wey[j] geschriben, das myr s(ein) l(ieb) eyn folmacht ader etliche s(einer) l(ieb) rette[k] schycken[l] sol, dye auff dye artyckel[2246] von s(einer) l(ieb) wegen zcu schlyessen haben, dar auff ich von s(einer) l(ieb) alle tage antwort gewartten thue. Was dye selbyge brynget wyrdt[m], darnach werdt zcu handellen seyn, dan das ich mych eyn lassen solt auff dye ‖ schriefft, so s(ein) l(ieb) e(uer) l(ieb) myt eyner[n] hant gethan, wyl myr nyt zcu thuen seyn, weyl ich von s(einer) l(ieb) keyn folmacht hab, auch der bryeff auff mych nyt lautten thuet. Wyl sich aber imandes und sunderlichen, der den briff hat, eyn lassen von s(einer) l(ieb) wegen etwas anzcunemen, wyl ich ims was dan myr selbest gunnen.

Das ich aber der wal sachen[2247] halben fest halde, do solt ich byllich nyt umb verdacht werden, dan dye selbyge nyt von e(uer) l(ieb) bruders ader des von Wyrttenberges[2248] halben angefangen, sundern darumb, das dye freyheyt und altherkommen des reyches [o]und der deuzen nation[2249] myt sampt der[o] Guldene Bulle[2250] erhalden werde, dar uber ich auch mych myt meynem selbest leybe in grosse fare[2251] und wacknus[p] geseczet hab, dan imandes anders, auch leyb und leben daruber gewaget hab[q], dar ober ich auch ob Got wyl, bys in meyn ende beruhen werde; es gefalle wol aber[2252] ubel wem es wolle, so ist myr das[r] an eynem meher, dan an dem andern gelegen.[2253] So hab ich auch e(uer) l(ieb) bruder, sulches er s(ein) l(ieb) ausgezcogen genucksam angezceyget, das ich des reyches freyheyt zcu nachteyl des von Wyrttenberck halben nach imandes anders nychttes begeben wolt, derhalben ich auch wol hette leyden mugen, so e(uer) l(ieb) bruder das spyl hette anfahen wollen, das auff andre sachen ‖ beschehen, dan das myt des reychs nachteyl vortrack gesucht worde[s].

[2238] *Zu den beiden Briefen Elisabeths an Johann Friedrich vgl. oben Nr. 178 (1534 Juni 15) und Nr. 182 (1534 Juni 20).*

[2239] *= bei.*

[2240] *König Ferdinand I. (1503–1564).*

[2241] *Kardinal Albrecht von Brandenburg (1490–1545), Erzbischof zu Mainz und Magdeburg; vgl. Anm. 1008.*

[2242] *Herzog Georg (der Bärtige) (1471–1539).*

[2243] *Kaaden, Stadt sw Chomutov.*

[2244] *Landgraf Philipp (der Großmütige) (1504–1567).*

[2245] *= 1534 Juni 14.*

[2246] *= Annaberger Artikel.*

[2247] *= Königswahl.*

[2248] *Herzog Ulrich von Württemberg (1487–1550); vgl. Anm. 795.*

[2249] *= deutschen Nation.*

[2250] *= Goldene Bulle.*

[2251] *= Gefahr.*

[2252] *= oder.*

[2253] *Gemeint sind die langwierigen Verhandlungen Johann Friedrichs um die Goldene Bulle.*

Ich hab aber[t], wye ich e(uer) l(ieb) [u]in forigen schreyben[u] angezceyget, e(uer) l(ieb) und irem bruder[v] zcu[w] gefallen und gutten den konyck annemen wollen, so dye artyckel, so ich e(uer) l(ieb) uberschycket, myt gyngen und dar durch des reyches freyheyt erhalden worde. Das ich aber e(uer) l(ieb) zcu geschrieben, den konyck an dye artyckel an zcunemen, werden e(uer) l(ieb) aus meynem schreyben nyt zcu befynden haben, dan hette e(uer) l(ieb) und ir bruder gethan, ich wolt den konyck ob Got wyl meyn lebtage nyt angenommen haben, er hette mych dan myt gewalt darzcu getrungen. Derhalben wyl es e(uer) l(ieb) und ir bruder zcu freuntschafft von myr annemen, so thue ich es ir zcu gefallen. Sol ich aber keyn freuntschafft myr vordyenen und werd sulches versthendyget, kan ich es auch wol underwegen lassen, dan dye sachen[2254] an[2255] meynen rat angefangen, an den sye sych auch wol enden werden, man machtes dar nach so gut man konde, so wolt[x] ich das zcu sehen haben.

So kan ich mych[y] auch dye wal[z] nyt wyllygen, meyn vettern von Beyhern[2256] wylligen dan auch, [bb]den ich von i(ren) l(ieben) nochmals[aa] auff meyn schreyben[bb] antwort[cc] gewertyck byn, wye wol e(uer) l(ieb) bruder vertrostung gethan, das an innen[dd] nyt mangel werde. ‖ Das aber dye sachen dahyn gerycht sollten werden, das der von Wyrttenberck das furstentumb von dem[ee] konyck als[ff] eynem ercz[gg] herczoge von Osterreych entpfahen solt[2257], da hat nyemant lust zcu. So worden dye andern churfursten und ich auch nyt leyden konnen, wans gleich der von Wyrttenberck und e(uer) l(ieb) bruder wylligen wolten, das dem reych dye lehenschafft entzcogen worde, der halben wert[hh] des artyckes[ii] halben nychttes zcu handellen seyn. Es mus aber erwartet werden der handellung, was wey[2258] dem konyck erlanget werde.

An des wyl nychtes weytter[jj] zcu handeln seyn, so werd ich auch in[kk] der walsachen keyn vor anderung erleyden konnen. Was aber ausgerychtet und beschlossen wirdt werden, kan ich nyt wyessen, sunder sthehet zcu gotlichem wolgefallen, wye wol ich hoff, es worde nochmals zcu vertrage gereychen. Und wye wol ich wol gleube, das e(uer) l(ieb) bruder der verzcock beschwerlichen sey, so kan[ll] es doch nyt anders gemacht werden und must erwart werden oder eyn ergers angefangen, des ich mych doch nyt versehen wyl. Dan hette e(uer) l(ieb) bruder seynen eygen kopff nyt gefallet[mm], sundern seyner fronde rat gebraucht, hette er suchsen unkosten nyt erleyden dorffen. Das hab ich e(uer) l(ieb) freuntlycher meynung [nn]und zur notturfft auff e(uer) l(ieb) schreyben[nn] nyt verhalden wollen. [oo]Und e(uer) l(ieb) vil liebs und guths zuerzeyg(en) und in solchen sach(en) zudienen byn ich willig, thue e(uer) l(ieb) damit der gnaden Gotths befelh(en) und mich e(uer) l(ieb) als m(einer) f(reuntlichen) h(ertz) a(ller) l(iebsten) schwester und in alweg e(uer) l(ieb) knecht.[oo] Dat(um) Buchholtz am sontack nach Vyti im xxxiiii[ten].

Jo(hann) Fridrich churfurst m(anu) p(ro)p(ria) sc(ripsit)

[a] *Abschrift beginnt hier.*
[b] *I. Wort hochgestellt eingefügt; darunter gestrichen:* zwey*; II.* zwey.
[c] *I. Wortanfang korrigiert; hochgestellt eingefügt:* ver-.
[d] *I. und* vortrack *hochgestellt eingefügt.*
[e] *I. Gestrichen:* zcu.
[f-f] *I. Passage auf der linken Seitenhälfte mit Platzhalter eingefügt.*

[2254] *Gemeint ist der Feldzug Landgraf Philipps zur Restitution Herzog Ulrichs.*
[2255] = *ohne.*
[2256] *Die Herzöge Wilhelm IV. von Bayern (1493–1550) und Ludwig X. von Bayern (1495–1545); vgl. Anm. 1661.*
[2257] *Gemeint ist die Afterlehenschaft Württembergs.*
[2258] = *bei.*

g-g *I. Passage hochgestellt mit Platzhalter eingefügt.*

h *I. Gestrichen:* wert.

i *I. Wort hochgestellt mit Platzhalter eingefügt.*

j-j *II.* zwye.

k *I. Gestrichen:* zcu.

l *II.* zuschigken.

m *I. Wort hochgestellt eingefügt.*

n *I. Sic. II.* eygener.

o-o *I. Passage am linken Seitenrand mit Platzhalter eingefügt; anstelle gestrichen:* und dy.

p *I.* und wacknus *hochgestellt eingefügt.*

q *Fehlt in II.*

r *I. Wort hochgestellt eingefügt; II.* doch.

s *I. Wort hochgestellt eingefügt; darunter gestrichen:* sol werden.

t *I. Wort hochgestellt mit Platzhalter eingefügt.*

u-u *II.* zuvorn geschrieben.

v *I. Gestrichen:* zug.

w *I. Wort vor der Zeile eingefügt.*

x *I. Wort hochgestellt eingefügt; darunter gestrichen:* wolt. *Vor der Zeile eingefügt und wieder gestrichen:* wyl.

y *Fehlt in II.*

z *I. Wort hochgestellt eingefügt; darunter gestrichen:* und halben aber hat wey nyt.

aa *II.* noch zur zceyt.

bb-bb *I. Passage mit Platzhalter auf der linken Seitenhälfte eingefügt. Danach folgt unleserliche Streichung in der Zeile:* deyn der, *darüber gestrichen:* ich vor i(rer) l(ieben).

cc *I. Gestrichen:* ich nochmals.

dd *II.* ir(e)n lieben.

ee *I. Wort hochgestellt eingefügt.*

ff *Fehlt in II.*

gg *I. Wort vor der Zeile eingefügt.*

hh *II.* wyrdet.

ii *I. Sic.*

jj *I. Wort hochgestellt eingefügt.*

kk *II.* zu.

ll *I. Wort hochgestellt eingefügt; darunter gestrichen:* wyl.

mm *II.* gefolget.

nn-nn *Fehlt in I.*

oo-oo *Fehlt in I. Stattdessen gestrichen:* etc.

186

Kaaden   *1534 Juni 22*

Georg von Carlowitz an Herzogin Elisabeth

Die Artikel zur Königswahl und den Regalien sind endgültig verhandelt. Heute oder morgen soll auch der Artikel wegen des Lehens Württembergs beschlossen werden; Herzog Ulrich von Württemberg soll das Herzogtum behalten und Landgraf Philipp (der Großmütige) in Frieden entlassen werden; es wird nur noch auf die Vollmacht des Landgrafen gewartet. Carlowitz zweifelt nicht, dass der Kurfürst in wenigen Tagen zum König kommen und den Vertrag abschließen wird. – Kardinal Albrecht von Brandenburg und Herzog Georg (der Bärtige) haben Landgraf Philipp selbst geschrieben und ihn gebeten, nicht weiter militärisch vorzugehen, solange sie in Verhandlungen stehen. Nachdem der Frieden hergestellt ist, soll Landgraf Philipp sich bei Herzog Georg bedanken.

StA Marburg, PA 75, fol. 8r – v.

Überlieferung: Ausfertigung.

Schrift: eigenhändig.

Adresse: [Der] durchleuchtigen hoch- / [geporn]en furstin und / [frawen] frawen Elisabet / [gebornen la]ndtgreffin / [von Hessen] hertzog(in) zw / [Sachssen] meyner / [gnedi]gen frawen // tzw ayg(en) handen.

Kanzleivermerke: –

Bemerkung: Das Siegel hat sich erhalten, der Siegelstreifen ist verloren, Siegeleinschnitte sind vorhanden. – Die Zeichensetzung wurde übernommen und zurückhaltend angepasst. Der in diesem Dokument häufig vorkommende Doppelkonsonantismus ‚n' wird reduziert wiedergegeben.

Siehe Anhang, Abb. 6.

Durchlauchtige hochgeborne furstin und g(nedige)[a] fraw, mein underthenige willige dinst, seint e(uer) g(naden) tzuvoran bereyth. G(nedige) f(raw), ich habe euer genad(en) underthenigklich schreyben[2259] vorlesen und gebe euer genade tzuehrkennen, das die sach, die wal[2260] und relial[2261] betreffendt abbegehandelt[b] ist, das kein yrtum mer drine ist. Und was den landtgraff(en) und den hertzog(en) von Wirdtenberg[2262] belangt, do stehen die herren itzunder in erbedt[2263] und vorhoff, das es heut ad(er) morg(en) auch gentzlich beschlossen werde, des der hertzog von Wirttenbergk bey dem lande bleybe und der landtgraff mit allen den seinen befriedet werden. Und haben keyne grossern mangell, den das niemandts von des landtgraffen weg(en) mit voller macht do ist, den der churfurst wil sich nicht gentzlich mechtigen. Darumb so wart man auff die volmacht, darumb der churfurst geschrieben hat, solist tzweylffel ich an den vortrag gar nichts und vorsehe mich gentzlich, das morg(en) adder ubermorg(en) der churf(urst) tzum konig kommen werden und den vortrag entlich[c] vortzog(en) werden moge. ‖ Weitter geben wir euern g(naden) tzuehrkennen, das m(eins) g(nedigen) h(ern) bischoff von Maintz[2264] und m(ein) g(nediger) h(er) hertzog Georg den landtgraffen[d] selbst geschrieben haben[2265] und gebetten, das ehr nit weytter greyff(en) wolle, damit ihn dehr handlung nit ehntstehen. Sie vorhoffen kurtzlich mit dem tzwschliessen, dieweyl den m(eins) g(nedigen) h(ern) also woll an landtgraffen thut, von ihm under sucht und gebetten. So dunck mich, wen diser fride gemacht und beschlossen wurde, das eß gut sein solde, das der landtgraff m(einen) g(nedigen) h(ern) schriebe und sich des fruntlich keg(en) im bedanck, mit erbiett(en)[e], das wiedderumb vorgleychen wolle, das ehr m(einen) g(nedigen) h(ern) biette, das ehr der unwillen wolle fallen lassen, desgleich(en) ehr auch thun wolde, den ehr wolde alles thun das im lieb were und sollet sich keynes argen bey ihm[f] vorsehen. Durch eyne sollliche freuntliche schrieft, dunck mich, es solde widerumb ein entlicher friede tzwissen ihm gemacht werde, das auf allen teyllen also ein entlicher fride

---

[2259]　*Das Schreiben Elisabeths an Georg von Carlowitz ist verloren und wird hier unter der Nr. 181 geführt.*

[2260]　*= Königswahl.*

[2261]　*= Regalien. Gemeint ist die noch ausstehende Belehnung Johann Friedrichs nach dem Tod seines Vaters. Auch seine Ehe mit Sybille von Kleve (1512 – 1554) hatte noch keine Legitimierung durch Kaiser und König erfahren. Vgl. Lies, Zwischen Krieg und Frieden, S. 148 f.*

[2262]　*Herzog Ulrich von Württemberg (1487 – 1550); vgl. Anm. 795.*

[2263]　*= Arbeit.*

[2264]　*Kardinal Albrecht von Brandenburg (1490 – 1545), Erzbischof zu Mainz und Magdeburg; vgl. Anm. 1008.*

[2265]　*Das Schreiben hat sich nicht erhalten. Zur Antwort des Landgrafen auf diesen Brief vgl. ABKG III, Nr. 2491.*

gemacht mocht werden. Solchs alles hab ich euern[g] g(naden) im besten nit unangetzeygt wolle lassen. Dat(um) tzum Caden montagk nach Cervasi und Dothasy[2266] im 34. jar.

E(uer) g(naden) w(illiger)[h] / Jorge Karlewitz

[a] *Sigle hochgestellt eingefügt.*
[b] *Sic.*
[c] *Getilgt:* mocht.
[d] den landtgraffen *am linken Seitenrand mit Platzhalter eingefügt.*
[e] *Wortanfang korrigiert; hochgestellt eingefügt:* er-.
[f] *Hochgestellt eingefügt und getilgt:* sich.
[g] *Wortende korrigiert; hochgestellt eingefügt:* -n.
[h] *Danach in der Vorlage:* G(eorg).

187

Kaaden   *1534 Juni 22*

Simon Pistoris an Herzogin Elisabeth

Der Abschluss der Verhandlungen verzögert sich. Eine Nachricht aus Augsburg lässt nicht erkennen, ob der Landgraf die Vorschläge bereits erhalten hat. Die Räte werden nun zum Kurfürsten ziehen und mit ihm verhandeln, weil sich an den (Annaberger) Artikeln etwas geändert hat. Dem Landgrafen soll ein Reiterdienst mit 300 Pferden und 3.000 Knechten vorgeschlagen werden. – Pistoris bittet Elisabeth, ein Stück Wild nach Leipzig an seine Gemahlin zu schicken, damit sie zum Johannistag anlässlich der Promotion Johann Scheffels ein Festessen bereiten kann.

> *StA Marburg, PA 75, fol. 7r; Siegelstreifen: PA 2842, fol. 37r.*
>
> *Überlieferung: Ausfertigung.*
>
> *Schrift: eigenhändig.*
>
> *Adresse:* Der durchl|euchtygen hochgebornen / furstin und | frauen frawen Ely- / sabet geborNen | landtgreffyn zcu / Hessen hertzogyn z|u Sachssen etc. / meyner genedyge|n frawen.
>
> *Kanzleivermerke: –*
>
> *Bemerkung: Der Siegelstreifen mit dem gut erhaltenen Siegel des Simon Pistoris ist irrtümlich unter eine andere Provenienz gestellt. Er wurde in den Brief vom 1534 Juni 13 (Nr. 173) eingelegt. Die Zuordnung ergibt sich aus der identischen Faltung und den vorhandenen Überschreibungen. – Die Ausfertigung trägt Siegeleinschnitte und Wachsreste. – Der in diesem Dokument häufig vorkommende Doppelkonsonantismus ‚n' wird reduziert wiedergegeben.*

Durchleuchtyge hochgeborne furstyn, e(uer) f(urstlichen) g(naden) seynt meyn underthenig wyllige dynst zuvorn genedyge fraw. Mich deucht, der rath hab sich nicht geseumpt und sey zcu rechter zceyt kummen, aber wyr habens noch nicht kunt dar zcu bryng(en), das sych dye churf(ursten) etwas hetten wollen mechtygen. Szo ist auch gestern[2267] eyn post[2268] von Außpurg[2269] alhyer gewest, dye da am nechst(en) freytag[2270] do selbst abgefertygt, aber wyr

---

[2266] = *Gervasii et Protasii (19. Juni).*
[2267] = *1534 Juni 21.*
[2268] = *Bote.*
[2269] *Augsburg, Stadt nw München.*
[2270] = *1534 Juni 12.*

hab(en) darauß nicht merck(en) kunnen, das an landtgraff(en) unsere vorschleg gelangt. Nun stehet es ycht dorauff, das dye rethe zcum churf(ursten) zcyhen werd(en) und horen, was zuerhalt(en), dan es hat an den artickel[2271] sych etwas geandert. Und dyeweyl es e(uer) f(urstlichen) g(naden) altheyr dor vor acht(en), das dye hendeler guth konigische, szo hat der konig[2272] selbst wydder sye gesagt, sye macht(en) es fast also, das man sye solde mit knotteln schlag(en). Dan das er dye lehen[2273] zuthun hab(en) solde, wyrdt nicht leychtlich gehen, aber dorkeg(en) eyn leyderlicher reuther dynst auff drey hundert pferdt und drey tausent knecht angesacht und vorgeschlag(en), darumb mag e(uer) g(naden) dar zcu fordern. Wue e(uer) g(naden) auch verfug(en) kunt, das eyn stuck wylths[2274] ader der gleych(en) zcu meyns schwagers magistri Schoffels doctorat[2275] auff montag Petri Pauli[2276] zcu Leyptzig seyn[a] mocht in seynem hauße in der Peter straß, das auch meyn weyb nunt zcu eynem gericht auff Sanct Johannis Tag[2277] haben mocht, wolt ich mich sunderlich zcuvordynen befleyssig(en). Geben zcum Kadan mantags nach Grevasi und P(ro)thasi[2278] im xxxiiii.

E(uer) f(urstlichen) g(naden) / w(illiger) d(iener) Symon Pistoris / doctor

---

[a]　*Korrigiert aus:* haben?

188

1534 [Juni 23]

Herzogin Elisabeth an Kurfürst Johann Friedrich (den Großmütigen)

Elisabeth befürchtet, ihr Bruder könne einen weiteren Krieg anfangen, wenn die Verhandlungen um die (Annaberger) Artikel noch lange andauern. Ihr und ihrem Bruder zuliebe soll Johann Friedrich den König anerkennen. Er soll den Friedensvertrag zügig annehmen und sich nicht weiter aufhalten; niemand weiß, wann wieder ein römischer König gewählt wird. Sollte Landgraf Philipp (der Großmütige) weiterziehen, wird er auch seinen Bundgenossen schaden. Man würde dann sagen, Johann Friedrich wäre Schuld, weil er die Annahme des Königs so lange herausgezögert habe. Mittlerweile wissen alle, dass ihr Bruder den Frieden halten und den König annehmen will. Johann Friedrich soll Landgraf Philipp unterstützen, jetzt wo er selbst merkt, dass Philipp kein Bündnis mit dem französischen König Franz I. eingegangen ist. – Man sagt, ihr Bruder habe hohe Ausgaben, dafür würde er seine Ämter versetzen. Johann Friedrich soll deshalb schnell den Friedensvertrag abschließen. Wenn es die Not erfordert, wird auch Herzog Ulrich von Württemberg den Artikel wegen des Titels und Namens von Württemberg annehmen. — Elisabeth plagen Kopfschmerzen.

HStA Dresden, 10024, Loc. 9131/32, fol. 39r–40v.

Überlieferung: Ausfertigung.

Schrift: eigenhändig.

[2271]　= *Annaberger Artikel.*

[2272]　*König Ferdinand I. (1503–1564).*

[2273]　= *württembergische Lehen.*

[2274]　= *Wildbret.*

[2275]　*Dr. Johann Scheffel (1501–1554), später Ratsherr und Bürgermeister von Leipzig; vgl. zu ihm Wartenberg, Landesherrschaft und Reformation, S. 185.*

[2276]　= *1534 Juni 29.*

[2277]　= *1534 Juni 24.*

[2278]　= *Gervasii et Protasii (19. Juni).*

Adresse: [Dem] hochgebornen fursten / [hern] Hansfreyderych[a] / [hertzoge] tzu Sachssen das / [hailgen] roumsen reychst / [ertzmar]schalk und korfurst / [meinem] fruntlichen / [lieben o]hmen und / [bruder yn] s(einer) l(ieb) eigen hant.

Nr. bei Werl: 108.

Kanzleivermerke: Hertzogin v(on) Rochlitz d(er) Wirtenbergisch(en) sach halb(en) – 1534.

Zur Datierung: Die Datierung ergibt sich aus der Angabe des Wochentags und dem Inhalt.

Bemerkung: Siegeleinschnitte sind vorhanden; das Siegel und der Siegelstreifen selbst sind verloren; die Adresse ist entsprechend beschädigt überkommen. – Dieser Brief trägt keine Unterschrift. – Der Brieftext erging in der originalen Ausfertigung fortlaufend und ohne Satzzeichen. Für die Wiedergabe wurde der Text zur besseren Lesbarkeit in Absätze gegliedert.

Fruntlicher lyeber ohmme und bruder, e(uer) l(ieben) schriben[2279] hab ich vorlessen und fruntlich vorstanden, in der[b] das e(uer) l(ieben) meyns brudern sach gern gutt sege. Aber ich besorge, m(ein) bruder wertte zu lang auff gehalten und er etwas moch anfan yn dey harre, das nich gut wer. Dan ich besorge, dey artteygkel[2280] alle wert der konich[2281] schwerlich annemen[c], wert auch an[2282] keysserlich Mogestad[2283] das nich weylgen kounen, was belanget dey Golten Boulle[2284] und der walle[2285] halben. Und het gantz vor hoff, weyl e(uer) l(ieben) m(ein) b(ruder) in solger not woste und auch wey alle sachen stenden, wans nicht vortragen balt wortte, e(uer) l(ieben) solt den konich an nemen, nach dem e(uer) l(ieben) mir[d] es zu geschriben hatt, m(ein) b(ruder) und mir zu gut wol es e(uer) l(ieben) weylgen; het gehoff, es solt nu lang geschen seyn. Meyn bruder tzu gut wer dach von solgen henttellen auff ein reychst tag[2286] wol dar von zu retten, wer west auch noch, wan ein ein[e] roumsser konich gewellet wert, der keysser lebet yo nach. Aber yetz yst dey not tzu dem vortrage, da dey meyn bruder an dreff und wer moglich, wo meyn bruder mislunge, wan er fort for, das alle seyn bunt genossen[2287] schatt, dan e(uer) l(ieben) west etwast von der sach alls ich auß[f] e(uer) l(ieben) schriben vorsted. Auch wortte man sagen, dey schult wer e(uer) l(ieben), das e(uer) l(ieben) so feste heylt ober dem konge zu er kennen[g], dan sey wissen nu alle, das m(ein) b(ruder) gemot also yst, das er wolt frette halten und den konich an nemen tzu eim hern, an nemen ‖ deym hertzgen[2288] zu gut. Wan yn e(uer) l(ieben) an nem und m(ein) b(ruder) het das lang gewelget, wan der hertzoge seyn lant het[h] konnen[i] bekommen und er fret gehat hette, das yst rouch bar. Aber e(uer) l(ieben) denck wey obel und beschwerlich meyn b(ruder) zu haren hatt mit eim solgen foulgk und nichst auß zu rechtten und der selber frette begert. Aber wan man ym auch ein manet solt aber ii vorscheffe, so kont er haren und der walle auß wartten[2289]. Der halben byt ich, e(uer) l(ieben) wolle[j] aller fruntschaff, dey meyn bruder e(uer) l(ieben) gedaunt hatt, und vorwant nist[2290] nach gedencken und sych das

---

2279 *Vgl. oben Nr. 185 (Brief Johann Friedrichs an Elisabeth, 1534 Juni 21).*

2280 *= Annaberger Artikel.*

2281 *König Ferdinand I. (1503–1564).*

2282 *= ohne.*

2283 *= kaiserliche Majestät; Kaiser Karl V. (1500–1558).*

2284 *= Goldene Bulle.*

2285 *= Königswahl.*

2286 *= Reichstag.*

2287 *= Bundgenossen; gemeint sind die Mitglieder des Schmalkaldischen Bundes.*

2288 *Herzog Ulrich von Württemberg (1487–1550); vgl. Anm. 795.*

2289 *= die Wahl abwarten.*

2290 *= Verwandschaft.*

nich yeren[2291] lassen, [k]wey yn den arteckellen sten,[k] und meyn bruder[l] helffen auß der not, auff das nich erger wert auff allen seyden[m], dan e(uer) l(ieben) sport nu wol, das er[n] mit dem frantzossen[2292] so nich vor buntten yst, wey e(uer) l(ieben) denck und dar von geret wert, aber wan das tag lesten[2293] lang wert, so moch es an geyn, wan keyn frette wolt wertten[o] aber wey es allen halben geraden worde bedenck e(uer) l(ieben). Ich er scharcksen[2294] e(uer) l(ieben) schriben, das mir e(uer) l(ieben) schreb, das der konich nach nich an genumen war und das man nich hanttel, dan der manet wert nu auß seyn balt, da von e(uer) l(ieben) meyn bruder schreb und geyt ym als ich hort, ein manet iii mal huntter dussen golten[2295] droff und[p] vor seszset seyn ambtter heyn und wider. Er sal ser undlutteychsen[2296] auff das vortzeyn, dan er beger von mir, das ich ‖ wolt helffen, das balt geschege, das der fret gemacht wortte, dan er muste fort. Das deyttels und namen[2297] halben droff e(uer) l(ieben) keyn beschwerunge haben. Ich hort neyman, der es beger, ab wol m(ein) a(lter) her ein wissen dar von hat. Aber ab glich der hertzoge das umb m(ein) bruder willen dett wer beylch[2298] wans dey not er forter het, wan auch m(ein) bruder wolt, so muß er wol fort, dan m(ein) bruder hat lant und leut und seyn eigen leyb umb seyn willen yn dey schantz geschlagen, der halben wort es meyn bruder nich[q] nach lassen, wort yn wol for brencken, wan es not det tzu deysser tzeyt, droff man es nych yst desster besser het meyn bruder nor fret er lang und frette ym reych wer. Solges hab ich e(uer) l(ieben) yn der yelle[2299] fruntlicher meinunge nich wollen bergen und wil e(uer) l(ieben) yn einer yelle Got bevellen, der helff uns mitt freutten tzu sammen, dan e(uer) l(ieben) schwesterlich trew tzu der tzeygen bin ych geneyget. Dinstag umb einst tzu mitage anno xxxiiii.

M(ein) h(ertz) a(ller) l(iebster) o(hme) u(nd) b(ruder); ich klag e(uer) l(ieben), das ich geschriben hab und gedach dey tzeyt, das ych am koffe tzu schwelle, ich wil es gern leytten, das nor gut wert e(uer) l(ieben) hab keyn. Ich sag nichst, es yst mir susten auch gescheyck. E(uer) l(ieben) sag nich, das e(uer) l(ieben) west, das m(ein) a(lter) h(er) den breff hatt, dan er hat mirn[r] balt weyder gescheyck, wo es not det. So moch sych e(uer) l(ieben) wol vor nemen lassen, das e(uer) l(ieben) dar vor heilt als m(ein) a(lter) h(er) ein wissen dromb, das ich im het dar von an getzeyget, dan ich denck, das sey es gantz ‖ auff den argteckelen lassen bleyben, dan m(ein) a(lter) h(er) mir es auch tzu scheyck wor auff es stunde, wey dey argteckel seyn und vorsted, das der konich alles fallen lyst, wo dey walle an geyn. E(uer) l(ieben) sag m(einem) a(lten) h(ern) nichst, das ich e(uer) l(ieben) dey ab schreff tzu gescheyck hab; ich glab auch nich, das e(uer) l(ieben) dromb fraget.

a *Gestrichen:* hoch.
b *Vor der Zeile eingefügt.*
c *Gestrichen:* auch.
d *Gestrichen:* es.
e *Sic.*
f *Wort hochgestellt eingefügt; darunter gestrichen:* von.

2291 = *irren.*
2292 *König Franz I. von Frankreich (1494–1547).*
2293 = *(gerichtlich) verhandeln, beraten; vgl. DWB, Bd. 21, Sp. 78 (Artikel „tagleisten").*
2294 = *erschrack.*
2295 = *300.000 Gulden.*
2296 = *unlutherisch.*
2297 = *Titel und Namen (Württembergs).*
2298 = *billig.*
2299 = *Eile.*

^g *Gestrichen: das.*

^h *Wort hochgestellt eingefügt.*

ⁱ *Wortende korrigiert aus: kont; tiefgestellt eingefügt: -nen.*

^j *Gestrichen: als.*

^{k-k} *Passage hochgestellt mit Platzhalter eingefügt.*

^l *Wort hochgestellt mit Platzhalter eingefügt.*

^m *Wort hochgestellt eingefügt; darunter gestrichen: sachen.*

ⁿ *Wort hochgestellt mit Platzhalter eingefügt.*

^o *Wort hochgestellt eingefügt.*

^p *Wort hochgestellt eingefügt.*

^q *Wort hochgestellt eingefügt.*

^r *Getilgt: bast.*

189

1534 Juni 23

Herzogin Elisabeth an Kurfürst Johann Friedrich (den Großmütigen)

Elisabeth will von Johann Friedrich erfahren, wie er und die anderen Kurfürsten den König zur Übergabe des Württemberger Lehens bewegen wollen, da der König es selbst vom Kaiser erhalten hat. Sie meint, dass das Lehen dem Reich nicht entzogen wird, da auch der König das Herzogtum Württemberg vom Reich erhalten hat; und wenn kein Herzog das Lehen innehat, fällt es sowieso an den Kaiser zurück. Aber der König wird nicht in die Afterlehenschaft einwilligen, wenn Johann Friedrich ihn nicht anerkennt. Dann ist Landgraf Philipp (der Großmütige) gezwungen, den Frieden aus der Not heraus anzunehmen. — Johann Friedrich hat auch von den Herzögen von Bayern geschrieben, die mit den Unternehmungen des Landgrafen zufrieden sind.

HStA Dresden, 10024, Loc. 9131/32, fol. 32r.

Überlieferung: Ausfertigung.

Schrift: eigenhändig.

Adresse: [d h g] f h h f h / [z s d] h r r e u k / [l y d m] z m m f / [l o u b y s] l e hant.[2300]

Nr. bei Werl: 112.

Kanzleivermerke: Hertzogin von Rochlitz d(er) Wirtenbergisch(en) handlung halb(en) – 1534.

Bemerkung: Siegeleinschnitte sind vorhanden; das Siegel und der Siegelstreifen selbst sind verloren; die Adresse ist entsprechend beschädigt überkommen.

F(reuntlicher) h(ertz) a(ller) l(iebster) o(hme) u(nd) b(ruder); e(uer) l(ieben) schriben[2301] hab ich vorstanden und hett ich^a gewost e(uer) l(ieben) gemott, so wolt ich e(uer) l(ieben) nich^b beschwert haben mit meynem schriben[2302],^c dan ich hoff, ob Got wil^d, wil meyn bruder foulgen und globen halten, er sal befret wertten etc. Aber gern wolt ich wissen, wey e(uer)

[2300] *Steht für:* **Dem** **h**ochgeborenen **F**ürsten **H**errn **H**ans **F**riedrich, **H**erzog zu **S**achsen, des **H**eiligen **R**ömischen **R**eichs **E**rzmarschall **u**nd **K**urfürst, Landgraf in **T**hüringen, **M**arkgrafen zu **M**eißen, **m**einem freundlichen lieben **O**heim **u**nd **B**ruder **i**n seiner **L**ieben **e**igen **H**and.

[2301] *Vgl. oben Nr. 185 (Brief Johann Friedrichs an Elisabeth, 1534 Juni 21).*

[2302] *Vgl. oben Nr. 188 (Brief Elisabeths an Johann Friedrich, 1534 [Juni 23]).*

l(ieben) sam ander korfursten den konich[2303] drenckgen wollen mit wortten, das len zu ober geben, wan er es nich gern dunt, wil der kesser[2304] hatt es ym yo geleygen und wan dar dorch frette kont wertten, wort es von m(einem) b(ruder) wol angenumen, wey habbe[e] dey korfursten zu vor gedaunt yer das lant gewonnen yst wortten. Ich[f] sag neyman, der es sunderlich an fach mit ernstst, dan meyn bruder wert es dach dar umb dem reych nich entt tzougen, hatt es dach der konich vom reychge, yst es und recht[2305], das man ym das lant nim. Was kant dan nu dar an schat seyn, das er est tzu len hett, dan wan keyn hertzoge wer, so feyl dach das len dem keysser und reych hem, moch[g] es dach[h] dach[i] der keisser ligen[2306] wem er wolt nach orttenung das reychst, weil er es auch dem konge geleygen hatt, weyl e(uer) l(ieben) den konich nicht gedenck an zu nemen, es wer dan wey e(uer) l(ieben) antzeyget. Vor se ich mich wol, der konich wert solges auch nich so welgen wollen nach konnen, so wert meyn bruder vor orsach wertten ein fretten antzunemen auß not, wo er[j] nich wil fortter tzeyn, der auch nich yeder man gefallen mochtte, das ich dach lyeber gesen hette, das anders gescheyn wer. Solges hab ich e(uer) l(ieben) fruntlicher meynunge nich wollen bergen und wille heyr mit e(uer) l(ieben) Got bevellen, dan e(uer) l(ieben) schwesterliche trew tzu der tzeygen wer ich ich[k] genegett. Dat(um) an Sant Yohans aben anno xxxiiii.

E(uer) l(ieben) schribet auch von hertzogen tzu Baigern[2307], ich vor se mich wol sey haben meyns bruder for nemen wol leyden konnen etc.

<blockquote>
[a] *Wort hochgestellt eingefügt.*

[b] *Wort hochgestellt eingefügt; darunter gestrichen:* und.

[c] *Gestrichen:* gesch.

[d] ob Got wil *hochgestellt eingefügt.*

[e] *Sic.*

[f] *Wort hochgestellt eingefügt.*

[g] *Gestrichen:* er.

[h] *Gestrichen:* lyben mach.

[i] *Sic.*

[j] *Wort hochgestellt eingefügt.*

[k] *Sic.*
</blockquote>

190

Kaaden   *1534 Juni 24*

Georg von Carlowitz an Herzogin Elisabeth
Georg von Carlowitz schickt Elisabeth die vom König gebilligten (Annaberger) Artikel des abzuzeichnenden Vertrags. Die kurfürstlichen Räte sind heute zum Kurfürsten nach Buchholz abgereist, um ihm die Ergebnisse der Verhandlungen mitzuteilen. Um den Vertrag abzuschließen, fehlt noch die Vollmacht des Landgrafen. Carlowitz wünscht sich, dass Frieden im Reich wäre und beide, der Landgraf und der Kurfürst, den Vertrag annehmen.

[2303] *König Ferdinand I. (1503–1564).*

[2304] *Kaiser Karl V. (1500–1558).*

[2305] = *Unrecht.*

[2306] = *leihen.*

[2307] *Die Herzöge Wilhelm IV. von Bayern (1493–1550) und Ludwig X. von Bayern (1495–1545); vgl. Anm. 1661.*

StA Marburg, PA 75, fol. 11r.

Überlieferung: Ausfertigung.

Schrift: eigenhändig.

Adresse: Der durchlauchten hochgepornen / furstin und frawen frawen / Elyßabeth geborne landtgrevin / von Hessen hertzogin zu Sachss(en) / landtgrevin in Doring(en) und / marggrevin zu Meiss(en) meiner / gnedigen frawen // zu yhr f(urstlichen) g(naden) eig(en) hand(en).

Kanzleivermerke: –

Bemerkung: An der Ausfertigung haben sich Siegel und Siegelstreifen vollständig erhalten; Siegeleinschnitte sind vorhanden. – Dem Schreiben lag ein Entwurf des Vertrags von Kaaden bei, der verloren ist. – Die Zeichensetzung wurde übernommen und zurückhaltend angepasst. Der in diesem Dokument häufig vorkommende Doppelkonsonantismus „n" wird reduziert wiedergegeben.

Durchlauchte hochgeporne furstin e(uer) f(urstlichen) g(naden) seindt meyn gantzwillige dienst alletzeit zuvor gnedige frawe. Hirbey schick e(uer) f(urstlichen) g(naden) ich die abgeredt(en) artickel[2308] und inhalt des gantz(en) zukunfftigen vortrags, sovil man mit aller noth bein[a] konig[2309] hat erhalth(en) mug(en), dan ehr nicht weither gedenckt zu gesten[2310] ader ethwas mehr nachtzulass(en). Darauf die churfursthlichen reth uf heut zum churfursten[2311] ins Buchholtz von hinen getzog(en), s(einer) churf(urstlichen) g(naden) solchs antzutzeig(en). Und mangelt mir allein an der volmacht, ob die der churfurst hat aber[2312] nicht. Sunst hof ich solches in kurtz enthlich sampt allen andern sach(en) gantz und gar vertragen und allenthalb(en) gutter friedt im reich gemacht werd(en) und vorsehe mich, der churfurst und landtgraff[2313] werd(en) sich des auch nit wegern, darumb e(uer) f(urstlichen) g(naden) meins vorsehens an dem vortrag nit zweiffeln dorffe. Wir wollen auch alle sampt in kurtz mit frolichen muth heim kommen. Hab e(uer) f(urstlichen) g(naden) ich der ich alletzeit zudienen gantz willig nit woll(en) vorhalt(en). Eilends zum Cadan mithwochs[b] Johannis nach mittage anno etc. 34.

E(uer) f(urstlichen) g(naden) / williger / Georg von / Karlewitz

[a] *Sic.*
[b] *Gestrichen:* nach.

191

Kaaden *1534 Juni 24*

Simon Pistoris an Herzogin Elisabeth

Der König hat einen Reiterdienst gegen die Ungarn gefordert. Man hat sich aber auf einen Reiterdienst Herzog Ulrichs von Württemberg und Landgraf Philipps (des Großmütigen) gegen die Wiedertäufer in Münster geeinigt. – Ein Artikel des Vertrags sieht vor, man solle kein Bündnis gegen den König haben. Landgraf Philipp habe aber einen Pakt mit

---

[2308] = Annaberger Artikel.
[2309] König Ferdinand I. (1503–1564).
[2310] = zugestehen.
[2311] Kurfürst Johann Friedrich (der Großmütige) (1503–1554).
[2312] = oder.
[2313] Landgraf Philipp (der Großmütige) (1504–1567).

Johann Zápolya. Elisabeth soll sich dafür einsetzen, dass ihr Bruder diese Verbindung löst. – Landgraf Philipp hat bisher dem Kurfürsten keine Antwort auf die Annaberger Artikel gegeben. Solange die Vollmacht noch aussteht, will Kurfürst Johann Friedrich (der Großmütige) nicht in den Vertrag einwilligen.

> *StA Marburg, PA 75, fol. 10r.*
>
> *Überlieferung: Ausfertigung.*
>
> *Schrift: eigenhändig.*
>
> *Adresse:* Der durchleuchtygen hochgebornen / furstyn und frawen frawen Ely- / sabet gebornen landtgreffyn zcu Hessen / hertzogyn zcu Sachsen landtgreffyn / in Doryngen und marggreffyn / zcu Meyssen meyner genedygen / frawen.
>
> *Kanzleivermerke:* –
>
> *Bemerkung: An der Ausfertigung haben sich Siegel und Siegelstreifen vollständig erhalten; Siegeleinschnitte sind vorhanden. – Die Absatzgestaltung folgt der Vorlage. – Der in diesem Dokument häufig vorkommende Doppelkonsonantismus ‚n' wird reduziert wiedergegeben.*

Durchleuchtyge hochgeborne furstyn e(uer) f(urstlichen) g(naden) seynt meyn wyllige underthenige dynst altzeyt hochstes fleyß zcuvorn. Genedyger fraw, es hat sich byßher des konygs halben hart gestossen, das er uber dye lehen eynen großen reutherdynst[2314] inwendyg vyer jaren ins landt zcu Hungern[2315] zcugebrauch(en) hat haben wollen. Es ist auch mir nichts anders[a] zcuvormytteln gewest, wahn das dye beyde fursten Wyrttenberg und Hessen funff hundert pferde und drey tausent knecht mit eynem zcymlichen geschirr[2316] vor Munster[2317] halten sollen, zcum lengst(en) drey monath. Man helt es aber darvor, alßbalt sye sych do hyn wend(en) ader yhe darvor kummen, das es alßdan da mit sol gethan seyn und es alßo mit dem monath soldt auszcuricht(en), den man ane daß ytzt hette geben mussen und er volleycht algereyth angangen.

Nun ist nach eyn artickel, das sye wydder dehn kunig[2318] nicht mehr thuen nach in yrgent eynem bundtniß wydder yhn seyn sollen, wye dan byllich. Es ist myr aber angetzeygt, wye der landtgraff solt mit dem Woyde[2319] eyn hefftig bundtnis halt(en). Ich wyl mich aber vorsehen, es sol alleyne umb des landes zcu Wyrttenberg wyllen seyn auffgericht. Darumb wolle e(uer) f(urstlichen) g(naden) sich befleysigen s(einer) f(urstlichen) g(naden) zcuvor mog(en) das selbyge nuhmals auffzuschreyb(en).

Aber seltzam ist es, das dye artickel auff S(anct) Annenberg[2320] dem landtgraff(en) vor zcehen tagen zcugeschyckt und s(einer) f(urstlichen) g(naden) dem churf(ursten) daruff keyn antwort geb(en). Das also nach zcubesorg(en), es werde an der volmacht mangeln, dan es wyl s(einer) churf(urstlichen) g(naden) sich auff e(uer) f(urstlichen) g(naden) schreyb(en)[2321] nichts mechtygen und wyewol Karlwytz[2322] her Jacob von Taubenhaym[2323]

[2314]   = *Reiterdienst.*

[2315]   *Ungarn.*

[2316]   = *Kriegsgerät.*

[2317]   *Münster (Westfalen); vgl. Anm. 1845.*

[2318]   *König Ferdinand I. (1503 – 1564).*

[2319]   = *Wojwode; gemeint ist Johann Zápolya (1487 – 1540), Wojwode von Siebenbürgen, (Gegen-)König von Ungarn.*

[2320]   *Annaberg, Stadt s Chemnitz.*

[2321]   *Vgl. oben Nr. 189 (Brief Elisabeths an Johann Friedrich, 1534 Juni 23).*

[2322]   *Georg von Carlowitz zu Hermsdorf (um 1480 – 1550), sächs.-albert. Rat; vgl. Anm. 42.*

[2323]   *Jakob von Taubenheim († nach 1538), hess. Rat; vgl. Anm. 2172.*

ßo auff Sanct Annenberg yst der halb(en) geschryb(en), ab er yrgent rath dar zcu wust. Szo hab dach ichs e(uer) f(urstlichen) g(naden) nicht wollen unangeczeygt laßen und byn der selbig(en) underthenig zcudynen gantz wyllig. Geb(en) zcum Kadan an Sanct Johannes Tag im xxxiiii.

E(uer) f(urstlichen) g(naden) w(illiger) d(iener) Symon Pystoris / doctor

^a *Wortanfang korrigiert bzw. getilgt: z-.*

192

Buchholz   *1534 Juni 26*

Kurfürst Johann Friedrich (der Großmütige) an Herzogin Elisabeth

Die Artikel zu den Regalien, der Wahlsache und dem Württemberger Lehen sind fertig ausgehandelt worden. Die Annahme des Vertrags verzögert sich, weil Landgraf Philipp (der Großmütige) und Herzog Ulrich von Württemberg dem Kurfürsten eine Vollmacht nur für die Annaberger Artikel ausgestellt haben. Diese sind aber so vom König abgelehnt und um mehrere Punkte erweitert worden. Dazu gehört der Artikel, in dem festgehalten ist, dass der König Namen, Titel und Wappen sowie die Lehenshoheit über Württemberg behält. Die Entscheidung des Königs zu Frieden oder Krieg knüpft er an diesen Verhandlungspunkt. Der Kurfürst hat Bedenken, diesen im Namen Landgraf Philipps und Herzog Ulrichs anzunehmen. Da aber Elisabeth mehrfach angezeigt hat, dass der Landgraf dringend den Frieden benötigt und die Artikel seine Ehre nicht schmälern, will er den Friedensschluss nicht weiter aufhalten. Er wird sich deshalb morgen nach Kaaden begeben und die Verhandlungen mit der bereits empfangenen Vollmacht Landgraf Philipps und Herzog Ulrichs zum Abschluss bringen.

> *StA Marburg, PA 2842, fol. 46r–47r.*
>
> *Überlieferung: Ausfertigung.*
>
> *Schrift: eigenhändig.*
>
> *Adresse: [Der hochgebo]rnen furstin unser freunt- / [lichen lieben] muhmen und schwestern / [frawen Elizabethe]n geborn landgrefin / [zu Hessen hertzog]in zu Sachssen landt- / [gravin zu Dh]uringen und marggre- / fin zu Meissen // zu irer l(ieb) hand(en).*
>
> *Kanzleivermerke: –*
>
> *Bemerkung: Siegeleinschnitte sind vorhanden; das Siegel und der Siegelstreifen selbst sind verloren; die Adresse ist entsprechend beschädigt überkommen; Reste des Siegellacks sind vorhanden. – Der Brief erging als Beilage des Schreibens Elisabeths an Landgraf Philipp vom 1534 Juli 2/4 (Nr. 199), in welches er in die Akte eingebunden wurde.*
>
> *Druck: Wille, Landgraf Philipp der Großmüthige von Hessen, S. 323 f.*

Freuntliche h(ertz) a(ller) l(iebste) mume und schwester; ich wyl e(uer) l(ieb) gantz freuntlicher meynung in eyle nycht bergen, das dye sachen allenthalben, wye ich e(uer) l(ieb) dye selbyge am negsten zcugeschycket²³²⁴, Got lob so weyt gehandelt, das dye zcene

---

²³²⁴ *Vgl. oben Nr. 185 (Brief Johann Friedrichs an Elisabeth, 1534 Juni 21).*

artyckel dye religion[2325] und walsachen[2326] so weyt kommen[a], das sye darwey gelassen und so dye Wyrttenbergysse sache[2327] vortragen auch also vortragen werden.[b] Aber der Wyrttenbergyssen sachen halben sthehet es auff dem, das myr e(uer) l(ieb) bruder[2328] und der von Wyrttenberck[2329] eyn gemessen folmacht zcu geschyckt hat auff dye artyckel, wye ich sye i(rer) l(ieb) der Annenbergyssen handellung[2330] nach auch e(uer) l(ieb) zcu geschyckt hab. Und wye wol ich meyn rette derhalben zcu dem Caden[2331] wey den handeln gehabt, hab ich doch dye artyckel, wye sye auff dem Anneberck[2332] gesthellet, nyt erhalden mugen, sundern haben von dem kounige[2333] dermassen nyt gewylliget wollen worden. Es ist aber auff[c] etliche meher artyckel, dye denselbygen haben zcu gesagt sollen werden, gehandelt worden, dye doch fyl weytter gemyltert, dan sye von dem kounige formals seyn ubergeben worden, under welchen der artyckel, das der konyck den namen, tytel und wappen auch dye lehenschafft behalten sol[2334], nyt ubergeben ist worden, auff welchen der konyck entlichen beruhet den frieden aber krick darauff anzcunemen. Und wye wol ich allerley bedencken gehabt, das ich mych derhalben von e(uer) l(ieb) bruders und des von Wyrttenberges wegen[d] in bewylligung eynlassen solt, dye weyl ich aber aus e(uer) l(ieb) anzceygung auch sunsten so fyl vermerckt, das e(uer) l(ieb) bruder des frieden hochlichen benottiget, auch dye artyckel iren beyden byeden, wyeder an eren noch gelymp[2335] verkleynlichen, auch sunsten nyt sunderlichen nachteylichen, auch dye hendler gut wessen haben, was e(uer) l(ieb) bruder kegen[e] e(uer) l(ieb) des namens, wappens und belennunge halben zcu geschrieben und so ich dye sachen auffhalten solt, das alle schult auff mych gelegt wolt werden, derhalben hab ich myt statlichem rate ‖ entschlossen, mych in dem namen Gottes morgen[2336] gegen den Caden zu dem konick und hentlern zu verfugen und nachmals allen fleys anzcukeren, ob ich etwas weytter e(uer) l(ieb) bruder und dem von Wyrttenberck zcu guttem erhalden kontte. Und so weyt ich es bryngen kan, sol es an allem getrewen fleys nycht erwynden und folgent worauff ich es zcum eusersten bryngen kan, Got dem almechtigen zu eren, gemenen reych und deuczen nation[2337] zu frieden und guttem auch zur abwendung der sorckfeldyckayt und beschwerung, so e(uer) l(ieb) bruder auch dem von Wyrttenberck allenthalben auff den hals leyt, auff die empfanne volmacht schlyessen, wye ich auch sulches s(einer) l(ieb) in itziger sthunde auff der post zcu geschrieben habe und wyl mych versehen, weyde s(einer) l(ieb) werden in ansehen, das ich dye sachen s(einer) l(ieb) selbest und allenthalben zcum besten gemeynet, es[f] dar wey[2338] bleyben lassen. Sulches sol ich e(uer) l(ieb) des wessens zcu haben freuntlicher meynung nyt wollen unangezceyget lassen und byn der freuntlichen zcu fersicht[2339], dye weyl e(uer) l(ieb) zcum mehern mal freuntlichen wey myr gesucht haben,

---

[2325] = Regalien. Gemeint ist die noch ausstehende Belehnung Johann Friedrichs nach dem Tod seines Vaters. Auch seine Ehe mit Sybille von Kleve (1512–1554) hatte noch keine Legitimierung durch Kaiser und König erfahren. Vgl. Lies, Zwischen Krieg und Frieden, S. 148 f.

[2326] = Königswahl.

[2327] = württembergische Sache; gemeint ist die Restitution Herzog Ulrichs von Württemberg.

[2328] Landgraf Philipp (der Großmütige) (1504–1567).

[2329] Herzog Ulrich von Württemberg (1487–1550); vgl. Anm. 795.

[2330] Gemeint sind die Annaberger Artikel.

[2331] Kaaden, Stadt sw Chomutov.

[2332] Annaberg, Stadt s Chemnitz.

[2333] König Ferdinand I. (1503–1564).

[2334] Gemeint ist die Afterlehenschaft Württembergs.

[2335] Glimpf = Ehre, Ansehen.

[2336] = 1534 Juni 27.

[2337] = deutschen Nation.

[2338] = dabei.

[2339] = Zuversicht.

das ich e(uer) l(ieb) bruders halben schlyessen und dye sache zcu entlichem vertrage bryngen solt. E(uer) l(ieb) werden nun wohl sulches e(uer) l(ieb) begern nach von myr dermassen geschyet, auch wey e(uer) l(ieb) bruder und dem von Wyrttenberck auff das forderlyst daran seyn, das sulche handllung von weyden s(einer) l(ieb), wye ich sye von s(einer) l(ieb) wegen bewyllunge auch darwey gelassen werden, dan so es daruber besthehen solt, was fornachteyl innen selbest auch myr dar aus erfolgen worde, haben e(uer) l(ieb) leidtlichen zu erachtten. Byn auch sulches in aller fruntlycher wylfarung umb e(uer) l(ieb) zcu vergleychen erbottyck, thue e(uer) l(ieb) darmyt der genad Gottes befellen und mych ‖ e(uer) l(ieb) als m(einer) f(reuntlichen) h(ertz) a(ller) l(iebsten) schwester und yn alwegk e(uer) l(ieb) knecht. Dat(um) eylent Bucholcz am freytak nach Johannys baptiste im xxxiiii jar.

Jo(hann) Fridrich churfurst m(anu) p(ro)p(ria) sc(ripsit)

^a *Wort hochgestellt eingefügt; darunter gestrichen:* gehandelt.
^b *Gestrichen:* ip.
^c *Unleserliche Streichung:* au?
^d *Wort am linken Seitenrand mit Platzhalter eingefügt.*
^e *Wort am linken Seitenrand mit Platzhalter eingefügt.*
^f *Gestrichen:* auch.

193

1534 Juni 27

Herzogin Elisabeth an Kurfürst Johann Friedrich (den Großmütigen)
Elisabeth hat gern gehört, dass Johann Friedrich sich zum Frieden entschlossen hat. Es ist nicht notwendig, dass Herzog Ulrich von Württemberg Titel und Lehen auf die gleiche Weise wie die anderen Reichsfürsten empfängt. Elisabeth meint, es wird schwierig zu vermitteln sein, dass der Herzog kein Bündnis eingehen darf, auf Hohentwiel verzichtet und alle Last auf sich nimmt; außerdem würde Landgraf Philipp (der Großmütige) bei seinem Reiterdienst für Münster große Ausgaben haben. Elisabeth hat Sorge, dass ihr Bruder das Verhandlungsergebnis nicht anerkennen wird und sagt, er habe Johann Friedrich nur eine Vollmacht für die (Annaberger) Artikel ausgestellt. Sie sähe es gern, wenn Johann Friedrich die Antwort ihres Bruders abwarten würde. — Der König ist noch nicht in Prag angekommen.

HStA Dresden, 10024, Loc. 9131/32, fol. 5r–v.
Überlieferung: Ausfertigung.
Schrift: eigenhändig.
Adresse: d h g f h h f h z / s d h r r e u k l y d / m z m m f h l o u b / yn s l e hant.²³⁴⁰
Nr. bei Werl: 113.
Kanzleivermerke: Rochlitz, d(er) Wirtenbergisch(en) handlung halb(en) – 1534.
Bemerkung: Der Brief wurde gefaltet und ohne Siegelstreifen aufgedrückt gesiegelt. Das Siegel ist herausgebrochen worden.

---

²³⁴⁰ *Die Adresse ist hier vollständig erhalten; sie steht für:* **Dem h**ochgeborenen **F**ürsten **H**errn **H**ans **F**riedrich, **H**erzog zu **S**achsen, des **H**eiligen **R**ömischen **R**eichs **E**rzmarschall **u**nd **K**urfürst, **L**andgraf in **T**hüringen, **M**arkgrafen zu **M**eißen, **m**einem freundlichen herzlieben **O**heim **u**nd **B**ruder **in s**einer **L**ieben **e**igen **H**and.

F(reuntlicher) h(ertz) a(ller) l(iebster) o(hme) u(nd) b(ruder); e(uer) l(ieben) schriben[2341] hab ich gantz fruntlich vorstanden und hort gern, das Got lob als so sted, das sych tzu dem fretten scheyckett. Das deyttel leynst[2342] halben het es nich nott, glich wey e(uer) l(ieben) und ander fursten von dem kongs[2343] leyn haben aber entfaen[a], aber das sych der hertzgogk[b] [2344] nich vor bintten[c] sal, auch Hochgen Weyl[2345] dem konge lassen, wert schwer fallen und glich wol der hertzoge alle last auff sych latten das lanttes halben, wey dey argteckel[2346] lutten, und meyn bruder sal glich wol vor[d] Monster[2347] so schwer unkosten haben. Ich hab sorge, m(ein) b(ruder) wert es nich halten, weyl er nor e(uer) l(ieben) hatt fol mach geben auff forge artteckel[2348]. E(uer) l(ieben) se sych wol for, ich wost es nich bey ym tzu der halten, weyl man allest sal wider geben, es wert keyn gewinst an dem kreygs seyn und meyns brudern grosser schim[2349] etc. Ich sege es gern, wans gut solt seyn. Ich wolt ratten[e], e(uer) l(ieben) er haret meyns brudern anwert, es wert sust so nug seyn als for und solt e(uer) l(ieben) wol umb den schatten ansprechen, werden auch dencken, was man mit yn wilfor haben, das alle buntnist sollen auff lassen, es gescheyt nicht, es wer dan sach, das man sych numer mir besorgen droff vor neyman. Solges hab ich e(uer) l(ieben) fruntlicher meynunge nich wollen bergen. Meyn bruder wert auch sprechgen, er hab e(uer) l(ieben) keyn foulmach geben, dan auff dey ersten argteckel. E(uer) l(ieben) se sich wol for. Wil heyr mit e(uer) l(ieben) Got bevellen, ich ertzeyg e(uer) l(ieben) ‖ schwesterliche trew. Dat(um) umb ix auff den aben yn yelle[2350], da mir der boden[f] e(uer) l(ieben) breff brach sounaben nach Yohans.

E H Z S

Wan man hort helt, so lyst der konich wol nach, yst nich gescheyck tzum Breyge[2351] yetz.

[a] aber entfaen *hochgestellt eingefügt.*
[b] *Sic.*
[c] *Gestrichen:* wil.
[d] *Gestrichen:* Monttes.
[e] *Wort hochgestellt eingefügt.*
[f] *Gestrichen:* d.

194

1534 Juni 28

Herzogin Elisabeth an Landgraf Philipp (den Großmütigen)
Elisabeth schickt die Abschriften zweier Briefe. Aus diesen Schreiben wird Philipp erkennen, wie Kurfürst Johann Friedrich (der Großmütige) zunächst die Verhandlungen verzögert

[2341] *Vgl. oben Nr. 192 (Brief Johann Friedrichs an Elisabeth, 1534 Juni 26).*
[2342] *= Titel und Lehen Württemberg.*
[2343] *König Ferdinand I. (1503–1564).*
[2344] *Herzog Ulrich von Württemberg (1487–1550); vgl. Anm. 795.*
[2345] *Hohentwiel, Burg bei Singen.*
[2346] *= Annaberger Artikel.*
[2347] *Münster (Westfalen); vgl. Anm. 1845.*
[2348] *Gemeint ist die Vollmacht Landgraf Philipps für die Verhandlungen der Annaberger Artikel.*
[2349] *= Scham, hier im ehrherabsetzenden Sinne von ‚Schimpf, Schmach, Schande‘; vgl. DWB, Bd. 14, Sp. 2107 (Artikel „Scham").*
[2350] *= Eile.*
[2351] *Prag.*

hat und jetzt plötzlich auf einen Abschluss drängt. Elisabeth weiß nicht, ob Philipp die Artikel annehmen wird, denn er habe dem Kurfürsten nur auf die Annaberger Artikel eine Vollmacht gegeben. Philipp soll sich vorsehen, dass ihm und dem Kurfürsten kein Schaden entsteht. Es wäre gut, wenn Kurfürst Johann Friedrich seine Meinung wüsste. – Elisabeth schickt Briefe von Georg von Carlowitz und Simon Pistoris. Herzog Georg (der Bärtige) wird Philipp wenn notwendig unterstützen. Der Kurfürst hat die Verhandlungen wegen der Regalien, der Vollmacht und dem Württemberger Lehen unnötig verzögert, sonst wäre schon alles beschlossen worden. Nun aber hat der König mehr gefordert. – Die Bundesgenossen fürchten sich vor Philipp und glauben ihm nicht; Elisabeth vertraut ihm. – Philipp soll ihr einen Brief schreiben, den sie vor Herzog Georg verlesen lassen kann. Herzog Ulrich von Württemberg soll Philipp ihre Grüße ausrichten und sich für Herzog Christoph um eine Gemahlin bemühen, damit die Familie bald Erben bekommt. Nachdem sie die beiden Töchter Herzog Heinrichs (des Frommen) vorgeschlagen hat, weiß sie jetzt, dass der Kurfürst eine davon bereits verheiraten will. – Elisabeth betont, dass sie den Kurfürsten immer zum Frieden gedrängt hat, damit er die Sache nicht unnötig aufhält.

> *StA Marburg, PA 2842, fol. 39r–v.*
>
> *Überlieferung: Ausfertigung.*
>
> *Schrift: eigenhändig.*
>
> *Adresse: –*
>
> *Nr. bei Werl: 115.*
>
> *Kanzleivermerke: –*
>
> *Bemerkung: Das Siegel sowie der mutmaßliche Umschlag mit der Adresse sind verloren. Die Ausfertigung trägt keine Siegeleinschnitte. – Zusammen überliefert mit dem Brief Johann Friedrichs an Elisabeth vom 1534 Juni 21 (Nr. 185), der hinter diesem Brief eingeheftet wurde. Aus dem Inhalt erschließt sich, dass Elisabeth drei weitere Briefe an Philipp schickte: Georg von Carlowitz an Elisabeth vom 1534 Juni 24 (Nr. 190); Simon Pistoris an Herzogin Elisabeth vom 1534 Juni 22 (Nr. 187) sowie vom 1534 Juni 24 (Nr. 191).*

F(reuntliche) h(ertz) l(iebster) b(ruder), ich scheyck dir heyr mit abschreff ii breff[2352], wey du wol sen werttes. Und hatt dey gestal, das ich berecht wart,[2353] wey der korfurste tzu der[2354] mit der sach und das mit dem len[2355] auch nich fort wolt. Aber weyl nu seyn sach[2356] vor ent yst, nu wil er fort und beger an mich, wey dut sen werdes yn deyssen breff[2357]. Hab ich im schlettes dey anwert geben, dey arteckel seyn hefftich, west auch nich, ab dut es an nemmest, dan dut hast ym allen auff dey ersten argteckel[2358] anwert geben und[a] volmacht geben. Er sol sych wol for sen[2359], das dut nich deyn schim[2360] und schatten[2361] ym dar nach anforters[b]. Es wer gut, das er [deyn][c] gemot woste, dan ich vorstund es nich, ab es dem

---

[2352] = zwei Briefe.
[2353] Vgl. oben Nr. 185 (Brief Johann Friedrichs an Elisabeth, 1534 Juni 21).
[2354] = dir.
[2355] = württembergischen Lehen.
[2356] Gemeint ist der Artikel zur Königswahl.
[2357] Vgl. oben Nr. 193 (Brief Elisabeths an Johann Friedrich, 1534 Juni 27).
[2358] = Annaberger Artikel.
[2359] = vorsehen.
[2360] = Scham, hier im ehrherabsetzenden Sinne von ‚Schimpf, Schmach, Schande'; vgl. DWB, Bd. 14, Sp. 2107 (Artikel „Scham").
[2361] = Schaden.

hertzgen[2362] und dir eyrlich wer aber[2363] nutzlich. Der halben dut du lyeber bruder, was dir eirlich yst und das du nich nu den schim dar von brenckgest. Der hertzoge het vor war winck[2364] am lante nach dar von wans gar so nussen[d] solt. Aber ich wert heyr berecht, von den retten ein telst meynen, es gesche dem konge tzu eirn und dey hentler werden hemlichen vorstand haben, wan nor das geschreyg dem konge tzu eirn so auß geytt, wertten sey es dar nach fallen lassen. Aber soulges mustest dut vor war wissen von den hentlern aber weylget der korfurste an deyn wissen wert emal[e] dir mussen den schatten leygen. Ich scheyck dir dey breff auff vortrawen, besag[f] mich yo nich und tzu reyst[2365] dey ab schreff. Yorge Klarlewitz schrib[2366] mir auch wey ich dir heyr mit scheyck.[g] Klarlewitz breff scheyck mir weder, er meynet es gutt und das kantzlers[2367] breffe[h] auch schyck weder[i]. Und dey meynunge, dey Klarlewitz meyns alten hern[2368] halben antzeyget, duncket mich nich bost seyn, wo dich es nich beschweret und wortte auch dar zu helffen, wo dir der vortrag[2369] nich leytlich wer, das m(eines) a(lten) h(ern) wortte helffen, das dey borden nich so gar auff dir leygen und byt dich h(ertz) l(iebster) b(ruder), nem so fel an als dir moglich ‖ yst. Hett der korfurste nich so lang mit den regalgen[2370] und der nar weyst[2371] getzoudert und das Werttenbergsen lenst halben, so wer es lang ganen. Aber weyl er so tzoudert hatt der konich nu mer wollen haun und so vel bussen[2372] das vorbuntnist[2373] halben, das ich sorge hab, sey wolten dich gern morbe machen. Und das du neyman hetze[j], dar auff dut dich vorlist, dey bunt genossen[2374] forchtten sych selber for dir und glaben dir nich. M(ein) h(ertz) a(ller) l(iebster) b(ruder), ich glab dir und vortrawe dir. Sag es ya neyman nich und tzu reyst[2375] deyssen breff und dey ab schreff[2376] und schrib mir wider ein breff, den ich droff lessen lassen, las dem schriber schriben, dan es yst dir dey mu tzu vel und schrib mit susten deyn gemott. Mir geyt es yetz wol, Got geb lang sey der dey alte[2377] dot gewest yst. Heyr mit byst Got bevollen, der beheut und bewar dich, helff uns mit freutten tzu sammen balt, ich ertzeyg dir schwesterliche trew. Dat(um) suntag nach Yohans anno xxxiiii.

E H Z S

[2362] *Herzog Ulrich von Württemberg (1487–1550); vgl. Anm. 795.*

[2363] *= oder.*

[2364] *= wenig.*

[2365] *= zerreiße.*

[2366] *Vgl. oben Nr. 190 (Brief Georgs von Carlowitz an Elisabeth, 1534 Juni 24).*

[2367] *Vgl. oben Nr. 187 und 191 (Briefe Simon Pistoris' an Elisabeth, 1534 Juni 22 und 24).*

[2368] *Herzog Georg (der Bärtige) (1471–1539).*

[2369] *Der Vertrag von Kaaden (vgl. ABKG III, Nr. 2494).*

[2370] *= Regalien. Gemeint ist die noch ausstehende Belehnung Johann Friedrichs nach dem Tod seines Vaters. Auch seine Ehe mit Sybille von Kleve (1512–1554) hatte noch keine Legitimierung durch Kaiser und König erfahren. Vgl. Lies, Zwischen Krieg und Frieden, S. 148 f.*

[2371] *= Narretei, Narrentheiding, Verhandlung der Narren, Narrengeschwätz, Narrenposse, Narrheit, Thorheit; vgl. DWB, Bd. 13, Sp. 382 f.*

[2372] *Possen = Scherze, auch ein Scherzspiel; vgl. zur vielschichtigen Semantik DWB, Bd. 2, Sp. 261 (Artikel „Bosse"), auch Bd. 13, Sp. 2013 (Artikel „Posse").*

[2373] *= Verbündnis; gemeint ist der Schmalkaldische Bund.*

[2374] *= Bundgenossen.*

[2375] *= zerreiße.*

[2376] *= Abschrift.*

[2377] *Herzogin Barbara von Sachsen (1478–1534).*

Sag dem hertzogen vel gutz von meyn wegen, wonsch im glock, und freyg[2378] den yuncken hertzogen[2379] ein wib, das erben kreygett. H(ertzog) Heynrech v(on) Schasesen[k] [2380] hatt nach ii dochtter[2381], vor se mich, ym wortte wol ein nu wil[l] sych der korfurste mechtteygen, das leinst[2382] halben, weyl seyn sach auß gerechtt yst, aber for nich und wer ney so weyt kummen als nu[m], dan ich woste, das der konich deyttel, nammen[2383] nich nach list. Und wol yn der erst droffstund, wan ym das bleybe und von den[n] fursten allen vor ein roumssen konich er kant wortte, das er dan den fretten an nem. Dar auff schreb ich dem korfursten umerdar, aber nu wil der konich mer haben, weyl sich es so vor tzougen hatt.

[a] *Gestrichen:* volff.
[b] *Unsichere Lesung.*
[c] *Hier fehlt ein Wort.*
[d] *Unsichere Lesung.*
[e] *Sic.*
[f] *Sic.*
[g] *Getilgt:* Kla.
[h] *Wort hochgestellt eingefügt.*
[i] schyck weder *hochgestellt eingefügt.*
[j] *Unsichere Lesung; korrigiert aus:* hette.
[k] *Sic.*
[l] *Getilgt:* s.
[m] *Wortende korrigiert; getilgt:* -n.
[n] *Wort hochgestellt eingefügt.*

195

1534 Juni 28

Herzogin Elisabeth an Kurfürst Johann Friedrich (den Großmütigen)

Elisabeth hat Landgraf Philipp (dem Großmütigen) geschrieben und ihn gebeten, so viel wie möglich nachzugeben. Johann Friedrich soll die Verhandlungen vorantreiben. Den Artikel wegen des Titels, Namens und Lehens von Württemberg werden Landgraf Philipp und Herzog Ulrich von Württemberg wohl nicht annehmen. Deshalb soll Johann Friedrich noch abwarten, bis eine Nachricht von ihrem Bruder eintrifft. Elisabeth hat diesem einen Boten geschickt, weil sie weiß, dass Johann Friedrich nur eine Vollmacht für die Annaberger Artikel von ihm erhalten hat. Sie befürchtet, wenn Johann Friedrich jetzt zusagt, dann wird der Frieden nicht halten. Ihr Bruder würde dann behaupten, hätte er von den neuen Artikeln gewusst, so hätte er den Vertrag nicht angenommen.

[2378] *= freien, werben.*
[2379] *Herzog Christoph von Württemberg (1515–1568), Sohn Herzog Ulrichs.*
[2380] *Herzog Heinrich (der Fromme) von Sachsen (1473–1541).*
[2381] *= zwei Töchter. Herzog Heinrich (der Fromme) von Sachsen hatte drei Töchter, wobei Emilia (1516–1591) bereits mit Markgraf Georg (dem Frommen) von Brandenburg-Ansbach (1484–1543) verheiratet war. Es handelt sich somit entweder um Herzogin Sybille (1515–1592) oder Herzogin Sidonie (1518–1575).*
[2382] *= württembergisches Lehen.*
[2383] *= Titel und Namen Württembergs.*

HStA Dresden, 10024, Loc. 9131/32, fol. 23r.

Überlieferung: Ausfertigung.

Schrift: eigenhändig.

Adresse: [Dem hoc]hgebornen fursten / [hern Ha]ns Freyderich hertzoge / [zu Sachsen] das hailgen roumssen / [reichs ertz]marschalk und / [churfurste etc.] meynen fruntlich- / [en lieben ohm]en und bruder / [yn seiner lieb] eigen hant.

Nr. bei Werl: 114.

Kanzleivermerke: Hertzogin v(on) R(ochlitz) d(er) Wirtenbergisch(en) handlung halb(en) – 1534.

Bemerkung: Siegeleinschnitte sind vorhanden; das Siegel und der Siegelstreifen selbst sind verloren; die Adresse ist entsprechend beschädigt überkommen. – Die Schrift dieses Briefes ist teilweise stark verblasst und kaum leserlich.

Siehe Anhang, Abb. 7.

F(reuntlicher) h(ertz) a(ller) l(iebster) o(hme) u(nd) b(ruder); ich las e(uer) l(ieben) fruntlich wissen, das ich m(einem) b(ruder) geschriben hab[2384] und gebeten, das er wolt nach lassen, so fel moglich yst. Vorse mich, so vel im nich schimblich yst, wert umb frettes willen nach lassen und dem hertzgen[2385] nutzlich yst. Aber e(uer) l(ieben) halt so fest als e(uer) l(ieben) kont, auff das nich e(uer) l(ieben) etwast drust ent stend mochte. Das deyttel[2386] und namenst lenst halben hatt es keyntt not, aber dey andern argdeygkel[2387] seyn sthraff, m(ein) b(ruder) wert es schwerlich welgen und der hertzoge etc., der hertzoge wortte wynck am lantte haben. Ich byt, e(uer) l(ieben) schrib mir war auff es sted, dan weyl es so lang anstend yst bleyben, vor soummet man an iii ader veyr tagen auch nich vel, yn das kummet dey bost[2388]. Ich hab ich[a] ein reytten botten auß gescheyckett. Ich hab sorge, weyl m(ein) b(ruder) und der hertzoge e(uer) l(ieben) nor haben volmacht geben auff dey ersten arteckel[b] [2389] und ob e(uer) l(ieben) es glich tzu sagett, so heylt er es dach nich, wortte dach ein nuger hader werden, dan hett er dey ardeckel gewost, so het er sych yn solges so weyd nich gelassen. Solges hab ich e(uer) l(ieben) fruntlicher meynunge nich wollen bergen. Ich kontte es e(uer) l(ieben) nechtten yn der yelle nich so balt alles schriben. Wil e(uer) l(ieben) heyr mit Got bevellen und mich e(uer) l(ieben) ich ertzeyge e(uer) l(ieben) schwesterliche trew. Dat(um) suntag nach Yohans.

　　　E H Z S etc.

[a] *Sic.*
[b] *Wort hochgestellt eingefügt.*

[2384]　*Vgl. oben Nr. 194 (Brief Elisabeths an Philipp, 1534 Juni 28).*
[2385]　*Herzog Ulrich von Württemberg (1487–1550); vgl. Anm. 795.*
[2386]　= *Titel.*
[2387]　= *Artikel.*
[2388]　= *Post, Bote.*
[2389]　*Gemeint ist die Vollmacht Landgraf Philipps für die Verhandlungen der Annaberger Artikel.*

196*

[1534 nach Juni 29, vor Juli 4]

Landgraf Philipp (der Großmütige) an Herzogin Elisabeth
Philipp zeigt Elisabeth die Geburt seines Sohnes Philipp Ludwig in Kassel an.

Überlieferung: verloren.

Bemerkung: Die Ausfertigung dieses Schreibens ergibt sich aus Nr. 199. — Zur Datierung geben der Antwortbrief Elisabeths (Nr. 199) als terminus ante quem und der Geburt des Sohnes am 1534 Juni 29 als terminus post quem Hinweise.

197*

[vor 1534 Juli 1]

Erzbischof Kardinal Albrecht von Brandenburg an Herzogin Elisabeth

Überlieferung: verloren.

Bemerkung: Die Ausfertigung und die Datierung dieses Schreibens ergeben sich aus ABKG III, Nr. 2495. Hinweise auf den Inhalt ergeben sich nicht.

198*

[vor 1534 Juli 1]

Erzbischof Kardinal Albrecht von Brandenburg an Herzogin Elisabeth

Überlieferung: verloren.

Bemerkung: Die Ausfertigung und die Datierung dieses Schreibens ergeben sich aus ABKG III, Nr. 2495. Hinweise auf den Inhalt ergeben sich nicht.

199

1534 Juli 2/4

Herzogin Elisabeth an Landgraf Philipp (den Großmütigen)
Der Kurfürst will nur wegen der Regalien und der Königswahl verhandeln, nicht aber wegen Württemberg. Jetzt wollen die Unterhändler Philipp schreiben und mit ihm verhandeln. – Elisabeth rät Philipp, er solle in dieser Sache nicht dem Kurfürsten, sondern König und Kaiser folgen. – Wenn Philipp Frieden hält, ist der König zufrieden. Wegen des Leibguts Herzogin Sabinas von Württemberg kann man mit dem König dahingehend verhandeln, dass der Herzog ihm Hohentwiel überlässt, der es dann an die Herzogin übergibt. Nach ihrem Tod würde es dann wieder an ihren Sohn fallen und nicht an die Herzöge von Bayern. Elisabeth

befürchtet, die Herzöge könnten versuchen, auf militärischem Weg Herzog Christoph von Württemberg einzusetzen. – Leonhard von Eck hat einen Brief geschrieben und seine Bedenken zum Ausdruck gebracht, Herzog Ulrich von Württemberg könnte versuchen, seinem Sohn zu schaden, indem er behauptet, Herzog Christoph sei ein uneheliches Kind. – Der Kurfürst hat Elisabeth vorgeworfen, sie sei Schuld, dass das Lehen in die Verhandlungen aufgenommen wurde. – Hans Hofmann hat gesagt, der König nehme die Artikel nicht an. Die Unterhändler meinen, daran wäre der Kurfürst Schuld: hätte er die Verhandlungen wegen der Wahl nicht verzögert und das württembergische Lehen angenommen, wäre bereits alles beschlossen. – Philipp soll Herzog Georg (dem Bärtigen) schreiben und seine Dankbarkeit ausdrücken. – Elisabeth warnt Philipp vor den anderen Fürsten und den Entwicklungen in der Nassauer Sache. – Elisabeth rät Philipp, beim Kurfürsten nicht soviel zu trinken, denn davon wird er krank. – Ungeachtet der Ratschläge anderer soll er Herzog Georg schreiben. Man rät ihm schlecht, weil man befürchtet, er könnte sich mit dem Herzog verbünden. – Elisabeth hat gegenüber dem Kurfürsten gesagt, dass, wenn Philipp vor Wien wäre, die Türken bereits geschlagen wären. Man sähe ihn gern als obersten Feldhauptmann des Reiches. – Philipp soll sich vorsehen und dem Kurfürsten nicht vertrauen. Sie ermahnt ihn, nicht persönlich nach Holstein zu reiten. — Herzog Ulrich soll die vom Kurfürsten ausgehandelten Artikel zu Hohentwiel, dem Leibgut der Herzogin und dem Reiterdienst annehmen. Philipp muss dafür Sorge tragen, dass Herzog Ulrich keine Frau nimmt, solange seine Gemahlin noch lebt, sondern versuchen, Herzog Christoph eine Tochter Herzog Heinrichs (des Frommen) zu geben. – Elisabeth warnt Philipp vor den Herzögen von Bayern. – Der König möchte Frieden mit Philipp. — Elisabeth freut sich über die Geburt von Philipp Ludwig. Philipp soll Herzog Georg schreiben und ihn über den Gesundheitszustand seiner Tochter informieren. — Kardinal Albrecht von Brandenburg hat sich sehr für Philipp eingesetzt. – Man sagt, Herzog Ulrich von Württemberg hat Johann von Fuchsstein zu Ebermannsdorf gefangen genommen. Er habe Philipp erzählt, er sei wegen der lutherischen Sache eingesperrt worden. Ihm ist nicht zu trauen, deswegen soll er ihn nicht freilassen.

StA Marburg, PA 2842, fol. 43r – 45r, 48r – v.

Überlieferung: Ausfertigung.

Schrift: eigenhändig.

Adresse: [M]einem fruntlichen / [lieb]en bruder hern / [Philip]s lantgraff zu / [Hessen] yn seyn eigen / [hant s]usten neiman / [auff zu] brechgen etc.

Nr. bei Werl: 116.

Kanzleivermerke: –

Zur Datierung: Wille datiert den Brief fälschlich auf 1534 September 12.

Bemerkung: Siegeleinschnitte sind vorhanden; das Siegel und der Siegelstreifen selbst sind verloren; die Adresse ist entsprechend beschädigt überkommen; Reste des Siegellacks sind vorhanden. – Als Beilage zu diesem Brief erging das Schreiben Kurfürst Johann Friedrichs an Elisabeth vom 1534 Juni 26 (Nr. 192), das auch in diesen Brief eingebunden wurde. – Der Brieftext erging in der originalen Ausfertigung fortlaufend und ohne Satzzeichen. Für die Wiedergabe wurde der Text zur besseren Lesbarkeit in Absätze gegliedert.

Druck: Wille, Landgraf Philipp der Großmüthige von Hessen, S. 327 – 330.

H(ertz) l(iebster) b(ruder), ich werde glab hafftich[2390] berechtt[2391], das der korfurste deyner sachen halben gar nichst hatt wollen hanttellen; hatt gesaget, dey Werttenbergse sach[2392] gee in nichst an, er sey nor umb der regalgen[2393] willen[a] da und walle[2394] halben. Dar nach da sey gesaget halben, was ich in hab angetzeyget deyn halben, hatt er gesagt, er wil das lens halben nich hanttellen und namenst halben. Da haben unsser rett gesagt, weyl er[b] nich wollen, so wollen dey[c] hentteler dir selber schriben, dan sey wissen, das du welgest und wollen yn gar auß der sach schlessen und ein fretten mit dir machen, da yst er[d] erst fort ganen[2395].

Ich wil dir wunder sagen, helff mir Got tzu dir und wilt du mir folgen, ich wil machen, das du konych[2396] und kesser[2397] solt habben[e], wey dut wilt. Und folg dem korfursten nich yn allen retten, sunder was das angeyt, konich und kesser. Ich hab sen orsach, beschlost nichst, du byst dan bey mir gewest, an den fretten yetz den beschlost, aber mach es also das der korfurste nicht den danck er sich, das man nich sprecht, es sey umb seyn willen gescheyn, das dust an nemest.

Der konich yst wol mit dir tzu fretten, wan nor du frette helttest etc. Mit der hertzgen leybgut[2398] aber[2399] vorweysunge wer es also, wan der hertzoge[2400] dem konge Hochen Weyl[2401] lyst und der konich der hertzgen dar von geb yergense[f], aber[g] wo dut das nich vor gut ansegest, so lyst ich yer geben, was sey yn zu[h] brachtt hette, lyst sey umer woschssen, dar von man kont es auch wol machen, das nach yerm tod wider an yer soun[2402] feyl, nor umb der hern von Beygern[2403] willen, dan ich hab sorge, sey wertten droff umb geyn, [i]dey hern von Beygern[i], das sey den alten[j] hertzgen wollen russer[2404] hebben und den ‖ juncken yn sestzsen dan. Dockter Ecke[2405] hatt ein breff geschriben, wey dir yn der korfurste wert weyssen und wan der hertzoge der alt ein wib nem, weyl dey nach lebett, so gescheg es gewist. Der halben wer ya, dan er schentte seyn soun und sprecht, dey mutter[2406] hat[k] gebrochgen dey ee[2407]. Er dut glich, als west er es nich. Man saget auch, er wolt sagen, der soun wer nich elich; das dochtte nich, hat in doch vor ein soun auff genumen und umerdar dar for gehalten, tzu der tzeyt er geborn yst, da hatt man von nichst gewost, wer ja da. Lyeber bruder, du hettes susten deyn mo[2408] obel an geleygett.

[2390]   = glaubhaftig.

[2391]   Vermutlich unterrichtete sie Kardinal Albrecht von Brandenburg, der als Unterhändler an den Verhandlungen beteiligt war und tags zuvor zwei Briefe an sie gerichtet hatte. Diese beiden Schreiben sind verloren (vgl. oben Nr. 197, 198).

[2392]   = württembergische Sache; gemeint ist die Restitution Herzog Ulrichs von Württemberg.

[2393]   = Regalien. Gemeint ist die noch ausstehende Belehnung Johann Friedrichs nach dem Tod seines Vaters. Auch seine Ehe mit Sybille von Kleve (1512–1554) hatte noch keine Legitimierung durch Kaiser und König erfahren. Vgl. Lies, Zwischen Krieg und Frieden, S. 148 f.

[2394]   = Königswahl.

[2395]   = fortgegangen.

[2396]   König Ferdinand I. (1503–1564).

[2397]   Kaiser Karl V. (1500–1558).

[2398]   = Leibgut Herzogin Sabinas von Württemberg (1492–1564).

[2399]   = oder.

[2400]   Herzog Ulrich von Württemberg (1487–1550); vgl. Anm. 795.

[2401]   Hohentwiel, Burg bei Singen.

[2402]   Herzog Christoph von Württemberg (1515–1568), Sohn Herzog Ulrichs.

[2403]   Die Herzöge Wilhelm IV. von Bayern (1493–1550) und Ludwig X. von Bayern (1495–1545); vgl. Anm. 1661.

[2404]   = Rösser, Rosser; gemeint sind Reitknechte.

[2405]   Dr. Leonhard von Eck (1480–1550), Kanzler Herzog Wilhelms IV. von Bayern; vgl. zu ihm NDB 4 (1959), S. 277–279; ADB 5 (1877), S. 604–606.

[2406]   Herzogin Sabina von Württemberg (1492–1564).

[2407]   = Ehebruch.

[2408]   = Mühe.

Ich byt dich auch h(ertz) l(iebster) b(ruder), stel dych gut keyn dem kortfursten[l]. Las dich nichst mercken und vor trew neyman. Was ich dir schrib, scheycke, scheyck[m] mir dey breff ya wider, dey ich dir nesten umerdar hab tzu gescheycket. Der korfurste saget tzu mir, ich het es vorderbett, das ich das gehanttel hett des lenst halben, es het neyman begeret. Aber es yst nich also[n] der konich hatt keyn hanttelung wollen an nemen, es sey dan das dar bey yst lang ab geret wortten. Her Hans Hoffman[2409] hatt auch schlettes gesagett, der konich nem es nich an, das sey dan der korfurste wert dir auch sagen, er hab dem hertzgen besesseygom[o] behalten und und[p] etlich bussen[2410],[q] das dem reych an gehort yst nich, dey hentteler haben es selber er halten. Sey sprechen auch, het der korfurste nich so[r] gestarett mit der walle[2411] und und[s] das mit Werttenbergsen len gewelgett, sey wollen es yn achtagen alles ab geret habben und beschlossen, dar nach hatt der konich ‖[t] auch gestarett. Wan du her kummest, wil ich dir wunder sagen und solt es auch von yn selber hornt.

Schrib nor m(einem) a(lten) h(ern) balt ein breff und danck im und schrib, du wilt im wider dunt, was ym leyb yst und und[u] kumb dar nach her. Es yst so vel etlich leut etc.[v] vorsted es, dey konnen nich leytten, das du grosser berouffen werst, dan sey und seyn doch gescheyck tzu solgen sach wey ich, konnen auch nich leytten, das dut ein genegern[2412] kesser[w] nach konich hettes dan[x] sey. Du salt wunder hornt, las dir neyman von fursten etwas auß rechten, dan ich ich[y] west beschet, wey man dich meynett, der Nassen sach[2413] hat man ney gedach. Ich schreb dem korfursten dromb, dey kongessen[2414] hatten selber gesagett, wey das man yer nich gedenckett. Ich ret den korfursten dromb an. Saget[z] er, der von Nasse[2415] list sich nich an konich weyssen. Saget ich, was im daran lege, wans der konich auff sich nem. Ich hab sorge er yst besser Nasichst dan deyn, es wert nu wollen mit dir danck keymb konge vordeynet wertten. Sich dich wol for,[2416] aber mit der Nassen sach wert wol nach ratt, wan du nor bey mir weres und bey andern leutten heyr, das man mit dir rette. Du[aa] solt wunder hornt und byt dich, souffe ya nich so ser, wan dut tzu dem korfursten kummest, dan im schatt das drencken nich ser, aber dut werst krant[2417] dar von. Ich mochst in nich tzu lyeb dunt, du byst gescheyck tzu allen henttellen, da deynet souffen nich tzu. Ab man dir weyder rett, das dut nich tzu m(einem) a(lten) h(ern) salt, kert dich nich drant, foulge mir, schrib im nor for dey schreff und kumb dan, wan dut wilst, dan man hatt[bb] sorge, ‖ dut werttes mit ym einst, dan er hatt den konich gar in und worttes berouffen, dut hast yetz Got lob gros lob, das dut so gut regement gefourt hast, danck Got der gnaden dust fortter. Hot[2418] dich vor den drencken, es kumb allest bost dar von.[2419]. Du globest nich[cc], was m(ein) a(lter) h(er) und

[2409] *Hans Hofmann, Freiherr zu Grünbühel und Strechau (1492–1564), königlicher Rat und Schatzmeister; vgl. zu ihm ADB 12 (1880), S. 629 f.; NDB 12 (1972), S. 454.*

[2410] *Possen = Scherze, auch ein Scherzspiel; vgl. zur vielschichtigen Semantik DWB, Bd. 2, Sp. 261 (Artikel „Bosse"), auch Bd. 13, Sp. 2013 (Artikel „Posse").*

[2411] *= Königswahl.*

[2412] *= gnädigeren.*

[2413] *Gemeint ist die Nassauer Sache, also der Rechtsstreit zwischen den Grafen von Nassau und Hessen um die von Hessen in Besitz genommene Grafschaft Katzenelnbogen. Vgl. zur Sache Demandt, Die Grafen von Katzenelnbogen und ihr Erbe; Schmidt, Landgraf Philipp der Großmütige und das Katzenelnbogener Erbe.*

[2414] *= königlichen Unterhändler.*

[2415] *Wilhelm (der Reiche), Graf von Nassau (1487–1559); vgl. Anm. 1768.*

[2416] *= Sieh dich wohl vor!*

[2417] *= krank.*

[2418] *= hüte.*

[2419] *Elisabeths Abneigung gegen das übermäßige Saufen hat sie bereits bei den Umständen des Todes von Siegmund von Maltitz ausführlich zum Ausdruck gebracht (vgl. KES I, Nr. 89).*

der bysschaff[2420] vor fliß gedaunt haben etc. Ich saget weyder den korfursten, werst dut vor Wene[2421] gewest, der Dorck[2422] wer wol geschlagen wortten. Aber er meynet neyn, du hettes nichst auß gerecht. Er let sich duncken, er vorsted alles einleyn.

Dut hast gros lob von[dd] kongeyssen selber, an was Bhemen sein[ee], dey bouchgen ser, seyn schellich[2423] auff den konich, das sich vor dragen hatt und konnen nich dan auff polstern reytten. Ich halt, das man dich gern vor ein obersten hobman het ym reych, wo dust an nemen wollest, bedenck es wol, aber vortrawe es dem korfursten nich, byst dut bey mir gewest byst, sey loben dich alle, aber geb Got dey eir[2424]. Deyn wessen gefelt dem konge selber wol; meynet, wilt dut nor dich keyn im halten, wey gern deyn gutter freunt wil seyn; helt von dir vel, mir dan von korfursten; meynet, du kanst ein nutzse seyn; und meynen alle, wen dut helffen aber[2425] getrew wilt sein dar auff bleybett, byst nich so falsch als dey andern und yst doch glaben auff dich tzu[ff] sestzsen, und du byst denen vorwanden vel getrewer, dan sey dir sein, weyl sey dir so dunt, was dan andern dunt wollen. Ober last dut dych nichst mercken, dan ein furst must vel wissen und dunt als wost er es nichtt, dan es yst fursten art dey henttel, das sey so dunt etc. Aber vortrewe nich und heut dich[gg], sich dich for,[2426] geb umer wider gutte wortt. Reyt yo nich selber berssounlich[2427] yn das ‖[hh] lant se Holstend[2428], ob es dir glich der korfurste reyt, dan er saget mir, dut[ii] must fort. Ich saget neyn, wer doch der hertzoge von Holstend[2429] bey dir nich bersounlich gewest. Heyr mit byst Got bevollen und melte mich nich, ich meyn es gut. Vorbrunt ya alle breff, dey ich dir schribe, auff das mir es nich obel geyn mochtte. Got beheut und bewarre dich, wan der korfurste weg kumb, wil ich dir eigenlich schriben dan yetz. Dat(um) umb xi in der nach[2430] an Maria Geberge aben.

Got helff uns mit freutten tzu sammen.

E H Z S etc.

Mit den dreyg argteckel, Hochen Weyl und und[ij] der hertzgen leybgut und das routter dinst[2431], sted tzu dir, der korfurste hat es nich anders vorschreben, dan nor tzu hanttelen, wo es bey dir er halten kont werden. Das dey von Monster[2432] gestraffet wortten, wer nich bost nach und eir[2433], aber mit deym schatten se ichst nich gern. Denck du selber wast dir eirlich yst, ich byt dich auch, was der korfurste[kk] gewelget hatt das von Werttenbergest halben, das last den hertzgen halten und tzornt ya nich mit dem korfursten. Dromb foulge mir, ich wil

---

[2420] *Kardinal Albrecht von Brandenburg (1490–1545), Erzbischof zu Mainz und Magdeburg; vgl. Anm. 1008.*

[2421] *Wien.*

[2422] *= Türke.*

[2423] *schellich = aufgebracht, wütend, zornig, rasend; vgl. DWB, Bd. 15, Sp. 2502.*

[2424] *= Ehre.*

[2425] *= oder.*

[2426] *= Sieh dich vor!*

[2427] *= persönlich.*

[2428] *Holstein.*

[2429] *König Christian III. von Dänemark (1503–1559), Herzog von Schleswig und Holstein; vgl. zu ihm ADB 4 (1876), S. 184–188; NDB 3 (1957), S. 233f.; BBKL 17 (2000), Sp. 234-236.*

[2430] *= um 11 Uhr in der Nacht.*

[2431] *Gemeint ist der Vorschlag des Königs zum Reiterdienst. Landgraf Philipp und Herzog Ulrich sollten bei Bedarf innerhalb der nächsten vier Jahre dem König einen Reiterdienst mit 1.000 Pferden, 4.000 Fußknechten und einem Geschütz zu leisten. Vgl. Mentz, Johann Friedrich der Grossmütige II, S. 44.*

[2432] *Das Täuferreich zu Münster (Westfalen); vgl. Anm. 1845.*

[2433] *= unehr, unehrlich.*

deych nich vorfourn. Sich ya tzu,[2434] das der alt hertzoge[2435] keyn wib nembt, weyl dey[2436] lebett, Got kanst balt machen. Ich hab doch auch sorge, ob sey glich gebrochgen hett, so hat er for gebrochgen, so gebort ym keyn wib tzu nemen. Aber das west ich, wan der alt keyn wib nem, das man seynem soun hertzoge Herychst dochtter[2437] ein geb. Aber wan dey bussen reyst[2438], so schent er seyn soun, er las sey sein, wer sey yst, du als wost erst nich aber das er das antzeyge, das im entloffen ist und Spett[2439] nich yn das lant lyst nach seyn gutter geb, weyl er sey ym entfort hatt, aber ya nich, das er sey scholget, das bey ym geschlaffen hatt, es droff vel bewissen,[2440] auch het Beygern[2441] am halst, ‖ bedenck es wol.

Dockter Eck hat geschriben, wey dir der korfurst weyssen wert, het gern alle deyn sachen vor derbett, so trew seyn dey hern von Baigern[2442], nu byst dut Got lob russer und sey stecken allen. Der kounich hatt gesaget, er wil gern frette halten mit dir, wan dut ym nor nichst dust. Dey ersten argteckel hatt der konich noch nich gewelget, da sey dir gescheyck wortten. Seyn anwert war nich weyder kummen, ob er es wolt an nemen, da hatt der konich gesagett aber her Hans Hoffman, der konich nem nichst an, an das Werttenbergst len wer dan dreynt getzogen[2443], es war auch alheyr vor hantten, so balt dut den kreych an feyngest. Aber der bysschoff von Mentz[2444], weyl ein korfurste yst, wolt er es nich vor schlagen, noch m(ein) a(lter) h(er), weyl es tzum reych gehort, aber der konich must es selber suchen, der konich war und lustich[2445] gewest, das dey henttler nich hatten dreynt gesaß und hetten doch for seyn gemot gewost. Ich scheyck dir auch ein breff, den mir der korfurste schreb[2446], scheyck mir yn weyder.

M(ein) h(ertz) a(ller) l(iebster) b(ruder), deyn schriben[2447] yst mir auch wortten und hort deyn glock gern. Geb Got dey eir. Ich wolt du hettes nach so vel geltes, ich wolt sen auch geneyssen. Ich hoff gantz, es sal allen halben frette wertten und deyn sach gantz gut. Folge mir, scheyck mir ein vortrewetten[ll] balt und schrib ya meyn alten hern und danck im, dan er sprecht umer, er vor deyne keynt danck, umb dich hab er sorge und schrib im doch, wan deyn wib[2448] geleygen yst, er wost es gern, was sey hette.[2449] Heyr mit byst Got bevollen, der beheut und bewar dich. Folge ya dem korfursten nich, wan rett, das der alt sal ein wib nemen, mich [dunckt][mm] doch es wer gut, das man sich tzu meyn ‖ alten hern

---

[2434]   = sieh ja zu.

[2435]   Herzog Ulrich von Württemberg (1487–1550); vgl. Anm. 795.

[2436]   Herzogin Sabina von Württemberg (1492–1564).

[2437]   Eine Tochter Herzog Heinrichs (des Frommen) von Sachsen (1473–1541): Sybille (1515–1592) oder Sidonie (1518–1575).

[2438]   = Possen reißt.

[2439]   Dietrich Speth zu Zwiefaltendorf († 1536). Einst enger Vertrauter, zählte er zu den bedeutendsten Gegnern Herzog Ulrichs von Württemberg. Er geleitete dessen Gemahlin Herzogin Sabina 1515 bei ihrer Flucht nach München und war wesentlich an der Vertreibung des Herzogs beteiligt; vgl. zu ihm ADB 35 (1893), S. 146.

[2440]   = es bedarf vieler Beweise.

[2441]   Bayern.

[2442]   Die Herzöge Wilhelm IV. von Bayern (1493–1550) und Ludwig X. von Bayern (1495–1545); vgl. Anm. 1661.

[2443]   = einbezogen.

[2444]   Kardinal Albrecht von Brandenburg (1490–1545), Erzbischof zu Mainz und Magdeburg; vgl. Anm. 1008.

[2445]   = unlustig.

[2446]   Vgl. oben Nr. 192 (Brief Johann Friedrichs an Elisabeth, 1534 Juni 26).

[2447]   Das Schreiben Philipps an Elisabeth ist verloren und wird hier unter der Nr. 196 geführt.

[2448]   Landgräfin Christine von Hessen (1505–1549).

[2449]   Gemeint ist die Geburt ihres Sohnes Philipp Ludwig (1534–1535) am 1534 Juni 29 in Kassel.

gefruntted und dem yuncken h(ertzog) Herichst dochtter gebbe. Dat(um) sounaben nachⁿⁿ Marya Geberge Tag anno anno^{oo} xxxiiii.

    E H Z S etc.

Der bysschaff yst ser gut deynst delst[2450], dut sol aller leyg[2451] er farn[2452]. Es sagen alle menschen wei er fliß gedaunt hat. Ich hort sagen, der hertzog tzu Werttenbergk hab ein dockter gefangen, haist Fosckstenner[2453]; es vor wunder yeder man, was gedaunt hatt keyn ym, sei segen alle gern, das nich lost gelassen wortte. Und der Spanger[2454] auch, der tzu Aurauch[2455] aber Hochen Aspern[2456] gesessen hatt, man saget, er hatt dich berecht, er sey umb der Lutterichssen sach[2457] willen gefangen, aber es yst nich also hatt susten vel schalkheyt gedreyben[2458] und sunderlich ein, ich mack sey nich schriben, het wol was ergest vor deynet. Las yn auch so balt nich lost, hort for wey ym dromb yst. Ich byt dich, schrib mir was der Fosckstendner gedaunt hatt, dan man sagett, es sey ein bouffe[2459] wey Pack[2460] und dockter Ecke.

    ^a *Gestrichen:* he.
    ^b *Wort hochgestellt eingefügt; darunter gestrichen:* sey.
    ^c *Gestrichen:* het.
    ^d *Gestrichen:* ny.
    ^e *Sic.*
    ^f *Sic.*
    ^g *Getilgt:* d.
    ^h *Wort hochgestellt eingefügt.*
    ⁱ⁻ⁱ *Passage hochgestellt eingefügt.*
    ^j *Korrigiert aus:* her.
    ^k *Wort durch Tintenfleck verderbt; hochgestellt gestrichen:* ee.
    ^l *Sic.*
    ^m *Sic.*
    ⁿ *Gestrichen:* um.
    ^o *Wort hochgestellt eingefügt; darunter gestrichen:* besesseigom.
    ^p *Sic.*
    ^q *Gestrichen:* dem.
    ^r *Gestrichen:* gestar geste.
    ^s *Sic.*
    ^t *Fortsetzung auf fol. 48r.*
    ^u *Sic.*
    ^v *Abbreviatur für* etc. *hochgestellt eingefügt.*
    ^w *Gestrichen:* u.

[2450] = *deines Teils.*

[2451] = *allerlei.*

[2452] = *erfahren.*

[2453] *Dr. Johann von Fuchsstein zu Ebermannsdorf, Kanzler des Pfalzgrafen Friedrich II., zeitweise im Dienst Herzog Ulrichs von Württemberg; vgl. zu ihm Zimmermann, Der Große Deutsche Bauernkrieg, S. 237 ff. Zum Vorgang vgl. unten Nr. 201.*

[2454] = *Spanier.*

[2455] *Hohenurach, Burg sö Stuttgart.*

[2456] *Hohenasperg, Burg n Stuttgart.*

[2457] = *lutherische Sache.*

[2458] = *Schalkheit getrieben.*

[2459] = *Bube, im Sinne von 'Schurke'.*

[2460] *Gemeint ist Dr. Otto von Pack (um 1480 – 1537), Rat und Vizekanzler Herzog Georgs (des Bärtigen); vgl. Anm. 69.*

^x *Gestrichen:* ich.

^y *Sic.*

^z *Gestrichen:* er.

^{aa} *Wort hochgestellt eingefügt; darunter gestrichen:* das.

^{bb} *Wort hochgestellt eingefügt.*

^{cc} *Wort vor der Zeile eingefügt.*

^{dd} *Wort hochgestellt eingefügt; darunter gestrichen:* dey.

^{ee} *Wort hochgestellt eingefügt.*

^{ff} *Gestrichen:* schrib.

^{gg} *Wort hochgestellt eingefügt.*

^{hh} *Fortsetzung auf fol. 44r.*

ⁱⁱ *Gestrichen:* w.

^{jj} *Sic.*

^{kk} der korfurste *hochgestellt eingefügt.*

^{ll} *Getilgt:* d.

^{mm} *Hier fehlt ein Wort.*

ⁿⁿ *Gestrichen:* Pe.

^{oo} *Sic.*

200

1534 Juli 7

Herzogin Elisabeth an Landgraf Philipp (den Großmütigen)

Philipp soll nur dem Kaadener Vertrag Folge leisten, ansonsten kann er nicht mit dem König verhandeln. Elisabeth möchte wissen, warum er den Vertrag noch nicht angenommen hat. Der Kurfürst behauptet, es läge nur an ihm und Herzog Ulrich von Württemberg. Er soll sich beeilen, damit der König den Frieden nicht vor ihm annimmt. – Die Verhandlungen des Kurfürsten gefallen ihr nicht. Elisabeth warnt Philipp, dem Kurfürsten nicht zu sehr zu vertrauen, denn der königliche Rat Hans Hofmann ist auch sein Berater. Es wäre besser mit dem König durch eine Gesandtschaft zu verhandeln. – Elisabeth kann nicht soviel schreiben, denn sie ist krank. In Torgau hat ein Turnier stattgefunden, an dem sie nicht teilnehmen konnte. – Man vermutet, der Kurfürst wird zur Brunft herkommen; dann könnte auch Philipp nach Dresden kommen. – Philipp soll den Brief verbrennen und ihr mit zwei Briefen Antwort geben: einen den Herzog Georg (der Bärtige) und die Räte lesen sollen sowie einen heimlichen.

StA Marburg, PA 2842, fol. 49r – 50r.

Überlieferung: Ausfertigung.

Schrift: eigenhändig; Simon Pistoris.

Adresse: –

Nr. bei Werl: 117.

Kanzleivermerke: –

Bemerkung: Das Siegel sowie der mutmaßliche Umschlag mit der Adresse sind verloren; Reste des Siegellacks sind vorhanden. Die Ausfertigung trägt keine Siegeleinschnitte. – Den ersten Teil des Schreibens stellt eine abschnittsweise verfasste Aufstellung von Simon Pisoris dar, unter die Elisabeth den eigentlichen Brief verfertigte. – Die Absatzgestaltung folgt der Vorlage.

Es yst eyn gefangener zu Eßlyngen[2461], Bastian Einhart[2462], den wolt der landtgraff gerne loß haben. Nun ist er in dysser vhede gefenglichen nicht eynkummen, sunder eyn lange zceyt zcuvor zcu Eßlyng(en) enthalt(en) wurd(en), das er in dehn vortrag[2463] nicht wol zcu zcyhen, dar umb sych auch der landtgraff seyn nicht solt annehmen.

Her Rudolff von Ehyngen[2464] hat dem vertrage nach laßen beym hertzogen zcu Wyrttenberg[2465], yhm seyn guther wydder eynczureumen durch seinen sohn anreg(en), dahn da Hanß Georg von Thengen[2466] und Hanßdoma von Rosenburg[2467] sich zcu leybeynig(en) zu Stockart[2468] understand(en) und er auch keynen andern beschayt erlangen mog(en), szo doch bemelter Hanß Thoma der vornehmster rath bey hertzog Ulrichen seyn sol.

Item zcur uberantwortung des geschuches[a] ist nach keyn tag ernant. ‖

Szo hat dye konigliche Ma(yestet) den von Berliches[2469] mit der herschafft sulch belehem dye zceyt alß sie das furstenthum Wyrttenberg inne gehabt und wyewol er im vortrag nicht außgetzogen, szo understehet sich dach der hertzog zcu Wyrttenberg yhn solche herschafft ab zcu dryng(en) und wyl sye yhm nicht leyhen.

H(ertz)[b] l(ieber) bruder[c], sich dich for,[2470] das nor dem vortrage foulge gescheychtt, suntterlich was den von Eigeningen[2471] an dreff, sust kanst dut mit keim guttem foug tzu der hanttelung kummen mit dem konige. Und schrib mir wor an es felt, das du den vortrag nich krigelst[d], dan der korfurste geb for, es felt an dir und dem hertzogen zu Werttenbergk. Nu moch yer beyde dem kounge tzu vel roum geben, das er selber den vortrag voltzouge, das yn keyn wegk zu ratten yst. Ich meyn nor, das der korfurste an genumen hatt dey dreyg besten argteckel nich dan das korfursten hanttelung gefelt mir nich yn den dreyg argteckel, dey weyl dey hentteler nich gebrecht drant haben. Ich las dich auch wissen, das her Hans Hoffman[2472] auch das korfursten brock ratter[2473] yst[e], der halben vor trawen nich mir dan dey nott droff erfortter. Der halben yst am besten mit dem konge ‖ selber zu hanttelen dorch

[2461]   *Esslingen am Neckar, Stadt sö Stuttgart.*

[2462]   *Sebastian Einhart (in einigen Schreibungen auch Emhart), Burgvogt auf dem Hohenasperg. Nach seiner Entlassung als Burgvogt hatte er 1531 versucht, die Burg in die Gewalt Herzog Ulrichs zu übergeben. Sein Verrat kam heraus, noch bevor sich der Herzog der Burg bemächtigen konnte. Einhart wurde in Esslingen gefangengesetzt und zu einer lebenslänglichen Haftstrafe verurteilt. Vgl. Walchner/Bodent, Biographie des Truchsessen Georg III. von Waldpurg, S. 209 ff. Zur Auseinandersetzung um seine Auslieferung an die kaiserlichen Gesandten durch die Stadt Esslingen vgl. HStA Stuttgart, A 43 Bü 5, Urgichten und Malefizakten.*

[2463]   *Der Vertrag von Kaaden (vgl. ABKG III, Nr. 2494).*

[2464]   *Rudolf II. von Ehingen zu Kilchberg und Neuneck (1465–1538), Landvogt zu Mömpelgard, bis 1519 Rat Herzog Ulrichs. Danach stand er im Dienst der habsburgischen Statthalter von Württemberg. Nach der Restitution Herzog Ulrichs verlor er seine württembergischen Lehen, welche er aber unter Berufung auf den Kaadener Vertrag zurückbekam. Vgl. Krauß, Rudolf II. von Ehingen zu Kilchberg und Neuneck.*

[2465]   *Herzog Ulrich von Württemberg (1487–1550); vgl. Anm. 795.*

[2466]   *Hans Georg (Jörg) von Thüngen († 1551).*

[2467]   *Hans Thoma von Rosenberg, ursprünglich Rat Herzog Ulrichs, im September 1518 Bestallung als Diener Kaiser Maximilians I.; vgl. zu ihm Küch/Heinemeyer, Politisches Archiv, Bd. 4, S. 534, insbesondere den Bestand im StA Marburg, PA 370.*

[2468]   *Stuttgart.*

[2469]   *Hier bezieht sich Elisabeth auf das Geschlecht der von Berlichingen, eventuell den Reichsritter Götz von Berlichingen (um 1480–1562); vgl. zu ihm NDB 2 (1955), S. 98.*

[2470]   *= Sieh dich vor!*

[2471]   *Gemeint ist Rudolf von Ehingen.*

[2472]   *Hans Hofmann, Freiherr zu Grünbühel und Strechau (1492–1564), königlicher Rat und Schatzmeister; vgl. Anm. 2409.*

[2473]   *= Berater.*

deinen gescheyckten. Dey arteckgel wortten mir angetzeyget, kont ich nich so vel schriben aus orsachen, das ich mich tzu fallen hab, das ich den koff nich wol neyder[f] hencken kont, aber es schatt mir nichst, ob Got wil, dan das ich yetz hesslich se, du kenttes mich nich. Zu Torge[2474] yst ein gross messen[2475] gewest, aber mir yst nich so wol gewest, ich spert vel und trew keyn dir. Hertzoge Frantz[2476] hort aller leyg[2477], wan er es dir sagen wolt aber wan er es yn grossen[g] roussen nich vorgessen hett, ich mochtte gern, wo sich es scheycken wolt, das mit dir her kemb, wan du auff klepern[2478] her kemmest. Man helt dar for, der korfurst wertt deysse brunff[2479] her kummen, etliche tag wo m(ein) a(lter) h(er) nich krant wert, ob glich h(ertzog) Frantz bey im wer. So brecht ym doch nich mit, dan er yst vel tzu neydichst. Ich wil dyr wunder sagen, er yst h(ertzog) F(rantz) auch nich gut umb deynett willen. Ich byt dich, vor brunt meyn breff und geb mir anwert, das ich droff lessen lassen und auff ander argteckel schrib[h] mir ein hemlichen breff, was m(ein) a(lter) h(er) aber[2480] dey rette nich lessen sollen. Heyr mitt byst Got bevollen, der beheut und bewarre dich und helff uns mit freutten tzu sammen. Ich hatt nich willen so vel tzu schriben, hin kont ichs ein winck[2481] besser dan[i] dan[j] heutte, dinstag nach Marya Hembscheyung[k] anno xxxiiii.

E H Z S etc.

a *Sic.*
b *Ab hier Elisabeth eigenhändig.*
c *Gestrichen:* schey.
d *Sic.*
e *Wort hochgestellt eingefügt.*
f *Wort hochgestellt eingefügt.*
g *Wort hochgestellt eingefügt.*
h *Wort hochgestellt eingefügt; darunter gestrichen:* ge.
i *Gestrichen:* forhin.
j *Sic.*
k *Sic.*

201

1534 Juli 19

Landgraf Philipp (der Großmütige) an Herzogin Elisabeth

Philipp hat gern Herzog Georgs (des Bärtigen) eifrige Vermittlung in der württembergischen Sache vernommen. Der Landgraf hat lange abgewartet, damit alle im Reich sehen, dass er Frieden will und das, was er in seinen Ausschreibungen ankündigte. Elisabeth soll Herzog Georg danken und wenn weitere Verhandlungen anstehen, wird er sich an ihn wenden. – Philipp hat nicht verstanden, wie genau die Belehnung Herzog Ulrichs von Württemberg durch den König als Erzherzog von Österreich aussehen soll. Elisabeth möge sich an

---

2474 *Torgau, Stadt nö Leipzig mit der sächs.-ernest. Residenz Schloss Hartenfels.*
2475 = *Turnier.*
2476 *Herzog Franz von Braunschweig-Lüneburg (1508–1549).*
2477 = *allerlei.*
2478 = *Reitpferd von mittelmäßiger Höhe.*
2479 *Brunft = vermutlich ist die Hirschbrunst oder Hirschbrunft gemeint = Paarungszeit der Hirsche, je nach Gattung verschieden, etwa Ende August bis Mitte Oktober.*
2480 = *oder.*
2481 = *wenig.*

Herzog Georg wenden und ihn bitten, den Inhalt, so wie ihn der Unterhändler verfasst hat, zu erklären. Er hat Bedenken, ob der König auch sein Wort hält, und würde sich lieber an Kaiser und König halten, als an einen fremden Fürsten. Sie soll ihm von Herzog Georgs Meinung berichten. – Herzog Ulrich wird keine Gemahlin nehmen, solange Herzogin Sabina lebt. Sein Sohn Christoph ist bei ihm; sie vertragen sich. Philipp billigt Elisabeths Vorschlag, Herzog Christoph könne eine Tochter Herzog Heinrichs (des Frommen) von Sachsen heiraten. – Fuchsstein hat vor etlichen Jahren das Haus eines österreichischen Adligen abgebrannt. Nun hat ihn der Herzog festgenommen. — Herzog Georg soll den Brief lesen. – Philipp versichert Elisabeth, dass er nicht selbst nach Münster oder Holstein ziehen wird.

I. StA Marburg, PA 2842, fol. 53r–54v; II. StA Marburg, PA 350, fol. 13r–14r; III. StA Marburg, PA 2842, fol. 56r–58v.

Überlieferung: I. Konzept; II. Konzept; III. Abschrift.

Schrift: I. hess. Kanzleischreiber, eigenhändig; II. eigenhändig; III. hess. Kanzleischreiber.

Adresse: III. [a]An m(eines) g(nedigen) h(ern) schwester.[a]

Kanzleivermerke: I. Vorentwurf zu VII 13?; 1534?, lag bei 1531 (Archivarshand 20. Jhd.).

Bemerkung: I. Den ersten Teil des Konzeptes verfasste zunächst ein Kanzleischreiber. Philipp führte den Entwurf eigenhändig weiter und nahm zahlreiche Korrekturen vor. Das Konzept endet bei etwa der Hälfte des Briefes. Danach setzt der eigenhändige Vorentwurf Philipps (II.) ein. Er trägt wenige Streichungen und Korrekturen, allerdings fehlen einige Ergänzungen, die in der Abschrift überliefert sind. – Die Edition folgt III., größere, inhaltlich relevante Abweichungen wurden angemerkt. – Die Absatzgestaltung folgt im Wesentlichen der Vorlage. Sehr kurze, satzweise Abschnitte wurden zurückhaltend zusammengefasst und durch Semikola getrennt.

Druck: Rommel, Geschichte von Hessen, Dritten Theils, zweyte Abtheilung (Vierter Band), Anm. S. 124–127, unter Auslassung mehrerer Abschnitte.

Liebe[b] schwester, dein schreiben[2482] hab[c] ich geleßen[d] und das sich [e]mein schweher und vatter[e] herzog Jorge in der Wirtembergisch(en) sach(en)[2483] wole [f]und dermassen so fleissig gehalten[f], hab ich gern gehort, und wils[g] geg(en) seiner lieb und iren[h] kindern verdienen[i] und wolt fast gern, das ich mich in solch(en) sach(en) dermassen halten mogen, das iderman leidlich geweßen. Es[j] ist aber nit[k] muglich [m]im krige (der ein irrig ding ist) idermann zu gefallen zu leben, wiewol ich vil schadens verkommen, auch mit meynem muglich(en) darleg(en) ein lange zeit geharret uf den friden, uf das ich ja nit gern zu weither emporung und plutvorgißen im reich ursach sein wolte, auch zuvor an das iderman sehen mocht, das ich nit weithers begert ad(er) anfange dan mein außschreib(en)[l] [2484] meldet.

Ist derhalben mein bit, wollest meinem vatt(er) freuntlich von meinetweg(en) danck(en), solchs seins fleys, costen und muhe, wie ich dan s(einer) l(ieb) hierneben auch schriben thue.[2485]

Und ob auch weither handelung in diss(er) sach solte noch sein, das sich s(einer) l(ieb) freuntlich darin brauchen laßen woldt, dan wir sein l(ieb) vor ein hendeler wol leiden mug(en).[m]

[2482] *Vgl. oben Nr. 199 (Brief Elisabeths an Philipp, 1534 Juli 2/4).*

[2483] = *württembergische Sache; gemeint ist die Restitution Herzog Ulrichs von Württemberg.*

[2484] *Gemeint sind die von Landgraf Philipp und Herzog Ulrich von Württemberg gedruckten Ausschreibungen, in denen sie ihren Feldzug rechtfertigten.*

[2485] *Zum Schreiben Landgraf Philipps an Herzog Georg vgl. ABKG III, Nr. 2503.*

Es ist auch ein punct in solch(em) vertrage[2486] verleibt, meldend das herzog Urich[n] [2487] und sein erben[o] das furstenthumb Wirtembergk von ko(niglicher) M(ajestet)[2488] als[p] erzherzog(en) zu Osterreich zu lehen empfaen solten, doch vorbeheltlich dem reich seiner obrigkit, gerechtigkait, folge, stewer, dinstbarkeit[q], seiner stand und stim im heilig(en) reich von weg(en) des furstenthumbs zu Wirtenbergk.

Nun konnen wir nit gruntlich verstehen, wie di belehnunge solle zu gehen. ‖ Das reich sol alle obrigkait, gehorsam und dinstbarkeit behalt(en), und Osterreich sol es leigen. Daraus folgt ye, das herzog Urich[r] dem konige als erzherzogen zu Osterreich nicht geloben und schweren soll.

Sondern das er sol geloben und schweren in hande eines erzherzog(en) zu Osterreich als mittelpersonen und diener key(serlicher) M(ajestet)[2489], das er herzogk Urich[s] key(serlicher) M(ajestet) und dem reich trew, halt, gehorsam und gewertig sein und sein leh(en) umb das reich trewlich vordienen wolle etc.

Und also das herzog Ulrich solcher leh(en) halben dem hauße Osterreich nichts verwant sein dorffe. [t]Doch so Wirtembergk abfiele, das dan an Osterreich fiele, wie der vertrag vermagk,[t] dan solcher lehen gleichen hab ich auch in meinem lande gehabt.

Und wie wol ich mich es genzlich versich, es hab solche meynunge, so kan ich doch leiden, das du dich[u] bei [v]meinem vatt(er) herzog Jorg(en) solchs, was d(er) unterhendler verstand hie in sei, erkundest und wie hie verstanden und noch verstehen mich berichtest.[v]

[w]Ader das es den verstand des lehens halb[w] haben solte, das herzog Ulrich das land Wirtemberg vom haus Osterreich zu lehen haben, [x]zu einem afterleh(en)[x] dergestalt zu einer zeugnus, wan kein manlich(er) stam von Wirtembergk meher da were, das solch land an das haus Osterreich fiele.

[y]Doch das herzog Ulrich seine regalia, als nemelich das er ein furst ist, welchs niemands solche dignitet(en) leihen magk dan keis(er) und konig, und das er uber blut und anders zu richten und was regalia ßeint, vom keiser ad(er) konig empfaen solte.[y] ‖

Und empfing also vom hauß Osterreich das land Wirtemberg zu afterleh(en)[z] und behielt Osterreich den titel Wirtenberg[aa] auch di erbschaft an der stel d(es) herzog(en) zu Wirtembergk; empfinge auch weither herzog Ulrich von key(serlicher) ad(er) ko(niglicher) M(ajestet) sein regalia, das er ein furst und anders das den regalien zu horet.

Und hat[bb] also d(er) konig die after[cc] lehenschaft am lande auch[dd] di erbschaft[ee] uf den der[ff] fall [gg]wie gemelt; so[gg] bleyb d(er) herzog ein furst des reichs, wie ime d(er) vertrag gibt, und empfing seine regalia umb [hh]den keiser ad(er) ro(mischen) konig[hh].

[ii]Und geschege dem konige also genug, dan er hette die lehenschaft und titel wi gemelt und das land so d(er) manlich stam von Wirtemberg abginge; geschee herzog Ulrich(en) auch gnug, er plibe ein furst des reichs und sein gemuet auch zu friden.[ii]

Wiewol ich nun halt,[jj] d(er) unterhandler, auch des konigs[kk] meynunge [ll]sei solchs auch dweil es dem konig in keinen weg nachteilig[ll], ist doch mein freuntlich[mm] bit, [nn]dweil ich alweg sorgfeltig und gern ein gruntlich wißen, haben wolt,[nn] wolst[oo] mein vatter herzog Jorg(en) [pp]bitt(en) mir darin sein bedenck(en) und verstand dissen beiden punct(en) anzeig(en),[pp] das wil ich verdienen.

[qq]Ich bin zweifels frei, das die unterhendler nit uß geringem bedenck(en) dissen vertrag dermass(en) gemacht haben, das clar darin verfast, das es dem heilig(en) reich nit nachteilig, auch herzogk Ulrich an seinem stand und wie er solchs vor herbracht nichts benemen, noch abbrech(en) sol.

[2486] *Der Vertrag von Kaaden (vgl. ABKG III, Nr. 2494).*
[2487] *Herzog Ulrich von Württemberg (1487–1550); vgl. Anm. 795.*
[2488] *König Ferdinand I. (1503–1564).*
[2489] *Kaiser Karl V. (1500–1558).*

Dweil ich dan solchs so augenscheinlich in ‖ dissem vertrage wircke, zweifel ich nit ire liebd(en) (und zuvor an^qq mein vatt(er) ^rr herzog Jorge^rr)^ss werdens dermassen mach(en), das dem ro(mischen)^tt konige ehrlich und nuzlich und nichts abdregt, auch herzog Ulrichen nit schantlich ^uu nach vorweißlich^uu sondern seiner regalien halber auch thunlich^vv ehrlich und dem reich ^ww nuzlich geacht^ww, ^xx und ir liebe als die gleichmessigen und getrew handeler gespuer werden, wie dan ir liebd(en) hiefur bewießen.^xx

Wie du mir auch schreibest, was d(er) konig gesagt und so ich dir folgen wolte, das^yy du ^zz dich verhofst^zz keiser und konig solt(en)^aaa mir gnedig ^bbb und zum besten^bbb sein; hore ich^ccc gern und bedanck^ddd mich solchs^eee gegen ^fff dir freuntlich; hof auch, das ich nit ungnad vordinet, ob ich herzog Ulrich(en) geholff(en), ist ko(niglicher) M(ajestet) nit zu widd(er) gescheen. Und hat Got die sach so geschickt, das d(er) konig das land Wirtembergk, das ime wenig nuzt, ubergeb(en), doch mit vorbehalt d(er) lehenschaft und der fall.

Hat dargeg(en) das ro(mische) reich an anfechtung erlangt und ein ehrlich(en) bericht erworben, da sich zu verhoffen ist, guts frids und gehorsams s(einer) M(ajestet) im reich, er wolle dan den unlust(en) anfahen.

Das ich in d(er) wale^2490 sach(en) widd(er) inen gewesen, hat allein Wirtembergs sach gemacht, das ich herzog Ulrich meinem freunde gern dardurch geholffen hette; dweil aber di vertrag(en), so weis ich mit dem konig nichts dan alles gut zu schaffen;^fff ‖ so dan^ggg herzog Ulrich^hhh und ich uns gnad und guts von key(serlicher) und ko(niglicher) M(ajestet) verseh(en) mugen, und ^iii wir uns des gewißlich vertrosten dorffen^iii, so werden^jjj herzog Ulrich^kkk und^lll ich auch widd(er) ^mmm ire M(ajesteten)^mmm nit sein, ^nnn sonder allen gehorsam und dinst erzeig(en), auch uf allen reichstagen uns irer M(ajestet) zu allem guten sovil ehrlich und verantwortlich erzeigt.

Es ist aber^nnn mein freuntlich bit, wollest^ooo mein vatter ^ppp herzog Jorg(en) freuntlich^ppp bitt(en), ^qqq ob etwas in dissem solte gehandelt werden, das es auch bei dem konige glaub und grund sei, dan du hast zuermeßen, so ich^qqq mich das^rrr ergebe, ^sss keiser und konig anzuhang(en) und inen guts zu beweißen;^sss werde ich mich mussen viler^ttt potentat(en) ^uuu endschlag(en) und^uuu eussern.^vvv

So ich dan das dette, und d(er) konig mir auch nit glauben hielte, und^www ungnedig wurde; sesse ich zwuschen zweien stulen nidd(er), welchs ^xxx du noch^xxx mein vatter mir nit gonnen wurden;^yyy ist deßhalb^zzz mein bit, was derhalb gehandelt sol werden, das ^aaaa solchs furderlich^aaaa geschee, uf das ich wisse, was ich mich^bbbb vertrost(en)^cccc ^dddd sol und mich geg(en) andere auch darnach, di mich teglich ansuch(en) und nit anzuschlag(en) weis, so es bey konig nichts sein solt, wys zu halt(en), dan wo ich mich bei dem keiser und konig; gnad und guts gewißlich vertrost(en) mochte, were mir lieber dan ußwendig mit frembd(en) ad(er) auch sonst and(er)n in deudsch(er) nation nuge buntniss(en) inzugeh(en).^dddd

Herzog Ulrich wirdet kein^eeee weib ^ffff nemen, dweil die^2491 lebt und reddet gar nichts von der unzucht seiner frawen.^ffff Magk^gggg nit wol leid(en), das ^hhhh darvon geredt wirdet.^hhhh

Herzog ^iiii Christoffel^2492, sein^iiii son, ist bei ime ^jjjj in dem land und seint sehr eins,^jjjj vertrag(en) sich^kkkk wole;^llll ‖ halt auch, es were nit ein ungelegene freihait^2493 mit herzog Henrichs dochter^2494.

2490 = *Königswahl.*

2491 *Herzogin Sabina von Württemberg (1492–1564).*

2492 *Herzog Christoph von Württemberg (1515–1568), Sohn Herzog Ulrichs.*

2493 *Gemeint ist ‚Heirat‘.*

2494 *Eine Tochter Herzog Heinrichs (des Frommen) von Sachsen (1473–1541): Sybille (1515–1592) oder Sidonie (1518–1575).*

Dem Spanier hab ich erledigung zu Aurach[2495] zugesagt zuvoran dweil es im schlos ledig ginge und sasse nit gefang(en), das muß ich haltten.

Der Fuchsteiner[2496] ist nit vil pesser dan docter Pack[2497]. Er ist lange vom herzog(en) gewest, ursach er hat ins herzog(en) namen im Hegaw[2498], vor etlich(en) jaren, ein haus usgebrand einem edelman, der ist Osterreichs. Da ist d(er) herzogk zornig uberwunden, das er Fuchsteiner bei herzog(en) lange nit gewes(en), izt ab(er) in diss(er) handelung kame er unbeschrib(en) ghen Stuckgart(en)[2499] liß inen d(er) herzog annemen.

Ich halt[2500] ab(er) er sei ledig und seins schads ursach(en), er[mmmm] mag unter zeit(en) dem herzog(en) auch trewlich gedint haben. Bis Got befolh(en), dir brud(er)lich trew zu erzeig(en) bin ich geneigt. Dat(um) sontag nach Marg(ar)ete anno etc. xxxiiii.

Philips L Z Hessen

Liebe schwest(er), laße h(ertzog) Jorg(en) den brief den ich dir schreibet leßen.

Ich ziehe vor Munst(er)[2501] und ins land zu Holstein nit selbst.

^{a-a} *III. Unter dem Nachtrag eingefügt.*

^b *I. Fruntliche liebe.*

^c *I. mit eigener handt hab.*

^d *I. v(er)n(omen).*

^{e-e} *I. unser lieber schweher.*

^{f-f} *I. gehalten.*

^g *I. woll(en) deshalben.*

^h *I. derselb(en).*

ⁱ *I. widder(um)b dangkbarlich erfunden werden.*

^j *III. Wort hochgestellt eingefügt.*

^k *I. alle wege.*

^l *III. Wortanfang korrigiert; hochgestellt eingefügt:* auß-.

^{m-m} *I.* nachdem der krig ein irrig ding ist, aber meynen vleis hab ich mit Gots hilff dabey gethan, das ich hoff, es sol da(r)nocht meyner p(er)son halben nymands sond(er)lichs zuclag(en) haben. Und bitt dych dabei freuntlich, du wilst die sachen bey irem vatt(e)r und schweher dahin furdern, ob von ratt sein wurde, von den sachen weither zuredd(en) und zu handeln, das sich sein lieb darin wolle freuntlich und treulich brauch(en) laßen und mag s(einer) l(ieb) vor andern zeit handelungen leyden.

ⁿ *I. Ulrich. III. Sic.*

^o *I. leibs lehens erb(en).*

^p *I. als regirenden.*

^q *I. dinsparkeit, gehorsam und and(er)s, und ime dem hertzog(en).*

^r *III. Sic.*

^s *III. Sic.*

^{t-t} *Fehlt in I.*

^u *I. dych darin.*

^{v-v} *I.* uns(er)n sweher im geheym dort erlernen, was gestalt es hab, und wie es dy und(er)hendeler v(er)standen hab(en) und noch vorsteen, doran dust du myr eyn sond(er)n gefallen, zu e(uer) l(ieb) steet.

[2495]　*Hohenurach, Burg sö Stuttgart.*

[2496]　*Dr. Johann von Fuchsstein zu Ebermannsdorf; vgl. Anm. 2453.*

[2497]　*Gemeint ist Dr. Otto von Pack (um 1480–1537), Rat und Vizekanzler Herzog Georgs (des Bärtigen); vgl. Anm. 69.*

[2498]　*Hegau, Landschaft im Süden Baden-Württembergs.*

[2499]　*Stuttgart.*

[2500]　*= hörte.*

[2501]　*Münster (Westfalen); vgl. Anm. 1845.*

[w-w] *I.* Ferner zu andern ader du es des lehens halben den vorstandt.

[x-x] *Fehlt in I.*

[y-y] *I.* So haldt ych, must h(ertzog) U(lrich) glych seit seyne regalya, das er eyn fursten und uber blut etc. zu rychten und was regalya seyn vom keyser oder romchssen konyg empfahen.

[z] *Fehlt in I.*

[aa] *I. Der Entwurf endet hier.*

[bb] *II. Der Entwurf beginnt hier, davor:* Solche empfengniß aber gesche allein um Wyrtemberg die belehnis vom hauß Osterreich uff den der fal, wie obgemeldt. Und empfing glichsam h(erzog) U(lrich) die regalia vom keiser.

[cc] *Fehlt in II.*

[dd] *II.* und.

[ee] *II.* am landt.

[ff] *Fehlt in II.*

[gg-gg] *II.* und.

[hh-hh] *II.* eym romischsen konig ader keiser.

[ii-ii] *Fehlt in II.*

[jj] *II.* es werde.

[kk] *II.* eygen.

[ll-ll] *II.* sal so sye auß ursachen des dem konig gar nit nachteilig.

[mm] *Fehlt in II.*

[nn-nn] *Fehlt in II.*

[oo] *II.* an.

[pp-pp] *II.* eigentlich ersuchen etc., das er mir mit seiner handt schribe uff die ii puncten sein verstandt.

[qq-qq] *II.* Ich hoff in.

[rr-rr] *Fehlt in II.*

[ss] *III. Klammer in der Vorlage.*

[tt] *Fehlt in II.*

[uu-uu] *Fehlt in II.*

[vv] *Fehlt in II.*

[ww-ww] *II.* nit unnutzlich.

[xx-xx] *Fehlt in II.*

[yy] *Fehlt in II.*

[zz-zz] *II.* wollst hoffen, es solle.

[aaa] *Fehlt in II.*

[bbb-bbb] *Fehlt in II.*

[ccc] *II.* fast.

[ddd] *Fehlt in II., stattdessen:* ist gewiß, das ich.

[eee] *Fehlt in II.*

[fff-fff] *II.* konig, fursten etc. hab lassen brengen in sachen der wall, ist von des von Wirtembergs halben geschen. Die weil aber der herzog sein landt wieder hat.

[ggg] *II.* der.

[hhh] *Fehlt in II.*

[iii-iii] *II.* das die es erlangen mußten.

[jjj] *II.* wirdt der.

[kkk] *Fehlt in II.*

[lll] *II.* dergleichen.

[mmm-mmm] *II.* keiser ader konig.

[nnn-nnn] *II.* und in allem gehorsam und dinst erzeigen. Doch ist.

[ooo] *Fehlt in II., stattdessen:* das du.

[ppp-ppp] *II.* wolst.

[qqq-qqq] *II.* das s(einer) l(ieben) woldt in dein sachen, das was gehandelt sunderlich gehandelt werde, dem se ich kei(serlicher) und ko(niglicher) Majestet.

[rrr] *II.* mussen.

[sss-sss] *Fehlt in II.*

[ttt] *II.* anderer.

^{uuu-uuu} *Fehlt in II.*

^{vvv} *II.* und deshalb mit ime nichts zu schaffen habben.

^{www} *II.* der nach.

^{xxx-xxx} *Fehlt in II.*

^{yyy} *II.* seiner h(erzog) U(lrich) und ich wollen keiser und konich, so wir uns es wider vorsehen sollen und das grundt seyn soll. Und.

^{zzz} *Fehlt in II.*

^{aaaa-aaaa} *II.* eillendt.

^{bbbb} *II.* zu.

^{cccc} *III. Gestrichen:* mag.

^{dddd-dddd} *Fehlt in II., stattdessen:* Wie du mir geschriben h(erzog) U(lrich) weibe halben und seins sons; darffs du dich nit befurchten.

^{eeee} *II.* ander.

^{ffff-ffff} *Fehlt in II.*

^{gggg} *II.* mich.

^{hhhh-hhhh} *II.* man sagt, wie sich sein frawe mit Dietrich Spetten gehaben, wider die von nit fall sagen, allein seinem sei erben.

ⁱⁱⁱⁱ⁻ⁱⁱⁱⁱ *II.* U(lrichs).

^{jjjj-jjjj} *II.* hieldt in woll und erlich, der son hat in lieb, und.

^{kkkk} *III. Gestrichen:* sehr.

^{llll} *II. Der Entwurf endet hier.*

^{mmmm} *III. Gestrichen:* muß.

202*

[vor 1534 Juli 25]

Georg von Carlowitz an Herzogin Elisabeth

Überlieferung: verloren.

Bemerkung: Die Ausfertigung und die Datierung dieses Schreibens ergeben sich aus Nr. 204. Hinweise auf den Inhalt ergeben sich nicht.

203

1534 Juli 25

Herzogin Elisabeth an Landgraf Philipp (den Großmütigen)

Elisabeth hat Herzog Georg (dem Bärtigen) den Dank Philipps für die Vermittlung in den Verhandlungen ausgerichtet. – Herzog Georg hat die vom Kurfürsten nach Dresden geschickten Artikel des Vertrags als Kopie an Philipp gesendet. Herzog Georg hofft, dass Philipp die Artikel annimmt. Im Vertrag ist festgeschrieben, dass Herzog Ulrich von Württemberg das Lehen vom König als Erzherzog empfängt, der vom Kaiser mit dem Herzogtum belehnt wird. Vom Kaiser oder dem Reich hat Herzog Ulrich nichts zu empfangen; er erhält aber durch den Vertrag die Hoheit über Württemberg. – Elisabeth hat Herzog Georg auch nach dem Sinn des Artikels im Vertrag gefragt; er hat aber geantwortet, es würde ihr nicht zustehen, sich so etwas erklären zu lassen; es ist auch keine weitere Auseinandersetzung in dieser Sache zu führen, sondern der Vertrag anzunehmen. Philipp wird also erkennen, dass der Vertrag keinen anderen Sinn hat, als wie es Elisabeth geschrieben hat. — Elisabeth rät erneut, sich wegen der Tochter Herzog Heinrichs (des Frommen) für Herzog Christoph von Württemberg zu bemühen.

> *StA Marburg, PA 2842, fol. 59r–61v.*
>
> *Überlieferung: Ausfertigung.*
>
> *Schrift: Simon Pistoris; Schluss, Datum, Unterschrift und Nachtrag eigenhändig.*
>
> *Adresse: –*
>
> *Nr. bei Werl: 118.*
>
> *Kanzleivermerke: M(eines) g(nedigen) h(ern) schwest(er). – Herzog Jorge und Carlewiz.*
>
> *Bemerkung: Das Siegel sowie der mutmaßliche Umschlag mit der Adresse sind verloren. Die Ausfertigung trägt keine Siegeleinschnitte. – Der Brief wurde vom Kanzler Simon Pistoris verfasst; von Elisabeth stammen nur eine Korrektur, Schluss, Datum, Unterschrift sowie Nachtrag. – Der Brief wurde gemeinsam mit dem folgenden Schreiben an den Landgrafen Philipp geschickt (Nr. 204). – Der in diesem Dokument häufig vorkommende Doppelkonsonantismus ‚n' wird reduziert wiedergegeben. – Der Brieftext erging in der originalen Ausfertigung fortlaufend und ohne Satzzeichen. Für die Wiedergabe wurde der Text zur besseren Lesbarkeit in Absätze gegliedert.*
>
> *Druck: Wille, Landgraf Philipp der Großmüthige von Hessen, S. 324–327.*

Lieber bruder, ich hab deine anttwort[2502] auff mein schreyben[2503] nach der lenge gelesen, und wie du mich gebeten, meynem lieben herren vattern hertzog Georgen freuntlichen danck zcu sagen, das s(einer) l(ieb) in der Wirtenbergischen sach[2504] alßo vil fleiß gethan, und sych keine muhe, arbeith, noch darlegen vordriessen lasen, das auch s(einer) l(ieb) ab ettwas weitter zcuhandeln solt nach sein, wolt freuntlichen bemuhen lasen, das hab ich mit allem fleiß gethan und befinde, das s(einer) l(ieb) sych des neben andern hendelern gar nicht beschweren wirdt.

Aber als nechst der churfurst deyn schreyben auff die zcu erst durch den Delchig[2505] vorgehaltene artickel des vortrags[2506] alher geschickt[2507], do fand ich, das du der pflicht halben, so hertzog Ulrich[2508] dem konick[2509] thun soldt, beschwerung hattest, darumb list[a] ich dir es[b] bey dem secretario[2510] nach der lenge antzeygen[c], welchs dir noch nicht wirdt zcukumen sein. Sunst wolt ich hoffen, du wurdest dieses artickels zcu fride stehen, wie ich mich den nun vorsehe, als du solch mein antzeygen[d] bekumen, dahn solte hertzog Ulrich die pflicht dem konige alß einer mittel person und kay(serlicher) M(ajestet) diner thuen, so were vorgebens im vortrag, ‖ das ers vom konige als eynem ertzhertzogen entpfahen sol und das der konig alßo vom kayser[2511] mit solchem furstenthum belihen. Dieweil aber in dem selbigen empfahen und belehen regalien und anders sticket, so hat hertzog Ulrich vom

---

[2502] *Vgl. oben Nr. 201 (Brief Philipps an Elisabeth, 1534 Juli 19).*

[2503] *Vgl. oben Nr. 199 (Brief Elisabeths an Philipp, 1534 Juli 2/4).*

[2504] *= württembergische Sache; gemeint ist die Restitution Herzog Ulrichs von Württemberg.*

[2505] *Hans von Dolzig (1485–1551), sächs.-ernest. Rat; vgl. zu ihm ADB 5 (1877), S. 322; NDB 4 (1959), S. 64.*

[2506] *Der Vertrag von Kaaden (vgl. ABKG III, Nr. 2494).*

[2507] *Vgl. ABKG III, Nr. 2508.*

[2508] *Herzog Ulrich von Württemberg (1487–1550); vgl. Anm. 795.*

[2509] *König Ferdinand I. (1503–1564), Erzherzog von Österreich.*

[2510] *Dr. Simon Pistoris (1489–1562), Kanzler Herzog Georgs (des Bärtigen); vgl. Anm. 62.*

[2511] *Kaiser Karl V. (1500–1558).*

kayser ader dem reich gar nichts merh^e zcuempfahen. Diweil aber der kaiser solche belehung alßo gethan hat, das der konig auff solch furstenthumb die freiheit als ein ertzhertzog zcu Osterreich haben solde, welchs dan dem reich zcu nachteil geraicht, so ist dasselbiche durch den vortrag auffgehaben, alßo das hertzog Ulrich mit der oberkeit gebothen und vorbothen bleibe, ane mittel untter dem reich und wie er vor gewest, nicht aber, das er ein ertzhertzog sey wie Osterreich und es dem konige geligen gewest. Solt auch hertzog Ulrich nicht alles vom haus Osterreich zcu empfahen haben und allererst die regalia ader anders beim reich suchen, so were der vortrag gar zcu stracks^2512 wider die kay(serlichen) may(estet) und dardurch die belehung, so der kaiser dem haus von Osterreich gethan, gar nichtig gemacht, darzcu sych der kayser nicht wurde ‖ haben bereden und im gleich zcumessen lasen, alß hette er mit solcher belehung ßo gar unrecht und wider das reich gethan.

Es ist nach den hendeleren sawer genug worden, das sye solcher belehung, die anhenige freihait des hauses Osterreich auff alle felle wider entzogen und dem reich zcugewanth. Daraus du dan leichtlich kanst abnemen, das hertzog Ulrich der pflicht halben nicht voruber kan. ^fS(einer) l(ieb) droff auch nichst schwern dan getrew und holt zu sein, keyn gehorsam, den gehorsam dem reych nor wey man susten eim konge len plechtt dutt under dem man nich seszt,^f sunder dieselbiche dem konige in aller mas thuen muß und domit dem haus Osterreich vorwandt sein, als er zcuvor dem kayser gethan, alleine, das er ßich mit der regryrung nicht darff nach dem haus Osterreich halten, sunder wie zcuvor nachm reich.

Ich hab auch deinem schreiben nach mit unserm hern vattern hertzog Georgen darvon geredt und s(einer) l(ieb) gebetten, mir antzuzcaigen, was dieser artickel im vortrag vor einen vorstandt hab und ob es dye meynung sey, wie du mir in deinem schreiben angezaigt. Aber s(einer) l(ieb) hat mir geanttwort, das es yr nicht geburen wolle hinder den andern hendelern ßich in ettwas zcuvernemen lasen. Sehe aber nicht vorgut an ‖ dis ader anders weitter in disputation zcufuren, sunder dem vortrage stracks folge zcuthun. Wue aber jhe deuthung darinnen von notten und es beiden partheien leidlich, das er dieselbige neben andern hendeler thuen soll, so will ßich s(einer) l(ieb) des nicht beschweren. Hat mich auch gebeten, seine lieb derhalben kegen dir freuntlichen zcuentschuldigen und mich deucht, du soldest nun selbst wol zcuspuren haben, das es keinen anderen vorstandt haben kan, dan wie ich dir angetzeigt. Ich kan mich auch nicht vormuthen, whan ßich gleich hertzog Ulrich understehen wurde regalia ader anders vom kayser zcuentpfahen, das im ein andere anttwort gefallen wurde, wan das der kayser sagte, er hette das hertzogthum Wirttenberck vorlihen, darbey lis ers bleiben, im wolt nicht geburen, es noch einmal zuvorleihen, wan es auch die meinung haben solde, ßo hette der konig nicht alleine durch den krig das landt verlorn, sunder auch durch den vortrag alle gerechtikait, herlickeit und zcutrit dartzu. Darumb mus er ye auch ettwas ‖ haben und behalten, das er ßich vortzihen, ein solch landt wider an ßich zcubringen und hertzog Ulrichen und seinen erben ruglichen zculassen, wen er dasselbige durch den vortragk nicht gethan und schlechts einen blosen fride geben und ime vorbehalten hertzog Ulrichen zcuberechten. Wer weiss, wehm das recht das landt hette zcugetaildt, ist es dan hertzog Ulrichen nun nicht besser, das er des durch den vortrag gesychert. Ab er auch gleich mit den lehen ettwas genidert, wan das er auch des rechtens fahr^2513 hette steen sollen, wil geschweigen wan ßich der konig auch wider zcum [krig]^g geschickt hette, was danne vor unrath daraus entstehen hette sollen, nicht alleine kegen ime, sunder auch dir und deinen landen und leuthen, darumb denck und hilff nunt dartzu, das nun dem vortrage stracks werde nachgegangen, so kan dan wider kayser noch konig zcu hertzog Ulrich nach dir keine ursach haben zcu ainiger ungnade.

2512　= stracks, hier gemeint im Sinne von ‚geradewegs' o. ä.
2513　= Gefahr.

Ich weis auch nicht zcuvorstehen, was weitter solt derhalben mit dem konige zcuhandeln ‖ sein und wurumb im nicht solde auff einen solchen claren vortrag zcuvortrauen sein. Aber wie ßich der konig vor ßich und von weg(en) der kaiserlichen Majestadt wol hoher kunt vorpflichten und dich vorgewisseren, darumb ich nicht vorgut ansehe, das du dich mit yemandts anders in aynigen weittern vorstandt und bundtnis einlast, sunder das du Gott und der oberkait, ßo er dir vorgesatzt, vertrawest. Habs auch gentzlichen darvor, das es nicht ein cleine genad ist, das dir ein solch gros vorhaben Got lob alßo wol hinaus gangen und nun gentzlichen vortzigen ist, das du dich derhalben keiner ungenad darfts besorgen. Ist auch wol werdt, das du befleissigest es abzcudinen und zcukeiner ungenad weitter ursach zcugeben. Welchs alles du von mir wollest aus hertzlicher schwesterlicher trewe vormercken und[h] bevel dich Gott, ich ertzeyg dir schwesterliche trew. Dat(um) am tag Yakobe anno[i] xxxiiii.

E H Z S etc.

H(ertzog) H(einrichs)[2514] dochtter[2515] halben dut fliß, dan ich ratt dar zu, so yst m(ein) a(lter) h(er) und m(ein) her dester besser Werttenbergest, das glichen margraff Yorg[2516], kemb dan unsser lant an hertzoge Henrich keyntter, so het auch dester mir fruntschaff und das balt geschege[j], ob Gott wolt erben geben.

     [a] *Wort hochgestellt eingefügt; darunter gestrichen:* schrib.
     [b] *Wort hochgestellt eingefügt.*
     [c] *Wort hochgestellt eingefügt.*
     [d] *Wort hochgestellt eingefügt; darunter gestrichen:* schriften.
     [e] *Sic.*
     [f-f] *Passage am linken Seitenrand mit Platzhalter von Elisabeth eigenhändig eingefügt.*
     [g] *Hier fehlt ein Wort.*
     [h] *Ab hier Elisabeth eigenhändig.*
     [i] *Getilgt:* xx.
     [j] *Gestrichen:* das.

204

[1534 Juli 25]

Herzogin Elisabeth an Landgraf Philipp (den Großmütigen)

Elisabeth schickt einen vom Kanzler Simon Pistoris in ihrem Namen verfassten Brief. Herzog Georg (der Bärtige) dachte, die Antwort Philipps käme nicht von Herzen. Als er aber dessen Brief an Elisabeth gelesen habe, sei er zufrieden gewesen. Danach ließ er in Elisabeths Namen den mitgeschickten Brief unter seinem Diktat schreiben. – Herzog Georg und die Räte meinen, solange Philipp Frieden hält, braucht er nicht auf den Vertragsabschluss zu drängen. Kaiser und König können nicht handeln, denn die anderen Fürsten im Reich würden das nicht dulden. Wenn sie gekonnt hätten, so hätten sie Philipp aufgehalten. – Elisabeth hat gehört, der König wird in keinem Artikel nachgeben. – Philipp soll zu ihr kommen, dann werden ihm Carlowitz und Herzog Georg alles Notwendige mitteilen. In

[2514] *Herzog Heinrich (der Fromme) von Sachsen (1473–1541). Wille vermutet fälschlich Herzog Heinrich II. (der Jüngere) von Braunschweig-Lüneburg-Wolfenbüttel (1489–1568); vgl. Anm. 329.*
[2515] *Eine Tochter Herzog Heinrichs (des Frommen): Sybille (1515–1592) oder Sidonie (1518–1575).*
[2516] *Markgraf Georg (der Fromme) von Brandenburg-Ansbach (1484–1543); vgl. Anm. 566.*

14 Tagen hat der Kurfürst nach Torgau zur Jagd eingeladen und hofft, dass auch Philipp dorthin kommt. – Philipp soll sich um nichts sorgen. Wenn er nur eine Weile mit seinem Heer abwartet, werden Kaiser und König mit ihm verhandeln wollen. Philipp soll sich nur nicht für einen Reiterdienst gegen Ungarn gewinnen lassen. – Herzog Georg und die Räte meinen auch, wenn Philipp Frieden hält und sich mit dem König versöhnt, würde dieser die Nassauer Sache mit einem Reiterdienst begleichen. – Elisabeth hat Kopfschmerzen.

StA Marburg, PA 73, fol. 1r–2r.

Überlieferung: Ausfertigung.

Schrift: eigenhändig.

Adresse: –

Nr. bei Werl: 125.

Kanzleivermerke: –

Zur Datierung: Der Brief trägt weder eine Datierung noch eine Unterschrift. Die Datierung ergibt sich aus der Zuordnung zum Brief Elisabeths vom 1534 Juli 25 (Nr. 203).

Bemerkung: Das Siegel sowie der mutmaßliche Umschlag mit der Adresse sind verloren. Die Ausfertigung trägt keine Siegeleinschnitte. – Aus dem Inhalt geht hervor, dass Elisabeth einen eigenen Brief mitschickte, der vom Kanzler Simon Pistoris verfasst worden war. Diese Aussage trifft nur auf eine Ausfertigung in diesem Zeitraum zu, welche auf den 1534 Juli 25 datiert ist (Nr. 203). Der Brief aus anderer Provenienz passt inhaltlich zu diesem Schreiben. Daneben lassen auch die identische Faltung und die ebenfalls fehlenden Siegeleinschnitte den Schluss zu, dass es sich um den hier angesprochenen Brief handelt.

Druck: Wille, Landgraf Philipp der Großmüthige von Hessen, S. 331 f.

F(reuntlicher) h(ertz) l(iebster) b(ruder); den breff[2517], den ich dir heyr mitt scheyck, kont ich nich allest selber schriben, wey sey mir antzeygetten, also begreff mir es der kantzler[2518], list ich es auß schriben. Und m(einem) a(lten) h(ern) gefelt wolt, das dut ym geschriben hast,[2519] hatt aber gesaget, er hett sorge, es gein nich von hertzsen. Aber dar nach, da er meyn breff gelessen hatt, den du mir schribest[2520], hatt er gesagtt, es gefeyl ym wol deyn schriben und lyst mir den anwert geben, wey ich dir schribe, dan sey haben mirs so for geschriben. Und meynen gantz, es habe keyn nott, dey weyl dut frette helst und wan glich der kesser[2521] bost wolt seyn und konich[2522], so holf[a] es doch nich, dan dey hentler und korfurst[2523] leyden es nach sam den fursten, dey an yn hencken, yst doch scheyr das halbe reych. Auch sichst du wol, das der kesser nach konich nichst vormark an das reych. Hetten sey vel gekont, sey hetten dich nich so lassen fort farn. Dut droffest dich vor nichst[b] besorgen, wo der vordrag von dir gehalten wertt, dan ich hort, der konich wil keyn[c] argtteckel nachlassen, nu gar nichst. Denck ich wol, der weyl[d] deyn foulgk zu laffen yst und dut den vordragk[2524] gewelget hast an dey artteckel[e], da der korfurste nach mit dir von hanttelen sal, dey der korfurste nich hatt weylgen wollen, nor angenumen mit dir dar von zu hanttelen, auff das getrewlichst als ym

---

[2517] *Vgl. oben Nr. 203 (Brief Elisabeths an Philipp, 1534 Juli 25).*

[2518] *Dr. Simon Pistoris (1489–1562), Kanzler Herzog Georgs (des Bärtigen); vgl. Anm. 62.*

[2519] *Vgl. ABKG III, Nr. 2513.*

[2520] *Vgl. oben Nr. 201 (Brief Philipps an Elisabeth, 1534 Juli 19).*

[2521] *Kaiser Karl V. (1500–1558).*

[2522] *König Ferdinand I. (1503–1564).*

[2523] *Kurfürst Johann Friedrich (der Großmütige) (1503–1554).*

[2524] *Der Vertrag von Kaaden (vgl. ABKG III, Nr. 2494).*

moglich yst. M(ein) h(ertz) l(iebster) b(ruder), ich byt dich, wan dich der korfurste tzu ym beschett, so dut so vel dir moglich yst, da du[f] for tzu mir auff klepbern[2525] her reyst[g], so wert dich Klarlewitz[2526] aller sachen wol under rechtten und m(ein) a(lter) h(er). ‖ Byst montag ober[h] vertzen tage sollen weyr bey dem korfursten zu Torge[2527] seyn und helffen yagen. Ich het dich gern da heyn beschetten, so lyst ichst umb das grossen souffens willen[2528], das da seyn wert, decht auch vor yagen und andermb kontten weyr nich vel hanttelen, dan der korfurste wolt auch umerdar mit wissen, aber ich wil es allest yn deynem gefallen gestal haben. Auff klepbern kanst dut wol da hin kumen. Bedenck dust vor dem kesser und kounge, sorge dich gar nichst, du hebest dan an und wan dut nor ein weyl stel[2529] sests, so werten sey deyn begern zu grossen henttelen ym weychge[i], so magest dut glich wol dunt wast dut wilt. Wan dut herkummest werttes dust wol berecht wertten,[j] der halben yelle[2530] dester eir her[2531] und schrib mir alweg ein breff, den ich droff lessen lassen. Ich scheyck dir auch heyr mit ein [k]breff, hatt mir[k] Klarlewitz geschriben[l] und berecht gegeben,[2532] wei ich dir heir mitt und ein tzettel mit, wolt er an mich auch haben lassen schriben, hatt sych der vorschriben an dich, wey dut horn werst, solt mir es tzu schriben. Wo dut gern ein genegen konich hettes, so soltes du also[m] dich keymb konge vornemen lassen, aber da byt ich dich for, ab es sich also begeb, so las dich keyn Ungern[2533] yn das Unger ‖ lant nich gebruchen, dan es seyn untrew leutt und wertten seychge leut dreynttne[n], wey ich dir wol wil berechtt geben. Sey meynen auch, wan du ein tzeytlang frette heylst und so wol einst mit dem konge werst, wortte er dey Nasse sach[2534] umb ein gerenken routter dinst[2535] auff sich nemen, auch wol umb gutte wort, dan der konich yst wol tzu ober retten, da helff m(ein) a(lter) h(er) gern tzu, deynen keynttern[2536] tzu gutte. Heyr mit Got bevollen, der helff uns mitt freutten tzu sammen. Sprecht ya, ich hab dir genen breff mit eigener hant geschriben, dan ich solt in auß schriben. Ich kont nich an meyn kopfs.

    [a] *Korrigiert aus:* holst.
    [b] *Gestrichen:* vor.
    [c] *Getilgt:* bo.
    [d] der weyl *hochgestellt eingefügt.*
    [e] *Wort hochgestellt eingefügt.*
    [f] da du *hochgestellt eingefügt; darunter gestrichen:* [..]st.
    [g] her reyst *hochgestellt eingefügt.*
    [h] *Radiert:* a.
    [i] *Sic. Meint wohl:* reychge.
    [j] *Gestrichen:* den.
    [k-k] *Passage am linken Seitenrand und hochgestellt eingefügt; darunter teilweise unleserlich gestrichen:* ab schrefft [...] breffes [...] her.

[2525] = Reitpferd von mittelmäßiger Höhe.
[2526] Georg von Carlowitz zu Hermsdorf (um 1480–1550), sächs.-albert. Rat; vgl. Anm. 42.
[2527] Torgau, Stadt nö Leipzig mit der sächs.-ernest. Residenz Schloss Hartenfels.
[2528] Elisabeths Abneigung gegen das übermäßige Saufen hat sie bereits bei den Umständen des Todes von Siegmund von Maltitz ausführlich zum Ausdruck gebracht (vgl. KES I, Nr. 89).
[2529] = still.
[2530] = Eile.
[2531] = eher.
[2532] Das Schreiben Georgs von Carlowitz an Elisabeth ist verloren und wird hier unter der Nr. 202 geführt.
[2533] Ungarn.
[2534] Gemeint ist die Nassauer Sache, also der Rechtsstreit zwischen den Grafen von Nassau und Hessen um die von Hessen in Besitz genommene Grafschaft Katzenelnbogen. Vgl. zur Sache Demandt, Die Grafen von Katzenelnbogen und ihr Erbe; Schmidt, Landgraf Philipp der Großmütige und das Katzenelnbogener Erbe.
[2535] = geringen Reiterdienst.
[2536] = Kindern.

^l *Danach gestrichen:* aber da er lyst, das Kargelwitze begreff, da lyst er es dar bey bleyben meynet dut hettes da vorstand genugk auff tzu nemen, aber ich wolt danich nich under lassen, dir es an tzu tzeygen seyn rat [?] aber er west nichst droff, ich bit yn es schriben. *Ein Platzhalter verweist vor dem Gestrichenen auf die Fortsetzung des Textes hinter der Passage.*
^m *Hochgestellt eingefügt und gestrichen:* dich.
ⁿ *Sic.*

205

1534 August 2

Herzogin Elisabeth an Landgraf Philipp (den Großmütigen)

Elisabeth hat Herzog Georg (den Bärtigen) die Briefe lesen lassen. Ihm gefällt die Meinung Philipps und er sagt, Philipp habe nun seine Dankbarkeit genügend zum Ausdruck gebracht. – Elisabeth wäre gern bei Philipp, sie hätte viel mit ihm zu besprechen. – Georg von Carlowitz rät Philipp, dem König sein ‚Inneres' anzuzeigen, damit dieser nicht denkt, Kurfürst Johann Friedrich (der Großmütige) hätte ihn zu allem überredet. – Hans von Minckwitz hat einen Schlaganfall erlitten. Man sagt, es kommt vom vielen Saufen. Deshalb ermahnt Elisabeth Philipp, er solle nicht zu viel trinken.

StA Marburg, PA 2842, fol. 65r.

Überlieferung: Ausfertigung.

Schrift: eigenhändig.

Adresse: [Mein]em fruntlichen / [lieben br]uder hern / [Philips la]ntgraff zu / [Hessen etc.] yn seiner / [lieb eigen] hant.

Nr. bei Werl: 119.

Kanzleivermerke: –

Bemerkung: Siegeleinschnitte sind vorhanden; das Siegel und der Siegelstreifen selbst sind verloren; die Adresse ist entsprechend beschädigt überkommen.

Druck: Wille, Landgraf Philipp der Großmüthige von Hessen, S. 327.

M(ein) h(ertz) l(iebster) b(ruder); ich hab meyn a(lten) hern dey breffe lassen lessen, hab sey ym bei dem kantzseler²⁵³⁷ gescheyckett. Sprecht der kantzler, m(einem) a(lten) h(ern) gefalle deyne meynunge wol, du hast dichst sen genunck er bothen. So gefelt mir es auch wol, also du nemest susten al zu vel auff dich. H(ertz) l(iebster) b(ruder), ich wer gern bey dir, ich hett vel mit dir zu retten, wan dust gescheycken konttes. M(ein) h(ertz) l(iebster) b(ruder);^a Klarlewitz²⁵³⁸ sprechtt auch, du hast dichs sen genunck er botten und meynett nach, es wer seyn ratt, das dut dem konge²⁵³⁹ so antzeyges, wei in dem tzettele²⁵⁴⁰ stund, wei mir Klarlewitz antzeygett, das nor der konich deyn gemot sporett. Sust denckt er, was du ym tzu dinst dust, das ober rette²⁵⁴¹ dich der korfurste und so vor deynett der korfurste den danck mit dir. Ich las dich auch wissen, das h(er) H(ans) v(on) Minwitz²⁵⁴² ser krant leyget, der schlag hatt in

---

²⁵³⁷ *Dr. Simon Pistoris (1489–1562), Kanzler Herzog Georgs (des Bärtigen); vgl. Anm. 62.*
²⁵³⁸ *Georg von Carlowitz zu Hermsdorf (um 1480–1550), sächs.-albert. Rat; vgl. Anm. 42.*
²⁵³⁹ *König Ferdinand I. (1503–1564).*
²⁵⁴⁰ *= Zettel.*
²⁵⁴¹ *= überredet.*
²⁵⁴² *Hans III. von Minckwitz († 1534), sächs.-ernest. Hofrat und Gesandter; vgl. Anm. 347.*

gedroffen, dey eine seyt yst ym lam gewest. Aber ich west nich, ob es besser yst wortten. Man saget, es kumb von grossem souffen, das stedlich gescheyt yn dem hoffe.[2543] Ich byt dich, sych dich wol for, souffe nich tzu ser. Und wil dich heyr mit meyn h(ertz) l(iebster) bruder Got bevellen, der beheutt und bewarre dich und helff uns mit freutten tzu sammen, ich ertzeyge dir schwesterliche trew. Dat(um) sunttag nach Sant Anna Tag anno xxxiiii.

E H Z S etc. s(ub)s(cripsi)t

    ᵃ *Gestrichen:* Klarle.

206

[1534 August 4]

Herzogin Elisabeth an den hessischen Kanzler Johann Feige von Lichtenau

Elisabeth schickt dem Kanzler drei Artikel, die der Kurfürst mit ihrem Bruder vereinbaren will. Sie weiß nicht, wie Philipp sich entscheiden wird. Landgraf Philipp (der Großmütige) hat Kurfürst Johann Friedrich (dem Großmütigen) bereits geantwortet, dass er den Reiterdienst zu Münster annehmen wird. In der Sache wegen des Leibguts der Herzogin von Württemberg ist es unwichtig, ob es Herzog Ulrich von Württemberg annimmt oder nicht, da der König darauf nicht drängen wird. Hohentwiel hat der Herzog bereits vom König zurückgekauft. Elisabeth bittet den Kanzler, dem Kurfürsten ihre Antwort zu übergeben. Ferner soll er darauf drängen, dass der Kurfürst den Unterhändlern seine und ihres Bruders Antwort (wegen des Reiterdienstes) zukommen lässt. Der Kanzler wird auch Landgraf Philipp erinnern, ihr zu antworten und dem König zu schreiben. Dazu hat Georg von Carlowitz einen Vorentwurf verfasst. Carlowitz wird auch Hans Hofmann informieren, dass sich Philipp zum Reiterdienst verpflichtet. Ihr Bruder solle bald schreiben, auch wenn es mit dem Kurfürsten noch nicht beschlossen wurde, denn der Kurfürst will sich beim König gern den falschen Dank abholen. Sie hat das alles eilig mit dem Rat Georgs von Carlowitz geschrieben. – Die Unterhändler haben auf den Reiterdienst gedrungen, weil sich der Bischof von Münster in großer Not befindet. – Der Kurfürst drängt allein auf die Artikel. — Der König sieht nicht gern, wenn ein großes Heer versammelt ist.

    StA Marburg, PA 2841, fol. 46r – 47v.

    Überlieferung: Ausfertigung.

    Schrift: eigenhändig.

    Adresse: Dem kantzler zu / Hessen etc. yn sein / eigen hant.

    Nr. bei Werl: 120.

    Kanzleivermerke: 1532 August 6 (Archivarshand 20. Jh.).

    Zur Datierung: Der Brief trägt keine Jahresdatierung. Mit der Notiz von Archivarshand (20. Jh.) auf dem Original wurde er zu 1532 August 6 gestellt und gelangte aus dieser Zuordnung heraus wohl auch in den vorliegenden Aktenzusammenhang, der eigentlich Briefe bis 1533 sammelt. Doch ist das Schreiben aus inhaltlichen Gründen zweifellos in das Jahr 1534 zu stellen,[2544] in dem die Wiedertäufer die Macht in Münster übernommen hatten.

[2543]　*Elisabeths Abneigung gegen das übermäßige Saufen hat sie bereits bei den Umständen des Todes von Siegmund von Maltitz ausführlich zum Ausdruck gebracht (vgl. KES I, Nr. 89).*

[2544]　*So datiert auch Werl, Nachlass Nr. 14, S. 12.*

Bemerkung: Der Brief wurde aufgedrückt gesiegelt; Siegeleinschnitte sind nicht vorhanden. Das Siegel wurde herausgebrochen; Wachsreste sind erhalten. — Die Handschrift ist auffällig flüchtig und bestätigt hierdurch die Bemerkung Elisabeths, dass der Brief in Eile geschrieben wurde. Georg von Carlowitz war während der Niederschrift des Briefes anwesend.

Lyeber er kantzler[2545], dey dreig argteckel ober wei vel er seyn, dey der korfurste hatt an genumen mit meyn bruder ab tzu retten, yst glich also, meyn bruder mack sey an nemen aber[2546] nich, dan meyn bruder hatt dem korfursten yetz ein anwert geben, das den routter dinst[2547] belangett, dar an[a] weir alle ein gefallen haben. Und wo er nur der tzu dut, wil das er nor deyst sich vor nemen lest, wen im der bischaff von Monster[2548] antzeyget, das er seiner holff von notten sey, so wil dem konge[2549] tzu under deingem gefallen und dem byschaff als dem freuntte[b] nicht vor lassen und lattes bey der forgen anwert bleyben. Nu was der hertzgen von Werttembergk leyb gut[2550] angeyt yst und geferlich[2551], ab es der hertzoge von Werttembergk[c] aneme aber[2552] nich, der[d] konich wert dar auff nich drencken. Was das schlost Hochen Weyl[2553] an geytt, das das dem konge umb ein[e] gelt gelasse wortte[f], weyst der hertzoge erkaff hatt mit[g] samt der besserunge, wert der konich auch wol tzu fretten sein, so droffen sey yn keym[h] geneyg seyn mit ein nander. ‖ Ich west auch neyman, der dem korfursten auff dey dreyg artegkel dreybett aber ander ausser halben das vor dragss[2554], das er[i] ader dem korfursten als mit gelemp[2555] solge antwert gebett, wey ich antzeyget. Und drencket yer droff, das der korfurste den hanttelst fursten euger anwert, dey yer yetz dut, und meyns meyns[j] bruder schreff lich[2556] anwert, dey den routter deinst belang, allen halben antzeyget ader vormeldet[k]. Und wollet meyn bruder an halten, das er mir anwert geb auff meyn zwey nest schriben[2557] und das dem konich schrib, wey wey[l] mir Klarlewitz geschriben hatt in eim zettel[m] aber angetzeyget hatt, wey meyn bruder dem konge schriben sal und das ich ein kabeyge[2558] kreyge, wey meyn bruder dem konge schrib. So sal Klarlewitz her Hans Hoffmann[2559] dar neben schriben, das meyn bruder dinstlich yst. Und das meyn bruder nor balt schrib, abe es glich nach nich[n] mit dem korfursten beschlost worte[o], dan ich merck wol, man wil den danck gern er sleychen als wolte meyn bruder nich fort, wan sey in nich dreyben. ‖ Damit seyt Got bevollen, was ich schrib, dut ich mit Klarlewitz rat. Dat(um) geschriben yn grosser yelste.[2560] Ich bin euch mit allen genaden geneyget, das sey nest so auff den routter deynst gedrucken haben. Macht das, das der bischaff grosse nott klagett, aber der konich begert es nich als ich hort, nim das

---

[2545]   *Johann Feige von Lichtenau (1482–1541), hess. Kanzler; vgl. Anm. 1215.*

[2546]   *= oder.*

[2547]   *= Reiterdienst.*

[2548]   *Franz von Waldeck (um 1492–1553), Bischof von Minden, Münster und Osnabrück; vgl. zu ihm ADB 7 (1878), S. 290–292.*

[2549]   *König Ferdinand I. (1503–1564).*

[2550]   *= Leibgut Herzogin Sabinas von Württemberg (1492–1564).*

[2551]   *= ungefährlich.*

[2552]   *= oder.*

[2553]   *Hohentwiel, Burg bei Singen.*

[2554]   *Der Vertrag von Kaaden (vgl. ABKG III, Nr. 2494).*

[2555]   *Glimpf = Ehre, Ansehen.*

[2556]   *= schriftlich.*

[2557]   *Vgl. oben Nr. 205 (Brief Elisabeths an Philipp, 1534 August 2).*

[2558]   *= Kopie, Abschrift.*

[2559]   *Hans Hofmann, Freiherr zu Grünbühel und Strechau (1492–1564), königlicher Rat und Schatz-meister; vgl. Anm. 2409.*

[2560]   *= in großer Eile. An dieser Stelle wollte Elisabeth den Brief zunächst beenden, schrieb aber unmittel-bar anschließend weiter.*

lieber an, das m(ein) b(ruder) antzeyget, das im deinen wil wans im notter dut, wey ich dan for angetzeyget. Es drencket neyman den korfursten, er dreybet es alleyn. Klarleywitz yst imerdar bey mir gesessen, weyl ich den breff geschriben hab. Schrib mir, was yer vor anwer[p] er langett. Dat(um) umb ix, dinstag nach Steffen Erfintunge.

E H Z S

Dan was meyn bruder an nem yn der sach, yst ein oberychst, dan der korfurst wolt gern danck vor deynen, das yst glich dousch geschriben[2561]. Und wan meyn bruder wil fel dunt, so dut so wey ich euch antzeyg. Und wil ech in gehommen nich bergen, lat euch aber tzu Dorge[2562] nich merken, byst yer tzu meyn bruder kummett, dem tzeyget es allen an, das keysser und kounge wol tzu fretten sein, ‖ das also vordragen yst, wey ich mein bruder wol wyl antzeygen, und der konich nich gern sith, das ein kreyges foulgk vor sammel wert, wans dem bisschaff nich gros not dutt. So yst vom keysser yn founftsen tagen ein bost[2563] kummen der halben, das sich meyn bruder nunichst besorgen droff. Aber latt euch nichst mercken, dan ich west gewist.

[a] *Am Wortende korrigiert aus:* am.
[b] *Wortanfang korrigiert aus:* d-.
[c] von Werttembergk *hochgestellt mit Platzhalter eingefügt.*
[d] *Gestrichener, unleserlicher Buchstabe.*
[e] *Gestrichen:* ge.
[f] gelasse wortte *hochgestellt mit Platzhalter eingefügt.*
[g] *Getilgt:* der.
[h] *Gestrichen:* geneyg.
[i] *Korrigiert aus:* yer.
[j] *Sic.*
[k] antzeyget ader vormelted *hochgestellt mit Platzhalter eingefügt.*
[l] *Sic.*
[m] in eim zettel *am linken Seitenrand und hochgestellt eingefügt.*
[n] *Unleserliche Streichung:* ger[...] nich.
[o] *Wort hochgestellt eingefügt.*
[p] *Gestrichen:* erck erlag.

207

Kassel   *1534 August 15*

Landgräfin Christine an Herzog Georg (den Bärtigen)

Landgräfin Christine trauert um Herzogin Barbara und ihre Schwester Markgräfin Magdalena [...]. Sie bittet, Herzog Georg solle doch ein mol zu mir raus komen und meines bruder fraw mit bringen, weis ich vorwar, a(uer) g(naden) konden meinem herren auff erden nicht libers thun. *Datum* geben zu Kasseln an Unsser Liben Frawen Tag im xxxiiii jar.

HStA Dresden, 10024, Loc. 8497/6, fol. 117r–v.

Überlieferung: Ausfertigung.

[2561] *Gemeint ist ‚deutsch schreiben', ‚deutsch mit jemanden reden'; ohne Umschweife, kurz, klar und derb.*

[2562] *Torgau, Stadt nö Leipzig mit der sächs.-ernest. Residenz Schloss Hartenfels.*

[2563] = *Post, Bote.*

Schrift: eigenhändig.

Adresse: [Dem ho]chgebornen forsten / [Jorge herczog] zcu Sachssen etc. / [meinen her]cz aller libisten / [vatter gehordt] der brif zu // eigener hant.

Kanzleivermerke: –

Bemerkung: Das Siegel ist erhalten; Siegeleinschnitte sind vorhanden.

208

1534 September 14

Herzogin Elisabeth an Landgraf Philipp (den Großmütigen)

Kardinal Albrecht von Brandenburg ist wegen des Vertrags von Kaaden besorgt. Der König hat ihm befohlen, Kurfürst Joachim I. von Brandenburg zur Annahme des Artikels zur Königswahl ohne eine Zusammenkunft der Kurfürsten zu bewegen. Während der Kurfürst von Brandenburg eingewilligt hat, hat Kurfürst Ludwig V. (der Friedfertige) von der Pfalz den Artikel abgelehnt und eine Zusammenkunft gefordert. Der Kardinal befürchtet nun, dass Kurfürst Johann Friedrich (der Großmütige) umgestimmt wird und es zu neuem Zwiespalt unter ihnen kommt. Philipp soll mit den Erzbischöfen von Trier und Köln über den Artikel verhandeln. — Ernst von Schönburg ist gestorben. – Philipp soll sich vor starkem Weinen hüten.

StA Marburg, PA 2842, fol. 66r – 67r.

Überlieferung: Ausfertigung.

Schrift: eigenhändig.

Adresse: Dem hochgebornen / fursten fursten hern / Philips langraffe[a] zu / Hessen etc. meynem / frunttlichen lieben / bruder yn seyner lieb // eigen hant.

Nr. bei Werl: 121.

Kanzleivermerke: 2 Philipp briefe kopien.

Bemerkung: An der Ausfertigung haben sich Siegel und Siegelstreifen vollständig erhalten; Siegeleinschnitte sind vorhanden. – Der Brieftext erging in der originalen Ausfertigung fortlaufend und ohne Satzzeichen. Für die Wiedergabe wurde der Text zur besseren Lesbarkeit in Absätze gegliedert.

Hertzlyeber bruder, ich las dich wissen, das Klarlewitz[2564] bey dem bischoff von Meintz[2565] gewest yst uff seyn er forderung. Nu hatt er ym angetzeygett, das man in grossen far[2566] stedett, das der Kadenische vordragk[2567] mochtte zurruck werden auß den orsachen, das der roumsch konigk[2568] dem bischoff von Mentz bevollen, das er mit seinem bruder, dem

---

[2564] *Georg von Carlowitz zu Hermsdorf (um 1480 – 1550), sächs.-albert. Rat; vgl. Anm. 42.*

[2565] *Kardinal Albrecht von Brandenburg (1490 – 1545), Erzbischof zu Mainz und Magdeburg; vgl. Anm. 1008.*

[2566] *= in großer Gefahr.*

[2567] *Der Vertrag von Kaaden (vgl. ABKG III, Nr. 2494).*

[2568] *König Ferdinand I. (1503 – 1564).*

korfursten von Branttenburgk[2569], wolde handeln, das er den artigkel, dy wal sache[2570] belangett, wolt der massen annemen und willigen, wie er im vortrage begrieffen, anhe[2571] zu sammen kunfft[2572] der kurfursten, dar mit der vortrag mochte vortzogen werden anhe weitere dis pitacion[2573].

Nhu hatt der korfurst von Branttenbergk solges gewelgett, aber der paltzgraff[2574] und kurfurst, der hatt es dem konge abgeschlagen und angetzeygett, das dy kur fursten zu sammen kumen muessen, weil es dey Gultene Bulle[2575] betreff und dey walle angeytt. Nu besorget der bisschaff von Mentz, komen dey kurfurste zu sammen, so moch ein zwey spalt[2576] under yn wertten, dan dy hern von Baigern[2577], dy wolten dem konige gerne vel abe dringen mit ander leutten. Solt sichst nu zu tragen, das dy kurfursten sich nit voreingten, so mocht sichst zu dragen, das der korfurste von Sachssen[2578] widerumb frey sthenhen woltte und dem keysser[2579] und konge also ursache geben, das sey den vortragk also stecken leyssen[2580] und nach yrer geleygen heyt[2581] dy ding under sunden zu straffen. Nu bedenck ich, das deyne sache und das hertzogen von Werttenbergk[2582] auch dar mitt mochte auff gehoben werden, das ich dan nich gern sege.

Nu hatt ‖ hatt[b] der bysschaff von Mentzse vor gut an gesen[2583], das ich dir schriben wolte und dich vormogen, das du dich wolles ein lassen yn hanttelunge den paltzgraffen zu vormogen, das er den arteckel willigen wolle anne zu sammen kumen der korfursten und ob du den pfaltgraffen[c] nich vortrawet zu vormogen[d], das du mit dem byschaff von Treyer[2584] und Kollen[2585] hanttelen, das du dy selbeygen beyde kondes vormogen, wan dey beyde willigten, so hatt der kurfurste von Branttenbergk und der bysschaff von Mentz geweilget, so hat es der korfurste von[e] Sachssen nich[f] anders gesuch. So droff man umb des[g] pfaltzgraffen willen[h] nit zu sammen kummen, dan es yst zu besorgen, kommen sey zu sammen das Sachssen und Pfaltz allerleyg dispitacigon[2586] mochtten fur brencken.

Nu yst meyn bit, du wolst der sache selbest nach dencken und was du darinne dunt wilt, das mhustu[i] auffs forderlichst thun, dan yn dreygen wochen yst der tag[2587] an gesatz mit dem

---

[2569]   *Kurfürst Joachim I. von Brandenburg (1484–1535); vgl. zu ihm ADB 14 (1881), S. 71–78; NDB 10 (1974), S. 434–436.*

[2570]   *= Königswahl.*

[2571]   *= ohne.*

[2572]   *= Zusammenkunft.*

[2573]   *= Disputation.*

[2574]   *Kurfürst Ludwig V. (der Friedfertige) von der Pfalz (1478–1544); vgl. zu ihm ADB 19 (1884), S. 575–577; NDB 15 (1987), S. 412 f.*

[2575]   *= Goldene Bulle.*

[2576]   *= Zwiespalt.*

[2577]   *Die Herzöge Wilhelm IV. von Bayern (1493–1550) und Ludwig X. von Bayern (1495–1545); vgl. Anm. 1661.*

[2578]   *Kurfürst Johann Friedrich (der Großmütige) (1503–1554).*

[2579]   *Kaiser Karl V. (1500–1558).*

[2580]   *= eine Sache stecken lassen = sie unterlassen, von ihrer weiteren Behandlung absehen; vgl. DWB, Bd. 17, Sp. 1344.*

[2581]   *= Gelegenheit.*

[2582]   *Herzog Ulrich von Württemberg (1487–1550); vgl. Anm. 795.*

[2583]   *= angesehen.*

[2584]   *Johann III. von Metzenhausen (1492–1540), Erzbischof von Trier; vgl. zu ihm ADB 14 (1881), S. 423; BBKL 3 (1992), Sp. 164 f.*

[2585]   *Hermann V. von Wied (1477–1552), Erzbischof von Köln; vgl. zu ihm ADB 12 (1880), S. 135–147; NDB 8 (1969), S. 636 f.*

[2586]   *= Disputation.*

[2587]   *Gemeint ist der Tag zu Fulda. Am 1534 Oktober 16 trafen sich Kurfürst Johann Friedrich und Land-*

kurfursten, dy weyl ich dan befuntten hab, das es dir und dem hertzogen von Werttenbergk zu schatten gereychgen mochtt. Hab ich dir es auß schwesterlicher trew yn einer yelle[2588] nich vor halten wollen und bevel dich der genade Gottes, ich ertzeig dir schwesterliche trew. Dat(um) montag nach Maria Gebortt anno xxxiiii.

    E H Z S etc.

Ich las dich wissen, das h(er) Ernst yn Got vorscheytten yst.[2589] Hatt yn dreyg wochen mir dan xii^c stol[2590] gehatt, yettel blout und dey leber mit ganen[2591] gar on^j an getzoutt[2592] gewest yn leyb meyn. ‖ Yeder man hatt so gesouffen der anfang yetz mit ym yst, das rot we[2593] gewest, hat vel nosse gessen.[2594] Aber dey dockter sprechen, es sey yettel vor brant blot von ym ganen. Er war m(einem) a(lten) h(ern) getrew, dat auch wo umb ich yn anspracht. Ich vor leyr yn nich gern.

    H(ertz) l(iebster) bruder heut dich vor stracken weynen[2595]. Ich^k moch gern ein mal bey dir seyn. Konttes dut dey sach auß rechten. Du vor deynest dich ser wol umb den konich. Ich hab umer sorge, unsser fruntte[2596] bradetzern[2597] das auch, aber las dich nich mercken. Auch halt ich, baigerst soug hett dey brounen gern auff^f der roussel und hetten gern schlosser rousser[2598].

    ^a *Sic.*
    ^b *Sic.*
    ^c *Sic.*
    ^d *Gestrichen: das er den argteckel wilgen wolte wolle.*
    ^e *Gestrichen: Scha.*
    ^f *Gestrichen: anderset.*
    ^g *Gestrichen: pfl.*
    ^h *Gestrichen: nich.*
    ^i *Sic.*
    ^j *Durch Tintenfleck verderbt.*
    ^k *Gestrichen: noch.*
    ^l *Gestrichen: den.*

---

    graf Philipp mit den Unterhändlern von Kaaden und den königlichen Räten. Herzog Ulrich von Württemberg verweigerte seine Teilnahme. Damit scheiterten die Verhandlungen in der Frage der Afterlehenschaft Württembergs, um das Leibgut Herzogin Sabinas und den Verbleib der königstreuen, ehemals herzoglichen Räte Dietrich Speth zu Zwiefaltendorf und Georg Staufer von Bloßenstauffen. Vgl. Lies, Zwischen Krieg und Frieden, S. 185 f.

[2588]   = *Eile.*
[2589]   *Ernst II. von Schönburg (1486–1534) starb am 1534 September 12 in Glauchau an der Ruhr. Vgl. Schön, Geschichte des Fürstlichen und Gräflichen Gesammthauses Schönburg, Bd. VI, S. 297 f.; zu ihm vgl. Anm. 41.*
[2590]   = *1.200 Stuhlgänge.*
[2591]   = *die Leber ist mit abgegangen.*
[2592]   = *unangezeigt.*
[2593]   = *Rotwein.*
[2594]   = *hat viele Nüsse gegessen.*
[2595]   = *hüte dich vor starkem Weinen.*
[2596]   *Gemeint ist Kurfürst Johann Friedrich.*
[2597]   = *praktizieren.*
[2598]   = *Rösser, Rosser; gemeint sind Reitknechte.*

209

Spangenberg *1534 September 21*

Landgraf Philipp (der Großmütige) an Herzogin Elisabeth

Philipp glaubt, wenn die Kurfürsten den Vertrag von Kaaden wegen der Goldenen Bulle nicht annehmen, wird König Ferdinand I. dennoch Herzog Ulrich von Württemberg das Herzogtum lassen, sofern sich der Herzog und Philipp an den Vertrag halten. Beide werden Ferdinand als römischen König anerkennen und nicht gegen die Goldene Bulle vorgehen. – Die Herzöge von Bayern werden sowohl Ulrich als Herzog von Württemberg als auch Ferdinand als römischen König anerkennen. – Kurfürst Johann Friedrich (der Großmütige) von Sachsen wird, so hofft Philipp, den König allein nicht absetzen oder verjagen. – Philipp will ein Bittschreiben an den Kurfürsten von der Pfalz schicken und sich an den Erzbischof von Trier wenden, damit dieser dann mit dem Erzbischof von Köln verhandelt. – Elisabeth soll Herzog Georg (den Bärtigen) diesen Brief lesen lassen.

> *StA Marburg, PA 2842, fol. 68r–69r.*
> *Überlieferung: Abschrift.*
> *Schrift: hess. Kanzleischreiber (schriftgleich Nr. 212, 217).*
> *Adresse:* ^a*An frawen Elizabeth l(antgreffin) z(u) Heß(en) h(erzogin) z(u) / Sachß(en).*^a
> *Kanzleivermerke: –*
> *Bemerkung: Die Absatzgestaltung folgt der Vorlage.*

Liebe schwester, ich habe dein schreiben[2599] gelesen, das Karlwitz[2600] bey dem bischoff von Meintz[2601] gewesen und was er ime anczeigt. Gleub wol, das allerley gesucht werde, wie diser vertrag zuruth und mer dem konig[2602] zu nachteil dan zu guttem. Ob aber die churfurst(en) den Cadauisch(en) vertrag[2603] nit annemen sovil die bulla[2604] betrifft, hielt doch billich der konig den vertrag mit Wyrtenbergk und mir, so ferne wir das leisten, das uns der vertrag weiset, wilchs ich meins theils zuthun willig, halte auch an Wyrtenberg werde nichts mangeln und summa wil der konig hertzog Urich^b [2605] mit friden und rugen im landt lasß(en). So wollen hertzog Urich^c und ich ime thun, was ime lieb und dinst ist und ich wil unverdingt in Ferdinanden als rom(ischen) konig der gestalt alßdan willig(en), mich die unnutz(en) clauseln der bullen reformation nit anfecht(en) lasß(en).

Es haben wie die hern von Bayern[2606] zusagen lasß(en), so das landt Wyrttenbergk bey hertzog Ulrich und seinem shone[2607] bleibe, so wollen sie auch im vertrag in Ferdinanden willig(en) und inen annemen vor eynen rom(ischen) konig, wilchs ich mich vermut, sie halt(en) werden. ‖

[2599] *Vgl. oben Nr. 208 (Brief Elisabeths an Philipp, 1534 September 14).*

[2600] *Georg von Carlowitz zu Hermsdorf (um 1480–1550), sächs.-albert. Rat; vgl. Anm. 42.*

[2601] *Kardinal Albrecht von Brandenburg (1490–1545), Erzbischof zu Mainz und Magdeburg; vgl. Anm. 1008.*

[2602] *König Ferdinand I. (1503–1564).*

[2603] *Der Vertrag von Kaaden (vgl. ABKG III, Nr. 2494).*

[2604] *= Goldene Bulle.*

[2605] *Herzog Ulrich von Württemberg (1487–1550); vgl. Anm. 795.*

[2606] *Die Herzöge Wilhelm IV. von Bayern (1493–1550) und Ludwig X. von Bayern (1495–1545); vgl. Anm. 1661.*

[2607] *Herzog Christoph von Württemberg (1515–1568), Sohn Herzog Ulrichs.*

Im fhal aber so solichs nit geschehe und Sachsßen auch oben auß wolt, so dan ich in Ferdinanden willige und inen anneme fur meinen hern, zweyffel ich nicht, die andern werden sich auch wol lenck(en) und so Bayern sein zusage nit halt(en) wurde, heth ichs kein gefall(en), wust auch wol, wie ich mich halt(en) solt, sie seindt aber so vol krigs nit das sie ein baner darumb anbinden. It(em) ich hoff auch Sachsßen werde den konig allein nit absetz(en) ader verjagen.

It(em) wil aber diß unangeseh(en) zu Paltz[2608] schick(en), wil versuch(en) sovil moglich des gleich(en) zu Trier[2609], bey dem ich dan hoff zuerhalt(en), das er seins theyls zufriden sein wirdet und er Trier sol mit Collen[2610] weiter handeln, sovil ime meglich, als ich mich versehe und zum beschlus wil konig hertzog Ulrich und mir gnedig sein, wollen wir inen fur unsern hern halt(en) und ime dinst und hulff ertzeig(en). Wil er aber nit, so mußen wir Got und alle hilff suchen und nit vertzogen der uns vor geholffen kans furthan thun, hoff auch wir werden noch viel hern und freunde finden, die uns nit verlaßen werd(en). ‖

Wollest auch disen briff meinen vatter hertzog Jorgen[2611] sehen laisß(en)[d], dorauß sein lieb mein gemut und meyung[e] verstehen moge. Dir bruderlich trew zuertzeigen bin ich genaigt. Dat(um) Spangenberg am montag nach Lamperti anno etc. xxxiiii.

Philips landtgrave / zu Heßen etc.

[a-a] *Unter dem Text.*
[b] *Sic.*
[c] *Sic.*
[d] *Sic.*
[e] *Sic.*

210

1534 September 21

Georg von Carlowitz und Simon Pistoris an Herzogin Elisabeth

Herzog Georg (der Bärtige) hat vor wenigen Tagen erfahren, dass in Niederdorla ein Prediger sein soll, der die Verehrung des wahren Leibes und Blutes Christi verboten habe. Es soll sich dabei um Sebastian Thiele handeln, den der Herzog vor zwei Jahren aus dem Land verwiesen hatte. Nachforschungen haben das nicht bestätigt, allerdings hat Landgraf Philipp nach der Abberufung Thieles mit Johann Steinhammer einen nicht geweihten Prediger eingesetzt, der sich ebenso wenig wie sein Vorgänger an Herzog Georgs Befehl hält. Georg von Carlowitz und Simon Pistoris waren darüber erschrocken und befürchten neuen Zwiespalt zwischen Herzog Georg und dem Landgrafen. Sie wollen es Herzog Georg gar nicht melden, sondern bitten Elisabeth dringend, auf ihren Bruder einzuwirken, dass er diesen Prediger entlasse und einen einsetze, der sich an die Kirchenordnung hält. Die Räte vermuten, Philipp habe mutwillig den Prediger eingesetzt. Die beiderseitigen Räte haben zu Mühlhausen festgestellt, dass die Vogtei stets zur Landgrafschaft Thüringen gehört und das Kapitel zu Langensalza die Pfarre zu verleihen hat. Die Grenze zwischen Hessen und Thüringen stellt die Werra dar. Die herrschaftlichen Rechte stehen Herzog Georg zu und

---

[2608] *Gemeint ist Kurfürst Ludwig V. (der Friedfertige) von der Pfalz (1478–1544); vgl. Anm. 2574.*
[2609] *Gemeint ist Johann III. von Metzenhausen (1492–1540), Erzbischof von Trier; vgl. Anm. 2584.*
[2610] *Gemeint ist Hermann V. von Wied (1477–1552), Erzbischof von Köln; vgl. Anm. 2585.*
[2611] *Herzog Georg (der Bärtige) (1471–1539).*

Landgraf Philipp soll sich selbige nicht anmaßen. Elisabeth soll nun ihren Bruder warnen und bei ihm um die Entlassung des Predigers Johann Steinhammer bitten.

> *StA Marburg, PA 2842, fol. 87r–88r.*
>
> *Überlieferung: Ausfertigung.*
>
> *Schrift: Simon Pistoris.*
>
> *Adresse:* Der durchlauchtigen hochgepornen furstin und / frawen, frawen Elisabeth geporne landt- / grevin zu Hessen hertzogin zu Sachssen / landtgrevin in Doringen und marggrefin / zu Meyssen, unser gnedigen frawen.
>
> *Kanzleivermerke:* –
>
> *Bemerkung: Der Brief wurde gefaltet und gesiegelt. Er trägt kleine Siegeleinschnitte, die auf eine Bindung durch einen Strick schließen lassen. Die beiden Siegel von Georg von Carlowitz und Simon Pistoris sind unversehrt erhalten. – Der Brief trägt die Unterschrift von Simon Pistoris. – Der Brief ist Teil der „Akte Treffurt" (siehe Nr. 215). In dieser Provenienz ist er in den Brief Nr. 216 eingeheftet worden. – Der in diesem Dokument häufig vorkommende Doppelkonsonantismus ‚n' wird reduziert wiedergegeben.*
>
> *Druck: ABKG III, Nr. 2555.*

Durchlauchtige hochgeporne furstin, ewern furstlich(en) gnaden seint unsere gantzwillige underthenige dienste alletzeit hochstes vleisses zuvorn gnedige fraw. Den durchleuchtigen hochgepornen fursten und hern, hern Georgen hertzogen zw Sachssen etc. unsern g(nedigen) h(ern) hatt vor wenig tagen angelangtt, wie zu Nydern Dorlla[2612] zcwuschen Mulhaußen[2613] und Saltza[2614] gelegen, da mans sunst pflegtt die vogttey[2615] zunennen, solt ein prediger sein, der das hochwirdige sacrament des warhafftigen leibs und bluths Christi vorbothe zu ehren und das es eben der sein ßolde, Sebastian Tyle[2616] gnant, den sein f(urstliche) g(naden) vor zceweyen jharen da dannen lassen hinwegk fuhren[2617], darauff sein f(urstlichen) g(naden) umb grundtliche erkundigung schreiben lassen. Nuhn ist dieselbige itzt eynkommen und wiewol sich angetzaigt angeben also nicht befindet, so ist es doch an dem, das der durchlauchtige hochgeporne furst und herre, her Phillips landtgraff zu Hessen etc. unser auch g(nediger) h(er) den itzigen prediger, Johan Steynhammer[2618] gnantt, und eben die zceit, als kurtz zuvorn gedachtter Sebastian Tyle hinwegk kommen, dahin vorordentt, der da dan nicht geweyhett, auch es gar nicht wie sunst in unsers g(nedigen) hern, hertzog Georgen zw Sachssen etc. lande gewonlich thut halten. Des wir nit wenigk erschrocken und in besorg, wo solcher bericht sein f(urstlichen) g(naden) solt furgetragen werden, es nit geringen widerwillen mitt

---

[2612] *Niederdorla, Dorf s Mühlhausen.*

[2613] *Mühlhausen, Stadt nw Erfurt.*

[2614] *Langensalza, Stadt n Gotha.*

[2615] *Die Vogtei mit den Dörfern Oberdorla, Niederdorla und Langula.*

[2616] *Sebastian Thiele, Prediger zu Niederdorla.*

[2617] *Um die Bestellung des Predigers hatte es 1532 eine Auseinandersetzung zwischen Herzog Georg und Landgraf Philipp gegeben. Einige Einwohner Niederdorlas hatten Herzog Georg angezeigt, dass Sebastian Thiele die zwinglische Lehre verbreite. Daraufhin ließ der Herzog den Beschuldigten nach Dresden bringen und ihn dort verhören. Der Herzog informierte den Landgrafen über die Absetzung Thieles und schickte ihm eine Abschrift des Verhörs. Als Reaktion forderte Philipp die Rückführung des durch ihn eingesetzten Predigers und setzte sich für eine Verhandlung vor den mainzischen, hessischen und den beiden sächs. Räten ein. Herzog Georg bestand aber darauf, dass er das Patronatsrecht allein habe, auch wenn alle gemeinsam die Gerichte und die anderen Gerechtigkeiten innehatten. Vgl. ABKG III, Nr. 2086, 2098, 2103; zur Sache ebenfalls: StA Marburg, PA 2536c.*

[2618] *Johann Steinhammer, Prediger zu Niederdorla.*

hochgedachtem unserm g(nedigen) h(ern) dem landtgraven[2619] mocht ursachen, so haben wir solchs im besten underlassen und vor bequemer geacht e(uer) f(urstlichen) g(naden) es antzutzaygen und underthenigklich zubitten, das e(uer) f(urstlichen) g(naden) bey irem ‖ bruder unserm g(nedigen) h(ern) die freuntliche und fleissige vorwendung thuen wollt, das sein f(urstlichen) g(naden) solchen prediger widerumb da dannen schaffen ader ir nit wollt entkegen sein lassen, das solchs sunst geschee und ein anderer dahin vorordentt wurde, der sich allenthalben wie sunst in unsers g(nedigen) h(ern) lande gewonheitt thet halltten. Dan wir achtens darfur, das gedachter itziger prediger vornemlichen von unserm g(nedigen) h(ern) dem landtgraven aus dem unwillen dahin vorordent worden, den sein f(urstlichen) g(naden) jhenes mals, als Sebastian Tyle hinwegk gefurth, gefassett und haben aus allen handlungen, so hirauff zcwuschen baydersseits rethen zw Mulhausen furgenohmen,[2620] nit befinden mogen, das sunst sein f(urstlichen) g(naden) des orths die furstliche oberkeitt zustendigk, dan dieselbige voyttey alletzeitt zum landtgraffthumb Doringen gehorigk gewest. Da auch die landtgraven zu Doringen das lager außm ampt Saltza gehabt und hiebevorn mehr dan eynß die leuthe irer vorhandlung halben in der vogttey gefencklichen angenomen und da dannen kegen Saltza gefurt, so hatt das capitel zu Saltza solche pfarre zuvorleyhen. Und ist gar ein alte grentz zcwuschen dem landt zu Hessen und Doring(en), das wasser die Werra[2621] gnant, hie disseytt welchem sich die landtgraven zu Hessen hiebevorn gar keiner furstlichen oberkeitt angemast, so haben auch dieselbig(en), die von Mulhaußen nicht gehabt. Darumb sie auch sein f(urstlichen) g(naden) dardurch nicht zukommen, wo wir auch nicht alsovil grundes befunden, das solche oberkeitt unserm g(nedigen) h(ern) hertzog Georgen zu Sachssen etc. zustendigk, so wolltten wir nit underlassen ‖ sein f(urstlichen) g(naden) auffs underthenigst darfur zubitten, sich derselbigen nicht antzumassen. Weil wir aber dartzu nicht ursach nach guthen fugk vormercken und obgemeltte vorsorge tragen, wo es an unsern g(nedigen) h(ern) solt gelangen, szo langt an e(uer) f(urstlichen) g(naden) unser gantz underthenige bitt, sie wolle bey irem bruder dieße freuntliche suchunge thun, dardurch obangetzaygtter prediger, mocht fuglichen hinwegk kommen und unser g(nediger) h(er) hertzog George zu Sachssen etc. in seiner f(urstlichen) g(naden) oberkeitt des orths nicht weither behindert werde. E(uer) f(urstlichen) g(naden) wolle es auch unsert halben gnediglichen vormercken, dan e(uer) f(urstlichen) g(naden) wer alltzeit dartzu gneigtt befunden, das sie an yr freuntlichen willen zcwuschen baydersseits unßern g(nedigen) h(ern) zuerhaltten, nichts hatt lassen erwinden und seint es in aller underthenigkeitt zuvordienen alletzeit willigk. Geben montags Mathei Ap(osto)li anno etc. xxxiiii°.

E(uer) f(urstlichen) g(naden) / willige underthenige / Georg von Karllewitz / amptman zu Radebergk // Symon Pystoris / doctor

211*

[1534 September nach 21, vor 30]

Herzogin Elisabeth an Landgraf Philipp (den Großmütigen)
Elisabeth schreibt ihrem Bruder wegen des Predigers zu Niederdorla, worum sie von Georg von Carlowitz und Simon Pistoris gebeten wurde. Philipp soll sich der Sache annehmen und den Prediger entlassen. – Elisabeth bittet Philipp um ein Darlehen für Georg von Carlowitz.

[2619] *Landgraf Philipp (der Großmütige) (1504 – 1567).*
[2620] *Vgl. ABKG III, Nr. 2103.*
[2621] *Werra, östl. Quellfluss der Weser.*

Überlieferung: verloren.

Bemerkung: Die Ausfertigung, die Datierung und die Hinweise auf den Inhalt dieses Schreibens ergeben sich aus Nr. 210 und 212. – Vermutlich schickte Elisabeth das gemeinsame Schreiben Georgs von Carlowitz und des Kanzlers Simon Pistoris (Nr. 208) mit diesem Brief an Philipp.

212

Kassel   *1534 September 30*

Landgraf Philipp (der Großmütige) an Herzogin Elisabeth

Philipp wird Georg von Carlowitz um Elisabeths Willen 1.000 Gulden auf fünf Jahre leihen. Sobald er zu Herzog Ulrich von Württemberg kommt, will er für Carlowitz auch bei ihm etwas erreichen. – Wegen des Predigers zu Niederdorla wird er sich erkundigen. Wenn seine Rechte nicht so eindeutig sind, dass er an dem Ort den Prediger einsetzen darf, so wird er sich nach ihrem Willen verhalten. – Von Hans Hofmann hat Philipp eine Antwort erhalten, die er beiliegend mitschickt. Elisabeth soll sich bei Herzog Georg (dem Bärtigen) dafür einsetzen, dass er sich beim König für die Belehnung Herzog Ulrichs von Württemberg an einem Ort außerhalb Österreichs einsetzt. – Philipp fällt es noch schwer, dem König zu vertrauen. – Er will bald zu Elisabeth kommen.

> *StA Marburg, PA 2842, fol. 70r–v.*
>
> *Überlieferung: Abschrift.*
>
> *Schrift: hess. Kanzleischreiber (schriftgleich Nr. 209, 217).*
>
> *Adresse: ᵃAn m(eines) g(nedigen) h(ern) schwest(er).ᵃ*
>
> *Kanzleivermerke: –*
>
> *Bemerkung: Aus dem Inhalt geht hervor, dass Landgraf Philipp die Antwort des königlichen Rats Hans Hofmann als Beilage übersendete. Neben dem Brief überbrachte Peter Baidel als Gesandter des Landgrafen auch eine Botschaft (gleichen Datums) an Herzog Georg. – Die Absatzgestaltung folgt der Vorlage.*

Liebe schwester, so vil den Carlowitz[2622] bedrift, wil ich umb deinetwillen, auch ime zu gnad(en) tausent g(u)ld(en) vorschreib(en), in funf jaren zu zal(en) alle jare iiᶜ [2623].

Und so bald ich zum herzog(en) komme, wil ich bei ime auch fleis thun, ime dem Carlowitz auch etwas zuerlang(en), welchs auch nit gescheen magk, ich sei dan selbst personlich bei dem herzog Urichᵇ [2624].

So vil den pfaff(en) ad(er) predig(er)[2625] bedrift, wil ich mich in d(er) sach erkunden. Und wo mein gerechtigkait nit dermass(en) so clar, das mein vatt(er) herzogk Jorge ir selbst nit wuld sprech(en) magk, das ich an das ort ein predig(er) zusetz(en) habe, so wil ich mich umb deiner bit willen f(or) halt(en).

Ich hab von h(ern) Hans Hofman[2626] antwort krig(en), wie du zu ßeh(en) hieneb(en) findest. Ist derhalb(en) mein bit, wollest furdern mein vatt(er) herzog Jorge bei dem

---

[2622] *Georg von Carlowitz zu Hermsdorf (um 1480–1550), sächs.-albert. Rat; vgl. Anm. 42.*

[2623] *= in fünf Jahren jedes Jahr 200 Gulden.*

[2624] *Herzog Ulrich von Württemberg (1487–1550); vgl. Anm. 795.*

[2625] *Johann Steinhammer, Prediger zu Niederdorla (vgl. oben Nr. 210 und Nr. 211).*

[2626] *Hans Hofmann, Freiherr zu Grünbühel und Strechau (1492–1564), königlicher Rat und Schatzmeister; vgl. Anm. 2409.*

konige[2627] erlang(en) wolle, das d(er) konig die belehnunge zu Augspurgk[2628], Ulm[2629] ad(er) sonst neher thue, das nit in Osterreich usgesetzt werde.

Dan ich besorge herzogk Ulrich sei in Osterreich nit zu vermug(en).

So ists mirs auch beschwerlich, dem konige noch zur zeit zu trawen, dan man spricht einem versont(en) feinde ist nit zuvertrawen.

Und das d(er) konig di pflicht von herzog Ulrich(en) durch seiner[c] rethe nemen laße ‖ haußen neben dem lande Wirtembergk in d(er) nehe.

Ader das d(er) konigk zu laße, das herzogk Ulrich sein rethe muge volmechtig mach(en) und in sein ßele ad(er) stadt lassen schweren. Thue fleis, ich wils erkennen.

Bis Got bevolhen. Ich schicke hierneb(en) mein potschaft[2630] zu meinem schweh(er), di wurdet inen solchs auch bericht(en). Dat(um) Cassel mitwoch(en) nach Michel anno etc. xxxiiii.

Wan mirs immer geleg(en) wil ich zu dir kommen.

Philips L Z Hess(en) etc. s(ub)s(cripsi)t

a-a *Unter dem Text.*

b *Sic.*

c *Gestrichen:* nt.

213*

[1534 Oktober 9]

Herzogin Elisabeth an Georg von Carlowitz
Elisabeth hat an Georg von Carlowitz geschrieben und ihn dahingehend informiert, dass ihm Landgraf Philipp 1.000 Gulden auf fünf Jahre leihen und sich für ihn bei Herzog Ulrich von Württemberg einsetzen wird. Carlowitz soll Philipp schreiben.

Überlieferung: verloren.

Bemerkung: Die Ausfertigung und die Datierung dieses Schreibens ergeben sich aus Nr. 214.

214

1534 Oktober 9

Herzogin Elisabeth an Landgraf Philipp (den Großmütigen)
Mit Herzog Georg (den Bärtigen) hat Elisabeth gesprochen, damit er Philipp antwortet. Durch den Kanzler soll Herzog Georg dazu bewegt werden, dem König zu schreiben und für ein Treffen Philipps und Herzog Ulrichs von Württemberg mit dem König in Augsburg oder Ulm zu werben. – Philipp solle dem König nichts abschlagen. Er darf nicht denken, dass Philipp ihm nicht vertraut. – Man befürchtet, Herzog Ulrich wird die zwinglische

2627 *König Ferdinand I. (1503–1564).*

2628 *Augsburg, Stadt nw München.*

2629 *Ulm, Stadt w Augsburg.*

2630 *Zu den Instruktionen des Landgrafen Philipp für seinen Gesandten Peter Baidel an Herzog Georg (1534 September 30) vgl. ABKG III, Nr. 2563.*

Lehre annehmen, deshalb soll Philipp Herzog Ulrich nicht nachgeben. – Philpp soll sich überlegen, ob er nach Österreich ziehen will. Stattdessen soll er lieber sagen, dass er sich um sein Land sorgt: vor dem Grafen Heinrich von Nassau, der in den Niederlanden liegt, vor einem Bauernaufstand oder den Seestädten. Seine Räte könnten anzeigen, dass sie den Landgrafen wegen der drohenden Gefahr nicht aus dem Land lassen. Dadurch soll der König nicht glauben, Philipp hätte Angst vor ihm oder würde ihm nicht vertrauen. – Elisabeth weiß nicht, ob man Herzog Heinrich II. (dem Jüngeren) von Braunschweig-Lüneburg-Wolfenbüttel vertrauen kann. Sie rät Philipp, sich gegenüber Herzog Heinrich und Herzog Georg so zu verhalten, wie er ihnen geschrieben hat, damit er ihr Vertrauen behält und sie ihn vor dem König rechtfertigen können. Philipp soll seine Räte mit Herzog Ulrich schicken, damit sich nicht beide gleichzeitig der Gefahr eines Verrats aussetzen. Wenn Philipp sich außerhalb Österreichs aufhält, wird der König auch dem Herzog nichts anhaben. Elisabeth betont, wenn sie Herzog wäre, dann würde sie mit keinem lieber zum König ziehen als mit ihrem Bruder. — Herzog Georg weiß noch nichts von der Sache wegen des Predigers von Niederdorla. Der Kanzler hat Elisabeth gebeten, Philipp in dieser Angelegenheit zu schreiben und ihn zur Eile zu drängen, bevor es Herzog Georg von anderen erfährt. – Georg von Carlowitz soll Herzog Georg bewegen, den König zu bitten, das Treffen zwischen Philipp und dem König nach Regensburg oder an einen anderen Ort zu verlegen.

> *StA Marburg, PA 2842, fol. 72r–73v.*
>
> *Überlieferung: Ausfertigung.*
>
> *Schrift: eigenhändig.*
>
> *Adresse:* [Meine]m fruntlichen / [lieben bruder] hern Philips / [lantgraff zu] Hessen etc. yn / [seiner lieb eig]en hantt.
>
> *Nr. bei Werl: 122.*
>
> *Kanzleivermerke:* M(eines) g(nedigen) h(ern) schwest(er).
>
> *Bemerkung: Siegeleinschnitte sind vorhanden; das Siegel und der Siegelstreifen selbst sind verloren; die Adresse ist entsprechend beschädigt überkommen. – Der Brieftext erging in der originalen Ausfertigung fortlaufend und ohne Satzzeichen. Für die Wiedergabe wurde der Text zur besseren Lesbarkeit in Absätze gegliedert.*

Mein hertzlieber bruder, ich bedanck mich fruntlich, das dut dey sach wilt also[a] machen Klarlewitz[2631] halben, er sal es vordeynen und halten bey dem hertzogen[2632] auch an dan er dut es beylich. Ich schrib[2633] auch Klarlewitz keyn Leybtzeygk,[2634] der sal dem seckretarge[2635] seyn gemot auch antzeygen, dir zu sagen.

Ich hab auch mit m(einem) a(lten) h(ern)[2636] geret deysse stunde, saget, er wolt dir anwert geben und mich sey for lassen lessen. Yetz war ich bey dem kantzler,[2637] dem sagett ich, er wolt fliß dut, das m(ein) a(lter) h(er) dem konge[2638] schribe, das der tag zu Außporgk[2639] oder

---

[2631]   *Georg von Carlowitz zu Hermsdorf (um 1480–1550), sächs.-albert. Rat; vgl. Anm. 42.*

[2632]   *Herzog Ulrich von Württemberg (1487–1550); vgl. Anm. 795.*

[2633]   *Das Schreiben Elisabeths an Georg von Carlowitz ist verloren und wird hier unter der Nr. 213 geführt.*

[2634]   *Leipzig.*

[2635]   *= Sekretär.*

[2636]   *Herzog Georg (der Bärtige) (1471–1539).*

[2637]   *Dr. Simon Pistoris (1489–1562), Kanzler Herzog Georgs (des Bärtigen); vgl. Anm. 62.*

[2638]   *König Ferdinand I. (1503–1564).*

[2639]   *Augsburg, Stadt nw München.*

Oulm[2640]. Mer saget der kantzler mir auff vor trawen, ich solt dir ratten, das dut dem konge nich abschlouges, dan es stunde droff, das ein reychst tag[2641] wortte wertten und das du dan da hin beschetten worttest. Der konich wortte susten gantz dencken, du vortrawest ym nich, dan es hette keyn not, wey ich yn m(eines) a(lten) h(ern) anwert wol hornt wortte.

Ich sege auch selber wol, das m(ein) a(lter) h(er) nich wandern kontte. So yst dir[b] m(ein) her vor war nichst nutsze, dan dan[c] er dem konge keyn wortt sagett, so sprecht m(ein) a(lter) h(er), h(ertzog) H(einrich) v(on) B(raunschweigk)[2642] sol mit dir rytten[2643], wey er dir dan antzeygen lett sam[d] s(einer) l(ieb) retten. Meynet auch, der konich las neyman vor den hertzgen[2644] schwern, dan der herzoge sal es selber dunt und meynet gantz, weyl dich der konich so gern hette bey im, das er es gene dich lich[2645] meynett und dir gantz nich ab tzu schlagen[2646], dan du alweg mit das konges geleyttes reyttes. Aber wan[e] Klarlewitz her kummet, wil ich fliß dunt, ab ich es kont auß rechtten, auff Merteyn[2647] werst ya tzu kortz an gesatzt, wyl dich haben, so wert er wol dyr tzeyt geben. Ich hoff der Got, der dich altzeyt behout ‖ hatt, sal dich auch nach beheutten. Aber ich byt dich fruntlichen, las dem hertzgen seyn willen nich, dan ich hort sagen, er last schwencklich sunst[f] bredeyger breytdeygen[2648] und bratteytzerre[2649] mit den Schwitzsern wort[2650] nor nuger[g] der hader und solt dir auch wol ober den koff wacksen, aber lyeber bruder bedenck es selber wol, ab dut yn Osterich tzeyn wilt aber[2651] nich. Ich dech auch es wer nich bost, das du antzeyges, du besorges dich wan dut auß dem lant tzouges, so weytt es moch dir etwas begeygen dan graff Herich von Nasse[2652] yst yetz ym Neyder lantt[2653], auch noch etwas susten begeygen von bourn auff stend[2654]; must auch dunt als besorges du dich vor den[h] se steden[2655], auff das der konich nich decht, das du dich vor ym besorges aber[2656] nich vortrawest. Must meyn a(lten) h(ern) auch so[i] schriben, als kemb dir warn unge[2657], weyl dut dem hertzgen von Holstend[2658] helffest bestand.[j] Dunt mustest so ein bussen reyssen[2659], dan man must welt bescheytteykeyt[2660] brouchgen aber da byst an das der hertzoge den len tag selber besuch, dan der hatt nich so weyt als dutt. Auch yst von deynett wegen nich ym vortrag[2661] deyner

---

[2640] *Ulm, Stadt w Augsburg.*

[2641] *= Reichstag.*

[2642] *Herzog Heinrich II. (der Jüngere) von Braunschweig-Lüneburg-Wolfenbüttel (1489–1568); vgl. Anm. 329.*

[2643] *= reiten.*

[2644] *Herzog Ulrich von Württemberg.*

[2645] *= gnädiglich.*

[2646] *= abzuschlagen.*

[2647] *= Martini (November 11).*

[2648] *= Prediger predigen.*

[2649] *= praktizieren.*

[2650] *= Schweizer Wort; gemeint ist die zwinglische Lehre.*

[2651] *= oder.*

[2652] *Heinrich III. von Nassau-Breda (1483–1538); vgl. zu ihm ADB 11 (1880), S. 551f.*

[2653] *Niederlande.*

[2654] *= Bauernaufstand.*

[2655] *= Seestädte.*

[2656] *= oder.*

[2657] *= Warnung.*

[2658] *König Christian III. von Dänemark (1503–1559), Herzog von Schleswig und Holstein; vgl. Anm. 2429.*

[2659] *= Possen reißen.*

[2660] *= Weltbeschauung.*

[2661] *Der Vertrag von Kaaden (vgl. ABKG III, Nr. 2494).*

eigen bersown[2662] nor dorch deine rette konttes auch wol antzeigen, das dich dein lantschaff yn deyssen schwintten loufften nicht gern auß dem lantte lassen wolt und dich nich mercken lyst, das du dich besorges.

Ich west nich, ob h(erzogk) H(einrich) z(u) B(raunschweigk) zu vortrawen yst, bedenck es wol. Aber kantzler saget tzu mir, wo dut nich auß dem lant konttes, dan ich rette for mich selber mit ym, soltes du yetzt stelschweygen, so lang nu der kounich den tag auß schribe und dar nach kounttes dan aller leyg[2663] abschlagk machen der halben. ‖ Wer meyn ratt, das du dich keyn h(erzogk) H(einrich) z(u) B(raunschweigk) nach keyn m(einem) a(lten) h(ern) nich anders an nemest, dan dut woltes. Und ob es dan nich geschege, so kontten sey dich dan dester besser voranwertten keyn dem kounge, das dust willen hettes gehatt und scheycktes dan deyn rette mitt dem hertzogen zu Werttenbergk, dan solt yer beyde tzein und[k] leyget dan[l] bey dar neyder wer nich gut. Ich glab gantz, der koungych felt euch nich, aber man konntes sousten wol bestellen, das yn steden gescheyge aber ander leut dey bost Werttenbergksch seyn, wan dan glich der kounich lang tzornlich stel, wast holffest dichst. Aber wan du houssen byst, so lett vor war der kounch[m] den hertzgen wyder hemlich nach auffenberlich nichst duntt kan, besorget sich vor dir. Ich wolt auch, wan ich der hertzoge wer, lyeber also tzeyn dan mit dir, wan er susten vorstand hette. Bedenck es wol, ych meyn es trewlichen und wan der konich ym reych yst aber[n] ym Ober lant[2664], so kanst du dan wol tzu ym kummen etc. M(ein) h(ertz) a(ller) l(iebster) b(ruder), ich hab vor war allen fliß gedauntt und willen nach dunt und wil dich heyr mitt Got bevellen, der beheut und bewar dich und helff uns mit freutten zu sammen. Dat(um) freytag nach Frantzekuss[2665] anno xxxiiii.

E H Z S etc.

Das[o] bredeygers[2666] halben yst nach also, m(ein) a(lter) h(er) west keyn wort dromb. Der kantzler batt mich, ich wolt dir schriben, das du es welles auff das belste so moglich wer[p] er kontten[2667] und[q] ab schaffen, dan es mochtte susten dorch ander leut for yn kummen, dan wan must den man halten mit guttem, dorch das konichst bottschaff dey keyn Foulle[2668] kummett kont auch dey malstad[2669] vor leigett wertten. Aber das du nich anders ‖ antzeygest, das dirs tzu weyt yn deyssen loufften auß[r] deynem lant tzu tzeyn wer etc.

Ich vor se mich, Klarlewitz sal m(einem) a(lten) h(ern) nach dar zu retten, das der konich sal ober rett[2670] wertten, das yer gen keyn Reysborgk[2671] aber an ein andern ort sal geleygett wertten. Ich west wol, was ich Klarlewitz wil for halten.

  [a] *Gestrichen:* ha.
  [b] *Gestrichen:* m a h vor.

  [2662] = *Person.*
  [2663] = *allerlei.*
  [2664] *Gemeint ist das Gebiet des oberen Rheinlands, in dem auch viele Reichsstädte liegen.*
  [2665] = *Francisci (Oktober 4).*
  [2666] *Johann Steinhammer, Prediger zu Niederdorla (vgl. oben Nr. 210).*
  [2667] = *erkunden.*
  [2668] *Gemeint ist der Tag zu Fulda. Am 1534 Oktober 16 trafen sich Kurfürst Johann Friedrich und Land-graf Philipp mit den Unterhändlern von Kaaden und den königlichen Räten. Herzog Ulrich von Württemberg verweigerte seine Teilnahme. Damit scheiterten die Verhandlungen in der Frage der Afterlehenschaft Württembergs, um das Leibgut Herzogin Sabinas und den Verbleib der königstreuen, ehemals herzoglichen Räte Dietrich Speth zu Zwiefaltendorf und Georg Staufer von Bloßenstauffen. Vgl. Lies, Zwischen Krieg und Frieden, S. 185 f.*
  [2669] = *gekennzeichnete Stelle, Platz.*
  [2670] = *überredet.*
  [2671] *Regensburg, Stadt sö Nürnberg.*

^c *Sic.*

^d *Wortende korrigiert; getilgt: -t.*

^e *Gestrichen:* Klarlew.

^f *Gestrichen:* bretteygen b.

^g *Gestrichen:* had.

^h *Gestrichen:* seh.

ⁱ *Gestrichen:* schriben.

^j *Gestrichen:* dut.

^k *Wort hochgestellt eingefügt; darunter gestrichen:* so.

^l *Wort hochgestellt eingefügt.*

^m *Sic.*

ⁿ *Wort hochgestellt eingefügt.*

^o *Vor dem Nachtrag gestrichen:* der geystlich.

^p *Gestrichen:* anders.

^q *Gestrichen:* v.

^r *Gestrichen:* deine.

215

[1534 nach September 30, vor Oktober 21]

Landgraf Philipp (der Großmütige) an Herzogin Elisabeth

Philipp hat sich wegen des Predigers von Niederdorla erkundigt. Niederdorla steht allen Herren von Treffurt zu. Von der Herrschaft besitzt Landgraf Philipp ein Drittel und Herzog Georg (der Bärtige) ein Sechstel. Da Niederdorla in Thüringen gelegen ist, glaubt Philipp nicht, dass Kardinal Albrecht von Brandenburg und der Kurfürst von Sachsen Herzog Georgs alleiniges Handeln billigen werden. Philipp will Herzog Georg und Herzog Johann (den Jüngeren) zuliebe keinen Prediger in Niederdorla einsetzen. Da der Prediger aber da ist, kann ihn Philipp nicht ohne die Zustimmung von Kardinal Albrecht und Kurfürst Johann Friedrich (den Großmütigen) absetzen. Sollte Herzog Georg darauf beharren, dass ihm die Obrigkeit zusteht, dann soll darüber verhandelt werden.

StA Marburg, PA 2842, fol. 84v–85v; Vorentwurf: fol. 84r.

Überlieferung: Konzept.

Schrift: eigenhändig; Vorentwurf: hess. Kanzleischreiber.

Adresse: ^aAn m(eines) gn(edigen) hern schwest(er) die junge herzogin etc.^a

Kanzleivermerke: vor 1534 X 21 (Archivarshand 20 Jh.).

Zur Datierung: Der Brief trägt weder eine Datierung noch eine Unterschrift. Als terminus post quem ist das Schreiben Philipps an Elisabeth vom 1534 September 30 (Nr. 212) anzunehmen, in dem Philipp ankündigte, sich in dieser Sache zu erkundigen. Von diesem Schreiben hatte Elisabeth am 1534 Oktober 9 noch keine Kenntnis, da sie ihre Bitte um Erkundigung wiederholte (Nr. 214). Vermutlich erreichte Elisabeth der vorliegende Brief am 1534 Oktober 21, worauf sie umgehend ihre Antwort an Philipp verfasste (Nr. 216). Damit wird eine Datierung der Ausfertigung in den Zeitraum Mitte Oktober wahrscheinlich.

Bemerkung: Dieser Vorgang fand zunächst Eingang in einer seperaten Akte mit dem Titel: Ganerbschaft Treffurt / Pfarrer zu Dorla / 1533^b / Akten Landgraf Philipps / Correspondenz mit seiner Schwester Elisabeth von Rochlitz wegen des Besetzungsrechts der Pfarrei zu Dorla // Treffurt / Vol. 34 / Nr. 3 // 1534. *Mit der Einrichtung des Politischen Archivs des Landgrafen Philipp wurde diese Akte vollständig in den jetzigen Bestand überführt. – Auf fol. 84r verfertigte der Kanzleischreiber einen Vorentwurf, der mit wenigen Korrekturen von ihm und Landgraf Philipp versehen ist. Philipp strich den Entwurf und ersetze ihn durch ein eigenhändiges Konzept auf der Rückseite und der anderen Folioseite des Doppelblattes. – Die Blätter wurden auf der rechten Seitenhälfte fortlaufend beschrieben, die linke blieb Korrekturen und Ergänzungen vorbehalten. – Der in diesem Dokument häufig vorkommende Doppelkonsonantismus ‚n‘ wird reduziert wiedergegeben.*

Siehe Anhang, Abb. 8.

Druck: ABKG III, Nr. 2555a.

Hochgeborne[c] furstin fruntliche liebe schwester, uff e(uer) l(ieb) schreiben[2672], d(as) e(uer) l(ieb) jungst an uns des p(re)dig(er)s zu Dorla[d] [2673] halben gethan hat, haben wir uns[e] mit allem vleis erkundigt und befinden, d(as) Dorla allen hern von Drefurt[2674], doran wir ein drittentteil haben[2675] und uns(er) vatt(er) hertzog Jorge einen sechstenteil,[f] hat nach antzal[g] mit aller oberkeit und hochheit zu gleich zusteet, d(as) auch wir atzung[2676] und schatzung an dem amt hab(en) zu[h] uns(er)n drittenteil, wie uns(er) vatt(er) zu seinem sechst(en)teil, [i]d(as) wurd sich zuerforschung offentlich erfund(en)[i]. Wie wol im[j] Dorla in Doring(en) geleg(en), so acht(en) ‖ wir doch nicht, d(as) Meintz[2677] und Sachss(en) der churfurst[2678] seiner lieb solich(er) angemast(en)[k] furstlich(en) hohen oberkeit zusteen wurden[l]; achten auch nicht, d(as) nutzlich sei zu allen teilen, die dinge so tieff zuerforschen, dan wie[m] Saltza[2679] guttern und di gutt(er) des orts an d(as) haus zu Doring(en) k(ommen), davon wers ane zweivel sein lieb gutt(er) bericht und wird villeicht d(as) erzeigt, d(as) ungeleg(en). [n]So wissen wir auch in warheit von solch(er) furstlich(en) oberkeit und gerechtigkeit nichts zu sagen, dan was sein lieb da gebraucht seien atzung ad(er) beschirmus[2680], d(as) vorsteen wie gescheen sein, als von einem mit hern zu Drefurt[n] aber wie dem, und wie hoch wir dei wort Gots gneigt. Wer der p(re)dig(er) nicht da, wir wurd(en) zu uns(er)n lieb(en) schweher und vatt(er)[2681] zugevallen nicht dar setzen. So er aber da ist, so konnen wir mit gudt(em) gewißßen nicht wol da(r)innen schaffen, zuvoran so zu[o] Meintz und Sachss(en) ‖ leid(en) mog(en). Dar(um)b wollen wir freuntlich gepott(en) halt(en), uns(er) schwehr und vatt(er) wolle sich darin nicht beschweren. Villeicht wirdt es Got [q]der[p] herre selbst zum besten schigk(en)[q], was wer[r] samt seiner lieb[s] mit uns(er)n leib und gut zugevallen ertzeig(en) mog(en), [t]d(as) widd(er) uns(er) gewiss(en) nicht ist[t], doran sol, ob Got wil, nichts erwinden. Wolt aber uns(er) vatt(er) hertzog Jorg ye daruff v(er)harren, d(as) di furstliche oberkeit ime des orts zustunde und dasselbige ausfuren, [u]wie wol wir es in diesem fal fur unbequem acht(en), so sol doch[u] v(er) hor und handlung[v] an uns auch nicht mangeln. Wolt(en) wir e(uer) l(ieb) f(urstin) mog(en) nicht v(or)halt(en).

[2672] *Das Schreiben Elisabeths an Philipp ist verloren und wird hier unter der Nr. 211 geführt.*

[2673] *Johann Steinhammer, Prediger zu Niederdorla.*

[2674] *Treffurt, Stadt und hess. Amt nw Eisenach.*

[2675] *Der gestrichene Vorentwurf führt die Aufteilung der Vogtei mit den Dörfern Oberdorla, Niederdorla und Langula etwas ausführlicher aus: Die Vogtei steht zu gleichen Teilen Hessen, Mainz und Sachsen zu.*

[2676] *= Pflicht zur Bewirtung.*

[2677] *Kardinal Albrecht von Brandenburg (1490–1545), Erzbischof zu Mainz und Magdeburg; vgl. Anm. 1008.*

[2678] *Kurfürst Johann Friedrich (der Großmütige) (1503–1554).*

[2679] *Langensalza, Stadt n Gotha.*

[2680] *= Schutz.*

[2681] *Herzog Georg (der Bärtige) (1471–1539).*

^{a-a} *Unter dem gestrichenen Teil auf fol. 84r eingefügt.*

^b *Mit Bleistift korrigiert:* 1534.

^c *Das Konzept beginnt auf fol. 84v. Auf der Vorderseite findet sich der Vorentwurf mit wenigen Streichungen und Einfügungen auf der linken Seitenhälfte, dieser wurde einfach von oben links nach unten rechts gestrichen:* Hochgeporne furstin freuntliche liebe schwester uf e(uer) l(ieb) uns jungst getha(n) schreib(en) der oberkeit halb(en) in der voigtey Dorla haben wir uns erkundet und bericht funden wie e(uer) l(ieb) inligend ~~zu sachen~~ vornem(en) werden, diweil nu die voigtey, nemlich die drei dorf Ubern Dorla, Niddern Dorla und Langula, den chur- und furst(en) zu Meintz, Sachsß(e)n und uns zu gleich zustehet und kein teil mehr dan d(er) and(er) daran hat, so lassen wir es wol ein rede sein, das gesagt wil werd(en) d(as) ~~her~~ der hochgeporn furst hertzog Jorg zu Sachss(en) uns(er) lieber ohm, schweher und ~~ge~~ vatter, daselbige ~~di obrigkeit allein und hab(en) wil~~ d(er) landsfurst sei dweil das die voigtei in s(einer) l(ieb) furstenth(um)b ~~gehen solte und~~ geleg(en) auch dweil uns neb(en) den andern chur- und fursten sol, was ~~im~~ di and(er)n seiner lieb gesteen, das des orts mehr ad(er) mind(er) nit gepurt auch uns derweg(en) nichts entzog(en) kan werd(en) lassen, wir es darbei pleib(en), dweil aber d(er) pfarher disser zeit in d(er) voigtei ~~yn~~ und von den und(er)thanen selbst erfordern und begert ist, konn(en) wir jung(er) nit einez wo er aber also da gelass(en) wurd ler villicht sein standwol selbst verenden und apzihen wilchs wir das gescheen liess(en), was wir sonst ~~e(uer) l(ieb) und~~ gedacht(en) unsern schweher und vatter und e(uer) l(ieb) zu freunthlich gefall(en) thun konnen ader mugen, darzu sollen e(uer) l(ieb) uns ganz willig und geneiget haben wir e(uer) l(ieb) freunthlicher meinung nit verhalt(en) woll(en). Dat(um). Philips etc.

^d *Wort auf der linken Seitenhälfte mit Platzhalter eingefügt.*

^e *Gestrichen:* erkundigt.

^f *Gestrichen:* zugleich seint.

^g *Gestrichen:* zustet.

^h *Korrigiert aus:* im.

ⁱ⁻ⁱ *Passage auf der linken Seitenhälfte mit Platzhalter eingefügt.*

^j *Gestrichen:* drif.

^k *Gestrichen:* oberkeit.

^l *Wort hochgestellt eingefügt.*

^m *Gestrichen:* Men.

ⁿ⁻ⁿ *Passage mit Platzhalter am linken Seitenrand eingefügt.*

^o *Korrigiert aus:* im.

^p *Gestrichen:* sel.

^{q-q} *Passage hochgestellt eingefügt; darunter gestrichen:* dahin schigk(en), d(as) d(er) pfarher selbst an and(er)n ort nicht zyhen.

^r *Gestrichen:* auch.

^s *Gestrichen:* zugefall(en) ertzeig(en) mochten.

^{t-t} *Passage auf der linken Seitenhälfte mit Platzhalter eingefügt.*

^{u-u} *Passage auf der linken Seitenhälfte mit Platzhalter eingefügt; anstelle gestrichen:* sal.

^v *Gestrichen:* auch.

216

1534 Oktober 21

Herzogin Elisabeth an Landgraf Philipp (den Großmütigen)

Elisabeth hat das Schreiben Philipps in der Sache wegen des Predigers zu Niederdorla nicht an Herzog Georg (den Bärtigen) gelangen lassen. Sie hatte eine andere Antwort erwartet. Da Niederdorla in Thüringen liegt, wie er selbst zugibt, hat er als Landgraf von Hessen dort nichts zu entscheiden, auch wenn er einen Anteil an der Herrschaft Treffurt hat. In Hessen gibt es ebenfalls viele umliegende Herren mit ihren Lehen und Gütern, denen er als Landesherr nicht erlauben würde, über die Anstellung der Prediger zu entscheiden.

Kardinal Albrecht von Brandenburg und Kurfürst Johann Friedrich (der Großmütige) haben es sich dagegen nicht angemaßt, außerhalb ihrer Gebiete solche Entscheidungen zu treffen. Andere Lehnsherren beugen sich auch der jeweiligen Landesherrschaft. Elisabeth bittet Philipp, darüber nachzudenken und den Prediger zu entfernen. Danach soll Herzog Georg einen seiner Prediger dahin bestellen. Über die Sache sollte wegen des alten Konflikts nicht verhandelt werden. – Elisabeth hat ein Augenleiden und deswegen den Brief diktiert.

StA Marburg, PA 2842, fol. 86r – v, 89r.

Überlieferung: Ausfertigung.

Schrift: Simon Pistoris; Schluss und Datum eigenhändig.

Adresse: [De]m hochgebornen fursten hern / [Philip]s landgraffen zcu / [Hessen] etc. unserem / [fruntlichen] lieben bruder / [in seiner lieb] eigen handt.

Nr. bei Werl: 123.

Kanzleivermerke: M(eines) g(nedigen) hern schwester den predig(er) zu Dorla belangend.

Bemerkung: Siegeleinschnitte sind vorhanden; das Siegel und der Siegelstreifen selbst sind verloren; die Adresse ist entsprechend beschädigt überkommen. – Die Abfertigung des Briefes erfolgte unter dem Diktat Elisabeth durch einen Kanzleischreiber; nur den Schluss verfasste Elisabeth eigenhändig. – Der Brief ist Teil der „Akte Treffurt" (siehe Nr. 215). Das Schreiben Georgs von Carlowitz und Simons Pistoris an Elisabeth vom 1534 September 21 (Nr. 210) ist in diesen Brief eingebunden worden. – Der in diesem Dokument häufig vorkommende Doppelkonsonantismus ‚n' wird reduziert wiedergegeben.

Druck: Urkundliche Quellen zur hessischen Reformationsgeschichte, Zweiter Band 1525 – 1547, S. 207; ABKG III, Nr. 2555a.

Lieber bruder, ich befinde aus der anttwort[2682], ßo mir under deinem namen auff mein nechst schreyben[2683] des predigers halben zcu Dorlaw[2684] zcukumen, das du es gentzlichen darvor heltest, die selbiche sache sey abgereytt an mein hern vatter hertzog Georgen gelangt. Aber es ist vorwar nicht alßo, dan wan es s(einer) l(ieb) wuste, wurde der prediger bisher[a] doselbst nicht bleyben ßein[2685], darumb es auch andere weyterung zcuvorkumen seiner l(ieb) rethe alßo an mich gelangt. Und ich hette mich gentzlich einer andern anttwort vorsehen, dan dieweill duselbst gestendich, das Dorlaw in Doringen gelegen, ßo hastu ye leichlich zcuermessen, das dir doselbest als einem fursten zcu Hessen nichts zcuschaffen geburt, wan du gleich auch an Dreffurtt mocht aygenthum und anteyl dan mein herr vatter hast, wie ich dan nicht zcweiffell, auch in deinem lande und furstenthum vil anderer umbligenden herren, lehen und aygenthum sein, do du doch auch nicht als der landtsfurste gestattest, das man ßich mit den predigern halte, wie es denselbigen herren, sunder vilmher wie es dir gelegen. Und weil du selbst sagst, ‖ das der ertzbischoff von Meintz[2686] und der churfurst zcu Sachssen an Dorlaw gleich als wol teyl haben als du und doch ir keiner, weil es in ihr libde lande nicht gelegen, handt angelegt und mit der tadt ettwas vorgenumen. So kan ich nicht befinden, wurumb du es meher fug haben soltest, dan es begegent auch andern lehenherren, das ßie uber iren danck, in dem und anderm die landeßfursten sych der regirung und oberkeit gebrauchen

---

[2682] *Vgl. oben Nr. 215 (Brief Philipps an Elisabeth, 1534 Oktober nach 9, vor 21).*

[2683] *Vgl. oben Nr. 214 (Brief Elisabeths an Philipp, 1534 Oktober 9).*

[2684] *Johann Steinhammer, Prediger zu Niederdorla.*

[2685] *Elisabeth erinnert hier an den Fall des Sebastian Thiele, vormals Prediger zu Niederdorla. Vgl. Anm. 2617.*

[2686] *Kardinal Albrecht von Brandenburg (1490 – 1545), Erzbischof zu Mainz und Magdeburg; vgl. Anm. 1008.*

laßen mussen, wie dan der konigk zcu Behem[2687] viel lehen in des churfursten und hertzog Georg lande hat und nemlichen an her Ernsten seliger[2688] herschafften, die do zcum teyl ane mittel vom konig zcu lehen gehen. Und hat dennach nichts dorwider vorgenumen, das es ein ider der gelegenheit halben gemacht hat, wie sunst in anderen seynen landen. Darumb bitt ich nach als die getraw schwester, die es uber alle gerne guth sehe, du wollest dersachen nach recht nachdencken und disen prediger zcu Dorlaw hinwegk kumen lasen, uff das man ein anderen, der do hertzog Georgen leidlich moge dohin vorordenen, dan es ist nach kegen seiner l(ieb) genug zcuveranttworten, whan er erfert, das ein solcher aldogewest, das man in hat alßo lasen von dannen komen. Ich kan auch gar nicht vor gut ader fruchtbar achten, ‖[b] das man zcwuschen seiner lib und dyr dise sache zcu einiger handelung las kumen, sonder hab sorge, es mochte dardurch der forige unwille erreget und villeicht noch erger werden, darumb wollestu es zcum besten und auffs trewlichste vormercken. Ich het dirs auch gern selbst geschriben, alßo hab ich ein boses auch[2689] gehabt. Der mirs aber geschryben hat, der hats aus meinem maull geschryben. Und[c] wil dich Got bevelle, der beheut und bewar dich und helff uns mit freutten zu sammen, ich ertzeyge dir schwesterliche trew. Byt dich, wert nich schellich auff mich, dan dey ret und ich meyns gut und und[d] yst gewist, m(ein) h(er) vatter h(ertzog) Yorg wes keyn wort dromb. Dat(um) mitwoch Urssel Tag[2690] anno xxxiiii.

E H Z S etc.

[a] *Getilgtes Wort:* selbst?
[b] *Fortsetzung auf fol. 89r.*
[c] *Ab hier Elisabeth eigenhändig.*
[d] *Sic.*

217

Friedewald   *1534 Oktober 23*

Landgraf Philipp (der Großmütige) an Herzogin Elisabeth

Philipp ist bereit, mit Herzog Ulrich von Württemberg oder allein zum König zu reiten. Zuvor wird er seine Räte zu Herzog Ulrich entsenden, um alle Verträge vorzubereiten. Außerdem ist es erforderlich, eine Gesandtschaft von ihm und Herzog Ulrich an den König zu schicken, um die Sache vor Ort ohne Disputation zügig abzuschließen. Philipp will sich an den Vertrag halten. — Elisabeth soll Herzog Georg den Brief lesen lassen. Philipp will zu Elisabeth kommen und ihr ein Pferd schicken.

> *StA Marburg, PA 2842, fol. 74r – v.*
>
> *Überlieferung: Abschrift.*
>
> *Schrift: hess. Kanzleischreiber (schriftgleich Nr. 209, 212).*
>
> *Adresse: [a]An s(einer) f(urstlichen) g(naden) schwester.[a]*
>
> *Kanzleivermerke: –*
>
> *Bemerkung: Ein dem Brief beigelegter Zettel an Elisabeth wurde vom Kopisten als Teil des Briefes behandelt und ebenfalls abgeschrieben. – Die Absatzgestaltung folgt der Vorlage.*

[2687] *König Ferdinand I. (1503 – 1564).*
[2688] *Ernst II. von Schönburg (1486 – 1534) starb am 1534 September 12 in Glauchau an der Ruhr; vgl. Anm. 2589.*
[2689] *= ein böses Auge.*
[2690] *= Ursulatag.*

Freuntliche liebe schwester, ich hab dein schreiben[2691] gelesen und vermercks von dir und dem alt(en)[2692] auch Karlewitz[2693] gantz getreulich freuntlich und woll. Bin auch geneigt neben hertzog Ulrich(en)[2694] oder allen zu ko(niglicher) M(ajestet)[2695] zuret(en), wie sich das am best(en) schick(en) will.

Es wil aber di notturft erfordern, das ich erste mein rethe zu hertzog Urich(en)[b] schick und alle sach(en) dermaß(en) fertig(en) laß(en), das da kein verhindernus, und des sach(en) ir volge und gnuge geschee.

Zu dem wil di notturft erheschen, das hertzog Urich[c] und ich erst zu(m) konige schick(en), und alles dermassen dahin richt(en) laßen, uf das wan der hertzog und ich khomen, kein disputation noch etwas einfallen moge, sond(er) stracks[2696] volnzieh(en), und das d(er) konig und wir wissen, wie sich sein M(ajestet) und wir erzeig(en), halt(en) und thun sollen.

Dan entlich ist mein gemut alles das zu friden und zuvolnpring(en), noch laut ‖ dem vertrage[2697], auch das h(ertzogk) Urich[d] und ich mogen gnedig(en) willen bey irer M(ajestet) erhalt(en), wie dan unser rethe irer M(ajestet) undertheniglich anzeig(en) werd(en).

Wil mich auch hinwidder keiner untrew keg(en) herzog Urich(en)[e] und mir vorseh(en), das wolt ich dir alßo nit verhalt(en), mag seer wol leiden, das du es meinem vatter anzeigest. Bis Got befolhen, dir bruderlich trew zu beweisen bin ich geneigt, so es muglich wil ich mein reiße uf Dreßden und dahin nein nemen. Dat(um) Fridwalt freitags nach Luce anno etc. 34.

Philips manu p(ro)pria

Zetula.
Laß h(ertzogk) Georg(en) den brif lesen. Ich wil ob Gotwil khomen. Ich wil dir den zelter[2698] schick(en).

^{a-a} *Unter dem Text.*
^b *Sic.*
^c *Sic.*
^d *Sic.*
^e *Sic.*

218

[1534 nach Oktober 23]

Herzogin Elisabeth an Landgraf Philipp (den Großmütigen)
Elisabeth freut sich darüber, dass Philipp eine Botschaft an König Ferdinand I. schickt. Sie lässt ihn aber wissen, dass der Bischof von Trient nicht mehr am Hof ist. Die Nachrichten werden von Hans Hofmann abgefertigt. Es ist besser, wenn er selbst zum König reist; dann

---

[2691] *Vgl. oben Nr. 214 (Brief Elisabeths an Philipp, 1534 Oktober 9).*
[2692] *Herzog Georg (der Bärtige) (1471–1539).*
[2693] *Georg von Carlowitz zu Hermsdorf (um 1480–1550), sächs.-albert. Rat; vgl. Anm. 42.*
[2694] *Herzog Ulrich von Württemberg (1487–1550); vgl. Anm. 795.*
[2695] *König Ferdinand I. (1503–1564).*
[2696] *= stracks, hier gemeint im Sinne von ,geradewegs' o. ä.*
[2697] *Der Vertrag von Kaaden (vgl. ABKG III, Nr. 2494).*
[2698] *= schlankes Pferd mit weicher Gangart, das vor allem von Damen geritten wurde.*

hört der König gerne zu und gibt schneller eine Antwort. – Philipp soll mitteilen, dass er den Vertrag von Kaaden annimmt und Herzog Ulrich von Württemberg ebenfalls zur Ratifizierung bewegen will. Was den Artikel wegen der Wahl angeht, so soll Philipp den König ohne Aufschub als einen römischen König anerkennen. – Der Kurfürst hat auch Artikel außerhalb des Vertrags verhandelt. – Mit dieser Gesandtschaft wird Philipp auch die Meinung des Königs hören und schlussendlich mit dem König versöhnt sein. — Philipp soll nicht Jakob von Taubenheim schicken, sondern einen, dem er vertraut, der erklären kann, dass Philipp viel an der Werbung gelegen ist und der auch alle Artikel abhandeln kann. Er soll lieber seinen Kanzler schicken, wenn er ihn entbehren kann. – Man sagt, der König sei gestern nach Wien gezogen. Philipp soll seine Botschaft dahin senden.

StA Marburg, PA 2842, fol. 75r–76r.

Überlieferung: Ausfertigung.

Schrift: albert. Kanzleischreiber; Nachtrag eigenhändig.

Adresse: –

Nr. bei Werl: –

Kanzleivermerke: M(eines) g(nedigen) h(e)rn schwester den cadauisch(en) v(er)tragk betreff(end) – 1534 Nov. Anfang (Antwort auf X 23?) *(Archivarshand 20. Jh.).*

Zur Datierung: Der Brief trägt keine Datierung. Hinweise auf die Datierung ergeben sich nur aus der Sache: Hans Hofmann schlug in einem Schreiben vom 1534 Oktober 16 dem Landgrafen vor, persönlich zum König zu reisen. Im Schreiben an Elisabeth vom 1534 Oktober 23 (Nr. 217) erklärte er sich dazu bereit. Inhaltlich ist dieses Schreiben aufgrund der gleichlautenden Vorschläge Elisabeths in den Zeitraum danach zu stellen.[2699]

Bemerkung: Das Siegel sowie der mutmaßliche Umschlag mit der Adresse sind verloren. Die Ausfertigung trägt keine Siegeleinschnitte. – Der Nachtrag ist auf fol. 75r eigenhändig von Elisabeth am linken Seitenrand und unter dem Text ausgeführt. Die Unterschrift fehlt. – In die durchnummerierte Liste Elisabeth Werls hat dieser Brief keinen Eingang gefunden. – Die Absatzgestaltung folgt der Vorlage. – Der in diesem Dokument häufig vorkommende Doppelkonsonantismus ‚n‘ wird reduziert wiedergegeben.

Lieber brueder, ich habe ewer schreiben[2700] entpfangen und vorlesen und lasse mir wolgefallen, das euer lieb eine botschafft zum konige[2701] schigkt. Ich lasse auch[2702] aber wissen, das der bischof von Trient[2703] vhom hofe seinen abeschit genomehn, das mhan ynehn nit altzeit am hofe findt, dorumb so mhussen sie auf den bischof vohn Trient aber[2704] her Hans Hofemann[2705] an itzlichen sunderlich abegefertiget werd(en), ab einer nicht da were, das man den andern het. Ich finde aber ym rat,[a] das es fil besser sey, das euer liebe die schigkunge an den konig selbest thu, dan ehr hort gerne und gibet schlewniger und besser antwort, dan di hern thun und das gebeten wurde, das er einen seiner vortrawten rete zu

---

[2699] *Vgl. Lies, Zwischen Krieg und Frieden, S. 184.*

[2700] *Vgl. oben Nr. 217 (Brief Philipps an Elisabeth, 1534 Oktober 23).*

[2701] *König Ferdinand erwartete die Gesandtschaft spätestens ab 1534 November 22. Vgl. ABKG III, Nr. 2604.*

[2702] = euch.

[2703] *Bernhard von Cles (1485–1539), Bischof von Trient; vgl. Anm. 1866.*

[2704] = oder.

[2705] *Hans Hofmann, Freiherr zu Grünbühel und Strechau (1492–1564), königlicher Rat und Schatzmeister; vgl. Anm. 2409.*

ßich zihen wolle, daraus konde ewer liebe auch di gewißheit erbeinen bas[2706] wider aus den rethen.

Das die werbunge anfenglich darauf gestelt wurde, das ewer liebe den vortragk, der zum Kaden[2707] ufgericht gentzlichen annemehn und vor awer person demselben allenthalben folge thun. Ir wollet euch auch befleissigen, den hertzogen von Wirtemberg[2708] dahin zu halden und zuvormegen, das er dem vertrage auch allenthalben folge thue. Nach deme aber der vertragk mit bryngt, was di konigliche wale[2709] anget, ‖ das die selbige auf ein maß gesatzt wirt, daraus eine weiterunge erwachsen mochte. Wo nhu ewer liebe von dem konige vorstendiget wurde, das er awer genediger konigk sein und bleyben wolde und das seine Majestat auch, och einehn genedigen keiser machen wolte, wie es dane der vortragk ane das mit bryngt, so wollen euer liebe den konigk vor einehn romischen konig erkennen und annehmen ane allen außzug und hindergang, und wolt auch hinfurder als ein gehorsamer furst des reichs altzeit keigen keiserlicher und koniglicher Majestat halden und erzeigen, das seine Majestat gut gefallen haben sollen.

Nachdem auch der curfurst zu Sachsen[2710] etliche artigkel auserhalben des vortrages mit[b] auch gehandelt habe, darauf do hetten euer liebe dem kurfursten dise antwort geben, wie dise schrift mit brechte. Und das dem konige die selbige antwort schriftlich uberreicht wurde und weret des verhoffens, das ire Majestat genediges und guts gefallens doran haben wurden, mit weiterem erbiethen, was euer liebe befunden, das auch tuelich und leidelich sein wolde. Yn diser schigkunge wurdet ir des koniges gemut selbes ‖ erlernen und mochte sich wol zutragen, das ir auch der bey artigkel mit dem konige erunde[c] baß[2711] vertragen moget dan mit dem churfursten. Das hab ich ewer liebe in freuntlicher meynunge zu bericht unangezeiget nit wollen lassen, dan wir yhe ewern gedey und wolfart gerne sehen.

Das[d] du her[e] Yakap von Dubenhem[2712] ya nich scheyckest und das einer yst, dem dut vor trawest und der dey wort fassen kant, dan dir veyl leygen kant an der werbounge und kant alle dey arteckel abhanttellen, dey der korfurste mit dir tzu hanttellen hast. Und wo dut deyn kantzler[2713] entberen kanst, so scheyck deyn kantzler hin, der kanst alles ab hanttelln.[f] Man heltes gantz dar vor, der konich sey gestern nach Wenne[2714] getzougen, da mogest dut deyn botschaff heyn scheycken.

> [a] *Durch mehrfaches Streichen mit dicker schwarzer Tinte unleserlich gemachte Stelle:* wurde auch des [...] [...] bedengken.
> [b] *Gestrichen:* ime.
> [c] *Sic.*
> [d] *Ab hier Elisabeth eigenhändig.*
> [e] *Gestrichen:* hat.
> [f] *Gestrichen:* der.

[2706] = *besser.*

[2707] *Der Vertrag von Kaaden (vgl. ABKG III, Nr. 2494).*

[2708] *Herzog Ulrich von Württemberg (1487–1550); vgl. Anm. 795.*

[2709] = *Königswahl.*

[2710] *Kurfürst Johann Friedrich (der Großmütige) (1503–1554).*

[2711] = *besser.*

[2712] *Jakob von Taubenheim (†nach 1538), hess. Rat; vgl. Anm. 2172.*

[2713] *Johann Feige von Lichtenau (1482–1541), hess. Kanzler; vgl. Anm. 1215.*

[2714] *Wien.*

219

1534 November 2

Herzogin Elisabeth an Landgraf Philipp (den Großmütigen)

Elisabeth sähe gern, wenn er nach Dresden kommen würde. Herzog Georg (den Bärtigen) hat sie den Brief lesen lassen, auch ihm gefällt sein Standpunkt. Der Kaiser meint es gut mit Philipp. Aber der König und andere böse Leute möchten keine Einigkeit zwischen Kaiser und dem Landgrafen, deshalb soll sich Philipp vor Verrätern vorsehen und gerüstet durch Sachsen reiten.

StA Marburg, PA 2842, fol. 77r.

Überlieferung: Ausfertigung.

Schrift: eigenhändig.

Adresse: Meinem fruntlichen / lieben bruder hern Philips / lantgraff zu Hessen etc. yn / seiner lieb eigen hant.

Nr. bei Werl: 126.

Kanzleivermerke: –

Bemerkung: Der Brief wurde gefaltet und gesiegelt; Siegeleinschnitte sind vorhanden. Das Siegel und der Siegelstreifen sind fast unversehrt erhalten, das Siegelbild ist gut zu erkennen.

Mein hertzlieber bruder, ich hab deyn nest schriben[2715] vorstanden und deyn meynunge gefelt mir ser wol. Aber ich sege ser gern, das dut heyr zu tzouges, dan dorch dist lant wer es am gewisten. Ich list meyn alten hern[2716] den breff lessen, es list ym auch gefalen. Ich denck gantz, weyl dir der keysser[2717] so genedichlich schribett, so meynet er es gutlich und wer unbeylch[2718], das du wider yn dettes und denck gantz vor dem konge[2719] yn der rest keyn for zu stend aber yer gen ander bost buben, wan du auff klepbern[2720] reyttes, dey nich gern segen dey einichkeyt aber spetten fruntschaff, dan dut west, wey vor retterye[2721] so gros yst. Dromb rat ich dir, du rittes geroust[2722] und dorch dist lant, da yst es seychger[2723] und da yn dorch gen. Und wil dich heyr mit Got bevellen. Dat(um)ᵃ montag nach Allen Hailgen anno xxxiiii.

    E H Z S etc.

    ᵃ *Gestrichen:* dinstag.

[2715] *Vgl. oben Nr. 217 (Brief Philipps an Elisabeth, 1534 Oktober 23).*

[2716] *Herzog Georg (der Bärtige) (1471–1539).*

[2717] *Kaiser Karl V. (1500–1558).*

[2718] *= unbillig.*

[2719] *König Ferdinand I. (1503–1564).*

[2720] *= Reitpferd von mittelmäßiger Höhe.*

[2721] *= Verräterei.*

[2722] *= du reitest gerüstet.*

[2723] *= da ist es sicher.*

220

[1534 November vor 12]

Herzogin Elisabeth an Landgraf Philipp (den Großmütigen)

Herzog Georg (der Bärtige) will sich beim König für Philipp einsetzen. Der Herzog hat große Bedenken, weil Philipp ihn nicht um Rat fragt. Es sieht so aus, als vertraue Philipp ihm nicht, obwohl er doch so viel Gutes für ihn getan hat. – Elisabeth bittet Philipp, Wilhelm von Haugwitz nicht in Hessen zu lassen und ihn des Landes zu verweisen. Öffentlich wird hier davon gesprochen, Haugwitz erhole sich in der Landgrafschaft. Philipp soll sich an die Erbeinung halten und in diesem Fall etwas für Elisabeth und Herzog Georg tun. – Die Gesandtschaft an den König soll Philipp bald entsenden. Mit Kurfürst Johann Friedrich (den Großmütigen) soll er in dieser Sache nicht verhandeln. – Elisabeth fordert Philipp auf, Herzog Georg freundlich zu schreiben und ihn um Rat zu bitten. Der Herzog meint, er verdiene keinen Dank und Philipp vertraue ihm nicht. – Philipp soll zu ihr nach Dresden kommen. Wenn er hier ist, soll er sich gegenüber Herzog Georg freundlich verhalten.

> *StA Marburg, PA 2842, fol. 78r–v.*
>
> *Überlieferung: Ausfertigung.*
>
> *Schrift: eigenhändig.*
>
> *Adresse: –*
>
> *Nr. bei Werl: 124.*
>
> *Kanzleivermerke: 1534 (wohl nach XI 2) (Archivarshand 20. Jh.).*
>
> *Zur Datierung: Der Brief trägt weder eine Datierung noch eine Unterschrift. Die Datierung ergibt sich aus dem terminus ante quem des hier angedeuteten Schreibens Herzog Georgs an König Ferdinand vom 1534 November 12.*
>
> *Bemerkung: Das Siegel sowie der mutmaßliche Umschlag mit der Adresse sind verloren. Die Ausfertigung trägt keine Siegeleinschnitte.*

Lyeber b(ruder), ich las dich auch wissen in vortrawen, das meyn her vatter[2724] dem konge[2725] schriben wil,[2726] das dut ein genedeyge anwert bekummen werst. Und m(ein) her vatter hatt ein groß bedencken dreynt, das dut s(einer) l(ieb) umb keyn ratt an suches[2727] glich als vor trawest du ym nich und[a] er dir dach an deyn ansuchen so vel gutz dutt yn deyn sachen. Und byt dich fruntlich, dut wolles Wilhelm von Hauwitz[2728] yne deym lantte nich haussen nach herbergen lassen und wolles das hart vor beyden[2729], dan man[b] heyr auffenlich dar vor heylt und dar von saget, er er holt[2730] sich in deym lantte und wolles auch nach solgem vor bott[2731] dar nach drachtten lassen, das er nicht auff gehalten wert, dan dut west, wey sich es

---

[2724] *Herzog Georg (der Bärtige) (1471–1539).*

[2725] *König Ferdinand I. (1503–1564).*

[2726] *Herzog Georg verfertigte das angesprochene Schreiben an König Ferdinand am 1534 November 12. Vgl. ABKG III, Nr. 2592.*

[2727] *= Ansuchen.*

[2728] *Wilhelm (der Ältere) von Haugwitz zu Taucha († 1547); vgl. zu ihm Goerlitz, Staat und Stände, S. 576 f. Dieser stand seit 1532 in einer Fehde mit Herzog Georg. Vgl. ABKG III, Nr. 2138.*

[2729] *= verbieten.*

[2730] *= erholt.*

[2731] *= Verbot.*

nach der erbt einunge[2732] gebort und wey du wolles, das ich und weyr alle uns halten solten keyn deinen feyntten, da mit ich und der her vatter sam weir alle befeyntten mochtten, das du etwast umb unsser willen dust. Welles mich auch wissen lassen, was dut geseyn byst yn den arteckel allen dar von ich dir schrib[2733] und was du dunt wil, das dut balt mit der scheyckunge an den koungych[2734] ye yer ye besser[2735]. Und wan dut dein sach auß rechttes, so[c] droffest du mit dem korfursten nich tag lesen[2736] der sach halben, dan ich het dir vel antzutzeygen von dein freuntten. Und schrib ya meyn alten hern fruntlich und byt ‖ yn umb ratt und so dut er was dir wol gefelt[d], susten sprech er umer dar, er vordeynet keynt danck umb dich und dut vortrawest ym nich. Und byt dich nach der werbounge an konych[e], so kumb dach tzu mir her, das dut auff klepbern[2737] her kummest, dan ich vel mit dir zu retten hab. Und stel dich guttlich keyn m(einen) a(lten) h(ern) wan dut her kummest und schrib im umer dar gutlich, dan was schatt ein gut wort, so hatt er den konich und keysser gar yn, ich hab den, wey ich dich wol allen halben berechtten wil etc.

     [a] *Wort hochgestellt eingefügt.*
     [b] *Gestrichen:* sach.
     [c] *Gestrichen:* dro.
     [d] *Gestrichen:* su.
     [e] an konych *hochgestellt eingefügt.*

221

1534 Dezember 6

Herzogin Elisabeth an Landgraf Philipp (den Großmütigen)

Zwei Briefe Herzog Ulrichs von Württemberg und Philipps haben Herzog Georg (den Bärtigen) erreicht. Darin wird er gebeten, seine Räte wegen der Afterlehenschaft Württembergs an den königlichen Hof zu schicken. Elisabeth ist verwundert, denn Philipp hatte dem Kurfürsten die Verhandlung des Vertrags ohne Ausnahme übertragen. Er hätte sein Missfallen wegen des Artikels vorher anzeigen können. Elisabeth versteht nicht, warum Herzog Ulrich zögert. Ohne Philipps Hilfe wäre er nicht so weit gekommen. Sie hat gehört, der Kaiser würde Württemberg zurückerobern, wenn der Vertrag nicht zustande komme. Damals, während der Verhandlungen in Kaaden, hat sich Herzog Georg bereits für den Artikel eingesetzt und auch Elisabeth habe Kurfürst Johann Friedrich (den Großmütigen) zur Eile gedrängt. – Elisabeth bittet Philipp, sich nicht zu sehr an den Herzog von Württemberg zu halten, sich gegen den König aufzulehnen und die Einwilligung in den Vertrag herauszuzögern. – Herzog Georg wird keine Räte schicken. – Philipp soll sie informieren, ob seine Räte beim König angekommen sind.

    StA Marburg, PA 2842, fol. 80r–81r.
    Überlieferung: Ausfertigung.

[2732] *= Erbeinung; gemeint ist die Erbverbrüderung zwischen Sachsen und Hessen.*
[2733] *Vgl. oben Nr. 218 (Brief Elisabeths an Philipp, 1534 nach Oktober 23).*
[2734] *Gemeint ist die Gesandtschaft an den König (vgl. oben Nr. 217).*
[2735] *= je eher, je besser.*
[2736] *= tagleisten; = (gerichtlich) verhandeln, beraten; vgl. DWB, Bd. 21, Sp. 78 (Artikel „tagleisten").*
[2737] *= Reitpferd von mittelmäßiger Höhe.*

Schrift: eigenhändig.

Adresse: [Meinem] fruntlichen lieben / [bruder her]n Philips / [lantgraff] zu Hessen etc. / [yn seiner li]eb eigen // hant.

Nr. bei Werl: 127.

Kanzleivermerke: M(eines) h(e)rn schwester, bi Wirtebergk, d(es) cadausch(en) v(er)trags halb.

Bemerkung: Siegeleinschnitte sind vorhanden; das Siegel und der Siegelstreifen selbst sind verloren; die Adresse ist entsprechend beschädigt überkommen.

Mein hertzlieber bruder, es seyntt yetz von hertzogen von Werttenbergk[2738] und dir meyn a(lten) h(ern) ii breffe[2739] zu kummen, dar yn s(einer) l(ieb) gebetten wirtt, s(einer) l(ieb) ret an konichlichen hoff zw vorordenen und ander fursten retten der len halben etc. Wey du west, weylges ich mich nich genucksam kant vorwundern, dan du west dich ye wol zu eryndern[2740], das du dem kurfursten ane allen auszugk solchen vortrag[2741] zu geschriben und wey wol du mir dissest arteckelst halben eitzliche beschwerung an getzeygett, so hette ich mich doch meyner antwert nach nich vorseen, das er weyder solt sein heyr an gereget wortten, sunterlich weyl du nechst dem vortrage allen halben neben hertzog Ulrich perssounlich folge zu thun nichtes, wan dey malstad[2742] vor beschwerlich an getzeyget. Dar umb ich auch nich wol west, wo for es der hertzoug so vortzouget aber[2743] abfelt, dan er wol wissen solt, wey eim vor yagten[2744] fursten zu sein yst und wol etwast anders het an genumen, hettes du ym nich geholffen. Es seyn ye dey tzeytunge[2745] ᵃ, dey hin und wider zu tzoutte gein nich dar nach geleygen, das du dich ᵇ zu dem andern, das dem konge[2746] moch entkeygen sein soltes, lassen bewegen und wyder auff brenckgen. Dan man sagt, das kesser[2747] sal al gereyt gelt ym wecksel vorortten haben, dar durch wue, wo disser vortrag nich wer auff gericht were, under standen wurtten hertzoge Ulrich das lant wider abᶜ zuᵈ dreyngen. So west ich auch wol, das m(ein) a(lter) h(er) bey deyssem arteckel kegen dem konge also vel gethoun als omer moglich und hatt oben keyner argteckel deysser hantlung den vortrag so lang auff gehalten als der. Als auch dey hendeler erstlich keym Caden[2748] kummen und ane ‖ dey andern argteckel auff Sant Annabergk[2749] ab ghanttel dem konge vor getragen, so hatt es gar keyn an seen[2750] haben wollen, sunder der kounich hat solges for geschlagen und nich anders halden wollen. Und wue etwas solt beym konge hyr auff zu erbytten ader zu er halten seyn, so solt es mit der under hantelung wol gescheyn seyn, dan da hatt man gebeden, gebouch und alles for gewant, dan do yst nichst underlassen und das reychst herlichkeyt zum hochsten angetzougen, wey dan auch der korfurst erlich nich drant wolt, wey ich deyr

---

[2738] *Herzog Ulrich von Württemberg (1487–1550); vgl. Anm. 795.*

[2739] *= zwei Briefe. Dabei handelt es sich um die Briefe des Landgrafen und Herzog Ulrichs an Herzog Georg. Letzterer ist verloren, zum Brief Philipps vgl. ABKG III, Nr. 2607.*

[2740] *= erinnern.*

[2741] *Der Vertrag von Kaaden (vgl. ABKG III, Nr. 2494).*

[2742] *= gekennzeichnete Stelle, Platz.*

[2743] *= oder.*

[2744] *= verjagten.*

[2745] *= Kunde, Botschaft, Nachricht; vgl. DWB, Bd. 31, Sp. 592.*

[2746] *König Ferdinand I. (1503–1564).*

[2747] *Kaiser Karl V. (1500–1558).*

[2748] *Kaaden, Stadt sw Chomutov.*

[2749] *= Annaberger Artikel.*

[2750] *= Ansehen.*

gutten berecht hab lassen geben. Wo ich^e s(einer) l(ieb)[2751] nich so hefftich durch meyn schriben er such[2752] hett, hatt auch tzum kantler^f [2753] gesaget: „Euger hertzgen brenck mich dar zu, das ich auff den breff den yer der^g lantgraff geschriben hatt, wil ich wilgen, wey wol vom schwern dem konge^h nich dreynt stund, aber weyl seyn sach auß gerech war." For er fort: „Zu forⁱ kont ich in nich fort brencken, dan dut west, wey du mir schribest, was ich dunt wolt, sol balt gescheyn. Du must sust fort dar dat ich allen fliß und solt mir let[2754] seyn, das meyn moe[2755] und fliß solt umb sust[2756] seyn, dan der hanttel het sich susten gar gestossen." Sagen sey alle, ich kont aber wol dencken, das der fursten rett nu auff dem weg seyn, der halben es nich kant zu rock[2757] geyn. So byt ich dich dach auß schwesterlicher trew, du wolles hin fortter dem von Werttenbergk nich ‖ vor hengen yn dem und andern sich wider den konich auff tzu lennen und dey bewillige folge dest vortrages lenger zu vortzeyhen ader yn weyder dyßpintation[2758] zu furen. Dan du has leychtlich zu ermessen, dey weyl der kaisser yn seyner Mogestad[2759] schriben an dich^j auch^k an konig weysett, was gefallens sey beyde darob haben werden und weyl sunst dye sage gett, auch wol orsachen seyn darzu^l vor hantten^m, das der kaisser nich lange werde von douschse lant[2760] seyn, wue deysse sach nich allen halben zum entte bracht,ⁿ wur es nach wol solte gereychgen und ob nich, wey man pfleget zu sagen, dey lestzten dinck erger mochtten wertten dan dey ersten.[2761] Und glabest vor war, wost ich^o etwast, ich wolt dir deysse schreff nich duntt, dan ich meyn es trewlich und gut als mit mir selber wol auch wol und geschriben[2762] lassen, so gern ich schrib. M(ein) a(lter) h(er) scheyck keyn rede[2763], sprecht, er sey der hentler einer hab es, kumet da hin, brach mit keysser und konge, moch auch und genege[2764] hern^p bekummen, dan het es sollen geschein. Aber der konich wollen nach lassen, wer es tzum Katten[2765] gescheyn, er hab wol so vel mir drober gehaff und vor wunder[2766] sich ser, das man mit solgem wider her kumb, weyl nor jetz ein tzeytlang der malstad beger yst. Solges wil ich dir^q fruntlicher meynung auß schwesterlicher trew nich bergen, ich ertzeyg dir altzeyt schwesterliche trew. Und schrib mir ob deyn rette tzum kounge seyn, wey du mir nest schribest, und wan dut auff wilt seyn. Dat(um) suntag an Sant Neckalst Tag anno xxxiiii.

　　E H Z S etc.

　　^a *Gestrichen:* nich.
　　^b *Gestrichen:* dem.
　　^c *Gestrichen:* gedrungen.
　　^d *Gestrichen:* drenkgen.
　　^e *Wort hochgestellt eingefügt.*

[2751]　*Kurfürst Johann Friedrich (der Großmütige) (1503–1554).*
[2752]　*= ersucht.*
[2753]　*Dr. Simon Pistoris (1489–1562), Kanzler Herzog Georgs (des Bärtigen); vgl. Anm. 62.*
[2754]　*= leid.*
[2755]　*= Mühe.*
[2756]　*= umsonst.*
[2757]　*= zurück.*
[2758]　*= Disputation.*
[2759]　*= seiner Majestät.*
[2760]　*= deutschen Landen.*
[2761]　*Sprichwort, welches möglicherweise auf Matthäus 12,45 zurückgeht.*
[2762]　*= ungeschrieben.*
[2763]　*= keine Räte.*
[2764]　*= ungnädige.*
[2765]　*Kaaden, Stadt sw Chomutov.*
[2766]　*= verwundert.*

^f *Sic. Verschreibung für:* kantzler.

^g *Gestrichen:* de.

^h dem konge *hochgestellt eingefügt.*

ⁱ *Gestrichen:* dutt kon.

^j *Danach Wortwiederholung:* dich.

^k *Danach Wortwiederholung:* auch.

^l *Wort hochgestellt mit Platzhalter eingefügt.*

^m *Wort vor der Zeile eingefügt.*

ⁿ *Gestrichen:* wer.

^o *Danach Wortwiederholung:* ich.

^p *Unleserliche Streichung:* krisg?

^q *Wort hochgestellt eingefügt.*

222

1534 Dezember 15

Herzogin Elisabeth an Kurfürst Johann Friedrich (den Großmütigen)

Aus dem Schreiben Herzog Johanns (des Jüngeren) wird Johann Friedrich entnehmen, wie Martin Luther Herzog Georg (den Bärtigen) öffentlich in seinen Predigten verflucht und über ihn gelästert hat. Wenn dem wirklich so ist, müsse gegen Luther etwas unternommen werden. Elisabeth bittet Johann Friedrich, er solle Luther solche Reden nicht gestatten, nachdem sich beide Fürsten nun miteinander versöhnt haben. Elisabeth hat ihrem Gemahl gesagt, sie glaube nicht, dass solche Reden Johann Friedrich gefallen oder er davon wisse.

I. HStA Weimar, Reg. N 60, fol. 4r; II. HStA Weimar, Reg. N 64, fol. 44r – v.

Überlieferung: I. Ausfertigung; II. Abschrift.

Schrift: I. eigenhändig; II. ernest. Kanzleischreiber.

Adresse: I. [Dem hoch]gebornen fursten her / [Hans F]reiderich hertzoge zu / [Sachssen d]es hailgen roumsen / [reychs erzm]arschalk und / [korfurste etc.] meinem frunt- / [lichen lieben] ohmen und / [bruder in sein]er lieb eigen / hant.

Nr. bei Werl: 128.

Kanzleivermerke: I. A.

Bemerkung: I. Siegeleinschnitte sind vorhanden; das Siegel und der Siegelstreifen selbst sind verloren; die Adresse ist entsprechend beschädigt überkommen. – Der Brief erreichte Johann Friedrich gemeinsam mit dem Schreiben Herzog Johanns (vgl. unten Nr. 224). – Die Edition folgt I. Größere Abweichungen wurden angemerkt.

Druck: Mentz, Handschriften, S. 33; Luthers Werke, Briefwechsel, Bd. 7, S. 135; ABKG III, Nr. 2620a.

M(ein) f(reuntlicher) h(ertz) l(iebster) o(heme) u(nd) bruder, e(uer) l(ieben) werden auß meins fruntlichen lieben hern und gemal schriben[2767] vor nemen, weilger gestal dockter Martteins[2768] meinen fruntlichen lieben her vatter auffenlich in seinen bregetten[2769]

[2767] *Herzog Johann (der Jüngere) von Sachsen (1498–1537) hatte von seinem Schwager Markgraf Joachim II. (den Jüngeren) von Brandenburg gehört, dass Luther zu Allerheiligen in Wittenberg gegen Kardinal Albrecht und Herzog Georg gepredigt habe. Vgl. ABKG III, Nr. 2620 (Brief Johanns an Johann Friedrich, 1534 Dezember 15); gedruckt: Luthers Werke, Briefwechsel, Bd. 7, S. 134 f.*

[2768] *Dr. Martin Luther (1483–1546).*

[2769] *= Predigten.*

vorflouchett und gelegter[a] [2770], weilges[2771] meinen lieben hern und gemal ser beschwerett. Wo dem also wer, mocht auch dey leng schwosser[2772] beider e(uer) l(ieben) nich zu frunttlichem willen[b] gerechgen[2773] [c]und das vor genummen wertten kein[2774] solgen Martteins, das e(uer) l(ieben) auch beschweret[c]. Der halben wil ich e(uer) l(ieben) fruntlichen gebeyden haben, e(uer) l(ieben) wol es im nich[d] gestaden, nach dem e(uer) l(ieben) nu vor dragen yst mit s(einer) l(ieb) und s(einer) l(ieb) her vatter,[2775] das doch rechtte fruntschaff schwossen aller e(uer) l(ieben) lieben[e] bleiben mochten. Dan ich zu mein hern gesaget habe, das ich nich glab, das es e(uer) l(ieben) gefelt aber[2776] das e(uer) l(ieben) ein wissen dar von hab. Solges hab ich e(uer) l(ieben) fruntlicher meynunge nich wollen bergen und wil heir mit e(uer) l(ieben) der genade Gottes bevellen und e(uer) l(ieben) eir und fruntschaft zu der tzeigen bin ich geneygett. Dattum dinstag nach Maria Empfengnis anno xxxiiii.

E H Z S etc.

---

[a] *I. Wortanfang korrigiert; vor der Zeile eingefügt:* ge-.
[b] *I. Gestrichen:* gerechgen.
[c-c] *Fehlt in II.*
[d] *I. Wort hochgestellt eingefügt.*
[e] *I. Sic. Fehlt in II.*

223

Friedewald   *1534 Dezember 18*

Landgraf Philipp (der Großmütige) an Herzogin Elisabeth

Philipp verübelt Elisabeth nicht, dass sie einen Unwillen wegen des Gesuchs Herzog Ulrichs von Württemberg an den König hat; ihm hat es auch nicht gefallen. Herzog Ulrich hat Philipp aber berichtet, dass der König ihm eine positive Antwort auf seine Botschaft gegeben hat. Philipp hält die Nachbesserung des Kaadener Vertrags für schwierig, da man dem Herzog am Königshof viel abverlangen wird. – Der Marschall Philipps, der beim Herzog geblieben war, hat ihm nun mitgeteilt, dass Herzog Ulrich den Vertrag annehmen will, sollte seine Bitte beim König nicht erfolgreich sein. Philipp hat seinen Räten befohlen, sich beim König für den Herzog und eine Milderung des Vertrages einzusetzen. – Elisabeth soll den Brief Herzog Georg zu lesen geben, damit er erfährt, wie es um die Sache steht.

I. StA Marburg, alte Signatur: OWS 915 (59) – nicht mehr auffindbar; II. HStA Dresden, 10024, 12803 Personennachlass Dr. phil. Elisabeth Werl, Nr. 17, fol. 124 f.

Überlieferung: I. Abschrift; II. Abschrift 20. Jh.

Schrift: I. hess. Kanzleischreiber; II. Elisabeth Werl.

[2770] = *gelästert.*
[2771] = *welches.*
[2772] = *zwischen.*
[2773] = *gereichen.*
[2774] = *gegen.*
[2775] *Im Grimmaischen Vertrag vom 1533 November 18 vereinbarten Kurfürst Johann Friedrich und Herzog Georg, dass in Zukunft die Theologen die Angelegenheiten und Namen der Fürsten nicht mehr in ihre Schriften einbringen sollten. Schmähbücher und -briefe gegen den jeweils anderen Fürsten wurden verboten. Vgl. Seidemann, Die Reformationszeit in Sachsen, S. 141; Mentz, Johann Friedrich der Grossmütige II, S. 467; ABKG III, Nr. 2327.*
[2776] = *oder.*

Adresse: I. ?; II. –

Kanzleivermerke: I. ?

Bemerkung: Die originale Abschrift (I.) ist von Elisabeth Werl in Marburg transkribiert worden. Seit der Verlagerung der Akten aus dem Oberen Westsaal und der Einrichtung des Politischen Archivs des Landgrafen Philipp ist das Schreiben in Marburg nicht mehr nachweisbar. – Die hier vorgelegte Fassung folgt der Abschrift Elisabeth Werls (II.). Die Absatzgestaltung folgt der Vorlage der Transkription Werls.

Freuntliche liebe schwester, ich hab dein schreiben[2777] gelesen und kan dir nit verargen, das du ein unwillen darane hast, das h(ertzogk) U(lrich) zu Wirtenberg[2778] disse suchung bei dem konig[2779] dut suchen, ist warlich nit weniger es hat mir hochlich mißfallen. Der herzog aber bericht mich, das er sein botschafft beim konig gehabt, die hab der konig ime ein gnedig gute antwort geben.

Und ist der herzog ganz verwenet, er wil linderung im vertrag[2780] erlangen. Es sein leut aus konigs hove, die vor wenen[2781] den herzogen, sie wollen ime viel erlangen, furcht sie thuns dem herzoge nit zum besten.

Dieweyl nu der herzog so hart das bundt ist gewesen, hab ich das mussen gescheen lassen, das di bit nachmals gescheen wie wol ungerne.

Es hat mich aber mein marschalck[2782] ᵃ(den ich bey dem herzogen gehabt)ᵃ bericht, das der herzog gesagt, wo disse bit nit helffen wurde, so wolle er ratificiren und dem vertrag gnug thun. ‖

Acht darumb auch vor ein ursach, das er di fursten rede beschrieben, sey das halben auch geschen, ob er ja kein milterung erlangen, das sie sollen darbey sein und sehen, das ers gedrungen achten mus um landt anders wo dren vom rath zuempfahen[2783] und will sich danne villeicht desto meher entschuldigen, ob ime hernach derhalb etwas zu gemessen werde.

Ich hab meinen reten befolen, bei dem konig des herzogen halben ufs beste ob milterung zuerlangen gehandlen. Wo nit, so werden meine rethe meint halben dem vertrag gentzlich volge thun, versehe mich nit anders, der herzoge werde dergleichen den seinen auch thun lassen.

Meins zutuns halb kan ich dir nichts gewiß schriben, ich warte alle stunde von meinen reten schrifft, wan die derhalben ankompt wil ich dichs berichten.

Wollest herzog Jorgen, meinen vatter, dye schrifft lesen lassen, uf das s(einer) l(ieben) wisse wie es drumb ist und meinen dienst sagen. Bis Got befolen dir brud(er)liche trewe zu beweisen findstu mich allewege willig. Dat(um) Friedwald freitags nach Lucie anno xxxiiii.

Ph(ilip) landgraf zu Hessen manu p(ro)pria

ᵃ⁻ᵃ *Klammer in der Abschrift.*

2777 *Vgl. oben Nr. 221 (Brief Elisabeths an Philipp, 1534 Dezember 6).*

2778 *Herzog Ulrich von Württemberg (1487–1550); vgl. Anm. 795.*

2779 *König Ferdinand I. (1503–1564).*

2780 *Der Vertrag von Kaaden (vgl. ABKG III, Nr. 2494).*

2781 *= verwöhnen.*

2782 *Hermann von der Malsburg (†zwischen 1556 und 1558), Marschall zu Hessen; vgl. zu ihm Gundlach, Die hessischen Zentralbehörden, Bd. 3: Dienerbuch, S. 163.*

2783 *Gemeint ist die Afterlehenschaft des Herzogtums Württembergs. König Ferdinand I. wollte den Namen und Titel als Herzog von Württemberg behalten und es als österreichisches Lehen an Herzog Ulrich verlehnen.*

224

Weimar	*1534 Dezember 20*

Kurfürst Johann Friedrich (der Großmütige) an Herzogin Elisabeth

Johann Friedrich bestätigt den Empfang der Briefe Elisabeths und ihres Gemahls Herzog Johann (den Jüngeren). Durch sie hat er erfahren, was Martin Luther am Allerheiligentag im Gebet gegen Herzog Georg (den Bärtigen) gesprochen haben soll. Von seinen Leuten hat er bisher noch nichts vernommen, deshalb kann er nicht wissen, ob die Worte so gefallen sind oder ob man versucht, ihn mit Herzog Georg und Herzog Johann in eine Auseinandersetzung zu verwickeln. Johann Friedrich wird sich in dieser Angelegenheit erkundigen. Wenn Luther aber wirklich so gehandelt hat, so wäre ihm lieber gewesen, er hätte es unterlassen. Nachdem sich beide Seiten in Sachen der Religion und des Evangeliums nicht einigen konnten, kann Johann Friedrich nichts anderes tun, als es auf die Verantwortung Luthers ankommen zu lassen. Bei zweierlei Religion lässt es sich nicht vermeiden, dass Prediger der anderen über einen oder seinen Glauben predigen. Am besten sei es, so zu tun, als wüsste man von nichts und beließe es dabei, so dass man den „äußerlichen" Frieden erhält. Elisabeth soll vermitteln, wenn Herzog Georg und Herzog Johann einen Unwillen gegen ihn gefasst haben. Sie sollen den Worten Luthers nicht zu viel Bedeutung beimessen, denn Johannes Cochläus redet auch gegen Johann Friedrich.

> *I. HStA Weimar, Reg. N 60, fol. 10r–11r; II. HStA Weimar, Reg. N 60, fol. 9r–v, 13r; III. HStA Weimar, Reg. N 64, fol. 44v–45v.*
>
> *Überlieferung: I. Konzept; II. und III. Abschrift.*
>
> *Schrift: I. eigenhändig; II. und III. ernest. Kanzleischreiber.*
>
> *Adresse: I. An die hertzogin zu Dresden etc.[a]; III. An die hertzogin tzu Sachssen etc.*
>
> *Kanzleivermerke: I. An die herzogin zu Dreßden – 1534.*
>
> *Bemerkung: Die Blätter wurden in I. auf der rechten Seitenhälfte fortlaufend beschrieben, die linke blieb Korrekturen und Ergänzungen vorbehalten. In I. und II. nahmen Johann Friedrich und der ernestinische Kanzleischreiber Streichungen und Ergänzungen vor. – Das Konzept wurde in Abschrift II. eingeheftet. – Die Edition folgt I. Größere Abweichungen wurden angemerkt.*
>
> *Druck: Luthers Werke, Briefwechsel, Bd. 7, S. 135f.; Mentz, Johann Friedrich der Grossmütige III, S. 352f.*

Got welts. Freuntliche h(ertz) a(ller) l(iebste) m(uhme) und schwester; ich hab e(uer) l(ieben) schreyben[2784] mit sampt der schrefft[2785], so e(uer) l(ieben) her und gemal, mein freuntlicher lieber vetter mit einer[b] hant an mich gethan, vorlessen und seins ynhalts freuntlichen vormerckt, und dor aus vorstanden[c], welcher gestalt doctor Martinus Lutter[2786] an Allerheiligen Tack[2787] beschwerlichen[d] meines freuntlichen lieben vettern hertzock Jorgen solt[e] in gebet gedacht haben[f]. Dar auff wil ich e(uer) l(ieben) freuntlicher meinung nyt bergen, das ich bis daher von sulchem, von den meinen[g] gantz nichtis vornomen hab, derhalben ich nit wissen kan, ab sichs dermassen[h] im grund heldet, wie an e(uer) l(ieben)

[2784]	*Vgl. oben Nr. 222 (Brief Elisabeths an Johann Friedrich, 1534 Dezember 15).*

[2785]	*Zum Brief Herzog Johanns an Kurfürst Johann Friedrich gleichen Datums vgl. ABKG III, Nr. 2620; gedruckt: Luthers Werke, Briefwechsel, Bd. 7, S. 134f.*

[2786]	*Dr. Martin Luther (1483–1546).*

[2787]	*= 1534 November 1.*

hern und e(uer) l(ieben) gelanget, ader ob es darumb an allerseits e(uer) l(ieben)[i] angebracht, das man gern[j] mein freuntlichen lieben vettern herzock Jorgen, des gleichen e(uer) l(ieben) hern und gemal und mich[k] in weitleufftiger schriefften und handlung, dar aus allerley[l] von weyden[2788] teilen in antwortten[m] eingefurt,[n] das fur unfreuntlichen geachtet[o] mocht werden[p], bringen[q] wolten[r]. Aber wie dem wyl mein notturfft erfordern, des ich mich solchs bestendigklich ohn[s] erkunden thue, [t]wie ich dan solchs e(uer) l(ieben) hern hiebey unter anderm antzaigen thue[t] und e(uer) l(ieben) ferner aus ein vorwartter copien vornemen werden. E(uer) l(ieben) sollens aber ‖ gentzlichen darfur halten, so es beschehen, das ich doch noch zcu der zceit nit wissen kan, das ich,[u] so es von dem[v] doctor mit gutten gewissen hette beschehen mugen, lieber underlassen sehn[w] wolt[x]. Nachdem aber[y] e(uer) l(ieben) wiessen, das mein vetter und ich, wie dan bey meinem hern[z] vattern[2789] und vettern seiligen auch beschehen, der sachen die religion und des heilige evangelium belangent uns nye haben voreynigen konnen, [aa]auch in unsern vortregen ausgezogen[aa] und dannach die vorfolgung kegen[bb] unssern glauben und lehr jhe lenger jhe herter getriben wurdet, haben e(uer) l(ieben) zu bedencken, was ich in den sachen thuen kan. Anders des ich es auff des doctors vorantworttung[cc] stelle[dd], noch[ee] auch for weitleufftigkeit erfolgen mocht, so einer den andern anziehen solt, was des andern prediger von im ader seinem glauben predigten und lereten, haben e(uer) l(ieben) liederlichen zu bedencken, weil es auff weyden teilen schwerlichen reyn sein mocht, [ff]wir auch zweierley religion haben[ff]. Und hilden wol for das beste,[gg] was einer von des andern prediger also vornheme, das ime nit gefellick, ergebe es Got, [hh]thete als wust ers nit[hh] und ließe den andern derhalben unangelanget, auff des wir weyeinander in aisserlichen friden bleiben[ii] und nit in weitleufftigkeit wie zuvor beschehen in einander[jj] wachssen[kk] mochtten. Dann e(uer) l(ieben) sollen mit warheit glauben, das ich an[ll] allem dem jenigen das allein mit Got und gewissen beschehen mack, gar nit wil erwinden lassen, ‖ des zu freuntlichem und guttem willen zwischen weyden meinen freuntlichen lieben vettern dem alden und jungen und mir gereichen sol. Thue e(uer) l(ieben) derhalben freuntlichen bieten, ob weyde meine vettern[mm] aus sulcher antzeygung, so i(res) l(iebden) Martinus halben beschehen[nn] einigen[oo] unwillen kegen mir gefast, als ich mich doch nit vorsehen wil, e(uer) l(ieben) wollen helffen, das sich i(re) l(iebden) zu friden geben und mich derhalben ferner unangelangt lassen, auch die sachen Got befelhen, dan so auff mich in den[pp] sachen wolt gedrungen werden mochten allerley antwortten kegen einander gefallen, die zu erhaltung freuntlichs willens nit mochtten dienstlichen sein. So achte ich auch, das meinen vettern des Martinus[qq] gebet nit hoch anfechten wirdet, weil in s(ein) l(ieben) for einen ~~ketzer~~[rr] [2790] heldt. Gleich wie mir wenigk zu schaffen geben wurde, ob sich Kocleus[2791] horen[ss] lies, er wolt mich zu todt betten. Sulchs[tt] alles sthehet aber im gericht Gottes, des sal[uu] ich e(uer) l(ieben) auff ir schreiben freuntlicher und vortrauter meynung nit vorhalten wollen und derselben frundtliche wilfarung zuertzaigen bin ich geneiget. Datum zu Weimar suntags den achten Lucie anno domini xv[c] xxxiiii.

Jo(hann) Fr(idrich) churfurst m(anu) p(ro)p(ria) sc(ripsit)

[2788] = beiden.

[2789] Kurfürst Johann (der Beständige) von Sachsen (1468–1532).

[2790] Im Konzept sowie in der Abschrift wurde das Wort ketzer durch den sächs.-ernest. Kanzler Dr. Gregor Brück (1485–1557) nachträglich gestrichen. Stattdessen ersetzte er es beim Entwurf sowie bei der Abschrift mit der Passage abgeschnitten glyt der romisschen kyrchen.

[2791] Johannes Cochläus (1479–1552), katholischer Theologe, Hofkaplan und Rat Herzog Georgs; vgl. zu ihm ADB 4 (1876), S. 381–384; NDB 3 (1957), S. 304–306.

^a *Unter dem Text.*

^b *I. Sic. Wohl Verschreibung, meint:* eigner*; II. und III.* aigner.

^c *I. Korrigiert; statt gestrichen:* -mochte.

^d *I. Gestrichen:* von. *Fehlt in II. und III.*

^e *I. Gestrichen:* sach ist.

^f *I. und II. Wort auf der linken Seitenhälfte eingefügt; anstelle gestrichener Abbreviatur für* etc.

^g *I. Hochgestellte unleserliche Streichung;* von den meynen *auf der linken Seitenhälfte eingefügt.*

^h *I. Gestrichen:* h.

ⁱ *I. Gestrichen:* gelanget

^j *I. Gestrichen:* e(uer) l(ieben) hern vetter mei.

^k *I. und II.* und mich *auf der linken Seitenhälfte eingefügt.*

^l *I. Gestrichen:* weitleufftige eyn futig. *Auf der linken Seitenhälfte unleserliche Streichung.*

^m *I. Gestrichen:* gefolen.

ⁿ *I. Gestrichen:* des.

^o *I. Gestrichen:* warten werden.

^p mocht werden *fehlt in I.*

^q *I. Wortanfang korrigiert; gestrichen:* bey-.

^r *I. Wort hochgestellt eingefügt; darunter gestrichen:* mochten.

^s *Fehlt in II. und III.*

^{t-t} *Fehlt in III.*

^u *I. Gestrichen:* es.

^v *Fehlt in I.; II. Wort hochgestellt eingefügt.*

^w *I. Wortanfang korrigiert; gestrichen:* ge-. *III.* gesehen

^x *I. Wort auf der linken Seitenhälfte eingefügt; II. Nachträglich gestrichen:* sehen wolte*; gesehn hette von anderer Hand hochgestellt eingefügt; III.* hette

^y *Fehlt in III.*

^z *II. Sigle hochgestellt eingefügt; III. Davor:* gnedigen.

^{aa-aa} *Passage in II. gestrichen. Fehlt in III.*

^{bb} *I. Gestrichen:* un.

^{cc} *I. Unleserliche Streichung.*

^{dd} *I. Daneben auf fol. 11r eingefügt.*

^{ee} *Fehlt in II. und III., stattdessen:* was.

^{ff-ff} *Passage auf der linken Seitenhälfte eingefügt.*

^{gg} *I. Gestrichen:* were. *In II. und III. nicht gestrichen.*

^{hh-hh} *I. Passage auf der linken Seitenhälfte eingefügt.*

ⁱⁱ *I. Gestrichen:* mochtten*; In II. nicht gestrichen.*

^{jj} *I. Gestrichen:* bacsse.

^{kk} *I.* wassen.

^{ll} *I. Wort hochgestellt eingefügt; darunter gestrichen:* zu.

^{mm} *I. Gestrichen:* als.

ⁿⁿ *I. Gestrichen:* ey.

^{oo} *I. Gestrichen:* beschwertten.

^{pp} *I. Gestrichen:* dem.

^{qq} *I. Wort hochgestellt eingefügt; darunter unleserliche Streichung.*

^{rr} *I.* ketzer *von Gregor Brück gestrichen; II.* -en ketzer *von Gregor Brück gestrichen. Stattdessen in I. auf der linken Seitenhälfte sowie in II. am linken Seitenrand:* abgeschnytten glyt der romisschen kyrchen. *Fehlt in III., stattdessen:* abgeschnitten glied der romischen kirchen.

^{ss} *I. Auf der linken Seitenhälfte gestrichen:* sich horen.

^{tt} *I. Unleserliche Streichung auf der linken Seitenhälfte.*

^{uu} *II. und III.* habe.

ANHANG

Verzeichnis der Briefe und Dokumente

19

1533 [Februar 20]

Kurfürst Johann Friedrich (der Großmütige)
an Herzog Heinrich V. (den Friedfertigen) von
Mecklenburg

20*

[vor 1533 Februar 20]

Herzogin Elisabeth an Landgraf Philipp (den
Großmütigen)

21

1533 Februar 20

Herzogin Elisabeth an Kurfürst Johann
Friedrich (den Großmütigen)

22

Weimar 1533 Februar 23

Kurfürst Johann Friedrich (der Großmütige) an
Landgraf Philipp (den Großmütigen)

23

Eisenach 1533 Februar 23

Landgraf Philipp (der Großmütige) an Kurfürst
Johann Friedrich (den Großmütigen)

24

Weimar 1533 Februar 23

Kurfürst Johann Friedrich (der Großmütige)
an Herzog Heinrich V. (den Friedfertigen) von
Mecklenburg

25

Weimar 1533 Februar 24

Kurfürst Johann Friedrich (der Großmütige)
an Herzog Heinrich V. (den Friedfertigen) von
Mecklenburg

26

1533 Februar 24

Kurfürst Johann Friedrich (der Großmütige),
Herzog Ernst I. (der Bekenner) von
Braunschweig-Lüneburg und Herzog Heinrich
V. (der Friedfertige) von Mecklenburg an
Herzog Georg (den Bärtigen)

27

1533 Februar 24

Kurfürst Johann Friedrich (der Großmütige)
und Herzog Heinrich V. (der Friedfertige)
von Mecklenburg an Herzog Heinrich II.
(den Jüngeren) von Braunschweig-Lüneburg-
Wolfenbüttel

28

Dresden 1533 Februar 27

Herzog Georg (der Bärtige) an Kurfürst Johann
Friedrich (den Großmütigen)

29

[1533 nach Februar 20, vor März 1]

Kurfürst Johann Friedrich (der Großmütige) an
Herzogin Elisabeth

30

Weimar 1533 März 1

Kurfürst Johann Friedrich (der Großmütige) an
Landgraf Philipp (den Großmütigen)

31

Weimar 1533 März 4

Kurfürst Johann Friedrich (der Großmütige) an
Herzog Georg (den Bärtigen)

32

[1533 März 6]

Herzogin Elisabeth an Landgraf Philipp (den
Großmütigen)

33

1533 März 6

Zeugenaussage des Johannes Hülse,
Beichtvater der Hofjungfer Anna von
Honsberg

34

1533 März 6

Herzogin Elisabeth an Kurfürst Johann
Friedrich (den Großmütigen)

35

Weimar 1533 März 6

Kurfürst Johann Friedrich (der Großmütige)
und Herzog Ernst I. (der Bekenner) von
Braunschweig-Lüneburg an Herzog Heinrich
V. (den Friedfertigen) von Mecklenburg

36

1533 März 7

Herzogin Elisabeth an Kurfürst Johann
Friedrich (den Großmütigen)

37*

[1533 März 7]

Herzogin Elisabeth an Landgraf Philipp (den
Großmütigen)

38

1533 März 7

Herzogin Elisabeth an Kurfürst Johann
Friedrich (den Großmütigen)

39

1533 März 7

Herzogin Elisabeth an Kurfürst Johann
Friedrich (den Großmütigen)

40

1533 März 9

Herzogin Elisabeth an Kurfürst Johann Friedrich (den Großmütigen)

41

1533 März 14

Herzog Georg (der Bärtige) an Landgräfin Christine

42

1533 März 16

Herzogin Elisabeth an Kurfürst Johann Friedrich (den Großmütigen)

43

[1533 März 16]

Aufzeichnung des Alexander von der Tann für Kurfürst Johann Friedrich (den Großmütigen)

44

Güstrow 1533 März 18

Herzog Heinrich V. (der Friedfertige) von Mecklenburg an Kurfürst Johann Friedrich (den Großmütigen) und Herzog Ernst I. (den Bekenner) von Braunschweig-Lüneburg

45*

[vor 1533 März 22]

Markgraf Georg (der Fromme) von Brandenburg-Ansbach an Herzogin Elisabeth

46

1533 März 22

Herzogin Elisabeth an Kurfürst Johann Friedrich (den Großmütigen)

47

1533 März 25

Herzogin Elisabeth an Kurfürst Johann Friedrich (den Großmütigen)

48

Schwerin 1533 März 26

Herzog Heinrich V. (der Friedfertige) von Mecklenburg an Kurfürst Johann Friedrich (den Großmütigen)

49*

[vor 1533 März 30]

Landgraf Philipp (der Großmütige) an Herzogin Elisabeth

50

1533 März 30

Herzogin Elisabeth an Kurfürst Johann Friedrich (den Großmütigen)

51

[Coburg] [1533 März 22–April 13]

Kurfürst Johann Friedrich (der Großmütige) an Herzogin Elisabeth

52*

[vor 1533 April 12]

Herzogin Elisabeth an Landgraf Philipp (den Großmütigen)

53

1533 April 12/13

Herzogin Elisabeth an Kurfürst Johann Friedrich (den Großmütigen)

54

[1533 April 15]

Herzogin Elisabeth an Kurfürst Johann Friedrich (den Großmütigen)

55

Naumburg 1533 April 20

Landgraf Philipp (der Großmütige) an Herzogin Elisabeth

56

1533 April 22

Herzogin Elisabeth an Kurfürst Johann Friedrich (den Großmütigen)

57

[1533 April um 23]

Herzogin Elisabeth an Kurfürst Johann Friedrich (den Großmütigen)

58

1533 April 25

Herzogin Elisabeth an Kurfürst Johann Friedrich (den Großmütigen) und Landgraf Philipp (den Großmütigen)

59

Naumburg 1533 April 25

Instruktionen von Kurfürst Johann Friedrich (dem Großmütigen), Herzog Erich I. (dem Älteren) von Braunschweig-Lüneburg-Calenberg-Göttingen, Herzog Ernst I. (dem Bekenner) von Braunschweig-Lüneburg und Herzog Heinrich V. (dem Friedfertigen) von Mecklenburg für Ewald von Brandenstein, Hans Wilhelm von Weißenbach, Hans von der Schulenburg und Barnim von Dannenberg an Herzog Georg (den Bärtigen)

60*

[1533 April 25]

Kurfürst Johann Friedrich (der Großmütige) an Herzogin Elisabeth

61

Dresden 1533 April 29

Herzogin Elisabeth an Landgraf Philipp (den Großmütigen)

62

Dresden 1533 April 29

Herzog Johann (der Jüngere) an Kurfürst Johann Friedrich (den Großmütigen), Herzog Ernst I. (den Bekenner) von Braunschweig-Lüneburg und Herzog Heinrich V. (den Friedfertigen) von Mecklenburg

63

Dresden 1533 April 29

Herzog Georg (der Bärtige) an Herzog Heinrich V. (den Friedfertigen) von Mecklenburg

64

1533 April 30

Herzogin Elisabeth an Kurfürst Johann Friedrich (den Großmütigen)

65

Weimar 1533 Mai 1

Kurfürst Johann Friedrich (der Großmütige) an Landgraf Philipp (den Großmütigen)

66

[1533 vor Mai 6]

Herzogin Elisabeth an Kurfürst Johann Friedrich (den Großmütigen)

67

Kassel 1533 Mai 6

Landgraf Philipp (der Großmütige) an Kurfürst Johann Friedrich (den Großmütigen)

68

Weimar 1533 Mai 11

Kurfürst Johann Friedrich (der Großmütige) an Landgraf Philipp (den Großmütigen)

69*

[vor 1533 Mai 12]

Landgraf Philipp (der Großmütige) an Herzogin Elisabeth

70

Weimar 1533 Mai 12

Kurfürst Johann Friedrich (der Großmütige) an Landgraf Philipp (den Großmütigen)

71*

[nach 1533 Mai 12, vor Mai 16]

Kurfürst Johann Friedrich (der Großmütige) an Herzogin Elisabeth

72

1533 Mai 16

Herzogin Elisabeth an Kurfürst Johann Friedrich (den Großmütigen)

73

1533 Mai 17

Herzogin Elisabeth an Kurfürst Johann Friedrich (den Großmütigen) und Landgraf Philipp (den Großmütigen)

74

Dresden 1533 Mai 19

Herzog Georg (der Bärtige) an Kurfürst Johann Friedrich (den Großmütigen), Herzog Heinrich V. (den Friedfertigen) von Mecklenburg, Herzog Erich I. (den Älteren) von Braunschweig-Lüneburg-Calenberg-Göttingen sowie Herzog Ernst I. (den Bekenner) von Braunschweig-Lüneburg

75

1533 Mai 26

Herzogin Elisabeth an Kurfürst Johann Friedrich (den Großmütigen)

76*

[vor 1533 Juni 1]

Kurfürst Johann Friedrich (der Großmütige) an Herzogin Elisabeth

77

1533 Juni 1

Herzogin Elisabeth an Kurfürst Johann Friedrich (den Großmütigen)

78

Kassel 1533 Juni 3

Landgraf Philipp (der Großmütige) an Herzog Heinrich V. (den Friedfertigen) von Mecklenburg

79

Weimar 1533 Juni 5

Kurfürst Johann Friedrich (der Großmütige) an Landgraf Philipp (den Großmütigen)

80

1533 Juni 8

Herzogin Elisabeth an Kurfürst Johann Friedrich (den Großmütigen)

81

1533 Juni 9

Herzogin Elisabeth an Kurfürst Johann Friedrich (den Großmütigen)

82

1533 Juni 10

Herzogin Elisabeth an Landgraf Philipp (den Großmütigen)

83

Reinhardswald 1533 Juni 11

Landgraf Philipp (der Großmütige) an Kurfürst Johann Friedrich (den Großmütigen)

84

1533 Juni 13

Herzogin Elisabeth an Kurfürst Johann Friedrich (den Großmütigen)

85

Boitzenburg 1533 Juni 14

Herzog Heinrich V. (der Friedfertige) von Mecklenburg an Landgraf Philipp (den Großmütigen)

86*

[vor 1533 Juni 23]

Kurfürst Johann Friedrich (der Großmütige) an Herzogin Elisabeth

87

1533 Juni 23

Herzogin Elisabeth an Kurfürst Johann Friedrich (den Großmütigen)

88

1533 Juli 1

Herzogin Elisabeth an Kurfürst Johann Friedrich (den Großmütigen)

89

1533 Juli 4

Herzogin Elisabeth an Kurfürst Johann Friedrich (den Großmütigen)

90

[1533 Juli 17]

Herzogin Elisabeth an Kurfürst Johann Friedrich (den Großmütigen)

91

1533 Juli 24

Herzogin Elisabeth an Kurfürst Johann Friedrich (den Großmütigen)

92

1533 [Ende Juli/Anfang August]

Herzogin Elisabeth an Kurfürst Johann Friedrich (den Großmütigen)

93

1533 August 2

Landgraf Philipp (der Großmütige) an Kurfürst Johann Friedrich (den Großmütigen)

94

Kassel 1533 August 5

Instruktion Landgraf Philipps (des Großmütigen) für Georg von Boyneburg und Werner von Wallenstein

95

Leipzig 1533 August 16

Ausschuss der Landschaft Herzog Georgs (des Bärtigen) an Landgraf Philipp (den Großmütigen)

96

Halle 1533 August 20

Johann Rühel an Kurfürst Johann Friedrich (den Großmütigen)

97*

[vor 1533 August 21]

Kurfürst Johann Friedrich (der Großmütige) an Herzogin Elisabeth

98

1533 August 21

Herzogin Elisabeth an Kurfürst Johann Friedrich (den Großmütigen)

99

Weimar 1533 September 5

Kurfürst Johann Friedrich (der Großmütige) an Landgraf Philipp (den Großmütigen)

100*

[vor 1533 September 30]

Kurfürst Johann Friedrich (der Großmütige) an Herzogin Elisabeth

101*

[vor 1533 September 30]

Markgraf Georg (der Fromme) von Brandenburg-Ansbach an Herzogin Elisabeth

102

[1533 September 30]

Herzogin Elisabeth an Kurfürst Johann Friedrich (den Großmütigen)

103

[1533 vor Oktober 28]

Forderungen Herzog Georgs (des Bärtigen) und Herzog Johanns (des Jüngeren) an Herzogin Elisabeth

104

[1533 vor Oktober 28]

Herzog Johann (der Jüngere) an Herzogin
Elisabeth

105

[1533 vor Oktober 28]

Kurfürst Johann Friedrich (der Großmütige)
an die gemeinsamen Ausschüsse der
ernestinischen und albertinischen Landschaften

106

Halle 1533 November 8

Johann Rühel an Kurfürst Johann Friedrich
(den Großmütigen)

107

Halle 1533 November 10

Erzbischof Kardinal Albrecht von Brandenburg
an Herzogin Elisabeth

108

Immenhausen 1533 November 10

Landgraf Philipp (der Großmütige) an Kurfürst
Johann Friedrich (den Großmütigen)

109

Grimma 1533 November 11

Georg von Carlowitz an Herzogin Elisabeth

110*

[1533 November 12]

Herzogin Elisabeth an Georg von Carlowitz

111

1533 November 12

Herzogin Elisabeth an Kurfürst Johann
Friedrich (den Großmütigen)

112*

[vor 1533 November 17]

Kurfürst Johann Friedrich (der Großmütige) an
Herzogin Elisabeth

113*

[vor 1533 November 17]

Herzogin Elisabeth an Landgraf Philipp (den
Großmütigen)

114

1533 November 17

Herzogin Elisabeth an Kurfürst Johann
Friedrich (den Großmütigen)

115

Colditz 1533 November 19

Kurfürst Johann Friedrich (der Großmütige) an
Herzogin Elisabeth

116

[1533 vor November 21]

Herzogin Elisabeth an Kurfürst Johann
Friedrich (den Großmütigen)

117

1533 November 21

Herzogin Elisabeth an Kurfürst Johann
Friedrich (den Großmütigen)

118

Colditz 1533 November 23

Kurfürst Johann Friedrich (der Großmütige) an
Herzogin Elisabeth

119

Sababurg 1533 November 26

Landgraf Philipp (der Großmütige) an
Herzogin Elisabeth

120*

[1533 nach November 26, vor Dezember 4]

Landgraf Philipp (der Großmütige) an
Herzogin Elisabeth

121*

[1533 Dezember 4]

Herzogin Elisabeth an Erzbischof Kardinal
Albrecht von Brandenburg

122

1533 Dezember 4

Herzogin Elisabeth an Kurfürst Johann
Friedrich (den Großmütigen)

123

Dresden 1533 Dezember 4

Herzogin Elisabeth an Kurfürst Johann
Friedrich (den Großmütigen)

124

1533 Dezember 4/6

Herzogin Elisabeth an Landgraf Philipp (den
Großmütigen)

125

[1533 nach Dezember 12]

Kurfürst Johann Friedrich (der Großmütige) an
Herzogin Elisabeth

126

1533 Dezember 16

Herzogin Elisabeth an Kurfürst Johann
Friedrich (den Großmütigen)

127

1533 Dezember 25

Herzogin Elisabeth an Kurfürst Johann
Friedrich (den Großmütigen)

128*

[vor 1533 Dezember 31]

Kurfürst Johann Friedrich (der Großmütige) an Herzogin Elisabeth

129

1533 Dezember 31

Herzogin Elisabeth an Kurfürst Johann Friedrich (den Großmütigen)

130*

[vor 1534 Januar 8]

Kurfürst Johann Friedrich (der Großmütige) an Herzogin Elisabeth

131

1534 Januar 8

Herzogin Elisabeth an Kurfürst Johann Friedrich (den Großmütigen)

132

1534 Januar 14

Herzogin Elisabeth an Kurfürst Johann Friedrich (den Großmütigen)

133

1534 Januar 25

Herzogin Elisabeth an Kurfürst Johann Friedrich (den Großmütigen)

134*

[vor 1534 Februar 14]

Herzogin Elisabeth an Landgraf Philipp (den Großmütigen)

135

1534 Februar 14

Kurfürst Johann Friedrich (der Großmütige) an Landgraf Philipp (den Großmütigen)

136*

[vor 1534 Februar 28]

Kurfürst Johann Friedrich (der Großmütige) an Herzogin Elisabeth

137

1534 Februar 28

Herzogin Elisabeth an Kurfürst Johann Friedrich (den Großmütigen)

138

1534 März 9

Herzogin Elisabeth an Landgraf Philipp (den Großmütigen)

139

1534 März 11

Herzogin Elisabeth an Landgraf Philipp (den Großmütigen)

140*

[vor 1534 März 20]

Kurfürst Johann Friedrich (der Großmütige) an Herzogin Elisabeth

141

1534 März 20

Herzogin Elisabeth an Kurfürst Johann Friedrich (den Großmütigen)

142

1534 April 12

Herzogin Elisabeth an Kurfürst Johann Friedrich (den Großmütigen)

143*

[vor 1534 April 24]

Kurfürst Johann Friedrich (der Großmütige) an Herzogin Elisabeth

144*

[1534 April 24]

Herzogin Elisabeth an Landgraf Philipp (den Großmütigen)

145

1534 April 24

Herzogin Elisabeth an Kurfürst Johann Friedrich (den Großmütigen)

146

Altenburg 1534 April 28

Kurfürst Johann Friedrich (der Großmütige) an Landgraf Philipp (den Großmütigen)

147

1534 April 30/Mai 1

Herzogin Elisabeth an Landgraf Philipp (den Großmütigen)

148

1534 Mai 1

Herzogin Elisabeth an die Statthalter und Räte zu Kassel

149

1534 Mai 6

Herzogin Elisabeth an Landgraf Philipp (den Großmütigen)

150

1534 Mai 6

Herzogin Elisabeth an Kurfürst Johann Friedrich (den Großmütigen)

151

Altenburg 1534 Mai 8

Kurfürst Johann Friedrich (der Großmütige) an Landgraf Philipp (den Großmütigen)

152

1534 Mai 11

Herzogin Elisabeth an Kurfürst Johann
Friedrich (den Großmütigen)

153

1534 Mai 12

Kurfürst Johann Friedrich (der Großmütige) an
Herzogin Elisabeth

154

Dresden 1534 Mai 22

Herzogin Elisabeth an Landgraf Philipp (den
Großmütigen)

155*

[1534 nach Mai 13, vor Mai 24]

Landgraf Philipp (der Großmütige) an
Herzogin Elisabeth

156*

[vor 1534 Mai 24]

Kurfürst Johann Friedrich (der Großmütige) an
Herzogin Elisabeth

157

1534 Mai 23/24

Herzogin Elisabeth an Kurfürst Johann
Friedrich (den Großmütigen)

158

1534 Mai 24

Herzogin Elisabeth an Landgraf Philipp (den
Großmütigen)

159

1534 Mai 25

Herzogin Elisabeth an Kurfürst Johann
Friedrich (den Großmütigen)

160

1534 Mai 29

Herzogin Elisabeth an Kurfürst Johann
Friedrich (den Großmütigen)

161

1534 Mai 30

Herzogin Elisabeth an Kurfürst Johann
Friedrich (den Großmütigen)

162*

1534 Mai 31

Herzogin Elisabeth an Landgräfin Christine

163

1534 Mai 31

Herzogin Elisabeth an Kurfürst Johann
Friedrich (den Großmütigen)

164

Feldlager zu Esslingen 1534 Mai 31

Landgraf Philipp (der Großmütige) an
Herzogin Elisabeth

165

Feldlager zu Esslingen 1534 Juni 2

Landgraf Philipp (der Großmütige) an
Herzogin Elisabeth

166

1534 Juni 4

Landgraf Philipp (der Großmütige) an
Herzogin Elisabeth

167*

[vor 1534 Juni 11]

Kurfürst Johann Friedrich (der Großmütige) an
Herzogin Elisabeth

168*

[Annaberg] [vor 1534 Juni 11]

Herzog Georg (der Bärtige) an Herzogin
Elisabeth

169

1534 Juni 11

Herzogin Elisabeth an Kurfürst Johann
Friedrich (den Großmütigen)

170

1534 Juni 11

Herzogin Elisabeth an Kurfürst Johann
Friedrich (den Großmütigen)

171

[1534 Juni 13]

Herzogin Elisabeth an Landgraf Philipp (den
Großmütigen)

172

1534 Juni 13

Herzogin Elisabeth an Kurfürst Johann
Friedrich (den Großmütigen)

173

Buchholz 1534 Juni 13

Kurfürst Johann Friedrich (der Großmütige) an
Herzogin Elisabeth

174*

[vor 1534 Juni 15]

Herzogin Elisabeth an Herzog Georg (den
Bärtigen)

175

Annaberg 1534 Juni 15

Georg von Carlowitz an Herzogin Elisabeth

176

[1534 vor Juni 15]

Georg von Carlowitz [an Herzogin Elisabeth]

177

1534 Juni 15

Herzogin Elisabeth an Landgraf Philipp (den Großmütigen)

178

1534 Juni 15

Herzogin Elisabeth an Kurfürst Johann Friedrich (den Großmütigen)

179

Annaberg 1534 Juni 17

Georg von Carlowitz an Herzogin Elisabeth

180

Annaberg 1534 Juni 19

Simon Pistoris an Herzogin Elisabeth

181*

[vor 1534 Juni 20]

Herzogin Elisabeth an Georg von Carlowitz

182

[Dresden] 1534 Juni 20

Herzogin Elisabeth an Kurfürst Johann Friedrich (den Großmütigen)

183

[Dresden] 1534 Juni 20

Herzogin Elisabeth an Landgraf Philipp (den Großmütigen)

184

Dresden 1534 Juni 20

Herzogin Elisabeth an Landgraf Philipp (den Großmütigen)

185

Buchholz 1534 Juni 21

Kurfürst Johann Friedrich (der Großmütige) an Herzogin Elisabeth

186

Kaaden 1534 Juni 22

Georg von Carlowitz an Herzogin Elisabeth

187

Kaaden 1534 Juni 22

Simon Pistoris an Herzogin Elisabeth

188

1534 [Juni 23]

Herzogin Elisabeth an Kurfürst Johann Friedrich (den Großmütigen)

189

1534 Juni 23

Herzogin Elisabeth an Kurfürst Johann Friedrich (den Großmütigen)

190

Kaaden 1534 Juni 24

Georg von Carlowitz an Herzogin Elisabeth

191

Kaaden 1534 Juni 24

Simon Pistoris an Herzogin Elisabeth

192

Buchholz 1534 Juni 26

Kurfürst Johann Friedrich (der Großmütige) an Herzogin Elisabeth

193

1534 Juni 27

Herzogin Elisabeth an Kurfürst Johann Friedrich (den Großmütigen)

194

1534 Juni 28

Herzogin Elisabeth an Landgraf Philipp (den Großmütigen)

195

1534 Juni 28

Herzogin Elisabeth an Kurfürst Johann Friedrich (den Großmütigen)

196*

[1534 nach Juni 29, vor Juli 4]

Landgraf Philipp (der Großmütige) an Herzogin Elisabeth

197*

[vor 1534 Juli 1]

Erzbischof Kardinal Albrecht von Brandenburg an Herzogin Elisabeth

198*

[vor 1534 Juli 1]

Erzbischof Kardinal Albrecht von Brandenburg an Herzogin Elisabeth

199

1534 Juli 2/4

Herzogin Elisabeth an Landgraf Philipp (den Großmütigen)

200

1534 Juli 7

Herzogin Elisabeth an Landgraf Philipp (den Großmütigen)

201

1534 Juli 19

Landgraf Philipp (der Großmütige) an Herzogin Elisabeth

202*

[vor 1534 Juli 25]

Georg von Carlowitz an Herzogin Elisabeth

203

1534 Juli 25

Herzogin Elisabeth an Landgraf Philipp (den Großmütigen)

204

[1534 Juli 25]

Herzogin Elisabeth an Landgraf Philipp (den Großmütigen)

205

1534 August 2

Herzogin Elisabeth an Landgraf Philipp (den Großmütigen)

206

[1534 August 4]

Herzogin Elisabeth an den hessischen Kanzler Johann Feige von Lichtenau

207

Kassel 1534 August 15

Landgräfin Christine an Herzog Georg (den Bärtigen)

208

1534 September 14

Herzogin Elisabeth an Landgraf Philipp (den Großmütigen)

209

Spangenberg 1534 September 21

Landgraf Philipp (der Großmütige) an Herzogin Elisabeth

210

1534 September 21

Georg von Carlowitz und Simon Pistoris an Herzogin Elisabeth

211*

[1534 September nach 21, vor 30]

Herzogin Elisabeth an Landgraf Philipp (den Großmütigen)

212

Kassel 1534 September 30

Landgraf Philipp (der Großmütige) an Herzogin Elisabeth

213*

[1534 Oktober 9]

Herzogin Elisabeth an Georg von Carlowitz

214

1534 Oktober 9

Herzogin Elisabeth an Landgraf Philipp (den Großmütigen)

215

[1534 nach September 30, vor Oktober 21]

Landgraf Philipp (der Großmütige) an Herzogin Elisabeth

216

1534 Oktober 21

Herzogin Elisabeth an Landgraf Philipp (den Großmütigen)

217

Friedewald 1534 Oktober 23

Landgraf Philipp (der Großmütige) an Herzogin Elisabeth

218

[1534 nach Oktober23]

Herzogin Elisabeth an Landgraf Philipp (den Großmütigen)

219

1534 November 2

Herzogin Elisabeth an Landgraf Philipp (den Großmütigen)

220

[1534 November vor 12]

Herzogin Elisabeth an Landgraf Philipp (den Großmütigen)

221

1534 Dezember 6

Herzogin Elisabeth an Landgraf Philipp (den Großmütigen)

222

1534 Dezember 15

Herzogin Elisabeth an Kurfürst Johann Friedrich (den Großmütigen)

223

Friedewald 1534 Dezember 18

Landgraf Philipp (der Großmütige) an Herzogin Elisabeth

224

Weimar 1534 Dezember 20

Kurfürst Johann Friedrich (der Großmütige) an Herzogin Elisabeth

Verzeichnis der nachweisbaren Deperdita

20*
[vor 1533 Februar 20]
Herzogin Elisabeth an Landgraf Philipp (den Großmütigen)

37*
[1533 März 7]
Herzogin Elisabeth an Landgraf Philipp (den Großmütigen)

45*
[vor 1533 März 22]
Markgraf Georg (der Fromme) von Brandenburg-Ansbach an Herzogin Elisabeth

49*
[vor 1533 März 30]
Landgraf Philipp (der Großmütige) an Herzogin Elisabeth

52*
[vor 1533 April 12]
Herzogin Elisabeth an Landgraf Philipp (den Großmütigen)

60*
[1533 April 25]
Kurfürst Johann Friedrich (der Großmütige) an Herzogin Elisabeth

69*
[vor 1533 Mai 12]
Landgraf Philipp (der Großmütige) an Herzogin Elisabeth

71*
[nach 1533 Mai 12, vor Mai 16]
Kurfürst Johann Friedrich (der Großmütige) an Herzogin Elisabeth

76*
[vor 1533 Juni 1]
Kurfürst Johann Friedrich (der Großmütige) an Herzogin Elisabeth

86*
[vor 1533 Juni 23]
Kurfürst Johann Friedrich (der Großmütige) an Herzogin Elisabeth

97*
[vor 1533 August 21]
Kurfürst Johann Friedrich (der Großmütige) an Herzogin Elisabeth

100*
[vor 1533 September 30]
Kurfürst Johann Friedrich (der Großmütige) an Herzogin Elisabeth

101*
[vor 1533 September 30]
Markgraf Georg (der Fromme) von Brandenburg-Ansbach an Herzogin Elisabeth

110*
[1533 November 12]
Herzogin Elisabeth an Georg von Carlowitz

112*
[vor 1533 November 17]
Kurfürst Johann Friedrich (der Großmütige) an Herzogin Elisabeth

113*
[vor 1533 November 17]
Herzogin Elisabeth an Landgraf Philipp (den Großmütigen)

120*
[1533 nach November 26, vor Dezember 4]
Landgraf Philipp (der Großmütige) an Herzogin Elisabeth

121*
[1533 Dezember 4]
Herzogin Elisabeth an Erzbischof Kardinal Albrecht von Brandenburg

128*
[vor 1533 Dezember 31]
Kurfürst Johann Friedrich (der Großmütige) an Herzogin Elisabeth

130*
[vor 1534 Januar 8]
Kurfürst Johann Friedrich (der Großmütige) an Herzogin Elisabeth

134*
[vor 1534 Februar 14]
Herzogin Elisabeth an Landgraf Philipp (den Großmütigen)

136*
[vor 1534 Februar 28]
Kurfürst Johann Friedrich (der Großmütige) an Herzogin Elisabeth

140*

[vor 1534 März 20]
Kurfürst Johann Friedrich (der Großmütige) an
Herzogin Elisabeth

143*

[vor 1534 April 24]
Kurfürst Johann Friedrich (der Großmütige) an
Herzogin Elisabeth

144*

[1534 April 24]
Herzogin Elisabeth an Landgraf Philipp (den
Großmütigen)

155*

[1534 nach Mai 13, vor Mai 24]
Landgraf Philipp (der Großmütige) an
Herzogin Elisabeth

156*

[vor 1534 Mai 24]
Kurfürst Johann Friedrich (der Großmütige) an
Herzogin Elisabeth

162*

1534 Mai 31
Herzogin Elisabeth an Landgräfin Christine

167*

[vor 1534 Juni 11]
Kurfürst Johann Friedrich (der Großmütige) an
Herzogin Elisabeth

168*

[Annaberg] [vor 1534 Juni 11]
Herzog Georg (der Bärtige) an Herzogin
Elisabeth

174*

[vor 1534 Juni 15]
Herzogin Elisabeth an Herzog Georg (den
Bärtigen)

181*

[vor 1534 Juni 20]
Herzogin Elisabeth an Georg von Carlowitz

196*

[1534 nach Juni 29, vor Juli 4]
Landgraf Philipp (der Großmütige) an
Herzogin Elisabeth

197*

[vor 1534 Juli 1]
Erzbischof Kardinal Albrecht von Brandenburg
an Herzogin Elisabeth

198*

[vor 1534 Juli 1]
Erzbischof Kardinal Albrecht von Brandenburg
an Herzogin Elisabeth

202*

[vor 1534 Juli 25]
Georg von Carlowitz an Herzogin Elisabeth

211*

[1534 September nach 21, vor 30]
Herzogin Elisabeth an Landgraf Philipp (den
Großmütigen)

213*

[1534 Oktober 9]
Herzogin Elisabeth an Georg von Carlowitz

Verzeichnis der nichtbrieflichen Stücke

2

[1533 Ende Januar]
Memorial Kurfürst Johann Friedrichs (des
Großmütigen) für die Besprechung mit
Landgraf Philipp (dem Großmütigen)

6

[Dresden] [1533 Februar 7]
Notizen für Landgraf Philipps (des
Großmütigen) erste Rede vor den Räten
Herzog Georgs (des Bärtigen)

7

Dresden [1533 Februar 7]
Notizen für Landgraf Philipps (des
Großmütigen) zweite Rede vor den Räten
Herzog Georgs (des Bärtigen)

8

Dresden 1533 Februar 7/8
Protokoll der Besprechung Landgraf Philipps
(des Großmütigen) mit den Räten Herzog
Georgs (des Bärtigen)

10

Dresden 1533 Februar [8]
Protokoll über die Antwort Herzogin
Elisabeths auf die Vorwürfe Herzog Georgs
(des Bärtigen)

11

Dresden 1533 Februar 9
Protokoll über die Antwort Herzog Georgs
(des Bärtigen) auf die Erwiderung Herzogin
Elisabeths

12

Dresden 1533 Februar [9]
Protokoll über die Antwort Landgraf Philipps
(des Großmütigen) auf die zweite Erwiderung
Herzog Georgs (des Bärtigen)

13

Dresden 1533 Februar 10
Protokoll über die Antwort Herzog Georgs (des
Bärtigen) auf die zweite Erwiderung Landgraf
Philipps (des Großmütigen)

14

Dresden 1533 Februar [10]
Protokoll über die Antwort Landgraf Philipps
(des Großmütigen) auf die dritte Erwiderung
Herzog Georgs (des Bärtigen)

18

Weimar 1533 Februar 20
Instruktion von Kurfürst Johann Friedrich
(dem Großmütigen) und Landgraf Philipp
(dem Großmütigen) von Hessen, was
der mecklenburgische Kanzler Kaspar
von Schöneich an Herzog Ernst I. (den
Bekenner) von Braunschweig-Lüneburg und
Herzog Heinrich V. (den Friedfertigen) von
Mecklenburg tragen soll

33

1533 März 6
Zeugenaussage des Johannes Hülse,
Beichtvater der Hofjungfer Anna von
Honsberg

43

[1533 März 16]
Aufzeichnung des Alexander von der Tann für
Kurfürst Johann Friedrich (den Großmütigen)

59

Naumburg 1533 April 25
Instruktionen von Kurfürst Johann Friedrich
(dem Großmütigen), Herzog Erich I. (dem
Älteren) von Braunschweig-Lüneburg-
Calenberg-Göttingen, Herzog Ernst I. (dem
Bekenner) von Braunschweig-Lüneburg und
Herzog Heinrich V. (dem Friedfertigen) von
Mecklenburg für Ewald von Brandenstein,
Hans Wilhelm von Weißenbach, Hans von der
Schulenburg und Barnim von Dannenberg an
Herzog Georg (den Bärtigen)

94

Kassel 1533 August 5
Instruktion Landgraf Philipps (des
Großmütigen) für Georg von Boyneburg und
Werner von Wallenstein

103

[1533 vor Oktober 28]
Forderungen Herzog Georgs (des Bärtigen)
und Herzog Johanns (des Jüngeren) an
Herzogin Elisabeth

Verzeichnis der Aussteller

Verzeichnis der Empfänger

Verzeichnis der Ausstellungsorte

Kaaden	186, 187, 190, 191
Kassel	1, 67, 78, 94, 207, 212
Leipzig	95
Naumburg	55, 59
Reinhardswald	83
Sababurg	119
Schwerin	48
Spangenberg	209
Weimar	17, 18, 22, 24, 25, 30, 31, 35, 65, 68, 70, 79, 99, 224
Wittenberg	4

Verzeichnis der archivalischen Quellen und der Bestandsprovenienzen

A – Verzeichnis der archivalischen Quellen

Sächsisches Staatsarchiv – Hauptstaatsarchiv Dresden

10024 Geheimer Rat, Loc. 8497/6:
Derer römischen Kayser, Könige, Fürsten und Stände an Herzog Georgen v. Sachssen erlassene Schreiben, 1501–1539.

10024 Geheimer Rat, Loc. 8607/1:
Hand-Schreiben derer Chur. und Fürsten zu Sachssen, Ernestinische Linie, 1476 ff.

10024 Geheimer Rat, Loc. 9131/32:
Schrifften der Herzogin von Rochlitz an Churf. Johann Friedrichen zu Sachßen, bel. furnehml. die Handlung von wegen des eroberten Landes zu Würtemberg, 1534.

10024 Geheimer Rat, Loc. 10548/2:
Der Herzogin von Rochlitz Ehe- und andere Sachen belangend, Vol. II. 1533.

10024 Geheimer Rat, Loc. 10548/3:
Der Herzogin von Rochlitz Ehe- und andere Sachen, 1533–1537.

10024 Geheimer Rat, Loc. 10548/6:
Schriften der Herzogin von Rochlitz an Herzog Johann Friedrichen, Kurfürsten, des Zwiespalts halber zwischen ihr und Herzog Georgen wegen eines Verdachts und Bezüchtigung, 1532–1534, Vol. 1.

10024 Geheimer Rat, Loc. 10548/7:
Schriften der Herzogin von Rochlitz an Herzog Johann Friedrichen, Kurfürsten, des Zwiespalts halber zwischen ihr und Herzog Georgen wegen eines Verdachts und Bezüchtigung, 1532–1534, Vol. II.

10024 Geheimer Rat, Loc. 10548/8:
Handlung zwischen Herzog Georg zu Sachsen und Landgraf Philipp zu Hessen wegen der Herzogin zu Rochlitz, Herzog Georgs Sohn, Herzog Johanns Gemahlin, die sich neben Heinrich von Schönberg und anderen mit Reden und Kleidung im Tanzen und sonst verdächtig gemacht, 1533.

10024 Geheimer Rat, Loc. 10548/9:
Schreiben und Handlung, was Kurfürst zu Sachsen und die Herzöge zu Braunschweig und Mecklenburg auf dem Tag zu Naumburg, um Ostern 1533 gehalten, Landgraf Philipps von Hessen und Herzog Georgs zu Sachsen, Seiner Fürstlichen Gnaden Sohns, Herzog Johanns, und desselben Gemahls, des Landgrafen Schwester, halber gehandelt und beredet, 1533.

10024 Geheimer Rat, Loc. 10548/10:

Etliche korrigierte und zum Teil unvollständige Kopien der Instruktionen der Kurfürsten und Fürsten zu Sachsen, Braunschweig und Mecklenburg in Sachen Herzog Georgs zu Sachsen und Landgraf Philipps zu Hessen, desselben Schwester, Herzog Johanns zu Sachsen Gemahl (an hochgedachten Herzog Georg zweimal ausgegangen), 1533.

10024 Geheimer Rat, Loc. 10548/11:

Etliche andere Schriften, gleichfalls zwischen dem Kurfürsten zu Sachsen, den Herzögen zu Braunschweig und Mecklenburg, Herzog Georgen zu Sachsen und dem Landgrafen zu Hessen, der weiteren Schrift halben, so Herzog Georgen auf seine Antwort zu geben sein soll in Sachen seiner und des Landgrafen Schwester, wie auch die Instruktion, so an die Landschaft des Kurfürsten zu Grimma versammelt, ausgehen soll, 1533.

12803 Personennachlass Dr. phil. Elisabeth Werl, Nr. 17:

Aus dem Leben Elisabeths: Aktenabschriften aus dem Staatsarchiv Marburg: Politisches Archiv des Landgrafen Philipp, zahlreiche Nummern (1537–1557).

Hessisches Landesarchiv – Staatsarchiv Marburg

Nr. 3: PA 18:

Akten der Landgräfin Christine, 1532–1547.

Nr. 3: PA 73:

Akten der Herzogin Elisabeth von Rochlitz (auch ihres Marschalls Heinrich v. Bünau, ihres Kammermeisters Hermann Ungefug und ihres Sekretärs Siegmund Kirchmeyer), 1534–1557.

Nr. 3: PA 75:

Akten der Herzogin Elisabeth von Rochlitz, 1534–1555.

Nr. 3: PA 350:

Eigenhändige Aufzeichnungen – Akten des Landgrafen Philipp, 1534 (Mai, Juni).

Nr. 3: PA 370:

Akten Kaiser Maximilians I., 1516–1518.

Nr. 3: PA 1450:

Bayern, die Herzöge Wilhelm und Ludwig – Akten des Landgrafen Philipp und des Kanzlers Feige, 1532.

Nr. 3: PA 1453:

Bayern, die Herzöge Wilhelm und Ludwig – Akten des Landgrafen Philipp, 1534.

Nr. 3: PA 2151:

Mecklenburg, Herzog Heinrich – Akten des Landgrafen Philipp, 1518–1536.

Nr. 3: PA 2536c:

Gesamthaus Sachsen – Akten des Landgrafen Philipp; des Landvogtes an der Werra bzw. Statthalters zu Kassel Siegmund v. Boineburg; des Statthalters und der Räte zu Kassel, 1531–1564.

Nr. 3: PA 2554:

Sächsisch-ernestinische Linie – Akten des Landgrafen Philipp, auch gemeinsam mit Kurfürst Johann Friedrich, 1533 Januar bis April.

Nr. 3: PA 2555:

Sächsisch-ernestinische Linie – Akten des Landgrafen Philipp, 1533 Mai.

Nr. 3: PA 2556:
Sächsisch-ernestinische Linie – Akten des Landgrafen Philipp, auch gemeinsam mit Kurfürst Johann Friedrich, 1533 Juni bis Dezember.

Nr. 3: PA 2557:
Sächsisch-ernestinische Linie – Akten des Landgrafen Philipp, auch gemeinsam mit Kurfürst Johann Friedrich und mit Herzog Ulrich von Württemberg, 1534 Januar bis Juli.

Nr. 3: PA 2841:
Sächsisch-albertinische Linie, Herzogin Elisabeth von Rochlitz – Akten des Landgrafen Philipp und des Kanzlers Johannes Feige, 1515 – 1533.

Nr. 3: PA 2842:
Sächsisch-albertinische Linie, Akten des Landgrafen sowie des Statthalters, Kanzlers und der Räte zu Kassel, 1534 – 1537.

Landeshauptarchiv Schwerin

2.11-2/1 Auswärtige Beziehungen (Acta externa), Nr. 4378:
Streitigkeiten zwischen Herzog Georg dem Bärtigen und der Herzogin Elisabeth, geborene Landgräfin von Hessen, 1533.

2.11-2/1 Auswärtige Beziehungen (Acta externa), Nr. 4380:
Korrespondenz Kurfürst Johann Friedrichs des Großmütigen mit Herzog Heinrich V., 1533 – 1547.

2.11-2/1 Auswärtige Beziehungen (Acta externa), Nr. 4580:
Korrespondenz Landgraf Philipps I. mit Herzog Heinrich V., 1528 – 1543.

Landesarchiv Baden-Württemberg – Hauptstaatsarchiv Stuttgart

A 43 Bü 5, Urgichten und Malefizakten.

Landesarchiv Thüringen – Thüringisches Hauptstaatsarchiv Weimar

Ernestinisches Gesamtarchiv, Reg. N 60:
Schriften über die Beschwerde des Herzogs Johann von Sachsen bei Kurfürst Johann Friedrich von Sachsen über Martin Luther, welcher seinen Vater, den Herzog Georg von Sachsen, sowie den Erzbischof Albrecht zu Mainz nach der Predigt am Allerheiligentag scharf in Sachen der Religion angegriffen haben soll.

Ernestinisches Gesamtarchiv, Reg. N 64:
Konflikte zwischen Kurfürst Johann Friedrich von Sachsen und Herzog Georg von Sachsen nach dem Grimmaischen Machtspruch von 1533.

B – Rückläufiges Verzeichnis der edierten Briefe und Dokumente nach Bestandsprovenienzen

Sächsisches Staatsarchiv – Hauptstaatsarchiv Dresden			
Signatur			*Briefnummer*
10024, Loc. 8497/6	fol.	117r–v	207
10024, Loc. 8607/1	fol.	127r–128r	135
	fol.	144r–v	91
	fol.	145r, 146r	96
	fol.	147r–v, 148r, 149r	106
10024, Loc. 9131/32	fol.	5r–v	193
	fol.	6r–7v	157
	fol.	10r	150
	fol.	11r–12r	137
	fol.	14r–16v	160
	fol.	17r–v	161
	fol.	18r–19r	169
	fol.	21r	152
	fol.	22r	141
	fol.	23r	195
	fol.	24r	142
	fol.	25r–26r	159
	fol.	27r–v	145
	fol.	28r	163
	fol.	32r	189
	fol.	33r	132
	fol.	34r, 35r	178
	fol.	39r–40v	188
	fol.	41r	172
	fol.	42r–v	153
	fol.	44r–45v	185
	fol.	46r–v	182
10024, Loc. 10548/2	fol.	1r–2v	8
	fol.	3r–v	26
	fol.	4r–v	28
	fol.	5r	31
	fol.	28r–37v	74
	fol.	40r–49v	59
	fol.	51r–v	63
	fol.	52r–53r	62

	fol.	54r–57r	63
10024, Loc. 10548/3	fol.	1r–14r	74
	fol.	17r–18r	62
	fol.	38r–47v	74
	fol.	49r–50r	28
	fol.	52r–54r	103
10024, Loc. 10548/6	fol.	7r–8r	3
	fol.	9r–v	75
	fol.	10r–v	5
	fol.	11r–12r	72
	fol.	13r–v	21
	fol.	14r–15r	115
	fol.	16r	36
	fol.	17r–18r	34
	fol.	19r	33
	fol.	20r–21r	38
	fol.	22r	40
	fol.	23r	47
	fol.	24r	48
	fol.	25r–26r	55
	fol.	27r	64
	fol.	31r	81
	fol.	34r–v	99
	fol.	35r–v	107
	fol.	36r	109
	fol.	37r	117
	fol.	38r	16
	fol.	39r–40r	119
	fol.	41r–42r	119
	fol.	43r–v	123
	fol.	44r	122
	fol.	45r–46r	125
	fol.	47r	126
	fol.	48r	42
	fol.	49r–v	84
	fol.	49[b]r–v	89
	fol.	50r–v	2
	fol.	51r–v	19
	fol.	52r–53r	29
	fol.	54r–v	30
	fol.	55r–v	4

	fol.	56r	80
	fol.	57r–58v	50
	fol.	62r–64v	66
	fol.	66r–v	56
	fol.	67r–v	118
	fol.	68r–v	88
	fol.	70r–v	15
10024, Loc. 10548/7	fol.	1r–3r, 4r	114
	fol.	5r–6v	57
	fol.	8r–v	131
	fol.	9r	133
	fol.	10r–v	53
	fol.	12r	54
	fol.	13r–15r	102
	fol.	16r–v	90
	fol.	17r	116
	fol.	18r	127
	fol.	19r–20v	51
	fol.	22r–23r	104
	fol.	24r	48
	fol.	25r–27v	46
	fol.	28r	39
	fol.	29r–32r	105
	fol.	33r–v	92
	fol.	34r	43
	fol.	35r–36r	98
	fol.	37r–v	77
	fol.	38r–v	87
	fol.	39r–v	111
	fol.	40r–42v	73
	fol.	43r–45v	129
10024, Loc. 10548/8	fol.	27r–29r	17
	fol.	35r–36r	18
	fol.	38r–41r	22
	fol.	42r	23
	fol.	45r–46r	24
	fol.	47r–48v	27
	fol.	49r–50v	26
	fol.	58r–59r	35
	fol.	75r–v	44
	fol.	95r–121r	94

	fol.	125r–127v	95
10024, Loc. 10548/9	fol.	1r–v	28
	fol.	30r–41r	59
	fol.	49r–v	62
	fol.	50r–v	65
10024, Loc. 10548/10	fol.	1r–62v	59
10024, Loc. 10548/11	fol.	1r–17r	8
	fol.	18r–19v	6
	fol.	20r–v	7
	fol.	21r–32r	10
	fol.	33r–37r	11
	fol.	38r–44r	12
	fol.	45r–47r	13
	fol.	48r–49v	14
	fol.	69r–75v	74
	fol.	87r–88v	79
12803, Nachlass Elisabeth Werl, Nr. 17	fol.	124 f.	223

Hessisches Landesarchiv – Staatsarchiv Marburg

PA 18	fol.	5r–6v	41
PA 73	fol.	1r–2r	204
PA 75	fol.	1r–2r	175
	fol.	3r–v, 4r	179
	fol.	6r	180
	fol.	7r	187
	fol.	8r–v	186
	fol.	10r	191
	fol.	11r	190
PA 350	fol.	13r–14r	201
PA 2151	fol.	1r, 2r	85
PA 2554	fol.	6r	1
	fol.	23r–25r	17
	fol.	38r–39v, 40r–v, 41r	22
	fol.	57r–v	28
	fol.	58r–v	31
	fol.	60r	30
PA 2555	fol.	1r	65
	fol.	24r–25v	67
	fol.	29r	68
	fol.	33r–34r	70

PA 2556	fol.	8r – 9r	79
	fol.	10r – 11r	83
	fol.	14r	93
	fol.	78r – 80r	108
PA 2557	fol.	56r	146
	fol.	68r	151
PA 2841	fol.	46r – 47v	206
	fol.	48r	32
	fol.	49r	9
	fol.	50r – 52v	58
	fol.	56r – 57v	61
	fol.	59r – v	82
	fol.	60r – 61v	124
	fol.	62r	82
PA 2842	fol.	2r – v, 3r, 4r	138
	fol.	6r	139
	fol.	7r – 9r	147
	fol.	10r – v	148
	fol.	13r – v	149
	fol.	14r – 15r	158
	fol.	16r – v	154
	fol.	17r – 18r	164
	fol.	19r	165
	fol.	20r – 21r	166
	fol.	22r – 23r	170
	fol.	24r – v	177
	fol.	25r – v	176
	fol.	26r, 27r – 31r, 32r	177
	fol.	33r – v	183
	fol.	34r – 35v	184
	fol.	36r – v	173
	fol.	37r	187
	fol.	39r – v	194
	fol.	40r – 41v	185
	fol.	43r – 45r	199
	fol.	46r – 47r	192
	fol.	48r – v	199
	fol.	49r – 50r	200
	fol.	51r – 52r	171
	fol.	53r – 54v	201
	fol.	56r – 58v	201

	fol.	59r–61v	203
	fol.	65r	205
	fol.	66r–67r	208
	fol.	68r–69r	209
	fol.	70r–v	212
	fol.	72r–73v	214
	fol.	74r–v	217
	fol.	75r–76r	218
	fol.	77r	219
	fol.	78r–v	220
	fol.	80r–81r	221
	fol.	84r, 84v–85v	215
	fol.	86r–v, 89r	216
	fol.	87r–88r	210
OWS 915 (59) (alte Signatur)		Verschollen!	223
Landeshauptarchiv Schwerin			
2.11-2/1 Auswärtige Beziehungen, Nr. 4378	fol.	2r–3r	26
	fol.	4r–5v	27
	fol.	6r–7r	27
	fol.	8r–v	25
	fol.	10r	35
	fol.	11r–12r	44
	fol.	13r–24r	59
	fol.	25r–30r	59
	fol.	31r–32r	62
	fol.	33r–34v	59
	fol.	36r–v	59
	fol.	38r–39r	63
	fol.	40r–41r	63
	fol.	43r–44v	18
	fol.	45r–v	62
	fol.	47r–56r	74
2.11-2/1 Auswärtige Beziehungen, Nr. 4380	fol.	13r	24
2.11-2/1 Auswärtige Beziehungen, Nr. 4580	fol.	10r–18v	78
Landesarchiv Thüringen – Thüringisches Hauptstaatsarchiv Weimar			
Reg. N 60	fol.	4r	222
	fol.	9r–v und 13r	224
	fol.	10r–11r	224
Reg. N 64	fol.	44r–v	222
	fol.	44v–45v	224

Abkürzungen

†	gestorben	Hz.	Herzog
*	geboren [bei Lebensdaten]	Hze.	Herzöge
ABKG	Akten und Briefe zur Kirchenpo-litik Herzog Georgs von Sachsen	Hzn.	Herzogin
		Hztm.	Herzogtum
ADB	Allgemeine Deutsche Biographie	Jh.	Jahrhundert
albert.	albertinische [Linie der Wettiner]	KES	Korrespondenz Elisabeths von
Anm.	Anmerkung		Sachsen
bayr.	bayrisch(er)	Kf.	Kurfürst
BBKL	Biographisch-Bibliographisches Kirchenlexikon	kfl.	kurfürstlich(er)
		Kfn.	Kurfürstin
Bd.	Band	Kftm.	Kurfürstentum
bes.	besonders	Kg.	König
Bf.	Bischof	kgl.	königlich(er)
Bggf.	Burggraf	Kgn.	Königin
Bggft.	Burggrafschaft	Ks.	Kaiser
brandenb.	brandenburgisch(er)	ksl.	kaiserlich(er)
bzw.	beziehungsweise	L.	Linie
ders.	derselbe	Lgf.	Landgraf
Dr.	Doktor	Lgfn.	Landgräfin
DRW	Deutsches Rechtswörterbuch	LHA	Landeshauptarchiv
dt.	deutsch(er)	Loc.	Locat
DWB	Deutsches Wörterbuch	mecklenb.	mecklenburgisch(er)
ebd.	ebenda	Mgf.	Markgraf
Ebf.	Erzbischof	Mgfn.	Markgräfin/Markgrafen
Ebstm.	Erzbistum	Mgft.	Markgrafschaft
ernest.	ernestinische [Linie der Wettiner]	MS	Manuskript
europ.	europäisch	n	nördlich
f.	die folgende [Seite, Nummer]	ND	Neudruck
ff.	die folgenden [Seiten, Nummern]	NDB	Neue Deutsche Biographie
fol.	folio	NF	Neue Folge
fränk.	fränkisch(er)	N. N.	Nomen nominandum
frz.	französisch	nö	nordöstlich
geb.	geborene	Nr.	Nummer
Gem.	Gemeinde	nw	nordwestlich
gen.	genannt	ö	östlich
Gf.	Graf	o. ä.	oder ähnlich
Gfn.	Gräfin	OT	Ortsteil
Gft.	Grafschaft	PA	Politisches Archiv des Landgrafen Philipp von Hessen
H.	Heft		
hess.	hessisch(er)	Pfalzgf.	Pfalzgraf
Hft.	Herrschaft	Pfalzgfn.	Pfalzgräfin
Hg.	Herausgeber	PKM	Politische Korrespondenz des Herzogs und Kurfürsten Moritz von Sachsen
HOV	Historisches Ortsverzeichnis		
HRG	Handwörterbuch zur deutschen Rechtsgeschichte		
		röm.	römisch(er)
hrsg.	herausgegeben	s	südlich
HStA	Hauptstaatsarchiv	S.	Seite

sächs.	sächsisch(er)	sw	südwestlich
schles.	schlesich(er)	thür.	thüringisch(er)
schwäb.	schwäbisch(er)	u. a.	und andere(s), unter anderem
sö	südöstlich	v.	von
SP	sigillum pendens	vgl.	vergleiche
St.	Sankt	w	westlich
StA	Staatsarchiv	württemb.	württembergisch(er)

Gedruckte Quellen und Literatur

A – Gedruckte Quellen

ABKG = Akten und Briefe zur Kirchenpolitik Herzog Georgs von Sachsen: Bd. 1, 1517–1524, hrsg. von FELICIAN GEß, Leipzig 1905, Nachdruck: Leipzig/Köln 1985; – Bd. 2, 1525–1527, hrsg. von FELICIAN GEß, Leipzig 1917, Nachdruck: Leipzig/Köln 1985; – Bd. 3, 1528–1534, hrsg. von HEIKO JADATZ/CHRISTIAN WINTER, Köln/Weimar/Wien 2010; – Bd. 4, 1535–1539, hrsg. von HEIKO JADATZ/CHRISTIAN WINTER, Köln/Weimar/Wien 2012.

Deutsche Reichstagsakten = Deutsche Reichstagsakten unter Kaiser Karl V.: Bd. 1, hrsg. von AUGUST KLUCKHOHN (Deutsche Reichstagsakten, Jüngere Reihe, Bd. 1), Gotha 1893; – Bd. 2, hrsg. von ADOLF WREDE (Deutsche Reichstagsakten, Jüngere Reihe, Bd. 2), Gotha 1896; – Bd. 3, hrsg. von ADOLF WREDE (Deutsche Reichstagsakten, Jüngere Reihe, Bd. 3), Gotha 1901; – Bd. 4, hrsg. von ADOLF WREDE (Deutsche Reichstagsakten, Jüngere Reihe, Bd. 4), Gotha 1905; – Bd. 7, 2 Teilbde., hrsg. von JOHANNES KÜHN (Deutsche Reichstagsakten, Jüngere Reihe, Bd. 7), Stuttgart 1935; – Bd. 8, 2 Teilbde., hrsg. von WOLFGANG STEGLICH (Deutsche Reichstagsakten, Jüngere Reihe, Bd. 8), Göttingen 1970 und 1971; – Bd. 10, 3 Teilbde.: Der Reichstag in Regensburg und die Verhandlungen über einen Friedstand mit den Protestanten in Schweinfurth und Nürnberg, hrsg. von ROSEMARIE AULINGER (Deutsche Reichstagsakten, Jüngere Reihe, Bd. 10), Göttingen 1992.

DÜLFER, Packsche Händel = KURT DÜLFER, Die Packschen Händel. Darstellung und Quellen (Veröffentlichungen der Historischen Kommission für Hessen und Waldeck, Bd. 24,3; Quellen und Darstellungen zur Geschichte des Landgrafen Philipp des Großmütigen), Marburg 1958, Zweiter Teil: Quellen.

VAN DÜLMEN, Das Täuferreich zu Münster = RICHARD VAN DÜLMEN (Hg.), Das Täuferreich zu Münster 1534–1535, Berichte und Dokumente, München 1974.

GUNDLACH, Die Hessischen Zentralbehörden: Urkunden und Akten = FRANZ GUNDLACH, Die hessischen Zentralbehörden von 1247 bis 1604 (Veröffentlichungen der Historischen Kommission für Hessen und Waldeck, Bd. 16,3), Bd. 3: Dienerbuch, Marburg 1930.

HORTLEDER, Ursachen des teutschen Krieges = FRIEDRICH HORTLEDER, Keyser vnd Koniglichen Maiesteten, Auch des Heiligen Römischen Reichs Geistlicher vnd Weltlicher Stände, Churfürsten, Fürsten, Grafen, Reichs vnd anderer Stätte, Sampt des Hochlöblichen Kaiserlichen Cammer-Gerichts, Fürstlicher Regierungen vnd etlicher der H. Schrift vnd beyder Rechte Gelehrten Handlung vnd Ausschreiben, Send-Briefe, Bericht, Vnderricht, Klag- vnd Supplication-Schriften, Befelch, Fürladungen, Rahtschläge, Bedencken, Entschuldigungen, Protestationes, Recusationes, Ableynungen, Außführungen, Vrtheyls vnd HulfsBriefe, Bündnüsse vnd Gegen-Bündnüssen, Bunds-Ordnungen vnd Abschiede, Fehde- oder Verwahrungs-Briefe, An- vnd Fried-Stände, Verträge vnd viele andere treffliche Schriften vnd Kunden mehr Von den Vrsachen des Teutschen Kriegs Kaiser Carls des Fünften wider die Schmalkaldische Bundts-Oberste Chur- vnd Fursten, Sachsen vnd Hessen vnd Ihrer Chur- vnd F. G. Mitverwandte, Anno 1546 vnd 47, 2 Bd., Frankfurt/Main 1617.

KES = ANDRÉ THIEME (Hg.), Die Korrespondenz der Herzogin Elisabeth von Sachsen, Bd. 1: Die Jahre 1505 bis 1532 (Quellen und Materialien zur sächsischen Geschichte und Volkskunde, Bd. 3/1), Leipzig 2010.

KÜCH/HEINEMEYER, Politisches Archiv = Politisches Archiv des Landgrafen Philipp des Grossmütigen von Hessen. Inventar der Bestände; – Bd. 1: hrsg. von FRIEDRICH KÜCH (Publikationen aus den Königlich Preussischen Staatsarchiven, Bd. 78), Leipzig 1904; – Bd. 2: hrsg. von

FRIEDRICH KÜCH (Publikationen aus den Königlich Preussischen Staatsarchiven, Bd. 85), Leipzig 1910; – Bd. 3: Staatenabteilungen Oldenburg bis Würzburg, bearb. von WALTER HEINEMEYER (Veröffentlichungen der Historischen Kommission für Hessen und Waldeck, Bd. 24/1. Quellen und Darstellungen zur Geschichte des Landgrafen Philipp des Großmütigen, Bd. 1), Marburg 1954; – Bd. 4: Nachträge und Gesamtindex, bearb. von WALTER HEINEMEYER (Veröffentlichungen der Historischen Kommission für Hessen und Waldeck, Bd. 24/2. Quellen und Darstellungen zur Geschichte des Landgrafen Philipp des Großmütigen, Bd. 2), Marburg 1959.

LAFERL/LUTTER, Die Korrespondenz Ferdinands = Die Korrespondenz Ferdinands I., Familien-korrespondenz. Bd. 4: 1533 und 1534, hrsg. v. CHRISTOPHER LAFERL/CHRISTINA LUTTER (Veröffentlichungen der Kommission für Neuere Geschichte Österreichs, Bd. 90), Wien/Köln/Weimar 2000.

LIES, Dokumente = JAN-MARTIN LIES, Dokumente zu den politischen Beziehungen Philipps des Großmütigen von Hessen zum Haus Habsburg 1528–1541 (Veröffentlichungen der Histo-rischen Kommission für Hessen, Bd. 46,13), Marburg 2014.

Luthers Werke = Luthers Werke. Kritische Gesamtausgabe (Weimarer Ausgabe), Weimar 1883 ff. – Daraus hier verwendet: Bd. 19, Weimar 1897; – Briefwechsel, Bd. 6: 1531–1533, Weimar 1935; Briefwechsel, Bd. 7: 1534–1536, Weimar 1937.

MANSBERG, Erbarmanschaft Wettinischer Lande = Erbarmanschaft Wettinischer Lande. Urkund-liche Beiträge zur obersächsischen Landes- und Ortsgeschichte in Regesten vom 12. bis Mitte des 16. Jahrhunderts, bearb. und hrsg. von RICHARD FREIHERR VON MANSBERG; – Bd. 1: Das Osterland, Dresden 1903; – Bd. 2: Die Mark Meissen, Dresden 1904; – Bd. 3: Landgraftum Thüringen und Pfalzgraftum Sachsen, Dresden 1906; – Bd. 4: Die Ostmark (Niederlausitz) und Fürstentum Sachsen, Oberlausitz, Sagan – Nordböhmen, Dresden 1908.

PKM = Politische Korrespondenz des Herzogs und Kurfürsten Moritz von Sachsen; – Bd. 1 (bis zum Ende des Jahres 1543), hrsg. von ERICH BRANDENBURG, Berlin 1982 (Reprint der Ausgabe zu Leipzig 1900); – Bd. 2 (bis zum Ende des Jahres 1546), hrsg. von ERICH BRANDENBURG, Berlin 1983 (Reprint der Ausgabe zu Leipzig 1904); – Bd. 3: 1. Januar 1547–25. Mai 1548, bearb. von JOHANNES HERRMANN/GÜNTHER WARTENBERG (Abhandlungen der Sächsischen Akademie der Wissenschaften zu Leipzig, Philologisch-historische Klasse, Bd. 68, H. 3), Ber-lin 1978; – Bd. 4: 26. Mai 1548–8. Januar 1551, bearb. von JOHANNES HERRMANN/GÜNTHER WARTENBERG (Abhandlungen der Sächsischen Akademie der Wissenschaften zu Leipzig, Philologisch-historische Klasse, Bd. 72), Berlin 1992; – Bd. 5: 9. Januar 1551–1. Mai 1552, bearb. von JOHANNES HERRMANN/GÜNTHER WARTENBERG/CHRISTIAN WINTER, Berlin 1998.

ROMMEL, Geschichte von Hessen = CHRISTOPH VON ROMMEL, Geschichte von Hessen. Dritten Theils, zweite Abtheilung (vierter Band). Von der völligen Einführung der Reformation in Hessen bis zum Tode Philipp's des Großmüthigen, oder bis zum Anfang der jetzigen Hessi-schen Haupt-Linien 1528–1567, Cassel 1830.

Das Sächsische Stammbuch, SLUB Dresden, Mscr.Dresd.R.3, Bl. 93v – Online-Ausgabe: http://digital.slub-dresden.de/werkansicht/dlf/56803/191/0/.

SCHÖN, Geschichte des Fürstlichen und Gräflichen Gesammthauses Schönburg = THEODOR SCHÖN, Geschichte des Fürstlichen und Gräflichen Gesammthauses Schönburg (Urkundenbücher der Herren von Schönburg), 9 Bde., Stuttgart/Waldenburg 1901–1910. – Daraus hier verwendet: VI. Band des Urkundenbuches der Herren von Schönburg (1529–1534). Die Zeit der Allein-herrschaft des Herrn Ernst II. von Schönburg, Waldenburg 1912.

Urkundliche Quellen zur hessischen Reformationsgeschichte, hrsg. v. Günther Franz (Veröffent-lichungen der Historischen Kommission für Hessen und Waldeck 11/2), Bd. 2: Akten 1525–1547, Marburg 1954.

B – Literatur

ADB = Allgemeine Deutsche Biographie, 55 Bde. und ein Registerbd., 1875–1912.

Felix Richard Albert, Der Briefwechsel Heinrichs von Einsiedel mit Luther, Melanchthon, Spalatin und anderen, Leipzig 1908.

Johann Christoph Adelung, Grammatisch-kritisches Wörterbuch der hochdeutschen Mundart: mit beständiger Vergleichung der übrigen Mundarten, besonders aber der Oberdeutschen, mit D. W. Soltaus Beiträgen, revidirt und berichtiget von Franz Xaver Schönberger, Wien 1811 (Erstdruck 1793–1801) – Online-Ausgabe: http://lexika.digitale-sammlungen.de/adelung/online/angebot.

Ahnenreihenwerk der Geschwister Fischer, Bd. 4: Ahnenreihen von Uradelsgeschlechtern Wettiner Lande (Ahnen der Johanna Felicitas von Wehlen), Teile 1–30, bearb. von Fritz Fischer, MS Rüningen und Bietigheim-Bissingen 1964–1987. – Daraus hier verwendet: Teil I, Ahnenreihen der Familie (v.) Pflugk, MS Rüningen 1964; – Teil II, Ahnenreihen der Familien v. Schönberg und v. Nischwitz, MS Rüningen 1965; – Teil III, Ahnenreihen der Familien v. Grünrod, v. Lindenau, v. Loß, v. Minckwitz, Pflug, v. Preuß, v. Schlieben und v. Starschedel, MS Rüningen 1965; – Teil IV, Ahnenreihen der Familien v. Schleinitz und v. Schönberg, MS Rüningen 1967; – Teil V, Ahnenreihen der Familien v. Eckersberg, v. Einsiedel, v. Güntherodt, v. Harras, v. Meusebach, Pflug, v. Schleinitz, MS Rüningen 1968; – Teil VI, Ahnenreihen der Familien v. Bünau, v. Maltitz, v. Schönberg (Nachtrag), MS Rüningen 1969; – Teil VII, Ahnenreihen der Familien v. Ende, v. Maltitz (Nachtrag) und v. Schönberg (Nachtrag), MS Rüningen 1970; – Teil X, Ahnenreihen der Familien v. Atzendorf, v. Kaubitz, v. Haugwitz, v. Kresse, v. Ponickau, v. Ziegler, v. Klipphausen, MS Rüningen 1975.

Album der Rittergüter und Schlösser im Königreiche Sachsen nach der Natur neu aufgenommen von F. Heise, hrsg. von Gustav A. Poenicke, Sektionen 1 bis 5, Leipzig [um 1860].

Rosemarie Aulinger, Die Verhandlungen zum Nürnberger Anstand 1531/32 in der Vorgeschichte des Augsburger Religionsfriedens, in: Aus der Arbeit an den Reichstagen unter Kaiser Karl V. Sieben Beiträge zu Fragen der Forschung und Edition, hrsg. von Heinrich Lutz/Alfred Kohler (Schriftenreihe der Historischen Kommission bei der Bayerischen Akademie der Wissenschaften, Bd. 26), Göttingen 1986, S. 194–227.

Tobias S. Beck, Kaiser und Reichsstadt am Beginn der frühen Neuzeit. Die Reichshauptmannschaft in den Regensburger Regimentsordnungen (1492–1555) (Regensburger Studien, Bd. 18), Regensburg 2011.

Georg Friedrich Benecke/Wilhelm Müller/Friedrich Zarncke, Mittelhochdeutsches Wörterbuch, 3 Bde., mit Benutzung des Nachlasses von Georg Friedrich Benecke ausgearb. von Wilhelm Müller und Friedrich Zarncke, Leipzig 1854–1861 – Online-Ausgabe: http://woerterbuchnetz.de/BMZ/.

G[eorg] Berbig, Ein Gutachten über die Flucht der Kurfürstin Elisabeth von Brandenburg aus dem Schlosse zu Berlin, in: Archiv für Reformationsgeschichte 8 (1910/11), S. 386–394.

Alwin Bergmann/Alfred Meiche (Hg.), Die Burgen und vorgeschichtlichen Wohnstätten der Sächsischen Schweiz (Jahrbuch des Gebirgsvereins für die Sächsische Schweiz, Bd. 4), Dresden 1907.

Annelies Beyer/Horst Beyer, Sprichwörterlexikon. Sprichwörter und sprichwörtliche Ausdrücke aus deutschen Sammlungen vom 16. Jahrhundert bis zur Gegenwart, Leipzig ²1984.

Die Bischöfe des Heiligen Römischen Reiches 1448–1648. Ein biographisches Lexikon, hrsg. von Erwin Gatz unter Mitwirkung von Clemens Brodkorb, Berlin 1996.

HEINRICH BORNKAMM, Kampf um das Evangelium: Die Reformation in Leipzig, Berlin 1939.

E. BOSSE, Asch von Cramm. Ein Charakterbild aus der Reformationszeit, in: Der alte Glaube 9 (1908), Sp. 520–523.

SVEN BRAUNE, Miltitz, Ernst von (zu Batzdorf und Siebeneichen), in: Sächsische Biografie, hrsg. vom Institut für Sächsische Geschichte und Volkskunde e. V., bearb. von Martina Schattkowsky – Online-Ausgabe: http://www.isgv.de/saebi/.

FRANZ BRENDLE, Dynastie, Reich und Reformation. Die württembergischen Herzöge Ulrich und Christoph, die Habsburger und Frankreich (Veröffentlichungen der Kommission für geschichtliche Landeskunde in Baden-Württemberg Reihe B, 141), Stuttgart 1998.

OTTO CLEMEN, Zur Lebensgeschichte Heinrich Stromers von Auerbach, in: Neues Archiv für Sächsische Geschichte und Altertumskunde 24 (1903), S. 100–110.

KARL E. DEMANDT, Der Personenstaat der Landgrafschaft Hessen im Mittelalter: ein Staatshandbuch Hessens vom Ende des 12. bis zum Anfang des 16. Jahrhunderts (Veröffentlichungen der Historischen Kommission für Hessen, Bd. 42), 2 Bde., Marburg 1981.

KARL E. DEMANDT, Die Grafen von Katzenelnbogen und ihr Erbe, in: Hessisches Jahrbuch für Landesgeschichte 29 (1979), S. 1–35.

Deutsches Rechtswörterbuch, 11 Bde., Weimar 1914–2007 – Online-Ausgabe: http://drw-www.adw.uni-heidelberg.de/drw-cgi/zeige.

DWB = JACOB GRIMM/WILHELM GRIMM, Deutsches Wörterbuch, 16 Bde. (in 32 Teilbänden), Leipzig 1854 ff. – Online-Ausgabe: http://woerterbuchnetz.de/DWB/.

JOSEPH EISELEIN, Die Sprichwörter und Sinnreden des deutschen Volkes in alter und neuer Zeit. Zum erstenmal aus den Quellen geschöpft, erläutert und mit Einleitung versehen. Literarischer Verlag, Donaueschingen 1838.

Empfehlungen zur Edition frühneuzeitlicher Texte der „Arbeitsgemeinschaft außeruniversitärer historischer Forschungseinrichtungen", in: Archiv für Reformationsgeschichte 72 (1981), S. 299–315.

Empfehlungen zur Edition frühneuzeitlicher Texte, hrsg. von der Arbeitsgemeinschaft historischer Forschungseinrichtungen in der Bundesrepublik Deutschland e.V., 2009 – Vormals als Online-Ausgabe unter: http://www.ahf-muenchen.de/Arbeitskreise/empfehlungen.shtml, jetzt als Kopie unter: http://de.szlachta.wikia.com/wiki/Edition_frühneuzeitlicher_Texte.

MICHAEL ERBE, Heinrich VIII. 1509–1547, in: Peter Wende (Hg.), Englische Könige und Königinnen der Neuzeit. Von Heinrich VII. bis Elisabeth II., München 2008, S. 30–46.

FRIEDRICH EYMELT, Die Rheinische Einigung des Jahres 1532 in der Reichs- und Landesgeschichte, Bonn 1967.

EKKEHART FABIAN, Die Entstehung des Schmalkaldischen Bundes 1524/25–1531/35 (Schriften zur Kirchen- und Rechtsgeschichte, Bd. 1), Tübingen 1962.

THEODOR FLATHE, Carlowitz, Georg v., in: ADB, Bd. 3, S. 791.

ALBERT FRAUSTADT, Geschichte des Geschlechts von Schönberg meissnischen Stammes, Bde. 1A und 1B, Leipzig 1869 und 1878.

Geschichte des Schleinitzschen Geschlechts, von einem Mitgliede des Geschlechts [GUSTAV FREIHERR VON SCHLEINITZ], Berlin 1897.

WOLDEMAR GOERLITZ, Staat und Stände unter den Herzögen Albrecht und Georg 1485–1539 (Sächsische Landtagsakten, Bd. 1; zugleich: Aus den Schriften der Sächsischen Kommission für Geschichte, Bd. 32), Leipzig 1928.

Ch. Gottwald, Das Geschlecht der Edlen von Theler und das Höckendorfer Bergwerk, in: Sachsengrün. Culturgeschichtliche Zeitschrift aus sämmtlichen Landen Sächsischen Stammes Bd. 1, Dresden 1861, S. 18–22.

Die Grabmonumente im Dom zu Meißen, hrsg. von Matthias Donath (Quellen und Materialien zur sächsischen Geschichte und Volkskunde, Bd. 1), Leipzig 2004.

Hermann Grotefend, Zeitrechnung des deutschen Mittelalters und der Neuzeit, 2 Bde., Hannover 1891–1898 (ND Aalen 1997).

Herbert Grundmann, Landgraf Philipp auf dem Augsburger Reichstag 1530 (Schriften des Vereins für Reformationsgeschichte, Bd. 176), Gütersloh 1959.

Iselin Gundermann, „... weil der Markgraf sie wegen der Eucharistie in beiderlei Gestalt einzumauern drohte ...". Elisabeth von Brandenburg – Luthers Anhängerin am Berliner Hof, in: Frauen fo(e)rdern Reformation (Wittenberger Sonntagsvorlesungen), Wittenberg 2004, S. 58–76.

Franz Gundlach, Die hessischen Zentralbehörden von 1247 bis 1604 (Veröffentlichungen der Historischen Kommission für Hessen und Waldeck, Bd. 16), Bd. 1: Darstellung, Marburg 1931; Bd. 2: Urkunden und Akten, Marburg 1932; Bd. 3: Dienerbuch, Marburg 1930.

Maike Günther, Zur Genealogie der Herren von Bünau zu Weesenstein. Gesamtverzeichnis und Stammverzeichnis, Ausarbeitung für den Schlossbetrieb Weesenstein, Typoskript Dresden 2005.

Berndt Hamm, Der frühe Luther. Etappen reformatorischer Neuorientierung, Tübingen 2010.

Gabriele Haug-Moritz, Der Schmalkaldische Bund 1530–1541/42. Eine Studie zu den genossenschaftlichen Strukturelementen der politischen Ordnung des Heiligen Römischen Reiches Deutscher Nation (Schriften zur südwestdeutschen Landeskunde, Bd. 44), Leinenfelden-Echterdingen 2002.

Walter Heinemeyer, Johann Feige von Lichtenau. Kanzler des Landgrafen Philipp – Kanzler der Philipps-Universität Marburg, in: Philipp der Großmütige und die Reformation in Hessen. Gesammelte Aufsätze zur hessischen Reformationsgeschichte, als Festgabe zum 85. Geburtstag hrsg. von Hans-Peter Lachmann/Hans Schneider/Fritz Wolf (Veröffentlichungen der Historischen Kommission für Hessen, Bd. 24,7), Marburg 1997, S. 138–153 (Erstveröffentlichung als: Marburger Universitätsreden 4, Marburg 1982).

Wieland Held, 1547. Die Schlacht bei Mühlberg/Elbe. Entscheidung auf dem Wege zum albertinischen Kurfürstentum Sachsen, Beucha 1997.

Tanja Holste, Die Porträtkunst Lucas Cranachs d. Ä., Diss. Kiel 2004 – Online-Ausgabe: http://deposit.ddb.de/cgi-bin/dokserv?idn=975470078.

HOV = Historisches Ortsverzeichnis von Sachsen. Neuausgabe, hrsg. von Karlheinz Blaschke, bearb. von Susanne Baudisch/Karlheinz Blaschke, 2 Halbbde. (Quellen und Materialien zur sächsischen Geschichte und Volkskunde, Bd. 2), Leipzig 2006.

HRG = Handwörterbuch zur deutschen Rechtsgeschichte, 5 Bde., Berlin 1971–1998.

Rudolf Jacobi, Die Flucht der Kurfürstin Elisabeth, in: Hohenzollern-Jahrbuch 13 (1909), S. 155–196.

Helmar Junghans, Die Ausbreitung der Reformation von 1517 bis 1539, in: Das Jahrhundert der Reformation in Sachsen, hrsg. von Helmar Junghans, Leipzig ²2005, S. 37–68.

Friedhelm Jürgensmeier (Hg.), Erzbischof Albrecht von Brandenburg (1490–1545). Ein Kirchen- und Reichsfürst der frühen Neuzeit (Beiträge zur Mainzer Kirchengeschichte, Bd. 3), Frankfurt/Main 1991.

Robert Jütte, Die Leiden der Elisabeth von Rochlitz, der Schwester Philipps des Grossmütigen, in: Quantität und Struktur. Festschrift für Kersten Krüger zum 60. Geburtstag, hrsg. von Werner Buchholtz/Stefan Kroll, Rostock 1999, S. 337 356.

Alfred Keller, Die Wiedereinsetzung des Herzogs Ulrich von Württemberg durch den Landgrafen Philipp von Hessen 1533/34, Diss. Marburg 1912.

Karl-Heinz Kirchhoff, Die Täufer zu Münster 1534/35, Untersuchungen zum Umfang und zur Sozialstruktur der Bewegung, Münster 1973.

Ralf Klötzer, Die Täuferherrschaft von Münster. Stadtreformation und Welterneuerung, Münster 1992.

Carl Knetsch, Das Haus Brabant. Genealogie der Herzoge von Brabant und der Landgrafen von Hessen, 2 Bde., Darmstadt 1917 und 1931.

Dieter Koepplin, Zwei Fürstenbildnisse Cranachs von 1509, in: Pantheon 32 (1974), S. 25–34.

Alfred Kohler, Antihabsburgische Politik in der Epoche Karls V. Die reichsständische Opposition gegen die Wahl Ferdinands I. zum römischen König und gegen die Anerkennung seines Königtums (1524–1534) (Schriftenreihe der Historischen Kommission bei der Bayerischen Akademie der Wissenschaften, Bd. 19), Göttingen 1982.

Alfred Kohler, Ferdinand I., 1503–1564, Fürst, König und Kaiser, München 2003.

Hans-Joachim Krause, Der Neue Bau für Kardinal Albrecht von Brandenburg in Halle, in: Stefanie Lieb (Hg.), Form und Stil. Festschrift für Günther Binding zum 65. Geburtstag, Darmstadt 2001, S. 213–223.

Karl Krauss, Rudolf II. von Ehingen zu Kilchberg und Neuneck, Kilchberg 1989.

Johann Georg Krünitz (und Fortsetzer), Oekonomische Encyklopädie oder allgemeines System der Staats- Stadt- Haus- und Landwirthschaft, 242 Bde., 1773 bis 1858 – Online-Ausgabe: http://www.kruenitz1.uni-trier.de/.

Jens Kunze, Minckwitz (Minkwitz), Hans III. von, in: Sächsische Biografie, hrsg. vom Institut für Sächsische Geschichte und Volkskunde e.V., bearb. von Martina Schattkowsky – Online-Ausgabe: http://www.isgv.de/saebi/.

Waldemar Küther, Konrad von Bemelberg. Ein Soldatenlebe (Schelklinger Hefte, 19), Schelklingen 1994.

Alfred Leicht, Siebeneichen und Ernst von Miltitz, in: Mitteilungen des Vereins für Geschichte der Stadt Meißen 5 (1918), S. 113–164.

Andreas Lesser, Die albertinischen Leibärzte vor 1700 und ihre verwandtschaftlichen Beziehungen zu Ärzten und Apothekern (Schriftenreihe der Friedrich-Christian-Lesser-Stiftung, Bd. 34), Petersberg 2015.

Matthias (von) Lexer, Mittelhochdeutsches Handwörterbuch: zugleich als Supplement und alphabetischer Index zum Mittelhochdeutschen Wörterbuche von Benecke-Müller-Zarncke, 3 Bde., Leipzig u.a., 1872–1878 – Online-Ausgabe: http://woerterbuchnetz.de/Lexer/.

Jan Martin Lies, Zwischen Krieg und Frieden. Die politischen Beziehungen Landgraf Philipps des Großmütigen zum Haus Habsburg 1534–1541 (Veröffentlichungen des Instituts für Europäische Geschichte Mainz, Bd. 231), Göttingen 2013.

Martin Luther, Ob kriegsleute auch ynn seligem standes seyn kunden, Wittenberg 1526 = Luthers Werke, Bd. 19, S. 616–666.

Georg Mentz, Johann Friedrich der Grossmütige 1503–1554 (Beiträge zur neueren Geschichte Thüringens); Teil 1: Johann Friedrich bis zu seinem Regierungsantritt 1503–1532, Jena 1903; Teil 2: Vom Regierungsantritt bis zum Beginn des Schmalkaldischen Krieges, Jena 1908; Teil 3: Vom Beginn des Schmalkaldischen Krieges bis zum Tode des Kurfürsten. Der Landesherr. Aktenstücke, Jena 1908.

Georg Mentz, Handschriften der Reformationszeit (Tabulae in usum scholarum, Bd. 5), Bonn 1912.

Karl-Heinz zur Mühlen, Reformatorische Prägungen. Studien zur Theologie Martin Luthers und zur Reformationszeit, hrsg. von Athina Lexutt und Volkmar Ortmann, Göttinen 2011.

NDB = Neue Deutsche Biographie, bisher 25 Bde., 1953 ff.

Otto Posse, Die Wettiner, Leipzig/Berlin 1897 (ND Leipzig 1994).

Volker Press, Die württembergische Restitution von 1534 – reichspolitische Konsequenzen, in: Blätter für württembergische Kirchengeschichte 87 (1987), S. 44–71.

Volker Press, Herzog Ulrich (1498–1550), in: 900 Jahre Haus Württemberg. Leben und Leistung für Land und Volk, hrsg. von Robert Uhland, Stuttgart 1984, S. 110–135.

Volker Press, Zwischen Kurmainz, Kursachsen und dem Kaiser. Von städtischer Autonomie zur „Erfurter Reduktion" 1664, in: Erfurt 742–1992. Stadtgeschichte, Universitätsgeschichte, hrsg. von Ulman Weiß, Weimar 1992, S. 385–402.

Adolph Friedrich Riedel, Die Kurfürstin Elisabeth von Brandenburg in Beziehung auf die Reformation, in: Zeitschrift für Preußische Geschichte und Landeskunde 2 (1865), S. 65–100.

Richtlinien für die Edition landesgeschichtlicher Quellen, hrsg. von Walter Heinemeyer (Gesamtverein der deutschen Geschichts und Altertumsvereine), Marburg/Hannover ²2000.

Lutz Röhrich, Lexikon der sprichwörtlichen Redensarten, 5 Bde., Taschenbuchausgabe, Freiburg u. a. 1994 (Erstdruck 1991).

Christoph von Rommel, Philipp der Großmüthige, Landgraf von Hessen. Ein Beitrag zur genaueren Kunde der Reformation und des sechszehnten Jahrhunderts. Nebst einem Urkunden-Bande, aus den Urkunden und andern Quellen bearb. und hrsg. von Christoph von Rommel, 3 Bde., Gießen 1830, Bd. 1 Biographie und Bildniß des Fürsten enthaltend, Bd. 2 Anmerkungen enthaltend, Bd. 3 Urkunden-Band zur Geschichte Philipp's des Großmüthigen. Nach bisher meistens ungedruckten Originalien, Gießen 1830.

Johann Ludwig Rüling, Geschichte der Reformation zu Meißen im Jahre 1539 und folgenden Jahren, Meißen 1839.

Frida Sauter, Herzogin Sabina von Württemberg, in: Zeitschrift für Württembergische Landesgeschichte 8 (1944–1948), S. 298–355.

Regina Schäfer, Die Herren von Eppstein. Herrschaftsausübung, Verwaltung und Besitz eines Hochadelsgeschlechts im Spätmittelalter (Veröffentlichungen der Historischen Kommission für Nassau, Bd. 68), Wiesbaden 2000.

Uwe Schirmer, Kursächsische Staatsfinanzen (1456–1656). Strukturen – Verfassung – Funktionseliten (Quellen und Forschungen zur sächsischen Geschichte, Bd. 28), Stuttgart 2006.

Uwe Schirmer, Untersuchungen zur Herrschaftspraxis der Kurfürsten und Herzöge von Sachsen. Institutionen und Funktionseliten (1485–1513), in: Hochadelige Herrschaft im mitteldeutschen Raum (1200 bis 1600). Formen – Legitimation – Repräsentation, hrsg. von Jörg Rogge/Uwe Schirmer (Quellen und Forschungen zur sächsischen Geschichte, Bd. 23), Stuttgart 2003, S. 305–378.

Georg Schmidt, Landgraf Philipp der Großmütige und das Katzenelnbogener Erbe. Voraussetzungen der hessischen Reichspolitik (1500–1547), in: Archiv für hessische Geschichte und Altertumskunde, NF 41 (1983), S. 9–54.

Heinrich Schnell, Heinrich V. der Friedfertige, Herzog von Mecklenburg (1503–1552) (Schriften des Vereins für Reformationsgeschichte, Bd. 19), Halle 1902.

Michael Scholz, Der magdeburgische Kanzler Christoph Türk (1497–1546), in: Werner Freitag (Hg.), Mitteldeutsche Lebensbilder. Menschen im späten Mittelalter, hrsg. im Auftrag der Historischen Kommission für Sachsen-Anhalt, Köln/Weimar/Wien 2002, S. 227–240.

Reinhard Scholzen, Franz von Sickingen. Ein adeliges Leben im Spannungsfeld zwischen Städten und Territorien (Beiträge zur pfälzischen Geschichte, Bd. 9), Kaiserslautern 1996.

Detlev Schwennicke, Europäische Stammtafeln, NF,
Bd. XVII: Hessen und das Stammesherzogtum Sachsen, Frankfurt/Main 1998;
Bd. XIX: Zwischen Weser und Oder, Frankfurt/Main 2000.

Johann Karl Seidemann, Die Reformationszeit in Sachsen von 1517 bsi 1539. Mit Urkunden (Beiträge zur Reformationsgeschichte, Bd. 1), Dresden 1846.

Brigitte Streich, Lebensbedingungen thüringischer Fürstinnen im späten Mittelalter, in: Zeitschrift des Vereins für Thüringische Geschichte 54 (2000), S. 45–73.

André Thieme, Fürstinnenkorrespondenzen der Reformationszeit, in: Institut für Sächsische Geschichte und Volkskunde 1997–2007 (Spurensuche. Geschichte und Kultur Sachsens, Bd. 1), Dresden 2007, S. 70–77.

André Thieme, Glaube und Ohnmacht? Herzogin Elisabeth von Rochlitz am Dresdner Hof, in: Glaube und Macht. Theologie, Politik und Kunst im Jahrhundert der Reformation, hrsg. von Enno Bünz/Stefan Rhein/Günther Wartenberg (Schriften der Stiftung Luthergedenkstätten in Sachsen-Anhalt, Bd. 5), Leipzig 2005, S. 149–174.

André Thieme, Religiöse Rhetorik und symbolische Kommunikation. Herzogin Elisabeth von Sachsen am Dresdner Hof (1517–1537), in: Perspektiven der Reformationsforschung in Sachsen. Ehrenkolloquium zum 80. Geburtstag von Karlheinz Blaschke, hrsg. von Winfried Müller (Bausteine aus dem Institut für Sächsische Geschichte und Volkskunde, Bd. 12), Dresden 2009, S. 95–106.

Theologische Realenzyklopädie, hrsg. von Gerhard Müller u. a., 36 Bde., Berlin/New York 1993/2000/2006.

Gerhard Uhlhorn, Herzog Ernst der Bekenner, in: Zeitschrift des Historischen Vereins für Niedersachsen 1897, S. 22 ff.

Severino Vareschi, Cles, Bernhard von (1485–1539), in: Die Bischöfe des Heiligen Römischen Reiches 1448 bis 1648., hrsg. v. Erwin Gatz, Berlin 1996, S. 106–109.

Christoph Volkmar, Der sächsisch-albertinische Hofrat in den ersten Regierungsjahren Herzog Georgs von Sachsen, in: Neues Archiv für sächsische Geschichte 72 (2001), S. 75–95.

Kassimir Walchner/Johann Bodent, Biographie des Truchsessen Georg III. von Waldpurg. Aus handschriftlichen Quellen bearbeitet und mit einem Anhang von Urkunden versehen, Constanz 1832.

Günther Wartenberg, Landesherrschaft und Reformation. Moritz von Sachsen und die albertinische Kirchenpolitik bis 1546 (Arbeiten zur Kirchengeschichte, Bd. 10), Weimar 1988.

Friedrich Ludwig Karl Weigand, Deutsches Wörterbuch, 2 Bde., nach d. Verf. Tode vollst. neu bearb. von Karl von Bahder u. a., hrsg. von Herman Hirt, Gießen ⁵1909 und 1910.

Elisabeth Werl, Artikel „Carlowitz, Georg", in: NDB, Bd. 3, S. 146 f.

Werl, Elisabeth = Elisabeth Werl, Elisabeth, Herzogin zu Sachsen, die Schwester Landgraf Philipps von Hessen. Eine deutsche evangelische Frau der Reformationszeit, Bd. 1: Jugend in Hessen und Ehezeit am sächsischen Hofe zu Dresden, Diss. Leipzig, Weida 1937.

Elisabeth Werl, Elisabeth. Herzogin von Sachsen, in: Sächsische Lebensbilder, Bd. 2, Leipzig 1938, S. 48–69.

Elisabeth Werl, Herzogin Elisabeth von Sachsen (1502–1557) als Schwester Landgraf Philipps des Gr. von Hessen, in: Hessisches Jahrbuch für Landesgeschichte 7 (1957), S. 199–229.

ELISABETH WERL, Herzogin Elisabeth von Sachsen, die Schwester Landgraf Philipps von Hessen in bildlicher Darstellung. Zur Identifizierung von Cranachbildnissen Landgraf Philipps von Hessen Kinderbild?, in: Hessisches Jahrbuch für Landesgeschichte 15 (1965), S. 23–37.

ELISABETH WERL, Herzogin Sidonia von Sachsen und ihr ältester Sohn Herzog Georg, in: Herbergen der Christenheit 3 (1959), S. 8–19.

MICHAEL WETZEL, Ernst II., Herr von Schönburg, in: Sächsische Biografie, hrsg. vom Institut für Sächsische Geschichte und Volkskunde e.V., bearb. von Martina Schattkowsky – Online-Ausgabe: http://www.isgv.de/saebi/.

HEINZ WIESSNER, Das Bistum Naumburg. Die Diözese (Germania Sacra, NF, 35,2; Die Bistümer der Kirchenprovinz Magdeburg), 2 Bde., Berlin/New York 1997/98.

JAKOB WILLE, Landgraf Philipp der Großmüthige von Hessen und die Restitution Ulrichs von Wirtemberg 1526–1535, Tübingen 1882.

PETER WILLICKS, Die Konflikte zwischen Erfurt und dem Erzbischof von Mainz am Ende des 15. Jahrhunderts, in: Erfurt 742–1992. Stadtgeschichte, Universitätsgeschichte, hrsg. von Ulman Weiß, Weimar 1992, S. 225–240.

MARTIN WITTIG, Die Herren von Bünau auf Weesenstein. Soziale und wirtschaftliche Verhältnisse einer sächsischen Adelsfamilie im 16. und 17. Jahrhundert, in: Mitteilungen des Vereins für sächsische Landesgeschichte e. V., NF 1 (2003), S. 7–20.

JOHANN HEINRICH ZEDLER, Grosses Universallexicon aller Wissenschaften und Künste …, 68 Bde., Halle/Leipzig 1732–1754 – Online-Ausgabe: http://www.zedler-lexikon.de/.

HEINRICH ZIMMERMANN, Beiträge zur Ikonograpie Cranachscher Bildnisse, in: Zeitschrift des deutschen Vereins für Kunstwissenschaft 9 (1942), S. 23–52.

WILHELM ZIMMERMANN, Der Große Deutsche Bauernkrieg, Berlin 1980.

Register der Personen und Orte

Römische Zahlen beziehen sich auf die Seitenzahlen der Einleitung, arabische auf die Briefnummern der Edition, kursive Zahlen auf zugehörige Nennungen im editorischen Apparat bzw. den dortigen Anmerkungen. – Alle nichtfürstlichen Personen werden unter ihren Familiennamen verzeichnet; Personen fürstlichen Standes finden sich unter ihren Vornamen bzw. auch unter Haus/Dynastie. – Gleichlautende fürstliche/königliche Vornamen sind unabhängig von Stand, Beinamen und Ordnungszahl alphabetisch nach den Herrschaften geordnet. – Auf herausgehobene höfische und staatliche Funktionsämter wird im Sachregister verwiesen; einfache Räte und Amtleute finden keine gesonderte Erwähnung.

Hinweise:　　° nach der Zahl = Aussteller
　　　　　　* nach der Zahl = Empfänger
　　　　　　' nach der Zahl = Ausstellungsort

A

Abul-Fath Tahmasp I. (1514–1576), Schah v. Persien 147

Achalm, Burg ö Reutlingen 165

Aemilia *siehe Emilia*

Agnes (v. Hessen) (1527–1555), Tochter Lgf. Philipps v. Hessen, Gemahlin Hz./Kf. Moritz' v. Sachsen 11, 41

Aham, bayr. Adelsgeschlecht *siehe Geinberg*

Albrecht (der Beherzte) (1443–1500), Hz. v. Sachsen, albert. L., Vater Hz. Georgs (des Bärtigen) *15*
– Untermarschall *siehe Dietrich v. Harras*

Albrecht v. Brandenburg (1490–1545), Kardinal, Ebf. v. Mainz und Magdeburg XIII, XIV, XV, *XX, XXI*, XXII, XXVII, XXXII, XXXV, *34*, 80, *88*, 96, 106, 107°, 108, 109, 110, 111, 112, 114, 115, *117*, 118, 119, 121*, 122, 123, 124, 125, 126, 131, 135, 154, 160, 161, 169, 170, 171, 179, 185, 186, 197*, 198*, 199, 208, 209, 215, 216, *222*
– Bote 107, 160
– Kanzler *siehe Christoph Türk*
– Predigt Martin Luthers gegen Hz. Georg und A. XXII, XXIII, XXIV, 222, 224

(der) Alte (Herzog) *siehe Georg (der Bärtige) v. Sachsen*

(die) Alte (Herzogin) *siehe Barbara v. Sachsen*

Altenburg, Stadt und Schloss s Leipzig *84*, 146', 151'
– Amtmann zu A. *siehe Günther v. Bünau zu Breitenhain und Meuselwitz, Haubold Pflugk, Christoph v. Taubenheim zu (Brauns-)Bedra*
– Hauptmann zu A. *siehe Günther v. Bünau zu Breitenhain und Meuselwitz*
– Oberhofgericht zu A. 84

Altoschatz, Dorf und Rittergut sw Oschatz
– *siehe Wolf v. Schleinitz zu Ragewitz, Stauchitz, Grubnitz, Zöschau und A.*

Anna (v. Braunschweig-Wolfenbüttel-Calenberg-Göttingen) (1460–1520), Gemahlin Lgf. Wilhelms I. (des Älteren) v. Hessen 46

Anna (v. Hessen) (1529–1591), Pfalzgfn. v. Zweibrücken, Tochter Lgf. Philipps 11, 41

Anna (v. Lothringen) (1522–1568), Gemahlin des Renatus v. Châlon *39*

Anna (v. Mecklenburg) (1485–1525), Lgfn. v. Hessen, Gemahlin Lgf. Wilhelms II. (des Mittleren), Mutter Elisabeths 10, 11, 12, 137
– Bild XVII, 137

Annaberg, Amt und Stadt s Chemnitz *XVII*, XXI, *XXII*, XXXI, 137, 160, 162, 163, 168', 169, *170*, 175', 177, 179', 180', *183*, 184, 191, 192
– Annaberger Artikel *XXII*, 167, 168, 173, 175, 178, 180, 185, 187, 188, 190, 191, 192, 193, 194, 221
– Aufenthalt Hz. Georgs in A. 137, *170*

Anne Boleyn († 1536), Kgn. v. England, Gemahlin Kg. Heinrichs VIII. 96

Ansbach, Fürstentum und Stadt w Nürnberg
– Tag zu A. 84

Ansbach, Mgf. v.
– *siehe Georg (der Fromme) v. Brandenburg-A.*

Aragon (Spanien)
– Katharina v. A. (1485–1536), Kgn. v. England, Gemahlin Kg. Heinrichs VIII. 96

Auerbach (in der Oberpfalz), Stadt nö Nürnberg
– Doktor A. *siehe Heinrich Stromer*

Augsburg, Stadt nw München 8, 10, 12, 61, 187, 212, 214
– Reichstag zu A. (1530) *XVIII*, 8, 10, 61

Augustusburg *siehe Schellenberg*

B

C

G

I

J

K

R

T

U

V

W

Z

Zeitz, Stadt und Schloss, s Leipzig 17

Zelle, ehem. Augustiner-Chorherrenstifts und Rittergut in Aue *137*

Ziegenhain, Gft., Stadt und Amt sw Kassel (Stadt Schwalmstadt-Ziegenhain) *siehe Philipp v. Hessen*

Zöschau, Dorf und Rittergut sö Oschatz

   – *siehe Wolf v. Schleinitz zu Ragewitz, Stauchitz, Grubnitz, Z. und Altoschatz*

Zschaiten, Dorf und Rittergut ö Riesa

   – *siehe Dietrich (Dietz) v. Schleinitz zu Dahlen, Börln, Skassa, Z., Dornreichenbach und Kreinitz*

Zweibrücken, Pfalzgft.

   – Anna v. Hessen, Pfalzgfn. v. Z. (1529–1591), Tochter Lgf. Philipps 11, 41

Zwiefaltendorf, Burg n Riedlingen

   – *siehe Dietrich v. Speth zu Z.*

Vornamenweiser
zu den Einträgen aller Personen nichtfürstlichen Standes

Adolf ↑ Rau zu Holzhausen

Agnes ↑ Bünau ↑ Ende ↑ Pflugk

Albrecht ↑ Sale ↑ Schlick

Alexander ↑ Pflugk ↑ Tann

Anarg ↑ Wildenfels

Andreas ↑ Pflugk ↑ Ungnad

Anna ↑ Honsberg ↑ Pflugk ↑ Ponickau ↑ Rockhausen

Anton ↑ Schönberg

Asche ↑ Cramm

Balthasar ↑ Rathstock

Barbara ↑ Einsiedel ↑ Sale ↑ Schönberg

Bastian *siehe Sebastian*

Bernhard ↑ Cles ↑ Schönberg

Cäsar ↑ Pflugk

Caspar *siehe Kaspar*

Christoph ↑ Hopfgarten ↑ Maltitz ↑ Prossen ↑ Schönberg ↑ Taubenheim ↑ Türk

Christiane ↑ Eulenau

Clara ↑ Bernstein ↑ Schönberg ↑ Vitzthum

Dietrich ↑ Harras ↑ Schleinitz ↑ Speth

Dietz *siehe Dietrich*

Dorothea ↑ Bünau

Elisabeth ↑ Einsiedel ↑ Schönberg ↑ Theler

Else ↑ Deiler ↑ Ponickau

Ernst ↑ Hopfgarten ↑ Miltitz ↑ Schleinitz ↑ Schönburg

Eufemia ↑ Schlieben

Ewald ↑ Brandenstein

Franz ↑ Hemste ↑ Sickingen ↑ Waldeck

Friedrich ↑ Brandt ↑ Hopfgarten

Georg ↑ Boyneburg ↑ Brandt ↑ Breitenbach ↑ Carlowitz ↑ Hopfgarten ↑ Kreutz ↑ Nußpicker ↑ Schenk v. Tautenburg ↑ Schiltel ↑ Staufer ↑ Pflugk ↑ Vitzthum

Götz ↑ Berlichingen ↑ Ende

Gregor ↑ Brück

Günther ↑ Bünau

Hans ↑ Dolzig ↑ Hofmann ↑ Hutten ↑ Karras ↑ Katzianer ↑ Metzsch ↑ Minckwitz ↑ Pflugk ↑ Polenz ↑ Ponickau ↑ Rosenberg ↑ Schönberg ↑ Schulenburg ↑ Spiegel ↑ *siehe auch Johann*

Hans Georg ↑ Thüngen

Hans Wilhelm ↑ Weißenbach

Haubold ↑ Plugk

Heinrich ↑ Buttlar ↑ Einsiedel ↑ Könneritz ↑ Lersner ↑ Schleinitz ↑ Schönberg ↑ Starschedel ↑ Stromer ↑ Treusch v. Buttlar

Hermann ↑ Malsburg ↑ Wied

Hugo ↑ Leisnig

Innocenz ↑ Starschedel

Jakob ↑ Schönberg ↑ Taubenheim

Jan *siehe Johann*

Johann ↑ Cochläus ↑ Feige ↑ Fuchsstein ↑ Hilchen ↑ Hülse ↑ Koyter ↑ Metzenhausen ↑ Nordeck ↑ Ponickau ↑ Rühel ↑ Scheffel ↑ Schleinitz ↑ Steinhammer ↑ *siehe auch Hans*

Johann Ernst ↑ Schönburg

Johannes *siehe Johann*

Jörg *siehe Georg*

Jutta ↑ Schleinitz

Kaspar ↑ Schönberg ↑ Schöneich

Katharina ↑ Pflugk ↑ Schönberg

Konrad (Kurt) ↑ Bemelberg ↑ Boyneburg

Kurt ↑ Boyneburg *siehe auch Konrad*

Lambert ↑ Briarde

Leonhard ↑ Eck

Levin ↑ Ende

Lucas ↑ Cranach

Magdalena ↑ Pflugk ↑ Schleinitz

Martin ↑ Luther

Melchior ↑ Kreutz

Michael ↑ Straßen

Moritz ↑ Schönberg

Nickel ↑ Ende

Otto ↑ Pack ↑ Pflugk

Peter ↑ Baidel ↑ Haugwitz

Philipp ↑ Solms

Rudolf ↑ Bünau ↑ Ehingen

Sebastian ↑ Einhart ↑ Pflugk ↑ Thiele

Siegmund ↑ Boyneburg ↑ Maltitz

Simon ↑ Pistoris

Tham ↑ Pflugk

Ugo ↑ Rangone

Unarg ↑ Wildenfels

Ursula ↑ Plugk ↑ Thumb v. Neuburg

Werner ↑ Wallenstein

Wilhelm ↑ Haugwitz

Wolf ↑ Ende ↑ Schleinitz ↑ Schönberg

Register ausgewählter Begriffe, Sachen und Ereignisse

G

H

L

Verzeichnis der Bibelzitate und Bibelverweise

A – Chronologisches Verzeichnis

B – Alphabetisches Verzeichnis

C – Biblisches Verzeichnis

Alphabetisches Verzeichnis der Redensarten

Chronologisches Verzeichnis der Sprichwörter, Sprüche und Weisheiten

8

Willst du der Geinberger sein, so will ich sehen, dass ich der Herzog von Österreich sei.

29

Doch wird zuletzt das Werk seinen Meister loben und ein jeder seinen Lohn verdienen.

34

Ein Bube ist so gut wie der andere.

41

Ich (Georg) will, dass ein jeder sein Haus und Haushaltung samt seinem Hausgesinde regiert nach seinem Bedenken, wie er es gegen Gott weiß und der Welt zuverantworten, dass will ich ob Gott will auch tun, denn ich hab nun Gottlob meine Kinderschuhe zerrissen. Es sollte ein anderer (Philipp) als schier von mir lernen als ich von ihm, so bin ich so kindisch nicht, ich kann von den Gnaden Gottes Wahrheit von Unwahrheit wohl unterscheiden und glaube Lügner nicht so gern als es wohl andere Leute tun und gethan haben.

46

Wenn sich zwei lieb haben, können sei viel dulden voneinander.

58

Es tut einer töricht, wer seinen Feind schont.

61

Wer seinen Feind schont, der ist töricht.

Der Teufel weiß, was er heimlich vorhat.

72

Gott soll ihn (Herzog Georg) erleuchten oder aber das arme Volk von ihm erlösen.

73

Zeit bringt Rosen.

102

Je länger, je doller.

Es ist mir gleich, wie mich ein alter Wolf anbellt.

Sie (die Hofmeisterin) ist wie Herzog Friedrich so klug (bezieht sich auf seinen Schwachsinn), es ist kein Bestand in dem Haus.

114

Mein Herr wäre gern (weg) vom Alten, aber wahr ist es, der Wein oben schmeckt ihm wohl.

129

Das glaubt der Kuckuck.

139

Wo Frieden ist, da wohnt Gott.

142

Euer Lieben (Johann Friedrich) hat ihn fromm gemacht, aber es ist gut fromm zu sein, wenn man einem nichts tut.

147

Gott kann alles gut machen, vertraue dem und folge seinen Geboten und göttlichem Wort.

Wer Feinde hat, der soll sich vorsehen.

157

Es liegt nicht an Hunden, dass die Pferde sterben.

158

Aber ich bitte dich (Philipp), miss es dir nicht zu, denke, dass es Gott in dir getan hat, dem gebe die Ehre und bist ja barmherzig und fürchte Gott.

Viele Hunde beißen einen.

Mit dem Maß, mit dem man misst, wird wieder gemessen.

159

Was hilft es, wenn einer die ganze Welt hätte und seine Seele verliert.

160

Wer weiß, wem Gott das Glück geben will.

170

Not wird Eisen brechen.

171

Bedenke das Ende.

Der König ist ein armer Mensch.

177

Ist doch ein König wie ein armer Mensch.

Bedenke nur das Ende.

So wurden die letzten Dinge ärger denn die ersten.

183

Freunde in der Not gehen viel auf ein Lot.

184

Lass dir (Philipp) nichts anmerken, es ist großer Herren Art, dass sie falsch sind.

199

Du (Philipp) bist geschickt zu allen Handeln, da dient Saufen nicht zu.

Hüte dich vor dem (übermäßigen) Trinken, es kommt alles böse davon.

Sie loben dich (Johann Friedrich) alle, aber gib Gott die Ehre.

Ein Fürst muss viel wissen und so tun als wüsste er es nicht, denn es ist der Fürsten Art, so zu handeln.

201

Der Krieg ist ein irrig Ding.

209

Sie sind aber so voll des Krieges, nicht dass sie ein Banner darum anbinden.

212

Einem versöhnten Feind ist nicht zu vertrauen.

221

Die letzten Dinge ärger möchten werden denn die ersten.

Chronologisches Verzeichnis der mündlichen Dialoge

Das vorliegende Verzeichnis weist auf alle (überwiegend) in direkter Rede wiedergegebenen Gespräche hin.

3 Landgraf Philipp – Herzog Johann

8 Herzog Georg – Elisabeth; herzogliche Räte – Landgraf Philipp; Hofmeisterin – Herzog Georg; Herzog Georg – herzogliche Räte; Wolf von Schönberg – Herzog Georg; Herzog Georg – Landgraf Philipp; Herzog Georg – Herzog Johann

10 Heinrich von Schleinitz – Ernst II. von Schönburg; Elisabeth – Anna von Honsberg; Simon Pistoris – Herzog Georg; Türknecht – Hans von Schönberg; Elisabeth – Herzog Georg

13 Rudolf von Bünau – Landgraf Philipp

28 Herzog Johann – Landgraf Philipp

34 Elisabeth – Landgraf Philipp; Elisabeth – Tante Hans von Schönbergs; Elisabeth – Herzog Georg

38 Elisabeth – Johannes Hülse

46 Elisabeth – Herzog Johann; Elisabeth – Pfarrer; Elisabeth – Georg von Carlowitz

57 Elisabeth – Georg von Carlowitz, Rudolf von Bünau

58 Elisabeth – Herzogin Barbara; Herzog Georg – Herzogin Barbara

102 Elisabeth – Georg von Carlowitz

124 Elisabeth – Georg von Carlowitz

126 Elisabeth – Herzogin Barbara

157 Georg von Carlowitz – Elisabeth

159 Elisabeth – Herzog Georg; Elisabeth – Herzog Heinrich von Braunschweig

160 Elisabeth – Simon Pistoris

221 Kurfürst Johann Friedrich – Simon Pistoris; Kurfürst Johann Friedrich – Elisabeth

ABBILDUNGEN

Verzeichnis der Abbildungen

Abbildung 1
Nr. 8: Protokoll der Besprechung Landgraf Philipps (des Großmütigen) mit den Räten Herzog Georgs (des Bärtigen); 1533 Februar 7/8; Ursprung [HStA Dresden, 10024, Loc. 10548/11, fol. 7r].

Abbildung 2
Nr. 9: Herzogin Elisabeth an Landgraf Philipp (den Großmütigen); 1533 Februar 8; Vollmacht Elisabeths für Landgraf Philipp [StA Marburg, PA 2841, fol. 49r].

Abbildung 3
Nr. 29: Kurfürst Johann Friedrich (der Großmütige) an Herzogin Elisabeth; 1533 nach Februar 20, vor März 1 [HStA Dresden, 10024, Loc. 10548/6, fol. 52r].

Abbildung 4
Nr. 90: Herzogin Elisabeth an Kurfürst Johann Friedrich (den Großmütigen); 1533 Juli 17; Hand des albertinischen Kanzleischreibers Elisabeths, Vorderseite [HStA Dresden, 10024, Loc. 10548/7, fol. 16r].

Abbildung 5
Nr. 148: Herzogin Elisabeth an die Statthalter und Räte zu Kassel; 1534 Mai 1; Adresse [StA Marburg, PA 2842, fol. 11r].

Abbildung 6
Nr. 186: Georg von Carlowitz an Herzogin Elisabeth; 1534 Juni 22; Vorderseite [StA Marburg, PA 75, fol. 8r].

Abbildung 7
Nr. 195: Herzogin Elisabeth an Kurfürst Johann Friedrich (den Großmütigen); 1534 Juni 28; Vorderseite [HStA Dresden, 10024, Loc. 9131/32, fol. 23r].

Abbildung 8
Nr. 215: Landgraf Philipp (der Großmütige) an Herzogin Elisabeth; 1534 nach September 30, vor Oktober 21; Rückseite [StA Marburg, PA 2842, fol. 84v].

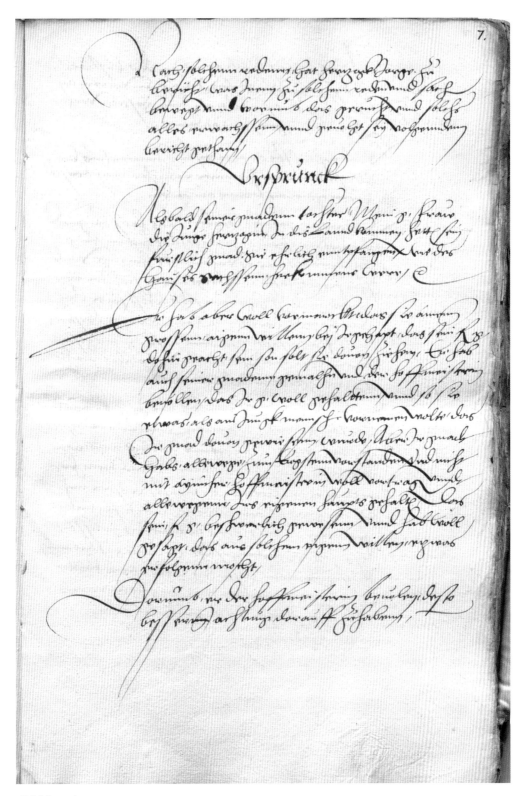

Abbildung 1

Nr. 8: Protokoll der Besprechung Landgraf Philipps (des Großmütigen) mit den Räten Herzog Georgs (des Bärtigen); 1533 Februar 7/8; Ursprung [HStA Dresden, 10024, Loc. 10548/11, fol. 7r].

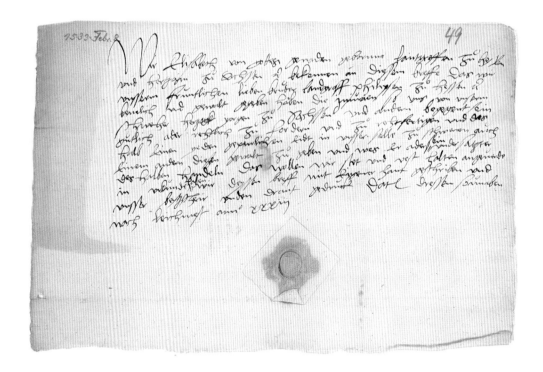

Abbildung 2

Nr. 9: Herzogin Elisabeth an Landgraf Philipp (den Großmütigen); 1533 Februar 8; Vollmacht Elisabeths für Landgraf Philipp [StA Marburg, PA 2841, fol. 49r].

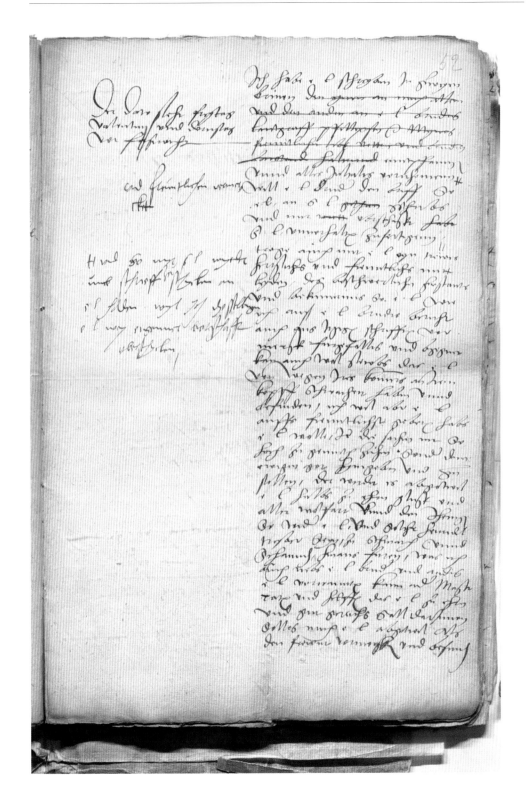

Abbildung 3

Nr. 29: Kurfürst Johann Friedrich (der Großmütige) an Herzogin Elisabeth; 1533 nach Februar 20, vor
März 1 [HStA Dresden, 10024, Loc. 10548/6, fol. 52r].

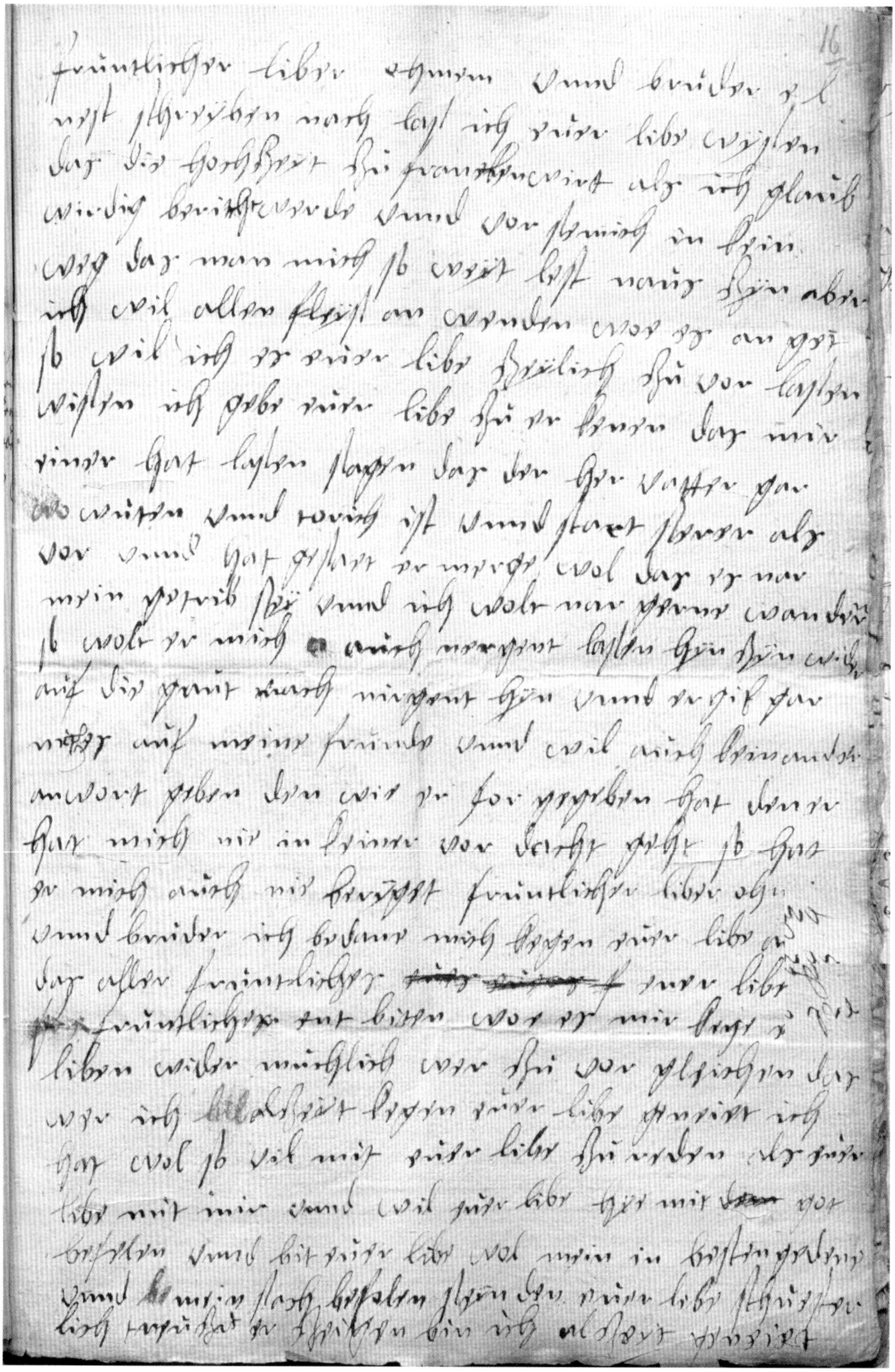

Abbildung 4
Nr. 90: Herzogin Elisabeth an Kurfürst Johann Friedrich (den Großmütigen); 1533 Juli 17; Hand des albertinischen Kanzleischreibers Elisabeths, Vorderseite [HStA Dresden, 10024, Loc. 10548/7, fol. 16r].

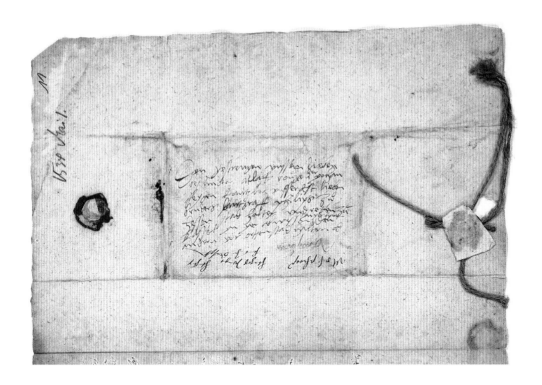

Abbildung 5
Nr. 148: Herzogin Elisabeth an die Statthalter und Räte zu Kassel; 1534 Mai 1; Adresse [StA Marburg, PA 2842, fol. 11r].

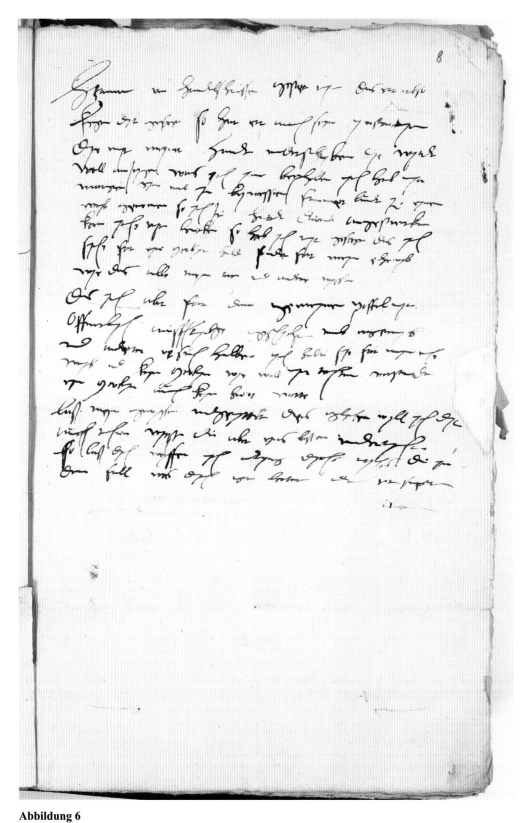

8

Abbildung 6
Nr. 186: Georg von Carlowitz an Herzogin Elisabeth; 1534 Juni 22; Vorderseite [StA Marburg, PA 75, fol. 8r].

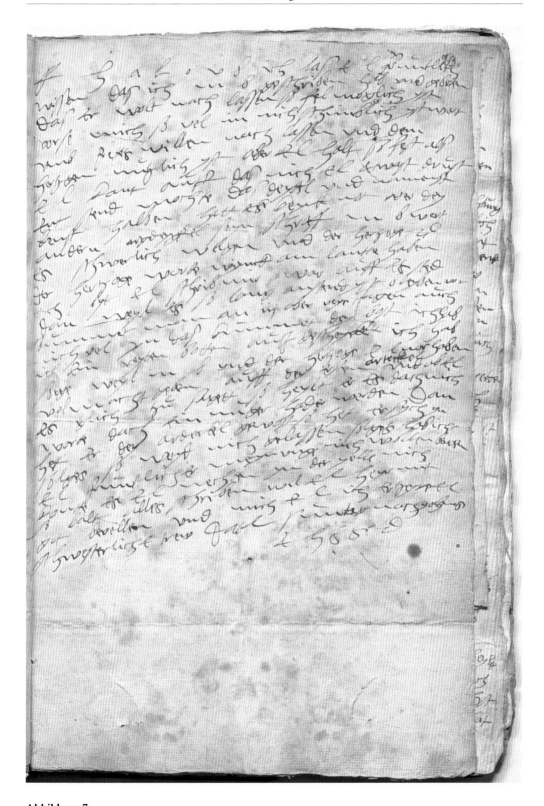

Abbildung 7
Nr. 195: Herzogin Elisabeth an Kurfürst Johann Friedrich (den Großmütigen); 1534 Juni 28; Vorderseite
[HStA Dresden, 10024, Loc. 9131/32, fol. 23r].

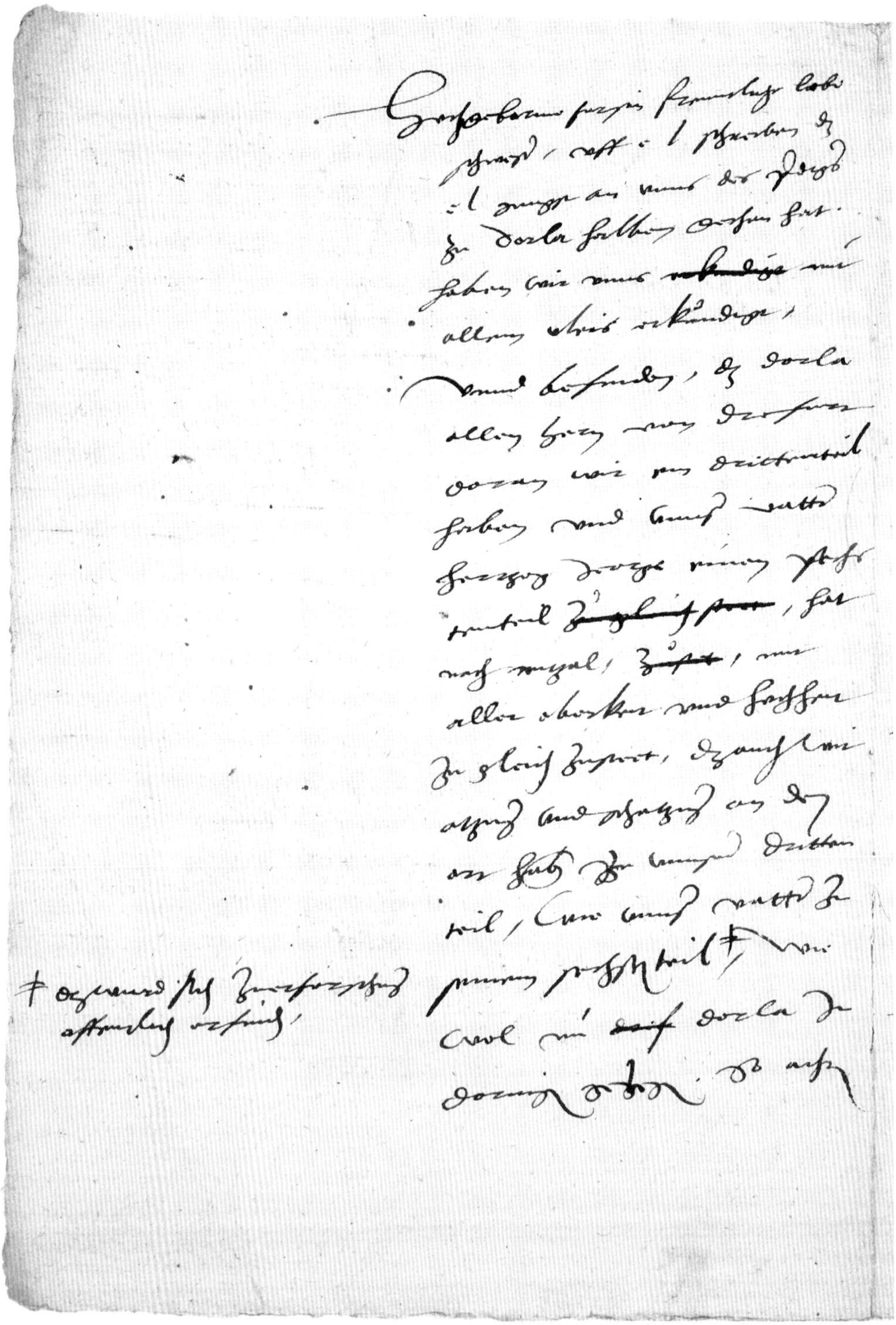

Abbildung 8

Nr. 215: Landgraf Philipp (der Großmütige) an Herzogin Elisabeth; 1534 nach September 30, vor Oktober 21; Rückseite [StA Marburg, PA 2842, fol. 84v].